LOIS, DÉCRETS,

ORDONNANCES, RÉGLEMENS,

AVIS DU CONSEIL-D'ÉTAT.

———

TOME DEUXIÈME.

DE L'IMPRIMERIE DE A. GUYOT,

IMPRIMEUR DU ROI, DE LA MAISON D'ORLÉANS,

ET DE L'ORDRE DES AVOCATS AUX CONSEILS ET A LA COUR DE CASSATION,

Rue Neuve-des-Petits-Champs, N° 37.

COLLECTION COMPLÈTE

DES

LOIS,

Décrets, Ordonnances, Réglemens,

AVIS DU CONSEIL-D'ÉTAT,

PUBLIÉE SUR LES ÉDITIONS OFFICIELLES DU LOUVRE; DE L'IMPRIMERIE NATIONALE,
PAR BAUDOUIN; ET DU BULLETIN DES LOIS;

(De 1788 à 1830 inclusivement, par ordre chronologique),

Continuée depuis 1830,

Avec un choix d'*Actes inédits*, d'*Instructions ministérielles*, et des Notes sur chaque Loi,
indiquant : 1° les Lois analogues; 2° les *Décisions* et *Arrêts* des Tribunaux et du Conseil-
d'État; 3° les *Discussions* rapportées au Moniteur

SUIVIE D'UNE TABLE ANALYTIQUE ET RAISONNÉE DES MATIÈRES,

PAR J. B. DUVERGIER,

Avocat à la Cour royale de Paris.

TOME DEUXIÈME.

Deuxième Édition.

PARIS

CHEZ A. GUYOT ET SCRIBE, LIBRAIRES-ÉDITEURS,

RUE NEUVE-DES-PETITS-CHAMPS, N° 37;

ET AU BUREAU DE L'ADMINISTRATION, RUE DE SEINE, N° 56.

1834.

COLLECTION COMPLÈTE

DES

LOIS, DÉCRETS,

ORDONNANCES, RÉGLEMENS,

ET

AVIS DU CONSEIL-D'ÉTAT,

Depuis 1788 jusques et y compris 1830.

~~~~~~

ASSEMBLÉE NATIONALE CONSTITUANTE.

2 = 5 NOVEMBRE 1790. — Décret qui règle le mode de la promulgation des lois. (L. 2, 3°°; B. 8, 3.)

Voy. lois des 9 NOVEMBRE 1789, 13 JUIN 1791, 1er et 2 OCTOBRE 1793, ordre du jour du 12 frimaire an 2 (1).

L'Assemblée nationale, après avoir entendu le rapport fait par le comité de constitution, déclare :

1° Que tous les décrets rendus jusqu'à présent par l'Assemblée nationale, sur lesquels le consentement royal est intervenu, sont valablement acceptés ou sanctionnés, quelle que soit la formule par laquelle le consentement du Roi a été exprimé;

2° Que tous les décrets acceptés et sanctionnés par le Roi, promulgués sous les divers titres de lettres-patentes, proclamations du Roi, déclarations du Roi, arrêts du conseil, ou tous les autres, sont également lois du royaume, et que la différence dans l'intitulé des promulgations n'en produit aucune pour la validité de ces lois;

3° Que les transcriptions et publications de ces lois, faites par les corps administratifs, par les tribunaux et par les municipalités, sous quelque titre et en quelque forme que l'adresse leur en ait été faite, sont tous également de même valeur;

4° Que ces lois sont obligatoires du moment où la publication en a été faite, soit par le corps administratif, soit par le tribunal de l'arrondissement, sans qu'il soit nécessaire qu'elle ait été faite par tous les deux.

Au surplus, l'Assemblée nationale décrète ce qui suit :

---

(1) Au mode de promulgation fixé par les lois précitées, ont été substitués successivement d'autres systèmes. *Voy.* la loi du 14 frimaire an 2 (2e mode); lois des 12 vendémiaire an 4; 24 brumaire an 7 (3e mode); Code civil; ordonnances du 27 novembre 1816 et 18 janvier 1817.

Après la loi du 2 novembre 1790, et jusqu'à la loi du 12 vendémiaire an 4, la promulgation des lois civiles a dû être faite par les tribunaux civils, comme sous l'empire de la loi du 9 novembre 1789 (2 ventose an 9; Cass. S. 1, 1, 407; 14 frim. an 10; Cass. S. 2, 1, 105).

Sous l'empire des lois des 9 novembre 1789 et 5 novembre 1790, il n'était pas nécessaire que les lois civiles fussent doublement publiées et par les tribunaux et par les corps administratifs (5 juin 1811 ; Cass. S. 11, 1, 273).

Le défaut de preuve positive qu'une loi antérieure à celle du 12 brumaire an 4, a été, soit affichée, soit proclamée à son de trompe ou de tambour, dans le ressort d'une administration et d'un tribunal, en exécution des arrêtés et jugemens qui ordonnaient qu'elle le fût, n'emporte pas la conséquence que cette loi n'a point été publiée légalement, et qu'elle n'est devenue obligatoire dans ce ressort que par l'effet de la loi du 12 vendémiaire an 4 (1er fluréal an 10 ; Cass. S. 7, 2, 1045).

Art. 1er. A l'avenir, il sera fait, pour chaque décret, deux minutes en papier sur chacune desquelles le consentement royal sera exprimé par cette formule : *Le Roi accepte et fera exécuter*, lorsqu'il s'agira d'un décret constitutionnel; ou par celle-ci : *Le Roi consent et fera exécuter*, lorsque le décret ne sera que législatif; et si, en ce dernier cas, le Roi refusait son consentement. son refus suspensif serait exprimé sur chaque minute par la formule : *Le Roi examinera*. Une de ces minutes, avec la réponse du Roi, signée par lui et contre-signée par le ministre de la justice, sera remise aux archives du Corps-Législatif.

2. Aucune autre formule ne sera employée pour exprimer soit l'acceptation, soit la sanction, soit le refus suspensif du Roi.

3. Il sera fait de chaque décret, accepté ou sanctionné, deux expéditions en parchemin, dans la forme établie, pour la promulgation des lois, par les décrets constitutionnels des 8, 10 et 12 octobre 1789, qui sera la seule forme suivie désormais. Ces deux expéditions, signées du Roi, contre-signées par le ministre de la justice et scellées du sceau de l'Etat, seront les originaux authentiques de chaque loi, dont une restera déposée à la chancellerie, et l'autre sera remise aux archives du Corps-Législatif.

4. Le ministre de la justice fera imprimer autant d'exemplaires de chaque loi qu'il en sera nécessaire pour les envois à faire, tant aux corps administratifs de département et de district, qu'aux tribunaux de district.

5. Il sera marquer d'un timbre sec du sceau de l'Etat, les exemplaires qui seront envoyés aux quatre-vingt-trois administrations de département et aux tribunaux de district, et certifiera, par sa signature sur chacun de ces exemplaires, qu'il est conforme aux originaux authentiques de la loi.

6. Les envois seront faits au nom du Roi; savoir, aux administrations de département, par le ministre ayant la correspondance des départemens, et aux tribunaux de district, par le ministre de la justice.

7. Il sera envoyé à chaque administration de département un exemplaire marqué du timbre sec du sceau de l'Etat, et certifié par la signature du ministre de la justice. Cet exemplaire restera déposé aux archives du département, après avoir été transcrit sur les registres de l'administration.

8. Il sera en même temps envoyé à chaque administration de département, plusieurs exemplaires de la loi, non timbrés ni certifiés par le ministre de la justice, lesquels seront incessamment adressés par l'administration de département à celles de district qui lui sont subordonnées, après que la première aura préalablement vérifié et certifié sur chaque exemplaire, qu'il est conforme à celui qu'elle a reçu timbré et certifié par le ministre.

9. Les administrations de district feront transcrire sur leurs registres, et déposer dans leurs archives, toutes les lois qui leur seront envoyées par les administrations de département, certifiées par ces dernières, ainsi qu'il est dit en l'article précédent.

10. Les administrations de département feront imprimer des exemplaires de chaque loi, *tant en placard qu'en in-4°*, et les enverront, sous ce double format, aux administrations de district, pour être adressés par celles-ci aux municipalités de leur ressort, après qu'elles auront certifié, sur chaque exemplaire *in-4°*, sa conformité avec celui qu'elles ont reçu certifié par l'administration de département.

11. Les administrations de district feront, dans le plus bref délai, ces envois aux municipalités; celles-ci dresseront procès-verbal sur leur registre, de la réception de chaque loi, et rassembleront en forme de registre, tous les six mois, ou au plus tard à la fin de chaque année, toutes les lois qu'elles auront reçues.

12. Les corps administratifs, tant de département que de district, publieront dans la ville où ils sont établis, par placards imprimés et affichés, toutes les lois qu'ils auront transcrites; et cette publication sera faite en chaque municipalité par l'affiche des placards qui auront été envoyés aux officiers municipaux par l'administration de district, et, en outre, à l'égard des municipalités de campagne, par la lecture publique à l'issue de la messe paroissiale.

13. Les administrations de département certifieront le ministre, dans le délai de quinzaine, tant de la transcription et publication qu'elles auront fait faire, que de l'envoi aux administrations de district qui leur sont subordonnées.

Les administrations de district certifieront celles de département, dans le même délai, tant de la transcription et publication par elles faites, que de l'envoi aux municipalités de leur arrondissement.

Les municipalités certifieront dans la huitaine les administrations de district, tant de la réception, que de la mention faite sur leurs registres, et de la publication.

14. Le ministre de la justice enverra directement à chacun des commissaires du Roi près les tribunaux de district, un exemplaire de chaque loi, certifié par sa signature, et timbré du sceau de l'Etat.

15. Chaque commissaire du Roi présentera la loi au tribunal près duquel il fait ses fonctions, dans les trois jours de la réception, et il en requerra la transcription et la publication.

16. Le tribunal sera tenu, sur la présenta-

tion de la loi, d'en faire faire, dans la huitaine, la transcription et la publication, tant par la lecture à l'audience que par placards affichés.

17. Les commissaires du Roi certifieront le ministre de la justice, dans le délai de quinzaine, tant de la réception de la loi et de la présentation qu'ils en auront faite audit tribunal, que de la transcription et publication exécutées, ou du retard apporté par le tribunal.

18. Les décrets acceptés ou sanctionnés depuis la suppression des parlemens, conseils supérieurs et autres cours de justice, et ceux qui, ayant été rendus antérieurement, n'auraient pas été envoyés aux parlemens, conseils supérieurs ou autres cours supprimées, seront adressés sans délai, si fait n'a été, aux corps administratifs, et exécutés sur la publication qu'ils en auront fait faire.

19. Il en sera usé de même à l'égard des décrets qui seront acceptés et sanctionnés, jusqu'à l'installation des nouveaux tribunaux.

20. Les décrets mentionnés dans les deux articles précédens seront adressés aux nouveaux tribunaux après leur installation, transcrits et publiés par eux dans les formes établies par les articles précédens.

21. Les juges des tribunaux de district établis dans les villes où siégeaient les anciens parlemens, conseils supérieurs et autres cours de justice supprimées, se feront représenter incessamment les registres des transcriptions qui servaient à ces anciens tribunaux, vérifieront les transcriptions qui y ont été faites; et s'ils y remarquent quelques omissions, ils en donneront avis tant à l'Assemblée nationale qu'au ministre de la justice.

2 = 5 NOVEMBRE 1790. — Décret qui annulle tous titres de collation ou d'institution accordés depuis le 27 novembre 1789, pour des églises paroissiales qui étaient alors vacantes. (L. 2, 433; B. 8, 1.)

Voy. loi du 12 JUILLET = 24 AOUT 1790.

L'Assemblée nationale, ouï le rapport de son comité ecclésiastique,

Déclare nuls et comme non avenus tous titres de collation ou d'institution qui se trouveront accordés, depuis le 27 novembre 1789, pour des églises paroissiales qui étaient alors vacantes; même gouvernées par un prêtre desservant, depuis trois ans au moins avant ledit jour 27 novembre 1789, ou qui étaient supprimées et réunies avant ledit jour par ordonnance du supérieur ecclésiastique, suivis ou non de lettres-patentes dûment enregistrées. Défend en conséquence à tous ceux qui ont obtenu lesdites collations ou institutions, de s'en aider et servir, de se qualifier curés desdites églises, d'en faire les fonctions, et d'exiger le traitement légal du curé, à raison

de ces mêmes églises; sauf aux parties intéressées à demander le rétablissement de celles desdites cures qui paraîtraient nécessaires, ou l'établissement ou conservation, dans lesdites églises, d'une succursale ou d'une messe aux jours de dimanches et de fêtes, le tout suivant les formes prescrites par le décret sur la constitution civile du clergé.

2 = 5 NOVEMBRE 1790. — Décret qui maintient en activité les directoires de département et de district pendant les assemblées des conseils de département et de district. (L. 2, 439; B. 8, 8.)

L'Assemblée nationale décrète ce qui suit :

Les directoires de département et de district ne cesseront point d'être en activité pendant les assemblées des conseils de département et de district; ils continueront les fonctions particulières qui leur sont attribuées, les conseils de département et de district ne devant pas s'occuper des affaires d'exécution. Ceux qui composent les directoires ne pourront pas pour cela se dispenser ou être empêchés d'assister à l'assemblée générale dont ils sont membres.

2 = 7 NOVEMBRE 1790. — Décret qui enjoint à la municipalité de Chinon de procéder dans deux mois à la confection d'un nouveau rôle d'imposition sur les bases fixées par le département d'Indre-et-Loire. (L. 2, 452; B. 8, 8.)

2 = 5 NOVEMBRE 1790. — Décret qui ordonne l'élection d'une nouvelle municipalité à Haguenau. (L. 2, 389; B. 8, 8.)

2 = 4 NOVEMBRE 1790. — Décret qui surseoit, dans la ville de Nîmes, à la convocation de la commune pour la nomination des officiers municipaux et des notables. (B. 8, 1.)

2 = 5 NOVEMBRE 1790. — Décret qui accorde un délai à la municipalité de Nancy pour l'envoi de sa soumission d'acquisition des biens nationaux. (L. 2, 435; B. 8, 2.)

2 NOVEMBRE 1790. — Clermont. *Voy.* 30 OCTOBRE 1790. — Code pénal de la marine. *Voy.* 27 OCTOBRE 1790. — Etage. *Voy.* 15 OCTOBRE 1790. — Moulins, etc.; Nantes; Orange. *Voy.* 29 OCTOBRE 1790. — Rennes. *Voy.* 28 OCTOBRE 1790. — Saint-Quentin. *Voy.* 30 OCTOBRE 1790.

3 = 5 NOVEMBRE 1790. — Décret qui ordonne de prélever et de distribuer en droit d'assistance la moitié du traitement des juges et des commissaires du Roi qui ont plus de 2,400 livres. (L. 2, 438; B. 8, 13.)

Voy. loi du 2 SEPTEMBRE 1790.

L'Assemblée nationale, après avoir en-

1.

tendu le rapport de son comité de constitution, décrète ce qui suit :

Il sera distrait et distribué en droit d'assistance, conformément à l'article 5 du décret du 30, 31 août, et des 1er et 2 septembre de la présente année, la moitié du traitement des juges et des commissaires du Roi, qui ont plus de deux mille quatre cents livres.

3 = 5 NOVEMBRE 1790 — Décret relatif au traitement des juges-de-paix de Paris et de leurs greffiers. (L. 2, 391 ; B. 8, 13.)

Art. 1er. Chacun des juges-de-paix de la ville de Paris aura un traitement fixe de 2,400 liv., et, en outre, le produit du tarif modéré qui sera fait pour ses vacations à l'apposition, à la reconnaissance et à la levée des scellés.

2. Les greffiers des juges-de-paix de la ville de Paris auront chacun un traitement fixe de 800 liv., et, en outre, le produit du tarif modéré qui sera fait pour leurs vacations à l'apposition, à la reconnaissance et à la levée des scellés.

3 = 1er NOVEMBRE 1790. — Décret relatif à la vente des domaines nationaux. (L. 2, 321 ; B. 8, 13.)

Voy. lois du 14 MAI = 25 JUILLET 1790 ; du 9 = 25 JUILLET 1790 ; du 29 NOVEMBRE = 10 DÉCEMBRE 1790.

Art. 1er. Toutes les ventes de domaines nationaux à des particuliers, commencées en vertu des décrets des 14 mai, 25, 26 et 29 juin, s'effectueront suivant les formes et aux conditions prescrites par lesdits décrets.

Seront réputées commencées toutes les ventes sur lesquelles il y aura une séance d'enchères lors de la publication du présent décret.

2. Les acquéreurs des biens désignés dans la classe première, article 3 du titre 1er du décret du 14 mai, continueront à jouir des facultés accordées par l'article 5 du titre III du susdit décret, pourvu néanmoins que la première séance d'enchères ait eu lieu avant le 15 mai de l'année prochaine.

3. Après ce terme, le prix des biens de la première classe sera partagé en dix dixièmes : les adjudicataires seront tenus d'en payer deux dans le mois de l'adjudication, et ne pourront entrer en possession qu'après avoir effectué ce premier paiement.

Les huit autres dixièmes seront payés, savoir : un dans l'année de l'adjudication, un autre dans les six premiers mois de la seconde année, et ainsi de six en six mois, de manière que la totalité du paiement soit complétée en quatre ans et demi.

4. Pour les autres espèces de biens, dont les ventes ne seront pas commencées lors de la publication du présent décret, les paiements seront faits ainsi qu'il suit : deux dixièmes dans le mois de l'adjudication, et avant d'entrer en possession ; un dixième dans le second mois, un dixième dans chacun des deux suivans, et les cinq autres dixièmes de six mois en six mois, de manière que la totalité du paiement soit effectuée dans le cours de deux ans et dix mois.

5. Les intérêts des sommes dues s'acquitteront à chaque terme, et seront au taux de cinq pour cent, sans retenue.

Pourront néanmoins les acquéreurs accélérer leur libération par des paiemens plus considérables et plus rapprochés, ou même se libérer entièrement, à quelque échéance que ce soit.

6. Ils seront soumis à la folle-enchère, suivant les formalités prescrites par les articles 8 et 9 du titre III du décret du 14 mai, à l'égard des ventes dont la première enchère aura eu lieu avant le 15 mai prochain ; et quant à celles postérieures à cette époque, la première enchère qui sera faite faute de paiement, aura lieu quinzaine après l'expiration de l'un des termes de paiemens, sans autre formalité que la signification de l'enchère au premier acquéreur.

Ils seront aussi soumis à la surveillance des corps administratifs pour leur jouissance jusqu'à parfait paiement, ainsi qu'il est prescrit par l'instruction du 31 mai, et par l'article 9 du décret des 25, 26 et 29 juin.

7. Les paiemens seront faits aux caisses de district ou à la caisse de l'extraordinaire ; mais dans ce dernier cas, l'adjudicataire fera passer sur-le-champ au trésorier du district un *duplicata* de la quittance du receveur de l'extraordinaire, pour que ce premier justifie au directoire du paiement effectué.

Les intérêts cesseront au prorata des paiemens faits dans l'une ou dans l'autre caisse.

8. Toutes les évaluations ou estimations qui ne seront point consommées lors de la publication du présent décret, seront continuées dans les formes prescrites ci-après.

9. Les biens affermés, à l'exception des bois, maisons ou usines, lorsque ces objets seront la partie notablement la plus considérable du bail, seront évalués sur le prix de ce bail, conformément à l'article 3 du titre 1er du décret du 14 mai, sans autre estimation et évaluation.

À l'égard de ceux non affermés, il sera procédé à leur visite et estimation par un seul expert, que commettra le directoire du district.

10. Le secrétaire du district sera tenu de donner un certificat de la demande qui aura été faite au district, contenant la date du jour auquel cette demande aura été faite ; et dans la huitaine de la réception de ladite demande, soit directe, soit renvoyée, le district sera tenu de fixer l'évaluation de l'objet demandé

d'après le prix du bail, ou d'en faire l'estimation dans le même délai.

11. Si, dans la huitaine, l'évaluation ou l'estimation n'étaient point achevées, les personnes qui voudront acquérir se feront délivrer, le neuvième jour, par le secrétaire de l'administration du district, qui ne pourra le leur refuser, un certificat constatant le retard, au moyen duquel elles pourront s'adresser au directoire de département, qui sur-le-champ fera l'évaluation, ou fera procéder à l'estimation, et commettra un expert, s'il y a lieu.

Le secrétaire du département sera tenu de donner un certificat de la demande qui aura été faite au département sur la négligence du district, et ce certificat contiendra la date du jour auquel la personne se sera présentée.

12. Enfin, si l'opération éprouvait un retard de plus de quinze jours au directoire du département, les personnes qui voudront acquérir se pourvoiront d'un certificat du secrétaire du directoire, ainsi qu'il est dit ci-dessus pour le secrétaire du district, et s'adresseront au comité d'aliénation de l'Assemblée nationale, qui y fera procéder sans aucun retard, et commettra, s'il le faut, un expert.

13. Aussitôt que l'évaluation ou l'estimation sera faite, les personnes qui auront formé la demande devront, si elles persistent dans l'intention d'acquérir, et si le lot qu'elles demandent ne comprend que les biens d'une seule classe, faire par elles-mêmes ou par un fondé de pouvoirs, leur soumission au prix de l'évaluation, dans les proportions prescrites pour les diverses classes de biens, par l'article 4 du titre Ier du décret du 14 mai.

S'il se trouve dans le lot demandé des biens de diverses classes, l'offre du denier vingt suffira, et le paiement se fera conformément aux dispositions des articles 2 et 3 du présent décret, à moins que des maisons ou usines ne formassent la partie notable du bail; dans ce dernier cas, l'offre pourra n'être que de quinze fois le revenu, et le paiement se fera conformément aux dispositions de l'article 4 du présent décret.

Toute autre personne qui ferait des offres semblables, forcera pareillement l'ouverture des enchères, quoique la première demande n'ait pas été formée par elle.

14. On comprendra dans un seul lot d'évaluation ou d'estimation, la totalité des objets compris dans un même corps de ferme ou de métairie, ou exploités par un seul particulier, sans employer la ventilation pour les objets compris dans un même bail.

15. Aussitôt que le prix aura été mis par une ou plusieurs personnes à un lot d'estimation ou d'évaluation, le directoire du district indiquera, par publication et par affiches, la première séance d'enchères, pour le huitième jour au plus tôt, et pour le quinzième au plus tard, après celui de la mise à prix, et l'adjudication définitive se fera quinze jours après celui de la première enchère.

16. Les dispositions du décret du 14 mai, de l'instruction du 31 du même mois et du décret des 25, 26 et 29 juin, seront suivies pour les affiches et publications et pour la forme des enchères; mais les bougies seront proportionnées de manière que chaque feu dure environ de quatre à six minutes; et quant aux enchères, il n'en sera admis que de cinq livres, lorsque l'objet sera de plus de cent livres, de vingt-cinq livres au-dessus de mille livres, et enfin de cent livres, lorsque l'objet dépassera dix mille livres.

17. Les trésoriers de district feront sur les fonds provenant des revenus des domaines nationaux, et d'après l'ordre des directoires, les avances nécessaires pour les opérations ci-dessus prescrites, et ces avances seront remplacées sur les premiers fonds provenant des ventes. Les adjudicataires ne seront tenus d'aucuns frais.

La présente disposition n'est point applicable aux municipalités qui restent chargées des frais, et soumises aux conditions qui leur ont été prescrites par le décret du 14 mai.

18. Les secrétaires de district délivreront sans frais aux adjudicataires la première expédition des adjudications; et lorsqu'on en demandera de secondes, elles seront payées suivant le tarif qui sera donné.

Il en sera adressé une par le directoire au comité de l'Assemblée nationale.

19. Les articles ci-annexés du décret du 14 mai, de l'instruction du 31 du même mois, du décret des 25, 26 et 29 juin, et de celui du 15 août, avec le changement des seules expressions nécessaires pour les adapter aux dispositions ci-dessus, seront censés faire partie du présent décret.

Décret de l'Assemblée nationale du 14 mai 1790.

TITRE Ier *Des ventes aux municipalités.*

Art. 3. Le prix capital des objets portés dans les demandes sera fixé d'après le revenu net, effectif ou arbitré, mais à des deniers différents, selon l'espèce de biens actuellement en vente, qui, à cet effet, seront rangés en quatre classes.

1re *Classe.* Les biens ruraux consistant en terres labourables, prés, vignes, pâtis, marais salans, et les bois, bâtimens et autres objets attachés aux fermes et métairies, et qui servent à leur exploitation.

2e *Classe.* Les rentes et prestations en nature de toute espèce, et les droits casuels auxquels sont sujets les biens grevés de ces rentes ou prestations.

3e *Classe.* Les rentes et prestations en argent, et les droits casuels auxquels sont sujets les biens sur lesquels ces rentes ou prestations sont dues.

La 4ᵉ *Classe* sera formée de toutes les autres espèces de biens.

L'estimation du revenu des trois premières classes de biens sera fixée d'après les baux à ferme existans, passés ou reconnus par-devant notaires, et certifiés véritables par le serment des fermiers devant le directoire du district; et à défaut de bail de cette nature, elle sera faite d'après un rapport d'experts, sous l'inspection du même directoire, déduction faite de toutes impositions dues à raison de la propriété.

Les particuliers qui voudront acquérir, seront obligés d'offrir pour prix capital des trois premières classes, un certain nombre de fois le revenu net d'après les proportions suivantes :

Pour les biens de la première classe, vingt-deux fois le revenu net ;

Pour ceux de la deuxième, vingt fois ;

Pour ceux de la troisième classe, quinze fois.

Le prix des biens de la quatrième classe sera fixé d'après une estimation.

Néanmoins, si des biens de diverses classes se trouvaient compris dans un même bail : l'offre du denier vingt suffira : elle pourra n'être que de quinze fois le revenu, si des maisons ou usines forment la partie la plus notable du bail.

7. Les biens vendus seront francs de toutes rentes, redevances ou prestations foncières, comme aussi de tous droits de mutations, tels que quint et requint, lods et ventes, relief et généralement de tous les droits seigneuriaux ou fonciers, soit fixes, soit casuels, qui ont été déclarés rachetables par les décrets des 4 août 1789 et 15 mars 1790. La nation demeurant chargée du rachat desdits droits, suivant les règles prescrites, dans les cas déterminés par le décret du 3 de ce mois, le rachat sera fait des premiers deniers provenant des reventes.

8. Seront pareillement lesdits biens affranchis de toutes dettes, rentes constituées et hypothèques, conformément aux décrets des 10, 14 et 15 avril 1790.

Dans le cas où il serait formé des oppositions, elles sont dès à-présent déclarées nulles et comme non avenues, sans qu'il soit besoin que les acquéreurs obtiennent de jugement.

9. Les baux à ferme ou à loyer desdits biens qui ont été faits légitimement, et qui auront une date certaine et authentique, antérieure au 2 novembre 1789, seront exécutés selon leur forme et teneur, sans que les acquéreurs

puissent expulser les fermiers, même sous l'offre des indemnités de droit et d'usage.

TITRE III. *Des reventes aux particuliers.*

Art. 2. Aussitôt qu'il sera fait une offre au moins égale au prix de l'estimation ou *de l'évaluation* pour *une* partie des biens vendus, *le directoire du district sera tenu de l'annoncer par des affiches dans tous les lieux* accoutumés de son territoire, dans celui de la situation des biens, et dans toutes les villes chefs-lieux de district du département, et d'indiquer le jour et l'heure auxquels les enchères seront reçues. *Le directoire enverra au comité d'aliénation deux exemplaires de ces affiches.*

3. Les adjudications seront faites dans le chef-lieu et par-devant le directoire du district de la situation des biens, à la diligence du *procureur-général-syndic du département,* ou d'un fondé de pouvoirs *délégué par lui,* et en présence de deux commissaires de la municipalité dans le territoire de laquelle les biens sont situés, lesquels commissaires signeront les procès-verbaux d'enchère et d'adjudication avec les officiers du directoire et les parties intéressées, sans que l'absence des commissaires dûment avertis, de laquelle sera fait mention dans le procès-verbal, puisse arrêter l'adjudication (1).

4. Les enchères seront reçues publiquement ; il y aura quinze jours d'intervalle entre la première et *l'adjudication définitive,* qui *se fera* au plus offrant et dernier enchérisseur, sans qu'il puisse y avoir ouverture ni au tiercement, ni au doublement, ni au triplement. Les jours seront indiqués par des affiches où le montant de la dernière enchère sera mentionné.

5. Pour appeler à la propriété un plus grand nombre de citoyens, en donnant plus de facilités aux acquéreurs, les paiemens seront divisés en plusieurs termes.

Pour les biens de la première classe, le premier paiement sera de douze pour cent, et le surplus sera divisé en douze annuités égales, payables en douze ans, d'année en année, et dans lesquelles sera compris l'intérêt du capital à cinq pour cent sans retenue.

Pourront, néanmoins, les acquéreurs accélérer leur libération par des paiemens plus considérables et plus rapprochés, ou même se libérer entièrement à quelque échéance que ce soit.

Les acquéreurs n'entreront en possession réelle qu'après avoir effectué leur premier paiement.

6. Les enchères seront en même temps ouvertes sur l'ensemble ou sur les parties de l'objet compris en une seule et même estima-

---

(1) La signature des commissaires n'est pas exigée à peine de nullité (23 janvier 1828 ; Ord. Mac. 10, 90).

tion ; et si, au moment de l'adjudication définitive, la somme des enchères partielles égale
l'enchère faite sur la masse, les biens seront
de préférence adjugés divisément.

7. A défaut de paiement du premier compte
ou d'une annuité échue, il sera fait dans le
mois, à la diligence du *procureur-général-
syndic,* sommation au débiteur d'effectuer
son paiement avec les intérêts du jour de
l'échéance ; et si ce dernier n'y a pas satisfait
deux mois après ladite sommation, il sera procédé sans délai à une adjudication nouvelle,
à sa folle-enchère, dans les formes prescrites
par les articles 3 et 4.

8. *Le procureur-général-syndic de l'administration de département,* poursuivant, se
portera premier enchérisseur pour une somme
égale au prix de l'estimation ; ou pour la
valeur de ce qui restera dû, si cette valeur
est inférieure au prix de l'estimation ; il sera
prélevé sur le prix de la nouvelle adjudication,
le montant de ce qui se trouvera échu avec
les intérêts et les frais, et l'adjudicataire sera
tenu d'acquitter aux lieu et place de l'acquéreur dépossédé, *tous les paiemens à échoir.*

Instruction de l'Assemblée nationale du 31 mai
1790.

Titre Ier. *Des ventes aux municipalités.*

Les départemens et directoires sont spécialement autorisés à faire les nominations d'experts, et chargés d'entretenir une correspondance exacte avec le comité de l'Assemblée
nationale.

Toutes personnes pourront être admises
aux fonctions d'expert ; il suffira qu'elles en
aient été jugées capables et choisies *à cet effet.*

Titre III. *Des reventes aux particuliers.*

Les adjudications définitives seront faites à la
chaleur des enchères et à l'extinction des feux.

On entend par feux, en matière d'adjudication, de petites bougies qu'on allume pendant les enchères, et qui doivent durer *de
quatre à six minutes.*

L'adjudication prononcée sur la dernière
des enchères faites avant l'extinction d'un feu,
sera seulement provisoire, et ne sera définitive que lorsqu'un dernier feu aura été allumé
et se sera éteint, sans que, pendant sa durée,
il ait été fait aucune autre enchère.

Décret des 25, 26 et 29 juin.

Art. 2. Toutes les personnes qui voudront
acquérir des domaines nationaux, pourront
s'adresser, soit au comité d'aliénation, soit au
directoire du département, soit au directoire
du district dans lesquels ces biens sont situés ;
l'Assemblée nationale réservant au département toute surveillance et toute correspondance directe avec le comité, pour la suite des
opérations.

9. Les acquéreurs des domaines nationaux

seront tenus de se conformer, pour les baux
actuels de ces biens, aux dispositions de l'article 9 du titre Ier du décret du 14 mai, et
aux conditions de jouissance prescrites par
l'instruction du 31 du même mois, au maintien desquelles les administrations de département et de district, ou leurs directoires,
tiendront exactement la main.

10. Les acquéreurs jouiront des franchises
accordées par les articles 7 et 8 du titre Ier
du décret du 14 mai, et aussi de celles accordées par l'article 9 du titre III, mais pour ces
dernières, pendant l'espace de cinq années
seulement, à compter du jour de la publication du présent décret.

11. Les administrations de département ou
leurs directoires adresseront, le 15 de chaque
mois, au comité chargé de l'aliénation des
domaines nationaux, pendant la présente session de l'Assemblée nationale, et par la suite
aux commissaires qui leur seront désignés
par les législatures, un état des estimations
qu'elles auront fait faire, et des ventes qui
auront été commencées ou consommées dans
le mois précédent, pour le tout être rendu
public par la voie de l'impression.

12. Les acquéreurs feront leur paiement
aux termes convenus, soit dans la caisse de
l'extraordinaire, soit dans celle de district,
qui seront chargées d'en compter au receveur
de l'extraordinaire.

16. Les baux d'après lesquels l'article 4 du
titre Ier du décret du 14 mai dernier détermine l'évaluation, doivent être entendus des
sous-baux et sous-fermes, lorsqu'il en existe ;
en conséquence, le revenu d'un bien affermé
par un bail général, mais qui est sous-affermé,
ne pourra être estimé que d'après le prix du
sous-bail.

17. Le défaut de prestation du serment
imposé aux fermiers par le même article,
ne pourra pas empêcher de prendre leurs
baux ou sous-baux pour base des évaluations, lorsque ayant été requis par acte de se
rendre à jour indiqué par-devant les directoires des districts pour prêter ce serment,
ils ne s'y seront pas rendus ; mais, dans ce
cas, les fermiers réfractaires seront déclarés
par le juge ordinaire, à la poursuite et diligence des procureurs-syndics de district, déchus de leurs baux ou sous-baux.

18. Le revenu des biens affermés par baux
emphytéotiques ou baux à vie, ne pourra
pas être déterminé par le prix de ces baux,
mais seulement d'après une estimation par
experts.

19. Seront au surplus les baux emphythéo-
tiques et les baux à vie censés compris dans
la disposition de l'article 9 du titre Ier dudit
décret ; mais les baux emphytéotiques ne
seront réputés avoir été faits légitimement,
que lorsqu'ils auront été précédés et revêtus
des formalités qui auront été requises pour

l'aliénation des biens que ces actes ont pour objet.

20. Tout notaire, tabellion, garde-note, greffier ou autre dépositaire public, comme aussi tout bénéficier, agent ou receveur de bénéficier, tout supérieur, membre, secrétaire ou receveur de chapitre ou monastère, ensemble tout administrateur ou fermier, qui, en étant requis par un simple acte, soit à la requête d'une municipalité, soit à la requête d'un particulier, refusera de communiquer un bail de biens nationaux existant en sa possession ou sous sa garde, sera à la poursuite et diligence du procureur-syndic du district de sa résidence, condamné par le juge ordinaire à une amende de 25 livres; cette amende sera doublée en cas de récidive, et elle ne pourra être remise ni modérée en aucun cas. Si le procureur-syndic de district en négligeait la poursuite ou le recouvrement, il en demeurerait personnellement garant, et serait poursuivi comme tel par le procureur-général-syndic du département.

21. Il sera payé au notaire, tabellion, garde-note ou autre dépositaire public, pour la simple communication d'un bail, dix sous, et dix sous en sus lorsqu'on en tirera des notes ou des extraits, sauf à suivre, pour les expéditions en forme qu'on voudra se faire délivrer, le taux réglé par l'usage, ou convenu de gré à gré.

Décret du 15 août 1790.

Art. 1er. Les municipalités et les particuliers qui feront à l'avenir des soumissions pour l'acquisition de domaines nationaux, seront tenus d'envoyer trois copies de leurs soumissions, une au comité d'aliénation à Paris, une au directoire du département et une au directoire du district, dans l'étendue desquels sont situés les domaines nationaux qu'ils se proposent d'acquérir.

———

3 = 5 NOVEMBRE 1790. — Décret qui attribue à la municipalité de Paris les fonctions de district. (L. 2, 440; B. 8, 10.)

Art. 1er. La ville de Paris n'aura point d'administration de district.

2. La municipalité de Paris fera, pour l'année 1791, la répartition des impositions directes de cette ville; et si l'administration du département de la capitale juge à propos de confier cette répartition aux commissaires des sections, conformément à l'article 11 du titre IV du décret du 21 mai dernier sur l'organisation de la municipalité de Paris, cette disposition ne pourra avoir lieu qu'à partir de l'année 1792.

3. L'administration du département, après avoir nommé son directoire, choisira, parmi les vingt-huit membres restant, cinq commissaires domiciliés à Paris, lesquels, dans les cas qui vont être déterminés, rempliront les fonctions attribuées aux directoires de district.

4. Relativement aux contestations qui pourront s'élever sur la répartition des impositions directes et l'exécution des travaux publics, ordonnés par l'administration générale, les cinq commissaires exerceront les fonctions attribuées aux directoires de district, par les articles 1, 3 et 4 du titre XIV du décret du 16 août dernier sur l'organisation judiciaire.

5. Dans le cas de l'article 5 du titre XIV du même décret, les particuliers qui se plaindront des torts et dommages procédant du fait personnel des entrepreneurs, et non du fait de l'administration, se pourvoiront d'abord par-devant les cinq commissaires, et ensuite devant le directoire de département, qui statuera en dernier ressort, lorsque les commissaires n'auront pu terminer l'affaire par voie de conciliation.

6. La présence de trois des commissaires suffira pour former un résultat, lequel sera terminé à la majorité des voix.

7. Le directoire administrera immédiatement les biens et domaines nationaux situés dans la ville de Paris, et pourvoira à l'exécution des décrets qui ordonnent et qui règlent le remplacement de la gabelle.

8. La municipalité de Paris communiquera avec l'administration ou le directoire de département, sans intermédiaire des cinq commissaires; l'administration ou le directoire du département pourra néanmoins charger exclusivement les cinq commissaires des examens ou vérifications qui pourront être utiles au service de l'administration générale.

9. A l'exception des dispositions particulières ci-dessus, l'administration du département de Paris se conformera aux dispositions générales relatives aux administrations de département de tout le royaume.

L'Assemblée nationale se réserve de statuer sur le mode de recouvrement et de perception des contributions directes de la ville de Paris, d'après le rapport qui lui sera fait par le comité des finances.

———

3 NOVEMBRE 1790. — Décret qui ordonne de procéder à l'élection des juges et administrateurs du département de Paris. (L. 2, 383; B. 8, 11.)

3 = 10 NOVEMBRE 1790. — Décret concernant la fabrication des assignats. (L. 2, 482; B. 8, 13.)

Voy. loi du 18 = 24 NOVEMBRE 1790.

Art. 1er. Les commissaires de l'Assemblée nationale, ensemble les deux commissaires du Roi, sont autorisés à arrêter toutes conventions nécessaires pour ladite fabrication, lesquelles seront signées seulement par lesdits commissaires du Roi, et visées par le ministre des finances, pour une copie rester dans ses bureaux, et une autre être déposée aux archives de l'Assemblée nationale.

2. Les administrateurs de la régie générale, les fermiers généraux, leurs commis et préposés, ne pourront percevoir aucun droit sur les papiers destinés à la fabrication desdits assignats, ni en ouvrir ou visiter les ballots, lesquels à cet effet seront scellés par les commissaires, et accompagnés d'un passavant signé des commissaires du Roi, portant déclaration du contenu de chaque envoi.

3. Les ballots contenant lesdits papiers seront conduits directement aux archives de l'Assemblée nationale : l'archiviste en donnera son récépissé au conducteur, et fera copier tout au long sur un registre à ce destiné, la déclaration du nombre et du contenu de chaque ballot, d'après l'énoncé audit passavant; il y inscrira de même les ordres de délivrance qui lui seront donnés pour l'imprimeur par les commissaires.

4. Les assignats qui seront délivrés par l'imprimeur seront mis en ballots, comptés, vérifiés et scellés en présence d'un des commissaires de l'Assemblée nationale et d'un des commissaires du Roi. Ces ballots seront sur-le-champ transportés aux archives nationales, et y seront accompagnés par lesdits commissaires : le procès-verbal du dépôt y sera dressé sur un registre à ce destiné, signé par les commissaires et par l'archiviste, dont expédition sera délivrée à l'imprimeur pour sa décharge.

5. Les ballots resteront aux archives sous leur sceau, pour n'être délivrés à la caisse de l'extraordinaire qu'après que l'Assemblée nationale en aura décrété l'emploi.

6. Nonobstant le décret du 8 octobre, qui restera amendé sur ce point, l'effigie du Roi sera imprimée sur les assignats de cent livres et au-dessous, aux lieu et place de l'écusson aux armes de France.

7. Les fabricateurs de faux assignats et leurs complices seront punis de mort.

4 = 10 NOVEMBRE 1790. — Décret qui abolit la procédure instruite contre le sieur Gineste, procureur du Roi en la maîtrise des eaux et forêts de Castres, par la commission établie en 1780. (L. 2, 480; B. 8, 29.)

L'Assemblée nationale, après avoir entendu son comité des rapports sur la pétition du sieur Gineste, procureur du Roi en la maîtrise de Castres, département du Tarn,

Déclare que la commission établie par l'arrêt du conseil du 29 juin 1780, l'ayant été illégalement, le commissaire nommé, ni ceux par lui choisis ou subdélégués, n'ont pu recevoir par cet arrêt le pouvoir de juger ; que les actes qualifiés de jugemens, sentences ou

arrêts, rendus par lesdits commissaires, n'en ont pas le caractère; qu'ils ne sauraient obliger ni entacher le sieur Gineste, et qu'ils doivent être regardés comme non avenus.

N'entend, au surplus, l'Assemblée nationale rien préjuger relativement à l'incendie de la forêt domaniale d'Espine, ni autres délits, dégradations et malversations qui peuvent avoir été commis dans les forêts domaniales dudit département, ni aux demandes en réparations, dommages et intérêts que ledit sieur Gineste, procureur du Roi, peut avoir à exercer, pour raison desquelles tant ledit sieur Gineste que la partie publique pourront se pourvoir envers et contre qui il appartiendra, devant les juges compétens.

4 = 10 NOVEMBRE 1790. — Décret qui autorise la ville du Mans à faire un emprunt. (L. 2, 487; B. 8, 26.)

4 NOVEMBRE 1790. — Nîmes. Voy. 2 NOVEMBRE 1790.—Ponts-et-chaussées. Voy. 31 DÉCEMBRE 1790.

5 = 10 NOVEMBRE 1790. — Décret relatif aux caporaux et tambours des régimens suisses. (L. 2, 471; B. 8, 32.)

L'Assemblée nationale, conformément au décret du 1er octobre 1790, qui fixe le traitement des caporaux et tambours des régimens suisses, qu'elle a voulu assimiler à ceux de ce grade des régimens français et étrangers, décrète qu'à compter du 1er octobre 1790,

Les caporaux et tambours suisses jouiront par jour, indépendamment du supplément de solde de dix-huit deniers qui leur a été accordé ; savoir :

Chaque caporal de grenadiers suisses, d'un supplément de haute-paie de dix-huit deniers;

Chaque caporal de fusiliers de première classe, d'un supplément de haute-paie de dix-huit deniers;

Chaque caporal de fusiliers de deuxième classe, d'un supplément de haute-paie de vingt-quatre deniers;

Chaque tambour de grenadiers, d'un supplément de haute-paie de vingt-quatre deniers;

Et chaque tambour de fusiliers, d'un supplément de haute-paie de douze deniers.

5 = 10 NOVEMBRE 1790. — Décret relatif à la solde des régimens suisses. (L. 2, 467; B. 8, 32.)

L'Assemblée nationale, pour faire cesser les difficultés qui se sont élevées sur l'exécution du décret en date du 1er octobre, relatif à la solde et aux appointemens des soldats, sous-officiers et officiers des corps suisses, rappelant ses précédentes délibérations, décrète :

Que les soldats, sous-officiers, officiers

suisses, généraux et autres officiers de cette nation, tant ceux retirés en Suisse avec pension, que ceux qui résident en France, en activité de service, en réforme ou en retraite, continueront de jouir et d'être payés, comme par le passé, des pensions, traitemens et emolumens dont ils ont joui jusqu'au 1er mai 1789, et qu'ils avaient obtenus en conformité des capitulations, sans être assujétis aux dispositions générales des décrets sur les pensions, et cela jusqu'au changement qui pourra être fait dans la capitulation, lorsque le traité en sera renouvelé entre la nation française et la Suisse.

5 = 10 NOVEMBRE 1790. — Décret relatif à la recette des sommes offertes et à offrir par les collecteurs aux receveurs des impositions, à valoir sur le montant des rôles. (L. 2, 485 ; B. 8, 30.)

L'Assemblée nationale, après avoir entendu son comité des finances sur la pétition du sieur Lanon, receveur des impôts directs à Saint-Lo, et pièces jointes, par lesquelles il est constaté que ledit sieur Lanon a refusé de recevoir du collecteur de la paroisse de Saint-Pierre-d'Arthenay, la somme de sept cent cinquante livres, à compte de celle de onze cent soixante-dix livres neuf sous un denier, à laquelle montait le rôle des impositions des ci-devant privilégiés de ladite paroisse pour les six derniers mois de 1789;

Déclare qu'elle improuve le refus fait par ledit sieur Lanon ; lui ordonne, ainsi qu'à tous autres receveurs, de recevoir les sommes qui leur seront offertes par les collecteurs, et d'en donner quittance à valoir sur le montant des rôles, sans préjudice des contraintes à décerner, s'il y a lieu, pour l'acquit entier desdits rôles. Néanmoins, dans les paroisses où les collecteurs se seront abonnés avec les receveurs particuliers des finances, pour acquitter, à différens termes, le montant de leurs rôles, les sommes proposées à compte ne pourront être inférieures à celles que lesdits collecteurs se seront obligés de payer par chaque terme; et s'il n'y a point d'abonnemens stipulés, les collecteurs seront tenus de payer la somme due pour le quartier échu, d'après les termes prescrits par les réglemens.

Enjoint aux assemblées de département et de district, à leurs directoires, et à tous autres corps administratifs, de surveiller l'exécution du présent décret.

5 = 10 NOVEMBRE 1790. — Décrets qui établissent un tribunal de commerce à Alençon et des juges-de-paix à Arles et à Troyes. (L. 2, 478, 479 et 489).

NOVEMBRE 1790. — Décret qui ordonne au comité militaire de présenter l'état de toutes les dépenses de la guerre. (B. 8, 33.)

5 = 10 NOVEMBRE 1790. — Décret pour supplier le Roi de suspendre toutes nominations aux emplois vacans dans le régiment de Salis-Marchelin. (B. 8, 32.)

5 = 19 NOVEMBRE 1790. — Décret qui ordonne à la caisse de l'extraordinaire de prêter au Trésor public quarante-huit millions pour le service de novembre. (B. 8, 34).

5 NOVEMBRE 1790. — Arles. Voy. 26 OCTOBRE 1790. — Biens nationaux. Voy. 28 OCTOBRE 1790. — Directoires. Voy. 2 NOVEMBRE 1790. Églises paroissiales. Voy. 2 NOVEMBRE 1790.— —Emolumens. Voy. 30 OCTOBRE 1790.— Haguenau. Voy. 2 NOVEMBRE 1790. — Haut et Bas-Rhin. Voy. 28 OCTOBRE 1790. — Juges-de-paix ; Juges. Voy. 3 NOVEMBRE 1790. — Lois. Voy. 2 NOVEMBRE 1790. — Montauban. Voy. 28 OCTOBRE 1790 — Municipalité de Paris. Voy. 3 NOVEMBRE 1790. — Nancy. Voy. 2 NOVEMBRE 1790. — Traites. Voy. 31 OCTOBRE 1790.

6 = 10 NOVEMBRE 1790. — Décret concernant la liquidation des offices des amirautés. (L. 2, 463 ; B. 8, 38.)

Art. 1er. Les offices d'amirautés soumis à l'évaluation prescrite par l'édit de 1771 seront liquidés conformément à l'article 1er du titre 1er du décret du 5 septembre dernier.

2. Les titulaires ou propriétaires d'offices de l'amirauté de France, ou des autres amirautés, qui ne seraient pas soumis à l'évaluation, seront remboursés sur le pied de leurs contrats authentiques d'acquisition et autres titres translatifs de propriété, et, à leur défaut, au montant des quittances de finance et supplément d'icelles.

6 = 8 NOVEMBRE 1790. — Instruction sur les mesures à prendre pour la conservation et la disposition des effets mobiliers qui font partie des biens nationaux. (L. 2, 463 ; B. 8, 36).

Les comités réunis d'aliénation des biens nationaux et des affaires ecclésiastiques, délibérant sur les précautions et mesures à prendre pour l'exécution des décrets de l'Assemblée nationale, concernant la conservation et la disposition des effets mobiliers qui font partie des biens nationaux, ont pris les résolutions suivantes :

Art. 1er. Dans les maisons qui étaient habitées par des religieux, et qui, dès-à-présent, sont abandonnées desdits religieux, la totalité des effets mobiliers, de quelque nature qu'ils soient, sera mise sous les scellés, soit dans les lieux mêmes où les effets se trouvent actuellement placés, soit dans une ou plusieurs chambres ou salles où ils seront transportés et déposés à cet effet, selon ce que la facilité de garder et la sûreté exigeront. Il sera établi un ou plusieurs gardiens pour veiller à la conservation desdits effets.

2. Dans les maisons où il se trouve encore actuellement des religieux habitans, il sera remis à chacun desdits religieux les effets mobiliers nécessaires à leur usage journalier et personnel. A l'égard de tous les autres effets mobiliers étant dans les maisons, ils seront mis sous les scellés, comme il a été dit dans l'article précédent, récolement préalablement fait sur les inventaires qui ont été déjà dressés desdits effets. S'il se trouve des effets qui ne soient pas susceptibles d'être déplacés dans le moment actuel, tels que les tableaux et statues, ils seront laissés aux religieux, qui s'en chargeront sur inventaire.

3. Dans les églises où il y a des chapitres établis et qui sont actuellement paroisses, ou qui doivent le devenir d'après les décrets de l'Assemblée, telles que les cathédrales qui sont conservées, les évêques, curés et autres ecclésiastiques qui desservent actuellement lesdites églises, donneront, dans le plus bref délai, l'état des ornemens, vases sacrés et autres objets de ce genre qui peuvent être nécessaires pour le service de la paroisse, en égard aux fondations actuellement desservies dans lesdites églises, et au peuple qui les fréquente. En cas de refus desdits ecclésiastiques de fournir lesdits états après l'avertissement qui leur aura été donné, les commissaires dont il va être parlé dans l'article suivant dresseront l'état desdits effets selon leur prudence et avec les égards qui sont dus à la décence et à la majesté du culte. Lesdits effets seront provisoirement à la garde des marguilliers, habitans ou autres qui, suivant les usages des lieux, doivent en être chargés, sauf à régler en définitif à qui ils seront remis, et à ajouter les effets qui pourraient être jugés nécessaires par la suite. Tous les autres effets desdites églises, ainsi que la totalité des effets mobiliers dans les églises qui ne sont ni ne doivent être paroisses, seront mis sous les scellés, et gardés ainsi qu'il est porté dans les articles 1 et 2.

4. Les directoires de département, et la municipalité de Paris, commise à cet effet par l'Assemblée nationale, à défaut de directoire du département de Paris, nommeront et prendront sur les lieux, autant qu'il sera possible, les commissaires qui seront nécessaires pour vaquer aux opérations portées dans les articles précédens, et ils rendront compte de leur exécution aux comités réunis d'aliénation des biens nationaux, et des affaires ecclésiastiques. Il sera dressé des états de tous les effets mobiliers qui seront mis sous les scellés ou inventoriés; lesdits états seront envoyés au comité d'aliénation des biens nationaux, et il ne sera disposé d'aucun desdits effets qu'après l'avis du comité.

6 = 8 NOVEMBRE 1790. — Décret concernant les protestations faites par le chapitre de Cambrai contre l'exécution des décrets sur la vente des domaines nationaux. (J. 2, 461 ; B. 8, 34)

Sur le compte qui a été rendu à l'Assemblée nationale par ses comités ecclésiastique et d'aliénation, 1° de l'instruction qu'ils ont adressée, le 19 octobre dernier, aux différens départemens du royaume, pour assurer l'exécution des décrets de l'Assemblée nationale, sanctionnés par le Roi, concernant les effets mobiliers qui font partie des biens nationaux ; 2° des mesures prises en conséquence par le directoire du département du Nord, pour pourvoir dans tout son ressort à la conservation desdits effets ; 3° d'une protestation, en date du 22 dudit mois d'octobre, par les ci-devant membres de l'église métropolitaine de Cambrai, et des voies de fait que plusieurs particuliers de la ville ont opposées, le 3 de ce mois, à l'exécution des ordres dudit directoire,

L'Assemblée nationale déclare que les administrations de département, ou leurs directoires, sont, par le seul effet des lois relatives aux biens nationaux, dont l'instruction ci-dessus n'est que la conséquence directe et nécessaire, tenus d'exécuter tout ce qui leur est indiqué et rappelé par cette instruction, laquelle demeurera annexée au présent décret ; approuve la conduite du directoire du département du Nord et des commissaires par lui délégués dans le district de Cambrai, en conformité de l'article 4 de ladite instruction ; réserve à prononcer, d'après le rapport particulier qui lui sera fait incessamment par son comité ecclésiastique, sur les peines à infliger aux ci-devant membres des chapitres et autres corps ecclésiastiques supprimés qui ont osé ou oseraient, à l'avenir, protester contre les décrets de l'Assemblée nationale, sanctionnés par le Roi ;

Décrète que son président se retirera dans le jour par devers le Roi, à l'effet de prier Sa Majesté de faire incessamment publier le présent décret dans tous les départemens, et de donner les ordres les plus prompts, tant pour que lesdits commissaires puissent de suite continuer et achever leurs opérations, que pour qu'il soit informé, si fait n'a déjà été, par-devant la municipalité de Cambrai, en attendant l'installation du tribunal de district de cette ville, contre les moteurs et instigateurs des troubles et voies de fait mentionnés dans les procès-verbaux desdits commissaires des 3 et 4 de ce mois, notamment contre les quatre officiers de la garde nationale et les deux ouvriers qui y sont nommément désignés, pour leur procès leur être fait et parfait, s'il y a lieu, suivant la rigueur des lois.

6 = 10 NOVEMBRE 1790. — Décret qui ordonne l'exécution littérale et prompte du décret rendu le 8 octobre contre les membres de la ci-devant chambre des vacations du Parlement de Toulouse. (B. 8, 39.)

7 (6 et) = 10 NOVEMBRE 1790. — Décret relatif au mode de remplacement de juges qui n'ont point accepté leur nomination. (L. 2, 469 ; B. 8, 39.)

Art. 1er. Dans les lieux où les assemblées électorales sont séparées, les suppléans remplaceront, dans l'ordre de leurs élections, ceux qui, nommés à la place de juges, ont refusé d'accepter ou donné leur démission. S'il ne reste pas le nombre de suppléans nécessaire pour le remplacement, soit parce qu'ils auront refusé d'accepter, soit parce qu'ils auront accepté d'autres places, les électeurs se rassembleront sur la convocation du procureur-syndic du district ; mais dans le cas où les électeurs, réunis dans les formes prescrites, auraient procédé au remplacement avant la publication du présent décret, les suppléans ne pourront réclamer contre cette élection.

2. Si une élection est déclarée nulle, ou si on a nommé à la place de juge un ou plusieurs sujets qui ne réunissent pas les conditions requises, les électeurs se rassembleront sur la convocation du procureur-syndic du district, pour procéder au remplacement.

3. La connaissance de toutes les contestations relatives à la forme des élections et aux conditions d'éligibilité prescrites par les décrets, tant des juges qui doivent composer les tribunaux de district et de commerce, que de leurs suppléans et des juges-de-paix et de leurs assesseurs, est attribuée provisoirement aux directoires de département, qui prononceront sur l'avis des directoires de district.

4. L'administration du département de Paris n'étant pas encore formée, le conseil municipal de cette ville est autorisé à exercer provisoirement les fonctions attribuées par le présent décret aux directoires de département. Il jugera également les contestations relatives à la forme des élections et aux conditions d'éligibilité des commissaires de police et de leurs secrétaires-greffiers, ainsi que des commissaires de section.

5. Chaque tribunal de district jugera, immédiatement après son installation, si le commissaire nommé par le Roi réunit les conditions prescrites par les décrets.

7 (6 et) = 16 NOVEMBRE 1790. — Décret sur la liquidation de la dette publique. (L. 2, 509 ; B. 8, 39.)

Art. 1er. Sur les huit cents millions d'assignats créés par le décret du 29 septembre, il sera prélevé la somme de deux cents millions, qui sera mise en réserve pour être employée, sur les décrets de l'Assemblée nationale, à subvenir aux besoins que les événemens publics pourraient faire naître, et à mettre au courant, à compter du 1er janvier 1791, la totalité des rentes de 1790, dans les six premiers mois de ladite année 1791. La partie de cette somme qui serait employée aux dépenses publiques sera remplacée à la caisse de l'extraordinaire par les produits arriérés des impositions directes, par les reprises sur les comptables, et par l'arriéré du remplacement ordonné de la gabelle.

2. L'emploi des six cents millions restant sera fait de la manière suivante :

1° Aux remboursemens des effets suspendus par l'arrêt du conseil du 16 août 1788 ;

2° Au paiement à bureau ouvert, à compter du 1er janvier 1791, de l'arriéré liquidé des départemens, ainsi que des offices, charges, emplois et dimes inféodées, après leur liquidation.

3. Le produit des ventes des domaines nationaux sera employé, de préférence, à rembourser en assignats, sans interruption, les propriétaires d'offices et dimes inféodées ; et à cet effet, il sera rendu par le Corps-Législatif tous décrets nécessaires.

4. Les propriétaires d'offices non comptables supprimés seront admis, même avant la liquidation, suivant la forme qui sera incessamment prescrite, à faire recevoir provisoirement pour prix de l'acquisition des domaines nationaux, la moitié de leur finance, déterminée d'après les décrets de l'Assemblée nationale, suivant la nature des offices.

5. Après la liquidation, la valeur entière de l'office sera reçue pour comptant dans l'acquisition des biens nationaux, en représentant la reconnaissance de liquidation, numérotée et signée des commissaires préposés à ladite liquidation, mais sans qu'il soit nécessaire de suivre dans ce cas aucun ordre de numéros.

6. L'ordre de numéros sera également indifférent pour recevoir le remboursement en assignats, tant que les fonds destinés à la liquidation ne seront point épuisés.

7. Au-delà de ladite somme, la quotité d'assignats rentrée par les ventes ne pouvant être mise en émission que par un décret du Corps-Législatif, les remboursemens se feront alors par ordre de numéros, suivant l'indication publique qui en sera donnée à tous les porteurs de reconnaissances de liquidation, lesquels, en attendant, pourront les donner en paiement dans les ventes.

8. L'intérêt à cinq pour cent sera accordé à ces reconnaissances, et courra du jour où la remise complète des titres aura été faite au bureau de liquidation ; ce jour sera indiqué dans la reconnaissance, mais l'intérêt cessera du jour où le numéro sera appelé au remboursement.

9. Il en sera de même pour les propriétaires de dimes inféodées, qui seront traités comme les propriétaires d'offices, et remboursés dans le même ordre et avec la même exactitude, en concurrence avec eux.

10. Les priviléges et hypothèques qui existaient sur les titres d'offices et dimes inféodées, seront transportés sur les domaines acquis avec la finance desdits offices et le capital desdites dimes, et ils subsisteront sur lesdits domaines, sans novation.

11. Les propriétaires de fonds d'avances ou cautionnemens non comptables, déclarés remboursables, pourront donner en paiement de l'acquisition de domaines nationaux, les récépissés ou autres titres authentiques de leur créance, avant la liquidation, lorsqu'ils seront revêtus du *visa* dont la forme sera incessamment déterminée.

12. Les propriétaires des charges ou cautionnemens comptables supprimés ou déclarés remboursables, jouiront du même avantage, mais seulement lorsque leurs états au vrai auront été également arrêtés : les immeubles acquis par eux resteront spécialement affectés aux répartitions du Trésor public, jusqu'à l'entier apurement de leurs comptes.

A l'égard des propriétaires de charges ou cautionnemens comptables, qui n'auront pas présenté leur état au vrai, leurs finances ou cautionnemens ne seront reçus en paiement des domaines nationaux que pour moitié, à la charge que l'autre moitié du prix sera payée comptant : la totalité des immeubles acquis par eux restera spécialement affectée à la sûreté de leur manutention, jusqu'après l'apurement de leurs comptes.

13. Les créanciers privilégiés sur les titres d'offices, fonds d'avances, cautionnemens et autres objets remboursables par l'État, seront admis à donner le montant de leur créance en paiement des domaines nationaux dont ils se rendront adjudicataires, en remplissant pour constater l'existence de l'intégrité de leurs droits, les conditions qui seront prescrites par les décrets de l'Assemblée.

14. Les brevets de retenue seront exceptés des précédentes dispositions, jusqu'après examen.

15. Il sera nommé deux commissaires de chacun des comités de constitution, de judicature, de finance et d'aliénation, pour présenter dans huitaine à l'Assemblée nationale les moyens d'exécution pour parvenir à toutes les liquidations avec promptitude et uniformité.

16. Les différens titres de propriété ci-dessus énoncés, et tous autres effets, ne pourront être reçus, sous aucun prétexte, en paiement ni dans les caisses de district, ni même dans celle du receveur de l'extraordinaire, sans être revêtus du visa qui sera indiqué

dans le décret sur le mode de liquidation générale.

17. L'Assemblée nationale déterminera, par un ou plusieurs décrets particuliers, le développement de toutes les formalités à observer, et pour les liquidations, et pour toutes les opérations en dépendant.

7 NOVEMBRE 1790. — Décret qui, sur la demande en nullité de l'élection des juges du district de Rochefort, renvoie cette affaire au comité de constitution pour en faire le rapport à l'Assemblée. (B. 8, 41.)

= 24 NOVEMBRE 1790. — Décret qui déclare vendre à la municipalité d'Orléans pour la somme de quatre cent cinquante mille six cent quarante livres de biens nationaux (L. 2, 574 ; B. 8, 41.)

NOVEMBRE 1790 — Décret pour lever les obstacles apportés dans la ville de Lyon au passage d'un parc d'artillerie destiné pour Antibes et Monaco. (B. 8, 45.)

7 NOVEMBRE 1790. — Asserac ; Availles. *Voy.* 31 OCTOBRE 1790. — Chinon. *Voy.* 2 NOVEMBRE 1790. — De Roussy *Voy.* 27 OCTOBRE 1790. — Etablissemens d'études. *Voy.* 28 OCTOBRE 1790. — Nantes. *Voy.* 31 OCTOBRE 1790. — Perpignan *Voy.* 28 OCTOBRE 1790. — Quimperlé. *Voy.* 31 OCTOBRE 1790.

8 = 1er et 24 NOVEMBRE 1790. — Décret pour l'aliénation de biens nationaux aux municipalités de Chartres, de Massey, de Saint-Aubin et de Saint-Jean de Beauregard. (L. 2, 500, 502, 519 et 582 ; B. 8, 46, 47 et 48.)

8 NOVEMBRE 1790. — Biens nationaux. *Voy.* 5 NOVEMBRE 1790. — Cambrai. *Voy.* 5 NOVEMBRE 1790.

9 = 13 NOVEMBRE 1790. — Décret relatif à l'extraction des grains et fourrages des départemens de la Meurthe, de la Meuse et des Ardennes. (L. 2, 490 ; B. 8, 51.)

L'Assemblée nationale décrète que son président sera chargé d'écrire aux assemblées administratives des départemens de la Meurthe, de la Meuse et des Ardennes, pour leur témoigner la satisfaction de l'Assemblée, du zèle qu'elles ont marqué dans les circonstances. L'Assemblée nationale confirme les défenses provisoires faites par les directoires de département, concernant l'extraction des grains, avoines et fourrages des frontières du royaume ; ordonne que le Roi sera prié de sanctionner incessamment le présent décret, et d'envoyer toute proclamation nécessaire pour son exécution.

9 = 17 NOVEMBRE 1790. — Décret relatif à la police des transports de la rivière de Somme. (L. 2, 517 ; B. 8, 51.)

L'Assemblée nationale, après avoir entendu le rapport de son comité de commerce et d'agriculture, sur la demande de la chambre de commerce de la ci-devant province de Picardie, décrète que, jusqu'à ce qu'il ait été prononcé, d'après l'avis du département de la Somme ou de son directoire, sur la question de savoir si le service des gribaniers et mariniers de la rivière de Somme pour le transport des marchandises et autres denrées, doit être fait tour-à-tour, ou non, par les bateaux ou gribanes qui font ce service, l'arrêt du conseil du 1er février 1724, qui abolit ce prétendu droit de tour, sera provisoirement exécuté selon sa forme et teneur ; en conséquence, autorise tous bateliers établis sur la rivière de Somme, à voiturer, comme les gribaniers, les marchandises et autres objets de Saint-Valeri à Amiens, et d'Amiens à Saint-Valeri et autres lieux le long de la rivière de Somme, aux prix dont ils conviendront de gré à gré avec les marchands propriétaires et commissionnaires de marchandises. Fait défenses aux gribaniers et à tous autres de troubler ceux qui seront choisis par les marchands, à peine d'être poursuivis comme perturbateurs du repos public ; fait défenses auxdits bateliers et gribaniers et à leurs équipages, de détourner et altérer aucune des marchandises dont ils seront chargés, à peine de tous dommages-intérêts, et de punition corporelle.

9 = 17 NOVEMBRE 1790. — Décret relatif à la fourniture du tabac aux matelots. (L. 2, 514 ; B. 8, 52.)

L'Assemblée nationale, sur le rapport de son comité de marine,

Décrète, qu'à compter de la date de la publication du présent décret, il sera fourni aux matelots formant les équipages des vaisseaux, au moment qu'ils seront en rade, du tabac comme il leur est fourni à la mer, et au prix qu'il est donné aux soldats: que le prix en sera tenu sur leurs gages, et qu'ils n'en pourront transporter à terre ni dans les ports.

9 NOVEMBRE (19 et 21 OCTOBRE) 1790 = 30 JANVIER 1791. — Décret relatif à la construction du canal projeté par le sieur Brulée. (L. 3, 373 ; B. 8, 54.)

L'Assemblée nationale, après avoir entendu le rapport qui lui a été fait, au nom de son comité d'agriculture et de commerce, de la demande du sieur Jean-Pierre Brulée, citoyen français, demeurant à Paris, de construire à ses frais, aux conditions consignées dans sa soumission du 12 septembre 1790,

un canal de navigation qui prendrait sa naissance dans la Marne, sous Lisy, auprès de l'embouchure de l'Ourcq ; de là passant par Meaux, Claye et La Villette, descendrait dans un point de partage où il se diviserait en deux branches, dont l'une se rendrait, par les faubourgs Saint-Martin et du Temple, les fossés de la Bastille et de l'Arsenal, dans la Seine ; et l'autre passerait par Saint-Denis, la vallée de Montmorency, Pierrelaye, se rendrait d'un côté à Conflans-Saint-Honorine, et de l'autre côté dans l'Oise près Pontoise ; et qui, enfin, se continuerait de Pontoise à Dieppe par Gournay et autres lieux ;

Après avoir également entendu le rapport de l'avis du 24 mai 1786, donné par les sieurs Borda, Lavoisier, Condorcet, Perronet et Bossu, commissaires nommés pour l'examen du projet alors présenté par ledit sieur Brulée, et approuvé par l'Académie des sciences ; de celui du 26 mai 1790, donné par lesdits sieurs Borda, Lavoisier, Condorcet et Bossu, de la pétition des représentans de la commune de Paris, du 7 juin dernier, qui demande l'exécution de ce projet ; et des directoires des départemens de Seine-et-Marne et de Seine-et-Oise, décrète ce qui suit :

Art. 1er. Le sieur Brulée est autorisé à ouvrir à ses frais un canal de navigation qui commencera à la Beuvronne, près du pont de Souilly, arrivera entre La Villette et La Chapelle, dans un canal de partage qui formera deux branches.

L'une passera par les faubourgs de Saint-Martin et du Temple, les fossés de la Bastille et de l'Arsenal, pour se rendre dans la Seine.

L'autre branche passera par Saint-Denis, la Vallée de Montmorency, arrivera au-dessous de Pierrelaye, où elle se divisera encore en deux branches dont l'une se rendra dans la Seine à Conflans-Saint-Honorine, et la seconde dans l'Oise près de Pontoise. Il suivra, autant qu'il sera possible, la direction du plan joint à son acte de soumission ci-dessus rappelée : l'ancienne navigation de la Seine, de la Marne et de l'Oise, restera libre comme ci-devant.

2. Ce canal, les bermes, chemins de halage, fossés, francs-bords et contre-fossés, seront exécutés sur une largeur de terre de cinquante toises ; elle sera augmentée dans les endroits où il sera jugé nécessaire d'établir des réservoirs, bassins, gares, ports, abreuvoirs, et des anses pour le passage des bateaux, où les francs-bords ne donneraient point assez d'espace pour les dépôts des terres provenant des fouilles, et aussi dans les endroits où les terres des excavations n'en fourniraient point suffisamment pour former les digues dudit canal.

3. Le canal aura, à la superficie de l'eau dans l'intérieur de Paris, douze toises de lar-

geur entre les murs de quais, et huit toises partout ailleurs; sa profondeur sera de six pieds d'eau. Il sera garni d'écluses partout où elles seront nécessaires; et dans la campagne, d'anses de quatre cents toises en quatre cents toises.

4. Le sieur Brulée construira des ponts sur toutes les grandes routes coupées par ledit canal, conformes à ceux existant sur lesdites routes et sur les chemins de traverse, éloignés l'un de l'autre au moins de mille toises; ils seront plus rapprochés, si l'utilité publique l'exige : ils seront remplacés par des bacs, si quelque localité y nécessite. Il construira dans Paris des ponts à la rencontre des principales rues et des quais, de six toises de largeur, sous lesquels il pourra établir des magasins à son profit.

Les chemins de halage dans la campagne auront vingt pieds de largeur.

Le projet de ce canal, signé par le sieur Brulée le 12 septembre dernier, restera joint à sa soumission rappelée ci-dessus.

5. Il acquerra les propriétés nécessaires à l'exécution de son canal et de ses dépendances, suivant l'estimation faite par des commissaires nommés par les directoires de département; et les difficultés, s'il en survient à cette occasion, seront terminées par les directoires de département.

Le propriétaire d'un héritage divisé par le canal, pourra, lors du contrat, obliger le sieur Brulée d'acquérir les parties restantes ou portions d'icelles, pourvu qu'elles n'excèdent pas en valeur celles acquises pour ledit canal et ses dépendances.

6. Il ne pourra se mettre en possession d'aucune propriété, qu'après le paiement réel et effectif de ce qu'il devra acquitter. Si on refuse de recevoir le paiement, ou en cas de difficulté, la consignation de la somme à payer, faite dans le dépôt public que les directoires de département ordonneront, sera considérée comme paiement, après qu'elle aura été notifiée. Alors toutes oppositions ou autres empêchemens à la prise de possession seront sans effet.

7. Quinzaine après le paiement ou la consignation dûment notifiée, le sieur Brulée est autorisé à se mettre en possession des bois, pâtis, prairies et terres à champs, emblavées ou non, qui se trouveront dans l'emplacement dudit canal et de ses dépendances; à l'égard des bâtimens, clos et marais légumiers, ce délai sera de trois mois.

8. Les hypothèques dont les biens qu'il acquerra pour la construction de ce canal et de ses dépendances pourraient être chargés, seront purgées en la forme ordinaire; mais il ne lui sera expédié chaque mois qu'une seule lettre de ratification par tribunal, pour tous les biens dont les hypothèques auront été purgées pendant ce mois.

9. Ce canal sera traité, à l'égard des impositions, comme le seront les autres établissemens de ce genre.

10. Il est autorisé à détourner les eaux qui seraient nuisibles au canal, et à y amener celles qui y seront nécessaires; à former des canaux d'irrigation dans la campagne, et à conduire les eaux du canal dans les différens quartiers de Paris, en indemnisant préalablement ceux dont les propriétés seraient endommagées, et en remplaçant les établissemens utiles au public, dont la suppression, à cause de leur situation, aurait été jugée indispensable.

11. Il pourra construire des moulins sur le côté de ce canal, à la chute des écluses, sans que les moulins et autres établissemens, de quelque nature qu'ils soient, préjudicient en aucune manière à la navigation et à l'agriculture.

Il sera établi à chaque prise d'eau dans ce canal, des repères indicatifs de l'eau nécessaire à la navigation, et l'entrepreneur ne pourra disposer que de celles surabondantes.

12. Il aura seul, pendant le temps de sa jouissance, le droit d'établir sur ce canal, des coches, diligences, galiotes et batelets pour le transport des voyageurs et des personnes qui voudront le traverser, il en établira le nombre qui sera jugé, par le Corps-Législatif, nécessaire au service public.

13. Il jouira pendant cinquante ans (dans lesquels le terme fixé pour l'achèvement du canal n'est point compris), du droit de péage qui sera décrété; et après ce temps, ce canal et ses dépendances appartiendront à la nation; mais le sieur Brulée conservera la propriété absolue :

1° Des magasins qu'il aura construits dans Paris sous les quais du canal, à la charge par lui de tenir, dans tous les temps, ces magasins en bon état de réparation, de manière que la sûreté publique ne puisse en souffrir;

2° Des vingt-six toises de terrain collatérales auxdits quais et des bâtimens qu'il y aura établis, à la charge de souffrir tout ce qui sera nécessaire aux réparations et à l'entretien de ce canal et de ses dépendances;

3° Des moulins et des autres établissemens qui exigeront des prises d'eau, qu'il aura construits en conformité du présent décret, sans que, dans aucun temps et sous aucun prétexte, il puisse prétendre aucune indemnité envers la nation, lorsqu'elle sera propriétaire du canal, soit pour raison de la privation des eaux, lorsqu'il faudra faire des réparations au canal et à ses dépendances, soit pour toute autre cause;

4° Des francs-bords et contre-fossés dudit canal, et des établissemens qu'il y aura construits, à la charge de souffrir, sans aucune indemnité, le dépôt des vases provenant des curemens du canal, de ses fossés et de ses autres dépendances, et des matériaux nécessaires à leur réparation, et sans qu'il puisse s'opposer à ce qu'il soit fait des quais pour l'utilité des communautés riveraines.

14. L'entrepreneur ne pourra faire les établissemens qui exigent une prise d'eau dans le canal, que dans les vingt-quatre premières années de sa jouissance, pendant laquelle il le tiendra toujours dans un parfait état de navigation.

15. Il mettra, dans trois mois à compter du jour de la sanction du présent décret, ses travaux en activité, après avoir justifié au département de Paris qu'il peut disposer de dix millions; il les achèvera dans le terme de huit ans : s'il ne remplit pas l'une et l'autre de ces conditions, il sera déchu du bénéfice du présent décret, sans pouvoir rien répéter à la charge de la nation.

16. L'Assemblée nationale se réserve de prononcer s'il y a lieu d'ouvrir une branche de communication de ce canal à la Seine, au droit de Saint-Denis; si elle est jugée nécessaire, elle sera faite aux dépens du sieur Brulée et fera partie du canal.

17. Il est autorisé à faire vérifier à ses frais par les commissaires de l'Académie des sciences ci-dessus rappelés, le reste de son projet de navigation, en indemnisant préalablement ceux qui devraient éprouver quelques dommages de ses opérations. Défenses sont faites à toutes personnes de le troubler, ainsi que ceux employés à ce travail, soit en les molestant, soit en déplaçant leurs jalons, soit autrement, à peine d'être poursuivis et punis selon la rigueur des lois.

18. Le Roi sera prié de nommer deux commissaires, l'un de l'Académie des sciences, et l'autre de celle d'architecture, pour arrêter avec le sieur Brulée, d'après les observations des départemens: 1° les opérations scientifiques, 2° l'emplacement le plus avantageux du canal, 3° les autres moyens d'exécution.

Tarif du péage accordé au sieur Brulée.

Art. 1er. Les bateaux, quels qu'ils soient, chargés de grains, vins, chanvres, bois, fers, charbons de toute espèce, foins, pailles, poteries, pierres, chaux, tuiles, ardoises et engrais, paieront six deniers du quintal, poids de marc, en raison de chaque lieu de deux mille toises qu'ils feront sur ledit canal; ils paieront, pour toutes autres marchandises, neuf deniers du quintal, poids de marc, en raison de chaque lieue.

2. Les trains de bois de toute espèce et les bateaux vides qui passeront sur ce canal, paieront douze sous par toise de longueur et par lieue.

Les bateaux qui n'auront que le tiers de leur charge ou moins, paieront ces mêmes droits, en sus de ceux dus par les marchandises.

Les batelets et bachots, d'environ vingt pieds de longueur, paieront quinze sous par lieue.

3. Les voyageurs par les coches, diligences, batelets et galiotes établis sur ce canal, paieront trois sous par lieue, et six deniers par quintal, aussi par lieue, pour leurs effets et marchandises, au-dessus de ce qui excédera le poids de dix livres.

4. Les bateaux chargés, les batelets ou bachots qui les suivent, et les trains de bois qui entreront dans ce canal pour se rendre à leur destination, pourront y rester pendant dix jours, à compter de l'instant de leur entrée, sans rien payer pour droit de séjour ou gare. Après ce temps, les bateaux et trains de bois paieront un sou trois deniers par journée de vingt-quatre heures, et par toise de longueur, pendant leur séjour dans ce canal; et les batelets et bachots, deux sous seulement par journée.

Les bateaux vides, les batelets et bachots qui emprunteront le passage du canal, pourront y rester quatre jours, sans payer les frais de séjour ou de gare; après ce terme, ils les acquitteront comme il est dit ci-dessus.

5. Les bateaux, batelets, bachots et trains de bois qui n'entreront dans le canal que pour s'y mettre en gare, en acquitteront les droits à compter du moment de leur entrée.

6. Tous les objets transportés pour le service de la nation ne paieront que la moitié des droits de tarif ci-dessus rappelés.

Il sera fait un règlement pour la police du canal.

———

9 == 10 NOVEMBRE 1790 — Décret qui ordonne de mettre en liberté M. Meslé, capitaine au régiment des chasseurs de Flandre. (L. 2, 477; B. 8, 53.)

———

9 == 17 NOVEMBRE 1790. — Décret pour la nouvelle composition des cantons du district de Besançon (L. 2, 504; B. 8, 49.)

———

9 == 17 NOVEMBRE 1790. — Décret concernant l'état des domaines nationaux pour lesquels la municipalité de Carcassonne a fait sa soumission. (B. 8. 51.)

———

9 == 17 NOVEMBRE 1790. — Décret pour la réunion en une seule municipalité, des paroisses de Bouillargues, Rodilhan, Caissargues et Garons, et la formation d'un huitième arrondissement au district de Nîmes. (L. 2, 505; B. 8, 50.)

———

9 NOVEMBRE 1790 — Décret qui règle l'ordre des questions à suivre pour la discussion du plan de formation d'un tribunal de cassation et d'une haute cour nationale. (B. 8, 51.)

10 = 14 NOVEMBRE 1790. Décret sur la nomination des juges des six tribunaux de Paris. (L. 2, 495 ; B. 8, 61).

10 = 17 NOVEMBRE 1790. — Décret qui réduit à trois les neuf paroisses de la ville de Cahors. (L. 2, 509 ; B. 8, 61.)

10 = 17 NOVEMBRE 1790. — Décret qui fixe le nombre des juges-de-paix dans les villes d'Alais, d'Alençon, d'Auxerre, de Beaucaire, de Beaune, de Beauvais, de Dijon, de Nîmes et de Sens. (L. 2, 536 ; B. 8, 61.)

10 NOVEMBRE 1790. — Alençon, etc.; Amirautés. *Voy.* 5 NOVEMBRE 1790. — Assignats. *Voy.* 4 NOVEMBRE 1790. — Bretagne. *Voy.* 30 OCTOBRE 1790.— Collecteurs. *Voy.* 5 NOVEMBRE 1790.— Cour de cassation. *Voy.* 27 NOVEMBRE 1790. — Gineste. *Voy.* 4 NOVEMBRE 1790.— Juges. *Voy.* 7 NOVEMBRE 1790. — Le Mans. *Voy.* 4 NOVEMBRE 1790. — M. Meslé. *Voy.* 9 NOVEMBRE 1790. — Orléans *Voy.* 26 OCTOBRE 1790. — Régimens Salis Marcelin; Régimens suisses; Suisses; Toulouse. *Voy.* 5 NOVEMBRE 1790.

11 = 17 NOVEMBRE 1790. — Décret relatif à l'entrepôt des grains, farines et légumes venant de l'étranger, destinés à la réexportation. (L. 2, 515 ; B. 8, 64.)

L'Assemblée nationale, après avoir entendu son comité d'agriculture et de commerce, et la pétition du directoire du département de la Gironde, décrète que toute espèce de grains, farines et légumes venant de l'étranger dans un port de France, quel qu'il soit, seront déclarés par entrepôt, et pourront être réexportés pour tel autre port de France ou de l'étranger qu'on voudra, à la charge par celui qui en fera la réexportation, de justifier, par-devant les officiers municipaux des lieux, que ce sont réellement les mêmes grains, farines et légumes venant de l'étranger, qu'il se propose de réexporter, en se conformant, au surplus, au décret du 18 septembre 1789.

11 = 19 NOVEMBRE 1790. — Décret pour la vente des biens nationaux à la municipalité de Chartres. (L. 2, 549 ; B. 8, 63.)

11 = 17 NOVEMBRE 1790. — Décret pour qu'il soit fait droit sur les plaintes du sieur Kéating, major titulaire du régiment de Walsh, relativement à sa destitution. (B. 8, 64.)

11 NOVEMBRE 1790. — Cour de Cassation. *Voy.* 27 NOVEMBRE 1790.

12 = 19 NOVEMBRE 1790. — Décret concernant les droits féodaux rachetables. (L. 2, 565 ; Mon. du 14 novembre 1790.)

Voy. lois du 3 = 9 MAI 1790 ; du 28 OCTOBRE = 5 NOVEMBRE 1790 ; du 14 = 19 DÉCEMBRE 1790.

L'Assemblée nationale, voulant faire cesser les doutes qui se sont élevés sur l'exécution des articles 19, 20, 38 et 42 du décret du 3 mai dernier, décrète ce qui suit :

Les offres qui seront faites en exécution des articles 19, 20 et 38 du décret du 8 mai dernier, seront valables, encore que la somme y portée se trouve, par le résultat de l'estimation des experts, inférieure au montant de ladite estimation, pourvu que les offres aient été faites avec la clause *sauf à parfaire ;* et les ventes qui auront été faites après de pareilles offres faites dans le cours de deux années, à compter du jour de la publication du décret du 3 mai, jouiront du bénéfice de l'exemption portée en l'article 42 dudit décret : il en sera de même à l'égard des offres qui ont été précédemment faites, encore qu'elles n'aient point été faites avec la clause *sauf à parfaire.* Mais ceux qui auront fait des offres prouvées par l'évènement de l'estimation, insuffisantes, ne jouiront du bénéfice du présent décret qu'à la charge : 1° de supporter les frais de l'expertise ; 2° d'effectuer le paiement réel, tant de la totalité de la somme à laquelle le rachat aura été liquidé, que des frais de l'expertise, dans le mois du jour de l'acte qui aura liquidé le montant du rachat, ou de la signification du jugement en dernier ressort ou passé en force de chose jugée, qui aura fait la dernière liquidation.

12 = 19 NOVEMBRE 1790. — Décret relatif à l'estimation des arbres fruitiers plantés sur les rues ou chemins publics. (B. 8, 68.)

Voy. loi du 26 JUILLET = 15 AOUT 1790.

L'Assemblée nationale, voulant faire cesser les difficultés qui se sont élevées sur l'exécution de l'article 4 du décret du 26 juillet dernier, décrète que l'estimation des arbres fruitiers plantés sur les rues ou les chemins publics, que les propriétaires riverains voudront racheter, sera faite au capital au denier dix du produit commun annuel desdits arbres, formé sur les quatorze dernières années, déduction faite des deux plus fortes et des deux moindres, sauf les déductions que les experts pourront admettre sur ledit capital, d'après les localités, l'âge et l'état des arbres qu'il s'agira d'estimer.

12 = 19 NOVEMBRE 1790. — Décret relatif à la vente des grains et farines en dépôt appartenant à la nation. (L. 2, 546 ; B. 8, 69.)

Art. 1er. Les grains et farines actuellement à Paris, soit dans l'École militaire, soit dans d'autres dépôts, pour le compte de la nation, seront vendus à la municipalité de Paris, au prix qui sera réglé par des experts respectivement nommés.

2. Ladite municipalité tiendra compte au trésor public du prix convenu, soit sur les répétitions légitimes qu'elle pourrait avoir droit de faire, soit en valeurs effectives, dans un délai qui sera pareillement déterminé.

3. En conséquence, les frais de manutention et garde desdits grains et farines cesseront d'être à la charge du trésor public, à compter du 1er décembre prochain.

4. Tous les grains et farines appartenant à la nation, répandus dans d'autres dépôts, seront pareillement vendus avant le 1er décembre prochain, et le produit en sera versé dans les caisses des receveurs des impositions, qui en compteront au trésor public.

————

12 = 19 NOVEMBRE 1790 — Décret portant suppression de la place du sieur Randon de la Tour. (L. 2, 540; B. 8, 69.)

L'Assemblée nationale décrète que la place et les honoraires du sieur Randon de la Tour, administrateur du trésor public, attaché au département du Roi, sont supprimés, à compter du 1er juillet 1790.

————

12 = 19 NOVEMBRE 1790. — Décret qui ordonne la vente des étalons appartenant à la nation. (L. 2, 539; B. 8, 70.)

L'Assemblée nationale décrète que les administrateurs de département feront procéder incessamment à la vente des étalons appartenant à la nation, autres que ceux que le Roi se serait réservés, et en feront verser le prix dans la caisse des receveurs des impositions, lesquels en compteront à la caisse de l'extraordinaire.

————

12 = 19 NOVEMBRE 1790 — Décret qui met sous la surveillance et les ordres du Roi toutes les dépenses assignées sur le Trésor public, et relatif aux vainqueurs de la Bastille. (L. 2, 548; B. 8, 70.)

L'Assemblée nationale décrète ce qui suit :

Toute dépense assignée sur le trésor public sera faite sous les ordres et la surveillance du Roi, et sous la responsabilité de ses agens.

Décrète en outre que les mémoires de l'habillement et de l'armement des vainqueurs de la Bastille, décrétés le 19 juin dernier, seront remis au ministre des finances, examinés et vérifiés par lui, et payés au trésor public sur des ordonnances du Roi.

————

12 = 19 NOVEMBRE 1790. — Décret qui régie la forme des oppositions que les propriétaires des ci-devant fiefs qui ont sous leur mouvance d'autres ci-devant fiefs, et leurs créanciers,

sont autorisés à faire au remboursement des rachats qui leur sont offerts. (L. 2, 555; B. 8, 66.)

Voy. loi du 3 = 9 MAI 1790.

L'Assemblée nationale, instruite que des particuliers, par une fausse interprétation des articles 47 et 48 de son décret du 3 mai 1790, concernant les droits féodaux rachetables, qui autorisent les propriétaires des ci-devant fiefs qui ont sous leur mouvance d'autres ci-devant fiefs, et les créanciers des propriétaires desdits ci-devant fiefs, à former une seule opposition générale au remboursement des rachats offerts auxdits propriétaires, se dispensent de déclarer par leur opposition, les noms de famille, les qualités et demeures desdits propriétaires de fiefs, décrète ce qui suit :

Les propriétaires des fiefs ayant sous leur mouvance d'autres fiefs, et les créanciers des propriétaires des ci-devant fiefs, qui sont autorisés, par les articles 47 et 48 du décret du 3 mai dernier, à former une seule opposition générale au remboursement des rachats offerts aux propriétaires desdits ci-devant fiefs, seront tenus, savoir : les propriétaires des ci-devant fiefs, de déclarer par leur opposition les noms des fiefs mouvant d'eux, et les noms de famille, qualités et demeures des propriétaires desdits ci-devant fiefs; et les créanciers, les noms de famille, qualités et demeures seulement des propriétaires des ci-devant fiefs, sur lesquels ils formeront une opposition avec déclaration que l'opposition est formée à tout remboursement qui pourrait être fait à la personne dénommée, des droits seigneuriaux dépendant des fiefs à elle appartenant, situés dans l'arrondissement du greffe; le tout à peine de nullité desdites oppositions, et d'être déchus de tout recours contre les conservateurs des hypothèques, et contre les greffiers des sièges dans les pays où l'édit du mois de juin 1771 n'a pas d'exécution.

Les propriétaires des ci-devant fiefs, ou créanciers qui auront formé des oppositions qui ne contiendraient point les déclarations ci-dessus, seront tenus de les renouveler.

Lesdites oppositions seront enregistrées gratis, en justifiant de celles formées précédemment.

————

12 = 19 NOVEMBRE 1790 — Décret qui autorise la commune de Strasbourg à lever une imposition en remplacement des droits dits stalls-zusotz et de manance. (L. 2, 551).

11 = 17 NOVEMBRE 1790 — Décret qui annulle un arrêt du conseil, relatif à l'emploi d'une somme provenant du revenu de prébende vacant dans le chapitre de Saint-Quentin. (L. 2, 496; B. 8, 71.)

L'Assemblée nationale, après avoir ouï le

rapport de son comité ecclésiastique sur un arrêt du conseil dit *du propre mouvement*, rendu en faveur du sieur Vulpian, le 14 septembre dernier, décrète que ledit arrêt, comme contraire aux décrets de l'Assemblée nationale, sera et demeurera comme non avenu. L'Assemblée nationale approuve la conduite du directoire du district de Saint-Quentin, et celle du directoire du département de l'Aine, dont l'arrêté est conforme aux principes consacrés par les décrets de l'Assemblée nationale, sanctionnés par le Roi; approuve aussi la conduite des dépositaires-séquestres des revenus des prébendes vacantes dudit chapitre, pour la résistance qu'ils ont opposée aux significations et sommations à eux faites en vertu de l'arrêt du conseil du 14 septembre dernier. Et à l'égard de toutes les sommes qui sont déposées entre les mains desdits séquestres, et qui procèdent desdites prébendes vacantes dans le chapitre de Saint-Quentin, elles seront versées par eux directement dans la caisse de l'extraordinaire.

———

13 = 19 NOVEMBRE 1790. — Décret qui déclare que tous les citoyens ont droit de s'assembler et de former des sociétés libres. (L. 2, 548; Mon. du 14 NOVEMBRE 1790.)

Voy. lois des 10 et 18 = 22 MAI 1791; des 29 et 30 SEPTEMBRE = 9 OCTOBRE 1791 (1).

L'Assemblée nationale, après avoir entendu son comité des rapports, déclare que les citoyens ont droit de s'assembler paisiblement, et de former entre eux des sociétés libres, à la charge d'observer les lois qui régissent tous les citoyens; qu'en conséquence, la municipalité de Dax n'a pas dû troubler la société formée dans cette ville sous le nom de *Société des amis de la Constitution*; que ladite société a le droit de continuer ses séances, et que ses papiers doivent lui être rendus.

———

13 NOVEMBRE 1790. — Décret qui condamne M. Roy, député du bailliage d'Angoulême, à trois jours de prison à l'Abbaye pour insulte à l'un des membres de l'Assemblée. (B. 8, 71.)

———

13 NOVEMBRE 1790. — Grains. *Voy.* 9 NOVEMBRE 1790.

———

14 = 19 NOVEMBRE 1790. — Décret concernant l'administration du collège de Saint-Omer. (L. 2, 557; B. 8, 72.)

L'Assemblée nationale, ouï le rapport de son comité des finances, considérant la pro-

tection spéciale que la nation a constamment accordée au collège de Saint-Omer, destiné à l'éducation des enfans catholiques anglais, décrète :

1° Que le secours annuel de six mille livres concédé audit collège par Philippe II, en 1594, et confirmé par Louis XV, en 1764, continuera à être payé comme par le passé sur le trésor public de la nation;

2° Que le terme de 1790 sera acquitté en janvier 1791;

3° Que ledit collège sera régi conformément aux lettres-patentes du 14 mars 1763, jusqu'à ce qu'il en ait été autrement ordonné par le Corps-Législatif.

———

14 = 19 NOVEMBRE 1790. — Décret qui règle la forme de la liquidation des rachats offerts aux administrateurs de biens nationaux. (L. 2, 560, B. 8, 73.)

Voy. loi du 3 = 9 MAI 1790.

L'Assemblée nationale, considérant qu'en ordonnant, par l'article 7 de son décret du 3 mai, que les administrateurs des biens appartenant aux mineurs, interdits et autres propriétaires désignés dans ledit article, seront tenus de ne liquider les rachats offerts aux personnes qui sont sous leur administration, qu'en la forme et au taux prescrits par le même décret; et qu'en assujétissant à la même règle les administrateurs des biens nationaux désignés dans les articles 3, 4, 5 et 6 de son décret du 3 juillet, elle n'a point entendu assujétir indispensablement tous les administrateurs à la nécessité de ne pouvoir liquider les rachats offerts que d'après une estimation par experts, même dans les cas indiqués par les articles 17, 18 et 38 du décret du 3 mai; que la nécessité de cette forme deviendrait très-onéreuse à la nation ou aux particuliers propriétaires, si les administrateurs en question, dans la crainte de voir leurs opérations attaquées, se croyaient toujours obligés de recourir à l'estimation par experts, ou si les directoires de département obligeaient toujours les administrateurs des biens nationaux à soutenir leur liquidation de cette estimation par experts, dont les frais retomberaient souvent sur les propriétaires ou sur la nation; considérant qu'il suffit, pour assurer les intérêts des propriétaires soumis à une administration, et ceux de la nation, que les administrateurs soient obligés de faire leurs liquidations d'une manière détaillée, et en expliquant sur chaque article le mode et le taux de l'opération; que les administrateurs des biens particuliers, pour

———

(1) Ces lois restreignaient les sociétés dans de sages limites : en 1793, toute licence fut autorisée. *Voyez* à partir de la loi du 13 juin 1793. La dissolution des clubs et sociétés populaires fut prononcée par la loi du 6 fructidor an 3.

se mettre à l'abri de toutes recherches, peuvent faire autoriser leurs liquidations par un avis de parens, moins coûteux que les estimations par experts; que les assemblées de districts et de département, ou leurs directoires, chargés de surveiller les opérations des administrateurs nationaux, pourront facilement juger la régularité de ces opérations tant d'après la forme qui leur a été et qui va leur être prescrite, que d'après les renseignemens qu'ils pourront se procurer, soit de la part des districts, soit de la part des municipalités; et qu'ils doivent réserver la forme rigoureuse de l'estimation pour les cas où il leur paraîtrait impossible de juger autrement la régularité des liquidations, décrète ce qui suit :

Art. 1er. Les tuteurs, curateurs et autres administrateurs des personnes dénommées dans l'article 7 du décret du 3 mai, pourront même dans les cas prévus par les articles 17, 18 et 38 dudit décret, consommer à l'amiable la liquidation des rachats qui leur seront offerts, à la charge que lesdites liquidations seront faites par chapitres séparés des droits fixes et annuels et des droits casuels, et aussi sous chacun desdits chapitres par articles séparés pour chacune des diverses redevances annuelles, et pour chacune des diverses natures de droits casuels; lesquels articles expliqueront par détail la quotité et nature de chaque redevance, la quotité et nature des divers objets composant le domaine racheté, les bases de l'évaluation du rachat, et en indiqueront la conformité avec le mode et le taux prescrits par le décret du 3 mai. Pourront en outre lesdits administrateurs qui voudront se mettre à l'abri de toutes recherches personnelles de la part de ceux soumis à leur administration, faire approuver les liquidations qu'ils auront ainsi faites par un avis de parens.

Sera, au surplus, l'art. 20 du décret du 3 mai exécuté, quant aux frais de l'estimation dans les cas où elle sera devenue nécessaire, soit parce que la liquidation n'aura pas pu se consommer à l'amiable, soit parce que l'avis de parens l'aura exigé.

2. Pourront pareillement les administrateurs de biens nationaux, qui ont été autorisés par le décret du 3 juillet, ou qui pourraient l'être par la suite, à liquider le rachat des droits dépendant des biens nationaux, procéder auxdites liquidations à l'amiable, à la charge de les faire en la forme et avec les détails prescrits par l'article précédent, et de les faire vérifier et approuver par les directoires des assemblées administratives, conformément à ce qui est prescrit par le décret du 3 juillet; sans préjudice aux assemblées administratives de pouvoir, avant d'accorder leur *visa*, exiger une estimation préalable par experts, du tout ou de partie des objets à li-

quider, dans les cas seulement où elles jugeraient ne pouvoir pas apprécier autrement la régularité desdites liquidations; auquel cas la disposition de l'article 20 du décret du 3 mai sera exécutée selon sa forme et teneur, quant aux frais de l'estimation.

14 = 19 NOVEMBRE 1790. — Décret concernant les droits féodaux rachetables. (L. 2, 541 ; B. 8, 6.)

Voy. lois du 3 = 9 MAI 1790; du 12 = 19 NOVEMBRE 1790.

L'Assemblée nationale, considérant que les dispositions de l'article 3 du décret du 3 mai, et de l'article 10 du décret du 19 septembre, n'ont en pour objet que de conserver les droits légitimes des ci-devant propriétaires de fiefs, lesquels peuvent se départir volontairement de ce qui n'a été ordonné que pour leur intérêt ; et voulant traiter favorablement ceux qui possèdent des fonds sous l'ancien régime féodal ou censuel dans la mouvance des biens nationaux ci-devant fiefs, décrète que ceux qui possèdent des fonds mouvant en fiefs ou en censive des biens nationaux, pourront être admis à racheter divisément, soit les droits casuels, soit les cens et redevances annuelles et fixes. La même faculté aura lieu vis-à-vis de ceux qui ont acquis ou acquerront des cens et redevances ci-devant seigneuriales, et droits casuels provenant de biens nationaux.

Ceux qui voudront racheter lesdits droits casuels ou cens et redevances seigneuriales, en faisant leurs soumissions au directoire de district ou de département, jouiront du délai accordé aux acquéreurs de pareils droits par le décret du 3 de ce mois.

14 (12 et) = 24 NOVEMBRE 1790. — Décret relatif à la suppression des ci-devant receveurs-généraux et particuliers des finances, et à la nomination et au service des receveurs de district. (L. 2, 585 ; B. 8, 77.)

L'Assemblée nationale, considérant qu'il importe à l'ordre à établir dans les finances, à compter du 1er janvier 1791, de statuer d'une manière définitive, tant sur les fonctions des ci-devant receveurs généraux et receveurs particuliers des finances, que sur la nomination et le service à faire par les receveurs de district, voulant, en outre, pourvoir à la sûreté de la gestion et au versement des deniers provenant des impositions directes, des revenus et des ventes des domaines nationaux, décrète ce qui suit :

Art. 1er. Tous les offices de receveurs généraux, trésoriers généraux, et de receveurs particuliers des impositions précédemment créés dans les provinces ci-devant connues sous la dénomination de pays d'élection, pays conquis et pays d'états, seront éteints et supprimés, à compter du 1er janvier prochain, ainsi que les commissions avec cautionnement qui avaient été établies dans quelques villes ou provinces du royaume. Il sera pourvu incessamment à la liquidation et au remboursement des finances et cautionnement desdits offices et commissions, suivant le mode et la manière décrétés pour la liquidation des offices de judicature, après que les titulaires auront justifié de l'arrêté de leurs comptes et de leur entière libération sur tous leurs exercices.

L'intérêt desdites finances et cautionnemens continuera à leur être payé, à compter du 1er janvier 1791, jusqu'à l'époque de leur liquidation et du remboursement, déduction faite des intérêts dus par les titulaires, en proportion de leur débet, à compter du jour qu'ils auraient dû le payer ou le verser au trésor public; et le paiement desdits intérêts cessera en entier, un an après leur dernier exercice quand même ils n'auraient pas fait procéder à leur liquidation, et au remboursement qui doit en être la suite.

2. Seront tenus les titulaires des offices ou commissions supprimés, d'achever l'exercice courant, où ceux antérieurs non soldés, et de remplir leurs engagemens respectifs touchant leur comptabilité des impositions directes. A cet effet, les différens directoires de district qui comprennent dans leur arrondissement des paroisses qui faisaient ci-devant partie de l'ensemble desdites recettes, seront tenus, conformément à l'article 3 du décret de l'Assemblée nationale du 30 janvier 1790, sanctionné par le Roi le 3 février, de viser les contraintes qui pourraient être nécessaires pour achever lesdits recouvremens, soit vis-à-vis des collecteurs, soit vis-à-vis des contribuables qui seraient en retard.

Quant à la contribution patriotique, les receveurs cesseront d'en suivre le recouvrement au 1er janvier 1791, et seront tenus d'en compter de clerc-à-maître par-devant le directoire du district chef-lieu de la recette, dans les quinze premiers jours de février, au plus tard.

3. Le recouvrement des impositions directes qui seront établies pour l'année 1791, et du restant à acquitter de la contribution patriotique pour l'année 1790, sera fait par les receveurs qui ont été ou doivent être incessamment nommés par les administrateurs de district. Lesdits receveurs seront pareillement chargés de percevoir les deux derniers termes de la contribution patriotique, les revenus des biens nationaux et le produit des ventes desdits biens.

4. La nomination des receveurs de district sera faite par le conseil de l'administration de district, au scrutin et à la pluralité absolue des suffrages, de manière que l'élection soit toujours terminée au troisième tour.

S'il y avait au troisième tour partage de voix, il sera levé en donnant la préférence, entre les deux concurrens, au plus âgé; et, néanmoins, les receveurs de district qui ont été nommés définitivement par l'administration de district seulement, ou avec le concours du directoire ou de l'administration de département, et qui sont définitivement en activité, conserveront leur place, sans néanmoins qu'il puisse y avoir plus d'un receveur par district.

5. Les receveurs de district ne pourront être élus que pour six ans; mais ils pourront être réélus après ce terme.

6. En cas de mort ou de démission d'un receveur, le directoire de district sera autorisé à commettre en son lieu et place, avec les précautions convenables pour la sûreté des deniers, à la continuation des recouvremens, jusqu'à ce que le conseil rassemblé ait pu procéder à une nouvelle nomination.

7. Les receveurs de district seront tenus de fournir un cautionnement en biens-fonds, appartenant soit à eux personnellement, soit à ceux qui se rendront leur caution; et ce cautionnement sera de la valeur du sixième du montant de la somme totale que chaque receveur sera chargé de percevoir en impositions directes par an seulement.

8. La proportion des cautionnemens déterminée par l'article précédent, sera établie à l'égard des receveurs de district déjà nommés, ou qui doivent l'être incessamment, sur le montant de toutes les impositions directes de la présente année 1790. A l'avenir, ladite proportion sera établie sur le montant des impositions directes de l'année de la nomination du nouveau receveur.

9. Dans le cas où, par l'effet de la répartition générale des impositions directes, la somme totale à recouvrer sur le district se trouverait diminuée, le cautionnement antérieurement fourni dans la proportion prescrite par l'article 3 ci-dessus, ne pourra être réduit lors de la nouvelle élection.

10. Dans le cas contraire, et si le cautionnement primitivement fourni se trouvait tombé au-dessous de la proportion du septième du montant effectif des impositions directes, le receveur de district sera tenu de fournir le supplément nécessaire pour reporter la totalité de son cautionnement à la proportion du sixième, prescrite par l'article troisième.

11. Les administrations de district ne recevront en cautionnement les biens-fonds qui seraient chargés de quelques hypothèques, soit pour des dettes contractées par le propriétaire, soit pour des reprises et droits matrimoniaux, que pour la somme dont la valeur desdits biens se trouvera excéder le montant desdites charges, d'après les certificats des bureaux des hypothèques, ou les contrats de mariage que lesdites administrations se feront représenter, et d'après les déclarations asser-

mentées des receveurs, ou de leurs cautions, des diverses créances hypothécaires dont les biens-fonds offerts en cautionnement se trouveraient grevés.

12. S'il était reconnu par la suite que les déclarations et affirmations exigées par les deux articles précédens, n'eussent point été faites avec vérité, le receveur ou la caution qui se serait rendu coupable de ce délit serait poursuivi comme stellionataire; le receveur de district sera en outre déchu de sa place, si ce délit a été commis par lui personnellement, quand bien même il offrirait d'ailleurs une solvabilité suffisante.

13. Les administrations ne pourront recevoir pour cautionnement les biens grevés de substitution; il sera fait en conséquence, à la diligence du procureur-syndic, sur les registres des tribunaux, les vérifications nécessaires, à l'effet de constater si aucun des immeubles offerts ou acceptés en cautionnement, ne se trouve substitué.

14. Les actes de cautionnement desdits receveurs seront reçus par les directoires de district, et emporteront privilège et préférence sur les biens affectés auxdits cautionnemens, à dater du jour de la réception des actes y relatifs.

15. En cas de décès ou de fuite d'aucun desdits receveurs, il sera procédé à la requête du procureur-syndic, par les officiers du tribunal du district, à l'apposition des scellés, comme aussi à la vérification de la caisse du receveur; et si, d'après le résultat de ladite vérification, il existe un débet, les poursuites nécessaires pour le recouvrement des deniers divertis seront faites devant le tribunal de district, à la diligence du procureur-syndic.

16. Tous les effets mobiliers et deniers comptans appartenant à un receveur de district ou à ses cautions, seront affectés à la sûreté des deniers perçus par le receveur, et au paiement intégral de ses débets, par privilège et préférence à toute saisie qui pourrait avoir été faite antérieurement à tout créancier, même à la femme, en cas de séparation postérieure à l'acte de nomination du receveur. Seront seulement exceptés le privilège des fournisseurs, dans le cas où il est accordé par les coutumes, et celui du propriétaire de maison sur les meubles, pour six mois de loyer seulement.

Les immeubles acquis à quelque titre que ce soit par le receveur depuis sa nomination, seront pareillement affectés à la sûreté des débets, par privilège et préférence à tous autres créanciers, à la réserve seulement de la portion du prix qui pourrait être due, ou au vendeur, ou au créancier bailleur de fonds, et même à tous autres créanciers du vendeur, si les formalités nécessaires à l'établissement ou conservation de leurs privilèges et droits ont été observées.

17. L'hypothèque pour la sûreté des débets sera acquise du jour de la réception du cautionnement, sur tous les immeubles appartenant au receveur, et pareillement sur ceux de la caution, même sur ceux qui auraient été acquis par leurs femmes séparées, à moins qu'il ne soit prouvé légalement qu'elles ont fourni les deniers employés à l'acquisition.

Les administrations de district seront tenues de faire valoir les droits, hypothèques et privilèges énoncés dans les trois articles précédens, à peine d'en demeurer responsables.

18. Dans le cas de faillite d'un receveur, le directoire de l'administration de district sera tenu de justifier qu'il a fait exactement la vérification prescrite par l'article 20 du présent décret; faute de quoi, les membres composant ledit directoire seront personnellement et solidairement responsables du déficit. Le procureur-syndic sera tenu de faire, tous les quinze jours, par écrit, sur le registre des délibérations du directoire, son réquisitoire pour que lesdites vérifications soient faites exactement; faute de quoi, il supporterait le premier la peine de la responsabilité, dans le cas où un receveur viendrait à manquer.

19. Les receveurs de district seront tenus d'avoir des registres sur lesquels ils inscriront, date par date, de suite et sans rature ni interligne, les paiemens de chacun des collecteurs, au moment même où chaque paiement sera effectué entre leurs mains. Ledit registre sera coté et paraphé à chaque page par le président de l'administration de district, ou par le vice-président du directoire.

20. La situation de chacun desdits receveurs sera vérifiée et constatée le 15 et le dernier jour de chaque mois, par deux membres du directoire de district, lesquels se transporteront dans le bureau de recette, où ils se feront représenter les registres, à l'effet de vérifier s'ils sont tenus avec l'exactitude prescrite par l'article précédent, de les calculer, de les arrêter, en portant en toutes lettres la somme totale de la recette, celle de la dépense, enfin le restant en caisse ou l'avance résultant de la comparaison de la recette avec la dépense.

Quant à la vérification qui se fera le dernier jour de chaque mois, les deux membres du directoire du district, indépendamment des formalités ci-dessus prescrites, feront former en leur présence, par le receveur, un bordereau pour chaque nature de recette, contenant:

1° Le montant de la recette; 2° celui de ses paiemens, dont il sera tenu de leur représenter les pièces justificatives; enfin le restant en caisse.

Ces bordereaux seront formés doubles, certifiés véritables par le receveur, et visés par les deux membres du directoire qui auront fait la vérification; ils conserveront l'un desdits bordereaux, et adresseront l'autre au directoire de département, lequel en transmettra les détails et les résultats au ministre des finances, pour ce qui concerne les impositions directes; et au commissaire du Roi au département de la caisse de l'extraordinaire, pour les objets relatifs à cette caisse, à l'effet d'en présenter le tableau général au Corps-Législatif, pour chacune de ces parties respectivement.

Les registres seront clos à la fin de chaque année, et l'excédant de recette ou de dépense sera porté en tête des enregistremens de l'année suivante.

21. Les municipalités feront parvenir au directoire de chaque district, en juillet et décembre de chaque année, un relevé de toutes les quittances qui auront été fournies par le receveur de district aux collecteurs de chaque municipalité, afin d'en comparer le montant avec celui porté en recette par le receveur sur ses registres.

Les municipalités seront également tenues de vérifier chaque mois les rôles des collecteurs, pour faire la comparaison des sommes émargées auxdits rôles, avec les récépissés qui leur auront été fournis par les receveurs de district.

22. S'il était reconnu, par le résultat de l'opération prescrite par l'article précédent, qu'un receveur ne se fût pas scrupuleusement conformé, pour la tenue de ses registres, à ce qui est prescrit par l'article 19 ci-dessus, il lui serait enjoint, pour la première fois, d'être plus exact à l'avenir; et en cas de récidive, il serait privé de sa place, après que sa prévarication aurait été jugée, ainsi qu'il est prescrit par l'article 5.

23. Le receveur de communauté auquel une ou plusieurs municipalités auront adjugé la perception des contributions foncière et personnelle, sera garant envers lesdites municipalités du versement dans la caisse du receveur du district, et du montant total des rôles dont la perception lui aura été adjugée, et dans les termes prescrits par ladite adjudication, à moins qu'il n'y ait insolvabilité de la part de quelques contribuables, et qu'il n'ait fait constater ladite insolvabilité et les diligences qu'il aura faites, par la municipalité intéressée; et les membres du conseil général de la commune seront tenus d'en faire l'avance, sauf le rejet ou la décharge, ainsi qu'il sera ordonné par le directoire du département, d'après l'avis du district.

24. Les membres du conseil général de la commune seront responsables envers le receveur du district de la solvabilité et du paiement du receveur auquel ils auront adjugé la perception de leur contribution foncière et personnelle; et faute de paiement de la part du receveur de communauté dans le terme prescrit, le receveur de district se pourvoira devant le directoire dudit district, qui sera

tenu de viser sans délai la contrainte, à l'effet d'obliger le receveur de la communauté, et subsidiairement les membres du conseil général de la commune, à faire les avances des sommes dont les municipalités seront en retard, sauf le recours contre la communauté intéressée, s'il y a lieu; de manière qu'aucun receveur de district n'ait de motifs ni de prétextes pour ne pas verser à chaque terme au trésor public le montant des sommes dont il devra faire le recouvrement.

25. Les receveurs jouiront, pour tout traitement, d'une remise ou taxation sur leur recette effective provenant tant des contributions foncière et personnelle, que du produit annuel des revenus des biens nationaux, déduction faite des taxations des collecteurs sur les contributions foncière et personnelle, des non-valeurs, décharges et modérations.

Ladite remise sera réglée à raison de 3 deniers pour livre sur les premiers 200,000; 2 deniers pour livre sur les seconds 200,000; 1 denier pour livre sur ce qui excéderait les 400,000; jusqu'à 600,000 et au-delà de cette dernière somme, un demi-denier pour livre seulement; et pour la contribution patriotique, un denier pour livre seulement.

Lesdits receveurs sont et demeurent autorisés à retenir lesdites taxations par leurs mains, mais sans qu'ils puissent, en aucun cas et sous aucun prétexte, diminuer, par cette retenue, la somme qu'ils devront verser au trésor public et à la caisse de l'extraordinaire.

26. Au moyen des taxations réglées par l'article précédent, et des dispositions des articles 23 et 24, lesdits receveurs ne pourront réclamer aucun traitement particulier, à titre de remboursement ou indemnité de frais de bureau, ni à quelqu'autre titre que ce puisse être, pas même à raison de la recette du montant des ventes des biens nationaux, sauf le remboursement des frais de versement dans la caisse de l'extraordinaire, des deniers qui proviendront desdites ventes.

_____

14 = 19 NOVEMBRE 1790. — Décret qui proroge jusqu'au 1er JANVIER 1791, la perception des droits de tarifs établis dans la ville de Valogne. (L. 2, 56-; B 8, 73.)

14 NOVEMBRE 1790. — Proclamation du Roi concernant l'arrêté des comptes des receveurs particuliers pour la capitation et les vingtièmes des exercices antérieurs à 1790. (L. 2, 492).

14 NOVEMBRE 1790. — Juges. Voy. 10 NOVEMBRE 1790 — Ponts et-chaussées. Voy. 3 DÉCEMBRE 1790.

_____

15 = 19 NOVEMBRE 1790. — Décret pour le rétablissement des douanes sur les frontières et

les côtes de la ci-devant province de Roussillon. (L. 2, 563 ; B. 8, 87.)

Art. 1er. Les bureaux de perception des douanes nationales seront incessamment rétablis sur toutes les frontières et les côtes de la ci-devant province de Roussillon, dans les endroits où ils étaient au 1er juillet de l'année dernière, et dans ceux qui seront ultérieurement indiqués.

2. Les municipalités seront tenues de favoriser, par tous les moyens qui seront à leur disposition, le rétablissement de ces bureaux, et de protéger les perceptions et les percepteurs, non-seulement des douanes nationales, mais encore de toutes les impositions quelconques, directes ou indirectes ; faute de quoi elles resteront responsables, aux termes du décret du 23 février dernier (1).

3. Les directoires de district et de département veilleront à l'exécution du présent décret.

4. Le Roi sera supplié de donner ordre aux commandans des troupes de ligne dans les ci-devant provinces de Languedoc et de Roussillon, de prêter main-forte à toutes les municipalités et directoires de district ou de département qui les en requerront ; et au cas que ces troupes ne fussent pas assez nombreuses, le Roi sera supplié d'ordonner qu'elles soient portées à un nombre suffisant pour assurer la garde des frontières contre les versemens frauduleux.

5. Le Roi sera également supplié de donner des ordres pour faire croiser sur ces côtes quelques bâtimens légers, afin d'en écarter les navires chargés de contrebande.

6. L'Assemblée nationale charge son président d'écrire au directoire du district de Prades, pour lui témoigner la satisfaction qu'elle éprouve de la manière dont il s'est conduit pour maintenir et rétablir le bon ordre, et de se retirer incessamment par devers le Roi pour demander la sanction du présent décret.

———

15 = 19 NOVEMBRE 1790. — Décret qui supprime les offices de payeurs et de contrôleurs des rentes du clergé. (L. 2, 553 ; B. 8, 92.)

Art. 1er. Les offices de payeurs des rentes, dites de l'ancien clergé, et les offices de contrôleurs desdites rentes, sont éteints et supprimés.

2. Lesdits payeurs seront tenus de verser incessamment au trésor public les parties non réclamées ; de remettre à ceux des quarante payeurs des rentes qui leur seront désignés par le ministre des finances, un état certifié d'eux de toutes les parties dont ils sont chargés, contenant les immatricules de celles qui en sont susceptibles, et l'énonciation des saisies et oppositions faites en leurs mains, lesquelles tiendront en celles des nouveaux payeurs.

3. Lesdits payeurs et contrôleurs supprimés seront remboursés de leurs finances, savoir : lesdits contrôleurs immédiatement après la liquidation, et les payeurs après la reddition et apurement de leurs comptes.

4. Les payeurs et contrôleurs supprimés par le présent décret, seront préférés pour les charges de payeurs des rentes et de contrôleurs qui viendront à vaquer à compter de ce jour, à la charge qu'ils auront rendu et fait apurer leurs comptes à l'époque de la vacance.

———

15 (14 et) = 24 NOVEMBRE 1790. — Décret concernant des articles additionnels à la constitution civile du clergé, concernant l'élection et la consécration des évêques et la formation et la circonscription des paroisses. (L. 2, 601 ; B. 8, 89 ; Mon. du 16 NOVEMBRE 1790.)

Voy. loi du 12 JUILLET = 24 AOUT 1790.

Art. 1er. A la première convocation qui se fera des assemblées électorales, celles des départemens dont le siège épiscopal se trouvera vacant, procéderont à l'élection d'un évêque.

2. Si le métropolitain, ou à son défaut le plus ancien évêque de l'arrondissement, refuse de lui accorder la confirmation canonique, l'élu se présentera à lui assisté de deux notaires ; il le requerra de lui accorder la confirmation canonique, et se fera donner acte de sa réponse ou de son refus de répondre.

3. Si le métropolitain ou le plus ancien évêque de l'arrondissement persiste dans son premier refus, l'élu se présentera en personne ou par son fondé de procuration, et successivement, à tous les évêques de l'arrondissement, chacun suivant l'ordre de leur ancienneté, toujours assisté de deux notaires ; il leur exhibera le procès-verbal ou les procès-verbaux des refus qu'il aura essuyés, et il les suppliera de lui accorder la confirmation canonique.

4. Au cas qu'il ne se trouve dans l'arrondissement aucun évêque qui veuille accorder à l'élu la confirmation canonique, il y aura lieu à l'appel comme d'abus.

5. L'appel comme d'abus sera porté au tribunal de district dans lequel sera situé le siège épiscopal auquel l'élu aura été nommé, et il y sera jugé en dernier ressort.

6. L'élu sera tenu d'interjeter son appel comme d'abus, au plus tard dans le délai d'un mois, à compter de la date du procès-verbal qui constatera le refus des évêques de l'arrondissement, et de le mettre en état d'être jugé

———

(1) *Voy.* loi du 23 = 26 février 1790, art. 3 et 5.

dans le mois suivant, à peine de déchéance.

7. Il ne sera intimé sur l'appel comme d'abus d'autre partie que le commissaire du Roi près du tribunal de district, et cependant les évêques dont le refus aura donné lieu à l'appel comme d'abus auront la faculté d'intervenir sur l'appel pour justifier leur refus, mais sans que leur intervention puisse, en aucun cas, retarder le jugement de l'appel, ni qu'ils puissent former opposition au jugement qui serait intervenu, sous prétexte qu'ils n'y auraient pas été parties.

8. Si le tribunal de district déclare qu'il n'y a pas d'abus dans le refus, il ordonnera que son jugement sera, à la requête du commissaire du Roi, signifié au procureur-général-syndic du département, pour par lui convoquer incessamment l'assemblée électorale, à l'effet de procéder à une nouvelle élection de l'évêque.

9. Si le tribunal de district déclare qu'il y a abus dans le refus, il enverra l'élu en possession du temporel, et nommera l'évêque auquel il sera tenu de se présenter, pour le supplier de lui accorder la confirmation canonique.

10. Lorsque, sur le refus du métropolitain et des autres évêques de l'arrondissement, l'élu aura été obligé de se retirer devers un évêque d'un autre arrondissement pour avoir la confirmation canonique, la consécration pourra se faire par l'évêque qui lui aura accordé ladite confirmation canonique.

11. Pareillement, lorsque le siége de l'évêque consécrateur sera d'un autre arrondissement que celui de l'élu, la consécration pourra se faire dans l'église cathédrale de l'évêque consécrateur, ou dans telle autre qu'il jugera à propos.

12. Les directoires de district procéderont sans retard à la nouvelle formation et circonscription des paroisses, conformément au titre Ier du décret du 12 juillet dernier. Ils s'occuperont d'abord de la formation et circonscription de la paroisse cathédrale, puis des paroisses des villes et bourgs, et ensuite des paroisses de campagne.

13. L'évêque diocésain sera invité et même requis, de par le directoire, de concourir par lui-même ou par son fondé de procuration, aux travaux préparatoires des suppressions et unions; mais son absence ou son refus d'y prendre part ne pourra en aucun cas retarder les opérations des directoires.

14. Pour accélérer leur travail, les directoires de district chargeront les municipalités des villes et bourgs de chaque canton, de leur envoyer toutes les instructions et tous les éclaircissemens nécessaires sur la convenance des suppressions et unions à faire dans leur territoire et aux environs.

15. En procédant à la formation et circonscription d'une paroisse, les municipalités ou

directoires de district auront soin d'indiquer les paroisses, quartiers, villages et hameaux qu'ils croiront devoir y être réunis; ils feront connaître la population de chaque endroit; ils expliqueront les raisons qui les détermineront à proposer de supprimer ou conserver, d'unir ou ériger, et du tout ils dresseront leur procès-verbal.

16. A mesure que les directoires de district auront achevé leur travail pour la formation et circonscription de la paroisse ou des paroisses d'une ville ou d'un bourg, ils en enverront le procès-verbal au directoire de leur département, qui le fera passer, avec son avis, à l'Assemblée nationale, pour y être décrété.

17. Si l'évêque diocésain est en retard de nommer les vicaires de la paroisse cathédrale, les curés de paroisses qui y auront été réunis en rempliront provisoirement les fonctions, chacun suivant l'ordre de leur ancienneté dans les fonctions pastorales.

15 = 19 NOVEMBRE 1790. — Décret qui renvoie au tribunal du district de Bordeaux l'instruction et le jugement de la procédure précédemment renvoyée devant la municipalité de cette ville, relativement aux troubles du département de la Corrèze, antérieurement au 1er mai 1790. (L. 2, 568 ; B. 8, 86.)

16 = 19 NOVEMBRE 1790. — Décret relatif à la continuation des ouvrages du canal de la Dive. (L. 2, 545 ; B 8, 96.)

• L'Assemblée nationale, après avoir entendu son comité des rapports, décrète que les ouvrages relatifs au canal de la Dive seront continués, conformément aux arrêts du conseil de 1776, 1781 et 1787, et que toutes les difficultés existantes ou qui s'élèveraient par la suite au sujet de sa perfection, seront décidées par le directoire du département d'Indre-et-Loire, sans préjudice aux actions en indemnité, qui seront portées devant les tribunaux judiciaires naturels aux parties.

16 = 19 NOVEMBRE 1790. — Décret portant que la Corse ne forme qu'un seul département. (L. 2, 537 ; B. 8, 95.)

L'Assemblée nationale, après avoir entendu le rapport du comité de constitution, confirme la délibération de l'assemblée électorale du département de Corse, et décrète qu'en conformité du vœu qu'elle exprime, cette île forme un seul département, dont Bastia est chef-lieu.

16 = 19 NOVEMBRE 1790. — Décret relatif au paiement de l'octroi sur l'eau-de-vie dans la ci-devant province d'Artois. (L. 2, 558 ; B. 8, 93.)

L'Assemblée nationale, sur le rapport qui lui a été fait par son comité des finances, de la pétition des régisseurs généraux de l'octroi sur l'eau-de-vie, dans la ci-devant province d'Artois, et des moyens opposés à ladite pétition par les députés extraordinaires de l'assemblée administrative du département du Pas-de-Calais, décrète:

1° Qu'il n'y a pas lieu à délibérer sur ladite pétition, tendant à ne verser dans les caisses générales et particulières dudit département, les droits provenant des octrois sur l'eau-de-vie, que d'après le résultat d'un compte de clerc-à-maître;

2° Que l'assemblée administrative du département du Pas-de-Calais, et à son défaut le directoire, après avoir entendu les municipalités et pris l'avis des districts, réglera l'indemnité qui peut être due aux régisseurs, et ce d'ici au 1er janvier 1790, pour tout délai, sur laquelle indemnité il sera statué définitivement par l'Assemblée nationale; et dans le cas où l'indemnité sera jugée due, il sera pourvu par elle au mode de remplacement des revenus publics: déclare que jusqu'à cette époque, les régisseurs des octrois étant autorisés à suspendre leurs paiemens à l'administration du département, les receveurs généraux et particuliers des finances demeurent provisoirement autorisés à suspendre, jusqu'à concurrence des sommes qui seraient dues par lesdits régisseurs, leurs poursuites vis-à-vis les receveurs dudit département;

3° Quant aux sommes dues aux villes pour la part qu'elles ont dans lesdits octrois, elles leur seront payées au marc la livre par les régisseurs, savoir: un quart avant le 1er décembre prochain, et les autres de dix en dix jours, en portions égales, jusqu'à l'extinction des sommes échues, de manière qu'elles soient entièrement acquittées au 1er janvier 1791; que dans le premier paiement entreront les sommes saisies et arrêtées, dont sera fait état auxdits régisseurs, leur faisant main-levée, au surplus, de toutes saisies-arrêts, exécutions et contraintes.

4° Lesdits régisseurs continueront de payer de mois en mois aux villes les sommes concourantes qui leur seront dues, conformément au traité, auquel il ne sera rien innové.

_____

16 = 19 NOVEMBRE 1790. — Décret qui renvoie au comité des pensions une pétition présentée à l'Assemblée nationale par les ci-devant magistrats de la Corse, et tendant à demander une indemnité pour la suppression des emplois qu'ils exerçaient. (B. 8, 94.)

_____

16 = 19 NOVEMBRE 1790. — Décret qui accorde provisoirement trente mille livres aux départemens de la Nièvre, du Loiret et de l'Allier, pour réparer les dégâts occasionnés par la crue subite des eaux de la Loire. (L. 2, 543.)

_____

16 NOVEMBRE 1790. — Décret qui ajourne la délibération sur la prohibition de la culture du tabac (B. 8, 95.)

_____

16 NOVEMBRE 1790. — Dette publique. *Voy.* 7 NOVEMBRE 1790.

_____

17 NOVEMBRE = 1er DÉCEMBRE 1790. — Décret relatif au serment des ambassadeurs et autres agens diplomatiques français en pays étrangers. (L. 2, 723; B. 8 96.)

Art. 1er. Tous les ambassadeurs, ministres, envoyés, résidens, consuls, vice-consuls ou gérans, auprès des puissances étrangères, leurs secrétaires, commis et employés français, feront parvenir à l'Assemblée nationale ou à la législature prochaine, un acte par eux signé, et scellé du sceau de la chancellerie ou secrétariat de l'ambassade ou de l'agence, contenant leur serment civique.

Cet acte sera envoyé dans les délais suivans, savoir: par ceux qui sont en Europe, dans un mois, à compter du jour de la notification du présent décret; par ceux qui sont dans les Échelles du Levant et de Barbarie, dans trois mois; par ceux qui sont dans les contrées d'Amérique, dans cinq mois; par ceux qui sont aux Indes-Orientales, dans quatorze mois.

2. Le serment qu'ils prêteront, sera conçu en ces termes:

Je jure d'être fidèle à la nation, à la loi et au Roi, de maintenir de tout mon pouvoir la constitution décrétée par l'Assemblée nationale et acceptée par le Roi, et de défendre auprès de (exprimer ici le nom de la puissance) *ses ministres et agens, les Français qui se trouveront dans ses États.*

3. Les agens du pouvoir exécutif qui, à dater du jour de la publication du présent décret, seront envoyés hors du royaume avec l'une ou l'autre des qualités désignées à l'article 1er, prêteront leur serment entre les mains des officiers municipaux du lieu de leur départ.

4. Ceux qui ne se conformeront pas au présent décret, seront rappelés, destitués de leurs places, et déclarés incapables de toute fonction ou commission publique, jusqu'à ce qu'ils aient prêté le serment ci-dessus ordonné.

_____

17 = 24 NOVEMBRE 1790. — Décret concernant les réclamations des officiers de la chambre des comptes d'Aix. (L. 2, 612.)

_____

17 NOVEMBRE = 1er DÉCEMBRE 1790. — Décret pour l'aliénation des domaines nationaux à la municipalité d'Angers. (L. 2, 617.)

_____

17 NOVEMBRE 1790. — Alais. *Voy.* 10 NOVEMBRE 1790. — Besançon. *Voy.* 19 NOVEMBRE 1790.

— Biens nationaux. *Voy.* 29 OCTOBRE 1790.
— Cahors. *Voy.* 10 NOVEMBRE 1790.
— Chartres, etc. *Voy.* 8 NOVEMBRE 1790. —
Cour de cassation. *Voy.* 27 NOVEMBRE 1790.
— Domaines nationaux. *Voy.* 3 NOVEMBRE
1790. — Grains. *Voy.* 11 NOVEMBRE 1790. —
M. Heating. *Voy.* 11 NOVEMBRE 1790. — Mate-
lots; Nîmes. *Voy.* 9 NOVEMBRE 1790 — Saint-
Quentin. *Voy.* 13 NOVEMBRE 1790. — Somme.
Voy. 9 NOVEMBRE. 1790.

18 = 24 NOVEMBRE 1790. — Décret concernant
les assignats. (L. 2, 596 ; B. 8, 100.)

L'Assemblée nationale décrète :

Art. 1er. Que les assignats sur les domaines
nationaux, créés le 29 septembre dernier,
seront stipulés au porteur et non à ordre.

2. Que Sa Majesté sera suppliée de commettre trente personnes pour signer les assignats, et de donner les ordres nécessaires
pour que les noms des signataires et les séries
qu'ils auront pouvoir de signer, soient rendus
publics à la suite du présent décret.

(Suivent les noms des personnes désignées
par le Roi.)

18 = 24 NOVEMBRE 1790. — Décret relatif aux
adjudans généraux de l'armée et aux aides-de-
camp. (L. 2, 578 ; B. 8, 103.)

Avancement des adjudans généraux de l'armée.

Art. 1er. Les adjudans-généraux institués
par le décret du 5 octobre 1790, au nombre
de trente, dont treize du grade de lieutenant-
colonel, dix-sept du grade de colonel, seront
pris aux choix du Roi dans toutes les armes,
et auront droit à l'avancement suivant les règles établies ci-après.

2. Les places d'adjudans généraux du grade
de lieutenant-colonel, seront données par le
choix du Roi, sur toutes les armes, à des capitaines ou à des lieutenans-colonels en activité dans ce grade depuis deux ans au moins.

3. Les places d'adjudans-généraux du grade
de colonel seront données, par le choix du
Roi sur toutes les armes, à des lieutenans-
colonels ou à des colonels en activité dans ces
grades depuis deux ans au moins.

4. Lorsqu'un officier, par sa nomination à
une place d'adjudant-général, obtiendra un
nouveau grade, cette nomination comptera
pour le choix du Roi dans le tiers des places
qui lui a été attribué par le décret du 21 septembre.

5. Les adjudans-généraux ne pourront obtenir un nouveau grade qu'en parvenant,
dans l'arme où ils auront précédemment servi, soit à leur tour d'ancienneté, soit au choix
du Roi, à un emploi titulaire.

En conséquence, les adjudans-généraux
conserveront ou prendront rang pour l'avancement dans leur arme avec les officiers du

grade dont ils sont pourvus comme adjudans-
généraux.

6. Les adjudans-généraux ne pourront avoir
avec les aides-de-camp qu'un tiers des places
réservées au choix du Roi.

Le premier choix des adjudans-généraux
sera fait par le Roi, parmi les officiers des
trois états-majors de l'armée, de la cavalerie
et de l'infanterie.

Les officiers de ces états-majors qui ne seront pas compris dans le nombre de ceux
conservés, prendront rang dans leur arme
dans le grade dont ils sont pourvus.

Nomination et avancement des aides-de-camp.

Art. 1er. Les aides-de-camp seront choisis
parmi les officiers généraux dans toutes les
armes, suivant ce qui sera réglé ci-après, et
le choix en sera confirmé par le Roi.

2. Le nombre des aides-de-camp attachés
aux officiers-généraux, sera fixé ainsi qu'il
suit :

Chaque général d'armée aura quatre aides-
de-camp, un du grade de colonel, un du grade
de lieutenant-colonel, et deux du grade de
capitaine.

Chaque lieutenant-général aura deux aides-
de-camp du grade de capitaine.

Chaque maréchal-de-camp aura un aide-
de-camp du grade de capitaine.

3. Les aides-de-camp, suivant les grades
affectés aux différens officiers-généraux seront
pris parmi les colonels, lieutenans-colonels et
capitaines en activité. Seront réputés en activité les officiers réformés par la nouvelle
organisation, et les capitaines de remplacement.

4. Lorsqu'un officier, par sa nomination à
une place d'aide-de-camp, obtiendra un nouveau grade, cette nomination comptera pour
le choix du Roi dans le tiers des places qui lui
a été attribué par le décret du 21 septembre.

5. Les aides-de-camp, de quelque grade
qu'ils soient, ne pourront obtenir de nouveaux
grades qu'en parvenant, dans l'arme où ils
auront précédemment servi, à un emploi titulaire de ce grade, soit à leur tour d'ancienneté, soit au choix du Roi.

En conséquence, les officiers nommés aux
places d'aides-de-camp, de quelque grade
qu'ils soient, sans pouvoir conserver leur emploi (dans ces régimens), suivront, pour l'a-
vancement dans leur arme, leur rang parmi
les officiers du même grade.

6. Les aides-de-camp ne pourront avoir
avec les adjudans-généraux qu'un tiers des
places réservées au choix du Roi.

7. Les aides-de-camp ne pouvant reprendre leur activité dans les régimens que par
leur avancement à un grade supérieur à celui
dans lequel ils auraient été choisis pour être
aides-de-camp, l'officier-général qui remplacera un autre officier-général, ne pourra faire

un autre choix d'aides-de-camp; il conservera celui ou ceux attachés à son prédécesseur.

———

18 = 24 NOVEMBRE 1790. — Décrets qui accordent un secours au département de Saône-et-Loire, et au district de Roanne, pour subvenir aux dégâts causés par les inondations. (L. 2, 613.)

———

18 = 24 NOVEMBRE 1790. — Décret pour le paiement de 150,000 livres aux entrepreneurs de la clôture de Paris. (B. 8, 99.)

———

18 NOVEMBRE 1790. — Cour de cassation. Voy. 27 NOVEMBRE 1790.

———

19 = 24 NOVEMBRE 1790. — Décret relatif à la résiliation du privilège exclusif des carrosses de place et des voitures des environs de Paris. (L 2, 572; B. 8, 105.)

L'Assemblée nationale, en appliquant aux demandes formées par la compagnie Perreau, les dispositions des articles 7 et 8 du décret rendu sur les messageries, le 22 août dernier, et jours suivans, après avoir entendu le rapport des commissaires de ses comités de finance, d'impositions et de commerce, décrète ce qui suit :

Art. 1er. La cession faite aux sieurs Perreau et compagnie du privilège exclusif des carrosses de place de la ville et faubourgs de Paris, et de celui des voitures et messageries dites des environs de Paris, demeurera résiliée à compter du 1er janvier prochain, ainsi que les sous-baux qu'aurait pu faire ladite compagnie; mais jusqu'à cette époque, lesdits bail et sous-baux continueront d'avoir leur exécution en tout ce à quoi il n'y est pas expressément dérogé par le décret du 26 août dernier sur les messageries. N'entend néanmoins l'Assemblée rien préjuger sur les droits de place et de licence qu'elle croirait devoir conserver ou établir sur les loueurs de voitures ou entrepreneurs particuliers, tant au profit du trésor public, qu'à celui des villes où ces établissemens auraient lieu.

2. Il sera, conformément à l'article 8 dudit décret sur les messageries, procédé incessamment à la vérification et liquidation des indemnités et remboursemens qui paraissent dus à la compagnie Perreau; et, en attendant, pour la mettre à même de continuer son service d'ici au 1er janvier prochain, il lui sera dès à-présent payé par le trésor public une somme de cent quarante mille livres, qui, avec celle de deux cent quatre-vingt mille livres déjà reçue par elle, sera, lors de ladite liquidation, imputée soit sur les indemnités, soit sur les remboursemens auxquels ladite compagnie aura droit de prétendre.

———

19 = 24 NOVEMBRE 1790. — Décret relatif à la brûlure et au décachètement préalable des lettres blanches inconnues. (L. 2, 610; B 8, 104; Mon. du 21 novembre 1790.)

Voy. loi du 26 = 29 AOÛT 1790.

L'Assemblée nationale, après avoir entendu le rapport des commissaires de son comité des finances, d'impositions et de commerce, chargés de la suite du travail relatif aux postes et messageries, décrète ce qui suit :

Conformément à la disposition générale de l'article 4 du décret du 22 août dernier et jours suivans, sur les postes et messageries, le travail relatif à la brûlure et au décachètement préalable des lettres blanches inconnues, refusées ou non réclamées, continuera provisoirement de se faire, comme par le passé, suivant les réglemens rendus à ce sujet, et notamment conformément aux arrêts du conseil des 12 janvier 1771, 14 mars 1784 et 25 septembre 1786. Cependant, en dérogeant aux dispositions de ces arrêts qui confiaient l'inspection et la surveillance de cette opération au seul intendant des postes, et qui prescrivaient que les lettres simples seraient brûlées sans vérification préalable d'incluse, l'Assemblée décrète que ce travail ne pourra avoir lieu dorénavant qu'en présence du président du directoire et d'au moins deux des administrateurs des postes, et qu'il y sera procédé, pour les lettres simples, de la même manière et avec les mêmes vérifications que pour les lettres doubles ou à enveloppes.

———

19 = 24 NOVEMBRE 1790. — Décret relatif aux suppressions et réunions de cures. (L. 2, 5-6; B. 8, 107; Mon. du 21 novembre 1790.)

Voy. loi du 12 JUILLET = 24 AOÛT 1790; du 18 = 23 OCTOBRE 1790.

L'Assemblée nationale, ouï le rapport de son comité ecclésiastique, décrète qu'en cas de suppression de cures de villes ou de campagnes, et de leur réunion à une église autre qu'une cathédrale, celui qui se trouvera curé de la paroisse à laquelle se fera la réunion, sera seul curé de la paroisse dans toute l'étendue de sa nouvelle circonscription, et les curés supprimés auront seulement la faculté d'être ses vicaires, suivant l'article 1er du décret du 18 octobre dernier.

Si cette église à laquelle se fait la réunion, est vacante, ou si le service paroissial des églises supprimées est transféré dans une église qui n'avait point le titre de paroisse, dans ces deux cas, le curé de la paroisse nouvellement formée et circonscrite sera élu par le district dans les formes établies par les décrets sur la constitution civile du clergé; mais les électeurs ne pourront choisir, pour cette fois, que l'un des curés des églises supprimées ou transférées; les autres n'auront que la faculté d'être ses vicaires.

Et si, par quelque genre de vacances que ce soit, il n'y a de toutes les églises supprimées ou réunies qu'un seul curé existant, il sera de droit curé de la nouvelle paroisse, telle qu'elle sera nouvellement circonscrite.

19 NOVEMBRE = 1ᵉʳ DÉCEMBRE 1790. — Décret pour l'aliénation de domaines nationaux à la municipalité d'Orléans. (L. 2, 619; B. 8, 108.)

19 = 24 NOVEMBRE 1790. — Décret qui établit un sixième juge pour les tribunaux de Lille et de Marseille, fixe le nombre des juges-de-paix de cette dernière ville, accorde un juge-de-paix à la ville de Montoire, et détermine les sièges des tribunaux de commerce des districts de Lisieux, Caudebec et Castres. (L. 2, 599; B. 8, 106.)

19 NOVEMBRE 1790. — Arbres fruitiers. Voy. 12 NOVEMBRE 1790. — Artois. Voy. 16 NOVEMBRE 1790. — Biens nationaux Voy. 14 NOVEMBRE 1790. — Bordeaux. Voy. 16 NOVEMBRE 1790. — Caisse de l'extraordinaire. Voy. 5 NOVEMBRE 1790. — Canal de la Dive. Voy. 16 NOVEMBRE 1790. — Chartres. Voy. 11 NOVEMBRE 1790. — Clergé; Corse. Voy. 16 NOVEMBRE 1790. — Cour de cassation. Voy. 27 NOVEMBRE 1790. — Dépenses. Voy. 12 NOVEMBRE 1790. — Douanes. Voy. 16 NOVEMBRE 1780. — Droits féodaux. Voy. 12 et 14 NOVEMBRE 1790. — Etalons; Grains. Voy. 12 NOVEMBRE 1790. — Nièvre, etc. Voy. 16 NOVEMBRE 1790. — Oppositions; Randon de Latour. Voy. 12 NOVEMBRE 1790. — St.-Omer. Voy. 14 NOVEMBRE 1790. — Sociétés libres. Voy. 21 OCTOBRE 1790, 15 NOVEMBRE 1790. — Strasbourg. Voy. 12 NOVEMBRE 1790.

20 = 22 NOVEMBRE 1790. — Décret qui improuve la conduite de la municipalité de Troyes, et annulle des sentences, délibérations et arrêtés de cette municipalité. (L. 2, 570; B. 8, 109.)

20 = 24 NOVEMBRE 1790. — Décret pour le rétablissement de la prison de Vincennes, et qui autorise la municipalité de Paris à s'en servir provisoirement. (L. 2, 609; B. 8, 109.)

20 NOVEMBRE = 10 DÉCEMBRE 1790. — Décret portant vente de biens nationaux aux municipalités de Bonneval, de Chartres, de Corbeil, de Norville et d'Ormoi. (L. 2, 768, 782, 790, 792 et 799; B. 8, 110 et suiv.)

20 NOVEMBRE = 1ᵉʳ DÉCEMBRE 1790. — Décret qui établit des tribunaux de commerce dans les villes d'Abbeville, d'Ambert, d'Amiens, de Clermont-Ferrand, de Riom, et des juges-de-paix dans les villes de Lyon et de Tours. (L. 2, 621.)

20 NOVEMBRE = 1ᵉʳ DÉCEMBRE 1790. — Décret pour la protection des établissemens français à Avignon, et pour le maintien de la tranquillité dans cette ville. (L. 2, 737; B. 8, 115.)

20 NOVEMBRE 1790. — Cour de cassation. Voy. 27 NOVEMBRE 1790.

21 = 24 NOVEMBRE 1790. — Décret relatif aux jugemens rendus en escadre. (L. 2, 607; B. 8, 117.)

L'Assemblée nationale, sur le rapport de son comité de la marine, décrète:

Que l'article 13 de son décret des 16, 19 et 21 août dernier, sera littéralement exécuté; que le prononcé du jury de Toulon du 15 octobre dernier, sera censé non avenu, et qu'il sera formé un nouveau jury pour prononcer sur le procès de J.-B. Marin et Druillet;

Que les jugemens rendus en escadre par un conseil martial, ou à terre par les tribunaux de marine, seront portés dans le premier cas au commandant de l'escadre, et dans le second cas au commandant du port, pour en ordonner l'exécution; et qu'ils pourront, suivant les circonstances, adoucir la peine prononcée par le tribunal, et la commuer en celle plus légère d'un degré seulement.

21 = 24 NOVEMBRE 1790. — Décret relatif à la réélection des officiers municipaux sortis de place. (L. 2, 606; B. 8, 116.)

L'Assemblée nationale, sur le rapport de son comité de constitution, décrète que pour cette fois seulement, les officiers municipaux qui sont sortis de place par la voie du sort, ont pu et peuvent être réélus.

21 = 24 NOVEMBRE 1790. — Décret qui autorise la continuation du paiement de la pension accordée au collège des Ecossais établi à Douai. (L. 2, 584; B. 8, 118.)

21 = 28 NOVEMBRE 1790. — Décret qui accorde un secours de 30,000 liv. au département d'Indre-et-Loire, pour être employé à réparer en partie les dégâts occasionnés par les inondations. (L. 2, 616; B. 8, 118.)

21 NOVEMBRE = 10 DÉCEMBRE 1790. — Décret portant vente de biens nationaux aux municipalités de Châteaudun et de Vaize. (L. 2, 780 et 796; B. 8, 116 et 119.)

21 NOVEMBRE 1790. — Décret sur un projet de loi concernant l'inégalité des partages. (B. 8, 130.)

21 NOVEMBRE 1790. — Cour de cassation. Voy. 27 NOVEMBRE 1790.

22 NOVEMBRE = 1ᵉʳ DÉCEMBRE 1790. — **Décret relatif aux domaines nationaux, aux échanges et concessions et aux apanages.** (L. 2, 645; B. 8, 125.)

Voy. loi du 13 AOUT = 21 SEPTEMBRE 1790; Code civil, art. 537, 538 et suiv.; sénatus-consulte du 30 JANVIER 1810; décret du 11 JUILLET 1811, loi du 8 NOVEMBRE 1814 (1).

L'Assemblée nationale, considérant : 1° que le domaine public a formé pendant plusieurs siècles la principale et presque l'unique source de la richesse nationale, et qu'il a long-temps suffi aux dépenses ordinaires du Gouvernement; que, livré dès le principe à des déprédations abusives et à une administration vicieuse, ce domaine précieux, sur lequel reposait alors la prospérité de l'Etat, se serait bientôt anéanti, si ses pertes continuelles n'avaient été réparées de différentes manières, et surtout par la réunion des biens particuliers des princes qui ont successivement occupé le trône;

2° Que le domaine public, dans son intégrité et avec ses divers accroissemens, appartient à la nation; que cette propriété est la plus parfaite qu'on puisse concevoir, puisqu'il n'existe aucune autorité supérieure qui puisse la modifier ou la restreindre; que la faculté d'aliéner, attribut essentiel du droit de propriété, réside également dans la nation; et que si, dans des circonstances particulières, elle a voulu en suspendre pour un temps l'exercice, comme cette loi suspensive n'a pu avoir que la volonté générale pour base, elle est de plein droit abolie, dès que la nation, légalement représentée, manifeste une volonté contraire;

3° Que le produit du domaine est aujourd'hui trop au-dessous des besoins de l'Etat pour remplir sa destination primitive; que la maxime de l'inaliénabilité, devenue sans motifs, serait encore préjudiciable à l'intérêt public, puisque des possessions foncières, livrées à une administration générale, sont frappées d'une sorte de stérilité, tandis que, dans la main de propriétaires actifs et vigilans,

elles se fertilisent, multiplient les subsistances, et animent la circulation, fournissent des alimens à l'industrie, et enrichissent l'Etat;

4° Que toute concession, toute distraction du domaine public, est essentiellement nulle ou révocable, si elle est faite sans le concours de la nation; qu'elle conserve sur les biens ainsi distraits la même autorité et les mêmes droits que sur ceux qui sont restés dans ses mains; que ce principe, qu'aucun laps de temps ne peut affaiblir, dont aucune formalité ne peut éluder l'effet, s'étend à tous les objets détachés du domaine national, sans aucune exception.

Considérant enfin que ce principe, exécuté d'une manière trop rigoureuse, pourrait avoir de grands inconvéniens dans l'ordre civil, et causer une infinité de maux partiels, qui influent toujours plus ou moins sur la somme du bien général; qu'il est de la dignité d'une grande nation et du devoir de ses représentans d'en tempérer la rigueur, et d'établir des règles fixes, propres à concilier l'intérêt national avec celui de chaque citoyen, décrète ce qui suit :

§ 1ᵉʳ. De la nature du domaine national et de ses principales divisions.

Art. 1ᵉʳ. Le domaine national proprement dit s'entend de toutes les propriétés foncières et de tous les droits réels ou mixtes qui appartiennent à la nation, soit qu'elle en ait la possession et la jouissance actuelles, soit qu'elle ait seulement le droit d'y rentrer par voie de rachat, droit de réversion ou autrement.

2. Les chemins publics, les rues et places des villes, les fleuves et rivières navigables, les rivages, lais et relais de la mer, les ports, les havres, les rades, etc., et en général toutes les portions du territoire national qui ne sont pas susceptibles d'une propriété privée, sont considérés comme des dépendances du domaine public (2).

3. Tous les biens et effets, meubles ou immeubles, demeurés vacans et sans maître; et ceux des personnes qui décèdent sans héritiers

---

(1) *Voy.* Répertoire de jurisprudence, *verbo* Domaine public, § 3, n° 9.

(2) L'art. 538 du Code civil est textuellement copié de cet article.

La possession immémoriale, par une commune, de terrains dépendans des lais et relais de la mer (dans le département de la Somme), possession d'ailleurs attestée par d'anciens aveux ou dénombremens, constitue une possession privative, acquisitive de propriété, dans le sens d'un décret spécial du 3 janvier 1809, relatif au département de la Somme qui, en ordonnant la réunion des lais et relais de la mer au domaine public, en excepte (art. 3) les parties qui se trouvent bâties, défrichées ou possédées privati-

vement par des particuliers. Du moins, l'arrêt qui le décide ainsi, par appréciation des titres et de la possession de la commune, est, sous ce rapport, à l'abri de la censure de la Cour de cassation (21 juillet 1828, Cass.; S. 28, 1, 283; D. 28, 1, 341).

Sous l'ancienne législation, les lais et relais de la mer, même ceux non encore formés, pouvaient être l'objet de concessions perpétuelles au profit des particuliers. — Les petits domaines de l'Etat pouvant, à la différence du domaine de l'Etat proprement dit, être valablement et irrévocablement aliénés par nos rois (18 mai 1830, Cass.; S. 30, 1, 218; D. 30, 1, 250).

légitimes, ou dont les successions sont abandonnées, appartiennent à la nation (1).

4. Le conjoint survivant pourra succéder à défaut de parens, même dans les lieux où la loi territoriale a une disposition contraire.

5. Les murs et fortifications des villes, entretenus par l'État et utiles à sa défense, font partie des domaines nationaux : il en est de même des anciens murs, fossés et remparts de celles qui ne sont point places fortes ; mais les villes et communautés qui en ont la jouissance actuelle, y seront maintenues, si elles sont fondées en titres, ou si leur possession remonte à plus de dix ans ; et à l'égard de celles dont la possession aurait été troublée ou interrompue depuis quarante ans, elles y seront rétablies. Les particuliers qui justifieront de titres valables, ou d'une possession paisible et publique depuis quarante ans, seront également maintenus dans leur propriété et jouissance.

6 Les biens particuliers du prince qui parvient au trône, et ceux qu'il acquiert pendant son règne, à quelque titre que ce soit, sont de plein droit et à l'instant même unis au domaine de la nation, et l'effet de cette union est perpétuel et irrévocable.

7. Les acquisitions faites par le Roi à titre singulier et non en vertu des droits de la couronne, sont et demeurent pendant son règne à sa libre disposition ; et ledit temps passé, elles se réunissent de plein droit et à l'instant même au domaine public.

§ II. Comment et à quelles conditions les domaines nationaux peuvent être aliénés.

8. Les domaines nationaux et les droits qui en dépendent sont et demeurent inaliénables sans le consentement et le concours de la nation ; mais ils peuvent être vendus et aliénés à titre perpétuel et incommutable, en vertu d'un décret formel du Corps-Législatif, sanctionné par le Roi, en observant les formalités prescrites pour la validité de ces sortes d'aliénations.

9. Les droits utiles et honorifiques ci-devant appelés régaliens, et notamment ceux qui participent de la nature de l'impôt, comme droits d'aides et autres y joints, contrôle, insinuation, centième denier, droits de nomination et de casualité des offices, amendes, confiscation, greffes, sceaux et tous autres droits semblables, ne sont point communicables ni cessibles ; et toutes concessions de droits de ce genre, à quelque titre qu'elles aient été faites, sont nulles, et en tous cas révoquées par le présent décret.

10. Les droits utiles, mentionnés en l'arti-

cle précédent, seront, à l'instant de la publication du présent décret, réunis aux finances nationales ; et dès lors ils seront administrés, régis et perçus par les commis, agens ou préposés des compagnies établies par l'administration actuelle, dans la même forme et à la charge de la même comptabilité que ceux dont la régie et administration leur est actuellement confiée.

11. Les obligations que le Roi pourrait avoir contractées pour rentrer dans les droits ainsi concédés, seront annulées comme ayant été consenties sans cause, et les rentes cesseront du jour de la publication du présent décret.

12. Les grandes masses de bois et forêts nationales demeurent exceptées de la vente et aliénation des biens nationaux, permise ou ordonnée par le présent décret et autres décrets antérieurs.

13. Aucun laps de temps, aucune fin de non-recevoir ou exception, excepté celles résultant de l'autorité de la chose jugée, ne peuvent couvrir l'irrégularité connue et bien prouvée des aliénations faites sans le consentement de la nation.

14. L'Assemblée nationale exempte de toute recherche et confirme en temps que de besoin : 1° les contrats d'échange faits régulièrement dans la forme, et consommés sans fraude, fiction ni lésion, avant la convocation de la présente session ; 2° les ventes et aliénations pures et simples, sans clause de rachat, même les inféodations, dons et concessions à titre gratuit, sans clause de réversion, pourvu que la date de ces aliénations à titre onéreux ou gratuit, soit antérieure à l'ordonnance de février 1566.

15. Tout domaine dont l'aliénation aura été révoquée ou annulée en vertu d'un décret spécial du Corps-Législatif, pourra être sur-le-champ mis en vente, avec les formalités prescrites pour l'aliénation des biens nationaux, à la charge par l'acquéreur d'indemniser le possesseur, et de verser le surplus du prix à la caisse de l'extraordinaire.

§ III. Des apanages.

16. Il ne sera concédé à l'avenir aucun apanage réel. Les fils puînés de France seront élevés et entretenus aux dépens de la liste civile, jusqu'à ce qu'ils se marient et qu'ils aient atteint l'âge de vingt-cinq ans accomplis. Alors il leur sera assigné sur le trésor national des rentes apanagères dont la quotité sera déterminée à chaque époque par la législature en activité.

17. Les fils puînés de France et leurs

_____

(1) Une décision du ministre des finances, en date du 5 janvier 1821, se fonde sur cet article, pour décider que les *épaves* appartiennent au domaine (S. 21, 2, 70).

enfans et descendans ne pourront en aucun cas rien prétendre ni réclamer dans les biens meubles ou immeubles délaissés par le Roi, la Reine et l'héritier présomptif de la couronne (1).

§ IV. Des échanges.

18. Tous contrats d'échange de biens nationaux non consommés, et ceux qui ne l'ont été que depuis la convocation de l'Assemblée nationale, seront examinés pour être confirmés ou annulés par un décret formel des représentans de la nation.

19. Les échanges ne seront censés consommés qu'autant que toutes les formalités prescrites par les lois et réglemens auront été observées et accomplies en entier, qu'il aura été procédé aux évaluations ordonnées par l'édit d'octobre 1711, et que l'échangiste aura obtenu et fait enregistrer dans les cours les lettres de ratification nécessaire pour donner à l'acte son dernier complément.

20. Tous contrats d'échange de biens domaniaux pourront être révoqués et annulés, malgré l'observation exacte des formes prescrites, s'il s'y trouve fraude, fiction ou simulation, et si le domaine a souffert une lésion du huitième, eu égard au temps de l'aliénation.

21. L'échangiste dont le contrat sera révoqué sera au même instant remis en possession réelle et actuelle de l'objet par lui cédé en contre-échange, sauf les indemnités respectives qui pourraient être dues : s'il a été payé des soultes ou retours de part ou d'autre, ils seront rendus à la même époque ; et si les soultes n'ont pas été payées, il sera fait raison des intérêts pour le temps de la jouissance (2).

22. Les échangistes qui auront rempli toutes les conditions prescrites, et qui, par le résultat des opérations, se sont trouvés débiteurs d'une soulte dont ils ont dû payer les intérêts jusqu'à ce qu'ils eussent fourni des biens et domaines fonciers de la même nature, qualité et valeur, seront admis à payer lesdits retours ou soultes avec les intérêts, en deniers ou assignats, sans aucune retenue. L'administrateur général des domaines sera autorisé à donner toute quittance bonne et valable, et il sera tenu de verser le tout dans la caisse de l'extraordinaire ; et à cet effet, on retirera des greffes, des chambres des comptes et autres dépôts publics, tous les renseignemens nécessaires.

§ V. Des engagemens, des dons et concessions à titre gratuit ou rémunératoire, baux à rentes ou à cens, etc. (3).

23. Tous contrats d'engagement de biens et droits domaniaux, postérieurs à l'ordonnance de 1566, sont sujets à rachat perpétuel ; ceux d'une date antérieure n'y seront assujétis qu'autant qu'ils en contiendront la clause expresse.

24. Les ventes et aliénations de domaines nationaux, postérieures à l'ordonnance de 1566, seront réputées simples engagemens, et comme telles perpétuellement sujettes à rachat, quoique la stipulation en ait été omise au contrat, ou même qu'il contienne une disposition contraire.

25. Aucuns détenteurs de biens domaniaux sujets à rachat ne pourront être dépossédés sans avoir préalablement reçu, ou été mis en demeure de recevoir leur finance principale avec ses accessoires.

26. En procédant à la liquidation de la finance due aux engagistes, les sommes dont il aura été fait remise ou compensation, lors du contrat d'engagement, à titre de don, gratification, acquit-patent ou autrement, seront rejetées ; on ne pourra faire entrer en liquidation que les deniers comptans réellement versés en espèces au trésor public, en quelques termes ou pour quelques causes que les quittances soient conçues ; et la preuve du contraire pourra être faite par extraits tirés des registres du trésor public, états des menus et comptans, et autres papiers de même genre, registres et comptes des chambres des comptes, et tous autres actes.

27. Tous engagistes et détenteurs de domaines nationaux moyennant finance, pourront en provoquer la vente et l'adjudication définitive. Pour y parvenir, ils en feront leur déclaration au comité d'aliénation de l'Assemblée nationale et aux directoires de département et de district de la situation du chef-lieu ; et au moyen de cette déclaration, les biens engagés seront mis en vente, en observant les formalités prescrites par les décrets, après avoir été préalablement estimés sans pouvoir être adjugés au-dessous du prix de l'estimation ; et l'adjudication n'en sera faite qu'à la charge de rembourser au concessionnaire ou détenteur, la finance primitive avec les accessoires, et de verser le surplus, s'il y en a, à la caisse de l'extraordinaire.

28. Les dons, concessions et transports à titre gratuit, de biens et droits domaniaux,

---

(1) *Voy.* loi du 13 août = 21 septembre 1790.

(2) Au cas de nullité d'un échange pour défaut de formalités, si le Gouvernement ne peut rendre à l'échangiste sa propriété, l'échangiste a

droit d'en réclamer la valeur, à l'époque de la dépossession de l'objet reçu par lui en échange (31 juillet 1812, décret ; J. C., t. 2, p. 119).

(3) *Voy.* loi du 14 ventose an 7.

faits avec clause de retour à la couronne, à quelque époque qu'ils puissent remonter, et tous ceux d'une date postérieure à l'ordonnance de 1556, quand même la clause du retour y serait omise, sont et demeurent révocables à perpétuité, même avant l'expiration du terme auquel la réversion à la couronne aurait été fixée par le titre primitif.

29. Les baux emphytéotiques, les baux à une ou plusieurs vies, sont réputés aliénation ; en conséquence, les détenteurs des biens compris en iceux, et en général tous fermiers des biens et usines nationaux dont les baux excéderaient la durée de neuf années, remettront au comité des domaines, dans le délai d'un mois, des copies collationnées de leurs baux et emphitéoses, pour être examinées par le comité, et ensuite, sur son rapport, être statué sur leur entretien et sur leur résiliation.

30. Tous acquéreurs ou détenteurs de domaines nationaux, les rendront, lors de la cessation de leur jouissance, en aussi bon état qu'ils étaient lors de la concession, et ils seront tenus des dégradations et malversations commises par eux ou par les personnes dont ils doivent répondre.

31. Les aliénations faites jusqu'à ce jour par contrat d'inféodation, baux à cens ou à rente, de terres vaines et vagues, landes, bruyères, palus, marais et terrains en friche, autres que ceux situés dans les forêts ou à cent perches d'icelles, sont confirmées et demeurent irrévocables par le présent décret, pourvu qu'elles aient été faites sans dol ni fraude et dans les formes prescrites par les réglemens en usage au jour de leur date.

§ VI. Dispositions générales.

32. Aucun concessionnaire ou détenteur, quel que soit son titre, ne peut disposer des bois de haute futaie, non plus que des taillis recrus sur les futaies coupées ou dégradées.

33. Il en est de même des pieds-corniers, arbres de lisière, baliveaux anciens et modernes, des bois-taillis, dont il est d'ailleurs défendu d'avancer, retarder ni intervertir les coupes.

34. Il est expressément enjoint par le présent décret, à tous concessionnaires ou détenteurs de biens nationaux, à quelque titre qu'ils en jouissent, de présenter au comité des domaines de l'Assemblée nationale et au di-

rectoire du département de la situation du chef-lieu de ces domaines, dans trois mois à compter du jour de la publication du présent décret, des copies sur papier libre, collationnées par un officier public, des titres de leurs acquisitions, des procès-verbaux qui ont dû précéder l'entrée en jouissance, des quittances de finance, si aucunes ont été payées, des baux qui en auront été consentis, et en général de tous les actes, titres et renseignemens qui pourront en constater la consistance, la valeur et le produit, et faire connaître le montant des charges dont ils sont grevés ; et faute par eux d'y satisfaire dans le délai prescrit, ils seront condamnés à la restitution des fruits, du jour qu'ils seront en demeure (1).

35. Les engagistes ou concessionnaires à vie ou pour un temps déterminé, des biens et droits domaniaux, leurs héritiers ou ayant-cause, se renfermeront exactement dans les bornes de leurs titres, sans pouvoir se maintenir dans la jouissance desdits biens après l'expiration du terme prescrit, sous peine d'être condamnés au paiement du double des fruits perçus depuis leur indue jouissance.

36. La prescription aura lieu à l'avenir pour les domaines nationaux dont l'aliénation est permise par les décrets de l'Assemblée nationale ; et tous les détenteurs d'une portion quelconque desdits domaines, qui justifieront en avoir joui par eux-mêmes ou par leurs auteurs, à titre de propriétaires, publiquement et sans trouble, pendant quarante ans continuels, à compter du jour de la publication du présent décret, seront à l'abri de toute recherche (2).

37. Les dispositions comprises au présent décret ne seront exécutées, à l'égard des provinces réunies à la France postérieurement à l'ordonnance de 1556, qu'en ce qui concerne les aliénations faites depuis la date de leur réunion respective, les aliénations précédentes devant être réglées suivant les lois lors en usage dans ces provinces.

38. L'Assemblée nationale abroge, en tant que de besoin, toute loi ou règlement contraire au présent décret.

22 NOVEMBRE = 1ᵉʳ DÉCEMBRE 1790. — Décret relatif à la compagnie des eaux de Paris. (L. 2, 643 ; B. 8, 121.)

L'Assemblée nationale, après avoir enten-

(1) Décret qui proroge pour trois mois, à compter de la publication, le délai accordé pour le dépôt des titres d'acquisition aux concessionnaires ou détenteurs de biens nationaux dans les départemens des 27 et 28ᵉ divisions militaires, et dans l'arrondissement de Saint-Remi (17 février 1809 ; S. 9, 2, 70).

(2) Les tiers détenteurs de domaines engagés, qui ont acquis depuis le Code civil, par juste titre et avec bonne foi, en ont prescrit la pro-

priété contre l'État, s'ils ont possédé sans trouble pendant dix ans avant la loi du 12 mars 1820 (16 février 1830, Amiens ; S. 30, 2, 113 ; D. 30, 2, 141 ; 23 février 1831 ; S. 31, 1, 311 ; D. 31, 1, 75 ; 8 et 10 mai 1832, Cass. ; S. 32, 1, 338 ; D. 32, 1, 226).

Jugé en sens contraire (18 mars 1830, Colmar ; S. 30, 2, 228 ; D. 30, 2, 254). Voy. loi du 14 ventose an 7 et loi du 12 mars 1820, article 9.

du le rapport de son comité de liquidation, sur l'arrêt rendu par la chambre des vacations du Parlement de Paris, le 22 septembre dernier, décrète ce qui suit :

Art. 1er. Le président de l'Assemblée nationale sera chargé de dénoncer au Roi l'arrêt concerté avec les sieurs Perrier et les administrateurs de la compagnie des eaux, afin qu'il soit pourvu à ce que les intérêts de la nation et du trésor public n'en souffrent aucun dommage.

2. Sera pareillement chargé le président de l'Assemblée nationale de demander au Roi que dès à-présent et sans préjudice aux droits des actionnaires, des abonnés, ou de toutes autres parties, il soit donné les ordres les plus prompts pour faire établir dans le plus court délai et dans la caisse de la compagnie des eaux, les sommes qui en ont été tirées en vertu de l'arrêt du 22 septembre dernier, et pour faire porter au trésor public tant les sommes qui seront rétablies dans ladite caisse que celles qui peuvent y être actuellement déposées et à l'avenir celles qui devront y être remises, pour lesdites sommes y rester, par forme de séquestre, jusqu'à ce qu'il en ait été autrement ordonné, toutes oppositions tenant entre les mains de l'administration du trésor public.

3. L'Assemblée nationale se réserve de faire rendre telles plaintes qu'il appartiendra contre les personnes qui ont obtenu ou fait obtenir l'arrêt du 22 septembre dernier et suivi l'exécution dudit arrêt; comme aussi contre les auteurs, fauteurs et adhérens de toutes les manœuvres par lesquelles on est parvenu à enlever au trésor public les sommes mentionnées dans le rapport de son comité de liquidation. En conséquence, elle lui enjoint expressément de prendre tous les renseignemens nécessaires à cet égard, et de s'occuper de tous moyens de faire rentrer lesdites sommes dans le trésor public.

22 NOVEMBRE = 1er DÉCEMBRE 1790. — Décret pour l'établissement de juges-de-paix à Lunéville, Nancy et Tours (L. 2, 720; B. 8, 120.)

22 NOVEMBRE = 12 DÉCEMBRE 1790. — Décret portant vente de biens nationaux aux municipalités de Mée, d'Orléans et de Thiville. (L. 2, 822, 82, et 845, B. 8, 122 et suiv.)

22 NOVEMBRE 1790. — Décret qui ordonne de remettre au comité de liquidation un double des décisions rendues ou à rendre relativement à la liquidation de la dette publique. (B. 8, 120.)

22 NOVEMBRE 1790. — Troyes. *Voy.* 20 NOVEMBRE 1790.

23 NOVEMBRE (20, 22 et) = 1er DÉCEMBRE 1790. — Décret concernant la contribution foncière. (L. 2, 657; B. 8, 135; Mon. du 24 décembre.)

Voy. lois du 7 (6 et) = 11 SEPTEMBRE 1790; du 3 FRIMAIRE et 2 MESSIDOR an 7; arrêté du 17 THERMIDOR an 8; loi du 19 VENTOSE an 9; loi du 12 NOVEMBRE 1808.

TITRE 1er. Articles généraux.

Art. 1er. Il sera établi, à compter du 1er janvier 1791, une contribution foncière qui sera répartie par égalité proportionnelle sur toutes les propriétés foncières, à raison de leur revenu net, sans autres exceptions que celles déterminées ci-après pour les intérêts de l'agriculture.

2. Le revenu net d'une terre est ce qui reste à son propriétaire, déduction faite, sur le produit brut, des frais de culture, semences, récolte et entretien.

3. Le revenu imposable est le revenu net moyen, calculé sur un nombre d'années déterminé.

4. La contribution foncière sera toujours d'une somme fixe et déterminée annuellement par chaque législature.

5. Elle sera perçue en argent.

TITRE II. Assiette de la contribution foncière pour 1791.

Art. 1er. Aussitôt que les municipalités auront reçu le présent décret, et sans attendre le mandement du directoire de district, elles formeront un tableau indicatif des différentes divisions de leur territoire, s'il y en a d'existantes, ou de celles qu'elles détermineront s'il n'en existe pas déjà, et ces divisions s'appelleront *sections*, soit dans les villes soit dans les campagnes.

2. Le conseil municipal choisira, parmi ses membres, des commissaires qui seront assistés d'un nombre au moins égal d'autres commissaires nommés par le conseil général de la commune, dans une assemblée qui sera indiquée huit jours à l'avance, et à laquelle les propriétaires domiciliés ou forains pourront assister et être élus; pourvu néanmoins qu'ils soient citoyens actifs.

On pourra élire aussi les fermiers ou métayers domiciliés, pourvu de même qu'ils soient citoyens actifs.

3. Ces commissaires se transporteront sur les différentes sections, et y formeront un état indicatif des différentes propriétés qui sont renfermées dans chacune; ils y joindront le nom de leur propriétaire, en y comprenant les biens appartenant aux communautés elles-mêmes.

Les états ainsi formés seront déposés au secrétariat de la municipalité, pour que tous les contribuables puissent en prendre communication.

4. Dans le délai de quinze jours après la formation et la publication des susdits états, tous les propriétaires feront au secrétariat de la municipalité, par eux ou par leurs fermiers, régisseurs ou fondés de pouvoirs, et dans la forme qui sera prescrite, une déclaration de la nature et de la contenance de leurs différentes propriétés. Ce délai passé, les officiers municipaux et les commissaires adjoints procéderont à l'examen des déclarations et suppléeront, d'après leurs connaissances locales, à celles qui n'auront pas été faites, ou qui se trouveraient inexactes.

Il sera libre à tous les contribuables de prendre communication de ces déclarations au secrétariat de la municipalité.

5. Aussitôt que ces opérations préliminaires seront terminées, les officiers municipaux et les commissaires adjoints feront, en leur ame et conscience, l'évaluation du revenu net des différentes propriétés foncières de la communauté, section par section.

6. Les propriétaires dont les fonds sont grevés de rentes ci-devant seigneuriales ou foncières, d'agriers, de champarts ou d'autres prestations, soit en argent, soit en denrées, soit en quotité de fruits, feront, en acquittant ces rentes ou prestations, une retenue proportionnelle à la contribution, sans préjudice de l'exécution des baux à rente faits sous la condition de la non-retenue des impositions royales (1).

7. Les débiteurs d'intérêts et de rentes perpétuelles constituées avant la publication du présent décret, et qui étaient autorisés à faire la retenue des impositions royales, feront la retenue à leurs créanciers, dans la proportion de la contribution foncière (2).

8. Les débiteurs de rentes viagères constituées avant la même époque, et sujettes aux mêmes conditions, ne feront la retenue que dans la proportion de l'intérêt que le capital

eût porté en rentes perpétuelles, lorsque ce capital sera connu et quand le capital ne sera pas connu, la retenue sera de la moitié de la proportion de la contribution foncière (3).

9. A l'avenir, les stipulations entre les contractans, sur la retenue de la contribution foncière, seront entièrement libres; mais elle aura toujours lieu, à moins que le contrat ne porte la condition expresse de non-retenue (4).

10. Pour déterminer la cote de contribution des maisons, il sera déduit un quart sur leur revenu, en considération du dépérissement et des frais d'entretien et de réparation.

11. La cotisation des maisons situées hors des villes, lorsqu'elles seront habitées par leurs propriétaires et sans valeur locative, sera faite à raison de l'étendue du terrain qu'elles occupent, si elles n'ont qu'un rez-de-chaussée: la cotisation sera double si elles ont un étage triple pour deux, et ainsi de suite pour chaque étage de plus.

Le terrain sera évalué sur le pied des meilleures terres labourables de la communauté.

12. Quant aux maisons qui auront été inhabitées pendant toute la durée de l'année expirant au jour de la confection du rôle, elles seront cotisées seulement à raison du terrain qu'elles occupent, évalué sur le pied des meilleures terres labourables de la communauté.

13. Les bâtimens servant aux exploitations rurales ne seront point soumis à la contribution foncière; mais le terrain qu'ils occupent sera évalué au taux des meilleures terres labourables de la communauté.

14. Les fabriques et manufactures, les forges, moulins et autres usines, seront cotisés à raison de deux tiers de leur valeur locative, en considération du dépérissement, et des frais d'entretien et de réparation qu'exigent ces objets.

(1, 2 et 3) Les canons emphytéotiques sont sujets à la retenue des impositions (2 ventose an 11, Cass.; S. 3, 1, 241).

(4) Les contributions imposées sur les propriétés tenues à bail emphytéotique doivent être à la charge de l'emphytéose, lors même qu'il n'a point été astreint expressément à ce paiement par l'acte de bail.

L'emphytéose est autorisé à la retenue du cinquième sur le montant de la redevance, pour représenter la contribution due par le bailleur, à moins que le contraire n'eût été expressément stipulé (Avis du Conseil-d'Etat, du 21 janvier 1809; S. 9, 2, 69).

Les intérêts conventionnels ne peuvent, à moins d'une stipulation expresse, être exemptés de la retenue (13 germinal an 10; S. 2, 2, 354), encore que la dette soit commerciale (21 floréal an 13, Nîmes; S. 5, 2, 23).

La clause de non-retenue pour impositions territoriales doit avoir son effet pour la contribution foncière (17 pluviose an 8, Cass.; S. 1, 1, 262).

Le rendage pour bail à locatairie perpétuelle n'est pas la rente supprimée au cas de mélange de cens et droits féodaux. Cette redevance n'est pas susceptible de la retenue du cinquième (14 ventose an 5, Cass.; S. 1, 1, 100).

Les lois antérieures à 1807, qui permettent aux débiteurs d'intérêts de faire la retenue de la contribution foncière, n'étaient pas applicables aux intérêts provenant de dettes commerciales (17 mars 1824, Cass.; S. 25, 1, 147).

Le débiteur d'une rente emphytéotique qui a payé volontairement l'intégralité de la rente portée par le contrat, ne peut répéter contre le créancier le cinquième que la loi l'autorisait à retenir annuellement pour la contribution foncière (10 janvier 1831, Cass.; S. 31, 1, 20; D. 31, 1, 33).

Voy. loi du 7 = 10 juin 1791; loi du 3 septembre 1807.

15. Les mines ne seront évaluées qu'à raison de la superficie du terrain occupé pour leur exploitation.

16. Il en sera de même pour les carrières.

17. Les terrains enclos seront évalués d'après les mêmes règles et dans les mêmes proportions que les terrains non enclos donnant le même genre de productions.

Les terrains enlevés à la culture pour le pur agrément, seront évalués au taux des meilleures terres labourables de la communauté.

18. L'évaluation des bois en coupe réglée sera faite d'après le prix moyen de leurs coupes annuelles.

19. L'évaluation des bois taillis qui ne sont pas en coupe réglée, sera faite d'après leur comparaison avec les autres bois de la communauté ou du canton.

20. D'après ces évaluations, les officiers municipaux procéderont aussitôt que le mandement du district de district leur sera parvenu à la confection de la matrice du rôle, conformément aux instructions du directoire de département, qui seront jointes au mandement, et seront tenus de faire parvenir cette matrice de rôle, arrêtée et signée par eux, au directoire de district dans le délai de quinze jours, à compter de la date dudit mandement.

La forme des rôles, de leur envoi, de leur dépôt et la manière dont ils seront rendus exécutoires, seront réglées par l'instruction de l'Assemblée nationale.

21. Les administrations de département et de district surveilleront et presseront, avec la plus grande activité, toutes les opérations ci-dessus prescrites aux municipalités.

TITRE III. Des exceptions.

Art. 1er. Les marais, les terres vaines et vagues, seront assujétis à la contribution foncière, quelque modique que soit leur produit.

2. La taxe qui sera établie sur ces terrains pourra n'être que de trois deniers par arpent, *mesure d'ordonnance.*

3. Les particuliers ne pourront s'affranchir de la contribution à laquelle leurs marais, terres vaines et vagues devraient être soumis, qu'en renonçant à ces propriétés au profit de la communauté dans le territoire de laquelle ces terrains sont situés.

La déclaration détaillée de cet abandon perpétuel sera faite par écrit au secrétariat de la municipalité, par le propriétaire ou par un fondé de pouvoir spécial.

Les cotisations des objets ainsi abandonnés dans les rôles faits antérieurement à la cession, resteront à la charge de l'ancien propriétaire.

4. La taxe des marais, terres vaines et vagues, situés dans l'étendue du territoire d'une communauté, qui n'ont ou n'auront aucun propriétaire particulier, sera supportée par la communauté, et acquittée ainsi qu'il sera réglé pour les autres cotisations de biens communaux.

5. A l'avenir, la cotisation des marais qui seront desséchés ne pourra être augmentée pendant les vingt-cinq premières années après leur desséchement.

6. La cotisation des terres vaines et vagues depuis vingt-cinq ans, et qui seront mises en culture, ne pourra de même être augmentée pendant les quinze premières années après leur défrichement.

7. La cotisation des terres en friche depuis vingt-cinq ans, qui seront plantées ou semées en bois, ne pourra non plus être augmentée pendant les trente premières années de semis ou de plantation.

8. La cotisation des terrains en friche depuis vingt-cinq ans, et qui seront plantés en vignes, mûriers ou autres arbres fruitiers, ne pourra être augmentée pendant les vingt premières années.

9. Les terrains déjà en valeur, et qui seront plantés en vignes, mûriers ou autres arbres fruitiers, ne seront, pendant les quinze premières années, évalués qu'au même taux des terres d'égale valeur et non plantées.

10. Les terrains maintenant en valeur, et qui seront plantés ou semés en bois, ne seront, pendant les trente premières années, évalués qu'au même taux des terres d'égale valeur et non plantées.

11. Pour jouir de ces divers avantages, le propriétaire sera tenu de faire au secrétariat de la municipalité et à celui du district dans l'étendue desquels les biens sont situés, et avant de commencer les desséchemens, défrichemens ou autres améliorations, une déclaration détaillée des terrains qu'il voudra ainsi améliorer.

12. Cette déclaration sera inscrite sur les registres de la municipalité, qui sera tenue de faire la visite des terrains desséchés, défrichés, et améliorés et d'en dresser procès-verbal, dont elle fera passer une expédition au directoire de son district, qui en tiendra aussi registre. A la première réquisition du déclarant, le secrétaire du district lui en délivrera, sans frais, une copie visée des membres du directoire.

13. Les terrains précédemment desséchés ou défrichés, et qui, conformément à l'édit de 1664 et autres sur les défrichemens et desséchemens, jouissaient de l'exemption d'impôt, ne seront taxés qu'à raison d'un sou par arpent, *mesure d'ordonnance*, jusqu'au temps où l'exemption d'impôt devait cesser.

14. Sur chaque rôle de la contribution foncière, à l'article de chacune des propriétés qui jouissent ou jouiront de ces divers avantages donnés pour l'encouragement de l'agri-

culture , il sera fait mention de l'année où ces biens doivent cesser d'en jouir.

TITRE IV. Des demandes en décharge.

Art. 1er. *Les contribuables qui, en matière de contribution directe, se plaindront du taux de leur cotisation, s'adresseront d'abord au directoire de district, lequel prononcera sur* les raisons respectives des contribuables , *et de la municipalité qui aura fait la répartition. La partie qui se trouvera lésée pourra se pourvoir ensuite au directoire de département , qui décidera en dernier ressort , sur simple mémoire et sans forme de procédure , sur la décision du directoire de district. Tous avis et décisions en cette matière seront motivés* (1).

(1) Loi du 7 (6 et) = 11 septembre 1790 , art. 1er, et les notes.

La compétence respective de l'autorité administrative et des tribunaux a été fixée par de nombreuses décisions. Celles que nous rapportons ici sont fondées sur les principes de la loi actuelle et de plusieurs lois subséquentes ; mais il nous a paru plus convenable de les réunir sous la première loi qui a disposé en matière de contributions.

Le remboursement des frais faits pour le recouvrement des contributions doit être poursuivi par la même voie que le principal , c'est-à-dire , administrativement , et non devant l'autorité judiciaire (25 janvier 1807, décret; S. 14, 2 , 428; et J. C. t. 1, p. 27).

L'autorité administrative est seule compétente :

Pour décider si la somme réclamée contre un contribuable par le percepteur des contributions, est due , et si elle doit être payée par privilège, même lorsque ce sont des tiers , créanciers du contribuable qui contestent l'existence de la dette et le privilége qui y est attaché (31 avril 1819, Cass.; S. 19, 1, 281);

Pour statuer sur la contestation entre un percepteur et un huissier, pour les frais dus à l'huissier , qui , à la requête du percepteur , a poursuivi les débiteurs de contributions directes arriérées (25 mars 1807, décret; S. 14, 2, 455);

Sur l'action intentée par un ex-percepteur contre un contribuable, pour raison du paiement des contributions (23 juillet et 18 août 1807, décret; S. 16, 2, 289);

Sur la contestation née d'une saisie qui a eu lieu par suite d'actes relatifs au recouvrement des contributions directes, quoique la saisie ne soit pas relative aux contributions du saisi (J. C. t. 1, p. 354);

Sur l'action intentée par un ex-percepteur contre un contribuable , pour raison du paiement des contributions arriérées (18 août 1807 ; J. C. t. 1, p. 121);

Sur la question de savoir si un contribuable qui a payé ses contributions pour une habitation qu'il a quittée, peut être contraint à payer de plus une portion de la contribution établie sur la location qu'il a prise depuis (3 mai 1810, décret; J. C. t. 1er, p. 368);

Pour connaître de tout ce qui peut être accessoire aux contestations relatives au paiement des contributions , même pour le règlement des dépens (18 janvier 1813 ; J. C. t. 2 , p. 229);

Pour décider qui de deux contendans a dû payer une cote de contribution : — la question de remboursement ne peut être décidée par les tribunaux, qu'après décision administrative sur la question de contribuabilité (23 février 1820 ; J. C. t. 5, p 333);

Pour prononcer sur une contestation élevée entre deux communes et un particulier au sujet d'un double emploi en matière de contribution (8 octobre 1810 ; J. C. t. 1, p. 417);

Pour examiner la question de savoir si les poursuites qui ont précédé le commandement fait au contribuable sont régulières , et si le contribuable est réellement débiteur (24 mars 1820 , ord.; J. C. t. 5 , p. 560);

Pour connaître d'une demande en dommages-intérêts formée par un contribuable contre son percepteur, pour contraintes vexatoires que celui-ci aurait dirigées contre ce contribuable (17 juin 1830 , Bordeaux; S. 30, 2 , 303; D. 30, 2 , 261).

Lorsque la question de contribution est subordonnée à l'examen des droits résultant pour les affouagistes , soit de l'ancienne concession , soit des règles du Code civil et de la législation forestière , le conseil de préfecture doit surseoir à statuer sur le dégrèvement , jusqu'à ce qu'il ait été statué par les tribunaux sur la question préjudicielle de savoir si la contribution est une charge de l'affouage (15 octobre 1830, ord.; Mac. t. 12 , p. 457).

Lorsqu'un contribuable sur lequel a été faite une saisie-exécution à la requête du percepteur des contributions directes, pour le paiement des contributions, conteste les causes de la saisie et prétend s'être libéré , ce n'est qu'à l'autorité administrative seule qu'il appartient de prononcer sur la délibération prétendue ; sauf aux tribunaux à statuer plus tard sur la validité de la saisie elle-même (18 mai 1827, Angers; S. 28, 2, 119; D. 28 , 2, 126).

Le Conseil-d'Etat est le juge d'appel des jugemens rendus par les anciennes élections en matière de contributions directes (7 mars 1821 ; J. C. t. 5, p. 573).

En cas de réclamation contre une cote de rôles de contribution , et, si l'autorité administrative est saisie de cette réclamation pour y faire droit, il ne peut y avoir de poursuites judiciaires, ni contre le réclamant, ni contre les tiers saisis : toute poursuite ultérieure est subordonnée à la décision qui doit intervenir de la part de l'autorité administrative (10 mars 1807, décret; S. 14, 2 , 443 et J. C. t. 1, p. 41).

Le propriétaire qui a vendu une partie de ses propriétés, si les rôles des contributions ne le déchargent pas , et s'il paie les contributions pour les objets vendus comme pour les objets qu'il conserve, doit s'adresser à la justice administrative , et non aux tribunaux pour obtenir le remboursement des contributions assises sur les fonds vendus (11 février 1818 ; J. C. t. 4 , p. 252; 16 mai 1810 , t. 1, p. 372).

Si la réduction de la cote est prononcée, la somme excédante sera portée la première année sur le fonds des non-valeurs, et répartie les années suivantes sur tous les contribuables de la communauté.

2. Dans le cas où une communauté se croira en droit de réclamer, elle s'adressera au directoire du département. La réclamation envoyée par lui à l'administration du district sera communiquée aux communautés dont le territoire toucheva celui de la communauté réclamante, et il y sera de même statué contradictoirement et définitivement par l'administration du département, sur l'avis de l'administration du district.

Si la cotisation est réduite, l'excédant sera de même porté, la première année, sur les fonds des non-valeurs, et réparti, les années suivantes, sur toutes les municipalités du district.

3. La réclamation d'une administration de district qui se croirait lésée, sera de même adressée au directoire du département, et communiquée par lui aux autres districts de son ressort, pour y être ensuite statué contradictoirement et définitivement par l'administration du département, sur le rapport et l'avis de son directoire.

Les administrations de département adresseront chaque année à la législature leurs

---

Des particuliers contribuables ne sont pas recevables à se pourvoir en justice administrative contre une décision qui accorde à un autre particulier contribuable une réduction de contribution foncière (21 mars 1821 ; J. C. t. 5, p. 583).

Un tribunal saisi d'une contestation relative à une réclamation sur l'assiette et la quotité d'une taxe dans la contribution directe, doit en faire le renvoi à l'autorité administrative, bien que dans l'espèce il y ait eu saisie et opposition à saisie (16 juillet 1817 ; J. C. t. 4, p. 90).

Le propriétaire saisi - exécuté dans ses meubles, pour le paiement d'une contribution qu'il ne doit pas, est privé de tous dommages - intérêts, quand même il aurait formé opposition par exploit, s'il n'a pas, avant la saisie, porté sa réclamation au conseil de préfecture (28 juillet 1819, ord. ; S. 20, 2, 124).

Les tribunaux sont compétens pour statuer :

Sur la réclamation d'un propriétaire qui prétend avoir indûment payé des contributions dues par le fermier (7 novembre 1814 ; J. C. t. 3, p. 37);

Sur l'action en paiement intentée par un ex-percepteur contre des contribuables, lorsque ces contribuables ne contestent ni la légalité des contributions, ni la justesse de leur répartition, ni la qualité du demandeur pour en poursuivre le recouvrement (8 octobre 1810, décret; J. C. t. 1, p. 416);

Sur l'action en remboursement d'un receveur municipal qui a acquitté de ses deniers, et à la décharge d'un contribuable, la quotité de contribution par lui due (25 octobre 1806, décret; S. 14, 2, 410);

Sur l'action en revendication, formée par un tiers, des meubles saisis à la requête d'un percepteur (16 septembre 1806, décret; S. 14, 2, 409);

Sur la validité d'un commandement qui a précédé une saisie, et qui est argué de nullité pour vice de forme (25 février 1818; J. C. t. 4, p. 267).

Lorsque le trésor est sans intérêt, et lorsqu'il ne s'agit ni de la perception, ni de la répartition, ni du dégrèvement de l'impôt, mais bien de l'exécution d'une convention entre particuliers (J. C. t. 5, p. 312);

Lorsqu'un percepteur a saisi les meubles d'un contribuable, et qu'un gardien est établi, si le gardien veut, ou doit être remplacé, ce n'est

point à la justice ordinaire, de nommer un huissier qui fasse ce remplacement : le nouveau gardien, comme le premier, doit être posé par un huissier aux contributions, ou un porteur de contraintes ; la nomination faite par un tribunal ordinaire est un excès de pouvoir (2 juin 1819, ord. ; S. 20, 2, 125).

Autant les tribunaux sont compétens pour juger sommairement, et sans frais, la validité des poursuites en matière de deniers communaux autant ils doivent s'abstenir de prononcer une condamnation de dépens contre un percepteur, et d'ordonner la suspension de ses poursuites en recouvrement (19 mars 1808, décret; S. 16, 2, 321).

Point d'obligation personnelle pour un adjudicataire de payer des contributions dues par le propriétaire dépossédé ; le percepteur n'a qu'un droit de suite sur le prix de l'immeuble, et toutes contestations à ce sujet doivent être portées devant les tribunaux ordinaires (1er mai 1816, ord. ; S. 18, 2, 71).

Un percepteur chargé du recouvrement des contributions dues par un propriétaire exproprié, et qui, au lieu de poursuites réelles sur les fruits, loyers ou fermages, attaque directement la personne du nouveau propriétaire, n'a d'action, comme tous les autres créanciers, qu'en venant à l'ordre sur la distribution du prix, il ne peut actionner le nouveau propriétaire devant l'autorité administrative (2 juin 1815, ord.; J. C. t. 3, p. 118).

Lorsque la perception d'un arriéré de contributions donne lieu à des difficultés du ressort des tribunaux, l'action de l'autorité judiciaire ne peut commencer qu'après que l'autorité administrative a consommé la sienne, en fixant le *quantum* de la somme à recouvrer (20 novembre 1815, ord.; S. 18, 2, 77).

Un percepteur qui, par ordre, a remboursé une somme à un contribuable, et qui, ultérieurement, a fait décider que le remboursement est illégal, qui, par suite, veut poursuivre, les héritiers du maire comme responsable du remboursement illégal, doit, après autorisation, s'adresser aux tribunaux (6 mars 1815 ; J. C. t. 3, p. 97). *Voy.* loi du 17 brumaire an 5, du 22 frimaire an 6, du 28 pluviôse an 8 ; arrêté du 16 thermidor an 8.

décisions sur les réclamations des administrations de district, avec les motifs de ces décisions.

Quant aux sommes excédant des contingens réduits, elles seront aussi portées la première année sur le fonds des non-valeurs et réparties les années suivantes sur tous les districts du même département.

4. Enfin, si c'est une administration du département qui se croie fondée à réclamer, elle s'adressera par une pétition à la législature.

Le rejet de la somme excédante se fera de même la première année sur le fonds des non-valeurs, et les suivantes, par reversement sur tous les autres départemens.

TITRE V. De la perception et du recouvrement.

Art. 1er. Chaque année, aussitôt que le mandement pour la répartition de la contribution foncière sera parvenu à la municipalité, les officiers municipaux de chaque communauté feront afficher la recette pour l'année suivante. Il ne sera reçu de soumissions pour en être chargé, que de sujets reconnus solvables, et donnant caution suffisante, et l'adjudication sera faite par le conseil général de la commune, à celui ou à ceux qui s'en chargeront au plus bas prix.

2. Si plusieurs ou même toutes les municipalités d'un canton jugeaient utile de se réunir pour confier en commun cette perception à un seul receveur, elles en conviendront par une délibération du conseil général de chaque commune; et, dans ce cas, l'adjudication se fera dans le chef-lieu du canton, ou dans tel autre dont on conviendra, par devant un certain nombre de commissaires nommés pour chaque communauté.

3. La somme qui aura été attribuée pour la perception sera répartie sur tous les contribuables, en sus de leur cotisation à la contribution foncière.

4. Les officiers municipaux pourront en tout temps vérifier, sur le rôle, l'état des recouvremens, et les receveurs des communautés seront tenus de verser chaque mois dans la caisse du district, la totalité de leur recette.

5. La cotisation de chaque contribuable sera divisée en douze portions égales, payables chacune le dernier de chaque mois.

6. Dans la première huitaine de chaque trimestre, c'est-à-dire, dans la première huitaine des mois d'avril, juillet, octobre et janvier, il sera formé par les receveurs des communautés un état de tous les contribuables en retard du trimestre précédent : cet état, visé par les officiers municipaux, sera publié et affiché; et faute de paiement dans cette première huitaine, le contribuable paiera, à compter du 1er dudit mois, l'intérêt de la somme dont il se trouvera arriéré.

7. L'intérêt courra au taux de six pour cent dans les quatre premiers mois, de cinq pour cent l'an dans les quatre mois suivans, et de quatre pour cent dans les quatre autres, au bout desquels il cessera : et les intérêts seront au profit des receveurs, caissiers ou trésoriers, qui seront toujours obligés d'en faire l'avance.

8. Les receveurs de communauté qui n'auraient fait aucune poursuite pendant trois années, à compter du jour où le rôle aura été rendu exécutoire, seront déchus de tous droits.

9. A défaut de paiement de la contribution foncière, les fruits ou loyers pourront être saisis, et il ne sera en conséquence décerné de contraintes pour cette perception, que sur ceux des contribuables dont l'espèce de propriété n'aurait pas un revenu saisissable, comme maisons non louées, bois non exploités, prés à tourber, etc.

10. Tous fermiers ou locataires seront tenus de payer, en l'acquit des propriétaires, la contribution foncière pour les biens qu'ils auront pris à ferme ou à loyer, et les propriétaires seront tenus de recevoir le montant des quittances de cette contribution pour comptant, sur le prix des fermages ou loyers.

11. La forme des états des contribuables en retard, celle des saisies et la nature des contraintes, seront déterminées par un réglement particulier.

12. Le présent décret sera incessamment porté à l'acceptation du Roi.

Instruction de l'Assemblée nationale sur la contribution foncière.

L'Assemblée nationale a décrété, les 20, 22 et 23 de ce mois, l'établissement d'une contribution foncière, qui sera dorénavant la seule dont les propriétés foncières soient chargées pour les dépenses générales de l'Etat. Le décret est composé de plusieurs titres, dont le premier, intitulé *articles généraux*, détermine les caractères de cette contribution. Voici le premier article :

Il sera établi, à compter du 1er janvier 1791, une contribution foncière qui sera répartie par égalité proportionnelle sur toutes les propriétés foncières, à raison de leur revenu net; sans autres exceptions que celles déterminées ci-après pour les intérêts de l'agriculture.

L'égalité proportionnelle dans la répartition est un principe fondamental en matière de contributions, et ce principe peut recevoir une application exacte dans la contribution foncière, parce que les revenus sur lesquels elle porte sont susceptibles d'une évaluation précise, puisque ce sont ceux de fonds connus, et que la publicité des opérations pour son assiette permet à tous les contribuables de les surveiller.

La contribution foncière a aussi pour un de ses principaux caractères d'être absolument indépendante des facultés du propriétaire qui la paie; elle a sa base sur les propriétés foncières, et se répartit à raison du revenu net de ces propriétés. On pourrait donc dire avec justesse que c'est la propriété qui seule est chargée de la contribution, et que le propriétaire n'est qu'un agent qui l'acquitte pour elle, avec une portion des fruits qu'elle lui donne.

Si donc deux arpens donnent à leur propriétaire un revenu égal, la cotisation des deux arpens doit être la même; mais si l'un, par exemple, donne un revenu de vingt-quatre livres, et l'autre de douze livres, la cotisation du premier doit être double de la cotisation du second, et ainsi dans toutes les autres proportions; de manière que si une propriété fournit à la contribution une cinquième partie de son revenu, toutes les autres propriétés devront y fournir aussi le cinquième.

Elle doit être répartie *sur toutes les propriétés foncières*. On comprend sous cette dénomination, outre les fonds territoriaux, les maisons; elles ont toujours participé aux impôts fonciers.

Elle doit être répartie sur toutes les propriétés foncières, *à raison de leur revenu net*. L'article 2 explique ce que l'on doit entendre par le *revenu net*, qui est *ce qui reste au propriétaire, déduction faite sur le produit brut* (c'est-à-dire sur la totalité de ce qu'un champ a rendu, de la quantité de gerbes suffisante pour *payer les frais de culture, de semences, de récolte et d'entretien*); et l'article 3 définit *le revenu imposable*, qui est *le revenu net moyen, calculé sur un nombre d'années déterminé*. On donnera, dans les explications sur le titre suivant, le moyen de faire les évaluations, et de déterminer le *revenu* imposable des divers fonds.

La contribution foncière doit être répartie sur toutes les propriétés foncières, à raison de leur revenu net, *sans autres exceptions que celles qui seront déterminées pour les intérêts de l'agriculture*.

Toutes les propriétés foncières, même celles dont le produit paraît nul, doivent être cotisées, parce que toutes sont protégées par la force publique; mais elles ne doivent contribuer que pour une somme extrêmement modique, ainsi qu'il sera expliqué plus au long dans la partie de l'instruction qui concerne le titre III du décret.

Les terrains actuellement employés au service public, comme les chemins, le cours des rivières, les rues et les places publiques, doivent seuls être exempts de taxe, et il sera fait mention de leur contenance, dans les états descriptifs du sol, qui pourront être ordon-

nés dans la suite; mais tous les autres terrains possédés soit par les communautés d'habitans, soit par le Roi, soit même par la nation, doivent être cotisés, et acquitter la contribution comme tous les autres fonds; de manière que la totalité de la surface du royaume y participe, que les mutations de propriétaires soient des évènemens indifférens à la perception, et ne puissent pas apporter dans l'assiette de la contribution des variations qui nuisent toujours à son exactitude. Le temps des privilèges est passé, et aucune propriété ne doit être soustraite à la loi salutaire de l'égalité, que *pour les intérêts de l'agriculture*, et pour un espace de temps qui permette au propriétaire qui a fait des avances considérables, de les retirer. En examinant le titre III, on entrera sur ces modifications dans les détails nécessaires.

La contribution foncière sera toujours d'une somme fixe, et déterminée annuellement par la législature; ainsi les peuples ne seront plus exposés à ces accroissemens de contributions, ordonnés par un conseil despotique, enregistrés par des tribunaux sans mission. Des représentans élus par eux régleront, chaque année, d'après les besoins de l'Etat, la somme de la contribution, qui, répartie par la législature entre les départemens sera ensuite répartie par l'administration du département entre les districts, par l'administration du district entre les municipalités, et par chaque municipalité sur toutes les propriétés qui composent son territoire.

Enfin, la contribution foncière sera *perçue en argent :* l'Assemblée nationale a préféré ce mode à celui de la contribution *en nature*, qui a le double inconvénient d'une répartition moins exacte et d'une perception plus embarrassante, plus dispendieuse et plus onéreuse au contribuable.

Titre II. Assiette de la contribution foncière pour 1791.

Pour parvenir à l'assiette de la contribution foncière de 1791, *les municipalités sont tenues*, d'après l'article 1er du second titre, *de former, aussitôt que ce décret leur sera parvenu, et sans attendre le mandement du directoire de district, un tableau indicatif du nom des différentes divisions de leur territoire, s'il y en a déjà d'existantes, ou de celles qu'elles détermineront, s'il n'en existe pas déjà : et ces divisions s'appelleront sections, soit dans les villes, soit dans les campagnes.*

En conséquence, les officiers municipaux procéderont à cette division par une délibération dont le modèle est ci-après, n° 1er. Ils enverront sans délai au directoire du district une expédition de cette délibération; le procureur de la commune la fera afficher à la porte du lieu des séances de la municipalité, de l'église paroissiale et autres lieux publics, et elle sera aussi publiée au prône.

Cette première opération terminée, *le conseil municipal, conformément à l'article 2, choisira, parmi ses membres, des commissaires qui seront assistés en nombre au moins égal d'autres commissaires nommés par le conseil général de la commune, dans une assemblée qui sera indiquée huit jours à l'avance, et à laquelle les propriétaires domiciliés ou forains pourront assister et être élus, pourvu néanmoins qu'ils soient citoyens actifs. On pourra élire aussi les fermiers ou métayers domiciliés, pourvu de même qu'ils soient citoyens actifs.*

Cet article n'a pas besoin de grands développemens; il suffira d'observer que le choix de ces commissaires devra porter sur ceux des propriétaires, fermiers ou métayers qui seront jugés connaître le mieux le territoire de la communauté. Le nombre n'en est point fixé par cet article; le conseil général de la commune le déterminera d'après l'étendue du territoire; et comme il est important d'accélérer cette opération, le conseil général pourra, s'il le trouve convenable, en nommer un nombre suffisant, pour que le travail puisse se partager en autant de parties qu'il y aura d'officiers municipaux, dont chacun serait assisté de deux ou trois de ces commissaires.

Tous les propriétaires seront admis à cette assemblée; mais l'élection ne sera faite que par le conseil général de la commune. Il a paru juste de donner aux propriétaires forains le droit d'y être présens et éligibles, parce qu'ayant le même intérêt que les propriétaires habitans, dans tout ce qui concerne la contribution foncière, ils doivent jouir des mêmes droits, et peuvent également mériter la confiance de la communauté. La qualité de citoyen actif, relativement à la contribution de 1791, sera justifiée par les rôles de 1790.

Le travail dont ces commissaires ainsi nommés auront à s'occuper, est expliqué par l'article 3.

Ces commissaires se transporteront sur les différentes sections, et y formeront un état indicatif des différentes propriétés qui sont renfermées dans chacune; ils y joindront le nom de leur propriétaire, en y comprenant les biens appartenant aux communautés elles-mêmes.

Les états à former dans chaque communauté doivent être uniformes. Pour parvenir à cette uniformité, les directoires de département feront imprimer les feuilles nécessaires, et en enverront aux directoires de district, qui les distribueront aux municipalités en nombre suffisant. Le modèle de ces imprimés est joint à la présente instruction, sous le n° 2.

Ces feuilles seront divisées par cases, dont chacune est destinée à indiquer un seul article de propriété, avec le nom du propriétaire.

Ces cases seront remplies les unes après les autres, suivant l'ordre de la position de chaque objet de propriété dans la section.

L'ordre le plus convenable à suivre dans cette énonciation, sera de commencer, autant qu'il sera possible, par les propriétaires qui seront le plus au levant, et de faire successivement le tour de la section, pour passer ensuite à celles qui en forment le centre.

Chaque case est partagée en plusieurs colonnes; la première est destinée à indiquer le numéro qui sera donné à chaque article de propriété, en commençant par le numéro 1er et ainsi de suite.

Dans la deuxième sera inscrit le nom de famille du propriétaire, en laissant sur la même ligne un intervalle suffisant pour y placer son nom de baptême, lorsqu'il sera connu. Les commissaires indiqueront ensuite la profession du propriétaire et sa demeure, s'ils les connaissent.

Dans la première partie de la troisième colonne, les commissaires se borneront à indiquer la nature de chaque propriété par ces seuls mots : *terre labourable, pré, vigne, bois taillis, futaie, maison, etc.*

La quatrième colonne ayant une destination étrangère à ce premier travail des commissaires, il n'en sera parlé que ci-après, ainsi que de la seconde partie de la troisième colonne, et des autres réservées.

La formation de cet état ne présente aucune difficulté : il n'y a point de communauté où il ne se trouve plusieurs propriétaires et cultivateurs en état de concourir à sa rédaction ; les commissaires qui auront été choisis, pourront donc facilement terminer ce travail en très-peu de jours, et s'aider utilement des cadastres et parcellaires dans les pays qui en ont, ainsi que des plans, terriers et autres renseignemens qu'ils pourraient se procurer.

Lorsque ces états auront été formés pour chaque section, l'état de la première section sera coté de la lettre *A*, le second de la lettre *B*, le troisième de la lettre *C*, ainsi de suite.

Enfin, ces états seront déposés au secrétariat de la municipalité, conformément à la seconde disposition de l'article 3 ci-dessus cité, *pour que tous les contribuables puissent en prendre connaissance.*

Dans le délai de quinze jours après la formation et la publication des susdits états, est-il dit par l'article 4, *tous les propriétaires feront au secrétariat de la municipalité, par eux ou par leurs fermiers, régisseurs ou fondés de pouvoirs, et dans la forme qui sera prescrite, une déclaration de la nature et de la contenance de leurs différentes propriétés.*

L'exécution de cet article exige une observation essentielle : c'est que les propriétaires doivent faire autant de déclarations qu'il existera dans la communauté de sections dans lesquelles ils possèdent des fonds.

Ces déclarations devront être rédigées suivant le modèle joint à la présente instruction, n° 3, et devront être signées par le déclarant ; en conséquence, les officiers municipaux ne devront admettre que celles rédigées dans les formes qui viennent d'être prescrites.

A l'égard des propriétaires qui ne se trouveraient point résider dans la communauté au moment même où elles devront être fournies, elles seront faites en leur nom par leurs fermiers, régisseurs, ou par leurs fondés de pouvoirs.

Ces déclarations pourront être reçues, si le déclarant ne sait pas écrire, par le secrétaire-greffier de la municipalité, sans aucuns frais, et ensuite le déclarant signera. S'il ne sait pas donner sa signature, la déclaration sera signée par deux officiers municipaux ou commissaires présens, et par le secrétaire-greffier.

Les déclarations des biens possédés par les fabriques, les maisons de charité ou d'éducation, et l'ordre de Malte, seront faites par leurs administrateurs.

Celles des biens appartenant aux communautés d'habitans seront faites par les officiers municipaux, et ces diverses déclarations seront faites conformément au modèle n° 3.

Celles des biens nationaux seront faites au nom des administrations des districts, par le procureur de la commune, qui sera tenu, dans la quinzaine, d'envoyer une copie de ces déclarations au procureur-syndic du district : elles seront conformes au modèle n° 4.

A mesure que les déclarations seront fournies, on aura soin de les réunir en une seule et même liasse pour chaque section, et de leur donner un numéro correspondant à celui sous lequel le nom du propriétaire sera porté dans l'état de la section : ainsi, les déclarations corrrespondantes aux propriétés comprises dans la première section, seront timbrées *A*, n° 1, *A*, n° 2, *A*, n° 3 ;

Pour les objets compris dans la seconde section, *B*, n° 1, *B*, n° 2, *B*, n° 3, et ainsi de suite.

A l'égard des déclarations qui contiendront plusieurs objets de propriété compris dans la même section, elles seront placées dans l'ordre du numéro donné dans l'état de section au premier objet de propriété compris dans cette déclaration. Lorsque ensuite, en formant la liasse, on sera parvenu au numéro d'un autre objet appartenant au même propriétaire, alors, à défaut d'une feuille de déclaration particulière pour cet objet, il sera inséré dans la liasse une feuille de renvoi ainsi rédigée : *A*, n° 9. — N..... *Terre labourable.*—*Voy.* la déclaration collective : *A*, n° 3.

Après l'expiration du délai de quinze jours, prescrit par l'article 4 du décret, pour fournir les déclarations, il est enjoint par le même

article, aux officiers municipaux et aux commissaires adjoints, de procéder *à l'examen des déclarations*, et de suppléer *d'après leurs connaissances locales, à celles qui n'auraient pas été faites, ou qui se trouveraient inexactes.*

Dans ce dernier cas, les officiers municipaux et commissaires adjoints, après avoir fait avertir les propriétaires, fermiers, régisseurs, ou fondés de pouvoirs, rectifieront les déclarations inexactes, par une apostille mise au bas de ces déclarations, et suppléeront à celles qui n'auront pas été fournies, par un arrêté particulier *pour chaque numéro de propriété*, qui sera rédigé à peu près dans la même forme que les déclarations elles-mêmes, suivant le modèle n° 5 joint à la présente instruction. Les officiers municipaux auront soin de recourir aux cadastres, parcellaires, plans ou autres documens, dans les communautés où il en existe.

Ces arrêtés seront réunis et rangés avec les déclarations mêmes, dans la liasse par section, et dans l'ordre qui a été ci-dessus expliqué.

Enfin, conformément au même article 4, *il sera libre à tous les contribuables de prendre communication de ces déclarations au secrétariat de la municipalité.*

Les opérations préliminaires qui viennent d'être expliquées seront suivies du dépouillement et de la transcription que les officiers municipaux devront faire sur les états de section, du contenu des déclarations fournies par chaque propriétaire : ils auront soin, en faisant ce dépouillement, de porter la contenance de chaque propriété dans la seconde partie de la troisième colonne réservée à cet effet. C'est pour faciliter ce travail, qu'on a expliqué ci-dessus dans quel ordre les déclarations devaient être enliassées, pour qu'il y eût toujours une correspondance exacte entre la liasse des déclarations et les états de section.

Au moyen de ce dépouillement, les états de section se trouveront ainsi successivement complétés dans tous les détails qu'ils doivent présenter (*voir* le modèle n° 6), et il ne sera plus question que de porter dans la quatrième colonne l'évaluation du revenu imposable de chaque propriété foncière, que les officiers municipaux et commissaires adjoints feront en leur ame et conscience.

Cette opération exige, de la part de ceux que la confiance de leurs concitoyens en aura chargés, un désintéressement et une impartialité qui leur fassent en quelque sorte méconnaître quel est le possesseur de la propriété dont ils évaluent le revenu ; et c'est pour les guider dans cet important travail, et conformément aux articles 5, 6 et 7 du titre II, qu'il est nécessaire de fixer les principales bases d'après lesquelles ils feront l'évaluation *du revenu imposable de chaque propriété foncière.*

Le revenu imposable d'une terre est ce qui reste à son propriétaire, déduction faite, sur la totalité du produit, des frais de culture, semences, récolte et entretien.

Ces déductions sont nécessairement très-inégales, puisqu'elles dépendent du genre de culture et des différences des productions, de sol et de climat. Il n'est donc possible que de déterminer quelques règles générales, dont les estimateurs de chaque communauté puissent, avec des connaissances agricoles et locales, faire l'application à l'universalité des terrains dont ils doivent évaluer le revenu, quelle que soit l'espèce de production qui le procure.

Les productions que l'on obtient du sol n'étant des revenus que pour la partie qui reste après avoir acquitté toutes les dépenses qu'exigent la culture, l'ensemencement, la récolte et l'entretien du terrain qui les donne, il faut déduire toutes ces dépenses pour connaître le véritable revenu net.

Les *frais de culture* sont très-multipliés, et peu faciles à calculer en détail; on peut seulement dire qu'il faut y comprendre les objets suivans :

L'intérêt de toutes les avances premières, nécessaires pour l'exploitation, telles que les bestiaux et les autres dépenses qu'on est obligé de faire avant d'arriver au moment où l'on peut vendre ou consommer les produits; l'entretien des bâtimens, celui des instrumens aratoires, tels que charrues, voitures, etc.; les salaires des ouvriers, les salaires ou bénéfices du cultivateur qui partage et dirige leurs travaux ; l'entretien et l'équipement des animaux qui servent à la culture : il faut encore déduire les renouvellemens d'engrais , lorsqu'il est nécessaire d'en acheter, la quantité de grains employée à l'ensemencement, ainsi que les autres dépenses des semailles.

Les *frais de récolte* sont aussi variables suivant les méthodes usitées dans chaque pays pour chaque espèce de production : ils consistent, par exemple, pour les blés, dans le paiement en grains ou en argent des moissonneurs qui les coupent, de ceux qui les lient, les charient à la grange ou à l'aire, de ceux qui les y battent, les transportent au grenier, soit peu de jours après, soit en d'autres temps de l'année, enfin jusqu'à l'époque où le blé peut être porté au marché ou au moulin.

Les *frais d'entretien* d'une propriété sont ceux nécessaires à sa conservation , tels que les digues , les écluses, les fossés et autres ouvrages sans lesquels les eaux de la mer, des rivières , des torrens, pourraient détériorer et même détruire des propriétés que des travaux utiles conservent.

Lorsque précédemment on imposait des biens-fonds, il était nécessaire d'examiner s'ils étaient ou non possédés en fief, si celui qui en jouissait était ou non privilégié, si ces biens étaient grevés de rentes ci-devant seigneuriales ou foncières, d'agriers, de champarts, ou autres prestations en argent, en denrées, en quotité de fruits. Ce n'était qu'après avoir fait ces combinaisons difficiles, qui éloignaient d'une bonne évaluation, que les estimateurs pouvaient opérer.

Ce qui augmentait encore les vices de la répartition dans la taille personnelle et mixte, c'est que l'imposition s'en faisait sur le rôle de la communauté où était domicilié celui qui exploitait les biens-fonds, et non pas constamment sur le rôle de la communauté dont ces propriétés composaient le territoire : un revenu imposé, tantôt dans une communauté, tantôt dans une autre, ne pouvait être justement apprécié; mais par les décrets des 28 novembre et 17 décembre 1789, toutes les propriétés foncières doivent être cotisées sur le rôle de la communauté dans laquelle elles sont situées.

Les démarcations entre les communautés sont depuis long-temps constantes dans quelques départemens; et dans les pays où il régnait quelque incertitude, il a dû être procédé l'année dernière , conformément à une instruction du Roi, du 21 mars dernier , à cette fixation de limites : s'il existait encore quelques contestations à ce sujet, elles seront décidées par les corps administratifs. Les communautés n'ont rien à craindre de ces délimitations , puisqu'elles n'auront d'effet que pour la répartition de la contribution foncière. Il importe seulement que les administrations de district en aient connaissance, afin d'y avoir égard lorsqu'elles détermineront la quote-part que doit supporter chaque territoire.

Ces limites ne préjudicieront point aux droits de pâturage, parcours, usages, chaumage et glanage, qui appartiennent à chaque communauté, et dont elles jouiront comme par le passé.

Les privilèges personnels ou réels, en matière de subsides, sont abolis par l'article 9 du décret du 4 août 1789 et jours suivans; et et les exemptions dont jouissaient , dans quelques pays, les terrains pour lors appelés fiefs ou biens nobles, l'ont été aussi par les articles 4, 5 et 6 du décret du 26 septembre 1789.

Ces lois , qui ont fait succéder à des siècles d'oppression, l'égalité des droits des personnes et des propriétés, ont encore l'avantage de faciliter les estimations et la connaissance du véritable revenu de chaque propriété.

Les articles 6, 7 et 8 du titre II du décret sur la contribution foncière, ont encore applani les difficultés qui pouvaient embarrasser dans l'évaluation des revenus, lorsque les propriétés étaient chargées de rentes ci-devant seigneuriales ou foncières , d'agriers, champarts ou autres prestations, soit en argent, soit en denrées, soit en quotité de fruits.

Ces rentes et prestations seront assujéties à une retenue proportionnelle à la contribution; et quoique le mode et la quotité de cette retenue ne soient pas encore décrétés, comme ils le seront très-incessamment, l'évaluation du revenu net sera faite sans les déduire, ce qui sera conforme aux articles ci-dessus cités, et donnera aux évaluations une fois bien faites, une durée qu'elles n'eussent pu avoir si l'on eût imposé particulièrement des rentes qui, conformément aux décrets qui les déclarent rachetables, seront successivement rachetées, ce qui obligerait à faire des changemens aux matrices des rôles, à mesure que chaque propriété aura été affranchie de ces redevances.

Il faudra donc évaluer chaque propriété, sans avoir égard aux charges dont elle est grevée.

Il n'est pas nécessaire, pour ces évaluations, de faire toujours le calcul détaillé et difficile des déductions sur la récolte de chaque propriété; ce serait une chose impraticable, par exemple, que de déterminer ce que les divers frais d'exploitation peuvent coûter pour chaque arpent en particulier; mais après avoir fait ce calcul sur deux ou trois cents arpens, on répartira la somme de déductions que l'on aura trouvées, sur chacun de ces arpens. On peut aussi prendre dans le territoire quelques exemples des différentes qualités de terres et de productions, et s'en servir pour évaluer par comparaison celles qui auront des caractères semblables.

Mais une grande connaissance des récoltes que donne un territoire, des avances et des frais qu'elles exigent, peut suppléer amplement à tous ces calculs, ainsi que le prouve l'expérience presque toujours sûre de ceux qui donnent ou prennent à bail des propriétés territoriales. Le prix moyen des fermages est le véritable produit net, dans lequel il ne faut pourtant point comprendre l'entretien des bâtimens nécessaires à l'exploitation, et dont il faut aussi déduire le loyer ou l'avance des bestiaux dans les pays où ils sont fournis par le propriétaire du fonds.

Il faudra donc que chaque estimateur se pénètre de ces principes, et se dise à lui-même : « Si j'étais propriétaire de ce bien, je « pourrais trouver à l'affermer raisonnable-« ment *tant*. Si j'étais dans le cas d'être fer-« mier, je pourrais en rendre la somme de.... » c'est-à-dire, le prix que serait affermée cette propriété, lorsque, pour son exploitation, le propriétaire ne fournirait ni bâtimens, ni bestiaux, ni instrumens aratoires, ni semences, mais serait chargé d'en acquitter la contribution foncière.

Dans quelques parties du royaume, si le propriétaire ne fournissait point de bâtimens, et si, dans d'autres, il ne donnait pas en même temps des bestiaux, des instrumens de labourage et des semences, il lui serait difficile, et peut-être impossible, de trouver à faire exploiter ses domaines; mais pour lors il joint à sa qualité de propriétaire du bien, celle de propriétaire d'une partie ou de la totalité des avances nécessaires à l'exploitation. Ces objets accessoires de la propriété foncière ne doivent point être confondus avec elle, ni par conséquent assujétis au même genre de contribution. Ainsi, soit que le propriétaire fasse valoir son bien en entier et à ses risques, soit qu'il fournisse à un cultivateur partiaire la totalité ou partie des objets nécessaires à cette exploitation, soit que le bien seul soit affermé, et que le fermier possède les bâtimens et tout ce qui sert à la culture, l'évaluation doit être la même, c'est-à-dire, uniquement celle du revenu de la terre, sans y comprendre tout ce qui n'y est qu'accessoire et qui sert seulement à la faire produire.

Les conventions faites entre le propriétaire et le fermier ne devant jamais occasionner ni surcharge, ni modération de cotisation, les officiers municipaux et commissaires-adjoints ne pourront exiger la représentation d'aucuns baux, et ne seront pas tenus non plus d'y avoir égard, lors même qu'ils leur seraient exhibés.

La contribution foncière devant être perçue en argent, toutes les évaluations de revenu seront faites de même en argent. Dans les pays où les biens s'afferment en grains ou denrées, dans ceux où les fruits se partagent entre le propriétaire et le colon dans des portions convenues, et lorsque le colon est obligé à un certain nombre de journées de travail avec ses chevaux ou bœufs, il sera nécessaire d'estimer en argent, et au prix moyen de leur valeur, ces différens produits que le propriétaire retire de son domaine.

Les terres ne portant pas toutes chaque année, ou le faisant très-inégalement, pour connaître le revenu imposable d'une terre, il faudra, conformément à l'article 3 du titre 1er, *le calculer sur un nombre d'années déterminé.* Celui de quinze ans a paru le plus convenable pour les terres qui produisent le plus ordinairement des blés, des orges, des avoines, des chanvres, des lins et autres plantes annuelles; il est possible de compter que, dans cet espace de temps, ces terrains produiront successivement les fruits dont la culture étant la plus usitée dans le territoire, en fait la véritable valeur.

Cet espace de quinze ans a permis également de comprendre dans cette estimation les terres que l'on convertit, pendant quelques années, en prairies artificielles; et comme le véritable revenu d'une terre se compose des productions diverses que l'on en obtient, on ne peut bien en faire l'évaluation qu'en le calculant sur un nombre d'années pendant lesquelles on puisse cultiver plusieurs des principales productions.

En outre, pendant quinze années, il y a lieu d'espérer que quelques récoltes abondantes dédommageront de celles des années malheureuses pendant lesquelles des sécheresses, des pluies, des hivers rigoureux, des grêles, des débordemens de rivières, d'autres accidens, diminuent et même détruisent quelquefois les récoltes. De cette manière, le revenu moyen d'une terre peut être estimé avec bien moins d'incertitude, en le calculant sur quinze années, qu'en ne faisant cette évaluation que sur un temps plus court, surtout pour les terres de médiocre valeur, que dans certains pays on laisse ordinairement reposer pendant cinq ou six ans, pour les remettre ensuite en culture.

Les officiers municipaux et commissaires-adjoints observeront donc d'évaluer le revenu imposable de chaque propriété pour 1791, eu égard au produit moyen qu'elle peut donner, en suivant la culture généralement usitée dans le pays, et sans égard à l'espèce de fruits dont elle est chargée ou doit l'être dans l'année ; ainsi, sept arpens de terre *de qualité égale*, dont deux seraient ensemencés en blé, un en luzerne, un en lin, un en avoine, et les deux autres ne donnant cette année aucune production, et étant simplement cultivés pour être ensemencés pendant l'automne ou le printemps suivant, devront être évalués au même taux et cotisés à la même somme, soit qu'ils appartiennent à un seul propriétaire ou à plusieurs, quoique les uns ne doivent donner aucune récolte, et qu'il y ait lieu de croire que les différences de fruits en occasionneront dans la valeur de celles que donneront les autres. De plus, quand bien même la récolte de blé serait estimée ne pas devoir être égale dans chacun des deux arpens, parce qu'ils n'auraient reçu ni la même culture, ni les mêmes engrais, ils doivent toujours être cotisés à la même somme.

En général, dans des terres *d'égale valeur,* on n'obtient une récolte plus abondante de l'une que des autres, qu'en y faisant plus de dépenses, ou qu'en y donnant des soins plus actifs et plus heureux ; et certainement il est de la justice et de l'intérêt de la nation de ne pas surtaxer les avances hasardées et les peines de l'homme laborieux qui a l'avantage d'augmenter la vraie richesse de son pays, et qui n'y parvient souvent qu'après des essais et des travaux dispendieux dont les remboursemens ne sont cependant pas des revenus pour lui ; mais quand d'abondantes récoltes ainsi obtenues sont profitables à sa fortune, elles le sont doublement à celle de sa patrie, et par l'accroissement de la masse des subsistances, et par les utiles exemples qu'elles lui donnent.

Les prés naturels nécessitant moins de dépenses que les terres labourables, l'évaluation de leur revenu imposable sera plus facile. En estimant leur revenu, il est juste d'y comprendre celui des arbres qui peuvent y être plantés, mais aussi d'avoir égard à la diminution qu'ils apportent dans la fertilité du terrain qu'ils ombragent ; ces observations sont également applicables aux autres natures de biens.

Dans l'évaluation des prairies qui ne servent que de pâturages possédés par des particuliers, par des communautés d'habitans, par le Roi, ou par la nation, il ne faudra comprendre que le revenu moyen que l'on en retirerait en les affermant, sans fournir les bestiaux qu'elles nourrissent, ni aucun bâtiment.

L'art. 10 du titre II, qui dit que *pour déterminer la cote de contribution des maisons, il sera déduit un quart sur leur revenu, en considération du dépérissement et des frais d'entretien et de réparations,* n'exige que peu d'explication : il suffit d'observer qu'il faut évaluer ce revenu au taux moyen des loyers de la communauté, et que la déduction du quart, accordée en considération du dépérissement, des frais d'entretien et de ceux de réparation, ne permet de faire aucune autre déduction lors de leur première construction, ni lorsqu'elles ont nécessité de fortes réparations. Seulement, les maisons neuves ne doivent être cotisées que pour l'année qui suivra celle pendant laquelle elles auront commencé à être habitées ; et jusqu'à cette époque, le terrain sur lequel elles seront construites, acquittera la même contribution qu'auparavant.

D'après l'article 11, *la cotisation des maisons situées hors des villes, lorsqu'elles seront habitées par leurs propriétaires et sans valeur locative, sera faite à raison de l'étendue du terrain qu'elles occupent, si elles n'ont qu'un rez-de-chaussée ; la cotisation sera double, si elles ont un étage, triple pour deux, et ainsi de suite pour chaque étage de plus.*

Le terrain sera évalué sur le pied des meilleures terres labourables de la communauté.

Beaucoup de maisons situées hors des villes, surtout lorsqu'elles en sont éloignées, n'ont véritablement aucune valeur locative, puisque le propriétaire ne pourrait trouver à les louer, lors même qu'il le désirerait, et qu'il n'y a souvent dans la communauté aucune maison louée qui pût servir d'objet de comparaison : ainsi l'une de ces maisons, qui avec les bâtimens en dépendant et les cours, occuperait un arpent de terre, serait cotisée comme un arpent des meilleures terres labourables de la communauté ; mais la multiplication de la taxe par les étages, ne doit s'appliquer qu'à l'étendue du terrain occupé par les bâtimens ; les greniers ne doivent pas être considérés comme un étage.

L'article 12 porte que, *quant aux maisons qui auront été inhabitées pendant toute la durée de l'année expirant au jour de la confection du rôle, elles seront cotisées seulement à raison du terrain qu'elles occupent, évalué sur le pied des meilleures terres labourables de la communauté.*

Il faut observer, sur cet article, que la cotisation doit seulement être égale à celle des meilleures terres labourables, quel que soit le nombre d'étages qu'aient les bâtimens.

S'il n'y a pas de terres labourables dans une communauté, l'évaluation se fera d'après celles de la communauté la plus voisine.

L'article 13 dit que *les bâtimens servant aux exploitations rurales ne seront point soumis à la contribution foncière, mais que le terrain qu'ils occupent sera évalué au taux des meilleures terres labourables de la communauté.*

Il faut entendre par *bâtimens servant aux exploitations rurales,* les granges, greniers, caves, celliers, écuries, étables, pressoirs, et tous les autres bâtimens qui servent au logement des bestiaux d'une exploitation, ou à en serrer les récoltes, et évaluer le terrain occupé tant par bâtimens que par les cours, au taux des meilleures terres labourables de la communauté.

L'article 14 porte que *les fabriques et manufactures, les forges, moulins et autres usines, seront cotisées à raison des deux tiers de leur valeur locative, en considération des frais d'entretien et de réparation qu'exigent ces objets.* On n'impose que les deux tiers de la valeur locative pour ces objets, parce qu'en général le dépérissement, l'entretien et les réparations sont plus considérables que pour les maisons.

Les articles 15 et 16 portent que les *mines ne seront évaluées qu'à raison de la superficie du terrain occupé par leur exploitation.*

Il en sera de même pour les carrières.

On doit entendre par le terrain qu'occupent les mines et carrières, non-seulement celui de leurs ouvertures, mais encore tous ceux où sont leurs réserves d'eau, leurs déblais et les chemins qui ne sont qu'à leur usage.

Par l'article 17, il est statué que *les terrains enclos seront évalués d'après les mêmes règles et dans les mêmes proportions que les terrains non enclos donnant le même genre de productions. Les terrains enlevés à la culture pour le pur agrément seront évalués au taux des meilleures terres labourables de la communauté.*

L'évaluation de ces terrains doit être faite sans avoir aucun égard aux clôtures, soit de haies, de fossés ou de murailles, de manière que les bois, les prés, les pâturages, les vignes, les vergers et potagers qu'elles contiennent, soient estimés au même taux que les terrains non enclos, d'égale qualité et donnant les mêmes productions. Mais dans cette estimation il ne faudra non plus admettre aucune déduction de revenu pour les constructions ni pour l'entretien des clôtures.

Dans les enclos qui contiennent des bois, prés, vignes, etc., il faudra évaluer séparément chaque nature de bien.

Quant aux terrains enlevés à la culture pour le pur agrément, tels que les parterres, pièces d'eau, etc., ils doivent être taxés comme les meilleures terres labourables de la communauté.

C'est surtout en évaluant les vignes, champs et jardins plantés d'arbres fruitiers, que l'on ne doit point oublier que le revenu net est le seul imposable; car le produit casuel de ces biens n'est, en grande partie, que le remboursement des dépenses. Il en est de même des produits que donnent les oliviers, les noyers, les mûriers, les châtaigniers et autres arbres fruitiers, qui sont aussi très-casuels : le revenu que l'on en obtient sera calculé sur quinze années, en tenant compte des frais nécessaires de replantation partielle.

Les officiers municipaux et commissaires-adjoints doivent avoir égard, dans l'évaluation des revenus, aux propriétés qui, exigeant des frais de culture habituels, ne donnent cependant aucun produit pendant plusieurs années.

L'article 18 porte que *l'évaluation des bois en coupe réglée sera faite d'après le prix moyen de leurs coupes annuelles.*

Il faudra faire un prix moyen des ventes de ces bois. Si le taillis, par exemple, est divisé en quinze coupes annuelles, le revenu est le quinzième du prix de la totalité des ventes; il en est de même pour les futaies qui sont en coupe réglée.

Suivant l'article 19, *l'évaluation des bois taillis qui ne sont pas en coupe réglée, sera faite d'après leur comparaison avec les autres bois de la communauté ou du canton.* Si, par son peu d'étendue ou pour d'autres causes, un bois n'est point en coupe réglée, il sera facile de l'estimer d'après les mêmes règles que ceux qui y sont. Par exemple, si un bois a quinze arpens, et est de même qualité que les bois taillis qui se coupent tous les quinze ans, quand bien même le propriétaire ne ferait une coupe que tous les quinze ans, ou 'bien une de quelques arpens tous les quatre ou cinq ans, il faudra estimer le revenu de son bois, comme s'il en coupait un arpent par an.

Pour évaluer le revenu des bois, il faut les estimer au prix qu'ils valent sur pied, et en déduire les frais de garde et de repeuplement.

Dans quelques-unes des anciennes généralités, on était dans l'usage, en procédant à l'évaluation des biens-fonds, de les diviser par classes : souvent on en formait trois, quatre, cinq, et quelquefois davantage; les terres labourables, les vignes, les prés, les bois, y étaient également classés. Cette manière d'évaluer n'est pas celle indiquée dans la présente instruction: ce mode pourrait augmenter les difficultés, eu égard au double travail de classer les biens-fonds chacun suivant sa nature, et de faire les calculs d'évaluation proportionnels à la classification. Cependant, les municipalités dans lesquelles les diverses opérations relatives à la répartition des impositions se faisaient d'après une classification des propriétés, pourront continuer à s'en servir cette année, sans en faire mention dans les déclarations, états de section et d'évaluation, ni dans la matrice du rôle; elles y porteront seulement le montant des évaluations calculées d'après leurs classes.

Les évaluations que feront cette année les municipalités n'auront pour objet que la répartition intérieure entre les contribuables de leur territoire, et ne serviront point de base aux administrations de département et de district pour la distribution de la contribution entre les municipalités; ces dernières devront répartir la somme qui leur sera assignée, et seront tenues au paiement de la portion contributive fixée, sauf à former, s'il y a lieu, des réclamations qui seront appréciées par les assemblées administratives, sans égard pour les évaluations trop modiques qui auraient pu être faites par quelques municipalités.

Après que les officiers municipaux et les commissaires-adjoints auront ainsi procédé, section par section, à l'évaluation de chacun des objets de propriété situés sur le territoire de leur communauté, et auront porté les évaluations dans la colonne des états de section destinée à les recevoir, ils seront en état de procéder à l'exécution de l'article 20, dont voici les termes : *Les officiers municipaux procéderont, aussitôt que le mandement du directoire de district leur sera parvenu, à la confection de la matrice de rôle, conformément aux instructions du directoire de département, qui seront jointes au mandement; et ils seront tenus de faire parvenir cette matrice de rôle, arrêtée et signée par eux, au directoire de district, dans le délai de quinze jours, à compter de la date dudit mandement.*

Cet article prescrit diverses opérations qu'il faut distinguer ici, et dont les règles ont été renvoyées à la présente instruction, par la dernière disposition de l'article 20, portant que, *la forme des rôles, de leur envoi, de leur dépôt, et la manière dont ils seront rendus exécutoires, seront réglées par l'instruction de l'Assemblée nationale.*

La première de ces deux opérations est la rédaction de la matrice de rôle;

La deuxième, la confection de l'expédition du rôle;

La troisième, la vérification du rôle, pour le rendre exécutoire;

La quatrième, le renvoi du rôle à la municipalité, pour y être mis en recouvrement.

La matrice de ce rôle doit être dressée par les seuls officiers municipaux, et envoyée par eux au directoire de district, dans le délai de quinze jours, à compter de celui de la date du mandement.

Faute d'avoir satisfait, dans ce délai, à l'obligation qui leur est imposée, les officiers municipaux, y compris le procureur de la commune, seront personnellement garans et responsables du retard des recouvremens. En conséquence, à l'expiration du délai de quinze jours, le procureur syndic du district enverra au receveur une note signée de lui, des municipalités qui n'auraient point encore envoyé leur matrice de rôle, pour que le receveur ait à décerner sa contrainte solidaire contre les officiers municipaux en retard, pour le paiement du premier quartier de la somme totale assignée par le mandement, et à la présenter au *visa* du directoire de district.

Le district ne visera toutefois cette contrainte qu'après les quinze jours qui suivront l'expiration du premier délai de quinzaine, fixé pour la rédaction de la matrice de rôle; mais aussitôt que la contrainte aura été visée, elle sera mise à exécution.

L'Assemblée nationale insiste d'autant plus sur l'observation stricte de ces délais, que la rédaction des matrices de rôle ne sera qu'une opération purement mécanique, qui consiste dans le dépouillement des états de section.

On joint ici le modèle d'une matrice de rôle (n° 7) qui contient quatre colonnes.

La première devra indiquer le nom des propriétaires, leur profession et demeure.

Le premier article à porter dans cette colonne sera le premier article de l'état de section désigné par la lettre *A.*

Le second article sera le deuxième article de la même section *A*, et ainsi de suite.

Après avoir inscrit sur la matrice de rôle le nom du propriétaire compris sous le n° 1er de l'état de section *A*, les officiers municipaux s'occuperont de remplir pour ce même article la seconde colonne de la matrice de rôle, qui est intitulée : *Indication 1° de la section, 2° du n° de chaque article de propriété dans l'état de section, 3° de l'évaluation du revenu de chacun de ces articles de propriété.*

Pour y parvenir, voici comment ils opéreront.

Si la première pièce de terre indiquée sous le n° 1er de la section *A* appartient à Joseph-François Barbier, le premier article de la matrice de rôle sera celui de ce propriétaire, et il sera transcrit d'après les détails que contiendra l'état de section, ainsi qu'il suit ;

NOMS des PROPRIÉTAIRES.	INDICATION ; 1° De la section ; 2° Du numéro de chaque article de propriété compris dans l'état de section ; 3° De l'évaluation du revenu de chacun de ces articles.	TOTAL des ÉVALUATIONS.	CONTRIBUTION foncière.
Art. 1er. Barbier (Joseph-François), notaire, demeurant à Auberville.	Section A , n° 1 , 28 liv.		

Les officiers municipaux examineront ensuite si, dans l'état de section *A*, le même propriétaire n'est pas encore porté pour une autre pièce de terre; s'il s'y trouve en effet porté au n° 15, par exemple, pour un autre objet évalué trois livres dix sous, alors, sous la première ligne de la seconde colonne de la matrice de rôle, ils en établiront une seconde ainsi qu'il suit :

A... N° 15... 3 livres 10 sous.

Ils examineront ensuite la section *B* : s'ils n'y trouvent aucun article appartenant au même Joseph-François Barbier, ils passeront à l'examen de la section *C*. Dans le cas où le même Joseph-François Barbier s'y trouverait compris, sous le n° 21, pour un autre objet de propriété évalué cent vingt-deux livres cinq sous, ils porteront alors dans la seconde colonne de la matrice de rôle une troisième ligne ainsi rédigée :

C... N° 21... 122 liv. 5 sous.

Enfin, si Joseph-François Barbier ne se trouve inscrit pour aucun autre article de propriété dans les autres états de section de la communauté, alors son article dans la matrice de rôle se trouvera complet, et ainsi rédigé.

NOMS des PROPRIÉTAIRES.	INDICATION , 1° De la section ; 2° Du numéro de chaque article de propriété compris dans l'état de section ; 3° De l'évaluation du revenu de chacun de ces articles.	TOTAL des ÉVALUATIONS.	CONTRIBUTION foncière.
Art. 1er. Barbier (Joseph-François), notaire, demeurant à Auberville.	Sect. A , n° 1. 28 l. s. —— A , n° 15. 3 10 —— C , n° 21. 122 5 Total. . . . 153 15	153 l. 15 s.	

Après ce premier article, viendra celui du propriétaire qui se trouvera posséder l'objet de propriété porté sous le n° 2 dans l'état de la section *A ;* et les officiers municipaux feront de même à son égard le dépouillement des numéros de tous les autres objets de propriété pour lesquels il serait désigné dans les autres états de section.

Enfin, les officiers municipaux continueront ainsi leur dépouillement, de section en section, de manière qu'il n'y ait dans la matrice de rôle qu'un seul article pour un seul et même propriétaire.

Les officiers municipaux s'assureront de l'exactitude de leur dépouillement, en comparant le total des évaluations portées dans la matrice de rôle, avec les totaux réunis des évaluations portées dans les différens états de section de la communauté : ainsi, par exemple, si le total des évaluations que donne la matrice de rôle est de la somme de 40,000 livres.

Et que l'état de la section *A* donne un total d'évaluation de 7,600
La section *B* de . . . . . 9,320 } 40,000
La section *C* de 15,680
La section *D* de 7,400

Le total se trouvant conforme à celui des évaluations, en formera la preuve, et l'on sera assuré que le dépouillement aura été exactement fait sur la matrice de rôle, et qu'aucun objet de propriété n'aura été oublié.

Cette matrice de rôle ainsi formée, il ne sera pas nécessaire que les officiers municipaux remplissent la colonne de la contribution à chaque article; il suffira qu'ils prennent le délibéré qui devra être porté à la fin de la matrice de rôle (*Voy.* le modèle n° 7).

Lorsque la matrice de rôle sera ainsi complète, les officiers municipaux en conserveront une copie, qui sera déposée au secrétariat de la municipalité, et une seconde sera par eux envoyée au directoire de district.

Le surplus du travail, qui consiste dans l'expédition, l'arrêté et l'envoi des rôles en recouvrement, sera suivi par les administrateurs des directoires de district.

A cet effet, les directoires de district et le directoire de département établiront chacun un bureau qui sera spécialement chargé de tous les calculs, états, tableaux, expéditions, et autres opérations relatives à la transcription des rôles, et à tout ce qui tient à la répartition.

A mesure que les matrices de rôles pour la contribution foncière de 1791 seront envoyées par les municipalités, les directoires de district auront deux opérations à faire:

La première, d'additionner la colonne d'évaluation, pour s'assurer si le total en est exact;

La seconde, de vérifier si, par le délibéré porté à la fin de la matrice de rôle, la municipalité aura exactement déterminé combien de sous et deniers pour livre du montant de l'évaluation des revenus de la communauté, doivent être perçus pour remplir la somme demandée par le mandement.

Après cet examen, le premier travail à exécuter dans le bureau, sera de faire l'application du marc la livre à chacun des articles de la matrice de rôle, dans la colonne réservée à cet effet.

La matrice de rôle étant ainsi complétée, le directoire de district portera au bas le délibéré suivant:

Approuvé pour servir de minute à l'expédition du rôle de la contribution foncière, à rendre exécutoire pour 1791.

Fait à   ce   1790.

Alors le rôle sera sur-le-champ expédié dans le bureau de la contribution, conformément au modèle ci-joint, coté n° 8.

Ce rôle sera ensuite présenté par le procureur-syndic à la vérification du directoire de district; et après qu'il aura été rendu exécutoire dans la forme indiquée au même modèle n° 8, il sera remis par le procureur-syndic au receveur-trésorier du district, lequel se chargera de le faire parvenir, par la voie la plus prompte et la plus sûre, à chaque municipalité, qui remettra ce rôle entre les mains du percepteur, lequel en donnera sa reconnaissance.

Lorsque les rôles de la contribution foncière de tout le district auront été rendus exécutoires, le procureur-syndic fera former un bordereau qui contiendra le nom de chacune des municipalités, et le montant de leurs rôles.

Ce bordereau sera arrêté et signé par les administrateurs du directoire de district, et envoyé double au receveur-trésorier, qui gardera par devers lui une des expéditions, et renverra l'autre au directoire, après y avoir porté sa soumission de compter de la totalité de la somme dans les délais prescrits.

Enfin, une troisième expédition de ce bordereau sera adressée par le directoire du district au directoire du département.

TITRE III. Des exceptions.

Par l'article 1er du titre 1er, il est décrété que la cotisation à raison du revenu net recevra quelques exceptions pour l'intérêt de l'agriculture; mais ce ne sera jamais par une exemption totale de contribution; car toutes les terres, même les plus stériles et les plus délaissées, doivent en supporter une.

Conformément à l'article 1er du titre III, *les marais, les terres vaines et vagues, seront assujétis à la contribution foncière, quelque modique que soit leur produit.*

Quelque peu avantageuses que soient ces propriétés, elles doivent contribuer à l'entretien de la force publique, qui en assure la jouissance et la conservation à leurs possesseurs; mais comme le produit des marécages et terres en friche peut être très-modique, il est décrété par l'article 2, que *la taxe qui sera établie sur ces terrains pourra n'être que de trois deniers par arpent, mesure d'ordonnance.* Ainsi cette taxe de trois deniers par arpent, mesure d'ordonnance, sera toujours la moindre à laquelle seront cotisés les terrains les plus stériles.

Lorsque les marais et terres vaines et vagues donnent un produit un peu considérable, ne fût-ce que pour le pâturage des bestiaux pendant une partie de l'année, leur cotisation doit être faite d'après les mêmes règles et les mêmes proportions que celles suivies pour les autres propriétés.

On entend par arpent, mesure d'ordonnance, souvent aussi appelé *arpent de roi*, la mesure prescrite par les ordonnances des eaux et forêts : cette mesure étant la plus généralement connue dans le royaume, l'Assemblée l'a préférée à toutes les autres, en attendant l'établissement d'une mesure uniforme dont elle s'occupe.

Cet arpent est divisé en cent perches de vingt-deux pieds chacune ; ainsi chaque perche contient en superficie quatre cent quatre-vingt-quatre pieds carrés, et l'arpent contient quarante-huit mille quatre cents pieds carrés, ou treize cent quarante-quatre quatre neuvièmes toises carrées, la toise de six pieds et le pied de douze pouces. D'après ces détails, les corps administratifs formeront et adresseront aux municipalités un tableau de réductions, qui fera connaître la proportion existant entre leurs mesures locales et l'arpent, mesure d'ordonnance.

Des particuliers possesseurs de terrains stériles, ou dont ils ne peuvent tirer de produit particulier, pourraient vouloir n'acquitter aucune contribution pour des biens qui ne sont pour eux d'aucune valeur, et qu'ils n'ont aucun intérêt à conserver. Il a donc fallu prévoir ce cas ; et l'article 3 leur donne le moyen de se libérer de la contribution, en faisant abandon de leur propriété à la communauté. Il est conçu en ces termes : *Les particuliers ne pourront s'affranchir de la contribution à laquelle leurs marais, terres vaines et vagues devraient être soumis, qu'en renonçant à ces propriétés au profit de la communauté dans le territoire de laquelle ces terrains sont situés.*

La déclaration détaillée de cet abandon perpétuel sera faite par écrit au secrétariat de la municipalité, par le propriétaire ou par un fondé de pouvoir spécial.

Les cotisations des objets ainsi abandonnés dans les rôles faits antérieurement à la cession, resteront à la charge de l'ancien propriétaire.

La déclaration détaillée de cet abandon perpétuel étant une véritable aliénation, elle ne peut être faite que par le véritable propriétaire, ou par un fondé de pouvoir spécial ; ainsi les mineurs, les tuteurs, curateurs, administrateurs, usufruitiers, n'ont droit de le faire qu'en remplissant les formalités exigées pour l'aliénation des biens en valeur.

Après avoir fait régulièrement cet abandon perpétuel, le propriétaire sera cependant tenu d'acquitter les sommes auxquelles les terrains délaissés par lui auraient été taxés dans les rôles faits antérieurement à la cession. Cette clause ne peut gêner en rien la disposition qu'il voudrait en faire par vente ou par cession, à d'autres particuliers qui acquitteraient les contributions.

Les officiers municipaux et commissaires-adjoints doivent, en taxant ces terrains peu productifs, faire attention que c'est plutôt par respect pour le principe *que toute pro-priété foncière doit supporter la contribution,* que pour augmenter la masse des matières imposables ; aussi doivent-ils faire ces évaluations de manière qu'aucune surtaxe n'engage les particuliers à faire ces cessions aux communautés, ou les oblige à former des demandes en modération aux corps administratifs, qui doivent, par leur surveillance, empêcher que le désir d'augmenter les terrains communaux ne fasse commettre quelque injustice à l'égard des propriétaires des terrains qui ne sont pas en valeur.

L'article 4 porte que *la taxe des marais, terres vaines et vagues, situés dans l'étendue du territoire d'une communauté, qui n'ont ou n'auront aucun propriétaire particulier, sera supportée par la communauté, et acquittée ainsi qu'il sera réglé pour les autres cotisations des biens communaux.*

Ainsi, tous les terrains qui n'ont maintenant aucun propriétaire particulier, ou qui seraient délaissés par la suite, conformément à l'article précédent, seront cotisés sur le rôle de la contribution foncière de chaque communauté, ou proportionnellement à leur produit, s'ils en donnent un susceptible d'évaluation, ou à trois deniers l'arpent, quelle que soit la valeur de ces terrains.

Si les communautés possèdent d'autres biens, tels que bois, terres labourables, pâturages, plantations dans les rues, places, etc. l'évaluation de toutes ces propriétés sera réunie en une seule cote sur chaque rôle, et le montant de la contribution sera ensuite réparti sur les contribuables et acquitté par eux, ainsi qu'il sera décrété incessamment.

Le desséchement des marais exigeant souvent de grandes dépenses, donnant par conséquent des moyens de subsistance à beaucoup d'ouvriers, et procurant l'avantage de rendre l'air plus salubre et d'augmenter les productions territoriales, il est nécessaire d'encourager ces diverses entreprises, et de n'augmenter la contribution que ces marécages supportaient avant leur desséchement, qu'après un assez long espace de temps, pendant lequel le propriétaire aura pu être amplement indemnisé des avances toujours hasardées qu'il aura été obligé de faire ; aussi l'article 5 dit-il qu'*à l'avenir, la cotisation des marais qui seront desséchés, ne pourra être augmentée pendant les vingt-cinq premières années après leur desséchement.*

Pendant vingt-cinq années après le desséchement, ces propriétés ne paieront que la somme modique et proportionnée à leur produit actuel, à laquelle elles auront été taxées avant leur amélioration ; mais ce serait abuser de cet encouragement que de regarder comme marécages, des prairies qui donnent maintenant des foins, ou servent de pâturages, et dont quelques fossés peuvent augmenter beaucoup la valeur. On ne doit entendre par marais que les terrains qui, étant couverts d'eau la majeure partie de l'année, ne donnent presque aucun produit, et que l'on ne peut dessécher qu'en construisant des ouvrages d'art, ou lorsqu'il faut sacrifier des moulins pour y parvenir, soit qu'on les achète, ou que l'on en ait été auparavant le propriétaire.

Conformément à l'article 6, *la cotisation des terres vaines et vagues depuis vingt-cinq ans, et qui seront mises en culture ne pourra de même être augmentée pendant les quinze premières années après leur défrichement.*

On n'entend point par *terres vaines et vagues* celles qui sont en friche depuis dix ou quinze ans, temps pendant lequel, dans des pays peu fertiles, on laisse reposer les terres ; ni celles chargées de quelques productions en bois, mais seulement celles qui depuis vingt-cinq années n'ayant donné aucune récolte, pourraient être défrichées, conformément aux édits de 1764 et autres suivans, sur les desséchemens et défrichemens, avec cette seule différence que, par ces lois antérieures, il fallait que ces terrains eussent été incultes depuis quarante ans ; et que, par l'article ci-dessus, il suffit, pour qu'ils soient regardés comme terres vaines et vagues, qu'ils aient été en friche depuis vingt-cinq années seulement. Ainsi, les quinze premières années du défrichement, ces terrains seront taxés à la même somme qu'ils supportaient lorsqu'ils n'étaient point en valeur.

Les terres plantées en bois étant long-temps sans donner de produits, tandis que celles défrichées et semées en grains peuvent en donner dès la première année, il a été nécessaire d'accorder une *non-augmentation* de contribution plus prolongée aux terrains qui étant également incultes depuis vingt-cinq ans, seraient plantés ou semés en bois, de quelque espèce qu'ils fussent ; et l'article 7 leur accorde cet avantage pendant trente années.

Cet article porte : *La cotisation des terres en friche qui seront plantées ou semées en bois, ne pourra non plus être augmentée pendant les trente premières années du semis ou de la plantation.*

Les vignes et les arbres fruitiers ne donnant aussi des productions qu'au bout de plusieurs années, mais cependant plus tôt que les terres semées ou plantées en bois, les dispositions de l'article 8 donnent pour ce genre de plantation une non-augmentation moins prolongée : *La cotisation des terrains en friche depuis ving-cinq ans, et qui seront plantés en vignes, mûriers ou autres arbres fruitiers, ne pourra être augmentée les vingt premières années.*

Conformément aux articles 5, 6, 7 et 8, les marécages et terres vaines et vagues qui auront été, par exemple, taxés à un sou par arpent, continueront à ne payer, pendant le nombre d'années fixé pour chaque espèce

d'amélioration, qu'un sou par arpent, soit que, pendant ce temps, la somme de contribution foncière à supporter par la communauté soit augmentée ou diminuée.

Lorsque des terrains, maintenant en valeur, seront semés ou plantés en bois, ils jouiront seulement de l'avantage de n'être, pendant les trente premières années, évalués qu'au même taux des terres d'égale valeur et non plantées, conformément à l'article 10, qui porte : *Les terrains maintenant en valeur, et qui seront plantés ou semés en bois, ne seront, pendant les trente premières années, évalués qu'au même taux des terres d'égale valeur et non plantées.*

Les terrains également en valeur et plantés en vignes, mûriers ou autres arbres fruitiers, jouiront du même avantage, mais pendant quinze années seulement, conformément à l'article 9, qui porte : *Les terrains déjà en valeur, et qui seront plantés en vignes, mûriers ou autres arbres fruitiers, ne seront, pendant les quinze premières années, évalués qu'au même taux des terres d'égale valeur et non plantées.*

À l'égard des encouragemens accordés en faveur des plantations, il faut observer qu'ils ne s'étendent qu'aux terrains complètement plantés, et non à ceux dont la majeure partie ne le serait point ; ainsi, conformément aux articles 9 et 10, la cotisation des terres en culture, sur lesquelles on aura fait des plantations, ne sera point fixée pendant ce temps comme celle des terres en friche ou couvertes d'eau, et qui auraient été rendues plus productives.

Mais leur revenu, pendant les quinze ou trente premières années, sera évalué au même taux que les terrains dont la valeur n'est pas accrue par des plantations ; ainsi, la cotisation de ces propriétés pourra, comme celle des biens de la même qualité, mais non plantés, éprouver les augmentations ou diminutions de contribution que supportera la communauté dans laquelle ils sont situés.

Par exemple, lorsque de vingt arpens de terre d'égale qualité, produisant maintenant des avoines de temps en temps, et qui, d'après leur évaluation, seraient cotisés à dix sous de contribution par arpent, dix de ces arpens seraient plantés ; pendant les trente années suivantes, ces dix arpens seraient évalués au même taux que les dix qui continueraient à produire des avoines. Mais si, par l'augmentation de contribution de la communauté, ces dix derniers étaient taxés à douze sous l'arpent, ceux plantés le seront à la même somme ; et de même, si par la diminution de la somme de la contribution de la communauté, les dix arpens qui produisent des avoines ne sont taxés qu'à huit sous par arpent, les dix plantés seront de même taxés à huit sous.

Les articles 11 et 12 prescrivent les formu-

4.

lités à observer pour jouir de ces divers encouragemens ; ils portent, savoir l'article 11 : *Pour jouir de ces divers avantages, le propriétaire sera tenu de faire, au secrétariat de la municipalité et à celui du district dans l'étendue desquels les biens sont situés, et avant de commencer les desséchemens, défrichemens ou autres améliorations, une déclaration détaillée des terrains qu'il voudra ainsi améliorer.*

L'article 12 : *Cette déclaration sera inscrite sur les registres de la municipalité, qui sera tenue de faire la visite des terrains desséchés, défrichés et améliorés, et d'en dresser procès-verbal, dont elle fera passer une expédition au directoire de son district, qui en tiendra aussi registre. A la première réquisition du déclarant, le secrétaire du district lui en délivrera, sans frais, une copie visée des membres du directoire.*

Afin que la municipalité puisse être régulièrement et utilement avertie des travaux entrepris, il est nécessaire de faire, à son secrétariat, la déclaration prescrite, avant que les ouvrages soient commencés, afin qu'elle puisse constater l'état du terrain.

Cette déclaration détaillée des terrains à défricher, dessécher ou planter, servira d'époque pour l'exception au taux de la contribution, qui datera du 1er janvier suivant.

Les officiers municipaux enregistreront les déclarations, et nommeront parmi eux des commissaires pour faire la visite de ces terrains et en dresser un procès-verbal qui sera transcrit sur les registres de la municipalité, et dont il sera envoyé une expédition au directoire de district, qui en tiendra aussi registre.

La copie de ce procès-verbal, délivrée *gratis* par le greffier, et visée des membres du directoire, servira de titre au déclarant.

L'article 13 porte que *les terrains précédemment desséchés, et qui, conformément à l'édit de 1764 et autres sur les défrichemens et desséchemens, jouissaient de l'exemption d'impôt, ne seront taxés qu'à raison d'un sou par arpent, mesure d'ordonnance, jusqu'au temps où l'exemption d'impôt devait cesser.*

Il n'y a donc que les propriétés pour lesquelles on s'est conformé aux dispositions de l'édit de 1764 et autres sur les défrichemens et desséchemens, qui doivent jouir de la faveur de n'être cotisées annuellement qu'à raison d'un sou par arpent, mesure d'ordonnance, mais seulement pendant le temps qu'elles devaient être exemptes de tout impôt.

Dans quelques communautés, on a mal-à-propos considéré, pour l'imposition des six derniers mois de 1789 et pour celle de 1790, comme des privilèges abolis avec tous les autres, l'exemption d'impôt accordée pour un temps limité aux terrains qui en jouissaient sur la foi des lois relatives aux desséchemens et dé-

frichemens. Cet encouragement donné aux travaux utiles, étant une convention faite avec les personnes qui, en les exécutant, ont bien servi leur patrie, on doit la respecter, et non pas la regarder comme un privilège aboli ; et ce n'est que parce que, à la taille, à ses accessoires, à la capitation et aux vingtièmes, on réunit, dans la contribution foncière, des parties de gabelles, droits sur les cuirs, les amidons, les fers, etc., droits que payaient les propriétaires des terrains défrichés et desséchés, que l'Assemblée a cru juste de taxer à un sou par an, jusqu'au temps où expirerait leur exemption, chacun de ces arpens améliorés.

Ainsi, les particuliers qui ont été imposés pour ces objets en 1789 et 1790, lorsqu'ils devaient jouir de l'exemption totale de contribution, conformément aux lois sur les desséchemens et défrichemens, peuvent demander aux corps administratifs la décharge de leur cotisation pour ces biens, et le remboursement des sommes qu'ils auraient déjà payées ; et les assemblées administratives ordonneront ces décharges et remboursemens.

Afin d'empêcher qu'aucun particulier ne jouisse, au-delà du temps fixé par la loi, de la non-augmentation de contribution foncière, il est dit par l'art. 14, que, *sur chaque rôle de la contribution foncière, à l'article de chacune des propriétés qui jouissent ou jouiront de ces divers avantages donnés pour l'encouragement de l'agriculture, il sera fait mention de l'année où ces biens doivent cesser d'en jouir.*

Ainsi, en notant soigneusement chaque année, à l'article de la propriété qui jouit de quelque immunité, l'époque à laquelle cet avantage doit cesser, il ne sera point possible de l'étendre au-delà, et il n'y aura aucune difficulté entre le contribuable et les officiers municipaux.

Lorsque le temps fixé pour ces modérations de contribution sera expiré, les biens qui en auront joui seront ensuite évalués et cotisés d'après les mêmes règles et dans les mêmes proportions que les autres biens de la communauté qui sont depuis long-temps en valeur.

La présente instruction n'embrassera pas les titres IV et V du décret, qui traitent, l'un des décharges et modérations, l'autre de la perception et du recouvrement, parce que ces dispositions ne sont pas d'une exécution prochaine, et que l'Assemblée nationale se propose d'y donner les développemens nécessaires, lorsqu'elle aura statué sur toutes celles qui doivent compléter le travail de la contribution foncière de 1791. C'est lorsqu'elle aura pu en décréter la somme et la répartir entre les départemens, qu'elle achèvera cet ouvrage : le terme n'en est pas éloigné, puisqu'elle s'occupe avec assiduité à déterminer le montant et la distribution des dépenses publiques, les moyens de liquidation pour la dette, et à déterminer aussi les divers genres de contributions et de droits qui doivent concourir, avec la contribution foncière, à mettre le trésor public en état d'acquitter les dépenses.

Le peuple, instruit de ces principes de justice et d'économie, attendra donc ces déterminations avec confiance, et sera convaincu que si l'état embarrassé des finances publiques, fruit de l'ancien gouvernement, nécessite encore pour quelques années des contributions fortes, elles seront exactement proportionnées aux besoins indispensables, elles seront moindres dans leur ensemble que les années précédentes; que surtout les contribuables qui ne jouissaient d'aucun privilège, éprouveront une diminution effective ; et qu'enfin, soulagés sur la somme des contributions, ils le seront encore par le régime plus doux et mieux combiné de celles qui seront nécessaires.

L'article 21 du titre II du décret porte que *les administrations de département et de district surveilleront et presseront avec la plus grande activité les opérations ci-dessus prescrites aux municipalités;* ces dernières s'y porteront sûrement avec zèle, et si quelques explications leur sont nécessaires, c'est aux corps administratifs à les leur donner, sauf aux administrations de département, s'il survenait des questions embarrassantes, à s'adresser à l'Assemblée nationale.

Indépendamment de cette surveillance, les corps administratifs auront encore un travail important qui les concerne particulièrement et qu'ils doivent préparer, celui de la répartition ; savoir, pour les administrations de département, entre les districts, et pour les administrations de district, entre les municipalités de leur arrondissement; elles doivent chacune recueillir les lumières nécessaires pour l'opérer, aussitôt que leur portion contributive leur sera assignée; et quoique la somme n'en soit pas encore connue, elles peuvent en prendre une fictive, celle de leurs vingtièmes, par exemple, et opérer sur cette somme supposée, à laquelle elles n'auront plus qu'à substituer les sommes effectives. Ainsi, l'ouvrage bien préparé se terminera promptement, et la France recueillera, dès la première année de sa constitution nouvelle, le fruit heureux des lois sages qui, confiant aux mandataires du peuple l'opération importante de l'assiette et de la répartition des contributions publiques, assureront de plus en plus la liberté qu'il a conquise par ses lumières et son courage. (*Suivent les modèles* (1).

23 NOVEMBRE = 1ᵉʳ DÉCEMBRE 1790. — Décret qui approuve la conduite de la municipalité de Paris relativement à l'insurrection arrivée dans la maison de la Salpêtrière, et qui, sur la pétition de l'abbé d'Estanges, le renvoie à se pourvoir devant qui il appartiendra. (L. 2, 725; B. 8, 209.)

23 NOVEMBRE 1790. — Décret qui renvoie à l'assemblée administrative du département de Paris, la réclamation du sieur Champagne contre la commune de Paris, par laquelle il demande à conserver l'établissement des fours et moulins à plâtre dont il a fait l'acquisition. (B. 8, 209.)

23 NOVEMBRE = 1ᵉʳ DÉCEMBRE 1790. — Décret pour le rétablissement de la tranquillité dans la ville d'Uzès, et qui ordonne de faire le procès au sieur de Montagu, ainsi que les mesures à prendre, à défaut par les soi-disant catholiques de Nîmes et d'Uzès de comparaître à la barre. (L. 2, 735; B. 8, 210.)

24 NOVEMBRE = 1ᵉʳ DÉCEMBRE 1790. — Décret relatif aux demandes en suppression de districts. (L. 2, 734; B. 8, 213.)

L'Assemblée nationale, après avoir entendu les rapports de son comité de constitution; considérant que les justiciables et les administrés de districts des départemens de l'Ain, de la Sarthe et du Var, n'ont pas émis leur vœu pour la suppression demandée de leurs districts respectifs,

Décrète qu'il n'y a lieu à délibérer sur les pétitions des administrateurs de ces départemens.

Se réserve l'Assemblée nationale de régler, dans un décret particulier, par quels organes et dans quelle forme les administrés et justiciables qui demanderaient la suppression de leurs districts, pourront manifester leur vœu et le présenter aux législatures suivantes.

24 NOVEMBRE = 1ᵉʳ DÉCEMBRE 1790. — Décret relatif à la formation des tableaux des tribunaux d'appel de chaque district. (L. 2, 638; B. 8, 213.)

L'Assemblée nationale, après avoir entendu le rapport du comité de constitution,

Décrète que les tableaux des sept tribunaux d'appel de chaque district qui, aux termes de l'article 4 du titre V du décret sur l'organisation judiciaire, doivent être proposés par les directoires de district, seront par eux adressés, *huit jours après l'installation de tous les tribunaux de district,* aux directoires de département, lesquels, après avoir vérifié que les tribunaux désignés sont les plus voisins, et que l'un d'eux au moins est placé dans l'étendue d'un autre département, ainsi

---

(1) Il est inutile de les reproduire, ils ne sont plus d'aucun usage.

qu'il est ordonné, feront parvenir les tableaux à l'Assemblée nationale, pour être définitivement arrêtés; et cependant, par provision, dans les appels qui seront interpelés jusqu'à la publication du décret définitif, on se conformera aux tableaux ainsi vérifiés par les directoires de département, *sous l'obligation néanmoins de communiquer ces tableaux au ministre de la justice.*

24 NOVEMBRE = 1er DÉCEMBRE 1790. — Décret relatif au logement des commissaires des guerres. (L. 2, 729; B. 8, 211.)

L'Assemblée nationale, sur le rapport de son comité des finances, décrète, conformément à son premier décret du 2 juillet de l'an courant :

1° Que les commissaires des guerres seront payés, pour 1789, des traitemens et logemens qui leur étaient accordés par les villes;

2° Que lesdits logemens et autres contributions fournies par les villes cesseront d'avoir lieu dès le mois de janvier 1790. Ordonne, en conséquence, que les villes de Châlons et Troyes paieront chacune à M. de Crancé la somme de quatre cents livres; et celle de Langres, la somme de deux cents livres pour l'année 1789 seulement, d'après la taxation suivie jusqu'à ladite époque.

24 NOVEMBRE = 10 DÉCEMBRE 1790. — Décret portant suppression des brevets de retenue, et fixant le mode de leur remboursement. (L. 2, 805; B. 8, 214.)

Art. 1er. Il ne sera plus à l'avenir accordé aucun brevet de retenue sur aucun office, titre ou charge nécessaire pour le maintien de l'ordre public; et les brevets qui auraient été expédiés précédemment sur lesdites charges, ne mettront aucun obstacle à l'expédition des provisions des nouveaux titulaires, sauf aux porteurs des billets ou à leurs créanciers à se pourvoir ainsi qu'il va être dit.

2. Les sommes portées aux brevets de retenue qui ont été précédemment accordés, ne seront remboursées qu'autant qu'il sera justifié que lesdites sommes ont été versées au trésor public, soit par le porteur du brevet de retenue, soit par les titulaires qui l'ont précédé, ou qu'elles ont été employées aux dépenses de l'État.

3. Et néanmoins ceux qui auront été pourvus d'offices ou *emplois*, sous la double condition d'acquitter à leur prédécesseur le montant d'un brevet de retenue, et d'en être remboursés à leur tour par leur successeur, recevront, par forme d'indemnité, l'exact montant de la somme comprise dans leur brevet de retenue, et qui l'était déjà dans celui de leur prédécesseur immédiat.

4. Les remboursemens des brevets de retenue sur les offices militaires, n'auront lieu qu'au moment de changement de grade, de démission, ou de suppression d'office.

5. A l'égard des porteurs de brevets, qui les ont obtenus sans avoir payé aucune somme à leurs prédécesseur, de ceux qui sont porteurs de brevets accordés primitivement et par pur don à des personnes dont ils sont héritiers, légataires ou donataires; de ceux enfin qui n'ont obtenu des brevets de retenue qu'à un intervalle de temps après leurs provisions, et sans rapport immédiat auxdites provisions, ils ne pourront prétendre à aucune indemnité. Ceux qui auront obtenu des brevets de retenue d'une somme plus forte que celle qu'ils ont payée à leur prédécesseur, ne pourront prétendre à aucune indemnité pour cet excédant, mais seulement pour la somme réellement payée à leur prédécesseur, et suivant ce qui est prescrit par l'article précédent.

6. Les créanciers dont les privilèges et hypothèques portant sur les brevets de retenue, sont autorisés par des lettres-patentes enregistrées dans les formes qui avaient lieu précédemment, seront remboursés du montant de leurs créances.

24 NOVEMBRE = 1er DÉCEMBRE 1790. — Décret qui ordonne au sieur de Quinson de payer deux mille livres au chapitre de Die. (L. 2, 719; B. 8, 211.)

24 NOVEMBRE = 1er DÉCEMBRE 1790. — Décret qui établit des tribunaux de commerce à Auxerre, à Nîmes, à Sens, et un sixième juge du tribunal de district à Toulouse. (L. 2, 642; B. 8, 212.)

24 NOVEMBRE 1790. — Adjudans-généraux; Assignats. *Voy.* 18 NOVEMBRE 1790. — Carrosses. *Voy.* 19 NOVEMBRE 1790. — Chartres, etc. *Voy.* 8 NOVEMBRE 1790. — Collége écossais. *Voy.* 21 NOVEMBRE 1790. — Cures. *Voy.* 19 NOVEMBRE 1790. — Escadre. *Voy.* 21 NOVEMBRE 1790. — Évêques. *Voy.* 18 NOVEMBRE 1790. — Lettres blanches; Lille, etc. *Voy.* 19 NOVEMBRE 1790. — Officiers municipaux. *Voy.* 21 NOVEMBRE 1790. — Orléans. *Voy.* 7 NOVEMBRE 1790. — Paris. *Voy.* 18 NOVEMBRE 1790. — Receveurs-généraux. *Voy.* 14 NOVEMBRE 1790. — Roanne; Saône-et-Loire. *Voy.* 18 NOVEMBRE 1790. — Vincennes. *Voy.* 20 NOVEMBRE 1790.

25 NOVEMBRE = 1er DÉCEMBRE 1790. — Décret relatif aux baux à loyer des bureaux de traites. (L. 2, 634; B. 8, 216.)

Art. 1er. Les baux à loyer de la régie actuelle des traites, pour les bureaux établis dans l'intérieur du royaume, demeurent résiliés à compter du 1er janvier 1791.

2. Les directoires des départemens se feront représenter les baux à loyer dont la ré-

siliation est prononcée par l'article précédent ; ils en constateront les prix et la durée, et donneront leur avis sur l'indemnité qui devra être accordée aux propriétaires, conformément aux usages locaux. Les directoires des départemens en formeront des états, dresseront des procès-verbaux de leur opérations, qu'ils enverront sans délai au contrôleur-général des finances, pour, sur le compte qui en sera rendu à l'Assemblée nationale, être décrété ce qu'il appartiendra.

———

25 NOVEMBRE = 1ᵉʳ DÉCEMBRE 1790. — Décret sur la dénonciation des délits imputés aux membres du district de Corbeil, au sujet de l'élection du receveur de district. (L. 2, 732 ; B. 8, 216.)

———

25 NOVEMBRE 1790. — Décret qui ajourne la question sur les ports francs. (B. 8, 218.)

———

26 NOVEMBRE = 1ᵉʳ DÉCEMBRE 1790. — Décret qui fixe l'époque de la suppression des droits sur les huiles et savons. (L. 2, 727 ; B. 8, 223.)

Sur ce qui a été représenté à l'Assemblée nationale par son comité des finances, qu'il s'était glissé dans son décret du 22 mars, pour l'abonnement général du droit de fabrication, et des droits de circulation sur les huiles et savons, une faute de copiste, qui consiste en ce que la date du jour où la suppression de l'ancienne perception a dû avoir lieu, a été omise,

L'Assemblée nationale déclare que l'époque a dû être celle du 1ᵉʳ avril pour la cessation de la précédente forme de perception, conformément aux décrets qui ont été rendus relativement à tous les autres droits supprimés ou abonnés le même jour ; et qu'en conséquence, les droits qui auraient été perçus depuis cette époque, soit à la fabrication, soit à la circulation des huiles et savons dans l'intérieur du royaume, seront restitués.

———

26 NOVEMBRE = 1ᵉʳ DÉCEMBRE 1790. — Décret relatif à l'imposition des rentes dans la Champagne. (L. 2, 721 ; B. 8, 219.)

L'Assemblée nationale, ouï le rapport de son comité des finances sur l'ancien usage de la province et généralité de Champagne, relativement à l'imposition des rentes, décrète :
1° que les districts et départemens formés de cette ancienne province et généralité, demeureront exceptés des dispositions du décret du 1ᵉʳ mai 1790 ;
2° Que les impositions pour les rentes dans toute l'étendue de la ci-devant généralité de Champagne, seront payées conformément aux rôles, dans le lieu de la situation des propriétés foncières des débiteurs, et par eux avan-

cées, à moins que le créancier ne justifie qu'il est imposé au lieu de son domicile pour les mêmes rentes ;
3° Qu'il ne pourra être accordé de réimposition aux débiteurs ou créanciers qui auront payé les impositions au lieu de la situation des biens hypothéqués, qu'il ne soit pareillement prouvé que les créanciers des rentes ont été payé par double emploi, tant à leur domicile qu'au lieu où sont situés les fonds du débiteur.

———

26 NOVEMBRE = 5 DÉCEMBRE 1790. — Décret relatif aux tanneurs et fabricans de peaux. (L. 2, 747 ; B. 8, 223.)

Sur ce qui a été représenté à l'Assemblée nationale, que le tarif qu'elle a réglé par son décret du 9 octobre, pour le paiement des droits dus par les cuirs qui étaient en charge au 1ᵉʳ avril de la présente année, et qui est modéré pour les pays où l'on fabrique de grandes peaux et des peaux moyennes, serait égal ou supérieur à l'ancien droit dans les pays où l'on ne fabrique que de petites peaux.

Ouï le rapport de son comité des finances, l'Assemblée nationale autorise les tanneurs et autres fabricans de peaux, qui se croiraient lésés par le tarif, à faire constater, après la complète fabrication, le poids des cuirs et peaux de leur fabrique, qui avaient été marqués de charge au 1ᵉʳ avril, et à payer à raison du poids sur le pied de l'ancien tarif, sur lequel il sera seulement fait déduction des sous pour livres additionnels.

———

26 NOVEMBRE = 5 DÉCEMBRE 1790. — Décret relatif au mode de paiement des bijoux et vaisselles portés aux hôtels des monnaies. (L. 2, 748 ; B. 8, 219.)

L'Assemblée nationale, ouï le rapport de ses comités des finances et des monnaies ; considérant que les citoyens qui pouvaient être disposés à concourir à l'augmentation du numéraire, en portant aux hôtels des monnaies leurs bijoux et vaisselles, ont eu le temps de *profiter des avantages* que leur offrait à cet égard le décret du 6 octobre 1789 ; que les inconvéniens de l'influence de *ces avantages* sur le prix des matières d'or et d'argent, n'étant plus compensés par les ressources que la recette de ces objets procurait au trésor public, au moyen des diminutions progressives qu'éprouve cette recette depuis plusieurs mois, décrète ce qui suit :

Art. 1ᵉʳ. A compter du 15 décembre prochain, les bijoux et vaisselles ne seront plus payés par les directeurs des monnaies en récépissés à six mois de date, ni aux prix fixés par les articles 1, 21 et 22 du décret du 6 octobre 1789. Les objets de cette nature qui seront portés aux hôtels des monnaies, ne seront, à partir de cette époque, admis au change que pour y être payés en espèces et aux prix fixés par les tarifs des 15 mai 1773 et 30 octobre 1785.

2. A compter du même jour 15 décembre prochain, les municipalités cesseront de recevoir les bijoux et vaisselles qui pourraient leur être apportés, et d'en délivrer des récépissés; elles seront tenues de faire parvenir, avant le 1er janvier, aux hôtels des monnaies, les produits de leurs recettes, en se conformant à ce qu'il leur est prescrit à cet égard par la proclamation du 15 novembre 1789.

26 NOVEMBRE = 5 DÉCEMBRE 1790. — Décret sur la fourniture de sel du ci-devant pays de Gex. (L. 2, 750; B. 8, 222.)

Sur ce qui a été représenté à l'Assemblée nationale, que la fourniture de sel qui devait être faite annuellement par la ferme générale du ci-devant pays de Gex, n'a point été effectuée dans la présente année, et que les habitans ont été privés du bénéfice de la crue qu'il leur avait été permis d'y ajouter pour leurs dépenses communes, auxquelles il a fallu pourvoir autrement, l'Assemblée nationale, ouï le rapport de son comité des finances, décrète qu'il ne sera imposé sur les habitans du ci-devant pays de Gex, en remplacement de la gabelle pour la présente année, qu'à raison de la somme de huit mille livres que le trésor public retirait en 1774, avant l'établissement de la franchise dudit pays, et sur laquelle sera seulement faite la déduction de deux sous pour livre, qui avait lieu à cette époque.

26 NOVEMBRE = 1er DÉCEMBRE 1790. — Décret qui accorde des secours aux départemens du Cher, et de Loir-et-Cher pour la réparation des dégâts occasionnés par la crue des eaux. (L. 2, 730; B. 8, 218.)

26 NOVEMBRE = 1er DÉCEMBRE 1790. — Décret qui valide les élections des receveurs des districts d'Alençon, de Laon et de Neufchâtel. (L. 2, 636; B. 8, 221.)

26 NOVEMBRE = 5 DÉCEMBRE 1790. — Décret pour la nomination de juges-de-paix en différens lieux du département de Seine-et-Oise, nommément à Argenteuil, Saint-Germain, Triel et Versailles. (L. 2, 740; B. 8, 220.)

26 NOVEMBRE = 12 DÉCEMBRE 1790. — Décret portant vente de domaines nationaux aux municipalités d'Etampes, Orléans, Paris, Pon-

toise et Villeneuve du Plessis-Piquet. (L. 2, 825, 829, 831, 837, 847; B. 8, 224, 225, 226, 227, 228.)

27 NOVEMBRE = 1er DÉCEMBRE 1790. — Décret relatif à la nomination des membres des administrations et directoires de district, et des receveurs. (L. 2, 640; B. 8, 228.)

Art. 1er. Les membres des administrations et des directoires de district ne pourront à l'avenir être nommés receveurs de district.

2. L'élection des membres des administrations et des directoires de district qui auraient été nommés receveurs à l'époque de la publication du présent décret, sera valable; mais ils seront tenus d'opter, ne pouvant avoir que l'une des deux places.

27 NOVEMBRE = 1er DÉCEMBRE 1790. — Décret portant institution d'un tribunal de cassation, et réglant sa composition, son organisation et ses attributions. (L. 2, 623; B. 8, 228; Mon. des 12, 19, 21, 23 novembre 1790.)

Voy. lois du 12 AOUT 1790; constitution de 1791, chap. 5, art. 19 et suiv.; constitution du 24 JUIN 1793, art. 98, 99 et 100; constitution du 5 FRUCTIDOR an 3, art. 254 et suiv.; constitution du 22 FRIMAIRE an 8, art. 65 et suiv.

Voy. lois du 7 et 10 = 15 AVRIL 1792; du 28 JUIN = 6 JUILLET 1792; du 8 JUILLET 1793; du 2 SEPTEMBRE 1793; du 1er BRUMAIRE an 2; du 4 GERMINAL an 2; du 2 BRUMAIRE an 4; du 21 FRUCTIDOR an 4; du 14 BRUMAIRE an 5; du 27 VENTOSE an 8, art. 58 et suiv.; réglement du 12 FLORÉAL = 4 PRAIRIAL an 8; sénatus-consultes du 16 THERMIDOR an 10 et du 28 FLORÉAL an 12; loi du 16 SEPTEMBRE 1807; ordonnance du 15 FÉVRIER 1815 (1); *Voy.* aussi le réglement de 1738.

Art. 1er. Il y aura un tribunal de cassation établi auprès du Corps-Législatif.

2. Les fonctions du tribunal de cassation seront de prononcer sur toutes les demandes en cassation contre les jugemens rendus en dernier ressort (2), de juger les demandes de renvoi d'un tribunal à un autre, pour cause de suspicion légitime, les conflits de juridiction et les réglemens de juges, les demandes de prise à partie contre un tribunal entier.

3. Il annulera toutes procédures dans lesquelles les formes auront été violées, et tout jugement qui contiendra une contravention expresse au texte de la loi.

Et jusqu'à la formation d'un code unique

---

(1) On n'a placé sous les articles de cette loi que les notices d'arrêts qui s'y rattachent spécialement. Les autres seront recueillies sous les lois plus récentes qui ont disposé relativement à la Cour de cassation.

(2) Depuis le Code de procédure, c'est par la qualification de la loi, et non par la qualification du juge qu'il faut déterminer le caractère d'un jugement (Code proc. art. 453). *Voy.* notes sur la loi du 16 = 24 août 1790.

des lois civiles, la violation des formes de procédure prescrites sous peine de nullité, et la contravention aux lois particulières aux différentes parties de l'empire, donneront ouverture à la cassation (1).

Sous aucun prétexte et en aucun cas, le tribunal ne pourra connaître du fond des affaires : après avoir cassé les procédures ou le jugement, il renverra le fond des affaires aux tribunaux qui devront en connaître, ainsi qu'il sera fixé ci-après.

4. On ne pourra pas former la demande de cassation contre les jugemens rendus en dernier ressort par les juges-de-paix : il est interdit au tribunal de cassation d'admettre de pareilles demandes.

5. Avant que la demande en cassation ou en prise à partie soit mise en jugement, il sera préalablement examiné et décidé si la requête doit être admise, et la permission d'assigner accordée.

6. A cet effet, tous les six mois, le tribunal de cassation nommera vingt de ses membres pour former un bureau qui sous le titre de *bureau des requêtes*, aura pour fonctions d'examiner et de juger si les requêtes en cassation ou en prise à partie doivent être admises ou rejetées : ce bureau ne pourra juger qu'au nombre de douze juges au moins.

7. Si, dans ce bureau, les trois quarts des voix se réunissent pour rejeter une requête en cassation ou en prise à partie, elle sera définitivement rejetée : si les trois quarts des voix se réunissent pour admettre la requête, elle sera définitivement admise, l'affaire sera mise en jugement, et le demandeur en cassation ou en prise à partie sera autorisé à assigner.

8. Lorsque les trois quarts des voix ne se réuniront pas pour rejeter ou admettre une requête en cassation ou en prise à partie, la question sera portée à tout le tribunal rassemblé, et la simple majorité des voix fera décision.

9. Les demandes de renvoi d'un tribunal à un autre, pour cause de suspicion légitime,

les conflits de juridiction et réglemens de juges, seront portés devant le bureau des requêtes et jugés définitivement par lui sans frais sur simples mémoires, par forme d'administration et à la pluralité des voix (2).

10. La section de cassation seule, et sans la réunion des membres du bureau des requêtes, prononcera sur toutes les demandes en cassation, lorsque la requête aura été admise. La section de cassation ne pourra juger qu'au nombre de quinze juges au moins : la simple majorité des voix suffira pour former la décision.

11. Les sections du tribunal de cassation, soit qu'elles jugent séparément, soit qu'elles se réunissent, suivant les cas spécifiés, tiendront toujours leurs séances publiquement.

12. En toute affaire, les parties pourront par elles-mêmes, ou par leurs défenseurs, plaider et faire les observations qu'elles jugeront nécessaires à leur cause ou à leur demande.

13. Dans les procès qui seront jugés sur rapport, la discussion sera précédée du rapport par un des juges sans qu'il énonce son opinion. Les parties ou leurs défenseurs ne pourront être entendus qu'après ce rapport terminé. Il sera libre aux juges de se retirer en particulier pour recueillir les opinions; ils rentreront dans la salle d'audience pour prononcer leur jugement en public.

Cette forme sera celle de tous les autres tribunaux du royaume, dans toutes les affaires qui y seront jugées sur rapport.

14. En matière civile, le délai pour se pourvoir en cassation ne sera que de trois mois, du jour de la signification du jugement à personne ou domicile, pour tous ceux qui habitent en France, sans aucune distinction quelconque, et sans que sous aucun prétexte, il puisse être donné des lettres de relief de laps de temps pour se pourvoir en cassation (3).

15. Le délai de trois mois ne commencera à courir que du jour de l'installation du tribunal de cassation, pour tous les jugemens antérieurs à la publication du présent décret,

---

(1) *Voy.* lois du 1er brumaire an 2, du 28 ventose an 2, du 4 germinal an 3, du 12 prairial an 4, du 21 fructidor an 4.

La fausse application ou violation prétendue d'un point de l'ancienne jurisprudence, qui ne repose sur aucun texte précis de loi, ne peut donner ouverture à cassation (27 décembre 1830, Cass.; S. 31, 1, 13; 13 juillet 1830, Cass.; S. 31, 1, 54; D. 30, 1, 372).

L'avoué condamné sans avoir été appelé ni entendu à supporter, comme étant frustratoires, les frais d'actes par lui faits, n'est pas recevable à se pourvoir en cassation contre le jugement ou l'arrêt de condamnation (7 mars 1831, Cass.; S. 31, 1, 304; Dall. 31, 1, 119). Il me semble, dit Dalloz, que l'arrêt pourra être attaqué par

la voie de la tierce-opposition, lorsqu'il sera opposé à l'avoué.

(2) *Voy.* arrêté du 10 ventose an 11.

(3) Loi du 17 = 19 août 1792. Le délai court contre les mineurs à partir de la signification du jugement ou de l'arrêt fait à leur tuteur ; la disposition du réglement de 1738 (art. 13), qui ne faisait courir le délai qu'à partir de la signification qui a été faite aux mineurs depuis l'époque de leur majorité, a été abrogée par la loi de 1790 (5 juin 1832, Cass.; S. 32, 1, 513; D. 32, 1, 213).

Les agens du Gouvernement n'ont, en matière civile, que trois mois à partir de la signification du jugement ou de l'arrêt pour se pourvoir : la disposition de l'art. 16, tit. 4, 1re part. du régle-

et à l'égard desquels les délais pour se pourvoir, d'après les anciennes ordonnances, ne
seraient pas actuellement expirés (1).

16. En matière civile, la demande en cassation n'arrêtera pas l'exécution du jugement;
et dans aucun cas et sous aucun prétexte, il
ne pourra être accordé de surséance (2).

17. L'intitulé du jugement de cassation
portera toujours, avec les noms des parties,
l'objet de leurs demandes, et le dispositif
contiendra le texte de la loi ou des lois sur
lesquelles la décision sera appuyée.

18. Aucune qualification ne sera donnée
aux plaideurs dans l'intitulé des jugemens;
on n'y inscrira que leurs noms patronymiques
et de famille, et celui de leurs fonctions ou
de leur profession.

19. Lorsque la cassation aura été prononcée, les parties se retireront au greffe du tribunal dont le jugement aura été cassé, pour y
déterminer, dans les mêmes formes qui ont
été prescrites à l'égard des appels, le nouveau
tribunal auquel elles devront comparaître,
et procéderont, savoir, les parties qui auront
obtenu la cassation, comme il est prescrit à
l'égard de l'appelant; et les autres, comme
il est disposé à l'égard des intimés.

20. Dans le cas où la procédure aura été
cassée, elle sera recommencée à partir du
premier acte où les formes n'auront pas été
observées; l'affaire sera plaidée de nouveau
dans son entier, et il pourra encore y avoir
lieu à la demande en cassation contre le second jugement.

21. Dans le cas où le jugement seul aura
été cassé, l'affaire sera aussitôt portée à l'audience dans le tribunal ordinaire qui avait
d'abord connu en dernier ressort (3); elle y
sera plaidée sur les moyens de droit, sans aucune forme de procédure, et sans que les parties ou leurs défenseurs puissent plaider sur
le point réglé par un premier jugement; et si
le nouveau jugement est conforme à celui qui
a été cassé, il pourra encore y avoir lieu à la
demande en cassation.

Mais lorsque le jugement aura été cassé
deux fois, et qu'un troisième tribunal aura

jugé en dernier ressort, de la même manière
que les deux premiers, la question ne pourra
plus être agitée au tribunal de cassation,
qu'elle n'ait été soumise au Corps-Législatif,
qui, en ce cas, portera un décret déclaratoire
de la loi; et lorsque ce décret aura été sanctionné par le Roi, le tribunal de cassation s'y
conformera dans son jugement.

22. Tout jugement du tribunal de cassation
sera imprimé, et inscrit sur les registres du
tribunal dont la décision aura été cassée.

23. Il y aura auprès du tribunal de cassation un commissaire du Roi qui sera nommé
par le Roi, comme les commissaires auprès
des tribunaux de district, et qui aura des
fonctions du même genre.

24. Chaque année, le tribunal de cassation
sera tenu d'envoyer à la barre de l'assemblée
du Corps-Législatif, une députation de huit
de ses membres, qui lui présenteront l'état
des jugemens rendus, à côté de chacun desquels sera la notice abrégée de l'affaire, et le
texte de la loi qui aura décidé la cassation.

25. Si le commissaire du Roi auprès du
tribunal de cassation apprend qu'il ait été
rendu un jugement en dernier ressort, directement contraire aux lois ou aux formes de
procéder, et contre lequel cependant aucune
des parties n'aurait réclamé dans le délai fixé;
après ce délai expiré, il en donnera connaissance au tribunal de cassation; et s'il est
prouvé que les formes ou les lois ont été violées, le jugement sera cassé, sans que les parties puissent s'en prévaloir pour éluder les
dispositions de ce jugement, lequel vaudra
transaction pour elles.

26. Un greffier sera établi auprès du tribunal de cassation; il sera âgé de vingt-cinq
ans au moins : les membres du tribunal le nommeront au scrutin, et à la majorité absolue des
voix. Le greffier choisira des commis qui feront le service auprès des deux sections, qui
prêteront serment, et dont il sera civilement
responsable. Le greffier ne sera révocable que
pour prévarication jugée.

27. Chacune des sections se nommera un
président tous les six mois; celui qui l'aura

---

ment de 1738, qui accordait à ces agens la faculté
de former leur pourvoi, même hors des délais fixés,
a été expressément abrogé par l'art. 14 de la loi
des 24 novembre = 1er décembre 1790 (8 février 1827, Cass.; S. 27, 1, 411; D. 27, 1, 136).

(1) En matière d'impôt indirect, comme dans
toutes les affaires ordinaires, le délai pour se
pourvoir en cassation ne court qu'à compter de
la signification de l'arrêt ou du jugement : peu
importe que depuis le jugement ou arrêt il se
soit écoulé un temps suffisant pour faire déclarer l'instance périmée ou prescrite (31 janvier
1816, Cass.; S. 16, 1, 338).

La régie du domaine doit se pourvoir en
cassation, et faire les productions qui accompa-
gnent le pourvoi dans les délais ordinaires, à

peine de déchéance (23 brumaire an 10, Cass.;
S. 2, 1, 123).

La prescription n'a pu, pendant le cours de
la guerre, s'acquérir contre un militaire en activité de service dans le lieu même de son domicile (26 pluviose an 11, Cass.; S. 3, 1, 235).

(2) On ne peut pas exiger caution du défendeur en cassation, même dans le cas où celui-ci
serait étranger et se disposerait à emporter hors
de France l'objet du litige (4 prairial an 7, Cass.;
S. 7, 2, 943).

Voy. lois du 2 septembre 1793, du 28 = 30
septembre 1793, du 1er frimaire an 2, du 6.
brumaire an 5.

(3) *Voy.* arrêté rectificatif du 2 prairial an 5.

été pourra être réélu. Lorsque les sections seront réunies, elles seront présidées par le plus ancien d'âge des deux présidens ; les autres membres du tribunal se placeront sans distinction et sans aucune préséance entre eux.

28. Provisoirement et jusqu'à ce qu'il en ait été autrement statué, le réglement qui fixait la forme de procéder au conseil des parties, sera exécuté au tribunal de cassation, à l'exception des points auxquels il est dérogé par le présent décret.

29. L'installation du tribunal de cassation sera faite à chaque renouvellement par deux commissaires du Corps-Législatif et deux commissaires du Roi, qui recevront le serment individuel de tous les membres du tribunal, d'être fidèles à la nation, à la loi et au Roi, et de remplir avec exactitude les fonctions qui leur sont confiées. Ce serment sera lu par l'un des commissaires du Corps-Législatif, et chacun des membres du tribunal de cassation, debout dans le parquet, prononcera : *Je le jure.*

30. Le conseil des parties est supprimé, et il cessera ses fonctions le jour que le tribunal de cassation aura été installé.

31. L'office de chancelier de France est supprimé.

Forme de l'élection du tribunal de cassation (1).

Art. 1er. Les membres du tribunal de cassation ne seront élus que pour quatre ans; ils pourront être réélus : tous les quatre ans on procédera à l'élection du tribunal de cassation en entier.

2. Les départemens de France concourront successivement par moitié à l'élection des membres du tribunal de cassation.

3. Pour la première élection, on tirera au sort, dans une des séances de l'Assemblée nationale, les quarante-deux départemens qui devront élire chacun un sujet pour remplir une place dans le tribunal ; à la seconde élection, les quarante-un autres départemens exerceront leur droit d'élire, et ainsi successivement.

4. Huit jours après la publication du présent décret, les électeurs de chacun des départemens qui auront été désignés par le sort pour nommer cette fois les membres du tribunal de cassation, se rassembleront et éliront le sujet qu'ils croiront le plus propre à remplir une place dans ce tribunal.

5. L'élection ne pourra être faite qu'à la majorité absolue des suffrages. Si les deux premiers scrutins ne produisent pas cette majorité, au troisième scrutin les électeurs ne voteront que sur les deux sujets qui auront réuni le plus de voix au second; et en cas d'égalité de suffrages, le plus ancien d'âge sera élu.

6. Pour être éligible lors des trois premières élections, il faudra avoir trente ans accomplis, et avoir pendant dix ans exercé les fonctions de juge dans une cour supérieure ou présidial, sénéchaussée ou bailliage, ou avoir rempli les fonctions d'homme de loi pendant le même temps, sans qu'on puisse comprendre au nombre des éligibles les juges non gradués des tribunaux d'exception. Lors des élections suivantes, il faudra, pour être éligible, avoir exercé pendant dix ans les fonctions de juge ou d'homme de loi dans un tribunal de district ; l'Assemblée nationale se réservant de déterminer par la suite les autres qualités qui pourront rendre éligible.

7. Les électeurs de chacun des départemens qui nommeront les membres du tribunal de cassation, éliront en même temps, au scrutin et à la majorité absolue, un suppléant ayant les qualités ci-dessus fixées pour être éligible, lequel sera appelé et remplacera le sujet élu par le même département que lui, lorsque la place viendra à vaquer. A l'époque du renouvellement de quatre ans en quatre ans, quelque peu de durée qu'ait eu l'exercice des suppléans, ils cesseront leurs fonctions comme l'eussent fait les juges qu'ils auront remplacés, et comme eux ils pourront être réélus.

8. Le président de l'Assemblée nationale présentera dans le jour le présent décret à l'acceptation du Roi.

27 NOVEMBRE = 26 DÉCEMBRE 1790. — Décret relatif au serment des évêques, ci-devant archevêques, et autres ecclésiastiques fonctionnaires publics. (L. 2, 1053; B. 8, 238; Mon. du 28 novembre 1790.)

Art. 1er. Les évêques et ci-devant archevêques, et les curés conservés en fonctions, seront tenus, s'ils ne l'ont pas fait, de prêter le serment auquel ils sont assujétis par l'art. 39 du décret du 13 juillet dernier, et réglé par les art. 21 et 38 de celui du 12 du même mois, concernant la constitution civile du clergé. En conséquence, ils jureront, en vertu de ce dernier décret, de veiller avec soin sur les fidèles du diocèse ou de la paroisse qui leur est confié, d'être fidèles à la nation, à la loi et au Roi, et de maintenir de tout leur pouvoir la constitution décrétée par l'Assemblée nationale et acceptée par le Roi ; savoir, ceux qui sont actuellement dans leur diocèse ou leur cure, dans la huitaine; ceux qui en sont absens, mais qui sont en France, dans un mois; et ceux qui sont en pays étranger, dans deux mois; le tout à compter de la publication du présent décret.

---

(1) Abrogé. *Voy.* Charte constitutionnelle, article 57.

2. Les vicaires des évêques, les supérieurs et directeurs de séminaires, les vicaires des curés, les professeurs des séminaires et des collèges, et tous autres ecclésiastiques fonctionnaires publics, feront, dans les mêmes délais, le serment de remplir leurs fonctions avec exactitude, d'être fidèles à la nation, à la loi et au Roi, et de maintenir de tout leur pouvoir la constitution décrétée par l'Assemblée nationale et acceptée par le Roi.

3. Le serment sera prêté un jour de dimanche, à l'issue de la messe; savoir, par les évêques, les ci-devant archevêques, leurs vicaires, les supérieurs et directeurs de séminaires, dans l'église épiscopale; et par les curés, leurs vicaires, et tous autres ecclésiastiques fonctionnaires publics, dans l'église de leur paroisse, et tous en présence du conseil-général de la commune et des fidèles. A cet effet, ils feront par écrit, au moins deux jours d'avance, leur déclaration au greffe de la municipalité, de leur intention de prêter le serment, et se concerteront avec le maire pour arrêter le jour.

4. Ceux desdits évêques, ci-devant archevêques, curés et autres ecclésiastiques fonctionnaires publics qui sont membres de l'Assemblée nationale, et qui exercent actuellement leurs fonctions de députés, prêteront le serment qui les concerne respectivement, à l'Assemblée nationale, dans la huitaine du jour auquel la sanction du présent décret y aura été annoncée; et dans la huitaine suivante, ils enverront un extrait de la prestation de leur serment à leur municipalité.

5. Ceux desdits évêques, ci-devant archevêques, curés, et autres ecclésiastiques fonctionnaires publics, qui n'auront pas prêté, dans les délais déterminés, le serment qui leur est respectivement prescrit, seront réputés avoir renoncé à leur office, et il sera pourvu à leur remplacement comme en cas de vacance par démission, à la forme du titre II du décret du 12 juillet dernier, concernant la constitution civile du clergé : à l'effet de quoi le maire sera tenu, huitaine après l'expiration desdits délais, de dénoncer le défaut de prestation de serment; savoir, de la part de l'évêque ou ci-devant archevêque, de ses vicaires, des supérieurs et directeurs de séminaires, au procureur-général-syndic du département; et de celle du curé, de ses vicaires et des autres ecclésiastiques fonctionnaires publics, au procureur-syndic du district, l'Assemblée les rendant garans et responsables les uns et les autres, de leur négligence à procurer l'exécution du présent décret.

6. Dans le cas où lesdits évêques, ci-devant archevêques, curés et autres ecclésiastiques fonctionnaires publics, après avoir prêté leur serment respectif, viendraient à y manquer, soit en refusant d'obéir aux décrets de l'Assemblée nationale, acceptés ou sanction-

nés par le Roi, soit en formant ou excitant des oppositions à leur exécution, ils seront poursuivis dans les tribunaux de district, comme rebelles à la loi, et punis par la privation de leur traitement, et en outre déclarés déchus des droits de citoyen actif, incapables d'aucune fonction publique. En conséquence, il sera pourvu à leur remplacement, à la forme dudit décret du 12 juillet dernier, sauf plus grande peine, s'il y échet, suivant l'exigence et la gravité des cas.

7. Ceux desdits évêques, ci-devant archevêques, curés, et autres ecclésiastiques fonctionnaires publics, conservés en fonctions, et refusant de prêter leur serment respectif, ainsi que ceux qui ont été supprimés, ensemble les membres des corps ecclésiastiques séculiers également supprimés, qui s'immisceraient dans aucune de leurs fonctions publiques ou dans celles qu'ils exerçaient en corps, seront poursuivis comme perturbateurs de l'ordre public, et punis des mêmes peines que ci-dessus.

8. Seront de même poursuivies comme perturbateurs de l'ordre public, et punies suivant la rigueur des lois, toutes personnes ecclésiastiques ou laïques qui se coaliseraient pour combiner un refus d'obéir aux décrets de l'Assemblée nationale, acceptés ou sanctionnés par le Roi, ou pour former ou pour exciter des oppositions à leur exécution.

---

27 NOVEMBRE = 5 DÉCEMBRE 1790. — Décret pour recommander au Roi J.-B. Vimont, gabier sur le vaisseau le Majestueux, pour le récompenser de la conduite qu'il a tenue le 22 novembre 1790. (L. 2, 752.)

27 NOVEMBRE = 12 DÉCEMBRE 1790. Décret portant vente de domaines nationaux aux municipalités d'Angers et d'Orléans. (L. 2, 839 et 842; B. 8, 236 et 237.)

28 NOVEMBRE = 10 DÉCEMBRE 1790. — Décret relatif à la liquidation des offices supprimés, et au paiement des créanciers des titulaires. (L. 2, 786; B. 8, 242.)

Voy. loi du 2 = 11 FÉVRIER 1791.

Art. 1er. Pour éviter aux créanciers sur offices et aux propriétaires de titres, les frais de deux oppositions, et aux officiers débiteurs ceux de deux certificats, les gardes des rôles auxquels le décret du 30 octobre dernier attribue la réception des oppositions sur offices, se réuniront aux conservateurs des hypothèques et oppositions sur les finances, pour ne former, relativement à la partie des offices, qu'un seul et même établissement, jusqu'à la fin de la liquidation des offices supprimés.

2. En conséquence, les registres et liasses

des oppositions formées depuis un an, ès-mains des gardes des rôles, seront rapportées et jointes à celles formées depuis trois ans, à compter de la publication du présent décret, ès-mains des conservateurs des finances.

Celles qui seront formées à compter de la même époque, seront reçues en commun ; et pour les unes comme pour les autres, il ne sera délivré qu'un seul et même certificat, signé par les gardes des rôles et les conservateurs des finances en exercice.

3. Les oppositions reçues depuis un an par les gardes des rôles, celles reçues depuis trois ans par les conservateurs des finances, ensemble celles qu'ils recevront à l'avenir en commun, dureront trois ans, à compter de leur date respective.

Ces dernières, et les certificats qui seront délivrés sur toutes, seront assujétis à un seul et même tarif, ainsi qu'il va être expliqué.

4. L'ancien tarif du garde des rôles et celui des conservateurs des finances seront modifiés et réduits respectivement ; en conséquence, il ne pourra être perçu pour l'enregistrement de chaque opposition que trente sous, et quatre francs par chaque certificat ; sans que lesdits officiers puissent se prévaloir des attributions plus fortes dont ils ont joui jusqu'à ce jour.

5. Pour assurer l'exécution du présent tarif, il sera donné en marge des extraits d'opposition, de radiation ou main-levée, ainsi que des certificats, un reçu de la somme payée.

6. Il ne sera payé qu'un seul droit par chaque opposition, ou autre acte et certificat délivré par suite d'icelles, quel que soit le nombre des opposans ou propriétaires, toutes les fois que ladite opposition sera formée par le même acte et pour raison de la même créance.

7. Les oppositions ne seront pas assujéties au contrôle, et pourront être formées par tous huissiers royaux et exerçant auprès des tribunaux.

8. Les cessions ou transports qui seront faits par les officiers liquidés, de leurs reconnaissances de liquidation, ou de quelques-uns des coupons d'icelles, seront assujétis pour la saisine aux formalités prescrites par l'article 9 des lettres-patentes du 7 mars 1789.

9. Il n'y aura lieu à opposition pour raison du capital des créances sur les corps et compagnies supprimés, dont la nation a mis les dettes à sa charge, conformément à ses décrets des 2 et 6 septembre dernier.

Les créanciers ne seront tenus que d'exécuter, à cet égard, les dispositions dudit décret qui les concernent, tous les droits demeurant au surplus réservés pour le paiement

des arrérages à eux dus, et qui se trouveront échus au 31 décembre prochain (1).

10. Les officiers liquidés donneront, lors de la remise qui leur sera faite de leur reconnaissance de liquidation, une quittance devant notaires, dont expéditions seront jointes et annexées aux procès-verbaux de leurs liquidations.

11. Les notaires de Paris auxquels les officiers liquidés s'adresseront pour lesdites quittances, ne pourront percevoir pour tous droits d'icelles que les sommes qui suivent, savoir :

Deux livres pour tout office dont le remboursement n'excédera pas deux mille livres ;

Trois livres, depuis deux mille livres jusqu'à cinq mille ;

Quatre livres dix sous, depuis cinq jusqu'à vingt mille ;

Six livres, depuis vingt jusqu'à cinquante ;

Neuf livres, depuis cinquante jusqu'à cent mille ;

Et douze, depuis cent mille livres jusqu'à quelle somme que ce soit.

Si la quittance était collectivement donnée par plusieurs officiers de la même compagnie, il ne sera perçu qu'un seul droit réglé par la somme totale du remboursement commun ; mais il sera payé, au-delà de cette somme, dix sous par chaque partie comparant dans l'acte, à raison de l'établissement des qualités, non compris le papier.

12. Lesdites quittances seront données sur papier à un seul timbre, et ne pourront être assujéties au contrôle (2).

13. Le contrôle des expéditions délivrées par les notaires de provinces, ou vidimées par eux, des titres, quittances de finances, provisions, ou autres actes nécessaires aux titulaires d'offices, pour parvenir à leur liquidation, sera invariablement fixé, pour tout droit, à quinze sous (3).

14. Lesdites expéditions seront payées aux notaires qui les auront faites, à raison de dix sous par rôle d'expéditions ordinaires, sans qu'ils puissent, sous aucun prétexte, exiger de plus grands droits.

28 NOVEMBRE = 25 DÉCEMBRE 1790. — Décret portant vente de domaines nationaux à la municipalité d'Orléans. (L. 2, 1017 ; B. 8, 246.)

28 NOVEMBRE = 10 DÉCEMBRE 1790. — Décret portant que les commissaires nommés pour exercer provisoirement les fonctions municipales dans la ville de Montauban, seront remplacés par de nouveaux officiers municipaux, élus conformément aux lois. (L. 2, 807 ; B. 8, 241.)

28 NOVEMBRE 1790. — Bastille. *Voy.* 5 OCTOBRE 1790. — Indre-et-Loire. *Voy.* 21 NOVEMBRE 1790.

_____

(1) *Voy.* art. 11, loi des 1er et 2 février 1791.

(2 et 3) *Voy.* loi du 10 = 18 février 1791.

29 NOVEMBRE = 8 DÉCEMBRE 1790. — Décret relatif au rétablissement de l'ordre et de la tranquillité dans les colonies françaises des Antilles. (L. 2, 753 ; B. 8, 253.)

L'Assemblée nationale, ouï le rapport du comité des colonies, sur la situation de l'île de la Martinique, et sur les moyens de rétablir et d'assurer la tranquillité dans les colonies françaises des Antilles,

Décrète qu'il sera incessamment envoyé des instructions dans les colonies, tendant à presser le moment de leur nouvelle organisation.

Ajourne, en conséquence, la délibération sur les propositions de l'assemblée coloniale de la Martinique.

Décrète que cette assemblée suspendra ses séances jusqu'à l'arrivée desdites instructions.

Décrète que les officiers préposés par le Roi à l'administration de cette colonie, exerceront provisoirement les fonctions dont ils étaient ci-devant chargés, en ce qui concerne l'administration de la marine, guerre et finances ; les actes de l'assemblée coloniale, relatifs à l'établissement d'un directoire d'administration, au renvoi de quelques-uns desdits administrateurs, demeurant nuls, ainsi que le renvoi en France de deux officiers du régiment de la Martinique, effectué par la municipalité de Saint-Pierre.

Décrète que le Roi sera prié d'envoyer dans lesdites colonies quatre commissaires chargés : 1° de prendre des informations sur les troubles qui y ont eu lieu, leurs circonstances et leurs causes, tous décrets et jugemens qui auraient pu être rendus à raison desdits troubles, demeurant suspendus ;

2° De pourvoir provisoirement à son administration intérieure, à son approvisionnement, à la police et au rétablissement de la tranquillité ; à l'effet de quoi ils recevront tous pouvoirs à ce nécessaires ; et les troupes réglées, milice, gardes nationales et toutes forces de terre et de mer seront tenues d'agir à leur réquisition.

Décrète que lesdits commissaires pourront, si les circonstances l'exigent, se transporter ensemble ou séparément dans les autres îles du Vent, pour y exercer les mêmes fonctions et les mêmes pouvoirs, même suspendre, s'il est nécessaire, l'activité des assemblées coloniales qui y sont établies, jusqu'à l'arrivée prochaine des instructions ci-dessus annoncées.

Décrète qu'à l'arrivée desdits commissaires, toutes fonctions et pouvoirs publics à l'établissement desquels les circonstances auraient pu donner lieu, et qui ne seraient pas fondés sur les lois, ou confirmés et délégués par lesdits commissaires, cesseront immédiatement, à peine pour ceux qui voudraient en continuer l'exercice, d'être traités comme perturbateurs de l'ordre public.

Décrète que le Roi sera prié de faire passer dans les îles et colonies françaises des Antilles, six mille hommes de troupes de terre, et quatre vaisseaux de ligne, indépendamment de ceux votés par les précédens décrets, avec le nombre d'autres bâtimens nécessaires pour le transport des troupes, lesquelles forces seront distribuées et combinées de la manière la plus propre à assurer la tranquillité des colonies, d'après les instructions que le Roi sera prié de donner, tant au gouverneur-général des îles sous le Vent, qu'à l'officier auquel il plaira à Sa Majesté de confier, dans cette circonstance, le gouvernement général des îles du Vent, et auquel il sera donné toute autorité nécessaire pour concourir avec les commissaires pendant la durée de leur commission.

Au surplus, l'Assemblée nationale décrète provisoirement qu'il sera ouvert, dans l'île de la Martinique, un second port d'entrepôt à la Trinité, et que les bâtimens étrangers seront admis dans celui du Fort-Royal pendant l'hivernage.

Maintient également provisoirement les deux entrepôts actuellement ouverts dans l'île de la Guadeloupe, à la Basse-Terre et à la Pointe-à-Pitre, le tout à la charge de se conformer aux règles établies par l'arrêt du conseil du 30 août 1784.

---

29 NOVEMBRE = 10 DÉCEMBRE 1790. — Décret qui règle la manière de se pourvoir en demande de changemens dans la situation des tribunaux et des administrations de district. (L. 2, 760 ; B. 8, 249.)

L'Assemblée nationale, après avoir entendu le rapport du comité de constitution, décrète qu'il n'y a lieu à délibérer sur toutes pétitions tendant à placer dans d'autres lieux les sièges des tribunaux et des administrations de district qui ont été fixés par ses précédens décrets.

L'Assemblée nationale se réserve de régler, par un décret particulier, par quels organes et dans quelle forme les justiciables et administrés qui seraient lésés par le placement de quelques-uns de ces établissemens, et qui en demanderaient le changement, pourront manifester leur vœu et le présenter aux législatures suivantes.

---

29 NOVEMBRE = 10 DÉCEMBRE 1790. — Décret qui décharge les ci-devant seigneurs hauts-justiciers, de l'obligation de nourrir les enfans abandonnés, et qui règle la manière dont il sera pourvu à la subsistance de ces orphelins. (L. 2, 762 ; B. 8, 248.)

Art. 1er. Les ci-devant seigneurs hauts-justiciers sont déchargés de l'obligation de nourrir et entretenir les enfans exposés et abandonnés dans leur territoire ; et il sera pourvu provisoirement à la nourriture et entretien desdits enfans, de la même manière que pour les enfans-trouvés, dont l'Etat était chargé.

2. Ceux des ci-devant seigneurs hauts-justiciers qui sont actuellement chargés de quelque enfant exposé ou abandonné, en instruiront par écrit l'administration de l'hôpital ou autre hospice désigné particulièrement pour ce genre de secours, lequel se trouvera être le plus voisin du lieu où l'enfant est élevé ; et à compter du jour de cet avertissement, l'enfant sera à la charge de l'hôpital ou de l'hospice, qui, s'il n'est pas chargé de ce genre de dépense par le titre de son établissement, pourra la recouvrer sur le Trésor public.

3. L'Assemblée nationale se réserve de statuer sur le nouveau régime qu'il convient d'adopter pour la conservation et l'éducation des enfans-trouvés, et elle charge son comité de mendicité de lui en présenter le plan.

---

29 NOVEMBRE = 10 DÉCEMBRE 1790 — Décret concernant les soumissions, estimations et désignations des domaines nationaux mis en vente. (L. 2, 816 ; B. 8, 247.)

L'Assemblée nationale décrète que les municipalités qui ont fait leurs soumissions pour l'acquisition des biens nationaux avant le 15 septembre dernier, sont autorisées à faire les désignations et estimations ou évaluations jusqu'au 1er janvier 1791, sans que néanmoins le présent décret puisse nuire aux enchères ouvertes ni à celles qui pourraient s'ouvrir en faveur des particuliers, en conformité des précédens décrets.

L'Assemblée nationale décrète, de plus, que les municipalités qui n'auraient pas fait leurs soumissions avant le 15 septembre dernier, ou qui n'auraient pas fait de demandes en subrogation avant le 1er décembre prochain, ne pourront plus jouir de la faculté accordée par le décret du 14 mai dernier, de se faire subroger aux autres municipalités qui auraient fait leurs soumissions avant le 15 septembre, pour les domaines nationaux situés dans leur territoire.

---

29 NOVEMBRE = 29 DÉCEMBRE 1790. — Décret portant vente de domaines nationaux aux municipalités de Bonneval, Chartres, Janville et Paris. (L. 2, 1065 et 1088 ; B. 8, 250, 251 et 252.)

30 NOVEMBRE = 5 DÉCEMBRE 1790. — Décret relatif au paiement des pensions du clergé séculier et régulier. (L. 2, 744 ; B. 8, 264.)

L'Assemblée nationale, sur le rapport qui lui a été fait par son comité ecclésiastique, décrète ce qui suit :

Art. 1er. Chaque directoire de district sera tenu d'envoyer, avant le 20 décembre prochain, au directoire du département, un état aperçu, soit des deniers provenant des revenus des biens nationaux qui pourront être en caisse au 1er janvier 1791, soit des traitemens ou pensions qui se trouveront payables à la même époque, au clergé séculier et régulier, y compris les religieuses et chanoinesses. Chaque directoire de département enverra ensuite, ayant le 1er janvier 1791, à l'Assemblée nationale, un état général formé sur les états particuliers qui lui seront envoyés.

2. Chaque directoire de département, par l'intermédiaire de ceux des districts de son arrondissement, tiendra la main à ce que les termes des traitemens et pensions dus et échus au 1er janvier 1791, soient exactement payés ; à cet effet, lorsqu'une caisse de district ne sera pas suffisamment garnie, et qu'il se trouvera dans une ou plusieurs autres une surabondance provenant des revenus des biens nationaux, il ordonnera des unes dans les autres les versemens qui seront nécessaires. Si, dans toutes les caisses des districts de son arrondissement, il ne se trouve pas des sommes suffisantes pour l'acquittement des dépenses de ce genre à faire dans le département, il en donnera avis à l'Assemblée nationale.

3. Dans les paiemens qui seront à faire des deniers provenant des revenus des biens nationaux, les directoires de département, sur l'avis de ceux de district, ordonneront d'abord celui des traitemens et pensions, ensuite celui des intérêts qui seront dus aux créanciers. Quant aux capitaux, ils n'ordonneront le paiement d'aucuns sans y être autorisés par l'Assemblée nationale : sauf à user avec retenue et modération de la faculté qui leur est accordée par l'article 23 du titre IV du décret du 23 octobre dernier.

4. Si, faute de diligence contre les fermiers et débiteurs, de la part des receveurs de district, pour les sommes dues et échues, il ne se trouve pas en caisse des sommes suffisantes pour faire face aux paiemens qui seront à faire au 1er janvier 1791, lesdits receveurs, ainsi que leurs cautions, seront, en vertu de la responsabilité prononcée par l'article 27 du décret des 6 et 11 août dernier, contraints à avancer ce qui manquera sur la recette qu'ils auraient dû faire.

5. Les directoires de département et de district sont et demeurent chargés de faire exécuter et d'exécuter eux-mêmes ponctuellement le présent décret, à peine d'être garans et responsables avec les receveurs, chacun en ce qui pourrait le concerner, des négligences et retards respectifs.

6. Il en sera usé de même pour les quartiers d'avril, juillet et octobre de l'année 1791, et ainsi chaque année suivante, sauf à en être autrement ordonné, s'il y a lieu.

7. Les directoires de département pourront,

au surplus, sur l'avis de ceux de district, ordonner tels paiemens à-compte des traitemens et pensions qu'ils jugeront à propos en attendant la liquidation des uns et des autres, sans cependant excéder le *minimum* de ce que chacun pourra prétendre; et néanmoins il ne sera fait aucun paiement ni à-compte, ni provisoire, ni définitif, à ceux qui n'auront pas satisfait aux dispositions du décret des 6 et 11 août dernier, ni à ceux qui y étant obligés, n'auront pas satisfait aux dispositions de l'article 39 du décret du 24 juillet précédent, concernant le traitement du clergé actuel, et à celles du décret du 27 de ce mois.

8. Les receveurs de district ne pourront, sous le prétexte de l'exécution des articles qui précèdent, ni sous aucun autre prétexte, se dispenser de verser sans délai dans la caisse de l'extraordinaire le prix qu'ils ont reçu ou qu'ils recevront à l'avenir des ventes des biens nationaux.

30 NOVEMBRE = 10 DÉCEMBRE 1790. — Décret relatif à la perception des droits de douanes dans tous les lieux limitrophes de Bayonne et du pays de Labour. (L. 2 , 756 ; B. 8 , 257.)

L'Assemblée nationale décrète ce qui suit :

Art. 1er. Les bureaux destinés à la perception des droits de douanes nationales, seront très-incessamment rétablis dans tous les lieux limitrophes de Bayonne et du pays de Labour, où, au 1er avril 1790, il existait des bureaux de traites, sans rien préjuger sur la question de la franchise.

2. Les municipalités de Bayonne, du Saint-Esprit et autres, se concerteront pour opérer le rétablissement desdits bureaux, celui des brigades et patanches destinées à les protéger, ainsi que pour veiller à la sûreté des préposés à la police du commerce extérieur, et assurer les perceptions; et faute de prendre les précautions nécessaires à cet égard, elles en demeureront responsables, aux termes du décret du 23 février dernier.

3. Les directoires de district et de département veilleront à l'exécution du présent décret; et pour assurer cette exécution, le Roi sera supplié de donner des ordres aux troupes de ligne actuellement en garnison à Bayonne , pour prêter main-forte aux municipalités et directoires de district et de département qui les requerront.

30 NOVEMBRE = 2 DÉCEMBRE 1790. — Décret qui rend la liberté aux sieurs Pérez et Maniban , membres de la ci-devant chambre des vacations du parlement de Toulouse. (L. 2 , 738; B. 8 : 269.)

30 NOVEMBRE = 10 DÉCEMBRE 1790. — Décret qui établit des tribunaux de commerce dans les districts d'Alby, Béziers, Bourges, Hen-

bond , Provins et Vannes ; fixe le nombre des juges-de-paix d'Abbeville , Aix , Amiens, Bourges et Niort ; renvoie devant leurs départemens respectifs les pétitions des municipalités de Montauban, Strasbourg et Vienne, et au comité de constitution la demande du département de l'Hérault , pour l'établissement d'un tribunal de commerce à Agde , et pour le port du canal de Béziers. (L. 2 , 818 ; B. 8, 255.)

30 NOVEMBRE = 10 DÉCEMBRE 1790. — Décret qui ordonne d'informer contre les prévenus de l'assassinat du sieur Latierce, maire de Vardize , et contre les officiers municipaux de Saint-Jean-d'Angély. (L. 2 , 812 ; B 8 , 266.)

30 NOVEMBRE = 25 DÉCEMBRE 1790. — Décret portant vente de domaines nationaux aux municipalités d'Arcueil , de Villers-Bretonneux, d'Hérouel , de Pierre-Fitte , de Frenes-les-Rungis, de Chatenay et de Rainneville. (L. 2, 1012, 1022, 1048; B. 8, 258, 259, 260, 261 , 262 et 263.)

30 NOVEMBRE 1790. — Belfort. *Voy.* 30 OCTOBRE 1790.

1er = 5 DÉCEMBRE 1790. — Décret relatif à l'établissement d'un tribunal provisoire pour le jugement des affaires criminelles pendantes au parlement de Paris (L. 2, 742; B. 9, 5.)

L'Assemblée nationale, ouï le rapport de son comité de jurisprudence criminelle, prenant en considération l'état actuel des prisonniers de la ville de Paris, décrète que provisoirement, et en attendant l'installation des tribunaux des six arrondissemens du département de Paris, les juges qui sont et vont être nommés par les électeurs du département de Paris, autres que ceux qui sont députés à l'Assemblée nationale, formeront un tribunal pour juger les affaires criminelles seulement, venues par appel du Châtelet ou des autres sièges du ressort du ci-devant parlement, et par préférence les prisonniers qui sont sous un plus amplement informé dont le terme est expiré.

Ce tribunal jugera au nombre de dix.

Il commencera ses fonctions aussitôt qu'il y aura dix juges de nommés, et il les cessera dès que les six tribunaux ci-dessus entreront en activité.

Ils commettront un gradué pour servir d'accusateur public, et un greffier.

Pour parvenir à l'exécution des dispositions ci-dessus, le Roi sera prié d'expédier incessamment des lettres-patentes à chacun desdits juges, sur l'extrait du procès-verbal de leur nomination.

Lesdits juges, avant de commencer leurs fonctions provisoires, prêteront serment à la maison commune, en présence des officiers municipaux,

La municipalité de Paris est chargée de prendre des mesures pour procurer à ce tribunal l'emplacement qui lui est convenable.

1er = 10 DÉCEMBRE 1790. — Décret relatif à l'installation des juges-de-paix. (L. 2, 810; B. 9, 6.)

L'Assemblée nationale, après avoir entendu le rapport de son comité de constitution, décrète ce qui suit :

1° Dans les lieux où les juges-de-paix sont élus, et les tribunaux non installés, les juges-de-paix commenceront leurs fonctions, après avoir prêté le serment prescrit par l'article 6 du titre VII du décret du 12 août dernier, à la charge de faire déposer aux greffes des tribunaux de district, le procès-verbal de leur nomination lorsque les tribunaux de district seront installés.

2° Dans les lieux où les tribunaux de district sont installés, et où les juges-de-paix ne sont pas nommés, les tribunaux de district connaîtront des affaires de la compétence des juges-de-paix, tant que ceux-ci ne seront point en activité.

1er = 10 DÉCEMBRE 1790. — Décret relatif aux biens des protestans des confessions d'Augsbourg et helvétique. (L. 2, 784; B. 9, 3.)

Art. 1er. Les biens possédés actuellement par les établissemens des protestans des deux confessions d'Augsbourg et helvétique, habitans de la ci-devant province d'Alsace et des terres de Blamont, Clémont, Héricourt et Châtelot, sont exceptés de la vente des biens nationaux, et continueront d'être administrés comme par le passé.

2. Sont comprises dans la classe des dîmes inféodées dont l'indemnité doit être prise sur les deniers du Trésor public, celles actuellement possédées par les mêmes établissemens; mais il ne leur sera accordé pour indemnité que l'équivalant annuel de leur produit, sur le pied de l'évaluation qui en sera faite, lequel équivalant annuel leur sera payé par les receveurs des districts dans l'arrondissement desquels se trouvent lesdits établissemens, et d'après la liquidation qui en sera faite par les directoires de district et de département dans l'arrondissement desquels se perçoivent lesdites dîmes, suivant les règles établies par le titre V du décret sur l'administration des biens nationaux, du 25 octobre dernier.

3. Les charges dont étaient grevés les biens nationaux, en faveur des établissemens desdits protestans ou de leurs ministres, continueront d'être acquittées : savoir, celles actuellement affectées sur les biens dont jouissent les corps, maisons, communautés et bénéficiers conservés, et auxquels l'administration en a été laissée provisoirement par ces mêmes corps, maisons, communautés et bénéficiers, et celles affectées sur les autres biens nationaux, par les receveurs des districts dans l'arrondissement desquels sont lesdits établissemens, d'après les ordonnances des directoires de département, données sur l'avis de ceux de district.

4. Quant aux charges dont peuvent être grevés les biens et les dîmes des établissemens protestans, elles continueront d'être acquittées au profit de ceux à qui elles sont dues; et celles qui le seraient à des bénéfices, corps, maisons ou communautés supprimés, et des mains desquels l'administration de leurs biens a été retirée, seront payées aux receveurs du district où se trouvent les établissemens des protestans qui les doivent.

1er = 12 DÉCEMBRE 1790. — Décret relatif aux traitemens et frais de bureaux des ci-devant intendans. (L. 2, 844; B. 9, 7.)

L'Assemblée nationale décrète ce qui suit :

Il ne sera payé aucun traitement ni frais de bureau aux ci-devant intendans, à compter du 1er juillet dernier, sauf à ceux qui auront été dans la nécessité de continuer leurs travaux, à présenter leurs mémoires au département de leur ci-devant généralité, pour, sur leur avis, obtenir telles indemnités qu'il conviendra.

1er = 12 DÉCEMBRE 1790. — Décret relatif au mode d'acquittement des fermages des biens ci-devant sujets à la dîme ecclésiastique ou inféodée. (L. 2, 824; B. 9, 4.)

L'Assemblée nationale, après avoir entendu le rapport qui lui a été fait de la part de son comité ecclésiastique et des dîmes, décrète ce qui suit :

Les fermiers et les colons des fonds dont les fruits étaient sujets à la dîme ecclésiastique ou inféodée, seront tenus de payer, à compter des récoltes de l'année 1791, aux propriétaires, la valeur de la dîme qu'ils acquittaient suivant la liquidation qui en sera faite à l'amiable, ou par-devant les juges qui en doivent connaître; il en sera de même par rapport aux baux passés pour des biens nationaux.

1er = 10 DÉCEMBRE 1790. — Décret qui établit des tribunaux de commerce dans les districts de Châlons-sur-Marne, Poitiers, Reims, Rennes, Thiers, Tours; qui fixe le nombre des juges-de-paix de Cambrai, Châlons, Chartres, Douai, Dunkerque, Grenoble, Reims, Verdun; qui supprime l'alternat du directoire de district de Salon et Martigues, et fixe le tribunal à Salon. (L. 2, 794; B. 9, 1.)

1er DÉCEMBRE 1790 = 5 JANVIER 1791. — Décret portant vente de domaines nationaux aux municipalités de Neuvilles-aux-Loges, Orléans, Tours, Frignicourt et Vitry-le-Français. (L. 3, 46; B. 9, 7 et suiv.)

2.

1ᵉʳ DÉCEMBRE 1790. — Décret qui fixe les bases d'après lesquelles sera établi le tarif des douanes. (B. 9, 6.) *Voy.* 2 MARS 1791.

———

1ᵉʳ DÉCEMBRE 1790. — Abbeville, etc. *Voy.* 20 NOVEMBRE 1790. — Alençon, etc. *Voy.* 26 NOVEMBRE 1790. — Ambassadeurs ; Angers. *Voy.* 17 NOVEMBRE 1790. — Auxerre, etc. *Voy.* 24 NOVEMBRE 1790. — Avignon. *Voy.* 20 NOVEMBRE 1790. — Baux à loyer. *Voy.* 24 NOVEMBRE 1790. — Champagne ; Cher. *Voy.* 26 NOVEMBRE 1790. — Commissaires des guerres. *Voy.* 24 NOVEMBRE 1790.—Compagnie des eaux de Paris. *Voy.* 22 NOVEMBRE 1790. — Contribution foncière. *Voy.* 23 NOVEMBRE 1790. — Corbeil. *Voy.* 25 NOVEMBRE 1790. — Die ; Districts. *Voy.* 24 NOVEMBRE 1790. — Domaines nationaux. *Voy.* 22 NOVEMBRE 1790. Huiles, etc. *Voy.* 26 NOVEMBRE 1790. — Lunéville, etc. *Voy.* 22 NOVEMBRE 1790. — Orléans. *Voy.* 19 NOVEMBRE 1790. — Receveurs. *Voy.* 27 NOVEMBRE 1790. — Salpétrière. *Voy.* 23 NOVEMBRE 1790. — Travaux littéraires. *Voy.* 14 AOUT 1790. — Tribunal de cassation. *Voy.* 27 NOVEMBRE 1790. — Tribunaux d'appel. *Voy.* 24 NOVEMBRE 1790. — Uzès. *Voy.* 24 NOVEMBRE 1790.

———

2 = 10 DÉCEMBRE 1790. — Décret relatif aux officiers municipaux coupables de prévarications dans leurs fonctions. (L. 2, 174; B. 9, 12.)

L'Assemblée nationale, après avoir entendu son comité des rapports, sur les pétitions respectives des administrateurs du directoire du département de la Somme et des officiers municipaux de la ville de Doulens,

Décrète que son comité de constitution lui fera incessamment son rapport sur les différens délits dont les membres des municipalités et corps administratifs peuvent se rendre coupables, et sur les punitions qu'il conviendra d'infliger suivant les circonstances.

Néanmoins déclare la délibération prise par le corps municipal et par le conseil général de la commune de Doulens, le 21 septembre dernier, et autres qui en ont été la suite, nulles et comme non avenues.

Déclare pareillement la délibération prise le 30 octobre dernier, par les administrateurs du directoire du département de la Somme, nulle et comme non avenue, en ce que, par ladite délibération, le sieur Ringard, notable, a été suspendu de cette qualité et de celle de citoyen actif.

———

2 = 15 DÉCEMBRE 1790. — Décret concernant l'organisation du corps royal de l'artillerie. (L. 2, 897; B. 9, 13; Mon. du 3 décembre 1790.)

L'Assemblée nationale, délibérant sur le plan d'organisation du corps de l'artillerie,

qui lui a été proposé de la part du Roi par le ministre de la guerre, et après avoir entendu son comité militaire, décrète :

Art. 1ᵉʳ. Le corps de l'artillerie aura neuf inspecteurs généraux, quatre du grade de lieutenant-général, cinq du grade de maréchal-de-camp ; ces officiers feront partie des quatre-vingt-quatorze officiers généraux décrétés pour l'armée, et jouiront des mêmes appointemens.

2. Le corps de l'artillerie, non compris les neuf inspecteurs généraux, sera composé en officiers, sous-officiers et soldats, pendant l'année 1791, de neuf-mille cinq cent cinquante-six hommes, lesquels seront employés au service des places, et répartis en sept régimens, six compagnies de mineurs et dix compagnies d'ouvriers, ainsi qu'il suit :

Etat-major et service des places. 8 commandans d'artillerie, 9 colonels-directeurs d'arsenaux et autres établissemens, 14 colonels employés dans les directions, 31 lieutenans-colonels directeurs, 53 capitaines aux divers établissemens, 42 élèves. — Total, 115.

Régimens. 7 colonels, 42 lieutenans-colonels, 7 quartiers-maîtres, 14 adjudans-majors, 280 capitaines, 280 lieutenans, 28 adjudans, 7 tambours-majors, 56 musiciens, 21 maîtres-ouvriers, tailleurs, cordonniers et armuriers, 700 sergens, 140 caporaux-fourriers, 560 caporaux, 560 appointés, 2240 canonniers, bombardiers et sapeurs, 3360 apprentis, 140 tambours. — Total, 8442.

Mineurs. 12 capitaines, 18 lieutenans, 1 adjudant-major, 30 sergens, 6 caporaux-fourriers, 18 caporaux, 18 appointés, 96 mineurs, 144 apprentis, 6 tambours. — Total, 409.

Ouvriers. 20 capitaines, 20 lieutenans, 50 sergens, 10 caporaux-fourriers, 40 caporaux, 40 appointés, 240 ouvriers, 160 apprentis, 10 tambours. — Total, 590.

3. Les appointemens annuels des officiers des différens grades et des diverses classes, seront fixés ainsi qu'il suit :

Appointemens. On ne porte point ici en dépense les appointemens affectés aux neuf inspecteurs généraux d'artillerie, dont quatre lieutenans-généraux et cinq maréchaux-de-camp, attendu qu'ils font partie des quatre-vingt-quatorze officiers généraux décrétés pour la ligne.

Les commandans d'artillerie, colonels de première classe, auront 7,000 liv. ; les colonels-directeurs de seconde classe, 6,000 liv. ; ceux de la troisième, 5,000 liv. ; chacun desdits colonels aura en outre de ses appointemens, pour frais de tournées et de bureau, 2,000 liv. et pour fourrages de deux chevaux, 540 liv. ; les lieutenans-colonels de la première classe auront annuellement 4,000 liv. ; ceux de la deuxième, 3,600 liv. ; chacun desdits lieutenans-colonels aura en outre de ses ap pointemens, pour le fourrage d'un cheval, 270 liv.; les capitaines attachés au service des places de la première classe, auront 2,800 liv.; ceux de la seconde classe, 2,600 liv.; ceux de la troisième, 2,400 liv.; ceux de la quatrième, 2,000 liv.; les élèves auront 800 liv.; et les frais de l'école desdits élèves, des professeurs, répétiteurs, bois et lumières, monteront ensemble à 12,000 liv.

Régimens. Les colonels auront 6,000 liv.; les lieutenans-colonels de la première classe, 4,200 livres; ceux de la seconde classe, 3,600 liv.; indépendamment des appointemens fixés pour chacun desdits officiers, il y aura en outre par régiment, un traitement de commandant, de 1,200 liv.; chacun desdits colonels aura pour le fourrage de deux chevaux, 540 liv.; et chaque lieutenant-colonel, pour le fourrage d'un cheval, 270 liv.; les quartiers-maîtres auront 1,500 liv.; les adjudans-majors 1,500 liv.; les capitaines de la première classe auront 2,800 liv.; ceux de la deuxième, 2,600 liv.; de la troisième, 2,400 liv.; de la quatrième, 2,000 liv.; de la cinquième, 1,600 liv.; les lieutenans de la première classe auront 1,200 liv.; ceux de la deuxième, 1,100 liv.; de la troisième, 1,000 liv.

Mineurs. Les capitaines de la première classe auront 1,200 liv.; ceux de la deuxième, 1,100 liv.; de la troisième, 1,000 liv.; l'adjudant-major aura 1,500 liv., et pour frais de bureau, 300 liv.

Ouvriers. Les capitaines de la première classe auront 2,800 liv.; ceux de la seconde classe, 2,600 liv.; de la quatrième, 2,000 liv.; de la cinquième, 1,600 liv.; les lieutenans de la première classe auront 1,200 liv.; ceux de la deuxième, 1,100 liv.; de la troisième, 1,000 l.

4. La solde journalière et annuelle de chaque grade et de chaque classe de sous-officiers et soldats-canonniers, sera fixée ainsi qu'il suit:

L'emploi de cette solde sera, comme dans tout le reste de l'armée, divisé en trois parties; la première pour le prêt, la seconde pour la poche, et la troisième pour la masse de linge et de chaussure.

Régimens. Les adjudans auront 2 liv. par jour, 730 liv. par an; — tambours-majors, 1 l. 11 s. 2 d., 568 liv. 15 s. 10 d.; — musiciens, 14 s., 255 l. 10 s.; — maîtres-ouvriers, 8 s. 6 d., 155 l. 2 s. 6 d.; — sergens-majors, 1 l. 11 s. 2 d., 568 liv. 15 s. 10 d.; — sergens, 1 l. 2 s., 401 l. 10 s.; — caporaux-fourriers, 16 s. 10 d., 307 l. 4 s. 2 d.; — caporaux, 15 s. 10 d., 288 l. 19 s. 2 d.; — appointés, 12 s. 10 d., 234 l. 4 s. 2 d.; — canonniers, bombardiers ou sapeurs, 10 s. 10 d., 197 l. 14 s. 2 d.; — apprentis, 8 s. 6 d., 155 l. 2. 6 d.; — tambours, 10 s. 10 d., 197 l. 14 s. 2 d.; — les soldats employés comme artificiers et ouvriers dans les compagnies, au-

ront de haute-paie, en sus de la solde de leur grade ou de leur classe, 1 s., 18 liv. 5 s.

Mineurs. Les sergens-majors auront 1 liv. 11 s. 2 d. par jour, 568 l. 15 s. 10 d. par an; — sergens, 1 liv. 2 s., 401 liv. 10 s.; — caporaux-fourriers, 16 s. 10 d., 307 liv. 4 s. 2 d.; — caporaux, 15 s. 10 d., 280 liv. 19 s. 2 d.— appointés, 12 s. 10 d., 234 l. 4 s. 2 d.; — mineurs, 11 s. 10 d., 215 liv. 19 s. 2 d.; — apprentis mineurs, 9 s., 164 l. 5 s.; — tambours, 10 s. 10 d., 197 liv. 14 s. 2 d.

Ouvriers. Les sergens-majors auront 1 liv. 17 s. 10 d. par jour, 690 liv. 9 s. 2 d. par an; — sergens, 1 liv. 2 s., 410 l. 10 s. 10 d.; — caporaux-fourriers, 1 l. 4 d., 371 liv. 1 s. 8 d.; — caporaux, 19 s. 4 d., 312 liv. 16 s. 8 d. — appointés, 17 s. 4 d., 316 liv. 6 s. 8 d.; — ouvriers de la première classe, 16 s. 4 d., 298 l. 1 s. 8 d.; — ceux de la seconde, 13 s. 4 d., 243 l. 6 s. 8 d.; — apprentis, 11 s. 4 d., 206 l. 16 s. 8 d.; — tambours, 10 s. 10 d., 197 liv. 14 s. 2 d.

5. Le grade de lieutenant en troisième est supprimé; les officiers qui en sont pourvus conserveront les appointemens dont ils jouissent, jusqu'à leur replacement, auquel ils auront droit concurremment et alternativement avec les élèves.

6. Les sept capitaines en second et les officiers détachés dans les places, sous le titre d'*anciens garçons-majors*, réformés en 1776, ne seront point remplacés, et ils conserveront en retraite les appointemens dont ils jouissent en ce moment.

L'Assemblée nationale décrète, en outre, que la place de premier inspecteur d'artillerie est supprimée.

———

2 DÉCEMBRE 1790 = 30 JANVIER 1791. — Décret qui supprime différens objets de dépense publiques relatifs aux offices et droits casuels. (L. 3, 357; B. 9, 20.)

———

2 DÉCEMBRE 1790. — Sieurs Pérel et Maniban. *Voy.* 30 NOVEMBRE 1790.

———

3 = 10 DÉCEMBRE 1790. — Décret relatif aux fermiers et sous-fermiers des domaines de la province de Lorraine. (L. 2, 801; B. 9, 33.)

L'Assemblée nationale, instruite, d'après le rapport de son comité des finances, que la suppression des droits féodaux a donné lieu à nombre de difficultés entre le régisseur général des domaines de la ci-devant province de Lorraine, ses fermiers et sous-fermiers; que ceux-ci, sous prétexte de la suppression de quelques droits à eux affermés, refusent de payer en tout ou en partie les termes échus en juin et novembre de la présente année 1790, ce qui occasionne un vide notable dans la perception des revenus publics, décrète, confor-

5.

mément à ce qui a été statué à l'égard des fermiers des biens ecclésiastiques :

1º Que les baux à ferme qui ne comprenaient que des droits supprimés sans mélange d'autres biens ou droits, demeureront résiliés à l'expiration de la présente année, *sans autre indemnité* que la restitution des pots-de-vin ou celle des fermages légitimement payés d'avance, *au prorata* de la non-jouissance ;

2º Qu'à l'égard des fermiers qui ont pris à bail des droits supprimés avec d'autres biens ou droits non supprimés, ils ne pourront demander que la réduction des pots-de-vin, loyers ou fermages, *en proportion* du droit dont ils cesseront de jouir, suivant l'estimation qui en sera faite par les assemblées administratives ou leurs directoires, sur les observations des municipalités, sans qu'il puisse y avoir lieu à d'autres et plus grandes indemnités ; interdisant à tous fermiers et sous-fermiers de porter ailleurs leurs demandes que par-devant les départemens ou leurs directoires, dont les arrêtés seront exécutés provisoirement et nonobstant toutes oppositions.

3 = 10 DÉCEMBRE 1790. — Décret relatif aux billets d'emprunt faits par les régisseurs généraux des vivres de la marine. (L. 2 . 776 ; B. 9 , 34.)

Sur le compte rendu par le rapporteur du comité des finances, des emprunts qui ont été faits sur les billets des régisseurs généraux des vivres de la marine, qui vont successivement échoir, et dont le montant s'élève à trois millions,

L'Assemblée nationale décrète que les emprunts dont il s'agit ne seront pas renouvelés ; défend de faire ou renouveler aucun emprunt de ce genre à l'avenir ; ordonne que les billets fournis lors desdits emprunts seront remboursés, sur le rapport que le comité de liquidation en fera incessamment à l'Assemblée nationale.

Décrète que les intérêts desdits billets seront payés jusqu'au jour du remboursement, sur le principal originaire des billets, et d'après la liquidation qui en aura été faite par le comité de liquidation.

3 = 10 DÉCEMBRE 1790. — Décret relatif à la vente des biens des séminaires, collèges et autres maisons d'enseignement public. (L. 2. 758 ; B. 9, 30.)

L'Assemblée nationale décrète que l'ajournement prononcé par l'article 1er du titre 1er de son décret du 28 octobre dernier, sur la vente des biens des séminaires-collèges, des collèges, des établissemens d'étude ou de retraite, de tous établissemens destinés à l'enseignement public, des biens des hôpitaux, maisons de charité, et autres établissemens destinés au soulagement des pauvres, ne s'entend que des maisons dans lesquelles l'hospitalité, les études, retraites, et les autres destinations indiquées dans ledit décret, étaient publiquement et notoirement exercées à l'époque du 2 novembre 1789, et que les biens des maisons qui n'étaient pas en cet état à ladite époque, seront vendus sans délai.

3 = 10 DÉCEMBRE 1790. — Décret concernant les autorisations nécessaires aux corps administratifs pour l'établissement d'impôts ou d'emprunts. (L. 2, 770 ; B. 9 , 30 ; Mon. du 4 décembre 1790.)

L'Assemblée nationale, ouï le rapport de son comité des finances, confirmant en tant que de besoin ses décrets des 14 et 22 décembre 1789, tant sur la constitution des municipalités que des assemblées primaires et administratives, décrète :

1º Que dans tous les cas où les délibérations du conseil général de chaque commune deviennent nécessaires, d'après l'article 54, lesdites délibérations ne pourront être exécutées, conformément à l'article 56 du même décret, qu'avec l'approbation de l'administration ou du directoire de département, qui sera donnée, *s'il y a lieu*, sur l'avis de l'administration ou du directoire du district ;

2º Que dans tous les cas où il s'agira d'établir un impôt sur le district, ou le département, ou de faire des emprunts concernant lesdites administrations, les impositions ou emprunts ne pourront avoir lieu sans l'autorisation spéciale du Corps-Législatif ;

3º Comme les députations à la fédération générale, ordonnée par les décrets des 8 et 9 juin, avec la faculté aux directoires de districts, et à leur défaut aux municipalités des chefs-lieux de district, de fixer de la manière la plus économique la dépense à allouer aux députés pour le voyage et le retour, sollicitent du Corps-Législatif, ainsi que de plusieurs districts, des autorisations à l'effet d'emprunter ou d'imposer pour satisfaire auxdites dépenses qui concernent chaque district ; l'Assemblée nationale, pour prévenir la multiplicité des opérations sur cet objet, décrète que, pour le cas dont il s'agit seulement, elle autorise les administrations ou directoires de département à approuver et homologuer lesdites délibérations des districts, à l'effet d'imposer, chacun dans leur ressort, les sommes nécessaires pour subvenir au paiement des dépenses dont il s'agit ;

4º A l'égard des emprunts, ils ne seront autorisés que dans le cas où l'imposition non pourrait avoir lieu sur les districts, par des circonstances particulières, telles que des surcharges momentanées d'impôt, des événemens de grêle, inondations, incendies et autres ; et cette autorisation d'emprunts non sera accordée qu'à la charge de pourvoir, par l'autorisation même, au mode et à l'époque des remboursemens à faire dans de brefs délais ;

5° Comme il est arrivé que, dans quelques villes ou districts, on a obligé les receveurs de deniers publics à faire l'avance des différentes sommes, soit pour ladite fédération, soit pour d'autres dépenses relatives au nouveau régime, l'Assemblée nationale, en prohibant expressément pour l'avenir de telles infractions, ordonne que lesdites sommes seront rétablies entre les mains des receveurs que l'on a obligés de les verser, dans la quinzaine après la publication du présent décret ; sauf aux districts ou municipalités à faire imposer les sommes nécessaires audit remplacement : les administrations ou directoires de départemens demeurant autorisés, pour cette fois seulement, à homologuer les délibérations qui seront prises à cet effet.

3 = 10 DÉCEMBRE 1790. — Décret qui valide l'élection d'un entreposeur de tabacs aux fonctions municipales. (L. 2, 765.)

L'Assemblée nationale déclare qu'on ne peut attaquer l'élection de l'un des officiers municipaux de Moulins, à raison de sa qualité d'entreposeur de tabac.

L'Assemblée se réserve d'examiner incessamment si l'inéligibilité que les circonstances ont prescrite à l'égard des percepteurs des impôts indirects est une disposition réglementaire, ou si on doit l'insérer dans le code des lois constitutionnelles.

3 = 10 DÉCEMBRE 1790. — Décret qui ordonne de payer deux mille cent cinquante-cinq livres quatre sous au sieur Drevon père, pour frais relatifs à l'arrestation des sieurs Boric et Besse. (L. 2, 764 ; B. 9, 32.)

4 = 10 DÉCEMBRE 1790. — Décret qui affranchit de toutes contributions les rentes dues par l'État (1). (L. 2, 773 ; B. 9, 38 ; Mon. du 5 décembre 1790.)

L'Assemblée nationale, se référant à ses décrets en date des 17 juin, 26 août et 7 octobre, qui consacrent ses principes invariables sur la foi publique, et à l'intention qu'elle a toujours manifestée de faire contribuer les créanciers de l'État, comme citoyens, dans l'impôt personnel en proportion de toutes leurs facultés, déclare qu'il n'y a pas lieu à délibérer sur la motion qui lui a été présentée, tendant à établir une imposition particulière sur les rentes dues par l'État.

4 DÉCEMBRE 1790. — Décret portant que les membres de ci-devant cours supérieures seront imposés à la capitation dans le lieu de leur domicile. (L. 2, 798 ; B. 9, 35.)

4 = 10 DÉCEMBRE 1790. — Décret qui déclare bonne et valable la nomination du sieur Chambosse à la place de receveur du district d'Amiens. (L. 2, 809 ; B. 8, 36.)

4 = 10 DÉCEMBRE 1790. — Décret portant que les secours pécuniaires accordés annuellement par le trésor public aux instituteurs et administrateurs de l'atelier de charité de Bar-le-Duc seront entièrement acquittés. (L. 2, 803 ; B. 9, 36.)

4 = 10 DÉCEMBRE 1790. — Décret qui autorise provisoirement le directoire du district de Mayenne à procéder à l'installation des juges-de-paix et de district de son arrondissement. (L. 2, 766 ; B. 9, 35.)

4 = 10 DÉCEMBRE 1790. — Décret qui accorde une somme de cinquante mille livres au département de Seine-et-Oise, pour y établir des ateliers de charité. (L. 2, 778 ; B. 9, 37.)

5 = 15 DÉCEMBRE 1790. — Décret qui accorde des fonds pour les travaux et approvisionnemens des places de guerre. (L. 2, 877 ; B. 9, 71.)

L'Assemblée nationale, délibérant sur la demande du ministre de la guerre, ouï le rapport de ses comités diplomatique et militaire, décrète qu'il sera accordé au département de la guerre une somme extraordinaire de *quatre millions*, destinée à subvenir aux frais des travaux et des approvisionnemens les plus pressés, dans les différentes places de guerre où ces travaux et ces approvisionnemens seront jugés nécessaires ; et que, de mois en mois, il sera rendu compte à l'Assemblée nationale, par le ministre de la guerre, de l'emploi desdits fonds.

5 = 19 DÉCEMBRE 1790. — Décret relatif au droit d'enregistrement des actes civils et judiciaires, et des titres de propriété. (L. 2, 953 ; B. 9, 38 ; Mon. du 5 décembre 1790.)

Voy. lois du 21 MARS 1793 ; du 24 JUILLET 1793 ; du 14 THERMIDOR an 4 ; des 9 VENDÉMIAIRE et 21 GERMINAL an 6 ; du 22 FRIMAIRE an 7.

Art. 1er. A compter du 1er février 1791, les droits de contrôle des actes et des exploits, insinuations ecclésiastiques et laïques, centième denier des immeubles, ensaisinement, scel des jugemens, tous les droits de greffes,

(1) Cette loi aurait pu fournir des argumens dans la discussion sur la réduction des rentes proposée dans la session de 1824.

les droits réservés sur les procédures lors de la suppression des offices de tiers-référendaires, contrôleurs des dépens, vérificateurs des défauts, receveurs des épices et amendes, le sceau des actes des notaires, le droit de sceau en Lorraine, celui de bourse commune des huissiers de Bretagne, les quatre deniers pour livre du prix des ventes de meubles, les droits d'amortissement, de nouvel acquêt et usage, seront abolis.

La formalité de l'insinuation sera donnée aux actes qui exigent la publicité, ainsi qu'il est prescrit par l'article 24 du décret de l'Assemblée nationale des 6 et 7 septembre 1790 (1).

2. Les actes des notaires et les exploits des huissiers seront assujétis, dans toute l'étendue du royaume, à un enregistrement, pour assurer leur existence et constater leur date.

Les actes judiciaires seront soumis à la même formalité, soit sur la minute, soit sur l'expédition, ainsi qu'il sera expliqué ci-après.

Les actes passés sous signatures privées y seront pareillement sujets dans les cas prévus par l'article 11.

Enfin, le titre de toute propriété ou usufruit de biens immeubles réels ou fictifs, sera de même enregistré.

A défaut d'actes en forme ou sous signature privée, contenant translation de nouvelle propriété, il sera fait enregistrement de la déclaration que les propriétaires et les usufruitiers seront tenus de fournir de la consistance et de la valeur de ces immeubles, soit qu'ils les aient recueillis par succession ou autrement en vertu des lois et coutumes, ou par l'échéance des conditions attachées aux dispositions éventuelles.

A raison de cette formalité, il sera payé un droit dont les proportions seront déterminées ci-après, suivant la nature des actes et les objets des déclarations (2).

3. Les actes et les titres de propriété ou d'usufruit soumis à la formalité, seront, pour la perception du droit d'enregistrement, divisés en trois classes.

La première comprendra les actes dont les objets ont une valeur déterminée, et dont il résulte immédiatement transmission, attribution, obligation ou libération.

La seconde classe, ceux dont les objets ne sont pas évalués, soit parce que cette évaluation dépend de circonstances éventuelles, soit parce qu'il n'y a pas lieu à exiger l'évaluation. Cette classe comprendra les contrats de mariage, les testamens, les dons mutuels, les dispositions de biens à venir et de dernière volonté, même les dispositions éventuelles stipulées par des actes entre-vifs, dont les objets sont déterminés.

La troisième classe comprendra tous les actes de formalité ou de précaution, les actes préparatoires, ceux qui concernent l'introduction ou l'instruction des instances, ceux qui ne contiennent que l'exécution, le complément ou la consommation des conventions antérieures passées en forme d'actes publics, dont les droits auront été payés sur le pied de la première classe, les donations éventuelles d'objets déterminés, et généralement tous les actes non compris dans les deux classes précédentes.

4. Il sera payé, pour l'enregistrement des actes et titres de propriété ou d'usufruit de la première classe, un droit proportionnel à la valeur des objets qui y seront désignés.

Cette perception suivra chaque série de cent livres, inclusivement et sans fractions.

La quotité en sera graduée par plusieurs sections, depuis cinq sous jusqu'à quatre

---

(1) L'insinuation des testamens établie par l'édit de mars 1703, n'était pas une disposition de forme prescrite à peine de nullité; c'était une simple disposition bursale, abolie par cet article (11 fructidor an 13; Cass. S. 7, 2, 1023 *Voy.* notes sur l'art. 18).

Décision de LL. EE. les ministres de la justice et des finances, et instruction générale de la régie, qui fixent les droits d'enregistrement résultant des actes qui n'ont été ni contrôlés, ni enregistrés, et les cas où l'amende doit être exigée pour les contraventions commises par les notaires, sous l'empire des déclarations et tarif du 22 septembre 1722, avant et après la publication de la présente loi et depuis la loi du 22 frimaire an 7 (1er septembre 1807; S. 7, 2, 286).

(2) C'est la loi du 14 thermidor an 4 (époque de l'enregistrement) et non celle du 5 décembre 1790 (époque où l'acte a été souscrit) qui doit être appliquée pour la quotité des droits d'enregistrement d'un acte sous seing privé antérieur au 14 thermidor an 4 (11 floréal an 9; Cass.

S. 1, 2, 320; 22 pluviose an 9; Cass. S. 7, 2, 937).

Les actes sous seing-privé translatifs de propriété ou d'usufruit, passés avant la loi du 5 décembre 1790, doivent nécessairement être enregistrés, encore qu'ils ne soient ni produits en justice, ni relatés dans aucun acte public. L'exception prononcée par la loi du 19 vendémiaire an 6 ne s'applique qu'aux actes passés dans l'intervalle des lois des 5 décembre 1790, et 9 vendémiaire an 6, et ne doit pas être étendue aux actes antérieurs (19 juin 1809; Cass. S. 7, 2, 939).

Les actes annulables sont soumis à l'enregistrement, comme s'ils étaient valides (3 ventose an 8; Cass. S. 2, 2, 529).

La déchéance encourue par les acquéreurs de domaines nationaux ne les dispense pas de payer le droit proportionnel sur leurs contrats d'acquisition (24 ventose an 10; Cass. S. 2, 2, 350).

livres pour cent livres, conformément au tarif qui sera annexé au présent décret.

Le droit d'enregistrement des actes de la seconde classe sera payé à raison du quinzième du revenu des contractans ou testateurs, et le revenu sera évalué d'après leur cote d'habitation dans la contribution personnelle, sans que le droit puisse être moindre de trente sous.

Mais, dans le cas où un acte de la seconde classe ne transmettrait que des propriétés immobilières, il sera fait déduction de la somme payée pour l'enregistrement de cet acte, sur celle que le propriétaire acquittera lors de la déclaration qu'il sera tenu de faire pour raison de ces immeubles.

Le droit d'enregistrement des actes de la troisième classe consistera dans une somme fixe pour chaque espèce depuis cinq sous jusqu'à douze livres, suivant le degré d'utilité qui en résulte, et conformément aux différentes sections de la troisième partie du tarif.

5. Le droit d'enregistrement des actes de la première classe sera perçu, savoir :

Pour les ventes, cessions ou autres transmissions à titre onéreux, sur le prix exprimé sans fraude, y compris le capital des redevances et de toutes les charges dont l'acquéreur est tenu (1).

A l'égard des actes portant transmission de propriété ou d'usufruit à titre gratuit, des partages de biens-meubles, échanges et autres titres qui ne comporteront pas de prix, le droit d'enregistrement sera réglé, pour les propriétés mobilières et les immeubles fictifs, d'après la déclaration estimative des parties ; et pour les immeubles réels, d'après la déclaration que les parties seront pareillement tenues de faire de ce que ces immeubles paient de contribution foncière, et dans le rapport du principal au denier vingt-cinq du revenu desdits biens.

Faute de déclaration de prix, ou de l'estimation de tous les objets désignés, le droit d'enregistrement sera perçu suivant les différentes sections de la première classe auxquelles les actes et contrats seront applicables, sur une évaluation provisoire de 15,000 liv.

Les contractans auront, pendant une année, à compter du jour de l'enregistrement, la faculté de faire leur déclaration de la vraie valeur des objets qu'ils auront omis d'estimer : le droit sera réduit dans la proportion de cette évaluation, et l'excédant sera restitué, sans que les contractans puissent être dispensés de faire l'estimation des objets désignés, dont la valeur pourrait donner lieu à un droit qui surpasserait la fixation provisoire ci-dessus établie.

6. Dans le cas où une déclaration ne comprendrait pas tous les objets sur lesquels elle doit s'étendre, ou la véritable valeur, ou la quotité réelle de l'imposition territoriale sur tous les objets désignés, conformément à l'article précédent, il sera payé deux fois la somme du droit sur la valeur des objets omis (2).

7. L'enregistrement prescrit par le présent décret se fera en rappelant sur le registre à ce destiné, par extrait et dans un même contexte, toutes les dispositions que l'acte contiendra. La somme du droit sera réglée suivant les différentes classes et sections du tarif auxquelles se rapporteront les dispositions qui ne dériveront pas nécessairement les unes des autres (3).

8. Tout acte de notaire sera présenté à l'enregistrement dans les dix jours qui suivront celui de la date, lorsque le notaire résidera dans le même lieu où le bureau sera établi, et dans les vingt jours, lorsqu'il résidera hors du lieu de l'établissement du bureau, à l'exception des testamens, qui seront présentés trois mois au plus tard après le décès des testateurs.

Il sera fait mention de la formalité dans les expéditions, par transcription littérale de la quittance du receveur. Si le notaire délivre un acte, soit en brevet, soit par expédition, avant qu'il ait été enregistré, il sera tenu de la restitution des droits, ainsi qu'elle est prescrite par l'article suivant ; il sera interdit s'il y a récidive ; et dans le cas de fausse mention d'enregistrement, il sera condamné aux peines prononcées pour le faux matériel.

Les exploits et actes des huissiers seront enregistrés dans les quatre jours qui suivront celui de leur date, soit au bureau de leur résidence, soit au bureau du lieu où les actes auront été faits (4).

9. A défaut d'enregistrement dans les délais fixés par l'article précédent, un acte passé devant notaire ne pourra valoir que comme

---

(1) Le droit d'enregistrement est perçu sur la valeur des biens, sans aucune déduction des charges (13 niv. an 11 ; Cass. S. 3, 2, 264).

(2) La peine des déclarations insuffisantes ne peut être modérée par les tribunaux, sous prétexte de la bonne foi des déclarans-(20 mai 1806 ; Cass. S. 6, 2, 643).

(3) La disposition d'un acte qui n'est pas une suite nécessaire de la disposition principale, est assujetie à un droit particulier d'enregistrement.

Ainsi, il est dû un droit sur le cautionnement renfermé dans une obligation (12 pluviose an 2 ; Cass, S. 20, 1, 491).

(4) Cet article, qui veut que les exploits soient enregistrés dans les quatre jours de leur date, s'entend en ce sens qu'on ne doit pas comprendre dans le délai de quatre jours, le jour formant le point de départ, mais qu'il faut y comprendre celui de l'échéance (13 floréal an 6 ; Cass. S. 1, 1, 441).

un acte sous signature privée (1). Le notaire sera responsable, envers les parties, des dommages qui pourront résulter de l'omission; il s'era contraint, sur la demande du préposé, à payer deux fois le montant des droits, dont l'une sera à sa charge, l'autre à celle des contractans.

Cependant, l'acte ayant reçu la formalité omise, acquerra la fixité de la date et l'hypothèque, à compter du jour de l'enregistrement; et en cas de retard du notaire à le faire enregistrer sur la demande qui lui en aura été faite, les parties pourront elles-mêmes requérir cet enregistrement, en acquittant une fois le droit, sauf leur recours contre leur notaire à qui elles l'auraient déjà payé, et sauf au préposé à poursuivre le notaire pour le second droit résultant de sa contravention.

A l'égard des actes d'huissiers, ils seront nuls à défaut de la formalité; les juges n'y auront aucun égard : les huissiers seront responsables, envers les parties, des suites de cette nullité; ils seront, en outre, contraints à payer de leurs deniers une somme de dix livres pour chaque exploit qu'ils auraient omis de faire enregistrer, et soumis aux mêmes peines que les notaires, en cas de fausse mention d'enregistrement.

10. Les actes judiciaires, sentences arbitrales, transactions des bureaux de paix et jugemens des juges-de-paix, seront enregistrés sur les minutes et dans le délai d'un mois au bureau établi près la juridiction du greffier, lorsqu'ils contiendront transmission de biens-immeubles réels ou fictifs.

Les greffiers qui n'auraient pas reçu des parties les sommes nécessaires pour satisfaire aux droits d'enregistrement, ne seront point tenus d'en faire l'avance, mais ils ne pourront délivrer aucune expédition desdits actes, avant qu'ils aient été enregistrés, sous peine d'être contraints à payer de leurs deniers deux fois le montant des droits.

Lorsque les greffiers n'auront pas reçu des parties la somme des droits, ils seront tenus de remettre aux préposés, dans le délai d'un

mois, un extrait certifié des actes mentionnés en la première section de cet article; et sur cet extrait, après six mois du jour de la date de l'acte, les parties seront contraintes à payer pareillement deux fois le montant des droits.

Dans tous les autres cas, les seules expéditions des actes judiciaires seront soumises à la formalité avant qu'elles puissent être délivrées, sous la même peine du doublement des droits.

Lorsqu'un acte judiciaire aura été enregistré sur la minute, il en sera fait mention sur les expéditions, qui ne seront sujètes à aucun nouveau droit.

A l'égard des actes dont l'enregistrement n'est pas prescrit sur la minute, chaque expédition recevra la formalité; mais si l'acte est applicable à la première classe, le droit proportionnel ne sera perçu que sur la première expédition; et pour les autres, à raison de ce qui est fixé pour les actes de la quatrième section de la troisième classe.

Les actes enregistrés dans le délai prescrit auront hypothèque du jour de leur date; et seulement du jour de l'enregistrement, lorsqu'ils ne seront enregistrés qu'après les délais.

11. Les actes sous signatures privées, même les billets à ordre, en conséquence desquels il sera formé quelques demandes principales, incidentes ou en reconvention, seront enregistrés au bureau du domicile du demandeur, ou à celui établi près la juridiction où il formera sa demande, avant d'être signifiés ou produits en justice : toute poursuite et signification faite au préjudice de cette disposition sera nulle; les juges n'y auront aucun égard, et ne pourront rendre aucun jugement avant que ces actes aient été enregistrés.

Tout acte privé qui contiendra mutation d'immeubles réels ou fictifs sera sujet à la formalité dans les six mois qui suivront le jour de sa date; passé lequel délai, si un acte de cette nature est produit en justice, ou énoncé dans un acte authentique, il sera assujéti au paiement du double droit.

_____

(1) Cet article n'empêche pas l'enfant naturel reconnu de prévaloir notaire d'avoir un titre authentique de reconnaissance dans le sens de l'article 334 du Code civil, encore que l'acte ne soit point enregistré (12 janvier 1818; Bruxelles, S. 19, 2, 543).

Un acte de notaire, dûment enregistré, ne perd pas le caractère d'authenticité, par cela seul que l'enregistrement a été bâtonné dans la suite, à défaut de paiement de droit (16 décembre 1811; Cass. S. 12, 1, 81).

Cet article a été abrogé par la loi de frimaire an 7 (art. 33 et 73). — En conséquence, le défaut d'enregistrement d'un acte notarié, dans les délais prescrits par la loi, n'ôte pas à l'acte le caractère d'acte notarié, et ne le fait pas dégéné-

rer en simple acte sous seing privé, si d'ailleurs il est plus tard revêtu de cette formalité. Le seul effet du défaut d'enregistrement dans les délais est de soumettre le notaire à une amende (17 mai 1827; Bourges, S. 29, 2, 109).

Lorsqu'une donation est faite par un acte notarié contenant une surcharge non approuvée sur la date, par exemple, avec la date du 21 du mois convertie en 28, ni l'une ni l'autre date n'est légale; il n'y a réellement pas de date écrite; en ce cas, la seule date certaine de l'acte est l'enregistrement; mais cette date certaine du jour de l'enregistrement fait que dès ce jour l'acte a tout l'effet d'acte notarié; la donation ne peut donc être réputée nulle, comme faite par acte sous seing privé (6 mars 1827; Cass. S. 27, 1, 265).

Les inventaires, à l'exception de ceux de commerce entre associés, les traités de mariage et les actes portant transmission de propriété ou d'usufruit de biens immeubles, lorsqu'ils seront passés sous signature privée, ne pourront recevoir la formalité après le délai de six mois expiré, qu'en payant pareillement deux fois la somme des droits.

Aucun notaire ou greffier ne pourra recevoir le dépôt d'un acte privé, à l'exception des testamens, ni en délivrer extrait ou copie collationnée, ni passer aucun acte ou contrat en conséquence, sans que l'acte sous signature privée ou le testament ait été préalablement enregistré (1).

Les lettres de change tirées de place en place, et leurs endossemens, les extraits des livres des marchands, concernant leur commerce, et les mémoires d'avances et frais des officiers de justice, lorsqu'ils ne contiendront point d'obligation, les passeports délivrés par les officiers publics, et les extraits des registres des naissances, mariages et sépultures, sont exceptés de cet article.

12. Les déclarations des héritiers, légataires et donataires éventuels de biens immeubles réels ou fictifs, prescrites par la quatrième section de l'article 2 du présent décret, seront faites au plus tard dans les six mois qui suivront le jour de l'évènement de la mutation par décès ou autrement; et ce délai passé, les contribuables seront contraints à payer les droits, plus la moitié de la somme en quoi ils consistent.

Ces déclarations seront enregistrées, savoir : pour les immeubles réels, au bureau dans l'arrondissement duquel les biens seront situés, et pour les immeubles fictifs, au bureau établi près le domicile du dernier possesseur (2).

13. Tous les procès-verbaux, délibérations et autres actes faits et ordonnés par les corps municipaux et administratifs, qui seront passés à leurs greffes et secrétariats, et qui tendront directement et immédiatement à l'exercice de l'administration intérieure et police, seront exempts de la formalité et des droits d'enregistrement.

A l'égard de tous les actes ci-devant assujétis aux droits de contrôle, et qui pourront être passés par lesdits corps municipaux et administratifs, notamment les marchés et adjudications d'entreprises, et les baux de biens communaux et nationaux, ils seront sujets aux droits d'enregistrement dans le délai d'un mois.

14. Les notaires seront tenus, à peine d'une

somme de cinquante livres pour chaque omission, d'inscrire jour par jour sur leurs répertoires les actes et contrats qu'ils recevront, même ceux qui seront délivrés en brevet.

Les testamens ou actes de dépôt, lorsqu'ils seront faits devant notaires, et les actes de dépôt des testamens faits sous signature privée, seront aussi inscrits sur les répertoires, sans autre indication que celle de la date de l'acte et du nom du testateur, et sans que le préposé puisse prendre communication de ces actes, ni aucune note qui y soit relative, avant le décès des testateurs.

Les greffiers tiendront, sous les mêmes obligations, des répertoires de tous les actes volontaires, dans les lieux où ils sont dans l'usage d'en recevoir, et de ceux dont il résultera transmission de propriété ou de jouissance de biens immeubles.

Les huissiers tiendront pareillement des répertoires de tous les actes et exploits, sous peine d'une somme de dix livres pour chaque omission.

Au moyen de ces dispositions, les préposés ne pourront faire aucune visite domiciliaire ou recherche générale dans les dépôts des officiers publics, qui ne seront tenus que de leur exhiber leurs répertoires à toutes réquisitions, et de leur communiquer seulement les actes passés dans l'année antérieure, à compter du jour où cette communication sera demandée.

A l'égard des actes plus anciens, les préposés ne pourront en requérir la lecture, qu'en indiquant leur date et les noms des parties contractantes, et sur ordonnance de juge, et s'ils en demandent des expéditions, elles leur seront délivrées en payant deux sous six deniers pour chaque extrait ou rôle d'expédition, outre les frais du papier timbré.

15. Il sera établi des bureaux pour l'enregistrement des actes et déclarations, et pour la perception des droits qui en résulteront, dans toutes les villes où il y a chef-lieu d'administration ou tribunal de district, et en outre dans les cantons où ils seront jugés nécessaires, sur l'avis des districts et départemens, sans que l'arrondissement d'aucun de ces bureaux puisse s'étendre sur aucune paroisse qui ne serait pas du même district.

Aucun notaire, procureur, greffier ou huissier ne pourra à l'avenir être pourvu de ces emplois.

Aucun juge ni commissaire du Roi ne pourra être préposé à l'exercice des mêmes droits.

---

(1) Une pièce non enregistrée ne peut être accueillie par les tribunaux, à peine de la nullité de la décision rendue sur le fondement de cette pièce (1er pluviose an 10 ; Cass. S. 2, 1, 210).

(2) Les héritiers n'on. pas satisfait à cette obligation, en faisant enregistrer l'acte de partage des biens de la succession (23 prairial an 9 ; Cass. S. 1, 2, 503).

Les receveurs et autres, employés seront tenus de prêter serment au tribunal du district dans le ressort duquel le bureau sera placé. Cette prestation aura lieu sans autres frais que ceux du timbre de l'expédition qui en sera délivrée.

16. Les notaires, les greffiers, les huissiers et les parties seront tenus de payer les droits dans tous les cas, ainsi qu'ils sont réglés par le présent décret et le tarif annexé. Ils ne pourront en atténuer ni différer le paiement, sous le prétexte de contestation sur la quotité, ni pour quelque cause que ce soit, sauf à se pourvoir en restitution, s'il y a lieu, pardevant les juges compétens.

17. Les préposés ne pourront, sous aucun prétexte, pas même en cas de contravention, différer l'enregistrement des actes dont les droits leur auront été payés conformément à l'article précédent: ils ne pourront suspendre ou arrêter le cours des procédures en retenant aucun acte ou exploit; mais si un acte dont il n'y a pas de minute ou un exploit contenait des renseignemens dont la trace pût être utile, le préposé aura la faculté d'en tirer une copie, et de la faire certifier conforme à l'original par l'officier qui l'aurait présenté; et sur le refus de l'officier, il s'en procurera la collation en forme à ses frais, sauf répétition en cas de droit, le tout dans les vingt-quatre heures de la présentation de l'acte au bureau.

18. Toute demande et action tendant à un supplément de droits sur un acte ou contrat, sera prescrite après le délai d'une année, à compter du jour de l'enregistrement; les parties auront le même délai pour se pourvoir en restitution.

Toute contravention par omission ou insuffisance d'évaluation dans les déclarations des héritiers, légataires et donataires éventuels, sera pareillement prescrite après le laps de trois années.

Enfin, toute demande de droits résultant des successions directes ou collatérales, pour raison de biens meubles ou immeubles réels ou fictifs, échus en propriété ou en usufruit par testamens, dons éventuels ou autrement, sera prescrite après le laps de cinq années, à compter du jour de l'ouverture des droits (1).

19. Les préposés à la perception des droits sur les actes feront, comme par le passé, la recette des amendes d'appel, ainsi que de celles qui ont lieu ou qui pourraient être réglées dans les cas de cassation, déclinatoire, réintégrande, évocation, inscription de faux, tierce-opposition, récusation de juges et requête civile. Ils seront également chargés du recouvrement des amendes, aumônes, et de toutes autres peines pécuniaires prononcées par forme de condamnation pour crimes et délits, faits de police, contraventions aux réglemens des manufactures et autres, à la charge de rendre aux parties intéressées la part les concernant, sans aucun frais.

20. Les collecteurs des contributions directes, personnelles ou foncières, et tous dépositaires des rôles desdites contributions, seront tenus de donner communication de ces rôles aux préposés à la perception des droits d'enregistrement, même de leur en laisser prendre extraits à toute réquisition, sur papier libre, et de les certifier sans frais.

21. La perception des droits d'enregistrement, réglés par le présent décret et par le tarif annexé, n'aura aucun effet rétroactif.

22. Tous les actes publics, dans les pays ci-devant assujétis aux droits de contrôle, insinuation et accessoire, qui, à l'époque de l'exécution de ce décret, n'auront pas subi toutes leurs formalités, ne pourront être assujétis à plus grands droits que ceux fixés par les anciens tarifs, pourvu qu'ils soient présentés à l'enregistrement dans les délais qui étaient prescrits. Mais les actes et déclarations dont la perception serait plus avantageuse aux parties contractantes, sur le pied fixé par le présent décret, jouiront du bénéfice de ses dispositions, à compter du jour qu'il sera exécuté.

23. Les actes sous signatures privées, de date antérieure à l'époque fixée pour l'exécution du présent décret, ne seront assujétis au droit d'enregistrement qu'autant qu'ils l'é-

---

(1) La prescription établie par cet article ne concerne que les mutations opérées par successions directes ou collatérales, et non celles qui s'opèrent soit par des actes synallagmatiques à titre onéreux, soit par des conventions verbales; dans ce cas, il n'y a lieu qu'à la prescription de 30 ans (26 août 1807 ; Cass. S. 7, 2, 938).

Les actions immobilières comprises dans une succession, sont passibles d'un droit proportionnel de mutation.

En supposant qu'il soit dû un droit proportionnel, le droit est dû du jour du décès, et non pas du jour de l'immeuble revendiqué est accordé par jugement (20 frimaire an 14 ; Cass. S. 1, 2. 145).

Les lois rendues depuis 1790 sur l'enregistrement sont applicables à une mutation d'immeuble antérieure.

Ces lois obligeaient à faire enregistrer une mutation d'immeubles par acte sous seing privé, ou par convention verbale avant d'en faire usage.

La prescription ne peut être opposée, lorsqu'il s'est écoulé plus de cinq ans entre la prise de possession et la demande du droit (26 août 1807 : Cass. S. 8, 1, 394).

C'est du jour où le séquestre a été levé définitivement que doit courir contre la régie le délai de cinq ans pour la prescription du droit de mutation, à raison d'une succession séquestrée (23 brumaire an 13 ; S. 5, 1, 69).

taient à ceux d'insinuation et centième denier, ou dans les cas où il sera formé quelque demande en justice, ou passé quelque
acte authentique en conséquence, et seulement au simple droit.

24. Enfin, à l'égard des actes en forme authentique, passés avant l'époque de l'exécution du présent décret, dans les pays du
royaume qui n'étaient point soumis au contrôle, ils auront leur exécution sans être assujétis à la formalité de l'enregistrement; et
quant aux actes sous seing privé, passés dans
les mêmes pays avant cette époque, ils seront enregistrés lorsqu'il sera formé quelque
demande ou passé quelque acte public en
conséquence, sans qu'on puisse exiger le
double droit (1).

25. L'introduction et l'instruction des instances relatives à la perception des droits
d'enregistrement auront lieu par simples requêtes ou mémoires, respectivement communiqués sans aucuns frais, autres que ceux du
papier timbré et des significations des jugemens interlocutoires et définitifs, et sans
qu'il soit nécessaire d'y employer le ministère d'aucun avocat ou procureur dont les
écritures n'entreront point en taxe (2).

A l'égard des instances ci-devant engagées
relativement à la perception des droits du
contrôle des actes et autres droits y joints,
elles seront éteintes et comme non avenues,
à compter du jour de l'exécution du présent
décret; mais les parties pourront se pourvoir
de nouveau, tant à charge qu'à décharge,
sous les formes et dans les délais prescrits
par les articles précédens.

26. Le présent décret sera porté à l'acceptation du Roi; et pour en assurer la prompte
exécution, il sera prié de nommer huit
commissaires.

Tarif des droits d'enregistrement qui seront perçus sur les actes civils et judiciaires, et sur les
titres de propriété.

PREMIÈRE CLASSE.

SECTION 1re. Actes sujets au droit de cinq sous
par cent livres.

1° Les cautionnemens faits et reçus en
justice pour des sommes déterminées, dans
quelques tribunaux que ce soit;

2° Les cautionnemens des trésoriers, receveurs et commis, pour sûreté des deniers
qui leur sont confiés;

3° Les billets à ordre, les baux de nour-

riture des enfans mineurs, à raison du prix
d'une année, les quittances, les actes de remboursement de rente, et tous autres actes de
libération qui expriment des valeurs, et les
retraits de réméré qui sont exercés dans le
délai stipulé, lorsqu'ils n'excèdent pas le
terme de douze années, à compter du jour
de la date du contrat d'aliénation;

4° Les marchés et adjudications pour constructions, réparations, entretien, approvisionnemens et fournitures dont le prix doit
être payé des deniers du trésor public, ou
par les départemens, districts et municipalités;

5° Les ventes et adjudications des coupes
de bois nationaux, taillis ou futaies, à raison
de ce qui en forme le prix;

6° Les atermoiemens entre un débiteur et
ses créanciers, lorsqu'ils lui feront la remise
d'une partie aliquote du principal de leurs
créances, à raison du montant des sommes
que le débiteur s'oblige de payer;

7° Les obligations à la grosse aventure et
pour retour de voyages;

8° Les contrats d'assurance, à raison de la
valeur de la prime, et les abandonnemens
faits en conséquence sur le pied de la valeur
des objets abandonnés; mais en temps de
guerre, les droits seront réduits à moitié;

9° Les reconnaissances et les baux à chep-
tel de bestiaux, d'après l'évaluation qui se
trouvera dans l'acte, ou à défaut, d'après l'estimation qui sera faite du prix des bestiaux;

10° Les baux de pâturages non excédant
douze années, à raison du prix d'une année
de location;

11° Les expéditions des jugemens de tribunaux de commerce et de district, dont il
résultera condamnation, liquidation, collo-
cation, obligation, attribution et transmission de sommes déterminées et valeurs mobilières, tant en principaux qu'intérêts et
dépens liquidés, sans que, dans aucun cas, le
droit puisse être moindre de vingt sous.

A l'égard des jugemens de condamnation et
autres rendus par les tribunaux de district,
en matière d'imposition, le droit d'enregistrement auquel ils seront assujétis ne pourra
dans aucun cas excéder dix sous;

12° Les déclarations que les héritiers, donataires éventuels et légataires en ligne directe seront tenus de fournir de la valeur
entière des biens immeubles réels ou fictifs
qui leur seront échus en propriété. Il ne sera
payé que la moitié desdits droits pour les
déclarations d'usufruit des mêmes biens, et il

(1) L'exemption de l'enregistrement prononcée
par cet article n'est point applicable aux actes
authentiques des îles et des colonies, qui contiennent transmission de propriété ou d'usufruit de
biens situés dans le territoire continental de la
France. (Voy. loi du 22 frimaire an 7, art. 61 et

70; 17 mai 1808; Cass. S. 10, 1, 284).
(2) La régie de l'enregistrement qui succombe
dans une instance ne peut être condamnée à
d'autres frais que le coût du papier timbré et des
significations de jugemens (12 pluviose an 2; Cass.
S. 20, 1, 491).

ne sera rien dû pour la réunion de l'usufruit à la propriété, lorsque le droit d'enregistrement aura été acquitté sur la valeur entière du titre de propriété;

13° Les legs de sommes et d'effets mobiliers en ligne directe.

SECTION II. Actes sujets au droit de dix sous par cent livres.

1° Les contrats de mariage qui seront passés devant notaires, et avant la célébration, quelques conventions que ces actes puissent contenir entre les futurs époux et leurs pères et mères, à raison de toutes les sommes, biens et objets qui y seront désignés comme appartenant aux conjoints, ou leur étant donnés, cédés ou constitués en ligne directe. A l'égard des cessions et donations qui leur seront faites par les parens collatéraux, ou par des étrangers, les droits en seront perçus sur le pied de la quatrième section ci-après, si les objets en sont présens et désignés; et suivant la seconde classe, s'il s'agit de biens à venir.

Le droit d'enregistrement de ces contrats ne pourra être moindre au total de trente sous; et dans tous les cas, il pourra être réglé sur le pied, soit de la première, soit de la seconde classe;

2° Les inventaires et les partages entre copropriétaires, qui seront passés devant notaires ou au greffe, à raison des objets mobiliers inventoriés, et de tous les biens meubles partagés; mais lorsqu'un partage aura été précédé d'un inventaire en forme authentique, il sera fait déduction des droits, jusqu'à concurrence des sommes payées lors de l'inventaire, pour raison des objets inventoriés qui entreront dans la masse du partage; et s'il y a soulte au partage, le droit sera perçu sur cette soulte sur le pied de la quatrième section ci-après;

3° Les cautionnemens et indemnités de sommes et valeurs déterminées, non compris dans la section précédente;

4° Les attermoiemens entre un débiteur et ses créanciers, sans remise sur les capitaux;

5° Les donations, cessions et transmissions à titre gratuit d'usufruit de biens meubles ou immeubles, qui auront lieu par des actes entre vifs en ligne directe, autrement que par contrats et en faveur de mariage, à raison de la valeur entière des biens sujets à l'usufruit. A l'égard des ventes et cessions faites également en ligne directe et à titre onéreux, des mêmes usufruits, les droits en seront payés sur le pied du prix stipulé, suivant la quatrième section ci-après;

6° Les déclarations que seront tenus de faire les époux survivans, des biens immeubles dont ils recueilleront l'usufruit à titre de donation, droit de viduité, ou tous autres avantages usufruitiers accordés, soit par les lois et coutumes, soit en vertu des clauses insérées dans leurs contrats de mariage, par don mutuel ou par testament; et le droit résultant de ces déclarations, sera payé sur la valeur entière des biens sujets à l'usufruit;

7° Les sociétés, marchés et traités autres que ceux dénommés dans la section précédente, composés de sommes déterminées et d'objets mobiliers désignés et susceptibles d'évaluation.

SECTION III. Actes sujets au droit de quinze sous par cent livres.

1° Les contrats, transactions, sentences arbitrales, promesses de payer, arrêtés de compte et autres actes qui contiendront obligation de sommes déterminées sans libéralité, et sans que l'obligation soit le prix de la transmission d'aucun effet meuble ou immeuble;

2° Les baux à ferme ou à loyer d'une seule année, à raison de ce qui en forme le prix;

3° Les donations mutuelles et conventions réciproques de libéralité d'objets mobiliers déterminés, à l'exception de celles entre maris et femmes, en raison de toutes les sommes et de la valeur des biens qui y seront compris; et lors de l'évènement, il ne sera dû aucun droit.

A l'égard des donations mutuelles et des dons éventuels qui ne comprendront que des biens meubles déterminés, les droits en seront payés sur le pied de la quatrième section des actes simples, sans préjudice des déclarations qui seront à fournir pour le paiement des droits proportionnels, lorsque ces donations auront leur effet;

4° Les traités de mariage passés sous signatures privées, qui seront présentés à l'enregistrement dans le délai de six mois après leur date, et ceux qui seront passés devant notaires, après la célébration, dans les pays où ils sont autorisés par les usages, à raison des sommes, biens et objets qui seront énoncés comme appartenant aux conjoints, ou qui leur seront constitués en ligne directe, sans préjudice des droits exprimés dans la section précédente, sur les cessions et donations qui leur seraient faites autrement qu'en ligne directe.

SECTION IV. Actes sujets au droit de vingt sous par cent livres.

1° Les constitutions de rentes dues par l'État, qui seront faites au profit des acquéreurs de ces rentes par cession ou transport, et toutes autres constitutions de rentes perpétuelles ou viagères;

2° Les actes et procès-verbaux contenant vente, cession et adjudication de biens meubles, coupes de bois taillis et futaies, autres que celles mentionnées en la première section, et de tous autres objets mobiliers, soit que ces ventes soient faites à l'enchère, par autorité de justice ou autrement, à raison de tout ce qui en forme le prix ;

3° Les actes, contrats et transactions passés par-devant les officiers publics , qui contiendront entre copropriétaires , partage , licitation , cession et transport de biens immeubles réels ou fictifs, à raison du prix de ce qui sera transporté aux cessionnaires ;

4° Les ventes, cessions, donations , démissions et transmissions de propriétés de biens immeubles réels ou fictifs, et les donations de sommes et objets mobiliers qui auront lieu par des actes entre-vifs en ligne directe , autrement que par contrats de mariage ;

5° Les échanges de biens meubles entre quelques personnes que ce soit, à raison de la valeur d'une des parts, lorsqu'il n'y aura aucun retour ; et toutes les fois qu'il y aura retour ou plus-value, le droit sera réglé à vingt sous par cent livres sur la moindre portion, et comme en vente sur le retour ou plus-value ;

6° Les engagemens conventionnels ou judiciaires, et contrats pignoratifs jusqu'à douze années inclusivement, en proportion du montant des créances ;

7° Les contrats et jugemens portant délaissement, déguerpissement , renvoi et rentrée en possession de biens immobiliers , faute de paiement de la rente ou d'exécution des clauses du premier contrat, ou en vertu des retraits conventionnels ; mais dans le cas où le contrat antérieur aurait été jugé radicalement nul, comme dans celui où il n'aurait pas été exécuté , soit par l'entrée effective de l'acquéreur en jouissance, soit par le paiement du tout ou partie du prix, les droits ne seront payés que sur le pied de la quatrième section des actes de la troisième classe ;

8° Les déclarations que seront tenus de fournir, dans les délais prescrits par l'art. 12 du décret, les frères et les sœurs, oncles et neveux, héritiers, légataires ou donataires éventuels, des biens immeubles réels ou fictifs qui leur seront échus en usufruit, dont les droits seront payés à raison de la valeur entière de ces biens ; et si par la suite ils réunissent la propriété à l'usufruit, à quelque titre que ce soit, les droits ne seront payés que sur l'estimation ou le prix de la propriété, déduction faite de l'usufruit.

À l'égard des ventes et cessions à titre onéreux des mêmes usufruits et des baux à vie, les droits en seront payés, savoir : pour les ventes et cessions, à raison du prix stipulé, et pour les baux à vie, à raison du capital au denier dix de la redevance, et suivant la sixième section ci-après.

9° Les déclarations que seront tenus de fournir les survivans des époux, de tous les biens immobiliers qui leur seront transmis en propriété par donation et libéralité, à titre de reprise, de rétention ou autrement, et des

capitaux de rentes, pensions, sommes et objets mobiliers qui leur seront échus à titre gratuit, en vertu de leurs contrats de mariage, testamens, ou autres dispositions, sauf à déduire sur les droits ce qui aura été payé par le survivant pour l'enregistrement du testament ou du don mutuel.

SECTION V. Actes sujets au droit de trente sous par cent livres.

1° Les actes soit entre vifs ou à cause de mort, contenant dons ou legs de sommes déterminées, et de valeurs mobilières désignées et susceptibles d'estimation, sauf à faire distraction des sommes et objets compris dans les legs et dispositions auxquels il aura été fait renonciation à temps utile et par acte en forme ;

2° Les déclarations que seront tenus de faire les donataires et légataires éventuels des sommes ou autres objets mobiliers qu'ils auront recueillis par le décès des donateurs ou par l'évènement des autres conditions prévues, en vertu d'actes et contrats dont le droit d'enregistrement n'aura été payé que sur le pied des actes simples, conformément à l'article 3 du décret.

Sont exceptées les donations mutuelles, les dons et gains de survie entre mari et femme, et les dispositions en ligne directe, dont les droits sont réglés par les précédentes sections ;

3° Les déclarations que seront tenus de fournir les héritiers, légataires et donataires éventuels, parens au troisième et quatrième degré, des biens immeubles réels ou fictifs qui leur seront échus en usufruit, conformément au huitième paragraphe de la section précédente ;

4° Les baux à ferme ou à loyer au-dessus d'une année jusqu'à douze inclusivement ; et les sous-baux, les subrogations, cessions et rétrocessions desdits baux, à raison du prix d'une année de location ;

5° Les baux de pâturages excédant douze années jusqu'à trente inclusivement.

SECTION VI. Actes sujets au droit de quarante sous par cent livres.

1° Les ventes, adjudications, cessions, rétrocessions, les licitations portant adjudications à d'autres que les copropriétaires de biens immeubles réels ou fictifs, les déclarations de command, d'ami, ou autres de même nature, faites après les six mois du jour des acquisitions, les engagemens et contrats pignoratifs au-dessus de douze années, les baux à rentes et ceux au-dessus de trente ans, ou à vie sur plus d'une tête ;

2° Les donations entre vifs et les mutations de biens immeubles opérées par succession, testament ou don éventuel entre frères et sœurs, oncles et neveux.

Lorsque le vendeur ou donateur se réservera l'usufruit, le droit sera acquitté sur la valeur entière de l'immeuble ; mais il ne sera dû aucun nouveau droit pour la réunion de l'usufruit à la propriété.

Dans le cas où la vente comprendrait des biens meubles et immeubles, le droit sera perçu sur le tout ainsi qu'il est réglé par la présente section, s'il n'est stipulé pour les meubles un prix particulier ;

3° Les déclarations que seront tenus de fournir les parens au-delà du quatrième degré, et les étrangers, des biens immeubles réels ou fictifs qui leur seront échus en usufruit.

SECTION VII. Actes sujets au droit de trois livres par cent livres.

1° Les donations entre vifs et les mutations de propriété de biens immeubles, opérées par succession, testament et don mutuel entre parens au troisième et quatrième degré ;

2° Les baux à ferme ou à loyer au-dessus de douze années jusqu'à trente inclusivement.

Les mêmes droits seront payés pour les sous-baux, subrogations, cessions et rétrocessions desdits baux, s'ils doivent durer encore plus de douze années.

A l'égard des contre-lettres qui seront passées, soit sur des baux, soit sur d'autres actes et contrats, les droits en seront perçus à raison des effets qui en résulteront ; savoir, sur le pied de la quatrième section des actes simples, lorsqu'il s'agira de réduire ou de modifier les conventions stipulées par des actes antérieurs qui auront été enregistrés ;

Et à raison du triple des droits fixés par le présent tarif, sur toutes les sommes et valeurs que la contre-lettre ajoutera aux conventions antérieurement arrêtées par les actes en forme.

Pour tous les actes de la première classe, dont les sommes et valeurs n'excéderont pas cinquante livres, il ne sera perçu que la moitié du droit fixé pour cent livres dans chaque division.

SECTION VIII. Actes sujets au droit de quatre livres par cent livres.

Les donations entre vifs et les mutations de propriété de biens immeubles, opérées par succession, testament et don éventuel, entre parens au-delà du quatrième degré et entre étrangers.

SECONDE CLASSE.

Actes dont le droit est réglé en raison du revenu présumé et évalué d'après la cote d'habitation dans la contribution personnelle des contractans.

1° Les testamens et actes de dernière volonté, lorsqu'ils contiendront institution d'héritiers, legs universels de biens meubles ou immeubles, sans transmission ni acceptation, à raison d'un seul droit pour chaque testateur ou instituant, en quelque nombre que soient les héritiers ou légataires.

Dans le cas où le testateur aurait fait plusieurs testamens ou codicilles, les droits de seconde classe ne seront perçus que sur l'un de ces actes ; ils seront réglés pour les autres en raison de la quatrième section des actes de la troisième classe.

Seront réputés legs universels ceux qui s'étendront sur la totalité des biens du testateur, meubles ou immeubles, ou sur un genre de biens propres, acquêts ou conquêts.

Seront réputés legs particuliers et sujets aux droits des actes de la première classe, sur les déclarations estimatives, ceux qui comprendront des objets mobiliers désignés par leur espèce ou leur situation, quand même la consistance ou la quantité n'en serait pas déterminée, tels que les legs de la totalité des livres, linges et habits, armes, ustensiles du testateur, des meubles garnissant une chambre ou une maison, et autres semblables ;

2° Les donations éventuelles d'objets indéterminés, les rappels à succession, promesses de garder succession, les institutions contractuelles et autres dispositions de biens à venir, contenues dans les actes entre vifs ;

3° Les substitutions et les exhérédations, tant qu'elles subsisteront, soit qu'elles soient faites par actes entre vifs, ou à cause de mort.

Il ne sera perçu qu'un droit pour celles faites par une personne dans le même acte ; et si la substitution est de biens désignés susceptibles d'évaluation, qui donneront ouverture à un moindre droit en le réglant sur le pied des valeurs, telle qu'elle est fixée par la quatrième section de la première classe, il sera dans ce cas perçu sur ce pied ;

4° Tous les actes compris dans les précédentes dispositions de la seconde classe ne seront assujétis qu'au demi-droit, toutes les fois qu'ils seront faits en ligne directe ;

5° Les contrats de mariage dont le droit n'aura pas été réglé sur le montant des constitutions dotales, conformément à l'option réservée par la seconde section des actes de la première classe ;

6° Les dons mutuels entre maris et femmes.

Dans tous les cas ci-dessus exprimés il sera fait déclaration du montant de la cote d'habitation dans la contribution personnelle des contractans, ou des personnes dont l'imposition devra servir à fixer les droits, d'après les rôles qui auront immédiatement précédé la date des actes entre vifs et la présentation au bureau des actes de dernière volonté, à l'effet d'établir la perception, conformément au présent tarif : faute de cette déclaration, il sera perçu provisoirement une somme de cent livres ; mais les parties auront alors la faculté de justifier de la somme de ladite contribution pendant une année, à compter du jour de l'enregistrement. Les droits seront réduits en conséquence, et l'excédant sera restitué, sans que l'on puisse être dispensé de payer le supplément qui serait demandé par le préposé, en vertu desdits rôles, dans le cas où il en résulterait un droit qui surpasserait la perception provisoire ci-dessus établie.

Les contrats de mariage dont le droit sera perçu sur les revenus présumés des contractans, d'après la cote d'habitation, seront de plus assujétis au paiement des droits sur les dispositions faites en faveur des conjoints par des collatéraux ou des étrangers.

La perception du droit sur les revenus présumés ne sera assise que sur ceux du futur seulement; et dans le cas où il ne serait pas imposé personnellement, l'assiette du droit se fera à raison du revenu présumé du père, pour la moitié seulement, si le futur est seul héritier; et dans le cas où le futur aurait des frères et sœurs, pour une portion de cette moitié relative au nombre d'enfans existant lors du contrat de mariage.

La même règle aura lieu pour les autres actes sujets au droit de la seconde classe, lorsqu'ils seront passés par des enfans de famille qui ne seront pas imposés personnellement.

Les actes de cette seconde classe, qui seront passés par des personnes non imposées à la contribution personnelle, à cause de la modicité de leurs facultés, ne seront sujets qu'au droit de trente sous.

Enfin, les étrangers paieront les mêmes droits; et dans les cas où ils n'auraient pas été imposés à la contribution personnelle, le droit sera réglé sur la déclaration qu'ils seront tenus de faire de leurs revenus.

TROISIÈME CLASSE.

SECTION Ire. Actes sujets au droit fixe de cinq sous.

1° Les lettres de voiture passées devant les officiers publics, à raison d'un droit pour chaque personne à qui les envois seront adressés;

2° Les engagemens de matelots, gens de mer et d'équipage, et les quittances de leurs salaires, qu'ils donneront aux armateurs à leur retour de voyage, à raison d'un droit pour chaque engagement ou quittance, et sans égard aux sommes qui seront désignées dans ces actes;

3° Chaque exploit ou signification fait entre les défenseurs des parties, ou qui aura pour objet le recouvrement des contributions directes ou indirectes, même des contributions locales, et toutes les contraventions aux réglemens généraux de police ou d'impôt, tant en action qu'en défense, suivant les principes qui seront exposés ci-après à la troisième section, relativement aux droits d'enregistrement des exploits.

SECTION II. Actes sujets au droit fixe de dix sous.

1° Les procès-verbaux de délits et contraventions aux réglemens généraux de police ou d'impositions, lesquels seront enregistrés, à peine de nullité, dans les quatre jours qui suivront celui de leur date, et avant qu'aucun huissier puisse en faire la signification.

Si la signification est faite par le procès-verbal et dans le même contexte, il ne sera perçu que le droit réglé par la présente section, tant pour le procès-verbal que pour la signification à un seul délinquant; et s'il y a plusieurs délinquans, les droits de significations faites au second et aux suivans seront perçus, outre celui du procès-verbal, ainsi qu'ils sont réglés par la précédente section;

2° Les connaissemens ou reconnaissances de chargement par mer, à raison d'un droit par chaque personne à qui les envois seront adressés;

3° Les extraits ou copies collationnées d'actes et contrats par les officiers publics, à raison d'un droit par chaque pièce;

4° Les expéditions des jugemens qui seront rendus en matière de contributions, de délits et contraventions.

Les jugemens préparatoires ou définitifs rendus en matière criminelle, sur la poursuite du ministère public, sans partie civile, et les expéditions qui en seront délivrées, seront exempts de la formalité et du droit d'enregistrement.

SECTION III. Actes sujets au droit fixe de quinze sous.

1° Les quittances de rachat de droits féodaux, conformément à l'article 54 du décret de l'Assemblée nationale du 3 mai 1790;

2° Les exploits et significations des huissiers et autres ayant droit de faire des notifications en forme, tant en matière civile que criminelle, à l'exception des exploits désignés dans la première section ci-dessus, et de ceux qui contiennent déclaration d'appel, dont les droits seront réglés par les sections suivantes.

Les exploits ne seront sujets qu'à un seul enregistrement; mais le droit sera perçu pour chaque personne requérante ou à qui la signification sera faite, sans qu'il puisse être perçu en total plus de cinq droits sur un exploit ou procès-verbal fait dans un seul jour et pour le même fait.

Les copropriétaires et cohéritiers, les parens réunis pour donner leur avis, les débiteurs ou créanciers associés ou solidaires, les séquestres, les experts et les témoins, ne seront comptés que pour une seule personne, soit en demandant, soit en défendant.

Les exploits et significations qui seront faits à la requête du ministère public, sans jonction de partie civile, soit par les huissiers, soit par les brigadiers et cavaliers de maréchaussée, et autres dépositaires de la force publique, pour la poursuite des crimes et délits, seront enregistrés gratis.

SECTION IV. Actes sujets au droit fixe de vingt sous.

1° Les actes et contrats qui ne contiendront que des dispositions préparatoires et de pure formalité, tels que les procurations, les compromis et nominations d'experts ou arbitres, les simples décharges, les partages d'immeubles sans soulte ni retour, les procès-verbaux, autres que ceux désignés en la seconde section, les déclarations et consentemens purs et simples, les actes de notoriété, certificats de vie, affirmations, certificats, attestations, oppositions, protestations, ratifications d'actes en forme, les abstentions et renonciations à communauté, successions ou legs, à raison d'un droit pour chaque succession ou legs, les assemblées de parens ou d'habitans, les autorisations, les délivrances de legs, les actes de respect ou sommations respectueuses, quel que soit l'officier public qui en fera la notification, à l'exception de ceux signifiés par les huissiers, les désistemens de demandes ou d'appel avant le jugement, les résiliemens de marchés et de toute espèce de conventions, avant que leur exécution ait été entamée, même celles des contrats de vente d'immeubles, avant que l'acquéreur soit entré en jouissance ou en paiement du prix de l'acquisition, et les déclarations de command, d'ami, faites dans les six mois qui suivront les ventes et adjudications en vertu de réserves expressément stipulées par les contrats et jugemens, et aux mêmes conditions que l'acquisition ;

2° Les titres nouvels, les actes de prise de possession, les dépôts et consignations chez les officiers publics, et généralement tous les actes et contrats qui ne contiendront que l'exécution, le complément et la consommation de contrats antérieurs et immédiats, soumis à la formalité, sans qu'il intervienne aucune personne désintéressée dans les premières conventions; néanmoins, les droits des actes ci-dessus énoncés ne pourront excéder ceux qui auront été perçus sur les contrats précédens auxquels ils auront rapport;

3° Les dons éventuels d'objets déterminés, et les donations mutuelles qui ne comprendront que les biens immeubles présens et désignés;

4° Les actes qui opéreront la réunion de l'usufruit à une propriété dont le droit aura été acquitté sur la valeur entière de l'objet ;

5° Les actes refaits pour nullité ou autres causes, sans aucun changement qui ajoute aux objets des conventions ou à leur valeur;

6° L'enregistrement de formalité des donations entre vifs, lorsqu'il sera requis dans des bureaux différens de ceux où les contrats auront été enregistrés pour la perception;

7° Les expéditions des jugemens et autres actes judiciaires, passés aux greffes et à l'audience, qui sont simplement préparatoires, de formalité ou d'instruction, excepté ceux des juges-de-paix, qui sont déclarés exempts de tous droits d'enregistrement, et ceux des tribunaux de district en matière de contribution, qui sont désignés dans la seconde section ;

8° Les secondes expéditions des jugemens des tribunaux de district, lorsque les premières auront acquitté le droit proportionnel;

9° Enfin tous les actes civils et judiciaires qui ne pourront recevoir d'application positive à aucune des autres classes ou sections du présent tarif.

SECTION V. Actes sujets au droit fixe de quarante sous.

Les expéditions des actes judiciaires portant nomination de tuteurs et curateurs, commissaires, directeurs ou séquestres, apposition ou reconnaissance de scellés pour chaque vacation, clôture d'inventaire, celles des jugemens qui donnent acte d'appel, d'affirmation, acquiescement, qui ordonnent qu'il sera procédé à partage, vente, licitation, inventaire, portant reconnaissance ou maintien d'hypothèque, conversion d'opposition en saisies, débouté d'appel ou d'opposition, décharge de demande, déclinatoire, publication judiciaire de donations, entérinement de lettres, de procès-verbaux et rapport, sans qu'il en résulte partage effectif ou mutation; enfin, ceux qui portent main-levée d'opposition ou de saisie, maintenue en possession, nantissement, soumission et exécution de jugemens, les acceptations de succession et de legs qui n'ont pas une valeur déterminée, à raison d'un droit pour chaque legs ou succession, et généralement tous les actes et jugemens définitifs des tribunaux de district rendus contradictoirement ou par défaut, en première instance, et qui ne sont pas applicables à la première classe.

SECTION VI. Actes sujets au droit fixe de trois livres.

1° Les transactions en matière criminelle pour excès, injures et mauvais traitemens, lorsqu'elles ne contiendront aucune stipulation de dommages-intérêts ou de dépens liquidés, qui donnent lieu à des droits proportionnels plus considérables ;

2° Les indemnités dont l'objet n'est pas estimé;

3° Les significations et déclarations d'appel au tribunal de district, des sentences rendues par les juges-de-paix.

SECTION VII. Actes sujets au droit fixe de six livres.

1° Les abandonnemens de biens pour être vendus en direction, les contrats d'union et de direction de créanciers, les actes et jugemens portant émancipation, bénéfice d'âge ou d'inventaire et rescision, en quelque nombre que soient les impétrans ;

2° Les sociétés et traités dont les objets ne seront susceptibles d'évaluation, les actes qui en stipulent la dissolution, et les inventaires de titres et papiers, lorsqu'ils seront séparés de l'inventaire du mobilier de la succession ou de l'absent, et qu'ils énonceront des titres concernant la propriété des immeubles ;

3° Les significations et déclarations d'appel des jugemens des tribunaux de district ;

4° Les expéditions des jugemens définitifs rendus sur l'appel, et dont les objets ne seront ni liquidés ni évalués.

Section VIII. Actes sujets au droit fixe de douze livres.

1° Les actes et les expéditions des jugemens portant interdiction ou séparation de biens entre maris et femmes, sauf à percevoir sur le montant des condamnations et liquidations, dans les cas où celles prononcées par le jugement donneraient ouverture à de plus grands droits ;

2° Le premier acte portant notification de recours au tribunal de cassation, et les expéditions de jugemens de cette cour.

Dispositions relatives aux actes sous signatures privées.

Tous les droits établis dans les classes et sections du présent tarif seront perçus sur tous les actes faits sous seing privé, lorsqu'ils seront présentés à l'enregistrement, suivant la classe et la section à laquelle ils appartiendront, sauf le double droit pour les actes de la première classe seulement, et dans les cas exprimés par la loi.

Titre des exceptions.

Il ne sera payé que la moitié des droits fixés par le tarif, tant sur les actes de la première que sur ceux de la seconde et de la troisième classe, pour tout ce qui appartiendra et sera délivré, adjugé ou donné par ventes, donations ou libéralités, legs, transactions et jugemens en faveur des hôpitaux, écoles d'instruction et d'éducation, et autres établissemens publics de bienfaisance.

L'Assemblée nationale se réserve au surplus de statuer sur la fixation des droits qui seront payés pour les acquisitions, à quelque titre que ce soit, de biens immeubles réels ou fictifs, qui pourront être faites par les hôpitaux, collèges, académies et autres établissemens permanens, et sur les formalités qui seront nécessaires pour autoriser ces acquisitions.

L'Assemblée se réserve également de statuer sur les hypothèques, et sur les droits auxquels elles donnent lieu, lesquels seront provisoirement perçus comme au passé.

Toutes les acquisitions de domaines nationaux faites par les municipalités, les ventes, reventes, adjudications et subrogations qu'elles en feront, ensemble les actes d'emprunt de deniers pour parvenir auxdites acquisitions, avec affectation de priviléges sur lesdits fonds, soit de la part des municipalités, soit de la part des particuliers, en faisant d'ailleurs la preuve de l'emploi réel et effectif des deniers en acquisition de fonds nationaux, ainsi que les quittances relatives au paiement du prix des acquisitions, seront enregistrés, sans être assujétis à autre droit que celui de quinze sous, et ce pendant les quinze années accordées par le décret du 14 mai dernier.

Toutes les acquisitions des mêmes domaines, faites par des particuliers, la vente et cession qu'ils en feront, et les actes d'emprunt faits pour les causes et aux conditions portées ci-dessus, ne seront pareillement assujétis qu'au droit d'enregistrement de quinze sous pendant les cinq années accordées par le décret des 25, 26, et 29 juin dernier.

5 DÉCEMBRE 1790. — Décret qui ordonne au ministre de la guerre de remettre dans un mois l'état du non-complet dans l'armée des années 1789 et 1790. (B. 9, 72.)

5 DÉCEMBRE 1790. — Décret qui ordonne un rapport sur la nécessité de fabriquer de la petite monnaie. (B. 9, 72.)

5 DÉCEMBRE 1790 = 5 JANVIER 1791. — Décret portant vente de domaines nationaux aux municipalités de Dijon, de Gemaux, Genlis, Luc et Spoy. (L. 3, 32, 56, 71, 98; B. 9, 71.)

5 DÉCEMBRE 1790. — Affaires criminelles. Voy. 1er DÉCEMBRE 1790. — Bijoux, etc. Voy. 26 NOVEMBRE 1790. — Clergé. Voy. 30 NOVEMBRE 1790, 5 DÉCEMBRE 1790. — Gex. Voy. 26 NOVEMBRE 1790. — J.-B. Vimont. Voy. 27 NOVEMBRE 1790. — Seine-et-Oise; Tanneurs. Voy. 26 NOVEMBRE 1790.

6 = 12 DÉCEMBRE 1790. — Décret relatif à la liberté du commerce des eaux-de-vie dans la ci-devant province de Bretagne. (L. 2, 835; B. 9, 84.)

L'Assemblée nationale, après avoir entendu son comité d'imposition,

Décrète qu'à compter du 1er janvier prochain, le commerce et la vente des eaux-de-vie cesseront d'être exclusifs au profit de l'État dans les départemens d'Ille-et-Vilaine, des Côtes-du-Nord, du Finistère, du Morbihan et de la Loire-Inférieure, qui composent la ci-devant province de Bretagne. À compter de cette époque du 1er janvier, il sera libre à tous les citoyens de s'approvisionner et de faire commerce d'eau-de-vie, sauf le paiement des droits qui pourraient être établis, et l'exécution des réglemens qui seraient faits en

2.

conséquence. Après le 1er janvier, les régisseurs des devoirs, impôts et billot établis dans la ci-devant province de Bretagne, vendront publiquement et sur enchères les eaux-de-vie qu'ils auront en magasin, et ils tiendront compte du produit de ladite vente, ainsi que des autres objets de leur régie.

6 = 12 DÉCEMBRE 1790. — Décret concernant l'organisation de la force publique. (L. 2, 865 ; B. 9, 74 ; Mon. des 6 et 7 décembre 1790)

TITRE Ier. De la force publique en général.

L'Assemblée nationale déclare comme principes constitutionnels ce qui suit (1) :

Premièrement. La force publique, considérée d'une manière générale, est la réunion des forces de tous les citoyens.

Secondement. L'armée est une force habituelle, extraite de la force publique, et destinée essentiellement à agir contre les ennemis du dehors.

Troisièmement. Les corps armés pour le service intérieur sont une force habituelle, extraite de la force publique, et essentiellement destinée à agir contre les perturbateurs de l'ordre et de la paix.

Quatrièmement. Ceux-là seuls jouiront du droit de citoyen actif, qui, réunissant d'ailleurs les conditions prescrites, auront pris l'engagement de rétablir l'ordre au-dedans, quand ils en seront légalement requis, et de s'armer pour la défense de la liberté et de la patrie.

Cinquièmement. Nul corps armé ne peut exercer le droit de délibérer : la force armée est essentiellement obéissante.

Sixièmement. Les citoyens actifs ne pourront exercer le droit de suffrage dans aucune des assemblées politiques, s'ils sont armés ou seulement vêtus d'un uniforme.

Septièmement. Les citoyens ne peuvent exercer aucun acte de la force publique établie par la constitution, sans en avoir été requis ; mais lorsque l'ordre public troublé ou la patrie en péril demanderont l'emploi de la force publique, les citoyens ne pourront refuser le service dont ils seront requis légalement.

Huitièmement. Les citoyens armés ou prêts à s'armer pour la chose publique, ou pour la défense de la liberté et de la patrie, ne formeront point un corps militaire.

En conséquence, l'Assemblée nationale décrète ce qui suit :

Art. 1er. Les citoyens actifs, et leurs enfans mâles âgés de dix-huit ans, déclareront solennellement la résolution de remplir au besoin les devoirs ci-dessus énoncés, en s'inscrivant sur les registres à ce destinés (2).

2. L'organisation de la garde nationale n'est que la détermination du mode suivant lequel les citoyens doivent se rassembler, se former et agir, lorsqu'ils seront requis de remplir leur service.

3. Les citoyens requis de défendre la chose publique, et armés en vertu de cette réquisition, en s'occupant des exercices qui seront institués, porteront le nom de gardes nationales.

4. Comme la nation est une, il n'y a qu'une seule garde nationale, soumise aux mêmes réglemens et à la même discipline, et revêtue du même uniforme.

L'Assemblée nationale décrète en outre :

1° Que les citoyens non actifs qui, durant le cours de la révolution, ont fait le service de gardes nationales, pourront être autorisés à en remplir les fonctions durant le reste de leur vie, selon les réglemens qui seront statués à cet égard ;

2° Que les citoyens qui font actuellement les fonctions de gardes nationales continueront le service dont ils seront requis, et qu'il ne sera rien innové, d'après le présent décret, dans la composition des gardes nationales actuelles, jusqu'à ce que l'organisation générale ait été déterminée.

6 = 15 DÉCEMBRE 1790. — Décret sur l'organisation de la caisse de l'extraordinaire. (L. 2, 888 ; B. 9, 76.)

TITRE Ier. De l'état de la caisse de l'extraordinaire.

Art. 1er. La caisse de l'extraordinaire, destinée à la recette des revenus et des capitaux qui ne feront pas partie des contributions ordinaires et à l'acquittement des dettes de l'État, sera un établissement entièrement distinct et séparé du Trésor public ou caisse de l'ordinaire.

2. Elle ne fera aucune dépense particulière ; il n'en sortira aucune somme que pour l'acquit des diverses parties de la dette publique non constituée, dont le remboursement a été ou sera décrété, et pour fournir au Trésor public les secours qui auront été pareillement décrétés par le Corps-Législatif.

3. Il n'y aura qu'une seule caisse de l'extraordinaire ; mais le service de cette caisse sera divisé en deux parties, administration et trésorerie.

4. L'administration de la caisse sera provisoirement et quant à présent entre les mains du commissaire nommé par le Roi à cet effet. Le

---

(1) Voy. Constitution de 1791, titre 4.
(2) Voy. loi du 18 juin 1790, et loi du 29 septembre = 14 octobre 1791.

Aucune somme ne sera délivrée que sur les ordonnances par lui présentées au Roi, en exécution des décrets du Corps-Législatif, sanctionnées par le Roi. Les ordonnances seront signées du Roi et de son commissaire; la date et la teneur des décrets y seront exprimées. Le commissaire du Roi sera responsable desdites ordonnances.

5. Le commissaire du Roi, ou administrateur de la caisse de l'extraordinaire, veillera à ce que la recette de toutes les sommes qui doivent être portées à la caisse y soit versée exactement et à leur échéance; à cet effet, il fera dresser le dénombrement des biens nationaux par départemens, districts, cantons et municipalités. Les directoires de département seront tenus de lui donner tous les renseignemens nécessaires sur cet objet, et de lui envoyer tous les mois un état sommaire, par eux certifié véritable, des biens nationaux mobiliers et immobiliers qui auront été vendus dans le département.

6. L'administrateur proposera au commissaire du Roi les mesures qui lui paraîtront les plus convenables pour surveiller et opérer la rentrée de la contribution patriotique, et celle des autres objets à verser dans la caisse de l'extraordinaire (1).

7. Le trésorier de l'extraordinaire recevra la totalité des sommes qui doivent entrer dans la caisse de l'extraordinaire, selon le détail qui en sera fait au titre II. Il recevra aussi les originaux des obligations et des annuités qui seront fournies par les municipalités et par les particuliers qui se rendront acquéreurs des biens nationaux : il en sera laissé un duplicata au receveur du district. L'état de la recette de chaque mois sera certifié par le trésorier, imprimé et rendu public.

8. Toutes les sommes qui proviendront des recettes de l'extraordinaire seront versées dans une seule et même caisse; il sera tenu des livres à parties doubles, pour constater la recette générale, ainsi que les remboursemens des dettes de l'État et des secours fournis au Trésor public, en vertu des décrets du Corps-Législatif; mais il sera tenu en outre des livres auxiliaires pour constater l'état de la recette de chaque partie.

9. La caisse de l'extraordinaire sera vérifiée par le commissaire du Roi, en présence des commissaires du Corps-Législatif, au moins deux fois dans chaque mois. Les différens livres tenus à la caisse seront cotés et paraphés par première et dernière, par le commissaire du Roi. Tous les mois, l'état de la caisse sera rendu public par la voie de l'impression.

10. Les assignats qui vont être incessamment fabriqués seront déposés, à mesure de leur fabrication, dans une armoire fermant à trois clefs, qui sera établie à la caisse de l'extraordinaire. Leur dépôt se fera en présence, tant des commissaires de l'Assemblée et du Roi pour la fabrication des assignats, que des commissaires de l'Assemblée et du Roi pour la caisse de l'extraordinaire. Une des clefs sera remise à l'administrateur de la caisse de l'extraordinaire, une autre au trésorier de la même caisse, et la troisième aux archives nationales, d'où elle ne pourra sortir que pour être remise à un des commissaires du Corps-Législatif. Il sera dressé procès-verbal du dépôt.

11. Le lundi matin de chaque semaine, le commissaire du Roi et un des commissaires de l'Assemblée se transporteront à la caisse de l'extraordinaire; et, en leur présence, il sera délivré au trésorier la quantité d'assignats qui lui sera nécessaire pour faire les paiemens de la semaine, suivant le bordereau qu'il représentera. Le trésorier en donnera son reçu sur un registre particulier, qui demeurera renfermé dans la même armoire que les assignats : il sera dressé procès-verbal de cette remise.

12. Les honoraires des administrateurs et trésoriers, appointemens des commis, frais de bureau, et toutes autres dépenses relatives à la caisse de l'extraordinaire, seront payés par le Trésor public, d'après ce qui aura été décrété par l'Assemblée et sanctionné par le Roi. Il est expressément défendu à tout employé à la caisse de l'extraordinaire, de se payer par ses mains des deniers de la caisse, sous quelque prétexte que ce puisse être.

TITRE II. De la recette de la caisse de l'extraordinaire.

Art. 1er. Le produit des ventes de domaines nationaux, soit mobiliers, soit immobiliers, les intérêts des obligations données en paiement des acquisitions, le produit du rachat des droits féodaux, les sommes provenant des fruits des domaines nationaux, l'évaluation du produit de la dîme à payer par les fermiers des biens nationaux, la contribution patriotique, les bons restans dans les caisses des receveurs des décimes du ci-devant clergé, formant le reliquat de leurs anciens comptes, le reliquat du compte général à rendre par le receveur du ci-devant clergé, et toutes autres recettes extraordinaires qui ont été ou seront décrétées par le Corps-Législatif, seront versées dans la caisse de l'extraordinaire.

2. Aussitôt après la réception du présent décret, les receveurs de district feront passer à la caisse de l'extraordinaire tous les fonds déjà réalisés, et successivement, de quinzaine en quinzaine, tous ceux qu'ils recevront sur

(1) *Voy.* loi rectificative du 27 décembre = 5 janvier 1791.

les objets mentionnés ci-dessus, sauf l'exception résultant du décret du 30 novembre, relativement aux seuls fruits de biens nationaux.

3. L'Assemblée nationale charge spécialement les directoires de district, sous la surveillance des départemens, de maintenir l'exactitude desdites remises; et rend les administrateurs responsables des retards qui pourraient résulter de la négligence des trésoriers à cet égard.

4. Le produit des fruits qui a été ou sera réalisé jusqu'au 1er janvier 1791 servira, conformément au décret du 30 novembre dernier, à acquitter dans les districts, sous l'inspection du directoire des départemens, les pensions et traitemens dus aux ecclésiastiques, religieux, religieuses et chanoinesses, sauf les supplémens à fournir par le Trésor public pour compléter leur entier paiement; mais à compter de cette époque, ils seront versés par les trésoriers de district, dans la caisse de l'extraordinaire, et le Trésor public sera chargé de faire acquitter lesdites pensions et traitemens.

5. Les receveurs de district arrêteront, le 31 décembre de cette année, un état des recettes qu'ils auront faites jusqu'à cette époque, sur les fruits des biens nationaux. Ils feront certifier cet état par les directoires, et l'enverront au trésorier de l'extraordinaire.

6. Les receveurs de district accompagneront les remises qu'ils feront à la caisse de l'extraordinaire, de bordereaux où chaque objet d'où proviendront les fonds sera distingué, et ils auront soin d'y détailler les espèces et valeurs dans lesquelles ils auront reçu.

7. Lors de leur recette, les receveurs exprimeront dans leurs journaux et dans les quittances qu'ils donneront, les sommes qu'ils recevront en espèces, et ils en donneront avis sur-le-champ au trésorier de l'extraordinaire.

8. Le trésorier de l'extraordinaire se fera délivrer au Trésor public une quantité d'assignats équivalente auxdites espèces, en échange de laquelle il remettra des rescriptions sur les trésoriers de district, pour faciliter le service du Trésor public dans les différens départemens.

9. Les espèces qui seront portées en nature à la caisse de l'extraordinaire, seront versées sur-le-champ au Trésor public, qui remettra en échange à la caisse de l'extraordinaire pareille valeur en assignats. Les assignats remis par le Trésor public en conformité du présent article et du précédent, seront annulés et biffés sur-le-champ, en présence de l'administrateur du Trésor public, de la manière qui sera expliquée à l'article 11.

10. A l'égard des assignats versés dans les caisses de district, en paiement de divers objets mentionnés dans l'article 1er du présent titre, les receveurs seront tenus, à l'instant

même du paiement et en présence de ceux qui le feront, de les annuler et biffer, comme il va être dit.

11. Le mot *annulé* sera écrit en gros caractères sur le corps de l'assignat, et on biffera en outre le revers, de manière cependant que les signatures et numéros demeurent reconnaissables pour pouvoir être facilement déchargés sur les livres d'enregistrement. Leur numéro sera affiché dans le bureau du receveur du district, et à la bourse, dans les lieux où il y a une bourse.

12. Lesdits assignats ainsi annulés et biffés seront envoyés à la caisse, avec les bordereaux dont il est fait mention article 6.

13. Aussitôt que la caisse de l'extraordinaire aura reçu la valeur d'un million en assignats annulés, il sera procédé publiquement, et en présence des commissaires du Corps-Législatif, à leur brûlement, aux jour, lieu, et heure qui seront indiqués par affiches; et il sera du tout dressé procès-verbal, qui sera imprimé et rendu public. L'original sera déposé aux archives nationales, et un double sera remis à la caisse de l'extraordinaire.

TITRE III Des paiemens à faire par la caisse de l'extraordinaire.

Art. 1er. La caisse de l'extraordinaire étant chargée par le décret de recevoir le produit des fruits et les intérêts des obligations qui, d'après les opérations relatives au clergé, sont devenues une portion des revenus nationaux, elle remettra pour l'année 1791 au Trésor public, par forme de compensation, la somme de soixante millions en assignats, laquelle sera versée par portions, de mois en mois.

2. Pour éviter les inconvéniens résultant de la lenteur des recouvremens du premier tiers de la contribution patriotique, et pour en simplifier la comptabilité, la caisse de l'extraordinaire versera au Trésor public, à mesure des rentrées qu'elle pourra faire sur la totalité de la contribution patriotique seulement et dans les valeurs qui rentreront, la somme à laquelle ce premier tiers sera évalué.

3. Ladite évaluation est fixée à trente-cinq millions.

4. Après le versement de ces trente-cinq millions au Trésor public, il n'y sera fait aucun nouveau versement sur la même contribution, qu'en vertu d'un décret de l'Assemblée nationale.

5. Les reconnaissances de liquidations d'offices seront présentées au commissaire du Roi, qui en gardera un double, et il délivrera au porteur des ordonnances sur le trésorier, pour leur montant.

6. Lesdites ordonnances acquittées par le trésorier resteront dans ses mains pour sa décharge, et il y joindra la reconnaissance de

liquidation acquittée par la partie prenante. Le rapport de ces deux pièces sera nécessaire à sa décharge.

7. Le commissaire du Roi délivrera pareillement au trésorier, des ordonnances pour le montant des effets au porteur ou autres effets dont le remboursement aura été décrété par le Corps-Législatif ; et, sur ces ordonnances, le trésorier acquittera lesdits effets.

8. Lorsque le paiement s'effectuera et en présence de la partie prenante, il sera coupé un des angles du papier, de manière à l'annuler évidemment, et ils seront ensuite brûlés publiquement dans la forme qui sera prescrite. Le procès-verbal de brûlement, signé des commissaire qui seront désignés, sera rapporté par le trésorier, avec l'ordonnance, et lui servira de décharge lors de la reddition des comptes.

---

6 = 10 DÉCEMBRE 1790. — Décret qui accorde trois millions trois cent vingt-un mille neuf cent quatre-vingt-treize livres dix-sept sous pour les dépenses de la marine. (L. 2, 849 ; B. 9, 83.)

6 = 10 DÉCEMBRE 1790. — Décret qui fixe le nombre des juges-de-paix de Châlons-sur-Saône, Langres, Mâcon, Sédan, Vienne ; qui établit des tribunaux de commerce dans lesdites villes de Châlons, Mâcon, Sédan et à Châtellerault et Saint-Malo. (L. 2, 851 ; B. 9, 73.)

6 DÉCEMBRE 1790 = 5 JANVIER 1791. — Décrets portant vente de biens nationaux aux municipalités de Bourges, Chaumes, Fablaines, Juziers, Langeais, Mantes, Moissy-Cramayel, Rungis, Barcy, Paris, Trocy et Tours. (L. 3, 34, 44, 48, 51, 53, 58, 76 et 112 ; B. 9, 85, 86, 87, 88, 89, 90, 91, 92, 93.)

---

7 = 12 DÉCEMBRE 1790. — Décret relatif aux droits qui se percevaient sur les denrées coloniales dans la Bretagne, la Lorraine et la Franche-Comté. (L. 2, 853 ; B. 9, 94.)

Art. 1er. Les droits de consommation qui étaient perçus sur les sucres et autres denrées des îles et colonies françaises de l'Amérique, au passage de la ci-devant province de Bretagne dans les autres parties du royaume, sont supprimés à compter du 1er du présent mois.

2. Les marchandises des îles et colonies françaises qui sont arrivées dans les ports de la ci-devant province de Bretagne, à compter du 1er décembre 1790, ou qui arriveront par la suite, seront sujettes aux mêmes droits et jouiront de la même faveur d'entrepôt que celles importées dans les autres ports du royaume.

3. L'exemption du droit de consommation dont jouissaient les mêmes denrées destinées pour les ci-devant provinces de Franche-Comté, Alsace, Lorraine et Trois-Evêchés, cessera à compter de la même époque.

4. A compter du 10 du présent mois, les sucres, cafés et autres denrées coloniales qui seront importées de l'étranger dans les ci-devant provinces d'Alsace, Lorraine et Trois-Evêchés, seront traitées de la même manière que celles qui sont importées de l'étranger dans les autres parties du royaume.

---

7 = 12 DÉCEMBRE 1790. — Décret relatif à la circulation des grains et farines dans l'intérieur. (L. 2, 856 ; B. 2, 102.)

Art. 1er. Le décret du 29 août 1789 et les articles 3 et 4 de celui du 18 septembre de la même année, sur la libre circulation intérieure des grains et farines, seront exécutés dans les dix lieues frontières, pour les transports desdits grains et farines par les canaux et rivières, lorsque les chargemens excéderont trente quintaux ; et de quelques lieux que les grains soient partis, les acquits-à-caution seront pris ou visés dans les municipalités de la route des dix lieues frontières.

2. La formalité des acquits-à-caution et certificats de déchargement sera exécutée à l'égard des transports qui se feront par le port de Dunkerque, pour l'intérieur du royaume ; et, à cet effet, il sera nommé par l'administration du département du Nord, un commissaire qui veillera à l'exécution de la présente disposition.

3. Le Roi sera prié de donner des ordres pour qu'il soit informé contre les auteurs et fauteurs des émeutes qui ont eu lieu dans les départemens du Nord et du Pas-de-Calais.

---

7 = 12 DÉCEMBRE 1790. — Décret concernant les droits sur les marchandises provenant du commerce français au-delà du cap de Bonne-Espérance. (L. 2, 820 ; B. 9, 95.)

Art. 1er. Jusqu'à la promulgation du tarif sur les marchandises provenant du commerce français au-delà du cap de Bonne-Espérance, celles desdites marchandises qui seront déclarées pour la consommation du royaume, acquitteront les droits qui ont été jusqu'à-présent perçus sur les marchandises de même espèce qui étaient destinées pour les départemens ci-devant connus sous le nom de provinces des cinq grosses fermes.

2. Les négocians qui, pour retirer à la destination du royaume les marchandises provenant dudit commerce, voudront attendre que le nouveau tarif soit promulgué, pourront laisser lesdites marchandises en entrepôt, et elles y resteront sans frais.

---

7 = 15 DÉCEMBRE 1790. — Décret qui règle le mode d'avancement des élèves et des officiers attachés au corps du génie. (L. 2, 921 ; B. 9, 98 ; Mon. du 8 décembre 1790.)

Nomination aux places d'élèves.

Art. 1er. Nul ne pourra être reçu élève du corps du génie, qu'il n'ait subi les premiers examens prescrits pour l'admission au service, et ceux particuliers à l'école du génie.

Rang des élèves.

2. Les élèves du corps du génie auront rang de sous-lieutenant.

Nomination aux emplois de lieutenant.

3. Les élèves du corps du génie, après avoir satisfait aux examens particuliers à ce corps, lesquels seront conservés ou modifiés, s'il y a lieu, seront nommés aux places de lieutenant.

Nomination aux emplois de capitaine.

4. Les lieutenans du corps du génie parviendront, à leur tour d'ancienneté, aux emplois de capitaine.

Nomination aux emplois de lieutenant colonel.

5. On parviendra du grade de capitaine à celui de lieutenant-colonel, par ancienneté et par le choix du Roi.

Sur trois places de lieutenant-colonel vacantes, deux seront données aux plus anciens capitaines ; la troisième, par le choix du Roi, sera donnée à un capitaine en activité dans ce grade depuis deux ans au moins.

Nomination aux emplois de colonel-directeur.

6. Les lieutenans-colonels parviendront au grade de colonel-directeur, par ancienneté et par le choix du Roi.

Sur trois places de colonel-directeur vacantes, deux seront données aux deux plus anciens lieutenans-colonels ; et l'autre, par le choix du Roi, sera donnée à un lieutenant-colonel en activité dans ce grade depuis deux ans au moins.

Nombre d'officiers généraux attachés aux corps du génie.

7. Le corps du génie roulera sur lui-même pour les grades d'officiers généraux ; en conséquence, sur les quatre-vingt-quatorze officiers généraux conservés en activité, quatre seront particulièrement attachés au corps du génie, sous le titre d'*inspecteurs généraux*, deux du grade de lieutenant-général, et deux du grade de maréchal-de-camp.

Nomination au grade de maréchal-de-camp.

8. On parviendra du grade de colonel-directeur à celui de maréchal-de-camp, par ancienneté et par le choix du Roi.

Sur deux places de maréchal-de-camp vacantes, une sera donnée au plus ancien colonel-directeur ; et l'autre, par le choix du Roi, sera donnée à un colonel-directeur en activité dans ce grade depuis deux ans au moins.

9. Si un colonel-directeur, que son tour d'ancienneté porterait à la place d'inspecteur général, préférait se retirer avec le grade de maréchal-de-camp, à être employé comme inspecteur général, il en aurait la liberté, et recevrait la retraite fixée pour les colonels-directeurs, sans égard à son grade de maréchal-de-camp.

10. Le colonel qui préférerait se retirer avec le grade de maréchal-de-camp, sans y être employé, ne pourrait néanmoins faire perdre le tour d'ancienneté à celui qui le suivrait, et qui, dans ce cas, serait nommé à la place vacante.

Nomination au grade de lieutenant-général.

11. On parviendra du grade de maréchal-de-camp à celui de lieutenant-général, ancienneté et par le choix du Roi.

Sur deux places de lieutenant-général vacantes, une sera donnée au plus ancien maréchal-de-camp, l'autre à un maréchal-de-camp en activité dans ce grade depuis deux ans au moins.

12. Si un maréchal-de-camp que son tour d'ancienneté porterait au grade de lieutenant-général, préférait se retirer avec ce grade, à y être employé en activité, il en aurait la liberté, et recevrait la retraite fixée pour les maréchaux-de-camp, sans égard à son grade de lieutenant-général.

13. Le maréchal-de-camp qui préférerait se retirer avec le grade de lieutenant-général, sans y être employé, ne pourrait néanmoins faire perdre le tour d'ancienneté à celui qui, dans ce cas, serait nommé à la place vacante.

14. Les trois années d'études préliminaires à l'admission dans le corps du génie compteront aux officiers de ce corps, pour obtenir les récompenses accordées à l'ancienneté du service.

Du remplacement des officiers réformés.

Art. 1er. Les lieutenans ou lieutenans en second du corps du génie, réformés par la nouvelle organisation, seront employés dans le corps comme surnuméraires, jusqu'à leur remplacement ; ils conserveront jusqu'à ce moment les appointemens dont ils jouissent.

2. Les lieutenans ou lieutenans en second réformés seront replacés aux places vacantes de leur grade, alternativement avec les élèves, en commençant par les officiers réformés ; et lesdits officiers réformés reprendront leur rang suivant la date de leur commission.

3. Les officiers de tous grades du corps du

génie, à l'exception des lieutenans, qui, pour faciliter la nouvelle organisation, et pour ce moment seulement, voudront ne pas continuer leur service, seront libres de se retirer, et auront pour retraite les deux tiers de leurs appointemens, à moins que leurs services, d'après les règles fixées par le décret du 3 août dernier, ne leur donnent droit à un traitement plus considérable.

Ceux de ces officiers ayant au moins quinze ans de service, et au-dessous de vingt-huit, qui voudront également ne pas continuer leur service, conserveront néanmoins leur activité pour obtenir la croix de Saint-Louis.

4. Les officiers généraux du corps du génie qui ne seront pas choisis pour remplir les places d'inspecteurs généraux, recevront des traitemens de retraite suivant le décret du 3 août dernier.

Conserveront néanmoins lesdits officiers le droit de rentrer en activité comme inspecteurs généraux, dans le nombre de ces places laissées au choix du Roi.

———

7 = 12 DÉCEMBRE 1790. — Décret qui abolit toute procédure relative aux évènemens de Nancy. (L. 2, 833 ; B. 9, 103.)

L'Assemblée nationale, après avoir entendu le rapport qui lui a été fait au nom de ses comités militaires, des rapports et des recherches, décrète ce qui suit :

Art. 1er. L'Assemblée nationale abolit toutes procédures commencées tant en exécution de son décret du 16 août dernier, qu'à l'occasion des évènemens qui ont eu lieu dans la ville de Nancy le 31 du même mois ; en conséquence, tous citoyens et soldats détenus dans les prisons en vertu des décrets décernés par les juges de Nancy, ou autrement, à raison desdits évènemens, seront remis en liberté immédiatement après la publication du présent décret.

2. Charge son président de se retirer par devers le Roi, pour le prier de donner des ordres à l'effet du licenciement des régimens du Roi et de mestre-de-camp.

3. Elle charge son comité militaire de lui présenter ses vues, dans le plus court délai, sur les moyens de replacer ceux des officiers, sous-officiers, soldats, cavaliers et vétérans des régimens du Roi et de mestre-de-camp, qui, par leur conduite et leurs services, seraient jugés susceptibles de remplacement.

4. L'Assemblée nationale, instruite que les membres de la municipalité de Nancy qui existait à l'époque du mois d'août, ne sont pas ceux qui composent la nouvelle, se borne à révoquer l'approbation qu'elle avait donnée à la conduite de l'ancienne municipalité. Elle révoque également l'approbation qu'elle avait donnée au directoire du département de la Meurthe ; elle approuve le zèle et le courage énergique que la municipalité et les gardes nationales de Metz ont montrés pour l'exécution de la loi dans l'affaire de Nancy, ainsi que dans les diverses autres occasions où l'ordre public a exigé leur intervention.

Elle approuve particulièrement les principes d'égalité constitutionnelle et de fraternité civique d'après lesquels ils ont refusé la décoration destinée au membre du détachement envoyé à Nancy, qui serait désigné par la garde nationale de Metz pour la recevoir.

5. Elle vote des remercîmens à messieurs Duveyrier et Cahier, commissaires du Roi ; MM. Gaillard et Leroy, citoyens de Paris, qui les ont volontairement accompagnés, pour leur zèle patriotique dans le rétablissement de la paix à Nancy, et pour le succès de l'importante commission dont ils étaient chargés.

Elle vote pareillement des remercîmens à MM. Hocau, Nicolas, et madame Lambert, citoyens de Nancy, pour leur courage et leur zèle patriotique.

———

7 DÉCEMBRE 1790 = 5 JANVIER 1791. — Décret portant vente de domaines nationaux aux municipalités de Ville-du-Bert et Valenciennes. (L. 3, 69 et 96 ; B. 9, 95 et 96.)

———

7 DÉCEMBRE 1790. — Décret relatif à l'ordre du travail de l'Assemblée nationale. (B. 9, 97.)

———

7 DÉCEMBRE 1790. — Décret concernant l'organisation des bureaux nécessaires pour les opérations des finances décrétées par l'Assemblée. (B. 9, 97.)

———

8 = 12 DÉCEMBRE 1790. — Décret relatif aux pêcheurs dans les ports, et notamment à ceux de Marseille. (L. 2, 861 ; B. 9, 112 ; Mon. du 10 décembre 1790.)

L'Assemblée nationale, s'étant fait rendre compte des pétitions et mémoires des patrons pêcheurs de Marseille et autres pêcheurs étrangers établis dans cette ville et autres ports français de la Méditerranée, ouï ses comités de marine, de commerce et diplomatique, a décrété ce qui suit :

Art. 1er. Toutes les lois, statuts et réglemens sur la police et les procédés de la pêche, particulièrement les réglemens sur les faits et procédés de la pêche en usage à Marseille, autres que ceux du 29 décembre 1786 et du 9 mars 1787 seront provisoirement exécutés ; l'Assemblée se réservant, après la révision desdites lois, statuts et réglemens, de former un nouveau code des pêches ; et attendu que l'on a renouvelé, sur les côtes de Provence et de Languedoc, un procédé de pêches anciennement proscrit et sensiblement préjudiciable à l'industrie des pêcheurs et à la reproduction du poisson, ledit procédé connu sous le nom de la pêche aux bœufs, l'Assemblée nationale confirme les défenses prononcées par les précédentes lois, sous les peines y portées.

2. Les pêcheurs catalans continueront à jouir, d'après les conventions subsistantes entre la France et l'Espagne, de la faculté de pêcher sur les côtes de France, et de vendre leur poisson dans les ports où ils aborderont, en se conformant aux lois et réglemens qui régissent les pêcheurs nationaux : en conséquence, lesdits pêcheurs catalans et autres étrangers domiciliés ou stationnaires à Marseille et sur les côtes de Provence, seront soumis, comme les nationaux, à la juridiction des prud'hommes dans les lieux où il y en a d'établis (celle de Marseille est maintenue), et obligés de se faire inscrire au bureau des classes, où il leur sera délivré un rôle d'équipage, contenant le nombre d'hommes dont sera armé chaque bateau pêcheur, ceux sous pavillon français pouvant être composés par moitié d'étrangers, et ceux sous pavillon d'Espagne pouvant aussi être composés par moitié de Français.

3. Sont également soumis les pêcheurs catalans et autres étrangers, comme les nationaux, au paiement de la contribution dite *de la demi-part*, lorsqu'ils viendront vendre leurs poissons dans les marchés français.

4. La parité de charges et d'obligations entre les nationaux et les Catalans, assurant aux uns comme aux autres une parité de droits dans l'exercice de leur profession, les pêcheurs catalans domiciliés à Marseille jouiront en commun, pour l'étendage de leurs filets, des terrains appartenant à la communauté des pêcheurs, seront appelés à ses assemblées et délibérations, et pourront être élus prud'hommes aux mêmes titres et conditions que les nationaux.

5. Les assemblées de la communauté des pêcheurs, pour toutes les élections et pour la reddition des comptes de recette et de dépense de la communauté, seront tenues en présence d'un officier municipal, du procureur de la commune ou de son substitut, lequel aura le droit de requérir ce qu'il avisera pour constater l'authenticité des comptes, et parvenir à la liquidation des dettes de la communauté.

6. Les délibérations de ladite communauté pour l'administration des revenus et les contestations qui surviendraient sur le fait des élections, seront soumises à la décision du directoire du district, et en dernière instance à celle du directoire du département.

7. Tous les patrons pêcheurs, propriétaires d'un bateau monté de quatre hommes au moins, le patron et le mousse compris, ne pourront être soumis à aucun service public hors de l'enceinte du port et de la rade qu'ils habitent.

8. Le Roi sera prié de donner ses ordres au ministre des affaires étrangères, pour concerter avec la cour d'Espagne les moyens d'attacher au service de l'une et de l'autre nation les gens de mer français et espagnols domiciliés ou stationnaires sur les côtes de France et d'Espagne.

9. L'Assemblée nationale, prenant en considération la pétition de la ville de Cassis, pour le rétablissement dans son port de la juridiction de prud'hommes dont elle jouissait anciennement, décrète que ladite juridiction y sera rétablie ; et qu'il sera accordé, sur les côtes de la Méditerranée, de pareils établissemens, à tous les ports qui en feront présenter la demande par les municipalités et corps administratifs des lieux.

8 = 12 DÉCEMBRE 1790. — Décret relatif aux collations de bénéfices. (L. 2, 858 ; B. 9, 105 ; Mon. du 10 DÉCEMBRE 1790.)

L'Assemblée nationale décrète que tous actes de collation et de disposition de cures, faits par des ci-devant collateurs dans un lieu où le décret de la constitution civile du clergé avait déjà été publié à l'époque desdites collations, sont et demeurent nuls et comme non avenus, encore que ledit décret n'eût pas été publié à ladite époque dans le lieu de la situation des cures.

8 = 12 DÉCEMBRE 1790. — Décret qui admet les sœurs converses et les religieux convers à voter dans les élections de supérieurs et économes. (L. 2, 841 ; B 9, 105.)

L'Assemblée nationale décrète que les sœurs converses seront appelées aux assemblées dans lesquelles les supérieures et économes des maisons de religieuses seront nommées conformément au décret des mois de septembre et octobre derniers, et que lesdites sœurs converses donneront leurs voix pour les élections, comme les sœurs choristes.

Il en sera de même pour les religieux convers, dans les élections des supérieurs et économes des maisons qui seront indiquées aux ci-devant religieux qui auront préféré la vie commune.

8 = 15 DÉCEMBRE 1790. — Décret pour l'établissement de nouvelles mesures pour les grains. (L. 2, 903 ; B. 9, 111 ; Mon. du 10 décembre 1790.)

L'Assemblée nationale, après avoir entendu le rapport de son comité d'agriculture et de commerce, et sur les observations de l'Académie des sciences, désirant faciliter l'exécution de son décret du 8 mai dernier, sanctionné par le Roi le 22 août ; considérant qu'une partie des mesures existant dans les municipalités, principalement pour les grains, sont irrégulières ; que quelques-unes peuvent avoir été altérées par le temps, et n'être plus conformes aux titres en vertu desquels elles ont été établies ; que ce serait consacrer des erreurs ou des infidélités, que de fixer le rapport de semblables mesures, et que le fait se trouverait en beaucoup de lieux en opposition avec le droit ; décrète ce qui suit :

Art. 1er. Les directoires de département se feront adresser par les directoires de district un étalon des différentes mesures, des poids et des mesures linéaires et de capacité en usage dans le chef-lieu du district, avec le rapport constaté authentiquement, et par titres ou procès-verbaux en bonne forme, de ces mesures principales avec toutes les autres mesures en usage dans l'étendue du district.

2. Aussitôt que ces mesures, et les pièces qui doivent les accompagner, auront été rassemblées dans le chef-lieu du département, l'envoi en sera fait au secrétariat de l'Académie des sciences, en évitant les doubles emplois, dans le cas d'égalité authentiquement reconnue entre les mesures de plusieurs districts.

3. Le présent décret sera adressé sans délai aux assemblées administratives de département.

———

8 = 12 DÉCEMBRE 1790. — Décret qui accorde un secours de quarante-cinq mille livres aux départemens de la Haute-Loire et du Puy-de-Dôme pour les dégâts occasionnés par les eaux. (L. 2, 855 ; B. 9, 15.)

———

8 = 15 DÉCEMBRE 1790. — Décret qui ordonne que sur les biens appartenant aux ci-devant jésuites de Franche-Comté, il sera pris provisoirement une somme annuelle de douze cents livres pour le collége des Pères de l'Oratoire établi à Salins. (L. 2, 905 ; B 9, 116.)

———

8 = 15 DÉCEMBRE 1790. — Décret portant qu'il n'y a pas lieu à inculpation contre le maire d'Argenteuil. (L. 2, 876 ; B. 9, 116.)

———

8 = 15 DÉCEMBRE 1790. — Décret qui, en attendant la formation du département de Paris, commet provisoirement les cinq officiers municipaux chargés du travail des impôts directs de la ville de Paris, pour agir conjointement avec le maire et le procureur de la commune, les opérations préparatoires à la répartition et à l'assiette de l'impôt pour l'année 1791. (L. 2, 909 ; B. 9, 106.)

8 = 19 DÉCEMBRE 1790. — Décret qui ordonne que la délibération du département du Cantal relativement à l'emploi des fonds provenant de l'imposition des ci-devant privilégiés, sera exécutée selon sa forme et teneur. (L. 2, 937 ; B. 9, 104.)

———

8 DÉCEMBRE 1790 = 5 JANVIER 1791. — Décret portant vente de domaines nationaux aux municipalités de Bray-Saint-Christophe, Chartres, Germaine, Lanneray, Saint-Quentin et Vervins. (L. 3, 36, 38, 42, 78 ; B. 9, 107, 108, 109, 110.)

———

8 DÉCEMBRE 1790 Antilles. Voy. 29 NOVEMBRE 1790. — Médailles. Voy. 9 DÉCEMBRE 1790.

———

9 = 15 DÉCEMBRE 1790. — Décret relatif au mode de restitution des biens des religionnaires fugitifs. (L. 2, 911 ; B. 9, 119 ; Mon. du 11 décembre 1790.)

Voy. loi du 10 = 18 JUILLET 1790 ; Constitution de 1791, tit. 2, art. 2 ; lois du 20 SEPTEMBRE 1792, du 17 JUILLET et 22 août 1793 ; arrêtés des 28 FRIMAIRE et 29 GERMINAL an 6.

L'Assemblée nationale, ayant reconnu, par son décret du 10 juillet dernier, qu'il était de sa justice de restituer aux représentans des religionnaires les biens dont ceux-ci ont été privés dans des temps de troubles et d'intolérance (1) ; et voulant pourvoir au mode de la restitution déjà ordonnée, après avoir entendu le rapport de son comité des domaines, décrète ce qui suit :

Art. 1er. Les religionnaires fugitifs et autres dont les biens ont été confisqués pour cause de religion, et leurs héritiers, sont appelés à recueillir (2), selon les formes indiquées ci-après, les biens qui se trouvent actuellement dans les mains des fermiers préposés à leur régie.

2. Ils seront tenus de se pourvoir par simple requête en main-levée desdits biens, dans le délai de trois années, à compter du jour de la publication du présent décret, par-devant le tribunal de district dans l'étendue duquel lesdits biens sont situés ; lequel tribunal ne pourra prononcer la main-levée qu'après communication au procureur-général-syndic du département, et sur les conclusions du commissaire du Roi.

3. Ils joindront à leur requête les titres et pièces propres à établir qu'ils sont héritiers de celui qu'ils prétendent représenter, et que

———

(1) Une vente d'immeubles faite en 1757 par un protestant, sans autorisation préalable du gouvernement, était nulle, tellement qu'aucune autorisation subséquente ne couvrait la nullité (2 nivose an 2 ; Cass. S. 1, 1, 46).

(2) L'ouverture de la succession des religionnaires fugitifs, ne doit être fixée ni à l'époque du séquestre de leurs biens après leur fuite, ni à l'époque de leur décès effectif ou de leur disparution sans nouvelles, mais à l'époque de la loi qui a ordonné la restitution de ces biens (30 avril 1806 ; Cass. S. 6, 1, 291).

les biens par eux réclamés proviennent de son chef.

4. Lorsque les titres du demandeur en main-levée ne seront pas suffisans pour prouver sa parenté et la propriété des biens par lui réclamés, il pourra être admis à compléter cette preuve par enquêtes, même de commune renommée.

5. Tous les titres, baux et documens qui sont au pouvoir de la régie, concernant les biens réclamés, seront communiqués, sans déplacer, aux parties intéressées, qui pourront s'en faire délivrer copie ou extrait sans frais.

6. Ne pourront les demandeurs en main-levée se mettre en possession des biens, en vertu des ordonnances qui les auront prononcées, qu'après les avoir fait signifier tant au régisseur ou à ses préposés, qu'aux fermiers et détenteurs desdits biens.

7. Les adjudicataires actuels des biens des religionnaires à titre de bail à rente perpétuelle avec clause résolutoire, seront tenus d'en laisser la libre possession et jouissance à ceux qui en auront obtenu main-levée, sur la première réquisition; à la charge par ces derniers de leur rembourser préalablement les frais de culture, de labour et de semence, ainsi que le montant des sommes que les adjudicataires justifieront, par des procès-verbaux de vente, devis estimatif, adjudication au rabais, réception d'ouvrages et quittances d'ouvriers, avoir payées lors de leur entrée en jouissance, aux adjudicataires précédens, pour le parfait rétablissement desdits biens, conformément aux clauses de leur adjudication.

8. A l'égard des biens des religionnaires, adjugés à titre de location, ceux qui en obtiendront la main-levée seront obligés d'en entretenir les baux, et ils en percevront les loyers, à compter du jour de leur demande.

Ils pourront en conséquence exercer contre les fermiers toutes les actions résultant desdits baux, à la charge d'en remplir également toutes les clauses et conditions.

9. Pourront, néanmoins, ceux qui auront obtenu la main-levée, faire procéder à la visite des lieux par experts convenus ou nommés d'office; lesquels estimeront les *réédifications, plantations et améliorations* qui se trouveront à faire auxdits biens; et ils sont autorisés à compenser le montant de cette estimation jusqu'à due concurrence, avec les sommes qu'ils devront rembourser aux adjudicataires, en vertu des dispositions de l'article précédent.

10. Dans le cas où le montant des sommes à répéter, d'après l'estimation des experts, excéderait le remboursement à faire à l'adjudicataire, celui qui a obtenu la main-levée pourra se pourvoir devant les mêmes juges pour se faire payer le surplus par l'adjudicataire.

11. Les baillistes et adjudicataires des biens appartenant aux religionnaires, seront tenus de restituer à ceux qui obtiendront la main-levée de ces biens, le prix des bois et arbres de futaie qu'ils auraient coupés sur ces biens, depuis le jour de la publication du décret rendu le 10 juillet dernier, et à dire d'experts convenus ou nommés d'office.

12. Les religionnaires fugitifs et autres dont les biens ont été confisqués pour cause de religion, ne pourront, non plus que leurs héritiers, revendiquer lesdits biens dans le cas où ils auraient été vendus; mais il leur sera donné main-levée et délivrance des rentes constituées par le gouvernement, des deniers provenant de la vente de ces mêmes biens.

13. Tous prétendans-droit à la propriété des biens dont la main-levée sera accordée, seront tenus de se présenter dans le délai de cinq années, à compter du jour de la prise de possession desdits biens, prescrite par l'article 6 du présent décret;

Lequel délai courra même contre les mineurs, sans aucune espérance de restitution (1).

14. Ceux qui se présenteront dans le délai de cinq années ne pourront répéter les fruits de ceux qui auraient obtenu la main-levée, qu'à compter du jour de leur demande.

15. Les portions de revenu des biens des

(1) Lorsque des parens d'un religionnaire fugitif intentent leur action contre d'autres parens du religionnaire, d'un degré plus éloigné, qui détiennent les biens, en ce cas, la prescription ne commence à courir que du jour où les détenteurs se sont fait envoyer en possession (2 germinal an 10; Cass. S. 7, 2, 1167).

La prescription a couru, même à l'égard des ayant-droit des religionnaires établis en pays étranger, du jour de la publication de la loi, et non pas seulement du jour où les formalités prescrites par les articles 19 et 23, ont été accomplies (4 mars 1819; Cass. S. 19, 1, 447).

La prescription ne peut avoir lieu si l'envoyé en possession ne rapporte les exploits de la signification du jugement de main-levée qui ont dû précéder la prise de possession. Il ne lui suffit pas de rapporter, soit un jugement rendu entre d'autres parties, qui énonce ces exploits, soit le certificat de leur enregistrement (6 thermidor an 11; Cass. S. 3, 2, 538).

La prescription établie en faveur de celui qui a obtenu, dans les formes légales, l'envoi en possession des biens d'un religionnaire fugitif, rend tout autre prétendant-droit à ces biens non-recevable à contester les titres en vertu desquels l'envoi en possession a été prononcé, fût-ce même une fausse généalogie (17 mai 1814; Cass. S. 15, 1, 85).

religionnaires, ci-devant accordées aux dénonciateurs, cesseront de leur appartenir à compter du 1er janvier 1791, et seront soumises à la même régie et comptabilité qui sera établie pour le surplus des autres biens.

16. Les dons et concessions des biens des religionnaires, faits à titre gratuit, à autres que leurs parens, sont révoqués, sans que les donataires et concessionnaires puissent se prévaloir d'aucune prescription; et néanmoins ils ne seront tenus à aucune restitution des fruits; mais la prescription pourra être opposée par leurs héritiers et successeurs à titre universel, qui auraient possédé lesdits biens pendant l'espace de trente ans.

A l'égard des tiers-acquéreurs et successeurs à titre particulier, ils ne pourront être inquiétés en aucun cas.

17. Quant aux dons et concessions faits en faveur des parens des religionnaires, à quelque degré que ce soit, lesdits parens demeureront en possession des biens, sans préjudice des droits des parens plus proches ou en égal degré, qui viendraient à se présenter dans le délai prescrit par l'article 14; et ce, à compter pour eux du jour de la publication du présent décret, à moins que la question de parenté n'eût été jugée entre eux par arrêts rendus contradictoirement, ou par jugemens passés en force de chose jugée (1).

18. Toutes les demandes en main-levée, et toutes les instances en restitution desdits biens, qui sont actuellement pendantes au conseil, seront, après la publication du présent décret, renvoyées au tribunal de district de la situation des biens, pour y être jugées les premières par ordre de leurs dates.

19. Il sera dressé incessamment un tableau des biens saisis sur les religionnaires, et qui sont actuellement compris dans le bail général, avec l'énonciation des lieux de leur situation et indication des noms des propriétaires anciens, lequel tableau sera imprimé et envoyé à chaque tribunal de district, pour y être affiché et enregistré.

20. Après l'expiration du délai de trois années, fixé pour se pourvoir en main-levée, les biens pour lesquels il ne se sera présenté aucun demandeur en main-levée, seront vendus dans les mêmes formes que les biens nationaux, pour le prix en provenant être placé en capitaux, ou déposé dans la caisse de l'extraordinaire, et être restitué sans intérêts aux religionnaires ou à leurs héritiers, dans quelque temps qu'ils se présentent, en justifiant par eux de leur descendance ou titre d'hérédité, suivant les formes ci-dessus.

21. Les baillistes et autres débiteurs des biens mis en régie ne pourront, sous quelque prétexte que ce soit, se refuser au paiement du prix de leurs baux, ou du montant des rentes qu'ils doivent; et ils seront tenus de payer au régisseur général actuel les arrérages échus et à échoir des fermages et rentes, jusqu'au jour de la signification de la main-levée qui pourra en être accordée, jusqu'à ce que l'Assemblée nationale ait statué sur le nouveau régime qu'elle se propose d'établir dans cette partie, en attendant la vente desdits biens, portée dans l'article précédent.

22. Toutes personnes qui, nées en pays étranger, descendent en quelque degré que ce soit d'un Français ou d'une Française expatriés pour cause de religion, sont déclarés naturels français, et jouiront des droits attachés à cette qualité, si elles reviennent en France, y fixent leur domicile et prêtent le serment civique.

Les fils de famille ne pourront user de ce droit, sans le consentement de leurs père, mère, aïeul ou aïeule, qu'autant qu'ils seront majeurs ou jouissant de leurs droits (2).

23. L'Assemblée nationale charge son président de présenter, dans le jour, ce décret à la sanction du Roi, avec prière à Sa Majesté de donner des ordres à tous ses ambassadeurs, ministres, envoyés, résidens, consuls, vice-consuls ou agens auprès des puissances étrangères, afin que ce présent décret soit incessamment connu de toutes les familles françaises ou descendant de Français.

---

(1) *Voy.* loi interprétative du 4 nivose an 5.

Les héritiers et successeurs à titre universel des parens des religionnaires fugitifs, donataires ou concessionnaires de leurs biens, sont fondés à opposer la prescription de trente ans, lorsque la propriété de ces mêmes biens leur est contestée après plus de trente ans d'une jouissance paisible, tant par eux que par leurs auteurs (15 juin 1811; J. C. t. 1, p. 503).

(2) Un Français est toujours présumé conserver l'esprit de retour, quelque résidence qu'il fasse dans l'étranger encore même que, né sur le sol étranger, d'un père français, il ait une affection présumée pour cette terre étrangère. Ainsi, les enfans d'un religionnaire sorti de France en 1751, établi à Londres comme négociant, et y étant dé-

cédé en 1796, ont pu, quoique nés et établis dans le commerce à Londres, hériter en France, en 1808, encore que ni le père ni les enfans ne fussent rentrés en France et n'eussent pas même fait la soumission d'y rentrer, aux termes, soit des lois de 1790 sur les religionnaires fugitifs, soit de l'article 10 du Code civil, sur les enfans de Français proscrits (13 juin 1811; Cass. S. 11, 1, 290).

Un Français, religionnaire fugitif, sorti de France en 1751, et mort dans l'étranger, en 1796, sans être rentré en France, et y avoir prêté le serment civique, aux termes des lois de 1790, n'en est pas moins réputé mort *integri status*, exempt de mort civile, et ayant conservé la qualité de Français, soit qu'il n'eût pas été proscrit, soit que

9 (8 et) = 15 DÉCEMBRE 1790. — Décret relatif aux médailles en mémoire de l'abandon de tous les priviléges. (L. 2, 919; B. 9, 115.)

L'Assemblée nationale, ouï le rapport de son comité des finances, ordonne, en exécution de ses décrets des 4 août 1789 et 30 septembre 1790, que les médailles en cuivre qui doivent être frappées en mémoire de l'abandon de tous les priviléges, seront exécutées jusqu'au nombre de douze cents, y compris les cent trente qui sont déjà frappées; qu'à cet effet, les coins ainsi que les médailles, actuellement déposés aux archives de l'Assemblée nationale, en seront retirés, pour être remis à la Monnaie et aux artistes chargés de l'exécution, jusqu'à l'entière perfection de l'ouvrage. Ces médailles seront distribuées à chacun de MM. les députés; après quoi les coins seront brisés en présence de commissaires.

Ordonne, en outre, que le prix de ces médailles sera payé par une retenue faite sur le montant des premiers mandats à délivrer à chaque député.

9 DÉCEMBRE 1790 = 5 JANVIER 1791. — Décret portant vente de domaines nationaux à la municipalité de Bourges. (L. 3, 30.)

9 DÉCEMBRE 1790 = 19 JANVIER 1791. — Décret qui confirme les juridictions de prud'hommes pêcheurs ci-devant établies, et notamment celle de Toulon. (L. 3, 189.)

9 = 15 DÉCEMBRE 1790.—Décret qui nomme des juges-de-paix dans les villes de Clermont-Montferrand, Vannes, Poitiers, Châtellerault, Nevers, Blois, Orléans, Colmar, Strasbourg, et qui établit des tribunaux de commerce dans les villes de Caen, Nevers et Angers. (B. 9, 117.)

10 = 15 DÉCEMBRE 1790. — Décret sur le traitement du clergé (L. 2, 880; B. 9, 129; Mon. du 11 décembre 1791.)

Voy. loi du 12 JUILLET = 24 AOUT 1790.

L'Assemblée nationale, instruite des difficultés élevées sur l'exécution de quelques-uns des articles de son décret du 24 juillet dernier, concernant le traitement du clergé actuel, ouï le rapport de son comité ecclésiastique, décrète ce qui suit :

Art. 1er. Dans les chapitres ou autres corps

dans lesquels la résidence était de rigueur, et dans lesquels, quand on ne résidait pas, les absens pourvus d'autres bénéfices, places ou emplois ecclésiastiques exigeant résidence, ne participaient en aucune manière aux revenus, ou lorsqu'ils n'y avaient qu'une part moindre que celle des présens, lesdits absens ne pourront, lors de la liquidation de leur traitement, porter dans l'état de leurs revenus ecclésiastiques aucune partie des revenus desdits chapitres, ou bien ils ne pourront y porter que celle dont ils jouissaient, le surplus devant être divisé entre les présens, suivant la règle ou l'usage observé dans lesdits chapitres.

2. Lorsqu'un ecclésiastique se trouvera titulaire de plusieurs bénéfices, si les revenus de l'un d'eux étaient absorbés par les augmentations accordées aux curés et aux vicaires qui étaient à portion congrue, et dont la déduction doit être faite sur ses revenus, il ne pourra, sous prétexte d'abandon de ce bénéfice, s'exempter de cette déduction sur la totalité de ses revenus ecclésiastiques, lui demeurant néanmoins réservé le *minimum* fixé par les précédens décrets de l'Assemblée.

3. Dans la déduction à faire des charges, en exécution de l'article 24 du décret du 24 juillet dernier, on suivra les règles ci-après :

1° On ne déduira pas les décimes qui étaient imposés avant l'année 1790, ni les impositions mises pour les derniers six mois de l'année 1789, et pour l'année 1790, ni aucune autre imposition mise ou à mettre ;

2° On ne déduira pas les réparations locatives des logemens des évêques et des curés dont ils sont restés chargés ;

3° On ne déduira pas les diminutions qui pourraient survenir par vétusté ou cas fortuits ;

4° On ne déduira pas la dépense des fondations et obits, dont les bénéficiers ou les corps faisaient eux-mêmes le service dans les églises non paroissiales, et à raison duquel service ils jouissaient des biens affectés auxdites fondations et obits; les revenus desquels biens ils porteront dans l'état de leurs revenus ecclésiastiques.

On déduira :

1° Ce que les corps ou bénéficiers payaient ou fournissaient pour le service des fondations ou obits qu'ils n'acquittaient pas eux-mêmes, soit dans leurs églises, soit dans d'autres ;

la proscription ait été, par la loi de 1790, effacée pleinement avec effet rétroactif. Le fils d'un Français religionnaire fugitif, décédé *integri status*, est Français exempt de tout vice de mort civile, encore qu'il soit né durant la mort civile, de son père (13 juin 1811; Cass. S. 11, 1, 290).

Le descendant de religionnaires fugitifs, qui a rempli les formalités prescrites, a recouvré non-

seulement la qualité de Français, mais aussi les droits politiques. — Il suffit pour invoquer le bénéfice de la loi, d'être issu de religionnaires fugitifs, par la branche maternelle (Discussion de la chambre des députés, sur l'élection d'un descendant de religionnaires fugitifs. *Voy.* Moniteur des 17, 22, 23 et 24 mai 1824). *Voy.* Constitution du 1791, tit. 2, art. 2.

2° Ce que les fabriques avaient droit d'exiger pour le service paroissial ou pour tout autre service, tant sur les biens affectés auxdites fondations et obits, que sur d'autres biens ;

3° La fourniture des ornemens, des vases sacrés, les frais d'entretien du bas-chœur, des musiciens et organistes, et toutes autres dépenses du culte vis-à-vis des corps ou bénéficiers qui y étaient assujétis ;

4° Les portions congrües des curés et des vicaires, à raison de douze cents livres pour les premiers, et sept cents livres pour les seconds, sauf l'exécution de l'article 25 du décret du 24 juillet dernier, et de l'article 3 du décret du 3 août suivant ;

5° Les pensions affectées sur les bénéfices ;

6° Les intérêts des sommes dues en particulier par les corps ou les bénéficiers, à raison de leurs bénéfices, ensemble les rentes constituées, foncières, ci-devant seigneuriales et autres, même les droits casuels ;

7° Les réparations d'entretien des bâtimens, autres que celles locatives, à l'égard des logemens des évêques et des curés ;

8° Les réparations aussi d'entretien des églises, chœur, cancel, cloches et autres édifices religieux, que supportaient les corps ou les bénéficiers, soit à raison des dîmes, soit à raison d'autres biens, sans déroger aux précédens décrets qui les dispensent de celles auxquelles ils auraient été obligés pour des dégradations arrivées avant le 1er janvier 1790 ;

9° La déduction pour les réparations sera réglée dans la proportion du vingtième du revenu des dîmes, ou des biens sur lesquels il y avait une action pour le paiement desdites réparations.

4. Lors de la liquidation du traitement des curés, n'entreront point dans la masse de leurs revenus ecclésiastiques les produits des biens affectés à l'acquit maintenu provisoirement par l'article 24 du titre 1er du décret du 12 juillet dernier, concernant la constitution civile du clergé, des fondations de messes et autres services établis dans les églises paroissiales non réunies légalement aux autres biens de la cure. Conformément audit article, les curés et les prêtres attachés aux églises paroissiales, sans être pourvus de leurs places en titre perpétuel de bénéfice, continueront d'acquitter lesdites fondations et autres services ; ils en recevront les émolumens. Les curés et les vicaires qui feront ces services, les recevront outre leur traitement ; les biens seront administrés comme par le passé, le tout provisoirement, et lesdits biens ne seront pas vendus, quant à-présent.

5. De même, les membres des chapitres ou d'autres corps, ainsi que les bénéficiers non curés, ne porteront point dans la masse de leurs revenus ecclésiastiques les produits des biens affectés aux fondations de messes et autres services établis dans les églises paroissiales, soit qu'ils les acquittassent eux-mêmes ou non. Il sera pourvu à la continuation desdits services, s'il y a lieu, conformément à l'article 25 du titre 1er du décret du 12 juillet dernier, concernant la constitution civile du clergé ; et lesdits biens dont jouissaient, à raison desdits services, les membres des chapitres ou d'autres corps, ainsi que les bénéficiers non curés, seront administrés par les fabriques, à la charge d'en rendre compte, conformément à l'article 13 du titre 1er du décret des 28 = 23 octobre dernier.

6. Dans les chapitres ou autres corps dans lesquels il était de règle ou d'usage de former, sous le nom de *mense capitulaire*, ou sous toute autre dénomination, une partie distincte et séparée des revenus, et qui avait une destination particulière, cette mense n'entrera point dans la masse des revenus individuels ou communs sur laquelle les traitemens seront liquidés. Les sommes dues à cette mense ne pourront être touchées par les membres du corps, et les dépenses assignées sur cette mense ne seront pas déduites.

7. Les membres des chapitres ou autres corps qui avaient, à raison des places amovibles, telles que celles de trésoriers, prévôts ou autres, une rétribution particulière, ne pourront la porter dans la masse de leurs revenus individuels ; le montant en sera réparti sur tous les membres.

8. Dans les chapitres ou autres corps dans lesquels les revenus étaient perçus en commun, et ensuite partagés, il en sera fait une masse commune, dont il sera assigné une portion à chaque membre, sur laquelle son traitement individuel sera liquidé.

9. Suivant les dispositions de l'article 22 du décret du 24 juillet dernier, les baux courans et exécutés en 1790 serviront, sans remonter aux précédens, de règle pour fixer le montant des revenus.

10. Néanmoins, les sommes promises ou payées à titre de pots-de-vin, ou de telle autre manière, seront ajoutées au prix du bail, lorsqu'il sera établi qu'elles en faisaient partie, soit par des actes d'une date certaine, antérieure au 2 novembre 1789, soit de toute autre manière pour les sommes promises et encore dues, et que les fermiers, auront déclaré devoir, pour satisfaire à l'article 37 du décret des 6 et 11 août dernier.

11. Lorsqu'il n'y aura point de bail, aux termes de l'article 9 ci-dessus, il sera formé une année commune de quatorze, en déduisant les deux où les denrées auront été au plus haut prix et les deux dans lesquelles elles auront été au plus bas, sur l'état qui en sera fourni, lequel sera vérifié d'après les comptes de régie ; et, à défaut de comptes de régie, d'après les renseignemens qu'on pourra se procurer en prenant les observations des municipalités, ou autrement.

12. Les baux des biens nationaux passés à des bénéficiers supprimés, pour durer pendant leur vie bénéficiaire, sont et demeurent résiliés à compter du 1er janvier 1790, sauf le paiement de l'occupation de même année 1790, et l'exécution de l'article 26 du décret du 24 juillet dernier.

10 = 15 DÉCEMBRE 1790. — Décret relatif aux dépenses qu'exigent les dégâts occasionnés par les inondations. (L. 2, 918; B. 9, 129; Mon. du 11 décembre 1791.)

L'Assemblée nationale décrète que l'administration lui présentera un état général de toutes les dépenses extraordinaires que nécessitent les inondations, et les dégâts qu'elles ont causés dans les différens départemens, en distinguant dans ces dépenses celles qu'elle pensera devoir être supportées par les départemens et districts, et celles qu'elle croira devoir rester à la charge du Trésor public. En conséquence, toutes les demandes des directoires de département sur cet objet, seront adressées au pouvoir exécutif.

10 = 15 DÉCEMBRE 1790. — Décret relatif au mode de paiement des arrérages de pensions. (L. 2, 875; B. 9, 128.)

L'Assemblée nationale, après avoir entendu le rapport de son comité des pensions, décrète, en exécution de ses précédens décrets relatifs aux arrérages des pensions, que les porteurs de brevets de pensions sur lesquels sont portés les décomptes des anciens arrérages qui leur sont dus, remettront leurs brevets aux bureaux de liquidation qui seront établis, pour en recevoir des reconnaissances du montant des sommes qui seront portées sur ces brevets, comme décompte; lesquelles reconnaissances seront acquittées à la caisse de l'extraordinaire, aux époques qui seront à cet effet incessamment déterminées.

10 = 15 DÉCEMBRE 1790. — Décret contre plusieurs ci-devant bénéficiers d'Autun qui s'opposent à la vente des biens nationaux. (L. 2, 873; B. 9, 124.)

10 DÉCEMBRE 1790 = 19 JANVIER 1791. — Décret qui ordonne de procéder à la vente de domaines nationaux aux municipalités de Prason, d'Athilac, de Brasey, de Lyon, de Montpellier, de Murat, de Saint-Martin-du-Mont et de Saint-Véran. (L. 3, 190, 196, 208, 212 B. 9, 124, 125, 126, 127.)

10 DÉCEMBRE 1790. — Bar-le-Duc. Voy. 4 DÉCEMBRE 1790. — Bayonne, etc. Voy. 30 NOVEMBRE 1790. — Biens de séminaire; Billets d'emprunt. Voy. 3 DÉCEMBRE 1790. — Bonneval, etc. Voy. 20 NOVEMBRE 1790. — Brevets de retenues. Voy. 24 NOVEMBRE 1790.

— Chambane. Voy. 4 DÉCEMBRE 1790. — Châteaudun, etc. Voy. 21 NOVEMBRE 1790. — Domaines nationaux. Voy. 29 NOVEMBRE 1790. — Drevon père. Voy. 3 DÉCEMBRE 1790. — Enfans abandonnés. Voy. 29 NOVEMBRE 1790. — Entrepreneur de tabac; Impôts, etc. Voy. 3 DÉCEMBRE 1790. — Juges-de-paix. Voy. 1er DÉCEMBRE 1790. — Sieur Latierce. Voy. 30 NOVEMBRE 1790. — Lorraine. Voy. 3 DÉCEMBRE 1790. — Mayenne. Voy. 4 DÉCEMBRE 1790. — Montauban. Voy. 28 NOVEMBRE 1790. — Moulins, etc. Voy. 3 DÉCEMBRE 1790. — Offices supprimés. Voy. 28 NOVEMBRE 1790. — Officiers municipaux. Voy. 2 DÉCEMBRE 1790. — Protestans. Voy. 1er DÉCEMBRE 1790. — Rentes; Seine-et-Oise. Voy. 4 DÉCEMBRE 1790. — Tribunaux. Voy. 29 NOVEMBRE 1790. — Tribunaux de commerce. Voy. 30 NOVEMBRE 1790, 1er DÉCEMBRE 1790.

11 = 15 DÉCEMBRE 1790. — Décret qui approuve et autorise l'acquisition faite par le département de la Vendée, d'une maison et bâtimens destinés à recevoir les membres de ce département. (L. 2, 907; B. 9, 135.)

11 DÉCEMBRE 1790 = 15 JANVIER 1791. — Décret qui autorise la caisse de l'extraordinaire à verser au trésor public quarante-cinq millions en assignats pour le service du mois de décembre. (L. 2, 872; B. 9, 136.)

11 DÉCEMBRE 1790 = 15 JANVIER 1791. — Décret qui déclare nulles et comme non-avenues les cartouches jaunes délivrées aux cavaliers et sous-officiers du Régiment Royal-Champagne (L. 2, 878; B. 9, 136.)

11 DÉCEMBRE 1790 = 5 JANVIER 1791. — Décret qui établit des tribunaux de commerce à Granville et à Arles, qui réunit le port de Granville, le Roc, les faubourgs Saint-Nicolas et de Douville en une seule municipalité; fixe le nombre des juges-de-paix de Bordeaux et de Tulle, et détermine les limites des juridictions de ceux du canton d'Argenteuil. (L. 3, 92; B. 9, 134.)

11 DÉCEMBRE 1790. — Petite monnaie. Voy. 11 JANVIER 1791.

12 DÉCEMBRE 1790 = 5 JANVIER 1791. — Décret pour prévenir les désordres que pourraient commettre les ci-devant soldats des troupes belgiques (L. 2, 868; B. 9, 140; Mon. du 14 décembre 1790.)

Art. 1er. Le Roi sera prié de donner les ordres les plus prompts, tant aux commandans des troupes de ligne, qu'à ceux des maréchaussées, dans les départemens du Nord, du Pas-de-Calais, et dans tous les départemens limitrophes et voisins des Pays-Bas autrichiens et du Luxembourg, pour qu'ils prennent toutes les mesures et fassent toutes les dispositions nécessaires, même en requé-

rant, au besoin, l'assistance des gardes nationales, à l'effet d'arrêter les désordres ulté-
rieurs que pourraient commettre les ci-devant
soldats des troupes belgiques qui se trouvent
actuellement ou pourraient s'introduire par
la suite dans lesdits départemens.

2. Le Roi sera également prié de donner
des ordres pour que sur la réquisition des
corps administratifs desdits départemens de
leurs directoires, et d'après les états qui seront par eux fournis aux commandans ou
directeurs des arsenaux, il soit délivré par
ceux-ci aux municipalités, sur leurs récépissés, les armes nécessaires pour mettre leurs
gardes nationales en état de concourir efficacement, et selon les formes établies par la
constitution, à la défense des propriétés et
au maintien du bon ordre.

3. Tous les ci-devant soldats des troupes
belgiques, ou autres étrangers étant actuellement en France, seront tenus, dans les vingt-
quatre heures de la publication du présent
décret, dans chacune des municipalités où ils
se trouveront, de porter leurs armes au greffe
des officiers municipaux de la ville la plus
voisine, qui en feront l'estimation et leur en
paieront la valeur, de laquelle il leur sera
tenu compte par le receveur du district dans
l'arrondissement duquel cette ville sera placée, en rapportant par eux lesdites armes
au secrétariat de ce district, si mieux ils n'ai-
ment les retenir pour l'usage de leurs gardes
nationales, ou les faire vendre au profit de
leurs communes à des citoyens actifs.

4. Passé ce délai de vingt-quatre heures,
tout soldat des troupes belgiques, ou autre
étranger actuellement en France, qui sera
trouvé avec des armes, sera arrêté et conduit
devant la municipalité de la ville la plus voisine, qui déclarera les armes confisquées, et
pourra, s'il y a lieu, le condamner à un ou
plusieurs jours de prison.

5. Les mêmes mesures seront prises et les
mêmes peines seront prononcées contre ceux
desdits soldats qui, parvenant à s'introduire
en France postérieurement à la publication
du présent décret, ne porteraient pas sur-le-
champ leurs armes au greffe municipal de la
ville la plus voisine du lieu de leur arrivée.

6. Si, parmi lesdits soldats, il s'en trouve
qui soient Français, il leur sera fourni par la
municipalité de la ville où ils déposeront leurs
armes, un mandat de trois sous par lieue,
lequel, étant visé par le directoire du district
dont cette ville dépend, sera acquitté de dix
lieues en dix lieues, sur les caisses de district,
jusqu'à leur arrivée dans leurs domiciles.

7. Aucun desdits soldats ne pourra, dans sa
marche, même depuis son désarmement, s'é-
carter des grandes routes conduisant à sa destination; et ceux qui s'en écarteront, seront
arrêtés et conduits en prison.

8. A l'égard de ceux desdits soldats qui ne

sont pas régnicoles, ils seront conduits sous
bonne et sûre garde hors du royaume, à la
plus prochaine frontière; et il sera employé
tous les moyens nécessaires pour empêcher
qu'ils n'y rentrent, ou que d'autres ne s'y in-
troduisent à l'avenir.

6. Quant à ceux desdits soldats français ou
étrangers qui se seraient rendus, ou se ren-
draient par la suite coupables d'excès, violences ou voies de fait, leur procès leur sera
fait en dernier ressort par le tribunal du district du lieu où ils auront commis aucun de
ces délits, ou même par celui du lieu où ils
seront arrêtés.

10. Il sera accordé aux gardes nationales
qui, en étant requises, se transporteront à
plus de trois lieues de leur domicile pour
l'exécution du présent décret, une indemnité
dont le mode sera incessamment présenté par
les comités de constitution et militaire.

12 = 19 DÉCEMBRE 1790. — Décret qui annulle
un bail à vie fait à la dame de Coaslin. (L. 2,
943; B. 9, 137.)

Art. 1er. Conformément à l'article 24 du
décret du 22 novembre dernier, sanctionné
par le Roi, sur la législation domaniale, le
bail à vie fait à la dame de Coaslin, du cens
du château de Dieuze, des domaines et étangs
de l'Indre, circonstances et dépendances, en
vertu de l'arrêt du conseil du 6 août 1751,
est et demeure révoqué; en conséquence, à
compter du 1er janvier 1791, la dame de
Coaslin cessera toute jouissance desdits objets, lesquels demeurent réunis aux domaines
nationaux.

2. Le sous-bail fait par la dame de Coaslin,
dans le cours de sa jouissance, le 8 mai 1789,
au sieur Jean-Baptiste-Nicolas Vivaux, aura
son exécution au profit de la nation, tant
contre ledit Vivaux que contre ses cautions;
et ils seront tenus d'en payer au Trésor national la redevance annuelle de trente-six
mille six cent soixante-six livres treize sous
quatre deniers, aux échéances, et d'après les
conventions portées au sous-bail, aux billets
souscrits par ledit Vivaux et ses cautions,
pour supplément de ladite redevance, sauf
l'indemnité résultant de la suppression d'aucun des droits compris dans leur bail, laquelle
sera fixée d'après les règles précédemment
décrétées.

3. La dame de Coaslin sera tenue de remettre, dans la huitaine de la publication du
présent décret, à l'administration des domaines, tous les titres, pièces et renseignemens
qu'elle peut avoir en sa possession, relatifs
aux domaines à elle concédés pour en jouir
pendant sa vie, ainsi que les dix-huit billets
souscrits par le sieur Vivaux et ses cautions,
pour partie du prix du bail, montant ensemble à quatre-vingt-sept mille livres, et de jus-

tifier de l'acquit des charges, clauses et conventions dont elle était tenue pour raison de ladite jouissance.

Renvoie la dame de Coaslin au comité des pensions, pour ce qui concerne celle de vingt-deux mille livres dont elle jouissait à l'époque de la concession à elle faite, pour, sur le rapport qui lui en sera fait, être par l'Assemblée nationale statué ce qu'il appartiendra.

12 DÉCEMBRE 1790 = 18 FÉVRIER 1791. — Décret sur le timbre. (L. 3, 528; B. 11, 146.)

Voy. loi du 10 = 17 JUIN 1791; loi du 11 NIVOSE an 4, du 14 THERMIDOR an 4, du 5 FLORÉAL an 5, du 9 VENDÉMIAIRE an 6, tit. 3; du 13 BRUMAIRE an 7.

Art. 1er. A compter du 1er avril prochain, la formule sera abolie; les timbres maintenant en usage seront supprimés : les papiers ou parchemins qui s'en trouveraient marqués, ne pourront être employés qu'après avoir été contre-timbrés du timbre qui sera ci-après établi; et il sera libre à tout particulier qui en serait pourvu, de les rapporter dans trois mois, à compter du jour de la publication du présent décret, à la régie, qui lui en rendra le prix, ou de les faire contre-timbrer en payant le supplément.

2. A compter de la même époque et dans toute l'étendue du royaume, la régie de la formalité de l'enregistrement fournira exclusivement et au profit du Trésor public, pour tous les actes qui seront ci-après indiqués, des papiers marqués de nouveaux timbres, et dont les prix seront déterminés par le tarif annexé au présent décret.

3. Seront écrites sur papier timbré :

1° Toutes les minutes et expéditions d'actes qui, soit en minute, soit en expédition, dans tous les cas, ou dans quelques cas seulement, sont soumis à la formalité de l'enregistrement, en vertu du décret du 5 décembre dernier;

2° Les minutes et copies signifiées des jugemens des juges-de-paix, et les minutes et les copies des actes de procédure et instruction des instances;

3° Les registres des municipalités, pour tout ce qui concernera leurs affaires et sera étranger aux fonctions publiques qui leur sont déléguées par les lois; les registres des universités, facultés, colléges, hôpitaux, fabriques; ceux des administrateurs, syndics, marguilliers, fabriciens, receveurs des droits et des revenus des villes et hôpitaux; ceux des notaires, huissiers et autres officiers ministériels, greffiers et concierges des prisons et autres lieux de détention; ceux des courtiers, agens de change, et de toute personne ou corps revêtu d'un caractère public et obligé par les réglemens à tenir des registres;

4° Les expéditions, extraits, copies certifiées, de tous les registres mentionnés en la

section précédente, et qui seront délivrés à des particuliers, et en outre les lettres et commissions de chancelleries, les expéditions, extraits ou copies des registres, procès-verbaux, délibérations des corps administratifs et des municipalités, ainsi que les certificats, passeports ou autres actes ou pièces formant titre à l'avantage ou à la décharge de quelque particulier;

5° Les quittances de rentes payées par le Trésor public, celles des droits d'entrée et sortie du royaume, celles des droits et octrois des villes, et de toute contribution indirecte; les actions qui seront faites pour des entreprises de commerce et de banque, les feuilles, reconnaissances ou quittances sur lesquelles seront payés les dividendes de semblables actions, même de celles qui existent maintenant, tels que les dividendes des actions de la compagnie des Indes et de la caisse d'escompte;

6° Les registres prescrits par les lois aux négocians, marchands, artisans, fabricans, banquiers, commissionnaires et associés; ceux des entrepreneurs de travaux, fournitures et services publics ou particuliers, agens d'affaires, directeurs, régisseurs et syndics des colléges de créanciers, et tous registres qui peuvent être produits en justice;

7° Les lettres de change, même celles qui seraient tirées par seconde, troisième et *duplicata*, billets à ordre ou au porteur, mandats, rescription, et généralement tous les écrits portant promesse ou mandement de payer des sommes déterminées et qui circulent dans le commerce, même les endossemens et acceptations de pareils effets venant de l'étranger, et payables en France, lesquels seront présentés au timbre ou au *visa* dans la place de France où ils devront recevoir le premier endossement ou l'acceptation, et seront chargés seulement de la moitié du droit imposé sur les effets de même valeur faits en France. L'endossement des lettres de change et mandemens de payer venant de l'étranger, payables chez l'étranger, ne seront pas assujétis à être écrits sur papier timbré ou visé.

Les actes et expéditions du Corps-Législatif seront exempts du timbre.

4. Les lettres de voiture sous seing-privé, les comptes des fabricans, négocians et banquiers entre eux, les factures ou lettres qui en tiendront lieu, des fabricans, marchands, commissionnaires et autres, les mémoires d'ouvriers, de marchands, fournisseurs et entrepreneurs, les extraits de livres ou de correspondance, seront assujétis au timbre ou au *visa*, dans les cas seulement où ils serviront de titre à quelque demande ou action en justice, ou seront produits par forme ou pour moyen d'exception ou autrement.

5. Il sera libre d'user, pour tout acte, registre, pièce ou écriture assujéti au timbre, de papier de telle dimension que l'on voudra;

en conséquence, les bureaux de la régie seront pourvus de papiers de divers formats, dont les prix seront déterminés par le tarif.

Les papiers destinés à des lettres de change ou aux mandemens de payer, aux quittances comptables et autres fournies pour rentes payées par le Trésor public, aux quittances des droits d'entrée et des octrois des villes et autres contributions indirectes, seront d'un format convenable à leur destination, et marqués de timbres particuliers, dont les prix seront fixés par le tarif.

Les papiers destinés aux expéditions de tous les actes civils passés en forme authentique, à celles des jugemens des tribunaux et autres actes expédiés en brevet, seront aussi marqués de timbres particuliers, et seront payés au double des papiers de pareil format destinés à des minutes ou à des actes sous seing privé. Les papiers que distribuera la régie porteront un filigrane particulier, qui sera imprimé dans la pâte même à la fabrication.

6. Les particuliers qui voudront se servir de parchemin ou d'un autre papier que celui de la régie, pourront le faire timbrer avant de s'en servir. Il y sera apposé un timbre extraordinaire, relatif à la classe et à la nature des actes auxquels ce papier ou parchemin sera destiné. Il sera payé pour le timbre extraordinaire le même prix que pour le papier de la régie de même destination et de même mesure. Si les papiers présentés au timbre sont de dimensions différentes de celles de la régie, le timbre en sera payé au prix du format supérieur. Si les papiers présentés au timbre excèdent le plus grand papier de la régie, le prix du timbre sera de vingt sous, à moins qu'ils ne soient destinés pour expédition, et en ce cas le prix sera du double.

7. Les papiers employés à des expéditions ne pourront contenir, compensation faite d'une feuille à l'autre, plus de vingt lignes par page de petit papier;

Plus de vingt-sept lignes par page de papier moyen;

Plus de trente lignes par page de grand papier.

Les expéditions seront écrites sans abréviations.

8. Les timbres ordinaires porteront en légende le prix du papier auquel ils seront appliqués, et le nom du département pour lequel ils seront destinés. Tous les actes, expéditions et registres seront assujétis au timbre du département, à l'exception néanmoins des lettres de change, billets à ordre et autres actes sous signature privée, pour lesquels on pourra employer des papiers timbrés de quelque département que ce soit.

9. Le papier ou parchemin timbré qui aura été employé pour minute ou expédition, ne pourra plus servir, même quand ces minutes ou expéditions n'auraient été que commencées.

L'empreinte du timbre ne pourra être couverte ni d'écriture ni altérée.

Il ne pourra être fait ni expédié deux actes à la suite l'un de l'autre sur la même feuille, nonobstant tout usage ou réglement contraire, à l'exception des actes de ratification de ceux passés en l'absence des parties, des quittances de prix de vente et droits casuels, des quittances de directions de colléges de créanciers, des quittances de remboursemens de contrats de constitution ou obligation, des inventaires, procès-verbaux et autres actes qui ne peuvent être consommés dans un seul jour et dans la même vacation.

Les huissiers ne pourront mettre deux significations ou exploits d'assignation et autres actes, sur une même feuille de papier timbré; cependant ils pourront donner des copies de pièces en tète de leurs exploits, et écrire sur les expéditions des sentences l'original de leur exploit de signification.

10. Les expéditions des actes civils et judiciaires qui seront délivrées, à compter du 1er avril prochain, dans les lieux où la formule n'était pas établie, ne pourront être faites que sur papier timbré.

11. Les personnes, corps et communautés dont les registres sont assujétis au timbre par le présent décret, seront tenus, dans les trois mois qui suivront sa publication, de faire timbrer à l'extraordinaire ou marquer d'un visa toutes les feuilles qui, à l'époque de cette publication, n'auront pas servi.

Sont exceptés de cette disposition les registres de naissances, morts et mariages de la présente année.

12. Moyennant le paiement du droit de timbre et des amendes qui seront ci-après déterminées selon les cas, tout acte écrit ou expédition, assujéti à être fait sur papier timbré, et qui ne le serait pas, ou le serait sur papier marqué d'un timbre différent de celui qui lui est propre, pourra être marqué à l'extraordinaire ou visé.

13. Tout officier ou fonctionnaire public qui, dans la minute ou l'expédition de quelque acte civil ou judiciaire, aura commis une contravention au présent décret, sera responsable des dommages-intérêts des parties, et en outre condamné à une amende de cent livres pour la première fois, et de trois cents livres en cas de récidive.

Sont exceptées de la présente disposition les contraventions à l'article 7, pour chacune desquelles il ne sera prononcé qu'une amende de trente livres.

14. Tout particulier qui ne se sera pas servi de papier timbré pour les actes privés, registres, pièces et écritures qui y sont assujétis, et autres que les lettres de change et mandemens de payer, dont il sera fait mention dans l'article suivant, sera condamné en trente livres d'amende, et sera tenu d'ac-

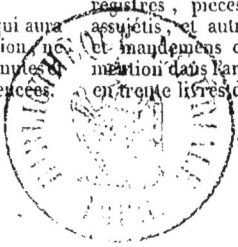

2.

quitter cette amende, de faire timbrer ou viser ces pièces, actes ou écritures, et de payer le droit de timbre avant de pouvoir en faire usage en justice, à peine de nullité de toute procédure, et de tout jugement et exécution qui pourraient avoir lieu en conséquence.

15. Les porteurs de lettres de change et autres mandemens de payer, non marqués du timbre auquel ils sont assujétis, ne pourront les endosser qu'après les avoir fait timbrer à l'extraordinaire ou viser.

Les tireurs, endosseurs et accepteurs de lettres de change et mandemens de payer, faits en France et non timbrés du timbre auquel ils sont assujétis, les endosseurs et accepteurs de pareils effets venant de l'étranger, seront condamnés solidairement au paiement du droit, et à l'amende du dixième du montant de ces effets.

Le droit de timbre et moitié de l'amende du dixième, seront supportés, pour les effets tirés de France, par le tireur; le surplus de l'amende, par l'accepteur et les endosseurs domiciliés en France; et pour ceux tirés de l'étranger, le droit et moitié de l'amende par le premier porteur domicilié en France qui aura endossé ou accepté, le surplus de l'amende par les accepteurs et endosseurs domiciliés en France. Les effets non timbrés ne pourront être reçus à l'enregistrement, à peine de cinquante livres d'amende contre les receveurs du droit d'enregistrement, ni produits en justice, à peine de nullité de toute procédure et de tout jugement et exécution qui pourraient avoir lieu en conséquence. Les porteurs de pareils effets, qui les feront timbrer à l'extraordinaire ou viser, feront l'avance du droit et de l'amende, et auront leur recours contre les tireurs, accepteurs et endosseurs solidairement. Si cependant une première acceptée et non timbrée ne portait aucun endossement, le porteur serait dispensé de faire l'avance de l'amende, et l'accepteur pourrait être seul poursuivi pour la payer.

16. Les préposés de la régie ne pourront, à peine de cinquante livres d'amende, admettre à l'enregistrement des expéditions d'actes judiciaires, si elles ne sont dans les formes réglées par le présent décret; ils ne pourront, sous la même peine, admettre à l'enregistrement aucun exploit, signification et autres actes de poursuites faites en exécution d'expéditions délivrées par les notaires, si ces expéditions ne sont représentées, et ne sont dans les formes prescrites. Ils ne pourront, sous la même peine, enregistrer aucun des actes, pièces ou écritures soumis au timbre, s'il n'est timbré du timbre auquel il est assujéti, et s'il y a plusieurs actes écrits sur une même feuille, ou que cette feuille ait déjà servi.

Ils ne pourront enfin, et sous les mêmes peines, admettre à la formalité de l'enregistre-ment les protêts de lettres de changes et mandemens de payer, que sur la représentation de ces effets en bonne forme.

17. Aucun huissier ni officier servant près des tribunaux ne pourra faire de signification, poursuites et exécutions en vertu d'expéditions informes, tant d'actes civils que d'actes judiciaires, ni protêts, exploits ou significations pour raison d'effets, actes, titres, pièces, écritures sous signature privée, assujétis au timbre, et qui ne seraient pas marqués de celui auquel ils sont assujétis; et en cas de contravention, il sera condamné en cinquante livres d'amende pour la première fois, et cinq cents livres d'amende pour la seconde; et en cas de récidive dans la même année, à compter de la première contravention, à cinq cents livres d'amende, et à l'interdiction pour un an. Il sera tenu, en outre, des dommages et intérêts des parties, pour raison des nullités prononcées par les articles précédens.

18. Aucun juge ou officier public ne pourra coter et parapher les registres assujétis au timbre par le présent décret, si les feuilles n'en sont timbrées, et ce à peine de cinq cents livres d'amende pour chaque contravention, et de mille livres et interdiction pour un an, en cas de récidive.

19. Les juges n'auront aucun égard aux effets de commerce, actes, pièces, écritures, registres et extrait d'iceux soumis au timbre par les articles précédens, s'ils ne sont écrits sur papier marqué du timbre auquel ils sont assujétis; ils ne pourront rendre de jugement sur ces actes, à peine de nullité de leurs jugemens, de toutes poursuites et significations faites en conséquence. Les commissaires du Roi près les tribunaux, veilleront à l'exécution du présent décret.

20. Sont exceptées des dispositions du présent décret, les quittances sous signature privée entre particuliers, pour créances de vingt-cinq livres et au-dessous, lesquelles pourront être sur papier non timbré.

Il pourra être donné plusieurs quittances sur une même feuille de papier timbré, pour à-compte d'une seule et même créance, ou d'un seul terme de fermage ou loyer.

Les quittances au-dessus de vingt-cinq livres qui seront données sur une même feuille de papier timbré, n'auront pas plus d'effet que si elles étaient sur papier libre, et les particuliers qui voudraient faire usage desdites quittances seront assujétis aux mêmes peines que pour les actes écrits sur papier non timbré.

Sont pareillement exceptées les copies des pièces de procédure criminelle, qui, aux termes de l'article 14, des décrets des 8 et 9 octobre, doivent être délivrées sans frais.

21. La régie fera déposer au greffe des tribunaux de district des papiers marqués du filigrane qu'elle aura jugé convenable, et des empreintes des timbres qui seront mis en

usage. Elle fera déposer, de plus, dans les greffes des tribunaux de commerce, des empreintes des timbres destinés pour registres de commerce, lettres de change et autres mandemens de payer.

22. Jusqu'au 1er avril prochain, les notaires de Paris pourront employer du papier timbré, tel qu'il est maintenant en usage dans le reste du royaume.

23. L'Assemblée nationale charge ses comités de constitution, de jurisprudence criminelle et des contributions publiques, de rédiger un projet de décret concernant les peines à infliger aux contrefacteurs de timbres et papier, et à ceux qui feraient commerce de papier timbré sans y avoir été autorisés par la régie.

24. Le Roi nommera deux nouveaux commissaires pour concourir avec les huit déjà nommés ou qui doivent l'être en vertu du décret du 5 décembre dernier, à l'administration, régie et perception des taxes établies sur ce décret et par le présent, ainsi que des droits des hypothèques.

Ces dix commissaires seront aussi chargés provisoirement de l'administration des domaines corporels.

En conséquence, l'ancienne administration des domaines sera supprimée, à compter du 1 du présent mois, et il sera incessamment proposé par le comité des finances un projet de décret sur la forme dans laquelle les administrateurs rendront leurs comptes et seront remboursés.

25. Le présent décret sera porté dans le jour à l'acceptation du Roi.

Tarif.

La feuille de petit papier de neuf pouces sur quatorze, feuille ouverte, 4 s.

Demi-feuille de même format, 2 s. 6 d.

Feuille de papier moyen de onze pouces sur seize, 6 s.

Feuille de grand papier de quatorze pouces à dix-sept, 8 s.

Grand registre de dix-sept pouces sur vingt, 10 s.

Le très-grand registre de vingt-un pouces sur dix-sept, 15 s.

Papier pour lettres-de-change et autres mandemens de payer, et quittances comptables et courantes sur le trésor public, de quatre cents livres et au-dessous, 5 s.

De quatre cents livres à huit cents livres inclusivement, 10 s.

De huit cents livres à douze cents livres inclusivement, 15 s.

Au-dessus de douze cents livres indéfiniment,

Papier d'expédition, le double du prix du papier de minute du même format.

Quittances des droits d'entrée et d'octroi des villes et contributions indirectes, 1 liv. 6 s.

---

12 DÉCEMBRE 1790. — Décret relatif à plusieurs délibérations prises par la municipalité de Douai et par le département du Nord. (L. 2, 859; B. 9, 138.)

12 DÉCEMBRE 1790 = 19 et 23 JANVIER 1791. — Décrets portant vente de domaines nationaux aux municipalités d'Amiens, Blois, Billom, Beauregard, Cessey, Chasselas, Chidrac, Dijon, Ebarres, la Guillotière, May, Orléans, Plessy-Placy, Prudemanche, Saint-Gobain, Saint-Gengoux, Savigny, Sugere, Villeneuve-Saint-George (1). (L. 3, 171, 178, 187, 192, 198, 206, 246, 249, 277, 313; B. 9, 142 et suiv.)

12 DÉCEMBRE 1790. — Angers, etc. *Voy.* 27 NOVEMBRE 1790. — Bénéfices. *Voy.* 8 DÉCEMBRE 1790. — Bretagne, etc. *Voy.* 6 NOVEMBRE 1790., 7 DÉCEMBRE 1790. — Cap de Bonne-Espérance. *Voy.* 7 DÉCEMBRE 1790. — Châlons-sur-Saône, etc. *Voy.* 6 NOVEMBRE 1790. — Dîmes. *Voy.* 1er DÉCEMBRE 1790. — Domaines nationaux. *Voy.* 7 DÉCEMBRE 1790. — Etampes, etc. *Voy.* 26 NOVEMBRE 1790. — Force publique. *Voy.* 6 DÉCEMBRE 1790. — Grains. *Voy.* 7 DÉCEMBRE 1790. — Haute-Loire. *Voy.* 8 DÉCEMBRE 1790. — Intendans. *Voy.* 1er DÉCEMBRE 1790. — Marine. *Voy.* 6 NOVEMBRE 1790. — Mée, etc. *Voy.* 22 NOVEMBRE 1790. — Nancy, 7 DÉCEMBRE 1790. — Pêcheurs; Sœurs converses. *Voy.* 8 DÉCEMBRE 1790.

13 = 17 DÉCEMBRE 1790. — Décret qui charge le tribunal du district de Gourdon d'informer sur les troubles arrivés dans le département du Lot. (L. 2, 926; B. 9, 157.)

13 = 19 DÉCEMBRE 1790. — Décret portant qu'il y a lieu à indemnité vis-à-vis des sieurs de Bacque frères, Chapellon et Trouchaud, et qui renvoie au pouvoir exécutif la liquidation de cette indemnité. (L. 2, 941; B. 9, 155.)

13 DÉCEMBRE 1790 = 30 JANVIER 1791. — Décret portant vente de biens nationaux à la municipalité de Nogent-sur-Seine et de Sugere. (L. 3, 386; B. 9, 158 et 159.)

13 DÉCEMBRE 1790. — Décret concernant les mesures à prendre pour assurer l'exécution du projet de fabrication d'une petite monnaie d'argent. (B. 9, 156.)

14 = 25 DÉCEMBRE 1790. — Décret relatif au traitement de retraite des militaires, depuis le soldat jusqu'à l'adjudant exclusivement. (L. 2, 1012; B. 9, 161; Mon. du 15 décembre 1790.)

Le juste dédommagement que méritent des citoyens qui ont couru la carrière des armes, ne devant jamais être soumis à une estime

---

(1) Quelques-uns de ces décrets sont dans Baudouin, sous la date du 13 décembre.

7.

arbitraire; et considérant, d'une part, la nature des services du soldat, de l'autre part, son traitement, calculé sur le strict nécessaire, l'Assemblée nationale décrète ce qui suit :

Art. 1er. Tout militaire de l'armée de terre, depuis le soldat jusqu'à l'adjudant exclusivement, sera susceptible d'obtenir sa retraite après trente années effectives de service, et cinquante années d'âge, suivant ce qui sera réglé ci-après.

2. Chaque année d'embarquement ou campagne de mer, en temps de paix, sera comptée pour dix-huit mois, et chaque année de service ou de garnison hors de l'Europe, ainsi que chaque campagne de guerre, dans quelque pays que ce soit, sera comptée pour deux ans.

3. Tous militaires de l'armée de terre, depuis le soldat jusqu'à l'adjudant exclusivement, soit étrangers, soit Français, employés dans les troupes de ligne françaises ou étrangères au service de l'État, de quelques armes qu'ils soient, seront traités, pour leur pension, sur le pied de l'infanterie française, chacun relativement à son grade.

4. La moindre solde de l'infanterie française étant de dix sous par jour, ou de cent quatre-vingt-deux livres dix sous par an, c'est de cette somme de cent quatre-vingt-deux livres dix sous qu'on partira pour régler les retraites de tous les grades.

5. Celui qui demandera sa retraite, d'après ce qui est réglé ci-dessus, de quelque arme et de quelque grade qu'il soit, recevra, pour les trente premières années, cent cinquante livres; et s'il jouissait d'une haute paie à raison d'ancienneté ou d'un grade, ou à titre de rengagement, il sera ajouté aux premières cent cinquante livres, le quart de la haute-paie dont il jouissait.

6. Il sera, en outre, formé un total des différentes masses affectées à l'entretien du soldat, savoir, quinze livres de la masse d'habillement, quinze livres de la masse de l'hôpital, neuf livres de la masse de bois et lumières, et six livres pour son lit, formant ensemble une somme de quarante-cinq livres; à laquelle somme seront ajoutés les trente-deux livres, dix sous qui font le complément de la moindre solde, et les trois quarts restant de la solde de ceux qui jouissaient d'une haute-paie à raison de leur ancienneté ou de leur grade, ou à titre de rengagement, pour le tout être divisé en vingt parties égales, dont le pensionnaire recevra autant de parties qu'il aura servi d'années au-delà de trente; de manière qu'après cinquante ans de service, le montant de la retraite sera de la somme entière du grade que le pensionnaire aura rempli, et de la totalité des parties des différentes masses qui avaient été affectées à son entretien.

7. Tout militaire que des infirmités con-

tractées dans ses fonctions obligeront de quitter le service avant les trente ans expliqués ci-dessus, recevra une pension déterminée par la nature et la durée de ses services; et celui qui sera blessé à la guerre, au point de ne pouvoir plus continuer son service, recevra le *maximum* de la retraite de son grade.

14 = 19 DÉCEMBRE 1790. — Décret concernant le remplacement de l'un des substituts du procureur de la commune de Paris. (L. 2, 934; B. 9, 163.)

14 DÉCEMBRE 1790 = 23 JANVIER 1791. — Décret portant vente des domaines nationaux aux municipalités de Guines, de Loury, d'Ormes, de La Chapelle Saint-Mesmin et de Peuplingues. (L. 3, 279 et 285; B. 9, 164 et suiv.)

14 DÉCEMBRE 1790. — Décret qui charge les six commissaires nommés le 7 décembre pour s'instruire des travaux des divers comités, relativement à ce qui reste à faire pour l'achèvement de la constitution, de présenter à l'Assemblée le tableau des objets qui sont à décréter. (B. 9, 160.)

15 = 19 DÉCEMBRE 1790. — Décret relatif aux enfans nés entre protestans et catholiques. (L. 2, 935; B. 9, 163; Mon. du 16 décembre 1790.)

L'Assemblée nationale, instruite des difficultés élevées à Colmar sur l'exécution du décret du 17 août, après avoir entendu le rapport de son comité de constitution; considérant que la loi ne peut avoir d'effet rétroactif, décrète que la loi de 1774, concernant les enfans nés et à naître des mariages mixtes entre des catholiques et des protestans, sera exécutée à l'égard des enfans nés et à naître desdits mariages mixtes contractés avant le décret du 17 août, et que les dispositions de ce décret ne seront appliquées qu'aux enfans nés des mariages mixtes, contractés depuis cette époque du 17 août.

15 = 19 DÉCEMBRE 1790. — Décret relatif aux droits d'entrée connus à Rouen sous la dénomination de *droits réservés*. (L. 2, 939; B. 9, 167.)

Art. 1er. Les droits d'entrée qui se perçoivent à Rouen, sous la dénomination de *droits réservés*, qui ont succédé au don gratuit, et qui ont été prorogés définitivement par l'édit de février 1789, continueront, à compter du 1er janvier prochain, à être payés et perçus provisoirement au profit des deux hôpitaux de cette ville, en attendant la publication des lois générales qui seront décrétées sur la mendicité, les hôpitaux du royaume, et sur les droits d'entrée dans les villes et l'organisation générale de l'impôt.

2. Les percepteurs actuels seront tenus de verser les fonds de leur recette aux mains des officiers municipaux, qui, de leur part, les verseront dans la caisse des trésoriers des deux hôpitaux de Rouen, dans la proportion des besoins respectifs de chacun d'eux, laquelle proportion sera déterminée par les membres du directoire du département.

3. Tous les six mois, les officiers municipaux rendront au directoire du département le compte de leur gestion, pour raison de leur perception desdits droits et des sommes qu'ils auront payées aux trésoriers desdits hôpitaux.

4. Les administrateurs desdits hôpitaux rendront également, tous les six mois, aux officiers municipaux, un compte général de leur recette et dépense; et lesdits officiers municipaux sont autorisés, sous la surveillance des corps administratifs, et en attendant la publication des lois générales sur les hôpitaux du royaume, de faire tels réglemens provisoires qui seront jugés nécessaires pour la meilleure administration de leurs hôpitaux, et particulièrement pour que les individus valides qui y sont admis, y soient entretenus dans un travail utile et productif.

■ 5 = 19 DÉCEMBRE 1790. — Décret qui établit des juges-de-paix et de commerce à Bergues, Cany, Langres, Laval, Lille, Montauban, Montivilliers, Rouen, Strasbourg et Valenciennes, ainsi que dans les îles d'Oléron et de Rhé, et qui ordonne la réunion des municipalités de Saint-Pierre et de Notre-Dame-le-Moutier. (L. 2, 945; B. 9, 169.)

■ 5 DÉCEMBRE 1790 = 15 et 23 JANVIER 1791. — Décret portant vente de domaines nationaux aux municipalités d'Annonay, de Checy, de Chaux-Courteuil, de Gosnay, de Lyon, de Cuires-La-Croix-Rousse, de Saint Hilaire, de Saint-Mesmin, de Gaye, de Saint-Paul-Trois-Châteaux, de Villers-le-Sec, de Changy, d'Orléans, de Dijon, de Varrois, de Chaignot, et d'Alhée. (L. 3, 308, 311 et 317; B. 9, 170 et suiv.)

■ 5 DÉCEMBRE 1790. — Approvisionnement. *Voy.* 5 DÉCEMBRE 1790. — Avoués. *Voy.* 31 DÉCEMBRE 1790. — Caisse de l'extraordinaire. *Voy.* 6 DÉCEMBRE 1790, 11 DÉCEMBRE 1790. — Cartouches jaunes. *Voy.* 11 DÉCEMBRE 1790. — Clergé. *Voy.* 10 DÉCEMBRE 1790. — Clermont, etc. *Voy.* 9 DÉCEMBRE 1790. — Corps d'artillerie. *Voy.* 2 DÉCEMBRE 1790. — Corps du génie. *Voy.* 7 DÉCEMBRE 1790. — Grains, Impôts. *Voy.* 9 DÉCEMBRE 1790. — Inondations. *Voy.* 10 DÉCEMBRE 1790. — Maire d'Argenteuil. *Voy.* 8 DÉCEMBRE 1790. — Médailles. *Voy.* 9 DÉCEMBRE 1790. — Pensions. *Voy.* 10 DÉCEMBRE 1790. — Pères de l'Oratoire. *Voy.* 8 DÉCEMBRE 1790. — Religionnaires. *Voy.* 9 DÉCEMBRE 1790. — Saône-et-Loire. *Voy.* 10 DÉCEMBRE 1790. — Vendée. *Voy.* 11 DÉCEMBRE 1790.

16 = 19 DÉCEMBRE 1790. — Décret qui accorde des fonds pour l'établissement d'ateliers de charité dans les départemens. (L. 2, 947; B. 9, 186.)

L'Assemblée nationale, considérant que le ralentissement momentané du travail, qui pèse aujourd'hui sur la classe la plus indigente, n'étant occasionné que par des circonstances qui ne peuvent se reproduire, il peut y être pourvu par des moyens extraordinaires, sans aucune conséquence dangereuse pour l'avenir; empressée de faire jouir dès à-présent cette classe intéressante des avantages que la constitution assure à tous les citoyens, et convaincue que le travail est le seul secours qu'un gouvernement sage puisse offrir à ceux que leur âge ou leurs infirmités n'empêchent pas de s'y livrer, décrète ce qui suit :

Art. 1er. L'Assemblée nationale ordonne qu'il sera accordé, sur les fonds du Trésor public, une somme de *quinze millions,* pour être distribuée de la manière indiquée ci-après dans tous les départemens, et subvenir aux dépenses des travaux de secours qui y seront établis.

2. Sur cette somme de quinze millions, celle de six millions six cent quarante mille livres sera prélevée pour être répartie avec égalité entre les quatre-vingt-trois départemens, à raison de quatre-vingt mille livres pour chacun. Cette somme de quatre-vingt mille livres sera remise à leur disposition en trois termes; savoir, quarante mille livres le 10 janvier, vingt mille le 10 février, et vingt mille le 10 mars prochain.

3. Les directoires de département aviseront, sans délai, aux moyens d'ouvrir, dans l'étendue de leurs territoires respectifs, des travaux appropriés aux besoins des classes indigentes et laborieuses, et présentant un objet d'utilité publique et d'intérêt général pour l'Etat ou le département.

4. Ils feront commencer immédiatement les travaux qu'ils auront jugés les plus convenables, à la charge d'envoyer sur-le-champ au ministre des finances une délibérations qu'ils auront prises à ce sujet, et qui renfermeront les motifs détaillés de leur détermination.

5. Les directoires de département feront ensuite, et dans le plus court délai possible, parvenir au ministre des finances tous les renseignemens qu'ils pourront réunir sur l'étendue de leurs besoins, les avantages des travaux commencés, le genre de ceux qui pourraient encore être entrepris, le montant de la dépense que les uns et les autres occasionneraient, et l'état des ressources qu'ils pourraient avoir, indépendamment des secours qu'ils sollicitent.

6. Le ministre fera présenter à l'Assemblée nationale le résultat de ces différens mémoires, avec ses observations et son avis, pour

mettre l'Assemblée nationale en état de statuer sur le tout, d'ordonner successivement la délivrance de différens à-comptes, s'il y a lieu, et d'arrêter définitivement la répartition à faire des huit millions trois cent soixante mille livres restant à distribuer en exécution de l'article 1er.

7. Les travaux seront établis et dirigés, sous l'autorité et la surveillance immédiate du directoire du département, par les districts et les municipalités, suivant l'ordre établi par la constitution; mais si la même entreprise doit s'étendre sur le territoire de plus d'une municipalité, son établissement et sa direction pourront être exclusivement confiés au directoire du district par le directoire du département.

8. Dans les dix premiers jours de chaque mois, et à compter du mois de janvier prochain, les directoires des départemens feront passer au ministre un relevé des dépenses faites sur ces fonds de secours, et des travaux opérés moyennant cette dépense. Ils distingueront soigneusement, dans cet état, les frais de direction et de conduite des travaux, et ceux du travail proprement dit.

9. Au mois d'avril prochain, le ministre donnera connaissance à l'Assemblée, du compte général de la dépense et des travaux faits jusqu'à cette époque dans tous les départemens; il le fera imprimer, et le rendra public. Il en sera usé de même, de trois mois en trois mois, pour la législature existant alors, par rapport au compte final de l'emploi des quinze millions.

———

16 = 25 DÉCEMBRE 1790. — Décret qui règle le mode de remboursement de la dette constituée du ci-devant clergé. (L. 2, 1046; B. 9, 191; Mon. du 18 décembre 1790.)

L'Assemblée nationale décrète ce qui suit :

La dette constituée du ci-devant clergé demeure, en vertu des précédens décrets, amortie pour ce qui en appartenait à des corps et communautés ecclésiastiques. Quant au reste de la dette constituée, elle sera remboursée dans l'ordre suivant :

Il sera fait annuellement, par la caisse de l'extraordinaire, à commencer de 1791, un fonds de dix millions, lequel sera employé la première année au remboursement des contrats de rentes constituées au denier vingt, en 1780 et 1782, par le ci-devant clergé, et d'une partie de l'emprunt à quatre et demi pour cent, de 1785.

Le fonds de la seconde année sera employé à rembourser le reste de l'emprunt de 1785, et partie de l'emprunt au denier vingt-cinq de l'année 1755.

Le fonds de la troisième année sera employé au remboursement du reste de l'emprunt de 1755, et de suite, tant dans ladite année que dans les années suivantes, à rembourser les emprunts de 1765, 1766, 1775 et de 1781, selon l'ordre de leur constitution.

Quant au reste des emprunts au denier cinquante, antérieurs à l'année 1755, il sera partagé en deux classes. Ceux des propriétaires qui justifieront de leur possession ou de celle de leurs auteurs, depuis l'origine, seront remboursés à la dernière époque, sur le pied du capital fourni par eux ou par leurs auteurs.

Ceux qui posséderont par acquisition, seront libres d'accepter leur remboursement au denier vingt-cinq; et faute de cette acceptation, ils demeureront au rang des créanciers de la dette constituée de l'État, se réservant l'Assemblée nationale de rapprocher les époques de paiement ci-dessus, suivant les circonstances et l'accélération des ventes.

Les particuliers propriétaires de contrats de rentes sur le ci-devant clergé, pourront, sans distinction, donner leurs contrats en paiement de domaines nationaux; mais ils ne seront reçus à la caisse de l'extraordinaire que sur le pied du denier vingt de leurs intérêts, après avoir reçu le *visa* des commissaires préposés à la liquidation générale.

———

16 = 22 DÉCEMBRE 1790. — Décret pour l'établissement d'une direction générale de liquidation. (L. 2, 999; B. 9, 181.)

Art. 1er. Il sera établi une direction générale sous les ordres d'un commissaire nommé par le Roi, pour la liquidation de tous les objets qui vont être spécifiés : le travail général de cette direction sera surveillé par les comités de l'Assemblée, ainsi qu'il sera pareillement expliqué.

2. L'objet de la direction générale de liquidation sera de reconnaître, déterminer et liquider l'arriéré de chaque département, tant en masse qu'individuellement;

Les finances des offices de judicature et autres dont le remboursement a été ou sera ordonné par l'Assemblée nationale;

Les finances à rembourser aux engagistes qui seraient évincés des biens nationaux dont ils jouissent;

Les fonds d'avance et cautionnemens des charges et commissions de finances;

La valeur des dîmes inféodées, aujourd'hui supprimées;

Les indemnités prétendues pour différentes causes non encore discutées et jugées;

Les sommes dues à des porteurs de brevets de retenue, aux termes du décret du 25 novembre dernier;

Les pensions dues pour services rendus à l'État ;

Les décomptes provenant de l'arriéré de anciennes pensions ;

La liquidation des droits ci-devant féodaux et fonciers, et autres charges qui se trouveront être dues sur les biens nationaux;

Et tous autres objets dont l'Assemblée nationale aurait déjà décrété la liquidation, ou la décréterait par la suite.

3. Le commissaire qui sera nommé par le Roi pour être à la tête de la direction de liquidation, sera tenu de procéder à la vérification de tous les faits qui seront nécessaires pour parvenir à ladite liquidation, et il sera responsable de leur exactitude.

4. La surveillance des comités de l'Assemblée sur la direction de liquidation, consistera à se faire rendre compte, lorsqu'ils le jugeront à propos, des travaux relatifs à la liquidation des différentes parties à liquider; des bases sur lesquelles on opérera; des mesures qui auront été prises pour constater les faits; des motifs qui retarderaient quelques parties du travail; des plaintes qui seraient formées de la part des personnes intéressées à la liquidation.

5. Le comité de liquidation surveillera les travaux relatifs à la liquidation de l'arriéré des départemens (autres que celui de la marine), des dîmes inféodées, des indemnités prétendues contre l'État;

Le comité des finances, la liquidation des fonds d'avance, cautionnemens et offices de finance;

Le comité des domaines, la liquidation des finances à rembourser aux engagistes qui seront évincés des biens nationaux dont ils jouissent;

Le comité militaire, la liquidation des finances des charges et emplois militaires;

Le comité de la marine, la liquidation de l'arriéré de la marine et des colonies;

Le comité ecclésiastique, la dette des ci-devant ecclésiastiques séculiers et réguliers;

Le comité d'aliénation, la liquidation des droits ci-devant féodaux, fonciers, et autres charges existant sur les biens nationaux;

Le comité de judicature, la liquidation des offices de tout genre, autres que ceux ci-dessus désignés;

Le comité des pensions, le travail relatif à la reconstitution des pensions, aux termes du décret du 3 août dernier, au décompte desdites pensions, et aux sommes dues pour des brevets de retenue.

6. Le travail de la liquidation sera réparti entre différens bureaux, selon les divers objets qu'il comprend; mais tout le travail se fera sous les ordres du seul commissaire du Roi, responsable, comme il a été dit.

7. Aussitôt après sa nomination, le commissaire du Roi présentera à l'Assemblée nationale un plan pour la distribution de ses bureaux, le nombre de ses commis, le lieu où ils pourront être placés. Ce plan sera remis aux commissaires chargés par l'Assemblée de lui présenter le projet de l'organisation de la direction générale de la liquidation : ils en rendront compte à l'Assemblée, pour être décrété par elle ce qu'elle estimera convenable.

8. Les bureaux étant formés, au 31 de ce mois, chacun des comités de liquidation, de judicature, des pensions, des finances, des domaines, militaire, de la marine et de l'aliénation, fera remettre au bureau correspondant toutes les pièces, renseignemens et mémoires étant entre ses mains; lesdites pièces seront paraphées par un ou plusieurs des secrétaires-commis attachés au comité, que le comité nommera à cet effet; et il en sera dressé un bref état, au pied duquel le commissaire du Roi se chargera desdites pièces. Il sera fait deux doubles de l'état; l'un sera laissé au commissaire du Roi, et l'autre sera remis au comité.

9. Les mémoires tendant à obtenir le rétablissement des pensions supprimées, ou la création de nouvelles, dans les cas prévus par le titre III du décret du 3 août dernier, continueront à être remis au comité des pensions, qui les fera passer au bureau correspondant, paraphés et accompagnés d'un bref état, ainsi qu'il est dit dans l'article précédent.

10. Chacun des bureaux chargés des différentes parties de la liquidation, suivra dans son travail l'ordre établi par le comité correspondant, et examinera les objets à liquider dans le même rang où ils l'auraient été par le comité. S'il ne se trouvait pas d'ordre encore établi pour quelque partie, il en sera établi un par les comités, de concert avec le commissaire du Roi.

11. Chaque semaine, le commissaire du Roi remettra ou fera remettre aux comités respectifs, aux jour et heure par eux indiqués pour leur séance, le travail relatif aux objets qu'ils sont chargés par l'article 5 de surveiller; l'état du travail sera signé du commissaire du Roi. Les pièces qui auront servi de base au travail seront représentées, et le commissaire du Roi, ou celui qu'il aura chargé de le remplacer, rendra sommairement compte du résultat du travail.

12. Chacun des comités fera ensuite le rapport du même résultat à l'Assemblée; le rapporteur y joindra les observations du comité, et, sous ce rapport, l'Assemblée décrétera les différentes liquidations, soit en masse, soit individuellement, ou prononcera tel autre décret que le cas exigera.

13. Le décret du Corps-Législatif ayant été sanctionné par le Roi, le commissaire du Roi dressera les reconnaissances de liquidation à présenter par les parties prenantes à l'administrateur provisoire de la caisse de l'extraordinaire, à l'effet d'obtenir de lui les ordonnances de paiement. Le décret de l'Assemblée et sa sanction seront datés dans la reconnaissance délivrée. Le commissaire du

Roi sera responsable des reconnaissances qu'il délivrera; il fera également expédier les brevets des pensions qui seront décrétés par l'Assemblée et sanctionnés par le Roi, et il les enverra au ministre du département dans lequel les pensionnaires auront servi l'Etat, pour être signés du Roi et du ministre du département. Le décret de l'Assemblée, ainsi que la sanction du Roi, y seront rapportés et datés.

14. Tous les décrets prononcés par l'Assemblée nationale, acceptés ou sanctionnés par le Roi, relativement aux différentes parties de liquidations ordonnées par l'Assemblée, continueront à être exécutés conformément à ce qui est exprimé par le présent décret, et notamment quant aux opérations qui ont été confiées aux corps administratifs par le titre IV du décret des 23=28 octobre dernier, au sujet des créanciers particuliers des maisons, corps et communautés supprimés, et par le titre V du même décret, au sujet des dîmes inféodées; lesquels corps administratifs enverront à la direction générale les états des créances et des indemnités que l'article 25 du titre V dudit décret leur prescrivait de faire passer au Corps-Législatif.

15. Les affaires qui ont été examinées par les comités désignés en l'article 5 ci-dessus, et dont le rapport est ou sera en état d'être fait d'ici au 31 décembre présent mois, seront incessamment rapportées par lesdits comités aux jours qui leur seront indiqués par l'Assemblée.

---

16 DÉCEMBRE 1790. — Décret portant vente de domaines nationaux aux municipalités de Dijon, Varrois, Chaignot, d'Alhée, Bayonne, Mersas, Bourges, Tours. (B. 9, 180, 189, 190, 191.)

16 DÉCEMBRE 1790. — Ponts-et-Chaussées. *Voy.* 31 DÉCEMBRE 1790.

---

17 = 25 DÉCEMBRE 1790. — Décret portant que les gras de caisse des ci-devant diocèses seront versés à la caisse de l'extraordinaire. (L. 2, 1036; B. 9, 194.)

L'Assemblée nationale, sur le compte qui lui a été rendu par l'un des commissaires chargés de surveiller la caisse de l'extraordinaire, de l'empêchement apporté par les administrateurs du département des Côtes-du-Nord, au départ de la somme de 17,461 liv. 14 sous 8 d., envoyée à la caisse de l'extraordinaire par le receveur des décimes de Saint-Brieux, en exécution du décret du 14 septembre dernier, sanctionné par lettres-patentes du 21 du même mois, ainsi que du versement qui a été fait des bons et gras de caisse mentionnés audit décret du 14 septembre, dans les caisses de district, improuve la conduite des administrateurs du département des Côtes-du-Nord; décrète que la somme de 17,461 livres 14 sous 8 deniers, restant du gras de la caisse des décimes de Saint-Brieux, sera envoyée sans délai à la caisse de l'extraordinaire; décrète que les receveurs de district qui ont reçu les gras de caisse de quelques-uns des ci-devant diocèses, les enverront pareillement sans délai à la caisse de l'extraordinaire, et que les administrateurs des directoires veilleront à ce que ledit envoi soit fait incessamment, à peine d'en demeurer responsables.

---

17 DÉCEMBRE 1790. = 26 JANVIER 1791. — Décret portant vente de domaines nationaux aux municipalités d'Amiens, de Janville, de Montigny-le-Gannelon, de Chevresis-les-Dames, D'Autheuil, de Brou, de Hamel, de Séboncourt, de Vraignes, d'Orléans, de Sully, de Gaudouville, de Bazoches-lès-Gallerandes, de Terranbé, de Montpellier et de Belbèze. (L. 3, 319, 382; B. 9, 195 et suiv.)

17 DÉCEMBRE 1790. — Proclamation du Roi concernant les rentes du clergé. (L. 2, 928.)

17 DÉCEMBRE 1790 = 5 JANVIER 1791. — Décret qui ordonne au sieur Quinson, ci-devant receveur-général du clergé, de verser quatre cent soixante mille livres à la caisse de l'extraordinaire. (B. 9, 194.)

17 = 25 DÉCEMBRE 1790. — Décret qui ordonne à la municipalité de Paris, de faire connaître, dans les dix premiers jours de chaque mois, les dépenses faites le mois précédent en ateliers de charité, la nature des travaux et les deniers y affectés. (L. 2, 1045.)

17 DÉCEMBRE 1790 = 5 JANVIER 1791. — Décret concernant l'instruction et le jugement de l'affaire du sieur Trouard, ci-devant Rioles. (B. 9, 207.)

17 DÉCEMBRE 1790. — Décret contenant une addition à l'art. 4 du décret du 16 décembre, établissant une direction générale de liquidation. *Voy.* ce décret.

17 DÉCEMBRE 1790. — Loi. *Voy.* 13 DÉCEMBRE 1790.

---

18 = 22 DÉCEMBRE 1790. — Décret relatif au jugement des prévenus du crime de lèse-nation, et qui prononce la déchéance de tout grade, emploi, pension ou traitement, contre les fonctionnaires publics absens du royaume qui ne prêteront pas le serment civique dans le délai prescrit. (L. 2, 1007; B. 9, 225.)

Art. 1er. L'Assemblée nationale charge son président de se retirer dans le jour vers le Roi, pour le prier de donner les ordres nécessaires pour que les sieurs Guillien dit de Pougelon, d'Escars et Terrasse dit Teissonnet, soient transférés séparément et sous bonne et sûre garde, du château de Pierre-Encise, où ils sont actuellement détenus, dans les prisons de Paris.

2. La municipalité de Lyon enverra incessamment au comité des recherches de l'Assemblée nationale, tous les renseignemens qu'elle aura pu se procurer sur la conspiration dont se trouvent prévenus lesdits sieurs Guillien, d'Escars et Terrasse, ensemble leurs papiers.

3. Le procès sera fait à ces particuliers par la haute-cour nationale chargée de la connaissance des crimes de lèse-nation, ou par tel autre tribunal provisoire que l'Assemblée nationale jugera convenable.

4. Le Roi sera prié de remplacer le sieur la Chapelle, commandant les troupes de ligne à Lyon, et de donner tous les ordres nécessaires pour le maintien de la tranquillité dans cette ville.

Décrète que tous Français fonctionnaires publics, ou recevant pensions ou traitemens quelconques de l'Etat, qui ne seront pas présens et résidens dans le royaume, et qui n'auraient pas prêté le serment civique dans le délai d'un mois après la publication du présent décret, sans être retenus dans les pays étrangers par une mission du Roi pour les affaires de l'Etat, seront, par ce seul fait, déchus de leurs grades et emplois, et privés de leurs pensions, appointemens et traitemens.

18 = 25 décembre 1790. — Décret relatif à l'armement des gardes nationales. (L. 2, 1052; B. 9, 207; Mon. du 19 décembre 1790.)

Voy. loi du 6 = 12 décembre 1790.

L'Assemblée nationale décrète que le Roi sera prié de faire délivrer par les arsenaux militaires, aux administrations de département, cinquante mille fusils destinés à l'armement des gardes nationales, lesquelles armes seront réparties à raison du besoin et de la situation des différens départemens, conformément à la distribution qui sera concertée entre le comité militaire et le ministre de la guerre, et arrêtée par l'Assemblée nationale.

18 = 29 décembre 1790. — Décret relatif au rachat des rentes foncières. (L. 2, 1070; B. 9, 207; Mon. du 19 décembre.)

Voy. lois du 4 août = 21 septembre 1789; du 23 décembre 1790 = 5 janvier 1791; 23 (19 et) juillet = 12 septembre 1791; 15 septembre = 16 octobre 1791; 20 août 1792; 8 août 1793; Code civil, art. 530.

Titre Ier. Quelles sont les rentes assujéties au rachat

Art. 1er. Toutes les rentes foncières perpétuelles, soit en nature, soit en argent, de quelque espèce qu'elles soient, quelle que soit leur origine, à quelques personnes qu'elles soient dues, gens de main-morte, domaine, apanagistes, ordre de Malte, même les rentes de dons et legs pour cause pie ou de fondation, seront rachetables; les champarts de toute espèce et sous toute dénomination, le seront pareillement au taux qui sera ci-après fixé. Il est défendu de ne plus à l'avenir créer aucune redevance foncière non remboursable, sans préjudice des baux à rentes ou emphytéoses, et non perpétuels, qui seront exécutés pour toute leur durée, et pourront être faits à l'avenir pour quatre-vingt dix-neuf ans et au-dessous, ainsi que les baux à vie, même sur plusieurs têtes, à la charge qu'elles n'excéderont pas le nombre de trois (1).

2. Les rentes ou redevances foncières établies par les contrats connus en certains pays sous le titre de *locatairie perpétuelle*, sont comprises dans les dispositions et prohibitions de l'article précédent, sauf les modifications ci-après sur le taux de leur rachat (2).

(1) Voy. décret du 15 brumaire an 2.
Pour mettre un terme aux recherches sur le passé, on doit déclarer valables, encore qu'ils aient eu lieu sans l'autorisation requise, des remboursemens de rentes faits en 1790, à l'administration des pauvres, auxquels elles appartenaient (17 novembre 1819; Cons.-d'Etat, t. 5, p. 556).
Le détenteur à titre de locatairie perpétuelle de fonds grevés d'une rente ne peut se prévaloir de l'abolition de la loi du 17 juillet 1793 (nivose an 12; Cass. S. 9, 1, 115; — idem, 5 octobre 1808; Cass. S. 9, 1, 119).
Le débiteur d'une rente viagère ne peut contraindre le créancier à en recevoir le rachat (21 messidor an 4; Cass. S. 1, 1, 87).
Les baux à complant du département de la Loire-Inférieure, n'étant pas translatifs de propriété, ne sont pas atteints par les lois sur l'abolition de la féodalité (Avis du Conseil-d'Etat sur les baux à complant, 4 thermidor an 8; S. 1, 2, 153).
Arrêté des consuls qui détermine le mode de liquidation des rentes stipulées en nature (4 fructidor an 8; S. 1, 2, 149).
De ce que les lois prohibent toute transaction sur des alimens, il ne s'ensuit pas qu'on ne puisse transiger sur une rente viagère créée à titre onéreux, qui n'a pas été constituée en termes formels, pour alimens (30 floréal an 11; Poitiers; S. 3, 2, 487).
La faculté de contraindre tout créancier de rentes foncières à en souffrir le rachat, n'appartient pas également à ceux qui se sont rendus caution de l'acquittement de la rente (24 mars 1806; Cass. S. 6, 1, 289).
(2) L'abolition de la féodalité profite au preneur à locatairie perpétuelle, comme elle profite

Titre II. Principes généraux sur le rachat.

Art. 1er. Tout propriétaire pourra racheter les rentes et redevances foncières perpétuelles, à raison d'un fonds particulier, encore qu'il se trouve posséder plusieurs fonds grevés de pareilles rentes envers la même personne, pourvu néanmoins que ces fonds ne soient pas tenus sous une rente ou une redevance foncière solidaire, auquel cas le rachat ne pourra pas être divisé.

2. Lorsqu'un fonds grevé de rente ou redevance foncière perpétuelle, sera possédé par plusieurs copropriétaires, soit divisément, soit par indivis, l'un d'eux ne pourra point racheter divisément ladite rente ou redevance' au prorata de la portion dont il est tenu, si ce n'est du consentement de celui auquel la rente ou redevance sera due, lequel pourra refuser le remboursement total, en renonçant à la solidarité vis-à-vis de tous les coobligés ; mais quand le redevable aura fait le remboursement total, il demeurera subrogé aux droits du créancier, pour les exercer contre les codébiteurs, mais sans aucune solidarité ; et chacun des autres codébiteurs pourra racheter à volonté sa portion divisément.

3. Pourront les propriétaires de fonds grevés de rentes redevances foncières, traiter avec les propriétaires desdites rentes ou redevances, de gré à gré, à telle somme et sous telles conditions qu'ils jugeront à propos, du rachat desdites rentes ou redevances; et les traités ainsi faits de gré à gré entre majeurs ne pourront être attaqués sous prétexte de lésion quelconque, encore que le prix du rachat se trouve inférieur ou supérieur à celui qui aurait pu résulter du taux qui sera ci-après fixé.

4. Les tuteurs, curateurs et autres administrateurs des pupilles, mineurs ou interdits, les grevés de substitutions, les maris, dans les pays où les dots sont inaliénables, même avec les consentemens des femmes, ne pourront liquider les rachats des rentes ou redevances foncières appartenant aux pupilles, aux mineurs, aux interdits, à des substitutions et auxdites femmes mariées, qu'en la forme et au taux ci-après prescrits, et à la charge du remploi (1). Le redevable qui ne voudra point demeurer garant du remploi, pourra consigner le prix du rachat, lequel ne sera délivré aux personnes qui sont assujéties au remploi, qu'en vertu d'une ordonnance du juge, rendue sur les conclusions du commissaire du Roi, auquel il sera justifié du remploi.

5. Lorsque le rachat aura pour objet une rente ou redevance foncière appartenant à une communauté d'habitans, les officiers municipaux ne pourront le liquider et en recevoir le prix, que sous l'autorité et avec l'avis des assemblées administratives du département ou de leurs directoires, lesquels seront tenus de veiller au remploi du prix.

6. La liquidation du rachat des rentes appartenant à la nation, ne pourra être faite que par les assemblées administratives du district dans l'arrondissement duquel se trouve situé le fonds grevé de la rente, ou de leur directoire, sous l'inspection et avec l'autorisation des assemblées administratives du département. Le paiement du prix dudit rachat ne pourra être fait qu'à la caisse du district dudit arrondissement, et le directoire du district sera tenu de faire verser le prix dans la caisse de l'extraordinaire.

7. La disposition de l'article précédent aura lieu indistinctement et sauf les seules exceptions ci-après, à l'égard des rentes nationales, à quelque établissement, corps ou bénéfice et office supprimé qu'elles appartiennent, encore qu'il s'agisse d'établissement dont l'administration a été conservée provisoirement ou autrement par les précédens décrets, et notamment par celui des 28, 23 octobre dernier soit à des municipalités, soit à certains administrateurs des fondations, séminaires, collèges, fabriques, établissemens d'études ou de retraite, hôpitaux, maisons de charité, bénéfices actuellement régis par l'économe général du clergé; enfin, à certains ordres de religieux ou religieuses, même à l'égard des rentes appartenant aux établissemens protestans, mentionnés en l'article 17 du titre 1er du décret des 28, 23 octobre dernier, à l'égard de toutes lesquelles rentes la liquidation du rachat ne pourra être faite que par les administrations de département et de district, et le prix du rachat ne pourra être versé qu'en la caisse du district, ainsi qu'il a été dit en l'article ci-dessus, à peine de nullité desdits rachats.

8. Sont exceptées des dispositions des articles 6 et 7 ci-dessus, les rentes ci-devant appartenant aux domaines de la couronne, aux apanagistes, aux engagistes, aux échangistes dont les échanges ne sont point encore consommés. La liquidation du rachat desdites rentes sera faite, jusqu'à ce qu'il en ait été autrement ordonné, par les administrateurs de la régie actuelle des domaines ou par leurs préposés, à la charge par eux: 1° de se con-

ns preneurs par emphytéose perpétuelle (29 juin 1813 ; Cass. S. 13, 1, 382).

La stipulation d'une rente ou redevance perpétuelle dans un bail emphytéotique postérieur à la loi du 18 = 29 décembre 1790, n'entraine pas la nullité du bail ; seulement la rente ou redevance stipulée *perpétuelle* est *rachetable*, non-obstant la stipulation de perpétuité (15 décembre 1824 ; Cass. S. 25, 1, 290).

(1) L'article n'est pas applicable au cas où le taux du rachat de la rente était stipulé dans l'acte constitutif de la rente (13 mai 1829 ; Cass. S. 30, 2, 351 ; D. 30, 2, 243).

former aux taux ci-après prescrits; 2° que les liquidations seront vérifiées et approuvées par les administrations de département et de district, dans l'arrondissement desquels se trouveront situés les fonds affectés auxdites rentes; 3° de compter, par les administrateurs de la régie, du prix desdits rachats, et de les verser au fur et à mesure dans la caisse du district dudit arrondissement, qui le reversera dans la caisse de l'extraordinaire.

9. Sont pareillement exceptées des dispositions des articles 6 et 7 ci-dessus, les rentes appartenant aux commanderies, dignités et grands-prieurés de l'ordre de Malte. Lesdits rachats, jusqu'à ce qu'il en ait été autrement ordonné, pourront être liquidés par les titulaires actuels, à la charge: 1° de se conformer au taux qui sera ci-après prescrit; 2° de faire vérifier et approuver la liquidation par les administrations de département et de district dans l'arrondissement desquelles se trouveront situés les manoirs ou chefs-lieux desdites commanderies, dignités et grands-prieurés; 3° de verser le prix dudit rachat au fur et à mesure dans la caisse du district dudit arrondissement, qui le reversera dans la caisse de l'extraordinaire.

10. Les administrateurs des établissemens français, et les évêques et curés français qui possèdent des rentes assises sur des fonds situés en pays étrangers, ne pourront en recevoir aucun remboursement, quand même il leur serait offert volontairement, à peine de restitution du quadruple. En cas de contravention, la liquidation du rachat desdites rentes, s'il était offert volontairement, ne pourra être faite que par les assemblées administratives du district dans l'arrondissement duquel se trouveront les manoirs desdits bénéfices, ou les chefs-lieux desdits établissemens, sous l'inspection et l'autorisation des assemblées administratives du département, et le prix du rachat sera versé dans la caisse du district dudit arrondissement, et de là dans celle de la caisse de l'extraordinaire; ainsi qu'il est dit en l'article 6.

11. Les tuteurs, curateurs et autres administrateurs désignés dans l'article 4 ci-dessus, pourront liquider à l'amiable, et sans être obligés de recourir à des estimations par experts, les rachats des rentes foncières appartenant aux personnes soumises à leur administration, à la charge que leurs évaluations seront faites par articles séparés, lorsque les rentes seront composées de redevances de diverses quotités et natures, et que chacun des articles indiquera la conformité de l'évaluation avec le mode et le taux ci-après prescrits. Pourront en outre lesdits administra-

teurs qui voudront se mettre à l'abri de toutes recherches personnelles de la part de ceux soumis à leur administration, faire approuver lesdites liquidations par un avis de parens (1).

12. Pourront pareillement les officiers municipaux, dans le cas de l'article 5 ci-dessus, les directoires de district, dans le cas où la liquidation leur est attribuée par les articles 6 et 7 ci-dessus, et les administrateurs des biens nationaux qui sont autorisés à liquider le rachat par les articles 8 et 9, procéder auxdites liquidations à l'amiable, à la charge de se conformer à la règle prescrite par l'article précédent, et en outre à la charge de les faire vérifier et approuver par les directoires de département; sans préjudice aux directoires des départemens de pouvoir, avant d'accorder leur *visa*, exiger une estimation préalable par experts, de tout ou partie des objets à liquider, dans le cas seulement où ils jugeraient ne pouvoir apprécier autrement la régularité desdites opérations.

13. Dans tous les cas où la rente rachetée, et dont le prix aura été versé dans les caisses de district et de l'extraordinaire, appartiendra à des établissemens non supprimés, et qui ne le seront point par la suite, il sera, s'il y a lieu, et d'après l'avis des assemblées administratives, pourvu à telle indemnité qu'il appartiendra en faveur desdits établissemens.

TITRE III. Mode et taux du rachat.

Art. 1er. Lorsque les parties auxquelles il est libre de traiter de gré à gré ne pourront point s'accorder sur le prix du rachat des rentes ou redevances foncières, le rachat sera fait suivant les règles et le taux ci-après.

2. Le rachat des rentes et redevances foncières originairement créées irrachetables et sans aucune évaluation du capital, seront remboursables; savoir, celles en argent, sur le pied du denier vingt; et celles en nature de grains, volailles, denrées, fruits de récolte, service d'hommes, chevaux ou autres bêtes de somme, et de voitures, au denier vingt-cinq de leur produit annuel, suivant les évaluations qui en seront ci-après faites, il sera ajouté un dixième auxdits capitaux, à l'égard des rentes qui auront été créées sous la condition de la non-retenue de dixième, vingtième et autres impositions royales (2).

3. A l'égard des rentes et redevances foncières originairement créées rachetables, mais qui sont devenues irrachetables avant le 4 août 1789, par l'effet de la prescription, le rachat s'en fera sur le capital porté au contrat, soit qu'il soit inférieur ou supérieur aux deniers ci-dessus fixés.

4. Dans les pays où il est d'usage, soit dans

<hr />

(1) *Voy.* loi du 3 germinal an 2.
(2) Cet article n'est pas applicable aux rentes foncières créées sous l'empire de la législation

qui ultérieurement a déclaré les rentes foncières meubles et rachetables. A l'égard de ces rentes meubles et rachetables selon la loi de leur créa-

les baux à rente, soit dans les locatairies perpétuelles, d'interdire au preneur la coupe des bois de haute-futaie et de la réserver au bailleur, ou d'assujétir le preneur à en rembourser la valeur au bailleur, celui-ci conservera le droit de couper lesdits bois lorsqu'ils seront parvenus à leur maturité, si mieux il n'aime consentir d'en recevoir la valeur actuelle, suivant l'estimation qui en sera faite par experts ou à l'amiable, auquel cas le preneur sera tenu de rembourser au bailleur le prix desdits bois, outre le capital fixé par l'article 2 ci-dessus, pour le rachat de la rente.

5. Lorsque les baux à rente ou emphytéose perpétuelle et non seigneuriale, contiendront la condition expresse imposée au preneur et à ses successeurs, de payer au bailleur un droit de lods ou autre droit casuel quelconque en cas de mutation, et dans les pays où la loi assujétit les détenteurs auxdits titres de bail à rente ou emphitéose perpétuelle et non seigneuriale, à payer au bailleur des droits casuels aux mutations; le possesseur qui voudra racheter la rente foncière ou emphytéotique, sera tenu, outre le capital de la rente indiquée en l'article 2 ci-dessus, de racheter les droits casuels dus aux mutations, et ce rachat se fera aux taux prescrits par le décret du 3 mai, pour le rachat des droits pareils ci-devant seigneuriaux, selon la quotité et la nature du droit qui se trouvera dû par la convention ou suivant la loi.

6. L'évaluation du produit annuel des rentes et redevances foncières, non stipulées en argent, mais payables en nature de grains, denrées, fruits de récolte ou service d'hommes, bêtes de somme ou voitures, se fera d'après les règles et les distinctions ci-après.

7. A l'égard des redevances en grains, il sera formé une année commune de leur valeur, d'après le prix des grains de même nature, relevé sur les registres du marché du lieu où se devait faire le paiement, ou du marché plus prochain, s'il n'y en a pas dans le lieu. Pour former l'année commune, on prendra les quatorze années antérieures à l'époque du rachat; on retranchera les deux plus fortes et les deux plus faibles, et l'année commune sera formée sur les dix années restantes (1).

8. Il en sera de même pour les redevances en volailles, agneaux, cochons, beurre, fromages, cire et autres denrées, dans les lieux où leur prix est porté dans les registres des marchés.

A l'égard des lieux où il n'est point d'usage de tenir de registre du prix des ventes de ces sortes de denrées, l'évaluation des rentes de cette espèce sera faite d'après le tableau estimatif qui en aura été formé, en exécution de l'article 15 du décret du 3 mai, par le directoire du district du lieu où devait se faire le paiement; lequel tableau servira, pendant l'espace de dix années, de taux pour l'estimation du produit annuel desdites redevances; le tout sans déroger aux évaluations portées par les titres, coutumes et règlemens.

9. A l'égard des rentes et redevances foncières stipulées en service de journées d'homme, de chevaux, bêtes de travail et de somme, ou de voitures, l'évaluation s'en fera pareillement d'après le tableau estimatif qui en aura été formé en exécution de l'article 16 du décret du 3 mai, par le directoire du district du lieu où devaient se faire lesdits services, lequel tableau servira pareillement pendant l'espace de dix années pour l'estimation du produit annuel desdites redevances, le tout sans déroger aux évaluations portées par les titres, coutumes et règlemens.

10. Quant aux rentes et redevances foncières qui consistent en une certaine portion de fruits, récoltée annuellement sur les fonds, il sera procédé par des experts que les parties nommeront, ou qui seront nommés d'office par le juge, à une évaluation de ce que le fonds peut produire en nature dans une année commune. La quotité de la redevance annuelle sera ensuite fixée dans la proportion de l'année commune du fonds, et ce produit annuel sera évalué en la forme prescrite par l'article 6 ci-dessus, pour l'évaluation des rentes en grains.

11. Dans tous les cas où l'évaluation du produit annuel de la rente pourra donner lieu à une estimation d'experts, si le rachat a lieu entre parties qui aient la liberté de traiter de gré à gré, le redevable pourra faire au propriétaire de la rente, par un acte extrajudiciaire, une offre réelle d'une somme déterminée : en cas de refus d'accepter l'offre, les frais de l'expertise qui deviendra nécessaire seront supportés par celui qui aura fait l'offre, ou par le refusant selon que l'offre sera jugée suffisante ou insuffisante (2).

tion, le rachat est fixé, selon le droit commun, au denier vingt (27 avril 1831; Poitiers, S. 31, 2, 145; D. 31, 2, 136).

(1) L'évaluation faite par le créancier d'une rente en grains, dans une inscription par lui prise du capital de cette rente, n'est point irrévocable et définitive. — Le créancier est fondé, même vis-à-vis des tiers, à demander, dans l'ordre, que le capital de rente soit fixé d'après le mode prescrit par la loi de décembre (titre 3.

art. 7), bien que, d'après ce mode, le capital soit supérieur à celui porté dans l'inscription (9 avril 1829, Orléans; S. 29, 2, 204; D. 29, 2, 232).

(2) L'évaluation faite par le créancier d'une rente en grains, dans une inscription par lui prise du capital de cette rente n'est point irrévocable et définitive. Le créancier est fondé, même vis-à-vis des tiers, à demander, dans l'ordre, que le capital de rente soit fixé d'après le mode pres-

12. L'offre se fera au domicile du créancier, lorsque la rente sera portable; et lorsqu'elle sera quérable, au domicile que le créancier aura ou sera tenu d'élire dans le délai de trois mois, à compter du jour de la publication du présent décret, dans le ressort du district du lieu où la rente devait être payée; et à défaut d'élection, à la personne du commissaire du Roi du district.

13. Si l'offre mentionnée en l'article ci-dessus est faite à un tuteur, à un grevé de substitution, ou à d'autres administrateurs qui n'ont point la liberté de traiter de gré à gré, les administrateurs pourront employer en frais d'administration ceux de l'expertise, si elle a été ordonnée par l'avis de parens ou par le directoire, lorsqu'ils auront été jugés devoir rester à leur charge.

14. Tout redevable qui voudra racheter la rente ou redevance foncière dont son fonds est grevé, sera tenu de rembourser avec le capital du rachat, tous les arrérages qui se trouveront dus, tant pour les années antérieures, que pour l'année courante, au pro-rata du temps qui se sera écoulé depuis la dernière échéance jusqu'au jour du rachat.

15. A l'avenir, les rentes et redevances énoncées aux articles 9 et 10 ci-dessus, ne s'arrérageront point, même dans les pays où le principe contraire avait lieu, si ce n'est qu'il y ait eu demande suivie de condamnation. Les rentes qui consistent en service de journées d'hommes, de chevaux et autres services énoncés en l'article 9 ci-dessus, ne pourront pas non plus être exigées en argent, mais en nature seulement, si ce n'est qu'il y ait eu demande suivie de condamnation. En conséquence, il ne sera tenu compte, lors du rachat desdites rentes ou redevances, que de l'année courante, laquelle sera alors évaluée en argent, au prorata du temps qui se sera écoulé depuis la dernière échéance jusqu'au jour du rachat (1).

TITRE IV. De l'effet de la faculté du rachat, relativement aux droits seigneuriaux.

Art. 1er. Dans les pays et les cas où le rachat des rentes foncières créées irrachetables donnait ouverture à des droits de lods et ventes, et dans ceux où les baux à rente foncière rachetable, ainsi que la vente du fonds, à la charge de la rente rachetable, donnaient ouverture auxdits droits, les propriétaires des ci-devant fiefs ne pourront point exiger de droits de lods et ventes, sous prétexte de la faculté qui a été accordée par le décret du 4 août 1789, et qui est confirmée par le présent décret, de racheter les rentes foncières créées irrachetables. Lesdits droits de lods et ventes ne pourront être exigés que lors du remboursement effectif desdites rentes, et dans le cas où les droits casuels n'en auraient point été rachetés avant ledit remboursement, sauf aux propriétaires des ci-devant fiefs à se faire payer des droits accoutumés, soit dans le cas de mutation ou d'aliénation des fonds, soit dans le cas de mutation ou d'aliénation des rentes, tant que lesdites rentes n'auront point été remboursées, ou que le rachat desdits droits casuels n'aura point été fait.

2. Les dispositions de l'article précédent auront lieu à l'égard des rentes foncières originairement créées rachetables, mais devenues irrachetables par convention ou prescription.

3. A l'égard des rentes foncières rachetables, créées avant le décret du 4 août 1789, et à l'égard desquelles la faculté du rachat n'était point éteinte, on suivra les anciens usages établis par les différentes lois, coutumes et statuts qui régissaient les fonds grevés de ces sortes de rentes.

Et quant à celles créées depuis le 4 août 1789, ou qui pourront l'être par la suite, les lods et ventes ne pourront être perçus par les possesseurs des ci-devant fiefs, que lors du rachat desdites rentes, nonobstant tous usages et coutumes à ce contraires.

Ne pourra néanmoins le présent article former attribution de droits, dans les pays où le rachat des rentes foncières était exempt de lods et ventes.

4. Il sera libre au propriétaire du fonds grevé de rente foncière de racheter les droits casuels ci-devant seigneuriaux, soit à raison seulement de la valeur de son fonds, déduction faite de la valeur de la rente, soit à raison de la valeur totale du fonds sans déduction de la rente.

5. Le propriétaire de la rente pourra racheter les droits casuels ci-devant seigneuriaux, à raison de la valeur de la rente seulement, encore que le propriétaire du fonds n'ait point racheté ou ne veuille point racheter lesdits droits, eu égard à la valeur de son fonds.

6. Si le propriétaire du fonds n'a racheté les droits casuels qu'eu égard à la valeur du fonds, le propriétaire desdits droits casuels

---

crit par la loi de décembre (tit. 3, art. 7), bien que, d'après ce mode, le capital soit supérieur à celui porté dans l'inscription (9 avril 1829; Orléans; S. 29, 2, 204; D. 29, 2, 212).

(1) Les redevances dues par des détenteurs à titre de métairie perpétuelle, et, en général, consistant en une portion de fruits récoltés annuellement sur le fonds, n'ont pas pu s'arrérager

postérieurement à la loi du 18 = 29 décembre 1790, à moins qu'il n'y ait eu demande suivie de condamnation; hors de ce cas, les détenteurs ne peuvent être condamnés à payer que l'année courante lors de la citation en conciliation, et les années à venir (23 avril 1817; Cass. S. 17, 1, 229).

pourra les exercer en cas de mutation ou d'aliénation de la rente, à raison seulement de la valeur de ladite rente; et réciproquement si le propriétaire de la rente a seul racheté les droits casuels, eu égard à la rente, le propriétaire desdits droits casuels pourra les exercer en cas de mutation ou d'aliénation du fonds, à raison du fonds seulement.

7. Si le propriétaire du fonds rembourse la rente dont il est grevé, avant d'avoir racheté les droits casuels du fonds et de la rente, il demeurera à l'avenir assujéti auxdits droits jusqu'au rachat d'iceux, à raison de la valeur totale du fonds, nonobstant le paiement qu'il aura fait des droits, à raison du remboursement de la rente.

8. Les dispositions des articles 4, 5, 6, et 7 ci-dessus, n'auront lieu que dans les pays dans lesquels la vente ou la mutation du fonds, ainsi que la vente ou mutation de la rente, donnaient lieu séparément aux droits de vente et autres droits casuels, et non dans les pays dans lesquels la mutation de la rente ne donnait lieu à aucun de ces droits, qui étaient payés par le seul possesseur du fonds, en cas de mutation de sa part, à raison de la totalité de la valeur du fonds, abstraction faite de la rente.

9. Si le propriétaire du fonds a racheté les droits casuels, tant à raison des fonds que de la rente, audit cas, il demeurera subrogé de plein droit au droit du ci-devant propriétaire du fief dont les fonds étaient mouvans, tant pour la perception des droits casuels, en cas de mutation ou d'aliénation de la rente, que pour la perception du prix du rachat des droits casuels, lorsqu'il sera offert par le propriétaire de la rente.

10. Tout propriétaire de fonds grevés de rente foncière et sujette aux droits, en cas de mutation, qui remboursera la rente avant que le rachat des droits casuels en ait été fait, sera tenu de faire enregistrer la quittance du remboursement, et de la dénoncer au propriétaire du ci-devant fief dont son fonds relevait, dans les trois mois du remboursement, à peine d'être condamné au double du droit dont il se trouverait débiteur en conséquence dudit remboursement.

TITRE V. De l'effet de la faculté du rachat vis-à-vis du propriétaire de la rente et du débiteur.

Art. 1er. La faculté du rachat accordée aux débiteurs des rentes foncières, ne dérogera en rien aux droits, priviléges et actions qui appartenaient ci-devant aux bailleurs de fonds, soit contre les preneurs personnellement, soit sur les fonds baillés à rente; en conséquence, les créanciers bailleurs de fonds continueront d'exercer les mêmes actions hypothécaires, personnelles ou mixtes, qui ont eu lieu jusqu'ici, et avec les mêmes priviléges qui leur étaient accordés par les lois, coutumes, statuts et jurisprudence qui étaient précédemment en vigueur dans les différens lieux et pays du royaume (1).

2. Néanmoins, la disposition particulière de l'article 8 du chapitre XVIII de la coutume de la ville et échevinage de Lille, est abrogée, à compter du jour de la publication du présent décret, sauf aux propriétaires des rentes foncières régies par cette coutume, à exercer pour le paiement des arrérages les autres actions et priviléges autorisés par le droit commun et par ladite coutume.

3. La faculté de racheter les rentes foncières ne changera pareillement rien à leur nature immobilière, ni quant à la loi qui les régissait; en conséquence, elles continueront d'être soumises aux mêmes principes, lois et usages que ci-devant, quant à l'ordre des successions, et quant aux dispositions entre vifs et testamentaires, et aux aliénations à titre onéreux (2).

4. Les baux à rentes faits sous la condition expresse de pouvoir, par le bailleur, ses héritiers ou ayant cause, retirer le fonds en cas d'aliénation d'icelui par le preneur, ses héritiers ou ayant-cause, demeureront dans toute leur force, quant à cette faculté de retrait, qui pourra être exercée par le bailleur, tant que la rente n'aura point été remboursée avant la vente du fonds.

5. Aucun bailleur de fonds à rente foncière ne pourra exercer le retrait énoncé en l'article ci-dessus, si le bail à rente n'en contient la stipulation expresse, nonobstant toute loi ou usage contraire, et notamment nonobstant l'usage admis en Bretagne sous le titre de *retrait censuel,* lequel n'était point seigneurial, et lequel est et demeure aboli à compter du jour de la publication du présent décret.

6. Est et demeure pareillement abolie, à compter du jour de la publication du présent décret, la faculté que les coutumes de Hainaut, Valenciennes, Cambrai, Arras, Béthune, Amiens, Normandie et autres sem-

---

(1 et 2) Un bail à rente foncière renferme essentiellement un pacte commissoire; il n'emporte, de sa nature, aliénation de propriété, que sous la condition de paiement. — Ainsi, le créancier d'une rente créée pour concession de fonds peut demander le déguerpissement, faute de paiement des arrérages, encore qu'il n'ait pris aucune inscription, que l'immeuble ait été hypothéqué au profit d'un tiers, et que le débiteur de la rente ait eu la faculté de la racheter (16 juin 1811; Cass. S. 11, 1, 337; 11 octobre 1814; Cass. S. 15, 1, 147).

blables accordaient ci-devant aux débiteurs de rente foncière, rachetable, de la retraite en cas de vente d'icelle.

TITRE VI. De l'effet de la faculté du rachat vis-à-vis des créanciers du bailleur.

Art. 1er. La faculté du rachat des rentes foncières ne changera rien aux droits que les lois, coutumes et usages donnaient sur icelles aux créanciers hypothécaires ou chirographaires des bailleurs, lesquels continueront à les exercer comme par le passé, sauf les modifications ci-après.

2. Dans les pays où les rentes foncières ont suite par hypothèque, les créanciers hypothécaires qui voudront conserver leur hypothèque sur les rentes foncières, soit en cas de remboursement d'icelles, soit en cas d'aliénation, seront tenus de former leur opposition au greffe des hypothèques du ressort du lieu de la situation des fonds grevés desdites rentes, sans préjudice de l'opposition qu'ils pourront en outre former entre les mains du débiteur, au remboursement; mais cette dernière opposition ne pourra donner aucun droit de concurrence vis-à-vis des opposans au greffe des hypothèques, et néanmoins le prix du remboursement sera distribué par ordre d'hypothèques entre les simples opposans entre les mains du débiteur, après que les opposans au sceau des lettres de ratification auront été payés.

3. Dans les pays où l'édit de 1771 n'a point d'exécution, l'opposition à l'effet de conserver l'hypothèque sera faite au greffe du tribunal du district du ressort de la situation du fonds grevé de la rente, et il sera payé au greffier du district le même droit que celui établi par l'édit de 1771.

4. Les créanciers qui formeront les oppositions générales désignées dans les articles 2 et 3 ci-dessus ne seront point obligés de les renouveler tous les trois ans; lesdites oppositions dureront trente ans, dérogeant quant à ce seulement à l'édit de juin 1771.

5. Dans les pays où les rentes ont suite par hypothèque, les débiteurs de rente foncière n'en pourront effectuer le remboursement qu'après s'être assurés qu'il n'existe aucune opposition enregistrée au greffe des hypothèques, ou au greffe du district dans les lieux où l'édit de 1771 n'est point en vigueur.

Dans les cas où il existerait une ou plusieurs oppositions, ils s'en feront délivrer un extrait qu'ils dénonceront au propriétaire sur lequel elle sera formée; sans pouvoir faire aucune procédure, ni se faire autoriser à consigner que trois mois après la dénonciation, dont ils pourront répéter les frais, ainsi que ceux de l'extrait des opposans.

Les intérêts cesseront à compter du jour de la dénonciation, lorsque la consignation ou le paiement aura été exécuté huitaine après l'expiration des trois mois.

6. Pourront les parties liquider le remboursement de la rente, et en opérer le paiement en tel lieu qu'ils jugeront à propos. Les paiemens opérés hors du lieu du domicile des parties, ou du lieu de la situation de l'héritage, et qui auront été faits d'après un certificat qu'il n'existait pas d'opposition, délivré par le greffier qui en aura le droit, seront valables nonobstant les oppositions survenues depuis, pourvu que la quittance ait été enregistrée dans le mois de la date du certificat ci-dessus énoncé.

TITRE VII. Du droit d'enregistrement sur les quittances de rachat.

Article unique. Toutes les quittances de rachat de rentes ci-devant créées irrachetables, ou qui sont devenues telles par la prescription de la faculté de rachat, seront assujéties à l'enregistrement; et il ne sera payé que quinze sous pour le droit d'enregistrement: les frais en seront à la charge de celui qui fera le rachat.

18 DÉCEMBRE 1790. — Décret relatif aux troubles excités dans la ville d'Aix. (B. 9, 225.)

18 DÉCEMBRE 1790 = 30 JANVIER 1791. — Décret portant vente de domaines nationaux à la municipalité de Saint-Léonard. (L. 3, 382.)

19 = 25 DÉCEMBRE 1790. — Décret relatif aux versemens à faire par les receveurs des domaines et bois. (L. 2, 1035 ; B. 9, 234.)

L'Assemblée nationale, interprétant en tant que de besoin son décret du 6 juin 1790, décrète que les receveurs des domaines et bois ne seront tenus de verser dans les caisses des trésoriers de district que les sommes actuellement existant entre leurs mains. Quant à celles qu'ils justifieront avoir remises à la caisse générale de l'administration, et qui auraient été par cette caisse versées au trésor public, elles ne pourront être exigées que sur l'avis des directoires des départemens, motivé pour des dépenses ou paiemens jugés nécessaires par les administrations; et sur les demandes des départemens, les fonds en seront fournis par le trésor public.

19 = 25 DÉCEMBRE 1790. — Décret concernant la poursuite des délits commis dans les bois. (L. 2, 1041 ; B. 9, 228 ; Mon. du 20 décembre.)

Voy. loi du 27 DÉCEMBRE 1790 = 5 JANVIER 1791, et du 15 = 29 SEPTEMBRE 1791.

L'Assemblée nationale, voulant pourvoir à ce que les délits qui se sont commis et se commettront dans les bois, soient poursuivis avec la plus grande activité, décrète provisoirement ce qui suit, en attendant l'établissement du nouveau régime qu'elle se propose de former pour l'administration des forêts.

Art. 1er. Tous les gardes des bois et forêts reçus dans les maîtrises et grueries royales, dans les ci-devant juridictions des salines, et dans les ci-devant justices seigneuriales, sont tenus, sous les peines portées par les ordonnances, de faire dans la forme qu'elles prescrivent, des rapports ou procès-verbaux de tous les délits et contraventions commis dans leurs arrondissemens respectifs. Les procès-verbaux seront rédigés en double minute, et seront affirmés dans le délai de vingt-quatre heures, soit devant le plus prochain juge-de-paix ou l'un de ses prud'hommes assesseurs ; et dans le cas où ils ne seraient point en fonctions, devant le maire ou autre officier de la municipalité la plus voisine du lieu du délit, soit devant un des juges du tribunal du district dans le ressort duquel le délit aura été commis.

2. L'une des minutes des procès-verbaux ainsi affirmés sera déposée, dans la huitaine de leur date, au greffe du tribunal de district dans le ressort duquel le délit aura été commis; l'autre minute, sur laquelle il sera fait mention de l'affirmation, sera envoyée dans le même délai, par les gardes, au procureur du Roi de la maîtrise, gruerie ou ci-devant juridiction des salines du ressort.

3. Si, dans quelque communauté, il a été négligé de préposer des gardes en nombre suffisant pour la garde de ses bois communaux, conformément à ce qui est prescrit par l'article 14 du titre XXV de l'ordonnance de 1669, le directoire de district enjoindra à la municipalité de convoquer, dans la huitaine, le conseil général de la commune, pour faire choix desdits gardes; et faute par elle de satisfaire dans la huitaine à cette injonction, il sera procédé par le directoire de district à la nomination desdits gardes. Pourront lesdits gardes ainsi nommés faire, après leur réception, des rapports procès-verbaux de tous les délits commis dans les bois du territoire pour lequel ils auront été institués.

4. Les gardes nommés depuis que les tribunaux de district sont en activité prêteront serment devant eux, et y seront reçus sans frais; les actes de leur nomination et réception seront en outre enregistrés sans frais au greffe de la maîtrise, gruerie royale, ou ci-devant juridiction des salines du ressort.

5. L'action en réparation des délits ci-devant commis dans les bois et forêts sera formée incessamment, si fait n'a été, devant le tribunal du district dans le territoire duquel ils auront été commis ; et par rapport à ceux qui se commettront par la suite, elle sera formée devant ce même tribunal, dans la quinzaine au plus tard de l'envoi du procès-verbal au

procureur du Roi de la maîtrise, gruerie royale, ou ci-devant juridiction des salines.

6. L'action sera intentée à la requête du procureur du Roi de la maîtrise, gruerie royale, ou ci-devant juridiction des salines, avec élection de domicile en la maison du commissaire du Roi près le tribunal du district, sans que ledit procureur du Roi soit astreint en aucun cas à se pourvoir préalablement devant le bureau de paix, et sans la prévention de l'accusateur public, lorsqu'il y aura ouverture à la voie criminelle. Pourront au surplus les particuliers à qui les délits feront éprouver un dommage personnel, en poursuivre eux-mêmes la réparation par les voies de droit.

7. Lorsque l'action aura été intentée à la requête du procureur du Roi de la maîtrise, gruerie, ou ci-devant juridiction des salines, elle sera poursuivie et jugée à la diligence et sur la réquisition du commissaire du Roi, à l'effet de quoi ledit procureur du Roi sera tenu d'adresser au commissaire du Roi toutes les pièces nécessaires à la poursuite de l'affaire.

8. Aussitôt après que le jugement aura été rendu, le commissaire du Roi le fera expédier, et le transmettra au procureur du Roi à la requête de qui l'action aura été intentée, et le procureur du Roi fera exécuter ce jugement dans les formes prescrites par les ordonnances. Les procureurs du Roi seront remboursés de leurs avances par la caisse de l'administration des domaines, sur un état certifié d'eux, arrêté par le directoire de district, et visé par le directoire de département.

9. L'Assemblée nationale charge les tribunaux de district d'apporter la plus grande célérité au jugement des instances civiles et criminelles introduites par-devant eux, pour raison des délits commis dans les bois, de se conformer strictement aux dispositions des lois rendues pour la conservation des bois et forêts, et de prononcer contre les délinquans les peines portées.

10. Le triage des papiers et minutes des greffes des maîtrises des eaux et forêts, grueries royales, et ci-devant juridiction des salines, auquel il doit être procédé incessamment, en exécution du décret du 12 octobre dernier, sera fait par deux commissaires nommés, l'un par le tribunal de district, l'autre par la maîtrise, gruerie royale, ou ci-devant juridiction des salines. Ceux desdits papiers et minutes qui concernent l'exercice de la juridiction, seront remis au commissaire du tribunal de district, lequel en donnera sa décharge au bas de l'un des deux états qui en auront été dressés; et cet état, ainsi déchargé, restera déposé au greffe de la maîtrise, gruerie royale, ou juridiction des salines, ainsi que les papiers qui sont relatifs à l'administration. Il en sera de

même provisoirement des papiers concernant la juridiction, qui se trouveront être communs à plusieurs districts, et sur le dépôt définitif desquels l'Assemblée nationale se réserve de statuer en même temps que sur celui des papiers de l'administration.

11. L'Assemblée nationale charge son président de porter dans le jour le présent décret à la sanction royale.

19 = 25 DÉCEMBRE 1790. — Décret qui règle la forme dans laquelle les districts et les départemens doivent donner leur avis sur les pétitions et requêtes qu'on leur présente. (L. 2, 1010 ; B. 9, 227 ; Mon. des 18 et 21 décembre 1790.)

L'Assemblée nationale, instruite des contestations qui se sont élevées entre l'assemblée du département du Gard et quelques directoires de district, touchant la forme dans laquelle ces derniers doivent donner leur avis sur les requêtes et pétitions qui leur sont adressées ; et voulant établir à cet égard un mode uniforme dans tout le royaume, décrète ce qui suit :

Il sera tenu un registre, dans les directoires de district et de département, du sommaire des requêtes et pétitions qui leur seront adressées, et de la transcription en entier des avis, décisions ou ordonnances qui y interviendront.

Les avis des directoires des districts seront mis au bas des requêtes et pétitions ; les décisions et ordonnances des départemens seront mises à la suite, pour le tout être rendu aux parties intéressées, en original, après que le registre du greffe en aura été chargé.

19 DÉCEMBRE 1790 = 5 JANVIER 1791. — Décret portant vente de domaines nationaux aux municipalités de Dijon, d'Arc-sur-Tille, d'Asnières, de Mirabeau et de Dye. (B. 9, 228.)

19 = 25. DÉCEMBRE 1790. — Décret concernant le versement à faire dans les caisses des trésoriers de district par les receveurs des domaines et bois. (B. 9, 234. Voy. suprà.)

19 = 25. DÉCEMBRE 1790. — Décret relatif aux vainqueurs de la Bastille. (L. 2, 1080 ; B. 9, 232.)

19 DÉCEMBRE 1790. — Proclamation du Roi pour autoriser le maire de Paris et les officiers municipaux à faire procéder au tirage de remboursement de l'emprunt de quatre-vingt millions, décrété le 27 août 1789. (L. 2, 933.)

19 DÉCEMBRE 1790. — Décret sur le rachat des rentes foncières. Voy. 18 DÉCEMBRE 1790.

19 DÉCEMBRE 1790. — Ateliers de charité. Voy. 16 DÉCEMBRE 1790. — Bergues, etc. Voy. 15 DÉCEMBRE 1790. — Cantal. Voy. 8 DÉCEMBRE 1790. — Dame de Coaslin. Voy. 12 DÉCEMBRE

1790. — Décimes. Voy. 9 DÉCEMBRE 1790. — Enregistrement. Voy. 5 DÉCEMBRE 1790. — Indemnités. Voy. 13 DÉCEMBRE 1790. — Protestans ; Rouen. Voy. 15 DÉCEMBRE 1790. — Substitut. Voy. 14 DÉCEMBRE 1790.

20 = 25 DÉCEMBRE 1790. — Décret relatif aux presbytères des cures dépendant des ci-devant monastères, chapitres et communautés. (L. 2, 1050 ; B. 9, 234.)

Art. 1er. Les corps administratifs, avant de procéder à la vente ou location des ci-devant monastères, maisons de chapitres et de communautés, auxquels était unie la cure du lieu, et dans l'intérieur desquels était le logement du curé, seront tenus, si la cure doit être conservée, de distraire des bâtimens un corps-de-logis convenable, qui sera laissé aux paroissiens pour former le presbytère, pourvu que la distraction puisse se faire, suivant l'avis des experts-estimateurs, sans nuire à la vente ou location.

En cas de distraction, il sera détaché aussi des jardins une portion de l'étendue d'un demi-arpent, pour servir de jardin presbytéral.

2. Si la distraction ne peut avoir lieu sans nuire à la vente ou location, le total desdites maisons et dépendances sera vendu ou loué ; mais il sera fourni au curé, aux frais de la nation et à la diligence du directoire du département, un logement convenable, suivant les décrets de l'Assemblée nationale, sanctionnés par le Roi.

20 = 25 DÉCEMBRE 1790. — Décret relatif aux comptes à rendre au directeur général du trésor public par les receveurs généraux, de l'exercice de 1790. (L. 2, 1038 ; B. 9, 237.)

Art. 1er. Les receveurs généraux de l'exercice de 1790 fourniront, au 1er janvier prochain, leur compte de clerc-à-maître au directeur général du Trésor public, qui restera chargé de faire rentrer les sommes qui pourront être dues sur cet exercice par les contribuables et par les receveurs généraux et particuliers, et d'acquitter ce qui reste dû sur les charges des états du Roi.

2. Les comptes desdits receveurs-généraux ainsi rendus, seront soumis en outre à un arrêté de compte et à un acquit définitif, dans la forme qui sera adoptée par l'Assemblée nationale, d'après le nouveau mode de comptabilité qui doit lui être incessamment proposé par son comité des finances.

20 = 25 DÉCEMBRE 1790. — Décret qui règle l'émolument destiné à tenir lieu de traitement ou indemnité aux préposés chargés du recouvrement de la contribution patriotique. (L. 2, 1019 ; B. 9, 235.)

Art. 1er. Il sera fait aux receveurs particuliers dont l'exercice doit finir au 31 décembre 1790, une remise d'un denier pour livre sur le recouvrement de la contribution patriotique. Au moyen de cette taxation, lesdits receveurs, lorsqu'ils rendront compte de cette recette, de clerc à maître, ainsi qu'il est ordonné par l'article 2 du décret des 12 et 14 novembre, relatif aux trésoriers de district, ne pourront réclamer aucun traitement particulier à titre de remboursement ou indemnité, pour les frais de registres, de ports de lettres, d'impressions et commis extraordinaires, ou à quelque titre que ce puisse être.

2. Il sera accordé aux greffiers des municipalités de campagne deux deniers pour livre du montant des rôles de la contribution patriotique, pour les premiers trois mille livres auxquels ils pourraient s'élever; un denier et demi pour livre, de trois mille livres à six mille livres, et un denier pour livre sur ce qui excéderait cette somme.

3. Il sera alloué un sou par article aux personnes chargées de l'expédition desdits rôles, en conformité des registres de déclarations.

4. L'indemnité qui pourrait être due aux greffiers et secrétaires des municipalités des villes, pour les frais d'écriture, de registres et de confection des rôles de la contribution patriotique, sera allouée par les directoires des départemens, en proportion de la population des villes dont les rôles auront été faits par lesdits greffiers et secrétaires, en prenant en considération les rétributions dont ils jouissent d'ailleurs, et sans que cette indemnité puisse excéder la somme d'un denier pour livre pour les premiers cinquante mille livres auxquels pourraient s'élever les rôles; un demi-denier pour livre de cinquante mille livres à cent mille livres; et un quart de denier pour livre sur ce qui excéderait cette somme.

5. Chaque directoire de département en formera un état, et l'adressera au commissaire du Roi chargé de l'administration de la caisse de l'extraordinaire. Les indemnités qui se trouveront sur les états, ne pourront être payées qu'après que ce commissaire aura vérifié si on s'est conformé, dans les fixations, aux dispositions de l'article précédent.

---

20 = 25 DÉCEMBRE 1790. — Décret relatif aux formalités pour mettre en circulation les assignats déposés aux archives. (L. 2, 1026; B. 9, 239.)

L'Assemblée nationale décrète que les ballots d'assignats imprimés qui sont ou seront déposés aux archives, aux termes du décret du 4 novembre dernier, seront remis par l'archiviste, scellés et cachetés, tels qu'ils ont été ou seront déposés, à M. Jean-Jacques le Couteulx, dit Dunoley, pour être signés par les personnes que le Roi a commises à cet effet;

et qu'après la signature ils seront déposés dans la caisse à trois clefs, dont l'établissement a été décrété le 6 décembre du présent mois, en présence des commissaires à la caisse de l'extraordinaire, pour être délivrés ensuite au trésorier de l'extraordinaire, suivant les dispositions du même décret.

---

20 = 24 DÉCEMBRE 1790. — Décret pour faire passer à Aix et dans le département un corps de troupes de ligne. (L. 2, 1009; B. 9, 239.)

20 DÉCEMBRE 1790. — Instruction pour le recouvrement de la contribution patriotique par les receveurs de district, à compter du 1er janvier 1791. (L. 2, 985; B. 9, 235.)

20 DÉCEMBRE 1790. — Décret qui ordonne de faire un rapport relatif à l'établissement des messageries et à la fixation du tarif. (B. 9, 240.)

20 DÉCEMBRE 1790. — Décret portant vente de domaines nationaux aux municipalités de Bourg-l'Abbaye, de Sermaises, d'Orléans, de Meung, de Camon et de Rouen. (B. 9, 237 et suiv.)

21 = 25 DÉCEMBRE 1790. — Décret relatif aux droits de péage dans la province d'Alsace. (L. 2, 1033; B. 9, 254.)

L'Assemblée nationale s'étant fait rendre compte des arrêtés de la municipalité du conseil général de la commune du directoire du district de Strasbourg, et du conseil général du département du Bas-Rhin, des 11, 12 et 13 de ce mois, décrète :

Art. 1er. L'arrêté du département du Bas-Rhin, du 13 de ce mois, aura son plein et entier effet; en conséquence, la perception des péages d'Alsace, tenant lieu des droits de traites, sera faite uniformément dans tous les bureaux situés sur la ligne du Rhin, jusqu'à la promulgation du nouveau tarif.

2. Pour indemniser la ville de Strasbourg de la portion des droits de péage dont les marchandises destinées à sa consommation, ou qu'elle exportait, étaient affranchies, il sera fait restitution; après la promulgation du nouveau tarif, de la partie du produit des droits de péage qui ont été ou qui seront perçus, à compter du 14 du présent mois, à l'entrée et à la sortie de cette ville, par terre, par le pont du Rhin, ou par eau, à la destination de l'étranger.

3. Il ne sera rien innové, quant à présent, au transit qui a eu lieu par la ci-devant province d'Alsace, de l'étranger à l'étranger, et autres ci-devant provinces du royaume qui jouissaient de la même faveur.

4. Jusqu'à la promulgation du nouveau tarif, la ville de Strasbourg continuera de percevoir à son profit et de régir pour son compte les droits de sa douane particulière.

21 = 25 DÉCEMBRE 1790. — Décret relatif aux droits des créanciers sur les offices ministériels. (L. 2, 1040; B. 9, 243; Mon. des 22 et 23 décembre 1790.)

L'Assemblée nationale, ouï le rapport de son comité de judicature, décrète que l'article 11 de son décret du 30 octobre dernier sera dès à-présent commun aux officiers ministériels, du sort desquels elle est dans ce moment occupée.

En conséquence, tous créanciers sur offices ministériels ne pourront, jusqu'à la liquidation et remboursement desdits offices, exiger aucun paiement sur les capitaux hypothéqués sur le prix d'iceux, ni exercer aucune poursuite à raison de leursdites créances, si ce n'est pour le paiement des intérêts échus, sauf à eux à former leur opposition au remboursement, dans la forme indiquée par les décrets des 30 octobre et 28 novembre dernier.

L'Assemblée ordonne que Sa Majesté sera incessamment suppliée de sanctionner le présent décret, et d'en ordonner la plus prompte publication.

————

21 DÉCEMBRE 1790 (13 AOUT, 20 et) = 6 AVRIL 1791. — Décret qui supprime les apanages. (B. 9, 239; Mon. des 21 et 23 décembre 1790.)

Voy. lois du 13 AOUT = 21 SEPTEMBRE 1790, du 22 NOVEMBRE = 1er DÉCEMBRE 1790, article 16; const. de 1791, tit. 3, chap. 2, sect. 3, art. 8; loi du 24 SEPTEMBRE 1792; sénatusconsulte du 28 FLORÉAL an 12; loi du 8 NOVEMBRE 1814, art. 23.

Art. 1er. Il ne sera concédé à l'avenir aucun apanage réel.

Les fils puînés de France seront élevés et entretenus aux dépens de la liste civile, jusqu'à ce qu'ils se marient, ou qu'ils aient atteint l'âge de vingt-cinq ans accomplis : alors il leur sera assigné sur le Trésor national des rentes apanagères, dont la quotité sera déterminée à chaque époque par la législature en activité.

2. Toutes concessions d'apanages, antérieures à ce jour, sont et demeurent révoquées par le présent décret; défenses sont faites aux princes apanagistes, à leurs officiers, agens ou régisseurs, de se maintenir ou continuer de s'immiscer dans la jouissance des biens et droits compris auxdites concessions, au-delà des termes qui vont être fixés par les articles suivans.

3. La présente révocation aura son effet à l'instant même de la publication du présent décret, pour tous les droits ci-devant dits régaliens, ou qui participent de la nature de l'impôt, comme droits d'aides et autres y joints, contrôle, insinuation, centième denier, droits de nomination et de casualité des offices, amendes, confiscations, greffes et sceaux, et tous autres droits semblables dont les concessionnaires jouissent à titre d'apanages, d'en-

gagement, d'abonnement ou de concession gratuite, sur quelques objets ou territoires qu'ils les exercent.

4. Les droits utiles mentionnés dans l'article précédent seront à l'instant même réunis aux finances nationales; et dès lors ils seront administrés, régis et perçus selon leur nature, par les commis, agens et préposés des compagnies établies par l'administration actuelle, dans la même forme et à la charge de la même comptabilité que ceux dont la perception, régie ou administration leur est respectivement confiée.

5. Les apanagistes continueront de jouir des domaines et droits fonciers compris dans leurs apanages, jusqu'au mois de janvier 1791. Ils pourront même faire couper et exploiter à leur profit, dans les délais ordinaires, les portions de bois et futaies dûment aménagées, et dont les coupes étaient affectées à l'année présente par leurs lettres de concession, et par les évaluations faites en conséquence, en se conformant par eux aux procès-verbaux d'aménagement, et aux ordonnances et réglemens intervenus sur le fait des eaux et forêts.

6. Les fils puînés de France et leurs enfans et descendans ne pourront, en aucun cas, rien prétendre ni réclamer à titre héréditaire, dans les biens meubles ou immeubles laissés par le Roi, la reine et l'héritier présomptif de la couronne.

7. Les baux à ferme ou à loyer des domaines et droits réels, compris aux apanages supprimés, ayant une date antérieure de six mois au moins au présent décret, seront exécutés selon leur forme et teneur; mais les fermages et loyers seront payés à l'avenir aux trésoriers des districts de la situation des objets compris en iceux, déduction faite de ce qui sera dû à l'apanagiste sur l'année courante, d'après la disposition de l'art. 5.

8. Les biens et objets non affermés, ou qui l'auraient été depuis six mois, seront régis et administrés comme les biens nationaux retirés des mains des ecclésiastiques.

9. Les décrets relatifs à la vente des biens nationaux s'étendront et seront appliqués à ceux compris dans les apanages supprimés.

10. Il sera payé tous les ans, à partir du mois de janvier prochain, par le Trésor national, de six mois en six mois, à chacun des trois apanagistes dont les apanages réels sont supprimés, à titre de remplacement, une rente apanagère d'un million pour chacun d'eux.

11. Après le décès des apanagistes, les rentes apanagères créées par le présent décret ou en vertu d'icelui, seront divisées par portions égales entre tous leurs enfans mâles ou descendans par représentation en ligne masculine, sans aucun droit de primogéniture, à l'exclusion des filles et de leur représentation. Ces rentes leur seront transmises

8.

quittes de toutes charges, dettes et hypothèques, autres que le douaire viager dû aux veuves de leurs prédécesseurs, auxquels ces rentes pourront être affectées jusqu'à concurrence de la moitié d'icelles; et la même division et sous-division aura lieu aux mêmes conditions, dans tous les degrés et dans toutes les branches de la ligne masculine issue du premier concessionnaire, jusqu'à son extinction.

12. En cas de défaillance d'une ou de plusieurs branches masculines de la ligne apanagée, la portion de la rente apanagère dévolue à cette branche passera à la branche ou aux branches masculines les plus prochaines, ou en partie de degré, selon l'ordre des successions qui sera lors observé.

13. A l'extinction de la postérité masculine du premier concessionnaire, la rente apanagère sera éteinte au profit du Trésor national, sans autre affectation que de la moitié d'icelle au douaire viager, tant qu'il aura cours, suivant la disposition de l'article 11, et les filles ou leur représentation en seront exclues dans tous les cas.

14. Il sera payé à chacun des apanagistes frères du Roi, au-dessus de la rente apanagère, pendant leur vie seulement, pour l'entretien de leurs maisons réunies à celles de leurs épouses, conjointement et sans distinction, à compter du 1er janvier prochain, une pension ou traitement annuel d'un million; et si leurs épouses leur survivent, elles toucheront chacune cinq cent mille livres par an pour la même cause, tant qu'elles habiteront le royaume et qu'elles demeureront en viduité.

15. Il ne sera accordé à l'avenir aux fils et petit-fils de France aucune somme, rente ou traitement pécuniaire distingué de l'apanage, pour l'entretien de leurs maisons et de celles de leurs épouses, ou sous quelque autre prétexte que ce soit, sans exclusion néanmoins des rétributions, gages ou appointemens attachés aux fonctions publiques dont ils pourront être revêtus.

16. Il sera payé à Monsieur, indépendamment d'un million de rente apanagère et d'un million de traitement, cinq cent mille livres par année, laquelle somme sera affectée à ses créanciers.

Il sera payé à M. d'Artois la rente apanagère d'un million, le traitement d'un million; et en outre, la nation déclare se charger, sans tirer à conséquence, du paiement des rentes viagères dont le Roi a bien voulu promettre l'acquit par la décision du mois de décembre 1783: laquelle somme de cinq cent mille livres accordée à Monsieur, et le fonds annuel des rentes viagères dues par M. d'Artois au mois de décembre 1783, seront remis tous les ans, de six mois en six mois, déduction faite des extinctions desdites rentes viagères, entre

les mains d'un séquestre, duquel les créanciers toucheront l'équivalent de leur créance.

Il sera payé à M. d'Orléans, outre le million de rente apanagère, la somme d'un million chaque année, pendant vingt ans, à titre d'indemnité des améliorations faites par ses auteurs et lui dans les fonds de son apanage, lequel million sera affecté à ses créanciers pour leur être payé directement, suivant les délégations que fera M. d'Orléans; et sera ledit million conservé aux créanciers, dans le cas même où M. d'Orléans viendrait à mourir avant l'expiration desdites vingt années.

17. Au moyen des sommes respectivement accordées par l'article précédent, les apanagistes ne pourront former aucune demande en répétitions ou indemnités résultant des améliorations, réfections ou constructions nouvelles, faites sur leurs apanages; ils ne pourront demander aucune coupe ou partie de coupe arriérée, dans les bois et forêts desdits apanages; sauf à eux à poursuivre le recouvrement des autres genres de revenus échus à l'époque du 1er janvier 1791, et à continuer les coupes et exploitations qu'ils ont été autorisés à faire par le présent décret et par les précédens, et sans que la présente disposition puisse s'étendre aux domaines engagés dont ils auraient exercé le retrait domanial.

18. Le palais d'Orléans ou du Luxembourg, et le Palais-Royal, sont exceptés de la révocation d'apanage prononcée par le présent décret et celui du 13 août dernier; les deux apanagistes auxquels la jouissance en a été concédée, et les aînés mâles, chefs de leurs postérités respectives, continueront d'en jouir au même titre et aux mêmes conditions que jusqu'à ce jour. L'Assemblée nationale confirme les aliénations qui ont pu être faites des terrains ou édifices dépendant de l'apanage du Palais-Royal, ou toutes autres autorisées par des lettres-patentes enregistrées.

19. Il sera avisé aux moyens de fournir, quand les circonstances le permettront, une habitation convenable à Charles-Philippe de France, second frère du Roi, pour lui et les aînés chefs de sa branche, au même titre d'apanage, à la charge de réversion au domaine national aux cas de droit.

20. Les acquisitions faites par les apanagistes dans l'étendue des domaines dont ils avaient la jouissance, à titre de retrait des domaines tenus en engagement dans l'étendue de leurs apanages, continueront d'être réputées engagemens, et seront à ce titre perpétuellement rachetables; mais les acquisitions par eux faites à tout autre titre, même de retrait féodal, confiscation, commise ou déshérence, leur demeureront en toute propriété.

21. L'Assemblée nationale enjoint aux gardes de veiller à la conservation des forêts et bois dépendant des apanages supprimés, de continuer leurs fonctions avec les mêmes émo-

lumens qu'ils reçoivent des apanagistes, et dont ils seront payés par le receveur du district du lieu de la situation.

---

21 = 29 DÉCEMBRE 1790. — Décret relatif à J.-J. Rousseau et à Marie-Thérèse Levasseur, sa veuve. (L. 2, 1069 ; B. 9, 255.)

L'Assemblée nationale, pénétrée de ce qu'elle doit à la mémoire de J.-J. Rousseau, et voulant lui donner dans la personne de sa veuve un témoignage de la reconnaissance nationale, décrète ce qui suit :

Art. 1er. Il sera élevé à l'auteur d'*Emile* et du *Contrat-Social* une statue portant cette inscription : *La nation Française libre, à J.-J. Rousseau.* Sur le piédestal sera gravée la devise, *vitam impendere vero.*

2. Marie-Thérèse Levasseur, veuve de J.-J. Rousseau, sera nourrie aux dépens de l'état; à cet effet il lui sera payé annuellement, des fonds du Trésor national, une somme de douze cents livres.

---

21 DÉCEMBRE 1790. — Décrets portant vente de domaines nationaux aux municipalités de Houdan, de Cambrai, de Grosrouvres, de Versailles, de Boinvilliers, d'Etampes, de Clermont, de Pulhes, de Montagnac, de Lucquys, d'Octrungt et de Marchiennes. (B. 9, 244 et suiv.)

---

21 = 22 DÉCEMBRE 1790. — Décret relatif aux poursuites à exercer contre les auteurs, fauteurs, et complices des délits commis le 5 décembre à Perpignan, et aux informations à prendre contre les officiers municipaux de cette ville. (L. 2, 1005 ; B. 9, 256.)

---

21 = 25 DÉCEMBRE 1790. — Décret qui règle la forme et les précautions à prendre pour la location des maisons faisant partie des biens nationaux vendus à la municipalité de Paris. (L. 2, 1024 ; B. 9, 251.)

---

21 = 25 DÉCEMBRE 1790. — Décret qui établit des Juges-de-paix à Abbeville, Angers, Angoulême, Amiens, Caudebec, Metz, Montpellier, et qui réunit les municipalités de Saint-Lô et de Saint-Samson à celle d'Angers, et la municipalité de Saint-Pierre-du-Lac à celle de Beaufort. (L. 2, 1028.)

---

22 DÉCEMBRE 1790. — Décret relatif aux impositions indirectes et autres droits faisant partie des recettes publiques ou de celles des anciennes provinces, et aux octrois et droits au profit des villes, communautés et hôpitaux. (L. 2, 997 ; B. 9, 257.)

L'Assemblée nationale, considérant que les besoins de l'Etat ne permettent aucune interruption dans la perception des revenus publics, et que si les contributions foncière et mobilière peuvent être établies, à compter du 1er janvier 1791, quoique l'assiette ne puisse en être faite que postérieurement à cette époque, il n'en est pas de même des impositions indirectes et des droits dont le remplacement ne peut avoir lieu que successivement et à mesure qu'elle aura pu déterminer le régime nouveau,

Décrète : 1° que toutes les impositions indirectes et autres droits actuellement existans et faisant partie des recettes publiques ou de celles des anciennes provinces, seront, à compter du 1er janvier 1791, perçus au nom et au profit de l'Etat, tant en principaux qu'en accessoires et sous pour livre, et versés au Trésor public, jusqu'à l'époque très-prochaine où l'Assemblée nationale aura successivement prononcé leur suppression ou modification, en organisant les diverses parties des contributions publiques ;

2° Que les octrois et droits qui se perçoivent en totalité ou en partie au profit des villes, communautés ou hôpitaux, continueront aussi d'être perçus dans la forme accoutumée, jusqu'au moment où l'Assemblée nationale aura statué sur les dépenses desdites villes, communautés et hôpitaux.

Le présent décret sera présenté dans le jour à l'acceptation du Roi.

---

22 DÉCEMBRE 1790 = 5 JANVIER 1791. — Décret relatif au régime des séminaires diocésains, et au traitement des vicaires supérieurs et vicaires-directeurs. (L. 3, 115 ; B. 9, 258.)

Art. 1er. A compter du 1er janvier 1791, le traitement des vicaires-supérieurs et des vicaires-directeurs des séminaires diocésains, sera, outre la nourriture et le logement, de mille livres pour le vicaire-supérieur, et de huit cents livres pour les vicaires-directeurs.

2. Le vicaire-supérieur et les vicaires-directeurs choisiront au scrutin, parmi les trois vicaires-directeurs, un économe qui sera chargé, sous la surveillance du vicaire-supérieur, de la recette et de la dépense du séminaire, et rendra compte de sa gestion à la fin de chaque année.

3. Les comptes de l'économe seront reçus et approuvés par le vicaire-supérieur et les deux autres vicaires-directeurs, ensuite vérifiés par le directoire du district, et définitivement arrêtés par le directoire du département.

4. Le directoire du département fixera, au commencement de chaque année, le prix de la pension que devront payer les élèves qui seront admis au séminaire.

5. Il sera accordé, sur l'avis des directoires du département, une somme annuelle à chaque séminaire pour les dépenses communes.

6. L'Assemblée nationale se réserve de statuer sur les bourses ou places gratuites qui

étaient établies dans plusieurs séminaires, après que le vœu des départemens lui sera connu.

7. Se réserve aussi l'Assemblée nationale de prononcer incessamment sur la gratification ou pension de retraite qui pourra être accordée à raison de l'âge, des infirmités et des services, aux ci-devant supérieurs, professeurs et directeurs qui ne seraient pas employés dans les séminaires conservés, et qui ne jouiraient pas d'ailleurs d'un traitement suffisant.

———

22 DÉCEMBRE 1790 = 5 JANVIER 1791. — Décret relatif aux chambres des comptes. (L. 3, 100; B. 9, 257; Mon. du 23 décembre 1790.)

Voy. loi du 16 SEPTEMBRE 1807.

L'Assemblée nationale décrète ce qui suit : Toute présentation de comptes aux chambres des comptes, cessera de ce jour.

Il ne sera consigné par les comptables aucunes épices pour raison des comptes de l'année 1787, dont la présentation devait être faite au 31 décembre de l'année 1790, et pour ceux des autres années qui n'auraient pas encore été présentés.

Dans le cas où, avant la publication du présent décret, il y aurait eu des épices consignées pour raison desdits comptes, elles seront, par les receveurs des épices, restituées aux comptables.

———

22 DÉCEMBRE 1790. — Decret portant vente de domaines nationaux à diverses municipalités du district de Crest, département de la Drôme, et aux municipalités de Coucy-le-Château, de Dauchy, de Rouen, de Sauvigny, de Tarnac, de Mozun, de Manglier et d'Ardres. (B. 9, 260 et suiv.)

———

22 DÉCEMBRE 1790. — Lèse-nation. *Voy.* 18 DÉCEMBRE 1790. — Liquidation. *Voy.* 17 DÉCEMBRE 1790. — Perpignan. *Voy.* 21 DÉCEMBRE 1790.

———

23 DÉCEMBRE 1790 = 5 JANVIER 1791. — Décret relatif au rachat des rentes seigneuriales. (L. 3, 106; B. 9, 267; Mon. du 25 DÉCEMBRE.)

Voy. loi du 4 AOUT = 21 SEPTEMBRE 1789; du 3 = 9 MAI 1790; du 18 = 29 DÉCEMBRE 1790.

L'Assemblée nationale, considérant que des circonstances postérieures au décret du 3 mai l'ont conduit à insérer dans le décret du 19 du présent mois, quelques dispositions relatives à la forme et à la liquidation du rachat des rentes foncières, qui sont nouvelles, ou un peu différentes de celles qui doivent être prescrites pour la liquidation du rachat des rentes ci-devant seigneuriales et des droits casuels ci-devant féodaux, et qu'il est essentiel de ramener les formes à l'uniformité, autant

que la nature de ces rentes et redevances peut le permettre, décrète ce qui suit :

Art. 1er. La liquidation du rachat des rentes ci-devant seigneuriales, et des droits casuels dépendant des ci-devant fiefs appartenant à la nation, ne pourra être faite que par les assemblées administratives du district dans l'arrondissement duquel se trouve situé le fief dont lesdites rentes et lesdits droits seront dépendans, ou par leurs directoires, sous l'inspection et l'autorisation des assemblées administratives de leur département ou de leurs directoires. Le paiement du prix dudit rachat ne pourra être fait qu'à la caisse du district dudit arrondissement, et le directoire du district sera tenu de faire verser le prix dans la caisse de l'extraordinaire.

2. La disposition de l'article précédent aura lieu indistinctement et sauf les seules exceptions ci-après, à l'égard des rentes et droits dépendant des ci-devant fiefs appartenant à la nation, à quelque établissement, corps ou bénéfice et office supprimé qu'elles appartinssent, encore qu'il s'agit d'établissemens dont l'administration a été conservée provisoirement, ou autrement, par les précédens décrets, et notamment par celui des 28, 23 octobre dernier, soit à des municipalités, soit à certains administrateurs de fondations, séminaires, collèges, fabriques, établissemens d'études, bénéfices actuellement régis par l'économe-général du clergé; enfin, à certains ci-devant ordres de religieux ou religieuses, même à l'égard des rentes et droits appartenant aux établissemens protestans mentionnés en l'art. 17 du titre 1er du décret des 28, 23 octobre dernier; à l'égard de tous lesquels droits et rentes, la liquidation du rachat ne pourra être faite que par les administrateurs de district et de département, et le prix du rachat ne pourra être versé qu'en la caisse du district, ainsi qu'il a été dit ci-dessus, à peine de nullité desdits rachats.

3. Sont exceptés des dispositions des deux articles précédens, les rentes et droits ci-devant dépendant des fiefs connus sous le titre de domaines de la couronne, ou des fiefs ci-devant appartenant aux apanagistes, aux engagistes, et aux échangistes dont les échanges ne sont point encore consommés.

La liquidation du rachat desdites rentes et des droits sera faite, jusqu'à ce qu'il en ait été autrement ordonné, par des administrateurs de la régie actuelle des domaines ou par leurs préposés, à la charge : 1.° par eux de se conformer aux taux prescrits par le décret du 3 mai; 2.° que les liquidations seront vérifiées et approuvées par les administrations des districts et départemens dans l'arrondissement desquels se trouvera situé le fief dont dépendront les rentes et les droits; 3.° de compter, par les administrateurs de la régie, du prix desdits rachats, et de le verser au fur et à mesure dans la caisse du district dudit arrondissement, qui le reversera dans la caisse de l'extraordinaire.

Il en sera de même des ci-devant fiefs tenus en pacage avec le Roi, et à l'égard desquels la liquidation des droits en dépendant se fera pareillement par les administrateurs de la régie actuelle des domaines ou leurs préposés; sauf à ne verser à la caisse de l'extraordinaire que la portion du prix qui en reviendra à la nation et à compter du surplus aux légitimes propriétaires, lesquels seront appelés à la liquidation.

A l'égard des ci-devant fiefs qui étaient tenus en pacage (1) avec les gens de main-morte, la liquidation des droits en dépendant se fera par les directoires de district, sous l'inspection des directoires des départemens; sauf aux directoires de district à ne verser dans la caisse de l'extraordinaire que la portion du prix revenant à la nation, et à compter du surplus aux légitimes propriétaires, lesquels seront appelés à la liquidation.

4. Sont pareillement exceptés les rentes et droits dépendant des ci-devant fiefs appartenant aux commanderies, dignités et grands prieurés de l'ordre de Malte : lesdits rachats, jusqu'à ce qu'il en ait été autrement ordonné, pourront être liquidés par les titulaires actuels, à la charge : 1° de se conformer aux taux prescrits par le décret du 3 mai; 2° de faire vérifier et approuver la liquidation par les administrations de district et de département dans l'arrondissement desquels se trouveront situés les maisons ou chefs-lieux desdites commanderies, dignités et grands prieurés; 3° de verser le prix dudit rachat, au fur et à mesure, dans la caisse du district dudit arrondissement, qui le reversera dans la caisse de l'extraordinaire.

5. Les administrateurs des établissemens français, et les évêques et curés français qui possèdent des fiefs situés en pays étranger, ne pourront recevoir aucun remboursement des recettes (2) et droits dépendant desdits fiefs, quand même il leur serait offert volontairement, à peine de restitution du quadruple, en cas de contravention. La liquidation du rachat desdites rentes et desdits droits, s'il était offert volontairement, ne pourra être faite que par les assemblées administratives des districts dans l'arrondissement desquels se trouveront les maisons desdits bénéfices, ou les chefs-lieux desdits établissemens, sous l'inspection et l'autorisation des assemblées administratives du département; et le prix du rachat sera versé dans la caisse de l'extraordinaire, ainsi qu'il est dit en l'article 1er ci-dessus.

6. Lorsque le redevable qui voudra se racheter, aura été obligé de dénoncer aux propriétaires des droits les oppositions qui existeront sur lui, conformément à ce qui est prescrit par l'article 52 du décret du 3 mai, les intérêts de la somme due pour le rachat cesseront à compter du jour de la dénonciation, lorsque la consignation ou le paiement aura été exécuté huitaine après l'expiration des trois mois.

7. L'obligation de faire contrôler les quittances de rachat des droits ci-devant seigneuriaux, prescrite par les art. 53, 54 et 55 du décret du 3 mai, doit s'entendre de l'obligation de faire enregistrer lesdites quittances conformément au décret du 5 du présent mois; pour lequel enregistrement il ne sera payé que le droit de quinze sous, conformément au décret du 3 mai et à celui du 5 du présent mois.

8. Seront, au surplus, exécutés les décrets des 3 mai, 3 juillet, 12 et 14 novembre dernier, en tout ce qui n'est pas contraire aux dispositions contenues au présent décret.

23 DÉCEMBRE 1790 = 5 JANVIER 1791. — Décret relatif au bouton uniforme des gardes nationales. (L. 3, 111 ; B. 9, 274.)

L'Assemblée nationale décrète que le bouton uniforme des gardes nationales de France, sera de cuivre jaune ou doré, et monté sur os ou sur bois, avec attache en corde à boyau ou de toute autre matière. Il portera pour empreinte dans l'intérieur d'une couronne civique, ces mots, *La nation, la loi, le Roi;* entre la bordure et la couronne, sera inscrit circulairement, *District de....* Dans les districts où il y aura plusieurs sections, elles seront distinguées par un numéro placé à la suite du nom du district.

23 DÉCEMBRE 1790 = 5 JANVIER 1791. — Décret relatif à la perception des revenus publics. (L. 3, 101 ; B. 9, 273.)

L'Assemblée nationale, instruite, par le rapport de son comité des finances, des contestations qui se sont élevées en différens lieux, notamment dans les départemens de la Gironde et du Lot-et-Garonne, sur les *visa* des contraintes à décerner par les receveurs pour l'exécution des rôles, considérant que rien n'est plus instant que de faire cesser lesdites contestations, et d'assurer de toutes les manières possibles le plus prompt recouvrement des revenus publics, décrète que les contraintes à décerner par les receveurs pourront être exécutées non-seulement sur le *visa* du directoire de district dans le ressort duquel le

(1) Edition du Louvre, lisez *pariage. Voy.* 23 février 1791.
(2) Lisez *rentes. Voy.* 26 mai 1791.

contribuable est domicilié, mais encore sur le *visa* du seul directoire du district qui comprendrait dans son arrondissement le chef-lieu de l'ancienne recette, validant toutes les poursuites faites ou commencées sur des contraintes visées par l'un ou l'autre des directoires.

23 DÉCEMBRE 1790 = 5 JANVIER 1791. — Décret qui renvoie au tribunal du district de Pons, les procédures relatives aux excès commis dans la paroisse de Saint-Thomas, et au vol fait chez le sieur Messier de Jonzac. (L. 3, 114; B. 9, 272).

23 DÉCEMBRE 1790 = 5 JANVIER 1791. — Décret qui autorise le procureur-syndic du département de l'Hérault à convoquer le conseil de l'administration du district de Saint-Pons, pour procéder à la nomination d'un nouveau receveur ou à la confirmation de celui déjà nommé. (L. 3, 82; B. 9, 272).

23 DÉCEMBRE 1790. — Décret qui charge le président de l'Assemblée de se retirer par devers le Roi, pour lui demander la cause du retard apporté à la sanction du décret du 29 NOVEMBRE, concernant le serment civique à prêter par les ecclésiastiques fonctionnaires publics. (B. 9, 167.)

23 = 29 DÉCEMBRE 1790. — Décret pour envoyer une garnison à Entrevaux. (B. 9, 273.)

23 DÉCEMBRE 1790. — Décret qui affecte le palais du Gouverneur de Longwi, au logement des corps administratifs de cette ville et à l'établissement des bureaux de perceptions et magasins de la régie des droits de traite. (B. 9, 271.)

23 DÉCEMBRE 1790. — Décret qui accorde la nomination de quatre commissaires pris parmi les membres de l'Académie des sciences, pour constater l'utilité de la machine hydraulique du sieur Augier, et pour présenter le tableau des dépenses nécessaires à l'exécution de cette expérience. (B. 9, 274.)

23 DÉCEMBRE 1790. — Décret pour prier le Roi de signer et de faire contresigner sa réponse à la demande de sanction du décret du 27 NOVEMBRE 1790. (B. 9, 274.)

23 DÉCEMBRE 1790. — Décret portant vente de domaines nationaux aux municipalités de Gien, Marangues, Neuville-aux-Loges, Orléans, Tourves et Vars. (B. 9, 275 et suiv.)

24 = 29 DÉCEMBRE 1790. — Décret relatif au brûlement des assignats défectueux. (L. 2, 1067; B. 9, 280; Mon. du 26 décembre 1790.)•

L'Assemblée nationale, sur le rapport de son comité des finances, et d'après les détails contenus aux procès-verbaux des 16 et 17 du présent mois, signés tant du commissaire du Roi nommé pour présider à la fabrication des premiers quatre cents millions d'assignats, que par les quatre commissaires de l'Assemblée nationale nommés, en vertu du décret du 30 avril 1790, pour surveiller cette fabrication et suivre les autres opérations en dépendant, décrète:

1° Que par-devant lesdits commissaires et par-devant ceux qui sont chargés de surveiller la caisse de l'extraordinaire, il sera procédé publiquement au brûlement, tant des ballots contenant le papier blanc des anciens assignats qui n'a pas été employé, que de ceux desdits assignats qui sont maculés ou défectueux, dont l'état est détaillé dans les procès-verbaux des 16 et 17 décembre 1790, lesquels, ainsi que le procès-verbal de brûlement, seront déposés aux archives de l'Assemblée nationale;

2° Qu'il en sera excepté deux mains dudit papier blanc, composant cinquante feuilles, lesquelles, après avoir été cotées et paraphées par première et dernière, seront remises au garde des archives de l'Assemblée nationale pour être reliées et conservées auxdites archives comme échantillon de comparaison du papier employé aux premiers assignats.

24 DÉCEMBRE 1790 = 5 JANVIER 1791. — Décret relatif à l'appel des jugemens prévôtaux. (L. 3, 117; B. 9, 281; Mon. du 26 décembre 1790.)

L'Assemblée nationale décrète qu'à l'égard des accusés qui ont été jugés par jugemens prévôtaux, à l'exécution desquels il a été sursis par le décret du 6 mars dernier, sanctionné par le Roi, l'appel de ces jugemens sera porté de droit à un des sept tribunaux de district chargés de juger les appels du tribunal dans le territoire duquel le jugement a été rendu, au choix des condamnés s'ils l'ont été à des peines afflictives; dans tous les autres cas, ils seront autorisés à interjeter appel du jugement rendu contre eux, s'ils le jugent à propos;

Décrète, en outre, que les accusés qui ont été jugés par contumace, par quelque tribunal que ce soit, auront la faculté de se représenter devant le tribunal de district dans le territoire duquel était situé le siège du tribunal qui les a jugés; et, en se représentant, leurs jugemens seront abolis suivant les dispositions de l'ordonnance de 1670.

24 DÉCEMBRE 1790 = 5 JANVIER 1791. — Décret portant que les administrations de département et de district ne peuvent nommer ni entretenir des agens auprès du Roi et du Corps-Législatif. (L. 3, 104; B. 9, 280.)

L'Assemblée nationale, sur le rapport de son comité de constitution, décrète que les administrations de département et de district ne peuvent ni nommer ni entretenir des agens auprès du Roi et du Corps-Législatif.

24 DÉCEMBRE 1790 = 5 JANVIER 1791. — Décret relatif au brûlement des effets rentrés au Trésor public. (L. 3, 63 ; B. 9, 280.)

L'Assemblée nationale décrète que, par les commissaires chargés de la surveillance de la caisse de l'extraordinaire, de concert avec les commissaires nommés par le Roi, il sera procédé publiquement au brûlement des effets rentrés au Trésor public par la voie de l'emprunt national, ou de tous autres, dont il sera dressé procès-verbal signé desdits commissaires, qui sera imprimé, et un exemplaire d'icelui sera adressé à chacun des départemens.

————

24 DÉCEMBRE 1790 (21 et) = 23 FÉVRIER 1791. — Décret relatif à la liquidation des offices d'officiers ministériels. (L. 3, 635 ; B. 9, 1 ; Mon. des 22, 23, 26 décembre.)

Voy. lois du 7 (6 SEPTEMBRE) 12 SEPTEMBRE 1790 ; du 26 mars = 1er AVRIL 1791.

Art. 1er. Les titres des offices de procureurs dans tous les tribunaux du royaume seront remboursés d'après les bases proportionnelles ; en conséquence, les évaluations qu'ils ont faites en exécution de l'édit de 1771, seront rectifiées d'après la division suivante.

2. Les tribunaux de même nature seront divisés au moins en cinq classes.

3. Chacune sera composée de tribunaux égaux, autant que faire se pourra, sous les rapports combinés de l'étendue, de la population et du nombre d'officiers de leur juridiction.

4. Cette division ainsi formée, l'évaluation la plus forte des offices de chaque classe sera prise pour former une évaluation commune à tous les officiers de la même classe.

5. Les offices soumis à l'évaluation seront liquidés sur le pied de l'évaluation commune à la classe dans laquelle ils auront été rangés.

6. Outre le montant de l'évaluation réglée par les articles précédens, il sera accordé une indemnité particulière aux titulaires ou propriétaires d'offices qui justifieront des contrats ou autres actes authentiques portant ces offices ou leurs accessoires à un prix excédant celui de l'évaluation.

7. Cette indemnité sera déterminée en raison du prix auquel les contrats se trouveront monter, après les prélèvemens qui seront réglés par les articles suivans.

8. L'évaluation rectifiée par les précédens articles sera toujours comptée au moins pour un tiers du prix total des contrats ; en conséquence, il sera fait sur chacun d'eux le prélèvement de cette portion, lors même que l'évaluation ne monterait pas à une somme équivalente.

9. Lorsque l'évaluation rectifiée ou le prix du titre spécifié dans les contrats excéderont le tiers du total de l'acquisition, il sera fait

prélèvement de la somme la plus forte à laquelle l'un des deux se trouvera monter.

10. Le surplus sera payé, par forme d'indemnité, aux titulaires ou propriétaires d'offices dont les contrats n'indiqueront l'acquisition d'aucun rôle, débet ou recouvrement.

11. A l'égard des contrats qui annonceraient l'acquisition de rôles, débets ou recouvremens, il sera fait un second prélèvement des sommes pour lesquelles ils s'y trouveront portés, et le surplus formera l'indemnité.

12. Toutes les fois que les sommes auxquelles se montent les rôles, débets et recouvremens, seront confondues avec le prix du titre et de la clientelle, sans aucune spécification particulière, ils seront réputés former chacun la moitié du prix restant des contrats, déduction faite de ce qui doit appartenir à l'évaluation ; en conséquence, une moitié seulement sera payée à titre d'indemnité.

13. Dans le cas où les rôles, débets ou recouvremens spécifiés dans les contrats, équivaudraient au prix y porté, déduction faite de celui stipulé pour le titre ou résultat de l'évaluation rectifiée, il ne sera accordé aucune indemnité.

14. Les offices de greffiers et huissiers-audienciers, soumis à l'évaluation, seront remboursés conformément aux décrets des 2 et 6 septembre dernier, et les mêmes décrets seront communs aux commissaires de police, huissiers, gardes et archers, en ce qui regarde le remboursement sur le pied de l'évaluation faite en exécution de l'édit de 1771.

15. Il leur sera payé, en outre, à titre d'indemnité, le sixième du prix porté dans leurs contrats d'acquisition et autres actes authentiques, lorsqu'ils pourront en justifier.

16. Néanmoins, le remboursement du titre de leurs offices et l'indemnité jointe ne pourront, dans aucun cas, excéder le prix total de leurs contrats.

17. Il sera fait déduction, sur cette indemnité, du montant des recouvremens que ces officiers pourraient avoir acquis, toutes les fois que la somme se trouvera spécifiée dans leurs contrats.

18. Dans le cas où ces recouvremens seraient énoncés dans les contrats, sans aucune spécification de la somme à laquelle ils montent, ils seront réputés équivaloir à la moitié de l'indemnité déterminée en leur faveur ; en conséquence, il ne leur sera payé que la moitié de ladite indemnité.

19. Les offices de différente nature dont il vient d'être parlé, qui n'étaient pas soumis à l'évaluation de 1771, autres néanmoins que ceux des greffiers et huissiers-audienciers, sur lesquels il a été statué par les décrets des 2 et 6 septembre dernier, seront remboursés sur le pied des contrats d'acquisition ; à leur défaut, sur le pied de la finance.

20. Il sera également fait déduction du mon-

tant des recouvremens que ces officiers pourront avoir acquis, toutes les fois que la somme s'en trouvera spécifiée dans leurs contrats.

21. Si ces recouvremens sont énoncés dans les contrats, sans aucune spécification de la somme à laquelle ils montent, ils seront réputés équivaloir : savoir, pour les procureurs, au tiers de leurs contrats, pour les autres officiers, au douzième. En conséquence, il sera fait déduction d'autant sur leur indemnité.

22. L'art. 7 du titre Ier du décret des 2 et 6 septembre dernier sera exécuté à l'égard des officiers dénommés dans les articles précédens, qui se trouveront les premiers pourvus d'un office, ou qui en auraient levé nûment aux parties casuelles depuis 1771.

23. A l'égard des jurés-priseurs, outre le remboursement ordonné par les décrets des 21 juillet et 6 septembre derniers, sur le pied de la finance effectivement versée dans le Trésor public, ceux qui auront succédé médiatement ou immédiatement aux premiers pourvus de ces offices, recevront, à titre d'indemnité, un sixième du prix de leurs contrats, dans les mêmes termes que les greffiers, huissiers, etc.

24. Les dettes contractées par les communautés, pour le rachat d'offices réunis ou supprimés, seront supportées par la nation.

25. Les créances acquises par les communautés et les titulaires, pour raison de réunion d'offices, à compter de l'époque de l'édit de 1771, seront également payées par la nation.

26. A l'égard des autres dettes contractées par les communautés, elles seront sujettes à la vérification, et la nation n'en sera chargée qu'autant qu'il sera justifié qu'elles ont été nécessitées par des causes d'utilité et d'ordre public.

27. Les frais de réception seront remboursés aux titulaires, conformément à l'article 10 du titre Ier du décret des 2 et 6 septembre dernier, et à la charge des retenues qui s'y trouvent énoncées.

28. Dans le mois, à compter de la publication du présent décret, tous les créanciers des communautés seront tenus d'envoyer au bureau de liquidation, expédition en forme de leurs titres de créance, certifiée par les syndics ou autres officiers qui se trouveraient en exercice au moment de leur suppression.

29. Dans le même délai, lesdites communautés enverront au bureau de liquidation un tableau de leurs dettes actives sur l'Etat, et de leurs dettes passives, certifié et signé par tous les membres présens, et une expédition en forme de tous leurs titres de créance. Lesdites expéditions, délibérations de communautés, et autres actes y relatifs, seront, pour cette fois, admis sur la signature et collation des syndics ou autres officiers des communautés.

30. Dans les communautés supprimées par le présent décret, il ne pourra être procédé à la liquidation d'aucun office en particulier, qu'après que la communauté aura fourni l'état nominatif de tous ses membres, avec distinction des titulaires et des propriétaires non reçus, ensemble l'état détaillé de ses dettes actives sur la nation, et de ses dettes passives, le tout dûment certifié par des commissaires nommés ad hoc par la communauté assemblée.

31. Dans le cas où une communauté refuserait de se faire liquider ou de fournir les états ci-dessus énoncés, les syndics ou autres officiers qui étaient en exercice au moment de la suppression, pourront, après le délai d'un mois, à compter de la publication du présent décret, être sommés de satisfaire aux dispositions de l'article précédent ; et sur la représentation de la sommation, les titulaires qui se présenteront à la liquidation seront liquidés sans déduction de dettes, sauf le recours contre eux de la part de la communauté, pour leur faire supporter leur portion des dettes communes.

32. Les difficultés relatives aux objets contestés ne pourront arrêter la liquidation des objets non contestés.

24 DÉCEMBRE 1790. — Décrets portant vente de biens nationaux à différentes municipalités du département de l'Ain et aux municipalités de Celles, Essoyer, Landreville, Loches, Saint-Saturnin et Viviers. (B. 9, 282 à 285.)

24 DÉCEMBRE 1790. Aix, Voy. 17 DÉCEMBRE 1790 et 20 DÉCEMBRE 1790.

25 DÉCEMBRE 1790. — Alsace. Voy. 21 DÉCEMBRE 1790. — Ateliers de charité. Voy. 17 DÉCEMBRE 1790. — Arcueil, etc. Voy. 30 NOVEMBRE 1790. — Assignats. Voy. 20 DÉCEMBRE 1790. — Bayonne, etc.; Clergé. Voy. 16 DÉCEMBRE 1790. — Circulation d'assignats; Contribution patriotique. Voy. 20 DÉCEMBRE 1790. — Délits; Forme. Voy. 19 DÉCEMBRE 1790. — Gardes nationales. Voy. 18 DÉCEMBRE 1790. — Gras de caisse. Voy. 17 DÉCEMBRE 1790. — Juges-de-paix : Locations. Voy. 21 DÉCEMBRE 1790. — Militaires. Voy. 14 DÉCEMBRE 1790. — Offices ministériels. Voy. 21 DÉCEMBRE 1790. — Orléans. Voy. 28 NOVEMBRE 1790. — Presbytères. Voy. 20 DÉCEMBRE 1790. — Versemens. Voy. 19 DÉCEMBRE 1790.

26 DÉCEMBRE 1790. = 15 JANVIER 1791. — Décret relatif au compte à rendre par le receveur de la caisse du clergé. (L. 3, 60 ; B. 9, 291.)

Art. 1er. Le sieur Quinson, ci-devant receveur général du clergé, comptera de la recette et de la dépense de la caisse générale dudit clergé, à partir du dernier compte rendu et apuré pour chaque nature de recette et de dépense.

2. Ce compte consistera en un état au vrai, appuyé de pièces justificatives, et des sommiers, journaux et registres dans lesquels sont portées lesdites recettes et dépenses.

3. Il sera accordé au sieur Quinson une année de son traitement, à compter du 1ᵉʳ janvier 1791 au 1ᵉʳ janvier 1792, sous les conditions suivantes :

1° Que les commis employés dans les bureaux du sieur Quinson, à Paris seront conservés et payés pendant l'année 1791 des mêmes traitemens dont ils jouissaient, en continuant par eux à travailler sous le sieur Quinson : le traitement desdits commis cessera, dans le cas où ils se retireraient volontairement pendant le cours de l'année 1791;

2° Que le sieur Quinson rendra son compte et le mettra en état d'être apuré, conformément au présent décret, dans le cours de l'année 1791; faute de quoi la part de son traitement, qui le concerne personnellement, ne lui serait point remise;

3° Que le sieur Quinson ne pourra prétendre, pour la résiliation de son contrat avec le clergé, aucune autre indemnité que son traitement pour l'année 1791, de la manière et sous les conditions qui viennent d'être expliquées.

4. Après le compte rendu, tous les livres, journaux, sommiers, registres et pièces justificatives seront déposés au Trésor public.

5. Le sieur Quinson versera incessamment à la caisse de l'extraordinaire la somme de quatre cent soixante mille livres, existant actuellement dans la caisse, d'après le premier aperçu qui a été dressé par les commissaires de l'Assemblée nationale, et dont il lui sera délivré une quittance à compte.

6. Il lui sera, en outre, donné quittance de la somme de cent trente-un mille cinq cent dix-neuf livres deux sous dix deniers, dont il a fourni la valeur au Trésor public, en une quittance de finance actuellement exigible de pareille somme, faisant partie du prix de l'office du feu sieur Mouchard, receveur général de Champagne.

7. Le Trésor public remettra cette quittance de finance à la caisse de l'extraordinaire, qui lui en remboursera le montant.

26 DÉCEMBRE 1790 = 5 JANVIER 1791. — Décret relatif au desséchement des marais. (L. 3, 85 ; B. 9, 293 ; Mon. du 26 décembre.)

Voy. loi du 16 SEPTEMBRE 1807.

L'Assemblée nationale, considérant qu'un de ses premiers devoirs est de veiller à la conservation des citoyens, à l'accroissement de la population, et à tout ce qui peut contribuer à l'augmentation des subsistances, qu'on ne peut attendre que de la prospérité de l'agriculture, du commerce et des arts utiles, soutien des empires ;

Considérant que le moyen de donner à la force publique tout le développement qu'elle peut acquérir, est de mettre en culture toute l'étendue du territoire ;

Considérant qu'il est de la nature du pacte social que le droit sacré de propriété particulière, protégé par les lois, soit subordonné à l'intérêt général ;

L'Assemblée nationale, considérant enfin qu'il résulte de ces principes éternels que les marais, soit comme nuisibles, soit comme incultes, doivent fixer toute l'attention du Corps-Législatif, décrète ce qui suit :

Art. 1ᵉʳ. Les assemblées de département et leurs directoires s'occuperont des moyens de faire dessécher les marais, les lacs et les terres de leur territoire habituellement inondées, dont la conservation, dans l'état actuel, ne serait pas jugée plus utile au bien général, et d'une utilité préférable au desséchement, pour les particuliers ou pour les communautés dans l'arrondissement desquelles ces terres seront situées, en commençant, autant qu'il sera possible, ces améliorations, par les marais les plus nuisibles à la santé, et dont le sol pourrait devenir le plus propre à la production des subsistances; et chaque directoire de département emploiera les moyens les plus avantageux aux communautés, pour parvenir au desséchement de leurs marais.

2. Les municipalités enverront sous trois mois, au directoire de leur district, un état raisonné des marais, ou terres inondées de leur arrondissement, et le directoire de district le fera passer dans le mois, avec ses observations, au directoire du département. Cet état contiendra les noms des propriétaires, la situation et l'étendue de ces terrains, les causes de leur submersion, le préjudice qu'ils portent au pays, les avantages qu'ils pourraient retirer de leur culture, les moyens d'effectuer le desséchement, et l'aperçu des dépenses qu'il exigera.

3. Les directoires de département communiqueront ces états et les mémoires qui leur auront été adressés, à toutes personnes qui voudront en prendre connaissance; ils feront vérifier sur le lieu, de la manière qui leur conviendra, la nature des marais dont le desséchement leur sera indiqué, et les observations des mémoires qui les concerneront. Le procès-verbal en sera rendu public par la voie de l'impression, envoyé à toutes les municipalités du district, et le rapport de tous les mémoires, ainsi que du procès-verbal de vérification, sera fait le plus tôt possible au directoire du département.

4. Lorsque le directoire du département aura déterminé, pour le bien général, de faire exécuter le desséchement d'un marais des domaines nationaux, des communautés ou des particuliers, le propriétaire de ce marais sera requis de déclarer, dans l'espace de six mois,

s'il veut le faire dessécher lui-même, le temps qu'il demande pour l'opérer, et les secours dont il a besoin pour cette entreprise. L'Assemblée nationale, comme conservatrice des biens nationaux tant qu'ils ne seront pas vendus, décidera seule de ce qui les concernera, et le conseil général des municipalités déclarera ce qu'il croira être le plus utile pour les marais des communautés. Le directoire de département pourra, suivant les circonstances ou l'étendue des marais, accorder un délai au propriétaire; et, dans tous les cas, il fera connaître au propriétaire du marais s'il peut lui procurer le secours qu'il réclame.

5. Si les propriétaires renoncent à faire eux-mêmes le desséchement de leurs marais, ou s'ils ne remplissent pas l'engagement qu'ils auront contracté de les faire dessécher au terme convenu, le directoire de département fera exécuter le desséchement, en payant aux propriétaires la valeur actuelle du sol du marais, à leur choix, soit en argent, soit en partie de terrain qui sera desséché, le tout à dire d'experts, dont l'un sera nommé par le procureur syndic du district, et l'autre par le propriétaire. Si le directoire du district, instruit par les experts, trouve que le dédommagement accordé au propriétaire n'est pas assez considérable, vu la nature de son terrain et les améliorations dont il est susceptible, il pourra prendre tel autre arrangement qui lui paraîtra le plus juste, augmenter d'un quart, d'un tiers ou de plus, le dédommagement, en ne dépassant cependant jamais le double de la valeur actuelle du terrain. En cas de refus de la part du propriétaire de nommer un expert, il en sera nommé un d'office pour lui par le directoire du district. S'il y a partage entre les experts, ils nommeront entre eux un tiers pour le lever. Le propriétaire pourra contester l'avis des experts, s'il se croit lésé; et, en ce cas, le directoire du district prononcera sur ses prétentions, sauf au propriétaire à se pourvoir contre la décision du directoire du district, au directoire du département, qui statuera définitivement.

6. Avant que le directoire du département prononce qu'il va faire procéder à l'adjudication du desséchement d'un marais, si ce marais est indivis, tout co-propriétaire pourra en entreprendre le desséchement entier, au refus des autres propriétaires d'y coopérer; il leur remboursera à leur choix leur portion, suivant les formes et conditions énoncées dans l'article précédent, et les experts seront nommés en égal nombre par les parties.

7. Quand le directoire du département sera déterminé, pour le bien général, à effectuer le desséchement d'un marais, il fera procéder trois fois, de quinze jours en quinze jours, aux enchères, au rabais du desséchement dudit marais. L'adjudication sera annoncée dans toutes les municipalités du département, par des affiches explicatives des diverses charges et conditions. Les adjudications se feront au chef-lieu du district, en présence d'un des administrateurs du département, des membres du directoire du district, et d'un officier municipal du lieu où sera situé le marais. A la troisième séance, le desséchement sera adjugé définitivement au particulier ou à la société qui conviendra de s'en charger à la condition la plus avantageuse au département, soit par argent, soit plutôt par l'abandon d'une partie du marais à dessécher.

8. L'entrepreneur, quel qu'il soit, s'obligera d'indemniser d'avance, à dire d'experts, les propriétaires riverains pour les divers dommages bien constatés qu'ils éprouveront des travaux du desséchement, et il donnera une caution solvable, dont la décharge n'aura lieu qu'après le ressuiement total du marais. Le directoire du département accordera toutefois à l'entrepreneur les facilités que les circonstances et les localités permettront, et il encouragera, par une prime déterminée et proportionnée à la difficulté de l'opération, ou par la récompense d'une petite propriété dans le terrain desséché, en outre du salaire journalier, les ouvriers qui se seront distingués par leur constance et leur activité dans le desséchement d'un marais.

9. Si, par le marché fait avec l'entrepreneur du desséchement d'un marais, il reste au domaine public une partie du terrain desséché, le directoire du département vendra incessamment cette partie du terrain, en la divisant, autant qu'il sera possible, par petites propriétés, et le produit de ces ventes sera versé dans le Trésor public.

10. Les directoires de département sont autorisés à vendre, après le desséchement, les parties des marais devenues domaines publics, à des ouvriers ayant le moyen de les défricher eux-mêmes : la forme de la vente sera une redevance amortissable par huitième de la totalité du prix du terrain concédé. Enfin, les directoires de département sont autorisés à n'imposer à ces ouvriers-entrepreneurs, pour le remboursement, que telle condition paternelle qu'ils jugeront à propos.

11. A l'avenir, la cotisation des marais qui seront desséchés ne pourra être augmentée pendant les vingt-cinq premières années après leur desséchement, suivant l'art. 5 du tit. III du décret du 23 novembre 1790 sur la contribution foncière : leur taxe ne pourra être que de trois deniers par arpent, mesure d'ordonnance, conformément à l'art. 2 du même décret; et les terrains précédemment desséchés, conformément à l'édit de 1764 et autres sur les desséchemens, jouiront de l'avantage de ne payer qu'un sou par arpent, jusqu'au temps où l'exemption d'impôts devait cesser, comme il est dit à l'art. 13 de ce même décret.

12. Les propriétaires des terrains qui seront pris pour le passage des eaux ou autres travaux nécessaires aux desséchemens, seront préalablement indemnisés à dire d'experts, comme il est dit en l'art. 8 du présent décret; et, dans le cas où les propriétaires n'auraient pas qualité suffisante pour recevoir l'indemnité, le montant pourra être déposé dans les mains du receveur du district; seront pareillement indemnisés, s'il y a lieu, les propriétaires des digues, usines et moulins dont la suppression serait nécessaire aux desséchemens.

13. Les directoires de district et les municipalités prendront connaissance, et rendront compte, sous trois mois du jour de la publication du présent décret, au directoire de leur département, de l'étendue et de la légitimité des concessions de marais faites dans leur arrondissement par les rois, par les provinces, par les particuliers ou par les communautés d'habitans, à la charge de les dessécher. Si le desséchement n'a pas été effectué au moins à moitié, les anciens propriétaires rentreront dans lesdits marais à l'époque de rigueur qui sera fixée par le directoire du département; et, dans le cas où le desséchement aurait été troublé par les contestations des propriétaires riverains, ou par quelque cause que ce puisse être, les concessionnaires seront obligés de poursuivre sans délai la levée des empêchemens, de continuer ensuite le desséchement, et d'y travailler sans relâche jusqu'au parfait ressuiement du marais; sous peine de perdre définitivement lesdites concessions (1).

14. En cas de contestations sur la propriété, ou de prétention d'usage, ou de toute servitude sur les marais dont le desséchement devra être entrepris aux termes et conditions du présent décret, il sera dressé procès-verbal par deux commissaires nommés par le directoire du district, des prétentions, titres et moyens respectifs des parties, lequel sera rapporté, ensemble l'avis des commissaires, au directoire du département, pour y être statué sur leurs contestations par voie de conciliation, sauf aux parties à se pourvoir devant le tribunal du lieu; mais, dans tous les cas, il leur est défendu, et à qui que ce soit de mettre obstacle aux desséchemens des marais et d'en troubler les entreprises sous les peines infligées aux auteurs des délits commis sur les ateliers nationaux et sur les propriétés publiques.

15. Le présent décret sera porté à la sanction du Roi, et envoyé sans délai à tous les directoires de département et de district, et à toutes les municipalités.

26 DÉCEMBRE 1790. — Décret portant vente de domaines nationaux aux municipalités de Pommevic, d'Espalais, de Benais, de Lodève, de Béziers, d'Agde et de Kerling (B., 9, 299 et suiv.)

26 DÉCEMBRE 1790. — Instruction aux directoires du département sur le décret du 16 DÉCEMBRE 1790, qui accorde sur les fonds du Trésor public une somme de quinze millions pour subvenir aux dépenses des travaux de secours à établir dans les quatre-vingt-trois départemens (L. 2, 1057).

26 DÉCEMBRE 1790. — Evêques, etc. *Voy.* 27 NOVEMBRE 1790.

27 DÉCEMBRE 1790 = 2 JANVIER 1791. — Décret pour l'établissement d'un bureau de correspondance générale, entre le directeur général du Trésor et les receveurs de district. (L. 3, 23; B. 9, 312.)

Art. 1er. Le directeur général du Trésor public est autorisé d'établir, sous sa direction et sa surveillance, un bureau de correspondance générale avec les receveurs de district, formé en quatre sections, entre lesquelles seront partagés les quatre-vingt trois départemens, avec un directeur et deux chefs de bureau à chaque section, et autant de commis qu'il sera nécessaire. Les comptes de chacun des receveurs de district y seront tenus en partie double, pour s'assurer de la recette effective, et des sommes à disposer à terme fixe pour les besoins du trésor public.

2. Ce sera à ce bureau que les receveurs respectifs remettront les fonds de leur recette, dont il leur sera donné des récépissés signés par le trésorier préposé à cet effet, lesquels seront, à la fin de chaque année, échangés contre les quittances comptables. Ce sera à ce même bureau que seront fournis des rescriptions à vue sur lesdites recettes pour de l'argent comptant, et que se tireront les rescriptions sur les mêmes recettes pour les dépenses des départemens sur les lieux : lesdites rescriptions seront signées par un signataire nommé, et visées par le directeur dans la section duquel sera la recette sur laquelle chaque rescription sera tirée.

---

(1) Les conseils de préfecture ne sont pas compétens pour interpréter un acte du gouvernement, et décider si cet acte constitue une concession nouvelle, ou s'il ne fait qu'accorder un délai pour exécuter les anciennes concessions. Les contestations entre parties privées, en exécution ou par suite des transactions passées entre elles antérieurement ou postérieurement au décret de concession sont du ressort des tribunaux ordinaires (ord. 23 août 1820; J. C. t. 5, p. 440).

3. Chaque jour, les fonds remis directement par les receveurs, les fonds reçus en échange pour des rescriptions destinées aux dépenses des départemens, seront remis au Trésor public; et le trésorier préposé à cet effet en donnera les décharges nécessaires, dans lesquelles seront distinguées les remises en argent et les remises en rescriptions.

27 DÉCEMBRE 1790 = 2 JANVIER 1791. — Décret sur le mode de délivrance des mandats et sur les paiemens à faire à l'administration de la caisse de l'extraordinaire. (L. 3, 14; B. 9, 306.)

Art. 1er. A compter du 1er janvier 1791, la caisse de l'extraordinaire fera le paiement, à bureau ouvert, de l'arriéré liquidé des départemens, des offices, charges, emplois des créanciers du ci-devant corps du clergé, celui du rachat des dîmes inféodées après leur liquidation, et celui des effets suspendus, le tout conformément aux décrets des 6 et 7 novembre dernier, et du 6 décembre présent mois, en remplissant les formes qui ont été et seront prescrites à cet égard.

2. Les billets des administrateurs des domaines, et les assignations sur lesdits domaines, dont le remboursement avait été suspendu par l'arrêt du conseil du 16 août 1788, seront remboursés à leurs échéances, à compter du 1er janvier 1791, et cesseront, en conséquence, de produire des intérêts à compter desdites échéances. A l'égard des billets renouvelés, et dont les échéances tombent dans les différens mois de l'année 1791, ceux qui s'en trouvent porteurs auront la faculté de se présenter, à compter du 1er janvier prochain, et ils seront remboursés, avec retenue de l'escompte à cinq pour cent, depuis le jour où ils se présenteront jusqu'au jour de l'échéance.

3. Ceux desdits billets et assignations qui sont échus et qui n'ont pas été renouvelés, seront remboursés au 1er janvier prochain, avec les intérêts du capital primitif, sur le pied de cinq pour cent, à compter de l'échéance de chacun desdits effets : ils cesseront de produire des intérêts à compter dudit jour 1er janvier 1791.

4. Les reconnaissances au porteur délivrées au Trésor public, conformément à la proclamation du 11 novembre 1789, en échange de remboursemens suspendus cesseront de produire des intérêts, à compter du 1er janvier 1791, et seront remboursées à cette époque, en rapportant par les propriétaires lesdites reconnaissances et les deux coupons de 1791, sauf l'imputation sur les capitaux des coupons à échoir qui ne seraient pas rapportés, sauf à faire le paiement desdits coupons lorsqu'ils seront rapportés.

5. L'échange en reconnaissance du Trésor public des effets au porteur sortis en remboursement, n'aura plus lieu à compter du jour de la publication du présent décret, et les propriétaires de ces effets sortis, non encore échangés, seront remboursés sur la simple remise desdits effets; savoir : des billets de loteries établies par les arrêts du conseil des 29 octobre 1780, 5 avril 1783, 4 octobre de la même année, et 13 octobre 1787; des billets au porteur de l'emprunt de cent vingt-cinq millions, créés par édit de décembre 1784; des bulletins délivrés pour chaque somme de mille livres employée à l'acquisition des rentes créées par édit de décembre 1785; et des actions et portions d'actions de l'ancienne compagnie des Indes. Il sera tenu compte en même temps, aux porteurs desdits effets, des intérêts à cinq pour cent qui leur seront dus, à partir de l'époque à laquelle le remboursement devait être effectué, sans que, sous prétexte des dispositions du présent article, il puisse être fait aucun paiement d'effets non sortis au remboursement.

6. Pour constater les intérêts appartenant à chacun desdits effets au porteur non échangés, les propriétaires se présenteront au liquidateur du Trésor public, qui en fera le décompte et en délivrera le bulletin, lequel sera joint aux effets acquittés par la caisse de l'extraordinaire.

7. Les intérêts payés par la caisse de l'extraordinaire à la décharge du Trésor public, seront remboursés par le Trésor public à la caisse de l'extraordinaire; en conséquence, les bulletins d'intérêts acquittés par la caisse de l'extraordinaire seront passés par elle pour comptant au Trésor public, dans les sommes qu'elle aura à lui fournir.

8. Les lots comprenant le remboursement de chaque billet de six cents livres de la loterie établie par l'arrêt du conseil du 5 avril 1783, sortis par le tirage fait au mois d'octobre dernier, seront remboursés au 1er avril 1791, sur la remise du billet.

9. Quant aux parties constituées dans l'emprunt de cent vingt-cinq millions, de l'édit de décembre 1784, et sorties en remboursement, les arrérages en cesseront à compter du 1er janvier 1791; elles seront remboursées à cette époque, en remplissant par les propriétaires les formalités qui seront prescrites par l'article 12 ci-après, et en donnant quittance de la somme de mille livres portée en chaque billet originaire, si l'accroissement du capital a été converti en reconnaissance, en vertu de la proclamation du 11 novembre 1789; et dans le cas contraire, en donnant quittance, tant de ladite somme de mille livres, que de l'accroissement ou augmentation de capital attribué à chaque billet, conformément au tirage, et en rapportant de plus, par le propriétaire, le certificat du notaire possesseur de la minute du contrat, que

sur cette minute il n'y a aucune mention de remboursement dudit accroissement.

10. Lors de la liquidation des parties constituées mentionnées en l'article précédent, il sera fait le décompte des intérêts, tant du capital de mille livres porté en chaque billet dudit emprunt, que de son accroissement, le tout à compter du 1er avril de l'année du tirage. Sur le montant de ces intérêts, et en cas d'insuffisance, sur le capital porté en la quittance de remboursement, il sera fait déduction des arrérages et intérêts touchés depuis le 1er janvier de l'année du tirage.

11. Les quittances de finance au porteur, ou portant les noms des propriétaires, ainsi que celles sur lesquelles il a été passé des contrats, provenant des emprunts de cent millions, de l'édit de décembre 1782, et de quatre-vingts millions, de l'édit de décembre 1785, qui n'ont pas été et ne seront pas converties en rentes viagères, les contrats des rentes ci-devant dues par l'Ordre du Saint-Esprit, et les contrats des rentes assignées sur le domaine de l'hôtel-de-ville de Paris, sortis en remboursement par les tirages antérieurs à l'arrêt du conseil du 16 août 1788, même les quittances de finance et contrats sortis par les tirages faits depuis, et qui sortiront par ceux qui restent à faire dans ce présent mois de décembre, et celles annexées à des contrats de constitution provenant de l'emprunt national, et qui sortiront par le tirage du présent mois, seront remboursés au 1er janvier 1791, et cesseront de produire des intérêts à compter de cette époque.

12. Les quittances de finance au porteur, mentionnées en l'article précédent, seront rapportées déchargées du contrôle à la caisse de l'extraordinaire, avec les coupons à échoir, à compter du 1er janvier 1791; et s'il en manquait, le montant en serait déduit sur le capital, sauf à faire le paiement desdits coupons lorsqu'ils seront représentés.

13. Les propriétaires de contrats et quittances de finance en noms donneront quittance de remboursement dans les formes ordinaires, et seront tenus d'y joindre, soit leurs quittances de finance en noms, déchargées du contrôle, soit les grosses des contrats, avec les pièces à l'appui de leurs droits et qualités, et avec les certificats des mentions de décharges et de rejets accoutumés, et celui du conservateur des hypothèques sur les finances. Le tout sera présenté au commis liquidateur du Trésor public, pour y être vérifié, et ensuite rapporté, avec le *visa* du commis liquidateur du Trésor public, à la caisse de l'extraordinaire, pour le remboursement y être effectué comme simple effet au porteur.

14. A l'égard des parties de rentes constituées rejetées par les payeurs et non remboursées, et dont le rétablissement n'a pas été fait

en exécution de la proclamation du 11 novembre 1789, elles seront remboursées aux propriétaires sur leurs anciennes quittances de remboursement, et il leur sera tenu compte des intérêts qui peuvent leur appartenir depuis l'époque du rejet jusqu'au 1er janvier 1791, sans qu'ils soient assujétis à d'autres formalités que de rapporter: 1° un certificat du payeur que le rétablissement n'a pas eu lieu; 2° un nouveau certificat du conservateur des hypothèques sur les finances.

15. La caisse de l'extraordinaire remboursera, également au 1er janvier 1791, ce qui se trouvera exigible à cette époque des objets compris dans la suspension de 1788, et déjà liquidés à l'époque de ladite suspension; savoir: les offices supprimés du ci-devant conseil d'Alsace et du parlement de Pau, et les offices supprimés dans la maison du Roi et dans celle de la Reine, par édits des mois de janvier 1788 et mars 1789.

16. Pour l'exécution de l'article précédent, les quittances de remboursement, titres et pièces à fournir par les parties prenantes, seront présentés au commis liquidateur du Trésor public, visés de lui, et payés par la caisse de l'extraordinaire, de la manière ordonnée par l'article 13.

17. Les arrérages et intérêts de tous les objets dont le remboursement a été ci-dessus ordonné, seront retranchés par tous trésoriers et payeurs des états dans lesquels ils étaient employés, à compter des époques de cessation de jouissance indiquées par les précédens articles.

18. Les paiemens des effets suspendus, qui doivent être effectués en exécution du présent décret, seront faits par le trésorier de la caisse de l'extraordinaire, sur les mandats du commissaire du Roi, administrateur de ladite caisse, joints aux effets au porteur, contrats et autres titres de créances à rembourser. Lesdits mandats seront ensuite échangés contre une ordonnance du Roi, de la somme à laquelle monteront les mandats.

19. Il sera établi un ordre pour indiquer la délivrance qui sera faite, dans chaque jour du mois, des mandats de l'administrateur de la caisse de l'extraordinaire, pour les différens objets qui se paieront à cette caisse. Tous les mois, et trois jours au moins avant la fin du mois, l'ordre du mois suivant sera rendu public par des affiches imprimées. Les parties prenantes se rendront aux bureaux de l'administration, aux jours qui seront indiqués selon la différente nature de leurs titres. A l'égard du paiement des mandats, il sera acquitté à la caisse tous les jours indistinctement.

27 DÉCEMBRE 1790 = 5 JANVIER 1791. — Décret concernant le rapport des gardes pour délits commis dans les bois. (L. 3, 55; B. 9, 303; Mon. du 28 décembre 1790.)

Voy. Code forestier du 21 mai 1827, art. 165.

L'Assemblée nationale, après avoir entendu son comité des domaines, déclare que, par son décret du 19 de ce mois, elle n'a entendu déroger, quant à présent, à l'usage observé dans quelques départemens, de faire rédiger au greffe les rapports des gardes concernant les délits commis dans les bois : elle décrète, en conséquence, que jusqu'à ce qu'il y ait été autrement pourvu, les rapports des gardes pourront dans lesdits départemens être reçus, rédigés et écrits par le greffier du juge-de-paix du canton où le délit aura été commis, dans la forme ci-devant usitée ; qu'au surplus, les formalités prescrites pour l'affirmation et le dépôt seront observées à l'égard desdits rapports, comme pour les procès-verbaux rédigés par les gardes.

27 DÉCEMBRE 1790 = 5 JANVIER 1791. — Décret concernant la caisse de l'extraordinaire. (L. 3 ; 80 ; B. 9, 311.)

L'Assemblée nationale décrète que l'erreur qui s'est glissée dans la rédaction de l'article 6 du décret du 6 décembre présent mois, concernant la caisse de l'extraordinaire, sera réformée, et qu'en conséquence l'article sera conçu en ces termes :

« L'administrateur proposera au Roi les
« mesures qui lui paraîtront les plus conve-
« nables pour surveiller et opérer la rentrée
« de la contribution patriotique, et celle des
« autres objets à verser dans la caisse de l'ex-
« traordinaire. »

27 DÉCEMBRE 1790 = 5 JANVIER 1791. — Décret relatif aux baux et sous-baux des messageries. (L. 3, 105 ; B. 9, 313.)

L'Assemblée nationale décrète que les dispositions du décret du 20 de ce mois, qui proroge jusqu'au 1er avril prochain les baux et sous-baux de messageries, sont communes aux entrepreneurs et sous-entrepreneurs chargés de la conduite des voitures de messageries, tant par terre que par eau, et qu'en conséquence les entrepreneurs et sous-entrepreneurs de ces différens services seront tenus de les continuer pendant les trois premiers mois de 1791.

27 DÉCEMBRE 1790 = 5 JANVIER 1791. — Décret pour le remplacement des régimens du Roi, infanterie, et de Mestre-de-camp, cavalerie. (L. 3, 28 ; B, 9, 305)

L'Assemblée nationale, en conformité du décret du 8 août qui détermine la force de l'armée, et de celui du 7 décembre qui charge son comité militaire de lui présenter ses vues sur le remplacement des officiers, sous-officiers et soldats des régimens de *Mestre-de-camp*, cavalerie, et *du Roi*, infanterie ; et après avoir ouï son comité, décrète :

Art. 1er. Il sera créé deux nouveaux régimens, un d'infanterie de deux bataillons, et un régiment de cavalerie de trois escadrons.

2. Ces deux régimens prendront chacun dans l'armée, et dans leur arme, le rang du jour de leur création (1).

3. Les places d'officiers et sous-officiers dans les deux régimens nouvellement créés, seront données aux officiers et sous-officiers des régimens d'infanterie et de cavalerie qui auront subi la réforme en conséquence de la nouvelle formation, et aux officiers, sous-officiers et soldats des deux régimens dernièrement licenciés, qui seront jugés susceptibles d'obtenir leur remplacement.

4. Les officiers et sous-officiers des deux régimens licenciés, qui, jugés susceptibles de remplacement, n'auront pas obtenu de place dans les deux nouveaux régimens, conserveront leurs droits aux remplacemens, et resteront susceptibles de récompenses militaires, suivant les règles établies par les décrets de l'Assemblée nationale.

27 DÉCEMBRE 1790 = 5 JANVIER 1791. — Décret qui autorise la ville d'Auxonne à faire construire des moulins dans la partie des fortifications de cette ville, appelée le bastion de Béchaux. (L. 3, 102 ; B 9, 304.)

27 DÉCEMBRE 1790. — Décret portant vente de domaines nationaux à diverses municipalités des départemens de la Côte-d'Or, du Puy-de-Dôme et du Var. (L. 3, 384 ; B. 9, 314.)

28 DÉCEMBRE 1790 = 5 JANVIER 1791. — Décret portant suspension du centième denier dû par les perruquiers. (L. 3, 94 ; B., 9, 320.)

L'Assemblée nationale décrète que le paiement du centième denier dû pour les charges de perruquiers, dans toute l'étendue du royaume, est suspendu.

28 DÉCEMBRE 1790. — Décret portant vente de domaines nationaux à diverses municipalités des départemens du Gers, de Saône-et-Loire et de la Manche. (B. 9, 318 et 321.)

28 DÉCEMBRE 1790 = 2 JANVIER 1791. — Décret qui improuve divers arrêtés pris par le directoire du département de l'Ariège, et renvoie devant les juges du district de Toulouse la connaissance des abus imputés au sieur Darmaing et le suspend provisoirement de ses fonctions. (L. 3, 21 ; B 9, 320.)

---

(1) Les articles 1 et 2 n'en forment qu'un dans la collection du Louvre. Il y a d'ailleurs dans cette collection quelques légers changemens de rédaction.

28 DÉCEMBRE 1790 = 5 JANVIER 1791. — Décret portant établissement de juges-de-paix dans les communes de la Bresse, d'Autun, de Bourg, de Laval et de la Mayenne; de tribunaux de commerce dans les villes d'Autun, de Vienne, de Libourne, de Moulins, de Bar-le-Duc, de Nantes, du Puy, de Périgueux, de Bergerac, d'Arras, de Boulogne, de Calais et de Saint-Omer; qui maintient les tribunaux de commerce actuellement existans; nomme un sixième juge au tribunal du district d'Orléans, et réunit plusieurs paroisses au district de Bellac. (L. 3, 83; B. 9, 316.)

28 DÉCEMBRE 1790. — Ponts et chaussées. *Voy.* 31 DÉCEMBRE 1790.

29 DÉCEMBRE 1790 = 2 JANVIER 1791. — Décret relatif à l'administration des fabriques et à la taxe des chaises. (L. 3, 20; B. 9, 325.)

Voy. lois du 24 AOUT 1795, du 18 GERMINAL an 10, art. 16; décret du 30 DÉCEMBRE 1809.

L'Assemblée nationale, devant régler incessamment ce qui regarde l'administration des fabriques, décrète que jusqu'à ce qu'il ait été statué sur cet objet, toutes choses demeureront dans l'état où elles étaient au 1er octobre dernier, sauf l'exécution des articles concernant cette matière dans le décret du 28=23 du même mois, et dans celui du 20 décembre de la présente année; et néanmoins, le conseil municipal de la ville de Paris, après s'être fait rendre compte du prix des chaises dans chaque paroisse, est autorisé provisoirement à le réduire ainsi qu'il le jugera convenable, et même à décider sur toutes les indemnités qui pourraient être prétendues en conséquence de cette réduction.

29 DÉCEMBRE 1790 = 5 JANVIER 1791. — Décret relatif aux rentes perpétuelles à la charge de l'État. (L. 3, 73; B. 9, 323; Mon. du 30 décembre 1790.)

Art. 1er. Les rentes perpétuelles actuellement à la charge de l'Etat, tant celles constituées sur le clergé, sur les pays d'états, pour le compte du Roi, qu'autres affectées ci-devant sur les différentes caisses publiques, pourront, au gré des propriétaires, être admises à la reconstitution, aux termes et sous les conditions prescrites par la déclaration du 23 février 1786.

2. Les contrats et autres pièces nécessaires pour constater la propriété seront remis au bureau de liquidation établi à la direction générale du Trésor public.

Si les pièces sont trouvées en règle, le premier commis-liquidateur les fera enregistrer sur un livre qui contiendra d'un côté les numéros des contrats, les noms des propriétaires, le montant des rentes et le montant des capitaux au denier vingt; et de l'autre, la note des récépissés demandés; ensuite il expédiera un récépissé conçu en ces termes :

Vu au bureau de liquidation le contrat n°   montant à   au denier vingt; les pièces sont en règle.

et signera.

De là, les pièces et le récépissé seront portés au bureau du premier commis-contrôleur du Trésor public, lequel les fera pareillement enregistrer sur un registre exactement semblable à celui du bureau de liquidation, déposera les contrats et les pièces à l'appui dans son bureau, et ajoutera au récépissé ces mots :

Vu bon. Les pièces sont déposées au bureau du contrôle du Trésor public.

et signera.

3. Si les propriétaires, ou les porteurs à leurs droits, veulent convertir les récépissés en quittance de finance, ils les représenteront au premier commis-contrôleur, lequel ajoutera au récépissé : *Bon pour quittance de finance à expédier;* et signera, et en fera mention sur son registre.

4. Dans cet état, lesdits récépissés seront portés au bureau de liquidation, dans lequel la quittance ou les quittances de finance seront expédiées. Les récépissés y resteront déposés, et mention du dépôt et de l'expédition des quittances ou des quittances de finance sera faite sur le registre.

5. Si les propriétaires ne disposent que des portions du capital, ils pourront faire échanger le récépissé originaire contre autant de récépissés particuliers qu'ils le voudront.

Dans ce cas, ils rapporteront le récépissé originaire au bureau du premier commis du contrôle du Trésor public. Le contrôleur fera mention de la remise sur son registre, et donnera autant de coupures dudit récépissé qu'il lui en sera demandé. Lesdites coupures seront conçues en ces termes :

Bon pour la somme de   pour coupure du récépissé n°   rapporté au contrôle.

et signera.

Lesdites coupures seront ensuite portées au bureau de liquidation, pour y être pareillement enregistrées et visées par le premier commis-liquidateur.

Il en sera usé pour la conversion de ces récépissés secondaires en quittances de finance, ainsi qu'il est prescrit aux articles 3 et 4 pour les récépissés primaires.

29 DÉCEMBRE 1790 = 5 JANVIER 1791. — Décret relatif aux travaux à faire dans le port de Cherbourg. (L. 3, 50; B. 9, 325.)

L'Assemblée nationale, sur le rapport de son comité de marine,

Décrète que le Trésor public versera pro-

2.

9

visoirement à Cherbourg une somme de cent mille livres, pour y être employée aux objets de nécessité indispensable et à proportion des besoins ;

Que le ministre du département de la marine soumettra incessamment à l'Assemblée, des projets des travaux à faire dans ce port en 1791.

29 DÉCEMBRE 1790 = 9 JANVIER 1791. — Décret portant suppression, à compter du 1er janvier 1791, du conseil de la marine, et des places de directeurs et d'intendans (B. 9, 326.)

29 DÉCEMBRE 1790 = 9 JANVIER 1791. — Décret portant, que le mot *françaises* sera mis après le mot *troupes*, dans le décret du 20 novembre 1790, sur Avignon. (L. 3, 153 ; B. 9, 323.)

29 DÉCEMBRE 1790. — Décret portant vente de domaines nationaux à différentes municipalités des départemens du Pas-de-Calais, du Var, de la Charente, de l'Allier, de l'Hérault et de Loir-et-Cher. (B. 9, 327.)

29 DÉCEMBRE 1790. — Assignats. *Voy.* 24 DÉCEMBRE 1790. — Bonneval, etc. *Voy.* 29 NOVEMBRE 1790. — Rentes foncières. *Voy.* 18 DÉCEMBRE 1790.

30 DÉCEMBRE 1790 = 9 JANVIER 1791. — Décret relatif à l'établissement du bureau général de liquidation. (L. 3, 158 ; B. 9, 332.)

L'Assemblée nationale, ouï le rapport des commissaires nommés pour l'organisation de la direction générale de liquidation, décrète :

1° Que le commissaire du Roi pour la direction de liquidation est autorisé à louer, pour trois ou six années, la maison ci-devant occupée par le sieur Darras, place Vendôme, pour y établir ses bureaux dans le plus bref délai ;

2° Que, dans le cours du mois de janvier prochain, il sera payé par le Trésor public audit commissaire du Roi, provisoirement et à la charge par lui d'en rendre compte, la somme de vingt mille livres pour les appointemens de ses commis ;

3° Que, dans le cours du mois de janvier, le commissaire du Roi présentera à l'Assemblée nationale le plan définitif de l'organisation des bureaux de la direction de liquidation.

30 DÉCEMBRE 1790 = 9 JANVIER 1791. — Décret relatif à l'établissement des bureaux de la caisse de l'extraordinaire. (L. 3, 156 ; B. 9, 331.)

L'Assemblée nationale, ouï le rapport de ses commissaires pour la surveillance de la caisse de l'extraordinaire, décrète :

1° Que l'administration et la caisse de l'extraordinaire seront placées dans les bâtimens qui servent actuellement à l'administration des domaines, rue Vivienne ;

2° Qu'il sera remis à l'administrateur provisoire de la caisse de l'extraordinaire, par le Trésor public, une somme de quatre mille livres, pour les dépenses d'augmentation de commis, frais d'emballage, de registres, et autres du même genre, qu'il a faites dans le courant du présent mois de décembre, à la charge par lui de compter de ladite somme ;

3° Que provisoirement, et sous la même charge par lui de rendre compte, il lui sera payé dans le mois de janvier, par le Trésor public, une somme de vingt mille livres pour les appointemens des commis qu'il emploiera pendant le cours dudit mois ;

4° Que pareillement par provision, et sous la charge de compter, il sera remis, par le Trésor public, au trésorier de l'extraordinaire, dans le courant du mois de janvier, une somme de dix mille livres pour les appointemens de ses caissiers, teneurs de livres et commis ;

5° Que, dans le cours du mois de janvier, l'administrateur et le trésorier de la caisse de l'extraordinaire présenteront à l'Assemblée nationale le plan de l'organisation définitive de leurs bureaux.

30 DÉCEMBRE 1790 = 9 JANVIER 1791. — Décret relatif aux propriétaires d'offices supprimés. (L. 3, 149 ; B. 9, 333 ; Mon. du 31 décembre 1790.)

Art. 1er. Les propriétaires d'offices supprimés qui voudront user de la faculté accordée par l'article 10 du décret du 30 octobre dernier et l'article 4 de celui du 7 novembre, d'employer la moitié du prix de leur finance en acquisition de domaines nationaux, seront tenus de remettre au bureau de liquidation, si fait n'a été, leurs provisions et autres titres d'après lesquels leur liquidation doit être faite, suivant la nature des offices (1).

2. Il leur sera donné un récépissé des pièces par eux remises, et une reconnaissance de la finance présumée devoir leur être remboursée ; cette reconnaissance sera reçue en paiement des domaines nationaux, jusqu'à concurrence de la moitié de sa valeur seulement, en conformité des susdits décrets.

3. Les reconnaissances de finance seront numérotées, timbrées et enregistrées au bureau de liquidation (2).

4. La fixation de la finance faite dans lesdites reconnaissances ne sera que provisoire, et pourra être augmentée ou diminuée d'après

(1) *Voy.* lois du 30 octobre = 5 novembre 1790, et du 7 = 17 novembre 1790.
(2) Art. 5, loi du 7 = 17 novembre 1790.

les décrets de l'Assemblée nationale, lors de la liquidation définitive de l'office.

5. Le propriétaire d'office qui voudra donner sa reconnaissance provisoire de finance en paiement de domaines nationaux, en conformité des susdits décrets, sera tenu de la représenter au trésorier du district, qui la recevra jusqu'à concurrence de la moitié de sa valeur. Celui-ci fera mention, au dos de ladite reconnaissance, de la somme pour laquelle elle aura été employée, du domaine acquis, et de la date de l'adjudication et du paiement; et il retiendra une copie de ladite reconnaissance de finance et des annotations qui seront au dos d'icelle, certifiée par le propriétaire.

6. Les reconnaissances de finance pourront être employées à plusieurs acquisitions dans un ou plusieurs districts, jusqu'à la concurrence de la moitié de leur valeur; à la charge par chaque trésorier de district de se conformer à ce qui est porté par l'article précédent.

7. Les trésoriers de district tiendront registre des reconnaissances qui leur auront été présentées en paiement, et des sommes pour lesquelles elles ont été employées, et en enverront un extrait, tous les quinze jours, au bureau de liquidation.

8. Lorsque la liquidation sera finie, le propriétaire d'office sera tenu de remettre la reconnaissance de finance qui lui aura été expédiée; il sera déduit, sur le montant de son paiement, la somme pour laquelle ladite reconnaissance aura été employée dans un ou plusieurs districts. A défaut de remise, il sera déduit la moitié du montant de ladite reconnaissance.

9. Les propriétaires d'offices, porteurs d'une reconnaissance de finance, qui auront rapporté un certificat de non-opposition, en conformité des décrets des 3o octobre et 28 novembre, pourront user des délais accordés pour le paiement des biens nationaux, et employer ladite reconnaissance de finance, jusqu'à la concurrence de la moitié de sa valeur, acquitter un ou plusieurs termes seulement dudit paiement; et, audit cas, ils seront tenus de représenter le certificat de non-opposition au trésorier de district, qui en fera mention sur son registre et dans l'annotation qu'il mettra sur la reconnaissance de finance.

10. Ceux, au contraire, sur l'office desquels aura été formé des oppositions, ou qui n'auront point rapporté de certificat, ne pourront employer ladite reconnaissance qu'à la charge de payer la totalité d'un domaine national, auquel cas l'hypothèque et les droits des créanciers passeront sur le domaine acquis, en conformité de l'article 12 du décret du 3o octobre.

─────────

o. DÉCEMBRE 1790. — Décret qui ordonne de continuer les recettes et dépenses pour la ville de Paris comme en 1790, jusqu'à nouvel ordre. (L. 3, 127 ; B., 9, 33o.)

─────────

3o DÉCEMBRE 1790 = 5 JANVIER 1791. — Décret qui ordonne que le corps municipal de Paris exercera les fonctions attribuées aux administrations de département en ce qui concerne les travaux publics et les ateliers de secours. (L. 3, 95 ; B. 9, 329.)

─────────

3o DÉCEMBRE 1790 = 7 JANVIER 1791. — Décret qui établit des juges-de-paix et de commerce à Anduze, Béziers, Billon, Falaise, Landau, Lodève, Limoges et Voie; et qui réunit les municipalités de Saint Germain, de la Liène et de Damigny en un seule. (L. 3, 118 ; B. 9, 33o.)

─────────

3o DÉCEMBRE 1790. — Décret portant vente de domaines nationaux à différentes municipalités des départemens de l'Aisne, Eure-et-Loire, Marne et Somme. (B. 9, 335.)

─────────

3o DÉCEMBRE 1790. — Découvertes utiles. Voy. 31 DÉCEMBRE 1790.

─────────

31 DÉCEMBRE 1790 = 5 JANVIER 1791. — Décret relatif à l'acquisition de domaines nationaux par les municipalités. (L. 3, 64 ; B. 9, 356 ; Mon. du 1er janvier 1791.)

Voy. lois du 10 = 14 OCTOBRE 1790; du 29 NOVEMBRE = 10 DÉCEMBRE 1790.

L'Assemblée nationale, considérant que plusieurs municipalités ont été empêchées de faire usage des délais qui leur ont été successivement accordés pour rapporter les désignations, estimations ou évaluations des biens nationaux sur lesquels elles ont fait des soumissions antérieurement au 15 septembre dernier, soit parce qu'elles ont été instruites trop tard des prorogations de ces mêmes délais, soit parce que les débordemens des rivières et les inondations les ont mises dans l'impossibilité de suivre les procédures prescrites; que, d'autre part, les différens corps administratifs, surchargés d'un grand nombre de travaux depuis l'époque de leur création, n'ont pu surveiller avec l'activité nécessaire toutes les opérations relatives à cet objet; voulant néanmoins faire profiter toutes celles qui pourront y prétendre, des avantages qu'elle leur a assurés, et prévenir d'ailleurs toute difficulté sur l'exécution de ses précédens décrets, et de ceux qu'elle rend journellement sur l'aliénation des domaines nationaux, en faveur des municipalités; oui le rapport de son comité d'aliénation, décrète ce qui suit:

Art. 1er. Les municipalités qui ont fait leur soumission pour l'acquisition des biens nationaux, avant le 15 septembre dernier, sont autorisées à en fournir ou compléter les désignations, estimations ou évaluations, jusqu'au 1er mars prochain exclusivement; l'As-

9.

semblée nationale prolongeant, à cet égard, et jusqu'à cette époque, le délai accordé par son décret du 29 novembre dernier.

2. Les municipalités seront censées avoir satisfait aux dispositions de l'article précédent, lorsqu'après avoir envoyé leurs désignations au comité d'aliénation, elles auront remis tous les actes et procès-verbaux aux directoires des districts, en auront obtenu le *visa*, et retiré un certificat au plus tard le 1er mars 1791.

3. Elles ne pourront cependant comprendre utilement dans leurs désignations les biens sur lesquels les particuliers auraient fait des soumissions antérieures, ou sur lesquels les enchères seraient déjà ouvertes à la diligence des procureurs-syndics.

4. Dans le cas où, par le défaut de désignation suffisante ou autrement, les mêmes objets seraient adjugés à deux ou plusieurs municipalités différentes, le bénéfice de la vente appartiendra à celle qui réunira les conditions prescrites par le décret du 10 octobre dernier, pour jouir des droits de priorité.

5. Lorsque les directoires de district auront visé et vérifié les évaluations et estimations des biens nationaux, ils les enverront, avec les pièces justificatives, aux directoires des départemens, pour y être sans délai approuvées, s'il y a lieu; les directoires des départemens en donneront ensuite avis au comité d'aliénation, et lui adresseront une expédition collationnée des procès-verbaux d'évaluation et d'estimation.

6. Tous acquéreurs de biens nationaux, soit sur l'adjudication directe des corps administratifs, soit sur les reventes des municipalités, feront leurs paiemens, ou dans la caisse de l'extraordinaire ou dans celle des districts, aux conditions et en la forme prescrites par les précédens décrets. Seront tenus cependant les adjudicataires des biens nationaux situés dans le département de Paris, d'en verser le prix directement dans la caisse de l'extraordinaire, au terme fixé, et de rapporter aux receveurs des districts le *duplicata* de leur quittance.

Les mêmes dispositions seront observées par ceux qui exerceront le rachat des droits féodaux et autres rentes rachetables, dépendant des domaines nationaux.

7. Les adjudicataires sur les reventes des municipalités diviseront chacune de leurs obligations en deux portions ou coupons; la première contiendra les 15/16 de la somme à payer, et la seconde, le seizième alloué aux municipalités.

8. Les acquéreurs des biens nationaux, quelle que soit la classe desdits biens, jouiront des facultés accordées pour les paiemens par l'article 5 du titre III du décret du 14 mai 1790, pourvu néanmoins que la première séance d'enchère ait lieu avant le 15 mai 1791;

l'Assemblée nationale dérogeant, quant à ce, aux dispositions du décret du 3 novembre.

9. Passé le délai du 15 mai, fixé par l'article précédent, les paiemens seront faits conformément à ce qui est prescrit par les articles 3 et 4 du décret du 3 novembre. Néanmoins, le prix des bâtimens et emplacemens vacans dans les villes, des maisons d'habitation et des locaux en dépendans, quelque part qu'elles soient situées, sera payé de la manière et dans les termes prescrits par l'article 3 dudit décret du 3 novembre, pour les biens de la première classe.

10. Lorsque les procureurs-syndics auront à citer devant les directoires les fermiers ou sous-fermiers des biens nationaux, pour y affirmer la sincérité de leurs baux, ils pourront se servir du ministère des greffiers des municipalités du domicile des fermiers et sous-fermiers, ou de la situation du chef-lieu de l'établissement.

11. Les administrateurs des biens affectés à des fondations acquittées dans les églises paroissiales, et sur l'aliénation desquels l'Assemblée nationale s'est réservé de statuer ce qu'il appartiendra, seront tenus d'en remettre l'état et fournir la déclaration aux directoires des districts, au plus tard le jour indiqué pour la première enchère, s'ils sont mis en vente; et faute par eux d'y avoir satisfait, les biens pourront être aliénés, comme le surplus de tous ceux qui appartiennent à la nation.

12. Les adjudicataires des biens nationaux sous-affermés jouiront du prix entier des sous-baux, à la charge par eux de laisser annuellement le dixième de leur produit au fermier principal, pour lui tenir lieu de toute indemnité.

---

31 DÉCEMBRE 1790 = 7 JANVIER 1791. — Décret relatif à l'avancement des gens de mer en paie et en grade. (L. 3, 142; B. 9, 351; Mon. du 2 janvier 1791.)

Voy. loi du 22 JUIN = 6 JUILLET 1791.

Art. 1er. Nul ne pourra être embarqué comme mousse avant l'âge de dix ans. Il y aura deux paies de mousse; la haute-paie ne sera accordée qu'au mousse âgé de quatorze ans, et qui aura douze mois de navigation.

2. Nul ne pourra être embarqué comme novice avant l'âge de seize ans accomplis. Il ne pourra être fait matelot qu'après douze mois de service de novice, sauf l'exception portée dans l'article suivant, et seulement lorsqu'il aura été jugé bon matelot par le capitaine du vaisseau sur lequel il aura fait sa dernière campagne de novice.

3. Tout mousse, à l'âge de seize ans accomplis, sera novice de droit; et s'il avait alors vingt-quatre mois de navigation, et qu'il fût jugé bon matelot, on pourra lui en donner le titre et la paie. Cet avancement ne pourra

être fait que par le capitaine du vaisseau sur lequel il aura fait sa dernière campagne de mousse.

4. Tout homme ayant dix-huit ans, et six mois de navigation comme novice, soit sur les vaisseaux de l'Etat, soit sur les bâtimens de commerce, ne pourra être appelé que comme matelot.

5. Il y aura trois paies de matelot. Ils commenceront par la basse paie, et ne pourront être avancés d'une paie à l'autre, qu'ils n'aient fait douze mois de navigation sur les vaisseaux de l'Etat, dans la paie immédiatement inférieure. Les matelots ne pourront obtenir que par leurs bons services l'avancement dont leur temps de navigation les rendra susceptibles.

6. Les matelots qui, sans avoir servi pour l'Etat, auraient, depuis l'âge de seize ans, quatre ans de navigation pour le commerce, seront appelés au service public, à la seconde paie de matelot.

7. Nul ne pourra être fait officier-marinier, de quelque classe que ce soit, s'il n'a douze mois de navigation à la haute-paie de matelot.

8. Ceux qui auront été employés pendant une année, en qualité de maître d'équipage, sur un bâtiment de commerce de trente hommes au moins d'équipage, et qui auront reçu de leurs capitaines un certificat de capacité, ne pourront être appelés au service de l'Etat dans une qualité inférieure à celle de quartier-maître.

9. Le commandant du vaisseau choisira pour le service de gabier, parmi les matelots, ceux qu'il y jugera les plus propres, et il sera attribué un supplément de paie à ceux qui seront spécialement chargés de ce service, seulement pendant le temps qu'ils le rempliront.

10. Il y aura quatre grades d'officiers-mariniers de manœuvres : premier maître, second maître, contre-maître et quartier-maître ; trois paies dans le premier de ces grades, deux dans le second et dans le troisième, et six dans le quatrième.

11. Nul ne pourra être fait quartier-maître, s'il n'a fait douze mois de service en qualité de gabier, sauf l'exception portée dans l'article 8.

12. Nul officier-marinier ne pourra parvenir dans chaque grade d'une paie à l'autre, qu'après avoir navigué au moins six mois dans la paie immédiatement inférieure, ni passer d'un grade à un autre, qu'après avoir été employé six mois à la haute-paie d'un grade inférieur.

13. Il y aura pour les gens classés trois grades d'officiers-mariniers de canonnages, maîtres, seconds maîtres et aides-canonniers ; et trois paies dans le premier grade, quatre dans le second, six dans le troisième.

14. Ne pourront être admis comme matelots-canonniers que ceux qui auront été dans les écoles, ou qui, s'étant instruits ailleurs, se seront présentés à l'examen du maître canonnier d'un des départemens, et en auront reçu un certificat d'instruction.

15. Ne pourront être faits aides-canonniers que ceux qui auront deux ans de service en qualité de matelots-canonniers sur les vaisseaux de l'Etat, ou dans les écoles des ports.

16. Il y aura trois grades dans chaque classe d'ouvriers : maîtres, seconds maîtres et aides ; trois paies dans le premier grade, quatre dans le second, six dans le troisième.

17. Nul ouvrier ne pourra être fait aide qu'il n'ait trois ans de service pour l'Etat, dont une année au moins de navigation ; et pour les deux années restantes, le temps de service dans les ports ne sera compté que pour moitié de sa durée effective.

18. Il sera accordé un supplément de paie aux ouvriers qui justifieront, par un certificat du directeur des constructions, qu'ils réunissent les deux professions de calfat et de charpentier.

19. Il y aura trois paies de pilotes-côtiers ; les pilotes-côtiers ne pourront passer d'une paie à l'autre, qu'ils n'aient fait trente mois de navigation dans la paie inférieure.

20. Il sera accordé des supplémens de solde à tous les premiers maîtres et au pilote-côtier de chaque vaisseau. Ces supplémens seront réglés suivant la force des vaisseaux et la classe à laquelle appartiendra le premier maître ; ils ne seront payés que pendant la durée des campagnes, sans que les maîtres qui en auront joui puissent y prétendre, lorsqu'ils seront embarqués sur des bâtimens inférieurs.

21. Il y aura huit paies de timoniers : ceux de la plus haute auront le titre de chefs de la timonnerie. La paie sera graduée de la première à la dernière : ceux de la plus basse ne pourront être pris que parmi les matelots qui auront au moins vingt-quatre mois de navigation en qualité de matelots, et qui auront fait preuve de capacité par un service de six mois au moins à la timonnerie sur les vaisseaux de l'Etat : ils ne pourront passer d'une paie à l'autre qu'après avoir fait au moins douze mois de navigation dans la paie immédiatement inférieure.

22. Les matelots qui, ayant navigué trente mois à la haute-paie sur les vaisseaux de l'Etat, n'auront point été faits officiers-mariniers ou timoniers, pourront être employés en qualité de matelots vétérans.

23. Il y aura deux paies de vétérans : on ne pourra être élevé d'une paie à l'autre qu'après dix-huit mois au moins de navigation sur les vaisseaux de l'Etat dans la paie inférieure.

24. Pour toutes les augmentations de paie et les avancemens de grades, chacun des officiers de l'état-major, des principaux maîtres

fera la liste de ceux dont il proposera l'avancement. Chaque liste ne pourra comprendre un plus grand nombre de sujets que celui dont l'avancement pourra être ordonné. Le capitaine ne pourra choisir que parmi les sujets proposés sur ces listes, ceux qu'il destinera à être avancés.

25. Tout commandant de vaisseau de l'Etat, après un an de campagne, et au retour de chaque campagne, fera une revue de tous les hommes de son équipage, et sur les listes des officiers de l'état-major et des maîtres, désignera ceux qu'il jugera dignes d'avancement : il en sera dressé procès-verbal, enregistré sur les deux rôles. La paie sera accordée du moment de cette revue ; mais à l'exception des promotions faites en remplacement des places vacantes, ceux qui auront été avancés en grade ne pourront, sous ce prétexte, cesser de remplir leurs premières fonctions.

26. Les avancemens de grades autorisés par l'article précédent, après un an de campagne, ne pourront jamais être portés en totalité qu'au douzième au plus du nombre des hommes de l'équipage *du vaisseau, pris indistinctement le mérite des sujets dans toutes les classes de l'équipage,* et sans être assujétis à aucune proportion entre elles ; et dans les cas de campagne d'un moindre temps, les avancemens seront réduits en proportion : les avancemens en paie pourront être du double seulement.

27. Chaque législature prononcera sur la proportion établie par l'article précédent, et l'augmentera ou diminuera suivant les besoins du service et l'état des classes.

28. Au retour dans le port de désarmement, tout commandant de vaisseau remettra au bureau des armemens les procès-verbaux des avancemens qu'il aura faits. Le commissaire vérifiera si le temps et le service des hommes avancés sont conformes aux règles prescrites par les précédens articles, et n'admettra que les avancemens conformes à ces règles.

29. Il n'y aura pas d'autres grades d'officiers-mariniers que ceux établis par les précédens articles ; et ils exerceront toutes les parties du service que le capitaine leur confiera, soit à bord, soit dans les chaloupes et canots, sans qu'ils puissent s'y refuser, ni prétendre aucun supplément.

31 DÉCEMBRE 1790 = 7 JANVIER 1791. — Décret sur les classes des gens de mer. (L. 3, 135 ; B. 9, 345 ; Mon. du 1er janvier 1791.)

Voy. loi du 28 AVRIL = 15 MAI 1791.

Art. 1er. Tout citoyen français pourra embrasser les professions maritimes. Tous ceux exerçant ces professions seront obligés au service public sur mer ou dans les arse-

naux ; à cet effet ils seront classés, et dès lors dispensés de tout autre service public.

2. Les professions maritimes sont la navigation dans l'armée navale ou sur les bâtimens du commerce, pour tous ceux qui font partie de l'équipage en qualité d'officiers ou dans toute autre qualité ; la navigation et la pêche en mer, sur les côtes ou dans les rivières, jusqu'où remonte la marée, et pour celles où il n'y a pas de marée, jusqu'à l'endroit où les bâtimens de mer peuvent remonter ; le service sur les pataches, les bacs et bateaux ou chaloupes dans les rades ; les états de charpentier de navire, perceur, poulieur, calfat, voilier, cordier et tonnelier, établis dans les ports, villes et lieux maritimes.

3. Les pêcheurs, haleurs de Seine, bateliers et mariniers des bacs et bateaux et autres bâtimens sur les étangs, lacs, canaux et rivières dans l'intérieur du royaume, seront aussi classés. Leur obligation au service public sur mer et dans les arsenaux aura lieu dans tous les cas de guerre ou de préparatifs de guerre, mais une fois seulement en temps de paix, pour une campagne d'un an.

4. Tous ceux qui auront embrassé quelques-unes des professions maritimes, qui les auront exercées au moins un an et auront atteint l'âge de dix-huit ans, seront inscrits sur les rôles des classes, et seront appelés, chacun dans leur profession et dans leur grade, au service public, à tour de rôle.

5. Les gens de mer seront appelés sur la flotte, les ouvriers naviguans sur la flotte ou dans les arsenaux, et les ouvriers non naviguans dans les arsenaux, seulement, pour y servir chacun dans son état et dans les grades qu'ils auront obtenus, aux revues de désarmement du vaisseau sur lequel ils auront fait leur dernière campagne.

6. Nul ne pourra être inscrit sur les registres comme matelot-ouvrier, s'il ne justifie qu'il est en état d'exercer sa profession, soit en prouvant son apprentissage, soit en subissant un examen.

7. Tout matelot-ouvrier qui aurait navigué comme matelot de manœuvre, et fait en cette qualité deux campagnes, sera censé avoir renoncé à sa profession d'ouvrier.

8. Tout citoyen français qui commencera à naviguer, ne pourra s'embarquer et être inscrit sur le rôle d'équipage sous aucune dénomination que celle de mousse, novice ou aspirant.

9. Tous les hommes de profession maritime qui ne seront pas actuellement commandés pour le service, ou qui ne seront pas dans le cas d'être compris dans les levées dont les ordres seront donnés, seront libres de s'embarquer sur les navires marchands et bateaux de pêche, ou d'aller dans les différens ports et arsenaux du royaume travailler et s'y embarquer, à la charge seulement de faire inscrire

leurs mouvemens sur la matricule des classes de leur quartier et de celui où ils se rendront, et sur leurs livrets, qui leur serviront de passeport; et à l'égard de ceux qui s'embarqueront sur les bâtimens de commerce ou de pêche, la formalité de l'enregistrement sur le rôle d'équipage, et la tenue de ce registre, auront lieu comme par le passé.

10. Tous ceux qui auront atteint l'âge de *cinquante-six ans,* seront dispensés de l'obligation au service; et ceux qui voudront renoncer aux professions maritimes seront déclassés par le fait seul de leurs déclaration et renonciation, un an après les avoir faites; mais ne seront pas reçus à les faire en temps de guerre, ou préparatifs de guerre.

11. Tous les citoyens âgés de vingt-quatre ans, de professions maritimes, dans chaque syndicat, tels qu'ils se trouvent formés, s'assembleront au chef-lieu de leur territoire, et, en présence des officiers municipaux, ils éliront leur syndic dans la forme prescrite par les décrets de l'Assemblée nationale pour l'élection des maires, et pour le même temps. Ils procéderont ensuite et de la même manière à l'élection d'un suppléant pour remplacer le syndic, en cas d'absence ou de maladie.

Ces élections se feront en même temps dans les syndicats de chaque quartier.

12. Nul ne pourra être élu syndic, s'il ne sait lire et écrire, et n'est âgé de plus de *quarante ans,* et s'il n'a fait au moins trente-six mois de navigation ou de service dans les arsenaux. Il sera tenu de résider dans l'étendue du syndicat.

13. Les commissaires établis dans les quartiers seront conservés. Ils tiendront les matricules et les registres où seront inscrits les gens de mer de leur quartier; ils recevront les ordres de l'administration sur l'époque des levées et le nombre des hommes dont elles doivent être composées, en feront la répartition entre les différens syndicats de leur quartier, et adresseront les ordres particuliers aux syndics chargés de leur exécution; ils surveilleront la comptabilité des paiemens à faire dans chaque quartier aux gens de mer qui l'habitent; ils seront chargés de la correspondance avec l'administration de la marine, exigée par ces différentes fonctions; enfin, à eux appartiendront les ordres relatifs aux départs des levées. Ils seront également chargés de l'expédition et délivrance des rôles d'équipage, et de la certification de tous les extraits des pièces nécessaires pour constater l'état des gens de mer et leurs conventions avec leurs armateurs.

14. Le commissaire des classes tiendra un rôle particulier de tous ceux qui, n'ayant pas atteint l'âge de dix-huit ans, exercent des professions maritimes, ou qui, désirant embrasser ces professions, en feront déclaration,

pour être appelés, d'après leur vœu, au service de l'armée navale, comme mousses, novices ou aspirans.

15. Les marins qui voudront faire le service public, quoiqu'ils n'y soient point appelés par le tour de rôle, pourront en faire la demande au commissaire de leur quartier, avant les ordres de levée. Il tiendra un registre de ces demandes, et ceux qui les auront faites seront commandés de préférence pour servir dans le grade et la paie qu'ils auront acquis, sans qu'on puisse outre-passer dans aucun cas le nombre d'hommes de chaque grade ou de chaque paie, exigé par les besoins du service. Il ne sera ordonné de levée que pour compléter dans chaque classe les besoins du service.

16. Le syndic tiendra un extrait de la matricule du commissaire pour son syndicat : et aussitôt qu'il aura reçu l'ordre de levée, il fera l'indication des hommes qui devront la composer, aux termes de l'article 4, et fera publier, de suite, l'ordre et l'indication.

17. Si quelqu'un réclame contre l'indication du syndic, la réclamation sera portée sans délai devant la municipalité du chef-lieu, qui entendra le plaignant, celui qu'il prétendra devoir lui être substitué et le syndic, et prononcera de suite; de façon qu'en admettant la réclamation, la même décision ordonnera et indiquera le remplacement.

18. Il ne sera reçu aucune nouvelle réclamation quatre jours francs après la publication des ordres de levée et de l'indication du syndic. La levée formée, ceux qui la composeront seront assujétis à la subordination prescrite par les ordonnances de l'armée navale.

19. En cas de refus ou retardement à l'exécution des ordres du commissaire, si c'est de la part du syndic, il en sera personnellement responsable; et si c'est de la part des hommes de service, la municipalité sera tenue de prêter main-forte à la première réquisition du syndic, à peine aussi d'en répondre.

20. Tous les citoyens de professions maritimes de chaque syndicat, lors de l'assemblée au lieu ordinaire et devant les officiers municipaux, après avoir fait leur élection, arrêteront les réclamations qu'ils croiront utiles à l'intérêt de leur syndicat, sur les inégalités de répartition de levée.

21. Tous les syndics de chaque quartier s'assembleront, dans la quinzaine après leur élection, devant le directoire du district où est situé le chef-lieu du quartier, et en présence du commissaire.

22. Si, dans cette assemblée, les syndics reconnaissent que leur quartier a été chargé d'une contribution de levée au-dessus de ses forces; que la conduite du commissaire, ou autres chefs, ou quelques dispositions réglementaires ont donné lieu à des plaintes légi-

tines, ils formeront leur pétition, et l'adresseront au directoire de leur département, et au ministre de la marine, pour mettre le pouvoir exécutif, et au besoin le Corps-Législatif, en état d'y pourvoir.

23. A compter du 1er janvier prochain, les places d'inspecteurs-généraux et particuliers des classes, d'intendant-général des classes, de commissaire-général des classes, de chefs des classes et officiers d'arrondissement, sont supprimées. Il sera accordé des pensions de retraite, ou le retour au service, à ceux qui en seront susceptibles.

24. Les officiers qui ont quitté le service de la marine pour être attachés à celui des classes, seront traités, pour leurs pensions de retraite, comme s'ils avaient continué de servir dans le grade qu'ils avaient avant de quitter le service de la marine.

Ils pourront concourir pour être admis dans la nouvelle organisation du corps de la marine, conformément à ce qui sera prescrit.

25. Les officiers qui avaient quitté le service de la mer avant d'être employés dans les classes, ajouteront au temps de service qu'ils avaient en quittant, celui pendant lequel ils auront été employés dans les classes, et recevront une retraite proportionnée à cette somme de services et au grade qu'ils remplissaient avant de quitter la marine.

26. Tout ce qui est prescrit par le présent décret pour le classement des gens de mer s'exécutera sans distinction dans toutes les parties du royaume, l'Assemblée nationale supprimant tout privilége, usage et exception à ce contraires.

31 DÉCEMBRE 1790 = 7 JANVIER 1791. — Décret relatif au paiement des rentes qui sont au profit des pauvres. (L. 3, 134; B. 9, 356.)

L'Assemblée nationale, sur le rapport de son comité des finances, décrète que les payeurs de rentes acquitteront, dès le mois de janvier 1791, toutes les rentes de l'année 1790 employées dans leurs états au profit des pauvres.

31 DÉCEMBRE 1790 = 7 JANVIER 1791. — Décret portant établissement de tribunaux de commerce dans les villes où il existait des amirautés. (L. 3, 131; B. 9, 344.)

L'Assemblée nationale, après avoir entendu le rapport du comité des constitutions, décrète qu'il sera établi des tribunaux de commerce dans les villes maritimes où il existait des amirautés.

31 DÉCEMBRE 1790 = 7 JANVIER 1791. — Décret relatif aux auteurs de découvertes utiles. (L. 3, 120; B. 9, 338; Mon. du 1er janvier 1791.)

Voy. lois du 14 = 25 MAI 1791; du 20 SEPTEMBRE 1792; arrêté du 5 VENDÉMIAIRE an 9; décret du 25 JANVIER 1807 (1).

L'Assemblée nationale, considérant que toute idée nouvelle dont la manifestation ou le développement peut devenir utile à la société, appartient primitivement à celui qui l'a conçue, et que ce serait attaquer les *droits de l'homme* dans leur essence, que de ne pas regarder *une découverte industrielle* comme la propriété de son auteur; considérant en même temps combien le défaut d'une déclaration positive et authentique de cette vérité peut avoir contribué jusqu'à présent à décourager l'industrie française, en occasionnant l'émigration de plusieurs artistes distingués, et en faisant passer à l'étranger un grand nombre d'inventions nouvelles, dont cet empire aurait dû tirer les premiers avantages; considérant enfin que tous les principes de justice, d'ordre public et d'intérêt national, lui commandent impérieusement de fixer désormais l'opinion des citoyens français sur ce genre de propriété, par une loi qui la consacre et qui la protége, décrète ce qui suit :

Art. 1er. Toute découverte ou nouvelle invention, dans tous les genres d'industrie, est la propriété de son auteur; en conséquence, la loi lui en garantit la pleine et entière jouissance, suivant le mode et pour le temps qui seront ci-après déterminés (2).

2. Tout moyen d'ajouter à quelque fabri-

---

(1) Instruction ministérielle sur la législation relative aux brevets d'invention (S 14, 2, 113).

(2) Une découverte dont l'application est exclusivement du domaine de l'intelligence, et spécialement la découverte d'une méthode de lecture plus ou moins expéditive, ne peut être l'objet d'un brevet d'invention (12 juin 1830, Grenoble; S. 32, 2, 11; D. 31, 2, 202).

Un brevet d'invention ne garantit ni la priorité, ni le mérite, ni le succès de l'invention (Arrêté consulaire; S. 1, 2, 338).

L'obtention d'un brevet, depuis que l'invention est devenue publique par le fait même de l'inventeur, ne peut lui conférer une propriété exclusive (10 février 1806; Cass. S. 6, 1, 218).

Celui qui a obtenu un brevet d'invention pour l'application d'un procédé connu, à un objet nouveau, est bien privilégié à l'égard du procédé, en tant qu'appliqué à l'objet nouveau; mais son brevet n'empêche pas que le même procédé connu soit appliqué par une autre personne à un nouvel objet de son invention.

De ce que, par un premier jugement, les juges auraient déclaré qu'une application nouvelle d'un procédé connu peut constituer une invention nouvelle, il ne s'en suit pas que, plus tard, les juges ne puissent décider entre les mêmes parties, et sans violer l'autorité de la chose jugée, que le procédé appliqué n'étant pas nouveau, le brevet n'a pas conféré au breveté un droit tellement exclusif, qu'il ne soit plus permis d'appliquer le même procédé à des objets dis-

cation que ce puisse être un nouveau genre de perfection, sera regardé comme une invention.

3. Quiconque apportera le premier en France une découverte étrangère, jouira des mêmes avantages que s'il en était l'inventeur.

4. Celui qui voudra conserver ou s'assurer une propriété industrielle du genre de celles énoncées aux précédens articles, sera tenu :

1° De s'adresser au secrétariat du directoire de son département, et d'y déclarer par écrit si l'objet qu'il présente est d'invention, de perfection, ou seulement d'importation ;

2° De déposer, sous cachet, une description exacte des principes, moyens et procédés qui constituent la découverte, ainsi que les plans, coupes, dessins et modèles qui pourraient y être relatifs, pour ledit paquet être ouvert au moment où l'inventeur recevra son titre de propriété (1).

5. Quant aux objets d'une utilité générale, mais d'une exécution trop simple et d'une imitation trop facile pour établir aucune spéculation commerciale, et, dans tous les cas, lorsque l'inventeur aimera mieux traiter directement avec le Gouvernement, il lui sera libre de s'adresser, soit aux assemblées administratives, soit au Corps-Législatif, s'il y a lieu, pour confier sa découverte, en démontrer les avantages et solliciter une récompense.

6. Lorsqu'un inventeur aura préféré aux avantages personnels assurés par la loi, l'honneur de faire jouir sur-le-champ la nation des fruits de sa découverte ou invention, et lorsqu'il prouvera par la notoriété publique et par des attestations légales, que cette découverte ou invention est d'une véritable utilité, il pourra lui être accordé une récompense sur les fonds destinés aux encouragemens de l'industrie.

7. Afin d'assurer à tout inventeur la propriété et jouissance temporaire de son invention, il lui sera délivré un *titre* ou *patente*, selon la forme indiquée dans le règlement qui sera dressé pour l'exécution du présent décret.

8. Les patentes seront données pour cinq, dix ou quinze années, au choix de l'inventeur ; mais ce dernier terme ne pourra jamais être prolongé sans un décret particulier du Corps-Législatif (2).

9. L'exercice des patentes accordées pour une découverte importée d'un pays étranger ne pourra s'étendre au-delà du terme fixé dans ce pays à l'exercice du premier inventeur.

10. Les patentes expédiées en parchemin et scellées du sceau national, seront enregistrées dans les secrétariats des directoires de tous les départemens du royaume, et il suffira, pour les obtenir, de s'adresser à ces directoires, qui se chargeront de les procurer à l'inventeur (3).

11. Il sera libre à tout citoyen d'aller consulter au secrétariat de son département le catalogue des inventions nouvelles ; il sera libre de même à tout citoyen domicilié de consulter, au dépôt général établi à cet effet, les *spécifications* des différentes patentes actuellement en exercice : cependant, les *descriptions* ne seront point communiquées, dans le cas où l'inventeur, ayant jugé que des raisons politiques ou commerciales exigent le secret de sa découverte, se serait présenté au Corps-Législatif pour lui exposer ses motifs, et en aurait obtenu un décret particulier sur cet objet.

Dans le cas où il sera déclaré qu'une description demeurera secrète, il sera nommé des commissaires pour veiller à l'exactitude de la description, d'après la vue des moyens et procédés, sans que l'auteur cesse pour cela d'être responsable par la suite de cette exactitude.

12. Le propriétaire d'une patente jouira privativement de l'exercice et des fruits des découverte, invention ou perfection pour lesquelles ladite patente aura été obtenue ; en conséquence, il pourra, en donnant bonne et suffisante caution, requérir la saisie des ob-

---

semblables sans se rendre coupable de contrefaçon (11 janvier 1825 ; Cass. S. 26, 1, 141).

Les tribunaux sont compétens pour examiner si une découverte pour laquelle le Gouvernement a délivré un brevet d'invention est, de sa nature, susceptible d'être brevetée, et si un brevet peut en assurer la propriété exclusive ; ce n'est pas là connaître des actes de l'administration (12 juin 1830, Grenoble ; S. 32, 2, 11 ; D. 31, 2, 202).

(1) La propriété d'une invention, dans le cas de contestation entre deux brevets pour le même objet, appartient de droit à celui qui, le premier, a fait le dépôt des pièces exigées pour cet article (25 janvier 1807, décret ; S. 7, 2, 194).

(2) S'il n'appartient pas aux tribunaux de critiquer la légalité des prolongations de brevets d'invention accordés par le Gouvernement, in-

vesti à cet égard d'un pouvoir discrétionnaire, ils sont néanmoins compétens pour régler l'effet de ces prolongations de brevets, dans les cas particuliers qui leur sont déférés. *Voy.* loi du 14 = 25 mai 1791, art. 8.

Le porteur d'un brevet de perfectionnement a le droit, nonobstant une ordonnance de prolongation du brevet d'invention, accordée postérieurement à la délivrance du brevet de perfectionnement, de jouir de ce brevet, à l'expiration du brevet d'invention primitif : peu importe que l'ordonnance de prolongation porte que le brevet conservera sa force et sa valeur jusqu'à l'époque déterminée par cette ordonnance (10 octobre 1832, Paris ; S. 32, 2, 663).

(3) *Voy.* loi du 14 = 25 mai 1791, modifiant cet article.

jets contrefaits, et traduire les contrefacteurs devant les tribunaux. Lorsque les contrefacteurs seront convaincus, ils seront condamnés, en sus de la confiscation, à payer à l'inventeur des dommages-intérêts proportionnés à l'importance de la contrefaçon, et en outre à verser dans la caisse des pauvres du district une amende fixée au quart du montant desdits dommages-intérêts, sans toutefois que ladite amende puisse excéder la somme de trois mille livres, et au double, en cas de récidive (1).

13. Dans le cas où la dénonciation pour contrefaçon, d'après laquelle la saisie aurait eu lieu, se trouverait dénuée de preuves, l'inventeur sera condamné envers sa partie adverse à des dommages et intérêts proportionnés au trouble et au préjudice qu'elle aura pu en éprouver; et, en outre, à verser dans la caisse des pauvres du district une amende fixée au quart du montant desdits dommages et intérêts, sans toutefois que ladite amende

puisse excéder la somme de trois mille livres, et au double, en cas de récidive (2).

14. Tout propriétaire de patente aura droit de former des établissemens dans toute l'étendue du royaume, et même d'autoriser d'autres particuliers à faire l'application et l'usage de ses moyens et procédés; et dans tous les cas, il pourra disposer de sa patente comme d'une propriété mobilière.

15. A l'expiration de chaque patente, la découverte ou invention devant appartenir à la société, la description en sera rendue publique, et l'usage en deviendra permis dans tout le royaume, afin que tout citoyen puisse librement l'exercer et en jouir, à moins qu'un décret du Corps-Législatif n'ait prorogé l'exercice de la patente, ou n'en ait ordonné le secret dans les cas prévus par l'article 11.

16. La description de la découverte énoncée dans une patente sera de même rendue publique; et l'usage des moyens et procédés

(1) *Voy.* loi du 14 = 25 mai 1791, modifiant cet article.

L'ouvrier qui, ayant été chargé de construire une machine pour laquelle il a été obtenu un brevet d'invention, ne reçoit pas le prix qu'il demande de son travail, peut être autorisé à garder la machine, si mieux il n'aime recevoir un prix déterminé; une telle décision n'est pas réputée porter atteinte à la jouissance exclusive du brevet d'invention (16 août 1827; Cass. S. 27, 1, 243; D. 26, 1, 455).

Il y a contrefaçon lorsqu'un ouvrage est calqué sur un autre, de manière qu'il en résulte entre les deux ouvrages une similitude parfaite; il n'est pas nécessaire que les juges déclarent en termes exprès qu'il y a eu contrefaçon (25 mai 1829; Cass. S. 29, 1, 428; D. 29, 1, 249);

Lorsqu'on fait fabriquer en pays étranger une machine pour laquelle un autre a déjà obtenu en France un brevet d'importation ou de perfectionnement, et qu'on fait usage de cette machine en France, (20 juillet 1830; Cass.; S. 30, 1, 365; D. 30, 1, 312).

L'individu poursuivi par le propriétaire d'un brevet d'invention comme contrefacteur du procédé pour lequel ce brevet a été accordé, est recevable à prouver par témoins que le procédé a été connu et pratiqué antérieurement au brevet.

Il n'est pas nécessaire qu'il offre en outre la preuve que lui personnellement était en possession de l'appareil nécessaire au procédé, et dans l'usage de s'en servir avant la délivrance du brevet (19 mai 1821; Cass. S. 21, 1, 298; — 20 décembre 1808; Cass. S. 9, 1, 209).

La faculté accordée à celui qui est poursuivi comme contrefacteur par le porteur d'un brevet d'invention, d'opposer qu'antérieurement à l'obtention du brevet, il avait employé les procédés décrits dans le brevet, existe aussi bien au cas où le poursuivi en contrefaçon a lui-même obtenu un brevet pour les mêmes procédés postérieurement au poursuivant, comme lorsqu'il n'est pas du tout breveté (18 avril 1832; Cass. S. 32, 1, 387; D. 32, 1, 171).

Le porteur d'un brevet d'invention n'est pas

fondé à poursuivre, comme contrefacteur, l'artiste ou ouvrier qui emploie le procédé décrit, s'il est prouvé, de manière quelconque, que dès avant l'obtention du brevet d'invention, le procédé était usité, et que le poursuivi en était en possession; en ce cas de poursuite par le breveté, il n'est pas nécessaire que le procédé ait été décrit dans un ouvrage imprimé (15 mars 1825; Cass. S. 26, 1, 45).

En matière de brevet d'invention, les preuves admissibles varient selon qu'il s'agit de déchéance ou de contrefaçon.

S'il s'agit de déchéance contre le breveté, il faut faire preuve contre lui par *ouvrages imprimés et publiés.*

Si c'est le breveté qui poursuit en contrefaçon, le défendeur peut établir par témoins, qu'antérieurement au brevet il avait la possession ou l'usage du procédé prétendu inventé. *Voy.* loi du 14 = 25 mai 1791 (30 avril 1810; Cass. S. 10, 1, 229).

En matière de brevet d'invention, la chose jugée au profit du breveté contre un contrefacteur n'est pas opposable à un autre prétendu contrefacteur (15 mars 1825; Cass. S. 26, 1, 45).

Bien qu'une invention industrielle se compose de deux parties distinctes, l'invention principale et un perfectionnement, et que l'invention principale soit tombée dans le domaine public, néanmoins, en cas de contrefaçon, il y a lieu à la confiscation de l'objet contrefait en entier, au profit de l'inventeur du perfectionnement, lorsque les deux parties sont inséparables, et ne forment qu'une seule et même chose (2 mai 1822; Cass. S. 23, 1, 45; — 31 décembre 1822; S. 23, 1, 225).

Lorsqu'un particulier s'oppose à ce qu'un autre particulier exerce la même profession que lui, sur le motif qu'il est en possession d'un privilége exclusif, comme il s'agit de décider si le privilége doit être maintenu, c'est à l'autorité administrative, et non aux tribunaux à prononcer (13 août 1814; J. C., t. 1, p. 526).

(2) *Voy.* loi du 14 = 25 mai 1791, modifiant cet article.

relatifs à cette découverte sera aussi déclaré libre dans tout le royaume, lorsque le propriétaire de la patente en sera déchu; ce qui n'aura lieu que dans les cas ci-après déterminés (1) :

1° Tout inventeur convaincu d'avoir, en donnant sa description, recélé ses véritables moyens d'exécution, sera déchu de sa patente ;

2° Tout inventeur convaincu de s'être servi, dans sa fabrication, de moyens secrets qui n'auraient point été détaillés dans sa description, ou dont il n'aurait pas donné sa déclaration pour les faire ajouter à ceux énoncés dans sa description, sera déchu de sa patente;

3° Tout inventeur ou se disant tel, qui sera convaincu d'avoir obtenu une patente pour des découvertes déjà consignées et décrites dans des ouvrages imprimés et publiés, sera déchu de sa patente (2);

4° Tout inventeur qui, dans l'espace de deux ans, à compter de la date de sa patente, n'aura point mis sa découverte en activité, et qui n'aura point justifié les raisons de son inaction, sera déchu de sa patente ;

5° Tout inventeur qui, après avoir obtenu une patente en France, sera convaincu d'en avoir pris une pour le même objet en pays étranger, sera déchu de sa patente;

6° Enfin, tout acquéreur du droit d'exercer une découverte énoncée dans une patente, sera soumis aux mêmes obligations que l'inventeur; et s'il y contrevient, la patente sera révoquée, la découverte publiée, et l'usage en deviendra libre dans tout le royaume.

17. N'entend, l'Assemblée nationale, porter aucune atteinte aux priviléges exclusifs ci-devant accordés pour *inventions et découvertes,* lorsque toutes les formes légales auront été observées pour ces priviléges, lesquels auront leur plein et entier effet; et seront, au surplus, les possesseurs de ces anciens priviléges, assujétis aux dispositions du présent décret.

Les autres priviléges, fondés sur de simples arrêts du conseil, ou sur des lettres-patentes non enregistrées, seront convertis, sans frais, *en patentes,* mais seulement pour le temps qui leur reste à courir, en justifiant que lesdits priviléges ont été obtenus pour découvertes et inventions du genre de celles énoncées aux précédens articles.

Pourront les propriétaires desdits anciens priviléges enregistrés, et de ceux convertis en patentes, en disposer à leur gré, conformément à l'article 14.

18. Le comité d'agriculture et de commerce, réuni au comité des impositions, présentera à l'Assemblée nationale un projet de réglement qui fixera les taxes des patentes d'inventeurs, suivant la durée de leur exercice, et qui embrassera tous les détails relatifs à l'exécution des divers articles contenus au présent décret.

31 DÉCEMBRE 1790 (4 NOVEMBRE, 14, 16, 28 et) = 19 JANVIER 1791. — Décret sur l'organisation des ponts et chaussées. (L. 3, 233; B. 9, 362; Mon. du 2 janvier 1791:)

Voy. lois du 30 AOUT = 28 OCTOBRE 1791 ; instruction du 17 AVRIL 1791 ; loi des 4 et 6 = 18 AOUT 1791.

TITRE Ier.

Art. 1er. Il y aura une administration centrale des ponts et chaussées.

2. Il y aura un premier ingénieur, garde des plans, projets et modèles, huit inspecteurs généraux, un premier commis, et le nombre de commis nécessaire.

3. L'assemblée des ponts et chaussées sera formée du premier ingénieur, de huit inspecteurs généraux, des ingénieurs en chef, inspecteurs de département et ingénieurs qui seront à Paris. Les ingénieurs n'auront que voix consultative.

4. Cette assemblée sera chargée de l'examen de tous les projets généraux de routes dans les différens départemens, ainsi que de ceux d'ouvrages d'art en dépendant; de ceux de canaux de navigation, construction, entretien et réparation des ports de commerce.

5. Cette assemblée, durant les sessions du Corps-Législatif, se tiendra sous les yeux du comité de l'Assemblée nationale chargé des ponts et chaussées, lorsqu'il le jugera convenable.

6. Lorsqu'il sera question de travaux qui intéresseront les routes et communications sur les frontières, et les ouvrages à faire dans les ports de commerce où la marine militaire

---

(1) Le porteur d'une patente accordée pour une découverte n'est pas déchu de son privilége exclusif, pour en avoir laissé partager à d'autres la jouissance pendant plusieurs années (28 nivose an 11 ; Cass. S. 3, 1, 142).

Tout porteur de brevet qui néglige pendant longues années d'exercer le droit résultant de son privilége, encourt la déchéance du droit d'invention (25 frimaire an 10 ; Paris; S. 2, 2, 317).

(2) Peu importe que ces ouvrages aient été imprimés et publiés à l'étranger, en langue étrangère, et qu'ils ne l'aient point été en France (9 janvier 1828 ; Cass. S. 28, 1, 94; D. 28, 1, 83. — 14 janvier 1829 ; Cass. S. 29, 2, 65; D. 29, 2, 125).

En général, l'importation de découvertes faites à l'étranger, ne confère un privilége à l'importateur, qu'autant que, par des moyens à lui personnels, il aurait eu connaissance des procédés de l'étranger (14 janvier 1829 ; Cass. S. 29, 2, 65; D. 29, 2, 125). *Voy.* les notes sur l'art. 12.

est reçue, les projets seront discutés et examinés dans une assemblée mixte, composée de commissaires de l'assemblée des ponts et chaussés, et des commissaires du corps du génie. Le résultat de cet examen sera porté aux comités militaire et des ponts et chaussées de l'Assemblée nationale réunis; et il sera statué ce qu'il appartiendra, sur le rapport de ces deux comités, par le Corps-Législatif.

7. Chacun des huit inspecteurs généraux sera attaché à un certain nombre de départemens; ils seront tenus tous les ans de visiter, d'inspecter les travaux qui s'y feront, de soumettre le résultat de leur examen aux directoires de département, et d'en rendre un compte général à l'assemblée des ponts et chaussées.

8. Les frais de bureau et appointemens des employés seront de trente mille livres.

9. Les appointemens du premier ingénieur seront de dix mille livres; les appointemens de chacun des inspecteurs généraux seront de huit mille livres.

10. Il sera alloué, chaque année, la somme de quarante mille livres, pour les frais de voyage des inspecteurs généraux.

11. Le premier ingénieur sera pris parmi les inspecteurs généraux, et nommé par le Roi.

12. Les inspecteurs généraux seront pris parmi les ingénieurs en chef de département, et nommés au scrutin par le premier ingénieur et les inspecteurs généraux.

Titre II.

Art. 1er. Les fonctions ci-devant commises aux sous-ingénieurs, dont la dénomination est supprimée, seront désormais exercées sous le titre d'ingénieurs : il y en aura un au moins sous les ordres de chaque département, qui sera tenu de le payer; il y en aura plus si le département le demande et veut en faire les frais.

2. Les fonctions ci-devant commises aux ingénieurs en chef seront dans la suite exercées sous ce titre, ou sous celui d'inspecteur des ponts et chaussées, avec cette différence que la surveillance de l'ingénieur en chef s'étendra sur trois ou quatre départemens, et celle de l'inspecteur sur deux ou trois au plus.

3. Les appointemens de l'ingénieur en chef seront de cinq mille livres.

4. Les appointemens des inspecteurs seront de quatre mille livres.

Les appointemens des ingénieurs, de deux mille quatre cents livres.

Les appointemens des ingénieurs en chef et des inspecteurs seront payés par le trésor public.

Ceux des ingénieurs, par les départemens.

5. Les ingénieurs en chef, inspecteurs et ingénieurs seront nommés par l'administration des ponts et chaussées. Les ingénieurs qui se trouvaient attachés aux ci-devant pays d'états, concourront pour les places avec les ingénieurs des ponts et chaussées, chacun dans leur grade correspondant.

6. Les ingénieurs pourront être déplacés par les assemblées de département, mais après avoir informé l'administration centrale des raisons qui motiveront le déplacement.

Titre III.

Art. 1er. Il y aura une école gratuite et nationale des ponts et chaussées.

2. Cette école sera dirigée par le premier ingénieur; sous lui sera un inspecteur, aux appointemens de quatre mille deux cents livres.

3. Il y aura un enseignement permanent. Les places de professeurs continueront d'être remplies par des élèves qui, après des concours et des examens, lesquels seront déterminés par un réglement particulier, seront jugés les plus dignes de cet emploi, et auxquels il sera accordé des appointemens de douze cents livres, y compris ceux qu'ils auront déjà en qualité d'élèves.

4. Soixante élèves seront admis à cette école; vingt dans la première classe, vingt dans la seconde, vingt dans la troisième.

5. Les élèves seront choisis dans les quatre-vingt-trois départemens, parmi les sujets qui, au jugement de l'ingénieur et de deux commissaires des directoires, auront concouru sur différens objets élémentaires, lesquels seront indiqués dans un réglement particulier.

6. Les ouvrages des différens concurrens seront tous adressés, par l'ingénieur en chef auquel correspondra chaque département, à l'administration centrale, à une époque déterminée; et, sur l'avis de l'assemblée des ponts et chaussées, les places vacantes seront données à ceux qui en seront jugés les plus dignes.

7. Chaque élève de la première classe aura la somme annuelle de cinq cents livres;

Chaque élève de la seconde classe aura une somme annuelle de quatre cents livres;

Et chaque élève de la troisième classe aura une somme annuelle de trois cents livres.

8. Tous les ans, les élèves de chacune de ces classes seront soumis à un concours et à des examens, au jugement du premier ingénieur et des inspecteurs généraux qui se trouveront à Paris.

9. Sur l'avis motivé de ladite assemblée, l'administration pourra renvoyer les sujets qui seront incapables, ou qui ne suivraient pas avec application les exercices de l'école.

10. Il sera alloué, chaque année, la somme de quatre-vingt mille livres, pour les dépenses de l'école et la distribution annuelle des prix;

l'état détaillé de ces dépenses sera soumis tous les ans à l'Assemblée nationale.

11. L'administration centrale des ponts et chaussées donnera son avis sur le logement convenable à l'établissement et à l'école des ponts et chaussées, pour y être statué par l'Assemblée nationale sur le rapport de son comité des finances.

---

31 DÉCEMBRE 1790 = 9 JANVIER 1791 — Décret qui renvoie au tribunal du district de Toulouse la procédure commencée à la municipalité de la même ville, relativement aux troubles de Montauban. (L. 3, 128; B. 9, 344.)

31 DÉCEMBRE 1790 = 7 JANVIER 1791. — Décret qui établit des tribunaux de commerce à Chartres et à Troyes, et des juges-de-paix à Cette et à Lorient. (L. 3, 132.)

31 DÉCEMBRE 1790. — Décret portant vente de domaines nationaux à différentes municipalités des départemens de l'Oise, de l'Aisne, des Bouches-du-Rhône, de la Charente, du Gers, d'Indre-et-Loire, de la Côte-d'Or, d'Eure-et-Loire, du Loiret, du Gard, de la Marne, du Nord, du Pas-de-Calais, de la Seine-Inférieure et de la Somme. (B. 9, 360 et 367.)

31 DÉCEMBRE 1790. — Décret qui surseoit au jugement des comptes de 1779 présentés en la chambre des comptes. (B. 9, 360.)

31 DÉCEMBRE 1790. — Instruction provisoire concernant l'ordre de comptabilité à observer par les receveurs de district. (L. 2, 1090.)

1er = 7 JANVIER 1791. Décret relatif à la décoration militaire. (L. 3, 129; B. 10, 1; Mon. du 2 janvier 1791.)

Voy. lois du 28 BRUMAIRE an 2; du 29 FLORÉAL an 10.

Art. 1er. A l'avenir, la décoration militaire sera accordée aux officiers de toutes les armes et de tous les grades, à vingt-quatre années de service révolues, et les années seront comptées conformément aux dispositions de l'article 1er du titre II du décret des 10, 16, 23 et 26 juillet 1790 sur les pensions et retraites.

2. Les années de service comme soldat et comme sous-officier compteront comme celles d'officier.

3. Les officiers qui auront pris leur retraite, et ceux qui auraient été réformés sans avoir obtenu la décoration militaire, pourront en former la demande, et seront déclarés susceptibles de l'obtenir, s'ils ont servi le temps déterminé par les articles précédens.

4. Le président est chargé de se retirer dans le jour par devers le Roi, pour le prier de sanctionner le présent décret.

1er = 9 JANVIER 1791. — Décret qui autorise le sieur Weiland-Stahl à établir à ses frais des nitrières, fabriques de salpêtre, et un moulin à poudre. (L. 3, 154; B. 10, 2.)

L'Assemblée nationale, approuvant le patriotisme du sieur Weiland-Stahl, et considérant les avantages qui peuvent résulter pour la nation du succès de sa découverte, après avoir entendu ses comités d'agriculture et de commerce, militaire et de finances réunis, décrète ce qui suit :

Art. 1er. Le sieur Weiland-Stahl pourra établir à ses frais des nitrières et fabriques de salpêtre, comme aussi conduire à ses frais un moulin à poudre, le long de la rivière du Therrein, depuis Beauvais jusqu'à Creil, dans l'endroit dont il conviendra avec le département de l'Oise ou son directoire, sous les conditions suivantes.

2. Il ne pourra troubler personne dans sa propriété, ni établir son moulin que dans le lieu et de manière qu'aucune habitation ne puisse souffrir des accidens qui pourraient arriver dans cet établissement. La fixation de l'emplacement de ce moulin sera faite par des commissaires du département de l'Oise.

3. Les mêmes commissaires veilleront à ce que le sieur Weiland ne fabrique que la quantité de poudre nécessaire pour faire des essais. Cette quantité ne pourra pas excéder trois quintaux; aucun envoi n'en pourra être fait qu'avec la permission écrite desdits commissaires du département. Chaque baril sera scellé de leur cachet; et sous aucun prétexte, le sieur Weiland ne pourra disposer autrement de la poudre qu'il aura fabriquée.

4. Si, par le résultat des essais dont il sera rapporté des procès-verbaux circonstanciés, il est reconnu que la poudre fabriquée n'est pas de qualité supérieure, le sieur Weiland sera tenu de démolir son moulin dans quinze jours, sans pouvoir réclamer aucune espèce d'indemnité. Si au contraire la qualité supérieure de la poudre est constatée, le sieur Weiland sera tenu de remettre à la nation le moulin qu'il aura fait construire, et l'Assemblée nationale statuera sur les remboursemens et récompenses qui seront dus au sieur Weiland.

1er JANVIER 1791. — Proclamation du Roi qui adapte aux reconnaissances délivrées en exécution de l'édit de novembre 1787, et portant intérêt à quatre pour cent, les numéros des billets au porteur dont l'échange n'a pas été fait. (L. 3, 1.)

1er = 3 JANVIER 1791. — Décret relatif au déplacement de l'un des deux régimens en garnison à Montauban. (L. 3, 25.)

1er JANVIER 1791. — Décret sur l'ordre du travail de l'Assemblée nationale. (B. 10, 4.)

1er JANVIER 1791. — Décret portant vente de domaines nationaux à différentes municipalités du département de Seine-et-Marne. (B. 10, 5.)

2 JANVIER 1791. — Instruction publiée par ordre du Roi, sur les paiemens à faire au clergé séculier et régulier, à l'époque du 1er janvier 1791. (L. 3, 4.)

2 JANVIER 1791. — Ariège. *Voy.* 28 DÉCEMBRE 1790. — Fabriques. *Voy.* 29 DÉCEMBRE 1790. — Mandats. *Voy.* 27 DÉCEMBRE 1790. — Montauban. *Voy.* 1er JANVIER 1791.

3 JANVIER 1791. — Décret portant vente de domaines nationaux aux municipalités de Noailles, Rilhac et à plusieurs autres du département de la Somme. (B. 10, 7.)

4 = 9 JANVIER 1791. — Décret relatif au serment des ecclésiastiques. (L. 3, 152; B. 10, 8; Mon. du 5 janvier 1791).

L'Assemblée nationale décrète que le serment prescrit par le décret du 27 novembre dernier, sera prêté purement et simplement dans les termes du décret, sans qu'aucun des ecclésiastiques puisse se permettre de préambules, d'explications ou de restrictions.

4 JANVIER 1791. — Décret pour l'exécution de celui du 27 novembre dernier, concernant le serment à prêter par les ecclésiastiques fonctionnaires publics. (B. 10, 8.)

L'Assemblée nationale charge son président de se retirer devers le Roi, pour lui remettre l'extrait des procès-verbaux des séances de l'Assemblée nationale depuis le 26 décembre dernier, et le prier de donner des ordres pour la prompte et entière exécution du décret du 27 novembre dernier envers les ecclésiastiques, fonctionnaires publics, membres de l'Assemblée qui n'ont pas prêté le serment prescrit par ledit décret, sauf à ceux qui seraient retenus hors de l'Assemblée nationale par maladie, ou absence légitime, à faire valoir leur excuse dans le délai de quinze jours, en faisant ou en envoyant leur serment.

5 = 19 JANVIER 1791. — Décret relatif au titre des lois. (L. 3, 174; B. 10, 9.)

L'Assemblée nationale décrète qu'à l'avenir le titre qui sera mis en tête de chaque loi en indiquera simplement l'objet; que la lettre de M. le garde des sceaux (1) sera inscrite dans le procès-verbal et envoyée dans les départemens.

---

(1) *Teneur de la lettre :*

M. LE PRÉSIDENT,

J'ai été instruit de l'effet qu'avait produit dans l'Assemblée nationale la lecture du titre mis en tête de la loi du 27 novembre dernier, et les motions auxquelles cette fâcheuse erreur avait donné lieu; je m'attendais à cet effet; je prévoyais une dénonciation, et je n'aurais pas été surpris que le Corps-Législatif, justement alarmé, eût pris sur-le-champ des mesures sévères; il ne l'a point fait, et j'ose croire que je dois cette marque de bonté à sa juste confiance dans la droiture de mes intentions; mais il ne m'est pas permis d'attendre que des explications me soient demandées; je prie l'Assemblée nationale de trouver bon que je lui rende compte du fait dans toute sa simplicité.

J'ai trouvé, en arrivant au ministère, établi à la chancellerie, un bureau d'envoi des décrets, qui n'était encore monté qu'imparfaitement, et dont je n'ai pas encore perfectionné l'organisation; j'ai placé à la tête de ce bureau, dont le travail est presque mécanique, un homme que je connais depuis long-temps, parfaitement sûr, d'une intelligence très-supérieure à celle nécessaire pour ce genre d'occupation, et dont le caractère d'esprit est principalement la netteté et la justesse : l'Assemblée nationale sentira aisément qu'au milieu de cette immensité d'affaires dont le département de la justice est chargé, il m'est impossible de me livrer aux détails de l'envoi et de l'expédition des lois, et que je dois me borner à une surveillance générale. L'intitulé des lois est ordinairement donné par la feuille

qui enveloppe les décrets soumis à la sanction par M. le président.

Le titre de celle du 27 novembre, porté sur la feuille, était très-convenable : j'ai dû croire, et j'ai cru, qu'on n'en avait pas substitué d'autre dans mes bureaux. Cette loi a été imprimée, expédiée, envoyée, sans qu'il me vînt à la pensée que son titre dût me causer un violent chagrin, de cruelles inquiétudes; et je n'ai été instruit de la faute commise que par M. le maire de Paris, qui, frappé de l'effet que pouvait produire l'intitulé à la fois inexact et impolitique de ce décret, est venu me trouver à minuit et demi, dans la nuit du dimanche au lundi, et s'est concerté avec moi sur les moyens de remédier au mal; nous avons envoyé sur-le-champ chez l'imprimeur, pour réimprimer le titre, avec ordre de couvrir demain les premiers placards de ceux de cette 2e édition; j'en ai fait faire sur-le-champ une autre à l'imprimerie royale; elle est déjà partie pour les provinces, et les ordres sont donnés partout pour que les premiers exemplaires soient retirés et renvoyés. La plus grande activité a été employée pour assurer le succès de cette mesure. Voilà le fait dans toute sa pureté; je ne me permettrai qu'une réflexion : je crois qu'il sera évident pour tout le monde qu'il s'agit ici d'une erreur, et d'une erreur de bureau. Je n'ignore cependant pas que j'en suis responsable, et j'attendrai avec autant de résignation que de fermeté ce qu'il plaira à l'Assemblée de prononcer dans sa sagesse : je ne refuse pas de devenir le premier exemple de la responsabilité ministérielle; je m'en consolerai, puisque cet exemple pourrait être utile à mon pays; je m'en

5 JANVIER 1791. — Décret portant vente de domaines nationaux à différentes municipalités du département de la Drôme et autres. (B. 10, 10.)

5 JANVIER 1791. — Agens. *Voy.* 24 DÉCEMBRE 1790. — Auxonne. *Voy.* 27 DÉCEMBRE 1790. — Biens nationaux. *Voy.* 6 DÉCEMBRE 1790, 31 DÉCEMBRE 1790. — Bourges. *Voy.* 9 DÉCEMBRE 1790. — Caisse de l'extraordinaire. *Voy.* 27 DÉCEMBRE 1790. — Chambre des comptes. *Voy.* 22 DÉCEMBRE 1790. — Chartres, etc. *Voy.* 8 DÉCEMBRE 1790. — Cherbourg. *Voy.* 29 DÉCEMBRE 1790. — Délits. *Voy.* 27 DÉCEMBRE 1790. — Dijon. *Voy.* 5 DÉCEMBRE 1790, 19 DÉCEMBRE 1790. — Domaines nationaux. *Voy.* 1er DÉCEMBRE 1790. — Gardes nationales ; Hérault. *Voy.* 23 DÉCEMBRE 1790. — Juges-de-paix, etc. *Voy.* 28 DÉCEMBRE 1790. — Marais. *Voy.* 26 DÉCEMBRE 1790. — Messageries. *Voy.* 27 DÉCEMBRE 1790. — Perception. *Voy.* 23 DÉCEMBRE 1790. — Perruquiers. *Voy.* 28 DÉCEMBRE 1790. — Ponts. *Voy.* 23 DÉCEMBRE 1790. — Remplacement. *Voy.* 27 DÉCEMBRE 1790. — Rentes. *Voy.* 29 DÉCEMBRE 1790. — Rentes seigneuriales. *Voy.* 22 DÉCEMBRE 1790. — Saint-Quentin. *Voy.* 17 DÉCEMBRE 1790. — Séminaires. *Voy.* 22 DÉCEMBRE 1790. — Suppression d'intendans. *Voy.* 29 DÉCEMBRE 1790. — Trésor public. *Voy.* 24 DÉCEMBRE 1790. — Tribunaux de commerce, etc. *Voy.* 11 DÉCEMBRE 1790. — Sieur Trouard. *Voy.* 18 DÉCEMBRE 1790.

6 = 19 JANVIER 1791. — Décret qui règle l'espèce d'indemnité due aux préposés à la perception de la contribution patriotique pour l'année 1791. (L. 3, 268 ; B. 10, 23.)

L'Assemblée nationale, prenant en considération les dispositions de l'article 2 du décret des 12 et 14 novembre, sur les trésoriers et receveurs de district, qui ordonne que les receveurs anciens cesseront de suivre le recouvrement de la contribution patriotique au 1er janvier 1791, et seront tenus d'en compter de clerc à maître par-devant le directoire du district chef-lieu de la recette; ayant en même temps égard aux observations d'un grand nombre de départemens sur les indemnités qui sont réclamées par les collecteurs et premiers percepteurs, décrète ce qui suit :

Art. 1er. La perception des collecteurs ou premiers percepteurs de la contribution patriotique qui ont eu la collecte de l'année 1790 ne pourra être continuée pour l'année 1791. En conséquence, les collecteurs ou premiers percepteurs de 1790 seront obligés de faire arrêter, dans les quinze premiers jours de février, au plus tard, leurs rôles de la contribution patriotique par les trésoriers de district, en présence du collecteur de 1791, pour y constater contradictoirement les sommes reçues, le versement qui en aura été fait par lesdits collecteurs, et le montant de celles à recouvrer, tant celles arriérées sur le premier terme, que celles dues sur les termes de 1791 et 1792; et les nouveaux collecteurs pour l'année 1791 seront chargés d'en poursuivre le recouvrement.

2. Il sera alloué aux collecteurs et premiers percepteurs, à titre d'indemnité de leurs peines et faux-frais dans la perception de la contribution patriotique, un denier pour livre sur les sommes effectives qu'ils auront reçues sur cette contribution, et qu'ils auront versées dans les mains des receveurs auxquels ils sont respectivement obligés de compter de leurs recettes.

6 = 19 JANVIER 1791. — Décret relatif à la liquidation des offices de judicature. (L. 3, 259; B. 10, 20.)

L'Assemblée nationale décrète que l'état de liquidation des offices de judicature sera renvoyé au commissaire du Roi, pour être par lui arrêté sous sa responsabilité, et présenté ensuite par le comité de judicature à la délibération de l'Assemblée.

6 = 19 JANVIER 1791. — Décret relatif aux chanoinesses qui se marieront. (L. 3, 169; B. 10, 16.)

Un membre a observé que, dans le décret du 8 octobre 1790 sur les chanoinesses, un article additionnel, décrété le 4 octobre, et tendant à priver de leur traitement les chanoinesses qui se marieraient, avait été omis. Il en a été demandé le rétablissement; lequel a été fait en ces termes:

» Les chanoinesses qui se marieront demeureront privées de leur traitement. »

consolerai, car ma conscience est pure, et mon honneur n'est point compromis; mais ce dont je ne me consolerais pas, c'est que cette erreur, échappée à l'un des employés de mes bureaux, causât le moindre désordre, et donnât lieu à quelques excès : ceux des membres de cette Assemblée dont j'ai l'honneur d'être connu personnellement, savent jusqu'à quel point ce sentiment est dans mon cœur; et, s'il en était, ce que je ne crois pas, qui fussent disposés à me prêter des intentions coupables, je les prierais de considérer qu'on ne m'a jamais accusé d'être ami du trouble et du désordre, et que, si quelque chose a pu me faire remarquer, lorsque j'exerçais des fonctions aussi importantes que délicates, c'est le mélange constant de la modération avec la fermeté.

Je suis, etc.

Signé, M. L. F. DUPORT.

6 = 19 JANVIER 1791. — Décret qui réduit le traitement alloué pour la table des officiers à bord des vaisseaux. (L. 3, 167; B. 10, 16.)

L'Assemblée nationale, sur l'exposé qui lui a été fait par un comité de marine, décrète que la réduction du traitement pour la table des officiers, fixée au 1er août 1790 par son décret du 25 juillet dernier, n'aura lieu à cette époque que pour les bâtimens qui étaient alors mouillés dans les rades de France; et quant à ceux qui se trouvaient à la mer, l'Assemblée décrète que la réduction ne sera effectuée, pour les bâtimens stationnés aux Antilles, qu'au 1er octobre 1790; au 1er septembre 1790, pour ceux stationnés dans les échelles du Levant; au 1er janvier 1791, pour ceux naviguant dans les mers au-delà du cap de Bonne-Espérance; et à compter du jour de leur mouillage dans les rades de France, pour tous les bâtimens arrivés depuis le 1er août dernier et avant l'expiration des termes qui viennent d'être assignés.

6 = 19 JANVIER 1791. — Décret relatif aux messageries et voitures publiques, tant par eau que par terre. (L. 3, 181; B. 10, 24; Mon. du 8 janvier 1791.)

Art. 1er. Tous les droits des messageries par terre, ceux de voitures d'eau sur les rivières, possédés par des particuliers, communautés d'habitans ou états des ci-devant provinces, à quelque titre que ce soit, seront abolis à compter du 1er avril prochain.

2. Les concessionnaires, engagistes et échangistes de semblables droits dépendant du domaine de l'Etat, seront indemnisés des sommes qu'ils justifieront y avoir été payées, ou à raison des biens donnés en échange.

3. A compter du 1er avril prochain, ces exploitations feront partie de la ferme générale des messageries; toutes les autres de même nature dépendant du domaine public, et qui ne sont point comprises dans le bail actuel de la ferme générale des messageries, y seront également réunies.

4. Le service actuel des messageries en diligences faisant vingt-cinq à trente lieues par jour et deux lieues par heure, sera entretenu sur toutes les routes où il est établi.

Il sera déterminé par les conditions du bail, quelles sont les routes sur lesquelles la nouvelle division du royaume et les intérêts du commerce exigent qu'il en soit établi de nouvelles; et les futurs fermiers des messageries ne pourront, après le 1er octobre 1792, employer que des diligences légères et commodes, dont aucune ne pourra être chargée de plus de huit quintaux de bagages, y compris celui des voyageurs;

Et ces nouvelles voitures seront établies d'abord sur les principales routes.

5. Pour transport des voyageurs et des marchandises, il sera également entretenu ou établi, sur les principales routes et sur celles de communication, des carrosses et fourgons dont la marche sera de quinze à vingt lieues par jour.

6. Les nouveaux fermiers seront tenus de reprendre à la fin de mars prochain, des fermiers et sous-fermiers actuels des messageries, toutes leurs voitures, chevaux et ustensiles qui se trouveront servir effectivement à l'exploitation des messageries, l'estimation en sera faite de gré à gré ou par experts, et le prix acquitté comptant.

7. Les maisons sises à Paris, rue Notre-Dame-des-Victoires, servant à l'exploitation des Messageries, seront comprises avec leurs dépendances dans le nouveau bail. Il sera, à cet effet, rapporté procès-verbal de l'état des lieux, et les nouveaux fermiers seront chargés à l'avenir de toutes les réparations.

8. L'état du service en diligences, carrosses et fourgons, que les futurs fermiers seront obligés de faire sur chaque route, sera arrêté par les conditions du bail.

Les fermiers ne pourront diminuer le nombre des départs et retours qui seront fixés, mais il leur sera loisible de l'augmenter si bon leur semble.

Pendant le courant du bail, les fermiers seront obligés d'établir des voitures sur les nouvelles routes, lesquelles seront perfectionnées.

9. Les fermiers ne pourront exiger ni recevoir un prix de place ou de transport supérieur à celui du tarif ci-dessous, mais ils pourront faire telle remise ou composition qu'ils croiront utile, sans néanmoins diminuer aucun des avantages du service auquel ils sont obligés.

10. Les fermiers, sous-fermiers et entrepreneurs qui auront à réclamer des indemnités ou modérations de prix de bail, soit à raison de la non-jouissance du droit de permis, et de la résiliation de leurs baux, soit à raison de la continuation du service pendant les trois premiers mois de cette année, remettront leurs pièces et mémoires au bureau de liquidation.

Du 7 janvier.

Toutes les distances seront comptées par lieues de deux mille deux-cent quatre-vingt-trois toises.

Le prix de chaque place et des transports d'or, argent, papiers et marchandises, ne pourra excéder le tarif ci-dessous.

Le prix de chaque place par lieue dans les diligences, 12 sous; dans les cabriolets des diligences, tant qu'ils existeront, 8 sous; dans les carrosses, 8 sous; dans les paniers des carrosses et dans les fourgons, 4 sous.

Chaque voyageur pourra faire transporter avec lui un sac de nuit ou porte-manteau du poids de quinze livres, pour lequel il ne paiera aucun port.

Le transport de l'or et de l'argent, monnayés ou non, sera de trente sous par mille livres et par vingt lieues, au lieu de quarante sous, prix actuel; cette réduction du quart aura lieu sur les sommes.

Le port des bijoux, galons, objets précieux dont la valeur sera déclarée, sera le même que celui de l'or et de l'argent.

Le port des papiers de procédures et d'affaires sera double de celui des marchandises.

Le port des bagages et marchandises par les diligences ne pourra excéder le prix actuel de six deniers par livre par dix lieues, ou vingt-cinq livres par quintal pour cent lieues.

Le port des mêmes objets par les carrosses et fourgons ne pourra excéder quinze livres du quintal par cent lieues, et à proportion pour les autres distances.

Les paquets au-dessous de dix livres paieront comme s'ils pesaient dix livres.

Le port des paquets de quinze livres et au-dessous, chargés sur les carrosses et fourgons, sera le même que celui fixé pour les diligences.

Les sommes au-dessous de cinq cents livres paieront comme pour cinq cents livres.

Les transports faits à moins de dix lieues seront comptés comme pour dix lieues; et au-dessus de dix lieues, l'augmentation proportionnelle du port aura lieu de cinq lieues en cinq lieues.

Tarif pour les voitures d'eau de la Haute-Seine.

Le prix des places de Paris à Auxerre sera réduit à 7 livres 10 sous, au lieu de 9 livres 7 sous 6 deniers.

Le port du quintal à 5 livres, au lieu de 9 livres 7 sous 6 deniers.

Le prix des places de Paris à Montargis sera réduit à quatre livres, au lieu de 5 livres 1 sou 3 deniers.

Le port du quintal à 2 livres 15 sous, au lieu de 5 livres 1 sou 3 deniers.

Le prix des places de Paris à Nogent-sur-Seine sera réduit à 5 livres 10 sous, au lieu de 6 livres 18 sous.

Le port du quintal à 3 livres 15 sous, au lieu de 6 livres 18 sous.

Le prix des places et du transport des marchandises sera proportionnel pour les distances intermédiaires comptées par eau entre Paris et les villes d'Auxerre, Montargis et Nogent-sur-Seine.

Le prix des places et du transport des marchandises dans les autres voitures d'eau ne sera point augmenté.

Les fermiers pourront établir des voitures extraordinaires, dont le prix sera réglé de gré à gré.

Il sera exigé des fermiers un cautionnement de deux millions en immeubles, en se conformant, à cet égard, aux dispositions du décret du 12 novembre dernier, relativement aux cautionnemens des trésoriers de district.

Le prix du bail sera payé au Trésor public par quartier et d'avance.

Les fermiers ne pourront prétendre à aucune indemnité, modération de prix de bail ou compte de clerc à maître, pour quelque cause que ce soit.

Le bail commencera au 1er avril prochain, et finira le 31 décembre 1797.

———

6 JANVIER 1791. — Décret qui établit un tribunal de commerce à Béziers. (L. 3, 225; B. 10, 22.)

———

6 = 19 JANVIER 1791. — Décret qui règle les gratifications et pensions à accorder aux vainqueurs de la Bastille et à leurs veuves. (L. 3, 253; B. 10, 17.)

———

6 = 19 JANVIER 1791. — Décret qui fixe le lieu des séances de l'administration du département de la Loire-Inférieure. (L. 3, 229; B. 10, 18.)

———

6 = 19 JANVIER 1791. — Décret portant réunion et formation de municipalités, établissement de juges-de-paix et de tribunaux de commerce. (L. 3, 314; B. 10, 20.)

———

6 JANVIER 1791. — Décret portant vente de domaines nationaux à la municipalité de Châlons, pour la somme de deux cent soixante-neuf mille quatre cent quarante-six livres sept sous deux deniers. (B. 10, 19.)

———

7 = 9 JANVIER 1791. — Décret relatif aux qualités requises pour être éligible aux évêchés et aux cures. (L. 3, 160; B. 10, 29; Mon. du 8 janvier 1791.)

Voy. lois du 12 JUILLET = 24 AOUT 1790, tit. 2; et du 13 = 19 JANVIER 1791.

L'Assemblée nationale décrète:

1° Relativement aux vacances des évêchés pendant l'année 1791, que tout Français prêtre, actuellement curé, ou ayant été fonctionnaire public pendant cinq ans, sera éligible dans tous les départemens;

2° Relativement aux vacances des cures dans le courant de la même année, que tout Français prêtre depuis cinq ans sera éligible dans tous les départemens;

3° Que les évêques qui, durant la même année, seront dans le cas de choisir des vicaires, pourront les prendre parmi tous les Français prêtres depuis cinq ans;

4° Que les curés qui, durant la même année, seront dans le cas de choisir des vicaires, pourront les prendre parmi tous les prêtres français;

5° Que tout religieux ou ecclésiastique pensionné, déjà pourvu de vicariat ou de cure;

ou qui y sera porté par choix ou par élection dans le cours de l'année 1791, conservera la moitié de sa pension, indépendamment de son traitement;

6° Que son comité ecclésiastique lui présentera, dans le plus court délai, un projet d'instruction sur la constitution civile du clergé, pour être adressée aux directoires des départemens, avec ordre de la publier incessamment dans toute l'étendue de leur territoire;

7° Que le présent décret sera porté dans le jour à la sanction du Roi.

———

7 JANVIER 1791. — Décret relatif aux députations et pétitions qui seront faites à l'Assemblée nationale. (B. 10, 28.)

———

7 JANVIER 1791. — Décret portant vente de domaines nationaux à différentes municipalités de Lot-et-Garonne. (B. 10, 30)

———

7 JANVIER 1791. — Avancemens. *Voy.* 31 DÉCEMBRE 1790. — Décoration. *Voy.* 1er JANVIER 1791. — Découvertes; Etablissemens de commerce; Gens de mer. *Voy.* 31 DÉCEMBRE 1790. — Juges-de-paix. *Voy.* 30 DÉCEMBRE 1790. — Messageries. *Voy.* 6 JANVIER 1791. — Rentes. *Voy.* 31 DÉCEMBRE 1790.

———

8 JANVIER = 23 FÉVRIER 1791. — Décret qui règle le mode d'imposition des ecclésiastiques (L. 3, 644; B. 10, 30.)

L'Assemblée nationale, ouï le rapport de ses comités ecclésiastique et des finances, instruite qu'en la présente année 1790, on n'a suivi aucune règle de proportion pour l'imposition des ecclésiastiques; que le taux de leur cotisation varie dans les différens départemens, districts et municipalités, ce qui a donné lieu à des contestations et à des plaintes sans nombre, a pensé que le moyen le plus sûr de les prévenir ou de les faire cesser, était de fixer le taux d'après lequel lesdites impositions seraient réglées et réduites pour l'année 1790 seulement, et sans tirer à conséquence pour l'avenir, décrète ce qui suit:

1° Les corps administratifs sont et demeurent autorisés à fixer et réduire les cotes des individus ecclésiastiques séculiers, autres que celles des maisons et jardins, dans la proportion ci-après; savoir: au vingtième des pensions ou traitemens ecclésiastiques qui n'excèdent pas douze cents livres; au dix-huitième jusqu'à dix-huit cents livres; au quinzième jusqu'à deux mille quatre cents livres; au douzième jusqu'à trois mille deux cents livres, et au dixième au-dessus de cette dernière somme;

2° Les rôles seront exécutés provisoirement, et le montant des décharges accordées à raison des surtaxes, sera réimposé en l'an-

née prochaine par émargement ou simple addition de rôle, sur l'ordonnance des directoires de district ou de département, sans qu'il soit besoin d'autre et plus ample autorisation, à moins que ce déficit ne puisse être couvert, au désir des intéressés, par la contribution des privilégiés pour les six derniers mois de l'année 1789;

3° Les contribuables qui ont été imposés au-delà de la proportion ci-dessus, et qui ont payé en entier le montant de leur cote, seront tenus, ainsi que ceux qui croiront avoir à se plaindre, de former leurs demandes dans le mois, par-devant les districts, à dater du jour de la publication du présent décret au chef-lieu des départemens, passé lequel temps ils en demeureront déchus. Ceux dont la cote n'a pas été portée au taux fixé par l'article 1er du présent décret ne subiront néanmoins aucune augmentation pour l'année 1790, à raison du bénéfice qu'ils pourraient en ressentir.

———

8 = 19 JANVIER 1791. — Décret qui ordonne de continuer la perception du don gratuit, et celle de quatre sous pour livre du droit d'octroi dans le département de la Gironde. (L. 3, 227; B. 10, 32.)

———

8 = 19 JANVIER 1791. — Décret qui ordonne de mettre en liberté les sieurs Miguot dit de Bussy, Dubost, etc. (B. 10, 34.)

———

8 JANVIER 1791. — Décret portant vente de domaines nationaux à différentes municipalités des départemens de l'Aisne, du Loiret, de Rhône-et-Loire et de la Seine-Inférieure. (B. 10, 35.)

———

9 = 19 JANVIER 1791. — Décret relatif aux pensions qui se payaient ci-devant à la caisse des économats et à celle de l'ancienne administration du clergé. (L. 3, 186; B. 10, 40.)

L'Assemblée nationale décrète que les pensions qui se payaient ci-devant à la caisse des économats, et qui ont été exceptées de la suspension générale par l'article 4 du décret du 27 juin dernier, seront payées sur le Trésor public. Il en sera de même des pensions de six cents livres et au-dessous qui étaient établies sur la caisse de l'ancienne administration du clergé, et dont il est mention dans l'article 3 du titre III du décret du 3 août sur les pensions.

———

9 = 19 JANVIER 1791. — Décret relatif au bureau de l'envoi des décrets, à une augmentation à faire dans les bureaux du ministère de la justice, et à une édition complète des décrets de l'Assemblée nationale. (L. 3, 200 B. 10, 44.)

L'Assemblée nationale, sur le rapport de son comité des finances, et d'après les observations du garde-des-sceaux, considérant que le nombre des commis qui composent le bureau de l'expédition et de l'envoi des décrets, est insuffisant ; que leur traitement n'a pas été fixé, et que tous les décrets rendus jusqu'ici ne sont pas parvenus exactement aux tribunaux de justice et corps administratifs, décrète :

1° Qu'il sera payé à tous les commis employés au bureau d'expédition et d'envoi, par la caisse du Trésor public, et sur la quittance du secrétaire-général du département de la justice, par chaque mois, à compter du 6 novembre dernier, savoir : au chef du bureau, 350 liv.; à chacun des commis teneurs de registres, 150 liv.; à chacun des autres commis, 120 liv.; à chacun des deux commis timbreurs, 100 liv.; à chacun des deux garçons de bureau, 75 liv.;

2° Que le garde des sceaux sera autorisé à augmenter provisoirement de sept personnes le nombre des commis actuellement existant dans les bureaux du département de la justice, dont un au moins capable de coopérer au travail de la correspondance, sous les ordres du ministre de la justice et la surveillance du secrétaire-général du département; laissant à la prudence du ministre de la justice de supprimer et réduire le nombre des nouveaux commis à son choix, dès que les circonstances le permettront;

3° Ces nouveaux commis seront également payés sur la quittance du secrétaire-général du département; savoir, le premier à raison de 300 livres par mois, et les autres à raison de 120 livres;

4° L'Assemblée ordonne qu'il sera procédé, aux frais de la nation et sous la surveillance du garde des sceaux, à une édition complète et au nombre de deux mille exemplaires, de tous les décrets rendus jusqu'à ce jour, acceptés ou sanctionnés par le Roi, dont un desdits exemplaires sera envoyé à tous les tribunaux de justice, commissaires du Roi, districts, départemens et bureaux de conciliation, de telle sorte qu'aucun de ces corps ne puisse, à l'avenir, prétexter l'ignorance des décrets.

———

9 = 19 JANVIER 1791. — Décret relatif à la décoration militaire. (L. 3, 210; B. 10, 35; Mon. du 10 janvier 1791.)

Voy. loi du 1er JANVIER 1791.

Art. 1er. Les officiers des régimens de grenadiers royaux, des régimens provinciaux, des bataillons de garnison et des gardes-côtes, compteront, pour la décoration militaire, le temps qu'ils auront servi dans les troupes de ligne, ainsi qu'il est réglé pour les officiers de ces troupes par le décret du 1er janvier 1791.

2. Le temps que lesdits officiers des régi-mens de grenadiers royaux, des régimens provinciaux, des bataillons de garnison et des gardes-côtes, auront été en activité avec leurs troupes, leur sera compté conformément aux dispositions de l'article 1er.

3. Lesdits officiers mentionnés ci-dessus ne pourront compter le temps où ils n'auront pas été en activité avec leurs troupes, qu'à raison de deux années pour une.

4. A l'égard des mousquetaires et autres officiers de la maison militaire du Roi, réformés en 1775 et 1776, dont l'activité n'a pas été déterminée, l'Assemblée nationale décrète que leur activité cessera, à dater du 1er janvier de la présente année 1791, et que ceux-là seuls seront susceptibles d'obtenir la décoration militaire, qui auront atteint, audit jour du 1er janvier 1791, les vingt-quatre années de service exigées par le décret de la même date.

———

9 = 19 JANVIER 1791. — Décret relatif aux pensions des officiers ci-devant appelés officiers de fortune. (L. 3, 202; B. 10, 40.)

L'Assemblée nationale décrète que les pensions qui seront recréées en faveur des officiers ci-devant appelés de fortune, actuellement âgés de soixante-dix ans ou au-dessus, et qui ont plus de vingt années de service, indépendamment de leurs campagnes, ne pourront être moindres de la somme de six cents livres; à l'effet de quoi il sera fait les augmentations nécessaires aux pensions qui leur avaient été précédemment accordées.

———

9 = 19 JANVIER 1791. — Décret relatif au paiement des brevets de retenue. (L. 3, 217; B. 10, 41.)

L'Assemblée nationale décrète :

1° Qu'il sera destiné au paiement de l'indemnité accordée aux porteurs des brevets de retenue par son décret du 24 novembre dernier, une somme de trois millions par mois, jusqu'au parfait paiement desdits brevets;

2° Les porteurs de brevets de retenue qui auront droit à une indemnité aux termes du décret du 24 novembre, présenteront leurs mémoires au comité des pensions, où ils seront enregistrés le jour de leur présentation, avec mention de la date du jour; et les paiemens se feront selon l'ordre de l'enregistrement;

3° Que le brevet sera remis en original, ou, s'il est déposé chez un officier public, il en sera remis une expédition authentique, avec la mention des délégations et hypothèques qui étaient portées sur lesdits brevets, et un certificat du conservateur des oppositions sur le Trésor public, qu'il n'existe point d'autres oppositions que celles desdits délégataires et créanciers hypothécaires. Le paiement des sommes portées aux délégations et hypothèques, sera acquitté avant de payer au porteur du brevet les sommes qui seront libres;

4° Qu'à compter du jour de la remise des brevets de retenue, et des actes qui établissent la propriété des porteurs desdits brevets, les intérêts des sommes portées seront payées, à raison de cinq pour cent jusqu'au remboursement;

5° Que ceux qui ne pourront pas comparaître en personne pour recevoir le montant de l'indemnité qui leur sera due, seront tenus de se présenter par un fondé de procuration spéciale. Il sera donné quittance du paiement par-devant notaires, et il en sera d'ailleurs fait mention sur l'original du brevet.

9 = 19 JANVIER 1791. — Décret relatif aux différentes commissions dont les municipalités peuvent être chargées par les directoires de district. (L. 3, 219; B. 10, 38.)

Sur le compte qui a été rendu à l'Assemblée nationale, par son comité d'aliénation des domaines nationaux, des obstacles que les directoires des districts éprouvent, de la part de quelques municipalités, à l'exécution des commissions dont ils les chargent pour les appositions de scellés, les confections des inventaires et l'établissement des catalogues ordonnés par les décrets de l'Assemblée, pour la conservation du mobilier dépendant des biens nationaux;

L'Assemblée nationale décrète que les officiers municipaux seront tenus d'exécuter sans délai les commissions qui leur seront adressées par les directoires de district, à peine de demeurer responsables de leur négligence; sauf à être remboursés des frais que lesdites commissions nécessiteront, sur les mémoires qui seront réglés par les districts, et, sans que, sous le prétexte desdits frais, ils puissent prétendre aucune vacation pour eux personnellement.

9 = 19 JANVIER 1791. — Décret relatif aux assignats de cinquante livres. (L. 3, 239; B. 10, 39.)

L'Assemblée nationale décrète ce qui suit:

Sur la quantité de deux cent mille assignats, de deux mille livres chacun, il en sera distrait, quant à-présent, vingt mille, formant la valeur de quarante millions pour former la quantité de huit cent mille assignats de cinquante livres. Il sera adjoint quatre commissaires et deux signataires au comité de l'extraordinaire.

9 = 19 JANVIER 1791. — Décret relatif aux pensionnaires auxquels il est dû d'anciens arrérages de pensions, suspendus et payables

sous le nom de décomptes. (L. 3, 242; B. 10, 42.)

L'Assemblée nationale décrète ce qui suit:

Art. 1er. En exécution du décret du 10 décembre dernier, les pensionnaires auxquels il est dû d'anciens arrérages de pensions, suspendus et payables sous le nom de décomptes, représenteront au directeur-général de la liquidation les originaux de leurs brevets faisant mention desdits décomptes. Ils y joindront un certificat de vie, donné par la municipalité du lieu de leur résidence, et un certificat du conservateur des oppositions sur le Trésor public, qu'il n'existe aucune opposition au paiement de leur décompte.

2. Sur le vu de ces pièces, sur la reconnaissance donnée par le directeur de la liquidation, et sur le mandat de l'administrateur provisoire de la caisse de l'extraordinaire, lesdits décomptes seront payés dans l'ordre suivant:

Les décomptes appartenant aux pensionnaires âgés de soixante-quinze ans et au-dessus, seront payés dans les mois de février et mars de la présente année;

Ceux des pensionnaires âgés de soixante-cinq à soixante-quinze ans, seront payés dans les mois d'avril et de mai;

Ceux des pensionnaires âgés de cinquante-cinq à soixante-cinq ans, dans les mois de juin et juillet;

Ceux des pensionnaires âgés de quarante-cinq à cinquante-cinq ans, dans les mois d'août et septembre;

Ceux des pensionnaires âgés de trente-cinq à quarante-cinq ans, dans les mois d'octobre et de novembre;

Ceux des pensionnaires au-dessous de trente-cinq ans, seront payés dans le mois de décembre;

A l'égard des décomptes appartenant à des pensionnaires qui seraient décédés avant le 1er janvier 1791, ils seront payés de la même manière qui avait lieu par le passé.

3. Les pensionnaires qui, ayant à se faire payer des décomptes, ne pourraient pas se présenter en personne, se présenteront par un fondé de procuration spéciale;

Ceux qui toucheront leur décompte, en donneront leurs quittances devant notaire, par eux ou par leurs fondés de procuration; et, en outre, il sera fait mention du paiement sur l'original du brevet.

4. Les décomptes dont il vient d'être parlé dans les articles précédens, pourront être employés, soit en acquisition de biens nationaux, soit pour l'acquit de la contribution patriotique, lorsque lesdits décomptes et la liberté d'en les toucher auront été constatés par la reconnaissance du directeur de la liquidation.

9 = 19 JANVIER 1791. — Décret relatif aux créances appartenant à l'ordre de Malte et

autres ordres, soit religieux, soit militaires. (L. 3, 251 ; B. 10, 39.)

L'Assemblée nationale décrète ce qui suit : Les créances devenues exigibles par l'effet des décrets qui ordonnent le paiement des dettes de l'État, et qui appartiennent à l'ordre de Malte et autres ordres, soit religieux, soit militaires, compris dans les ajournemens précédemment prononcés, ne seront point remboursées quant à-présent, mais l'intérêt continuera à en être payé sur le pied sur lequel il avait cours.

9 = 19 JANVIER 1791. — Décret relatif aux juridictions de prud'hommes et patrons pêcheurs de la ville de Toulon. (L. 3, 189 ; B. 10, 35.)

L'Assemblée nationale, en conséquence de son décret du 8 décembre dernier, par lequel la juridiction des prud'hommes de Marseille est confirmée définitivement, décrète qu'elle a entendu donner la même stabilité aux juridictions de prud'hommes ci-devant établies, et particulièrement à celle des patrons pêcheurs de Toulon.

9 = 19 JANVIER 1791. — Décret sur la réduction et circonscription des paroisses de la ville d'Orléans. (L. 3, 261 ; B. 10, 36.)

9 JANVIER 1791. — Décret portant vente de domaines nationaux à différentes municipalités des départemens de l'Ardèche, des Basses-Alpes, de l'Hérault et de Saône-et-Loire. (B. 10, 46.)

9 JANVIER 1791. — Caisse de l'extraordinaire. *Voy.* 30 DÉCEMBRE 1790. — Evêchés. *Voy.* 8 JANVIER 1791. — Fabrication de poudre. *Voy.* 1er JANVIER 1791. — Jugemens prévôtaux. *Voy.* 24 DÉCEMBRE 1790. — Liquidation ; Offices supprimés. *Voy.* 30 DÉCEMBRE 1790. — Sermens des ecclésiastiques. *Voy.* 4 JANVIER 1791. — Toulouse ; Tribunaux de commerce. *Voy.* 31 DÉCEMBRE 1790.

10 = 19 JANVIER 1791. — Décret relatif aux intérêts des créances sur l'État. (L. 3, 232 ; B. 10, 48.)

L'Assemblée nationale décrète que les porteurs de créances sur l'État, dont le remboursement est ordonné, seront payés des intérêts desdites créances dans le cas où lesdits intérêts n'auraient pas cours d'ailleurs, depuis le moment où ils auront remis leurs titres complets aux bureaux de l'administration de l'extraordinaire; jusqu'au jour de la date du mandat du commissaire du Roi; à l'effet de quoi, à l'instant de la remise desdites pièces aux bureaux de l'administration, le jour de la remise sera inscrit sur lesdites pièces.

10 JANVIER 1791. — Décret relatif à une proclamation de la municipalité d'Aurillac. (B. 10, 48.)

10 JANVIER 1791. — Décret portant vente de domaines nationaux à différentes municipalités des départemens de l'Aveyron, du Haut-Rhin et de l'Oise. (B. 10, 49.)

11 = 19 JANVIER 1791. — Décret relatif aux ecclésiastiques en démence, infirmes ou âgés de soixante-dix ans. (L. 3, 265 ; B. 10, 54.)

L'Assemblée nationale, ouï le rapport de son comité des pensions, décrète que, par provision, il sera payé aux ecclésiastiques détenus dans des maisons de sûreté ou de charité pour cause de démence ou autre cause légitime, ainsi qu'aux ecclésiastiques infirmes ou âgés de plus de soixante-dix ans, lesquels jouissaient de pensions et secours sur la caisse des décimes de leur diocèse, un semestre de la pension ou secours annuel qu'ils recevaient précédemment.

Le paiement de ce semestre sera fait d'avance, mais en deux termes, par les receveurs de district ; et l'Assemblée charge ses comités des pensions, des lettres de cachet et de mendicité, de lui présenter incessamment un projet pour subvenir au soulagement et à l'entretien desdits ecclésiastiques.

11 = 19 JANVIER 1791. — Décret concernant une fabrication de petite monnaie. (L. 3, 164 ; B. 10, 63.)

L'Assemblée nationale, après avoir entendu ses comités des monnaies et des finances réunis, et sans rien préjuger sur les principes du système monétaire qu'elle se réserve de prendre en grande considération, décrète ce qui suit :

Art. 1er. Il sera incessamment fabriqué une menue monnaie d'argent jusqu'à concurrence de quinze millions de livres.

2. Cette fabrication sera faite au titre actuel des écus et avec les mêmes remèdes.

3. Cette monnaie sera divisée en pièces de trente sous et de quinze sous, et il en sera fait pour sept millions cinq cent mille livres de chaque espèce.

4. La valeur de chaque pièce sera exprimée sur l'empreinte.

5. L'Assemblée nationale invite les artistes à proposer le modèle d'une nouvelle empreinte, et elle charge son comité des monnaies de lui rendre compte de leur travail dans la quinzaine.

6. Il lui présentera dans le même délai ses vues sur la légende qu'il convient de substituer aux anciennes, et sur le moyen d'éviter les abus qui pourraient s'introduire dans cette fabrication.

7. Les divisions actuelles de l'écu en me-

nue monnaie d'argent, et la monnaie de billon qui existent dans la circulation, continueront d'avoir cours comme par le passé, jusqu'à ce qu'il en soit autrement ordonné; mais il n'en pourra être fabriqué d'autres.

8. Il sera fabriqué de la monnaie de cuivre de douze, six et trois deniers; elle ne pourra être frappée sur des flaons de métal laminés et taillés dans les pays étrangers.

9. Il en sera incessamment fabriqué pour un million, ensuite pour cent mille livres par mois, et la fabrication sera continuée ou suspendue par le décret de l'Assemblée nationale, suivant les besoins de chaque département.

10. Les pièces de douze deniers seront faites à la taille de vingt au marc : celles de six et trois deniers dans la même proportion.

11. Un quart de cette fabrication sera en pièces de douze deniers, un quart en pièces de six deniers, et la moitié en pièces de trois deniers.

12. Elle sera faite avec de nouveaux coins dont le modèle sera incessamment décrété par l'Assemblée nationale; toute fabrication de monnaie de cuivre avec les anciens, cessera dans toutes les monnaies du royaume. Aussitôt que les nouveaux pourront être employés, les anciens seront brisés en présence de la municipalité, qui en dressera procès-verbal, qu'elle adressera sans délai au ministre des finances.

13. Pour accélérer l'exécution du présent décret, les cloches des églises supprimées seront incessamment vendues à l'enchère, et les comités des finances et d'aliénation proposeront à l'Assemblée nationale les charges et clauses qu'ils jugeront convenables d'employer dans l'adjudication.

11 JANVIER 1791. — Décret sur les demandes formées par M. le duc d'Orléans, pour le paiement de la dot de Louise-Elisabeth d'Orléans. (B. 10, 54.)

11 JANVIER 1791. — Décret qui autorise les notaires de Paris à employer jusqu'au 1er avril prochain le papier et timbre en usage. (B. 10, 55.)

11 JANVIER 1791. — Décret portant vente de domaines nationaux à différentes municipalités des départemens de l'Ain, de l'Allier, des Bouches-du-Rhône, de la Côte-d'Or, de la Drôme, d'Eure-et-Loire, du Gard, de la Haute-Loire, de l'Indre, d'Indre-et-Loire, de l'Isère, du Jura, de Loir-et-Cher, de l'Oise, de Rhône-et-Loire, de Saône-et-Loire, de la Seine, de la Seine-Inférieure, de Seine-et-Marne et de Seine-et-Oise. (B. 10, 55.)

11 = 19 JANVIER 1791. — Décret concernant la réunion de la commune d'Allauch, du lieu de l'Ile-d'Elle, et des communes de Mérigon et de Mauvaisin. (L. 3, 270; B. 10, 52.)

11 = 19 JANVIER 1791. — Décret pour la nomination de juges-de-paix, et l'établissement de tribunaux de commerce. (L. 3, 259; B. 10, 53.)

12 = 19 JANVIER 1791. — Décret relatif aux cueilloirs ou cueillerets ci-devant tenus pour la perception des droits féodaux ou rentes foncières. (L. 3, 252; B. 10. 68.)

L'Assemblée nationale décrète que les coutumes, statuts, usages ou jurisprudence qui accordaient une autorité et une foi en justice aux cueilloirs ou cueillerets ci-devant tenus pour la perception des ci-devant droits seigneuriaux et des rentes foncières, sont et demeurent abrogés. A l'avenir, lesdits cueilloirs ou cueillerets ne seront plus regardés que comme des registres purement domestiques, encore qu'ils eussent été affirmés.

12 = 19 JANVIER 1791. — Décret sur les difficultés élevées en la ville de Dax, à l'occasion des scellés apposés sur les portes du chœur de l'église de cette ville. (L. 3, 266; B. 10, 67.)

12 JANVIER 1791. — Décret portant vente de domaines nationaux à différentes municipalités des départemens de l'Eure, de l'Hérault, d'Indre-et-Loire, du Loiret, de Loir-et-Cher et de la Moselle. (B. 10, 68.)

12 = 19 JANVIER 1791. — Décret portant que le lieu de Moulineaux appartient au département de la Seine, et que le lieu de Fleury est du département de Seine-et-Oise, et sous la municipalité de Meudon. (L. 3, 221; B. 10, 65.)

12 = 19 JANVIER 1791. — Décret concernant une sentence de police rendue par la municipalité de Montmorency le 13 décembre 1790. (L. 3, 230; B. 10, 66.)

12 = 19 JANVIER 1791. — Décret portant qu'il n'y aura qu'un juge-de-paix à Limay. (L. 3, 258; B. 10, 66.)

13 = 19 JANVIER 1791. — Décret relatif à la solde des militaires. (L. 3, 241; B. 10, 71; Mon du 14 janvier 1791.)

L'Assemblée nationale décrète que les officiers, sous-officiers et soldats qui seront dans le cas de subir la réforme, lors de la prochaine organisation de l'armée, seront payés de leurs appointemens et soldés sur l'ancien pied, jusqu'au jour de la réforme effective.

Les différens employés de l'artillerie et du génie continueront d'être payés, jusqu'à ce qu'il ait été statué sur leur conservation.

13 = 19 JANVIER 1791. — Décret relatif à l'élection des évêques et des curés. (L. 3, 254; B. 10, 140.)

L'Assemblée nationale, instruite des doutes élevés sur le point de savoir si l'élection des évêques et celle des curés doivent être faites au scrutin de liste, où le rapport du comité ecclésiastique, décrète ce qui suit :

L'élection des évêques et celle des curés se feront au scrutin individuel et à la pluralité absolue des suffrages, suivant les dispositions des articles 3 et 15 du titre II du décret du 12 juillet dernier, sur la constitution civile du clergé, acceptée le 24 août suivant.

Et cependant elle déclare bonne et valable l'élection faite par le corps électoral du département de la Creuse, selon les procès-verbaux du 28 novembre dernier et jours suivants, de la personne du sieur J.-F. Mourellon, curé de Néony, ci-devant archiprêtre d'Aubusson, à l'évêché du même département, si toutefois il remplit les conditions d'éligibilité prescrites par les décrets de l'Assemblée, acceptés ou sanctionnés par le Roi, attendu qu'il a obtenu la majorité absolue des suffrages.

13 = 19 JANVIER 1791. — Décret relatif aux spectacles. (L. 3, 175; B. 10, 142; Mon. du 15 janvier 1791.)

Voy. lois du 9 = 17 JUIN 1790; 1er SEPTEMBRE 1793; 12 MESSIDOR an 8; 15 BRUMAIRE an 9; 21 FRIMAIRE an 14; 8 JUIN 1806; 25 AVRIL 1807; 29 JUILLET 1807.

Art. 1er. Tout citoyen pourra élever un théâtre public, et y faire représenter des pièces de tous les genres, en faisant, préalablement à l'établissement de son théâtre, sa déclaration à la municipalité des lieux.

2. Les ouvrages des auteurs morts depuis cinq ans et plus, sont une propriété publique, et peuvent, nonobstant tous anciens privilèges qui sont abolis, être représentés sur tous les théâtres indistinctement.

3. Les ouvrages des auteurs vivans ne pourront être représentés sur aucun théâtre public, dans toute l'étendue de la France, sans le consentement formel et par écrit des auteurs, sous peine de confiscation du produit total des représentations au profit des auteurs.

4. La disposition de l'article 3 s'applique aux ouvrages déjà représentés, quels que soient les anciens réglemens; néanmoins, les actes qui auraient été passés entre des comédiens et des auteurs vivans, ou des auteurs morts depuis moins de cinq ans, seront exécutés.

5. Les héritiers ou cessionnaires des auteurs seront propriétaires de leurs ouvrages durant l'espace de cinq années après la mort de l'auteur (1).

6. Les entrepreneurs ou les membres des différens théâtres seront, à raison de leur état, sous l'inspection des municipalités; ils ne recevront des ordres que des officiers municipaux, qui ne pourront arrêter ni défendre la représentation d'une pièce, sauf la responsabilité des auteurs et des comédiens, et qui ne pourront rien enjoindre aux comédiens, que conformément aux lois et aux réglemens de police ; réglemens sur lesquels le comité de constitution dressera incessamment un projet d'instruction. Provisoirement, les anciens réglemens seront exécutés.

7. Il n'y aura au spectacle qu'une garde extérieure, dont les troupes de ligne ne seront point chargées, si ce n'est dans le cas où les officiers municipaux leur en feraient la réquisition formelle. Il y aura toujours un ou plusieurs officiers civils dans l'intérieur des salles, et la garde n'y pénétrera que dans le cas où la sûreté publique serait compromise, et sur la réquisition expresse de l'officier civil, lequel se conformera aux lois et aux réglemens de police. Tout citoyen sera tenu d'obéir provisoirement à l'officier civil.

13 JANVIER = 18 FÉVRIER 1791. — Décret sur la contribution mobilière. (L. 3, 571; B. 10, 72; Mon. du 14 janvier 1791.)

Voy. lois du 11 NIVOSE an 7; du 3 FRIMAIRE an 7; du 21 VENTOSE an 9.

TITRE 1er. Dispositions générales.

Art. 1er. Il sera établi, à compter du 1er janvier 1791, une contribution mobilière dont la somme sera déterminée chaque année.

2. La législature déterminera chaque année la somme de la contribution mobilière, d'après les besoins de l'Etat, et, en la décrétant, en arrêtera le tarif.

3. Une partie de la contribution mobilière sera commune *à tous les habitans*; l'autre partie sera levée à raison des salaires publics et privés, et des revenus d'industrie et de fonds mobiliers.

4. La partie de cette contribution, commune à tous les habitans, aura pour base de répartition les facultés équivalentes à celles qui peuvent donner la qualité de citoyen actif, les domestiques, les chevaux et mulets de selle, de carrosse, cabriolet ou litière, et la valeur annuelle de l'habitation, fixée suivant le prix du bail ou l'estimation qui sera faite (2).

____

(1) *Voy.* loi du 19 juillet 1793; décret du 5 février 1810; avis du Conseil-d'Etat du 23 août 1811.

(2) *Voy.* la loi du 24 avril 1806, art. 69 et suiv., qui abolit la contribution somptuaire.

5. La partie qui portera uniquement sur les salaires publics et privés, les revenus d'industrie et de fonds mobiliers, aura pour base ces revenus, évalués d'après la cote des loyers d'habitation.

6. Il sera établi un fonds pour remplacer les non-valeurs résultant, soit des décharges et réductions qui auront été prononcées, soit des remises ou modérations que les accidens fortuits mettront dans le cas d'accorder.

7. Ce fonds ne pourra être détourné de sa destination; il sera pris sur la contribution mobilière, et partagé en deux portions, dont l'une sera confiée à l'administration de chaque département, et l'autre restera à la disposition de la législature.

8. Les administrations de département et de district, ainsi que les municipalités, ne pourront, sous aucun prétexte, et ce, sous peine de forfaiture et d'en être responsables personnellement, se dispenser de répartir la portion contributive qui leur aura été assignée dans la contribution mobilière; savoir, aux départemens, par un *décret* de l'Assemblée nationale ou des législatures; aux districts, par la *commission* de l'administration de département; et aux municipalités, par les *mandemens* de l'administration de district.

9. Aucun département, aucun district, aucune municipalité, ni aucun contribuable, ne pourront, sous quelque prétexte que ce soit, même de réclamation contre la répartition, se dispenser de payer la portion contributive qui leur aura été assignée, sauf à faire valoir leurs réclamations selon les règles qui seront prescrites.

TITRE II. De la contribution mobilière pour 1791.

10. La somme qui sera décrétée par l'Assemblée nationale pour la contribution mobilière, sera répartie entre les départemens par un décret particulier.

11. La partie de la contribution qui sera établie à raison des facultés équivalentes à celles qui peuvent donner le titre de citoyen actif, sera fixée à la valeur de *trois journées de travail,* dont le taux sera proposé par chaque district pour les municipalités de son territoire, et arrêté par chaque département.

12. Les citoyens qui ne sont pas en état de payer la contribution des trois journées de travail, ne seront point taxés au rôle de la contribution mobilière, mais seront inscrits soigneusement et sans exception à la fin du rôle.

13. La contribution des trois journées de travail sera payée par tous ceux qui auront quelques richesses foncières ou mobilières, ou qui, réduits à leur travail journalier, exercent quelque profession qui leur procure un salaire plus fort que celui arrêté par le département pour la journée de travail dans le territoire de leur municipalité.

14. La partie de la contribution, à raison des domestiques mâles, sera payée par chaque contribuable par addition à son article, savoir: pour un seul domestique, *trois livres;* pour le second, *six livres;* et douze livres, pour chacun des autres.

Celle à raison des domestiques femelles sera d'*une livre dix sous* pour la première; de *trois livres* pour la seconde, et de *six livres* pour chacune des autres; et ne seront comptés les apprentis et compagnons d'arts et métiers, les domestiques de charrue et autres destinés uniquement à la culture ou à la garde et au soin des bestiaux, ni les domestiques au-dessus de l'âge de soixante ans.

15. La partie de la contribution, à raison des chevaux ou mulets, sera payée par chaque contribuable par addition à son article; savoir, pour chaque cheval ou mulet de selle, *trois livres,* et pour chaque cheval ou mulet de carrosse ou cabriolet et litière, *douze livres;* et ne seront comptés que les chevaux ou mulets servant habituellement au contribuable pour ces usages.

16. La partie de la contribution qui sera établie sur les revenus d'industrie et de richesses mobilières, sera du *sou pour livre* de leur montant présumé d'après les loyers d'habitation, et pourra même être portée au dix-huitième.

17. La cote des gens en pension et des personnes n'ayant d'autre domicile que dans des maisons communes, sera faite à raison du loyer de l'appartement que chacun occupera, et elle sera exigible vers le locateur, sauf son remboursement contre eux.

18. Les loyers de 12,000 liv. et au-dessus seront présumés être du *douzième et demi* du revenu du contribuable;

2° Ceux de 11,000 livres inclusivement à 12,000 liv. exclusivement du 11e 1/2;

3° Ceux de 10,000 à 11,000 du onzième;

4° Ceux de 9,000 à 10,000 du 10e 1/2;

5° Ceux de 8,000 à 9,000 du dixième;

6° Ceux de 7,000 à 8,000 du 9e 1/2;

7° Ceux de 6,000 à 7,000 du neuvième;

8° Ceux de 5,000 à 6,000 du 8e 1/2;

9° Ceux de 4,000 à 5,000 du huitième;

10° Ceux de 3,500 à 4,000 du 7e 1/2;

11° Ceux de 3,000 à 3,500 du septième;

12° Ceux de 2,500 à 3,000 du 6e 1/2;

13° Ceux de 2,000 à 2,500 du sixième;

14° Ceux de 1,500 à 2,000 du 5e 1/2;

15° Ceux de 1,000 à 1,500 du cinquième;

16° Ceux de 500 à 1,000 du quart;

17° Ceux de 100 à 500 du tiers;

18° Ceux au-dessous de 100 liv. seront présumés être de la *moitié* du revenu du contribuable.

19. A l'égard de tous les contribuables qui justifieront être imposés aux rôles de la con-

tribution foncière, il leur sera fait, dans le réglement de la taxe mobilière, une déduction proportionnelle à leur revenu foncier.

20. En 1791, la déduction à raison du revenu foncier, qui doit être accordée sur la cote de facultés mobilières, sera évalué d'après la contribution foncière qui aura été en 1790. Quant aux parties du royaume qui n'étaient pas taxées aux contributions foncières, on recevra la déclaration des propriétaires, pourvu qu'ils l'aient communiquée à la municipalité de la situation des biens, et fait certifier par elle.

L'Assemblée nationale se réserve de statuer sur les déductions à faire aux étrangers résidant en France, et aux Français propriétaires de biens, soit dans les colonies, soit dans l'étranger.

21. Tous ceux qui jouiront de salaire, pension ou autre traitement public, à quelque titre que ce soit, si leur loyer d'habitation ne présente pas une évaluation de facultés mobilières aussi considérable que ce traitement, seront cotisés sur leur traitement public, dans la proportion qui sera déterminée.

22. Toute personne ayant un salaire, pension ou traitement public au-dessus de la somme de quatre cents livres, ne pourra en toucher aucune portion pour 1792, qu'il ne représente la quittance de sa contribution mobilière de 1791, et ainsi de suite chaque année.

23. Chaque chef de famille qui aura chez lui ou à sa charge plus de *trois* enfans, sera placé dans la classe du tarif inférieure à celle où son loyer le ferait placer.

Celui qui aura chez lui ou à sa charge plus de *six* enfans, sera placé dans une classe encore inférieure.

24. Les manouvriers et artisans seront cotisés à deux classes au-dessous de celle où leur loyer les aurait placés; et lorsqu'ils seront dans la dernière, leur cote sera réduite à moitié de celle que leur loyer établirait.

Il en sera de même des marchands ayant des boutiques ouvertes, vendant au détail, et des commis et employés à appointemens fixes dans différens bureaux, ou chez des banquiers, négocians, etc., pourvu que leur loyer n'excède pas, savoir : pour Paris, douze cents livres; huit cents livres dans les villes de soixante mille ames; cinq cents livres dans celles de trente à soixante mille ames; quatre cents livres dans celles de vingt à trente mille ames; deux cents livres dans celles de dix à vingt mille ames; cent livres pour les villes au-dessous de dix mille ames.

Au moyen de ces réductions, les uns et les autres ne pourront réclamer celles accordées par les décrets pour les pères de famille.

25. Tout citoyen qui, d'après les dispositions des précédens articles, sera dans le cas de demander une déduction sur la taxe de facultés mobilières, à raison de son revenu foncier, ou de se faire taxer dans une classe inférieure à celle où son loyer le placerait, sera tenu d'en justifier avant le 1ᵉʳ décembre de chaque année.

26. Les célibataires seront placés dans la classe supérieure à celle où leur loyer les placerait.

27. La partie de la contribution qui sera établie à raison de l'habitation, sera du *trois-centième* du revenu présumé d'après les loyers d'habitation.

28. La cote d'habitation sera susceptible d'augmentation et de diminution. On établira par addition au marc la livre, d'abord sur la cote des facultés mobilières jusqu'au dix-huitième seulement, et ensuite sur la cote d'habitation, ce qui restera à répartir au-delà du produit des autres cotes, pour parfaire la cotisation générale de chaque municipalité; mais si le produit des diverses cotes de la contribution mobilière excède la somme assignée par le mandement, la répartition de cet excédant sera faite par diminution au marc la livre sur la cote d'habitation, et ensuite au marc la livre sur la cote des facultés mobilières, lorsque la totalité de la cote d'habitation se trouvera absorbée.

29. Nul ne sera taxé à la contribution mobilière qu'au lieu de sa principale habitation; et sera considérée comme habitation principale, celle dont le loyer sera le plus cher : en conséquence, tout citoyen qui aura plusieurs habitations, sera tenu de les déclarer à chacune des municipalités où elles sont situées; il indiquera celle dans laquelle il doit être imposé, et justifiera, dans les six mois, l'avoir été. Si, au surplus, il a des domestiques et des chevaux dans différentes habitations, chaque municipalité taxera dans son rôle ceux qui séjourneront habituellement dans son territoire.

30. La *portion contributive* assignée à chaque département, sera répartie, par son administration, entre les différens districts qui lui sont subordonnés : le *contingent* assigné à chaque district sera pareillement réparti par son administration, entre les municipalités de son arrondissement, et la *quote-part* assignée à chaque municipalité sera répartie entre tous les habitans ayant domicile dans le territoire de la municipalité, parmi lesquels, pour faire la matrice du rôle, il sera nommé, par le conseil général de la commune, des commissaires-adjoints, en nombre égal à celui des officiers municipaux.

31. Il sera retenu pour 1791, dans la totalité du royaume, sur le montant de la contribution mobilière, des deniers pour livre; et de cette somme, partie sera versée au trésor public, et l'autre restera à la disposition de l'administration de chaque département.

TITRE III. Assiette de la contribution mobilière de 1791.

32. Aussitôt que les municipalités auront reçu le présent décret, et sans attendre le mandement du directoire de district, elles formeront un état de tous les habitans domiciliés dans leur territoire; elles le feront publier, et le déposeront au greffe de la municipalité, où chacun en pourra prendre connaissance.

33. Dans la quinzaine qui suivra la publication, tous les habitans feront ou feront faire, au secrétariat de la municipalité, et dans la forme qui sera prescrite, une déclaration qui indiquera: 1° s'ils ont ou non les facultés équivalentes à celles qui peuvent donner la qualité de citoyen actif; 2° le nombre de leurs domestiques; 3° celui des chevaux et mulets de selle, de carrosse, cabriolet et litière; 4° la situation et la valeur annuelle de leur habitation; 5° s'ils sont célibataires ou non, le nombre de leurs enfans; 6° s'ils sont manouvriers et artisans, marchands en détail, commis et employés à appointemens fixes, ou salariés publics; 7° enfin, pour ceux qui sont propriétaires, les sommes auxquelles ils auront été taxés, pour la contribution foncière, dans les divers départemens.

34. Ce délai passé, les officiers municipaux, avec les commissaires-adjoints, procéderont à l'examen des déclarations, suppléeront à celles qui n'auront pas été faites ou qui seraient incomplètes, d'après leurs connaissances locales et les preuves qu'ils pourront se procurer.

35. Aussitôt que ces opérations seront terminées, les officiers municipaux et les commissaires-adjoints établiront dans la matrice de rôle, en leur ame et conscience: 1° la taxe de trois journées de travail pour ceux qui ont les facultés équivalentes à celles qui peuvent donner la qualité de citoyen actif; 2° ils ajouteront à l'article de chaque contribuable une taxe relative au nombre de ses domestiques; 3° une taxe relative au nombre de ses mulets et chevaux de selle, de carrosse, cabriolet et litière; 4° ils évalueront la taxe d'habitation; 5° ils feront l'évaluation des revenus d'industrie et de richesses mobilières de chaque contribuable, sauf la déduction des revenus fonciers, suivant l'article 19; 6° si, après avoir établi ces différentes cotes dans l'ordre qui vient d'être prescrit, il restait une portion de la somme fixée par le mandement, à répartir en plus ou en moins, la répartition en plus sera faite, lors de la confection du rôle, au marc la livre sur la cote des facultés mobilières, jusqu'au dix-huitième, et ensuite sur la cote d'habitation, conformément à l'article 28; et dans le cas de diminution, elle sera faite d'abord au marc la livre de la cote d'habitation, et ensuite de celle des facultés mobilières.

36. Les officiers municipaux, avec les commissaires-adjoints, procéderont, aussitôt que le mandement du directoire de district leur sera parvenu, à la confection de la matrice de rôle, conformément aux instructions du directoire de département qui seront jointes au mandement; et lorsque cette matrice de rôle sera terminée, elle sera déposée pendant huit jours au secrétariat de la municipalité, où chaque contribuable pourra en prendre connaissance et la contredire. Après ce délai, les officiers municipaux arrêteront définitivement le projet, le signeront, et l'enverront au directoire de district.

La forme des rôles, le nombre de leurs expéditions, de leur envoi, leur dépôt et la manière dont ils seront rendus exécutoires, seront réglés par l'instruction de l'Assemblée nationale.

37. Les administrateurs de département et de district surveilleront et presseront, avec la plus grande activité, toutes les opérations ci-dessus prescrites aux municipalités.

TITRE IV. Des demandes en décharge ou réduction.

38. Si quelque contribuable se croit lésé dans la répartition, il adressera, dans la forme qui sera prescrite, une réclamation au directoire de son district, lequel la communiquera à la municipalité pour décider ensuite sur sa réponse.

39. Si le contribuable ou les officiers municipaux se croient fondés à réclamer contre cette première décision, ils adresseront une requête au directoire du département, qui, après l'avoir communiquée à celui du district, statuera définitivement.

40. Toute cote réduite par la décision du directoire de district ou de département sera imputée sur le fonds des non-valeurs établi par l'article 6 du présent décret.

41. Si c'est une communauté entière qui se croit fondée à réclamer, elle s'adressera au directoire du département. La réclamation, envoyée par lui à l'administration du district, sera communiquée aux communautés dont le territoire touchera celui de la communauté réclamante; et il y sera de même statué contradictoirement et définitivement par l'administration du département, sur l'avis de l'administration du district.

Si la réduction de la cotisation est prononcée, la somme excédante sera de même imputée sur le fonds des non-valeurs.

42. La réclamation d'une administration de district qui se croira lésée, sera de même adressée au directoire du département, et communiquée par lui aux autres districts du même département, pour y être ensuite statué contradictoirement et définitivement par l'administration du département, sur le rapport et de l'avis de son directoire.

Les administrations de département adresseront chaque année à la législature leurs décisions sur les réclamations des administrations de district, avec les motifs de ces décisions.

Quant aux réductions accordées aux districts, elles seront aussi imputées sur le fonds des non-valeurs laissé à la disposition des départemens.

43. Enfin, si c'est une administration de département qui se croie fondée à réclamer, elle s'adressera, par une pétition, à la législature. La pétition sera communiquée aux administrations de département dont le territoire touchera celui de l'administration réclamante, et il y sera ensuite statué par la législature.

L'imputation de la réduction accordée sera faite sur le fonds des non-valeurs à la disposition de la législature.

TITRE V. De la perception et du recouvrement.

44. Il ne sera alloué, pour la perception de la contribution mobilière, que trois deniers pour livre du montant du rôle.

Le recouvrement sera toujours fait par celui qui sera chargé de la perception du rôle de la contribution foncière.

45. Chaque année, aussitôt que le rôle pour le recouvrement de la contribution mobilière aura été rendu exécutoire et renvoyé à la municipalité, il sera remis au percepteur du rôle de la contribution foncière.

46. Les trois deniers pour livre attribués au percepteur, seront pris, par retenue, sur le recouvrement effectif.

47. La cotisation de chaque contribuable sera divisée en douze portions égales, payables le dernier de chaque mois.

48. Les officiers municipaux, les administrateurs de district et de département, pourront en tout temps vérifier sur le rôle l'état des recouvremens, et les receveurs des communautés seront tenus de verser, chaque mois, dans la caisse du district, la totalité de leur recette.

49. Dans la dernière huitaine de chaque trimestre, c'est-à-dire, dans la dernière huitaine des mois de mars, juin, septembre et décembre, il sera fourni, par les receveurs des communautés, un état de tous les contribuables en retard, lequel, après avoir été visé par les officiers municipaux, sera publié et affiché; et, faute de paiement dans les huit premiers jours du mois suivant, le contribuable pourra être contraint par saisie de meubles et effets mobiliers.

50. Le percepteur sera tenu de compter dans les délais prescrits, soit en argent, soit en ordonnances de décharge et modération, soit enfin en justifiant de l'insolvabilité des contribuables, dans la forme qui sera prescrite.

51. La forme des états des contribuables en retard, celle des saisies, et la nature et les frais des contraintes, seront déterminés par un réglement particulier.

Instruction de l'Assemblée nationale, du 13 janvier 1791, sur la contribution mobilière. (L. 3, 584; B. 10, 84.)

TITRE Ier. Dispositions générales.

La contribution mobilière doit atteindre tous les revenus qui ne peuvent l'être par la contribution foncière.

Il est juste qu'ils contribuent à la dépense commune, puisqu'ils profitent de la protection publique.

Il a été nécessaire de l'établir pour porter les revenus de l'Etat au niveau des besoins. Elle sera formée de plusieurs taxes, dont l'une à raison des revenus mobiliers, et les autres relatives à toute espèce de richesses et aux signes qui en annoncent.

Le citoyen qui est réduit au salaire commun de la journée de travail, et qui n'a pas d'autres revenus, sera exempt de toute contribution; celui qui aura peu de facultés, ne paiera guère que la cote de trois journées de travail. L'homme riche sera atteint plus fortement par les taxes additionnelles, à raison de ses domestiques, de ses chevaux, et par la progression graduelle du tarif d'évaluation de ses revenus.

Art. 1er. Il sera établi, à compter du 1er janvier 1791, etc.

Cette disposition, commune à la contribution foncière, a été dictée par la nécessité de prévenir ces accroissemens de contribution trop fréquens sous l'ancien régime. Les législatures vérifieront chaque année les besoins et ressources du Trésor public; elles fixeront, en raison des besoins, la somme de la contribution mobilière; et chaque département, chaque district, chaque municipalité, sauront, après la répartition faite, quelle est la somme précise qu'ils auront à payer. Tout citoyen en sera également instruit, et sera en droit de réclamer contre les accroissemens et les extensions qu'on aurait pu tenter.

2. La législature déterminera chaque année, etc.

Cet article est une conséquence des principes de la constitution et de l'article précédent; chaque législature doit avoir le droit de fixer la somme de la contribution mobilière, et d'en arrêter le tarif, puisqu'à chaque législature appartiendra le droit de voter les contributions.

3. Une partie de la contribution mobilière, etc.

Il faut distinguer ici deux dispositions également intéressantes. L'une rappelle la loi salutaire de l'égalité: plus de priviléges, plus d'exemptions. Tous les habitans en état de payer seront également assujétis à la partie de la contribution qui doit être commune, comme le détermine l'article suivant.

La seconde disposition assujéti *singulièrement* à la contribution mobilière les salaires publics et privés, et les revenus de fonds mobiliers.

4. *La partie de cette contribution commune, etc.*

5. *La partie qui portera uniquement sur les salaires, etc.*

Ainsi, les évêques, les curés, les membres des directoires de département et de district, les juges, les régisseurs des contributions indirectes, leurs commis et employés, et tout citoyen payé des fonds publics, se trouvent compris dans cette disposition; ainsi les gens attachés au service des particuliers, les intendans, receveurs, caissiers et commis, s'y trouvent également compris.

L'Assemblée nationale n'a été arrêtée que par la difficulté de connaître les revenus d'industrie et de fonds mobiliers. Il est impossible de soustraire aux yeux de l'administrateur une propriété foncière, un champ ou une maison; mais les revenus d'industrie sont faciles à cacher.

La différence des professions ne pouvait pas servir de moyen pour les connaître : deux hommes du même état ont souvent des fortunes inégales, et souvent des professions de même nature sont plus ou moins productives à raison des villes où on les exerce. Il était plus difficile encore de connaître les revenus des capitaux : le débiteur et le créancier, presque toujours également intéressés au secret de leurs opérations, ne laissent aucun moyen de les découvrir. Il fallait enfin prévenir l'arbitraire tant de fois reproché aux anciennes contributions personnelles, source d'embarras pour les administrateurs honnêtes, et instrument d'animosité et de passion entre les mains de tous les autres.

L'Assemblée nationale ne s'est pas dissimulé qu'il était impossible d'atteindre à une évaluation parfaite; mais convaincue qu'il y aurait trop d'inconvéniens à asseoir une contribution, sans autre base que l'opinion des administrateurs, elle a adopté la présomption résultant des *loyers d'habitation*, comme la base la moins fautive.

L'Assemblée nationale savait d'ailleurs que, dans plusieurs villes, des administrateurs éclairés avaient réparti l'ancienne capitation à raison des loyers, et avaient trouvé ce moyen plus propre que tout autre à prévenir les inégalités et les injustices; il lui présentait une base commune à tous les citoyens du royaume, et c'était un grand motif de préférence, puisque ce ne peut être qu'au moyen de bases communes qu'on pourra parvenir à établir l'égalité de contribution entre tous les départemens. Tout concourait donc à faire adopter

pour base d'évaluation des revenus mobiliers et d'assiette de leur contribution, les *loyers d'habitation.*

Il se trouve une grande différence entre cette base et la capitation : la tête du citoyen n'indique aucun revenu imposable ; l'habitation est, au contraire, relative aux facultés; elle indique les revenus, et peut, par conséquent, servir de base à la contribution.

Au surplus, si cette base d'évaluation des revenus est quelquefois fautive, l'Assemblée a encore pris des précautions propres à réparer les inconvéniens. Celui qui n'aura pas une habitation relative à ses richesses, aura toujours à supporter les taxes additionnelles, à raison de ses domestiques et de ses chevaux; et ces additions auront encore l'heureux effet d'empêcher la dépopulation des campagnes, et de faire porter sur le luxe une partie de la contribution.

6. *Il sera établi un fonds pour remplacer, etc.*

7. *Ce fonds ne pourra être détourné de sa destination, etc.*

Ces articles sont encore une conséquence de la fixation de la contribution mobilière. Il faut un fonds de non-valeurs pour suppléer aux réductions que pourront opérer des réclamations fondées; autrement la somme fixe affectée aux dépenses publiques ne serait pas toujours versée au Trésor, et le déficit pourrait produire de fâcheux inconvéniens.

Quant à la disposition du fonds des non-valeurs, attribuée partie aux départemens, partie à la législature, elle ne présente que des vues de justice. Tous les Français forment un peuple de frères; ils se doivent tous des secours mutuels; et lorsqu'un département aura tellement souffert, que son fonds de non-valeurs ne pourra lui suffire, il trouvera auprès de la législature une ressource dans les fonds communs.

8. *Les administrations de département et district, etc.*

9. *Aucun département, aucun district, etc.*

Ces articles sont des dispositions nécessaires pour prévenir les effets de la mauvaise volonté; mais l'Assemblée espère que l'application n'en aura jamais lieu, et que tous les citoyens, réunis de sentimens et également convaincus des avantages de la constitution, s'empresseront de concourir à la consolider par l'établissement des contributions.

TITRE II. De la contribution mobilière pour l'année 1791.

Les développemens donnés sur le titre I er font connaître les principes et les bases de la contribution mobilière : les dispositions du titre II ont pour objet d'en déterminer l'application.

10. *La somme qui sera décrétée par l'Assemblée nationale, etc.*

L'Assemblée nationale n'ayant pas encore fixé la quotité pour 1791, n'a pu, par conséquent, la répartir entre les départemens; mais les administrations et les municipalités doivent toujours faire les opérations préparatoires pour l'assiette et la répartition.

11. *La partie de la contribution qui sera établie, etc.*

Il ne faut pas perdre de vue que la contribution mobilière comprend cinq objets: 1° la taxe de citoyen actif; 2° celle des domestiques; 3° celle des chevaux; 4° celle des revenus mobiliers; 5° celle d'habitation. Il s'agit ici, et dans les deux articles suivans, de la première taxe. Chaque district doit proposer à son département le taux des journées de travail à déterminer pour chaque municipalité, et le faire arrêter par le département.

Cette opération est simple et doit être facile. La journée de travail dont il s'agit est celle que gagnent communément l'homme de peine, le journalier employé aux travaux communs de la terre.

Les salaires de cette classe de citoyens ne diffèrent guère que des campagnes aux villes, et des villes de l'intérieur des terres aux villes de commerce et maritimes.

Cette première opération des districts servira à distinguer les citoyens qui, dans chaque municipalité, ne devront pas être taxés à trois journées de travail.

Tous ceux à qui un travail journalier ne procure en salaire que le prix des journées arrêtées par le département, et qui n'ont pas d'autres revenus, ne doivent aucune contribution, mais seront seulement inscrits à la fin du rôle, suivant la disposition de l'article suivant.

12. *Les citoyens qui ne sont pas en état de payer, etc.*

Mais celui qui exerce quelque profession plus lucrative, ou qui a quelques revenus indépendans de son travail, doit être taxé à trois journées, suivant l'article qui suit.

13. *La contribution des trois journées de travail, etc.*

Il est aisé d'apercevoir que l'Assemblée nationale, ne voulant faire payer de contributions que sur le revenu mobilier qui n'est pas d'absolue nécessité, n'a pu en supposer aucun au journalier qui ne gagne que le salaire commun, tandis qu'au contraire elle a dû en supposer à celui qui gagne davantage.

Elle a aussi entendu que cette contribution devait être payée par tous ceux qui jouissent de leurs droits, comme les veuves, les garçons et filles, les femmes vivant séparées de leurs maris, et les pupilles.

14. *La partie de la contribution à raison des domestiques, etc.*

Cet article est relatif à la seconde partie de la contribution mobilière; il sera facile à exécuter. La municipalité, en faisant le rôle des habitans de son territoire, ajoutera pour ceux qui auront des domestiques autres que ceux destinés uniquement à la culture des terres, et par conséquent des jardins, ou à la garde et au soin des bestiaux, les taxes ordonnées suivant leur sexe et leur nombre.

Il ne présentera de difficultés qu'autant qu'on voudrait faire passer pour apprentis et compagnons, de véritables domestiques, ou qu'on prétendrait comprendre au nombre des domestiques de culture, ou de gardiens de bestiaux, ceux qui n'y sont pas uniquement destinés; mais dans ces hypothèses, les municipalités auront presque toujours des moyens sûrs de connaître la vérité. La publicité des rôles préviendra les fraudes, ou les fera découvrir.

On observe seulement que les garçons de moulins et autres usines ne doivent pas être taxés; qu'on doit en général regarder comme compagnons ceux qui sont attachés à une chose, et non pas au service personnel d'un maître.

15. *La partie de la contribution à raison des chevaux, etc.*

Cet article, qui se rapporte à la troisième partie de la contribution mobilière, présente une opération tout aussi simple que la précédente; la municipalité aura à ajouter à l'article de chaque contribuable qui aura des chevaux ou mulets de selle ou de carrosse, cabriolet et litière, les taxes ordonnées à raison de leur nombre et de leur espèce.

L'Assemblée, en prescrivant de ne compter que ceux qui servent *habituellement au contribuable* pour les usages indiqués, a eu pour objet de ne pas faire payer de taxes pour les bêtes de somme, pour les chevaux de louage et de roulage, pour ceux de charrue et pour les élèves, ni par conséquent pour les haras de toute espèce.

En effet, cette taxe n'ayant pour objet que d'atteindre la richesse, c'eût été s'écarter de son but que de prendre pour signe les chevaux de louage, ceux de voituriers, et les jumens et les élèves; ce serait aller contre le même but, que de taxer aussi à raison des chevaux habituellement occupés au labourage, et dont le propriétaire ne se sert qu'accidentellement pour son usage personnel. Enfin, il est une exception nécessaire en considération du service public: les officiers de troupes de ligne ne devront pas supporter de taxe additionnelle à raison de leurs chevaux de selle, si ce n'est dans le cas où ils en auraient un plus grand nombre que l'ordonnance ne leur accorde de places de fourrage; mais leurs chevaux de voiture seront toujours taxés.

Il suit des dispositions de ces deux articles, que les municipalités ne doivent pas négliger les taxes à raison des domestiques et des chevaux, lors même que leurs maîtres seront taxés dans d'autres municipalités. Il arrive assez fréquemment qu'on laisse dans une maison de campagne des domestiques et des chevaux, qui, n'étant pas connus au domicile principal du maître, ne seraient pas taxés : ainsi, dans tous les cas, les municipalités établiront un article pour les maîtres absens, et ne les taxeront qu'à raison des domestiques et des chevaux qui resteront habituellement dans le territoire, ainsi que le prescrit l'article 29 du présent titre.

Mais en taxant à raison de ces domestiques, on ne fera pas entrer en compte ceux que le même citoyen aurait à son principal domicile.

16. *La partie de la contribution qui sera établie, etc.*

Cet article, qui fixe la base du quatrième objet de la contribution mobilière, est une suite de l'article 4, il nécessite, pour son exécution, une opération à laquelle les municipalités ne pourront apporter trop de soin. Le type des principales taxes de la contribution mobilière est le loyer d'habitation ; il faudra, en conséquence, pour la confection du rôle de cette contribution, connaître le montant du prix ou de l'estimation du loyer de chaque habitant.

Mais, 1° on ne doit pas comprendre dans le prix d'habitation les boutiques, échoppes ou étaux de marchands, ateliers, hangards, chantiers, magasins, greniers et caves servant de magasin. On ne peut prendre pour présomption de richesse le loyer d'ateliers et de magasins que le citoyen n'occupe pas en raison des revenus qu'il a, mais bien pour exercer sa profession, et même se procurer assez de revenus pour payer son habitation ;

2° Les granges, les pressoirs, les étables, ne peuvent aussi être compris comme faisant partie de l'habitation, pour entrer dans le prix du loyer ; ainsi on n'estimera que la partie occupée par les propriétaires fonciers ou métayers pour leur logement ;

3° Les maisons servant d'auberges et hôtelleries, d'hôtels garnis, de pensionnats et de collèges, demandent encore une exception : le citoyen qui tient et administre ces diverses maisons, ne les lient que par spéculation des loyers qu'il pourra retirer de ceux qu'il logera. Ce n'est pas à raison de ses richesses qu'il prend de tels établissemens, c'est un genre d'entreprise ; et ce serait s'éloigner des vues de justice, que de supposer à ce citoyen des revenus relatifs au loyer qu'il paie. Il faut, par conséquent, faire dans ce cas pour lui comme pour les locataires des ateliers et magasins, réduire à ce qui lui sert véritablement d'habitation, l'estimation de son loyer, et considérer le surplus comme ateliers et magasins.

Dans les cas où les municipalités feront l'évaluation des loyers d'habitation, elles la porteront à sa véritable valeur et sans déduc-

tion, quoique la loi sur la contribution foncière accorde une diminution du quart à raison des réparations.

17. *La cote des gens en pension et des personnes, etc.*

Les municipalités auront à taxer, suivant cet article, outre le principal locataire, tout citoyen qui, dans ces sortes de maisons, a un domicile habituel : il sera dans le cas d'être taxé, dès qu'il ne justifiera pas l'être ailleurs ; et, de ce moment, le principal locataire restera responsable de la contribution de ses sous-locataires, sauf à lui à prendre les précautions propres à assurer son remboursement.

Cependant on ne doit pas se dispenser de faire un article séparé des gens en pension, d'autant mieux qu'ils peuvent avoir des exceptions à faire valoir.

L'estimation une fois faite, les revenus imposables sont faciles à calculer d'après le tarif que renferme l'article suivant :

18. *Les loyers de 12,000 livres et au-dessus seront présumés être du douzième et demi du revenu du contribuable ;*

2° Ceux de 11,000 livres inclusivement à 12,000 livres inclusivement, du onzième et demi ;

3° Ceux de 10,000 à 11,000 du onzième ;

4° Ceux de 9,000 à 10,000 du dixième et demi ;

5° Ceux de 8,000 à 9,000 du dixième ;

6° Ceux de 7,000 à 8,000 du neuvième et demi ;

7° Ceux de 6,000 à 7,000 du neuvième ;

8° Ceux de 5,000 à 6,000 du huitième et demi ;

9° Ceux de 4,000 à 5,000 du huitième ;

10° Ceux de 3,500 à 4,000 du septième et demi ;

11° Ceux de 3,000 à 3,500 du septième ;

12° Ceux de 2,500 à 3,000 du sixième et demi ;

13° Ceux de 2,000 à 2,500 du sixième ;

14° Ceux 1,500 à 2,000 du cinquième et demi ;

15° Ceux de 1,000 à 1,500 du cinquième ;

16° Ceux de 500 à 1,000 du quart ;

17° Ceux de 100 à 500 du tiers ;

18° Ceux au-dessous de 100 livres seront présumés être de la *moitié* du revenu du contribuable.

Il résulte des dispositions de cet article, que le citoyen dont le loyer d'habitation sera au-dessous de 100 livres, ne présentera pour revenu que le double de ce loyer. Par exemple, celui qui a un loyer de 30 livres sera présumé n'avoir de revenu que 60 livres, qui au sou pour livre fixeraient à 3 livres sa taxe de revenu mobilier, et au dix-huitième à 3 liv. 6 s. 8 d. Celui qui a 400 liv. de loyer sera présumé avoir 1,200 liv. de revenu, qui au sou pour livre fixeraient sa taxe à 60 liv., et au dix-huitième à 66 liv. 13 s. 4 d.

L'application du surplus de l'article est aussi simple : il n'est pas plus difficile de dire, celui qui a deux mille livres de loyer est présumé avoir six fois deux mille livres de revenu, et par conséquent douze mille livres, que de dire, celui qui a trente livres de loyer, est présumé avoir deux fois ce revenu, et par conséquent soixante livres. L'un et l'autre doivent le sou pour livre du montant du revenu présumé ; le premier, six cents livres, le second trois livres et éventuellement le dix-huitième.

19. *A l'égard de tous les contribuables qui justifieront*, etc.

Cet article présente une disposition devenue nécessaire, dès que la base d'évaluation des revenus, *le loyer d'habitation*, ne pouvait pas distinguer les revenus fonciers d'avec les revenus mobiliers, mais confondait les uns et les autres.

Il est en effet sensible que de deux citoyens qui ont chacun un loyer de deux mille livres, et dont par conséquent le revenu présumé est égal et de douze mille livres, l'un peut avoir son revenu en biens-fonds, et des douze mille livres, il n'a que ce qui lui reste après avoir acquitté la contribution foncière ; l'autre peut avoir son revenu de douze mille livres en capitaux placés dans le commerce ou sur l'État, et qui n'auront encore payé aucune contribution. Or, s'il est juste d'atteindre ceux-ci par la cote de contribution mobilière, il serait injuste de faire payer à ceux-là une nouvelle contribution, puisqu'ils en ont déjà payé une très-forte.

La déduction ordonnée au profit de celui qui justifiera que tout ou partie de ses revenus sont le produit de propriétés foncières, est donc de toute justice.

Quant au mode à adopter pour cette déduction, il a été nécessaire de prendre des mesures provisoires, jusqu'à la nouvelle répartition de la contribution foncière.

20. En 1791, *la déduction à raison du revenu foncier*, etc.

Cet article ordonne que le citoyen qui sera dans le cas de demander une réduction sur sa cote de contribution mobilière, fera évaluer son revenu sur l'extrait de son imposition à la contribution foncière de 1790.

Par exemple, celui qui a deux mille livres de loyer et douze mille livres de rente en propriétés foncières, demande une déduction proportionnelle à son revenu foncier : il suffira qu'il présente l'extrait de sa cotisation aux vingtièmes 1790 ; cet extrait prouvera qu'il payait pour deux vingtièmes et quatre sous pour livre du premier, treize cent vingt livres, il s'en suivra qu'il a douze mille livres de rente de propriétés foncières, qui, devant être taxées au rôle de la contribution foncière, ne doivent pas l'être à celui de la contribution mobilière.

L'application de la même règle n'est pas moins facile, lorsque le contribuable n'a qu'une partie de ses revenus en propriétés foncières. Ainsi, supposons qu'au lieu de payer treize cent vingt livres, le contribuable qui aurait deux mille livres de loyer ne paie que six cent soixante livres pour les deux vingtièmes et quatre sous pour livre ; il en faudra conclure qu'il n'a que six mille livres de revenus fonciers ; que le surplus de ses revenus est le produit de capitaux placés dans le commerce ou de fruits d'industrie ; et il sera taxé à la cote de contribution mobilière, au sou pour livre de six mille livres ou au dix-huitième éventuellement.

Cet exemple prouve comment se doit faire la réduction proportionnelle au revenu foncier ; et il n'y aura pas de difficulté toutes les fois que les vingtièmes ou une contribution dont on connaîtra la proportion avec le revenu, pourront servir à fixer l'évaluation.

Mais dans les parties du royaume où il n'existe pas de contribution fixée par quotité du revenu foncier, dans celles où il n'existe même aucune contribution foncière, il faudra bien, pour cette année, s'en rapporter aux déclarations des contribuables, qui auront été communiquées aux municipalités de la situation des biens, et certifiées véritables par elles.

Au surplus, comme c'est dans le règlement de la taxe de revenus mobiliers et d'industrie qu'il faut faire la déduction proportionnelle des revenus fonciers, il devenait indispensable de fixer un délai pendant lequel le contribuable serait tenu de justifier la déduction qu'il peut prétendre. Ce délai a été borné à la quinzaine qui suivra la publication de l'état des habitans, ordonnée par l'article 33, pour cette année ; et pour les années suivantes, par l'article 25, au 1er décembre. De là il résulte que les contribuables auront deux déclarations à faire en 1791 : la première, pour les déductions à demander sur la contribution de cette année ; et la seconde, au mois de décembre, pour les déductions sur la contribution de 1792. Il ne sera accordé aucune déduction à ceux qui ne profiteront pas de ce délai ; il serait trop embarrassant et en faire, lorsqu'une fois les rôles auront été arrêtés ; et le contribuable en retard n'éprouvera que la juste peine de sa négligence, en payant sans déduction.

21. *Tous ceux qui jouiront de salaires, pensions*, etc.

Ainsi, 1° un juge, un administrateur, un officier militaire ou autre salarié public, qui, ayant un loyer de quatre cents livres, ne serait présumé avoir que douze cents livres de revenu, et qui aurait un traitement de dix-huit cents livres, sera taxé au sou pour livre de dix-huit cents livres, pour la taxe mobilière, ou éventuellement au dix-huitième.

2° Si un salarié public, avec dix-huit cents livres de traitement, et un loyer de douze cents livres, qui ferait présumer six mille livres de revenu, justifiait qu'il a un revenu foncier de six mille livres, et demandait une déduction proportionnelle, on ne l'en taxerait pas moins au sou pour livre des dix-huit cents livres; car s'il est évident qu'il a six mille livres de rentes en revenus fonciers, il l'est aussi qu'il a un revenu mobilier de dix-huit cents livres, qui doit une contribution.

Alors la vérité reconnue l'emporte sur la présomption, et quoique le loyer ne fasse présumer que six mille livres de revenu qui ont payé la contribution foncière, on taxe les dix-huit cents livres de revenu mobilier.

3° Si un salarié public, avec le même traitement de dix-huit cents livres, avait un loyer de douze cents livres, et ne justifiait aucun revenu de propriétés foncières, son traitement serait considéré comme partie de son revenu présumé, et il ne devrait le sou pour livre que des six mille livres auxquelles son loyer ferait évaluer son revenu.

Toutes ces conséquences découlent des dispositions de cet article, dont l'exécution sera d'autant plus difficile à éluder que, par l'article suivant, l'Assemblée a pris une précaution sûre contre la fraude.

22. *Toute personne ayant un salaire, pension, etc.*

Les personnes chargées de les payer, lors même qu'elles paieraient mois par mois, doivent tenir la main à l'exécution de cet article.

23. *Chaque chef de famille qui aura chez lui, etc.*

Les articles 16, 17, 18, 19, 20, 21 et 22 établissent les règles du quatrième objet de la contribution mobilière; celui-ci et le suivant y font quelques exceptions.

L'intention de l'Assemblée nationale a été que le père d'une famille nombreuse, obligé par cela même à une grande dépense de loyer, ne fût pas encore exposé à payer une forte contribution, puisque c'est alors moins sa richesse que le besoin qui lui rend une grande habitation nécessaire.

Il est facile de faire l'opération prescrite par cet article. Un citoyen *sans enfans* a six cents livres de loyer; on lui présume, d'après le tarif, deux mille quatre cents livres de rente: un père de *quatre* enfans a le même loyer; on ne lui présume que dix-huit cents livres de rente: si c'est un père de *sept* enfans, on ne lui présume que douze cents livres de rente.

Au premier cas, on applique le tarif sans restriction; et suivant la *seizième* classe, le loyer de six cents livres est présumé du *quart*

du revenu, et par conséquent suppose deux mille quatre cents livres.

Au second cas, on place le père de *quatre* enfans dans la classe inférieure, c'est-à-dire, dans la *dix-septième*, et son loyer n'est plus présumé que le *tiers* de son revenu, et par conséquent de dix-huit cents livres.

Enfin au troisième cas, on le place dans la classe encore inférieure, c'est-à-dire, dans la *dix-huitième*, et son loyer n'est plus présumé que *moitié* de son revenu, et par conséquent de douze cents livres.

Au surplus, ce revenu présumé n'est imposable qu'autant que le contribuable ne justifiera pas qu'il est le produit de propriétés foncières.

Cependant, si un père de quatre enfans, rangé dans une classe inférieure à celle où son loyer le placerait, est salarié public et a un traitement de deux mille quatre cents livres, son loyer de six cents livres lui ferait présumer un revenu égal à son traitement, en calculant d'après le tarif général; mais au moyen de ce qu'il doit être placé dans une classe inférieure, son loyer de six cents livres, évalué d'après la *dix-septième* classe du tarif, ne lui ferait présumer que dix-huit cents livres de revenu. La présomption doit encore céder à la vérité, et lorsqu'on connaît par le traitement public qu'il a un revenu mobilier plus fort que celui présumé par l'évaluation, il doit être taxé d'après son traitement. L'intention de l'Assemblée nationale est que chaque citoyen paie sur le montant entier de ses revenus mobiliers.

La taxation de ce père de famille à la cote des facultés mobilières, doit donc toujours être sur la totalité de son traitement de deux mille quatre cents livres.

Mais si un père de famille se trouvait naturellement dans la *dernière* classe, comme on ne pourrait pas alors le placer dans une classe inférieure, il ne devrait pas perdre les avantages de cet article; il faudrait en ce cas lui appliquer la disposition de l'article suivant: ainsi supposons un père de quatre enfans, avec un loyer de soixante livres, il ne devrait être taxé à la cote de faculté mobilière qu'à raison du sou pour livre de soixante livres; supposons que ce soit un père de sept enfans qui ait le même loyer, il ne devrait que le sou pour livre de moitié, c'est-à-dire de trente livres.

24. *Les manouvriers et artisans seront cotisés, etc.*

Cet article prescrit de placer les manouvriers, artisans, marchands à boutiques ouvertes et de détail, et les commis ou employés à appointemens fixes, à deux classes au-dessous de celle où leur loyer les aurait mis; mais cette disposition ne peut recevoir son application qu'autant que le loyer de ces citoyens n'excédera pas les taux fixés par les même article, et on ne pourra aussi cumuler en faveur d'un même citoyen l'article précédent et celui-ci.

Il ne peut se présenter de difficultés dans l'exécution, qu'autant que le contribuable ne serait pas bien connu, et qu'on lui supposerait une profession qu'il n'aurait pas; mais la publicité des rôles arrêtera ces tentatives de fraude.

Au surplus, les dispositions de cet article ont été déterminées par les mêmes motifs que celles de l'article précédent. L'Assemblée nationale ayant adopté, pour base d'évaluation des revenus, les loyers d'habitation, n'a pu se dissimuler qu'un artisan, un marchand, étaient obligés d'avoir, à raison de leurs états, des loyers qui n'avaient point la même proportion avec leurs revenus que pour les autres citoyens; elle a été également convaincue que les commis ne pouvant se dispenser de prendre leur domicile auprès de leur bureau, devaient faire une dépense de loyer beaucoup au-dessus de la proportion ordinaire du revenu; et dès lors il était indispensable d'adopter pour ces citoyens une évaluation particulière.

Il en résultera que le marchand qui aura boutique ouverte, et dont le loyer d'habitation sera de onze cents livres, ne sera présumé avoir que trois mille trois cents livres de revenu, et sera taxé, pour sa cote de revenus mobiliers, au sou pour livre de cette somme, s'il n'a pas de déduction à prétendre pour revenus fonciers. De même, l'artisan qui aurait six cents livres de loyer d'habitation, ne sera présumé avoir que douze cents livres de revenu, et sera taxé, pour sa cote de revenus mobiliers, au sou pour livre de cette somme, s'il n'a pas de déduction à demander pour propriétés foncières; et de même pour les commis.

Mais s'il arrivait qu'au moyen de cette déduction, un employé, un commis dont le salaire serait public et notoire, se trouvât réduit à une taxation inférieure à ses appointemens, il faudrait toujours le taxer relativement à leur véritable produit, comme les autres salariés publics, sauf aussi à les faire jouir, en ce cas, des avantages accordés aux pères de famille.

25. *Tout citoyen qui, d'après les dispositions des précédens articles, etc.*

Cet article renferme une disposition nécessaire pour accélérer la confection des rôles : tous ceux qui auront des déductions à demander, ou qui seront dans le cas de se faire taxer dans une classe inférieure à celle où leur loyer les placerait, devront en justifier avant le 1er décembre de chaque année.

26. *Les célibataires seront placés dans la classe supérieure à celle où leur loyer les placerait.*

L'article 24 établit une exception de justice pour les pères de famille, en les plaçant dans une classe inférieure; celui-ci a le même caractère, en portant le célibataire à une classe supérieure : l'application en sera tout aussi facile, quoiqu'elle soit en ordre inverse.

Le motif de cette disposition a été la présomption naturelle qu'un célibataire, pour être aussi bien logé qu'un père de famille de même fortune, n'était pas obligé à employer pour son habitation une aussi forte partie de son revenu.

Ainsi, quoiqu'un loyer de mille livres soit du nombre de ceux de la quinzième classe, et ne suppose dès lors qu'un revenu de cinq mille livres, un célibataire qui aura mille livres de loyer, sera cependant présumé avoir un revenu de cinq mille cinq cents livres, comme si son loyer était du nombre de ceux de la quatorzième classe, qui sont présumés être le cinquième 1/2 du revenu. Cette disposition s'applique aux célibataires des deux sexes.

27. *La partie de la contribution qui sera établie, etc.*

Après avoir traité successivement les quatre premières parties de la contribution mobilière, savoir, celle des trois journées de travail, celle à raison des domestiques, celle des chevaux, celles des revenus d'industrie et de richesses mobilières, il reste la cinquième partie, la *taxe d'habitation*.

La base de cette taxe est la même que celle des revenus mobiliers; c'est toujours le loyer d'habitation.

Ainsi celui qui, avec un loyer de six cents livres, sera présumé avoir deux mille quatre cents livres de revenu, devra être taxé à la cote d'habitation, au *trois-centième* de deux mille quatre cents livres, c'est-à-dire, à huit livres.

Toutes les dispositions décrétées en faveur des pères de famille, des artisans, marchands et commis, de même que celles qui concernent les célibataires, sont communes à la cote d'habitation et à celle des revenus mobiliers.

Ces deux cotes devant être fixées d'après le revenu présumé, tout ce qui sert à régler la présomption, s'applique à l'une comme à l'autre.

Mais elles diffèrent, en ce que la cote d'habitation est fixée sur la totalité des revenus, et sans déduction de ceux qui proviennent de propriétés foncières, au lieu que la cote des revenus mobiliers ne peut s'étendre sur les revenus de propriétés foncières.

Par exemple, le sieur Ange a six cents livres de loyer.

Son revenu présumé, d'après la *seizième* classe du tarif, est de deux mille quatre cents livres.

La cote des revenus mobiliers au sou pour livre, de cent vingt livres; mais il justifie

11

avoir douze cents livres de rente de propriétés foncières; sa taxe est fixée à 60 livres.

Celle d'habitation est fixée, sans déduction, au *trois-centième* du revenu total de deux mille quatre cents livres, présumé d'après le loyer d'habitation de six cents livres, 8 livres.

Cependant cette taxe est susceptible de diminution et d'augmentation. C'est la disposition de l'article suivant, qui sera rendue sensible par des exemples et par le développement de ses motifs.

28. *La cote d'habitation sera susceptible d'augmentation, etc.*

Les cotes de trois journées de travail, celles des domestiques et celles des chevaux, sont invariablement fixées dans leur taxation.

Ainsi, pour la taxe de trois journées, on ne pourra demander à un citoyen que trois livres, si la journée a été fixée à vingt sous; de même, pour la taxe des domestiques, on ne pourra demander que trois livres à celui qui en a un; neuf livres à celui qui en a deux, et vingt-une livres à celui qui en a trois; enfin pour chaque cheval de selle, on ne pourra taxer qu'à trois livres, et à douze livres pour chaque cheval de carrosse.

Si de même on ne pouvait demander aux contribuables, pour taxe de revenus mobiliers, que le sou pour livre de ces revenus présumés d'après les bases décrétées; si l'on ne pouvait leur demander, pour la taxe d'habitation, que le *trois-centième* de tous revenus présumés d'après les mêmes bases; et si on leur demandait toujours la totalité de ces taxes, il arriverait que la contribution mobilière, au lieu de produire au Trésor public une somme fixe et déterminée, produirait tantôt plus, tantôt moins; ce qui serait contraire à l'article 1er du présent décret.

L'Assemblée nationale, en décrétant que la contribution mobilière serait d'une somme fixe et déterminée, a voulu prévenir tous les abus dont le montant incertain des contributions serait la source; mais alors il est devenu indispensable de répartir graduellement entre les départemens, districts et municipalités, cette contribution par sommes fixes; il est devenu nécessaire de donner le moyen de compléter pour chaque municipalité sa cotisation générale, en cas d'insuffisance du produit des diverses taxes pour y atteindre; enfin il a fallu aussi donner le moyen de réduire les taxes, lorsque leur produit excéderait la cotisation générale.

Tels ont été les principaux motifs de cet article. Mais il faut observer : 1° que dans le cas d'insuffisance des diverses taxes, l'Assemblée nationale a décrété que l'addition nécessaire pour atteindre la cotisation générale, se ferait sur la cote des revenus mobiliers, jusqu'à ce qu'au lieu de vingtième, ils eussent contribué du dix-huitième; que ce ne serait qu'après cette première addition qu'on

reporterait le surplus sur la taxe d'habitation.

Au reste, toute addition nécessaire après celle qui portera au dix-huitième la cote des revenus mobiliers, doit porter sur la cote d'habitation, parce que cette cote est commune à tous les citoyens, à tous les revenus; et que c'est une cote commune qui doit supporter l'excédant à répartir, lorsqu'on a fait contribuer en égalité proportionnelle les revenus fonciers et mobiliers.

2° Dans le cas où les diverses cotes de la contribution mobilière excéderaient la somme assignée à la municipalité, on doit faire porter la diminution sur la cote d'habitation, jusqu'à ce qu'elle soit entièrement absorbée, avant de la faire porter sur la taxe des revenus mobiliers.

Il faut, en effet, décharger de la cote d'habitation un propriétaire de biens-fonds, avant que de décharger un propriétaire de richesses mobilières de la cote du sou pour livre de ses revenus.

Le premier a payé non-seulement la cote de trois journées de travail, et celle des domestiques et chevaux, mais encore une contribution foncière : le second n'a payé que la cote de trois journées de travail, celle des domestiques et des chevaux; et ses revenus, souvent plus considérables que ceux du propriétaire foncier, n'ont rien payé, et ne seront spécialement atteints que par la taxe du sou pour livre.

Enfin, pour présenter la facilité de l'opération, en exécution de l'article dont on vient de développer les motifs, on joint à la présente, des modèles cotés 2, 3, 4 et 5.

29. *Nul ne sera taxé à la contribution mobilière, etc.*

Cet article ne demande aucune explication; il a été déterminé par la nécessité de prévenir les abus. Les municipalités devront veiller à son exécution, et ôter aux citoyens qui n'auraient pas assez de patriotisme pour se soumettre à la contribution commune, tout espoir d'y échapper.

30. *La* portion contributive *assignée à chaque département, etc.*

31. *Il sera retenu pour 1791, dans la totalité du royaume, etc.*

Les deux articles précédens ne présentent aussi que des dispositions dont l'application sera facile; ils ne sont que la suite des articles 6 et 8.

TITRE III. Assiette de la contribution mobilière de 1791.

32. *Aussitôt que les municipalités auront reçu, etc.*

33. *Dans la quinzaine qui suivra la publication, etc.*

34. *Ce délai passé, les officiers municipaux, etc.*

35. *Aussitôt que ces opérations seront terminées, etc.*

36. *Les officiers municipaux avec les commissaires adjoints, etc.*

Ces articles fixent l'ordre des opérations que les municipalités et les corps administratifs ont à suivre pour la rédaction des rôles de la contribution mobilière.

Ainsi, en exécution de l'article 32, chaque municipalité devra former, à la réception du décret, un état de tous les habitans domiciliés dans son territoire, et le faire publier et déposer à son secrétariat, pour que chacun puisse y en prendre connaissance. Tous ceux qui jouissent de leurs droits doivent être compris dans cet état, quand bien même ils ne seraient pas dans le cas de payer la taxe de trois journées de travail; alors leur nom doit être reporté à la fin du rôle. Les enfans qui n'ont aucun état ni profession, et qui demeurent chez leur père, sont les seuls à excepter.

L'instruction sur la contribution foncière ayant déjà prescrit aux municipalités de former des sections de leur territoire pour faciliter la confection de leurs rôles, elles peuvent de même faire l'état de leurs citoyens d'après ces divisions.

Les municipalités doivent ensuite faire publier cet état, et le déposer au greffe, pour mettre à lieu de réclamer ceux qui y auraient été compris mal-à-propos, et faire indiquer ceux qui auraient pu être omis.

L'article 33 prescrit à tous les citoyens des déclarations à faire au secrétariat de la municipalité, dans la quinzaine de la publication de l'état des habitans. Ces déclarations doivent être faites avec empressement, puisqu'elles n'ont pour objet que de faire connaître la vérité, et qu'elles sont nécessaires pour faire obtenir aux contribuables les justes déductions qui leur seront dues. L'objet en est détaillé dans le modèle annexé n° 1. Ce n'est pas ici une invention fiscale, qui puisse tendre à faire supporter à la bonne foi des surtaxes; tout ce que l'Assemblée nationale désire, est de parvenir à établir dans les contributions la plus scrupuleuse égalité.

Le délai pour les déclarations étant passé, les officiers municipaux, avec les commissaires adjoints, procéderont à leur examen, et suppléeront celles qui n'auront pas été faites ou qui seront incomplètes.

Toutes ces opérations peuvent être regardées comme préalables à l'assiette de la contribution, qui, suivant l'article 35, doit d'abord être établie par une matrice de rôle.

Le modèle de matrice annexé à la présente donne une grande facilité pour le mécanisme de l'exécution. On a placé le nom du contribuable entre les colonnes de taxes fixes d'un côté, et des taxes variables de l'autre.

On y a joint les indications des différentes exceptions. Mais, comme les unes frappent tout à la fois la cote mobilière et la cote d'habitation, et que l'exception qui concerne les propriétaires fonciers ne peut porter que sur la cote mobilière, et non pas sur la cote d'habitation, on a placé les premières *exceptions* immédiatement sous l'article du contribuable, comme devant servir à fixer son revenu imposable, et on a placé l'autre comme dans une colonne parallèle et sous la cote mobilière, ne devant avoir d'application qu'à cette cote.

Les premiers articles sont en blanc; on peut les appliquer à toutes les espèces. Les articles suivans en sont la preuve. Celui de Henriot fournit l'exemple d'un contribuable qui n'a aucune exception à proposer; et dans ce cas, en procédant à la matrice du rôle, on raie l'exception. Celui d'Adam présente l'exemple d'un père de famille de quatre enfans. L'article de Leblanc fournit l'exemple d'un célibataire, et enfin celui de Legris fournit l'exemple d'un père de sept enfans. Il peut s'assimiler, sous ce rapport, à celui de manouvrier, artisan, marchand en détail, commis ou employé à appointemens fixes, en ce que, dans tous ces cas, les contribuables sont portés à deux classes inférieures; mais cet article présente de plus l'exemple de la déduction pour propriétés foncières, et enfin celui de l'application de l'article 21, qui prescrit de taxer les salaires publics sur leur véritable produit, sans aucune déduction, et lors même que le loyer d'habitation ne présenterait pas une évaluation de facultés mobilières aussi considérables que ce salaire ou traitement.

Les opérations des municipalités se termineront en établissant à l'article de chaque contribuable ses cotes fixes, en évaluant son loyer d'habitation et son revenu; en statuant sur les exceptions personnelles qui peuvent augmenter ou diminuer l'évaluation du revenu, et fixant ensuite sa cote d'habitation au *trois-centième*; enfin en taxant au sou pour livre les mêmes revenus, et accordant aux propriétaires les déductions proportionnelles à leurs revenus fonciers.

Il ne leur restera, après ces opérations, qu'à déposer leur matrice de rôle au greffe de la municipalité pendant huit jours, où chaque contribuable pourra en prendre communication, et donner ses observations. Les municipalités délibéreront, après ce délai, sur les observations qui auront pu être faites, arrêteront définitivement leur projet, et l'enverront aux districts.

Il résultera de ces matrices de rôles une connaissance exacte des revenus imposables, dans chaque municipalité, à la contribution mobilière, suivant les diverses taxes dont elle est composée; mais, comme il pourrait arriver que le produit de ces taxes serait inférieur ou supérieur à la cotisation que la mu-

11.

nicipalité aura à supporter par la répartition générale, les districts y pourvoiront, en portant à leur juste proportion les cotes mobilières ou d'habitation, qui sont en conséquence susceptibles d'augmentation ou de diminution.

C'est là, en effet, une des principales fonctions de ces corps administratifs ; mais ce n'est pas encore le moment de songer à cette dernière formalité. L'Assemblée nationale ne demande aux municipalités et corps administratifs que de préparer la confection des rôles : bientôt elle décrétera la somme de la contribution mobilière, et en fera la répartition ; alors il sera facile de donner la dernière main à ce travail.

Ainsi tout ce que l'Assemblée nationale attend du zèle des municipalités, n'est qu'une préparation ; mais on ne peut trop se presser de la faire : c'est le moyen le plus sûr de concourir au succès de la révolution.

37. *Les administrateurs de département et de district surveilleront et presseront avec la plus grande activité toutes les opérations ci-dessus prescrites aux municipalités.*

Cet article prescrit aux administrations de district et de département de surveiller et presser ces opérations préliminaires.

Les corps administratifs établis par la constitution et le suffrage des citoyens continueront sans doute de donner des preuves de leur dévouement à la chose publique, en secondant de tous leurs efforts une opération dont ils doivent reconnaître la nécessité et les avantages (1).

13 = 19 JANVIER 1791. — Décret concernant la circonscription de la paroisse cathédrale de la ville de Paris, et la suppression de plusieurs paroisses dans les deux îles appelées île du Palais et île de Saint-Louis. (L. 3, 162 ; B. 10, 140.)

13 = 19 JANVIER 1791. — Décret qui renvoie au pouvoir exécutif l'indemnité demandée par le sieur Tribert, négociant à Poitiers. (L. 3, 173 ; B. 10, 141.)

14 = 19 JANVIER 1791. — Décret qui autorise la municipalité de Paris à signer les contrats de rentes constituées ou reconstituées sur l'État. (L. 3, 245 ; B. 10, 144.)

14 = 19 JANVIER 1791. — Décret qui ordonne un versement de soixante millions cinq cent vingt-un mille livres par la caisse de l'extraordinaire dans celle du Trésor public. (L. 3, 205 ; B. 10, 144.)

14 = 19 JANVIER 1791. — Décret portant que M. de la Grange continuera de jouir, sa vie durant, d'un traitement annuel de six mille livres. (L. 3, 180 ; B. 10, 144.)

14 JANVIER 1791. — Décret portant qu'un exemplaire in-4° du procès-verbal des séances de l'Assemblée nationale, sera incessamment délivré à chacun de ses membres. (B. 10, 143.)

14 JANVIER 1791. — Décret portant vente de domaines nationaux à différentes municipalités du département de Saône-et-Loire. (B. 10, 145).

15 = 19 JANVIER 1791. — Décret relatif aux comptes à rendre par les receveurs particuliers des décimes. (L. 3, 223 ; B. 10, 147.)

Art. 1er. Les receveurs particuliers des décimes qui n'auront pas fourni et soldé leur compte dans quinze jours, à compter de la publication du présent décret, et qui n'auront pas satisfait à ce qui est prescrit par l'art. 4 du décret du 18 juillet dernier, seront déclarés débiteurs personnels des sommes dont les diocèses sont en retard envers la caisse générale du ci-devant clergé, sauf à eux à en faire le recouvrement sur les contribuables.

2. La situation de ces receveurs des décimes sera constatée sur les registres du sieur Quinson, lors de l'arrêté de ses comptes.

3. A l'époque fixée par le présent décret, le sieur Quinson sera autorisé à refuser les quittances que ceux desdits receveurs des décimes ne lui auront pas encore fournies, sauf à eux à se faire remplir du montant de ces quittances par le payeur des rentes de l'hôtel-de-ville de Paris, chargé d'acquitter les rentes constituées sur le ci-devant clergé.

15 = 19 JANVIER 1791. — Décret relatif aux ventes et adjudications des bois nationaux. (L. 3, 203 ; B. 10, 148 ; Mon. du 17 janvier 1791.)

L'Assemblée nationale, voulant dissiper les doutes qui se sont élevés dans quelques endroits, sur l'interprétation de ses décrets concernant la forme dans laquelle il doit être provisoirement procédé aux ventes et adjudications des bois nationaux, après avoir entendu son comité des domaines, déclare que les officiers des eaux et forêts doivent continuer, comme par le passé, de procéder aux ventes et adjudications des coupes de bois nationaux qui ont toujours été faites devant eux ; et que, quant aux ventes et adjudications qui ne se faisaient point devant eux, il y doit être procédé par le directoire de district, délégué à cet effet par le directoire de département, en présence de deux officiers au moins, du nombre de ceux qui auront fait les opérations préparatoires, ou en ont dûment appelés ; et en ce qui concerne les approvisionnemens des arsenaux de marine en

(1) Les modèles annexés à cette instruction sont inutiles.

bois de construction, l'Assemblée décrète qu'avant l'ouverture des adjudications, les préposés de la marine seront admis, comme par le passé, à marquer dans les forêts nationales, et à réclamer, pour le service de l'État, les bois reconnus propres, à la construction des vaisseaux de guerre, et ce, au prix convenu de gré à gré, ou à dire d'experts.

Se réserve enfin, l'Assemblée nationale, de régler les salaires et les vacations des officiers des eaux et forêts, d'après le tarif qu'elle arrêtera, et qui lui sera proposé par son comité des domaines.

15 = 19 JANVIER 1791. — Décret relatif au bouton uniforme des gardes nationales. (L. 3, 248; B. 10, 151.)

L'Assemblée nationale, après avoir entendu le rapport de ses comités du commerce et militaire, décrète que le bouton uniforme décrété le 23 décembre dernier, pour les gardes nationales du royaume, ne pourra être en usage qu'à l'époque du quatorze juillet 1792, et que jusqu'à cette époque les gardes nationales continueront de porter le bouton tel qu'il a été décrété le 5 septembre dernier.

15 JANVIER 1791. — Décret portant qu'il n'y a pas lieu à délibérer sur la pétition de Louis-Charlemagne David, concernant la construction entreprise par loi dans le petit jardin des Capucins de Paris. (B. 10, 152.)

15 = 19 JANVIER 1791. — Décret qui sursoeit au jugement des accusés détenus dans les prisons d'Aix, de Marseille, de Toulon et autres villes, pour crimes de lèse-nation. (L. 3, 240; B. 10, 148.)

15 JANVIER 1791. — Décret qui ajourne la question relative à l'échange du Clermontois. (B. 10, 152.)

15 JANVIER 1791. — Décret portant vente de domaines nationaux à différentes municipalités des départemens de l'Aisne, de l'Aube, du Cher, d'Eure-et-Loire, de l'Indre, de Maine-et-Loire, de la Marne, du Nord, de la Meuse et de la Vendée. (B. 10, 149.)

15 JANVIER 1791. — Clergé. Voy. 26 DÉCEMBRE 1790. — Paris. Voy. 13 JANVIER 1791.

16 = 19 JANVIER 1791. — Décret relatif au renouvellement des présidens des administrations de district et de département. (L. 3, 264; B. 10, 154.)

L'Assemblée nationale décrète que les administrations de département et de district pourront, à chaque nouvelle session, nommer un nouveau président, mais le président alors en fonction pourra être réélu.

16 = 19 JANVIER 1791. — Décret relatif aux vainqueurs de la Bastille. (L. 3, 253; B. 10, 154.)

L'Assemblée nationale décrète que les personnes qui prétendront devoir être comptées au nombre des vainqueurs de la Bastille, et sur les demandes desquelles il n'a pu être statué, seront tenues de se présenter à la direction générale de liquidation, pour y rapporter la preuve des faits qu'elles allégueront; et, sur le compte qui en sera rendu par le directeur-général de liquidation au comité des pensions, être, sur le rapport dudit comité, décrété par l'Assemblée ce qu'il appartiendra.

16 JANVIER 1791 (22, 23, 24 DÉCEMBRE 1790 et) = 16 FÉVRIER 1791. — Décret relatif à l'organisation de la gendarmerie nationale. (L. 3, 502; B. 10, 155; Mon. des 24, 25, 26, 30 décembre 1790, et 18 janvier 1791.)

Voy. loi du 28 GERMINAL an 6; arrêté du 12 THERMIDOR an 9.

TITRE 1er. Composition du corps.

§ 1er.

Art. 1er. La maréchaussée portera désormais le nom de *gendarmerie nationale*.

2. Elle fera son service partie à pied, partie à cheval, selon les localités, et comme il sera réglé par les administrations et directoires de département, après avoir pris l'avis des colonels qui seront établis; et néanmoins les gendarmes nationaux à cheval feront le service à pied, quand il leur sera ordonné.

3. Cette troupe sera portée jusqu'au nombre de sept mille quatre cent cinquante-cinq hommes, y compris les compagnies de la ci-devant Robe-courte, et l'augmentation énoncée ci-après pour les trois départemens de Paris, Seine-et-Oise, et Seine-et-Marne, et les greffiers.

4. La gendarmerie nationale sera organisée par divisions; chaque division comprendra trois départemens, une seule de ces divisions comprendra quatre départemens.

5. Le service de la Corse sera fait par une division particulière de vingt-quatre brigades.

6. Le nombre moyen des brigades de gendarmerie nationale sera de quinze par chaque département.

7. Et néanmoins, il y aura des départemens réduits à douze brigades, et d'autres qui en auront dix-huit, selon les localités et les besoins du service.

8. Il y aura deux compagnies par département, et les distributions des brigades seront déterminées par le Corps-Législatif, sur la proposition des directoires de départemens, qui prendront l'avis des colonels.

9. Il y aura à la tête de chaque division un colonel, et dans chaque département, sous

ses ordres, un lieutenant-colonel, qui aura sous les siens deux compagnies commandées chacune par un capitaine et trois lieutenans.

10. Un secrétaire-greffier sera attaché à chaque département, et servira près du lieutenant-colonel, sous l'autorité du colonel.

11. Chacun des lieutenans aura sous ses ordres un maréchal-des-logis et un ou deux brigadiers.

12. Chaque maréchal-des-logis sera à la tête d'une des brigades, et sera en même temps chef d'une ou deux autres brigades, selon les distributions mentionnées dans les articles 6, 7 et 8 précédens.

13. Les autres brigades, subordonnées à chaque maréchal-des-logis, auront chacune un chef particulier, lequel portera le nom de brigadier.

14. Chaque brigade sera composée de cinq hommes, y compris le maréchal-des-logis ou le brigadier.

15. Chacun des trois lieutenans attachés à chaque compagnie pourra commander, toutes les brigades; et en cas de concours, le commandement appartiendra au plus ancien des lieutenans.

16. Les résidences des lieutenans-colonels, capitaines et lieutenans, seront disposées de manière qu'ils soient à portée de chacun des districts, et que leur service puisse être uniforme, prompt et également réparti; cette disposition sera faite définitivement par le Corps-Législatif, d'après l'avis des directoires de département, qui sera provisoirement exécuté.

TITRE II. Formation et avancement.

Art. 1er. Il ne sera reçu aucun gendarme national qui n'ait vingt-cinq ans accomplis, qui ne sache lire et écrire, et qui n'ait fait au moins un engagement sans reproche dans les troupes de ligne, sans qu'il puisse y avoir plus de trois ans d'intervalle depuis la date de son congé.

2. Ceux qui voudront devenir gendarmes nationaux, se feront inscrire sur un registre qui sera ouvert à cet effet dans chaque directoire de département, lequel examinera si les sujets remplissent les conditions requises.

Le directoire en composera librement une liste, dans laquelle le colonel choisira cinq sujets; il les présentera au directoire, qui en nommera un, lequel sera pourvu par le Roi.

3. Pour remplir une place vacante de brigadier, chacun des dix-huit maréchaux-des-logis de la division se réunira avec le brigadier ou les brigadiers qui lui sont subordonnés, pour choisir de concert un gendarme.

La liste des dix-huit gendarmes ainsi choisis sera adressée au capitaine dans la compagnie duquel l'emploi sera vacant. Le capitaine réduira la liste à deux, dont les noms seront présentés au colonel, qui en nommera un.

4. Pour remplir une place de maréchal-des-

logis, les trois maréchaux-des-logis de chacune des six compagnies de la division nommeront ensemble un brigadier. Les noms de ces six brigadiers seront adressés au capitaine de la compagnie où l'emploi sera vacant; celui-ci réduira les noms à deux, lesquels seront présentés au colonel qui en nommera un.

5. La moitié des places vacantes de lieutenans sera remplie par les maréchaux-des-logis de la division, ayant au moins deux ans de service en cette qualité.

6. L'autre moitié des places vacantes de lieutenans sera remplie par des sous-lieutenans des troupes de ligne, âgés de vingt-cinq ans au moins et n'ayant pas plus de quarante-cinq ans, qui auront servi sans reproche, et qui auront au moins six années de service en qualité d'officiers.

7. Lorsqu'il s'agira de donner une place de lieutenant en tour d'être remplie par un maréchal-des-logis de la division, les trois lieutenans de chacune des six compagnies nommeront ensemble un maréchal-des-logis; le lieutenant-colonel du département où l'emploi sera vacant, réduira les six noms à deux, et le colonel en choisira un.

8. Les sous-lieutenans et autres officiers des troupes de ligne, qui aspireront aux places de gendarmerie nationale, se présenteront pour être inscrits sur le registre ouvert à cet effet par le directoire du département.

Le directoire en composera librement une liste, dans laquelle le colonel choisira trois sujets, sur lesquels le directoire en nommera un, qui sera pourvu par le Roi.

9. A l'égard de la division de gendarmerie nationale pour la Corse, où il n'y aura que douze maréchaux-des-logis, et de celle qui, comprenant quatre départemens, aura vingt-quatre maréchaux-des-logis, les choix et nominations se feront de la même manière, à la seule différence du nombre des gendarmes et sous-officiers qui seront présentés pour chaque place vacante.

10. Les lieutenans parviendront, à tour d'ancienneté, au grade de capitaine.

11. Les capitaines parviendront, à tour d'ancienneté, au grade de lieutenant-colonel.

12. Le Roi fera délivrer une commission à ceux qui, de la manière qui vient d'être expliquée, auront été nommés aux places de brigadiers, maréchaux-des-logis, lieutenans, capitaines et lieutenans-colonels.

13. Quant aux colonels, ils seront âgés au moins de trente ans accomplis, et ils parviendront à ce grade alternativement; savoir: dans une vacance, par tour d'ancienneté, et dans une autre vacance, par le choix du Roi, sur les deux plus anciens lieutenans-colonels. Ils seront pourvus par le Roi.

14. Il y aura une place d'officier-général attaché au corps de la gendarmerie nationale, et qui sera comprise dans le nombre des qua-

tre-vingt-quatorze officiers-généraux décrétés par l'Assemblée nationale : les colonels de la gendarmerie nationale y parviendront à tour d'ancienneté de leur commission de colonels. Il sera délivré en conséquence, par le Roi, une commission de maréchal-de-camp au plus ancien des prévôts-généraux, lequel pourra néanmoins continuer son service à la tête d'une division.

15. Les secrétaires-greffiers seront nommés par les directoires de département, et attachés par eux à chaque lieutenant-colonel.

16. Tout privilège de présentation et nomination aux places dans la gendarmerie nationale, est aboli.

17. Les gendarmes seront assimilés aux brigadiers de la cavalerie ; les brigadiers, aux maréchaux-de-logis ordinaires ; et les maréchaux-de-logis, aux maréchaux des-logis en chef de la cavalerie.

TITRE III. Ordre intérieur.

Art. 1er. Les officiers, sous-officiers et gendarmes de la gendarmerie nationale conserveront l'uniforme dont ils ont fait usage jusqu'à présent : ils ajouteront néanmoins un passe-poil blanc au collet, au revers et aux paremens, et porteront à leurs chapeaux la cocarde nationale. Ils porteront le manteau bleu. L'aiguillette est supprimée. Le bouton portera ces mots : *Force à la loi.*

2. La gendarmerie nationale continuera de faire partie de l'armée ; elle y conservera le rang que la maréchaussée y avait eu jusqu'ici, et pourra parvenir aux grades militaires de la manière qu'il est prescrit par le présent décret, ainsi qu'aux distinctions et récompenses.

3. Les commissions seront scellées sans frais.

4. Celles des colonels seront adressées tant au directoire du département dans lequel leur résidence sera fixée, qu'à l'officier-général qui commandera dans le département.

5. Les colonels prêteront serment devant le directoire de s'employer, suivant la loi, en bons citoyens et braves militaires, à tout ce qui peut intéresser la sûreté et la tranquillité publiques.

6. Ensuite l'officier-général commandant dans le département les fera reconnaître à la tête des compagnies.

7. Les commissions des lieutenans-colonels, capitaines et lieutenans, seront adressées au directoire du département dans lequel ils résideront, pour y prêter le serment prescrit ; pareillement adressées aux colonels, qui feront reconnaître ces officiers dans leurs corps et compagnies respectifs.

8. Les colonels, ou, en cas d'empêchement, les lieutenans-colonels, recevront le même serment des maréchaux-des-logis, brigadiers et gendarmes. Leurs commissions seront adressées aux colonels.

9. Les commissions seront conçues dans les termes qui seront déterminés séparément.

10. Les sermens seront prêtés sans aucuns frais.

11. Toutes les commissions et actes de prestation de serment seront enregistrés aussi sans frais dans les directoires de département, dans les tribunaux de district du département, ainsi qu'au secrétariat de la gendarmerie nationale du département auquel l'emploi sera attaché.

12. Les inspecteurs-généraux et particuliers du service de la maréchaussée sont supprimés ; et, néanmoins, les inspecteurs-généraux rentreront dans la ligne avec le titre de colonels, pour être placés à la tête d'une division, ainsi qu'il sera prescrit au titre VII.

13. Le Roi donnera tous les ans telles commissions qu'il jugera à propos, à l'un des officiers-généraux employés dans l'étendue des départemens, pour inspecter seulement la tenue, la discipline et le service des divisions de gendarmerie nationale.

14. L'inspection des écuries et entretien des chevaux est confiée spécialement aux différens lieutenans, sous l'autorité du colonel et des autres officiers à qui ils sont subordonnés.

15. Les directoires de département pourront faire parvenir au Corps-Législatif et au Roi leurs observations sur les besoins et la convenance du service.

16. Il y aura par chaque division un conseil d'administration composé du colonel, du plus ancien des lieutenans-colonels, du plus ancien des capitaines, du plus ancien des lieutenans, du plus ancien des maréchaux-des-logis, du plus ancien des brigadiers, et des deux plus anciens gendarmes. Il sera chargé de régler les retenues à faire sur les sous-officiers et gendarmes, l'emploi de la masse dont il sera parlé au §IV, et tout ce qui concerne l'intérêt commun de la division.

17. Aucune destitution ne pourra être prononcée que selon la forme et de la manière établies pour l'armée. Les règles de la discipline seront les mêmes.

TITRE IV. Traitemens.

Art. 1er. Tous bénéfices d'amende, taxe exécutoire, ci-devant attribués sur le domaine public et des particuliers, récompenses et gratifications, pour services rendus dans leurs fonctions à des citoyens, sont supprimés ; il est défendu aux officiers, sous-officiers et gendarmes d'en recevoir, à peine de restitution et d'être destitués de leurs emplois.

2. Les administrations de département pourront disposer chaque année, sur la proposition qui leur en sera faite par les directoires de département, d'une somme de quinze cents livres en gratifications pour les officiers, sous-

officiers et gendarmes qui auront fait le meilleur service.

3. Les traitemens et appointemens de la gendarmerie nationale seront fixés et payés mois par mois, dans chaque département, sur les fonds publics, d'après les mandats qui seront donnés par les directoires de département, en conséquence des états qu'ils recevront aussi mois par mois du ministre ayant la correspondance des départemens.

4. A compter du 1er janvier 1791, les traitemens et appointemens de la gendarmerie nationale demeureront fixés de la manière suivante, savoir :

A chaque colonel, 6,000 liv.; à chaque lieutenant-colonel, 3,600 liv.; à chaque capitaine, 2,600 liv.; à chaque lieutenant, 1,800 liv.; à chaque maréchal-des-logis, 1,100 liv.; à chaque brigadier monté, 1,000 liv.; à chaque gendarme monté, 900 liv.; à chaque brigadier, non monté, 600 liv.; à chaque gendarme non monté, 500 liv.; à chaque secrétaire-greffier, 600 liv.

5. Sont compris dans ces appointemens le logement des officiers, leurs courses et voyages dans les départemens où ils seront employés, et les places de fourrages. Les officiers, sous-officiers et gendarmes demeureront chargés de se monter, de s'habiller et équiper, ainsi que de la nourriture et entretien de leurs chevaux, sans qu'il puisse être fait d'autres retenues que celles arrêtées par les conseils d'administration.

6. L'armement sera fourni et entretenu des magasins nationaux, pour le service, soit à pied, soit à cheval.

7. Le casernement des sous-officiers et gendarmes sera fourni en nature par les départemens, et déterminé par les directoires de département, sur l'avis des colonels et lieutenans-colonels.

8. Il sera accordé annuellement une somme de deux cents livres au secrétaire-greffier pour les menus frais et dépenses du secrétariat.

9. Il sera fourni annuellement par la caisse publique une masse de 360 liv. pour chaque brigade. Cette masse sera destinée, par forme de supplément, à l'entretien de l'habillement, remonte et équipement des chevaux.

Il sera déduit sur cette masse quarante livres par homme, dans les lieux où les brigades ne serviront pas montées.

10. Le traitement de chaque division sera toujours fourni au complet; les revues de subsistances seront faites de la manière qui sera incessamment déterminée.

11. Le conseil d'administration réglera tous les ans le compte qui sera rendu par le colonel:

1° Des avances que les circonstances auront pu rendre nécessaires, et qui devront être remboursées par retenues sur la solde;

2° De l'emploi du bénéfice obtenu sur le paiement au complet, lequel tournera en gra-

tifications, à la décharge des quinze cents livres à ce destinées par l'article 2 du présent titre;

3° Du fonds de masse établi par l'article 9 du présent titre, duquel fonds les maréchaux-des-logis, brigadiers et gendarmes ne pourront demander séparément aucun compte particulier.

12. Le compte réglé par le conseil d'administration sera présenté, chaque année, à la révision du directoire de chaque département; et si une compagnie demandait la révision, cette révision ne pourra être faite qu'en présence du directoire du département.

13. Les retraites et pensions seront réglées sur les mêmes principes que celles de l'armée; trois ans de service dans le corps de la gendarmerie nationale seront comptés pour quatre.

TITRE V. De la division attachée aux départemens de Paris, Seine-et-Oise et Seine-et-Marne.

Art. 1er. La division attachée aux départemens de Paris, Seine-et-Oise et Seine-et-Marne, sera composée d'un colonel, trois lieutenans-colonels, six capitaines, dix-huit lieutenans, dix-huit maréchaux-des-logis, et cinquante-quatre brigadiers, chefs de soixante-douze brigades, trois secrétaires-greffiers résidant auprès des trois lieutenans-colonels.

Il sera attaché un commis au secrétariat du département de Paris.

2. Les appointemens des officiers, sous-officiers, gendarmes et secrétaires-greffiers, seront plus forts que ceux qui ont été fixés par l'article 4 du titre précédent, savoir : d'une moitié en sus pour ceux qui résideront dans la ville de Paris, et d'un quart en sus pour ceux qui résideront hors de cette ville jusqu'à cinq lieues. Le commis du secrétariat de Paris sera aux appointemens de six cents livres.

3. Le fonds des gratifications à distribuer sera de deux mille quatre cents livres pour chacun de ces trois départemens.

TITRE VI. Suppressions et changemens.

Art. 1er. Les compagnies à la suite des maréchaux de France, et toutes autres ne faisant pas corps avec la ci-devant maréchaussée, sont supprimées.

La compagnie des monnaies, celle de la connétablie, celle des voyages et chasses du Roi, les compagnies connues sous le nom du Clermontois et de l'Artois, sont aussi supprimées; mais elles feront partie de la gendarmerie nationale, dans laquelle elles sont et demeureront incorporées, pour les officiers, sous-officiers et cavaliers, être placés chacun dans son grade et suivant son rang.

2. La compagnie connue sous le nom de Robe-courte est également supprimée; néanmoins, les officiers, sous-officiers et cavaliers de la ci-devant compagnie, feront partie de

la gendarmerie nationale, dans laquelle ils restent et demeurent incorporés, avec tous les avantages de ladite gendarmerie nationale. Ils continueront leur service à pied près des tribunaux de Paris, et pour la garde des prisons, sous l'autorité du colonel des départemens de Paris, Seine-et-Oise, et Seine-et-Marne, et seront sous les ordres du lieutenant-colonel du département de Paris.

3. Les ci-devant officiers, sous-officiers et cavaliers de Robe-courte formeront deux compagnies composées chacune d'un capitaine, cinq lieutenans, cinq maréchaux-des-logis, dix-huit brigadiers, en tout cent et un hommes par compagnie. Chacune de ces compagnies sera placée auprès et dans le ressort de trois tribunaux de Paris. Leur remplacement définitif sera tiré au sort.

4. Le traitement des officiers, sous-officiers et gendarmes des compagnies servant auprès des tribunaux de Paris, sera pareil à celui des autres officiers, sous-officiers et gendarmes de la gendarmerie nationale servant dans Paris; mais il en sera défalqué l'entretien du cheval, l'équipement, les accidens et frais de remonte, estimés six cents livres par an.

5. Les officiers, sous-officiers et cavaliers des différentes compagnies supprimées, qui possédaient leur état à titre de charges, sont autorisés à se présenter avec leurs titres, pour être remboursés, aux termes des décrets.

TITRE VII. De la composition actuelle de la gendarmerie nationale.

Art. 1er. Les divisions seront formées ainsi qu'il suit : 1re division, Paris, Seine-et-Oise, Seine-et-Marne.— 2e, Seine-Inférieure, Eure et Oise. — 3e, Calvados, Orne et Manche.— 4e, Finistère, Morbihan et Côtes-du-Nord. — 5e, Ille-et-Vilaine, Mayenne, Mayenne-et-Loire, Loire-Infér.— 6e, la Vendée, Deux-Sèvres, Charente-Inférieure. — 7e, Lot-et-Garonne, Dordogne et Gironde. — 8e, Landes, Basses-Pyrénées, Hautes-Pyrénées. — 9e, Haute-Garonne, Gers et Tarn. — 10e, Ariége, Pyrénées-Orientales, Aude. — 11e, Hérault, Gard et Lozère. — 12e, Bouches-du-Rhône, Drôme, Ardèche. — 13e, Basses-Alpes, Hautes-Alpes et Var. — 14e, Isère, Rhône-et-Loire, et l'Ain. — 15e, Saône-et-Loire, Côte-d'Or et Jura. — 16e, Doubs, Haute-Saône, Haut-Rhin. — 17e, Bas-Rhin, Meurthe et Moselle. — 18e, Meuse, Haute-Marne et Vosges. — 19e, Aisne, Marne, Ardennes. — 20e, Somme, Pas-de-Calais, Nord. — 21e, Sarthe, Eure-et-Loir, Loir-et-Cher. — 22e, Indre, Vienne, Indre-et-Loire. — 23e, Charente, Haute-Vienne et Corrèze.—24e, Lot, Aveyron, Cantal. — 25e, Haute-Loire, Puy-de-Dôme et Creuse.— 26e, Loiret, Yonne et Aube. — 27e, Cher, Nièvre et Allier. — 28e, la Corse.

2. Les officiers, sous-officiers et gendarmes actuellement pourvus, demeureront provi-

soirement dans le lieu de leur résidence.

3. Pour parvenir à la composition actuelle de la gendarmerie nationale, il sera formé un état par ancienneté des officiers de la ci-devant maréchaussée; et la nomination aux places d'officiers et de sous-officiers aura lieu suivant ce qui sera fixé ci-après.

4. Les inspecteurs et prévôts généraux de la ci-devant maréchaussée remettront l'état de leurs services au directoire du département de leur résidence, qui l'adressera au ministre de la guerre, avec ses observations sur lesdits inspecteurs et prévôts généraux; et, d'après ces observations, la retraite sera accordée aux inspecteurs et prévôts généraux excédant le nombre de vingt-huit places de colonels de divisions, décrétées pour la formation de la gendarmerie nationale.

5. Ceux desdits inspecteurs et prévôts généraux qui ne seront pas conservés dans les places de colonels de division, recevront leur retraite, conformément à l'article ci-dessus, et d'après les règles fixées par le décret du 3 août dernier; mais elles ne pourront être, quelles que soient leurs années de service, au-dessous des deux tiers des appointemens dont ils jouissent en ce moment.

6. Les places de lieutenans-colonels seront données, par ordre d'ancienneté, aux lieutenans de la ci-devant maréchaussée.

7. Les places de capitaines seront données, moitié aux officiers de la ci-devant maréchaussée, ainsi qu'il sera expliqué ci-après, moitié à des sujets ayant servi au moins dix années en qualité d'officiers; et le choix en sera fait par les directoires des départemens.

La moitié des places de capitaines destinées aux officiers de la ci-devant maréchaussée, sera donnée aux lieutenans, qui, par leur ancienneté de service, n'auront pas été portés aux places de lieutenans-colonels, et aux plus anciens sous-lieutenans de ladite maréchaussée.

8. Les places de lieutenans seront données un tiers aux officiers de la ci-devant maréchaussée, ainsi qu'il sera expliqué ci-après, deux tiers à des sujets ayant servi au moins six ans comme officiers, ou huit ans comme maréchaux-des-logis ou sergens dans les troupes réglées, dans la maréchaussée ou dans les compagnies supprimées de la maréchaussée, et le choix en sera fait par les directoires de département. Le tiers des places de lieutenans, destiné aux officiers de la ci-devant maréchaussée, sera donné aux sous-lieutenans qui n'auront pas été portés par leur ancienneté à des places de capitaines.

Quant aux places de lieutenans comprises dans le tiers assigné à la ci-devant maréchaussée, et auxquelles il ne serait pas pourvu par le remplacement des sous-lieutenans, il sera nommé des maréchaux-des-logis de ladite maréchaussée, et le choix en sera fait par les directoires de département, sur l'avis qui leur en sera donné.

9. Les places des maréchaux-des-logis seront données moitié à des brigadiers de la ci-devant maréchaussée, au choix des directoires de département, et l'autre moitié par le même choix, soit aux brigadiers de la maréchaussée, soit à des sous-officiers servant maintenant dans la ligne, ou n'ayant pas quitté le service depuis plus de trois ans.

10. Les places de brigadiers qui deviendront vacantes seront données par les directoires du département à ceux des cavaliers de la ci-devant maréchaussée qu'ils en jugeront les plus susceptibles.

11. La gendarmerie nationale sera formée provisoirement, dans chacun des départemens autres que ceux de Paris, Seine-et-Oise et Seine-et-Marne, sur le pied de quinze brigades, sauf à faire ensuite les distributions définitives, conformément aux articles 7 et 8 du titre Ier.

12. Les officiers, sous-officiers et gendarmes, ainsi que les greffiers et le commis attaché au département de Paris, continueront à être payés suivant l'ancienne division des compagnies, et ils seront rappelés de leurs appointemens, traitemens et solde du 1er janvier 1791, sur le pied fixé par l'article 4 du titre IV.

13. Les officiers, sous-officiers, secrétaires, greffiers et gendarmes actuels, exerceront les fonctions de leur état et de leurs grades sans nouvelle commission, en prêtant seulement le serment ordonné dans l'article 6 du titre III.

Il sera délivré par le Roi aux officiers actuellement pourvus, et qui, par l'effet des dispositions du présent décret, auront eu un avancement de grade, le brevet de celui qui leur sera échu. Les membres des directoires de département ne pourront se choisir pour les places de la gendarmerie nationale qui seraient à remplir.

Des fonctions de la gendarmerie nationale (1).

Art. 1er. Les fonctions essentielles et ordinaires de la gendarmerie nationale sont :

1° De faire les marches, tournées, courses et patrouilles dans tous lieux des arrondissemens respectifs, de les faire constater sur leurs feuilles de service par les maires et en leur absence, par un autre officier municipal, à peine de suspension de traitement ;

2° De recueillir et prendre tous les renseignemens possibles sur les crimes et délits publics ;

3° De rechercher et de poursuivre les malfaiteurs ;

4° De saisir toutes personnes surprises en flagrant délit, ou poursuivies par la clameur publique, quelles qu'elles puissent être, sans aucune distinction ;

5° De saisir tous gens trouvés porteurs d'effets volés, d'armes ensanglantées, faisant présumer le crime ;

6° De saisir les brigands, voleurs et assassins attroupés ;

7° De saisir les dévastateurs de bois et de récoltes, les chasseurs masqués, les contrebandiers armés, lorsque les délinquans de ces trois derniers genres seront pris sur le fait ;

8° De dissiper les révoltes et attroupemens séditieux, à la charge d'en prévenir incessamment les officiers municipaux des lieux les plus voisins ;

9° De saisir tous ceux qui seront trouvés exerçant des voies de fait ou violences contre la sûreté des personnes ou des propriétés, contre la libre circulation des subsistances, contre les porteurs de contrainte pour deniers publics, ou d'ordonnance de justice ;

10° De prendre, à l'égard des mendians et vagabonds sans aveu, les simples précautions de sûreté prescrites par les anciens réglemens, qui seront exécutés jusqu'à ce qu'il en ait été autrement ordonné ;

11° De dresser des procès-verbaux de l'état de tous les cadavres trouvés sur les chemins, dans les campagnes, ou retirés de l'eau ; à l'effet de quoi l'officier de gendarmerie nationale le plus voisin sera averti et tenu de se transporter en personne sur le lieu, dès qu'il sera averti ;

12° De dresser pareillement des procès-verbaux des incendies, effractions, assassinats et autres crimes qui laissent des traces après eux ;

13° De dresser de même procès-verbal des déclarations qui leur seront faites par les habitans voisins, et autres qui seront en état de leur fournir des preuves et renseignemens sur les crimes, les auteurs et complices ;

14° De citer les témoins devant les officiers de police ;

15° De se tenir à portée des grands rassemblemens d'hommes, tels que foires, marchés, fêtes et cérémonies ;

16° D'escorter les deniers publics, les con-

---

(1) Ce titre contient des dispositions d'une haute importance : en réglant l'action de la force publique destinée à la police, elles ont pour but de concilier, dans la pratique, ces deux nécessités de l'ordre social, *la sûreté et la liberté individuelles*. Les lois relatives à la même matière, notamment la loi du 28 germinal an 6, le Code pénal de 1791 et celui de 1810, ont modifié en quelques parties ces dispositions ; la jurisprudence a aussi varié sur l'effet de la résistance à l'action de la force publique. *Voy.* S. t. 21, 1, 122, et 164 ; et t. 23, 1, 383 ; et les notes sur le Code pénal du 25 septembre = 6 octobre 1791, 2e partie, titre 1er, 4e sect. art. 1er.

vois de poudre de guerre, et faire la conduite des prisonniers ou condamnés de brigade en brigade;

17° De faire le service dont la maréchaussée était ci-devant chargée en ce qui concerne l'armée, les soldats et toutes les parties militaires, conformément aux réglemens, tant qu'il n'en sera pas autrement ordonné;

18° De remplir toutes les fonctions qui leur sont attribuées par le décret concernant la procédure par jurés;

19° Ils sont, au surplus, autorisés à repousser par la force les violences et voies de fait qui seraient employées contre eux dans l'exercice des fonctions qui leur seront confiées par la loi.

2. Les fonctions mentionnées en l'article précédent seront habituellement exercées par la gendarmerie nationale, sans qu'il soit besoin d'aucune réquisition particulière.

3. Les signalemens des brigands, voleurs, assassins, perturbateurs du repos public, et ceux des personnes contre lesquelles il sera intervenu mandat d'amener ou mandat d'arrestation, seront délivrés à la gendarmerie nationale, et transmis de brigade en brigade ou autrement.

4. Hors les cas exprimés dans l'article 1er, la gendarmerie nationale ne pourra saisir aucun citoyen domicilié, sans un mandat spécial de justice.

5. Elle ne pourra jamais saisir un citoyen dans sa propre maison, si ce n'est en vertu d'un mandement de justice; auquel cas elle accompagnera, si elle en est requise, l'huissier porteur de cette ordonnance, à peine, en cas de contravention au présent article et au précédent, de prison pour la première fois contre le chef de brigade, et de destitution pour la seconde, sans préjudice des dommages et intérêts.

6. Il est expressément défendu à tous, et en particulier aux dépositaires de la force publique, de faire aux personnes arrêtées aucun mauvais traitement ni outrages, même d'employer contre elles aucune violence, si ce n'est en cas de résistance ou de rébellion, en prenant néanmoins toutes les mesures nécessaires pour s'assurer d'elles; le tout à peine contre les officiers, sous-officiers ou gendarmes qui manqueront à ce devoir, d'être condamnés à la prison pour la première fois, et suspendus de leurs fonctions pour la seconde, même de plus grandes peines, s'il y échet: faute de quoi, les officiers supérieurs demeureront responsables, sans préjudice des dommages-intérêts, et les coupables seront réprimés par les tribunaux de district.

7. Tous procès-verbaux de corps de délit, de capture, d'arrestation, seront déposés au greffe du tribunal de district, dans trois jours au plus tard; il en sera envoyé extrait, avec tous les renseignemens nécessaires, au lieute-

nant-colonel de la gendarmerie nationale, et l'enregistrement en sera fait à son greffe. Celui-ci en rendra compte au colonel de division.

8. Le secrétaire-greffier de la gendarmerie nationale sera tenu, à peine d'en demeurer responsable, de donner avis des captures et détentions à la municipalité du lieu du domicile, ou, à défaut de domicile, du lieu de la naissance du détenu ou prisonnier; quant aux individus étrangers, ou dont le lieu de naissance serait inconnu, il en sera donné avis par le secrétaire-greffier au chef de la justice.

9. La lettre qui sera écrite à cet effet par le secrétaire-greffier sera transcrite sur son registre, visée par le lieutenant-colonel, et chargée à la poste, ou transmise de brigade en brigade. Le secrétaire-greffier aura soin de se procurer la preuve de ces précautions.

10. En toute occasion, les officiers, sous-officiers et gendarmes de la gendarmerie nationale prêteront sur-le-champ la main-forte qui leur sera demandée par réquisition légale. Ils exécuteront les réquisitions qui leur seront adressées par les commissaires du Roi près les tribunaux, seulement lorsqu'il s'agira d'exécution des jugemens et ordonnances de justice.

11. L'extrait des procès-verbaux et les notes des opérations relatives aux dispositions de l'article précédent, seront pareillement envoyés au lieutenant-colonel de la gendarmerie nationale, qui en fera faire l'enregistrement à son secrétariat, et qui en rendra compte au colonel.

12. Le service de la gendarmerie nationale est essentiellement destiné à la sûreté des campagnes, et néanmoins la gendarmerie nationale prêtera dans l'intérieur des villes toute main-forte dont elle sera légalement requise.

13. La gendarmerie nationale pourra être chargée de transmettre aux municipalités des campagnes et aux citoyens qui les composent, les avis et instructions des administrations et directoires de département et de district, ainsi que les instructions décrétées par le Corps-Législatif ou rédigées par ses ordres.

(*Suivent les formules des commissions pour les gendarmes, pour les sous-officiers, pour les lieutenans, capitaines et lieutenans-colonels, et pour les colonels*).

16 JANVIER 1791. — Décret portant vente de domaines nationaux à différentes municipalités des départemens de l'Hérault et du Puy-de-Dôme. (B. 10, 152.)

16 JANVIER 1791. — Décret qui ordonne au comité des pensions de faire un rapport des gratifications et récompenses qui peuvent être dues aux personnes qui ont donné des preuves

de courage et de bravoure à Nancy, à Metz, etc. (B. 10, 154.)

16 = 19 JANVIER 1791. — Décret pour faire retirer les régimens qui sont en garnison à Avignon. (B. 10, 179.)

17 = 19 JANVIER, 1791. — Décret relatif aux officiers des troupes de ligne qui depuis la révolution sont entrés dans les gardes nationales. (L. 3, 194; B. 10, 179.)

Art. 1er. Les officiers de tout grade qui, ayant servi dans les troupes de ligne jusqu'au commencement de la révolution, sont entrés depuis cette mémorable époque dans les gardes nationales, et y ont fait un service continuel et actif jusqu'au moment de la nouvelle organisation de l'armée, ont conservé leurs titres d'activité, et concourront en conséquence avec ceux de leur grade pour arriver, aux termes des décrets, à celui immédiatement supérieur dans leur arme.

2. Ceux qui, ayant servi depuis dix ans dans les troupes de ligne, avaient le grade de lieutenant, et qui, lors du commencement de la révolution et depuis cette époque, sont entrés dans les gardes nationales et y ont fait un service continuel et actif, seront susceptibles d'être employés comme aides-de-camp, mais seulement lors du premier choix qui aura lieu à l'instant de la nouvelle organisation de l'armée. Passé cette époque, ils n'auront plus droit d'y prétendre.

3. Seront également admissibles aux places d'aides-de-camp, mais seulement à l'époque fixée par le précédent article, les capitaines à la suite ou de réforme, et les lieutenans en activité ou à la suite dans les troupes de ligne, qui, dans le cours de la révolution, auraient été blessés en soutenant les décrets de l'Assemblée nationale.

17 = 19 JANVIER 1791. — Décret concernant les troubles qui ont eu lieu dans le courant de ce mois dans la ville de Brie-comte-Robert. (L. 3, 244; B. 10, 180.)

17 = 19 JANVIER 1791. — Décret qui autorise provisoirement le département du Puy-de-Dôme à occuper l'ancien palais de la cour-des-aides de Clermont-Ferrand. (L. 3, 170; B. 10, 181.)

17 JANVIER 1791. — Décret portant vente de domaines nationaux à la municipalité du bourg de Vitry en Perthois, pour la somme de cent-vingt mille trois cent cinquante-quatre livres neuf sous huit deniers. (B. 10, 182.)

17 JANVIER 1791. — Militaires. Voy. 3 JANVIER 1791.

18 = 27 JANVIER 1791. — Décret relatif au commerce du Sénégal. (L. 3, 283; B. 10, 186.)

Art. 1er. Le commerce du Sénégal est libre pour tous les Français.

2. La dépense civile et militaire du Sénégal sera renvoyée à l'examen des comités des finances, de marine et de commerce, pour être réduite à sa plus juste mesure, sans affaiblir la sûreté et la protection dues au commerce national, et ce, d'après la proposition du ministre de la marine.

3. Les administrateurs de ladite compagnie pourront présenter leurs titres d'indemnités au ministre du département de la marine, pour, sur son avis et sur lesdits titres, être décrété par l'Assemblée nationale ce qu'il appartiendra, d'après le compte qui lui en sera rendu par ses comités de marine, d'agriculture, de commerce et des finances.

18 = 23 JANVIER 1791. — Décret relatif aux dimes inféodées à titre d'engagement. (L. 3, 290; B. 10, 187; Mon. du 20 janvier 1791.)

L'Assemblée nationale décrète que les possesseurs des dimes inféodées à titre d'engagement ne pourront être indemnisés et remboursés que sur le pied de la finance d'engagement; et à l'effet de distinguer si les possesseurs de dimes inféodées sont propriétaires incommutables ou engagistes, toutes les demandes en liquidation d'indemnité pour suppression des dimes inféodées seront communiquées par les corps administratifs à l'administration des domaines, pour avoir son avis, qu'elle sera tenu de donner dans les deux mois, et qui sera visé dans l'arrêté de liquidation des corps administratifs. Et seront les greffiers des chambres des comptes, et tous autres dépositaires publics, tenus de communiquer, à toutes réquisitions, les pièces et renseignemens relatifs à la propriété des dimes inféodées qui sont en leur pouvoir.

18 = 21 JANVIER 1791. — Décret relatif au prétendu bref du pape. (L. 3, 310; B. 10, 185.)

L'Assemblée nationale décrète que la copie du prétendu bref du pape, qui a été représentée à l'instant et déposée sur le bureau, sera remise au comité des recherches.

Elle charge son président de se retirer vers le Roi, pour le prier de donner des ordres, à l'effet qu'il soit informé contre les auteurs et distributeurs de ce prétendu bref, dans tous les départemens où il aurait été distribué, et d'écrire à la commune de Nevers pour lui témoigner sa satisfaction de son zèle et de sa surveillance.

18 = 19 JANVIER 1791. — Décret relatif à l'installation de ceux des juges des tribunaux du département de Paris, qui sont membres de l'Assemblée nationale. (L. 3, 226; B. 10, 186.)

18 JANVIER 1791. — Décret portant vente de domaines nationaux à différentes municipalités de Saône-et-Loire et de la Côte-d'Or. (B. 10, 182.)

18 = 23 JANVIER 1791. — Décret pour l'établissement de juges-de-paix dans le canton de Coutances, et de tribunaux de commerce dans les villes de Châteauroux, Issoudun, Tarascon, Martigues, La Ciotat, Angoulême, Tournus, Orléans, Montargis, Niort et Montauban, et qui maintient provisoirement dans leurs fonctions les juridictions consulaires alors existantes dans quelques-unes de ces villes, et réunit la municipalité de Villefolle à celle de Villeneuve-le-Roi. (L. 3, 292; B. 10, 184.)

18 JANVIER 1791.—Contribution mobilière. *Voy.* 13 JANVIER 1791.

19 = 23 JANVIER 1791.—Décret relatif aux baux à loyer des maisons occupées par les directoires des vingtièmes. (L. 3, 302; B. 10, 189.)

Art. 1er. Les baux à loyer des bâtimens occupés par les dépôts d'étalons et autres établissemens relatif aux haras, ainsi que les baux des maisons occupées par les bureaux des directions des vingtièmes, demeureront résiliés à compter du 1er janvier 1791.

2. Les directoires des départemens se feront représenter les baux à loyer dont la résiliation est prononcée par l'article précédent; ils constateront les prix et la durée, et donneront leur avis sur l'indemnité qui devra être accordée aux propriétaires, conformément aux usages locaux. Les directoires de département dresseront des procès-verbaux de leurs opérations, qu'ils enverront sans délai au ministre des finances, pour, sur le compte qui en sera rendu à l'Assemblée, être décrété ce qu'il appartiendra.

19 JANVIER 1791. — Décret portant vente de domaines nationaux à différentes municipalités du département de la Côte-d'Or. (B. 10, 188.)

19 = 23 JANVIER 1791. — Décret portant que la paroisse d'Eschassières fera partie du département de l'Allier. (L. 3, 287; B. 10, 190.)

19 JANVIER 1791. — Décret portant vente de domaines nationaux à la municipalité de Dinan et à différentes municipalités des départemens des Ardennes, des Côtes-du-Nord, du Finistère, des Hautes-Pyrénées, de l'Hérault, d'Ille-et-Vilaine, de Loir-et-Cher, de la Loire-Inférieure, du Morbihan, du Nord, de l'Oise, du Pas-de-Calais, de Seine-et-Marne, de Seine-et-Oise et de l'Yonne. (B. 10, 138 et 191.)

19 JANVIER 1791. — Aisne, etc. *Voy.* 10 JANVIER 1791. — Aix, etc. *Voy.* 15 JANVIER 1791. — Alauch, etc. *Voy.* 10 JANVIER 1791. — Amiens, etc. *Voy.* 12 DÉCEMBRE 1790. — Assemblée nationale. *Voy.* 27 OCTOBRE 1790, 9 JANVIER 1791. — Assignats. *Voy.* 9 JANVIER 1791. — Avignon; Bastille. *Voy.* 16 JANVIER 1791. — Béziers. *Voy.* 6 JANVIER 1791. — Bois nationaux. *Voy.* 15 JANVIER 1791. — Brevets. *Voy.* 9 JANVIER 1791. — Brie-comte-Robert. *Voy.* 17 JANVIER 1791. — Caisse de l'extraordinaire. *Voy.* 14 JANVIER 1791. — Chanoinesses. *Voy.* 6 JANVIER 1791. — Commissions. *Voy.* 9 JANVIER 1791. — Contrat de rente. *Voy.* 14 JANVIER 1791. — Créances. *Voy.* 10 JANVIER 1791. — Cueilloirs. *Voy.* 12 JANVIER 1791. — Décorations militaires. *Voy.* 9 JANVIER 1791. — Districts. *Voy.* 16 JANVIER 1791. — Domaines nationaux. *Voy.* 10 DÉCEMBRE 1790. — Dreux. *Voy.* 12 JANVIER 1791. — Ecclésiastiques. *Voy.* 10 JANVIER 1791. — Evêques. *Voy.* 13 JANVIER 1791. — Gardes nationales. *Voy.* 15 JANVIER 1791. — Gironde. *Voy.* 8 JANVIER 1791.—Gratifications; Indemnités. *Voy.* 6 JANVIER 1791.— Juges. *Voy.* 18 JANVIER 1791. — M. de La Grange. *Voy.* 14 JANVIER 1791. — Limay. *Voy.* 12 JANVIER 1791. — Loire-Inférieure. *Voy.* 6 JANVIER 1791. — Messageries; *Voy.* 8 JANVIER 1791. — Sieur Mignot, etc. *Voy.* 8 JANVIER 1791.—Montmorency; Moulinraux. *Voy.* 12 JANVIER 1791. — Municipalités, etc.; Offices de judicature; Officiers. *Voy.* 6 JANVIER 1791. — Officiers de fortune; Ordres; Orléans; Pensionnaires; Pensions. *Voy.* 9 JANVIER 1791. — Pièces de quinze et trente sous. *Voy.* 11 DÉCEMBRE 1790.—Ponts-et-chaussées. *Voy.* 31 DÉCEMBRE 1790. — Prud'hommes pêcheurs. *Voy.* 9 DÉCEMBRE 1790. — Puy-de-Dôme. *Voy.* 17 JANVIER 1791. — Receveurs particuliers. *Voy.* 15 JANVIER 1791. — Spectacles. *Voy.* 13 JANVIER 1791. — Titre des lois. *Voy.* 5 JANVIER 1791. — Toulon. *Voy.* 9 JANVIER 1791. — Sieur Tribert. — Troupes de ligne. *Voy.* 17 JANVIER 1791.

20 = 23 JANVIER 1791. — Décret relatif à la perception des droits de la régie des domaines et des contrôles, et à la distribution du papier timbré. (L. 3, 304; B. 10, 205.)

Art. 1er. Tous les préposés à la perception des droits de la régie des domaines et contrôles feront clore et arrêter le 31 de ce mois leurs registres; savoir, dans les villes où sont établis des tribunaux de district, par l'un des officiers dudit siège; et dans les autres villes ou communautés, par le juge-de-paix du canton, ou par un des assesseurs, ou, à défaut, par les officiers municipaux.

Et néanmoins, pour les actes de date antérieure et authentique, il ne sera perçu que le droit ancien.

2. Le même jour, les notaires et tabellions feront arrêter leurs répertoires par les mêmes officiers, et les préposés à la perception des droits pourront se faire représenter ces répertoires pour s'assurer de l'exécution de cette disposition.

3. A compter du 1er février prochain, la distribution du papier timbré sera confiée aux commissaires nommés pour la régie des droits d'enregistrement.

L'Assemblée nationale charge son président de porter, dans le jour, le présent décret à l'acceptation du Roi.

---

20 = 23 JANVIER 1791. — Décret concernant la forme du visa des objets admissibles en paiement de domaines nationaux. (L. 3, 296; B. 10, 196.)

L'Assemblée nationale, voulant déterminer la forme du *visa* requis par les articles 4 et 11 du décret du 7 novembre dernier, relatif aux fonds d'avance ou cautionnemens non comptables, et par l'article dernier du décret du 16 décembre, relatif aux rentiers du ci-devant corps du clergé, pour admettre ces différentes créances en paiement des domaines nationaux, décrète ce qui suit :

Art. 1er. Le commissaire du Roi directeur-général de la liquidation, est substitué aux commissaires de l'Assemblée nationale qui devaient délivrer le *visa* exigé par les décrets ci-dessus datés, duquel *visa* l'Assemblée nationale s'était réservé de déterminer la forme.

2. Les fonds d'avance ou cautionnemens des régisseurs-généraux, des administrateurs des domaines, des fermiers-généraux, des administrateurs de la loterie et des employés desdites compagnies, leurs caissiers et receveurs exceptés, seront admissibles en paiement des domaines nationaux dans la forme et la proportion qui vont être déterminées.

3. Les propriétaires desdits fonds d'avance ou cautionnemens remettront les originaux de leur titres de propriété entre les mains du commissaire du Roi directeur-général de la liquidation, lequel leur donnera en échange une reconnaissance de finance dans laquelle, après avoir énoncé le montant entier desdits fonds d'avance et cautionnemens, le directeur-général désignera, soit la moitié admissible quant à présent en paiement des domaines nationaux, soit telle autre somme inférieure à la moitié pour laquelle la reconnaissance sera demandée. Les propriétaires qui auront demandé les reconnaissances, en donneront leur reçu, lorsqu'elles leur seront remises; et ils auront la faculté de se représenter pour obtenir de nouvelles reconnaissances jusqu'à l'épuisement de la moitié du total.

4. Ces reconnaissances seront admises en paiement de domaines nationaux, pour la somme pour laquelle les propriétaires les auront obtenues. Les receveurs des districts dans l'étendue desquels auront été faites les acquisitions, ou le trésorier de l'extraordinaire, rempliront, à l'égard desdites reconnaissances, les mêmes formalités qui ont été prescrites par le décret du 30 décembre dernier à l'égard des reconnaissances des finances d'offices.

5. Les propriétaires de fonds d'avance, finances ou cautionnemens désignés dans l'article 2, joindront à leurs titres originaux un certificat des receveurs-généraux respectifs des compagnies entre les mains desquels se formaient les oppositions, significations de transport, ou saisies, portant qu'il existe quelqu'un de ces actes entre leurs mains, ou qu'il n'en existe point.

S'il y a des transports signifiés, les reconnaissances ne pourront être délivrées qu'aux personnes en faveur desquelles le transport aura été fait. S'il existe des oppositions ou saisies, le nom des opposans ou saisissans, la date et la cause de l'opposition ou de la saisie, seront énoncés dans lesdits certificats; ils le seront également dans les reconnaissances à délivrer, et l'effet des oppositions et saisies sera transporté sans novation, et sans qu'il en résulte aucun retard pour l'acquit des termes des obligations sur les domaines nationaux au paiement desquels les reconnaissances auront été employées, suivant qu'il est porté aux décrets des 30 octobre, 7 novembre et 30 décembre derniers. Le privilége du Trésor public subsistera dans son intégrité, pour raison des répétitions ou créances qu'il pourrait avoir à exercer pour le résultat des liquidations définitives, les reconnaissances mentionnées dans les précédens articles ne pouvant être regardées que comme provisoires à l'égard du Trésor public.

6. Les employés des compagnies de finances dénommés en l'article 2 fourniront au directeur-général de la liquidation un consentement ou déclaration délivré par leurs compagnies respectives pour constater que leur cautionnement est libre de toute comptabilité.

7. Les régisseurs-généraux, administrateurs des domaines et de la loterie, et les fermiers généraux, pourront former opposition sur eux-mêmes, pour arrêter le paiement, soit des récépissés qu'ils auraient déposés ou remis aux personnes qui leur ont prêté des fonds, soit des transports qu'ils auraient consentis; et en ce cas, la reconnaissance demandée sur les récépissés ou sur les transports ne sera délivrée qu'en présence de l'opposant, ou sur son consentement donné par acte authentique.

8. Les propriétaires de rentes dues par le ci-devant clergé et ceux des offices supprimés

joindront pareillement à leurs titres un certificat des conservateurs des oppositions et gardes des rôles, portant qu'il n'existe point d'opposition ou qu'il en existe de la part des personnes et pour les causes qui seront énoncées dans le certificat.

9. Les certificats d'opposition ou de non-opposition étant une fois délivrés, il ne pourra plus être formé d'opposition nouvelle à l'effet d'empêcher la délivrance des reconnaissances à employer au paiement des domaines nationaux; mais lesdites oppositions auront leur effet, lors de la liquidation définitive, pour les valeurs qui n'auront point été comprises dans lesdites reconnaissances, et sauf aux créanciers à faire valoir dans tous les cas, conformément au décret de l'Assemblée nationale, leurs droits sur les domaines acquis par leurs débiteurs.

10. Les intérêts ou arrérages des créances mentionnées en l'article 2, et pour raison desquels il sera délivré des reconnaissances, cesseront du jour de la date desdites reconnaissances, jusqu'à concurrence des sommes pour lesquelles les reconnaissances auront été obtenues; il sera fait rejet des intérêts ou arrérages desdites sommes portés aux reconnaissances, par tous les receveurs, payeurs ou trésoriers, lesquels en feront mention sous les titres desdites créances. A l'égard de l'intérêt des reconnaissances données pour des finances d'offices, l'article 8 du décret du 30 octobre dernier continuera d'être observé dans les termes dans lesquels il est conçu.

11. Les reconnaissances délivrées par le commissaire du Roi directeur général de la liquidation lui seront rapportées en original, lors de la liquidation définitive, avec les certificats ou mentions que les receveurs de district ou le trésorier de l'extraordinaire, aux termes du présent décret et de celui du 30 décembre, auront mis sur lesdites reconnaissances pour constater les sommes pour lesquelles elles auront été reçues, en paiement des domaines nationaux. En procédant à la liquidation définitive, il sera fait mention dans l'acte de liquidation, des sommes déjà employées par le propriétaire, en acquisition de domaines nationaux. La reconnaissance de liquidation définitive ne vaudra que pour l'excédant.

12. Le trésorier de la caisse de l'extraordinaire aura parmi les livres auxiliaires qu'il est obligé de tenir, un livre auxiliaire particulier contenant les paiements faits, soit par le moyen de l'emploi des reconnaissances mentionnées aux précédens articles, soit par la remise de tous autres titres admis, aux termes des décrets de l'Assemblée nationale, en paiement des domaines nationaux.

13. Les articles ci-dessus seront communs aux propriétaires de contrats de rentes sur le clergé, qui voudront user de la faculté à eux

accordée par le décret du 16 décembre dernier; mais les reconnaissances qui leur seront délivrées seront, aux termes dudit décret, de la totalité du capital au denier vingt des rentes énoncées auxdites reconnaissances; et au moyen d'une quittance valable donnée par le propriétaire desdites rentes au pied de leur contrat, la liquidation sera définitive et vaudra remboursement.

14. Le délai accordé par l'article 14 du décret du 30 octobre dernier, sanctionné le 5 novembre suivant, pour former opposition sur les offices supprimés, étant expiré, les conservateurs des hypothèques et gardes des rôles seront tenus de délivrer aux parties qui les requerront, les certificats des oppositions existantes, ou le certificat qu'il n'existe point d'oppositions, sans pouvoir exiger la preuve des publications particulières du décret dudit jour, qui ont dû être faites dans les divers départemens.

20 = 23 JANVIER 1791. — Décret relatif aux contrats de rente sur le ci-devant clergé. (L. 3, 294; B. 10, 201 ; Mon. des 21 et 23 janvier 1791.)

L'Assemblée nationale, voulant qu'il soit procédé à l'exécution du décret du 16 décembre dernier, qui déclare la dette constituée du ci-devant clergé amortie en ce qui appartient à des corps et communautés ecclésiastiques, décrète ce qui suit :

Art. 1er. Les contrats de rente sur le ci-devant clergé qui ont été ou seront remis aux municipalités, directoires de district et de département, lors des inventaires, ou lors de toutes autres opérations faites relativement aux biens dont jouissaient lesdits corps et communautés ecclésiastiques, seront envoyés sans délai au trésorier de l'extraordinaire.

2. Les contrats sur les aides et gabelles, ou sur toute autre partie des revenus de l'État, billets de loterie, actions de la compagnie des Indes et autres effets de semblable nature, en nom ou au porteur, qui se sont trouvés ou se trouveront lors des inventaires et opérations mentionnés en l'article 1er, seront envoyés pareillement sans délai au trésorier de l'extraordinaire.

3. A mesure que lesdits contrats et effets arriveront à la caisse de l'extraordinaire, ils seront estampés d'un timbre portant le mot *annulé*; et, chaque mois, l'état des contrats et effets ainsi annulés sera rendu public par la voie de l'impression, d'après le procès-verbal qui en aura été dressé en présence des commissaires de l'Assemblée nationale : il sera ensuite procédé au brûlement desdits effets en présence des mêmes commissaires.

4. Le remboursement ou extinction des contrats de rente sur le clergé, et autres effets remboursables qui pouvaient appartenir à des

établissemens dont la vente des biens a été ajournée par le décret des 23 et 28 octobre derniers, seront suspendus ; mais les arrérages et intérêts continueront à en être payés auxdits établissemens.

5. A l'égard des autres créanciers du ci-devant corps du clergé par contrats des emprunts de 1780 et 1782, dont l'Assemblée nationale a décrété que le remboursement sera fait dans la présente année à ceux qui le demanderaient, ils seront tenus de se présenter dans le cours de cette année ; ceux qui auront laissé passer ce terme, ne seront plus recevables à demander leur remboursement, et leur rente continuera à leur être payée comme par le passé.

───────

20 JANVIER = 25 FÉVRIER 1791. — Décret relatif au tribunal criminel à établir dans chaque département. (L. 3, 755; Mon. du 21 janvier 1791.)

Art. 1er. Il sera établi un tribunal criminel pour chaque département.

2. Ce tribunal sera composé d'un président nommé par les électeurs du département, et de trois juges pris, chacun tous les trois mois et par tour, dans les tribunaux de district, le président excepté, de telle sorte que le jugement ne pourra être rendu qu'à quatre juges.

3. Il y aura près du tribunal criminel un accusateur public, également nommé par les électeurs du département.

4. Un commissaire du Roi sera toujours de service près du tribunal criminel.

5. Il y aura près du tribunal criminel un greffier, nommé également par les électeurs du département.

6. L'accusateur public sera nommé à la prochaine élection pour quatre ans seulement, et à la suivante pour six années ; le président sera nommé pour six années ; l'un et l'autre pourront être réélus.

Le greffier sera à vie.

───────

20 = 21 JANVIER 1791. — Décret relatif aux troubles survenus dans les départemens des Haut et Bas-Rhin, et qui ordonne qu'il sera envoyé trois commissaires pour y établir l'ordre et la tranquillité. (L. 3. 273; B. 10, 206.)

20 — 23 JANVIER 1791 — Décret qui déclare nulle l'élection du sieur Rondeau à la place de juge du district de Rochefort. (L. 3, 306; B. 10, 206.)

───────

20 = 23 JANVIER 1791. — Décret portant que les délits commis le 21 octobre dernier dans la ville de Belfort, ne peuvent être imputés aux régimens de Royal-Liégeois et de Lauzun. (L. 3, 288; B. 10, 208.)

───────

20 = 21 JANVIER 1791. — Décret qui met quatre millions trois cent quarante-sept mille huit cent soixante-dix-huit livres trois sous quatre deniers à la disposition du ministre de la marine. (L. 3, 175; B. 10, 207.)

20 JANVIER 1791. — Décret portant vente de domaines nationaux à différentes municipalités des départemens d'Eure-et-Loire et de la Somme. (B. 10, 203.)

20 = 21 JANVIER 1791. — Décret portant que les personnes détenues dans les prisons d'Aix, Marseille et Toulon, seront traitées avec les égards dus à l'humanité et conformément à la loi. (B. 10, 203.)

21 = 26 JANVIER 1791. — Décret et instruction sur la constitution civile du clergé. (L. 3, 321; B. 10, 210; Mon. du 23 janvier 1791.)

Voy. loi du 12 JUILLET = 24 AOUT 1790.

L'Assemblée nationale décrète que l'instruction sur la constitution civile du clergé, lue dans la séance de ce jour, sera envoyée sans délai aux corps administratifs, pour l'adresser aux municipalités, et qu'elle sera sans retardement lue un jour de dimanche, à l'issue de la messe paroissiale, par le curé ou un vicaire, et, à leur défaut, par le maire ou le premier officier municipal.

Elle charge son président de se retirer dans le jour devers le Roi, pour le prier d'accorder sa sanction au présent décret, et de donner les ordres les plus positifs pour sa plus prompte expédition et exécution.

Instruction de l'Assemblée nationale sur la constitution civile du clergé.

Lorsque l'Assemblée nationale a décrété une instruction sur la constitution civile du clergé, elle a voulu dissiper des calomnies. Ceux qui les répandent sont les ennemis du bien public ; et ils ne s'y livrent avec hardiesse que parce que les peuples parmi lesquels ils les sèment, sont à une grande distance du centre des délibérations de l'Assemblée.

Ces détracteurs téméraires, beaucoup moins amis de la religion qu'intéressés à perpétuer les troubles, prétendent que l'Assemblée nationale, confondant tous pouvoirs, les droits du sacerdoce et ceux de l'empire, veut établir sur des bases jadis inconnues une religion nouvelle ; et que, tyrannisant les consciences, elle veut obliger des hommes paisibles à renoncer par un serment criminel à des vérités antiques qu'ils révéraient, pour embrasser des nouveautés qu'ils ont en horreur.

L'Assemblée doit aux peuples, particulièrement aux personnes séduites et trompées, l'exposition franche et loyale de ses intentions, de ses principes, et des motifs de ses décrets. S'il n'est pas en son pouvoir de prévenir la calomnie, il lui sera facile au moins de réduire les calomniateurs à l'impuissance d'égarer plus long-temps les peuples, en abusant de leur simplicité et de leur bonne foi.

Les représentans des Français, fortement attachés à la religion de leurs pères, à l'église catholique dont le pape est le chef visible sur la terre, ont placé au premier rang des dépenses de l'Etat celles de ses ministres et de son culte; ils ont respecté ses dogmes, ils ont assuré la perpétuité de son enseignement. Convaincus que la doctrine et la foi catholique avaient leur fondement dans une autorité supérieure à celle des hommes, ils savaient qu'il n'était pas en leur pouvoir d'y porter la main, ni d'attenter à cette autorité toute spirituelle; ils savaient que Dieu même l'avait établie, et qu'il l'avait confiée aux pasteurs pour conduire les ames, leur procurer les secours que la religion assure aux hommes, perpétuer la chaîne de ses ministres, éclairer et diriger les consciences.

Mais, en même temps que l'Assemblée nationale était pénétrée de ces grandes vérités, auxquelles elle a rendu un hommage solennel toutes les fois qu'elles ont été énoncées dans son sein, la constitution que les peuples avaient demandée exigeait la promulgation de lois nouvelles sur l'organisation civile du clergé; il fallait fixer ses rapports extérieurs avec l'ordre politique de l'Etat.

Or, il était impossible, dans une constitution qui avait pour base l'égalité, la justice et le bien général; l'égalité, qui appelle aux emplois publics tout homme qu'un mérite reconnu rend digne du choix libre de ses concitoyens; la justice, qui, pour exclure tout arbitraire, n'autorise que des délibérations prises en commun; le bien général, qui repousse tout établissement parasite; il était impossible, dans une telle constitution, de ne pas supprimer une multitude d'établissemens devenus inutiles, de ne pas rétablir les élections libres des pasteurs, et de ne pas exiger, dans tous les actes de la police ecclésiastique, des délibérations communes, seules garantes, aux yeux du peuple, de la sagesse des résolutions auxquelles ils doivent être soumis.

La nouvelle distribution civile du royaume rendait nécessaire une nouvelle distribution des diocèses. Comment aurait-on laissé subsister des diocèses de quatorze cents paroisses, et des diocèses de vingt paroisses! L'impossibilité de surveiller un troupeau si nombreux contrastait d'une manière trop frappante avec l'inutilité de titres qui n'offraient presque point de devoirs à remplir.

Ces changemens étaient utiles, on le reconnaît; mais l'autorité spirituelle devait, dit-on, y concourir. Qu'y a-t-il donc de spirituel dans une distribution de territoire? Jésus-Christ a dit à ses apôtres : *Allez et préchez*

par toute la terre; il ne leur a pas dit : *Vous serez les maîtres de circonscrire les lieux où vous enseignerez.*

La démarcation des diocèses est l'ouvrage des hommes; le droit ne peut en appartenir qu'aux peuples, parce que c'est à ceux qui ont des besoins, à juger du nombre de ceux qui doivent y pourvoir.

D'ailleurs, si l'autorité spirituelle devait ici concourir avec la puissance temporelle, pourquoi les évêques ne s'empressent-ils pas de contribuer eux-mêmes à l'achèvement de cet ouvrage? pourquoi ne remettent-ils pas volontairement entre les mains de leurs collègues les droits exclusifs qu'ils prétendaient avoir? pourquoi enfin chacun d'eux ne se fait-il pas à lui-même la loi dont tous reconnaissent et dont aucun ne peut désavouer la sagesse et les avantages?

Tels ont été les motifs du décret de l'Assemblée nationale sur l'organisation civile du clergé; ils ont été dictés par la raison si prépondérante du bien public : telles ont été ses vues; leur pureté est évidente; elle se montre avec éclat aux yeux de tous les amis de l'ordre et de la loi. Imputer à l'Assemblée d'avoir méconnu les droits de l'Eglise, et de s'être emparé d'une autorité qu'elle déclare ne pas lui appartenir, c'est la calomnier sans pudeur.

Reprocher à un individu d'avoir fait ce qu'il déclare n'avoir ni fait, ni voulu, ni pu faire, ce serait supposer en lui un excès de corruption dont l'hypocrisie serait le comble. C'est là cependant ce qu'on n'a pas honte d'imputer aux représentans des Français; on ne craint pas de les charger du reproche d'avoir envahi l'autorité spirituelle, tandis qu'ils l'ont toujours respectée, qu'ils ont toujours dit et déclaré, que loin d'y avoir porté atteinte, ils tenteraient en vain de s'en saisir, parce que les objets sur lesquels cette autorité agit, et la manière dont elle s'exerce, sont absolument hors de la sphère de la puissance civile.

L'Assemblée nationale, après avoir porté un décret sur l'organisation civile du clergé, après que ce décret a été accepté par le Roi comme constitutionnel, a prononcé un second décret par lequel elle a assujéti les ecclésiastiques fonctionnaires publics à jurer qu'ils maintiendraient la constitution de l'Etat. Les motifs de ce second décret n'ont été ni moins purs, ni moins conformes à la raison, que ceux qui avaient déterminé le premier.

Il était arrivé d'un grand nombre de départemens une multitude de dénonciations d'actes tendant par divers moyens, tous coupables, à empêcher l'exécution de la constitution civile du clergé. L'Assemblée pouvait faire rechercher les auteurs des troubles et les faire punir; mais elle pouvait aussi jeter un voile sur de premières fautes, avertir ceux qui s'étaient écartés de leur devoir, et ne punir que ceux qui se montreraient obstinément réfractaires à la loi : elle a pris ce dernier parti.

Elle n'a donné aucune suite aux dénonciations qui lui avaient été adressées ; mais elle a ordonné pour l'avenir une déclaration solennelle par tous les ecclésiastiques fonctionnaires publics, semblable à celle qu'elle avait exigée des laïcs chargés de fonctions publiques, qu'ils exécuteraient et maintiendraient la loi de l'Etat.

Toujours éloignée du dessein de dominer les opinions, plus éloignée encore du projet de tyranniser les consciences, non-seulement l'Assemblée a laissé à chacun sa manière de penser, elle a déclaré que les personnes dont elle était en droit d'interroger l'opinion, comme fonctionnaires publics, pourraient se dispenser de répondre : elle a seulement prononcé qu'alors ils seraient remplacés, et qu'une fois remplacés, ils ne pourraient plus excercer de fonctions publiques ; parce qu'en effet ce sont deux choses évidemment inconciliables, d'être fonctionnaire public dans un Etat, et de refuser de maintenir la loi de l'Etat.

Tel a été l'unique but du serment ordonné par la loi du 26 décembre dernier, de prévenir ou de rendre inutiles les odieuses recherches qui portent sur les opinions individuelles. Une déclaration authentique du fonctionnaire public rassure la nation sur tous les doutes qu'on élèverait contre lui ; le refus de la déclaration n'a d'autre effet que d'avertir que celui qui a refusé ne peut plus parler au nom de la loi, parce qu'il n'a pas juré de maintenir la loi.

Que les ennemis de la constitution française cherchent à faire naître des difficultés sur la légitimité de ce serment, en lui donnant une étendue qu'il n'a pas ; qu'ils s'étudient à disséquer minutieusement chaque expression employée dans la constitution civile du clergé, pour faire naître des doutes dans les esprits faibles et indéterminés, leur conduite manifeste des intentions et des artifices coupables ; mais les vues de l'Assemblée sont droites, et ce n'est point par des subtilités qu'il faut attaquer ses décrets.

Si des pasteurs ont quitté leurs églises au moment où on leur demandait de prêter leur serment, si d'autres les avaient déjà abandonnées avant qu'on le leur demandât, c'est peut-être l'effet de l'erreur qui s'était glissée dans l'intitulé de la loi ; erreur réparée aussitôt que reconnue. Ils craignaient, disent-ils, d'être poursuivis comme perturbateurs du repos public, s'ils ne prêtaient pas leur serment ; ce n'était pas la disposition de la loi.

L'Assemblée, prévoyant à regret le refus que pourraient faire quelques ecclésiastiques, avait dû annoncer les mesures qu'elle prendrait pour les faire remplacer. Le remplacement étant consommé, elle avait dû nécessairement regarder comme perturbateurs du repos public ceux qui, élevant autel contre autel, ne céderaient pas leurs fonctions à leurs successeurs. C'est cette dernière résistance que la loi a qualifiée de criminelle. Jusqu'au remplacement, l'exercice des fonctions est censé avoir dû être continué.

Serait-ce le sacrifice de quelques idées particulières, de quelques opinions personnelles qui les arrêterait ? L'avantage général du royaume, la paix publique, la tranquillité des citoyens, le zèle même pour la religion, seront-ils donc trop faibles dans les ministres d'une religion qui ne prêche que l'amour du prochain, pour déterminer de tels sacrifices ? Dès que la foi n'est pas en danger, tout est permis pour le bien des hommes, tout est sanctifié par la charité. La résistance à la loi peut entraîner, dans les circonstances présentes, une suite de maux incalculables ; l'obéissance à la loi maintiendra le calme dans tout l'empire : le dogme n'est point en danger, aucun article de la foi catholique n'est attaqué : comment serait-il possible, dans une telle position, d'hésiter entre obéir ou résister ?

Français, vous connaissez maintenant les sentimens et les principes de vos représentans ; ne vous laissez donc plus égarer par des assertions mensongères.

Et vous, pasteurs, réfléchissez que vous pouvez dans cet instant contribuer à la tranquillité des peuples. Aucun des articles de la foi n'est attaqué : cessez donc une résistance sans objet ; qu'on ne puisse jamais vous reprocher la perte de la religion, et ne causez point aux représentans de la nation la douleur de vous voir écartés de vos fonctions par une loi que les ennemis de la révolution ont rendue nécessaire. Le bien public en réclame l'exécution la plus prompte, et l'Assemblée nationale sera inébranlable dans ses résolutions pour la procurer.

---

21 = 26 JANVIER 1791. — Décret qui autorise le département du Gard à acquérir la maison des Augustins pour y faire le service de son administration. (L. 3, 328 ; B. 10, 209.)

---

21 = 26 JANVIER 1791. — Décret qui accorde une somme aux sieurs Platel frères, et autres, pour les défrayer de leurs dépenses de voyage. (L. 3, 336 ; B. 10, 210.)

---

21 = 26 JANVIER 1791.—Décret concernant l'établissement connu sous le nom de la Charité-Maternelle de Paris. (L. 3, 319 ; B. 10, 209.)

---

21 JANVIER 1791. — Décret qui charge le comité de constitution de présenter un projet d'établissement d'un tribunal provisoire, destiné à juger les crimes de lèse-nation. (B. 10, 209.)

21 JANVIER 1791. — Correspondance générale. *Voy.* 27 DÉCEMBRE 1790. — Haut et Bas-Rhin ; Ministère de la marine. *Voy.* 20 JANVIER 1791.

---

22 = 23 JANVIER 1791. — Décret contenant des articles additionnels au Code pénal de la marine. (L. 3, 315 ; B. 10, 222.)

Voy. loi du 21 = 22 AOUT 1790.

Art. 1er. Dans le cas où le capitaine d'un bâtiment se rendrait accusateur contre son équipage ou une partie de son équipage, la plainte sera portée par lui au commandant de l'escadre dont le bâtiment ferait partie, ou au commandant du port, si le bâtiment n'était point en escadre. Ce commandant indiquera en nombre double, parmi les hommes de mer, étrangers au bâtiment, ceux qui doivent composer le jury, conformément à l'article 5 du titre Ier du Code pénal. Le prononcé du jury sera porté à un conseil de justice, également indiqué par le commandant de l'escadre ou du port, et composé d'officiers étrangers au bâtiment, au nombre de cinq au moins, et, s'il est possible, en nombre égal à celui des officiers de l'état-major du bâtiment. Ce conseil s'assemblera à bord du vaisseau commandant dans l'escadre, ou de l'amiral dans le port, et le commandant du port fera, s'il y a lieu, exécuter le jugement du conseil de justice.

2. Dans le cas où on ne pourrait trouver dans une escadre ou dans un port le nombre d'officiers de chaque grade nécessaire pour composer un conseil martial, ils seront remplacés par les officiers les plus anciens des grades inférieurs qui seraient présens dans le port ou dans l'escadre, pourvu qu'ils soient au moins lieutenans de vaisseau.

---

22 JANVIER 1791. — Décret portant vente de domaines nationaux aux municipalités de Châlons-sur-Saône, Epervans, la Rougere, etc. (B. 10, 218.)

---

22 = 26 JANVIER 1791. — Décret relatif à la circonscription et formation des paroisses de la ville d'Amiens. (L. 3, 334 ; B. 10, 219.)

---

22 = 26 JANVIER 1791. — Décret qui accorde une somme provisoire de trente-quatre mille livres pour être employée aux réparations les plus urgentes à faire aux digues de Dole. (L. 3, 330 ; B. 10, 221.)

---

22 JANVIER 1791. — Décret portant vente de domaines nationaux aux municipalités de Bourg, Germagnat, l'Etré, etc., du département de l'Ain, et aux municipalités de Vonnans, Servance, d'Arbecey et d'Auvet, du département de la Haute-Saône. (B. 10, 223.)

---

23 = 30 JANVIER 1791. — Décret relatif au remboursement des rentes de douze à vingt livres et aux brevets de retenue. (L. 3, 371 ; B. 10, 225.)

Art. 1er. Les parties des rentes et autres charge de pareille nature de douze à vingt livres de produit, dont le remboursement avait été ordonné, par arrêts du conseil des 26 décembre 1784 et 18 août 1785, être fait à la caisse des amortissemens, et dont les arrérages avaient en conséquence été rayés des états, continueront à être remboursés à la caisse de l'extraordinaire, conformément aux dispositions, tant desdits arrêts du conseil, que des décrets de l'Assemblée.

2. L'Assemblée nationale décrète que les porteurs de brevets de retenue et les propriétaires de décomptes sur les pensions, dont le paiement a été ordonné par un décret précédent, pourront les employer, après qu'ils seront liquidés et après que les brevets de retenue auront été reconnus susceptibles de l'indemnité accordée par le précédent décret, soit au paiement d'acquisition de domaines nationaux, soit au paiement de la contribution patriotique.

---

23 = 28 JANVIER 1791. — Décret qui désigne provisoirement le Palais pour la tenue des séances du tribunal du premier arrondissement de Paris, et le Châtelet pour le deuxième arrondissement. (L. 3, 337 ; B. 10, 226.)

---

23 JANVIER 1791. — Décret relatif à la circulation des petits assignats. (L. 3, 281 ; B. 10, 224.).

---

23 JANVIER 1791. — Décret portant vente de domaines nationaux à différentes municipalités des départemens de l'Aisne, Aveyron, Corrèze, Eure-et-Loir, Haute-Marne, Hautes-Pyrénées, Hérault et Puy-de-Dôme. (B. 10, 227.)

---

23 JANVIER 1791. — Amiens, etc. *Voy.* 12 DÉCEMBRE 1790. — Annonay, etc. *Voy.* 15 DÉCEMBRE 1790. — Belfort. *Voy.* 20 JANVIER 1791. — Bref du pape. *Voy.* 18 JANVIER 1791. — Clergé. *Voy.* 20 JANVIER 1791. — Coutances, etc. ; Dîmes. *Voy.* 18 JANVIER 1791. — Direction du vingtième. *Voy.* 19 JANVIER 1791. — Domaines nationaux. *Voy.* 14 DÉCEMBRE 1790. — Marine. *Voy.* 22 JANVIER 1791. — Perception. *Voy.* 20 JANVIER 1791. — Sieur Rondeau. *Voy.* 20 JANVIER 1791. — Sénégal. *Voy.* 18 JANVIER 1791. — Visa. *Voy.* 20 JANVIER 1791.

---

24 = 30 JANVIER 1791. — Décret portant établissement de juges de commerce et de paix sur les pétitions des départemens de l'Isère, de la Drôme, des Basses-Alpes, des Bouches-du-Rhône, du Var, du Puy-de-Dôme, de l'Aveyron, de l'Orne et de la Haute-Marne. (L. 3, 354 ; B. 10, 229.)

24 = 30 JANVIER 1791. — Décret qui autorise la ville de Strasbourg à percevoir à son profit, sur le débit en détail des boissons, la moitié des droits perçus jusqu'à l'époque de la suppression du vingtelt. (L. 3, 353; B. 10, 231.)

24 JANVIER 1791. — Décret portant vente de domaines nationaux à la municipalité de Bourbon-Lancy. (B. 10, 230.)

25 = 30 JANVIER 1791. — Décret portant que les fonctions de maire, d'officier municipal et de procureur de la commune, sont incompatibles avec celles de juges-de-paix et de greffier de juge-de-paix. (L. 3, 345; B. 10, 234; Mon. du 26 janvier 1791.)

L'Assemblée nationale décrète que les fonctions de maire, officiers municipaux et procureur de la commune, sont incompatibles avec celles des juges-de-paix et de leurs greffiers; et que ceux qui auraient été élus à ces places, seront tenus d'opter dans les trois jours de la publication du présent décret.

L'Assemblée nationale, sur le rapport de son comité des finances, relativement à l'affaire de Chinon, renvoie cette affaire au pouvoir exécutif.

25 JANVIER = 4 FÉVRIER 1791. — Décret concernant les attributions des directoires de département et des tribunaux pour le remplacement des ecclésiastiques refusant de prêter serment. (L. 3, 415; B. 10. 236; Mon. du 27 juin 1791.)

L'Assemblée nationale, instruite d'un jugement rendu le 20 de ce mois, par le tribunal du district d'Amiens, sur l'exécution d'une délibération du directoire du département de la Somme, en date du 17 du même mois, au sujet du remplacement des ecclésiastiques fonctionnaires publics, refusant de prêter le serment prescrit par le décret du 27 novembre précédent, après avoir entendu le rapport qui lui a été fait au nom de ses comités de constitution et ecclésiastique,

Décrète que l'exécution du décret du 27 novembre dernier appartient aux corps administratifs et aux municipalités, sauf aux tribunaux à prendre connaissance seulement des cas portés aux articles 6, 7 et 8 dudit décret;

Déclare le jugement du tribunal du district d'Amiens comme non avenu;

Approuve la conduite du directoire du département de la Somme; le charge néanmoins de procéder aux remplacements des ecclésiastiques fonctionnaires publics, refusant de prêter le serment prescrit par le décret du 27 novembre dernier, conformément à l'instruction de l'Assemblée, du 21 de ce mois;

Au surplus, renvoie au comité des recherches, tant la dénonciation que le directoire

du département a arrêté de faire à l'accusateur public dudit tribunal, par sa délibération du 17 de ce mois, que celle faite le 20 du même mois au même directoire, pour, du tout être rendu compte à l'Assemblée.

25 = 30 JANVIER 1791. — Décret portant circonscription des paroisses des villes d'Angers, d'Auxerre et de Sens. (L. 3, 340, 346 et 348; B. 10, 231, 232 et 233.)

25 JANVIER 1791. — Décret portant vente des domaines nationaux à différentes municipalités des départemens du Cher, de la Drôme, du Loiret, du Rhône et de la Loire. (B. 10, 234, 235.)

26 = 30 JANVIER 1791. — Décret qui autorise le district de Corbeil à acquérir l'emplacement nécessaire à son établissement et à celui du tribunal. (L. 3, 356; B. 10, 238.)

26 = 30 JANVIER 1791. — Décret relatif au juge-de-paix de la ville d'Arles, quartier de la Croux. (L. 3, 381; B. 10, 240.)

26 = 30 JANVIER 1791. — Décret relatif au paiement des dépenses faites pour la conduite des sieurs Guillin et autres dans les prisons de Paris (B. 10, 237.)

26 JANVIER 1791. — Décret portant vente de domaines nationaux à différentes municipalités des départemens de l'Ain, de la Haute-Saône et du Jura. (B. 10, 238.)

26 = 30 JANVIER 1791. — Décret contenant établissement de juges de commerce et de paix, et réunion de cantons et de districts, sur les pétitions des départemens du Var, de l'Ardèche, des Bouches-du-Rhône, du Bas-Rhin, du Jura, de la Loire-Inférieure et de la Côte-d'Or. (L. 3, 351; B. 10, 240)

26 JANVIER 1791. — Amiens, etc. Voy. 27 DÉCEMBRE 1790, 22 JANVIER 1791. — Charité Maternelle; Clergé. Voy. 21 JANVIER 1791. — Dignes de Dole. Voy. 22 JANVIER 1791. — Gard, Platel frères. Voy. 21 JANVIER 1791.

27 = 30 JANVIER 1791. — Décret relatif remplacement des ecclésiastiques qui n'ont pas prêté le serment. (L. 3, 349, B. 10, 241; Mon. du 20 janvier 1791.)

Voy. loi du 12 JUILLET = 24 AOUT 1791

Art. 1er. Aussitôt après l'expiration du délai prescrit par le décret du 27 novembre dernier; il sera procédé au remplacement des ecclésiastiques fonctionnaires publics qui n'auront pas prêté le serment.

2. Dans les départemens où il y a actuellement et un évêque et des curés à nommer,

les assemblées électorales s'occuperont d'abord de l'élection de l'évêque; après quoi les électeurs se retireront dans le chef-lieu de leur district respectif, pour y faire l'élection des curés.

3. Dans les départemens où les délais accordés à l'évêque ne sont point expirés, les assemblées électorales de chaque district procéderont sur-le-champ à l'élection des curés.

4. Les évêques qui ont été élus jusqu'à ce jour, et ceux qui le seront dans le courant de la présente année, ne pourront s'adresser à leur métropolitain ou à tout autre évêque de leur arrondissement, qu'autant que ceux-ci auront prêté le serment prescrit par le décret du 27 novembre dernier; et dans le cas où aucun des évêques de l'arrondissement n'aurait prêté le serment, ils s'adresseront au directoire de leur département, pour leur être indiqué un évêque en France, parmi ceux qui auront prêté le serment, lequel pourra procéder à la confirmation canonique et à la consécration.

———

27 JANVIER = 4 FÉVRIER 1791. — Décret concernant les conservateurs des hypothèques, les greffiers expéditionnaires; et l'exercice des chancelleries établies près les tribunaux de district, pour le sceau des lettres de ratification. (L. 3, 388; B. 10, 253.)

L'Assemblée nationale, après avoir entendu le rapport de son comité de constitution sur les difficultés et les doutes qu'ont fait naître les articles 22, 23 et 24 du décret des 6 et 7 septembre dernier, concernant l'organisation judiciaire, sanctionné par la proclamation du Roi, du 11 du même mois, décrète ce qui suit :

Art. 1er. La disposition du décret par laquelle les plus anciens d'entre les conservateurs des hypothèques et greffiers-expéditionnaires des chancelleries des anciennes juridictions royales sont appelés, dans les cas y mentionnés, à exercer de préférence les chancelleries établies près les tribunaux de district, ne pouvant s'entendre que de ceux desdits conservateurs ou greffiers qui seraient en titre d'office, les administrateurs des droits d'hypothèques demeurent libres de choisir, ainsi qu'ils jugeront à propos, entre ceux qui ne sont pourvus que de simples commissions, sans être astreints au rang d'ancienneté.

2. Il ne pourra, à compter de la publication du présent décret, être scellé aucunes lettres de ratification dans les tribunaux de district que quatre mois après cette époque, pendant lequel temps les créanciers qui auront fait signifier deux oppositions et de nouvelles élections de domicile, ou autres actes, entres les mains des conservateurs établis près les ci-devant baillages, sénéchaussées ou autres juridictions royales, seront tenus de les renouveler; savoir, pour les immeubles réels, entre les mains du conservateur établi par le tribunal du district de leur situation, et pour les immeubles fictifs, entre les mains du conservateur établi près le tribunal du district du domicile du débiteur; le tout sans payer aucun droit d'enregistrement, en justifiant de l'opposition formée depuis trois ans au baillage, sénéchaussée ou juridiction royale.

3. Ne pourront, néanmoins, les oppositions ainsi renouvelées gratuitement durer au-delà du temps que doivent durer les oppositions formées depuis trois ans aux baillages, sénéchaussées, ou autres juridictions royales supprimées; à l'effet de quoi il sera fait mention de la date de ces dernières par le conservateur des hypothèques, tant dans l'enregistrement qu'il fera des nouvelles, que dans les originaux de celles-ci, dans les *visa* dont ils seront par lui revêtus, et dans les certificats qui en seront délivrés.

4. Les acquéreurs qui auront fait exposer leurs contrats d'acquisition en l'auditoire du ci-devant baillage, sénéchaussée ou juridiction royale de la situation des immeubles réels, et du domicile du vendeur pour les immeubles fictifs, sans avoir obtenu de lettres de ratification; ensemble ceux dont les contrats se trouvaient exposés lorsque les tribunaux de district sont entrés en activité, seront tenus, si fait n'a été, d'en faire un nouveau dépôt au greffe du tribunal de district, pour l'extrait en être exposé pendant deux mois au tableau de l'auditoire.

5. Les registres, minutes, et autres actes existant dans les chancelleries des baillages, sénéchaussées ou autres juridictions royales, dans les lieux où il n'y a pas actuellement de tribunaux de district, seront déposés à la chancellerie du tribunal de district de l'arrondissement dans lequel existaient lesdits baillages, sénéchaussées ou juridictions, après inventaire fait entre le conservateur de la chancellerie où doit s'en faire le dépôt, et le commissaire du Roi du tribunal près lequel existe cette chancellerie; et il sera remis une expédition de cet inventaire au secrétariat de la municipalité du lieu d'où lesdits registres, minutes et autres actes auront été transférés.

6. Les droits ci-devant attribués à l'office de garde des sceaux desdites chancelleries seront provisoirement perçus au profit du Trésor public et il en sera rendu compte avec les autres droits des hypothèques.

7. L'Assemblée nationale déclare que, par la disposition de l'article 24 du décret ci-dessus, concernant l'insinuation, elle n'a entendu déroger à la déclaration du 17 février 1731, ni à l'ordonnance du même mois, ni aux autres lois de la même nature; en conséquence, les actes assujétis par ces lois à l'insinuation continueront d'être insinués, sui-

vant les règles qu'elles ont établies, soit aux greffes des tribunaux de district de la situation des immeubles, soit dans ceux du domicile des donateurs, sans néanmoins qu'on puisse arguer de nullité les insinuations qui, depuis la publication dudit décret jusqu'à celle du présent, auraient pu être faites par une interprétation erronée dudit article 24, dans les bureaux des lieux où il n'existait ci-devant que des justices seigneuriales, et où sont actuellement établis des tribunaux de district.

Seront également observées, pour la publication judiciaire des actes qui sont soumis à cette formalité, les distinctions établies par les anciennes lois entre les tribunaux de la situation des biens et les tribunaux domiciliaires.

———

27 JANVIER = 4 FÉVRIER 1791. — Décret qui établit un tribunal de commerce à Paris. (L. 3, 403 ; B. 10, 252 ; Mon. du 29 janvier 1791.)

Art. 1er. Il y aura dans la ville de Paris un tribunal de commerce, lequel sera composé de cinq juges y compris le président, et de quatre suppléans.

2. L'élection se fera au scrutin individuel et à la majorité absolue des suffrages, par des électeurs nommés dans les assemblées des négocians, banquiers, marchands, fabricans et manufacturiers de chacune des quarante-huit sections.

3. Chacune de ces assemblées se tiendra au lieu ordinaire de l'Assemblée de la section : elle sera ouverte par un commissaire que nommera la municipalité, sur l'avis des juges de commerce en exercice ; et après l'élection d'un président, d'un secrétaire et de trois scrutateurs, dans la forme décrétée à l'égard des assemblées primaires, il sera procédé à la nomination d'un électeur par vingt-cinq citoyens présens, ayant le droit de voter.

4. Nul ne pourra y être admis, s'il ne justifie : 1° qu'il est citoyen actif ; 2° qu'il habite la section ; 3° qu'il fait le commerce au moins depuis un an dans la ville de Paris.

5. Chaque assemblée sera juge de la validité des titres de ceux qui demanderont à prendre part à la nomination des électeurs, sauf à recourir à l'administration du département de Paris, laquelle jugera, pour les élections suivantes, les réclamations de tout citoyen qui se plaindrait d'avoir été privé de ses droits.

6. On choisira les électeurs en un seul scrutin de liste simple, et à la pluralité absolue des suffrages ; mais, au troisième tour, la pluralité relative sera suffisante.

7. Les quarante-huit assemblées des négocians, banquiers, marchands, fabricans et manufacturiers, seront convoquées pour le même jour et la même heure, par le procureur de la commune de Paris, faisant fonction de procureur-général-syndic, lequel se concertera sur cet objet avec les juges de commerce en exercice.

8. La municipalité de Paris déterminera le lieu où se rassembleront les électeurs, pour procéder à la nomination des juges de commerce et de leurs suppléans.

9. Les élections qui suivront la première auront lieu dans le courant du mois de juin, de manière que les juges qui seront élus à cette époque, puissent entrer en exercice à la première audience du mois de juillet.

10. Le temps qui s'écoulera depuis l'époque de la première élection jusqu'au mois de juillet, ne sera point compté pour l'exercice des juges.

11. Les juges-consuls resteront en exercice jusqu'à l'installation des nouveaux.

———

27 JANVIER = 4 FÉVRIER 1791. — Décret relatif à l'état des dépenses non acquittées de 1790, à celui des besoins de 1791, et autres états à dresser par l'ordonnateur du trésor public. (L. 3, 392 ; B. 10, 248.)

Art. 1er. L'ordonnateur du Trésor public dressera sous huitaine le tableau du reste des dépenses non acquittées de l'année 1790, et le remettra au comité des finances, qui en rendra compte à l'Assemblée.

2. Il dressera dans le même délai le tableau des besoins de l'année 1791, suivant les décrets, pour tout ce qui est décrété ; et suivant les anciens états, pour tout ce qui n'a été ni changé ni annulé par de nouvelles lois.

3. Quant aux objets de remboursement exigible et d'arriéré de son département, ledit ordonnateur en adressera l'état et les pièces au directeur-général de la liquidation.

———

27 JANVIER = 4 FÉVRIER 1791. — Décret relatif au renvoi des assignats annulés en exécution du décret du 6 décembre dernier. (L. 3, 413 ; B. 10, 242.)

L'Assemblée nationale, sans rien préjuger sur ce qu'elle déterminera d'après le rapport de son comité des finances, relativement aux mesures à prendre pour assurer la circulation des assignats en valeur, soit par la poste, soit par les messageries, décrète provisoirement et relativement à l'envoi à la caisse de l'extraordinaire, tant par les receveurs de districts des assignats annulés, que par les deux membres des directoires de district qui auront fait la vérification de la caisse des receveurs du district, en conformité du décret des 12 et 14 novembre dernier, qu'il sera, à la réquisition des receveurs et en présence des directeurs de la poste aux lettres, dressé procès-verbal. 1° de la vérification des assignats, promesses d'assignats, billets de caisse et coupons d'assignats annulés en exécution du décret du 6 décembre dernier, et dont l'envoi doit être fait à la caisse de l'extraordinaire, aux termes du même décret; 2° de la remise qui en sera faite au directeur de la poste, après que le tout aura été renfermé sous une enveloppe scellée du cachet du district; duquel procès-verbal il sera dressé deux doubles, dont l'un restera entre les mains du receveur du district, pour lui servir au besoin, et l'autre sera envoyé au commissaire du Roi au département de la caisse de l'extraordinaire.

27 JANVIER = 4 FÉVRIER 1791. — Décret contenant une nouvelle rédaction de celui du 9 de ce mois concernant les assignats. (L. 3, 402; B. 10, 241.)

27 = 30 JANVIER 1791. — Décret relatif aux contributions à payer par le département du Pas-de-Calais. (L. 3, 342; B. 10, 246.)

27 JANVIER 1791. — Décret relatif à la circonscription des paroisses de la ville d'Autun. (L. 3, 412; B. 10, 250.)

27 JANVIER = 4 FÉVRIER 1791. — Décret portant que le comité des finances nommera quatre de ses membres, avec les quatre commissaires de l'extraordinaire, pour assister à la vérification et au brûlement des effets reçus dans l'emprunt national de quatre-vingts millions et autres de même nature. (B. 10, 241.)

27 JANVIER 1791. — Décret portant vente de domaines nationaux aux différentes municipalités des départemens de l'Eure, Haute-Marne, Loiret, Cher, Lot-et-Garonne, Nord, Orne, Seine-et-Marne, Seine-et-Oise et de l'Yonne. (B. 10, 243.)

27 JANVIER 1791. — Décret qui ordonne le rapport du décret d'aliénation au profit de la municipalité de Montmorault. (B. 10, 245.)

27 JANVIER 1791. — Décret portant vente de domaines nationaux aux municipalités de Château-Neuf, d'Isère, de Tréchenut, etc. (B. 10, 251.)

28 JANVIER = 4 FÉVRIER 1791. — Décret relatif aux moyens de pourvoir à la sûreté tant intérieure qu'extérieure du royaume. (L. 3, 406; B. 10, 258; Mon. du 30 janvier 1791.)

Art. 1er. Le Roi sera prié de donner des ordres pour presser l'organisation de l'armée, et pour que les différens corps de troupes soient incessamment portés au complet.

2. Pour être en état de porter au pied de guerre tous les régimens de l'armée, aussitôt que les circonstances l'exigeront, on s'assurera de cent mille soldats auxiliaires destinés à être répartis dans ces régimens.

3. Les auxiliaires seront engagés pour trois ans, sous la condition de joindre, aussitôt qu'ils en seront requis, les corps qui leur auront été désignés, pour y servir sous les mêmes lois et ordonnances et avec le même traitement que les autres militaires.

Cette réquisition sera faite par les corps administratifs, en conséquence des ordres qui leur seront adressés par le Roi, lesquels ordres ne pourront être donnés que d'après un décret du Corps-Législatif.

4. Il ne sera reçu à contracter l'engagement de soldat auxiliaire, que des personnes domiciliées, ayant au moins dix-huit ans, et pas plus de quarante ans d'âge, et réunissant d'ailleurs toutes les qualités requises par les ordonnances militaires : on admettra de préférence ceux qui auront servi dans les troupes de ligne.

Les auxiliaires seront libres de contracter des engagemens dans l'armée, et alors ils seront remplacés dans les auxiliaires.

5. Les auxiliaires recevront, pendant la paix, trois sous par jour, et il sera fait un fonds extraordinaire de cinquante livres par homme pour leur équipement à leur arrivée au corps, lorsqu'ils seront tenus de joindre. Ils jouiront, dans le lieu de leur domicile, des droits de citoyen actif, pendant le temps de leur engagement, quand même ils ne paieraient pas la contribution exigée, si d'ailleurs ils remplissent les autres conditions requises, et il leur sera assuré une retraite après un certain nombre d'années de service. Le comité militaire présentera incessamment à l'Assemblée des vues sur cet objet.

6. Les municipalités du chef-lieu de canton recevront les soumissions des personnes qui se présenteront pour contracter l'engagement d'auxiliaires; elles les feront parvenir, à mesure qu'elles les recevront, au directoire de leur district, ceux-ci les feront passer sans délai au directoire de leur département, pour être adressés par eux au ministre de la guerre.

28 JANVIER = 4 FÉVRIER 1791. — Décret relatif à une augmentation de troupes et aux pensions de retraite des agens du pouvoir exécutif dans les pays étrangers, en cas de remplacement. (L. 3, 409; B. 10, 260; Mon. du 30 janvier 1791.)

L'Assemblée nationale décrète :

1° Que les comités des pensions et diplomatique réunis seront chargés de faire, dans trois jours, un rapport sur les pensions de retraite qu'il convient d'accorder aux agens du pouvoir exécutif dans les pays étrangers, en cas de remplacement;

2° Que le Roi sera prié de donner des ordres pour porter au complet de sept cent cinquante hommes par bataillon, trente régimens d'infanterie; et au complet, de cent soixante-dix hommes par escadron, vingt régimens de troupes à cheval, dont huit de quatre escadrons et douze de trois escadrons, pour lesdites troupes être réparties dans les départemens du Bas-Rhin et du Haut-Rhin, des Ardennes, du Nord, de la Haute-Saône, du Doubs, du Jura, du Var, de l'Isère, des Hautes et Basses-Alpes :

3° Que le ministre de la guerre présentera incessamment l'état de la dépense extraordinaire qu'exigera cette augmentation de troupes, avec le train d'artillerie et l'attirail de campement proportionnés, et tous les autres préparatifs nécessaires à un système de pure défense.

---

28 JANVIER = 4 FÉVRIER 1791. — Décret portant qu'il sera délivré aux divers départemens du royaume la quantité de 47,903 fusils, faisant, avec celle de 50,000, ordonnée par le décret du 18 décembre dernier, celle totale de 97,903 fusils. (L. 3, 394; B. 10, 261.)

---

28 JANVIER = 4 FÉVRIER 1791. — Directoire du département du Loiret. Voy. 29 JANVIER.

---

28 JANVIER 1791. — Décret qui désigne les départemens qui devront procéder, pour cette fois, à l'élection des membres qui composent le tribunal de cassation. (L. 3, 338; B. 10, 257.)

---

28 JANVIER 1791. — Palais. Voy. 23 JANVIER 1791.

---

29 JANVIER (15, 16, 17, 18 DÉCEMBRE 1790 et) = 20 MARS 1791. — Décret concernant la suppression des offices ministériels et l'établissement des avoués (1). (L. 3, 978; Mon. des 14, 15, 16, 17, 18, 19, 22, 23 décembre 1790, et 31 janvier 1791.)

Art. 1er. La vénalité et l'hérédité des offices ministériels auprès des tribunaux pour le contentieux, sont supprimées.

2. Le ministère des officiers publics sera nécessaire pour les citations, significations et exécutions.

3. Il y aura auprès des tribunaux de district des officiers ministériels ou avoués, dont la fonction sera exclusivement de représenter les parties, d'être chargés et responsables des pièces et titres des parties, de faire les actes de forme nécessaires pour la régularité de la procédure, et mettre l'affaire en état. Ces avoués pourront même défendre les parties, soit verbalement, soit par écrit, pourvu qu'ils soient expressément autorisés par les parties, lesquelles auront toujours le droit de se défendre elles-mêmes verbalement et par écrit, ou d'employer le ministère d'un défenseur officieux pour leur défense, soit verbale, soit par écrit.

4. Les ci-devant juges des cours supérieures et siéges royaux, les avocats et procureurs du Roi, leurs substituts, les juges et procureurs fiscaux des ci-devant justices seigneuriales, gradués avant le 4 août 1789, les ci-devant procureurs des parlemens, cours des aides, conseils supérieurs, présidiaux, bailliages et autres siéges royaux supprimés, les ci-devant avocats inscrits sur les tableaux dans les lieux où ils étaient eu usage, ou exerçant publiquement près les siéges ci-dessus désignés, seront admis de droit à remplir, près des tribunaux de district où ils jugeront à propos de se fixer, les fonctions d'avoués, en se faisant préalablement inscrire au greffe desdits tribunaux.

5. Les juges, avocats et procureurs fiscaux des ci-devant justices seigneuriales ressortissant nuement aux cours supérieures, les avocats gradués avant le 4 août 1789, et les procureurs en titre d'office ou en vertu de provisions, ayant exercé près desdites justices, seront admis à remplir les fonctions d'avoués près des nouveaux tribunaux.

6. Les avocats reçus dans les ci-devant cours et siéges royaux avant le 4 août 1789;

Ceux qui ont été reçus après cette époque en vertu de grades obtenus sans bénéfice d'âge, ni dispense d'âge ni d'étude;

Les premiers clercs de procureurs dans les cours et siéges royaux, qui sont majeurs de vingt-cinq ans, et qui ont travaillé pendant cinq ans chez un ci-devant procureur, et ceux qui, étant licenciés en droit avant le 4 août 1789, ou l'étant devenus depuis sans bénéfice d'âge, sans dispense d'âge ni d'étude, ont achevé cinq années de cléricature, seront admis à faire les fonctions d'avoués, en s'inscrivant au greffe des tribunaux.

7. Les anciens procureurs de juridictions seigneuriales établies dans les villes où des tribunaux de district sont maintenant fixés, seront reçus comme avoués auprès desdits tribunaux.

8. Tous ceux qui sont admis à s'inscrire au greffe des tribunaux en qualité d'avoués, ne pourront en remplir les fonctions qu'après avoir prêté devant ces tribunaux le serment civique, et celui de remplir leurs fonctions avec exactitude et fidélité.

9. Les avoués seront tenus de fixer leur domicile dans le lieu où sera situé le tribunal de district au greffe duquel ils se seront fait inscrire. Aucun avoué ne pourra exercer ses fonctions en même temps dans plusieurs tribunaux de district, à moins qu'ils ne soient établis dans la même ville.

---

(1) Suppression par la loi du 3 brumaire an 2. — Rétablissement par la loi du 27 ventose an 8, art. 93.

10. L'Assemblée nationale se réserve de déterminer les règles d'après lesquelles les citoyens pourront être, par la suite, admis aux fonctions d'avoués.

11. Les huissiers-priseurs de Paris, et les huissiers en la prévôté de l'hôtel, continueront provisoirement leurs fonctions, jusqu'à ce que l'Assemblée nationale ait statué à leur égard; néanmoins, les huissiers-priseurs ne pourront exercer leurs fonctions que dans l'étendue du département de Paris, tous droits de suite demeurant dès à-présent supprimés.

12. Pourront les huissiers qui seront attachés aux tribunaux de district établis dans la ville de Paris, exercer leurs fonctions dans toute l'étendue du département de Paris.

13. Tous les autres huissiers ou sergens royaux, même ceux des ci-devant justices seigneuriales ressortissant immédiatement aux parlemens et cours supérieures supprimés, pourront en vertu de leurs anciennes immatricules et sans avoir égard aux privilèges et attributions de leurs offices; qui demeurent abolis, continuer d'exercer concurremment entre eux leurs fonctions dans le ressort des tribunaux de district qui auront remplacé celui dans lequel ils étaient immatriculés, et même dans l'étendue de tous les tribunaux de district dont les chefs-lieux seront établis dans le territoire qui composait l'ancien ressort des tribunaux supprimés.

14. Tous les officiers ministériels supprimés sont autorisés à poursuivre leurs recouvremens, en quelque lieu que les parties soient domiciliées, par-devant le tribunal du district dans le ressort duquel était établi le chef-lieu de l'ancien tribunal où ces officiers exerçaient leurs fonctions.

15. Les liquidations, réglemens et taxes de dépens en exécution d'arrêts et de jugemens définitifs rendus par les ci-devant parlemens et autres tribunaux supprimés, seront faits suivant les réglemens, et portés devant les juges de district établis dans les lieux où résidaient les anciens tribunaux qui ont jugé en dernier ressort.

---

29 janvier = 9 février 1791. — Décret relatif aux scellés apposés par les ci-devant commissaires, aux comptes, partages, liquidations ci-devant renvoyés devant eux, et aux adjudications de biens en vertu de jugemens du ci-devant Châtelet. (L. 3, 417; B. 10, 270; Mon. du 31 janvier 1791.)

L'Assemblée nationale, après avoir entendu le rapport de son comité de constitution, sur quelques dispositions nécessaires à l'activité des six tribunaux du départemnt de Paris, décrète ce qui suit:

Art. 1er. Les scellés apposés par les commissaires au ci-devant Châtelet de Paris, avant l'installation des tribunaux, seront reconnus et levés par les juges-de-paix, lesquels leve-

ront également ceux qui ont été apposés, par ordonnance de justice, sur les titres, papiers et effets des accusés, à la charge d'appeler au procès-verbal de perquisition deux adjoints notables, et sans qu'il soit besoin de la présence d'aucun juge.

Il sera néanmoins libre aux parties intéressées d'appeler à la reconnaissance des scellés les ci-devant commissaires qui les auront apposés, et, dans ce cas, les commissaires seront payés par les parties requérantes.

2. Tous référés relatifs, soit à l'apposition des scellés, soit aux incidens qui peuvent naître sur l'exécution des jugemens, seront portés devant l'un des juges du tribunal dans le territoire duquel le scellé sera apposé ou le jugement exécuté. A la fin de chaque mois, les procès-verbaux ou ordonnances de référé seront déposés au greffe du tribunal; lesquels juges seront, à tour de rôle, chargés de ce travail.

3. Quant aux comptes, partages et liquidations renvoyés, par jugemens du ci-devant Châtelet, devant les commissaires à ce tribunal, ces actes pourront être achevés par les mêmes commissaires, nonobstant la suppression de leurs offices et en vertu de la présente attribution.

4. Les biens dont l'adjudication se poursuit au Châtelet de Paris, même en vertu d'attribution particulière, et pour lesquels il y a, soit un jugement de remise à jour fixe, soit une adjudication sauf quinzaine, soit un jugement qui ordonne l'adjudication à jour fixe, seront adjugés aux jours indiqués; et, à cet effet, chacun des six tribunaux du département de Paris, à commencer par le premier arrondissement, députera chaque semaine et par tour, jusqu'à la fin desdites adjudications, l'un de ses cinq juges, lequel tiendra sa séance à l'audience des criées du ci-devant Châtelet, aux jours et aux heures accoutumées.

5. Les ci-devant greffiers des criées y continueront leurs fonctions jusqu'à la fin de ces adjudications seulement, nonobstant la suppression de leurs offices, et en vertu de la présente attribution.

---

29 janvier = 11 février 1791. — Décret relatif aux avoués, à la taxe des procédures faites dans les anciens tribunaux, et à la forme à observer à l'avenir dans les inventaires, partages et liquidations qui pourraient intéresser les absens. (L. 3, 458; B. 10, 272.)

Art. 1er. S'il y a lieu de faire des inventaires, comptes, partages et liquidations, dans lesquels se trouvent intéressés des absens qui ne soient défendus par aucun fondé de procuration, la partie la plus diligente s'adressera au tribunal du district, lequel commettra d'office un notaire, qui procédera à la confection desdits actes.

2. Les avocats reçus dans les ci-devant cours et siéges royaux, avant le 4 août 1789 ;

Ceux qui ont été reçus depuis cette époque, en vertu de grades obtenus, sans bénéfice d'âge, ni dispense d'âge ni d'étude ;

Les premiers clercs de procureurs dans les cours et siéges royaux, qui sont majeurs de vingt-cinq ans, et qui ont travaillé pendant cinq ans chez un ci-devant procureur, et ceux qui, étant licenciés en droit avant le 4 août 1789, ou l'étant devenus depuis, sans bénéfice d'âge, ni dispense d'âge ni d'étude, ont achevé cinq années de cléricature, seront admis à faire les fonctions d'avoués, en s'inscrivant au greffe des tribunaux.

3. Les anciens procureurs de juridictions seigneuriales établies dans les villes où des tribunaux de district sont maintenant fixés, seront reçus comme avoués auprès desdits tribunaux.

4. Tous ceux qui, par le décret antérieur concernant les avoués, ainsi que par le présent décret, sont admis à s'inscrire au greffe des tribunaux en qualité d'avoués, ne pourront en remplir les fonctions qu'après avoir prêté devant ces tribunaux le serment civique, et celui de remplir leurs fonctions avec exactitude et fidélité.

5. Les liquidations, réglemens et taxes de dépens en exécution d'arrêts et de jugemens définitifs rendus par les ci-devant parlemens et autres tribunaux supprimés, seront faits suivant les réglemens, et portés devant les juges de district établis dans les lieux où résidaient les anciens tribunaux qui ont jugé en dernier ressort.

_____

29 JANVIER = 4 FÉVRIER 1791. — Décret qui autorise le département du Loiret à faire l'acquisition de la maison des Bénédictins d'Orléans. (L. 3, 411 ; B. 10, 268.)

_____

29 JANVIER 1791. — Décret qui charge M. le Barbier de l'exécution du tableau représentant le trait héroïque de M. Desilles. (B. 10, 270.)

_____

29 JANVIER 1791. — Décret portant vente de domaines nationaux à différentes municipalités des départemens de l'Aisne, Ardennes, Basses-Alpes, Eure-et-Loir, Nord, Pas-de-Calais, Seine-Intérieure et Var. (B. 10, 268 à 273.)

_____

29 JANVIER 1791. — Annonay, etc. *Voy.* 15 DÉCEMBRE 1791.

_____

30 JANVIER = 11 FÉVRIER 1791. — Décret relatif à la solde des gens de mer et au service des ports. (L. 3, 444 ; B. 10, 276.)

L'Assemblée nationale, sur le rapport de son comité de la marine,

Décrète qu'à compter du 1er janvier 1791,

la solde des gens de mer, classés et surnuméraires, employés sur les vaisseaux de l'État et au service des ports, sera réglée comme suit :

Officiers-mariniers de manœuvre. Premiers maîtres, 3 paies ; solde par mois, 81, 75, 69 liv. — Seconds maîtres, 2 paies ; solde par mois, 63, 54 liv. — Contre-maîtres, 2 paies ; solde par mois, 51, 45 liv. — Quartiers-maîtres, 6 paies ; solde par mois, 42, 39, 36, 33, 30, 27 liv.

Canonnage des classes. Premiers maîtres-canonniers, 3 paies ; solde par mois, 81, 75, 69 liv. — Seconds maîtres, 4 paies ; solde par mois, 63, 54, 51, 45 livres. — Aides-canonniers, 6 paies ; solde par mois, 42, 39, 36, 33, 30, 27 livres. — Pilotes côtiers, 3 paies ; solde par mois, 75, 63, 54 liv.

Charpentage, calfatage et voilerie. Maîtres, 3 paies ; solde par mois, 75, 69, 63 livres. — Seconds maîtres, 4 paies ; solde par mois, 57, 51, 48, 45 liv. — Aides, 6 paies ; solde par mois, 42, 39, 36, 33, 30, 27 liv. — Timonniers, 8 paies ; solde par mois, 51, 45, 42, 39, 36, 33, 30, 27 livres. — Vétérans, 2 paies ; solde par mois, 30, 27 liv. — Matelots, 1re classe, solde par mois, 24 livres ; 2e, 21 liv. ; 3e, 18 liv. — Novices, 15 liv. — mousses de quatorze ans et au-dessus, 9 liv. ; de dix ans et au-dessus, 6 liv.

Le présent décret ne sera point applicable aux canonniers-matelots ; ils continueront de jouir, à bord, de leur paie avec l'augmentation qui leur a été accordée par l'Assemblée nationale, et les supplémens qui leur sont attribués par l'ordonnance du 25 janvier 1789 ; et ce, jusqu'à la prochaine organisation de ce corps.

Surnuméraires. Armuriers externes, maîtres, 3 paies ; solde par mois, 54, 51, 48 liv. — Aides, 3 paies ; solde par mois, 42, 36, 30 liv. — Forgerons, 3 paies ; solde par mois, 54, 51, 48 liv. — Chaudronniers et vitriers, 3 paies ; solde par mois, 51, 42, 36 liv. — Seconds chirurgiens, aides-chirurgiens, apothicaires, commis du munitionnaire, bouchers et boulangers : leur solde sera réglée lors du travail sur l'organisation des hôpitaux et des vivres. En attendant, il leur sera payé, en sus de leur solde actuelle, un supplément fixé à 12 liv. par mois, pour ceux qui jouissaient de la demi-ration, et à 3 liv. pour les autres.

La solde des domestiques restera provisoirement fixée à 15 liv. par mois.

Supplémens momentanés attachés à des services particuliers.

Sur les vaisseaux de ligne de 1er et 2e rang. Pour la charge et garde des effets des vaisseaux, 1er maître, maître canonnier, 12 liv. par mois ; maîtres charpentiers, calfats, voiliers et chefs de timonnerie, 9 liv.

Sur ceux de 3e et 4e rang. 6 liv. par mois

pour les premiers; 4 liv. 10 s. pour les seconds.

Sur tous les bâtimens de l'État. Les officiers-mariniers et matelots, charpentiers ou calfats ayant justifié réunir ces deux professions; les matelots appliqués au service des gabiers et faisant les fonctions d'officiers-mariniers, 3 livres par mois.

Services des ports pour l'armement des vaisseaux.

Officiers-mariniers de toutes les classes. Premiers maîtres, par jour, 25 sous. — Seconds maîtres, 20 s. — Contre-maîtres, 18 s. — Quartiers-maîtres ou aides, 15 s. — Timonniers payés à 45 liv. et au-dessus, 16 s.; à 42 liv. et au-dessous, 14 s. — Matelots vétérans à 24 liv., 12 s.; à 21 liv. et à 18 liv., 10 s. — Novices, 8 s. — Mousses de levées, 5 s.

Surnuméraires. Seconds chirurgiens non entretenus, 20 s. — Aides-chirurgiens non entretenus, 16 s. — Gens du munitionnaire, 14 s.

———

30 JANVIER = 11 FÉVRIER 1791. — Décret relatif aux indemnités des commandans des bâtimens de l'État, en cas de passage de personnes à leur bord, en vertu d'ordres du Roi. (L. 3, 450; B. 10, 281.)

L'Assemblée nationale, sur le rapport de son comité de la marine, décrète qu'à compter de ce jour les indemnités accordées aux commandans des bâtimens de l'État, lorsqu'ils passeront à leur bord, en vertu d'ordre du Roi, des personnes des qualités et grades ci-après, seront réglés comme suit, savoir :

Art. 1er. Un officier-général, un gouverneur-général, un ambassadeur, un envoyé, un colonel, un lieutenant-colonel commandant un corps, un intendant, un commissaire ordonnateur, un consul; en Europe, 400 liv.; en Amérique, 800 liv.; à l'Ile-de-France, 1,200 liv.; aux Indes, 1,600 liv.

2. Pour les retours d'Amérique et de l'Inde, il sera accordé un quart en sus des indemnités fixées par l'article précédent.

3. Les personnes des qualités et grades dénommés ci-dessus ne pourront embarquer à leur suite que des gens attachés à leur service, et jamais au-dessus du nombre fixé ci-après, savoir :

L'officier-général commandant en chef, le gouverneur-général et l'ambassadeur, au plus, 6; l'officier-général employé, l'envoyé, l'intendant des colonies, au plus, 4 ; le commissaire-ordonnateur et le consul-général, au plus, 3 ; le colonel ou le lieutenant-colonel commandant un corps, et le consul ordinaire, au plus, 2.

4. L'indemnité pour chacun des domestiques qui seront embarqués, sera fixée, savoir, en Europe, à 100 livres; en Amérique, à 200 livres; à l'Ile-de-France, à 300 livres; aux Indes, à 400 livres.

5. Pour les retours d'Amérique et de l'Inde, il sera accordé un quart en sus des indemnités fixées par chaque domestique.

6. Tout autre officier militaire ou civil recevra le traitement alloué à chacun des officiers de l'état-major du vaisseau, et il en sera de même du secrétaire qui pourra être à la suite de l'officier-général commandant en chef, de l'ambassadeur, du gouverneur et de l'intendant d'une colonie.

———

30 JANVIER 1791. — Décret portant vente de domaines nationaux aux municipalités de Châtillon, Clermont-Ferrand et de l'Ebergement-Foyney. (B. 10, 275.)

———

30 JANVIER 1791. — Décret qui fixe à six cents livres la pension du sieur Theurel, en considération de ses services. (B. 10, 283.)

———

30 JANVIER 1791. — Décret portant vente de domaines nationaux à différentes municipalités des départemens du Cher, Loiret et de Maine-et-Loire. (B. 10, 283.)

———

31 JANVIER 1791. — Décret en faveur des artistes, chargés d'exécuter par ordre du gouvernement, des statues, modèles et tableaux. (B. 10, 284.)

———

31 JANVIER 1791. — Angers, etc. *Voy.* 25 JANVIER 1791. — Arles ; Calais. *Voy.* 27 JANVIER 1791. — Canal. *Voy.* 9 NOVEMBRE 1790. — Douanes. *Voy.* 2 MARS 1791. — Droits casuels. *Voy.* 2 DÉCEMBRE 1790. — Ecclésiastiques. *Voy.* 27 JANVIER 1791. — Fonctions incompatibles. *Voy.* 25 JANVIER 1791. — Sieur Guillin. *Voy.* 27 JANVIER 1791. — Hôtels de ville, etc. *Voy.* 16 OCTOBRE 1790. — Isère etc. *Voy.* 24 JANVIER 1791. — Nogent-sur-Seine. *Voy.* 18 DÉCEMBRE 1790. — Remboursement. *Voy.* 23 JANVIER 1791. — Saint-Léonard. *Voy.* 18 DÉCEMBRE 1790. — Strasbourg. *Voy.* 24 JANVIER 1791.

———

1er = 11 FÉVRIER 1791. — Décret relatif à la fixation des masses destinées à l'entretien des différentes parties de l'armée. (L. 3, 420; B. 11, 78; Mon. du 3 février 1791.)

Art. 1er. Indépendamment des sommes décrétées pour les appointemens, traitemens et soldes des différens grades de l'armée, il sera fait un fonds par chaque régiment, pour chacune des parties de dépense tenant à leur entretien. Ces fonds seront calculés par homme dans la proportion relative à chacune de ces dépenses, et seront payés sous les noms de *masse générale*, *masse de boulangerie*, *masse de fourrages*, *masse des hôpitaux*, *masse des effets de campement*, *masse des bois et lumières des troupes et des corps-de-garde*, et serviront à subvenir aux dépenses qui seront détaillées ci-après pour chacune.

2. Toutes ces masses n'appartiendront point

individuellement aux hommes; ils n'auront aucun droit à en demander des décomptes partiels; elles n'appartiendront pas même individuellement aux régimens, mais seulement collectivement à toute l'armée; elles demeureront à la disposition du Roi, sous la responsabilité de son ministre, pour être administrées par ses ordres, conformément aux principes décrétés par l'Assemblée nationale.

TITRE Ier. Masses générales, de boulangerie, de fourrages, d'hôpitaux, et d'effets de campement.

Art. 1er. Les masses générales, dans chaque régiment, seront destinées à subvenir: 1° aux remplacemens d'habillement et d'équipement; 2° au recrutement et aux rengagemens; 3° aux réparations d'habillement, d'armement, d'équipement, et aux dépenses communes d'administration.

Dans les troupes à cheval, elles seront de plus chargées de subvenir à la dépense des remontes, ainsi qu'à celle relative au soin des chevaux et à leur équipement.

2. Les masses générales devant varier dans chaque arme en raison des différentes dépenses qui leur sont propres, seront fixées et divisées pour chacune, à compter du 1er janvier 1791, ainsi qu'il suit, par an, savoir, par homme, sous-officier et autre indistinctement.

INFANTERIE FRANÇAISE. — Pour l'habillement et l'équipement, vingt livres dix sous; pour les recrues, seize livres; pour les réparations et dépenses communes, deux livres dix sous: total, trente-neuf livres.

INFANTERIE ÉTRANGÈRE. — Pour l'habillement et équipement, vingt-une livres dix sous; pour les recrues, vingt-quatre livres; pour les réparations et dépenses communes, deux livres dix sous: total, quarante-huit livres.

INFANTERIE LÉGÈRE. — Pour l'habillement et équipement, vingt-deux livres dix sous; pour les recrues, seize livres; pour les réparations et dépenses communes, trois livres dix sous: total, quarante-deux livres.

CAVALERIE. — Hommes montés. Pour l'habillement et l'équipement de l'homme, trente-cinq livres dix sous; pour l'équipement du cheval, huit livres; pour les recrues, dix-neuf livres dix sous; pour les réparations et dépenses communes, six livres; pour les remontes et l'entretien du cheval, soixante-cinq livres: total, cent trente-quatre livres.

Hommes à pied. Pour l'habillement et l'équipement, trente-cinq livres; pour les recrues, dix-neuf livres dix sous; pour les réparations et dépenses communes, quatre livres dix sous: total, cinquante-neuf livres.

CARABINIERS. — Hommes montés. Pour l'habillement et l'équipement de l'homme, trente-six livres dix sous; pour l'équipement du cheval, huit livres; pour les réparations et

dépenses communes, six livres; pour les recrues, dix-neuf livres dix sous; pour la remonte et entretien des chevaux, soixante-cinq livres: total, cent trente-cinq livres.

Hommes à pied. Pour l'habillement et l'équipement, trente-six livres; pour les recrues, dix-neuf livres dix sous; pour les réparations et dépenses communes, quatre livres dix sous: total, soixante livres.

DRAGONS. — Hommes montés. Pour l'habillement et l'équipement de l'homme, trente-quatre livres; pour l'équipement du cheval, huit livres; pour les recrues, dix-huit livres; pour les réparations et dépenses communes, six livres; pour les remontes et entretien des chevaux, soixante livres: total, cent vingt-six livres.

Hommes à pied. Pour l'habillement et l'équipement de l'homme, trente-trois livres dix sous; pour les recrues, dix-huit livres; pour les réparations et dépenses communes, quatre livres dix sous: total, cinquante-six livres.

HUSSARDS. — Hommes montés. Pour l'habillement et l'équipement de l'homme, quarante-deux livres; pour l'équipement du cheval, sept livres; pour les recrues, dix-huit livres; pour les réparations et dépenses communes, cinq livres; pour les remontes et l'entretien des chevaux, cinquante-cinq livres: total, cent vingt-sept livres.

Hommes à pied. Pour l'habillement et l'équipement de l'homme, quarante-une livres dix sous; pour les recrues dix-huit livres; pour les réparations et dépenses communes, trois livres dix sous: total, soixante-trois liv.

CHASSEURS. — Hommes montés. Pour l'habillement et l'équipement de l'homme, trente-six livres; pour l'équipement du cheval, sept livres; pour les recrues, dix-huit livres; pour les réparations et dépenses communes, cinq livres; pour les remontes et l'entretien des chevaux, cinquante-cinq livres: total, cent vingt-une livres.

Hommes à pied. Pour l'habillement et l'équipement de l'homme, trente-cinq livres dix sous; pour les recrues, dix-huit livres; pour les réparations et dépenses communes, trois livres dix sous: total; cinquante-sept livres.

ARTILLERIE. — Mineurs et ouvriers. Pour l'habillement et l'équipement, vingt-cinq livres dix sous; pour les recrues, vingt-deux livres dix sous; pour les réparations et dépenses communes, trois livres: total, cinquante-une livres.

3. Toutes ces masses, quoique ainsi subdivisées pour l'évaluation de leurs différentes dépenses, seront néanmoins soumises à une comptabilité commune et générale; et les fonds d'une partie, lorsqu'ils seraient excédant les besoins, pourront aider celles qui se trouveraient insuffisantes.

4. Sur la partie des fonds de la masse générale destinée à l'habillement et équipement, il sera fourni à chaque homme un habit, avec les marques distinctives de son grade ou de son ancienneté, une veste, une culotte, un bonnet de police, un chapeau, casque ou bonnet de grenadier; et de plus, dans les troupes à cheval, un gilet en tricot pour l'écurie, un surtout de tricot, un porte-manteau et besace, et des bottes, tant aux hommes montés qu'à ceux à pied. Cette masse fournira en outre, dans toutes les armes, les gibernes, banderoles de giberne, bretelles de fusil, de mousqueton ou carabine, les caisses, colliers de tambour, trompettes, cornets, ceinturons et sabres, à ceux qui, par leur grade ou la nature de leur service, seront dans le cas d'en être armés; et de plus, dans les troupes à cheval, l'équipage complet du cheval, en selles, brides, bridons d'écurie, licous et surfaix, housses et chaperons, chabraques et couvertures de laine pour les chevaux, ainsi qu'un manteau et des gants à tous les hommes montés dans la cavalerie, les carabiniers et les dragons. Toutes ces parties d'habillement et d'équipement seront façonnées et remplacées ainsi qu'il sera particulièrement prescrit par les réglemens.

5. La partie des fonds de la masse générale destinée au recrutement, servira à payer les engagemens, les faux-frais des recruteurs, les dépenses de route des recrues, ainsi que les rengagemens; le tout conformément aux décrets de l'Assemblée nationale sur le recrutement, et aux réglemens que Sa Majesté pourra faire pour leur exécution.

Cette partie sera accrue en recette, des sommes qui pourront résulter des congés de grace qui seront accordés à l'avenir, suivant les fixations prescrites par les décrets.

6. La partie des fonds de la masse générale destinée aux dépenses communes, servira à payer: 1° toutes les réparations de l'habillement, de l'armement et de l'équipement des hommes, ainsi que de ceux des chevaux, à l'exception néanmoins des dégradations qui pourraient y arriver par la faute prouvée des hommes, lesquelles continueront d'être à leur compte particulier; 2° toutes les dépenses relatives à l'administration intérieure et commune de chaque régiment.

7. La partie des fonds de la masse générale destinée aux remontes et entretien des chevaux dans les régimens de cavalerie, carabiniers, dragons, chasseurs et hussards, servira à subvenir à toutes les dépenses relatives à l'achat des chevaux, à leur conduite au régiment, à leur nourriture en route, à leur ferrage, et généralement à toutes celles relatives à leur entretien ou à leur conservation. Cette partie sera accrue des sommes qui pourront provenir, tous les ans, de la vente

des chevaux de réforme, lesquelles y seront portées en recette additionnellement.

8. La masse générale, dans aucun corps et dans aucune arme, ne sera plus assujétie au paiement de la retenue des quatres deniers pour livre, qui n'aura plus lieu sur les dépenses de la guerre, non plus qu'à ceux relatifs aux capitations, au 31 des mois, ni à aucune autre dépense qui ne serait pas énoncées dans les articles précédens.

9. — MASSE DE BOULANGERIE.

A compter du même jour, 1ᵉʳ janvier 1791, la masse de boulangerie sera fixée sur le pied de quarante-huit livres par an pour chaque homme, sous-officier et soldat composant l'armée, y compris l'infanterie suisse, sans distinction d'armes ni de grades; elle servira à subvenir à toutes les dépenses d'administration de ce service, et à fournir à chacun des hommes présens au corps ou détachés pour le service, une ration par jour, composée de vingt-quatre onces de pain cuit et rassis, et manipulé avec les trois quarts de froment et un quart de seigle, ainsi qu'il est prescrit par les ordonnances actuelles. Les hommes absens par congé, aux hôpitaux du lieu ou externes, n'auront aucun droit à la recevoir, et ils ne pourront, sous aucun prétexte, réclamer aucun décompte à ce sujet. Les hommes embarqués toucheront néanmoins le décompte de leur pain sur le pied de dix-huit deniers par jour pour le temps de leur embarquement; mais uniquement par forme de gratification extraordinaire, ainsi qu'il a déjà été décrété.

10. — MASSE DE FOURRAGE.

La masse de fourrage pour les troupes à cheval sera fixée de même, à compter du 1ᵉʳ janvier 1791, sur le pied de deux cent soixante-dix livres pour chacun des sous-officiers, cavaliers, dragons, chasseurs à cheval, hussards, trompettes ou maîtres-ouvriers montés; elle servira à fournir à chacun de leurs chevaux effectifs et présens, une ration de fourrage dans les quantités et proportions qui seront déterminées par les réglemens, tant pour la cavalerie, que pour les dragons, chasseurs et hussards.

11. Au moyen de ces fonds fournis au département de la guerre, toutes les dépenses de fourrages, ci-devant au compte de quelques provinces, cesseront d'avoir lieu à leur charge, et les fourrages seront, en conséquence, fournis aux troupes sur les fonds de cette masse, dans tous les départemens indistinctement.

12. Les sommes assignées aux officiers-généraux et supérieurs de l'infanterie, de l'artillerie, du génie, de l'état-major de l'armée, aux aides-de-comp et aux commissaires des guerres, pour les rations de fourrages qui

leur reviennent, conformément aux décrets qui fixent leur traitement, ne feront point partie de la présente masse, et leur seront payées cumulativement à leurs appointemens; en conséquence, ils seront chargés eux-mêmes de la nourriture de leurs chevaux. Quant aux sommes assignées par les décrets aux officiers des troupes à cheval, en raison de leurs grades, elles seront retenues et cumulées avec la masse générale de fourrages de leurs régimens, et cette masse sera chargée de fournir la subsistance aux chevaux effectifs présens qu'ils auront au corps, en observant la fixation de leurs grades, et de leur faire le décompte des rations de fourrage non consommées par eux pendant les absences auxquelles ils pourraient être autorisés par semestre ou congé, en raison du nombre de chevaux fixé pour leurs grades, sur le pied du prix qui sera déterminé pour chacune dans chaque département.

13. — MASSE D'HÔPITAUX.

A compter du même jour, 1ᵉʳ janvier 1791, la masse des hôpitaux sera fixée à la somme de quinze livres par an pour chaque sous-officier et soldat composant l'armée, y compris l'infanterie suisse, sans distinction d'arme ni de grade: elle servira à leur fournir tous les secours nécessaires en maladie, ainsi qu'à subvenir à toutes les dépenses ou faux frais accessoires de ce service. Sur cette masse, seront payés en outre les appointemens d'un chirurgien-major entretenu dans chacun des régimens d'infanterie française, allemande, liégeoise, irlandaise, de troupes à cheval et d'artillerie, dans chacun des bataillons d'infanterie légère, et enfin dans le corps des mineurs, attendu la réunion habituelle de ces compagnies.

14. Cette masse sera accrue par la retenue de la solde, exercée sur tous les hommes entrant aux hôpitaux, lesquels cesseront de la toucher pendant tout le temps qu'ils y demeureront; mais cette retenue ne pourra jamais être que de la partie de la solde affectée au prêt dans chaque arme, ou désignée sous le nom de haute-paie par la proclamation du Roi du 5 juillet 1790, en exécution des décrets des 6 et 24 juin dernier. La partie de la solde affectée à la poche ou à l'entretien particulier des hommes, ainsi que la haute-paie des tambours, destinée à l'entretien de leurs caisses, continuera toujours à leur appartenir, et le décompte leur en sera fait pour tout le temps de leur séjour à l'hôpital, sur le rappel qui en aura lieu dans la première revue du commissaire qui suivra l'époque de leur sortie.

15. — MASSE DES EFFETS DE CAMPEMENT.

A compter du même jour, 1ᵉʳ janvier 1791, la masse des effets de campement sera fixée à trois livres par chaque sous-officier et soldat, sans distinction de grade ni d'arme, composant l'armée, y compris les régimens suisses: elle servira à fournir: 1° les drapeaux, étendards, guidons, ainsi que leurs lances, leurs cravates et leurs montures, qui cesseront d'être aux dépens des colonels; 2° les capotes des sentinelles pour le service de l'hiver dans les places; 3° les tentes, bidons, gamelles, marmites et autres ustensiles de campement qui pourraient être nécessaires aux troupes dans leur rassemblement ou à l'armée. Elle sera, en outre, chargée de l'entretien de ces effets, ainsi que de toutes les dépenses relatives à leurs mouvemens, à leur emmagasinement, au traitement des garde-magasins nécessaires à leur conservation.

16. Les fonds de toutes les masses générales d'hôpitaux et d'effets de campement ci-dessus fixées par homme, seront toujours faits sur le pied complet déterminé pour chaque arme par les décrets de formation, et seront remis à la disposition du ministre de la guerre par douzième, au 1ᵉʳ de chaque mois. Quand aux fonds des masses de boulangerie et de fourrages, le ministre des finances est autorisé à verser entre les mains du ministre de la guerre, et par égale portion dans chacun des mois de novembre, décembre, janvier, février et mars, les trois quarts de leur montant; et en conséquence, à ne lui payer pendant les sept autres mois, et par égale portion, au commencement de chacun, que le quart restant du montant desdites masses; le tout ainsi qu'il sera plus particulièrement prescrit par les décrets à rendre relativement au versement et à l'administration des fonds du département de la guerre.

TITRE II. Du chauffage des troupes, des bois et lumières des corps-de-garde.

Art. 1ᵉʳ. A commencer du 1ᵉʳ janvier 1791, les troupes de toutes les armes recevront, dans les proportions qui seront ci-après indiquées, du bois, de la tourbe, ou du charbon de terre, pour servir à leur chauffage et à la préparation de leurs alimens.

2. Lorsqu'il sera délivré du bois aux troupes, la fourniture s'en fera à raison de cinq cordes un tiers pour cent hommes, pendant trente jours d'hiver, et de deux cordes un tiers, également pour cent hommes, pendant trente jours d'été.

Chaque corde aura huit pieds de couche sur quatre pieds de hauteur, et la bûche trois pieds six pouces de longueur.

3. Dans les pays où la tourbe et le charbon de terre seront en usage, la fourniture s'en fera à raison de neuf briques de tourbe de marais, ou de deux briquettes de houille, ou de deux livres de charbon de terre par homme, et pour chaque jour d'hiver; à raison de quatre tourbes de marais, ou une bri-

quette de houille, ou une livre de charbon de terre par homme et par jour d'été.

Chaque brique de tourbe de marais aura cinq pouces et demi de largeur sur un pouce et demi de longueur, à chaque face, ou environ; et chaque briquette de houille sera de cinq pouces de longueur sur deux pouces de largeur, et un pouce et demi d'épaisseur.

Dans les lieux cependant où, d'après l'usage, les briques de tourbe de marais ou les briquettes de houille n'auraient point ces dimensions, il pourra être délivré des briques et briquettes du pays, pourvu qu'elles le soient en quantité proportionnelle.

Le charbon de terre sera pesé au poids de marc de seize onces. Les tourbes ou briquettes seront toujours délivrées sèches.

4. Dans l'île de Corse, la fourniture du bois continuera à être faite sur le pied de deux livres, poids de marc, par jour d'hiver ou d'été et par homme.

Mais à compter du 1er janvier 1791, le chauffage, ci-devant fourni en nature, et actuellement payé en argent aux officiers-généraux employés dans l'île de Corse, à ceux des troupes qui y tiennent garnison, et généralement aux personnes attachées au service militaire de l'île, sera supprimé.

5. Les adjudans, sergens-majors et sergens dans l'infanterie et l'artillerie, les adjudans, maréchaux-des-logis en chef, et maréchaux-des-logis dans les troupes à cheval, recevront toujours le bois, la tourbe et le charbon de terre, à raison du double des fixations réglées par les articles 2, 3 et 4 ci-dessus.

6. Dans les garnisons et quartiers où il est ordinaire de donner aux troupes le chauffage en argent, et dans les lieux où des troupes seront cantonnées ou bien détachées, il sera payé à chaque homme et avec le prêt, savoir:

Dans les lieux où la tourbe et le charbon de terre seront en usage, et dans ceux où le prix de la corde de bois de la dimension indiquée article 2, sera de vingt livres et au-dessous:

A chaque adjudant, sergent-major, sergent, maréchal-des-logis en chef et maréchal-des-logis, 14 d. par jour d'hiver; 6 d. par jour d'été. — A chaque caporal, brigadier, soldat, cavalier, 7 d.; 3 d.

Dans les lieux où la corde de bois sera d'un prix au-dessus de vingt livres jusqu'à trente-cinq livres inclusivement, à chaque adjudant, sergent, etc., 20 d. par jour d'hiver; 8 d. par jour d'été. — A chaque caporal, brigadier, etc. 10 d.; 4 d.

Et dans ceux où le prix de la corde de bois excédera trente-cinq livres, à chaque adjudant, sergent, etc., 30 d. par jour d'hiver; 12 d. par jour d'été. — A chaque caporal, brigadier, etc., 15 d.; 6 d.

7. Le chauffage, soit en nature, soit en argent, ne sera fourni ou payé qu'aux hommes présens et à ceux qui seront aux hôpitaux du lieu: en conséquence, il sera toujours fait déduction des hommes absens par congé ou aux hôpitaux externes.

Les fournitures faites pour les hommes aux hôpitaux du lieu, ou l'argent qui en tiendra lieu, seront toujours employés au chauffage de la chambre dont ces hommes feront partie, sans que lesdits hommes puissent en prétendre aucun décompte.

8. Lorsque les troupes de passage logeront chez l'habitant, elles ne recevront le chauffage ni en nature ni en argent; les hôtes continueront à leur donner place au feu et à la lumière.

9. Il sera arrêté par le ministre de la guerre un état du nombre de mois d'hiver pour lesquels le chauffage sera fourni ou payé dans les villes, dans chaque département. Cet état sera annexé au réglement à rendre sur ce service, en conséquence du présent décret.

10. Les pays, départemens ou villes qui supportent actuellement la dépense du chauffage des troupes, en seront déchargés, à dater du 1er janvier 1791; cette dépense sera entièrement au compte du département de la guerre, à l'exception du cas prévu par l'article 8.

11. Les marchés actuellement existans pour la fourniture du chauffage en nature, continueront d'avoir leur exécution; à la charge, par les entrepreneurs, de se conformer à ce qui est prescrit relativement aux quantités à distribuer aux troupes.

12. A commencer du 1er janvier 1791, le chauffage et la lumière nécessaires aux corps-de-garde des troupes de ligne, seront fournis ainsi qu'il suit.

13. Dans les lieux où la fourniture se fera en bois, il sera délivré:

Aux corps-de-garde de seize hommes et au-dessus,

Pendant le premier et le dernier mois d'hiver, deux cordes de bois par trente jours, ce qui fait un quinzième de corde par jour;

Pendant les autres mois d'hiver, quatre cordes pour trente jours, ou deux quinzièmes de corde par jour, et pendant les mois d'été, six tourbes de tanneur.

Aux corps-de-garde de huit ou quinze hommes:

Pendant le premier et dernier mois d'hiver, une corde et demie de bois pour trente jours, ou un vingtième de corde par jour;

Pendant les autres mois d'hiver, trois cordes par trente jours, ou un dixième de corde par jour;

Et pendant les mois d'été, cinq tourbes de tanneur par jour.

Aux corps-de-garde de sept hommes et au-dessous:

Pendant le premier et le dernier mois d'hiver, une corde de bois pour trente jours, ou un trentième de corde par jour;

Pendant les autres mois d'hiver, deux cordes pour trente jours, ou un quinzième de corde par jour;

Et pendant les mois d'été, quatre tourbes de tanneur par jour.

Aux corps-de-garde d'officiers, pour la chambre de l'officier, pendant le premier et le dernier mois d'hiver, une corde de bois pour trente jours, ou un trentième de corde par jour;

Pendant les autres mois d'hiver, deux cordes de bois pour trente jours, ou un quinzième de corde par jour;

Et pendant l'été, il ne sera délivré ni bois ni tourbe de tanneur.

14. En Corse, et dans les lieux où le bois se délivre au poids, la fourniture se fera, savoir :

Aux corps-de-garde de seize hommes et au-dessus :

Pendant le premier et le dernier mois d'hiver, à raison de cinquante livres de bois, poids de marc, par jour; pendant les autres mois d'hiver, de cent livres par jour;

Et pendant l'été, de six tourbes de tanneur.

Aux corps-de-garde de huit à quinze hommes :

Pendant le premier et dernier mois d'hiver, à raison de quarante livres de bois par jour;

Pendant les autres mois d'hiver, de quatre-vingt livres de bois par jour;

Et pendant l'été, de cinq tourbes de tanneur.

Aux corps-de-gardes de sept hommes et au-dessous :

Pendant le premier et le dernier mois d'hiver, à raison de trente livres de bois par jour;

Pendant les autres mois de l'hiver, de soixante livres par jour;

Et pendant l'été, de quatre tourbes de tanneur.

Aux corps-de-garde d'officiers, et pour la chambre de l'officier :

Pendant le premier et le dernier mois d'hiver, à raison de trente livres de bois par jour;

Pendant les autres mois de l'hiver, de soixante livres par jour;

Et pendant l'été, il ne sera délivré ni bois ni tourbe de tanneur.

15. Dans les lieux où le charbon de terre est en usage, il sera délivré, savoir :

Aux corps-de-garde de seize hommes et au-dessus :

Pendant le premier et le dernier mois de l'hiver, quarante briquettes de houille, ou quarante livres de charbon de terre, et un petit fagot par jour;

Pendant les autres mois d'hiver, quatre-vingts briquettes de houille, ou quatre-vingts livres de charbon de terre, et un petit fagot par jour;

Et pendant l'été, six tourbes de tanneur par jour.

Aux corps-de-garde de huit à quinze hommes :

Pendant le premier et le dernier mois d'hiver, trente-cinq briquettes de houille, ou trente-cinq livres de charbon de terre, et un petit fagot par jour;

Pendant les autres mois d'hiver, soixante-dix briquettes de houille, ou soixante-dix livres de charbon de terre, et un petit fagot par jour;

Et pendant l'été, cinq tourbes de tanneur par jour.

Aux corps-de-garde de sept hommes et au-dessous :

Pendant le premier et le dernier mois de l'hiver, trente briquettes de houille, ou trente livres de charbon de terre, et un petit fagot par jour;

Pendant les autres mois d'hiver, soixante briquettes de houille, ou soixante livres de charbon de terre, et un petit fagot par jour;

Et pendant l'été, quatre tourbes de tanneur par jour.

Aux corps-de-garde d'officiers, pour la chambre de l'officier :

Pendant le premier et le dernier mois de l'hiver, deux faisceaux de bois et un petit fagot par jour;

Pendant les autres mois d'hiver, quatre faisceaux et un petit fagot par jour;

Et pendant l'été, il ne sera délivré aucun combustible.

16. La corde de bois et la brique de houille auront les mêmes dimensions que celles fixées ci-dessus article 3.

La tourbe de tanneur aura cinq pouces de longueur, trois pouces trois lignes de largeur, et deux pouces deux lignes d'épaisseur.

Le petit fagot sera de dix-sept pouces de longueur, sur neuf pouces et demi de circonférence.

Le faisceau aura vingt-huit pouces de longueur, sur vingt-deux pouces de circonférence.

Dans les lieux cependant où la tourbe de tanneur, la briquette de houille, les petits fagots, etc., auraient d'autres dimensions, d'après l'usage du pays, ces combustibles se raient fournis en quantité proportionnelle.

17. La lumière sera fournie dans les corps-de-garde, savoir :

Aux corps-de-garde de seize hommes et au-dessus :

Pendant le premier et le dernier mois de l'hiver, à raison de quatre chandelles de huit à la livre de seize onces, ou de huit onces d'huile par jour;

Pendant les autres mois d'hiver, de cinq chandelles de huit à la livre, ou de dix onces d'huile par jour;

Et pendant l'été, de trois chandelles de huit à la livre, ou de six onces d'huile par jour;

Aux autres corps-de-garde, et à ceux d'officiers :

Pendant le premier mois et le dernier de l'hiver, à raison de trois chandelles de huit à la livre, ou de six onces d'huile par jour;

Pendant les autres mois d'hiver, de quatre chandelles de huit à la livre, ou de huit onces d'huile par jour;

Et pendant l'été, de deux chandelles de huit à la livre, ou de quatre onces d'huile par jour.

18. Si quelques-uns des corps-de-garde établis ou à établir, exigeaient, à raison de leur position ou de la situation de la place, que les fournitures y fussent plus fortes que celles indiquées, elles y seraient faites sur le pied qui serait alors réglé par le ministre de la guerre.

19. Il sera compté, pour les corps-de-garde, un mois d'hiver de plus que pour le chauffage dans les casernes.

Ainsi, les mois d'hiver commenceront, pour les corps-de-garde, quinze jours plus tôt que pour le chauffage dans les casernes, et finiront quinze jours plus tard.

20. Les fournitures à faire aux corps-de-garde des troupes de passage, seront à la charge des municipalités, conformément aux tarifs ci-dessus.

21. Les fournitures qu'exigeront les corps-de-garde des troupes détachées ou cantonnées dans les lieux où le département de la guerre n'aurait point de fournisseur, seront faites provisoirement par les municipalités, conformément aux tarifs ci-dessus, auxquelles le remboursement en sera effectué sur les fonds du département de la guerre.

22. Les pays, départemens ou villes qui supportent actuellement la dépense des fournitures à faire aux corps-de-garde, en seront déchargés à compter du 1er janvier 1791, que cette dépense sera entièrement mise à compte du département de la guerre, à l'exception du cas prévu par l'article 20.

23. Les marchés actuellement existans pour lesdites fournitures, continueront d'être exécutés, à la charge par les entrepreneurs de se conformer à ce qui est prescrit relativement aux quantités à délivrer aux corps-de-garde.

24. Pour acquitter toutes les dépenses relatives au chauffage des troupes, et à la fourniture des bois, lumières, effets, ustensiles et guérites, etc., pour les corps-de-garde des troupes de ligne, il sera fait, à compter du 1er janvier 1791, au département de la guerre, un fonds annuel de neuf livres par homme au complet de l'armée, dont le paiement sera fait par le Trésor public sur les fonds assignés au département de la guerre, à raison d'un douzième au 1er de chaque mois.

1er = 11 FÉVRIER 1791. — Décret relatif à l'envoi de commissaires à Saint-Domingue, à Cayenne et à la Guyane française, pour y maintenir l'ordre et la tranquillité publique. (L. 3, 439; B. 11, 75.)

1er FÉVRIER 1791. — Décret concernant l'édition du tarif des droits de traites. (B. 11, 75.)

1er = 23 FÉVRIER 1791. — Décret portant que le trésor public paiera provisoirement, à titre de secours, pour les années 1790 et 1791, la somme de neuf cent dix-neuf mille sept cent douze livres dix deniers, laquelle sera répartie entre les personnes comprises dans l'état annexé au décret de ce jour. (L. 3, 665; B. 11, 1.)

1er FÉVRIER 1791. — Décret portant vente de domaines nationaux à différentes municipalités des départemens du Doubs, Ain et Jura. (B. 11, 75.)

2 (1 et) = 11 FÉVRIER 1791. — Décret relatif à la liquidation des offices supprimés. (L. 3, 466; B. 11, 97; Mon. du 2 février 1791.)

Art. 1er. Il sera loisible dès à-présent à tous titulaires d'offices de judicature, supprimés et à liquider, en exécution des décrets des 2 et 6 septembre, de se faire liquider individuellement, sans représenter des dettes actives et passives de sa compagnie, en remplissant d'ailleurs les formes prescrites par les précédens décrets, et rapportant une attestation du directoire du district du lieu de la séance du tribunal auquel lesdits offices étaient attachés, portant que celui au nom duquel on poursuit la liquidation est le dernier titulaire de l'office, et qu'il était en exercice à l'époque de la suppression; et, dans le cas où l'office serait vacant, l'attestation portera la date du jour de la vacance.

2. Les créanciers, postérieurement à 1771, pour dettes contractées en nom collectif par les compagnies dont il est fait mention dans l'article ci-dessus, qui n'ont pas fait l'envoi prescrit par l'article 2 du titre III du susdit décret, et qui ne seraient pas d'ailleurs compris dans les états envoyés par les compagnies, en conformité de l'article 3 du même décret, seront déchus des droits qui leur auraient été accordés, et la nation sera déchargée du paiement de ce qui leur est dû, dès le moment qu'il aura été procédé, en vertu de l'article 1er ci-dessus, à la liquidation d'un ou plusieurs offices de la compagnie sur laquelle lesdites créances étaient établies; sauf auxdits créanciers leur recours contre les membres qui la composaient, ainsi qu'il appartiendra (1).

3. Lorsqu'il sera procédé aux liquidations

_____

(1) Lois du 7 octobre (6 et 2) = 12 septembre 1790, 30 octobre = 5 novembre 1790.

d'offices individuellement, et sans que les compagnies, ni aucun des membres pour elles, aient fait l'envoi prescrit par les décrets des 2 et 6 septembre, il sera déduit à chaque titulaire sa portion de dettes passives, postérieures à 1771, telles qu'elles se trouveront établies d'après l'envoi fait par les créanciers, sans avoir égard aux compensations avec les dettes actives accordées par le susdit décret.

4. Dans toutes les compagnies qui n'auront pas envoyé l'indication des règles proportionnelles observées entre les officiers, pour la répartition des dettes, cette répartition se fera par égale part entre tous les officiers de la compagnie, sur le nombre fixé dans les états et rôles du conseil, ou autres renseignemens qui auraient pu être recouvrés, sauf à se régler entre eux.

5. Les liquidations d'offices seront faites au nom et au profit des derniers titulaires, sauf aux prétendant droit à la propriété des finances des offices, à conserver leurs droits par la voie d'opposition entre les mains des conservateurs des finances et des gardes des rôles réunis.

6. Dans le cas où le titulaire négligerait de remettre les titres et pièces nécessaires pour procéder à la liquidation de son office, les prétendant droit à la propriété de la finance, ou les créanciers privilégiés sur icelle, pourront poursuivre la liquidation, en faisant eux-mêmes la remise portée par les décrets; et, à cet effet, ils pourront lever des expéditions des provisions et autres titres nécessaires, et il est enjoint à tous détenteurs et dépositaires desdits titres, de les expédier à leur réquisition, sous dû salaire.

7. Lorsqu'une liquidation aura été faite à la poursuite des prétendant droit à la propriété de la finance, ou des créanciers privilégiés, la reconnaissance de liquidation ne pourra leur être expédiée que du consentement du titulaire, ou après qu'ils se seront fait autoriser à recevoir, par un jugement exécutoire.

3. Les conservateurs des finances et gardes des rôles seront tenus d'expédier des certificats, lorsqu'ils en seront requis, même quand il y aura des oppositions, en faisant mention du nombre des oppositions et du nom des opposans.

9. Le certificat du conservateur des finances et garde des rôles sera remis au bureau de liquidation, et joint à la quittance du remboursement pour les liquidations définitives; et pour les reconnaissances provisoires, ledit certificat sera joint aux pièces et titres originaux, qui resteront à cet effet déposés audit bureau.

10. Il sera fait mention desdits certificats dans les reconnaissances provisoires; et au moyen de ce, les porteurs desdites reconnaissances seront dispensés de représenter lesdits certificats aux receveurs de district.

11. Conformément à l'article 9 du décret du 28 novembre dernier, il ne pourra être formé aucune opposition sur les compagnies collectivement, si ce n'est pour raison des arrérages échus au 31 décembre dernier; en conséquence, toutes oppositions formées pour cette dernière cause, contiendront l'énonciation de l'objet à raison duquel elles seront formées.

Et à l'égard de celles déjà formées, ou qui pourront l'être, et qui ne contiendraient pas ladite énonciation, elles sont dès à-présent déclarées nulles; elles ne pourront empêcher la délivrance des reconnaissances de liquidation, et les conservateurs n'en chargeront point leurs certificats.

Pourront néanmoins les créanciers desdites compagnies qui, à raison des arrérages échus au 31 décembre dernier, avaient formé des oppositions non motivées, les renouveler sans frais en la forme ci-dessus prescrite, en représentant l'original de l'opposition par eux précédemment formée.

2 FÉVRIER 1791. — Décret portant vente de domaines nationaux à différentes municipalités des départemens de la Drôme et de Rhône-et-Loire. (B. 11, 101.)

3 = 11 FÉVRIER 1791. — Décret relatif aux gens de mer qui, au désarmement des vaisseaux de l'État, voyagent pour retourner dans leurs quartiers. (L. 3, 475; B. 11, 107.)

Art. 1er. Les matelots et autres gens de mer qui, au désarmement des vaisseaux de l'État, auront reçu leur congé et la conduite pour retourner dans leurs quartiers, voyageront librement et sans autre surveillance que celle des municipalités, officiers de police et gendarmerie des lieux par lesquels ils passent.

2. Les commissaires qui expédieront aux marins les congés et passeports dans les lieux de désarmement, observeront de diviser convenablement les départs, à l'effet que les associations des retours dans les quartiers ne nuisent pas au bon ordre, et ne surchargent point les couchées et lieux de passage.

3. Les gens de mer partant de leurs quartiers pour se rendre dans le port pour lequel ils auront été levés, seront provisoirement assujettis à la forme de conduite prescrite par l'ordonnance de 1784; et les actes d'insubordination et autres délits commis par eux envers leurs conducteurs, seront jugés et punis à leur arrivée dans le port, comme les délits commis dans les arsenaux.

3 = 11 FÉVRIER 1791. — Décret relatif aux dispenses de mariage aux degrés prohibés. (L. 3, 477; B. 11, 103.)

l'Assemblée nationale décrète que toutes

dispenses de mariage aux degrés prohibés, seront accordées gratuitement, jusqu'à ce qu'elle ait statué sur lesdits empêchemens.

———

3 = 11 FÉVRIER 1791. — Décret qui déclare aliénables les bois d'Arennes ou Grattesac. (L. 3, 472, B. 11, 103.)

L'Assemblée nationale, ouï le rapport qui lui a été présenté par ses comités des domaines et d'aliénation, et d'après l'avis qui lui a été envoyé par le directoire du département de la Sarthe, déclare aliénables les bois d'Arennes ou Grattesac, situés dans ledit département, district de Mamers, contenant environ 144 arpens, et décrète qu'ils seront vendus de la manière et dans les formes prescrites par les décrets des 25, 26, 29 juin, 6 août et 3 novembre derniers.

———

3 = 11 FÉVRIER 1791. — Décret pour le recouvrement de l'imposition mise en remplacement des corvées dans les départemens de la Charente, Charente-inférieure et des Deux-Sèvres. (L. 3, 462; B. 11, 102.)

———

3 FÉVRIER 1791. Décret portant vente de domaines nationaux à différentes municipalités des départemens des Ardennes, Ariège, Aude, Côte-d'Or, Haute-Marne, Hautes-Pyrénées, Loir-et-Cher, Marne, Nord, Oise et Yonne. (B. 11, 104.)

———

3 FÉVRIER 1791. — Décret sur une découverte faite par M. Trouville pour élever les eaux et les transporter à une grande hauteur. (B. 11, 108.)

———

3 = 11 FÉVRIER 1791. — Décret portant que le principal et les professeurs commis par les trois corps administratifs de Poitiers exerceront provisoirement, au collège de ladite ville, les fonctions qui leur ont été attribuées. (L. 3, 453; B. 11, 109.)

———

3 = 11 FÉVRIER 1791. — Décret portant établissement de juges de commerce et de paix, et réunion de municipalités, sur les pétitions des départemens de Rhône-et-Loire, de la Côte-d'Or, du Var, du Finistère, de la Seine-Inférieure, de la Haute-Loire, de Seine-et-Marne, de Saône-et-Loire et de la Haute-Garonne. (L. 3, 460; B. 11, 110.)

———

3 = 11 FÉVRIER 1791. — Décret relatif à la circonscription des trente-trois paroisses de la ville de Paris. (L. 3, 478; B. 11, 113.)

———

3 FÉVRIER 1791. — Décret relatif à la signature des expéditions collationnées des décrets. (B. 11, 109.)

———

3 = 11 FÉVRIER 1791. — Décret relatif à la circonscription des six paroisses de la ville de Poitiers. (L. 3, 489; B. 11, 111.)

4 FÉVRIER 1791. — Décret portant vente de domaines nationaux à différentes municipalités des départemens du Loiret, Maine-et-Loire, Sarthe et Yonne. (B. 11, 112.)

———

4 = 11 FÉVRIER 1791. — Décret portant que l'exécution de celui du 7 août dernier, sur l'administration du ministère demeurera suspendue à l'égard des commis. (B. 11, 126.)

———

4 FÉVRIER 1791. — Amiens. Voy. 25 JANVIER 1791. — Assignats. Voy. 27 JANVIER 1791. — Augmentation de troupes. Voy. 28 JANVIER 1791. — Conservation des hypothèques; Dépenses. Voy. 27 JANVIER 1791. — Ecclésiastiques. Voy. 25 JANVIER 1791. — Emprunt national. Voy. 27 JANVIER 1791. — Fusils; Loiret. Voy. 28 JANVIER 1791. — Paris. Voy. 27 JANVIER 1791. — Sûreté. Voy. 28 JANVIER 1791.

———

5 = 11 FÉVRIER 1791. — Décret qui règle la forme et la durée des baux faits ou à faire par les corps, maisons ou communautés tant ecclésiastiques que laïques auxquels l'administration de leurs biens a été provisoirement conservée. (L. 3, 464; B. 11, 129.)

Art. 1er. Les corps, maisons, communautés et établissemens publics, tant ecclésiastiques que laïques, conservés, et auxquels l'administration de leurs biens a été laissée provisoirement, ne pourront faire des baux pour une durée excédant neuf années, à peine de nullité. Tous ceux faits pour une plus longue durée, à compter du 2 novembre 1789, dans quelque forme qu'ils aient été passés, sont déclarés nuls et de nul effet.

2. Les baux autorisés par l'article ci-dessus ne pourront, à peine de nullité, être passés qu'en présence d'un membre du directoire du district dans les lieux où se trouveront fixés lesdits établissemens, ou d'un membre du corps municipal dans les lieux où il n'y aura pas d'administration de district. Les formalités prescrites par l'article 13 du titre II du décret du 20 octobre, sanctionné le 5 novembre dernier, seront observées pour la passation desdits baux, aussi à peine de nullité.

———

5 = 11 FÉVRIER 1791. — Décret relatif à la décoration militaire pour les officiers attachés à la marine. (L. 3, 473; B. 11, 135; Mon. du 7 février 1791.)

L'Assemblée nationale, sur le rapport de son comité de la marine, décrète, pour être exécutés provisoirement et jusqu'à la nouvelle organisation de la marine, les articles suivans :

Art. 1er. La décoration militaire sera donnée à tous les officiers de la marine ou attachés à la marine, ainsi qu'aux officiers militaires des colonies dépendant de ce département, qui auront vingt-quatre ans de service, en

13.

quelque qualité et dans quelque grade qu'ils aient servi dans un corps militaire ou sur les vaisseaux de l'État. Ces années seront comptées conformément aux dispositions des articles 1 et 4 des décrets des 10, 16, 23 et 26 juillet 1790.

2. Les officiers qui auront pris leur retraite, ou qui auraient été réformés sans avoir obtenu la décoration militaire, pourront en former la demande, et sont déclarés susceptibles de l'obtenir, s'ils ont servi le temps déterminé par l'article précédent.

5 = 18 FÉVRIER 1791. — Décret portant qu'aucun corps administratif ne peut faire d'acquisitions sans l'autorisation du Corps-Législatif (L. 3, 545; B. 2, 127.)

L'Assemblée nationale, ouï le rapport de son comité d'emplacement des tribunaux et corps administratifs, déclare qu'aucun corps administratif ne peut faire aucune acquisition, sans l'autorisation préalable du Corps-Législatif; en conséquence, que l'adjudication faite le 29 décembre dernier, au profit du directoire du département de la Corrèze, pour une somme de vingt mille livres, est nulle, sauf au directoire dudit département à se pourvoir, pour son établissement, suivant les formes prescrites par l'article 6 du décret du 16 octobre dernier.

L'Assemblée nationale décrète, en outre, que les corps administratifs, après avoir délibéré définitivement sur le choix du lieu de leurs séances et autres objets accessoires, ne peuvent s'y établir, même provisoirement, qu'après avoir adressé à l'Assemblée nationale un mémoire expositif de leurs vues, la description écrite du local, et le devis estimatif énoncé en l'article 6 du même décret, pour ensuite être autorisés par le Corps-Législatif à acquérir, s'il y a lieu.

5 FÉVRIER = 27 MARS 1791 — Décret relatif au serment des prédicateurs. (L. 3, 1103; B. 11, 130; Mon. du 7 février 1791.)

Voy. lois des 27 NOVEMBRE et 26 DÉCEMBRE 1790.

L'Assemblée nationale déclare que les prédicateurs sont compris dans les fonctionnaires publics tenus de prêter serment, aux termes du décret du 27 novembre dernier.

En conséquence, décrète que nul ne pourra prêcher dans quelque église que ce soit, sans avoir au préalable justifié de sa prestation de serment, conformément audit décret.

5 FÉVRIER 1791. — Décret portant vente de domaines nationaux aux municipalités d'Angers, de Blois, de Marseille, du Puy, de Romo-

rantin, de Ruan, de Saumur, de Sens et de Tours. (B. 11, 126. 128 et 136.)

5 = 18 FÉVRIER 1791. — Décret qui approuve l'état de liquidation d'offices montant à seize millions quatre cent soixante-trois mille cent vingt livres dix sous cinq deniers, et en ordonne le paiement. (L. 3. 539; B. 11, 131.)

5 = 11 FÉVRIER 1791. — Décret qui justifie M. Claude-Ambroise Régnier, député à l'Assemblée nationale, de l'accusation intentée contre lui par la commune de Haguenau. (L. 3, 493; B. 11, 135.)

6 = 11 FÉVRIER 1791 — Décret relatif à la liquidation des gages, traitemens et appointemens des différens départemens, et des mémoires, arrêtés, ordonnances et autres titres de créances sur le trésor public. (L. 3. 442; B. 11, 140.)

Art. 1er. Les états, soit arrêtés au conseil, soit ordonnancés, des gages, traitemens et appointemens des différens départemens, seront remis sans délai au commissaire de la liquidation, et les parties prenantes lui remettront leurs mémoires, pour, par ledit commissaire, en rendre compte au comité de liquidation, lequel en fera son rapport à l'Assemblée.

2. Les fournisseurs et entrepreneurs, dans les différens départemens, porteurs de mémoires arrêtés et ordonnancés, les remettront au directeur général de la liquidation; ceux qui seraient au comité de liquidation seront pareillement remis audit directeur, à l'effet par lui d'en rendre compte sans délai au comité de liquidation, qui en fera son rapport à l'Assemblée.

3. Les fournisseurs, entrepreneurs et autres, auxquels il avait été délivré, pour des objets de dépense antérieurs au 1er janvier 1790, des ordonnances sur lesquelles ils ont reçu des sommes à compte, en remettant lesdites ordonnances entre les mains du garçon du Trésor public, seront payés du restant desdites ordonnances, en suite de la vérification qui sera faite d'après le certificat du garçon du Trésor public, pour constater ce qu'ils ont reçu et ce qui leur reste dû.

4. Les porteurs de titres exécutoires et authentiques les remettront pareillement au directeur de la liquidation, pour, sur le rapport qui en sera fait par les comités respectivement chargés de la surveillance de la direction de liquidation, le paiement des sommes portées auxdits titres être décrété par l'Assemblée, sans retardation de l'exécution desdits titres, lorsqu'ils ne seront pas attaqués par les voies de droit (1).

────────────

(1) Application a été faite de cet article par ordonnance du 15 juin 1828 (Mac. 15. 31).

6 = 11 FÉVRIER 1791. — Décret qui suspend la signature et l'émission des assignats de deux mille livres, et portant qu'il en sera fabriqué pour dix millions de cent livres. (L. 3, 456; B. 11, 139.)

L'Assemblée nationale, ouï le rapport de ses comités de l'extraordinaire, des finances, de la direction de la liquidation, et de fabrication des assignats, décrète ce qui suit :

1° La signature et l'émission des assignats de deux mille livres seront provisoirement suspendues, lorsque la quantité de *cent cinquante mille desdits assignats*, formant la somme de *trois cents millions*, sera complète;

2° Sur la somme de *cent millions*, qui reste pour arriver à celle de *quatre cents millions*, et sur laquelle il a déjà été retranché, par le décret du 19 janvier dernier, la quantité de quarante millions pour former des assignats de cinquante livres, il sera pris celles de dix millions pour former des assignats de cent livres;

3° La proposition faite à l'Assemblée nationale, le 9 janvier dernier, pour la confection d'assignats au-dessous de la somme de cinquante livres, est ajournée.

———

6 = 11 FÉVRIER 1791. — Décret qui fixe les indemnités qui seront payées à plusieurs porteurs de brevets de retenue. (L. 3, 454; B. 11, 138.)

———

6 FÉVRIER 1791. — Décret portant vente de domaines nationaux aux municipalités de Clermont-Ferrand, de Nérac et de Saintes. (B. 11, 137.)

———

7 = 11 FÉVRIER 1791. — Décret qui prescrit les déclarations à faire par les corps administratifs relativement aux édifices nécessaires à leur établissement, et qui leur défend de faire aucun emprunt ni d'établir aucune imposition pour subvenir aux frais de cet établissement, sans autorisation préalable. (L. 3, 451; B. 11, 144.)

« Art. 1er. Tous les corps administratifs seront tenus de rendre compte à l'Assemblée nationale, dans la quinzaine de la publication du présent décret, de la manière dont ils ont formé leur établissement. Ils expliqueront, à cet effet, quelle est la nature de l'édifice qu'ils occupent ; si c'est ou l'ensemble, ou une portion seulement ; s'ils y sont établis en vertu d'une autorisation de l'Assemblée nationale ; et si cet établissement est définitif ou simplement provisoire. Ils produiront une description écrite, tant des pièces qu'ils occupent et de leur distribution, que du surplus de l'édifice et dépendances; et ils joindront un état détaillé de la dépense totale de l'établissement.

2. Si l'édifice est national, sans être de la nature de ceux mentionnés dans l'article 4

du décret du 16 octobre 1790, et qu'ils n'aient point encore été autorisés à l'acquérir ou à le louer, ils seront tenus de former leur demande pour l'un ou l'autre cas. Ils produiront à l'appui, avec la description ci-dessus exigée, un procès-verbal d'estimation de l'édifice, et un devis estimatif de la dépense que nécessitera leur établissement.

3. Les mémoires, procès-verbaux, devis et descriptions des directoires de district, seront visés par les directoires de département, qui les adresseront avec leur avis à l'Assemblée nationale.

4. Il ne pourra être fait par les corps administratifs aucun emprunt, être établi aucune imposition sur les administrés, ni être employé aucun denier de la recette des trésoriers de district, pour les frais d'établissement des corps administratifs et des tribunaux, sans l'autorisation spéciale du Corps-Législatif, conformément aux décrets des 14 et 22 décembre 1789 et 3 décembre 1790, à peine d'en répondre en leur propre et privé nom.

———

7 FÉVRIER 1791. — Décret portant vente de domaines nationaux à différentes municipalités des départemens de Loir-et-Cher, de Seine-et-Marne et de Seine-et-Oise. (B. 11, 141.)

———

7 = 18 FÉVRIER 1791. — Décret relatif au timbre. *Voy.* 12 DÉCEMBRE 1790.

———

8 = 18 FÉVRIER 1791. — Décret relatif aux acquéreurs de rentes constituées sur le clergé ou sur les pays d'états, dont les contrats sont antérieurs au 1er janvier 1791. (L. 3, 564; B. 11, 157.)

L'Assemblée nationale décrète :

Que les acquéreurs de rentes constituées sur le ci-devant clergé ou sur les ci-devant pays d'états, pour le compte du Roi, dont les contrats sont antérieurs au 1er janvier de la présente année, ne sont point tenus de prendre des lettres de ratification ; qu'en conséquence, ils doivent être immatriculés et payés sans difficultés, s'il n'y a opposition.

———

8 = 18 FÉVRIER 1791. — Décret qui règle le traitement des curés qui seront remplacés par d'autres fonctionnaires publics. (L. 3, 563; B. 11, 159.)

L'Assemblée nationale décrète ce qui suit :

Les curés qui, d'après l'exécution des décrets, seront remplacés par d'autres fonctionnaires publics, recevront, du jour que leurs successeurs entreront en fonctions, un secours annuel de cinq cents livres, si, à raison de leurs autres anciens bénéfices ou de pensions sur anciens bénéfices, ils n'ont droit à un traitement égal ou supérieur.

———

8 = 18 FÉVRIER 1791. — Décret relatif aux cautionnemens pour l'exercice du droit d'enregistrement. (L. 3, 559; B. 11, 158.)

Art. 1er. Les cautionnemens pour l'exercice de la recette des droits régis par les commissaires administrateurs du droit d'enregistrement, seront faits dans la même forme et sous les mêmes règles que ceux des receveurs des districts, conformément aux articles 7, 8 et suivans du décret du 14 novembre 1790.

2. Le montant des cautionnemens de chacun de ces employés sera fixé provisoirement par les administrateurs, de manière à présenter une solvabilité suffisante pour les recettes et l'exercice confiés auxdits employés.

3. Ces cautionnemens ne pourront être stipulés pour plus de neuf années d'exercice de l'employé cautionné. L'action hypothécaire qui en dérive cessera trois années après l'expiration de ladite époque stipulée, et la caution ne pourra être poursuivie quand même il serait découvert des omissions et reliquats de recette après ces trois années; sans préjudice cependant du droit qui subsistera, en pareil cas, contre le cautionné, et qui aura la même durée que les actions civiles personnelles.

4. Les cautionnemens par hypothèque, prêtés pour le maniement et l'exercice des employés des contrôles et droits y joints, auront leur effet pour les droits d'enregistrement et autres dont ces employés seront chargés par les commissaires de cette régie, sous les clauses et conditions qui y sont stipulées, et pour le temps qui en reste à expirer.

---

8 = 12 FÉVRIER 1791.—Décret qui autorise le directoire du district de Sancerre à faire l'acquisition de la maison des Augustins, à la charge qu'aucun des administrateurs, secrétaires ou commis, ne pourra y être logé. (L. 3, 617; B. 11, 158.)

L'Assemblée nationale, ouï le rapport de son comité d'emplacement des tribunaux et corps administratifs, autorise le directoire du district de Sancerre, département du Cher, à acquérir, aux frais des administrés, la maison des Augustins de cette ville, suivant les formes prescrites par les décrets sur l'aliénation des biens nationaux, à la charge qu'aucun des administrateurs, secrétaires ou commis, ne pourra y être logé.

---

8 FÉVRIER 1791. — Décret d'ordre du jour sur les difficultés qu'a éprouvées l'exécution d'un arrêt du conseil, rendu en faveur du sieur Guerrier-Lormoy. (B. 11, 157.)

---

8 FÉVRIER 1791. — Décret portant vente de domaines nationaux à la municipalité de Tours, et à différentes municipalités des départemens de l'Aisne, du Bas-Rhin, Eure-et-Loir, Nord, Seine-Inférieure et Vendée. (B. 11, 160.)

---

9 = 25 FÉVRIER 1791. — Décret relatif à un armement pour la découverte des deux frégates françaises la Boussole et l'Astrolabe, commandées par M. de La Pérouse. (L. 3, 798; B. 11, 163; Mon. du 10 février 1791.)

L'Assemblée nationale, après avoir entendu ses comités réunis d'agriculture, de commerce et de marine, décrète :

Que le Roi sera prié de donner des ordres à tous les ambassadeurs, résidens, consuls, agens de la nation, auprès des différentes puissances, pour qu'ils aient à engager, au nom de l'humanité, des arts et des sciences, les divers souverains auprès desquels ils résident, à charger tous les navigateurs et agens quelconques, qui sont dans leur dépendance, en quelque lieu qu'ils soient, mais notamment dans la partie australe de la mer du Sud, de faire toutes recherches des deux frégates françaises la Boussole et l'Astrolabe, commandées par M. de La Pérouse, ainsi que de leurs équipages, de même que toute perquisition qui pourrait constater leur existence ou leur naufrage; afin que, dans le cas où M. de La Pérouse et ses compagnons seraient trouvés ou rencontrés, n'importe en quel lieu, il leur soit donné toute assistance, et procuré tous les moyens de revenir dans leur patrie, comme d'y pouvoir rapporter tout ce qui serait en leur possession; l'Assemblée nationale prenant l'engagement d'indemniser et même de récompenser, suivant l'importance du service, quiconque prêtera secours à ces navigateurs, pourra procurer de leurs nouvelles, ou ne ferait même qu'opérer la restitution à la France des papiers et effets quelconques qui pourraient appartenir ou avoir appartenu à leur expédition;

Décrète, en outre, que le Roi sera prié de faire armer un ou plusieurs bâtimens, sur lesquels seront embarqués des savans, des naturalistes et des dessinateurs, et de donner aux commandans de l'expédition la double mission de rechercher M. de La Pérouse, d'après les documens, instructions et ordres qui leur seront donnés; et de faire en même temps des recherches relatives aux sciences et au commerce en prenant toutes les mesures pour rendre, indépendamment de la recherche de M. de La Pérouse, ou même après l'avoir retrouvé ou s'être procuré de ses nouvelles, cette expédition utile et avantageuse à la navigation, à la géographie, au commerce, aux arts et aux sciences.

---

9 FÉVRIER 1791. — Décret portant vente de domaines nationaux à différentes municipalités des départemens de Loir-et-Cher, de la Marne et de la Meuse. (B. 11, 162.)

10 = 18 FÉVRIER 1791. — Décret qui renvoie au tribunal du premier arrondissement de Paris l'instance pendante entre les prétendant droit à la succession de Jean Thierry. (L. 3, 622; B. 11, 165.)

L'Assemblée nationale décrète que l'instance pendante entre les prétendant droit à la succession de Jean Thierry, en la commission extraordinaire nommée par arrêt du conseil du 31 mai 1782, est renvoyée au tribunal du 1er arrondissement du département de Paris, pour y être procédé suivant les derniers erremens, et statué sur les demandes des parties, sauf l'appel, sauf pareillement les voies de droit, s'il y a lieu, contre les jugemens rendus par la commission ;

Décrète, en outre, que le Roi sera prié de prendre les mesures convenables pour procurer la pleine et entière exécution des jugemens qui interviendront.

10 = 18 FÉVRIER 1791. — Décret relatif à la vente des immeubles affectés à l'acquit de fondations. (L. 3, 626; B. 11, 167; Mon. du 11 février 1791.)

Art. 1er. Les immeubles réels affectés à l'acquit des fondations, des messes et autres services établis dans les églises paroissiales et succursales, seront vendus dès à-présent, dans la même forme et aux mêmes conditions que les biens nationaux.

2. Pour tenir lieu aux curés et autres prêtres attachés auxdites églises, sans avoir été pourvus de leurs places en titre perpétuel de bénéfice, et qui administraient lesdits biens, de la jouissance qui leur avait été laissée provisoirement pour l'acquit desdites fondations, il leur sera payé jusqu'à ce qu'il en soit autrement ordonné, sur le Trésor public, par les receveurs des districts, l'intérêt à quatre pour cent, sans retenue, du produit net de la vente desdits biens.

3. Quant auxdites églises où lesdits biens étaient administrés par les fabriques, il sera payé provisoirement auxdites fabriques, sur le Trésor public, par le receveur du district, l'intérêt à quatre pour cent, sans retenue, du produit de la vente, à la charge de l'employer comme l'eût été le revenu desdits biens, savoir, aux dépenses du culte et à l'acquit des fondations.

4. Toutes ventes d'immeubles réels desdites fondations, faites jusqu'à présent dans les formes prescrites pour la vente des biens nationaux, sont validées par le présent décret, à charge de l'intérêt quatre pour cent, payable sur le Trésor public, ainsi qu'il a été ci-dessus dit.

10 = 18 FÉVRIER 1791. — Décret relatif à l'adjudication du bail des messageries. (L. 3, 553; B. 11, 165.)

L'Assemblée nationale décrète que le ministre des finances, avant l'adjudication du bail des messageries, fera justifier à chacune des compagnies qui se présenteront, qu'elle a, en outre des deux millions de cautionnement exigés par le décret des 6 et 8 janvier dernier, les moyens nécessaires pour monter le service, et effectuer le remboursement comptant du mobilier servant à cette exploitation.

10 = 18 FÉVRIER 1791. — Décret portant exemption du droit d'enregistrement pour les quittances de liquidation et remboursement des offices. (L. 3, 552; B. 11, 170.)

L'Assemblée nationale, informée par son comité de judicature, que les bureaux nouvellement établis pour la perception du droit d'enregistrement veulent exiger ce droit sur les quittances de liquidation et remboursement des offices, sous le prétexte que le décret du 28 novembre dernier, sanctionné le 10 décembre, ne porte que la dispense du contrôle, et considérant qu'à l'époque du 28 novembre, le droit d'enregistrement n'était pas encore établi, et qu'il ne l'est qu'en remplacement de celui de contrôle,

Décrète que l'exemption prononcée du droit de contrôle par les articles 7, 12 et 13 de son décret du 28 novembre dernier, doit s'entendre également du droit d'enregistrement.

10 = 18 FÉVRIER 1791. — Décret relatif aux oppositions formées sur les titulaires des compagnies de judicature, (L. 3, 548; B. 11, 166; Mon. du 11 février 1791.)

Voy. Lois des 30 OCTOBRE = 5 NOVEMBRE 1790; 28 NOVEMBRE = 10 DÉCEMBRE 1790; 2 = 11 FÉVRIER 1791.

Art. 1er. Les oppositions formées sur les titulaires particuliers des compagnies désignées par le décret des 2, 6 et 7 septembre dernier, et qui n'ont d'autre cause que les dettes communes desdites compagnies, sont déclarées nulles et comme non avenues.

2. Les créanciers qui, pour éluder des décrets précédemment rendus, auront formé des oppositions sur chacun des membres desdites compagnies, pour raison des dettes communes, seront tenus de donner, dans le courant du présent mois de février, suivant les formes prescrites, la main-levée desdites oppositions, et d'en faire opérer à leurs frais la radiation par les conservateurs des finances.

3. A défaut de cette main-levée dans les formes et le délai ci-dessus prescrits, les créanciers seront tenus, en outre des frais auxquels lesdites oppositions donneront lieu, des dommages et intérêts résultant du retard qui aura été apporté à la liquidation et au paiement du prix des offices. Ces dommages et intérêts seront fixés au moins à l'intérêt à cinq pour cent du prix desdits offices, à compter de la

date des certificats des conservateurs des finances, jusqu'au jour de la radiation desdites oppositions sur leurs registres. Ils pourront être estimés à plus forte somme, dans le cas où les titulaires justifieront de pertes plus considérables qui leur seraient causées par le retard de leur paiement.

---

10 = 18 FÉVRIER 1791. — Décret qui ordonne la remise des sommes d'argent arrêtées par la garde nationale de Cavalaire. (L. 3, 554; B. 11, 168.)

10 = 18 FÉVRIER 1791. — Décret relatif à la circonscription des quatre paroisses de la ville du Mans. (L. 3, 618; B. 11, 168.)

11 = 16 FÉVRIER 1791. — Décret relatif à l'établissement des tribunaux criminels. (L. 3, 497; B. 11, 172; Mon. du 12 février 1791.)

Art. 1er. Les tribunaux criminels seront établis et fixés dans les villes actuellement siéges des administrations ou des directoires des départemens, soit que les chefs-lieux soient déterminés, ou que les administrations alternent avec une ou plusieurs villes, et sans que les tribunaux puissent alterner en aucun cas.

2. En exécution des décrets rendus pour les départemens du Cantal, des Landes, de la Meuse, du Puy-de-Dôme et des Vosges, les tribunaux criminels de ces départemens seront établis et fixés dans les villes d'Aurillac, de Dax, Saint-Mihiel, Riom et Mirecourt; en conséquence, l'administration du département des Landes ne pourra alterner en faveur de la ville de Dax; et celle du département de la Meuse demeurera fixée à Bar-le-Duc.

3. Le tribunal criminel du département de Saône-et-Loire sera établi dans la ville de Châlons, et celle de Mâcon sera définitivement le siége de son administration.

---

11 = 18 FÉVRIER 1791. — Décret relatif au traitement et au costume des membres du tribunal de cassation. (L. 3. 565; B. 11, 174; Mon. du 13 février 1791.)

Art. 1er. Le traitement de chacun des membres du tribunal de cassation et du commissaire du Roi sera de huit mille livres, dont la moitié sera distribuée en droits de présence. Il sera, en conséquence, tenu un registre de pointe par le greffier, lequel sera signé à chaque séance tant par lui que par le président.

2. Tous les trois mois, il sera délivré à chacun des membres et au commissaire du Roi un certificat de la portion qui leur reviendra dans le produit des feuilles d'assistance. Le Trésor public acquittera, sur ces

certificats, ce qui reviendra à chacun des membres du tribunal; il acquittera aux mêmes époques, de trois en trois mois, le quart de la portion fixe du traitement.

3. Le greffier aura le tiers du traitement des juges, et les taxations qu'lui seront allouées pour ses expéditions.

4. Les membres du tribunal de cassation porteront, seulement lorsqu'ils seront en fonctions, l'habit noir, le manteau de drap ou de soie noire, les paremens du manteau de la même couleur, et un ruban en sautoir aux trois couleurs de la nation, au bout duquel sera attachée une médaille dorée, sur laquelle seront écrits ces mots: La loi. Ils auront la tête couverte d'un chapeau rond, relevé sur le devant, et surmonté d'un panache de plumes noires.

Ce costume sera désormais celui de tous les juges de district et des tribunaux criminels.

5. Le costume des commissaires du Roi sera le même, à la différence que les commissaires du Roi auront un chapeau relevé avec une ganse et un bouton d'or, et que sur la médaille qu'ils porteront, seront écrits ces mots: La loi et le Roi.

6. Les greffiers auront un chapeau rond relevé sur le devant et sans panache, et un manteau pareil à celui des juges.

7. Ceux qui seront nommés par les électeurs des départemens pour être membres du tribunal de cassation, se rendront à Paris le 1er avril prochain.

---

11 (12) = 18 FÉVRIER 1791. — Décret relatif aux requêtes civiles (1). (L. 3, 557; B. 11, 175.)

Art. 1er. Les requêtes civiles seront, de la même manière et dans les mêmes formes que les appels, portées à l'un des sept tribunaux d'arrondissement. Au surplus, jusqu'à ce qu'il ait été autrement statué, toutes les autres dispositions de l'ordonnance de 1667, relatives aux requêtes civiles, continueront d'être exécutées. L'avis de trois hommes de loi sera signifié en tête de l'exploit du demandeur en requête civile.

2. Lorsque le rescindant aura été jugé et la requête civile admise, si les parties ne conviennent pas respectivement du tribunal où elles feront juger le rescisoire, elles ne pourront le porter ni au tribunal dont le jugement en dernier ressort aura été annulé par l'admission de la requête civile, ni à celui qui l'aura admise: les directoires de district ajouteront sur le tableau des sept tribunaux d'arrondissement, deux tribunaux qui serviront, dans le cas des requêtes civiles, à compléter le nombre des sept tribunaux. La

---

(1) Code de procédure civile, art. 480 et suiv.

fixation du tribunal qui jugera en dernier ressort le rescisoire, sera faite dans la forme prescrite par le titre V du décret sur l'organisation de l'ordre judiciaire. Les déclarations nécessaires pour parvenir à la fixation du tribunal, seront faites au greffe de celui qui aura prononcé sur la requête civile.

3. Pour les requêtes civiles qui étaient pendantes dans les tribunaux supprimés, ou celles qui pourront être présentées contre les jugemens rendus par ces anciennes cours, les parties se retireront au greffe du tribunal de district qui, suivant le nouvel ordre judiciaire, connaîtrait de l'affaire en première instance, et qui, dans les formes prescrites par les décrets sur la faculté de relever appel, déterminera celui des sept tribunaux d'arrondissement qui prononcera sur la requête civile.

4. Le temps qui sera écoulé depuis le 1er octobre 1790 jusqu'à l'expiration de la quinzaine qui suivra la publication du présent décret, ne sera point compté dans les délais fixés par l'ordonnance pour se pourvoir en requête civile.

11 = 18 FÉVRIER 1791. — Décret portant qu'il sera fait un fonds de huit millions neuf cent quatre-vingt-onze mille deux cent quarante livres pour les dépenses d'une expédition aux îles du Vent. (B. 11, 171.)

11 FÉVRIER 1791. — Décret portant vente de domaines nationaux à différentes municipalités des départemens d'Indre-et-Loire, Loiret, Nord et de la Sarthe. (B. 11, 173.)

11 FÉVRIER 1791. — Assignats. *Voy.* 6 FÉVRIER 1791. — Bois d'Arennes. *Voy.* 3 FÉVRIER 1791. — Commis. *Voy.* 4 FÉVRIER 1791. — Corps administratifs. *Voy.* 7 FÉVRIER 1791. — Dispenses de mariage *Voy.* 3 FÉVRIER 1791. — Ecclésiastiques. *Voy.* 5 FÉVRIER 1791. — Gens de mer. *Voy.* 30 JANVIER 1791, 3 FÉVRIER 1791. — Imposition. *Voy.* 3 FÉVRIER 1791. — Indemnités. *Voy.* 30 JANVIER 1791, 6 FÉVRIER 1791. — Liquidation de gages. *Voy.* 6 FÉVRIER 1791. — Masses. *Voy.* 1er FÉVRIER 1791. — Offices supprimés. *Voy.* 2 FÉVRIER 1791. — Officiers de la marine. *Voy.* 5 FÉVRIER 1791. — Paris. *Voy.* 4 FÉVRIER 1791. — Pensions, etc. *Voy.* 27 JUIN 1790. — Poitiers. *Voy.* 3 FÉVRIER 1791, 4 FÉVRIER 1791. — Procédures. *Voy.* 29 JANVIER 1791. — Claude - Régnier. *Voy.* 5 FÉVRIER 1791. — Requêtes civiles. *Voy.* 12 FÉVRIER 1791. — Rhône-et-Loire, etc. *Voy.* 4 FÉVRIER 1791. — Saint-Domingue. *Voy.* 1er FÉVRIER 1791. — Sancerre. *Voy.* 8 FÉVRIER 1791. — Timbre. *Voy.* 12 DÉCEMBRE 1790.

12 = 18 FÉVRIER 1791. — Décret relatif à la liberté du commerce des eaux-de-vie dans le département du Pas-de-Calais, représentant l'ancienne province d'Artois. (L. 3, 56-; B. 11, 187.)

12 = 18 FÉVRIER 1791. — Décret portant établissement de juges de commerce et union de communes, sur la pétition des départemens de Saône-et-Loire, de Lot-et-Garonne, de la Corrèze et de l'Oise. (L. 3, 569; B. 11, 184.)

12 = 18 FÉVRIER 1791. — Décret sur la réunion du faubourg de la Guillotière à la ville de Lyon. (L. 3, 628; B. 11, 181.)

12 = 13 FÉVRIER 1791. — Décret relatif aux évènemens survenus dans les départemens des Haut et Bas-Rhin depuis l'arrivée des commissaires du Roi. (L. 3, 494; B. 11, 185.)

12 FÉVRIER 1791. — Décret portant vente de domaines nationaux à différentes municipalités des départemens de l'Aube, Doubs, Eure, Jura, Haute-Marne, Haute-Saône, Manche, Sarthe, Saône-et-Loire et Oise. (B. 11, 177.)

12 FÉVRIER 1791. — Requêtes civiles. *Voy.* 11 FÉVRIER 1791.

13 = 18 FÉVRIER 1791. — Décret qui ordonne le paiement des gages des officiers municipaux supprimés qui sont dans le cas de faire liquider la finance de leurs offices. (L. 3, 621; B. 11, 188.)

L'Assemblée nationale, après avoir entendu le rapport du comité de judicature,

Décrète que les officiers municipaux supprimés, et qui sont dans le cas de faire liquider la finance de leurs offices, seront incessamment payés de leurs gages et autres émolumens arriérés, jusques et compris le 31 décembre 1790 inclusivement, comme par le passé, par les caisses qui étaient ci-devant chargées de les payer.

13 = 18 FÉVRIER 1791. — Décret relatif à la division par départemens des ci-devant compagnies de maréchaussée. (L. 3, 561; B. 11, 189.)

L'Assemblée nationale décrète que l'article 4 du titre IV, et l'article 12 du titre VI des décrets rendus les 23 décembre et 16 janvier derniers, par rapport à l'organisation du corps de la gendarmerie nationale, ne recevront leur exécution que lorsque les divisions des ci-devant compagnies de maréchaussée, même des compagnies supprimées, seront faites par départemens; et jusqu'à ce, les officiers-greffiers, sous-officiers, cavaliers et trompettes, seront payés de mois en mois, dans les lieux actuels de leurs différentes résidences, de tous les traitemens et gratifications, sous quelque dénomination qu'ils soient affectés à leurs différentes places, par les mêmes mains et sur le même pied que par le passé, en observant les formes qui ont eu lieu jusqu'à présent. Les loyers de casernement qui ne sont pas fournis en nature, seront également acquittés comme par le passé.

13 = 18 FÉVRIER 1791. — Décret relatif au paiement des gages pour les années échues jusques et compris 1790. (L. 3, 547; B. 11, 190.)

L'Assemblée nationale, ouï le rapport de ses comités de judicature, des finances, de l'extraordinaire et de direction de la liquidation, décrète ce qui suit :

Lorsque les états des gages d'offices pour les années échues jusques et compris 1790, auront été vérifiés par le commissaire du Roi, directeur général des liquidations, et décrétés par l'Assemblée nationale, sur le rapport qui lui en sera fait par le comité de judicature, l'administrateur provisoire de la caisse de l'extraordinaire se concertera avec l'ordonnateur du Trésor public, pour faire effectuer le paiement dans les villes où il avait jusqu'à présent accoutumé d'être fait, conformément à l'article 1er du décret du 30 octobre dernier.

13 = 18 FÉVRIER 1791. — Décret qui rétablit et maintient provisoirement dans la jouissance des bâtimens, enclos et jardin, les doctrinaires tenant le collège de Bastia. (L. 3, 624; B. 11, 190.)

13 FÉVRIER 1791. — Décret portant vente de domaines nationaux à différentes municipalités des départemens de l'Aube, Aveyron, Indre-et-Loire, Loir-et-Cher, Lot-et-Garonne, Marne, Meurthe, Meuse, Puy-de-Dôme, Sarthe et Yonne. (B. 11, 191.)

13 FÉVRIER 1791. — Haut et Bas-Rhin. Voy. 11 FÉVRIER 1791.

14 = 18 FÉVRIER 1791. — Décret relatif à l'aliénation de la ci-devant baronie de Fénestranges, et à l'indemnité du droit de huitain dépendant du fief de Puy-Paulin. (L. 3, 550; B. 11, 190.)

L'Assemblée nationale, considérant que l'engagement du domaine de Fénestranges aux sieur et dame ci-devant duc et duchesse de Polignac, a été substitué à des décisions en vertu desquelles ce domaine devait leur être concédé à titre presque entièrement gratuit ; et qu'il résulte du registre particulier des décisions de finance, connu sous le nom de Livre rouge, qu'il a été accordé auxdits sieur et dame de Polignac une ordonnance au porteur du montant de la finance dudit engagement, lequel est compris dans le compte de l'exercice 1782, en sorte qu'aucune finance effective n'a réellement tourné au profit du Trésor public, décrète :

Que l'arrêt du conseil du 2 juin 1782, portant commission à la chambre des comptes de Lorraine pour l'aliénation dudit domaine, ci-devant baronie de Fénestranges, aux sieur et dame de Polignac, au prix d'un million deux cent mille livres ; l'ordonnance au porteur du montant de cette finance, énoncée

dans le Livre rouge ; la quittance de ladite finance, passée par le garde du Trésor royal, le 26 du même mois de juin ; l'arrêt de la chambre des comptes de Lorraine, du 13 du mois de juillet suivant, portant aliénation et délivrance dudit domaine, et tout ce qui a précédé et suivi, sont et demeurent nuls et révoqués ; en conséquence, que ledit domaine et ses dépendances, sans en rien excepter, sont et demeureront réunis au domaine national, pour, à compter du jour de la publication du présent décret, les biens et droits en dépendant être régis, perçus et administrés, et les produits comptés par les agens et préposés de l'administration des domaines et les officiers des maîtrises, chacun pour ce qui le concerne, comme si ladite aliénation n'était pas intervenue.

Au surplus, l'Assemblée nationale décrète que la liquidation de l'indemnité du droit de huitain dépendant du fief de Puy-Paulin, à la somme de huit cent mille livres, par la décision du 8 janvier 1786, est et demeure pareillement nulle et révoquée ; en conséquence, que le contrôleur des rentes se pourvoira, tant contre M. de Polignac que contre le sieur de Calonne, en répétition solidaire de ladite somme de huit cent mille livres, sous l'imputation et compensation de la finance de l'engagement dudit droit de huitain, suivant qu'elle sera justifiée.

14 = 16 FÉVRIER 1791. — Décret relatif à l'envoi de trois commissaires dans le département du Morbihan, pour y rétablir l'ordre et la tranquillité, et portant que les évêques de Tréguier, de Saint-Pol-de-Léon et de Vannes, se rendront à la suite de l'Assemblée. (L. 3, 499; B. 11, 197.)

14 = 18 FÉVRIER 1791. — Décret qui fixe les indemnités à payer à divers porteurs de brevets de retenue. (L. 3, 543; B. 11, 194.)

14 = 18 FÉVRIER 1791. — Décret relatif à la circonscription des deux paroisses de la ville de Narbonne. (L. 3, 555; B. 11, 195.)

14 FÉVRIER 1791. — Décret portant vente de domaines nationaux à la municipalité de Roye, pour la somme d'un million cinq cent quarante-quatre mille sept cent huit livres dix sous six deniers. (B. 11, 194.)

14 = 16 FÉVRIER 1791. — Décret portant que la caisse de l'extraordinaire versera au trésor public soixante-douze millions. (B. 11, 194.)

15 = 23 FÉVRIER 1791. — Décret relatif à l'avancement et à la retraite des colonels et lieutenans-colonels de toutes les armes. (L. 3, 660; B. 11, 203.)

Art. 1er. Les colonels en activité effective

de toutes les armes, qui ont dix années de service dans ce grade, et qui, renonçant à l'activité, préféreraient se retirer en ce moment avec le grade de maréchal-de-camp, à l'assurance d'être employés dans ce grade, ainsi qu'il est accordé aux officiers qui y parviendront d'après les règles fixées par le décret du 21 (23) octobre dernier sur l'avancement militaire, obtiendront en retraite le grade de maréchal-de-camp.

Les lieutenans-colonels en activité effective, de toutes les armes, qui ont douze années de service dans ce grade, et qui, renonçant à l'activité, préféreraient se retirer en ce moment avec le grade de maréchal-de-camp, à l'assurance d'être employés dans ce grade, ainsi qu'il est accordé aux officiers qui y parviendront d'après les règles fixées par le décret du 21 (23) octobre dernier sur l'avancement militaire, obtiendront en retraite le grade de maréchal-de-camp.

3. Ces officiers recevront la retraite dont ils sont susceptibles par leurs années de service, suivant le décret du 3 août dernier, sans égard au grade de maréchal-de-camp.

4. Les colonels qui auront été majors ou lieutenans-colonels compteront deux années de major pour une de lieutenant-colonel et celles de lieutenant-colonel comme colonel.

5. Les lieutenans-colonels qui auront été majors, compteront deux années pour une de lieutenant-colonel.

6. Les colonels et lieutenans-colonels qui voudront profiter des dispositions du présent décret, auront deux mois, à compter de sa publication, dans les corps dans lesquels ils servent, pour en former la demande; son effet ne pouvant avoir lieu que pour cette fois seulement, et ne pouvant s'étendre au-delà du terme fixé ci-dessus.

Ceux desdits officiers qui conserveront leur activité dans les grades de colonels et de lieutenans-colonels, suivront leur avancement aux grades supérieurs d'après les règles fixées par le décret du 23 octobre dernier, qui abroge toutes les ordonnances précédemment rendues sur l'avancement militaire; et néanmoins, les colonels actuels en activité effective, qui ont été lieutenans-colonels, conserveront, dans la colonne des colonels, le rang qu'ils tiennent en vertu des ordonnances qui existaient lorsqu'ils ont été promus à ce grade.

15 FÉVRIER = 2 MARS 1791. — Décret relatif au paiement des frais occasionnés par le transport des sieurs Morel et Prud'homme, des prisons de Besançon dans celles de Paris. (L 3, 812; B. 11, 200.)

15 FÉVRIER 1791. — Décret portant vente de domaines nationaux à différentes municipalités des départemens de l'Aisne, Eure-et-Loir,

Indre-et-Loire, Loiret, et Seine-Inférieure. (B. 11, 201.)

16 = 23 FÉVRIER 1791. — Décret relatif aux fermiers des biens nationaux dont les baux sont en denrées, et aux redevables de rentes de même nature. (L. 3, 663; B. 11, 206.)

L'Assemblée nationale décrète ce qui suit :
Les fermiers des biens nationaux dont le prix du bail est en denrées, ainsi que les redevables de rentes de même nature, seront tenus, conformément à l'article 30 du décret des 6 et 11 août dernier, sanctionné le 25 du même mois, de le payer en argent, d'après les évaluations publiques et locales des denrées, pendant les trois mois de délai accordés pour payer, à compter du jour de l'échéance des termes fixés par le bail.

16 FÉVRIER 1791. — Décret portant vente de domaines nationaux à différentes municipalités des départemens de l'Ain, Doubs, Jura, Haute-Garonne et du Tarn. (B. 11, 204.)

16 FÉVRIER 1791. — Caisse de l'extraordinaire. Voy. 14 FÉVRIER 1791. — Châtelet. Voy. 29 JANVIER 1791. — Gendarmerie. Voy. 16 JANVIER 1791. — Morbihan. Voy. 14 FÉVRIER 1791. — Tribunaux criminels. Voy. 11 FÉVRIER 1791

17 = 23 FÉVRIER 1791. — Décret relatif aux officiers comptables supprimés par le décret des 12 et 14 novembre 1790. (L. 3, 648; B. 11, 210.)

Art. 1er. Les officiers comptables supprimés par le décret des 12 et 14 novembre 1790, sont autorisés à se retirer par-devant l'ordonnateur du Trésor public, pour y faire provisoirement arrêter leurs comptes et constater leur libération.

2. S'il résulte de la vérification de cet état, que l'officier comptable ne doit rien au Trésor public, ledit ordonnateur lui délivrera une décharge provisoire, sur la remise de laquelle, ainsi que de la quittance de finance et provision, le commissaire du Roi, directeur général de la liquidation, lui remettra, conformément à ce qui est prescrit à cet égard par le décret du 20 janvier dernier, une ou plusieurs reconnaissances provisoires de finance, jusqu'à concurrence de la moitié de la finance de son office, avec cessation d'intérêt de la somme portée aux reconnaissances, à compter de leur date. Ces reconnaissances seront reçues en paiement de biens nationaux.

3. Les biens nationaux à l'acquisition desquels ces reconnaissances auront servi, demeureront garans de tout ce qui pourrait être constaté dû par le résultat des comptes définitivement arrêtés dans la forme qui sera décrétée.

4. Les oppositions formées avant la délivrance desdites reconnaissances auront leur effet, lors de la liquidation définitive, et les opposans pourront faire valoir leurs droits sur les domaines acquis par leurs débiteurs, après l'épuisement des créances du Trésor public sur les mêmes domaines, s'il y a lieu.

Les receveurs généraux des finances ou autres comptables, qui, pour opérer des compensations sur leurs finances, auraient pris les deniers de leur recette, seront privés de la faculté résultant du présent décret, sans préjudice de plus amples peines, s'il y échet ; et ils ne pourront obtenir le remboursement des finances à eux restant dues, que lorsque leur comptabilité aura été apurée suivant les formes qui seront prescrites.

6. A l'égard des receveurs particuliers des finances qui ne sont comptables qu'à leurs receveurs généraux respectifs, ils rapporteront audit commissaire du Roi, directeur général de la liquidation, les consentement et quittances délivrés par lesdits receveurs généraux, visés par ledit ordonnateur du Trésor public.

7. Ceux des receveurs particuliers des finances dont les comptes des exercices antérieurs à l'année 1771 ne seraient pas encore jugés, sont autorisés à se retirer par-devant l'ordonnateur du Trésor public, pour y faire provisoirement arrêter leurs comptes et constater leur libération, et seront admis à jouir du bénéfice de l'article 2, en rapportant le le consentement du receveur général.

———

17 = 23 FÉVRIER 1791. — Décret relatif à l'affaire de Tabago. (L. 3, 642 ; B. 11, 220.)

L'Assemblée nationale, après avoir entendu son comité des colonies, en se référant à son décret du 8 mars dernier, déclare : 1° que les jugemens rendus contre les sieurs Bosque, Grélier, Guys et le Borgue, les 16 novembre 1789 et 6 juillet 1790, n'emportent aucune note ni tache d'infamie, et seront regardés comme nuls et non avenus ;

2° Qu'il n'y a pas lieu à inculpation contre le sieur Edmon Saint-Léger, commandant de la garde nationale de Tabago ;

3° Décrète qu'il sera réintégré dans les places dont il a été dépouillé depuis son départ de la colonie, par le sieur Jobal, et que le sieur Dufaur, substitut du sieur Saint-Léger, sera également rétabli dans ses fonctions ;

4° Que le Roi sera prié d'ordonner au sieur Jobal, commandant de Tabago, de se rendre à la Martinique, pour rendre compte de sa conduite devant les commissaires qui y ont été délégués, et d'autoriser le commandant général des îles du Vent à faire remplacer le sieur Jobal s'il le juge nécessaire pour le bien de la colonie ;

5° L'Assemblée nationale renvoie à l'examen et à la discussion du ministre de la marine les demandes en paiement d'indemnité et d'appointemens, faites par les sieurs Blosse, officier au régiment de la Guadeloupe, et Chancel, procureur-général de Tabago.

———

17 = 23 FÉVRIER 1791. — Décret qui autorise le district de Pontoise à acquérir la maison appelée le *Grand-Vicariat*, pour y faire son établissement et celui du tribunal. (L. 3, 646 ; B. 11, 216.)

———

17 = 23 FÉVRIER 1791. — Décret relatif à la circonscription des treize paroisses et des cinq succursales de la ville de Rouen. (L. 3, 651 ; B. 11, 207.)

———

17 FÉVRIER 1791. — Décret portant vente de domaines nationaux à différentes municipalités des départemens du Gard, de Loir-et-Cher, du Loiret et de Maine-et-Loire (B. 11, 215 et 221.)

———

17 FÉVRIER 1791. — Décret qui charge le comité des finances de présenter l'état de radiation des appointemens et traitemens des Français absens. (B. 11, 216.)

———

17 = 20 FÉVRIER 1791. — Décret qui renvoie au tribunal du district de Besançon la procédure commencée au tribunal de Beaune contre madame de Constable et les sieurs Chaillot et Dauqnoi. (L. 3, 632 ; B. 11, 219.)

———

18 = 25 FÉVRIER 1791. — Décret qui règle les fonds nécessaires aux dépenses de l'année 1791. (T. 3, 785 ; B. 11, 224.)

Art. 1er. Il sera fait fonds au Trésor public en 1791, tant par les revenus ordinaires de l'État, que par les impositions générales et communes : 1° d'une somme de deux cent quatre-vingt-deux millions sept cent mille livres, pour acquitter toutes les dépenses attribuées au culte, à la liste civile, aux apanagistes, aux départemens des affaires étrangères, de la guerre, y compris les auxiliaires et la gendarmerie nationale, de la marine et des colonies, aux ponts-et-chaussées, aux ministres et au conseil, aux bureaux et frais d'administration du Trésor public, de la caisse de l'extraordinaire, de la liquidation générale et de la comptabilité, aux primes et encouragemens pour le commerce, à l'école des mines et aux dépôts publics, au jardin et à la bibliothèque du Roi, aux universités ; académies et travaux littéraires, aux invalides et aux quinze-vingts, aux enfans trouvés et aux dépôts de mendicité, aux frais de l'Assemblée nationale, de la haute-cour nationale et du tribunal de cassation ; 2° d'une somme de trois cent deux millions pour acquitter le traitement des ecclésiastiques et des religieux des deux sexes supprimés, le secours accordé aux apanagistes en faveur de leurs créanciers ou pour indemnité, les pensions de l'État, celles accordées aux Hollandais et Acadiens, et les intérêts de la dette publique, tant perpétuelle que viagère, constituée ou non constituée.

Lesquelles deux sommes réunies montent à cinq cent quatre-vingt-deux millions sept cent mille livres; se réservant, l'Assemblée nationale, de statuer sur les dettes particulières aux provinces ci-devant pays d'états, ainsi que sur les fonds qui pourraient leur être appliqués.

2. La caisse de l'extraordinaire devant, en exécution du décret du 6 décembre dernier, verser au Trésor public soixante millions sur les revenus des domaines nationaux qu'elle est chargée de recevoir, le comité de l'imposition présentera à l'Assemblée les moyens de fournir au Trésor public, en 1791, la somme de cinq cent vingt-quatre millions sept cent mille livres, pour compléter celle nécessaire aux dépenses ci-dessus.

3. Indépendamment desdites sommes, il sera pourvu à un fonds particulier de cinquante-six millions sept cent mille livres pour acquitter, dans les départemens, les dépenses de l'administration de la justice et des frais de prisonniers; des corps administratifs, des grands chemins, des entretiens de bâtimens publics, de la perception des impôts et des secours accordés aux hôpitaux.

4. La caisse de l'extraordinaire fera: 1° les avances nécessaires pour acquitter, en 1791, la somme accordée par le décret du 16 décembre 1790, pour être distribuée, à titre de secours, aux quatre-vingt-trois départemens; 2° celle qui sera décrétée pour les travaux extraordinaires dans les ports maritimes; 3° celle des travaux du pont de Louis XVI et des ateliers entretenus à Paris; 4° les frais attachés à la prolongation ou au renouvellement de l'Assemblée nationale; 5° le fonds d'équipement des auxiliaires; 6° la dépense d'augmentation de l'armée et des approvisionnemens y relatifs; 7° les trois millions qui restent à acquitter pour réparer les forteresses; 8° l'expédition extraordinaire décrétée pour les îles d'Amérique; 9° une réserve de vingt millions pour suppléer aux dépenses résultant de l'apurement de tous les comptes; le tout conformément aux différens décrets qui seront rendus par l'Assemblée nationale.

5. Le présent décret sur la somme des dépenses de la présente année n'emportera l'approbation d'aucun article particulier desdites dépenses; aucun emploi des fonds publics ne pouvant être fait et alloué que d'après les décrets que l'Assemblée a rendus ou rendra sur chaque article.

18 FÉVRIER 1791. — Décret portant vente de domaines nationaux à différentes municipalités des départemens de la Gironde et du Puy-de-Dôme. (B. 11, 222.)

18 FÉVRIER 1791. — Décret qui renvoie au pouvoir exécutif toute affaire relative à l'adjudication du bail des messageries. (B. 11, 227.)

18 = 25 FÉVRIER 1791. — Décret sur une contestation qui s'est élevée entre la ville de Clermont et la municipalité de Romaniac, au sujet des soumissions respectivement faites pour l'acquisition de biens nationaux. (L. 3, 746; B. 11, 224.)

18 FÉVRIER = 2 MARS 1791. — Décret qui ordonne une nouvelle estimation des biens aliénés à la municipalité de Brives. (L. 3, 810; B. 11, 221.)

18 FÉVRIER 1791. — Bastia. Voy. 13 FÉVRIER 1791. — Brevets de retenue. Voy. 14 FÉVRIER 1791. — Cautionnemens. Voy. 8 FÉVRIER 1791. — Cavalerie. Voy. 10 FÉVRIER 1791. — Clergé. Voy. 8 FÉVRIER 1791. — Corps administratif. Voy. 5 FÉVRIER 1791. — Curés. Voy. 8 FÉVRIER 1791. — Fénestranges. Voy. 14 FÉVRIER 1791. — Fondations. Voy. 10 FÉVRIER 1791. — Gages. Voy. 13 FÉVRIER 1791. — Guillotière. Voy. 12 FÉVRIER 1791. — Îles du Vent. Voy. 11 FÉVRIER 1791. — Jean Thierry; Judicature. Voy. 10 FÉVRIER 1791. — Le Mans. Voy. 10 FÉVRIER 1791. — Liquidation d'offices. Voy. 5 FÉVRIER 1791. — Maréchaussée. Voy. 13 FÉVRIER 1791. — Messageries. Voy. 10 FÉVRIER 1791. — Narbonne. Voy. 14 FÉVRIER 1791. — Offices. Voy. 10 FÉVRIER 1791. — Officiers municipaux. Voy. 13 FÉVRIER 1791. — Pas-de-Calais; Requêtes civiles; Saône-et-Loire, etc. Voy. 12 FÉVRIER 1791. — Timbre Voy. 12 DÉCEMBRE 1790; 7 FÉVRIER 1791. — Tribunal de cassation. Voy. 11 FÉVRIER 1791.

19 = 25 FÉVRIER 1791. — Décret relatif aux dépenses de l'administration des haras. (L. 3, 747; B. 11, 227.)

Art. 1er. Il ne pourra être payé par le Trésor public aucune dépense relative à l'administration des haras, postérieure au dernier décembre 1790.

2. Les seules dépenses justifiées qui auront pu être faites, à compter du 1er janvier 1791 jusqu'au moment de la vente, pour nourriture et subsistance des étalons nationaux réunis dans les dépôts, seront acquittées d'après le réglement qui en sera fait par les directoires de département, sur le produit de la vente de ces étalons, de sorte que les receveurs de district n'auront à verser à la caisse de l'extraordinaire que le produit de la vente de ces étalons que déduction faite des frais.

3. Il sera de même prélevé, en vertu des mandats du directoire de département, sur

le produit de la vente des étalons placés chez des gardes, une somme de cinquante livres par étalon, au profit de chaque garde, pour chacune des années dont se trouvera trop faible le nombre d'années nécessaire pour absorber, à raison de cinquante livres par an, le montant de la plus-value que le garde justifiera avoir payée.

4. Pour indemniser les gardes de la non-jouissance des priviléges, pendant l'année 1790, dans les pays de taille personnelle, il sera accordé à chacun d'eux, par les directoires de département, sur les fonds libres étant à leur disposition, une gratification de cent vingt livres.

5. Dans les provinces où la jouissance des priviléges était remplacée par des gratifications, les directoires de département feront acquitter, sur les fonds libres étant à leur disposition, celles qui resteraient encore dues à quelques gardes-étalons pour l'année 1790, de manière cependant que la somme qu'un garde aurait encore à répéter, ne puisse, avec celles qu'il aura déjà touchées pour la même année 1790, excéder la somme de cent vingt livres.

6. Les poulinières dont il a été fait don, sur les fonds de la présente administration des haras, à des nourriciers, pour parvenir à l'amélioration des espèces, appartiendront en pleine propriété à ceux qui les ont reçues, à la charge par eux de remplir les conditions qu'ils ont contractées par leurs soumissions, lesquelles seront déposées aux archives des administrations de département, que l'Assemblée nationale met aux droits de l'ancienne administration des haras, pour les exercer au profit de leurs départemens respectifs.

19 = 25 FÉVRIER 1791.—Décret qui supprime les droits d'entrée, à compter du 1er mai 1791. (L. 3, 793; B. 11, 230.)

L'Assemblée nationale décrète que tous les impôts perçus à l'entrée des villes, bourgs et villages, seront supprimés à compter du 1er mai prochain;

Charge son comité des impositions de lui présenter, sous huit jours au plus tard, les projets d'impositions qui compléteront le remplacement des impôts supprimés, et qui étaient perçus au profit de la nation, des hôpitaux ou des villes, de manière à assurer les fonds nécessaires pour faire face aux dépenses publiques de l'année 1791.

19 FÉVRIER 1791. — Décret qui charge les comités de constitution et diplomatique de présenter une loi sur l'extradition réciproque des prévenus de certains crimes, entre la France

et les autres nations de l'Europe, et relatif aux personnes détenues à Huningue, prévenues d'avoir contrefait des billets de la banque de Vienne. (B. 11, 229; Mon. du 20 février 1791.)

Voy. loi du 23 = 27 MAI 1792, décret du 23 OCTOBRE 1811 (1).

L'Assemblée nationale décrète que le comité de constitution se réunira incessamment au comité diplomatique, pour proposer une loi sur l'extradition réciproque des prévenus de certains crimes, entre la France et les autres nations de l'Europe, et, qu'en attendant, le Roi sera supplié de donner les ordres les plus précis pour que les deux prisonniers détenus à Huningue, sur la réquisition et la dénonciation du ministre impérial, y soient soigneusement gardés, et que les scellés restent apposés sur leurs effets, et que toutes précautions soient prises contre le divertissement desdits effets et contre l'évasion desdits détenus, se réservant l'Assemblée nationale de prononcer ultérieurement tant sur la question en général, que sur ce fait particulier.

19 FÉVRIER 1791. — Décret qui charge le président de l'Assemblée nationale d'écrire une lettre de satisfaction aux gardes nationales de Vannes et autres, relativement aux troubles de cette ville. (B. 11, 230.)

20 = 25 FÉVRIER 1791. — Décret portant suppression des places de gouverneurs, lieutenans-généraux, lieutenans de Roi, majors et autres. (L. 3, 779; B. 11, 231.)

Art. 1er. Les gouvernemens de provinces et de places de toutes les classes, les lieutenances générales, les lieutenances de Roi, les majorités des ci-devant provinces, places et gouvernemens qui n'obligeaient point à résidence, dont on était pourvu, soit par brevets, soit par provisions, sont supprimés à compter du 1er janvier de la présente année 1791.

2. Les gouverneurs, lieutenans-généraux et lieutenans de Roi qui étaient en possession des places supprimées par le précédent article, seront payés sur les fonds qui avaient été à ce destinés, des appointemens, gages et supplément de gages pour lesquels ils étaient employés dans les états du Trésor public, dans les états de la guerre et dans ceux des dépenses des ci-devant provinces, même du fermage des objets qui avaient été par eux affermés, pour tout ce qui peut leur en être dû jusqu'au 31 décembre 1790. Ils ne pourront, sous aucun prétexte, percevoir rien au-delà des sommes portées dans lesdits états, notamment à titre de logement et ustensiles, lorsqu'ils n'auront pas résidé de fait.

(1) *Voy.* une dissertation sur l'*extradition* et le *droit d'asile*, extraite de l'*Observateur autrichien*; S. 24, 2, 106.

3. Les gouverneurs, lieutenans-généraux, lieutenans de Roi, majors supprimés par le premier article, qui étaient porteurs de brevets de retenue susceptibles d'indemnité, aux termes de la loi du 1er décembre dernier, présenteront leurs brevets et mémoires en la forme prescrite par le décret du 9 janvier dernier, à l'effet de faire liquider l'indemnité qui peut leur être due. Ceux qui avaient été pourvus en finance continueront à être payés des rentes qui leur ont été assignées à raison de ladite finance.

4. À compter du 1er janvier 1791, les appointemens, gages et supplément de gages, attribués aux officiers supprimés par l'article 1er, seront rayés de tous états où ils avaient été employés jusqu'à ce jour, et ne pourront être employés dans aucun autre.

5. Les secrétaires des gouvernemens qui n'avaient pas encore été supprimés, le seront à compter du 1er janvier 1791; et ils seront payés de leurs gages seulement jusqu'au 31 décembre 1790.

6. Les gouverneurs, lieutenans-généraux, lieutenans de Roi, majors supprimés, auxquels leurs places avaient été données en récompense de leurs services, présenteront leurs mémoires au comité des pensions, qui les fera remettre au directeur de la liquidation, à l'effet d'être établi en leur faveur, s'il y a lieu, aux termes de la loi du 23 août, des pensions. Lesdits gouverneurs et lieutenans seront considérés à cet effet comme les personnes qui étaient pensionnées à l'époque du 1er janvier 1790; et ceux d'entre eux qui justifieront de deux campagnes de guerre, seront traités de la manière qui a été réglée pour les officiers-généraux par l'article 5 du titre III de la loi du 23 août 1790.

20 = 25 FÉVRIER 1791. — Décret relatif au paiement des pensions au-dessus de six cents livres. (L. 3, 751; B. 11, 233; Mon. du 22 février 1791.)

Art. 1er. Les pensionnaires non compris dans les états nominatifs de secours qui ont été ou seront décrétés par l'Assemblée nationale, et qui jouissaient de pensions au-dessus de six cents livres, établies par brevets sur le Trésor public, timbrées du nom d'autres départemens que celui de la maison du Roi, jouiront, pour l'année 1790, au-delà de la somme de six cents livres, qui leur a été accordée par l'article 2 du titre III du décret du 3 août 1790, d'un nouveau secours déterminé par les articles suivans.

2. Les ci-devant pensionnaires dont les pensions se portaient de six cents livres à mille livres inclusivement, recevront un secours égal à la totalité de la somme à laquelle montait leur pension, précompte fait de la somme de six cents livres ou autre qu'ils au-

raient précédemment reçue pour l'année 1790.

3. À l'égard de ceux qui ont actuellement plus de cinquante ans d'âge, et dont la pension était de plus de mille livres, il leur sera accordé d'abord la somme de quatre cents livres, faisant avec celle de six cents livres qu'ils ont reçue ou dû recevoir, la somme de mille livres, plus le quart du restant de leur ancienne pension, sans néanmoins que lesdites sommes réunies puissent excéder la somme totale de deux mille quatre cents livres, en aucun cas, et quel que fût le montant de la pension supprimée.

4. Les sommes accordées aux ci-devant pensionnaires désignés dans les articles précédens, leur seront payées au Trésor public, dans l'ordre du mois dont les brevets sont timbrés, et sur une seule et même quittance, avec le secours de six cents livres précédemment accordé, s'ils ne l'ont pas encore reçu, soit en tout, soit en partie.

5. Dans le cas où la même personne aurait joui précédemment de plusieurs pensions ou secours annuels, elles seront réunies pour déterminer, d'après leur montant total, le secours accordé au ci-devant pensionnaire.

À l'égard des pensions accordées à des militaires sur l'ordre de Saint-Louis, ceux qui en jouissent les conserveront provisoirement pour les années 1790 et 1791, et ils auront la faculté de les préférer aux secours accordés par les articles 2 et 3 ci-devant.

6. Dans le total des pensions mentionnées au précédent article, ne sont point comprises les rentes viagères créées pour arrérages suspendus, dont le paiement a été ordonné séparément des pensions, par l'article 9 du titre III du décret du 23 août, et qui seront acquittées en la forme suivante.

7. Les porteurs de brevets de pensions qui comprenaient, outre les pensions supprimées, lesdites rentes viagères, remettront leur brevet en original au directeur général de la liquidation. Le directeur, après avoir vérifié que la rente viagère provenue des anciens arrérages, subsiste, fera délivrer aux porteurs des brevets une reconnaissance du montant annuel de la rente viagère y énoncée, laquelle leur servira de titre pour être payés des arrérages échus et à échoir.

Le directeur de la liquidation fera mention de la remise de la reconnaissance sur l'original du brevet, et il tiendra registre des reconnaissances qu'il aura fournies.

Les arrérages seront acquittés par les payeurs des rentes dues par l'État.

8. Les ci-devant pensionnaires dont les pensions supprimées étaient établies sur d'autres caisses que le Trésor public, et étaient au-dessus de six cents livres, recevront pareillement, à titre de secours pour l'année 1790, l'excédant du montant de leurs pensions au-dessus de la somme de six cents livres, jus-

qu'à la somme de mille livres. Au-delà de ladite somme, il sera payé à ceux d'entre eux qui seront âgés de plus de cinquante ans, un quart de leur pension, sans que le total puisse excéder deux mille quatre cents livres, ainsi qu'il est dit en l'article 3 ci-dessus.

9. Le paiement des secours énoncés en l'article précédent sera fait au Trésor public, à l'exception de ceux qui sont accordés à des personnes dont les pensions étaient établies sur les caisses des municipalités, ou sur celles d'administrations encore subsistantes. Dans ce cas, les secours accordés par l'article précédent seront à la charge desdites caisses, et payés par elles.

10. Les secours accordés par les précédens articles ne seront, conformément à l'article 10 du titre 1er du décret du 23 août 1790, payés qu'autant que ceux qui y prétendront n'auront aucun traitement d'activité.

11. Il sera pris sur le fonds de deux millions de secours annuel, décrété par l'article 15 du titre III du décret du 23 août dernier, la somme de cent cinquante mille livres, pour être distribuée aux personnes précédemment comprises dans les états et supplémens d'états des secours affectés sur la loterie royale, sur le Port-Louis et sur les fermes générales.

12. Les états et supplémens d'états desdits secours, qui ont été précédemment dressés dans les départemens de la finance, seront remis entre les mains du directeur général de la liquidation, avec les observations qui pourront s'y trouver jointes. Il dressera sur le tout un nouvel état unique, portant la répartition de la somme de cent cinquante mille livres, de manière qu'aucune des portions de distribution ne soit au-dessous de cent cinquante livres ni aucune au-dessus de 500 liv. Le directeur général fera au comité des pensions le rapport dudit état, pour être ensuite, sur le compte qui en sera rendu à l'Assemblée, décrété par elle, s'il y a lieu, et après la sanction du Roi, être payé au Trésor public, à bureau ouvert, en la forme ordinaire.

13. Il ne pourra être compris dans ledit état de cent cinquante mille livres, aucune personne jouissant de pension ou de traitement sur quelque caisse que ce soit, à l'effet de quoi ledit état sera notifié aux différens trésoriers.

20 FÉVRIER 1791. — Dame de Constable, etc. Voy. 17 FÉVRIER 1791.

21 = 25 FÉVRIER 1791. — Décret relatif à la consécration des évêques élus. (L. 3, 750; B. 11, 244; Mon. du 23 février 1791.)

L'Assemblée nationale, sur le rapport qui lui a été fait par le comité ecclésiastique, décrète :

Que dans la rédaction de l'article 4 du décret du 27 janvier dernier, concernant l'exécution de celui du 27 novembre précédent, sur le serment à prêter par les fonctionnaires publics ecclésiastiques, il sera rétabli la disposition suivante :

Que la consécration de l'évêque élu se fera par un évêque en France, sans être tenu de demander la permission à l'évêque du lieu.

21 = 25 FÉVRIER 1791. — Décret relatif à la décoration militaire pour les officiers des régimens coloniaux. (L. 3, 757; B. 11, 240.)

Art. 1er. Pour déterminer le temps nécessaire aux officiers de régimens coloniaux, pour obtenir la décoration militaire, chaque année de service dans les colonies sera comptée pour dix-huit mois.

2. Dans le cas où la colonie serait attaquée, et dans celui où les régimens seraient employés pendant la guerre, dans une expédition hors de la colonie, chaque année de service sera comptée pour deux.

3. Les officiers de milice des colonies qui auront à l'époque de la publication du présent décret provisoire, les années de service ou de commission d'officier requises par l'ordonnance du 1er janvier 1787, en comptant chaque année de guerre pour deux, ou qui auraient pris leur retraite avant le temps prescrit, sans avoir obtenu la décoration militaire, pourront en former la demande, et sont déclarés susceptibles de l'obtenir, sans néanmoins rien préjuger sur l'existence des milices coloniales; l'Assemblée nationale abrogeant la disposition de l'article 43 de la susdite ordonnance, qui limite le nombre des croix de Saint-Louis à accorder par année dans chaque colonie.

4. Le temps pendant lequel ces officiers auront été employés dans les troupes de ligne ou dans les régimens coloniaux, leur sera compté conformément à ce qui a été prescrit pour ces différens corps.

21 FÉVRIER = 2 MARS 1791. — Décret qui suspend le remboursement des indemnités dues aux commissaires des guerres pour les brevets de retenue. (L. 3, 809; B. 11, 240.)

L'Assemblée nationale décrète l'ajournement de ce qui concerne les commissaires des guerres: et cependant décrète que le remboursement des indemnités dues aux commissaires des guerres, pour leurs brevets de retenue, sera suspendu à l'égard de ceux qui, étant actuellement en activité, se trouveraient compris dans les précédens décrets sur lesdits remboursemens.

21 = 25 FÉVRIER 1791. — Décret qui assujétit à la contribution foncière les droits de péage et autres non supprimés, ainsi que les revenus

des canaux, etc. (L. 3, 782; B. 11, 242; Mon. du 23 février 1791.)

Art. 1er. Les droits de péage et autres de même nature non supprimés par l'article 13 du titre II du décret concernant les droits féodaux, en date du 15 mars 1790, seront soumis à la contribution foncière, à raison de leur revenu net.

2. Le revenu net des canaux de navigation sera de même soumis à la contribution foncière.

3. L'évaluation du revenu des canaux qui traversent le territoire de plusieurs communautés d'un même district, sera faite par le directoire de ce district; et la contribution sera fixée par le même directoire, au taux moyen de celle qui sera supportée par les autres propriétés du district. Cette fixation sera faite en même temps que le répartement de la contribution foncière entre les diverses communautés.

4. Le revenu net des canaux qui traversent plusieurs districts d'un même département, sera évalué par le directoire de département, et divisé par chaque district, en proportion de la longueur du canal sur le territoire de chacun.

5. Quant aux canaux qui traversent plusieurs départemens, chaque directoire de département évaluera les revenus et les charges du canal sur son territoire. Les directoires se communiqueront le résultat de leur évaluation, et le total du revenu imposable sera réparti en proportion de la longueur du canal sur le territoire de chacun des districts.

6. Seront compris dans l'évaluation des revenus et des charges du canal, les ouvrages d'art, les réserves d'eau, les chemins de halage et les berges et francs-bords qui ne produisent aucun fruit.

7. Les moulins et autres usines, fabriques, construits sur les canaux, les plantations et autres natures de biens qui avoisinent les canaux et appartiennent aux mêmes propriétaires, ne seront point compris dans l'évaluation générale du revenu du canal, mais seront soumis à toutes les règles fixées pour les autres biens fonds.

8. Les propriétaires de canaux seront tenus, dans le délai de quinze jours après la publication du présent décret, de faire aux secrétariats de district ou de département qui devront faire des évaluations, une déclaration détaillée de la totalité des revenus et charges de leur canal.

9. Les directoires de département décideront, en dernier ressort, les contestations relatives à l'évaluation faite par les directoires de district.

10. Les conseils-généraux de département décideront, également en dernier ressort, des contestations relatives aux évaluations faites par le directoire de département : dans ce cas, les membres du directoire n'assisteront point à la délibération.

11. La contribution foncière supportée par les canaux dans chaque district sera payée directement au trésorier du district.

21 = 25 FÉVRIER 1791. — Décret relatif aux secours accordés aux officiers, tant civils que militaires, Acadiens et Canadiens, et à leurs familles. (L. 3, 759; B. 11, 236.)

L'Assemblée nationale, après avoir entendu le rapport du comité des pensions sur l'état où se trouvent les habitans de l'Acadie et du Canada passés en France lors de la cession de ces pays aux Anglais, décrète ce qui suit :

Art. 1er. Les secours accordés aux officiers, tant civils que militaires, Acadiens et Canadiens, et à leurs familles, dont l'état nominatif est annexé au présent décret, continueront d'être payés, comme par le passé, par le Trésor public; à l'effet de quoi les fonds de cinquante mille livres, fournis précédemment au département de la marine pour cet objet, cesseront de lui être faits à compter du 1er janvier 1791.

2. La solde accordée aux habitans de ces mêmes contrées qui sont passés en France à la paix de 1763, sera continuée à tous ceux qui en jouissent ou qui en ont joui, dans les proportions suivantes; savoir, huit sous par jour aux sexagénaires, six sous par jour aux pères et mères de famille et aux veuves, et quatre sous aux enfans et orphelins, jusqu'à l'âge de vingt ans seulement. Ces secours commenceront à courir du 1er janvier 1790, sauf à imputer à compte les sommes que chacun d'eux aura reçues du Trésor public dans le courant de ladite année.

3. Chacun des secours accordés par les deux précédens articles sera éteint à la mort de ceux qui les auront obtenus, sans qu'ils puissent être recréés ou portés en augmentation en faveur de qui que ce soit.

4. Les personnes qui prétendront avoir droit aux secours mentionnés dans l'article 2 du présent décret, se présenteront à la municipalité du lieu de leur résidence, qui en dressera l'état. Cet état sera envoyé au directoire du district; il en vérifiera les faits, et l'enverra ensuite au directoire du département, qui le fera passer à l'Assemblée nationale avec les observations qu'il jugera convenables.

21 FÉVRIER = 2 MARS 1791. — Décret concernant le paiement des indemnités accordées à plusieurs porteurs de brevets de retenue. (L. 3, 809; B. 10, 240.)

21 FÉVRIER 1791. — Décret portant que le directeur du trésor public sera tenu de remettre

chaque semaine, au comité des finances, l'état des pensions et distributions des sommes qui auront été faites dans la semaine, tant en numéraire qu'en assignats de différentes coupures. (B. 11, 241.)

21 = 25 FÉVRIER 1791. · Décret relatif aux assignats de cinquante livres, et portant qu'il sera nommé six nouveaux signataires. (L. 3, 794; B. 11, 241.)

21 FÉVRIER 1791. — Offices. *Voy.* 24 DÉCEMBRE 1790.

22 = 25 FÉVRIER 1791. — Décret relatif au personnes qui pourraient prétendre à des pensions ou gratifications. (L. 3, 796; B. 11, 245.)

L'Assemblée nationale décrète:

1° Les personnes qui, étant dans les cas prévus par le décret du 23 août dernier, pour des services rendus à l'État antérieurement à l'époque du 1er janvier 1790, n'auraient pas été récompensées, remettront, si fait n'a été, leurs mémoires au comité des pensions, conformément à l'article 16 du titre III dudit décret;

2° A l'égard de ceux qui prétendraient avoir droit à des pensions ou gratifications, par des actions faites postérieurement au 1er janvier 1790, ou à raison de leur retraite postérieure à la même époque, ils se pourvoiront dans la forme prescrite par les articles 22, 23, 24 et 25 du titre Ier dudit décret. La liste nominative qui doit être dressée, aux termes des mêmes articles, sera présentée à l'Assemblée au mois d'avril prochain, pour, sur le rapport qui lui en sera fait, être décrété à cette époque ce qu'il appartiendra.

3° Les personnes blessées devant Nancy, les veuves et enfans de ceux qui ont été tués dans cette action et autres, dont l'Assemblée nationale, par son décret du 16 janvier dernier, a renvoyé les demandes à son comité pour qu'il lui en fît incessamment son rapport, demeurent exceptés de l'article précédent.

22 = 25 FÉVRIER 1791. — Décret qui autorise les administrateurs du département de l'Ariége à acquérir la maison de l'abbaye de Saint-Voluzien, pour y placer le directoire du département, et le tribunal de district. (L. 3; 777; B. 11, 244.)

22 FÉVRIER 1791. — Décret qui charge le comité de constitution de présenter un projet de décret pour l'établissement d'un tribunal provisoire pour le jugement des crimes de lèse-nation. (B. 11, 244 et 264.)

23 = 25 FÉVRIER 1791. — Décret relatif à l'envoi de trois commissaires dans le département du Gard et dans les départemens voisins, pour y établir l'ordre et la tranquillité publique, et pour prier le Roi de donner des ordres pour faire passer des troupes dans ce département. (L. 3, 791; B. 11, 246.)

23 FÉVRIER 1791. — Décret concernant les fonctionnaires publics qui prêteront leur serment avant leur remplacement. (B. 11, 253.)

23 FÉVRIER 1791. — Décret qui rectifie deux fautes d'impression dans le décret du 23 décembre 1790, concernant la liquidation des rentes seigneuriales (1). (B. 11, 247.)

23 FÉVRIER 1791. — Décret relatif aux réparations à faire aux embouchures du Rhône. (B. 11, 246.)

23 FÉVRIER 1891. — Décret relatif au rachat de plusieurs droits seigneuriaux. (B. 11, 248.) *Voy.* 13 AVRIL 1791.

23 FÉVRIER 1791. — Colonels. *Voy.* 15 FÉVRIER 1791. — Députés. *Voy.* 23 JUIN 1789. — Ecclésiastiques. *Voy.* 8 JANVIER 1791. — Fermiers. *Voy.* 15 FÉVRIER 1791. — Ministres. *Voy.* 13 JUILLET 1789. — Officiers comptables. *Voy.* 17 FÉVRIER 1791. — Officiers ministériels. 24 DÉCEMBRE 1790. *Voy.* 17 FÉVRIER 1791. — Pontoise. *Voy.* 17 FÉVRIER 1791. — Responsabilité des ministres. *Voy.* 13 JUILLET 1789. — Rouen. *Voy.* 17 FÉVRIER 1791. — Tabago. *Voy.* 17 FÉVRIER 1791. — Trésor public. *Voy.* 1er FÉVRIER 1791.

24 FÉVRIER = 30 MARS 1791. — Décret relatif aux annuités à fournir par les acquéreurs de biens nationaux. (L. 3, 1175; B. 11, 254.)

Voy. loi du 9 = 25 JUILLET 1790.

L'Assemblée nationale, désirant faire cesser les difficultés que plusieurs acquéreurs ont élevées au sujet du calcul des annuités, et accélérer de plus en plus la vente des biens nationaux, en ne laissant aucun doute sur les questions que cette importante opération fait naître dans plusieurs circonstances diverses, décrète ce qui suit:

Art. 1er. Les acquéreurs des domaines nationaux auront la faculté, au lieu des annuités qu'ils sont tenus de fournir, suivant la disposition du décret du 25 juillet 1790, de remettre un égal nombre d'obligations, dans chacune desquelles ils joindront, distinctement du capital, les intérêts, à compter du jour de leur acquisition, jusqu'au jour où les obligations seront payables.

2. La première obligation comprendra le total des intérêts de la somme entière qui restera due après le premier paiement fait lors

---

(1) On a indiqué les corrections dans le décret du 23 décembre 1790. Elles consistent en ce que le mot *pariage* est substitué au mot *pacage* dans l'article 3; et en ce que le mot *rentes* est substi-tué au mot *recettes* dans l'article 5. Cette note dispense de reproduire textuellement le décret rectificatif du 23 février.

de l'adjudication ; la seconde obligation comprendra les intérêts de la somme qui restera due, déduction faite du capital de la première obligation, et ainsi successivement, la masse des intérêts compris dans chaque obligation diminuant dans la même proportion que la masse du capital qui reste dû.

3. Lesdits acquéreurs, usant de la faculté qui leur est donnée par l'art. 5 du décret du 17 novembre 1790, d'accélérer les paiemens des sommes dont ils seront débiteurs, pourront faire ces paiemens anticipés, sur celles de leurs obligations ou annuités qu'ils indiqueront, même partiellement sur plusieurs desdites obligations et annuités, et à telles époques qu'ils jugeront à propos, sous la seule condition de payer avec les capitaux dont ils se libéreront, les intérêts desdits capitaux, depuis le jour où ils sont dus, jusqu'au jour où le paiement sera effectué, et sous la déduction néanmoins de l'escompte sur le pied de cinq pour cent, dont il sera fait remise aux acquéreurs, à raison de l'avance du paiement.

4. Au moment où les acquéreurs effectueront le premier paiement du prix des biens nationaux qui leur auront été adjugés, les directoires de district dans lesquels les titres auront été déposés, leur remettront les baux courans et les cueilloirs particuliers des biens qu'ils auront acquis ; ils en donneront décharge au pied d'un état sommaire, et se soumettront à les représenter au district toutes les fois qu'ils en seront requis. A l'égard des autres titres particuliers aux biens vendus, et des titres communs à des biens adjugés à différens acquéreurs, ils resteront au district, et il en sera remis aux acquéreurs seulement un état sommaire, afin qu'ils puissent en demander soit la communication sans déplacer, soit des extraits dans les cas où ils leur seraient nécessaires, même être aidés des originaux dans les cas où il serait besoin de les produire.

5. Lorsque les acquéreurs de domaines nationaux sur lesquels les municipalités auront droit au bénéfice du seizième, à cause de l'acquisition qu'elles en auront faite, ne donneront en paiement d'autres valeurs que des reconnaissances de finances d'offices, fonds d'avance, etc., il sera délivré aux municipalités, par le directoire de district, un bordereau de la somme à laquelle se porte leur bénéfice sur les paiemens qui auront été faits. Les municipalités adresseront ce bordereau à l'administrateur de la caisse de l'extraordinaire, qui leur fera rembourser par ladite caisse le montant du seizième auquel elles ont droit.

6. Les loyers des domaines nationaux, et les rentes qui en dépendent, seront acquis aux adjudicataires, du jour de l'adjudication : les fruits pendans par les racines au jour de l'adjudication, et les fermages qui les représentent, leur seront acquis pour la totalité ; mais ils ne pourront les percevoir qu'après leur entrée en possession, et en suite du premier paiement qu'ils doivent faire, aux termes des décrets de l'Assemblée.

Il sera fait mention de cette clause dans toutes les affiches apposées pour parvenir à la vente des biens nationaux.

7. Les dispositions du présent décret seront communes aux acquéreurs auxquels il a été fait jusqu'à ce jour des adjudications de domaines nationaux.

————

24 FÉVRIER 1791. — Décret qui défend à la municipalité d'Arnay-le-Duc de s'opposer au libre voyage de mesdames, tantes du Roi. (L. 3, 745 ; B. 11, 257.)

24 FÉVRIER = 2 MARS 1791. — Décret qui déclare nulle une adjudication faite au directoire du département de Loir-et-Cher. (L. 3, 808 ; B. 11, 256.)

24 FÉVRIER = 6 MARS 1791. — Décret qui ordonne une liquidation d'offices de judicature, jusqu'à la concurrence d'une somme de quinze millions cent cinquante-trois mille neuf cent quatre livres onze sous six deniers. (L. 3, 822 ; B. 11, 257.)

25 FÉVRIER = 4 MARS 1791. — Décret relatif aux comptes à rendre par les receveurs de la contribution patriotique. (L. 3, 816 ; B. 11, 262.)

L'Assemblée nationale, ouï le rapport de son comité des finances, considérant l'impossibilité où ont été les directoires de district de faire rendre les comptes de la contribution patriotique, tant aux receveurs particuliers des finances qu'aux collecteurs, dans les quinze premiers jours de février, au plus tard, ainsi qu'il était prescrit par le décret du 14 novembre ; vu que les collecteurs pour l'exercice de 1791 n'ont point été nommés à ladite époque du 15 février, et la nécessité de faire comprendre dans les comptes des ci-devant receveurs, les dépenses auxquelles ont pu donner lieu les frais de perception, de rédaction et d'expédition des rôles, d'après les bases décrétées par l'Assemblée nationale, les 20 décembre 1790 et 27 janvier 1791, décrète ce qui suit :

Art. 1er. Les ci-devant receveurs particuliers des finances auront, pour rendre leur compte de la contribution patriotique, jusqu'au 1er mai de la présente année 1791, à l'effet par eux d'y comprendre toutes les dépenses qui ont pu ou pourront être acquittées en vertu des décrets des 20 décembre 1790 et 27 janvier 1791.

2. Pour mettre les receveurs de district à même de continuer la perception de ce qui reste dû de la contribution patriotique pour l'année 1790 et pour les termes suivans, les receveurs particuliers des finances seront tenus, aussitôt après la notification du présent

décret par le procureur-syndic du directoire du district chef-lieu de l'arrondissement de leur recette, de former et remettre au directoire du district, dans les quinze jours qui suivront la notification, et ce sous peine d'être privés de la remise à eux accordée par le décret du 20 décembre 1790, un état détaillé du montant de la recette pour chacune des municipalités composant leur arrondissement de recette, conformément au modèle qui leur sera fourni par le commissaire du Roi au département de la caisse de l'extraordinaire.

3. Aussitôt après la remise de cet état au directoire du district, il en sera formé autant d'extraits qu'il existe de districts se partageant l'arrondissement de chaque recette particulière des finances; et ces extraits, dûment certifiés, seront envoyés à chacun des directoires de district qui les concernera, pour être remis au receveur de ce même district.

4. A défaut de percepteurs nommés pour 1791, les collecteurs de 1790 suivront la perception de la contribution patriotique, et il leur sera tenu compte du denier pour livre sur les sommes effectives qu'ils auront reçues, par chacun des receveurs entre les mains desquels ils auront versé leurs deniers.

5. Toutes les sommes reçues sur la contribution patriotique par les ci-devant receveurs particuliers des finances, pour leur ancien arrondissement de recette, et le reliquat qui pourrait se trouver en caisse à l'époque de la reddition de leur compte, seront versés dans la caisse des receveurs de district, à l'effet par ceux-ci d'en remettre le montant à la caisse de l'extraordinaire.

6. La copie du compte rendu par chaque receveur particulier des finances sera envoyée, certifiée par le procureur-syndic du district, au commissaire du Roi au département de la caisse de l'extraordinaire, à l'effet de constater la recette des ci-devant receveurs généraux des finances, et d'arrêter leurs comptes.

Déclare de plus, l'Assemblée, le présent décret commun aux receveurs et trésoriers des ci-devant pays d'état.

---

25 FÉVRIER 1791. — Décret qui rectifie une erreur commise à l'imprimerie royale, dans le décret du 31 décembre 1790, concernant les ponts et chaussées (1). (B. 11, 261.)

---

25 FÉVRIER = 4 MARS 1791. — Décret portant qu'il sera payé quarante-cinq mille livres par le trésor public, pour indemnité due aux propriétaires des maisons dont la démolition a été ordonnée pour la construction du pont de Roanne. (L. 3, 813; B. 11, 261.)

25 FÉVRIER = 4 MARS 1791. — Décret portant établissement de juges de commerce et de paix, sur les pétitions des départemens des Bouches-du-Rhône, du Lot et du Var, et des communes de Brest et d'Isigny. (L. 3, 814; B. 11, 260.)

---

25 FÉVRIER = 4 MARS 1791. — Décret qui affecte aux travaux du Havre une somme de six cent cinquante mille livres. (L. 3, 819; B. 11, 260.)

---

25 FÉVRIER 1791. — Décret qui ajourne la discussion de la loi sur les émigrans. (B. 11, 264.)

---

25 FÉVRIER 1791. — Académie, etc.; Assignats. *Voy.* 21 FÉVRIER 1791. — Ariége. *Voy.* 23 FÉVRIER 1791. — Clermont, etc. *Voy.* 18 FÉVRIER 1791. — Contribution foncière. *Voy.* 21 FÉVRIER 1791. — Décoration militaire. *Voy.* 21 FÉVRIER 1791. — De Lapérouse. *Voy.* 9 FÉVRIER 1791. — Dépenses de 1791. *Voy.* 18 FÉVRIER 1791. — Evêques. *Voy.* 21 1791. — Gard. *Voy.* 23 FÉVRIER 1791. — Gratifications annuelles. *Voy.* 20 FÉVRIER 1791. — Haras. *Voy.* 19 FÉVRIER 1791. — Pensions. *Voy.* 21 FÉVRIER 1791. — Récompenses. *Voy.* 23 FÉVRIER 1791. — Suppression des droits d'entrée. *Voy.* 19 FÉVRIER 1791.—Suppression de gouverneurs, etc. *Voy.* 20 FÉVRIER 1791. —Tribunal criminel. *Voy.* 20 JANVIER 1791.

---

26 FÉVRIER = 2 MARS 1791. — Décret relatif aux troubles de Nîmes dans les journées des 29 mars et 2 et 3 mai, 13, 14, 15 et 16 juin 1790. (L. 3, 805; B. 11, 265.)

---

26 FÉVRIER 1791. — Décret qui charge le comité de constitution de présenter un projet de formation d'un tribunal provisoire pour juger les crimes de lèse-nation. (B. 11, 264.) *Voy.* 22 FÉVRIER.

---

26 FÉVRIER 1791. — Décret qui vote des remercîmens au départemens de Lot-et-Garonne et autres, relativement aux troubles de ce département. (B. 11, 265.)

---

27 FÉVRIER = 6 MARS 1791. — Décret relatif au bail des messageries, coches et voitures d'eau. (L. 3, 821; B. 11, 269.)

L'Assemblée nationale, ouï le rapport de son comité des finances, ratifie l'adjudication de la ferme des messageries, coches et voitures d'eau, faite par le ministre des finances le 21 février courant; en conséquence, l'autorise à passer bail, conformément aux clauses et conditions portées dans ladite adjudication et dans le cahier des charges.

---

(1) On y lit 80,000, au lieu de 8,000.

Et, néanmoins, le paiement des pensions mentionnées audit bail sera suspendu, conformément aux décrets de l'Assemblée, et sous les exceptions portées par lesdits décrets jusqu'à ce que leur état ait été présenté à l'Assemblée, et qu'elle ait décrété ce qu'il appartiendra.

---

27 FÉVRIER = 6 MARS 1791. — Décret relatif à la levée des scellés apposés dans les greffes des commissions extraordinaires du conseil. (L. 3, 831 ; B. 11, 267.)

L'Assemblée nationale, ouï le rapport de son comité des domaines, décrète qu'un commissaire délégué par le directoire du département de Paris assistera à la levée des scellés apposés dans les greffes des commissions extraordinaires du conseil, à l'effet de réclamer les minutes des aliénations de biens domaniaux faites, soit par des arrêts du conseil, soit par des contrats passés en vertu d'arrêts du conseil, lesquelles minutes seront déposées aux archives de l'Assemblée nationale, après qu'il en aura été dressé un inventaire sommaire, dont un double sera remis au comité des domaines de l'Assemblée nationale.

---

27 FÉVRIER 1791. — Proclamation du Roi portant nomination de commissaires administrateurs des droits d'enregistrement et autres. (L. 3, 800.)

---

27 FÉVRIER 1791. — Arrêt du Conseil-d'État du Roi, portant nomination de commissaires pour les acquisitions qui restent à faire de maisons et terrains nécessaires à l'agrandissement des halles et marchés de Paris. (L. 3, 802.)

---

27 FÉVRIER = 15 MARS 1791. — Décret relatif au paiement des indemnités accordées à plusieurs porteurs de brevets de retenue (L. 3, 845 ; B. 11, 268.)

---

27 FÉVRIER 1791. — Décret qui suspend la vente du château de Noirmoutiers et de deux bouquets de bois appelés les bois de la Chaise et de la Blanche. (B. 11, 267.)

---

28 FÉVRIER = 15 MARS 1791. — Décret qui annulle les oppositions formées à l'échange des billets de la caisse d'escompte contre des assignats. (L. 3, 909 ; B. 11, 271.)

L'Assemblée nationale, ouï le rapport de son comité des finances, instruite qu'aux termes du décret du 28 juin 1790, des oppositions pouvaient être formées, ès-mains du trésorier de l'extraordinaire ou en celles de tout autre qu'il appartiendrait, à l'échange des billets de la caisse d'escompte contre des assignats, que l'effet desdites oppositions était d'en empêcher l'échange jusqu'à ce qu'il en eût été autrement ordonné par les tribu-

naux qui devaient en connaître ; voulant écarter tous les obstacles à l'échange et à la libre circulation des assignats, les assimiler en tout à la monnaie, qu'ils représentent et dont ils tiennent lieu, prévenir ou faire cesser toutes les difficultés qui pourraient résulter de semblables oppositions qui, dans le fait, ne peuvent être qu'illusoires, décrète :

Que les oppositions formées en exécution du décret du 29 juin, à l'échange des billets de caisse contre des assignats sont dès à-présent regardées comme nulles et non avenues et ne peuvent produire aucun effet.

---

28 FÉVRIER = 20 MARS 1791. — Décret concernant le partage des fruits des domaines nationaux. (L. 3, 962 ; B. 11, 270.)

L'Assemblée nationale, vu l'instruction du 14 mai 1790, approuvée par le Roi le 17 pour être exécutée, et l'art. 6 du décret du 24 de ce mois, concernant les fruits des domaines nationaux qui appartiendront aux acquéreurs, décrète que ledit article 6 n'aura son exécution que dans le cas d'adjudication faite directement par la nation à des particuliers ; mais que dans le cas d'adjudication sur des rentes faites par les municipalités, les fruits continueront à être partagés proportionnellement à la jouissance, entre les municipalités et les acquéreurs, conformément à l'instruction du 14 mai 1790.

---

28 FÉVRIER = 20 MARS 1791. — Décret qui autorise le district de Saint-Pons (Hérault) à imposer une somme pour la confection d'un chemin. (L. 3, 972 ; B. 11, 272.)

L'Assemblée nationale, ouï le rapport de son comité des finances sur l'arrêté du département de l'Hérault, en date du 14 décembre, concernant la pétition du district de Saint-Pons, autorise ce district à imposer la somme de douze mille soixante livres, tant pour le chemin de Saint-Pons à la Salvetat, qui était ci-devant à la charge de l'ancien diocèse, que pour l'élargissement des avenues du pont de Rati, également à la charge dudit diocèse ; laquelle somme sera délivrée aux entrepreneurs, sur les mandats du directoire de district, qui demeure chargé de veiller particulièrement à l'emploi.

---

28 FÉVRIER = 17 AVRIL 1791. — Décret relatif au respect dû aux juges et à leurs jugemens. (B. 11, 272 ; Mon. du 1er mars 1791.)

Art. 1er. La souveraineté étant une, indivisible, et appartenant à la nation entière, aucune administration de département ou de district, aucune municipalité, aucun tribunal, aucune commune, ou section de commune, aucune assemblée primaire ou électorale, non plus qu'aucune section du peuple ou de l'empire, sous quelque dénomination que ce soit, n'a le droit et ne peut exercer aucun acte de la souveraineté ; mais chaque citoyen a le droit de pétition, dont il pourra faire usage suivant les formes qui sont ou qui seront décrétées.

2. Les citoyens qui assisteront aux audiences des juges-de-paix, à celles des tribunaux de district, des tribunaux criminels, de ceux de police et de commerce, se tiendront découverts, dans le respect et le silence. Tout ce que les juges ordonneront pour le maintien de l'ordre, sera exécuté ponctuellement à l'instant même.

3. Si un ou plusieurs des assistans interrompent le silence, donnent des signes publics d'approbation ou de désapprobation, soit à la défense des parties, soit au jugement, causent ou excitent du tumulte de quelque manière que ce soit, et si, après l'avertissement des huissiers, ils ne rentrent pas dans l'ordre sur-le-champ, il leur sera enjoint de se retirer; et dans le cas où quelqu'un opposerait à cette injonction la moindre résistance, les réfractaires seront saisis aussitôt et déposés dans la maison d'arrêt, où ils demeureront vingt-quatre heures.

4. Si quelques mauvais citoyens osaient outrager ou menacer les juges ou les officiers de justice dans l'exercice de leurs fonctions, les juges feront saisir à l'instant les coupables, qui de suite seront déposés dans la maison d'arrêt. Les juges les interrogeront publiquement dans les vingt-quatre heures, et pourront les condamner, par voie de police correctionnelle, jusqu'à huit jours de détention, selon la nature des circonstances.

5. Si les outrages étaient d'une telle gravité qu'ils méritassent peine afflictive ou infamante, les coupables, saisis et interrogés dans les vingt-quatre heures, seront renvoyés dans la maison d'arrêt, pour subir les épreuves de l'instruction criminelle ; et s'ils sont convaincus, ils seront punis selon toute la rigueur des lois.

6. Les assemblées délibérantes des municipalités et des administrations, s'il s'y trouve quelques assistans étrangers, exerceront dans le lieu de leurs séances les mêmes fonctions de police qui viennent d'être attribuées aux juges. Après avoir fait saisir les perturbateurs, aux termes des articles 3 et 4 ci-dessus, les membres de ces assemblées dresseront procès-verbal du délit, et le feront parvenir au tribunal, qui suivra, pour l'interrogatoire et le jugement, ce qui est prescrit dans les articles 4 et 5.

7. Toute rebellion de citoyens, avec ou sans armes, contre l'exécution des mandemens de justice, saisies, exécutions, ordon-

nance de prise de corps, contrainte par corps autorisées par la loi et ordonnées par jugement ou mandement de justice ; toute violence exercée et tout mouvement populaire excité contre les officiers municipaux, administrateurs, juges, officiers ministériels, dépositaires de la force publique en fonction, seront poursuivis contre les prévenus par la voie criminelle et punis selon toute la rigueur des lois.

8. Les officiers ministériels chargés de l'exécution des jugemens, mandemens, saisies, ordonnances et contraintes par corps, contre un citoyen, lui présenteront une baguette blanche, en le sommant d'obéir. Aussitôt après l'apparition ce ce signe de la puissance publique, toute résistance sera réputée rébellion.

9. Si des fonctionnaires publics ou officiers ministériels d'exécution sont insultés, menacés ou attaqués dans l'exercice de leurs fonctions, ils prononceront à haute voix ces mots: *Force à la loi.* A l'instant où ce cri sera entendu, les dépositaires de la force publique, et même tous les citoyens sont obligés par la constitution, de prêter main-forte à l'exécution des jugemens et contraintes, et de régler leur action sur l'ordre de l'homme public, qui seul demeurera responsable.

10. Si un fonctionnaire public, administrateur, juge, officier ministériel d'exécution, exerçait sans titre légal quelque contrainte contre un citoyen, ou si même avec un titre légal, il employait ou faisait employer des violences inutiles, il sera responsable de sa conduite à la loi, et puni sur la plainte de l'opprimé, portée et poursuivie selon les formes prescrites.

11. Le présent décret sera lu et publié au prône de toutes les églises paroissiales et succursales, pendant trois dimanches consécutifs, par les curés, vicaires ou autres ecclésiastiques. Il sera solennellement proclamé et affiché aux portes des églises, à l'entrée des maisons communes, dans les rues, carrefours et places publiques, par ordre des officiers municipaux. Il sera et demeurera affiché dans les auditoires de justice, de police et de commerce, dans les maisons des juges-de-paix, et dans les lieux d'assemblée des municipalités, conseils-généraux des communes, administrations et directoires de département et de district. Il sera lu de nouveau chaque année au prône des paroisses, publié et affiché.

28 FÉVRIER 1791. — Décret qui ajourne la loi sur les émigrations. (B. 11, 276.)

28 FÉVRIER = 6 MARS 1791. — Décret portant que les états d'aliénation ne seront point do-

rénavent imprimés avec les décrets portant aliénation de domaines nationaux. (L. 3, 829 ; B. 11, 270.)

1ᵉʳ = 6 MARS 1791. — Décret relatif à la consécration des évêques. (L. 3, 826 ; B. 12, 1.)

Voy. loi du 21 = 25 FÉVRIER 1791.

L'Assemblée nationale, sur le rapport qui lui a été fait par son comité ecclésiastique, décrète que, pendant le cours de l'année 1791, l'évêque qui aura donné la confirmation canonique à un évêque élu, pourra faire la consécration, ou déléguer à un autre évêque le pouvoir de la faire dans telle église qu'ils jugeront convenable, encore que lesdits évêques soient du même arrondissement métropolitain que l'évêque consacré, et sans qu'ils soient tenus de demander une permission à l'évêque du lieu.

1ᵉʳ MARS 1791. — Décret qui charge le comité des finances de présenter l'état de radiations des pensions et traitemens des absens. (B. 12, 1.)

2 MARS (31 JANVIER, 1ᵉʳ FÉVRIER, 1ᵉʳ et) = 15 MARS 1791. — Décret concernant le tarif général des droits d'entrée et de sortie du royaume. (L. 3, 852 ; B. 12, 2.)

Voy. loi du 25 MARS = 10 AVRIL 1791 (1).

L'Assemblée nationale décrète que les droits d'entrée et de sortie sur les productions et marchandises venant de l'étranger, et sur celles exportées du royaume à l'étranger, seront perçus conformément au tarif annexé au procès-verbal desdits jours 31 janvier, 1ᵉʳ février et 2 mars 1791.

Tarif général des droits qui seront perçus à toutes les entrées et sorties du royaume.

Absinthe, herbe, le cent pesant paiera cinq sous, ci 5 s. Acacia, drogue, le cent pesant paiera six livres, ci 6 liv. Acaja, ou Prunes de Montbain, le cent pesant paiera vingt sous, ci 1 liv. Acajou (noix d'), le cent pesant paiera trente sous, ci 1 liv. 10 sous. Acier non ouvré, et acier fondu, le cent pesant paiera trente sous, ci 1 liv. 10 s. Acorus vrai ou faux, le cent pesant paiera trente sous, ci 1 liv. 10 s. AEsustum, ou cuivre brûlé, le cent pesant paiera trente sous, ci 1 liv. 10 s. Agaric, autre que celui ci-après, le cent pesant paiera quatre livres, ci 4 liv. Agaric entrochique, le cent pesant paiera sept livres dix sous, ci 7 liv. 10 s. Agnus castus (graine d'), le cent pesant paiera quarante sous, ci 2 liv. Agrès ou apparaux de navires, paieront à raison de dix pour cent de leur valeur. Aigle (pierre d'), le cent pesant paiera vingt sous, ci 1 liv. Aigre, ou Huile de vitriol, le cent pesant paiera vingt livres, ci 20 liv. Ail, le cent pesant paiera trois sous, ci 3 s. Aimant (pierre d'), le cent pesant paiera vingt sous, ci 1 liv. Alana, craie et tripoli de toutes sortes, le cent pesant paiera dix sous, ci 10 sous. Albâtre, *néant*. Alkecange, baies et feuilles, le cent pesant paiera vingt sous, ci 1 liv. Alkerme ou Ecarlate, le cent pesant paiera dix sous, ci 10 s. Allière (graine d'), le cent pesant paiera dix sous, ci 10 s. Allumettes, le cent pesant paiera douze sous, ci 12 s. Aloès, le cent pesant paiera quatre livres, ci 4 liv. Alpagattes ou Souliers de corde, la douzaine de paires paiera trente sous, ci 1 liv. 10 s. Alpiste ou Millet, le cent pesant paiera dix sous, ci 10 s. Alquifoux, le cent pesant paiera dix sous, ci 10 s. Alun, excepté celui ci-après, le cent pesant paiera cinq sous, ci 5 s. Alun brûlé ou calciné, le cent pesant paiera quinze livres ci 15 l.v. Amadou, le cent pesant paiera trois livres, ci 3 liv. Amandes en coque, le cent pesant paiera vingt sous, ci 1 liv. Amandes cassées, le cent pesant paiera quarante sous, ci 2 liv. Ambre solide et liquide, la livre paiera quinze livres, ci 15 liv. Ambre jaune, le cent pesant paiera neuf livres, ci 9 liv. Ambrette ou Abelmosc, le cent pesant paiera cinquante sous, ci 2 liv. 10 s. Amiante, le cent pesant paiera cinq sous, ci 5 s. Amidon, le cent pesant paiera cinq livres, ci 5 liv. Ammi, le cent pesant paiera quarante sous, ci 2 liv. Ammoniac (sel d'), le cent pesant paiera cinq livres, ci 5 liv. Ammomum racemosum ou Verum, le cent pesant paiera sept livres dix sous, ci 7 liv. 10 s. Amurca ou Marc d'olives, *néant*. Anacardes, le cent pesant paiera trois livres, ci 3 liv. Anatrum ou Natrum, écume de verre, *néant*. Anchois, le cent pesant paiera neuf livres, ci 9 liv. Ancres de fer pour la marine, le cent pesant paiera trente sous, ci 1 liv. 10 s. Anes ou Anesses, la pièce paiera cinq sous, ci 5 s. Angélique (graine, racine et côte d'), le cent pesant paiera quatre livres, ci 4 liv. Anis vert (graine ou semence d'), le cent pesant paiera trois livres, ci 3 liv. Anis étoilé, ou Badiane, ou Anis de la Chine, le cent pesant paiera cinq livres, ci 5 liv. Antale ou Antalium, coquillage, le cent pesant paiera trente sous, ci 1 liv. 10 s. Antimoine cru, le cent pesant paiera trente sous, ci 1 liv. 10 s. Antimoine préparé, le cent pesant paiera quatre livres, ci 4 liv. Antolphies de girofle, le cent pesant paiera quinze livres, ci 15 liv. Antore ou Antora, le cent pesant paiera vingt sous, ci 1 liv. Appios ou fausse Angélique, le cent pesant paiera cinquante sous, ci 2 liv. 10 s. Apocin (graine d'), le cent pesant paiera cinq sous, ci 5 s. Arbres en plant, *néant*. Arcanson ou Brai sec, le cent pesant paiera cinq sous, ci 5 s. Arco ou Potins gris, le cent pesant paiera quatre livres dix sous, ci 4 liv. 10 s. Ardoises ordinaires, pour couverture de maison, le millier en nombre paiera trois livres, ci 3 liv. Ardoises en table, le cent en nombre paiera cinquante sous, ci 2 liv. 10 s. Aréca ou

---

(1) Au prémier coup-d'œil, il semble inutile de rapporter ce tarif, dont peut-être aucune disposition ne subsiste aujourd'hui ; mais, en y réfléchissant, on est convaincu que c'est un document utile en économie politique et même en législation.

Arèque, le cent pesant paiera cinquante sous, ci 2 liv. 10 s. Argent en masse, en lingots, en espèces monnayées, et argenterie cassée, *néant.* Argent fin en trait, en lame, en feuilles, battu et filé, le marc paiera six livres, ci 6 liv. Argent faux ou cuivre argenté, le cent pesant paiera cinquante livres, ci 50 liv. Argent faux, en lames, en feuille, trait ou battu, le cent pesant paiera cinquante livres, ci 50 liv. Argent faux, filé sur fil ou filé faux, le cent pesant paiera quatre-vingt livres, ci 80 liv. Argenteries de toutes sortes, le marc paiera six livres, ci 6 liv. Argent vif ou Mercure, le cent pesant paiera trois livres, ci 3 liv. Argentine (graine), le cent pesant paiera dix sous, ci 10 s. Argile ou Terre glaise, *néant.* Aristoloches, le cent pesant paiera trente sous, ci 1 liv. 10 s. Armes blanches, le cent pesant paiera quarante livres, ci 40 liv. Armes à feu, le cent pesant paiera trente-six livres, ci 36 liv. Arsenic, le cent pesant paiera dix sous, ci 10 s. Asclepias ou Contra-yerva blanc, le cent pesant paiera quatre livres, ci 4 liv. Asphaltum ou Bitume de Judée, le cent pesant paiera cinq livres, ci 5 l. Aspini ou Epines angliéres, le cent pesant paiera vingt sous, ci 1 liv. Assa-foetida ou Stercus diaboli, le cent pesant paiera trois livres, ci 3 liv. Avelanède ou Valanède, *néant.* Avelines ou Noisettes, le cent pesant paiera trente sous, ci 1 liv. 10 s. Avirons de bateaux, le cent en nombre paiera vingt sous, ci 1 liv. Aulne (écorce d'), *néant.* Aulnée ou Enula campana (racine d'), le cent pesant paiera cinq sous, ci 5 s. Avoine (gruau ou farine d'), le cent pesant paiera trente sous, ci 1 liv. 10 s. Autour, le cent pesant paiera dix livres, ci 10 liv. Autruche (poil, ploc et duvet d'), *néant.* Azarum, le cent pesant paiera dix sous ci 10 s. Azur de roche fin ou Lapis lazuli, le cent pesant paiera soixante livres, ci 60 liv. Azur en pierre ou Smalt, le cent pesant paiera cinq sous, ci 5 s. Azur en poudre ou Email, le cent pesant paiera trois livres, ci 3 liv.

Balais de Bouleau, et autres communs, paieront à raison de cinq pour cent de la valeur. Balaustes fines et communes, le cent pesant paiera cinquante sous, ci 2 liv. 10 s. Baleine coupée et apprêtée, le cent pesant paiera trente livres, ci 30 liv. Baleine en fanons, le cent pesant paiera quinze livres, ci 15 liv. Balles de paume, le cent pesant paiera six livres, ci 6 liv. Bamboues, paieront à raison de douze pour cent de la valeur. Bandoulières ou Baudriers, le cent pesant paiera vingt livres, ci 20 liv. Bangue, le cent pesant paiera trois livres, ci 3 liv. Barbotine ou Semen-Contra, le cent pesant paiera cinq livres, ci 5 liv. Bardane (racine de), le cent pesant paiera cinq sous, ci 5 s. Bâts, selles grossières, la pièce paiera dix sous, ci 10 s. Bateaux, barques, canots et autres bâtimens de mer, hors d'état de servir, *néant.* Bateaux de Savoie et du Rhin, neufs, paieront à raison de dix pour cent de leur valeur. Battin non ouvré, *néant.* Baume du Pérou, noir, liquide, sec, de Tolu et de la Mecque, la livre paiera vingt-cinq sous, ci 1 liv. 5 s. Baume du Canada, la livre paiera dix sous, ci 10 s. Baume de Copahu, la livre paiera cinq sous, ci 5 s. Baies de laurier, le cent pesant paiera quinze sous, ci 15 s. Bedelium, le cent pesant paiera

six livres, ci 6 liv. Ben (noix de), le cent pesant paiera six livres, ci 6 liv. Benjouin, de toutes sortes, le cent pesant paiera dix livres, ci 10 liv. Besoard ou Pierre de fiel, le cent pesant paiera soixante livres, ci 60 liv. Bestiaux de toutes sortes, comme agneaux, béliers, bœufs, boucs, brebis, cabris, chevraux, chèvres, cochons, genisses, moutons, taureaux, vaches et veaux, *néant.* Betel (feuilles de), le cent pesant paiera dix livres, ci 10 liv. Beurre frais, *néant.* Beurre salé et fondu, le cent pesant paiera cinquante sous, ci 2 liv. 10 s. Beurre de Saturne, le cent pesant paiera cinquante sous, ci 2 liv. 10 s. Beurre de nitre et de salpêtre, le cent pesant paiera trois livres, ci 3 liv. Bière, le muid de Paris paiera dix livres, ci 10 liv. Bijouterie de toutes sortes, paiera à raison de douze pour cent de la valeur. Bimbeloterie (ouvrages de), paieront à raison de douze pour cent de la valeur. Biscuit de mer, *néant.* Bismuth ou Etain de glace, le cent pesant paiera vingt sous, ci 1 liv. Bisnague ou Visnague (taille de), le cent pesant paiera six livres, ci 6 liv. Bistorte, le cent pesant paiera quinze sous, ci 15 s. Bistre, le cent pesant paiera quinze sous, ci 15 s. Bitumes, autres que ceux dénommés au présent tarif, le cent pesant paiera vingt sous, ci 1 liv. Blanc à l'usage des femmes, le cent pesant paiera vingt-quatre livres, ci 24 liv. Blanc de plomb en écaille, le cent pesant paiera six livres, ci 6 liv. Blanc de baleine, le cent pesant paiera quinze livres, ci 15 liv. Bleu de Prusse, le cent pesant paiera trente livres, ci 30 l. Boîtes de bois blanc, le cent pesant paiera sept livres dix sous, ci 7 liv. 10 s. Boîtes ou tabatières de carton, de papier ou de cuir, le cent pesant paiera quatre-vingt-dix livres, ci 90 liv. Bois de construction navale et civile, et tous autres, excepté ceux ci-après, *néant.* Bois de buis, le cent pesant paiera vingt sous, ci 1 liv. Bois de marqueterie et tabletterie, *néant.* Bois merrain, *néant.* Bois de teinture moulus, le cent pesant paiera trois livres, ci 3 liv. Bois de teinture en bûches ou éclisses, *néant.* Bois à tan, *néant.* Bois ouvrés de toutes sortes, paieront à raison de quinze pour cent de la valeur. Bois d'éclisses pour tamis, seaux, cribles, etc., paieront à raison de cinq pour cent de la valeur. Bois feuillards, pour cercles ou lattes, etc., le millier en nombre paiera cinq sous, ci 5 s. — *Bois à l'usage de la médecine et des parfumeurs,* savoir : Bois d'Aloès ou Aspalatum, le cent pesant paiera vingt livres, ci 20 liv. Bois néphrétique, le cent pesant paiera vingt-cinq livres, ci 25 liv. Bois tamaris, le cent pesant paiera sept livres dix sous, ci 7 liv. 10 s. Bois de Baume ou Xylo-balsamum, le cent pesant paiera vingt livres, ci 20 liv. Bois de crabe ou de girofle, le cent pesant paiera quinze livres, ci 15 liv. Bois de Rhodes à l'usage des parfumeurs, le cent pesant paiera cinq livres, ci 5 liv. Bois de santal citrin, au même usage, le cent pesant paiera dix livres, ci 10 liv. Bol d'Arménie, le cent pesant paiera deux livres, ci 2 liv. —*Bonneterie de toutes sortes,* savoir : Bonneterie de laine ou étame, le cent pesant paiera cent livres, ci 100 liv. Bonnneterie de coton, le cent pesant paiera cent quarante livres, ci 140 liv. Bonneterie de fil, le cent pesant paiera quatre-vingt-dix livres, ci 90 liv. Bonneterie de laine, fil et coton, poil et autres matières mêlées, le cent pesant paiera quatre-vingt-dix livres, ci 90 liv. Bonneterie de poil de lievre, de lapin et de chèvre, le cent pesant paiera quatre-vingt-dix livres, ci 90 liv. Bonneterie de filoselle ou fleuret, la livre paiera quatre livres dix sous, ci 4 liv. 10 s. Bonneterie de soie, la livre paiera six livres, ci 6 l. Bonneterie de soie, mêlée d'autres matières, la livre paiera quatre livres dix sous, ci 4 liv. 10 s. Bonneterie de castor, la livre paiera trente-cinq sous, ci 1 liv. 15 s. Bonneterie de vigogne, la livre paiera trente sous, ci 1 liv. 10 s — Borax brut ou gras, le cent pesant paiera trois livres, ci 3 liv. Borax purifié et raffiné, le cent pesant paiera douze livres dix sous, ci 12 liv. 10 s. Bouchons de liége, ou liége ouvré, le cent pesant paiera douze livres, ci 12 liv. Bougie de spermaceti, ou blanc de baleine, le cent pesant paiera trente livres, ci 30 liv. Boules de mail, le cent pesant paiera quatre livres, ci 4 liv. Boules de terre, *néant.* Bourdaine, *néant.* Bourgeons de sapin, le cent pesant paiera quinze sous, ci 15 s. Bourre ou ploc de toutes sortes, *néant.* Bourre rouge, et autres à faire lits, *néant.* Bourre nolisse ou nalisse, *néant.* Bourre tontisse, *néant.* Bourre de chèvre, *néant.* Boutargue, le cent pesant paiera trois livres, ci 3 liv. Bouteilles de verre noir, pleines ou vides, le cent en nombre paiera quatre livres, ci 4 liv. — *Boutonneries de toutes sortes,* savoir: Boutons de fil d'or fin, trait ou clinquant, la livre paiera neuf livres, ci 9 liv. Boutons de fil d'argent, la livre paiera sept livres, ci 7 liv. Boutons de fil, le cent pesant paiera cent livres, ci 100 liv. Boutons de laine, le cent pesant paiera soixante-douze livres, ci 72 liv. Boutons de soie mêlée de crin, de poil, de fil, de laine, et autres matières, la livre paiera vingt sous, ci 1 liv. Boutons de soie, la livre paiera trois livres, ci 3 liv. Boutons d'étoffe, de drap et autres faits au métier, le cent pesant paiera vingt livres, ci 20 liv. Boutons de cuivre ou d'autres métaux dorés ou polis, le cent pesant paiera cinquante-quatre livres, ci 54 liv. Boutons de nacre de perle, le cent pesant paiera quarante livres, ci 40 liv. — Briques, tuiles ou carreaux de terre, le millier en nombre paiera quinze sous, ci 15 s. Bronze ou airain, vieil métal non ouvré, allié de cuivre, d'étain ou de zinc, le cent pesant paiera six livres, ci 6 liv. Bronze ouvré en statues, vases, urnes, et autres ornemens de bronze, le cent pesant paiera trente livres, ci 30 liv. Brou ou écorce de noix, *néant.* Bruyères à faire vergettes, le cent pesant paiera cinq sous, ci 5 s. Brun rouge ou Rouge brun, le cent pesant paiera cinq sous, ci 5 s.

Cacao et épluchures de cacao, le cent pesant paiera vingt-cinq livres, ci 25 liv. Cachou (suc de), le cent pesant paiera douze livres, ci 12 liv. Café, le cent pesant paiera trente livres, ci 30 liv. Calamine ou Cadmie, *néant.* Calamus verus, aromaticus ou amarus, le cent pesant paiera quarante-cinq sous, ci 2 liv. 5 s. Calcanthum ou vitriol rubifié, Colchotar, le cent pesant paiera quarante-cinq sous, ci 2 liv 5 s. Calebasse de terre, plante, le cent pesant paiera dix sous, ci 10 s. Calebasse, courge vidée et sèche, le cent pesant paiera trois livres, ci 3 liv. Camomille (fleurs de), le cent pesant paiera trois livres, ci 3 liv. Camphre brut et raffiné, le cent pesant paiera six livres, ci 6 liv. Canéfice, le cent pesant paiera sept livres, ci 7 liv. Cannelle de Ceylan, la livre paiera trente sous, ci 1 liv. 10 s. Cannelle commune, la livre paiera quinze sous, ci 15 s. Cannes ou joncs non montés, le cent pesant paiera vingt-cinq livres, ci 25 liv. Cantharides (mouches), le cent pesant paiera quinze livres, ci 15 liv. Capillaires, le cent pesant paiera trois livres, ci 3 liv. Câpres de toutes sortes, le cent pesant paiera six livres, ci 6 liv. Câprier (racine de), le cent pesant paiera trois livres, ci 3 liv. Caractères d'imprimerie en langue française, le cent pesant paiera quarante livres, ci 40 liv. Caractères en langues étrangères, le cent pesant paiera vingt livres, ci 20 liv. Caractères vieux d'imprimerie, en sac ou bloc, *néant.* Cardamomum, le cent pesant paiera trente livres, ci 30 liv. Cardes à carder, le cent pesant paiera quatre livres dix sous, ci 4 liv. 10 s. Carline ou Caroline, ou Caméléon, le cent pesant paiera quarante sous, ci 2 liv. Carmin fin, la livre pesant paiera quatorze livres, ci 14 liv. Carmin commun, la livre pesant paiera huit livres, ci 8 liv. Carpobalsamum, le cent pesant paiera six livres. ci 6 liv. Carreaux de pierres de toute espèce, *néant.* Carreaux de terre, le millier en nombre paiera quinze sous, ci 15 s. Carrobe ou Carrouge, le cent pesant paiera cinq sous, ci 5 s. Carthami (graines de), le cent pesant paiera trente sous. ci 1 liv. 10 s. Cartes géographiques, paieront cinq pour cent de la valeur. Cartons de toute espèce, le cent pesant paiera vingt-quatre livres, ci 24 liv. Cartons gris, ou pâte de papier, *néant.* Carvi ou Carvi semen, le cent pesant paiera trois livres, ci 3 liv. Casse, le cent pesant paiera sept livres, ci 7 liv. Casse confite, le cent pesant paiera quinze livres, ci 15 liv. Cassira lignea, le cent pesant paiera huit livres, ci 8 liv. Castine, *néant.* Castoreum, le cent pesant paiera quarante-cinq livres, ci 45 liv. Catapuce ou Palma-Christi, le cent pesant paiera trois livres, ci 3 liv. Cendres à l'usage des manufactures, comme cendres communes, cendres d'orfèvre, et cendres de chaux, *néant.* Cendres bleues et vertes, à l'usage des peintres, le cent pesant paiera quarante livres, ci 40 liv. Cendres de bronze, le cent pesant paiera trois livres, ci 3 liv. Cerf (os de cœur de), le cent pesant paiera dix livres, ci 10 liv. Cerf (moelle, nerf, vessie de), le cent pesant paiera trois livres, ci 3 liv. Cerf (esprit, sel, huile de) le cent pesant paiera trois livres, ci 3 liv. Cerf (cornes râpées de), le cent pesant paiera quarante sous, ci 2 liv. Céruse en pain. le cent pesant paiera quatre livres, ci 4 liv. Cétérac, espèce de capillaire, le cent pesant paiera dix sous, ci 10 s. Cévadille (graine de), le cent pesant paiera quarante sous, ci 2 liv. Chairs salées de toutes sortes, le cent pesant paiera cinq livres, ci 5 liv. Champignons secs, le cent pesant paiera quinze livres, ci 15 liv. Chandelles de suif, le cent pesant paiera trois livres, ci 3 liv. Chanvre en masse, même celui apprêté ou en filasse, *néant.* Chapeaux de castor et demi-castor, la pièce paiera six livres, ci 6 liv. Chapeaux de toute espèce, en poil commun, ou laine, la pièce paiera trois livres, ci 3 liv. Chapeaux de paille, la douzaine paiera quatre livres, ci 4 liv. Chapeaux de cuir, la douzaine paiera quinze livres, ci 15 liv. Chapeaux d'écorce de bois et de crin, la douzaine paiera cinquante sous, ci 2 liv. 10 s. Chapeaux marc de rose, le cent pesant paiera cinq sous, ci 5 s. Chapes de boucles, de fer ou d'acier, le cent pesant paiera vingt livres, ci 20 liv. Charbon de bois, *néant*. Charbon de terre importé par les ports de l'Océan, depuis Bordeaux inclusivement, jusqu'aux Sables-d'Olonne aussi inclusivement, et depuis Redon jusques et y compris Saint-Vallery-sur-Somme et Abbeville, le tonneau d'environ vingt-deux quintaux paiera six livres, ci 6 liv. Charbon de terre importé par les autres ports du royaume, le tonneau d'environ vingt-deux quintaux paiera dix livres, ci 10 liv. Charbon de terre importé par terre, le baril de deux cent quarante livres pesant paiera quatre sous, ci 4 s. Charbon de terre importé par les départemens de la Meurthe, de la Moselle et des Ardennes, *néant*. Chardons à drapiers et bonnetiers, *néant*. Chaux à brûler, le muid de quarante-huit pieds cubes paiera dix sous, ci 10 s. Chenevotte (charbon de), *néant*. Chevaux de trois cents livres et au-dessous, la pièce paiera six livres, ci 6 liv. Chevaux au-dessus de trois cents livres, la pièce paiera trente livres, ci 30 liv. Chiens de chasse, la pièce paiera dix sous, ci 10 s — Chocolat et Cacao broyé et en pâte, le cent pesant paiera cinquante livres, ci 50 liv. Chouan ou Couan, le cent pesant paiera vingt-cinq livres, ci 25 liv. Choûcroûte, le cent pesant paiera quarante sous, ci 2 liv. Cidre, le muid de Paris paiera six livres, ci 6 liv. Ciment, *néant*. Cinabre naturel et artificiel, le cent pesant paiera dix livres, ci 10 liv. Cire jaune non ouvrée, le cent pesant paiera trois livres, ci 3 liv. Cire jaune ouvrée, le cent pesant paiera vingt-quatre livres, ci 24 liv. Cire blanche non ouvrée, le cent pesant paiera trente livres, ci 30 liv. Cire blanche ouvrée, le cent pesant paiera quarante livres, ci 40 liv. Cire à cacheter, le cent pesant paiera quarante-huit livres, ci 48 liv. Cire à gommer, à l'usage des tapissiers, le cent pesant paiera six livres, ci 6 liv. Cire pour souliers, le cent pesant paiera trente livres, ci 30 liv. Civette, la livre paiera soixante livres, ci 60 liv. Cloches, clochettes, mortiers de fonte et de métal, le cent pesant paiera dix-huit livres, ci 18 liv. Cloportes, le cent pesant paiera quinze livres, ci 15 liv. Clous de toutes sortes, le cent pesant paiera huit livres, ci 8 liv. Cobalt ou Cobolt, le cent pesant paiera vingt sous, ci 1 liv. Cochenille de toutes sortes, même en grabeau, le cent pesant paiera quarante sous, ci 2 liv. Coco (noix de), le cent pesant paiera six livres, ci 6 liv. Coco (coque de), *néant*. Colle commune, Colle-forte et autres, excepté celle ci-après, le cent pesant paiera six livres, ci 6 liv. Colle de poisson, le cent pesant paiera vingt livres, ci 20 liv. Colophone ou Colophane, le cent pesant paiera cinq sous, ci 5 s. Coloquinte, le cent pesant paiera trois livres, ci 3 liv. Confitures de toutes sortes, le cent pesant paiera quinze livres, ci 15 liv. Contra-yerva, le cent pesant paiera cinq livres, ci 5 liv. Coques du Levant, le cent pesant paiera quatre livres, ci 4 liv. — Coquillages et autres morceaux d'histoire naturelle, *néant*. Coquilles de nacre non travaillées, le cent pesant paiera neuf livres, ci 9 liv.

Corail non ouvré, en fragmens, le cent pesant paiera dix livres, ci 10 liv. Corail ouvré, paiera à raison de quinze pour cent de la valeur. Coraline ou mousse marine, le cent pesant paiera quarante sous, ci 2 liv. — Corderie (ouvrage de), le cent pesant paiera quatre livres, ci 4 liv. Cordages de joncs et de tilleul, le cent pesant paiera vingt sous, ci 1 liv. Cordages usés, *néant*. Coriandre (graine de), le cent pesant paiera quinze sous, ci 15 s. Coris ou Cauris, *néant*. Cornes de bœufs ou de vaches, le millier en nombre paiera cinq sous, ci 5 s. Cornes de cerf et de snak, le cent pesant paiera vingt-cinq sous, ci 1 liv. 5 s. Cornes de moutons, béliers et autres communes, *néant*. Cornes rondes ou plates à faire peignes, le cent pesant paiera trente sous, ci 1 liv. 10 s. Cornes de licorne, la livre paiera trois livres, ci 3 liv. — Cornichons confits, le cent pesant paiera quatre livres, ci 4 liv. Costus indicus et amarus, le cent pesant paiera soixante livres, ci 60 liv. Costus doux ou cannelle blanche, le cent pesant paiera quatre livres, ci 4 liv. — Coton en rame, en laine ou en graine, *néant*. Coton filé, teint ou non teint, la livre paiera quarante-cinq sous, ci 2 liv. 5 s. — Couleurs à peindre, de toutes sortes, en sacs, en vases, en boîtes et en tablettes, le cent pesant paiera sept livres, ci 7 liv. Cordonnerie (ouvrages de), le cent pesant paiera soixante-dix livres, ci 70 liv. Couperose blanche, le cent pesant paiera sept livres dix sous, ci 7 liv. 10 s. Couperose verte, le cent pesant paiera trois liv. ci 3 liv. Couperose ou vitriol bleu, le cent pesant paiera sept livres dix sous, ci 7 liv. 10 s. — Coutellerie (ouvrages de), le cent pesant paiera vingt livres, ci 20 liv. — Coutils de toutes sortes, le cent pesant paiera quarante livres, ci 40 liv. Couvertures de soie, de filoselle et fleuret, le cent pesant paiera cent livres, ci 100 liv. — Couvertures de coton ou laine, le cent pesant paiera cinquante livres, ci 50 liv. Couvertures de ploc et autres basses matières, le cent pesant paiera vingt-quatre livres, ci 24 liv. — Grasse de cire, le cent pesant paiera trente sous, ci 1 liv. 10 s. Craie, le cent pesant paiera dix sous, ci 10 s. Crayons en pastel, et autres de toutes sortes, le cent pesant paiera cinq livres, ci 5 liv. Crayons noirs, le cent pesant paiera dix sous, ci 10 s. Crême ou cristal de tartre, le cent pesant paiera quatre livres 10 sous, ci 4 liv. 10 s.—Crepes de soie de toutes sortes, la pièce de 10 aunes paiera neuf livres, ci 9 liv. Crin frisé ou uni, le cent pesant paiera quarante sous, ci 2 liv. Cristal de roche non ouvré, le cent pesant paiera quinze livres, ci 15 liv. Cristal de roche ouvré, paiera à raison de quinze pour cent de la valeur. Cubèbe, ou poivre à queue, le cent pesant paiera quarante sous, ci 2 liv. — Cuir bouilli, le cent pesant paiera huit livres, ci 8 liv. Cuirs dorés et argentés pour tapisseries, le cent pesant paiera trente-sept livres dix sous, ci 37 liv. 10 s. Cuirs ouvrés, autres que les ouvrages de cordonnerie, le cent pesant paiera quarante livres, ci 40 liv. Cuivre rouge brut, fondu en gâteau ou plaque, lingot, rosette et mitraille rouge de toute espèce, *néant*. Cuivre rouge laminé, en planches et fonds plats, de toute dimension, le cent pesant paiera douze livres, ci 12 liv. Cuivre rouge battu en fonds de chaudières relevées, baquets, casseroles, barreaux carrés ou ronds, flaons pour les monnaies, anses, poignées et clous de toute espèce en œuvre, le cent pesant paiera dix-huit livres, ci 18 liv. Cuivre rouge ouvragé, savoir : alambics avec leurs chapiteaux et serpentins, bassinoires, baguettes deguisées, bouilloires, cafetières, lingots vernis pour les Indes, pompes, robinets, tringles ou fils de cuivre, de six lignes de diamètre et au-dessous, le cent pesant paiera vingt livres, ci 20 liv. Cuivre ciselé, vernis et plaqué, comme vases et urnes de toute espèce, théières étamées ou vernies, garnitures de pendules, flambeaux et ornemens dépendans du ciseleur, doreur, et toute espèce de quincaillerie avec cuivre rouge, jaune ou plaqué, le cent pesant paiera vingt-quatre livres, ci 24 liv. Cumin, le cent pesant paiera vingt sous, ci 1 liv. — Dattes, le cent pesant paiera quarante sous, ci 2 liv. Daucus (graine de), ou *Semen dauci*, le cent pesant paiera cinq livres, ci 5 liv. Dépras de peaux, le cent pesant paiera cinq livres, ci 5 liv. Dentelle de fil et de soie, la livre paiera quinze livres, ci 15 liv. Dentelles d'or fin, le marc paiera trente livres, ci 30 liv. Dentelles d'argent fin, le marc paiera vingt livres, ci 20 liv. Dentelles d'or et d'argent faux, la livre paiera douze livres, ci 12 liv.—Dents d'éléphant ou morphil, le cent pesant paiera cinq livres, ci 5 liv. Derle ou terre de porcelaine, *néant*. Dibidivi, *néant*. Dictame ou Radix dictami, en feuilles, le cent pesant paiera quarante sous, ci 2 liv. — Dragées de toutes sortes, le cent pesant paiera quinze livres, ci 15 liv. — *Draperie ou étoffes de laine*, savoir : Draps fins, façon de Sedan, de Louviers, d'Elbœuf, et autres dénominations, sur quatre tiers, cinq quarts, trois huitièmes et sept huitièmes d'aune de large, le cent pesant paiera trois cents livres, ci 300 liv. Draps dits à long poil ou à poil ras, avec ou sans lustre, le cent pesant paiera trois cents livres, ci 300 liv. Draps de Vigogne, poil de chameau, castor et autres matières, le cent pesant paiera trois cents livres, ci 300 liv. Draps fins, rayés et unis, façon de Silésie ou de royale, et autres dénominations, sur cinq huitièmes, deux tiers et demi-aune de large, le cent pesant paiera trois cents livres, ci 300 liv. Draps dits rayés unis, à poil, le cent pesant paiera trois cents livres, ci 300 liv. Draps ratines en quatre tiers et cinq quarts d'aune de large, façon de Hollande, le cent pesant paiera trois cents livres, ci 300 liv. Draps d'Andely, de Vienne et autres dénominations, le cent pesant paiera trois cents livres, ci 300 liv. Draps casimir, le cent pesant paiera trois cents livres, ci 300 liv. Draps raz de castors, croisés et unis, le cent pesant paiera trois cents livres, ci 300 liv. Draps flanelles croisées et unies, le cent pesant paiera trois cents livres, ci 300 liv. Draps espagnolettes, façon de Rouen, et autres dénominations, croisées et unies, en blanc ou en couleur, le cent pesant paiera trois cents livres, ci 300 liv. Draps camelots, poil, laine et soie, le cent pesant paiera trois cents livres, ci 300 liv. Draps serge de satin ou satin turc, prunelles et turquoises, le cent pesant paiera trois cents livres, ci 300 liv. Draps tricots en pièces ou en gilets, le cent pesant paiera trois cents livres, ci 300 liv. Draps étamines ou burats, imitant les voiles de Reims et autres étoffes, sous quelque dénomination que ce puisse être, fabriquées avec de la laine fine, le cent pesant paiera trois cents livres, ci 300 liv. Draps communs, forts sur une aune de large, croisés et unis, le cent pesant paiera cent cinquante livres, ci 150 liv. Draps dits de demi-aune, le cent pesant paiera cent cinquante livres, ci 150 liv. Draps dits à poils, rayés ou unis, le cent pesant paiera cent cinquante livres, ci 150 liv. Draps molletons, façon de Sommières, et autres dénominations, le cent pesant paiera cent cinquante livres, ci 150 liv. Draps ratines communes, le cent pesant paiera cent cinquante livres, ci 150 liv. Draps croisés communs, de largeur d'une aune, d'une demi-aune et d'un quart d'aune, le cent pesant paiera cent cinquante livres, ci 150 liv. Draps kalmoucks ordinaires, le cent pesant paiera cent cinquante livres, ci 150 liv. Draps camelots en laine, unis et rayés, le cent pesant paiera cent cinquante livres, ci 150 liv. Draps sagatis et autres genres d'étoffes fabriquées avec de la laine commune, le cent pesant paiera cent cinquante livres, ci 150 liv. Draps et étoffes de coton, basin piqué et velours de coton, le cent pesant paiera cent cinquante livres, ci 150 liv. Duvet de cygne, d'oie et de canard, le cent pesant paiera quinze livres, ci 15 liv. — Eau-de-vie simple, le muid de Paris paiera vingt-quatre livres, ci 24 liv. Eau-de-vie double et rectifiée, au-dessus de vingt-deux degrés jusques et y compris trente-deux, le muid de Paris paiera quarante-huit livres, ci 48 liv. Eau-forte, le cent pesant paiera huit livres, ci 8 liv. Eaux minérales, excepté le droit sur les bouteilles, *néant*. Eaux médicinales et de senteur, le cent pesant paiera trente livres, ci 30 liv.—Ecailles d'ablette, le cent pesant paiera vingt sous, ci 1 liv. Ecailles de tortue de toutes sortes, le cent pesant paiera dix livres, ci 10 liv. Ecarlate (graine d'), le cent pesant paiera dix sous, ci 10 s. Ecorces de chêne et autres à faire du tan, *néant*. Ecorces de citrons, d'oranges et bergamotes, le cent pesant paiera quatre livres, ci 4 liv. Ecorce de gaïac, le cent pesant paiera quinze sous, ci 15 s. Ecorce de câprier, le cent pesant paiera trois livres, ci 3 liv. Ecorce de coutilawan, le cent pesant paiera six livres, ci 6 liv. Ecorce de mandragore, ou faux Genseng, le cent pesant paiera neuf livres, ci 9 liv. Ecorce de simarouba, le cent pesant paiera sept livres dix sous, ci 7 liv. 10 s. Ecorce de tamaris, le cent pesant paiera trois livres, ci 3 liv. Ecorce d'orme pyramidal, paiera à raison de deux et demi pour cent de la valeur. Ecorce de tilleul pour cordages, le cent pesant, *néant*. Ederdon ou Edredon, la livre paiera vingt sous, ci 1 liv. Ellébore noir ou blanc (racine d'), le cent pesant paiera quarante sous, ci 2 liv. Email brut, le cent pesant paiera six livres, ci 6 liv. Email ouvré, le cent pesant paiera quarante-cinq livres, ci 45 liv. Emeril en poudre et en grains, le cent pesant paiera dix sous, ci 10 s. Encens commun ou Galipot, le cent pesant paiera cinq sous, ci 5 s. Encens fin ou Oliban, le cent pesant paiera cinq livres, ci 5 liv. — Engrais de toutes sortes pour fumer, *néant*. Encre à écrire, le cent pesant paiera douze livres, ci 12 liv. Encre de la Chine, le cent pesant paiera quarante livres, ci 40 liv. Encre à imprimer et en taille-douce, le cent pesant paiera six livres, ci 6 liv. Epingles blanches, le cent pesant paiera trente livres, ci 30 liv. Epithymes ou Cuscutes, le cent pesant paiera quarante sous, ci

2 liv.—Epiceries non dénommées, paieront à raison de dix pour cent de la valeur. Eponges fines, le cent pesant paiera vingt-cinq livres, ci 25 liv. Eponges communes, le cent pesant paiera trois livres, ci 3 liv. Eponges servant à la fabrication de l'amadou, *néant*. Escajolles, le cent pesant paiera cinq livres, ci 5 s. Esprit-de-vin au-dessus de trente-deux degrés, le muid de Paris paiera soixante-douze livres, ci 72 liv. Esprit de soufre, le cent pesant paiera cinq livres, ci 5 liv. Esprit de sel, le cent pesant paiera quinze livres, ci 15 liv. Esprit ou essence de térébenthine, le cent pesant paiera trois livres, ci 3 liv. Esprit ou essence de bergamote et de citron, la livre paiera quinze sous, ci 15 s. Esprit ou essence de girofle, la livre paiera quarante sous, ci 2 liv. Esprit de nitre, le cent pesant paiera dix livres, ci 10 liv. Essaye, le cent pesant paiera dix sous, ci 10 s. Essence ou quintessence d'anis, le cent pesant paiera cent livres, ci 100 liv. Essence de romarin et autres semblables, le cent pesant paiera quarante livres, ci 40 liv. Essence de cannelle, la livre paiera soixante-douze livres, ci 72 liv. Essence de rose, ou *Rhodium*, la livre paiera vingt-quatre livres, ci 24 liv.—Estampes de toutes sortes, paieront à raison de quinze pour cent de leur valeur. Esule, racine médicinale, le cent pesant paiera dix sous, ci 10 s. Etain non ouvré, le cent pesant paiera quarante sous, ci 2 liv. Etain ouvré, de toutes sortes, le cent pesant paiera vingt-cinq livres, ci 25 liv. Etain en feuillet ou battu, le cent pesant paiera vingt-cinq livres, ci 25 liv. Etain usé ou brisé, propre à la refonte, le cent pesant paiera quarante sous, ci 2 liv. Etoffes de drap de soie unies, de toutes sortes, la livre paiera sept livres dix sous, ci 7 liv. 10 s. Les mêmes, brochées sans or ni argent, la livre paiera neuf livres, ci 9 liv.—Etoffes avec or et argent fin, la livre paiera quinze livres, ci 15 liv. Etoffes de soie mêlée d'autres matières sans or ni argent, la livre paiera six livres, ci 6 liv. Etoffes mêlées avec or et argent fin, la livre paiera huit livres, ci 8 liv. Etoffes de filoselle ou fleuret, la livre paiera trois livres, ci 3 liv. Etoffes avec or et argent fin, la livre paiera quatre livres dix sous, ci 4 liv. 10 s. Etoffes de poil de chèvre, la livre paiera sept livres, ci 7 liv. Etoffes de soie et coton, la livre paiera quatre livres, ci 4 liv. Etoffes mêlées de soie, de fil, de coton et de laine, la livre paiera trois livres, ci 3 liv. Etoffes avec or et argent fin, la livre paiera six livres, ci 6 livr.—Etoupes de chanvre et de lin, *néant*. Euphraise, le cent pesant paiera quarante sous, ci 2 liv. Euphorbe, le cent pesant paiera trois livres, ci 3 liv.

Fabago (racine de), le cent pesant paiera trente sous, ci 1 liv. 10 s. Faïence et poterie de grès (ouvrages de), le cent pesant paiera douze livres, ci 12 liv. Farine de toutes sortes, *néant*. Fèce, ou lie d'huile, le cent pesant paiera quatre livres dix sous, ci 4 liv. 10 s. Fenouil (graine ou semence de), le cent pesant paiera trois livres, ci 3 liv. Fenu-grec, le cent pesant paiera cinq sous, ci 5 s.—Fers en verges, feuillards, carillons, rondins, et autres fers qui ont subi une première main-d'œuvre, le cent pesant paiera trente sous, ci 1 liv. 10 s. Fers en barres, le cent pesant paiera vingt sous, ci 1 liv. Fers en gueuse, *néant*. Fers ouvrés, de toutes sortes, comme fers en taillanderie, ressorts de voitures, serrures et autres ouvrages de serrurerie, le cent pesant paiera dix-huit livres, ci 18 liv. Fil de fer ou acier, le cent pesant paiera six livres, ci 6 liv. Fer en fonte, en plaques de cheminée, et autres ouvrages, le cent pesant paiera quatre livres dix sous, ci 4 liv. 10 s. Fer-blanc, le cent pesant paiera six livres, ci 6 liv. Fer noir, le cent pesant paiera trois livres, ci 3 liv. Fer en tôle, le cent pesant paiera trois livres, ci 3 liv. Fer blanc ouvré, le cent pesant paiera quinze livres, ci 15 liv. Fer noir et fer en tôle ouvré, le cent pesant paiera quinze livres, ci 15 liv. Ferraille et vieux fer, *néant*.—Ferret d'Espagne, le cent pesant paiera cinq sous, ci 5 s. Fèves de Saint-Ignace, le cent pesant paiera sept livres, ci 7 liv. Feuilles de houx, *néant*. Feuilles de myrthe et autres, propres à la teinture et aux tanneries, *néant*. Feuille de noyer, *néant*.— Fil de lin et de chanvre, simple, bis, écru et blanc, le cent pesant paiera cinq sous, ci 5 s. Fil de lin et de chanvre, retors, écru, bis et blanc, venant de Harlem, accompagné de certificat du bourguemestre de ladite ville et importé par les bureaux de La Chapelle et Héricourt, le cent pesant paiera trente livres, ci 30 liv. Fil de chanvre et de lin, teint de toutes sortes, le cent pesant paiera soixante livres, ci 60 liv. Fil d'étoupes, le cent pesant paiera cinq sous, ci 5 s. Fil à voiles, le cent pesant paiera trois livres, ci 3 liv. Fil de mulquinerie et fil de linon, *néant*. Fil en ploc, ou poil de cheval, le cent pesant paiera quarante sous, ci 2 liv. Fleurs de violette, de pêcher et de romarin, le cent pesant paiera trois livres dix sous, ci 3 liv. 10 s.—Fleurs de soufre, le cent pesant paiera trois livres, ci 3 liv. Fleurs artificielles de toutes sortes, le cent pesant paiera soixante livres, ci 60 liv. Flin, le cent pesant paiera dix sous, ci 10 s. Foin et herbes de pâturage, *néant*. Folium garifiolorum, ou feuilles de girofle, le cent pesant paiera dix livres, ci 10 liv. Folium indicum ou indum, le cent pesant paiera cinquante sous, ci 2 liv. 10 s. Forces à tondre les draps, le cent pesant paiera cinq livres, ci 5 liv. — Fourbisserie et arquebuserie, à l'exception des armes blanches, le cent pesant paiera trente-six livres, ci 36 liv.—Fromages, le cent pesant paiera quarante-cinq sous, ci 2 liv. 5 s. — *Fruits crus*, savoir : Bigarades, cédrats, citrons, limons, oranges, chadecs, le cent pesant paiera cinquante sous, ci 2 liv. 10 s. Châtaignes, marrons, noix, le cent pesant paiera dix sous, ci 10 s. Olives et picholines, le cent pesant paiera quatre livres, ci 4 liv. Coings, gourreaux, melons, poires, pommes, et autres fruits crus non dénommés dans le présent article, *néant*. — *Fruits secs*, savoir : Jujubes, gengeoles, prunes et pruneaux, figues, raisins, jubis, passes, picardats, et autres non dénommés dans le présent article et tarif, le cent pesant paiera vingt sous, ci 1 liv. Fruits à l'eau-de-vie de toutes sortes, le cent pesant paiera vingt-quatre livres, ci 24 liv. Fustel (feuilles et branches de), *néant*. Futailles vides ou en bottes, *néant*.

Galanga mineur et majeur, le cent pesant paiera quarante sous, ci, 2 liv. Galbanum, le cent pesant paiera quatre livres, ci 4 liv. Gallium blanc et jaune, le cent pesant paiera dix sous, ci 10 s. — Galons vieux pour brûler, *néant*. Gants et autres ouvrages de ganterie en peau et en cuir, la livre paiera cinquante-cinq sous, ci 2 liv. 15 s. Les mêmes, garnis, doublés en soie, la livre paiera trois livres quinze sous, ci 3 liv. 15 s. Les mêmes, doublés de laine, la livre paiera quarante sous, ci 2 liv.—Garance verte, *néant*. Garance sèche en racine, ou alisari, le cent pesant paiera vingt sous, ci 1 liv. Garance moulue, le cent pesant paiera cinq livres, ci 5 liv. Garouille, *néant*. Gaude, *néant*.—Gazes et marli de soie, la livre paiera quinze livres, ci 15 liv. Gazes de soie et de fil, la livre paiera huit livres, ci 8 liv. Gazes d'or et d'argent, ou mêlées d'or et d'argent, la livre paiera trente livres, ci 30 liv. Gassengal mineur et majeur, le cent pesant paiera quarante sous, ci 2 liv. Genestrole, *néant*. Genseng, le cent pesant paiera quarante-cinq liv., ci 45 liv.— Gentiane, le cent pesant paiera quinze sous, ci 15 sous. Gibier de toutes sortes, *néant*. Gingembre, le cent pesant paiera trois livres, ci 3 liv. Girofle (clous de), la livre paiera quinze sous, ci 15 s.—Glaces et miroirs au-dessus de douze pouces, paieront à raison de quinze pour cent de la valeur. Glaces de douze pouces et au-dessous, le cent pesant paiera quinze livres, ci 15 liv. Glaïeul ou Iris du pays, le cent pesant paiera cinq livres, ci 5 liv. Glu, le cent pesant paiera trois livres dix sous, ci 3 liv. 10 s.—*Gommes et résines*. 1° *A l'usage des teintures, fabriques et manufactures*, savoir : Gommes de cerisier, abricotier, pêcher, prunier, olivier, et autres communes pour la chapellerie, *néant*. Gommes de Bassora, arabique, thurique, du Sénégal, etc., le cent pesant paiera vingt sous, ci 1 liv. Gommes copal, laque, en feuilles, en grains et sur bois, mastic et sandarac pour les vernis, le cent pesant paiera six livres, ci 6 liv. 2° *A l'usage de la médecine et des parfumeurs*, savoir : Gommes d'acajou, de cyprès, animée, de lierre, hédré et sarocolle, le cent pesant paiera cinq livres, ci 5 liv. Gomme de cèdre, le cent pesant paiera dix livres, ci 10 liv. Gomme ou résine élastique, le cent pesant paiera quarante sous, ci 2 liv. Ammoniaque, le cent pesant paiera trois livres, ci 3 liv. Elemi de toutes sortes, le cent pesant paiera neuf livres, ci 9 liv. Gaïac, le cent pesant paiera cinquante sous, ci 2 liv. 10 s. Gutte ou de cambogium, le cent pesant paiera vingt livres, ci 20 liv. Oppoponax, le cent pesant paiera dix livres, ci 10 liv. Sagapenum, seraphinum, ou séraphique-tacamaca, le cent pesant paiera six livres, ci 6 liv. Goudron, gaudron ou goustran, le baril de deux cent quarante à trois cent livres paiera quinze sous, ci 15 s. Gourre ou tamarin confit avec le sucre, le cent pesant paiera quinze livres, ci 15 liv. Grabeau ou pousse, résidu des drogues lorsqu'on en a séparé le meilleur, acquittera les droits comme les drogues dont il est le résidu : *mémoire*.—*Grains de toutes sortes*. Avoine, baillarge, orge, escourgeon, sucrion, *néant*. Blé de froment, blé méteil, maïs ou blé de Turquie, riz, sarrazin, blé-seigle, *néant*. Graines de lin, navette, rabette, colza, et autres propres à faire l'huile, le cent pesant paiera sept sous, ci 7 s. Graine thurique, le cent pesant paiera quinze sous, ci 15 s. Graine d'espacette, de foin, sainfoin, luzerne, trèfle, et autres propres à semer dans les prairies. Graine de genièvre, *néant*. Graine de jardin de toutes sortes, *néant*. Graine de myrtile, *néant*. Graine

d'Avignon, ou grainette d'usage en teinture, *néant*. Graine jaune, *néant*. Graine de ver à soie, *néant*. Graisses de toutes sortes, *néant*. Gravelle ou tartre de vin, *néant*. Gremil ou herbe aux perles (graines ou semences de), le cent pesant paiera quinze sous, ci 15 s. Grenadier (écorce de), *néant*. Groisil ou verre cassé, *néant*. Groison, le cent pesant paiera vingt-cinq sous, ci 1 liv. 5 s. Guimauve (fleurs et racines de), le cent pesant paiera vingt-cinq sous, ci 1 liv. 5 s. Guimauve (suc de), le cent pesant paiera six livres, ci 6 liv. Guy de chêne, le cent pesant paiera neuf livres, ci 9 liv. Gyp, espèce de gros tale, le cent pesant paiera trente sous, ci 1 liv. 10 s.

Habillemens neufs à l'usage des hommes et des femmes, et ornemens d'église, paieront à raison de quinze pour cent de la valeur. Habillemens vieux, le cent pesant paiera vingt-cinq sous, ci 25 liv. *Nota*. Les habillemens à l'usage des voyageurs, *néant*.

Harnais de chevaux, paieront à raison de quinze pour cent de la valeur. Héliotrope, *néant*. Hématide (pierre), le cent pesant paiera dix sous, ci 10 s. Herbes propres à la teinture, non dénommées dans le présent tarif, *néant*. Herbe de maroquin, *néant*. Herbes médicinales non dénommées dans le présent tarif, le cent pesant paiera trente sous, ci 1 liv. 10 s. Herbe jaune, *néant*. Herbe de pâturage, *néant*. Hermodate, le cent pesant paiera quarante sous, ci 2 liv. Ouate, Ouète, de coton ou de soie, le cent pesant paiera trente livres, ci 30 liv.—Houblon, *néant*. Housses de chevaux garnies et non garnies, paieront à raison de quinze pour cent de la valeur.—*Huiles à l'usage de la médecine et des parfumeurs*, savoir : Huile d'ambre, le cent pesant paiera cinquante livres, ci 50 liv. Huile d'asphaltum, le cent pesant paiera dix-huit livres, ci 18 liv. Huile d'anis ou de fenouil, le cent pesant paiera cent livres, ci 100 liv. Huile d'aspic, le cent pesant paiera sept livres dix sous, ci 7 liv. 10 s. Huile de cacao ou beurre de cacao, le cent pesant paiera vingt-deux livres dix sous, ci 22 liv. 10 s. Huile de cade, de cédria, d'oxicèdre, le cent pesant paiera quarante sous, ci 2 liv. Huile de cannelle, la livre paiera quarante sous, ci 2 liv. Huile d'ambre jaune, carabé ou succin, le cent pesant paiera vingt-cinq livres, ci 25 liv. Huile de citron ou d'orange, le cent pesant paiera vingt-cinq livres, ci 25 liv. Huile de jasmin, roses et autres fleurs, le cent pesant paiera vingt-cinq livres, ci 25 liv. Huile de gaïac, le cent pesant paiera vingt-cinq livres, ci 25 liv. Huile de girofle, la livre paiera quarante sous, ci 2 liv. Huile de gland, le cent pesant paiera sept livres dix sous, ci 7 liv. 10 s. Huile de genièvre ou de sandarac, le cent pesant paiera quinze livres, ci 15 liv. Huile de palme, le cent pesant paiera cinq livres, ci 5 liv. Huile de lavande, le cent pesant paiera quinze livres, ci 15 liv. Huile de laurier, le cent pesant paiera dix livres, ci 10 liv. Huile de macis, la livre paiera quarante sous, ci 2 liv. Huile de marjolaine, le cent pesant paiera dix-huit livres, ci 18 liv. Huile de muscade, la livre paiera trente sous, ci 1 liv. 10 s. Huile d'œillet, le cent pesant paiera quatre livres, ci 4 liv. Huile de palma-christi, le cent pesant paiera neuf livres, ci 9 liv. Huile de pavot blanc, le cent pesant paiera quatre livres, ci 4 liv. Huile de pétrole, le cent pesant paiera six livres, ci 6 liv. Huile de pignons, le cent pesant paiera neuf liv., ci 9 liv. Huile de sassafras, le cent pesant paiera quinze livres, ci 15 liv. Huile de sauge, le cent pesant paiera dix-huit livres, ci 18 liv. Huile de soufre, le cent pesant paiera dix-huit livres, ci 18 liv. Huile de tartre, le cent pesant paiera onze livres, ci 11 liv. Huile d'olive de Naples, Sicile, Levant, Barbarie, Espagne et Portugal, le cent pesant paiera quatre livres dix sous, ci 4 liv. 10 s. Huile d'olive de la côte d'Italie, le cent pesant paiera sept livres dix sous, ci 7 liv. 10 s. Huile de graines, le cent pesant paiera quatre liv. dix sous, ci 4 liv. 10 s. Huile de noix, le cent pesant paiera quatre livres dix sous, ci 4 liv. 10 s. Huile de cheval, le cent pesant paiera quatre livres dix sous, ci 4 liv. 10 s. Huile de baleine ou autres poissons, entrant par les départemens du Haut et du Bas-Rhin, de la Meurthe et de la Moselle, le cent pesant paiera six livres, ci 6 liv. Huile de baleine ou autres poissons venant des Etats-Unis de l'Amérique, et importées par bâtimens français ou américains, le cent pesant paiera six livres, ci 6 liv. — Huîtres fraîches, le millier en nombre paiera cinq livres, ci 5 liv. Huîtres marinées, le cent pesant paiera six livres, ci 6 liv. — Hyacinthe, le cent pesant paiera huit livres, ci 8 liv. Hypocistis, le cent pesant paiera trois livres, ci 3 liv.

Jalap, le cent pesant paiera quatre livres, ci 4 liv. Jays ou Jayet, le cent pesant paiera dix livres, ci 10 liv.

Impératoire, le cent pesant paiera trente sous, ci 1 liv. 10 s. — Indigo, le cent pesant paiera quinze livres, ci 15 liv. — *Instrumens de musique*, savoir: Poches, la pièce paiera quinze sous, ci 15 s. Violons, alto-violes et guitares, la pièce paiera trois livres, ci 3 liv. Cistres, mandolines, tambours, tambourins, tympanons et psaltérions, la pièce paiera trente sous, ci 30 s. Vielles simples, la pièce paiera cinq livres, ci 5 liv. Vielles organisées, la pièce paiera dix-huit livres, ci 18 liv. Serinettes, la pièce paiera trois livres, ci 3 liv. Harpes et forté-pianos, la pièce paiera trente-six livres, ci 36 liv. Clavecins, la pièce paiera quarante-huit livres, ci 48. Epinettes, la pièce paiera dix-huit livres, ci 18 liv. Basses et contre-basses, la pièce paiera sept livres dix sous, ci 7 liv. 10 s. Orgues portatifs, la pièce paiera dix-huit livres, ci 18 liv. Orgues d'église, paieront à raison de douze pour cent de la valeur. Serpens, bassons, cors de chasse, trompettes, etc., la pièce paiera trois livres, ci 3 liv. Clarinettes, la pièce paiera quatre livres, ci 4 liv. Flûtes, la pièce paiera quinze sous, ci 15 sous. Haubois, la pièce paiera quatre livres, ci 4 liv. Fifres, flageolets, galoubets, la douzaine paiera sept livres dix sous, ci 7 liv. 10 c. Instrumens de musique non-dénommés, paieront à raison de douze pour cent de la valeur. — Instrumens d'optique, d'astronomie, de mathématiques, navigation, physique et chirurgie, à raison de dix pour cent de la valeur. — Ipécacuanha, le cent pesant paiera quinze livres, ci 15 liv. Iris de Florence, le cent pesant paiera trois livres, ci 3 liv. Juncus odoratus, le cent pesant paiera neuf livres, ci 9 liv. Jus de limon et de citron, *néant*. Jus de réglisse, le cent pesant paiera trois livres.

ci 3 liv. Kamina-masla ou Beurre de pierre, le cent pesant paiera trois livres, ci 3 liv. — Kirschwaser, la pinte paiera cinq sous, ci 5 s.

Labdanum naturel et non apprêté, le cent pesant paiera six liv., ci 6 liv. Labdanum liquide et purifié, le cent pesant paiera vingt-deux livres dix sous, ci 22 li. 10 s. — Laines non-filées, le cent pesant paiera trente-six livres, ci 36 liv. Laine (bourre de), *néant*. Langues noos ou noves et tripes de morue, le cent pesant paiera vingt livres, ci 20 liv. Lapis entalis, le cent pesant paiera quarante sous, ci 2 liv. Laque plate de Venise, le cent pesant paiera cinquante sous, ci 2 liv. 10 s. Laque colombine sèche, le cent pesant paiera cinquante sous, ci 2 liv. 10 s. Laque liquide, le cent pesant paiera cinq sous, ci 5 s. Lard frais non-salé, *néant*. Lavande sèche (fleurs de), le cent pesant paiera trois livres, ci 3 liv. Légumes verts de toutes sortes et herbages frais, *néant*. Légumes secs de toutes sortes, le cent pesant paiera cinq sous, ci 5 s. Laiton ou cuivre jaune battu et laminé en planches, de toute dimension, gratté, noir et décapé, le cent pesant paiera quinze livres, ci 15 liv. Laiton ou cuivre jaune ouvré, comme chaudières, poêlons, bassines, et toute espèce de dinanderie, le cent pesant paiera vingt livres, ci 20 liv. Laitons de toute espèce en instrumens de quincaillerie et mercerie, le cent pesant paiera vingt-quatre livres, ci 24 liv. Laiton filé ou fil de laiton noir, le cent pesant paiera vingt sous, ci 1 liv. — Librairie en langue française, le cent pesant paiera six livres, ci 6 liv. Librairie en livres imprimés en langue étrangère, *néant*. Lichen, *néant*. Lie de vin, *néant*. Liège en table, le cent pesant paiera vingt sous, ci 1 liv. Lierre (feuilles de), *néant*. — Limaille d'acier et d'aiguilles, le cent pesant paiera trente sous, ci 1 liv. 10 s. Limaille de cuivre, *néant*. Limaille de fer, le cent pesant paiera vingt sous, ci 1 liv. — Lins crus, teillés ou apprêtés, *néant*. Linge ouvré de toutes sortes, et linge de table, le cent pesant paiera soixante-quinze livres, ci 75 liv. Linge vieux ou drille, *néant*. Linon et batiste, la livre pesant paiera six livres, ci 6 liv. — Liqueurs et ratafias de toutes sortes, la pinte paiera dix sous, ci 10 s. Litharge naturelle et artificielle, le cent pesant paiera vingt sous, ci 1 liv. Loups (dents de), le cent pesant paiera quinze sous, ci 15 s.

Macis, la livre pesant paiera vingt sous, ci 1 liv. Mâchefer, *néant*. Magalaise, *néant*. Malherbe, herbe pour la teinture, *néant*. Manne de toutes sortes, le cent pesant paiera six livres, ci 6 liv. — Marbre brut de toutes sortes, le pied cube paiera vingt sous, ci 1 liv. Marbre en cheminée, scié ou travaillé, le pied cube paiera quarante sous, ci 2 liv. Marcassite d'or, d'argent, de cuivre, le cent pesant paiera huit livres, ci 8 liv. Marqueterie et tabletterie (ouvrages de), paieront à raison de quinze pour cent de la valeur. — Marum (feuille de), le cent pesant paiera quarante sous, ci 2 liv. Massicot, le cent pesant paiera neuf livres, ci 9 liv. Mâts pour vaisseaux, *néant*. Mechoachan ou rhubarbe blanche, le cent pesant paiera cinquante sous, ci 2 liv. 10 s. Médailles d'or, d'argent et de cuivre, *néant*. Mélasse, le cent pesant paiera cinq liv., ci 5 liv. — *Mercerie commune de toutes sortes*, savoir;

Aiguilles de toutes sortes; ambre jaune travaillé; batteleux et briquets limés; boîtes de sapin peintes; boîtes ferrées; bois de miroirs non enrichis; bougettes; bourses de cuir, de fil et de laine; boutons de manche d'étain et autres métaux communs; brosserie; cadrans d'horloge et de montre; chapelets de bois et de rocaille; coffres non garnis; colliers de perles et de pierres fausses; compas; cornets à jouer, de corne ou de cuir; cornes claires à lanternes; dés à coudre en corne, cuivre, fer, os et ivoire; dés à jouer; dominoterie; écritoires simples; éperons communs; éventails communs, feuilles d'éventails; fouets; hameçons; horloges à sable; houppes à cheveux, de duvet; fourreaux d'épées; fournimens à poudre; fuseaux; gaines; gibecières; grains de verre de toutes sortes; grelots; jetons de nacre, d'os et d'ivoire; lanternes communes; lignes de pêcheurs; manicordium; masques pour bal; moulins à café et à poivre; ouvrages de buis; ouvrages en cuivre et fer, tels que chandeliers, flambeaux, mouchettes, tire-bouchons, et autres de même espèce; ouvrages menus d'étain, comme cuillers, fourchettes; peignes de buis, de corne et d'os; perles fausses; pipes à fumer; ramonettes; raquettes; sifflets d'os et d'ivoire; soufflets; tambours; tamis et volans, le cent pesant paiera vingt livres, ci 20 liv. — Merceries fines et autres non dénommées dans le présent tarif, paieront à raison de quinze pour cent de la valeur. Mercerie en soie, comme bourses à cheveux, mouches et mouchoirs de soie, la livre paiera six livres, ci 6 liv. Mercure précipité, le cent pesant paiera quinze livres, ci 15 liv. Métiers à faire bas et autres ouvrages, paieront en raison de quinze pour cent de la valeur. Métal de cloches, le cent pesant paiera dix-huit liv. ci 18 liv.—Meubles de toutes sortes, paieront à raison de quinze pour cent de la valeur. — Meules à taillandiers, de quatre pouces et au-dessus, la pièce paiera quarante sous, ci 2 liv. Meules au-dessous de quatre pouces à deux et demi, la pièce paiera quinze sous, ci 15 s. Meules au-dessous de deux pouces et demi, la pièce paiera cinq sous, ci 5 s. Meules de moulin au-dessus de six pieds de diamètre, la pièce paiera sept livres dix sous, ci 7 liv. 10 s. Meules de six à quatre pieds de diamètre, la pièce paiera cinq livres, ci 5 liv. Meules au-dessous de quatre pieds de diamètre, la pièce paiera cinquante sous, ci 2 liv. 10 s. — Mehum d'athamante, le cent pesant paiera vingt sous, ci 1 liv. Miel, le cent pesant paiera trois livres, ci 3 liv. Mine de plomb noire, le cent pesant paiera quinze sous, ci 15 s. Mine de fer brute et lavée, néant. Minium, le cent pesant paiera cinq sous, ci 5 s. Mirrhe (gomme de), le cent pesant paiera quatre livres, ci 4 liv.—Modes (ouvrages de), paieront à raison de douze pour cent de la valeur. Momies, corps embaumés, néant. Montre d'or ou d'argent, avec son mouvement, la pièce paiera quarante sous, ci 2 liv. Morilles et mousserons, espèce de champignons, le cent pesant paiera douze livres, ci 12 liv. Mottes à brûler, néant. Moules de boutons, le cent pesant paiera trois livres, ci 3 liv. Moular en terre émaillée, néant.— Mousselines rayées et unies, à carraux, brochées, et fichus unis, le cent pesant paiera trois cent livres, ci 300 liv. Mousselines et fichus brodés de toutes sortes, le

cent pesant paiera quatre cents livres, ci 400 liv. Moutarde, le cent pesant paiera six livres, ci 6 liv. Mouvemens de montres en blanc, montés, la pièce paiera quinze sous, ci 15 s. Muguet ou lis de vallée (fleurs de), le cent pesant paiera trente sous, ci 1 liv. 10 s. Mules et mulets, la pièce paiera vingt sous, ci 1 liv. — *Munitions de guerre, à l'exception de la poudre à tirer*, savoir : Balles de fusils et pistolets, le cent pesant paiera quatre livres dix sous, ci 4 liv. 10 s. Bombes, boulets de canon, grenades et mortiers, le cent pesant paiera trente sous, ci 1 liv. 10 s. Canons de fer, le cent pesant paiera trente sous, ci 1 liv. 10 s. Canons de fonte, le cent pesant paiera quatre livres dix sous, ci 4 liv. 10 s. Canons de fusil, le cent pesant paiera vingt-quatre livres, ci 24 liv. Canons de pistolet, le cent pesant paiera quarante-huit livres, ci 48 liv.

Musc, la livre paiera quinze livres, ci 15 liv. Muscade, la livre paiera vingt sous, ci 1 liv. Myrobolans non confits, le cent pesant paiera trois livres dix sous, ci 3 liv. 10 s. Myrobolans confits, le cent pesant paiera quinze liv., ci 15 liv. Faphe ou Naphte, le cent pesant paiera trente sous, ci 1 liv. 10 s.

Nattes de paille, de roseaux et autres plantes et écorces, le cent pesant paiera vingt sous, ci 1 liv. Nattes de jonc, le cent pesant paiera quatre livres, ci 4 liv. Nénuphar, le cent pesant paiera quinze sous, ci 15 s. Nerprun, *néant.* Nerfs de bœufs et autres animaux, *néant.* Nigelle romaine (graine de), le cent pesant paiera quatre livres dix sous, ci 4 liv. 10 s. Noir de teinturier, d'Allemagne, d'os et de cerf, le cent pesant paiera trente sous, ci 1 liv. 10 s. Noir de fumée, de terre et de corroyeur, le cent pesant paiera vingt sous, ci 1 liv. Noir d'ivoire, le cent pesant paiera quinze livres, ci 15 liv. Noir d'Espagne, le cent pesant paiera trois livres dix sous, ci 3 liv. 10 s. Noix de cyprès, le cent pesant paiera vingt sous, ci 1 liv. Noix vomiques, le cent pesant paiera vingt sous, ci 1 liv. Noix de galle pour teinture, le cent pesant paiera vingt sous, ci 1 liv.

Ocre jaune et rouge, le cent pesant paiera cinq sous, ci 5 s. Oculi cancri, le cent pesant paiera quatre livres, ci 4 liv. Œufs de volaille et de gibier, *néant.* Ognons de fleurs, *néant.* Opium, le cent pesant paiera dix livres, ci 10 liv. Or brûlé en barres, en masse, lingots et monnayé, et bijoux cassés, *néant.* Or, en ouvrages d'orfévrerie, paiera à raison de dix pour cent de la valeur. Or en feuilles battu, l'once paiera huit livres, ci 8 liv. Or trait battu, en paillettes ou clinquant, l'once paiera deux livres, ci 2 liv. Or filé ou fil d'or fin, l'once paiera trente sous, ci 1 liv. 10 s. Or faux en barres et en lingots, le cent pesant paiera trente-six livres, ci 36 liv. Or faux en feuilles, paillettes, clinquant, trait et battu, le cent pesant paiera soixante-dix livres, ci 70 liv. Or faux filé, ou fil d'or faux, le cent pesant paiera quatre-vingts livres, ci 80 liv. Orcanette, le cent pesant paiera cinq sous, ci 5 s. Oreillons ou orillons, *néant.* — Orge perlé et mondé, le cent pesant paiera quarante sous, ci 2 liv. Orobe (graine ou semence d'), le cent pesant paiera dix sous, ci 10 s. Orpiment, le cent pesant paiera cinq sous, ci 5 s. Orseille apprêtée et non apprêtée, *néant.* Os de bœufs, de vaches et autres animaux, *néant*. Os de sèche, le cent paiera dix sous, ci 10 s. Osier en bottes, *néant*. Outremer, la livre paiera quinze livres, ci 15 liv. Ouvrages en pièces d'horlogerie non montées, la livre paiera trois livres, ci 3 liv. Ouvrages en bois et en pierres, en acier, comme chaines de montre, épées et autres ouvrages fins de même espèce, en marbre, en cuivre doré, et autres matières enrichies et garnies ou non en or ou argent, et non dénommées au tarif, paieront à raison de quinze pour cent de la valeur. Ouvrages de paille, de jonc et de palme, le cent pesant paiera six livres, ci 6 liv. Ouvrages d'osier, le cent pesant paiera sept livres dix sous, ci 7 liv. 10 s. Ouvrages à pierre de composition, marcassites ou autres, montées sur étain, cuivre argenté ou doré, ou sur or ou sur argent, paieront à raison de cinq pour cent de la valeur.

Pailles de blé et autres grains, *néant*. Pailles d'acier et de fer, le cent pesant paiera cinq sous, ci 5 s. Pain d'épice, le cent pesant paiera trois liv., ci 3 liv. Pain de navette, lin et colza, *néant*. Papier blanc, de toutes sortes, le cent pesant paiera trente livres, ci 30 liv. Papier gris, noir, brouillard, bleu, de toutes sortes, le cent pesant paiera dix-huit livres, ci 18 liv. Papier doré, argenté, uni et à fleurs, le cent pesant paiera trente-six livres, ci 36 liv. Papier marbré, le cent pesant paiera vingt-quatre livres, ci 24 liv. Papier peint en façon de damas, le cent pesant paiera quarante-cinq livres, ci 45 livres. Papier tontisse pour tapisserie, le cent pesant paiera trente-six livres, ci 36 liv. Papier de la Chine, le cent pesant paiera quatre-vingt-dix livres, ci 90 liv. Parapluie de toile cirée, la pièce paiera quinze sous, ci 15 s. Parassols de taffetas, la pièce paiera quarante sous, ci 2 liv. Parchemin neuf brut, *néant*. Parchemin neuf travaillé, le cent pesant paiera six livres, ci 6 liv. Pareira brava, le cent pesant paiera quarante sous, ci 2 liv. Parfums de toutes sortes non dénommés au présent tarif, le cent pesant paiera cinquante livres, ci 50 liv. — *Passementerie et listonerie, comme galons, ganses, jarretières, aiguilettes, franges, rubans, et tous autres ouvrages de passementerie et rubannerie*, savoir : En or et argent fin, la livre paiera quinze livres, ci 15 liv. Les mêmes, en or et argent faux, le cent pesant paiera cent cinquante livres, ci 150 liv. Les mêmes, en soie avec or et argent fin, la livre paiera douze livres, ci 12 liv. Les mêmes, en soie sans or ni argent, la livre paiera sept livres dix sous, ci 7 liv. 10 s. Les mêmes, en soie et coton ou matières mêlées, la livre paiera trois livres dix sous, ci 3 liv. 10 s. Passepierre ou percepierre, le cent pesant paiera quinze sous, ci 15 s. Pastel ou guelde, drogue pour la teinture, *néant*.—Pastel d'écarlate, *néant*. Pastel (crayons de), le cent pesant paiera cinq livres, ci 5 liv. Pâtes d'amandes et de pignons, le cent pesant paiera six livres, ci 6 liv. Pâtes d'Italie, le cent pesant paiera cinq livres, ci 5 liv. Patience, le cent pesant paiera vingt sous, ci 1 liv. Pattes de lion, le cent pesant paiera vingt sous, ci 1 liv. Pavot rouge ou coquelicot (fleurs de), le cent pesant paiera vingt sous, ci 1 liv. Pavés ou pierre de grès, *néant*.—Peaux et cuirs de toutes sortes, secs et en poils, *néant*. Peaux de bœufs et vaches, salées et en vert, *néant*. Peaux

de cheval et d'âne, en vert, *néant*. Peaux de moutons, brebis, agneaux, en vert, *néant*. Peaux de veaux, salées et en vert, non dénommées, salées et en vert, *néant*. — *Peaux et cuirs passés, tannés, corroyés et apprêtés, de toutes sortes*, savoir : Peaux d'anta, béori, bœufs, buffles, élans, d'empakasse, de mos ou mous, d'orignac, tannées en fort, le cent pesant paiera dix-huit liv., ci 18 liv. Les mêmes, corroyées, le cent pesant paiera vingt-deux livres dix sous, ci 22 liv. 10 s. Peaux de vaches tannées, le cent pesant paiera seize livres, ci 16 liv. Les mêmes, corroyées, le cent pesant paiera vingt livres, ci 20 liv. Peaux de vaches et de bœufs passées en hongrie, le cent pesant paiera quinze livres, ci 15 liv. Les mêmes, passées en chamois et en buffle, le cent pesant paiera trente livres, ci 30 liv. Peaux de vaches fabriquées en russi ou roussi, le cent pesant paiera trente livres, ci 30 liv. Peaux de cheval tannées, en croûte et passées en hongrie, le cent pesant paiera sept livres dix sous, ci 7 liv. 10 s. Les mêmes, étirées et corroyées, le cent pesant paiera dix livres, ci 10 liv. Les mêmes, passées en chamois, le cent pesant paiera douze livres, ci 12 liv. Peaux de boucs, chèvres, chevreaux, chamois, etc., maroquinées en cordouan, en rouge, le cent pesant paiera soixante-dix liv., ci 70 liv. Les mêmes, en cordouan, ou maroquinées en noir, vert, bleu, citron et autres couleurs, le cent pesant paiera quatre-vingt-dix liv., ci 90 liv. Les mêmes, en basane, le cent pesant paiera dix-huit livres, ci 18 liv. Les mêmes, tannées et corroyées, le cent pesant paiera trente livres, ci 30 liv. Les mêmes, passées en chamois, le cent pesant paiera quarante-cinq livres, ci 45 liv. Les mêmes, passées en blanc ou en mégie, le cent pesant paiera vingt-sept livres, ci 27 liv. Peaux de cerfs et de chevreuils, passées en chamois, le cent pesant paiera soixante-quinze livres, ci 75 liv. Les mêmes, passées à l'huile, le cent pesant paiera quarante-cinq liv., ci 45 liv. Peaux de chagrin de Turquie, le cent pesant paiera soixante-quinze livres, ci 75 liv. Peaux en façon de Turquie, le cent pesant paiera quarante-cinq livres, ci 45 liv. Peaux de chiens, tannées et corroyées, le cent pesant paiera trente-sept livres dix sous, ci 37 liv. 10 s. Peaux d'ânes, tannées et corroyées, le cent pesant paiera quarante-cinq livres, ci 45 liv. Peaux de daims, d'élans, passées en chamois, le cent pesant paiera soixante-quinze livres, ci 75 liv. Peaux de moutons, brebis, et agneaux, en chamois, le cent pesant paiera vingt-cinq livres, ci 25 liv. Les mêmes, passées en basane et en croûte, le cent pesant paiera vingt-quatre livres, ci 24 liv. Les mêmes, passées en blanc et en mégie, le cent pesant paiera trente livres, ci 30 liv. Les mêmes, passées en mégie avec la laine, appelées houves, bisquins ou housses de chevaux, le cent pesant paiera dix-huit livres, ci 18 liv. Peaux d'agnelins, apprêtées pour vélins ou minicques, le cent pesant paiera cent cinquante livres, ci 150 liv. Peaux d'orignacs, passées en chamois, le cent pesant paiera soixante livres, ci 60 livres. Peaux de porcs et de sangliers, tannées en croûte, le cent pesant paiera vingt-deux livres dix sous, ci 22 liv. 10 s. Peaux de rennes, passées en chamois, le cent pesant paiera cent quatre-vingts livres, ci 180 liv. Peaux de veaux passées en chamois, le cent pesant paiera cent vingt livres, ci 120 liv. Peaux de veaux, tannées en croûte, le cent pesant paiera seize livres, ci 16 liv. Les mêmes, corroyées, le cent pesant paiera vingt-quatre livres, ci 24 liv. Les mêmes, en mégie, le cent pesant paiera cent cinquante livres, ci 150 liv. Peaux de veaux d'Angleterre, ou préparées en Angleterre, le cent pesant paiera quarante-cinq livres, ci 45 liv. Peaux de cagneaux bleus, chiens de mer ou roussettes, lions et ours marins, le cent pesant paiera quatre livres, ci 4 liv. Peignes d'écaille, la livre paiera vingt sous, ci 1 liv. Peignes d'ivoire, la livre paiera quinze sous, ci 15 s. — *Pelleteries*, savoir : Peaux de blaireaux, de loutres, loups de bois et cerviers, de cygnes, de chèvres-angora, de carcajoux, la pièce paiera quatre sous, ci 4 s. Peaux de chats-serviers, chats-tigres, lions, lionnes, de martres de toutes espèces, d'oies, de renards de toutes espèces, de pékands, veaux, vaches et loups marins, la pièce paiera deux sous, ci 2 s. Peaux de chats de feu, de chats sauvages, chiens et chikakois, de fouines, de genettes, de grèbes, de marmottes, de putois, de vizons, la pièce paiera un sou, ci 1 s. Peaux d'ours et d'oursins de toutes couleurs, la pièce paiera cinq sous, ci 5 s. Peaux de léopards, panthères, tigres et zebres, la pièce paiera dix sous, ci 10 s. Peaux d'hermines blanches et lasquettes, le timbre de quarante peaux paiera quarante sous, ci 2 liv. Peaux d'hermines de terre mouchetées et berwesky, écureuils d'Amérique, palmistes des Indes, le cent en nombre paiera quarante sous, ci 2 liv. Peaux de petits-gris et écureuils de toute espèce, le cent en nombre paiera vingt sous, ci 1 liv. Toutes lesdites espèces de pelleteries ci-dessus dénommées paieront, à l'exception des ours, le double des droits ci-dessus, lorsqu'elles seront apprêtées. Peaux d'agneaux, connues sous le nom d'Astracan, de Russie, de Perse et de Crimée, la pièce paiera dix livres, ci 10 liv. Peaux de lièvres blancs, apprêtées, le cent en nombre paiera six livres, ci 6 liv. Gorges de renards, de martres et de fouines, le cent en nombre paiera quarante sous, ci 2 liv. Queues de martres de toute espèce, le cent en nombre paiera cinquante sous, ci 2 liv. 10 s. Queues de petits-gris, d'écureuils, d'hermines, de putois, le cent en nombre paiera cinq sous, ci 5 s. Queues de renards, de fouines, de carcajoux, de pékands, de loups, le cent en nombre paiera trente sous, ci 1 liv. 10 s. Sacs ou nappes de martres de Russie, de Canada, de Suède, d'Ethiopie, d'agneaux, d'Astracan, d'hermines, de lasquettes, le sac ou nappe paiera cinq livres, ci 5 liv. Sacs ou nappes de dos et ventres de petits-gris, d'écureuils de toutes espèces, de lapins de toutes couleurs, de taupes, de fouines, de putois, de dos, ventres de lièvres blancs, d'hermines de terre, mouchetées ou berwvisky, rats palmistes des Indes, d'hamster, de dos, ventres et pattes de renards, le sac ou nappe paiera trente sous, ci 1 liv. 10 s. Peaux de castors et de rats musqués, propres pour la chapellerie, *néant.* Peaux de lièvres, de lapins gris, blancs, roux, de toutes espèces et couleurs, non apprêtées, *néant.* Toutes les pelleteries non dénommées dans le présent article paieront les droits de celles auxquelles elles seront assimilées. Tous les ouvrages

en pelleterie, comme manchons, fourrures, etc., paieront à raison de quinze pour cent de la valeur. Peaux de lapins blancs, riches, roux, noirs et bruns, apprêtées, la pièce paiera deux sous, ci 2 s. — Pendules de toutes sortes, paieront à raison de quinze pour cent de la valeur. Pennes ou paines et cotons de laine, de fil et coton, *néant.* Perelle apprêtée et non apprêtée, *néant.* Périgord ou Perigueux, *néant.* Perles fines et fausses non montées, *néant.* Perruques de toutes sortes, la pièce paiera quarante sous, ci 2 liv. Persil de Macédoine, le cent pesant paiera cinq livres, ci 5 liv. Pieds d'élan, le cent en nombre paiera trente sous, ci 1 liv. 10 s. Pierres à bâtir, *néant.* Pierres arméniennes, le cent pesant paiera dix livres, ci 10 liv. Pierre de choin brute, ou même taillée sans être polie, *néant.* Pierre de choin polie, en cheminée, etc., paiera à raison de deux et demi pour cent de la valeur. Pierre à plâtre et à chaux, *néant.* Pierre à feu, à fusil et arquebuse, le cent pesant paiera quarante sous, ci 2 liv. Pierre à aiguiser, de toutes sortes, le cent pesant paiera dix sous, ci 10 s. Pierre savonneuse, *néant.* Pierre de touche, le cent pesant paiera vingt sous, ci 1 liv. Pierre ponce, le cent pesant paiera dix sous, ci 10 s. Pierre de mangayer, le cent pesant paiera cinq sous, ci 5 s. Pierres fausses ou fines, même montées, *néant.* Pignons blancs, le cent pesant paiera trois livres, ci 3 liv. Pignons d'Inde, le cent pesant paiera quatre liv., ci 4 liv. Pinceaux autres que de cheveux et de poil fin, le cent pesant paiera neuf livres, ci 9 liv. Pinceaux de poil fin, le cent pesant paiera soixante douze livres, ci 72 liv. Pirètre, le cent pesant paiera cinquante sous, ci 2 liv. 10 s. Pistache non cassées, le cent pesant paiera trois livres, ci 3 liv. Pistaches cassées, le cent pesant paiera douze livres, ci 12 liv. Pivoine (racine et fleurs de), le cent pesant paiera trois livres, ci 3 liv. Plâtre à bâtir, *néant.* Plomb brut en saumon, le cent pesant paiera trois livres, ci 3 liv. Plomb à tirer et en grenaille, le cent pesant paiera quatre livres dix sous, ci 4 liv. 10 s. Plomb laminé et ouvré de toutes sortes, le cent pesant paiera neuf livres, ci 9 liv. Plumes d'autruche, d'aigrette, d'espadon, de héron, d'oiseau couronné, de xomolt, et autres qui entrent dans le commerce des plumassiers, de première qualité, le cent pesant paiera cinquante livres, ci 50 liv. Les mêmes, apprêtées, le cent pesant paiera cent cinquante livres, ci 150 liv. Plumes de qualité inférieure, comme petites noires, bailloques brutes, le cent pesant paiera vingt livres, ci 20 liv. Les mêmes, apprêtées, le cent pesant paiera cinquante livres, ci 50 liv. Plumes à écrire non apprêtées, le cent pesant paiera trois liv., ci 3 liv. Les mêmes, apprêtées, le cent pesant paiera vingt livres, ci 20 livres. Plumes à lit, le cent pesant paiera sept livres dix sous, ci 7 liv. 10 s. Poil en masse et non filé, de lapin, de lièvre, castor, chameau, bouc, chèvre et de chevreau, *néant* — *Poil filé et en écheveaux*, savoir : Poil de lapin et de lièvre, le cent pesant paiera quarante livres, ci 40 liv. Poil de bouc, chèvre et chevreau, le cent pesant paiera dix sous, ci 10 s. Poil de castor, le cent pesant paiera cent quatre-vingt livres, ci 180 liv. Poil de chameau, retors et en cordonnet, le cent pesant paiera soixante livres, ci 60 liv. Poil de chèvre, retors, en cordonnet pour boutons, etc., le cent pesant paiera cent vingt livres, ci 120 liv. Poil ou soie de porc et de sanglier, le cent pesant paiera vingt sous, ci 1 liv. Poil de chien, *néant*. — Poiré, le muid de Paris paiera six livres, ci 6 liv. Poisson d'eau douce, frais, *néant*. Poisson de mer, frais, sec, salé ou fumé, à l'exception de ceux dénommés dans le présent tarif, le cent pesant paiera vingt livres, ci 20 liv. Poivres de toutes sortes, même ceux connus sous la dénomination de poivre long, corail de jardin ou piment en graines ou en grabeau, le cent pesant paiera quinze livres, ci 15 liv. Poix grasse, poix noire, poix résine ou résine de sapin, le cent pesant paiera cinq sous, ci 5 s. Polium montanum, le cent pesant paiera trente sous, ci 1 liv. 10 s. Polozum ou fonte verte, le cent pesant paiera douze livres, ci 12 liv. Pommades de toutes sortes, le cent pesant paiera trente livres, ci 30 liv. Pompholix ou Calamine blanche, le cent pesant paiera trois livres, ci 3 liv. Porcelaine fine, le cent pesant paiera cent soixante livres, ci 160 liv. Porcelaine commune, le cent pesant paiera quatre-vingt livres, ci 80 liv. Potasse, *néant*. Poterie de terre grossière, le cent pesant paiera trente sous, ci 1 liv. 10 s. Poudre à poudrer, excepté celle ci-après, le cent pesant paiera six livres, ci 6 liv. Poudre de senteur, le cent pesant paiera quarante-cinq livres, ci 45 liv. Poudre de Chypre, la livre paiera quarante sous, ci 2 liv. Puliot de Virginie, le cent pesant paiera vingt sous, ci 1 liv. Pourpre naturelle et factice, le cent pesant paiera sept livres dix sous, ci 7 liv. 10 s. Pozzolane, *néant*. Presle (feuilles de), le cent pesant paiera cinq sous, ci 5 s. Pressure, *néant*.

Quincaillerie, consistant en faulx, faucilles, scies, vrilles de toutes sortes, et autres instrumens aratoires, le cent pesant paiera vingt livres, ci 20 liv. Quincaillerie, consistant en fléaux de balances, limes communes, et autres gros ouvrages de quincaillerie en fer, le cent pesant paiera dix livres, ci 10 liv. Quincaillerie fine, comme alènes, broches, carlets, emporte-pièces, limes fines à orfèvre et à horloger, et toutes limes en acier, le cent pesant paiera trente-sept livres dix sous, ci 37 liv. 10 s. Quincaillerie en cuivre de toutes sortes, ou avec cuivre rouge, jaune ou plaqué, sans or ni argent, le cent pesant paiera vingt-quatre livres, ci 24 liv. Quinquina, le cent pesant paiera huit livres, ci 8 liv.

Raisin de Damas et de Corinthe, le cent pesant paiera vingt sous, ci 1 liv. Rapatelle ou toile de crin, le cent pesant paiera dix livres, ci 10 liv. Râpure d'ivoire, le cent pesant paiera cinq livres, ci 5 liv. Redon ou rodon, *néant*. Redoul ou rodoul (feuilles de), *néant*. Réglisse en bois, le cent pesant paiera quinze sous, ci 15 s. Régule d'antimoine, le cent pesant paiera quatre livres, ci 4 liv. Régule d'étain, le cent pesant paiera douze livres, ci 12 liv. Régule martial, le cent pesant paiera dix-huit livres, ci 18 liv. Régule de Vénus, le cent pesant paiera vingt livres, ci 20 liv. Régule d'arsenic ou de cobalt, le cent pesant paiera quatre livres, ci 4 liv. Résine de jalap, le cent pesant paiera trente livres, ci 30 liv. Rhubarbe, le cent pesant paiera dix-huit livres, ci 18 liv. Rhue (feuilles de), le cent pesant paiera vingt sous, ci 1 liv. Riccin, le cent pesant paiera

quatre livres, ci 4 l. Rocou, le cent pesant paiera trois livres, ci 3 liv. Rogues, coques, raves ou résures de morue, *néant*. Romarin (fleurs de), le cent pesant paiera quatre livres, ci 4 liv. Ronas, *néant*. Roseaux ordinaires, *néant*. Roses fines et communes, le cent pesant paiera cinq livres, ci 5 liv. Rosette, le cent pesant paiera vingt sous, ci 1 liv. Rotins ou roseaux des Indes pour faire meubles, le cent pesant paiera trois livres, ci 3 liv. Rouge pour femme, la livre paiera quatre livres, ci 4 liv. — *Ruban de fil*, savoir : Rubans de fil écru et d'étoupe, le cent pesant paiera trente livres, ci 30 liv. Rubans de fil blanc, le cent pesant paiera cinquante livres, ci 50 liv. Rubans de fil teint, le cent pesant paiera soixante-dix livres, ci 70 liv. Rubans, cordons et tresses de laine et fil de chèvre, mêlés, le cent pesant paiera soixante livres, ci 60 liv. Rubans, ou tresses en poil de chèvre, mêlées de soie, le cent pesant paiera cent livres, ci 100 liv. — Ruches à miel, *néant*.

Safran, la livre paiera quarante-cinq sous, ci 2 liv. 5 s. Safran bâtard, ou safranum, *néant*. Safre, ou zaphe, le cent pesant paiera sept livres dix sous, ci 7 liv. 10 s. Sagu ou sagou, le cent pesant paiera dix livres, ci 10 liv. Salep ou salop, le cent pesant paiera trente livres, ci 30 liv. Salsepareille, le cent pesant paiera six livres, ci 6 liv. Sandarac, le cent pesant paiera six livres, ci 6 liv. Sang de bouc ou bouquetin, le cent pesant paiera sept livres dix sous, ci 7 liv. 10 s. Sang de dragon de toutes sortes, le cent pesant paiera neuf livres, ci 9 liv. Sangles pour chevaux, meubles, etc., le cent pesant paiera soixante livres, ci 60 liv. Sanguine pour crayons, le cent pesant paiera cinq sous, ci 5 s. Sarrette ou sarriette, le cent pesant paiera dix sous, ci 10 s. Sassafras ou saxafras, le cent pesant paiera trente sous, ci 1 liv. 10 s. Sauge, le cent pesant paiera vingt sous, ci 1 liv. Savon, fabrique de Marseille, le cent pesant paiera trois livres, ci 3 liv. Savon venant de l'étranger, le cent pesant paiera neuf livres, ci 9 liv. Savon noir, le cent pesant paiera six livres, ci 6 liv. Savonnettes, le cent pesant paiera quarante livres, ci 40 liv. Saxifrage (graine ou semence de), le cent pesant paiera trente sous, ci 1 liv. 10 s. Scabieuse, le cent pesant paiera vingt sous, ci 1 liv. Scammonée, le cent pesant paiera cinquante livres, ci 50 liv. Scammonée (résine de), le cent pesant paiera cent cinquante livres, ci 150 liv. Scilles ou Squilles marines, le cent pesant paiera quinze sous, ci 15 s. Sebestes, le cent pesant paiera quarante sous, ci 2 liv. Sel gemme, ou sel fossile naturel, le cent pesant paiera cinq livres, ci 5 liv. Sel de Saturne et de tartre, le cent pesant paiera dix livres, ci 10 liv. Sel d'Epsom ou duobus, le cent pesant paiera trois livres, ci 3 liv. Sel d'oseille, le cent pesant paiera cinq livres, ci 5 liv. Sel volatil de corne de cerf, de vipère, de carabé, le cent pesant paiera soixante livres, ci 60 liv. Sel végétal, de seignette et de lait, le cent pesant paiera dix livres, ci 10 liv. Semences froides, et autres médicinales, le cent pesant paiera trois livres, ci 3 liv. Semences de ben, le cent pesant paiera quarante sous, ci 2 liv. Semen dauci, le cent pesant paiera cinq livres, ci 5 liv. Semen carthami, le cent pesant paiera trente sous, ci 1 liv. 10 s. Séné en feuilles, follicules ou grabeau, le cent pesant paiera six livres, ci 6 liv. Sénéka ou poligala de Virginie, le cent pesant paiera quatre livres, ci 4 liv. Senevé, le cent pesant paiera dix sous, ci 10 s. Serpentine ou serpentaire, le cent pesant paiera cinq livres, ci 5 liv. Séséli de Marseille ou de Candie, le cent pesant paiera trente sous, ci 1 liv. 10 s. Sirops, à l'exception de ceux dénommés dans le présent tarif, le cent pesant paiera vingt-cinq livres, ci 25 liv. Sirop de kermès, le cent pesant paiera cinq livres, ci 5 liv. Soldanelle ou choux de mer, le cent pesant paiera trente sous, ci 1 liv. 10 s. Son de toutes sortes de grains, néant. Sorbet, le cent pesant paiera dix-huit livres, ci 18 liv. Souchet ou cypérus de toutes sortes, le cent pesant paiera vingt sous, ci 1 liv. Soudes de toutes sortes, néant. Soufre brut ou vif, néant. Soufre en canons, le cent pesant paiera vingt sous, ci 1 liv.—Soies de toutes sortes, savoir : Soies grèzes de toutes sortes, excepté celles ci-après, la livre paiera dix sous, ci 10 s. Soies grèzes doubles ou doupions, la livre paiera cinq sous, ci 5 s. Soies ouvrées en trame, poil et organcin, la livre paiera vingt sous, ci 1 liv. Soies à coudre, crues, la livre paiera vingt sous, ci 1 liv. Soies teintes, la livre paiera trente sous, ci 1 liv. 10 s. Fleuret ou filoselle, cru, la livre paiera huit sous, ci 8 s. Fleurets teints, la livre paiera trente sous, ci 1 liv 10 s. Cocon et bourre de soie de toutes sortes, néant. Bourre de soie cardée, la livre paiera huit sous, ci 8 s. — Spalt, néant. Spica nardi ou nard indien, le cent pesant paiera dix livres, ci 10 liv. Spica celtica ou nard celtique, le cent pesant paiera trois livres, ci 3 liv. Spode, le cent pesant paiera quarante sous, ci 2 liv. Squine ou Esquine, le cent pesant paiera trois livres, ci 3 liv. Staphisaigre, le cent pesant paiera trente sous, ci 1 liv. 10 s. Slecas ou sticade, le cent pesant paiera trente sous, ci 1 liv. 10 s. Stil de grains, le cent pesant paiera six livres, ci 6 liv. Storax calamite, le cent pesant paiera dix livres, ci 10 liv. Storax liquide, le cent pesant paiera trois livres, ci 3 liv. Storax rouge et en pain, le cent pesant paiera quatre livres, ci 4 liv. Stuc, néant. Sublimé doux et corrosif, le cent pesant paiera quinze livres, ci 15 liv. Sucres bruts, le cent pesant paiera neuf livres, ci 9 liv. Sucres têtes et terrés, le cent pesant paiera dix-huit livres, ci 18 liv. Sucres raffinés ou en pain, le cent pesant paiera vingt-cinq livres, ci 25 liv. Sucres candi, le cent pesant paiera vingt-cinq livres, ci 25 liv. Suifs non ouvrés, néant. Sumac, néant. Suie de cheminée, néant.

Tabac en feuilles, en boucauts, venant directement des Etats-Unis de l'Amérique, des colonies espagnoles et de l'Ukraine, sur navires américains, espagnols et russes, dans les ports qui seront désignés, le cent pesant paiera vingt-cinq livres, ci 25 liv. Tabac en feuilles, en boucauts, venant directement des Etats-Unis, des colonies espagnoles, de l'Ukraine et du Levant, sur bâtimens français, dans les ports qui seront désignés, le cent pesant paiera dix-huit livres quinze sous, ci 18 liv. 15 s. Tabac en feuilles, en boucauts, quelle que soit son origine, importé par les bureaux de Lille, Valenciennes et Strasbourg, le cent pesant paiera vingt-cinq livres, ci 25 liv. Tableaux sans bordures, néant. Tableaux à cadres ou bordures, sur l'estimation des cadres ou bordures seulement, paieront à raison de quinze pour cent de la valeur. Talc, néant. Talc de Moscovie, ou Mica, néant. Tamarin, le cent pesant paiera cinquante sous, ci 2 liv. 10 s. Tan, néant. Tanésie ou herbe aux vers, le cent pesant paiera cinq livres, ci 5 liv. Tapisseries, excepté celles ci-après, le cent pesant paiera cent vingt livres, ci 120 liv. Tapisseries d'Anvers et de Bruxelles, le cent pesant paiera quarante livres, ci 40 liv. Tapisseries avec or et argent, le cent pesant paiera deux cent quarante livres, ci 240 liv. Tapisseries peintes, le cent pesant paiera quarante-cinq livres, ci 45 liv. — Tapis de toutes sortes, savoir : Tapis de laine, le cent pesant paiera soixante-douze livres, ci 72 liv. Tapis de fil et laine, le cent pesant paiera cinquante livres, ci 50 liv. Tapis de soie, ou mêlés de soie, le cent pesant paiera cent cinquante livres, ci 150 liv. Tartre, le cent pesant paiera quinze sous, ci 15 s. Terramerita ou culmuta, le cent pesant paiera cinq sous, ci 5 s. Terre d'ombre, néant. Terre de Lemnos, néant. Terre rouge, ou rouge d'Inde, néant. Terre rubrique à faire crayons, néant. Terre de moulard, néant. Terre à pipe, néant. Terre sigillée, néant. Terre verte, le cent pesant paiera vingt sous, ci 1 liv. Tapsie noir et blanc, le cent pesant paiera vingt sous, ci 1 liv. Thé, le cent pesant paiera soixante-quinze livres, ci 75 liv. Térébenthine commune, le cent pesant paiera trente-cinq sous, ci 1 liv. 15 s. Térébenthine de Venise, le cent pesant paiera sept livres dix sous, ci 7 liv. 10 s. Thon mariné, le cent pesant paiera quarante-cinq livres, ci 45 liv. Thymelée ou garou (racine de), néant. Tiges de bottes (cuir), le cent pesant paiera quatre-vingts livres, ci 180 liv. Tilleul (écorce de), néant. Toile de chanvre ou de lin, écrue, importée par les bureaux de Lille, Valenciennes, Givet, La Chapelle et Saint-Louis, le cent pesant paiera trente-six livres, ci 36 liv. Toile de chanvre ou de lin, blanchie, importée par les mêmes bureaux, le cent pesant paiera quarante-cinq livres, ci 45 liv. Toile de chanvre ou de lin, blanche ou écrue, importée par tout autre bureau ou par mer, le cent pesant paiera soixante-dix livres, ci 70 liv. Toiles à voile, grosses, le cent pesant paiera dix livres, ci 10 liv. Toiles à voile, dont l'aune ne pesera pas une livre, le cent pesant paiera vingt-cinq livres, ci 25 liv. Toiles blanches de coton, ou de fil et coton, le cent pesant paiera soixante-quinze livres, ci 75 liv. Toiles teintes et peintes, excepté celles ci-après, le cent pesant paiera cent trente-cinq livres, ci 135 liv. Toiles à carreaux pour matelas, le cent pesant paiera quarante livres, ci 140 liv. Toiles cirées de toutes sortes, le cent pesant paiera vingt livres, ci 20 liv. Toiles gommées, treillis, hongrans, et autres toiles à chapeaux noires ou autres couleurs, le cent pesant paiera quinze livres, ci 15 liv. Toiles de nankin, la pièce de cinq aunes paiera quinze sous, ci 15 s. Tombac, similor, ou métal de prince et de Manheim, non ouvré, le cent pesant paiera sept livres dix sous, ci 7 liv. 10 s. Tombac ouvragé en feuilles, en calottes de boutons, gratté ou non, le cent pesant paiera dix-huit livres, ci 18 liv. Tormantille, le cent pesant paiera vingt sous, ci 1 liv. Tourbe,

15.

néant. Tournesol ou morelle en drapeaux, en pain ou en pierre, *néant.* Toutenague ou zinc, *néant.* Truffes fraîches, le cent pesant paiera dix-huit livres, ci 18 liv. Truffes sèches, le cent pesant paiera dix livres, ci 10 liv. Turbit, le cent pesant paiera cinq livres, ci 5 liv. Tussilage ou pas-d'âne, le cent pesant paiera vingt sous, ci 1 liv. Tutie, le cent pesant paiera vingt sous, ci 1 liv.

Vanille ou badille, la livre paiera six livres, ci 6 liv. Vélin, le cent pesant paiera six livres, ci 6 liv. Vert-de-gris sec et en poudre, le cent pesant paiera sept livres dix sous, ci 7 liv. 10 s. Vert-de-gris cristallisé, le cent pesant paiera dix livres, ci 10 liv. Vert-de-gris humide, le cent pesant paiera trois livres, ci 3 liv. Vert de vessie, le cent pesant paiera dix livres, ci 10 liv. Vert de montagne, le cent pesant paiera sept livres dix sous, ci 7 liv. 10 s. Verre d'antimoine, le cent pesant paiera quatre livres, ci 4 liv. Verre de Moscovie, *néant.* Verjus, le muid paiera six livres, ci 6 liv. Vermeil, le cent pesant paiera dix livres, ci 10 liv. Vermillon, le cent pesant paiera dix livres, ci 10 liv. Vernis de toutes sortes, le cent pesant paiera vingt livres, ci 20 liv. Vases de verre servant à la chimie, paieront à raison de cinq pour cent de la valeur. Vez-cabouli, le cent pesant paiera trois livres, ci 3 liv. Vif-argent, le cent pesant paiera trois livres, ci 3 liv. Vinaigre, le muid paiera trois livres, ci 3 liv. Vins en futailles, le muid paiera vingt-cinq livres, ci 25 liv. Vins en bouteilles, le muid paiera soixante livres, ci 60 liv. Viorne ou hardeau (feuilles et baies de), le cent pesant paiera vingt sous ci 1 liv. Vipères vivantes et sèches, le cent en nombre paiera cinq livres, ci 5 liv. Vitriol blanc, le cent pesant paiera sept livres dix sous, ci 7 liv. 10 s. Vitriol de Chypre, le cent pesant paiera trois livres quinze sous, ci 3 liv. 15 s. Voitures vieilles ou neuves, excepté celles servant aux voyageurs, paieront à raison de douze pour cent de la valeur. Volailles, *néant.* Usnée, le cent pesant paiera vingt sous, ci 1 liv. Vulnéraires (herbes), le cent pesant paiera quarante sous, ci 2 liv. Yvoire, le cent pesant paiera cinq liv. ci 5 liv. Zédoaire ou sitouard, le cent pesant paiera neuf livres, ci 9 liv. — *Marque d'or et d'argent.* Indépendamment des droits d'entrée fixés par le présent tarif, les bijouteries, les montres et les autres ouvrages d'or et d'argent acquitteront le droit particulier de marque, tel qu'il est ou sera réglé par l'Assemblée nationale.

TARIF *du droit additionnel de la marque des fers, qui sera perçu en sus du droit d'entrée sur les objets dénommés ci-après, savoir:*

Mine de fer, fer en gueuse et ferraille, *néant.* Fer en barres et en verges, fer feuillard, rondins, carillons, fer-blanc, fer noir, fer en tôle, fil de fer et fer en fonte, comme plaques de cheminée, etc., le cent pesant paiera vingt sous, ci 1 liv. Ancres de fer pour la marine, armes blanches, armes à feu, canons de fonte et de fer, bombes, boulets, grenades et mortiers, cardes à carder, clous, fer-blanc ou noir ouvré, faulx, limes, scies, et toute espèce de mercerie, de taillanderie et de quincaillerie en fer, le cent

pesant paiera vingt-sept sous, ci 1 liv. 7 s. Aciers brut ou fondu, le cent pesant paiera trente sous, ci 1 liv. 10 s. Quincaillerie ou mercerie, composée en tout ou partie d'acier, le cent pesant paiera trente sous, ci 1 liv. 10 s.

TARIF *des droits sur les marchandises provenant du commerce français au-delà du cap de Bonne-Espérance.*

Art. 1er. *Matières premières.*

Cotons en laine et en graine, bourre de soie et noix de galle, bois de teinture et de marqueterie, étain de Malack, toutenague, cauris, perles fines, rotins, dents d'éléphans, écaille, nacre brut ou coquilles de nacres, *néant.* Soie écrue de Nankin, et soie du Bengale, la livre paiera cinq sous, ci 5 s. Soie à coudre, écrue, la livre paiera dix sous, ci 10 s. Soie teinte, la livre paiera trente sous, ci 1 liv. 10 s. Coton filé, la livre paiera douze sous, ci 12 s. Salpêtre, ne sera admis qu'à la charge d'être vendu à la régie des poudres, ou du renvoi à l'étranger. Dans ces deux cas, il sera exempt de droits.

2. *Drogueries.*

Aloès, ambre gris, anis étoilé, assa-fœtida, benjoin, borax, cachou, camphre, encens, esquine, galbanum, gomme arabique, gomme ammoniaque, gomme copale, gomme gutte, gomme laque, noix vomique, rhubarbe, roses de Provins, sagou et tamarin, paieront la moitié des droits d'entrée du tarif général.

3. *Épiceries.*

Poivre, le cent pesant paiera cinq livres, ci 5 liv. Thé, le cent pesant paiera cinq livres, ci 5 liv. Cannelle de Chine, le cent pesant paiera neuf livres, ci 9 liv. Girofle et muscade, paieront le tiers des droits du tarif général. Café Moka, le cent pesant paiera vingt livres, ci 20 liv. Sucre candi, le cent pesant paiera vingt livres, ci 20 liv. Cassia-lignea, le cent pesant paiera six livres, ci 6 liv.

4. *Marchandises diverses.*

Joncs ou cannes, non montés, bambous, litières de nacre, encre de Chine, écrans, cabarets, plateaux, éventails et autres ouvrages vernis, le cent pesant paiera vingt livres, ci 20 liv. Porcelaine dorée ou d'autre couleur que celle ci-après, le cent pesant paiera vingt-cinq livres, ci 25 liv. Porcelaine bleue et blanche, le cent pesant paiera neuf livres, ci 9 liv.

5. *Marchandises blanches.*

Toiles de coton unies, le cent pesant paiera trente-sept livres dix sous, ci 37 liv. 10 s. Basin, linge de table et de lit, le cent pesant paiera cinquante livres, ci 50 liv. Mouchoirs de coton rayés ou à carreaux, et mouchoirs blancs à bordure de couleur, le cent pesant paiera deux cents livres, ci 200 liv. Toiles peintes, le cent pesant paiera cent trente-cinq livres, ci 135 liv. Toiles de nankin, la pièce de quatre à cinq aunes paiera dix sous, ci 10 s. Celles d'un aunage supérieur, comme toiles de coton unies, le cent pesant paiera trente-sept livres dix sous, ci 37 liv. 10 s. Mousseline unie, rayée ou cadrillée, le cent pesant paiera cent cinquante livres, ci 150 liv. Mousseline brodée, le cent pesant paiera deux cents livres, ci 200 liv. Etoffes de pure soie, ou dans lesquelles il entre de la soie, ou étoffes d'écorces d'arbres, prohibées, même à l'importation; toiles rayées et à carreaux, et guinées bleues, le cent pesant paiera soixante-quinze livres, ci 75 liv.

36. *Denrées des Iles-de-France et de Bourbon, accompagnées de certificats d'origine donnés par les administrateurs desdites colonies.*

Le sucre brut paiera comme le sucre de Cayenne. Le café, comme le café de la Martinique. Indigo, cannelle, girofle et muscade, comme ceux des colonies françaises.

37. Marchandises non dénommées dans le présent tarif, acquitteront les droits portés par le tarif général.

8. *Marchandises réexportées.*

Cotons en laine et en graine, acquitteront les droits de sortie du tarif général. Toiles de coton, mousselines, mouchoirs, toiles rayées et à carreaux, et guinées bleues, jouiront de l'entrepôt à l'Orient et à Toulon; et à la réexportation, *par mer seulement*, de la restitution de moitié des droits qu'ils auront acquittés lors de la vente.

9. *Marchandises déclarées par le commerce d'Afrique.*

Toiles rayées et à carreaux, et guinées bleues, exemptes de droits. Toiles de coton unies, destinées à l'impression, pour être employées au même commerce, jouiront de la restitution du droit de trente-sept livres dix sous, après qu'il aura été justifié qu'elles auront été imprimées en France, réintégrées en entrepôt, et embarquées pour la côte d'Afrique.

TARIF *des droits de sortie.*

Amurca ou marc d'olive, le cent pesant paiera dix sous, ci 10 s. Anes ou ânesses, la pièce paiera cinq sous, ci 5 s.—*Bestiaux de toutes sortes*, savoir : Agneaux, la pièce paiera trois sous, ci 3 s. Béliers, la pièce paiera dix sous, ci 10 s. Bœufs, la pièce paiera vingt sous, ci 1 liv. Boucs, la pièce paiera huit sous, ci 8 s. Brebis, la pièce paiera cinq sous, ci 5 s. Cabris ou chevreaux, la pièce paiera trois sous, ci 3 s. Chèvres, la pièce paiera huit sous, ci 8 s. Cochons, grands et petits, la pièce paiera dix sous, ci 10 s. Génisses, la pièce paiera dix sous, ci 10 s. Moutons, la pièce paiera cinq sous, ci 5 s. Taureaux, la pièce paiera vingt sous, ci 1 liv. Vaches, la pièce paiera quinze sous, ci 15 s. Veaux, la pièce paiera six sous, ci 6 s. Bois de marqueterie et de tabletterie, le cent pesant paiera quarante sous, ci 2 liv. Bois de buis, le cent pesant paiera quarante sous, ci 2 liv. Bois d'éclisse pour tamis, seaux, cribles, etc., paiera à raison de quatre pour cent de la valeur. Bois feuillard pour cercles ou lattes, le cent pesant paiera trente sous, ci 1 liv. 10 s. Bourre ou floc de toutes sortes, le cent pesant paiera quarante sous, ci 2 liv. Bourre rouge et autres à faire lits, le cent pesant paiera trois livres, ci 3 liv. Bourre nalisse ou nalisse, le cent pesant paiera trois livres, ci 3 liv. Bourre tontisse, le cent pesant paiera quatre livres, ci 4 liv. Bourre de chèvre et bourre de laine, le cent pesant paiera six livres, ci 6 liv. Brou ou écorce de noix, le cent pesant paiera trente sous, ci 1 liv. 10 s. Chardons à drapiers et bonnetiers, le cent pesant paiera trois livres, ci 3 liv. Chevaux (valeur de 300 liv. et au-dessous), la pièce paiera six liv., ci 6 liv. Chevaux au-dessus de trois cents liv., la pièce paiera trente liv., ci 30 livres. Cire jaune non ouvrée, le cent pesant paiera cinq liv., ci 5 l. Cornes de bœufs, de vaches, de cerfs, de snak, de moutons, béliers, et autres cornes communes, le cent pesant paiera dix sous, ci 10 s. Cotons en laine et en graine, le cent pesant paiera douze livres, ci 12 liv. Derle ou Terre de porcelaine, le cent pesant paiera dix sous, ci 10 s. Ecaille d'ablette, le cent pesant paiera quarante sous, ci 2 liv. Ecorce de tilleul, pour cordages, le cent pesant paiera quatre livres, ci 4 liv. Feuilles de myrthe et autres propres à la teinture et aux tanneries, le cent pesant paiera dix livres, ci 10 liv. Fil de lin et de chanvre simple, le cent pesant paiera dix livres, ci 10 liv. Fil de mulquinerie et fil de linon, la livre paiera cent vingt livres, ci 120 liv. Fustet (en feuilles ou branches), le cent pesant paiera vingt sous, ci 1 liv. Graine d'Avignon, ou grainelle, et graine jaune, d'usage en teinture, le cent pesant paiera cinq livres, ci 5 liv. Graisses de toutes sortes, le cent pesant paiera trois livres, ci 3 liv. Gravelle ou tartre de vin, le cent pesant paiera trois livres dix sous, ci 3 liv. 10 s. Grenadier (écorce de), le cent pesant paiera vingt-cinq sous, ci 1 liv. 5 s. Herbes propres à la teinture, non dénommées, le cent pesant paiera cinq livres, ci 5 liv. Herbe de maroquin, le cent pesant paiera trente sous, ci 1 liv. 10 s. Houblon, le cent pesant paiera cinquante sous, ci 2 liv. 10 s. Huîtres fraîches, le millier en nombre paiera dix sous, ci 10 s. Laines non filées, le cent pesant paiera trente-sept livres dix sous, ci 37 liv. 10 s. Laines filées, le cent pesant paiera neuf livres, ci 9 liv. Lie de vin, le cent pesant paiera vingt sous, ci 1 liv. Malherbe (herbe pour la teinture), le cent pesant paiera vingt sous, ci 1 liv. Métiers à faire bas et autres ouvrages, le cent pesant paiera trente livres, ci 30 liv. Mules et mulets, la pièce paiera trois livres, ci 3 liv. Nerfs de bœufs et autres animaux, le cent pesant paiera quatre livres dix sous, ci 4 liv. 10 s. Os de bœufs, de vaches, et autres animaux, le cent pesant paiera dix sous, ci 10 s. Pain de navette, lin et colza, le cent pesant paiera six livres, ci 6 liv. Parchemin neuf et brut, le cent pesant paiera six livres, ci 6 livres. Peaux de bœufs et vaches, salées et en vert, le cent pesant paiera six livres, ci 6 livres. Peaux de cheval et d'âne, en vert, le cent pesant paiera cinq livres, ci 5 liv. Peaux de moutons, brebis et agneaux, en vert, le cent pesant paiera quinze livres, ci 15 liv. Peaux de veaux, salées et en vert, le cent pesant paiera quinze livres, ci 15 liv. Peaux non dénommées, salées et en vert, le cent pesant paiera six livres, ci 6 liv. Redoul ou rodoul (feuilles de), le cent pesant paiera quinze sous, ci 15 s. Suifs non ouvrés, le cent pesant paiera trente sous, ci 1 liv. 10 s. Tournesol ou morelle en drapeaux, le cent pesant paiera vingt-cinq sous, ci 1 liv. 5 s. Vinaigre, paiera par muid comme le vin, d'après les distinctions admises pour les ports et bureaux de l'exportation. Vins rouges exportés par les rivières de Garonne et Dordogne, autres que ceux ci-après, le muid paiera sept livres, ci 7 liv. Vins blancs exportés par les mêmes rivières, également à l'exception de ceux ci-après, le muid paiera quatre livres, ci 4 liv. Vins rouges et blancs qui seront chargés de bord à bord au port de Libourne, et seront accompagnés d'un acquit-à-caution du bureau de Castillon, le muid paiera cinquante sous, ci 2 liv. 10 s. Vins exportés par Bayonne et St.-Jean-de-Luz, le muid paiera vingt sous, ci 1 liv. Vins exportés par le département de l'Ariége et les frontières d'Espagne, le muid paiera trente sous, ci 1 liv. 10 s. Vins muscats exportés par les mêmes départemens, et vins de liqueurs de toutes sortes, le muid paiera six livres, ci 6 liv. Vins exportés par les départemens des Pyrénées-Orientales et de l'Hérault, le muid paiera quarante sous ci 2 liv.; par les départemens des Bouches-du-Rhône et du Var, le muid paiera trente sous, ci 1 liv. 10 s.; par les départemens des Hautes et Basses-Alpes, de l'Isère et de l'Ain, le muid paiera vingt sous, ci 1 liv.; par les départemens du Mont-Jura, du Doubs et de la Haute-Saône, le muid paiera dix sous, ci 10 s.; par les départemens des Haut et Bas-Rhin, de la Meuse et de la Moselle, le muid paiera vingt-cinq sous, ci 1 liv. 5 s. Vins exportés par terre ou par mer, depuis le département des Ardennes inclusivement, jusqu'à la rivière de Vilaine, aussi inclusivement, le muid paiera sept livres, ci 7 liv. Vins rouges ou blancs exportés par le département de la Loire-Inférieure, à l'exception de celui ci-après, le muid paiera quarante sous, ci 2 liv. Vin blanc du département de la Loire-Inférieure, exporté par le même département, le muid paiera dix sous, ci 10 s. Vins blancs exportés par le département de la Vendée et de la Charente-Inférieure, le muid paiera dix sous, ci 10 s. Vins rouges exportés par les mêmes départemens, le muid paiera vingt sous, ci 1 liv. Vins en bouteilles et en doubles futailles, le muid paiera sept livres, ci 7 liv.

ÉTAT *des marchandises prohibées à l'entrée du royaume*, savoir :

Argent faux, filé sur soie. — Bateaux, barques, canots et autres bâtimens de mer, vieux ou neufs. — Cartes à jouer. — Confections de toutes sortes. Corail en poudre. — Eau-de-vie, autre que le vin. — Etoffes, avec or et argent faux. — Fil de lin et de chanvre, retors, écru, bis et blanc, autre que celui de Harlem. Huile de baleine ou autres poissons, excepté dans les cas énoncés au tarif. — Médicamens composés. — Nitre, espèce de sel. — Or faux, filé sur soie. — Poudre à tirer. — Rapontic ou fausse rhubarbe. — Salpêtre. — Sel marin et sel de salines. — Sel de quinquina et de Rhubarbe. — Tabac en feuilles autrement qu'en boucauts, et toute espèce de tabac fabriqué. — Tabac en feuilles, même en boucauts, provenant d'ailleurs que des

Etats-Unis d'Amérique, des colonies espagnoles, de l'Ukraine et du Levant, ou importé par des bâtimens étrangers à ces possessions, ou par les ports non désignés par la loi. — Tabac en feuilles, même en boucauts, importé par terre par d'autres bureaux que ceux de Lille, Valenciennes et Strasbourg. — Verrerie (ouvrages de), à l'exception des vases de verre servant à la chimie, en des bouteilles.

ÉTATS *des marchandises prohibées à la sortie du royaume*, savoir :

Bois de construction navale et civile, et tous autres, excepté ceux de buis, de marqueterie et tabletterie — Bois merrain. — Bois à Tan. — Bourdaine. — Cartons gris ou pâtes de papiers. — Cendres d'orfèvres. — Charbon de bois et de chenevotte. — Cordages usés. — Ecorces de chêne, et autres à faire du tan. — Etoffes, avec or et argent faux. — Ferraille et vieux fer. — Feuilles de houx. — Futailles vides ou en boîtes. — Grosil ou verre cassé. — Lins crus, teillés ou apprêtés. — Linge vieux ou drille. — Mine de fer brut et lavée. — Or faux, filé sur soie. — Oreillons ou orillons. — Peaux de lièvres, de lapins blancs, roux, de toutes espèces et couleurs, crues. — Pennes ou paines de laine, de fil et coton. — Poil en masse et non filé, de lapin, lièvre, castor, chameau, bouc, chèvre et chevreau. — Potasse. — Redon ou rodon. — Rogues, coques, raves ou résure de morue. — Soies grèzes de toutes sortes. — Soies ouvrées en trame, poil et organcin. — Soies à coudre, crues. — Fleuret ou filoselle crue. — Fleuret teint. — Soies (bourre de) de toutes sortes. — Idem, cardée. — Cocons. — Tan.

2 = 17 MARS 1791. — Décret portant suppression de tous les droits d'aides, de toutes les maîtrises et jurandes, et établissement de patentes. (L. 3, 918; B. 12, 52; Mon. des 17, 18 février, 4 et 29 mars 1791.)

Voy. constitution de 1791, *préambule;* constitution de l'an 3, art. 355; loi du 14 = 17 JUIN 1791.

Art. 1er. A compter du 1er avril prochain, les droits connus sous le nom de *droits d'aides*, perçus par inventaire ou à l'enlèvement, la vente ou revente en gros, à la circulation, à la vente en détail sur les boissons; ceux connus sous le nom d'*impôts et billots et devoirs de Bretagne*, d'*équivalent du Languedoc*, de masphanéng en Alsace, le privilége de la vente exclusive des boissons dans les lieux qui y étaient sujets; le droit des *quatre membres* et autres de même nature, perçus dans les ci-devant provinces de Flandre, Hainaut, Artois, Lorraine et Trois-Évêchés; le droit d'*inspecteur aux boucheries*, et tous autres droits d'aides ou réunis aux aides, et perçus à l'exercice dans toute l'étendue du royaume; les droits sur les papiers et cartons; le droit maintenant perçu sur les cartes à jouer, et autres dépendant de la régie générale, même les droits perçus pour les marques et plombs que les manufacturiers et fabricans étaient tenus de faire apposer aux étoffes et autres objets provenant de leurs fabriques et manufactures, sont abolis.

2. A compter de la même époque, les offices de perruquiers-barbiers-baigneurs-étuviste, ceux des agens de change, et tous autres offices pour l'inspection et les travaux des arts et du commerce (1), les brevets et les lettres de maîtrise, les droits perçus pour la réception des maîtrises et jurandes, ceux du collège de pharmacie (2), et tous privilèges de professions, sous quelque dénomination que ce soit, sont également supprimés (3).

Le comité de judicature proposera incessamment un projet de décret sur le mode et le taux des remboursemens des offices mentionnés au présent article (4).

3. Les particuliers qui ont obtenu des maîtrises et jurandes, ceux qui exercent des professions en vertu de privilèges ou brevets, remettront au commissaire chargé de la liquidation de la dette publique, leurs titres, brevets et quittances de finance, pour être procédé à la liquidation des indemnités qui leur sont dues, lesquelles indemnités seront réglées sur le pied des fixations de l'édit du mois d'août 1776 et autres subséquens, et à raison seulement des sommes versées au Trésor public, de la manière ci-après déterminée.

4. Les particuliers reçus dans les maîtrises et jurandes, depuis le 4 août 1789, seront remboursés de la totalité des sommes versées au Trésor public.

A l'égard de ceux dont la réception est antérieure à l'époque du 4 août 1789, il leur sera fait déduction d'un trentième par année de jouissance, cette déduction néanmoins ne pourra s'étendre au-delà des deux tiers du prix total ; et ceux qui jouissent depuis vingt ans et plus, recevront le tiers des sommes fixées par l'édit d'août 1776, et autres subséquens.

Les remboursemens ci-dessus énoncés seront faits par la caisse de l'extraordinaire ; mais ils n'auront point lieu pour les particuliers qui auraient renoncé à leur commerce depuis plus de deux ans.

Quant aux particuliers aspirant à la maîtrise, qui justifieront avoir payé des sommes à compte sur le prix de la maîtrise qu'ils voulaient obtenir, et qui, à la faveur de ces paiemens, ont joui de la faculté d'exercer leur profession, ils seront remboursés de ces avances, dans les proportions ci-dessus fixées pour les maîtres qui ont payé en entier le prix de la maîtrise.

5. Les syndics des corps et communautés d'artisans et marchands seront tenus de représenter ou de rendre leurs comptes de gestion aux municipalités, lesquelles les vérifieront, et formeront l'état général des dettes actives et passives et biens de chaque communauté. Ledit état sera envoyé aux directoires de district et de département, qui, après vérification, le feront passer au commissaire du Roi chargé de la liquidation de la dette publique, lequel en rendra compte au comité des finances, pour en être par lui fait rapport à l'Assemblée nationale.

Le commissaire du Roi ne pourra néanmoins surseoir à la liquidation des remboursemens et offices de chaque individu ; il se fera remettre les états, titres, pièces et renseignemens nécessaires pour constater l'état actuel, et achever, s'il y a lieu, la liquidation des dettes contractées antérieurement au mois de février 1776, par les corps et communautés.

6. Les fonds existant dans les caisses des différentes corporations, après l'apurement des comptes, qui seront rendus au plus tard dans le délai de six mois à compter de la promulgation du présent décret, seront versés dans la caisse du district, qui en tiendra compte à celle de l'extraordinaire. Les propriétés, soit mobilières, soit immobilières desdites communautés, seront vendues dans la forme prescrite pour l'aliénation des biens nationaux, et le produit desdites ventes sera pareillement versé dans la caisse de l'extraordinaire.

7. A compter du 1er avril prochain, il sera libre à toute personne de faire tel négoce, ou d'exercer telle profession, art ou métier qu'elle trouvera bon (5) ; mais elle sera tenue de se pourvoir auparavant d'une patente, d'en acquitter le prix suivant les taux ci-après déterminés, et de se conformer aux

---

(1) *Voy.* la loi du 21 avril (14 et 19) = 8 mai 1791, spéciale sur la suppression des offices d'agens et courtiers de change, de banque, de commerce, etc. — *Voy.* la loi du 28 ventose an 9 et l'arrêté du 17 prairial an 10, qui rétablissent les charges d'agens et courtiers de change, de commerce, etc.

(2) *Voy.* la loi du 21 germinal an 11 sur l'organisation des écoles de pharmacie.

(3) Les membres d'anciennes corporations peu-

vent être individuellement actionnés pour dettes qui ont été souscrites par tous individuellement à une époque où la corporation existait. — Ils peuvent être rassemblés, et délibérer sur les intérêts qui remontent à l'époque de l'existence de la corporation (7 septembre 1814 ; S. 15, 1, 47).

(4) *Voy.* lois du 20 = 27 avril 1791 et du 30 septembre = 16 octobre 1791.

(5) La profession de libraire et d'imprimeur a été libre comme toutes les autres sous l'empire

réglemens de police qui sont ou pourront être faits (1).

Sont exceptés de l'obligation de se pourvoir de patentes :

1° Les fonctionnaires publics exerçant des fonctions gratuites, ou salariés par le Trésor public, pourvu néanmoins qu'ils n'exercent point d'autres professions étrangères à leurs fonctions ;

2° Les cultivateurs occupés aux exploitations rurales ;

3° Les personnes qui ne sont pas comprises au rôle de la contribution mobilière pour la taxe de trois journées de travail ;

4° Les apprentis, compagnons et ouvriers à gages, travaillant dans les ateliers de fabricans pourvus de patentes ;

5° Les propriétaires et les cultivateurs pour la vente de leurs bestiaux, denrées et productions, excepté le cas où ils vendraient les boissons de leur crû à pinte et à pot.

6. Les vendeurs et vendeuses de fleurs, fruits, légumes, poissons, beurre et œufs, vendant dans les rues, halles et marchés publics, ne sont point tenus de se pourvoir de patentes, pourvu qu'ils n'aient ni boutiques ni échoppes, et qu'ils ne fassent aucun autre négoce, à la charge par eux de se conformer aux réglemens de police.

9. Tout particulier qui voudra se pourvoir de patente, en fera, dans le mois de décembre de chaque année, à la municipalité du ressort de son domicile, sa déclaration, laquelle sera inscrite sur un registre à souche ; il lui en sera délivré un certificat coupé dans la feuille de sa déclaration. Ce certificat contiendra son nom et la valeur locative de ses habitation, boutique, magasin et atelier. Il se présentera ensuite chez le receveur de la contribution mobilière, auquel il paiera comptant le quart du prix de la patente, suivant les taux ci-après fixés, et fera sa soumission de payer le surplus par parties égales, dans les mois de mars, juin et septembre. Ce receveur lui délivrera quittance de l'à-compte et récépissé de la soumission, au dos du certificat ; et sur la représentation de ces certificat, quittance et récépissé, qui seront déposés et enregistrés aux archives du district, la patente lui sera délivrée au secrétariat du directoire pour l'année suivante.

Ceux qui auront payé le quart du prix de leurs patentes, et qui négligeront d'acquitter les autres parties aux termes fixés, y seront contraints comme pour le paiement de la contribution mobilière.

Les déclarations, certificats, quittances, soumissions et patentes, seront sur papier timbré, et conformes aux modèles annexés au présent décret.

10. Ceux qui voudront faire le négoce ou exercer une profession, art et métier quelconque, pendant la présente année, seront tenus de se présenter à leurs municipalités avant le 1er avril prochain, et de remplir, avant la fin du même mois, les formalités prescrites par les articles précédens. Ils acquitteront comptant un tiers du droit, et fourniront leur soumission de payer un second tiers dans le courant de juillet prochain, et le surplus dans le courant d'octobre suivant.

La jouissance des patentes qui leur seront délivrées, commencera au 1er avril prochain, et les prix en seront fixés aux trois quarts des patentes qui, dans la suite, seront accordées pour une année.

11. Les particuliers qui, dans le courant d'une année, voudront se pourvoir de patentes, en auront la faculté, en remplissant les formalités prescrites, et le droit sera compté pour le restant de l'année, à dater du premier jour du quartier dans lequel ils auront demandé des patentes.

12. Les prix des patentes annuelles pour les négoces, arts, métiers et professions, autres que ceux qui seront ci-après exceptés, sera réglé à raison du prix du loyer, ou de la valeur locative de l'habitation des boutiques, magasins et ateliers occupés par ceux qui les demanderont, et dans les proportions suivantes :

Deux sous pour livre du prix du loyer jusqu'à quatre cents livres ; deux sous six de-

---

de cette loi. *Voy.* le décret du 5 février 1810, la loi du 21 octobre 1814, et l'ordonnance du 24 octobre 1814.

Il a été jugé que l'art. 11 de la loi du 21 octobre avait non-seulement élevé un obstacle au libre exercice de la profession d'imprimeur et de libraire, mais encore qu'elle a virtuellement remis en vigueur la disposition pénale du réglement du 28 février 1723. *Voy.* l'arrêt Nadau, 4 octobre 1822 ; Cass. S. 23. 1, 154 — *Id.* 22 novembre 1828 ; Cass. S. 28, 1, 407 ; D. 29, 128. — *Id.* pour le colportage de livres (3 mars 1827 ; Cass. 27, 1, 477 ; D. 27, 1, 390).

Un brevet de libraire est sans effet dans les villes autres que pour celles que le brevet a été

délivré (28 avril 1827 ; Cass. S. 28, 1, 87 ; D. 27, 1, 432).

Il y a d'autres arrêts dans le même sens. *Voy.* les observations sur cette jurisprudence et un arrêt en sens contraire de la cour royale d'Amiens (S. 23, 2, 169 ; *id.* 11 décembre 1826, Orléans ; et 3 février 1827, Rennes ; S. 27, 2, 67). *Voy.* aussi l'ouvrage de M. Legraverend intitulé : *des Lacunes et des besoins de la Législation française*, t 1er, p. 180.

(1) *Voy.* les notes sur l'art. 2.

Un préfet n'a pas le droit de rétablir une corporation abolie, du moins en ce qui concerne les droits des tiers.

Voy. loi du 1er brumaire an 7 sur les patentes.

niers pour livre, depuis quatre cents jusqu'à huit cents livres; et trois sous pour livre au-dessus de huit cents livres.

13. Les boulangers qui n'auront pas d'autre commerce ou profession, ne paieront que la moitié du prix des patentes, réglé par l'article précédent.

14. Les particuliers qui voudront réunir à leur négoce, métier ou profession, les professions de marchands de vin, brasseurs, limonadiers, distillateurs, vinaigriers, marchands de bierre et de cidre, aubergistes, hôteliers donnant à boire et à manger, traiteurs-restaurateurs, les fabricans et débitans de cartes à jouer, les fabricans et débitans de tabac, ceux mêmes qui n'exerceraient que les professions ci-dessus dénommées, paieront leurs patentes dans les proportions suivantes, savoir : trente livres quand le loyer total de leur habitation et dépendances sera de deux cents livres et au-dessous; trois sous six deniers pour livre du prix de ce loyer, quand il sera au-dessus de deux cents livres, jusques et compris quatre cents livres; quatre sous pour livre du prix de ce loyer, quand il surpassera quatre cents livres, jusques et compris six cents livres; quatre sous six deniers, quand il sera de six cents livres à huit cents livres; et enfin, cinq sous pour livre pour les loyers au-dessus de huit cents livres.

15. Il sera délivré des patentes pour un ou plusieurs mois aux propriétaires et cultivateurs qui voudront vendre en détail des boissons de leur crû ; le prix desdites patentes sera de trois livres par mois: elles ne seront délivrées qu'après l'accomplissement des formalités prescrites, et que le prix en aura été acquitté entre les mains du préposé au recouvrement des contributions mobilières et d'habitation ; mais ces patentes ne pourront être accordées pour plus de six mois dans le cours de l'année : au-delà de ce terme, elles seront réputées patentes annuelles, et seront payées comme telles.

16. Les colporteurs exerçant le négoce dans les villes, campagnes, foires et marchés, les forains exerçant le négoce ou leur profession hors de leur domicile et hors les temps de foires, seront tenus de se pourvoir de patentes particulières et spéciales, conformément aux modèles annexés au présent décret, et après avoir rempli les formalités prescrites. Le prix entier des patentes des colporteurs et forains sera payé comptant, et fixé suivant les proportions de l'article 12, mais ne pourra être au-dessous de dix livres pour les marchands portant la balle, de cinquante livres pour ceux qui emploieront à leur commerce un cheval ou autre bête de somme, et quatre-vingts livres pour ceux qui se serviront d'une voiture, quand même le prix du loyer de leur domicile établirait une proportion inférieure. Lesdits colporteurs et mar-

chands forains seront tenus, lorsqu'ils en seront requis, de justifier de leur domicile et de leur taxe mobilière et d'habitation, même de représenter leur patente de colporteur ou forain aux officiers municipaux des lieux où ils exerceront leur commerce.

17. Il sera versé deux sous pour livre du prix de chaque patente dans la caisse de la commune, pour servir à ses dépenses particulières.

Les officiers municipaux tiendront la main à ce qu'aucun particulier ne s'immisce dans l'exercice des professions assujéties à des patentes par le présent décret, sans avoir rempli les formalités ci-devant prescrites, et sans avoir acquitté le droit.

18. Tout particulier qui aura obtenu une patente sera obligé, avant d'en faire usage, de la rapporter à la municipalité, où il sera apposé un *visa* au bas de la déclaration prescrite par l'article 9. Tout colporteur et forain sera de plus obligé de faire viser sa patente dans toutes les municipalités, autres que cells de son domicile. Est excepté de cette règle le forain en temps de foire seulement.

Il sera dressé, dans chaque municipalité, une liste ou un registre alphabétique des noms des personnes qui auront obtenu une patente, ainsi que de ceux des forains ou colporteurs qui auront fait viser les leurs. Cette liste sera déposée au secrétariat de la municipalité, et il sera libre à toute personne de la voir.

19. Tout particulier qui fera le négoce, exercera une profession, art ou métier quelconque, sans avoir rempli les formalités prescrites par les articles précédens, et s'être pourvu d'une patente, sera condamné à une amende du quadruple du prix fixé pour la patente dont il aurait dû se pourvoir.

20. Les marchandises qui seront fabriquées ou mises en vente par des personnes non pourvues de patentes, seront confisquées.

21. Toute personne non inscrite sur le registre des pourvus de patentes, pourra être appelée au tribunal de district, à la réquisition du procureur-syndic du département, de celui du district ou du procureur de la commune, pour déclarer, audience tenante, s'il exerce ou non une profession sujette à la patente, et, en cas d'aveu, être condamné aux peines prescrites par le présent décret.

22. Aucun particulier assujéti à prendre une patente ne pourra former de demande en justice pour raison de son négoce, profession, art ou métier, ni faire valoir aucun acte qui s'y rapporte, par forme ou par moyen d'exception et défense, ou enfin passer aucun acte, traité ou transaction en forme authentique, qui y soit relatif, s'il ne produit sa patente en original ou en expédition; et il en sera fait mention en tête de l'acte ou exploit.

Tout huissier et notaire qui contreviendra à cette disposition sera condamné à cinquante livres d'amende pour chaque contravention; et en cas de récidive, à cinq cents livres.

Aucun acte civil ou judiciaire, aucun exploit fait en contravention au présent article, non plus qu'aucun acte sous seing privé, relatif à l'exercice d'une profession soumise à la patente, ne pourront être admis à l'enregistrement, si la patente, en original ou en expédition, prescrite pour l'exercice de la profession à laquelle se rapporte lesdits actes ou exploits, n'est représenté au receveur, qui en fera mention, à peine de cinquante livres d'amende pour chaque contravention, et de cinq cents livres en cas de récidive.

Nul ne pourra pareillement présenter ses registres au juge pour recevoir la cote et le paraphe, dans le cas où ces formalités sont prescrites par les lois pour l'exercice des professions assujéties à la patente; s'il ne produit en même temps la patente prescrite en original ou en expédition; et le juge ne pourra, en ce cas, apposer sa cote et son paraphe, à peine de cinquante livres d'amende pour chaque contravention.

Nul ne pourra être inscrit sur la liste des personnes éligibles aux tribunaux de commerce, ou sur celles des officiers servant près des tribunaux, ou assermentés et sujets à la patente, s'il n'a produit sa patente en original ou en expédition.

Les commissaires du Roi près des tribunaux veilleront à l'exécution du présent décret.

23. Moyennant le paiement d'un triple droit, il sera délivré des patentes de supplément à ceux qui, ayant des actions à exercer ou des défenses à proposer pour raison d'une profession soumise à la patente, auraient négligé de s'en pourvoir.

24. Nul ne sera admis à faire déduire de sa contribution mobilière la taxe proportionnelle à la valeur locative de ses ateliers, chantiers, boutiques et magasins, qu'il n'ait produit sa patente en original ou en expédition.

25. Toute personne pourvue d'une patente, pourra, en donnant bonne et suffisante caution, requérir la saisie des marchandises fabriquées ou vendues par des fabricans, ouvriers ou marchands dont les noms ne seraient pas inscrits dans la liste ou registre qui sera tenu au secrétariat des municipalités en vertu de l'article 18, et en poursuivre la confiscation.

Le procureur de la commune sera obligé de faire ses réquisitions et poursuites quand il y aura lieu.

26. Tout procureur de commune qui aura connaissance d'une profession, fabrication ou négoce exercé sans patente, et sans être poursuivi dans l'étendue d'une autre municipalité

du même district, requerra la saisie et poursuivra la confiscation des marchandises ainsi fabriquées ou vendues en contravention.

Les procureurs-syndics de district feront, dans les même cas, les mêmes poursuites et réquisitions dans toute l'étendue de leur district, et les procureurs-syndics de département dans toute l'étendue de leur département.

27. En cas de poursuites exercées par des particuliers pourvus de patentes, le produit des amendes et confiscations sera partagé par moitié entre le Trésor public et eux; en cas de poursuites de la part d'un procureur de commune, le produit sera partagé entre la caisse municipale et le Trésor public.

En cas de poursuites de la part d'un procureur-syndic de district ou de département, le produit appartiendra entièrement au Trésor public, et sera, dans le premier cas, appliqué aux besoins des particuliers du district; dans le second, à ceux du département.

28. Les contraventions seront constatées et poursuivies dans les formes prescrites pour les procédures civiles, et devant les tribunaux de district.

Le présent décret sera porté sans délai à l'acceptation du Roi.

2 = 15 mars 1791. — Décret relatif à la translation des sieurs Dufresnoy père et fils, dans les prisons de l'Abbaye, pour la continuation de leur procès. (L. 3, 850; B. 12, 69.)

2 mars 1791. — Commissaires des guerres. *Voy.* 21 février 1791. — Loir-et-Cher. *Voy.* 23 février 1791. — Morel de Prud'homme. *Voy.* 15 février 1791. — Nîmes. *Voy.* 26 février 1791. — Saint-Martin-de-Brives. *Voy.* 18 février 1791.

3 = 20 mars 1791. — Décret relatif aux colonels et lieutenans-colonels susceptibles de remplacement. (L. 3, 960; B. 12, 76.)

Voy. loi du 15 = 23 février 1791.

L'Assemblée nationale décrète que les colonels et lieutenans-colonels qui, par les décrets concernant l'organisation de l'armée, sont susceptibles de remplacement, seront, quant aux dispositions du décret du 15 février 1791, assimilés aux colonels et lieutenans-colonels en activité effective, et pourront, en conséquence, et aux conditions prescrites par ledit décret, obtenir le brevet de maréchal-de-camp.

3 = 20 mars 1791. — Décret relatif à la liquidation des différentes parties de la dette publique remboursables. (L. 3, 992; B. 12, 73.)

L'Assemblée nationale décrète qu'à compter de ce jour, le directeur-général de liquidation portera tous les rapports relatifs à la liquidation des différentes parties de la dette remboursable, pensions, brevets de retenue, décomptes de pensions et autres objets compris dans les différens décrets précédens, rendus sur la liquidation de la dette remboursable, au comité central de la liquidation ; que, sur ces rapports, le comité central rendra compte à l'Assemblée de tous les objets qu'il jugera n'être susceptibles d'aucune difficulté ; qu'à l'égard de ceux qui seront jugés susceptibles de difficulté, le comité central les renverra aux comités respectifs qu'ils regardent, pour y être examinés, et ensuite portés à l'Assemblée.

3 = 27 MARS 1791. — Décret relatif à l'argenterie des églises, chapitres et communautés religieuses. (L. 3, 1122 ; B. 12, 71.)

Art. 1er. L'argenterie des églises, chapitres et communautés religieuses, qui a été ou qui pourra être jugée inutile au culte, d'après les inventaires faits suivant l'instruction du comité d'aliénation, du 19 octobre dernier, décrétée par l'Assemblée nationale, et sanctionnée par le Roi les 8 et 9 novembre, sera envoyée par les directoires de district aux hôtels des monnaies les plus voisins, et les directeurs desdites monnaies leur en feront passer un reçu par le procureur-général-syndic de leur département.

2. Les pièces d'or et d'argent doré qui se trouveront parmi l'argenterie dont il vient d'être parlé, en seront séparées pour être envoyées à la monnaie de Paris, par les directoires de district, avec un état certifié par eux des pièces qui seront envoyées ; et le directeur de la monnaie de Paris leur en fera passer un reçu par le procureur-général-syndic de leur département.

3. Les directoires de district donneront avis à l'administrateur de la caisse de l'extraordinaire, et lui enverront l'état des envois faits par eux aux hôtels des monnaies et de leur poids ; et ils enverront des doubles de cet état aux départemens, qui les feront passer au comité d'aliénation.

4. Après que le comité d'aliénation aura donné son avis, suivant l'article 4 de l'instruction du 19 octobre, il sera procédé, de la manière qui va être expliquée, à la fonte des matières d'or et d'argent comprises aux envois et dépôts, et qui n'auraient pas été exceptées d'après l'examen et l'avis du comité.

5. Les matières étrangères, telles que le bois, le fer, le cuivre, seront exactement séparées desdites pièces d'argenterie ; les pierres fines ou fausses qui s'y trouveraient enchâssées, seront également séparées et remises en dépôt au receveur du district, qui en donnera son reçu, pour en être disposé conformément aux décrets de l'Assemblée nationale.

6. Ces distractions étant faites, les matières seront pesées, et il sera dressé procès-verbal de la pesée, et procédé à la fonte. La fonte étant faite et les lingots formés, il sera pris un morceau d'essai de chaque fonte, lequel sera envoyé sous cachet à l'hôtel des monnaies de Paris.

7. Les mêmes formalités seront observées pour la fonte des matières d'or et d'argent doré et d'argent, qui se fera à la monnaie de Paris ; chacune de ces matières y sera fondue séparément.

8. Les morceaux d'essai ayant été numérotés et constatés de manière à pouvoir reconnaître à quelle fonte ils appartiennent, seront divisés en trois parties ; et il sera procédé à l'essai de chacune d'elles séparément et le même jour :

1° Par l'essayeur-général de la monnaie de Paris ;

2° Par des commissaires de l'Académie des sciences ;

3° Par quatre des anciens gardes orfèvres de Paris, qui seront nommés par tous les gardes et anciens gardes réunis.

9. Le titre des matières d'or et d'argent sera fixé aux taux résultant des trois essais réunis.

10. Les matières d'argent doré seront également jugées d'après le résultat de trois essais réunis, et ensuite le départ en sera fait.

11. L'or et l'argent provenant de toutes ces fontes, seront payés par le Trésor public à la caisse de l'extraordinaire, et ensuite convertis en monnaie qui sera versée dans le Trésor public.

3 = 6 MARS 1791. — Décret portant circonscription des dix paroisses de Bordeaux. (L. 3, 827 ; B. 12, 74.)

3 = 20 MARS 1791. — Décret qui autorise le département des Vosges à continuer de tenir ses séances dans la portion du collège d'Epinal qu'il occupe. (L. 3, 954 ; B. 12, 71.)

3 = 20 MARS 1791. — Décret relatif à l'élection d'une nouvelle municipalité à Mauriac. (L. 3, 982 ; B. 12, 76.)

3 = 20 MARS 1791. — Décret qui autorise le district de Sarre-Louis à acquérir la maison des ci-devant chanoinesses de Loutres. (L. 3, 993 ; B. 12, 70.)

3 = 20 MARS 1791. — Décret qui autorise le département d'Eure-et-Loir à faire une acquisition pour son emplacement. (B. 12, 70.)

3 = 27 MARS 1791. — Décret concernant l'organisation des corps administratifs. *Voy.* 15 MARS 1791.

4 (1ᵉʳ MARS et) = 24 AVRIL 1791. — Décret
relatif à l'importation du tabac. (L. 4, 324;
B. 12, 83; Mon. du 3 mai 1791.)

Art. 1ᵉʳ. L'entrée dans le royaume, du tabac fabriqué, sera prohibée, et il ne pourra
y être importé du tabac en feuilles, autrement qu'en boucauts, et par les ports et bureaux qui seront ci-après désignés.

2. L'importation par mer des tabacs en
feuilles, n'aura lieu que pour les tabacs des
Etats-Unis d'Amérique, des colonies espagnoles, de la Russie et du Levant; lesdits tabacs
devant être importés directement, savoir,
ceux des Etats-Unis d'Amérique, par navires
desdits Etats ou par vaisseaux français; ceux
des colonies espagnoles, par bâtimens espagnols ou français; ceux de l'Ukraine, par
vaisseaux russes ou français; et ceux du Levant, par navires français seulement. L'importation desdits tabacs par les bâtimens des
autres nations est défendue.

2. L'entrée des tabacs des Etats-Unis d'A-
mérique, des colonies espagnoles, de l'Ukraine et du Levant, ne pourra avoir lieu que
par Bayonne, Bordeaux, Rochefort, La Rochelle, Nantes, Lorient, Morlaix, Saint-
Malo, Granville, Honfleur, Cherbourg,
Rouen, le Hâvre, Dieppe, Saint-Vallery-
sur-Somme, Boulogne, Calais, Dunkerque,
Marseille, Toulon, Cette et Port-Vendre.

4. Il sera encore permis d'importer des
tabacs étrangers en feuilles et en boucauts,
quelle que soit leur origine, par les douanes
de Strasbourg, Valenciennes et Lille, en
acquittant un droit de vingt-cinq livres par
quintal.

5. Le même droit de vingt-cinq livres par
quintal sera perçu sur les tabacs qui seront
importés par les bâtimens des Etats-Unis
d'Amérique, espagnols ou russes.

6. Il ne sera perçu que dix-huit livres
quinze sous par quintal sur les tabacs importés par bâtimens français venant directement
des Etats-Unis d'Amérique, des colonies espagnoles, de Russie et du Levant.

7. Ne seront réputés bâtimens nationaux
que ceux construits en France, commandés
par les Français, et dont au moins les deux
tiers de l'équipage seront composés de Français.

4 MARS = 13 MAI 1791. — Décret qui prohibe
l'importation des navires et autres bâtimens de
construction étrangère. (L. 4, 592; B. 12,
379.)

L'importation des navires et autres bâtimens de construction étrangère, pour être
vendus dans le royaume, sera prohibée; lesdits navires et bâtimens ne pourront en conséquence jouir des avantages réservés à la
navigation française, à l'exception toutefois
de ceux desdits bâtimens qui, à la promul-

gation du présent décret, se trouveront être
de propriété française.

4 = 20 MARS 1791. — Décret relatif à l'avancement militaire. (L. 3, 973; B. 12, 79; Mon.
du 5 mars 1791.)

Art. 1ᵉʳ. Les capitaines en pied, et les capitaines de remplacement qui n'auront pas
rejoint leur régiment depuis le 1ᵉʳ octobre
1789 jusqu'au 1ᵉʳ janvier 1791, sans avoir eu
de congé ou une permission légale, ne seront
point susceptibles d'obtenir des places d'aides-de-camp.

2. Les capitaines dits de réforme, qui auront été employés par le Roi dans l'activité
de leur grade en 1789 et 1790, sont déclarés
susceptibles d'obtenir les places d'aides-de-
camp, mais pour le premier choix seulement.

3. Les Français qui, sous l'ancien régime,
ont été exclus des emplois militaires parce
qu'ils n'étaient pas nés nobles, mais qui, ayant
servi la cause de la liberté en Amérique,
aussitôt que l'armée française y est arrivée,
et, conjointement avec elle, ont obtenu la
décoration de Cincinnatus et un grade d'officier supérieur chez quelque puissance étrangère amie de la France, seront susceptibles
d'obtenir des places de l'armée qui sont à la
disposition du Roi, et concourront avec les
officiers du grade immédiatement inférieur
à celui qu'ils avaient chez la puissance amie,
pourvu toutefois qu'ils aient manifesté, avant
l'époque du 1ᵉʳ janvier de la présente année,
l'intention d'entrer au service de leur patrie;
ce qui sera constaté par un état nominatif
qui sera remis dans trois jours par le ministre de la guerre, pour rester annexé au présent décret, lequel ne pourra s'appliquer
qu'aux personnes comprises dans cet état.

4 = 20 MARS 1791. — Décret relatif aux troupes provinciales. (L. 3, 996; B. 12, 80.)

L'Assemblée nationale, après avoir entendu son comité militaire, décrète ce qui suit :

Art. 1ᵉʳ. Le régime des milices étant aboli,
à dater du jour de la publication du présent
décret, les treize régimens de grenadiers
royaux, les quatorze régimens provinciaux
et les soixante-dix-huit bataillons de garnison
formant les troupes provinciales, sont et demeureront supprimés.

2. A dater du même jour, les sous-officiers
et soldats desdites troupes provinciales ne
seront plus astreints à aucun service, et il
leur sera délivré des cartouches de congé absolu, sur lesquelles seront inscrits le temps et
la nature de leurs services.

3. Les sous-officiers et soldats des troupes
provinciales seront susceptibles d'être admis
dans la gendarmerie nationale, et ils auront

droit à la préférence accordée aux troupes de ligne pour entrer dans les auxiliaires.

4. Ceux desdits sous-officiers et soldats qui, par leurs services, auront droit à une retraite, l'obtiendront conformément à ce qui suit, savoir :

Les sous-officiers, grenadiers et soldats provinciaux qui auront servi précédemment seize ans dans les troupes de ligne, obtiendront leur retraite sur le pied fixé par le décret du 14 décembre 1790 : les années de rassemblement dans les troupes provinciales seront comptées comme le service de la ligne.

Les sous-officiers, grenadiers et soldats qui ne pourront pas justifier de seize ans de service dans les troupes de ligne ou rassemblemens de troupes provinciales, obtiendront des pensions de récompense militaire, conformément à ce qui est prescrit par l'ordonnance d'administration du 25 mars 1776, concernant les troupes provinciales.

5. Les porte-drapeaux, sous-lieutenans, quartiers-maîtres, lieutenans et capitaines des troupes provinciales, seront susceptibles d'être admis comme officiers dans la gendarmerie nationale, pourvu qu'ils aient au moins six ans de service, dont trois ans d'activité, soit dans la ligne, soit dans des rassemblemens de troupes provinciales.

7. Ceux desdits officiers qui, par leurs services, seront susceptibles de retraite, l'obtiendront conformément à ce qui suit, savoir :

Les officiers de troupes provinciales qui auront servi précédemment seize ans dans les troupes de ligne ou rassemblemens de troupes provinciales, obtiendront leur retraite sur le pied fixé par le décret du 3 août 1790.

Ceux qui ne pourront pas justifier de seize ans de service dans les troupes de ligne ou rassemblemens de troupes provinciales, obtiendront des pensions de récompense militaire, conformément à ce qui est prescrit par l'ordonnance d'administration du 25 mars 1776.

7. Les officiers de troupes provinciales qui ne seront pas âgés de plus de vingt-cinq ans, seront susceptibles d'être replacés aux places de sous-lieutenans vacantes dans la ligne, après ceux des officiers qui, par le décret sur l'avancement, ont conservé droit au replacement ; mais ils ne prendront rang que du jour de leur entrée dans le régiment, leurs services précédens ne pouvant être comptés que pour la retraite et la décoration militaire.

8. Les officiers supérieurs susceptibles de replacement et qui désireront continuer leurs services, seront nommés à des emplois de leur grade, conformément à ce qui est prescrit par les articles 10 et 11 du décret du 19 octobre 1790, sur l'avancement militaire, titre II du replacement. Ceux des officiers supérieurs qui ne voudront pas continuer leurs services, ou qui ne sont pas susceptibles de replacement, obtiendront leur retraite, conformément à ce qui est prescrit par l'article précédent.

9. Les officiers supérieurs susceptibles de replacement, et qui désireront continuer leur activité, conserveront, jusqu'à leur replacement ou leur retraite, la moitié des appointemens dont ils jouissent dans ce moment, à l'exception des officiers ci-devant dits *de fortune,* qui en jouiront en entier.

Les officiers de tous grades des troupes provinciales conserveront dix ans l'activité, année par année, pour la décoration militaire seulement.

10. Le régiment provincial de Corse, le régiment de Paris, et la partie du bataillon du régiment du Roi habituellement rassemblée à Saint-Denis, également supprimés par le présent décret, obtiendront les récompenses militaires, ainsi qu'il est prescrit par les articles ci-dessus, et jouiront des mêmes avantages accordés aux officiers et sous-officiers réformés par la nouvelle organisation.

———

4 = 20 MARS 1791. — Décret relatif à la réduction et au traitement des maréchaux de France. (L. 3, 996; B. 12, 83.)

L'Assemblée nationale décrète : 1° qu'à l'avenir, le nombre des maréchaux de France ne pourra excéder celui de six ; qu'ils ne pourront avoir d'autres fonctions que des fonctions militaires, et que leur traitement sera fixé à trente mille livres. Quant aux traitemens des maréchaux de France actuellement existans, qui ne seront pas conservés en activité, il y sera statué après avoir entendu le comité des pensions ;

2° Que les lieutenans-généraux en activité seront réduits à trente ; et que les quatre principaux commandemens de troupes auxquels il a été affecté un traitement particulier de vingt mille livres, pourront être confiés par le Roi, soit à des maréchaux de France, soit à des lieutenans-généraux en activité.

———

4 = 20 MARS 1791. — Décret qui confirme définitivement la juridiction des patrons pêcheurs de la ville de Cannes, département du Var. (L. 3, 950; B. 12, 77.)

L'Assemblée nationale, en conformité de son décret du 9 janvier dernier, décrète que la juridiction des patrons pêcheurs de la ville de Cannes, district de Grasse, département du Var, est confirmée définitivement.

———

4 = 15 MARS 1791. — Décret portant circonscription des paroisses de Nantes et de Clisson. (L. 3, 837; B. 12, 77.)

4 MARS 1791.—Bouches-du-Rhône, etc. ; Contribution patriotique ; le Hâvre ; Roanne. *Voy.* 25 FÉVRIER 1791.

5 = 6 MARS 1791. — Décret qui conserve provisoirement au maréchal de Broglie le grade dont il est revêtu. (L. 3, 820 ; B. 12, 85.)

L'Assemblée nationale, après avoir ouï la pétition de M. Victor Broglie; considérant les longs et utiles services de M. le maréchal de Broglie, absent en ce moment du royaume, et le mauvais état de sa santé, décrète qu'il ne sera rien statué, quant à présent, sur le rang et le grade de maréchal de France dont jouit en ce moment M. le maréchal de Broglie, et le maintient provisoirement dans le rang et le grade dont il est revêtu ; et charge son président de présenter le présent décret à la sanction du Roi.

5 = 13 MARS 1791. — Décret relatif à l'établissement provisoire d'un tribunal criminel à Orléans, pour juger les crimes de lèse-nation. (L. 3, 832 ; B. 12, 86 ; Mon. du 7 mars 1791.)

Voy. lois du 10 = 15 MAI 1791 ; du 20 SEPTEMBRE = 12 OCTOBRE 1791.

Art. 1er Il sera établi provisoirement à Orléans un tribunal, que l'Assemblée nationale commet pour instruire et juger en dernier ressort les affaires criminelles qui ont été renvoyées jusqu'à présent aux tribunaux successivement désignés pour prononcer sur les crimes de lèse-nation, ainsi que toutes affaires criminelles sur lesquelles l'Assemblée déclarera qu'il y a lieu à accusation.

2. Pour former le tribunal provisoire, chacun des quinze tribunaux de district les plus voisins de la ville d'Orléans, savoir : de Beaugency, de Neuville, de Bois, Commun, Pithiviers, Janville, Mer, Blois, Gien, Aubigny, Montargis, Nemours, Etampes, Châteaudun, Vendôme et Romorantin, nommera un de ses membres.

3. Ce tribunal, aussitôt qu'il sera formé, après avoir élu son président, choisira parmi ses membres un accusateur public, chargé des fonctions des ci-devant procureurs du Roi, et nommera un greffier. Il recevra d'eux le serment civique, et celui de remplir avec exactitude les fonctions qui leur sont désignées.

4. Il pourra juger au nombre de dix, et se conformera, dans l'instruction et le jugement, aux dispositions établies par les décrets des 8 et 9 octobre 1789 et 22 avril 1790.

5. Le commissaire du Roi auprès du tribunal du district d'Orléans exercera auprès du tribunal provisoire.

6. Les juges du tribunal provisoire et l'accusateur public auront, outre leur traitement fixe ordinaire, une indemnité sur le pied de trois mille six cents livres par année, au

prorata du temps qu'aura duré leur service ; le greffier aura aussi, au prorata du temps de son exercice, un traitement sur le pied de trois mille livres par année.

7. Les fonctions du tribunal provisoire cesseront le jour de l'installation de la haute-cour nationale.

8. Le Roi sera prié de donner les ordres nécessaires pour que les membres du tribunal provisoire soient rassemblés à Orléans le 25 du présent mois.

5 = 30 MARS 1791. — Décret relatif aux dîmes inféodées. (L. 3, 1158 ; B. 12, 87 ; Mon. du 7 mars 1791.)

Voy. loi du 28 OCTOBRE = 5 NOVEMBRE 1790.

Art. 1er. Les propriétaires laïques de dîmes inféodées qui ont affermé ces dîmes par bail distinct ayant une date certaine, antérieure à celle du décret du 4 août 1789, pourront, sur la représentation des baux, donner la valeur de leurs dîmes en paiement dans les acquisitions des domaines nationaux; elle y sera reçue jusqu'à concurrence de la moitié du capital de la redevance annuelle de leurs dîmes, déduction faite sur la totalité de ladite redevance, des charges de toute espèce, d'après l'état que lesdits propriétaires seront tenus d'en donner, certifié d'eux.

2. Ces baux et états seront représentés aux directoires du district de la situation des biens, et seront par eux certifiés véritables. Sur la représentation et sur la remise desdits baux et états ainsi certifiés, le commissaire du Roi, préposé à la liquidation générale des offices, expédiera provisoirement une reconnaissance équivalente à la moité de la valeur du bail, conformément au précédent article ; et ladite reconnaissance sera reçue en paiement des domaines nationaux, soit dans les caisses des receveurs de district, soit dans celle de l'extraordinaire, conformément aux précédens décrets.

3. Ceux desdits propriétaires qui, à défaut du bail, pourraient produire un contrat authentique et distinct d'acquisition faite depuis l'année 1785 et antérieurement au décret dudit jour 4 août 1789, seront admis à présenter ledit contrat certifié de même, et il sera reçu pour moitié de sa valeur en paiement des domaines nationaux, de la manière ci-dessus.

4. Quant aux propriétaires laïques dont les dîmes inféodées sont en régie ou affermées confusément avec d'autres héritages, ou ceux qui en auront joui par eux-mêmes, ils requerront la municipalité dudit lieu, qui appellera même, si elle le juge à propos, les curés décimateurs ou autres qui en auraient fait la perception, de leur donner une estimation certifiée de la valeur de ladite dîme

d'après la notoriété publique, déduction faite de toutes les charges.

5. Cette estimation se fera dans une assemblée du conseil-général de la commune, convoquée dans le délai de huit jours, où seront appelés, au besoin, les régisseurs ou fermiers, pour y être consultés seulement.

6. Cette estimation sera visée par les directoires de district et de département de l'arrondissement dans lequel seront situées les dîmes; et le capital de ladite estimation sera dûment reçu en paiement des domaines nationaux provisoirement pour moitié, de la manière énoncée en l'article 2 ci-dessus, après que déduction aura été faite des charges, sur l'état que le propriétaire de la dîme sera tenu de donner, suivant l'article 1er.

7. Les biens nationaux au paiement desquels auront été admis pour moitié les baux, contrats d'acquisition ou estimation des dîmes inféodées, conformément aux articles ci-dessus, demeureront affectés par privilège spécial au paiement du prix de l'adjudication, jusqu'à la liquidation définitive, sans que cette hypothèque puisse être purgée par aucune espèce de formalité ni laps de temps.

8. Pour plus grande sûreté, ceux des propriétaires de dîmes inféodées qui voudront donner en paiement d'acquisition de biens nationaux la valeur de leur dîme sur une estimation provisoire suivant l'article 4, seront tenus de donner caution, qui sera reçue par le directoire du district qui aura fait l'adjudication desdits biens, de fournir et faire valoir la somme pour laquelle la valeur desdites dîmes aura été comptée dans l'acquisition.

9. Ceux qui auront fait liquider définitivement leurs dîmes pourront en donner leur reconnaissance définitive de liquidation, pour sa valeur entière, en paiement des domaines nationaux qu'ils acquerront, comme les autres créanciers de l'État auxquels cette faculté a été accordée.

10. Pour faciliter la liquidation définitive, ceux dont la dîme se percevait sur un territoire circonscrit, qui ne rapporteraient pas des baux, aux termes de l'article 5 du titre V du décret du 28 octobre dernier, seront censés avoir satisfait à l'article 7 de la même loi, en donnant un état du territoire, contenant : 1° les limites; 2° une désignation des terres en friche et de celles qui ne produisent pas des fruits décimables dans le canton; 3° un dénombrement des terres possédées par le propriétaire de la dîme qui en réclame l'indemnité.

11. Les propriétaires de dîmes auront le choix de demander pour leur indemnité une somme fixe, ou de s'en rapporter à l'estimation, sans déterminer eux-mêmes aucune somme. Lorsqu'ils demanderont une somme fixe, le directoire du département, sur les observations de la municipalité et d'après l'avis du directoire du district, leur fera une offre. En cas de contestation sur l'offre, il sera procédé à une estimation par experts, conformément à l'article 9 du titre V du décret du 28 octobre dernier, aux frais de celui qui succombera; lesquels seront, dans tous les cas, alloués au directoire du district dans la dépense de son compte; mais en ce cas, les propriétaires de dîmes seront tenus de libeller leur demande clairement; en conséquence, de donner avec l'état prescrit par l'article 10 du présent décret, l'étendue du territoire de leur dimerie, la qualité des terres, la nature des récoltes, et tous les renseignemens propres à établir leur demande.

12. S'ils ne veulent pas demander une somme fixe, il sera procédé à l'estimation prescrite par l'article 9 du titre V du décret du 28 octobre dernier, et les frais en seront supportés par moitié entre les propriétaires et le directoire du district, qui pourra porter la sienne dans la dépense de son compte.

13. Lorsque la dîme sera possédée par des propriétaires indivis, jouissant cependant divisément, si l'un d'eux avait affermé sa portion, le bail ne pourra nuire à ceux qui n'auraient pas affermé la leur; ces derniers pourront prendre pour base de la liquidation, ou le bail, ou l'estimation prescrite.

14. Les propriétaires des dîmes inféodées, qui, sur leurs autres propriétés, seraient grevés de rentes ou redevance quelconques envers le domaines ou autres biens nationaux, pourront s'en affranchir, en compensant le capital avec la totalité ou partie du prix de l'indemnité qui leur sera due pour la valeur de leurs dîmes.

15. Les hypothèques et les dettes dont pourraient être grevées les dîmes inféodées, seront transférées sans novation sur les domaines nationaux en paiement desquels elles seront admises. A cet effet, les reconnaissances provisoires ou définitives qui seront délivrées par le commissaire du Roi directeur-général de la liquidation, contiendra une mention des oppositions qui auraient été formées entre les mains du conservateur des hypothèques, pour la conservation des droits des créanciers, ainsi qu'il a été statué par les précédens décrets relatifs à la liquidation des offices de judicature.

16. Seront, au surplus, les décrets relatifs à la liquidation des offices de judicature, exécutés, par rapport aux dîmes inféodées, en tout ce qui concerne la sûreté des oppositions des créanciers, la manière d'admettre en paiement les reconnaissances de liquidation, et en tout ce qui est prescrit pour la marche de la liquidation non contraire au présent décret.

5 = 20 MARS 1791. — Décret sur une pétition des administrateurs du district d'Aurillac, relative à l'élection de l'évêque du département du Cantal, et d'un membre pour le tribunal de cassation. (L. 3, 971 ; B. 12, 85.)

6 = 20 MARS 1791. — Décret relatif aux intérêts de différentes parties de la dette remboursable. (L. 3, 961 ; B. 12, 93.)

L'Assemblée nationale décrète que les intérêts des différentes parties de la dette remboursable, qui sont accordés aux créanciers de l'État à compter du jour de la remise complète de leurs titres, cesseront à l'expiration de la quinzaine, à dater du jour de la sanction de chacun des décrets particuliers qui ordonnera leur remboursement ; ce qui aura lieu tant que le paiement des reconnaissances définitives de liquidation se fera à bureau ouvert, sauf l'exécution de l'article 8 du décret du 7 novembre dernier, dans le cas où les remboursemens n'auraient lieu que par ordre de numéros.

6 = 27 MARS 1791. — Décret relatif au nouvel ordre judiciaire. (L. 3, 1078; B. 12, 94 ; Mon. du 8 mars 1791.)

Voy. lois du 27 VENTOSE an 8 ; du 29 VENTOSE an 9, et du 20 AVRIL 1810.

Art. 1er. Nul ne pourra être juge-de-paix, et en même temps officier municipal, membre d'un directoire, greffier, avoué, huissier, juge de district, juge de commerce, percepteur d'impôts indirects.

2. Les assesseurs des juges-de-paix sont exclus des mêmes fonctions, si ce n'est que, dans les bourgs et villages au-dessous de quatre mille ames, il leur sera permis d'être officiers municipaux. Ils ne peuvent être parens du juge-de-paix au degré de cousins-germains inclusivement ; et s'ils sont parens entre eux à ce degré, ils ne jugeront point ensemble sans le consentement de toutes les parties.

3. La première fois que les assesseurs assisteront le juge-de-paix, ils prêteront dans ses mains le même serment prêté par lui devant le conseil-général de la commune, et il en sera dressé acte.

4. Le juge-de-paix sera tenu de nommer un greffier, lequel ne pourra être son parent jusqu'au troisième degré, selon la supputation civile, c'est-à-dire jusqu'au troisième degré d'oncle et de neveu inclusivement.

5. Les greffiers des juges-de-paix ne pourront être en même temps officiers municipaux, membres d'un directoire, greffiers, avoués, huissiers, juges de district, juges de commerce, percepteurs d'impôts indirects. Il en sera de même des greffiers des tribunaux de district ou de commerce, qui, en outre, ne pourront pas être notaires.

6. Si le greffier de la municipalité de campagne refuse de signifier les citations, actes et jugemens du juge-de-paix, il sera destitué de sa place ; et l'huissier qui le remplacera pour les significations, ne recevra, à peine de concussion, que les droits attribués au greffier, si la signification est faite dans la municipalité du domicile de l'huissier ; mais en outre, en cas de transport, il recevra douze sous par lieue, sans qu'il puisse jamais être mis à la charge de la partie condamnée plus que les frais de deux lieues de transport, le retour compris.

7. Les juges-de-paix procéderont d'office à l'apposition des scellés, après l'ouverture des successions, lorsque les héritiers seront absens et non représentés, ou mineurs non émancipés, ou n'ayant pas de tuteurs ; et ils passeront outre, nonobstant les oppositions, dont ils renverront le jugement au tribunal de district. Chaque juge-de-paix apposera les scellés dans l'étendue de son territoire, et ne pourra pas, par suite, les apposer dans un autre territoire.

8. L'apposition des scellés étant un acte purement ministériel et conservatoire, il sera alloué au juge-de-paix deux livres pour une vacation de trois heures, et vingt sous pour toutes les vacations suivantes, de manière qu'une apposition de scellés ne coûte pas plus de trois livres. Le greffier aura les deux tiers de la somme attribuée au juge. Les droits seront d'une moitié en sus dans les villes au-dessus de vingt-cinq mille ames, et du double pour Paris. Il en sera de même pour les vacations de reconnaissance et levée de scellés, et pour celles employées aux avis de parens : le tout indépendamment des droits d'expédition du greffe.

9. Dans les cas qui n'excéderont pas sa compétence, le juge-de-paix connaîtra des contestations qui pourront s'élever entre père et fils, grand-père et petit-fils, frères et sœurs, neveux et oncles ; ou entre alliés aux degrés ci-dessus, sans que les parties soient tenues de se pourvoir suivant les formes prescrites par l'article 12 du titre X du décret du 16 août 1790, sur l'organisation judiciaire.

10. La confection des inventaires, procès-verbaux de description et de carence à l'ouverture des successions n'appartiendra point au juge-de-paix mais aux notaires, mêmes dans les lieux où elle était attribuée aux juges ou aux greffiers.

11. La légalisation des actes ne sera point faite, les certificats de vie ne seront point donnés par les juges-de-paix ; la légalisation sera faite, les certificats seront donnés gratuitement par les présidens des tribunaux de district, ou ceux des juges qui en feront les fonctions. Dans les chefs-lieux où sont établis, soit les tribunaux, soit les administrations de district, les maires feront les

législations, et donneront les certificats de vie concurremment avec les présidens des tribunaux, mais seulement sur les actes des officiers publics, ou pour les citoyens qui seront domiciliés dans l'étendue de la commune.

12. Les juges-de-paix pourront porter, attaché au côté gauche de l'habit, un médaillon ovale en étoffe, bordure rouge, fond bleu, sur lequel seront écrits en lettres blanches ces mots : *La loi et la paix.*

13. Les huissiers des juges-de-paix, dans les villes, lorsqu'ils seront en fonctions, porteront à la main une canne blanche. Les citations et jugemens des juges-de-paix seront signifiés par eux, et non par autres huissiers, à peine d'amende de six livres, qui sera prononcée par le juge-de-paix, dont moitié sera applicable à son huissier, l'autre moitié sera versée dans la caisse du receveur des amendes du district.

14. Si le juge-de-paix est pendant plus de huit jours consécutifs sans remplir ses fonctions, il sera tenu de remettre à l'assesseur qui l'aura remplacé, la portion proportionnelle du salaire qui lui est attribuée; et dans tous les cas où l'assesseur remplacera le juge-de-paix pour les commissions et les actes auxquels des vacations sont attachées, l'assesseur recevra lesdites vacations.

15. Les juges-de-paix ne pourront connaître de l'inscription de faux ou dénégation d'écriture; et lorsqu'une des parties déclarera vouloir s'inscrire en faux, ils lui en donneront acte, et renverront la cause au tribunal de district.

Des bureaux de paix.

16. Aucuns avoués, greffiers, huissiers et ci-devant hommes de loi ou procureurs, ne pourront représenter les parties aux bureaux de paix (1); les autres citoyens ne seront admis à les représenter, que lorsqu'ils seront revêtus de pouvoirs suffisans pour transiger (2).

17. Les affaires commencées avant l'installation des tribunaux seront portées à ceux qui en doivent connaître, par simple assignation de la partie la plus diligente, sans autres procédures et sans avoir passé au bureau de paix.

18. Toutes saisies, oppositions et autres actes conservatoires, pourront être faits avant de donner la citation devant le bureau de paix. Les affaires qui intéressent la nation,

les communes et l'ordre public, seront portées aux tribunaux, sans qu'il soit besoin de comparution préalable devant ce bureau. Il en sera de même des affaires de la compétence des juges de commerce, quand même les affaires seraient portées au tribunal de district, au cas de l'article 13 du titre XII du décret du 16 août 1790, sur l'organisation judiciaire.

19. Les officiers municipaux sont autorisés à pourvoir économiquement aux menus frais de bois, lumières, papiers et secrétaire du bureau de paix, qui seront à prendre sur le produit des amendes prononcées sur les appels.

20. Les bureaux de paix exerceront leurs fonctions sans qu'il soit besoin d'aucune installation, et les citations pourront être notifiées par les greffiers des municipalités dans lesquelles les personnes citées auront leur domicile.

21. L'appel des jugemens des juges-de-paix, lorsqu'ils seront sujets à l'appel, ne sera pas reçu par les tribunaux de district, si l'appelant n'a pas signifié copie du certificat du bureau de paix du district, constatant que la partie adverse a été inutilement appelée devant ce bureau, pour être conciliée sur l'appel, ou qu'il a employé sans fruit sa médiation.

22. Si la partie ajournée en première instance devant un tribunal de district n'a pas comparu au bureau de paix et vient à perdre sa cause, elle sera condamnée par le même jugement à une amende de trente livres, au paiement de laquelle elle sera contrainte, soit qu'elle exécute le jugement, soit qu'elle en appelle, et sans restitution; en ce dernier cas, quel que soit l'évènement de l'appel, la même amende sera prononcée contre le demandeur qui, s'étant pourvu au tribunal de district sans avoir fait citer son adversaire devant le bureau de paix, sera par cette raison son déclaré non-recevable.

23. Lorsqu'une partie citée devant le bureau de paix sera exposée à l'exécution d'une contrainte par corps prononcée pour cause civile, le bureau de paix pourra lui accorder un sauf-conduit; et elle ne pourra être arrêtée ni le jour fixé pour sa comparution, ni pendant son voyage pour aller au bureau de paix et pour en revenir.

24. Si un débiteur, après avoir obtenu de son créancier, devant le bureau de paix, un terme de paiement, manque de payer à

---

(1) A Paris, cette disposition est mal observée. Et il a même été jugé qu'elle était abrogée par le Code de procédure. Qu'ainsi, les gens de loi et huissiers peuvent représenter les parties au bureau de paix, lorsqu'ils ont pouvoir d'elles à cet effet (2 février 1825, Bourges; S. 26, 2, 64). *Voy.* notes sur la loi du 18 (14) = 26 octobre 1790, tit. 3, art. 1er.

(2) Le mari est le mandataire présumé de sa femme; il peut valablement la représenter devant le bureau de paix sans être porteur de sa procuration (6 prairial an 2; Cass. S. 20, 1, 450).

l'échéance de ce terme, le créancier pourra l'ajourner directement au tribunal de district, sans le citer de nouveau devant le bureau de paix ; et le délai de l'ajournement ne sera en ce cas que de cinq jours, et d'un jour en outre pour dix lieues.

25. Lorsque de deux parties présentes devant le bureau de paix, l'une déclarera s'en rapporter au serment de l'autre partie sur la vérité d'une dette méconnue, ou d'une convention contestée, ou de tout autre fait décisif, le bureau de paix recevra le serment, ou fera mention dans son procès-verbal du refus de le prêter.

26. Le bureau de paix, après avoir concilié les parties, constatera dans le procès-verbal les points de conciliation dont elles sont tombées d'accord. Ce procès-verbal sera signé des parties, ou contiendra mention de la déclaration qu'elles auront faite de ne savoir signer.

Des juges de district, suppléans et greffiers.

27. Les fonctions mentionnées en l'article 1er sont interdites aux juges et aux commissaires du Roi, ainsi que celles de notaires et de défenseurs officieux, même hors de leur tribunal.

28. Les suppléans ne pourront être greffiers, huissiers ni percepteurs des impôts indirects ; mais ils pourront exercer le ministère de défenseurs officieux, d'avoués, de juges-de-paix, ainsi que les fonctions municipales, à la charge d'opter au moment où ils auront des provisions de juges.

29. Les suppléans ne seront appelés par le tribunal, que dans le cas où leur assistance sera nécessaire à la validité des jugemens (1), à l'exception des suppléans qui, remplaçant les membres de l'Assemblée nationale nommés juges, complètent le nombre habituel de cinq dans chaque tribunal. La première fois qu'ils seront appelés, s'ils n'ont pas prêté le serment lors de l'installation des juges, ils prêteront devant eux le même serment, et il en sera dressé acte.

30. Lorsque les suppléans seront appelés pour la validité des jugemens, ils porteront le même costume que les juges, et ils recevront leur part des droits d'assistance seulement. Les suppléans qui remplacent les membres de l'Assemblée nationale qui ont été nommés juges, recevront la totalité du complément, jusqu'à ce que les députés nommés juges puissent entrer en fonctions.

31. Les commis assermentés des greffiers des tribunaux ne peuvent, non plus que les greffiers eux-mêmes, être parens de l'un des juges du tribunal qui les a choisis, jusqu'au troisième degré selon la supputation civile, quand même le juge, parent du greffier, se serait abstenu de donner sa voix pour son élection.

32. Par provision, et en attendant qu'il ait été fait un nouveau tarif, les émolumens personnels des greffiers, sur chaque expédition des avoués, sur chaque acte de procédure des huissiers-audienciers, pour chaque exploit ou signification, seront des trois quarts des anciens, sans que les greffiers puissent en aucun cas rien percevoir à titre de *parisis*.

Les huissiers ordinaires percevront les mêmes droits que par le passé.

Tous ces droits ne seront perçus sur ce pied, même dans les affaires d'appel, qu'eu égard aux tarifs établis dans chaque lieu pour les affaires de première instance ; et dans les districts dans l'étendue desquels il n'y avait pas autrefois de juridiction royale, on prendra pour base le tarif qui était dans la juridiction royale la plus voisine située dans le département.

A Paris, le tarif de 1778, qui avait lieu aux requêtes du palais, servira de base aux proportions ci-dessus déterminées, en ce qui concerne les droits des greffiers et des avoués, sans néanmoins qu'il puisse être alloué aux avoués aucuns droits de conseil et de consultation, attribués par ce tarif aux ci-devant procureurs. A l'égard des huissiers-audienciers et des huissiers ordinaires exploitant à Paris, la base de proportion sera prise dans le tarif usité au ci-devant Châtelet.

---

(1) Un juge suppléant a le caractère de *juge*. Il peut donc être appelé à concourir à un jugement, sans qu'il soit nécessaire que ce jugement constate l'absence ou l'empêchement des juges titulaires, lorsque d'ailleurs les juges qui ont concouru au jugement étaient réellement en nombre insuffisant pour le rendre (27 juin 1827, Cass. S. 27, 1, 381).

Un jugement est nul par cela seul qu'un suppléant y a concouru sans nécessité (23 juillet 1823 ; Cass. S. 23, 1,402). N'eût-il fait que le *rapport* qui, en certaines matières (d'enregistrement, par exemple), doit précéder le jugement (23 avril 1827 ; Cass. S. 27, 1, 521 ; 11 février 1828 ; Cass. S. 28, 1, 295 ; D. 28, 1, 126).

Le décret du 25 mai 1811, qui permet aux suppléans du tribunal de la Seine de juger, comme les juges ordinaires, dans les matières d'ordre et de contributions dont ils ont été chargés par le président, ne crée qu'une faculté exceptionnelle, qui doit être restreinte au cas prévu (6 novembre 1827 ; Cass. S. 28, 1, 12 ; D. 27, 1, 512). Ainsi, pour tous les autres cas, les juges suppléans restent soumis à la règle générale (6 novembre 1827 ; Cass. S. 28, 1, 12 ; D. 27, 1, 512).

On a prétendu que cet article, ainsi que l'article 12 de la loi du 27 ventose an 8, étaient abrogés par l'art. 41 de la loi du 20 avril 1810. (*Voy.* S. 24, 2, 50).

33. Toute perception de droits et émolumens contraire aux réglemens, est défendue à peine de concussion; et le juge qui aura fait la taxe en sera personnellement responsable, sauf son recours contre l'officier qui aurait trop reçu : ainsi, d'après la taxe, le mémoire des dépens sera paraphé par le juge, et restera au greffe, annexé à la minute de la sentence.

34. Jusqu'à ce que l'Assemblée nationale ait statué sur la simplification de la procédure, les avoués suivront exactement celle qui est établie par l'ordonnance de 1667 et réglemens postérieurs (1). Il ne sera cependant présenté aucune requête pour obtenir la permission d'assigner, si ce n'est pour abréger les délais; et dans les affaires appointées, il ne sera passé en taxe que deux écrits au plus pour chaque partie; et dans les lieux où il se fait un inventaire de production, il sera fait par un état sommaire, qui ne pourra, quel qu'il soit, être taxé plus de quinze livres.

35. Les tribunaux de district et de commerce sont provisoirement autorisés à faire des arrêtés relatifs à la police et à l'ordre des audiences. Ils feront exposer dans l'auditoire les rôles : 1° des affaires sommaires ou provisoires, ou portées par appel des juges-de-paix et tribunaux de police; 2° des affaires ordinaires; 3° des affaires majeures et de celles qui seront appointées. Il y aura par semaine des audiences destinées à chaque genre d'affaire. Tous les jours seront utiles pour les actes judiciaires et les audiences, à l'exception des dimanches et des fêtes chômées (2).

36. Les défenseurs officieux seront tenus de justifier au président et de faire viser par lui les pouvoirs de leurs cliens, à moins qu'ils ne soient assistés de la partie ou de l'avoué.

37. Il sera provisoirement alloué, par an, pour menus frais de chaque tribunal de district, en papier, registres, bois, lumières et serviteurs ou concierges, une somme depuis trois cents livres jusqu'à huit cents livres, suivant les besoins du tribunal; la fixation de la somme nécessaire sera faite entre ces deux termes de trois cents livres et de huit cents livres, par les directoires du département, sur l'avis des directoires de district, et de concert avec les juges. Dans les villes au-dessus de soixante mille âmes, la fixation de la dépense pourra être portée jusqu'à douze cents livres; à Paris, jusqu'à seize

cents livres pour chaque tribunal, si les besoins l'exigent.

38. Les huissiers, gardes du commerce, et autres exécuteurs de jugemens, faisant une exécution quelconque, porteront une canne blanche, et à la boutonnière une médaille suspendue par un ruban aux trois couleurs, et portant ces mots : *Action de la loi.*

Les huissiers-audienciers porteront dans le même cas le costume réglé par le décret du 2 septembre 1790. Ceux-ci feront seuls les significations d'avoué à avoué; tous autres huissiers qui feront des significations, seront condamnés pour chacune à une amende de douze livres, dont moitié applicable aux huissiers-audienciers du tribunal.

39. Les juges des tribunaux de commerce seront installés par les officiers municipaux, dans la même forme prescrite à l'égard des tribunaux de district. Aussitôt après leur installation, ils procéderont à l'élection du greffier, de la même manière que dans les tribunaux de district.

40. Les officiers municipaux des lieux où il y avait des justices ci-devant seigneuriales, municipales et de mairie, reconnaîtront et lèveront les scellés qu'ils ont apposés sur les greffes, et feront transporter les minutes et registres au greffe du tribunal de district, dont le greffier se chargera au pied d'un bref état. Il en sera de même des ci-devant siéges royaux compris dans le territoire du tribunal; et à l'égard des ci-devant cours, ci-devant présidiaux, bailliages, sénéchaussées, vigueries, établis dans les lieux où les tribunaux de district seront placés, les minutes et registres seront déposés au greffe du district de la ville où siégeait la cour supérieure, le bailliage, la sénéchaussée ou la viguerie; le greffier du district donnera les expéditions et extraits de ces minutes et registres, et percevra les émolumens qui lui ont été ci-dessus attribués. Pour Paris, les officiers municipaux nommeront tel gardien qu'ils jugeront à propos, duquel ils prendront le serment; et qui, après la reconnaissance et levée des scellés, se chargera, sur un bref état, des minutes, registres, archives de ces anciens tribunaux; et pourra en délivrer des extraits ou expéditions, en ne recevant que vingt sous par chaque rôle, dont il comptera de clerc à maître à la municipalité, qui lui fixera un salaire raisonnable.

41. Dans les comptes, partages, liquida-

---

(2) Un jugement arbitral peut être valablement rendu un dimanche, ou autre jour férié, même par des arbitres forcés. À cet égard, les arbitres ne sont pas assimilés aux tribunaux (21 novembre 1827 ; Cass. S. 28, 1, 194 ; D. 28, 1, 30).

tions, ordres et contributions dont l'achèvement est attribué aux ci-devant commissaires au Châtelet de Paris qui les avaient commencés, s'il y avait des absens intéressés qui n'aient pas laissé ou envoyé de procuration, il sera nommé par le tribunal, pour y assister pour eux, un des avoués, lequel ne recevra que la moitié des droits ci-devant accordés aux substituts du procureur du Roi.

6 = 15 MARS 1791. — Décret relatif à divers remboursemens d'offices et d'indemnités pour brevets de retenue et fournitures de lits militaires. (L. 3, 911; B. 12, 91.)

6 MARS 1791. — Bordeaux. Voy. 3 MARS 1791. — États d'aliénation. Voy. 28 FÉVRIER 1791. Evêques. Voy. 1er MARS 1791. — Judicature. Voy. 24 FÉVRIER 1791. — Maréchal de Broglie. Voy. 5 MARS 1791. — Messageries, etc ; Scellés. Voy. 27 FÉVRIER 1791.

7 MARS = 10 AVRIL 1791. — Décret concernant la pêche et le commerce de la morue et du hareng. (L. 4, 191; B. 12, 105.)

Art. 1er. Les primes et encouragemens dont jouissaient les pêches de la morue, tant pour les expéditions faites à la côte occidentale de l'île de Terre-Neuve, que pour l'importation de la morue en Espagne, Portugal, Italie, au Levant, et aux colonies françaises de l'Amérique, seront continués, en se conformant rigoureusement aux formalités qui étaient prescrites pour les obtenir, et le paiement en sera continué de l'époque où il a cessé: il sera de plus payé, à l'avenir, une prime additionnelle de trois livres par chaque quintal de morue qui sera porté en Espagne, en Portugal, en Italie et au Levant.

2. Il sera accordé une prime de six livres par baril de hareng de pêche française exporté en Suisse, en Portugal, en Espagne, en Italie, au Levant, et dans les colonies françaises de l'Amérique, en se conformant aux formalités prescrites pour assurer la destination de la morue.

L'Assemblée nationale charge ses comités réunis de lui présenter incessamment un projet de règlement sur les moyens de prévenir les fraudes que l'on pourrait faire sur les morues achetées chez l'étranger.

7 MARS 1791. — Décret qui autorise le département de la Lozère à acquérir les bâtimens nécessaires à son établissement. (L. 3, 975; B. 12, 104.)

7 MARS 1791. — Recrutement. Voy. 9 MARS 1791.

8 = 20 MARS 1791. — Décret relatif au réglement du sort des ci-devant employés dans les administrations, fermes et régies publiques. (L. 3, 944; B. 12, 106.)

Art. 1er. Les ministres, ordonnateurs, chefs des ci-devant administrations des provinces et de toutes autres administrations, fermes et régies publiques, seront tenus d'adresser à l'Assemblée nationale, dans le délai d'un mois, l'état nominatif de toutes les personnes employées sous leurs ordres, et payées directement ou indirectement des deniers publics.

Ledit état contiendra le jour de la naissance des employés, la nature et la durée de leurs services, et le montant de leurs appointemens.

Il sera pareillement envoyé par les ministres, ordonnateurs et autres ci-dessus dénommés, des états semblables de toutes les personnes actuellement pensionnées par lesdites administrations, ainsi que des personnes auxquelles il avait été accordé des emplois à titre de retraite et de récompense de services : le produit desdits emplois sera évalué dans une des colonnes desdits états.

2. Les états envoyés en exécution du précédent article, seront remis aux différens comités réunis des pensions, des contributions publiques, des finances, des domaines, d'agriculture et de commerce, pour en être par eux rendu compte sans délai à l'Assemblée nationale, et lui présenter un projet de décret sur la manière de procurer aux employés les secours que leur état et leurs services peuvent exiger.

3. Pendant le cours de trois années, à compter de la sanction du présent décret, il ne pourra être nommé pour employés dans les nouvelles administrations des finances, que des personnes qui justifieront avoir été précédemment employées au service de la nation dans les administrations dont la suppression ou la réduction sera décrétée, le choix libre réservé aux nouveaux administrateurs entre tous lesdits employés.

4. Jusqu'à ce que les employés compris dans les états qui doivent être dressés en exécution du premier article, aient été remplacés, ou qu'il ait été statué définitivement sur les secours qui leur seront accordés, ceux d'entre eux qui ne perçoivent pas au-delà de la somme de cinquante livres par mois d'appointemens fixes, continueront à être payés à compter du jour de leur suppression ou de leur réforme, soit de ladite somme de cinquante livres, soit de toute autre somme inférieure qu'ils percevaient précédemment.

Ceux dont les appointemens fixes excédaient la somme de cinquante livres toucheront jusqu'à concurrence de ladite somme de cinquante livres par chaque mois; le tout provisoirement et sans tirer à conséquence pour l'avenir, et sans que lesdits paiemens puissent se prolonger au-delà du 1er juillet, sans un nouveau décret de l'Assemblée.

5. Les paiemens décrétés par le présent article seront faits par les receveurs des districts, au moyen des fonds qui leur seront fournis par le Trésor public, sur des états présentés par des ordonnateurs, chefs ou directeurs d'administration, visés par les districts, et par les départemens.

6. Le présent décret sera porté à la sanction dans le jour, et le Roi sera supplié d'en ordonner l'exécution la plus prompte de la part de ses ministres et de celle de tous ordonnateurs, administrateurs et régisseurs.

8 = 15 MARS 1791. — Décret qui ordonne d'informer contre le sieur Legrand, curé de la paroisse de Saint-Martin de la ville de Bergues. (L. 3, 843; B. 12, 108.)

8 = 15 MARS 1791. — Décret qui déclare que l'Assemblée nationale, en ordonnant que les procédures faites à Aix, Marseille et Toulon, pour crimes de lèse-nation, lui seraient envoyées, et qu'il serait sursis à tout jugement, n'a pas entendu que les tribunaux pussent refuser de statuer sur les requêtes des accusés, même sur les requêtes en élargissement provisoire. (L. 3, 849; B. 12, 108.)

8 = 20 MARS 1791. — Décret qui ordonne au ministre de la guerre de rendre compte des forces militaires du royaume, et de l'état de la gendarmerie nationale et de l'armée auxiliaire. (L. 3, 969; B. 12, 109.)

8 = 29 MARS 1791. — Proclamation du Roi relatif à l'installation du tribunal provisoire établi à Orléans pour juger les crimes de lèse-nation. (L. 3, 1144.)

9 = 15 MARS 1791. — Décret relatif aux adjudications d'immeubles et de baux judiciaires, en vertu de jugemens des tribunaux de Paris, tant anciens que nouveaux. (L. 3, 914; B. 12, 112.)

L'Assemblée nationale décrète ce qui suit :

Les adjudications d'immeubles et de baux judiciaires, soit en exécution des arrêts, jugemens et sentences des ci-devant cours, tribunaux et juridictions de Paris, même des commissions établies en ladite ville, soit en vertu des jugemens qui ont été ou seront rendus par la suite dans les six tribunaux d'arrondissement, ne seront faites en justice, dans tout le département de Paris, qu'à la seule audience des criées établies par le décret du 29 janvier dernier, sanctionné le 9 février.

Cette audience sera tenue aux jours et heures accoutumés, par un des juges de chacun des six tribunaux alternativement, de mois en mois, et ledit juge scellera provisoirement les lettres de ratification. Les enchè-

res continueront, en conséquence, d'être déposées entre les mains des greffiers nommés par ledit décret du 29 janvier, et publiées par les huissiers de ladite audience des criées, qui sont dépositaires des doubles des enchères ; dans laquelle audience sera aussi exposé le tableau des contrats et autres titres d'acquisition des immeubles situés dans le département de Paris.

9 = 20 MARS 1791. — Décret relatif au paiement des salaires et vacations des officiers des maîtrises, pour leurs opérations de 1790. (L. 3, 1012; B. 12, 111.)

L'Assemblée nationale, ouï le rapport de son comité des domaines, déclare que, par son décret du 15 janvier dernier, elle n'a entendu arrêter ni suspendre la taxe et le paiement des salaires et vacations des officiers des maîtrises, pour les opérations faites dans le cours de 1790; qu'en conséquence, ladite taxe continuera d'être faite en la forme et d'après les réglemens qui ont été suivis jusqu'à ce jour, sauf à statuer, lors de l'organisation de la nouvelle administration forestière, sur la taxe des opérations qui se trouveront avoir été faites en 1791.

9 = 20 MARS 1791. — Décret relatif à la régie et perception des droits ci-devant féodaux et autres droits incorporels non supprimés. (L. 3, 963; B. 12, 113; Mon. du 11 mars 1791.)

L'Assemblée nationale, considérant que la réunion, sous un même régime, de la perception et régie des droits incorporels dépendant de tous les biens nationaux, aura le double avantage d'en maintenir la valeur et les produits, et d'anéantir de plus en plus toute ancienne distinction entre les diverses origines de ces biens;

Qu'il n'est pas moins essentiel de ne pas séparer la perception et régie desdits droits incorporels de celle des droits d'enregistrement des actes, celle-ci pouvant procurer aux agens de la première les moyens de suivre la trace des mutations, de connaître les profits casuels qui en résultent, et de découvrir les redevables; et que l'établissement qu'il vient de décréter d'une régie particulière pour les droits d'enregistrement lui offre maintenant les moyens de réaliser, dans cette partie d'administration, les vues d'ordre, de simplicité et d'économie auxquelles elle est invariablement attachée; après avoir entendu le rapport de ses comités des domaines, des finances, d'impositions, de féodalité, de l'aliénation, de l'extraordinaire et ecclésiastique, décrète ce qui suit :

Art. 1er. Les droits ci-devant féodaux, et tous autres droits incorporels, tant fixes que casuels, de quelque nature, espèce et quotité qu'ils soient, non supprimés par les décrets de l'Assemblée nationale, et dépendant des domaines et biens nationaux, sans aucune distinction de l'origine desdits domaines et biens, seront perçus, régis et administrés, pour le compte de la nation, par les commissaires et régisseurs qui sont ou seront chargés de la perception d'enregistrement des actes, et par leurs commis et préposés, sous la surveillance des corps administratifs.

2. Les rachats qui seront faits pour parvenir à l'extinction des droits énoncés au précédent article, seront liquidés, en conformité des décrets de l'Assemblée nationale, par lesdits commissaires-régisseurs, leurs commis et préposés.

3. La liquidation par eux faite sera vérifiée et approuvée d'après l'avis des directoires de district, par les directoires des départemens dans les ressorts desquels sont situés les biens dont dépendent les droits rachetables; et les directoires de département enverront tous les mois à l'administrateur de l'extraordinaire, le bordereau des liquidations qu'ils auront vérifiées et approuvées.

4. Le prix des rachats ainsi réglé sera perçu, ainsi que le produit des droits non rachetés, par lesdits commissaires-régisseurs, leurs commis et préposés, et le montant de leurs recettes sera versé par la régie, à la caisse de l'extraordinaire.

5. Les baux des droits incorporels, qui ont été faits en conséquence du décret des 23 et 28 octobre dernier, et les baux antérieurs confirmés par ledit décret, seront exécutés : le prix de ceux de ces baux qui ne comprennent que des droits incorporels, sera perçu par lesdits commissaires-régisseurs, leurs commis et préposés.

Quant à ceux desdits baux qui comprennent d'autres objets que des droits incorporels, le produit en sera versé par les fermiers à la caisse du district.

6. Les droits incorporels dont la perception serait sujette à de trop grandes difficultés, pourront être affermés par les commissaires-régisseurs; ce qui ne pourra néanmoins avoir lieu, ni pour les droits casuels, quelle que soit leur quotité, ni pour les droits fixes payables en argent qui sont de 20 livres et au-dessus. Le prix des baux consentis par la régie sera perçu par elle, ses commis et préposés.

7. Les baux des droits incorporels que la régie voudra affermer seront faits à la poursuite et diligence de ses commis et préposés, devant le directoire du district de la situation des biens dont dépendent les droits incorporels; et il y sera procédé publiquement et à la chaleur des enchères, dans la forme prescrite par le décret des 23 et 28 octobre dernier.

8. Les commissaires-régisseurs, leurs commis et préposés, pourront, toutes les fois qu'ils le jugeront nécessaire, prendre communication sans frais et sans déplacer, même faire des extraits ou copies des titres, registres, papiers et documens dont le dépôt a été ordonné par les articles 9 et 10 du titre III du décret des 23 et 28 octobre dernier, et ils pourront se faire remettre, sous récépissé, les cueilloirs, papiers censiers ou papiers de recette, nécessaires pour le recouvrement.

9. Les commissaires-régisseurs feront faire, dans le plus bref délai, par leurs commis et préposés, des états exacts par corps de domaines, de tous les droits incorporels fixes et annuels, tant en argent qu'en nature, avec évaluation de ces derniers, sauf à compléter ces états par des supplémens, successivement et à mesure des découvertes d'articles négligés ou inconnus. Lesdits états et supplémens seront faits à colonnes, dont une sera destinée à faire mention des extinctions et rachats; et il sera remis des doubles tant à l'administrateur de l'extraordinaire qu'aux archives des administrations de département.

10. La régie est spécialement chargée de veiller à la conservation des droits incorporels, fixes et casuels, et des fonds sujets auxdits droits; en conséquence, elle fera tenir par ses agens et préposés dans l'arrondissement de chaque bureau, des cueilloirs ou papiers de recette des droits qui y sont dus; elle veillera aux prescriptions, et elle exigera des débiteurs les titres nouveaux ou reconnaissances qu'ils seront tenus de fournir.

11. Le relevé des recettes des droits incorporels, déjà faites par les receveurs de district, sera remis par eux aux commis et préposés de la régie; les directoires de département et de district leur feront délivrer aussi des copies des baux déposés dans leurs archives.

12. Les débiteurs des droits casuels ci-devant féodaux, non rachetés, seront tenus d'en faire le paiement dans le trois mois, au plus tard, du jour du contrat de vente ou autre acte translatif de propriété qui aura fait ouverture à ce droit.

13. Les acquéreurs et nouveaux propriétaires qui paieront, dans le délai de trois mois ci-dessus prescrit, les droits casuels ci-devant seigneuriaux, jouiront de la remise d'un quart sur le montant des droits, soit que lesdits droits soient perçus, ou qu'ils soient affermés par la régie. Il sera accordé aucune remise après l'expiration des trois mois fixés pour le paiement, et il ne pourra en aucun cas être fait une remise plus forte que celle du quart; le tout à peine par les commissaires-régisseurs, leurs commis et préposés, d'en répondre en leur propre et privé nom.

14. Il sera sursis, quant à présent et jusqu'à ce qu'il en soit autrement ordonné, à la vente et aliénation des droits incorporels nationaux.

15. Les codébiteurs solidaires de droits incorporels et nationaux pourront racheter sé-

parément leur portion contributive desdits droits ; à la charge , par rapport à ceux qui possèdent divisément partie d'un fonds grevé d'un droit incorporel, de vérifier par des reconnaissances, ou autres actes faits avec le possesseur de ce droit, la quotité dont ils sont tenus dans le total du droit; et par rapport à ceux qui possèdent indivisément , de faire préalablement constater , à leurs frais, cette quotité , contradictoirement avec le préposé de la régie, sous l'inspection du directoire de district.

Quant aux autres codébiteurs du droit dont une portion seulement aura été rachetée , ils continueront d'être tenus solidairement du surplus, jusqu'au rachat qu'ils pourront en faire aussi partiellement dans la forme qui vient d'être prescrite.

16. Dans les cas de vente et de rachat des droits fonciers ou ci-devant féodaux, appartenant à la nation, elle a, pour sûreté du tout ou de partie du prix, hypothèque et privilége sur le fonds qui était grevé desdits droits, et cette hypothèque privilégiée subsistera, quoique le fonds soit passé en mains tierces, nonobstant toutes lois, coutumes et usages contraires, même nonobstant toutes lettres de ratification.

9 (7 et) = 25 MARS 1791.— Décret relatif aux recrutemens, aux engagemens, aux rengagemens.et aux congés. (L. 3 , 1041; B. 12, 118; Mon. du 3 avril 1791.)

Voy. lois du 10 MARS 1818; du 21 MARS 1832.

L'Assemblée nationale , ayant entendu le rapport de son comité militaire sur le recrutement des troupes de ligne, les rengagemens, les dégagemens et les congés, décrète :

TITRE I⁰ʳ.

Art. 1ᵉʳ. Tous les officiers, sous-officiers et soldats de toutes les armes, en activité de service ou attachés à quelques régimens, pourront se livrer au travail des recrues dans le lieu de leur domicile ou de leur résidence ; mais ils ne pourront le faire que pour les régimens même dans lequel ils serviront, sans pouvoir jamais et sous aucun prétexte engager aucun recrue pour un autre régiment.

2. Tous les officiers, sous-officiers et soldats de toutes les armes , retirés du service , ainsi que tous particuliers de quelque état qu'ils soient, pourront également se livrer à ce travail dans le lieu de leur domicile ou de leur résidence; mais ils ne pourront le faire qu'en vertu d'une commission expresse pour recruter , à eux donnée par le conseil d'administration d'un régiment : ils ne pourront recevoir de pouvoir de plusieurs à la fois, et ils ne pourront, sous aucun prétexte, engager pour aucun autre que pour celui qui les y aurait autorisés.

3. Indépendamment de ces deux espèces de recruteurs, les conseils d'administration, en cas d'insuffisance de ces moyens, pourront, s'il leur paraît nécessaire, détacher en outre dans les villes ou dans les départemens, des officiers, sous-officiers et soldats recruteurs; mais ils seront tenus de leur délivrer, à cet effet, des commissions et pouvoirs , sans lesquels ils ne pourront être autorisés à s'occuper de ce travail.

4. Tous les officiers, sous-officiers et soldats en activité de service ou retirés, tous les particuliers autorisés à recruter dans le lieu de leur domicile ou de leur résidence , ainsi que tous officiers ou soldats détachés de leur régiment à cet effet , conformément aux dispositions des articles 1, 2 et 3 ci-dessus, seront tenus, avant de se livrer au travail des recrues, de déclarer au commandant militaire et au commissaire des guerres, s'il y en a , et en outre à la municipalité du lieu et au directoire du district, l'intention dans laquelle ils sont de s'en occuper, le nom du régiment pour lequel ils travailleront, et de leur demander toutes les permissions nécessaires en conséquence. La municipalité, sur le vu de leurs pouvoirs visés par le directoire du district, ou après avoir reconnu leurs droits, résultant de l'activité même de leurs services, leur délivrera, sans pouvoir le refuser, un certificat de recruteur, et les enregistrera comme étant autorisés à cet effet pour tel régiment nominativement ; en conséquence, tous les engagemens faits par des individus non enregistrés à la municipalité , ou par eux pour d'autres régimens que pour ceux pour lesquels ils auraient été inscrits, seront déclarés nuls et de nul effet.

5. Les engagemens qu'ils feront contracter ne seront réputés valables qu'autant qu'ils seront passés dans les formes prescrites, et qu'ils auront été ratifiés avec les formalités qui seront ordonnées ci-après.

6. Tous les officiers, sous-officiers et soldats employés au travail des recrues, quoique non domiciliés habituellement dans le lieu, seront assujétis à tous les réglemens de ville et de police, comme les autres citoyens, et le seront en outre à tous ceux de cette espèce qui pourraient être faits particulièrement, concernant les recruteurs, par les corps administratifs des lieux où ils seront employés, ainsi qu'aux dispositions qui seront prescrites ci-après, pour assurer l'ordre de leur travail.

Il ne sera plus exigé des officiers aucun homme de recrue comme condition de leur semestre, congé, ou de leur admission au service; il ne leur sera plus fait, en conséquence, aucune retenue en raison des hommes qu'ils n'auraient pas engagés.

TITRE II. Des recrues.

Art. 1ᵉʳ. Dans toutes les troupes, on n'engagera à l'avenir de recrues que depuis l'âge de seize ans accomplis, jusqu'à quarante ans en temps de paix, et jusqu'à quarante-cinq en temps de guerre, pourvu toutefois que ceux qui auront ce dernier âge aient précédemment servi, et qu'ils soient encore en état de remplir la durée entière d'un engagement. Ceux qui s'engageront avant l'âge de dix-huit ans ne pourront le faire que du consentement de leurs pères ou mères, ou tuteurs ou curateurs, s'ils en ont; sans ce consentement, leur engagement sera déclaré nul. A dix-huit ans, ils le pourront sans aucune intervention de famille, et ils ne seront plus admis à aucune réclamation. Les présentes dispositions n'auront point d'effet rétroactif pour les soldats déjà engagés dans l'armée avant l'âge de dix-huit ans.

2. Aucun régiment français, soit d'infanterie, d'infanterie légère, soit de cavalerie, dragons ou chasseurs, ne pourra, sous aucun prétexte, engager des hommes nés hors de la domination française, ni déserteurs d'aucun régiment.

3. Les régimens ci-devant connus sous le nom d'Allemands, Irlandais et Liégeois, seront seuls autorisés à engager des étrangers; il leur sera permis, néanmoins, d'engager des Français; mais il leur sera défendu, sous aucun prétexte, de prendre des déserteurs des régimens français, à moins qu'ils n'aient eu leur amnistie.

4. Les régimens suisses continueront les opérations de leur recrutement, conformément à leurs usages et à leurs capitulations.

5. Il est défendu d'engager, sous aucun prétexte, les déserteurs, les vagabonds, les mendians d'habitude, les gens suspects ou soupçonnés de crimes, ceux poursuivis et flétris par la justice, ainsi que ceux qui auront été chassés des régimens.

Titre III. Des engagemens.

Art. 1er. Tout recruteur sera tenu de déclarer à l'homme de recrue qu'il veut engager, le nom du régiment et l'espèce de troupe pour laquelle il l'engage.

2. La durée de l'engagement, dans toutes les troupes, tant infanterie que de cavalerie, dragons, chasseurs et hussards, sera fixé à huit ans, et ne pourra, sous aucun prétexte, être portée au-delà.

3. Le prix des engagemens sera déterminé en raison de la taille des hommes, et sera toujours porté en dépense par les recruteurs et par les régimens, tel qu'il aura été payé réellement : il sera divisé en deux parties; l'une qui pourra être donnée comptant à l'homme qui s'engagera, et l'autre qui sera toujours réservée pour lui être payée à son arrivée au régiment, et servir à lui fournir tous les effets de petit équipement qui pourraient lui être nécessaires, ainsi qu'il sera

plus particulièrement prescrit par les réglemens.

Le recruteur, après avoir pris, sur la conduite, sur l'âge et sur la probité de l'homme qui se présentera à lui pour s'engager, tous les renseignemens nécessaires; après s'être fait représenter tous les certificats dont il pourrait être porteur pour constater son âge et son existence civile; après s'être assuré du consentement de ses père, mère ou tuteur, s'il n'a pas dix-huit ans; enfin, après avoir fait vérifier, dans les formes qui pourraient être prescrites par les réglemens, qu'il n'a point d'infirmités qui puissent l'empêcher de porter les armes, lui fera signer son engagement.

5. Tout engagement contracté dans l'ivresse, par surprise ou par violence de la part du recruteur, sera déclaré nul à la ratification.

6. Si l'homme de recrue sait écrire, il remplira lui-même l'imprimé de son engagement, en y écrivant de sa main ses noms, demeure, âge, et sommes convenues avec lui, tant payables comptant que payables à son arrivée au régiment, lesquelles seront détaillées en toutes lettres, il le datera de même, et le signera de ses noms de baptême et de famille.

7. Tout engagement qui ne sera pas daté, rempli en toutes lettres, et signé par le recrue, ainsi qu'il est prescrit en l'article précédent, sera déclaré nul; et pour le rendre valable, si le recrue ne sait pas écrire, il fera sa marque au bas, en présence de deux témoins, par l'un desquels les blancs de l'engagement devront être remplis, et qui devront le signer tous les deux en cette qualité.

8. Ces témoins ne pourront être des militaires, sous peine de nullité de l'engagement; ils seront pris parmi les domiciliés de l'endroit, et il sera fait mention, au bas de leur signature, de leur demeure et de leur qualité.

9. L'engagement, quoique signé et soldé, ne sera valable néanmoins qu'après la ratification faite à la municipalité du lieu, et ainsi qu'il sera dit ci-après.

10. Le recruteur sera tenu de présenter, dans les trois jours, les hommes de recrue qu'il aura engagés, à la municipalité du lieu, pour leur faire ratifier leur engagement. Cette ratification ne pourra avoir lieu dans la même journée, pendant laquelle l'engagement aura été contracté, ni être remis au-delà des trois jours.

11. Si l'homme de recrue, au moment de la ratification, réclame contre la validité de son engagement, contre la violence qui aurait pu être employée pour le lui faire contracter, ou contre son ivresse dont on aurait abusé, la municipalité vérifiera le fait; s'il est grave, elle en fera une information dans les règles. Si cette vérification ou cette information lui fait juger indispensable de ne

point ratifier l'engagement, elle le refusera; mais elle ne le pourra faire qu'après avoir appelé pour être témoin des raisons de son refus, le commissaire des guerres, s'il y en a, ou, à son défaut, un officier, n'importe de quel grade, soit en activité, soit retiré du service.

12. Si la municipalité croit devoir prononcer la nullité de l'engagement, elle fera restituer en sa présence au recruteur, par le recrue, la somme stipulée lui avoir été payée comptant, telle qu'elle sera énoncée par son engagement, à moins que ce dernier ne puisse prouver qu'elle ne lui a pas été réellement délivrée. Si, au contraire, elle croit devoir procéder à la ratification, elle le fera en présence du recrue et du recruteur, en signant au bas de l'engagement la formule de ratification qui y sera insérée.

13. Si l'homme de recrue réclamant contre la validité de son engagement susceptible d'être déclaré nul, n'est pas en état de restituer aussitôt les sommes qu'il aurait touchées, il sera tenu de fournir caution pour cette somme, dans le délai de trois jours; sinon, après cette époque, son engagement sera déclaré valable, et il sera obligé de rejoindre le régiment.

14. Chaque municipalité tiendra un registre de recrutement; elle sera tenue d'y inscrire le nom de tous les recruteurs, de quelque espèce qu'ils soient, qui auraient fait constater par elles leurs droits ou leurs pouvoirs pour recruter, ainsi que tous les engagemens présentés par chacun d'eux, qu'elle ratifiera, ou dont elle refusera la ratification; et, dans ce dernier cas, elle y détaillera les raisons qui l'y auraient déterminée, ainsi que les noms du commissaire des guerres ou de l'officier appelé pour être témoin de ce refus de ratification, lequel sera tenu de signer au registre.

15. Les recrues qui se feront au corps soit en garnison, soit en route, seront engagés avec les mêmes formalités. La municipalité de la garnison ou du lieu de passage sera chargée des ratifications, et sera tenue aux mêmes inscriptions sur les registres de recrutement, que toutes les municipalités devront avoir. Lorsqu'un régiment sera en route, les ratifications pourront se faire dans la journée même, si le régiment n'y a pas séjour.

16. Tout homme de recrue qui, se repentant de s'être engagé, voudrait, avant la ratification, faire annuler son engagement, sans cependant pouvoir attaquer sa validité, pourra y parvenir en portant sa demande à ce moment à la municipalité; celle-ci, mais en présence seulement du commissaire des guerres, s'il y en a, ou, à son défaut, d'un officier, n'importe de quel grade, soit en activité, soit retiré du service, appelé à cet effet, ainsi

qu'en la présence du recruteur, en prononcera la résiliation, aux conditions prescrites ci-après. Une fois la ratification consommée, l'homme de recrue, pour obtenir son dégagement, sera tenu de se conformer aux dispositions qui seront prescrites ci-après pour les congés de grâce. Il est défendu expressément à tout recruteur d'annuler les engagemens, sous aucun prétexte et pour aucun prix, lorsqu'ils auront été ratifiés.

17. Tout homme de recrue qui désirera, conformément aux dispositions de l'article précédent, de se faire restituer son engagement, pourra le faire en remettant sur-le-champ au recruteur la somme reçue comptant par lui en s'engageant, et stipulée sur son engagement, et en outre celle de vingt-quatre livres pour indemnité des faux-frais de recrutement : en payant par lui ces deux sommes, le recruteur, sous aucun prétexte, ne pourra en exiger davantage, ni se refuser à lui remettre son engagement.

18. La municipalité, en annulant ainsi cet engagement, en fera mention sur son registre, et cette mention sera signée par le commissaire des guerres ou l'officier appelé pour le suppléer, ainsi que par le recruteur.

19. Toutes conventions portées dans les engagemens, ou faites verbalement, tendant à les annuler en restituant les sommes reçues dans un temps fixé, ainsi que toute promesse d'une solde plus forte que celle établie par les décrets, ou d'un grade quelconque en arrivant au régiment, sont défendues sous peine de nullité de l'engagement.

20. S'il s'élevait des contestations pour raison des engagemens, soit entre les recruteurs et les hommes engagés, soit entre les recruteurs de différens régimens, les uns et les autres seront tenus de s'adresser à la municipalité, qui jugera de la validité de l'engagement, mais en présence seulement du commissaire des guerres, s'il y en a, ou, à son défaut, d'un officier, n'importe de quel grade, appelé conformément aux dispositions ci-dessus.

21. S'il s'élève quelques difficultés entre la municipalité et les recruteurs, commissaires des guerres, ou officiers appelés pour juger de la validité des engagemens ou de leur restitution, les contestations sur l'appel du recruteur, du commissaire des guerres, ou de l'officier appelé, seront portées devant le directoire du département, qui prononcera, mais en présence seulement du commissaire ordonnateur du département, ou de celui qui en fera les fonctions.

22. Les recruteurs, ainsi que les recrues dont les engagemens auront été ratifiés, seront toujours immédiatement sous les ordres des commandans militaires dans les villes où il y en aura d'établis, et leur seront en conséquence subordonnés pour tout ce qui

pourra intéresser la police et la discipline militaire.

23. Il sera statué par les réglemens sur les précautions ultérieures à ordonner, soit aux gendarmes nationaux, soit aux commandans ou commissaires des guerres employés, soit aux régimens mêmes, relativement au service des recruteurs et à leur comptabilité, ainsi que relativement aux recrues, à leur envoi, à leur conduite au régiment, à leur admission ou à leur réjection.

Titre IV. Des rengagemens.

Art. 1er. Tout sous-officier ou soldat, tant dans l'infanterie que dans les troupes à cheval ou l'artillerie, qui sera reconnu en état de continuer ses services, et qui aura servi de manière à faire désirer de le conserver, sera admis à se rengager de nouveau pour deux ou quatre ans au plus, c'est-à-dire, pour un quart ou un demi-rengagement de huit ans, le tout à son choix; et il pourra le faire lorsqu'il ne lui restera plus que deux ans de service de son engagement ou rengagement courant; il pourra le faire aussi pour quatre ans ou pour huit ans, mais dans le moment seulement où il serait dans le cas d'obtenir son congé absolu.

La demande en sera faite en son nom au conseil d'administration du régiment, qui prononcera en conséquence sur l'acceptation ou sur le refus.

2. Les prix des engagemens seront payables de deux manières, au choix de l'homme rengagé, ou en argent comptant, ou en haute-paie pendant toute la durée du rengagement; ils seront les mêmes pour tous les grades: il sera en conséquence stipulé sur le certificat de rengagement, si la valeur en a été convenue payable en argent ou en haute-paie.

3. Les prix des rengagemens en argent, ainsi que les hautes-paies qui en seront représentatives, augmenteront progressivement du premier au second, et du second au troisième rengagement, c'est-à-dire, de huit ans en huit ans. Le troisième rengagement, qui n'aura lieu qu'après vingt-quatre ans de service révolus, ne sera plus qu'annuel.

4. Les rengagemens, tant en argent comptant qu'en hautes-paies représentatives, seront fixés pour toutes les armes, ainsi qu'il suit, savoir:

ARGENT COMPTANT.

Infanterie française, étrangère et légère.

Premier rengagement de huit ans, cent francs, sur le pied de douze livres dix sous par an.

Deuxième rengagement de huit ans, cent trente livres, sur le pied de seize livre dix sous par an.

Troisième rengagement annuel, vingt livres par an.

Artillerie, mineurs, ouvriers, cavalerie, carabiniers.

Premier rengagement de huit ans, cent vingt livres, faisant par an quinze livres.

Deuxième rengagement, cent cinquante livres, faisant par an dix-huit livres quinze sous.

Troisième rengagement annuel, vingt-quatre livres par an.

Dragons, chasseurs, hussards.

Premier rengagement de huit ans, cent dix livres, faisant par an treize liv. quinze sous.

Deuxième rengagement de huit ans, cent quarante livres, faisant par an dix-sept livres dix sous.

Troisième rengagement annuel, vingt-une livres par an.

HAUTES-PAIES.

Infanterie française, étrangère et légère.

Premier rengagement, neuf deniers par jour, faisant par an treize livres treize sous neuf deniers.

Deuxième rengagement, un sou par jour, faisant par an dix-huit livres cinq sous.

Troisième rengagement, un sou six deniers par jour, faisant par an vingt-sept livres sept sous six deniers.

Artillerie, mineurs, ouvriers, cavalerie, carabiniers.

Premier engagement, onze deniers par jour, faisant par an seize livres quatorze sous sept deniers.

Deuxième rengagement, un sou deux deniers par jour, faisant vingt-une livres cinq sous dix deniers par an.

Troisième rengagement, un sou huit deniers par jour, faisant par an trente liv. huit sous quatre deniers.

Dragons, chasseurs, hussards.

Premier rengagement, dix deniers par jour, faisant quinze livres quatre sous deux deniers par an.

Deuxième rengagement, un sou un denier par jour faisant dix-neuf livres quinze sous cinq deniers par an.

Troisième rengagement, un sou sept deniers par jour, faisant vingt-huit livres dix-sept sous onze deniers par an.

5. Le montant de ces hautes-paies de rengagement sera cumulé avec la solde de l'homme, pour établir le calcul des grâces dont il pourrait être susceptible pour sa retraite, lorsqu'il les aura préférées aux rengagemens payés comptant. Ceux qui en auraient touché la valeur de cette dernière manière, ne seront point admis à réclamer la cumulation des hautes-paies dont ils auraient pu se trouver susceptibles par leurs rengagemens.

6. Aucun grade obtenu ne rengagera plus

désormais dans aucune arme ; ceux néanmoins qui se trouveraient dans ce cas, en exécution de l'ordonnance du 20 juin 1788, concernant le recrutement, resteront assujétis aux rengagemens contractés en conséquence, comme ayant reçu en indemnité le prix stipulé pour ce rengagement par cette ordonnance.

7. Dans toutes les armes, excepté dans les régimens suisses, qui conserveront à cet effet les usages de leurs capitulations, les adjudans, les sergens-majors et *sergens*, dans l'infanterie française étrangère et légère, ainsi que dans l'artillerie, les mineurs et les ouvriers ; les maréchaux-des-logis en chef, *et les maréchaux-des-logis ordinaires* ; dans toutes les troupes à cheval, ne seront plus engagés, à compter du jour où ils parviendront à ce grade, et ils seront libres d'abandonner ces emplois, de la même manière que les officiers, moyennant leur démission, mais en prévenant néanmoins trois mois à l'avance.

En cessant ainsi d'être engagés, ils ne seront pas tenus de rendre la somme qu'ils auraient pu recevoir pour le rengagement anticipé qu'ils auraient pu contracter ; mais ils cesseront, à compter de ce jour, de jouir de la haute-paie qu'ils auraient pu obtenir à ce titre.

Les présentes dispositions auront leur effet, à compter du jour de la publication du présent décret, en faveur de tous ceux revêtus à présent de ces grades.

8. Tout soldat qui se rengagera, soit dans le même régiment, soit dans un autre, conservera les droits résultant de l'ancienneté de ses premiers services, pour l'acquisition des droits de citoyen actif, pour la décoration militaire, et pour la retraite : dans l'un et l'autre cas, l'intervalle du temps entre le congé et le rengagement ne sera pas compté pour obtenir ces récompenses.

9. Quoiqu'un soldat ayant déjà servi dans un régiment puisse être dans le cas de jouir dans un autre des droits conservés par l'article précédent, il ne prendra néanmoins rang dans la compagnie où il entrera, que du jour de son arrivée, et ne pourra parvenir aux hautes-paies qu'à son rang d'ancienneté dans cette compagnie, et au rengagement annuel, que par une suite des services nécessaires à cet effet, et non interrompus dans le même régiment.

Tout soldat sorti d'un régiment, et qui s'y rengagera avant l'expiration de trois mois, y reprendra son rang d'ancienneté, et même son grade, vacance arrivant d'un de ces emplois ; passé cette époque, il ne sera plus admis à cette faveur.

TITRE V. Des congés d'ancienneté, des réformes et des dégagemens.

Art 1er. En temps de paix, les congés ab-

solus seront toujours expédiés au jour même de leur expiration.

2. En temps de guerre, les congés absolus qui viendraient à échoir pendant la campagne seront retardés jusqu'au moment de la rentrée des troupes dans leurs quartiers d'hiver. Ils seront alors expédiés aussitôt ; et il sera tenu compte aux hommes dans ce cas, et par un décompte particulier fait à cette époque, de la portion de temps pendant laquelle leurs congés auraient été suspendus, en les indemnisant d'après le tarif fixé ci-dessus, en raison de la classe du rengagement qu'ils auraient été dans le cas de contracter.

3. Si les hommes, dans ce cas, préféraient la haute-paie représentative du rengagement, ils seront libres de le déclarer au moment où leur congé absolu devra leur être expédié ; alors ils en jouiront en raison de la classe de leur rengagement, conformément au tarif, à compter de ce jour jusqu'à celui auquel leur congé absolu leur sera réellement expédié.

4. Les congés absolus d'ancienneté seront délivrés ainsi qu'il a été dit ci-dessus, soit que l'homme soit présent au corps, soit qu'il en soit absent par congé : dans ce dernier cas, on ne le forcera pas de rejoindre pour venir chercher sa cartouche ; mais alors il ne pourra pas réclamer les parties de sa solde et masse d'entretien de son absence, dont il n'aurait dû être payé que sur le rappel qui en aurait été fait à son retour, lequel rappel en conséquence n'aura pas lieu pour lui.

5. Il sera fait à tout homme congédié par ancienneté, le décompte de tout ce qui devra lui revenir pour sa solde, les hautes-paies de son grade, ses six deniers de poche, et sa masse d'entretien, jusqu'au jour de son congé, s'il est présent au corps, ou jusqu'au jour seulement auquel il se sera absenté, s'il est en congé : dans l'un et l'autre cas, ce décompte sera toujours détaillé sur sa cartouche.

6. Le décompte de sa haute-paie de rengagement, s'il y a lieu, lui sera toujours fait jusqu'au jour de son congé absolu, soit qu'il soit absent ou présent ; il en sera pareillement fait mention sur sa cartouche.

7. Tout homme congédié par ancienneté emportera avec lui l'habit, la veste, le chapeau et la culotte de son habillement courant, sans qu'ils puissent être échangés contre d'autres d'une moindre valeur. Il sera tenu de laisser son sabre, sa buffleterie et son armement, ou de renvoyer à ses frais celles de ces parties d'armement et d'équipement qu'il pourrait avoir emportées avec lui en congé, avant de faire réclamer sa cartouche, qui ne lui sera expédiée qu'après ce renvoi.

8. Tout homme dans le cas d'être congédié par ancienneté, et qui se trouvera redevoir à la caisse du régiment, ne pourra obtenir son congé qu'après s'être acquitté envers elle : en conséquence, il sera tenu de continuer ses

services jusqu'à ce que, par ses économies ou retenues consenties par lui, il se soit totalement libéré.

9. Tout homme de recrue arrivé à un régiment, lorsqu'il ne sera pas admissible, soit par défaut de taille, soit pour raison de quelques infirmités, ne pourra être renvoyé que sur l'avis du conseil d'administration assemblé à cet effet. La subsistance lui sera fournie pendant quatre jours francs, non compris celui de son arrivée, pour lui donner le temps de se reposer; il lui sera remis pour sa route trois sous par lieue, depuis sa garnison jusqu'à l'endroit où il aura été engagé.

10. Il sera statué par les règlemens sur les différens cas dans lesquels ces faux-frais devront être au compte du recruteur, et la manière de les porter en dépense sur la masse destinée au recrutement, lorsqu'ils ne devront pas être supportés par lui.

11. Aussitôt qu'un homme aura été admis dans un régiment, il ne pourra plus être réformé que par l'officier-général chargé de son inspection; et, excepté dans des cas de licenciement, il ne pourra plus être réformé faute de taille, aussitôt qu'il y aura fait la guerre. Les hommes dans le cas de la réforme seront présentés à l'officier-général, afin qu'il puisse la prononcer, s'il y a lieu; ils ne pourront en conséquence être réformés que présens au régiment, à moins d'un cas d'impossibilité dûment constaté.

12. Il sera expédié à chaque homme, dans ce cas, un congé de réforme, qui en détaillera les causes et les motifs.

13. Tout homme à son troisième engagement, c'est-à-dire, ayant plus de vingt-quatre ans de service, ne pourra plus être réformé pour raison d'infirmités, de quelque cause qu'elles proviennent; il sera conservé au régiment sans faire d'autres services que ceux dont il pourrait rester susceptible, jusqu'à ce qu'il puisse obtenir les grâces qui seront dans le cas de lui être accordées, d'après les règles prescrites à ce sujet.

14. Tout homme qui serait dans le cas d'être réformé pour une infirmité résultant d'une blessure à la guerre, ou suite de quelque accident occasionné par son service, même en temps de paix, ne pourra l'être, quel que soit son peu d'ancienneté, qu'en assurant son existence; il restera, en attendant, à son régiment, et ne demeurant assujéti qu'aux services dont il pourrait encore être susceptible.

15. Il sera libre à tous les soldats de toutes les armes, en temps de paix seulement, de demander à se dégager aux conditions qui seront prescrites ci-après; mais leur congé absolu ne pourra leur être expédié qu'au moment de la revue finale d'inspection de chaque année. Tous ceux qui voudront obtenir ainsi leurs congés, seront tenus de se faire inscrire deux mois avant cette époque.

L'état en sera présenté alors à l'officier-général, et il sera autorisé à faire délivrer tous les ans des congés de cette espèce jusqu'à la concurrence du trentième du complet dans les régimens d'infanterie, et du quarantième seulement dans ceux des troupes à cheval, en suivant l'ordre d'inscription de ces hommes.

16. Il ne sera délivré des congés de grâce qu'aux hommes présens au corps.

Si cependant quelques affaires importantes et pressées, bien constatées par les certificats des corps administratifs, exigeaient que quelque soldat fût congédié de cette manière, sans attendre le moment de la revue, il pourra lui être expédié, en attendant cette époque, un congé limité, aussitôt qu'il aura fait la remise de ses effets d'habillement et d'équipement, et de la somme qu'il sera tenu de verser à la caisse; mais sa cartouche de congé absolu ne lui sera jamais expédiée que par ordre exprès de l'inspecteur.

17. Tout homme qui obtiendra un congé de grâce sera tenu de laisser au régiment toutes les parties de son habillement, équipement et armement courant; son décompte lui sera fait jusqu'au jour de son départ, comme aux hommes congédiés par ancienneté, sans pouvoir lui être retenu sous aucun prétexte, non plus que les effets à lui appartenant.

18. Tout homme redevable de quelque somme à la caisse du régiment ne pourra être admis à obtenir son congé de grâce, qu'après s'être acquitté totalement envers elle.

19. Tout homme, pour obtenir son congé de grâce, sera tenu de verser préliminairement à la caisse du régiment, le double de la somme stipulée ci-dessus, pour le premier rengagement de huit ans dans son arme, s'il lui reste sept années et plus à achever; cette somme décroîtra d'un huitième tous les ans, en raison du moindre nombre d'années qui lui resteraient à courir, le tout conformément au tableau ci-après pour chaque arme, savoir:

Infanterie française, étrangère et légère.

Huit ans de service, 200 liv.; sept ans, 175 liv.; six ans, 150 liv.; cinq ans, 125 liv.; quatre ans, 100 liv.; trois ans, 86 liv.; 2 ans, 50 liv.; un an, 25 liv.

Artillerie, mineurs, ouvriers, cavalerie, carabiniers.

Huit ans de service, 240 liv.; sept ans, 210 liv.; six ans, 180 liv.; cinq ans, 150 liv.; quatre ans, 120 liv.; trois ans, 90 liv.; deux ans, 60 liv.; un an, 30 liv.

Dragons, chasseurs, hussards.

Huit ans de service, 216 liv.; sept ans, 189 liv.; six ans, 162 liv.; cinq ans, 135 liv.

quatre ans, 108 liv.; trois ans, 81 liv.; deux ans, 54 liv.; un an, 27 liv.

20. Tout homme qui obtiendra son congé de grâce étant absent, n'aura droit à réclamer son décompte que de la même manière prescrite pour les hommes congédiés par ancienneté, par les articles précédens.

21. Les cartouches des congés de grâce seront signées de tous les membres du conseil d'administration et de l'inspecteur; elles seront visées par le commissaire des guerres: elles exprimeront en toutes lettres la somme qui aura été payée en raison des années de service restant à faire, ainsi que le montant du décompte payé à l'homme congédié, etc., etc.

22. En temps de guerre, il ne sera expédié aucun congé de grâce; ce temps sera censé commené du jour où un régiment aura reçu l'ordre de se porter au complet de guerre.

23. Il sera statué par les réglemens sur les autres formalités de détail pour l'expédition des différentes espèces de congés absolus, ainsi que pour la surveillance à ce sujet à prescrire aux commissaires des guerres chargés des revues et police des troupes.

---

9 = 20 MARS 1791. — Décret qui établit des juges-de-paix à Conflans, Saint-Honorine, Dunkerque, Montauban, Vitré; des tribunaux de commerce à Bayeux, Louhans, Limoges, Pamiers; et qui réunit les municipalités des hameaux de la Croix-Verte et de l'Ile-Neuve à celle de Saumur. (L. 3, 1010; B. 12, 110.)

9 MARS 1791. — Décret relatif à la translation à Orléans des prisonniers détenus pour crime de lèse-nation, dans les prisons de l'abbaye Saint-Germain de Paris. (B. 12, 113.)

10 = 20 MARS 1791. — Décret relatif à l'adjudication des fournitures des vivres pour la marine, et au compte à rendre par les anciens régisseurs. (L. 3, 943; B. 12, 139.)

L'Assemblée nationale décrète :

1° Que le ministre de la marine justifiera, dans trois jours, de l'exécution qu'il a dû donner au décret du 10 octobre 1790, qui ordonne que l'adjudication des fournitures des vivres pour la marine sera ouverte dès le 1er janvier 1791; 2° que la régie des vivres de la marine présentera un compte général, arrêté et certifié, des sommes qu'elle a reçues du Trésor public pendant son exercice, et de celle qu'elle a dépensées en achats, approvisionnemens et frais de régie.

L'Assemblée nationale charge son comité militaire de lui présenter, dans huit jours au plus tard, ses vues sur la fourniture des vivres et des fourrages.

---

10 = 20 MARS 1791. — Décret relatif à la nomination des vicaires épiscopaux. (L. 3, 976; B. 12, 143.)

L'Assemblée nationale, ouï le rapport de son comité ecclésiastique, décrète que l'article 22 du titre II de la constitution civile du clergé, sera rétabli tel qu'il a été décrété le 14 juin 1790, et qu'il se trouve dans le procès-verbal de la séance dudit jour, dans les termes suivans :

« 22. L'évêque aura la liberté de choisir « les vicaires de son église cathédrale, dans « tout le clergé de son diocèse, à la charge « par lui de ne pouvoir nommer que des « prêtres qui auront exercé les fonctions ec- « clésiastiques au moins pendant dix ans; et « les vicaires une fois nommés ne pourront « être destitués ni par l'évêque qui les aura « choisis, ni par son successeur, que de l'a- « vis de son conseil, et par une délibération « qui y aura été prise à la pluralité des voix « et en connaissance de cause. »

---

10 = 20 MARS 1791. — Décret qui ordonne aux ministres de dresser des états détaillés des remplacemens des fonctionnaires publics absens. (L. 3, 994; B. 12, 138.)

10 = 27 MARS 1791. — Décret portant que les employés de la régie des droits sur les draperies et soieries, seront traités comme ceux des fermes. (L. 3, 1118; B. 12, 139.)

10 = 20 MARS 1791. — Décret qui ordonne le remboursement de plusieure finances d'offices, indemnités et ordonnances sur le département de la guerre. (B. 12, 140.)

10 MARS = 10 AVRIL 1791. — Décret concernant l'exécution des décrets relatifs à la contribution patriotique. (L. 4, 151.)

10 = 17 MARS 1791. — Décret qui ordonne que le trésor public fournira à la municipalité de Paris une somme de trois millions à titre d'avance, à la charge d'en faire l'emploi indiqué, et d'en justifier au département un mois après la réception des fonds. (L 3, 916; B. 12, 144.)

---

10 = 30 MARS 1791. — Décret qui autorise le département de Loir-et-Cher à acquérir les bâtimens nécessaires à son établissement. (L. 3, 1150; B. 12, 143.)

10 MARS 1791. — Trésor public. *Voy.* 27 MARS 1791.

---

11 = 27 MARS 1791. — Décret qui supprime divers officiers et employés dans les hôtels de la guerre. (L. 3, 1091.)

L'Assemblée nationale, ouï le rapport de son comité militaire sur les employés des hôtels de la guerre de Paris, Versailles, Compiègne et Fontainebleau, décrète ce qui suit:

Art. 1er. La place de gouverneur est supprimée, ainsi que celle de médecin, de chirurgien et de peintre de batailles; et le traitement attaché auxdites places sera rayé des états, à compter du 1er avril prochain.

2. Le traitement des trois ingénieurs-géographes employés à la carte des chasses du Roi, sera renvoyé à la liste civile, à compter du même jour.

3. A l'égard de toutes les autres dépenses qui peuvent demeurer nécessaires pour lesdits hôtels, elles seront suspendues à compter du 1er avril prochain, et elles ne seront rétablies qu'en vertu d'un décret de l'Assemblée, rendu sur un état nominatif et détaillé de la cause et du montant desdites dépenses, lequel sera imprimé et distribué préalablement à la délibération.

———

11 MARS = 10 AVRIL 1791. — Décret qui règle les obligations des fermiers envers les propriétaires, relativement à la dime, aux vingtièmes, capitation, taille et autres contributions. (L. 4, 190; B. 12, 14; Mon. du 12 mars 1791.)

Art. 1er. La valeur de la dime de chaque fermage étant une fois fixée à l'amiable ou à dire d'experts, le fermier, jusqu'à l'expiration de son bail, en paiera le montant chaque année au propriétaire, en argent, aux mêmes époques et dans la même proportion que le prix des fermages.

2. Aux mêmes époques, le fermier paiera de plus, chaque année, jusqu'à l'expiration de son bail, au propriétaire ou possesseur, une somme égale à celle des tailles, accessoires, capitation taillable, fouages, impositions équivalentes et contribution pour les chemins, auxquelles il aura été personnellement cotisé sur les rôles de 1790, à raison de chaque fermage.

3. Les fermiers, sous-fermiers, métayers ou colons qui, par leurs baux, étaient expressément assujétis à l'acquittement des vingtièmes, tiendront compte chaque année au propriétaire, d'une somme égale à celle que le bien affermé a dû acquitter en 1790 pour cet objet. Ils en feront les paiements aux mêmes époques que celles ci-dessus fixées.

4. Les fermiers, sous-fermiers, métayers ou colons ne pourront être assujétis à aucune autre indemnité, soit à raison des anciennes impositions dont ils étaient tenus personnellement, soit à raison de celles qui seront désormais à la charge des propriétaires, qui doivent acquitter la contribution foncière, quelles que soient les clauses qui aient pu être insérées dans les baux passés avant la publication du décret du 23 novembre 1790.

5. Les sous-fermiers, métayers et colons tiendront compte au fermier des impositions et de la dime, suivant les règles prescrites par les articles précédens; et le fermier tiendra compte au propriétaire de toutes les sommes qu'il aura droit de recevoir de lui pour cette indemnité.

6. Les propriétaires qui ont passé des baux après la promulgation du décret des 14 et 20 avril dernier ne pourront réclamer de leurs fermiers, sous-fermiers, métayers ou colons, la valeur de la dime, à moins que ce ne soit une clause expresse du bail.

7. Les fermiers, sous-fermiers, métayers ou colons dont les baux ont été passés depuis la publication du décret sur la contribution foncière, du 23 novembre dernier, ne tiendront compte au propriétaire d'aucune portion de cette contribution, ni des sous pour livre répartis au marc la livre, à moins que ce ne soit une clause expresse du bail.

8. Les colons ou métayers qui partagent les fruits récoltés avec le propriétaire, fermier ou sous-fermier, leur tiendront compte, conformément aux articles précédens, de la valeur de la dime, en proportion de la quotité de fruits qui leur appartient, et du montant des impositions auxquelles il ont été cotisés en 1790, à raison de leur exploitation.

9. Tout propriétaire qui voudra former demande en justice pour le paiement des sommes dont son fermier devra lui tenir compte, tant à raison de la dime que des impositions, réduira l'objet de sa demande en somme déterminée; et cependant il nommera dans son acte l'expert dont il entend faire son choix pour procéder à une nouvelle évaluation, dans le cas où la sienne serait contestée.

Et, ce cas arrivant, les frais de l'expertise seront supportés, savoir, par le propriétaire, si son évaluation est jugée trop forte, et par le fermier, si elle jugée juste.

10. Lorsque le propriétaire n'aura point formé sa demande, le fermier pourra former offre, par acte extrajudiciaire, d'une somme déterminée pour la valeur de la dime et le montant d'imposition dont il doit tenir compte, en désignant néanmoins l'expert dont il entend faire choix pour procéder à une nouvelle évaluation, au cas où la sienne serait contestée. Si son offre est refusée et jugée insuffisante, les frais d'expertise seront à sa charge; et dans le cas contraire, ils seront payés par le propriétaire.

11. Lorsque la valeur de la dime et le remplacement des anciennes impositions qui étaient à la charge du fermier, seront dus à un propriétaire pour raison d'un même fermage, la demande ou l'offre comprendra les deux objets.

12. Les tuteurs, curateurs et autres administrateurs pourront traiter de gré à gré avec les fermiers ou colons, former des demandes et accepter les offres qui leur seront faites.

———

11 MARS 1791. — Décret relatif à l'abolition du costume des ordres religieux. (B. 12, 145.)

Sur la proposition faite à l'Assemblée de déclarer qu'en abolissant les costumes particuliers de tous les ordres religieux, elle a entendu n'abolir que l'obligation de ne se vêtir que suivant ces costumes, un autre membre ayant observé qu'il était inutile de faire un décret à ce sujet, et qu'il suffirait d'insérer dans le procès-verbal, que l'Assemblée nationale n'avait point entendu priver les religieux et religieuses de la faculté de continuer à porter leur costume, si bon leur semble,

L'Assemblée nationale a décrété que cette observation serait insérée dans le procès-verbal, et a renvoyé au pouvoir exécutif.

___

11 = 15 MARS 1791. — Décret portant circonscription des deux paroisses de Soissons. (L. 3, 847; B. 12, 146.)

___

12 = 20 MARS. 1791. — Décret relatif à la réunion de divers domaines nationaux aux arsenaux de plusieurs ports. (L. 3, 957; B. 12, 150.)

Art. 1er. Le couvent des Capucins de Brest et le terrain qui en dépend, situés sur le rocher qui domine le port, seront réunis à l'arsenal.

2. L'église paroissiale de Rochefort, située près des nouvelles formes de construction des vaisseaux, sera démolie, pour l'emplacement en être réuni à l'arsenal.

3. La maison conventuelle des Capucins sera réunie à l'arsenal, et le pré du ci-devant chapitre de Toulon, contigu à la demi-lune dans laquelle la boulangerie se trouve placée, ne sera point aliéné.

4. Le couvent des Récollets de Royan, et le terrain qui en dépend, seront affectés au service de la marine, pour servir d'hôpital aux équipages des vaisseaux de l'État et des bâtimens marchands.

5. Les bâtimens et terrains dépendant de l'Abbaye de Notre-Dame du Vœu, près Cherbourg, seront affectés au service de la rade et de l'arsenal, à l'exception néanmoins du terrain séparé par la grande route de Cherbourg à Querqueville, à partir du mur des casernes de la marine.

Tous les titres de propriété desdits terrains et bâtimens situés à Brest, Rochefort, Toulon, Royan et Cherbourg, seront remis incessamment au département de la marine.

Les terrains, bâtimens, magasins, maisons et établissemens, et de quelque nature qu'ils puissent être, et en quelque endroit qu'ils soient situés, actuellement dépendant du département de la marine, continueront de lui être exclusivement affectés suivant leur destination actuelle, sauf la responsabilité du ministre de ce département, et sans qu'aucun corps civil ou administratif de l'intérieur puisse s'immiscer en aucune manière dans la régie et administration desdits biens.

___

12 et 13 = 15 MARS 1791. — Décret relatif aux dépenses à acquitter par la caisse de l'extraordinaire. (L. 3, 840; B. 12, 152.)

Art. 1er. La caisse de l'extraordinaire acquittera les dépenses des états du Roi pour l'année 1790.

2. Elle acquittera à présentation : 1° ce qui reste dû des billets des régisseurs des vivres de la marine, dont le remboursement a été décrété le 3 décembre 1790 ;

2° Les lettres de change tirées ou à tirer encore des colonies pour les dépenses du département de la marine, antérieures au 1er janvier 1789 ;

3° Ce qui reste à rembourser des billets des fermes, assignations sur les fermes, billets de la régie générale, nouveaux billets des administrateurs des domaines, rescriptions sur les impositions foncières tirées en 1790, et ce conformément à l'état qui en a été dressé par le directeur-général du Trésor public, et remis au directeur-général de la liquidation.

3. Elle remboursera au Trésor public les portions desdits billets, assignations et rescriptions qui auront été payées depuis le 1er janvier de la présente année jusqu'au jour de la sanction du présent décret ; et lesdits billets, assignations et rescriptions lui seront remis pour servir de pièces justificatives du remboursement.

4. La caisse de l'extraordinaire remboursera pareillement les reconnaissances ci-devant délivrées pour éteindre le papier-monnaie des îles de France et de Bourbon, et successivement les capitaux des emprunts faits à Gênes pour les Quinze-Vingts, pour l'arsenal de Marseille, pour la ville de Paris, pour les travaux de Lyon ; en Hollande pour les Américains, et à Bruxelles pour la Flandre maritime.

5. Les sommes ainsi remboursées au Trésor public seront imputées sur les fonds qui seront demandés par le Trésor public pour les besoins du mois courant.

6. Et pour obtenir le paiement des objets désignés au présent décret, il sera demandé au directeur-général de la liquidation, des reconnaissances de liquidation, comme pour toutes les autres parties de la dette liquidée; les titres originaux lui seront remis; et, sur sa reconnaissance, il sera délivré par l'administrateur de la caisse de l'extraordinaire des mandats en la forme prescrite par les lois de l'État. Lorsqu'il s'agira des lettres de change, rescriptions, billets au porteur, le directeur-général de la liquidation délivrera sa reconnaissance dans le jour auquel les ori-

ginaux lui seront représentés; et l'administrateur de la caisse de l'extraordinaire ne pourra refuser de délivrer son mandat dès le jour suivant.

———

12 MARS 1791. — Décret portant qu'aucun projet de décret contenant demande d'argent pour les dépenses courantes, ne sera présenté à l'Assemblée qu'après avoir été imprimé et distribué au moins trois mois d'avance. (B. 12, 152.)

———

12 = 20 MARS 1791. — Décret qui ordonne la confection des listes des ecclésiastiques qui ont prêté ou refusé de prêter le serment. (L. 3, 1000; B. 12, 151.)

———

12 = 20 MARS 1791. — Décret portant circonscription de deux paroisses de Vannes. (L. 3, 1013; B. 12, 152.)

———

13 = 20 MARS 1791. — Décret relatif aux ci-devant religieux qui voudront continuer de vivre en commun. (L. 3, 1009; B. 12, 156.)

L'Assemblée nationale décrète que les départemens pourront choisir et désigner provisoirement, dans l'étendue de leur territoire, les maisons dans lesquelles les ci-devant religieux qui voudront continuer à vivre en commun se retireront, et que la vente des maisons ainsi choisies et désignées, sera suspendue pareillement par provision, jusqu'à ce qu'il ait été statué définitivement sur les maisons destinées à réunir lesdits religieux,

———

13 = 14 MARS 1791. — Décret relatif à l'établissement, à Paris, de six tribunaux criminels pour juger les procès existant avant le 25 janvier dernier. (L. 3, 835; B. 12, 157.)

L'Assemblée nationale, considérant l'état actuel des procès criminels dans la capitale, et les diverses causes qui ont accumulé et entretiennent un grand nombre d'accusés dans les différentes prisons ou maisons de force de cette ville;

Décrète qu'il sera établi à Paris, au Palais, six tribunaux, composés de sept membres chacun, pour instruire et juger tous les procès criminels existant avant le 25 janvier, époque de l'installation des tribunaux de Paris.

L'appel des jugemens rendus par un de ces tribunaux, sera porté, dans les formes prescrites par les décrets, à l'un desdits cinq autres tribunaux, et à deux des tribunaux de Paris successivement, indiqués à cet effet par le directoire du département.

Les suppléans, et à leur défaut, des gradués, seront appelés, s'il est nécessaire, pour juger en dernier ressort.

Pour former ces six tribunaux, les tribunaux les plus voisins enverront chacun un

juge, lesquels se rendront à Paris, et commenceront leurs séances le 26 du présent mois de mars.

Il sera attaché à chacun des six tribunaux extraordinaires, un accusateur public et un greffier, lesquels seront choisis par les juges.

Le Roi sera prié de nommer un commissaire pour chacun de ces tribunaux.

L'indemnité qui sera accordée aux juges, aux commissaires du Roi, en outre de leur traitement ordinaire, sera réglée sur le pied du traitement des juges et des commissaires du Roi de Paris. Celle des greffiers sera fixée sur le pied de trois mille livres par an; le tout à raison de la durée de leurs services auprès des tribunaux susdits.

Décrète, en outre, que, dans les affaires criminelles, les suppléans feront l'instruction et le rapport, de même que les juges.

Renvoie au pouvoir exécutif pour donner les ordres nécessaires à l'exécution du présent décret.

———

13 = 20 MARS 1791. — Décret qui autorise les directoires de districts à traiter de gré à gré avec les preneurs de baux à vie, tant pour la résiliation des baux que pour l'indemnité. (B. 12, 155.)

L'Assemblée nationale décrète ce qui suit:

Les directoires de district sont autorisés à traiter de gré à gré avec les preneurs de baux à vie, pour la résiliation de leurs baux, et à leur accorder l'indemnité qui sera convenue, sous la condition que lesdits traités, avant de pouvoir être exécutés, seront présentés au département, et approuvés par le directoire du département, s'il y a lieu.

———

13 = 20 MARS 1791. — Décret relatif aux frais des bureaux de la caisse de l'extraordinaire et de la direction de la liquidation. (L. 3, 947; B. 12, 156.)

———

13 = 20 MARS 1791. — Décret qui désigne la grand' chambre de l'ancien parlement de Paris pour la tenue des séances du tribunal de cassation. (L. 3, 951; B. 12, 155.)

———

13 = 20 MARS 1791. — Décret qui ordonne que l'église et le couvent de Brou seront distraits de la masse des biens vendus à la municipalité de Bourg. (L. 3, 951; B. 12, 154.)

———

13 = 20 MARS 1791. — Décret relatif à la distribution à faire de quatorze mille fusils entre divers départemens. (L. 3, 983; B. 12, 159.)

———

13 MARS 1791. — Caisse de l'extraordinaire. Voy. 12 MARS 1791. — Lèse-nation; Orléans. Voy. 5 MARS 1791.

14 = 20 MARS 1791. — Décret relatif aux officiers attachés aux classes, qui ont été supprimés. (L. 3 , 949 ; B. 12 , 160.)

L'Assemblée nationale, considérant que les officiers attachés aux classes, qui ont été supprimés par un décret du 31 décembre dernier, à compter du 1er de ce mois, n'ont pu cesser leurs fonctions avant la connaissance officielle de ce décret, et ont été forcés à prolonger leurs frais de bureau et d'établissement jusqu'au moment de la remise de leurs papiers, décrète que ces officiers seront payés de leur traitement jusqu'au premier avril, et que ce n'est que de cette époque que dateront les pensions de retraite qui leur seront accordées.

Décrète qu'il sera fait, en conséquence, un fonds extraordinaire de trente mille livres pour être mis à la disposition du ministre de la marine.

———

15 (3 , 4 , 5 , 6 , 14 et) = 27 MARS 1791. — Décret concernant l'organisation des corps administratifs. (L. 3 , 1065 ; B. 12 , 170 ; Mon. des 5 , 6 , 8 , 14 , 15 et 16 mars 1791.)

Voy. lois du 22 DÉCEMBRE 1789 ; du 16 = 24 AOUT 1790, tit. 11 ; du 28 OCTOBRE = 5 NOVEMBRE 1790 ; du 3 = 6 AVRIL 1791 ; du 28 PLUVIOSE an 8.

Art. 1er. Les actes des directoires ou conseils de district ou de département, ne pourront être intitulés ni *décrets*, ni *ordonnances*, ni *réglemens*, ni *proclamations* : ils porteront le nom d'*arrêtés*.

2. La minute de chaque arrêté exprimera le nombre des délibérans : ceux qui n'auront pas été d'avis de le prendre, pourront ne pas le signer. L'expédition en sera faite sous la signature du président, ou du secrétaire-greffier, sans la mention de ceux qui auront signé la minute.

3. Les conseils de département ou de district, après avoir procédé à l'élection du directoire, nommeront, les premiers, quatre membres ; les seconds, deux membres du conseil, lesquels remplaceront au directoire ceux dont les places deviendront vacantes par mort, démission ou autrement.

4. Les membres des conseils de districts ou de département, dont les places devront être vacantes, par mort, démission ou autrement, ne seront remplacés qu'à l'époque des élections ordinaires.

5. Le président d'une administration de district ou de département aura voix délibérative au directoire ; il ne présidera point l'assemblée du conseil lors de la reddition des comptes.

6. Les membres des administrations de dé-

partement ou de district ne pourront être réélus qu'après un intervalle de deux années.

7. Si la place de procureur-général-syndic ou de procureur-syndic devient vacante par mort ou démission, le directoire de département ou de district nommera dans son sein, ou dans le conseil, un commissaire, qui fera les fonctions de procureur-général-syndic ou de procureur-syndic jusqu'à l'époque du rassemblement des électeurs.

8. Tout corps administratif ou municipal qui publiera ou fera parvenir à d'autres administrations ou municipalités, des arrêtés ou lettres provoquant la résistance à l'exécution des arrêtés ou des ordres émanés des autorités supérieures, pourra être suspendu de ses fonctions.

9. Aucun directoire ou conseil de district, ni aucune municipalité, ne pourront, sous la même peine, publier, faire afficher, ou persister à faire exécuter un arrêté contraire à celui du département ou du district, ou manquant à la subordination prescrite par la loi à l'égard de l'administration supérieure.

10. Le mandement de *faire exécuter*, qui se trouve à la fin des lois, n'aura, à l'égard des municipalités et des corps administratifs, en ce qui concerne les objets relatifs à l'ordre judiciaire, à la guerre et à la marine, que l'effet d'assurer l'exécution de la loi, lorsqu'ils en seront requis dans les formes prescrites par la constitution ; et, dans aucun cas, les corps administratifs et les municipalités ne pourront s'immiscer en rien de ce qui regarde l'exécution des ordres donnés par le pouvoir exécutif, touchant l'administration, la discipline, la disposition et le mouvement de l'armée de terre, de l'armée navale et de toutes leurs dépendances.

11. Les conseils de district seront tenus d'adresser, chaque année, au directoire de département, le procès-verbal de leur session, avant l'ouverture de la session du conseil de département.

12. Indépendamment de la correspondance habituelle avec les directoires de département, les directoires de district seront tenus d'envoyer tous les mois au département un tableau raisonné des progrès de l'exécution des diverses parties confiées à leurs soins.

13. Les actions relatives aux domaines nationaux ou propriétés publiques, ne pourront être intentées, ou soutenues par un directoire de district, qu'avec l'autorisation du directoire de département (1).

14. Ces actions seront intentées ou soutenues au nom du procureur-général-syndic du département, et à la diligence du procureur-syndic du district de la situation des biens (2).

15. Les actions relatives aux domaines na-

———

(1 et 2) Le procureur-général ou commissaire du Gouvernement près les administrations départe-

tementales ou centrales ne pouvait être actionné, et plaider avant d'y être autorisé par l'adminis-

tionaux dont le Roi a la jouissance, seront intentées ou soutenues par l'intendant de la liste civile, ou par celui que désignera le Roi, à la charge de notifier la contestation au directoire de département, lorsqu'elle intéressera la propriété. En ce cas, le procès ne pourra être instruit et jugé qu'en la présence du procureur-général-syndic, qui sera tenu d'intervenir, à la diligence du procureur-syndic du district.

16. La session annuelle de chaque conseil de département, ordonnée par l'article 21 de la seconde section du décret du 22 décembre 1789, aura lieu sans aucune convocation. L'époque de cette session ne pourra être ni retardée, ni avancée, à moins que, d'après une nécessité reconnue par la majorité des membres du conseil, et sur une pétition qu'ils auraient adressée au Roi, le Roi n'en eût accordé la permission. Dans le cas où l'époque du rassemblement serait avancée, les directoires de département le notifieraient aux directoires de district, afin que l'intervalle prescrit entre la tenue des conseils de district et celle des conseils de département soit toujours observé.

17. Les conseils de département ne pourront ni discontinuer leurs séances, ni s'ajourner qu'aux époques fixées par la loi, à moins que la nécessité des circonstances n'ait, sur leur demande, déterminé le Roi à autoriser cette discontinuation ou cet ajournement.

18. Néanmoins, dans le cas où la sûreté intérieure d'un département serait troublée au point qu'il fût nécessaire de faire agir la force publique de tout le département, le président du directoire sera tenu de convoquer le conseil, et, à défaut de convocation, le conseil sera tenu de se rassembler, mais toujours en donnant sur-le-champ avis de ce rassemblement extraordinaire à la législature, si elle est réunie, ainsi qu'au pouvoir exécutif. Le conseil ne pourra alors s'occuper que des moyens de rétablir l'ordre, et il se séparera aussitôt que la tranquillité ne sera plus troublée.

19. Les conseils de département seront tenus de faire adresser au Roi, chaque année, et dans la quinzaine après la clôture, deux expéditions du procès-verbal de leur session, dont l'une sera déposée aux archives de l'Assemblée nationale.

20. Dans le cas où des troubles survenus, soit dans les assemblées de communes par communauté entière ou par sections, soit dans les assemblées primaires, auraient empêché d'en terminer les opérations, ou donneraient lieu d'en prononcer la nullité, le conseil ou le directoire de département pourra, sur l'avis du directoire de district, convoquer une nouvelle assemblée, y envoyer au besoin des commissaires pour maintenir l'ordre; et, à l'égard des assemblées primaires, déterminer le lieu où il paraîtra convenable de les convoquer, pourvu que ce soit dans le même canton.

21. Si des troubles s'élevaient, soit dans les assemblées municipales, soit dans le conseil général d'une commune, le conseil ou le directoire de département, sur l'avis du directoire du district, pourra pareillement nommer des commissaires chargés d'y rétablir l'ordre.

22. Si les directoires de département ne peuvent, malgré deux avertissemens successifs, constatés par la correspondance, obtenir des municipalités ou directoires de district les renseignemens ou informations nécessaires à l'administration, ils sont autorisés à nommer deux commissaires, qui se transporteront, aux frais des officiers municipaux ou des membres des directoires de district, pour recueillir ces renseignemens ou informations.

23. Indépendamment de la correspondance habituelle que les directoires de département seront obligés d'entretenir avec le ministre de l'intérieur, ils lui feront parvenir tous les mois un tableau raisonné des affaires du département, et des progrès de l'exécution des diverses parties confiées à leurs soins.

24. Les conseils ou directoires de département seront tenus d'exécuter et faire exécu-

---

tration (18 pluviose an 13 ; Cass. S. 5 , 1, 110).
C'était le procureur-général-syndic lui-même, poursuites et diligences du procureur-syndic de district, qui avait qualité pour intenter ou soutenir les actions relatives aux domaines nationaux et propriétés publiques.—Le procureur-syndic du district était sans qualité pour agir en nom personnel (9 janvier 1809; Cass. S. 10, 1. 136 ; 30 juillet 1815; Cass. S. 16, 1, 96; 19 mars 1819; Cass. S. 20, 1, 38).
Sont nuls les jugemens rendus contre l'agent de district, au lieu de l'être contre le procureur-général-syndic ; cette nullité a été souvent appliquée aux sentences arbitrales rendues durant l'arbitrage forcé, selon la loi du 10 juin

1793, entre l'État et les communes (19 prairial an 11 ; S. 7, 2 , 770 ; 1er juillet 1823 ; Cass. S. 23, 1, 323).

Voy. les notes sur la loi du 10 juin 1793.

Lorsque l'administration a défendu le domaine contre la demande d'un particulier, on ne peut pas dire que le domaine n'a pas été représenté, et que les jugemens intervenus n'ont pas l'effet de la chose jugée , parce qu'avant d'intenter procès, le particulier n'aurait pas en le soin de présenter à l'administration le mémoire prescrit par l'art. 5 de la loi du 28 octobre = 5 novembre 1790 (29 décembre 1808; Cass. S. 9, 1, 306). *Voy.* loi du 28 pluviose an 8.

ter sans délai les ordres d'administration émanés du Roi, en qualité de chef suprême de l'administration générale, et contre-signés par le ministre de l'intérieur; mais, si ces ordres leur paraissent contraires aux lois, après les avoir exécutés provisoirement, ils en instruiront le Corps-Législatif.

25. Si le procureur-syndic requiert, ou si le directoire d'un district prend des arrêtés contraires, soit aux lois, soit aux arrêtés de l'administration du département, soit aux ordres qui leur auraient été donnés ou transmis par le directoire du département, celui-ci déclarera ces actes nuls; il notifiera son arrêté au directoire de district, et en instruira le pouvoir exécutif.

26. Si le directoire ou le procureur-syndic d'un district mettaient à exécution un arrêté du conseil général d'un district, sur lequel le conseil général de département aurait notifié sa désapprobation, ou même refusé son approbation, comme aussi dans tous les cas où ils se permettraient une résistance persévérante à l'exécution soit des lois, soit des arrêtés de l'administration du département, soit des ordres qui leur auraient été donnés ou transmis par le directoire du département, celui-ci pourrait, sans se servir de l'expression de *mander à la barre*, appeler devant lui le procureur-syndic, même un ou plusieurs membres du directoire de district, leur remontrer qu'en intervertissant l'ordre des pouvoirs constitutionnels, ils mettent la chose publique en danger; et prononcer, par un arrêté qui sera imprimé, la défense de mettre à exécution les actes déclarés nuls.

27. Si le directoire du département n'a pas annulé les actes mentionnés en l'article 25, le Roi pourra les annuler par une proclamation, sous la responsabilité de son ministre.

28. Dans le cas où, après la déclaration de nullité prononcée par le Roi, soit après la défense de mettre à exécution prononcée par le département, ainsi qu'il est dit à l'article 26, le directoire ou le procureur-syndic d'un district persisterait dans son insubordination, le Roi pourrait suspendre individuellement ou collectivement, comme il sera expliqué par la suite, les membres du directoire, ainsi que le procureur-syndic du district.

29. Toutefois, si les circonstances sont urgentes, le directoire ou le conseil du département pourra, sous sa responsabilité, suspendre de leurs fonctions le procureur-syndic qui aurait requis, ou les administrateurs de district qui auraient pris des arrêtés capables de compromettre la sûreté ou la tranquillité publique; mais à la charge d'en instruire aussitôt le pouvoir exécutif, lequel révera ou laissera subsister cette suspension.

30. Si la suspension n'a été prononcée que contre deux membres du directoire de dis-

trict, ils seront remplacés par les deux suppléans. Si le nombre des membres suspendus excède celui de deux, le directoire de département nommera, parmi les membres du conseil de district, des commissaires en nombre suffisant pour compléter le directoire.

31. Pour remplacer un procureur-syndic suspendu de ses fonctions, le directoire de département nommera un commissaire pris parmi les membres de l'administration de district, ou, en cas de refus, parmi ceux du conseil de département.

32. Si un directoire de département met à exécution un arrêté du conseil de département auquel le Roi aurait refusé son approbation, ou prend, de toute autre manière, des arrêtés contraires, soit aux règles établies par la constitution des corps administratifs, soit aux lois de l'État, soit aux ordres donnés par le Roi en matière d'administration, sous le contre-seing du ministre qui en est responsable, le Roi pourra, sous la responsabilité de son ministre, annuler ces actes par une proclamation, et défendre de les mettre à exécution.

33. Si une administration de département prenait, dans des circonstances urgentes, des arrêts capables de compromettre la sûreté ou la tranquillité publique, comme aussi, dans le cas où, après une déclaration de nullité prononcée par le Roi, et les ordres donnés par lui en matière d'administration, soit le conseil du département, soit le directoire, soit le procureur-général-syndic, persisteraient dans leur insubordination, le Roi, sous la responsabilité de son ministre, pourrait suspendre les auteurs du délit, individuellement ou collectivement.

34. Si la suspension est prononcée contre tous les membres du directoire, ils seront remplacés provisoirement, d'abord par les suppléans mentionnés en l'article 3, ensuite par des commissaires que le Roi choisira parmi les membres du conseil de département, et, au besoin, parmi les membres de tous les conseils de district du même département.

Le remplacement aura lieu de la même manière, dans le cas où la suspension aura été prononcée contre quelques membres du directoire, individuellement.

35. Si un conseil de département se trouve suspendu, soit à l'époque où il doit tenir sa session annuelle, soit avant d'en avoir consommé les opérations, le Roi nommera trois commissaires pris dans chaque conseil de district du même département, dont les fonctions seront bornées à la réception des comptes de la gestion du directoire, à la répartition des comptes de l'année et à la distribution des travaux publics de la même année, si ces opérations n'ont pas été faites.

36. La suspension mentionnée en l'art. 33,

17.

ainsi qu'en l'article 28, pourra être prononcée, soit contre le corps entier du conseil ou du directoire, à raison des arrêtés qu'il aura pris, quel que soit le nombre des membres qui auront concouru à les former, soit contre un ou plusieurs membres, pour les actes qui leur seront personnels, hors la délibération.

37. Dans tous les cas où une suspension sera prononcée, soit par le directoire du département, soit par le pouvoir exécutif, le Roi en instruira sur-le-champ la législature, si elle est assemblée, et dès les premiers jours de sa session, si elle est en vacance.

38. Sur cette notification, le Corps-Législatif, après avoir examiné la conduite du ministre en cette occasion, pourra ou lever la suspension, ou dissoudre le corps administratif, ou renvoyer quelques-uns de ses membres aux tribunaux criminels de département, ou enfin, en déclarant qu'il y a lieu à accusation, les faire poursuivre devant la haute Cour nationale.

De la manière de terminer les contestations qui peuvent s'élever à la suite des assemblées de communes, des assemblées primaires et des assemblées électorales.

Art. 1er. Les contestations relatives, soit à la régularité de la convocation et formation, tant des assemblées de communes par communauté entière ou par sections, chargées d'élire les officiers municipaux et autres fonctionnaires attachés aux municipalités, que des assemblées par cantons, chargées de la nomination des juges-de-paix et de leurs assesseurs, et des assemblées de négocians et marchands, chargées de choisir les juges de commerce et leurs suppléans, soit à la tenue de ces assemblées et à la forme des élections, seront décidées par le conseil ou le directoire de district, et l'appel en sera porté au conseil ou directoire de département.

2. Les contestations sur la régularité, tant de la convocation, de la formation et de la tenue des assemblées primaires, et des assemblées électorales par district, que de la forme d'élection qu'elles auront suivie dans la nomination des électeurs, des administrateurs et procureurs-syndics de district, des juges des tribunaux de district et de leurs suppléans, ainsi que des curés, seront décidées par le conseil ou directoire du département, et l'appel en sera porté au conseil ou directoire du département dont le chef-lieu sera le plus voisin, sauf le recours au Corps-Législatif.

3. Les contestations sur la régularité, tant de la convocation, de la formation et de la tenue des assemblées électorales par départemens, que de la forme d'élection qu'elles auront suivie pour la nomination des administrateurs et du procureur-général-syndic de département, des évêques, et des présidens, accusateur public et greffier du tribunal criminel du département, seront décidées par le conseil ou le directoire du département dont le chef-lieu sera le plus voisin; et l'appel sera porté, au choix de l'appelant, devant le conseil ou le directoire de l'un des trois départemens dont les chefs-lieux seront les plus voisins de celui qui aura prononcé en première instance : le tout, sauf le recours au Corps-Législatif. Dans les cas de cet article et de l'article précédent, soit le procureur-général-syndic du département où les élections auront été faites, soit son suppléant, seront appelés pour être entendus sur les contestations portées devant les conseils ou directoires des départemens voisins.

4. Tout citoyen déclaré non actif ou inéligible, soit par une assemblée de commune, de section ou de canton, soit par une assemblée primaire ou électorale, pourra, sans passer au bureau de conciliation, se pourvoir au tribunal de district du lieu de son domicile; la question de sa qualité y sera jugée suivant les formes ordinaires, comme toute autre question d'état ou de propriété; mais sans que sa réclamation puisse jamais faire déclarer nulles les autres opérations de l'assemblée.

5. Si cette réclamation a lieu à la suite d'une assemblée dans laquelle on aurait procédé à la nomination d'un ou de plusieurs juges du tribunal de district, elle sera portée en première instance au tribunal dont le siége sera le plus voisin du district.

6. Le réclamant procédera contre le procureur-syndic du district où l'élection aura été faite, en présence du commissaire du Roi du tribunal où l'affaire sera portée.

7. L'appel pourra avoir lieu dans la forme ordinaire, soit de la part du réclamant, soit de la part du procureur-syndic du district; il ne pourra être interjeté après le délai de huit jours, à dater de la signification du jugement.

8. Les tribunaux de district ne pourront en aucun cas, recevoir ni juger des réclamations relatives à la régularité de la convocation de la formation et de la tenue des assemblées, ou de la forme d'élection qu'on y aurait suivie. Ils seront tenus de les renvoyer au conseil, ou au directoire de district ou de département, conformément aux articles ci-dessus, lors même qu'elles seraient présentées avec des questions sur l'activité ou l'exigibilité des citoyens.

9. Tout citoyen actif sera admis dans la huitaine, et sans passer au bureau de conciliation, à former action devant les tribunaux sur la non-activité ou l'inéligibilité des citoyens nommés aux places municipales et aux fonctions d'administrateur ou de juge; mais à la charge de consigner une somme de cinquante livres, à laquelle il sera condamné par forme d'amende, s'il succombe dans son ac-

tion. L'exercice provisoire demeurera à ceux dont l'élection se trouverait attaquée.

10. Les opérations d'aucune assemblée dûment convoquée pour une élection ne pourront être attaquées sous prétexte, soit de l'exclusion d'un citoyen qui, depuis, aurait été jugé citoyen actif, soit de l'admission de celui qui aurait été jugé non actif, soit de l'absence d'un nombre quelconque de citoyens actifs ; ou enfin, s'il s'agit d'une assemblée primaire, sous prétexte de l'absence de la totalité des citoyens d'une ou plusieurs communautés.

---

15 = 27 MARS 1791. — Décret portant révocation des don et échange du Clermontois. (L. 3, 1129 ; B. 12, 181.)

Art. 1ᵉʳ. Les don et cession faits en décembre 1648, à Louis de Bourbon, prince de Condé, des comtés, terres et seigneuries de Stenay, Dun, Jametz, Clermont en Argonne, et des domaines et prévôtés de Varennes et des Montignons, leurs appartenances et dépendances, composant ce que l'on appelle aujourd'hui le Clermontois, sont et demeurent révoqués, ainsi que tout ce qui s'est ensuivi.

2. Le contrat d'échange passé, au nom du Roi, entre ses commissaires et Louis-Joseph de Bourbon-Condé, le 15 février 1784, est déclaré nul et comme non avenu ; en conséquence, la rente de six cent mille livres constituée en faveur dudit Louis-Joseph de Bourbon-Condé, par ledit contrat d'échange, demeure supprimée et éteinte à compter du jour de la publication du décret du 22 novembre dernier, sur la législation domaniale.

3. Défenses sont faites aux agens et préposés de Louis-Joseph de Bourbon-Condé, de s'immiscer à l'avenir dans la jouissance des biens et droits dépendant du Clermontois ; et seront lesdits biens et droits, conformément à l'article 10 du décret du 22 novembre dernier, administrés, régis et perçus suivant leur nature, par les commis, agens et préposés du fisc, chacun en ce qui le concerne.

4. L'Assemblée nationale, prenant en considération les services rendus à l'Etat par Louis de Bourbon, surnommé *le Grand Condé*, décrète : 1° que la somme de sept millions cinq cent mille livres comptés à Louis-Joseph de Bourbon-Condé lors de l'échange ci-dessus annulé, lui demeurera en mémoire desdits services ; 2° que les finances des offices créés par Louis de Bourbon, donataire primitif, ou par ses successeurs, dans le Clermontois, et dont le prix a été retiré par eux, seront remboursées par le Trésor public, dans la même forme et au taux décrété pour les offices de même nature étant à la charge de l'Etat.

---

15 = 20 MARS 1791. — Décret pour la circonscription des paroisses de Laon et villages circonvoisins. (L. 3, 989 ; B. 12, 169.)

---

15 = 20 MARS 1791. — Décret qui ordonne le paiement d'une somme de 42,562 livres, tant pour jetons dus aux diverses académies, que pour honoraires au sieur Camus. (L. 3, 1003 ; B. 12, 166.)

---

15 = 27 mars 1791. — Décret portant circonscription des quatre paroisses de la ville de Troyes. (L. 3, 1126 ; B. 12, 166.)

---

15 = 20 MARS 1790. — Décret qui autorise le directoire du département du Var à acquérir le local nécessaire à son établissement. (L. 3, 955 ; B. 12, 161.)

---

15 = 27 MARS 1791. — Décret relatif au paiement de différentes sommes faisant partie de la dette exigible. (L. 3, 1133 ; B. 12, 162.)

---

15 MARS 1791. — Adjudications. *Voy.* 9 MARS 1791. — Aix. *Voy.* 8 MARS 1791. — Brevets de retenue. *Voy.* 27 février 1791 et 6 MARS 1791. — Caisse d'escompte. *Voy.* 28 FÉVRIER 1791. — Caisse de l'extraordinaire. *Voy.* 13 MARS 1791. — Dufresnay père et fils. *Voy.* 2 MARS 1791. — Lèse-nation. *Voy.* 8 MARS 1791. — Le Grand. *Voy.* 8 MARS 1791. — Soissons. *Voy.* 11 MARS 1791.

---

16 = 27 MARS 1791. — Décret qui déclare nulle toute vente des ci-devant droits de chauffage, pâturage et usage qui s'exerçaient dans les domaines nationaux. (L. 3, 1121 ; B. 12, 186.)

L'Assemblée nationale, après avoir ouï son comité des domaines, déclare :

Qu'aucun droit de chauffage, pâturage, ou autres droits d'usage, de quelque nature qu'ils soient, dans les bois et autres domaines nationaux, non plus qu'aucune rente ou redevance affectée sur les mêmes biens, n'ont dû être compris dans la vente des biens nationaux, et que toute vente de semblables droits ou redevances qui pourrait avoir été passée, est et demeure nulle et révoquée.

---

16 = 27 MARS 1791. — Décret relatif à diverses indemnités accordées aux maîtres de poste. (L. 3, 1138 ; B. 12, 185.)

Art. 1ᵉʳ. L'administration du Trésor public pourvoira au paiement de la somme de huit cent cinq mille cent vingt-cinq livres pour quinze mois de l'indemnité de 30 livres par tête de cheval, accordée aux maîtres de poste par le décret du 25 avril dernier, et à eux due à compter du 1ᵉʳ avril 1789. Ladite somme sera répartie entre les maîtres de poste, suivant l'état remis par le directoire des postes ; et elle sera acquittée à chacun d'eux, en justifiant de quittance d'imposition à la taille, ou autre contribution représentative d'icelle depuis le 1er avril 1789 ou qui est habituellement grevée d'une des charges qui sont imposées aux maîtres de poste par l'article 2 du décret du 25 avril dernier.

2. Quant à l'indemnité également due aux maîtres de poste, pour les six derniers mois de l'année 1790 et pour les trois premiers mois de l'année 1791, il sera successivement pourvu à son acquittement, d'après les formes prescrites par l'article 1er du décret du 25 avril dernier, et sur les quantités déterminées dans l'état remis par le président du directoire des postes.

3. Les municipalités adresseront incessamment aux districts dont elles dépendent, les certificats des inscriptions et vérifications dont elles sont chargées par l'article 1er dudit décret; ceux-ci après les avoir vérifiés, les feront passer aux départemens, par lesquels ils seront visés et envoyés au ministre.

4. Au surplus, l'Assemblée renvoie à son comité des finances ce qui concerne l'indemnité des neufs derniers mois de l'année 1791, pour lui en être fait un rapport dans le courant du mois d'avril.

_____

16 MARS 1791. — Décret qui surseoit à la translation du sieur Guillin Pougelon dans les prisons d'Orléans. (B. 12, 183.)

16 = 27 MARS 1791. — Décret qui annulle une adjudication faite au directoire du district de Marennes, et l'autorise à acquérir les bâtimens nécessaires à son établissement. (L. 3, 1095; B. 12, 184.)

16 = 27 MARS 1791. — Décret qui autorise le département de la Meurthe à laisser au tribunal du district la jouissance d'une partie des bâtimens occupés par le ci-devant parlement de Nancy. (L. 3, 1110; B. 12, 183.)

16 = 27 MARS 1791. — Décret qui charge le ministre de la guerre de prendre, avec les directoires de département, des mesures pour organiser la gendarmerie nationale et l'armée auxiliaire. (B. 12, 184.)

16 = 27 MARS 1791. — Décret relatif aux vingtièmes et capitation dus par les propriétaires des offices supprimés. (L. 5, 1111; B. 12, 196.)

L'Assemblée nationale décrète que le directeur général de la liquidation ne délivrera aucune reconnaissance définitive de liquidation aux officiers dont la capitation n'était pas retenue sur les gages, qu'en se faisant remettre les quittances de capitation pour les six premiers mois de 1789; et les quittances seront délivrées par le receveur particulier des finances de Paris, chargé du recouvrement, à la charge par lui d'en rendre compte au Trésor public.

_____

17 = 27 MARS 1791. — Décret relatif aux secours annuels accordés à des maisons religieuses. (L. 3, 1,125; B. 12, 188.)

L'Assemblée nationale, ouï le rapport de son comité ecclésiastique, décrète que les secours annuels qui doivent être accordés à des maisons de religieuses, en conséquence de l'article 5 du titre II du décret du 8 octobre dernier, leur seront provisoirement payés en 1791, conformément aux avis qui sont ou seront donnés à cet égard par les directoires de département, jusqu'à ce qu'il ait été statué sur ces avis par un décret général et définitif sans que lesdits secours, unis aux revenus de chaque maison, puissent excéder la somme de trois cents livres par année pour chaque religieuse.

_____

17 MARS (16 et) = 10 AVRIL 1791. — Décret relatif aux contributions foncière et mobilière. (L. 4, 145; B. 12, 187.)

Art. 1er. La contribution mobilière sera, pour l'année 1791, de soixante-six millions, dont soixante pour le Trésor public, trois à la disposition de la législature, pour être employés conformément aux articles 6 et 7 du décret du 13 janvier 1791, et trois millions à la disposition des administrations de département, pour être employés par elles en décharges ou réductions, remises ou modérations, conformément aux mêmes articles.

2. La contribution foncière sera, pour l'année 1791, de deux cent quarante millions, qui seront versés en totalité au Trésor public.

3. Tout contribuable cependant qui justifierait avoir été cotisé à une somme plus forte que le sixième de son revenu net foncier, à raison du principal de la contribution foncière, aura droit à une réduction, en se conformant aux règles qui ont été ou qui seront prescrites.

4. Il sera perçu en outre de ce principal, un sou pour livre formant un fonds de non-valeur de douze millions, dont huit seront à la disposition de la législature, pour être employés par elle en réductions ou secours pour les départemens, et quatre seront à la disposition des administrations de département, pour être employés par elle en décharges ou réductions.

5. Les départemens et les districts fourniront aux frais de perception et aux dépenses particulières mises à leur charge par les décrets de l'Assemblée nationale, au moyen de sous et deniers additionnels, en nombre égal sur les contributions foncière et mobilière, sans que ces accessoires puissent excéder quatre sous pour livre du principal de chacune de ces deux contributions.

6. Si, pour l'année 1791, dans quelques

départemens ou quelques districts, les quatre sous pour livre mentionnés en l'article précédent étaient insuffisans, le Corps-Législatif y suppléera pour cette fois seulement, et par un secours pris sur les fonds de la caisse de l'extraordinaire, sans que, pour l'avenir, pareil secours puisse leur être accordé.

7. Les municipalités fourniront pareillement à la rétribution et aux taxations de leurs receveurs, au moyen de deniers additionnels aux contributions foncière et mobilière.

8. Les sous et deniers additionnels que les départemens, les districts, et les municipalités auront à imposer en exécution des articles précédens, seront répartis sur chaque rôle, dans une colonne particulière, au marc la livre de la cote de chaque contribuable.

———

17 = 18 MARS 1791. — Décret qui ordonne que le sieur Carion, curé et maire d'Issy-l'Evêque, sera élargi, et qui le renvoie devant les tribunaux ordinaires pour être jugé. (L. 3, 939 ; B. 12, 200.)

———

17 = 20 MARS 1791. — Décret qui ordonne que la procédure commencée par la municipalité de Strasbourg, relativement aux troubles de Schelestat, sera continuée par le tribunal de Saint-Dié. (L. 3, 952 ; B. 12, 199.)

———

17 = 27 MARS 1791. — Décret portant circonscription des deux paroisses de Beauvais. (L. 3, 1093 ; B. 12, 197.)

———

17 = 27 MARS 1791. — Décrets relatifs à la liquidation de divers offices supprimés. (L. 3, 1112 ; B. 12, 189 et 196.)

———

17 = 27 MARS 1791. — Décret qui autorise le département de Paris à déléguer à la municipalité les fonctions relatives à l'administration et à l'aliénation des domaines nationaux. (L. 3, 1119 ; B. 12, 198.)

———

17 MARS 1791. — Décret relatif aux comptes à rendre par les trésoriers des dons patriotiques. (B. 12, 195.)

———

17 MARS 1791. — Décret relatif aux créances réclamées par le sieur Murel et ses cautions. (B. 12, 197.)

———

17 = 27 MARS 1791. — Décret portant établissement de tribunaux de commerce dans les villes de Pertuis et de l'Aigle ; réunions de diverses municipalités à celles de Saint-Diez et de Muret ; et confirmant la communauté des patrons pêcheurs et prud'hommes de Cassis. (L. 3, 1106 ; B. 11, 201.)

———

17 MARS 1791. — Droits d'aides. Voy. 2 MARS 1791.

18 = 18 MARS 1791. — Décret relatif au serment des ecclésiastiques fonctionnaires publics. (L. 3, 937 ; B. 12, 200 ; Mon. du 19 avril 1791.)

Voy. loi du 27 NOVEMBRE = 26 DÉCEMBRE 1790.

L'Assemblée nationale, considérant que ceux des fonctionnaires publics ecclésiastiques qui n'ont pas prêté le serment civique dans le délai prescrit par le décret du 27 novembre dernier, sanctionné par le Roi le 26 décembre, ne s'y refusaient que par la suite d'une erreur où les ont entraîné des suggestions étrangères ;

Que, mieux instruits de leur devoir, la plupart ont depuis satisfait ou sont déterminés à satisfaire à ce qu'exigent d'eux le patriotisme et la loi de l'Etat ;

Que l'instruction du 21 janvier dernier, en exhortant à l'obéissance lorsque le délai légitime était déjà écoulé, dans plusieurs endroits du royaume, paraissait leur annoncer de l'indulgence, en cas de retour à l'ordre ;

Décrète que les fonctionnaires publics ecclésiastiques qui ont prêté ou prêteront purement et simplement le serment prescrit par ladite loi, après l'expiration du délai qu'elle a fixé, mais avant le commencement du scrutin d'élection pour les remplacer, pourront conserver leurs places et offices, et ne seront pas réputés démissionnaires. Le présent décret ne portera aucune atteinte aux élections faites et acceptées avant sa publication.

———

18 = 29 MARS 1791. — Décret relatif aux droits d'entrée sur les denrées coloniales. (L. 3, 1140 ; B. 12, 202.)

Art. 1er. A compter du 1er avril prochain, les sucres bruts, têtes et terrés, les cafés, le cacao et l'indigo venant des colonies françaises de l'Amérique, acquitteront, à leur arrivée dans les ports du royaume, un droit d'entrée qui sera sur les sucres, le café et le cacao, de trois pour cent de la valeur effective en France, et sur l'indigo, d'un et demi pour cent de la valeur effective. Ces valeurs seront déterminées par l'état annexé au présent décret, lequel servira de fixation jusqu'au 1er avril 1792.

2. Il sera arrêté, chaque année, par le Corps-Législatif, un nouvel état d'évaluation desdites denrées, pour servir à la perception dudit droit pendant les douze mois subséquens.

3. Indépendamment du droit ci-dessus fixé, les sucres bruts, têtes et terrés, les cafés et le cacao acquitteront encore, au poids net, à leur arrivée, soit qu'ils soient destinés pour l'étranger ou pour la consommation du royaume, un droit additionnel de quinze sous par quintal de sucre brut, et de vingt-cinq sous par quintal de sucre tête et terré, de café et de cacao.

4. Les sucres têtes et terrés desdites colonies pourront être mis en entrepôt à leur arrivée en France, après avoir acquitté le droit de trois pour cent et celui de vingt-cinq sous par quintal; et s'ils sont retirés dudit entrepôt pour passer à l'étranger, soit par terre, soit par mer, ils ne paieront pas de nouveaux droits. S'ils entrent dans la consommation du royaume, ils acquitteront un droit de six livres par quintal, poids brut.

5. Les tafias desdites colonies pourront également être reçus en entrepôt, et être réexportés à l'étranger, en exemption de tous droits; mais s'ils sont destinés à la consommation du royaume, ils seront sujets à un droit unique de douze livres par muid.

6. Les sucres raffinés en pain, les confitures et les liqueurs, importés desdites colonies, paieront également un droit unique qui sera de vingt-cinq livres par quintal de sucre, de six livres par quintal de confitures, et de trois sous par pinte de liqueur : ces droits seront acquittés à l'arrivée, quelle que soit la destination.

7. Les tabacs en feuilles en paquet, importés desdites colonies sur bâtimens nationaux, paieront dix-huit livres quinze sous par quintal : les tabacs fabriqués seront prohibés.

8. A compter du même jour 1ᵉʳ avril prochain, il ne sera acquitté aucun droit sur les objets ci-après, apportés desdites colonies, savoir : cuirs secs et en poil, peaux et poil de castor, bois de teinture et de marqueterie, curcuma, gommes, rocou, graines de jardin, écaille de tortue, morphil, cornes de bœuf, canéfice, gingembre, maniquette ou graine de paradis, noix d'acajou, farine de maïs, riz, oranges et citrons, jus de citron, pelleteries écrues, vieux fer, vieux cuivre et vieux étain, térébenthine, muscade et girofle, ainsi que sur les marchandises nationales de retour des colonies.

9. Le coton en laine et la cire jaune qui viendront des mêmes colonies, seront affranchis du droit d'entrée; mais en cas d'exportation à l'étranger, ils acquitteront les droits de sortie du tarif général.

10. Les marchandises importées des colonies françaises dans le royaume, pour lesquelles on ne représentera pas l'acquit des droits de sortie desdites colonies, seront assujéties au paiement desdits droits, tels qu'ils sont perçus auxdites colonies, et sans avoir égard à la différence de l'argent.

11. Les acquits-à-caution qui accompagneront les sucres terrés et têtes, les tafias et les sucres raffinés, lors de leur exportation à l'étranger, seront déchargés au dernier bureau de sortie du royaume.

12. Les sirops et basses matières des raffineries du royaume, pourront être distillés en France et convertis en eau-de-vie.

13. Les sucres bruts, têtes et terrés, les cafés et les cacaos qui se trouveront en entrepôt au 1ᵉʳ mai prochain, seront sujets au droit additionnel de quinze sous par quintal, énoncé dans l'article 3 du présent décret; et, au moyen du paiement dudit droit et de celui de six livres par quintal sur les sucres têtes et terrés, fixé par l'article 4 du même décret, les soumissionnaires auront la libre disposition desdites marchandises : ils pourront user de la même faculté avant ladite époque, en payant les droits ci-dessus fixés. Les indigos, rocous et autres denrées coloniales, qui étaient dans ledit entrepôt, en seront retirés en franchise.

Suit la teneur de l'annexe.

État d'évaluation, pour servir à la perception, jusqu'au 1ᵉʳ avril 1792, du droit de domaine colonial, proposé sur les denrées des colonies françaises d'Amérique, énoncées audit état.

Marchandises.	Eval. par quint.
Sucre brut de Cayenne.	30
Sucre brut des autres colonies.	45
Sucre tête.	54
Sucre terré de Caïenne.	54
Sucre terré des îles du Vent.	60
Sucre terré de Saint-Domingue.	70
Café de Saint-Domingue.	80
Café de la Martinique.	85
Café de Cayenne.	90
Indigo.	700
Cacao.	40

18 = 30 MARS 1791. — Décret relatif à l'organisation du trésor public. (L. 3, 1155 ; B. 12, 205.)

Art. 1ᵉʳ. Le Roi sera prié de faire incessamment le choix et la nomination des six commissaires qui composeront le comité de trésorerie.

2. L'administration actuelle du Trésor public subsistera jusqu'au jour qui sera fixé par un décret de l'Assemblée nationale.

3. Aussitôt après leur nomination, lesdits commissaires se réuniront dans une des salles du Trésor public, et feront le choix d'un secrétaire pour tenir le registre de leurs délibérations.

4. Aussitôt après la nomination des commissaires de trésorerie, l'Assemblée nationale nommera trois de ses membres, qui assisteront aux délibérations et opérations préparatoires de ce comité. Le comité de trésorerie procédera, en leur présence, à un inventaire général du Trésor public, lequel inventaire sera divisé en deux parties.

5. Le premier inventaire contiendra, par titres sommaires, toutes les pièces enliassées, les cartons de correspondance, les pièces d'archives, les registres de décisions, et toutes les pièces appartenant à la direction générale du Trésor public.

6. Le second inventaire ne sera arrêté que la veille de l'entrée des commissaires en exercice ; il contiendra en détail toutes les valeurs en portefeuille, échues ou non échues, bonnes ou caduques, de quelque nature qu'elles puissent être, et les deniers comptant qui existent dans les caisses.

7. Les commissaires de l'Assemblée nationale seront présens à toutes les séances de l'inventaire, et en signeront le procès-verbal.

8. Le comité de trésorerie projettera le plan de son organisation intérieure et secondaire ; il proposera le projet d'établissement de ses caisses, l'état de ses bureaux, le nombre et le traitement de ses commis, les objets de sa correspondance et de ses rapports avec les receveurs des districts, et l'usage de l'autorité qu'il doit exercer sur eux, pour, sur le tout, et sur le rapport du comité des finances, être statué par l'Assemblée nationale ce qu'il appartiendra.

9. Par le même décret, l'Assemblée nationale fixera le jour où lesdits commissaires entreront en exercice.

19 MARS = 6 AVRIL 1791. — Décret relatif aux baux emphytéotiques, baux à cens, rentes et autres (1). (L. 4, 69 ; Mon. du 20 mars 1791.)

Art. 1er. Les baux emphytéotiques légitimement faits, sont ceux qui ont été revêtus de lettres-patentes dûment enregistrées, ou qui ont été homologués par arrêts ou jugemens en dernier ressort, sur les conclusions du ministère public.

2. Seront aussi exécutés, quoique non revêtus des formalités ci-dessus :

1° Les baux emphytéotiques faits à portion de fruits ; ceux passés par les ci-devant chapitres, corps et communautés, subsistant depuis vingt ans, et ceux passés par de simples bénéficiers depuis quarante ans, sans réclamation ;

2° Les baux moins anciens, faits à la suite d'un bail de quatre-vingt-dix-neuf ans, ou de deux baux de plus de vingt-sept ans chacun, du consentement, soit des supérieurs, soit des corps et communautés avec lesquels la possession était originairement indivise, et passés à une redevance au moins égale à celle portée aux baux antérieurs, lorsqu'elle était en nature, et supérieurs de moitié à cette redevance, lorsqu'elle était en argent ;

3° Ceux dont la redevance n'excède pas la somme de deux cents livres ;

4° Enfin ceux faits au profit des preneurs qui prouveront que, par des constructions, plantations ou améliorations faites à leurs dépens, les biens ont acquis une valeur double

de celle qu'ils avaient à l'époque du bail.

3 Il ne sera exercé aucune restitution de fruits contre les détenteurs qui, ne se trouvant dans aucune des exceptions ci-dessus, ne sont pas maintenus dans leur jouissance.

4. Les dispositions de l'article 1er, et les première et troisième exceptions portées en l'article 2, auront lieu, tant pour les contrats appelés *locatairie perpétuelle*, que pour les baux à rentes foncières ou perpétuelles. Et quant aux baux à cens ou rente foncière de biens qui étaient rentrés dans les mains des possesseurs ecclésiastiques, et dont ils étaient tenus de les vider, aux termes des lois, lesdits baux à cens ou rente foncière seront exécutés, pourvu néanmoins que les nouvelles redevances ne soient pas inférieures aux anciennes.

5. Ne sont pas compris dans les dispositions de l'article 9 du titre 1er du décret du 14 mai 1790, les baux passés par de simples bénéficiers pour un terme au-delà de neuf années, et jusqu'à dix-huit ; mais lesdits baux seront exécutés pour ce qui reste à s'écouler des neuf premières, et même pour les années qui excèdent ce terme, si la première desdites années excédentes se trouvait commencer au 29 mars 1789, et cette seconde partie du bail exécutée à cette époque.

Quant aux baux de dix-huit à vingt-neuf ans, ils seront exécutés pour les années qui resteront à courir, si la dix-neuvième année se trouve commencée lors de la publication du présent décret.

Seront enfin exécutés les baux faits pour plus de neuf ans, et jusqu'à vingt-neuf, et passés par les ci-devant chapitres, corps et communautés.

6. Sont également nuls les baux faits par anticipation, c'est-à-dire, pour les maisons d'habitation, un an, et, pour les autres biens ruraux, trois ans avant l'expiration du bail courant ; excepté néanmoins lorsque lesdits baux auront été ainsi faits par les ci-devant chapitres, corps et communautés.

7. Les baux faits par anticipation par de simples bénéficiers seront encore maintenus, lorsque l'exécution en aura été commencée avant le 2 novembre 1789, ou que le preneur, jouissant en vertu d'un premier bail, en aura obtenu un second sous la condition de faire des constructions, plantations ou autres améliorations, et prouvera qu'il a rempli la condition.

8. Sur le rapport fait par les comités ecclésiastiques et d'aliénation réunis, des difficultés qui se sont élevées, dans plusieurs départemens, par rapport à l'exécution des traités faits entre des ci-devant bénéficiers et des particuliers, ou des compagnies de gens d'af-

(1) *Voy.* le décret définitif avec de nouveaux articles à la date du 18 = 27 avril 1791. *Voy.* aussi la loi du 21 = 25 mai 1791.

faires, par lesquels les personnes qui ont contracté avec les bénéficiers se sont engagés
envers eux, moyennant des remises convenues, à leur faire des avances de fonds, et à
percevoir le prix des baux qui seraient faits
par le bénéficier lui-même en leur présence,
et ce, pendant un nombre d'années convenu,
quel que fût le bénéfice dont le titulaire qui
traitait se trouvât pourvu, et dans le cas même
où il acquerrait un nouveau bénéfice au lieu
de celui qu'il possédait.

L'Assemblée nationale, considérant que
les conventions dont il s'agit caractérisent un
traité particulier, propre à la personne beaucoup plus qu'au bénéfice, et qu'il ne saurait
être assimilé aux baux généraux des biens
d'un bénéfice dont elle a ordonné l'exécution
dans les circonstances et sous des conditions
désignées;

Déclare que les traités dont il vient de lui
être rendu compte ne sont pas dans le cas
d'être exécutés par la nation; et néanmoins,
attendu que ceux qui avaient consenti lesdits
traités, les ont exécutés de fait pendant le
cours de l'année 1790, décrète que leur exécution ne cessera qu'à compter du 1er janvier
dernier.

Et seront tenus les receveurs de district
qui auront reçu des sous-fermiers les fermages
desdits bénéficiers, ou partie d'iceux échus
en 1791, d'en remettre le montant aux personnes qui ont souscrit lesdits traités, à la
charge par ces derniers de remplir les obligations qu'ils y avaient contractées.

9. Les dispositions du présent décret ne
s'appliquent qu'aux biens ci-devant ecclésiastiques, et non aux biens domaniaux.

19 MARS 1791. — Décret qui surseoit à la translation des sieurs Descors et Térasse dans les
prisons d'Orléans. (B. 12, 209.)

19 = 19 MARS 1791. — Décret relatif aux troubles survenus dans la ville de Douai. (L. 3,
940; B. 12, 208.)

19 = 27 MARS 1791. — Décret qui autorise le
directoire du district d'Angers à acquérir les
bâtimens nécessaires à son établissement. (L.
3, 1090; B. 3, 207.)

19 MARS 1791. — Collèges. *Voy.* 4 SEPTEMBRE
1790. Inventaire. *Voy.* 14 MAI 1791.

20 = 27 MARS 1791. — Décret qui supprime
la ferme et la régie générale, annule les baux
et traités qui leur sont relatifs, et ordonne
aux adjudicataires, cautions et régisseurs, de
compter de clerc à maître. (L. 3, 1100; B.
12, 214.)

Art. 1er. A compter du 1er avril prochain,
les droits d'entrée des villes, conservés jusqu'au 1er mai suivant, seront régis par deux
administrateurs que le Roi nommera.

A compter du même jour, la ferme et la
régie générale sont supprimées, à la réserve
des employés nécessaires pour la perception
des entrées des villes, jusqu'au 1er mai.

A compter du même jour, le traité passé
avec Kalendrin est résilié. A compter du 1er
juillet 1791, le bail passé à Jean-Baptiste
Mager et à ses cautions, le 8 mai 1786, est
pareillement résilié. Ledit Mager et ses cautions compteront de clerc à maître du produit
de leurs perceptions depuis cette époque jusqu'au 1er avril.

2. Le comité des finances proposera incessamment un projet de décret relativement à
la reddition des comptes, tant de la régie
que de la ferme, à la liquidation des cautionnemens et fonds d'avance, tant desdits Mager
et ses cautions, Kalendrin et ses cautions,
que de leurs receveurs et autres employés;
et enfin au remboursement desdits fonds d'a-
vance et cautionnemens, ainsi qu'à la conservation des droits, priviléges et intérêts respectifs, tant des prêteurs desdits fonds d'a-
vance et cautionnemens, que des débiteurs
pour lesquels l'avance en aura été faite au
Trésor public.

Ne pourront aucuns desdits comptables
faire compensation de leurs fonds d'avance et
cautionnemens, avec le produit de leurs recettes.

3. Immédiatement après la promulgation
du présent décret, les directoires de district
nommeront des commissaires pour procéder
sans délai, sous la surveillance des directoires
de département, à l'inventaire des sels et tabacs qui sont maintenant dans les mains de
Mager et ses cautions, ainsi que des terrains,
bâtimens, pataches, bateaux, voitures, chevaux, meubles et ustensiles de toute espèce,
servant à l'exploitation, tant dudit Mager et
ses cautions, que de Kalendrin et ses cautions; à l'exception néanmoins des parties
qui pourraient concerner les entrées des villes, conservées jusqu'au 1er mai, desquelles
parties il ne sera fait inventaire qu'aux époques où finira la perception.

A la clôture de chacun desdits inventaires
en chaque lieu, lesdits sels, tabacs, terrains,
bâtimens, pataches, bateaux, chevaux, voitures, meubles et ustensiles, seront remis à
la nation par lesdits Mager et Kalendrin et
leurs cautions, à qui les commissaires en
donneront acte.

4. Les fabriques de tabac ci-devant dépendant de la ferme générale, avec tous les ustensiles nécessaires à leur exploitation, seront séparément données à bail, chacune par
le directoire du district dans lequel elles sont
situées.

5. Aussitôt que la remise desdites fabriques et dépendances aura été faite, conformément à l'article 3, et, au plus tard, dans
les deux mois qui suivront la promulgation

du présent décret, les directoires des départemens où ces fabriques sont situées en annonceront, trois dimanches consécutifs, par affiches et publications dans les principaux lieux de leur territoire, la location au plus offrant et dernier enchérisseur, par les directoires de district, et indiqueront pour cette location le trente-unième jour qui suivra la première publication.

6. Les baux seront passés pour neuf années.

7. Les loyers seront payables de six mois en six mois et d'avance, entre les mains des receveurs de district.

8. A l'entrée des baillistes, il sera procédé avec eux au récolement des inventaires et états des lieux qui auront été dressés en vertu de l'article 3, ainsi qu'à l'estimation des effets et ustensiles nécessaires à l'exploitation des fabriques. Les baillistes seront chargés des réparations locatives et usufruitières, et à la fin de leur bail, ils seront tenus de remettre les effets et ustensiles dans le même état où ils leur auront été laissés, ou d'en payer la valeur.

9. Jusqu'au bail des fabriques nationales, la fabrication y sera continuée comme ci-devant : elles seront provisoirement régies par les deux administrateurs qui seront nommés en vertu de l'article 1er.

10. Les tabacs qui se trouveront en fabrication au moment où les baillistes entreront en jouissance, seront par eux payés, indépendamment du prix de leur bail, sur le pied de dix-huit sous la livre.

11. Immédiatement après l'inventaire prescrit par l'article 3, les directoires de district mettront en vente, sous la surveillance des directoires de département, au plus offrant et dernier enchérisseur, après deux affiches et publications faites deux dimanches consécutifs dans toutes les municipalités de leur ressort, les tabacs manufacturés qui se trouveront dans les fabriques, entrepôts, magasins et bureaux ci-devant dépendant de la ferme générale.

Ils vendront de même, mais seulement après la passation des baux des fabriques nationales, les tabacs en feuilles qui s'y trouveront, ainsi que les tabacs qui auraient pu y être fabriqués dans l'intervalle de l'inventaire prescrit par l'article 3 et le bail.

12. Les officiers municipaux de chaque lieu où il existe des entrepôts de tabac, vérifieront la quantité des tabacs levés par les entreposeurs au bureau général, et ce, d'après les factures qui leur ont été délivrées, et la quantité des tabacs par eux vendus d'après leur registre de vente; ce qui leur en restera sera remis aux directoires de district, qui en rembourseront le prix aux entreposeurs, et en feront la vente ainsi qu'il est prescrit dans l'article 11.

13. Le tabac fabriqué sera vendu par quintal, le tabac en feuilles par millier. Le tabac fabriqué ne pourra être adjugé à un prix moindre que trente-cinq sous la livre, le tabac en feuilles à moins de douze sous.

14. Les directoires de district mettront en vente, dans les formes prescrites par l'article 2, les sels existant dans les magasins, greniers, dépôts et entrepôts dépendant ci-devant de la ferme générale, excepté néanmoins les sels existant dans les salines de Lorraine et Franche-Comté et saline de Peccais.

15. Le sel ne pourra être vendu à un prix moindre que dix pour cent au-dessus de celui auquel il revient maintenant dans le lieu de la vente; et, à cet effet, il sera dressé, sous les ordres du ministre des finances, un état où ce prix sera réduit en sommes déterminées suivant les lieux de la situation des greniers, entrepôts, magasins et dépôts : cet état sera imprimé, et transmis par les départemens aux directoires de district, qui seront tenus de s'y conformer.

16. Dans les lieux où le sel en magasin, grenier, dépôt ou entrepôt, n'excédera pas deux mille quintaux, il sera vendu par parties de deux cents livres au plus.

17. Dans les lieux où le sel excédera deux mille quintaux, il sera vendu par millier, à la réserve de deux mille quintaux, qui seront vendus par parties de deux cents livres au plus.

Le présent décret sera porté dans le jour à la sanction du Roi.

---

20 = 27 MARS 1791. — Décret relatif à la liberté de cultiver, fabriquer et débiter le tabac. (L. 3, 1108; B. 12, 213.)

Voy. loi du 5 VENTOSE an 12, titres 5, chap. 1er; décret du 29 DÉCEMBRE 1810.

Art. 1er. A compter de la promulgation du présent décret, il sera libre à toute personne de cultiver, fabriquer et débiter du tabac dans le royaume.

2. L'importation du tabac étranger fabriqué continuera à être prohibée.

3. Il sera libre d'importer par les ports qui seront désignés, du tabac étranger en feuilles, moyennant une taxe de vingt-cinq livres par quintal : tout navire français qui importera directement du tabac d'Amérique ne sera assujéti qu'aux trois quarts du droit.

4. Le tabac en feuilles provenant de l'étranger pourra être mis en entrepôt dans les magasins de la régie qui seront destinés à cet usage, et réexporté à l'étranger, sans payer aucun droit.

Le présent décret sera porté dans le jour à l'acceptation du Roi.

20 MARS 1791. — Proclamation du Roi concernant la nomination du receveur du district de Mussidan. (L. 3, 1005.)

20 = 27 MARS 1791. — Décret qui ordonne le paiement de différentes sommes à M. de La Rochefoucault-Liancourt et à la dame de Lanion, sa femme, aux sieurs Morel, Houdeyer et Constantini, et qui rejette différentes réclamations faites par la dame de Caumont, le sieur de Verdière et autres. (L. 3, 1097 ; B. 12, 210.)

20 MARS 1791. — Aurillac. *Voy.* 5 MARS 1791. — Avancemens militaires. *Voy.* 4 MARS 1791. Avoués. *Voy.* 29 JANVIER 1791. — Baux à vie. *Voy.* 13 MARS 1791. — Brest. *Voy.* 12 MARS 1791. — Caisse de l'extraordinaire. *Voy.* 13 MARS 1791. — Cannes, etc. *Voy.* 4 et 15 MARS 1791. — Colonels, etc. *Voy.* 3 MARS 1791. — Conflans, etc. *Voy.* 9 MARS 1791. — Dette publique. *Voy.* 3 MARS 1791. — Domaines nationaux ; Ecclésiastiques. *Voy.* 12 MARS 1791. — Église de Brou. *Voy.* 13 MARS 1791. — Épinal ; Eure-et-Loir. *Voy.* 3 MARS 1791. — Ex-employés dans les fermes. *Voy.* 8 MARS 1791. — Fonctionnaires absens. *Voy.* 10 MARS 1791. — Forces militaires. *Voy.* 8 MARS 1791. — Fournitures. *Voy.* 10 MARS 1791. — Fruits des domaines nationaux. *Voy.* 28 FÉVRIER 1791. — Fusils. *Voy.* 13 MARS 1791. — Gemenos. *Voy.* 3 JUILLET 1790. — Impôts. *Voy.* 17 JUIN 1789. — Intérêts de la dette publique. *Voy.* 6 MARS 1791. — Laon. *Voy.* 15 MARS 1791. — Lozère. *Voy.* 7 MARS 1791. — Mauriac. *Voy.* 3 MARS 1791. — Officiers de maîtrise. *Voy.* 9 MARS 1791. — Officiers rassemblés. *Voy.* 14 MARS 1791. — Régie. *Voy.* 9 MARS 1791. — Religieux. *Voy.* 13 MARS 1791. — Sarre-Louis. *Voy.* 3 MARS 1791. — Tribunal de cassation ; Troubles de Schelestat. *Voy.* 13 MARS 1791. — Troupes provinciales. *Voy.* 4 MARS 1791. — Vannes. *Voy.* 12 MARS 1791. Var. *Voy.* 15 MARS 1791. — Vicaires épiscopaux. *Voy.* 10 MARS 1791.

21 = 21 MARS 1791. — Décret portant que l'assemblée des électeurs du département du Nord se constituera dans la ville qui sera désignée par le directoire. (L. 3, 1014 ; B. 12, 219.)

21 = 29 MARS 1791. — Décret relatif à la suppression des places de gouverneur, médecin, chirurgien, et peintre de batailles, des hôtels de la guerre, et qui suspend les dépenses nécessaires auxdits hôtels. (B. 12, 218.)

22 = 22 MARS 1791. — Décret concernant les nominations aux places de recteur, professeurs et agrégés de l'Université de Paris. (L. 3, 1015 ; B. 12, 221.)

Art. 1er. La nomination du recteur de l'université de Paris est provisoirement suspendue jusqu'après l'organisation de l'instruction publique.

2. Les chaires qui sont vacantes ou qui viendront à vaquer jusqu'à cette époque, seront remplies provisoirement par l'un des agrégés de l'université, aux choix du directoire du département ; et les agrégés qui seront ainsi appelés à exercer les fonctions de professeurs, en toucheront les émolumens pour le temps où ils seront en place.

3. Nul agrégé, et, en général, nul individu ne sera appelé à exercer, et nul professeur ne pourra continuer aucune fonction ou remplir aucune place dans les établissemens appartenant à l'instruction publique dans tout le royaume, qu'auparavant il n'ait prêté le serment civique ; et s'il est ecclésiastique, le serment des fonctionnaires publics ecclésiastiques.

22 = 25 MARS 1791. — Décret relatif à la vente des biens nationaux. (L. 3, 1064 ; B. 12, 220.)

L'Assemblée nationale, sur ce qui lui a été exposé par son comité d'aliénation des domaines nationaux, que les quatre cent millions auxquels elle avait (par son décret du 14 mai 1790, sanctionné par le Roi le 17 du même mois) borné la somme des ventes de domaines nationaux aux municipalités, étaient insuffisans pour remplir l'attente de celles qui, ayant fait leur soumission avant le 16 septembre dernier, ont satisfait depuis à toutes les formalités prescrites pour parvenir à l'acquisition de ces domaines, autorise son comité d'aliénation à lui proposer des décrets de vente au profit de toutes les municipalités qui se sont mises en règle dans le délai prescrit par son décret du 31 décembre dernier.

22 = 26 MARS 1791. — Décret relatif à la remise des états et ordonnances des dépenses, soit ordinaires, soit variables, soit extraordinaires, des divers départemens ministériels. (L. 3, 1017 ; B. 12, 222.)

Art. 1er. Les ministres, ordonnateurs, administrateurs, et toutes autres personnes sur les ordres desquelles les dépenses se font dans les divers départemens, qui n'auraient pas encore remis les états et ordonnances des dépenses, soit ordinaires, soit variables, soit extraordinaires, de leur département, les remettront, dans la huitaine de la sanction du présent décret, entre les mains du directeur-général de la liquidation, savoir : les ordonnances non entamées, en originaux ; les états et ordonnances entamés, soit en originaux, soit en copies signées d'eux, avec mention de ce qui aura été payé, tant sur lesdits états que sur lesdites ordonnances entamées : le directeur-général de la liquidation leur en donnera son récépissé. Ceux desdits états et ordonnances qui auraient été précédemment remis aux différens comités de l'Assemblée, seront portés sans délai entre les mains du directeur-général de la liquidation, qui en donnera pareillement son récépissé.

2. Toute personne qui se prétendra créancière de l'État pour des objets faisant partie de l'arriéré de quelque département que ce soit, et qui n'aura pas encore remis de mémoire contenant sa demande, remettra au directeur-général de la liquidation un mémoire contenant la déclaration de la somme qu'elle prétend lui être due, et dont elle entend être payée, et l'énonciation des causes de sa créance : elle joindra à l'appui de son mémoire les titres justificatifs de sa créance dont elle se trouvera en possession, et indiquera un domicile où l'on puisse s'adresser, pour lui faire passer les avis relatifs à sa demande. Il sera joint de plus au mémoire un certificat, tant de l'ordonnateur du Trésor public, que du trésorier ou caissier particulier du département, portant que la somme demandée n'a été payée ni en tout ni en partie.

3. Les qualités individuelles des créanciers pour établir le droit qu'ils ont à la propriété des créances qu'ils réclament, seront justifiées dans la forme ordinaire, par les marchés, les actes de société et autres qu'ils ont pu souscrire, ainsi que par les inventaires, actes de notoriété, partages et autres titres translatifs de propriété, lorsqu'ils exerceront les droits de personnes auxquelles ils auront succédé.

4. A l'instant de la remise, qui sera faite dans le bureau du directeur-général de la liquidation, des mémoires et des pièces mentionnés aux articles précédens, le nom du créancier qui aura fait ou fait faire cette remise, sera inscrit sur un ou plusieurs registres tenus de suite, sans aucun blanc, sous une même série de numéros; et il sera délivré au porteur une note énonciative que les pièces par lui remises ont été enregistrées à telle date et sous tel numéro.

5. Les mémoires des personnes qui se prétendent créancières de l'État, et qui seraient encore dans les dépôts des divers comités de l'Assemblée, seront remis sans délai au liquidateur général, avec un bref état relevé sur les registres desdits comités, pour constater leur nombre et le jour de leur rapport au comité. Le directeur-général s'en chargera par son récépissé au pied d'un double dudit état.

6. Dans le plus bref délai après la remise des mémoires présentés par les créanciers de l'État, le directeur-général fera la vérification des demandes, tant sur les pièces jointes aux mémoires, que sur les états et ordonnances qui se trouveront entre ses mains. S'il estime que les demandes soient en état d'être mises sous les yeux du comité central de liquidation, il lui en fera de suite son rapport. Si les demandes paraissent au directeur-général devoir être appuyées de quelques pièces qui n'auraient pas été produites, il en donnera sur-le-champ avis à la personne pour laquelle

le mémoire aura été présenté, ou à son fondé de procuration.

7. Tout créancier de l'État aura le droit d'exiger des ministres-ordonnateurs, administrateurs, et toutes autres personnes sur les ordres desquelles les dépenses ont été faites dans les divers départemens, qu'ils fassent remettre au directeur de la liquidation les états, ordonnances, bordereaux et mémoires concernant les créances dont il demandera le paiement. Faute de satisfaire à cette réquisition dans le délai de quinzaine, les ministres et autres personnes ci-dessus dénommées seront personnellement responsables envers les créanciers, des dommages et des pertes qui seront justifiés avoir été l'effet de leur retard.

8. Les créances résultant de services, fournitures, travaux et entreprises faites pour le Roi ou pour l'État, seront regardées comme vérifiées et justifiées à l'égard du créancier, par le seul fait qu'elles se trouveront employées dans les états et ordonnances signées du Roi, contre-signées d'un ministre, ou dans les ordonnances émanées des ministres et autres personnes dénommées aux articles 1er et 7 ci-dessus, et qu'elles n'auront pas été payées; mais les ministres, ordonnateurs, administrateurs et autres personnes qui auront autorisé ou alloué les dépenses, demeureront responsables du fait que la dépense a dû avoir lieu au compte du Roi et de la nation; et ils seront tenus de justifier, dans les formes qui seront incessamment établies, qu'ils n'ont ordonné lesdites dépenses que de la manière, dans les cas et aux conditions prescrites par les lois et réglemens donnés sur l'exercice de leurs charges.

9. Dans le cas où les fournisseurs et entrepreneurs ne pourraient pas être payés de leurs fournitures et travaux, parce que leurs mémoires n'auraient pas encore été réglés par les personnes établies à cet effet, ils seront autorisés à en requérir le réglement. Si les ordonnateurs et autres personnes ayant à ce pouvoir, refusent ou négligent d'y procéder dans la quinzaine, les fournisseurs et entrepreneurs seront autorisés à retirer leurs mémoires, et à les présenter au directeur-général de la liquidation, qui nommera deux vérificateurs pour procéder à leur réglement. Ce réglement sera fait aux frais des ordonnateurs et autres personnes qui étaient tenues, par le devoir de leur place d'y procéder ou faire procéder. Lesdits ordonnateurs, ou autres personnes tenues des vérifications, seront responsables, en outre, des dommages, pertes et intérêts résultant pour le créancier du retard de la vérification.

10. Les personnes attachées au service du Roi et de sa maison, de la Reine et de sa maison, les entrepreneurs, ouvriers, fournisseurs, tant du Roi et de la Reine, de leur maison, que de leurs bâtimens, seront payés

par la caisse de l'extraordinaire de tout ce qui peut leur être légitimement dû jusqu'au 1er juillet 1790. A l'égard de toutes les créances pour lesdits objets, qui auraient une cause postérieure à la date dudit jour 1er juillet 1790, leur examen et leur acquit sont renvoyés à la liste civile.

11. Le directeur de la liquidation sera tenu de comprendre dans ses rapports, autant qu'il sera possible, des liquidations des créances des différentes classes, notamment des créances des entrepreneurs, ouvriers et fournisseurs compris dans l'arriéré des départemens.

22 mars 1791. — Décret qui ordonne au sieur Goulard, député, de se rendre à ses fonctions, et qui statue sur les poursuites à intenter contre les députés pour délits commis hors de leurs fonctions. (B. 12, 228.)

L'Assemblée nationale, ouï la lecture d'une lettre des administrateurs composant le directoire du département de Rhône-et-Loire, et d'une pétition de la municipalité de la ville de Roanne, décrète que M. Goulard, l'un de ses membres, absent par congé, se rendra à ses fonctions dans le délai de huit jours après la réception de la lettre du président, que le directoire dudit département sera chargé de lui faire remettre par ladite municipalité de Roanne; et, au surplus, considérant que l'inviolabilité des représentans de la nation, relativement aux délits commis hors de leurs fonctions, n'empêche point les tribunaux d'informer sur ces mêmes délits suivant les formes ordinaires, cette inviolabilité les obligeant seulement de soumettre, avant le décret, les informations au Corps-Législatif, qui seul a le droit de déclarer qu'il y a lieu à accusation contre un de ses membres, l'Assemblée nationale a passé à l'ordre du jour.

22 = 25 mars 1791. — Décret portant qu'il ne sera fait aucune poursuite civile ni criminelle relativement aux troubles survenus dans la ci-devant province du Mâconnais. (L. 3, 1039; B. 12, 227.)

22 = 27 mars 1791. — Décret relatif à la vente de la maison conventuelle et des biens dépendant de la ci-devant abbaye de Royaumont. (L. 3, 1131; B. 10, 321.)

22 mars 1791. — Décret qui charge plusieurs comités de présenter un projet de décret sur la manière d'évaluer les droits d'usage, chauffage et pacage. (B. 12, 220.)

22 mars 1791. — Décret qui charge le comité central de liquidation de présenter un projet pour l'établissement et l'organisation d'un bureau de comptabilité. (B. 12, 226.)

22 mars 1791. — Décret portant vente de domaines nationaux à la municipalité de Saint-Omer. (B. 12, 227.)

23 = 27 mars 1791. — Décret qui autorise le directoire du district de Beaugency à louer les emplacemens nécessaires à son établissement et à celui du tribunal. (L. 3, 1037; B. 12, 232.)

23 = 25 mars 1791. — Décret relatif aux retards apportés par le district de Perpignan dans l'envoi et dans l'exécution du décret sur l'organisation de la caisse de l'extraordinaire. (L. 3, 1028; B. 12, 233.)

23 = 25 mars 1791. — Décret portant circonscription des trois paroisses de la ville de Blois. (L. 3, 1062; B. 12, 233.)

23 mars 1791. — Décret portant vente de domaines nationaux à différentes municipalités des départemens de l'Aube, du Calvados, de la Côte-d'Or, de l'Eure, de Loir-et-Cher, de la Manche, de la Marne, de la Mayenne, de la Meurthe, de la Nièvre, de la Sarthe, de la Seine-Inférieure et de l'Yonne. (B. 12, 229 et 234.)

24 = 30 mars 1791. — Décret relatif aux appels des jugemens de commerce. (L. 3, 1152; B. 12, 240.)

L'Assemblée nationale décrète que, jusqu'à ce qu'il ait été autrement statué, les appels des jugemens de tribunaux de commerce seront portés, suivant les formes prescrites par les décrets sur l'ordre judiciaire, et de la même manière que les appels des jugemens du tribunal du district, dans l'un des sept tribunaux de district d'arrondissement du tribunal de district dans le ressort duquel le tribunal de commerce est situé.

24 = 30 mars 1791. — Décret qui établit des tribunaux de commerce à Belfort, Bordeaux, Gray, Moissac; maintient provisoirement la juridiction consulaire de Bordeaux; réunit diverses paroisses aux districts de Chaumont et de Saint-Sauveur; déclare chefs-lieux de leurs cantons respectifs les bourgs d'Auriy et de Courtomer, et fixe la délimitation du territoire des ville et municipalité de Cette. (L. 3, 1153; B. 12, 239.)

24 mars 1791. — Décret portant vente de domaines nationaux à différentes municipalités des départemens du Gers, de la Meurthe, de Paris, des Basses-Pyrénées, du Haut-Rhin, de Seine-et-Marne, de Seine-et-Oise et des Vosges. (B. 12, 241.)

24 mars 1791. — Décret qui charge le comité des finances de s'informer de l'emploi des fonds de la loterie en faveur des grêlés et des hôpitaux de Paris. (B. 12, 244.)

24 MARS = 6 AVRIL 1791. — Décret concernant la répartition d'une somme de 621,681 livres 1 sou 4 deniers, accordée pour secours, dans chacune des années 1790 et 1791, aux ci-devant pensionnaires septuagénaires. (L. 4, 79 ; B. 12, 244.)

25 = 30 MARS 1791. — Décret relatif aux vicaires des églises paroissiales et succursales qui ont été ou seront supprimées. (L. 3, 1173 ; B. 12, 296.)

L'Assemblée nationale, ouï le rapport qui lui a été fait par son comité ecclésiastique, de la pétition présentée par les vicaires des églises supprimées, décrète :

Art. 1er. Les vicaires des églises paroissiales et succursales qui ont été ou seront supprimées en vertu des précédens décrets, et qui se trouveront sans emploi par l'effet desdites suppressions, auront droit, pourvu qu'ils aient prêté le serment prescrit par le décret du 27 novembre 1790, sanctionné par le Roi le 26 décembre, d'être préférés à tous autres prêtres que les curés des églises supprimées, pour toutes les places de vicaires vacantes dans le département où ils exerçaient leurs fonctions avant ladite suppression, à l'exception des places de vicaires de la paroisse cathédrale. En conséquence, aucun curé ne pourra, jusqu'à ce qu'ils aient été remplacés, se dispenser de choisir parmi eux ses vicaires.

2. Pour assurer l'exécution du présent article, il sera tenu, au secrétariat du directoire de département, une liste où s'inscriront les vicaires des églises supprimées de ce même département, qui désireront jouir de la préférence qui leur appartient ; et lesdits curés ne pourront à l'avenir choisir leurs vicaires que parmi ceux qui seront inscrits sur cette liste, jusqu'à ce qu'elle soit épuisée. A mesure qu'ils auront été remplacés, lesdits vicaires seront rayés de la liste par apostille marginale de la main du président du directoire de département, ou de celui qui en fera les fonctions, et copie de cette liste sera envoyée tous les ans au secrétariat de chaque district, pour être consultée par les curés qui auront à nommer des vicaires.

25 MARS 1791. — Décret portant vente de domaines nationaux à différentes municipalités des départemens des Bouches-du-Rhône, du Pas-de-Calais, de Maine-et-Loire, du Nord et de la Vienne. (B. 12, 293.)

25 MARS = 10 AVRIL 1791. — Décret qui fixe au 15 avril prochain l'exécution du tarif général des droits de douanes. (L. 4, 182 ; B. 12, 292.)

25 MARS 1791. — Décret portant que les corps administratifs et les tribunaux du département

de la Gironde et du district de Bordeaux, seront placés au ci-devant palais archiépiscopal, et qui ordonne que l'hôtel de l'intendance et le local de la cour des aides seront mis en vente comme biens nationaux. (B. 12, 292.)

25 MARS 1791. — Blois. Voy. 23 MARS 1791. — Bois nationaux. Voy. 22 MARS 1791. — Collége. Voy. 4 SEPTEMBRE 1790. — Dépenses. Voy. 22 MARS 1791. — Loterie. Voy. 3 JUILLET 1790. — Manufactures. Voy. 4 SEPTEMBRE 1790. — Monnaies. Voy. 13 AOUT et 4 SEPTEMBRE 1790. — Palais de justice. Voy. 4 SEPTEMBRE 1790. — Perpignan. Voy. 23 MARS 1791. — Postes. Voy. 19 JUIN 1790. — Recrutement. Voy. 9 MARS 1791. — Réductions. Voy. 7 AOUT 1790. — Suppression de gratification. Voy. 13 AOUT 1790.

26 = 30 MARS 1791. — Décret relatif aux moyens d'établir l'uniformité des poids et mesures. (L. 3, 1163 ; B. 12, 305.)

L'Assemblée nationale, considérant que pour parvenir à établir l'uniformité des poids et mesures, conformément à son décret du 8 mai 1790, il est nécessaire de fixer une unité de mesure naturelle et invariable, et que le seul moyen d'étendre cette uniformité aux nations étrangères, et de les engager à convenir d'un même système de mesure, est de choisir une unité qui, dans sa détermination, ne renferme rien ni d'arbitraire, ni de particulier à la situation d'aucun peuple sur le globe ; considérant de plus que l'unité proposée dans l'avis de l'Académie des sciences du 19 mars de cette année, réunit toutes ces conditions, a décrété et décrète qu'elle adopte la grandeur du quart du méridien terrestre pour base du nouveau système de mesures ; qu'en conséquence, les opérations nécessaires pour déterminer cette base, telles qu'elles sont indiquées dans l'avis de l'Académie, et notamment la mesure d'un arc du méridien depuis Dunkerque jusqu'à Barcelonne, seront incessamment exécutées ; qu'en conséquence, le Roi chargera l'Académie des sciences de nommer des commissaires qui s'occuperont sans délai de ces opérations, et se concertera avec l'Espagne pour celles qui doivent être faites sur son territoire.

26 MARS = 1er AVRIL 1791. — Décret relatif à la liquidation des offices ministériels (L. 4, 13 ; B. 12, 308.)

Les procureurs des tribunaux tirés hors classe, dans les états ci-après, ne recevront pour tout remboursement de leurs titres que le montant de l'évaluation qu'ils en ont faite, sauf les indemnités précédemment décrétées ; et à l'égard des autres, leurs évaluations seront rectifiées et remboursées d'après les classemens suivans (1).

(1) Voy. 24 décembre 1790 = 23 février 1791.

Etat des tribunaux ordinaires tirés hors classe.

Arbois, Ardres, Argentan, Arles, Arnay-le-Duc, Arques, Autun, Auxonne, Avalon, Avranches, Bayeux, Beaucaire, Beaufort, Beaume-les-Dames, Beaune, Beaux (les), Bellac, Bernay, Besançon, Bitche, Blamont, Blaye, Bourbon-Lancy, Bourg-Argental, Bourmont, Bouzonville, Briançon, Briey, Brignolles, Briouze, Cany, Carentan, Cerens, Chantelles, Charmes, Charolles, Châteauneuf en Orléanais, Château-Renaud, Châtel-sur-Moselle, Châtillon-sur-Indre, Chauny, Commercy, Compiègne, Corbeil, Crest, Cussey, Cuers, Damvilliers, Darnay, Dax, Dôle en Franche-Comté, Domfront, Doulens, Dun-le-Roi, Embrun, Epinal, Essay, Etain, Etampes, Exmes, Falaise, Fenestrange, Fontainebleau, Gaillac, Gavray, Grandvilliers, Grasse, Hérisson, l'Aigle, la Marche en Lorraine, Longuyon, Longwy, Lorgues, Lunéville, Marseille, Marville, Melle, Montcenis, Montivilliers, Montlhéry, Montmédy, Montreuil, Montreuil-l'Argillé, Montrichard, Moret, Morlas, Moulins-la-Marche, Moulins et Bons-Moulins, Nancy, Neufchâteau, Nogent-sur-Seine, Nogent-le-Roi, prévôté; Nomeny, Nuits, Orbec, Orgelet, Ornans, Orthez, Pierrefond, Pontarlier, Pont-Audemer, Pont-sur-Seine, Poligny, Rabasteins, Rançon, Roye, Rue, Saint-Bonnet-le-Châtel, Saint-Germain-en-Laye, Saint-Jean-de-Lône, Saint-Lô, Saint-Michel, Saint-Palais, Saint-Pierre-sur-Dives, Saint-Quentin, Saint-Sauveur-Landelin, Saint-Sauveur-le-Vicomte, Salins, Saulieu, Schambourg, Séez, Sisteron, Tarbes, Thiancourt, Thorigny, Thionville, Toulon, Triel, Valognes, Verneuil, bailliage; Veselise, Villeréal en Agénois, Villers-la-Montagne, Vineux, Vire, Vitry-aux-Loges.

1ʳᵉ Classe des tribunaux ordinaires, composée de ceux dont la population est supérieure à trois cent mille ames, et dont l'étendue et le nombre d'officiers sont d'une importance correspondante à cette population.

L'évaluation la plus forte de cette classe est de dix mille quatre cents livres.

Bordeaux, Lyon, Nantes, Nîmes, Paris, Poitiers, Rennes, Riom, Rouen, Toulouse.

2ᵉ Classe des tribunaux ordinaires, composée de ceux dont la population monte depuis deux cent mille jusqu'à trois cent mille ames, et dont l'étendue et le nombre d'officiers sont d'une importance correspondante à cette population.

L'évaluation la plus forte de cette classe est de huit mille livres.

Agen, Angers, Amiens, Bourges, Laon, Mans (le), Moulins, Orléans, Périgueux, Tours, Vesoul.

3ᵉ Classe des tribunaux ordinaires, composée de ceux dont la population monte depuis cent vingt mille jusqu'à deux cent mille ames, et dont l'étendue et le nombre d'officiers sont d'une importance correspondante à cette population.

La plus forte évaluation de cette classe est de six mille livres.

Aix, Alençon, Angoulême, Auch, Bar-le-Duc, Beziers, Blois, Bourg-en-Bresse, Caen, Cahors, Carcassonne, Châlons-sur-Saône, Chaumont en Bassigny, Clermont en Auvergne, Coutances, Chartres, Dijon, Evreux, Grenoble, la Marche ou Guéret, Lannion, Lesneven, Limoges, Limoux, Mâcon, Metz, Montbrison en Forez, Montpellier, Péronne, Ploermel, le Puy en Velay, Reims, Saint-Brieux, Saint-Pierre-le-Moutier, Saintes, Sens, Troyes, Tulles, Vienne, Villefranche en Montauban, Villeneuve-de-Berg.

4ᵉ Classe des tribunaux ordinaires, composée de ceux dont la population monte depuis quatre-vingt mille jusqu'à cent vingt mille ames, et dont l'étendue et le nombre d'officiers sont d'une importance correspondante à cette population.

La plus forte évaluation de cette classe est de quatre mille livres.

Abbeville, Annonay, Aurillac, Auxerre, Beauvais, Belley (Bugey à), Boulogne-sur-Mer, Brest, Castelnaudary, Castres, Caudebec, Châlons-sur-Marne, Châteauroux, Dinan, Fontenay-le-Comte, Gray, Hennebond, Issoudun, Langres, La Rochelle, Libourne, Lons-le-Saunier, Meaux, Mirecourt, Montauban, Montdidier, Montmorillon, Quimper, Rodez, Romans, Saint-Jean-d'Angély, Saint-Marcellin, Sainte-Ménéhould, Sarlat, Saumur, Soissons, Trévoux.

5ᵉ Classe des tribunaux ordinaires, composée de ceux dont la population monte depuis quarante mille jusqu'à quatre-vingt mille ames, et dont l'étendue et le nombre d'officiers sont d'une importance correspondante à cette population.

La plus forte évaluation de cette classe est de deux mille cinq cents livres.

Auray, Baugé, Barral, Beaugency, Bellesme, Bergerac, Brives, Carhaix, Château-Gonthier, Châteaulin, Château-Thierry, Châtellerault, Châtillon-sur-Seine, Chinon, Civray, Condom, Crespy-en-Valois, Dieuze, Digne, Draguignan, Epernay, Figeac, Forcalquier, Gap, Gourdon, Guise et Ribemont, La Flèche, Lauzerte, Laval, Lectoure, Loches, Loudun, Mantes, Melun, Montargis, Montelimart, Montfort-l'Amaury, Montluçon, Mont-Marsan, Morlaix, Mortagne, Neufchâtel, Niort, Noyon, Oléron, Pamiers, Pau, Pont-à-Mousson, Pont-de-l'Arche, Provins, Remiremont, Saint-Diez, Saint-Flour, Sainte-Foy, Saint-Sever, Sarguemines, Sedan, Semur-en-Auxois, Senlis, Sezanne, Tartas, Toul, Uzerches, Valence, Vannes, Vendôme, Verdun, Vitry-le-Français, Vouvant, séant à la Châtaigueraye.

6ᵉ Classe des tribunaux ordinaires, composée de ceux dont la population monte depuis dix mille jusqu'à quarante mille âmes, et dont l'étendue et le nombre d'officiers sont d'une importance correspondante à cette population.

La plus forte évaluation de cette classe est de douze cents livres.

Bar-sur-Aube, Bar-sur-Seine, Basses-Marches, Bazouges, Beaumont, Beaumont-le-Roger, Bois-Commun, Boulay, Boutteville, Bruyères, Calais, Castellane, Château-du-Loir, Châteauneuf-de-Faon, Châteauneuf en Thimerais, Château-Salins, Châtillon-sur-Marne, Chaumont en Vexin, Clermont en Beauvoisis, Cognac, Concarneau, Concressant, Coucy, le Dorat (Basses-Marches), Fougères, Fouilloy, Gannat, Gex, Gien, Gourin, Guerande, le Havre, Hédé, l'Ile-Jourdain, Issoire, Jugon, la Réole, le Buis, Lorris, Lusignan, Magny en Vexin, Mamers, Martel, Meulan, Montpont, Montreuil-sur-Mer, Narbonne, Neuville, Pacy, bailliage; Pontoise, Quimperlé, Quingey, Rochefort, Romorantin, Rozières, Saint-Aubin-du-Cormier, Saint-Calais, Saint-Dizier, Saint-Maixent, Saint-Riquier, Saint-Yrieix, Salers, Sarre-Louis, Sauveterre, Semur en Brionnois, Tarascon, Villeneuve-le-Roi, Vitrezay, Yeuville.

7ᵉ Classe des tribunaux ordinaires, composée de ceux dont la population monte depuis un jusqu'à dix mille âmes, et dont l'étendue et le nombre d'officiers sont d'une importance correspondante à cette population.

La plus forte évaluation de cette classe est de six cents livres.

Ahun, Aisnay-le-Château, Alby, Angles, Antrain, Apt, Aunay, Aups, Antibes, Badonvilliers, Barjols, Barrac, Bethisy-Verberie, Billy, Bonneval, Bourbon l'Archambault, Bourg-sur-Dordogne, Bourguesson, Caussade, Caylus, Chaillot, Chambly, Chante-Merle, Château-Landon, Châteauneuf-la-Rochelle, Châteauneuf en Forez, le Châtelet, prévôté en Berry; Chiray, Coissy-le-Château, Colmar, Cordes, Coursan, Creil, Créon, Cressy, Dampaire, Dourdan, Essoyes, Feurs, Fimes, Frontignan, Gignac, Clos-la-Ferrière, Hières, la Bruyère, l'Adrien, la Châtre, la Fère, la Ferté-Milon, la Roche-sur-Yon, Ligny, Lire, Lixeim, Lunes, Marle, Marmande, Maulion et Lichard, Menun, Méry-sur-Seine, Moissac, Moncucq, Montereau, Montigny-le-Roi, Murat, siége royal; Murat, prévôté; Najac, Néronde, Nully-Saint-Front, Perthuis, Phalsbourg, Pierrelatte, Puymirol, Revel, Rhuis, Saignon, Saint-Antonin, Saint-Émilion, Saint-Esprit, Saint-Galmier, Saint-Hippolyte, Saint-Léonard, Saint-Macaire, Sainte-Marie-aux-Mines, Pont-Saint-Maxence, Saint-Maximin, Saint-Paul, siége royal; Saint-Paul-trois-Châteaux, bailliage; Saint-Remi, Sancoins, Sarralbe, Seyne, Sommières, Sauvigny,

Scierck, Trun, Turenne, Varennes, Varennes-sur-Allier, Vassy, Verneuil, châtellenie; Vierzon, Villeneuve-d'Agen, Villers-Cotterêts, Voux-Flagy, Yevre-le-Châtel.

ÉLECTIONS ET MAÎTRISES.

Tribunaux tirés hors de classe.

Argentan, Avranches, Bayeux, Bernay, Carentan, Châteaudun, Coutances, Evreux, Falaise, Fontenay-le-Comte, maîtrise; la Flèche, Lizieux, Nemours, Pont-Audemer, Pont-l'Evèque, Sables d'Olonne, Saint-Etienne, Séez, Valognes, Verneuil, Vire et Condé.

Classement des ci-devant procureurs et postulans dans les élections et maîtrises.

1ʳᵉ Classe, dont la plus forte évaluation est de quatre mille livres.

Caen, Lyon, Paris.

2ᵉ Classe, dont la plus forte évaluation est de deux mille livres.

Amiens, Bourges, Rouen, Angoulème.

3ᵉ Classe, dont la plus forte évaluation est de quinze cents livres.

Alençon, Chartres, Fontenay-le-Comte, élection; Laval, Montelimart, Moulins, Nevers, Péronne, Villefranche en Beaujolois.

4ᵉ Classe, dont la plus forte évaluation est de mille livres.

Barbezieux, Châlons-sur-Marne, Château-Thierry, Châtillon-sur-Sèvres, Chaumont en Bassigny, Confolens, Domfront, Epernay, Fleurance, Joigny, la Châtre, La Rochelle, Mantes et Meulan, Mayenne, Montdidier, Montereau, Montivilliers, Langres, Mortain, Niort, Noyon, Pithiviers, Provins, Rhetel Mazarin, Reims, Roanne, Romorantin, Rozoi en Brie, Saint-Jean-d'Angély, Sens, Soissons, Thouars, Tours, Troyes, Vendôme.

5ᵉ Classe, dont la plus forte évaluation est de six cents livres.

Amboise, Blanc, Compiègne, Coulommiers, Dreux, Gannat, la Charité, Loudun, Mauriac, Montluçon, Richelieu, Saint-Amand, Saint-Florentin, Vitry-le-Français.

PARLEMENT.

Classement des offices de procureurs auprès des ci-devant parlemens.

1ʳᵉ Classe, dont la plus forte évaluation est de dix-huit mille cent vingt-cinq livres.

Paris.

2ᵉ Classe, dont la plus forte évaluation est de douze mille livres.

Besançon, Bordeaux, Bretagne, Rouen.

3ᵉ Classe, dont la plus forte évaluation est de huit mille cinq cents livres.

Lorraine, Toulouse, Aix, Dijon, Grenoble, Metz, Pau.

CHAMBRES DES COMPTES ET COURS DES AIDES RÉUNIES.

Classement des offices de procureurs postulans dans les cours des comptes et des aides réunies.

1ʳᵉ Classe, dont la plus forte évaluation est de quarante mille livres.
Paris.

2ᵉ Classe, dont la plus forte évaluation est de onze mille trois cents livres.

Dijon, Bretagne.

3ᵉ Classe, dont la plus forte évaluation est de trois mille livres.

Montpellier, Rouen, Aix, Montauban, Bordeaux, Clermont-Ferrand, Grenoble.

BUREAUX DES FINANCES.

Classement des offices de procureurs dans les bureaux des finances.

1ʳᵉ Classe, dont la plus forte évaluation est de deux mille quatre cents livres.

Alençon, Caen.

2ᵉ Classe, dont la plus forte évaluation est de deux mille livres.

Bordeaux, Tours.

3ᵉ Classe, dont la plus forte évaluation est de dix-huit cents livres.

Auch, Besançon, Rouen, Châlons, La Rochelle, Riom, Toulouse.

---

26 = 30 MARS 1791. — Décret portant que la caisse de l'extraordinaire versera au trésor public cinquante millions. (B. 12, 307.)

26 MARS 1791. — Décret portant vente de domaines nationaux à différentes municipalités des départemens de l'Ain, du Doubs, du Gers, du Jura et de la Haute-Saône. (B. 12, 300.)

26 MARS = 10 AVRIL 1791. — Décret qui maintient provisoirement les professeurs de théologie du collège de Rodez. (L. 4, 183; B. 12, 307.)

26 MARS = 27 AVRIL 1791. — Décret relatif au tribunal de district établi dans la ville de Guingamp. (L. 4, 385; B. 12, 298.)

26 = 27 MARS 1791. — Décret qui autorise le directoire du district de Gournay à acquérir les bâtimens nécessaires à son établissement. (L. 4, 387; B. 12, 298.)

26 = 30 MARS 1791. — Décret relatif à la vente des bâtimens, murs, barrières et terrains qui forment l'enceinte de la capitale. (L. 3, 1151; B. 12, 306.)

26 = 30 MARS 1791. — Décret portant circonscription des deux paroisses de Saint-Quentin. (L. 3, 1165; B. 12, 299.)

26 MARS 1791. — Décret qui ordonne un rapport sur les objets de détail de la liste civile. B. 12, 297.)

26 MARS 1791. — Décret qui charge les commissaires de l'imprimerie nationale de surveiller l'impression et l'expédition des procès-verbaux de l'Assemblée nationale. (B. 12, 297.)

27 MARS = 1ᵉʳ AVRIL 1791. — Décret relatif au paiement de l'arriéré du département des ponts-et-chaussées. (L. 4, 38; B. 12, 329.)

L'Assemblée nationale, ouï le rapport de son comité central de liquidation, décrète ce qui suit, relativement à l'arriéré du département des ponts-et-chaussées.

1º Les états détaillés des différentes natures de travaux pour lesquels les entrepreneurs des ponts-et-chaussées sont employés dans les décrets de liquidation, seront paraphés, tant du rapporteur, que du comité central de liquidation, et déposés aux archives avec les minutes des procès-verbaux;

2º Les commis-trésoriers des ponts-et-chaussées dans les ci-devant provinces seront tenus d'envoyer sans délai au directeur général de la liquidation, des états certifiés d'eux, des oppositions qui auraient été formées entre leurs mains jusqu'à ce jour, sur les entrepreneurs et adjudicataires des ponts-et-chaussées;

3º A compter du jour de la sanction du présent décret, les créanciers desdits entrepreneurs et adjudicataires seront tenus de former leurs oppositions entre les mains du conservateur des oppositions sur les finances, et ils ne pourront les former ailleurs.

---

27 MARS = 1ᵉʳ AVRIL 1791. — Décret relatif aux priviléges des vendeurs des offices ministériels. (L. 4, 40; B. 12, 322.)

L'Assemblée nationale décrète que le montant de la liquidation des offices, pratiques et indemnités accordées aux officiers ministériels par ses décrets, demeurera affecté au privilége des vendeurs desdits offices et pratiques, en rapportant les actes de vente en forme authentique.

---

27 MARS = 1ᵉʳ AVRIL 1791. — Décret relatif aux prix du tabac manufacturé. (L. 4, 33; B. 12, 341.)

L'Assemblée nationale décrète ce qui suit:
Les préposés à la régie provisoire des ma-

nufactures de tabac appartenant à la nation continueront de fournir des tabacs manufacturés, sur les demandes qui leur seront faites par l'étranger, à la charge de remplir les formalités accoutumées, et le prix de ces tabacs ne sera pas moindre que trente-cinq sous la livre.

————

27 (10 et) = 30 MARS 1791. — Décret qui confie l'administration du trésor public à un comité de trésorerie. (L. 3, 1167; B. 12, 325.)

Art. 1er. L'administration du trésor public n'appartiendra à aucun département du ministère.

2. Elle sera confiée à un comité de trésorerie, composé de six commissaires nommés par le Roi.

3. Chacun de ces commissaires sera chargé de diriger particulièrement le travail d'une des parties suivantes :

1° La recette journalière ;

2° La dépense du culte, de la liste civile, des affaires étrangères, des ponts-et-chaussées, et des dépenses diverses ;

3° Les paiemens des intérêts de la dette publique et des pensions ;

4° Les dépenses de la guerre ;

5° Les dépenses de la marine et des colonies ;

6° La comptabilité.

4. Il sera établi deux caisses principales. L'une, chargée de la recette journalière, sera toujours ouverte pour recevoir, et ne fera jamais aucun paiement de détail ; elle sera sous la direction d'un commissaire de la trésorerie. L'autre, sous le nom de caisse générale, ne sera jamais ouverte qu'en présence du comité de trésorerie tout entier ; et il sera réputé tel, lorsque quatre de ses membres seront présens. Les fonds de la caisse de recette seront versés en masse dans la caisse générale, et en seront tirés de même en masse, pour être distribués aux différens payeurs.

5. Il sera établi quatre caisses de distribution pour les quatre parties principales des dépenses, sous la direction des commissaires de trésorerie.

6. Le comité général de trésorerie s'assemblera au moins trois fois chaque semaine. Il sera dressé un procès-verbal de tout ce qui aura été porté et décidé à chaque séance, et ledit procès-verbal sera signé par ceux des membres du comité qui y auront assisté.

7. A la première séance, le compte de recette lui sera présenté par le commissaire chargé de cette partie. Ce compte contiendra en détail les objets qui seront en retard, et ceux qui sont au courant : il sera fait un double dudit compte, qui sera signé des membres du comité, et adressé sur-le-champ au ministre chargé de surveiller les recettes.

8. Aussitôt après la clôture dudit compte, la caisse générale sera ouverte, et, en présence du comité de trésorerie, les fonds portés en l'état des recettes de la semaine seront versés à la caisse générale ; la décharge en sera donnée au caissier des recettes, et un double de cette décharge sera déposé avec les fonds à la caisse, pour pièce de comptabilité.

9. Chaque ministre adressera au commissaire de la trésorerie chargé de sa partie, les ordonnances des dépenses de son département.

10. A la seconde séance du comité, il sera fait les rapports de toutes les demandes des ministres ; et chacune de ces demandes sera comparée avec la somme attribuée aux différens départemens. Le comité de trésorerie n'aura jamais le droit de refuser la demande d'un ministre, lorsqu'elle sera circonscrite dans les bornes prescrites par les décrets de l'Assemblée nationale ; il n'aura jamais le droit d'en accorder le paiement, lorsqu'elle les excédera. Après la discussion de ces diverses demandes, il sera formé un état général et des états séparés de paiement : ces états seront arrêtés et signés par tous les membres du comité.

11. Aussitôt après la fixation des états généraux et particuliers, la caisse générale sera ouverte en présence du comité ; les fonds en seront tirés en masse, et remis aux différens payeurs avec un double de leur état particulier. Lesdits payeurs en donneront leur récépissé, qui sera placé dans la caisse générale pour pièce de comptabilité.

12. Il sera formé un bureau central de comptabilité, sous la direction d'un des six commissaires de la trésorerie : on y tiendra en parties doubles l'état de toutes les recettes et de tous les paiemens ; à cet effet, le caissier des recettes et les quatre payeurs lui remettront chaque jour l'état de leurs recettes et dépenses. Le même compte particulier sera tenu séparément dans chacun des bureaux de recette et de dépense.

13. A la troisième séance du comité, le compte général des recettes et dépenses du bureau central, et ceux des bureaux particuliers seront vus, examinés et signés du comité.

14. Le comité sera présidé successivement par l'un de ses membres, pendant un mois, dans l'ordre de leur nomination.

15. Un bureau général de correspondance sera établi sous les ordres du comité de la trésorerie ; ledit comité ne recevra et n'écrira jamais aucune lettre que collectivement.

16. Les receveurs de district, les régies et les administrations, seront tenus de verser, sous les ordres du comité de la trésorerie, les fonds de leurs recettes et perceptions destinées au trésor public, de la manière qui sera déterminée.

17. Les directoires, ni les conseils de dis-

18.

trict et de département, ne pourront disposer d'aucune partie de ces fonds, ni même les échanger contre d'autres valeurs, sans autorisation du comité de trésorerie.

18. Les receveurs de district seront tenus de faire parvenir à la législature un double des états qu'ils enverront au comité.

19. Le comité de trésorerie s'assemblera toutes les fois qu'il en sera requis par les commissaires du Corps-Législatif, et, en leur présence, toutes les caisses seront ouvertes à leur réquisition, et tous les registres leur seront communiqués.

20. Le président du comité de trésorerie portera tous les quinze jours, au Corps-Législatif et au Roi, le compte général de recette et de dépense. Le même compte sera rendu public tous les mois par la voie de l'impression.

21. Se réserve l'Assemblée nationale de statuer sur le nombre des trésoriers, caissiers et commis, sur l'organisation des bureaux et sur le traitement qui leur sera accordé.

27 = 30 MARS 1791. — Décret relatif aux fonctions et aux patentes des courtiers et agens de change, de commerce et de banque. (L. 3, 1172; B. 12, 322.)

L'Assemblée nationale décrète ce qui suit :

Les courtiers, agens de change, de commerce et de banque, qui sont actuellement en activité, pourront continuer leurs fonctions jusqu'au 15 avril prochain.

Elle suspend, jusqu'à ladite époque, l'exécution du décret sur les patentes concernant les agens et courtiers de change.

27 MARS = 1er AVRIL 1791. — Décret relatif à la jouissance des biens ci-devant domaniaux. (L. 4, 41; B. 12, 340.)

L'Assemblée nationale, ouï le rapport de son comité des domaines, déclare qu'aucun possesseur de biens ci-devant dits *domaniaux*, à quelque titre que ce soit, ne doit être troublé dans sa jouissance, ni directement, ni indirectement, avant qu'il ait été statué sur la validité de son titre, dans la forme prescrite par le décret sur la législation domaniale, du 22 novembre dernier, sanctionné le 1er décembre susdaté. Elle charge les corps administratifs de veiller à ce qu'il ne soit apporté aucun obstacle à ladite jouissance, et notamment à ce qu'il ne soit exposé en vente, au profit de la nation, aucun desdits biens domaniaux possédés par des particuliers, avant la révocation légale du titre d'aliénation, si ce n'est dans le cas déterminé par l'article 27 du décret susdaté. Elle charge au surplus les corps administratifs de transmettre à son comité des domaines tous les renseignemens qui sont en leur pouvoir, concernant les aliénations des biens nationaux.

27 MARS 1791. — Décret portant vente de domaines nationaux à différentes municipalités et des départemens du Cher, de la Haute-Marne, d'Indre-et-Loire, de la Loire-Inférieure, du Loiret, de Maine-et-Loire, de l'Oise, de Seine-et-Oise et des Vosges. (B. 12, 323.)

27 MARS 1791. — Décret concernant le remboursement de plusieurs parties de la dette publique. (B. 12, 330.)

27 MARS 1791. — Décret sur les mines et minières. (B. 12, 342.) *Voy.* 16 JUIN et 12 JUILLET 1791.

27 MARS 1791. — Abbaye de Royaumont. *Voy.* 22 MARS 1791. — Angers. *Voy.* 19 MARS 1791. — Argenterie des églises. *Voy.* 3 MARS 1791. — Beaugency. *Voy.* 23 MARS 1791. — Beauvaisis. *Voy.* 17 MARS 1791. — Clermontois; Corps administratifs. *Voy.* 15 MARS 1791. — De La Rochefoucauld-Liancourt, etc. *Voy.* 20 MARS 1791. — Dette exigible. *Voy.* 15 MARS 1791. — Droits de chauffage. *Voy.* 16 MARS 1791. — Employés divers. *Voy.* 10 MARS 1791. — Gendarmerie. *Voy.* 16 MARS 1791. — Gournay et Guingamp. *Voy.* 26 MARS 1791. — Maisons religieuses. *Voy.* 17 MARS 1791. — Maîtres de poste; Marennes; Meurthe. *Voy.* 16 MARS 1791. — Offices supprimés. *Voy.* 17 MARS 1791. — Officiers. *Voy.* 11 MARS 1791. — Ordre judiciaire. *Voy.* 6 MARS 1791. — Paris; Perluis, etc. *Voy.* 17 MARS 1791. — Prédicateurs. *Voy.* 5 FÉVRIER 1791. — Régie générale. *Voy.* 20 MARS 1791. — Suppression de gouverneur. *Voy.* 22 MARS 1791. — Tabac. *Voy.* 20 MARS 1791. — Troyes. *Voy.* 15 MARS 1791. — Vingtièmes et capitations. *Voy.* 17 MARS 1791.

28 MARS = 1er AVRIL 1791. — Décret relatif aux particuliers reçus dans les maîtrises et jurandes des six corps de marchands ou communautés d'arts et métiers de la ville de Paris. (L. 4, 34; B. 12, 348.)

Voy. lois du 2 = 17 MARS 1791 ; du 20 = 27 AVRIL 1791.

Art. 1er. Les particuliers reçus dans les maîtrises et jurandes des six corps de marchands ou communautés d'arts et métiers de la ville de Paris, et qui justifieront avoir payé l'augmentation fixée par le tarif annexé à l'édit du mois d'août 1792, en seront remboursés dans la forme prescrite par les articles 3 et 4 du décret du 2 mars; mais cette augmentation ne sera point assujétie à la réduction fixée pour le prix des jurandes et maîtrises.

2. Les gages, taxations, supplémens et autres émolumens attachés aux offices supprimés par l'article 2 du décret du 2 mars, et réunis aux corps et communautés de marchands et artisans, même les arrérages qui pourraient être dus, cesseront d'être payés à compter du 1er avril ; et, en conséquence

l'ordonnateur du Trésor public fera faire la radiation desdits gages sur tous les états de dépenses, et adressera, dans le délai d'un mois, à l'Assemblée nationale, un état détaillé du montant desdites radiations.

3. Les syndics et gardes des corporations verseront, dans le délai de trois jours, dans la caisse de l'extraordinaire, les sommes provenant des à-comptes payés entre leurs mains par les aspirans aux maîtrises et jurandes; le caissier leur en délivrera un récépissé, et lesdits aspirans, pour obtenir les indemnités auxquelles ils ont droit, se conformeront aux dispositions des articles 3 et 4 du décret du 2 du présent mois.

4. Les liquidations des indemnités auxquelles ont droit les particuliers reçus dans les maîtrises et jurandes ou les aspirans auxdites maîtrises, aux termes des articles 3 et 4 du décret du 2 mars, ne seront point susceptibles d'oppositions; celles qui pourraient être formées seront réputées nulles et non avenues; et lesdites indemnités seront payées sur quittances par-devant notaires. Lesdites quittances ne seront sujettes qu'aux droits réglés par l'article 9 du décret du 10 décembre 1790, concernant les remboursemens des offices.

5. Les particuliers ayant droit aux indemnités ou remboursemens décrétés par les articles 2, 3 et 4 du décret du 2 mars 1790, seront tenus de joindre à leurs titres leurs quittances de capitation pour les années 1789 et 1790, et celles des deux tiers de leur contribution patriotique, pour ceux qui étaient sujets à cette contribution.

6. Les particuliers qui exercent des arts, métiers ou professions, et qui voudront des patentes avant la liquidation des indemnités qui leur sont dues, en vertu des articles 3 et 4 du décret du 2 mars, pourront donner, en paiement desdites patentes, une quittance du quart du prix de la jurande qu'ils justifieront avoir payé suivant le tarif de l'édit de 1776.

Les receveurs de la contribution mobilière et ceux de district recevront ladite quittance pour comptant, et la feront passer au Trésor public, qui s'en fera rembourser par la caisse de l'extraordinaire.

7. A compter du 1er avril, tous les baux de maisons ou appartemens faits aux différens corps et communautés seront et demeureront résiliés; il sera payé à tous les propriétaires ou principaux locataires, six mois du prix du loyer, à titre d'indemnité, lorsque les baux auront encore au moins six mois à courir. Ladite indemnité sera payée par les trésoriers de district, sur la représentation de la grosse ou de l'expédition du bail, certifié véritable par les gardes ou syndics actuellement en exercice; et dans le cas où il serait répété d'autres indemnités, à raison de la

remise des lieux en leur premier état, la liquidation en sera faite par les municipalités; elle sera visée par les directoires de district, approuvée, s'il y a lieu, par les directoires de département, et acquittée à la caisse de l'extraordinaire, sur la reconnaissance définitive du commissaire du Roi, directeur général de la liquidation.

Quant aux corps et communautés qui jouissaient sans bail, l'indemnité ne sera que de trois mois.

28 MARS = 17 AVRIL 1791. — Décret relatif aux Invalides. (L. 4, 278; B. 12, 344.)

Voy. lois du 30 AVRIL = 16 MAI 1792; du 9 FRIMAIRE an 7.

Art. 1er. Il ne sera reçu désormais à l'hôtel des invalides, conformément à l'édit de création, que des militaires qui auraient été estropiés ou qui auraient atteint l'âge de caducité, étant sous les armes au service de terre ou de mer, et qui n'auraient d'ailleurs aucun moyen de subsister.

Ceux qui sont actuellement à l'hôtel seront les maîtres d'y rester; ceux qui voudront en sortir auront pour pension de retraite, savoir:

Les lieutenans-colonels, 1,200 liv.; les commandans de bataillon, 1,000 liv.; les capitaines, 800 liv.; les lieutenans, 600 liv.; les maréchaux-des-logis en chef, 422 liv. 3 s. 4 d.; tous les sous-officiers, 300 liv. 10 s.; tous les soldats, 227 liv. 10 s.

2. L'état-major de l'hôtel est supprimé; l'administration sera réformée. Le comité militaire présentera incessamment ses vues sur cet objet, ainsi que sur les moyens de conserver quelques compagnies détachées de vétérans.

28 MARS = 1er AVRIL 1791. — Décret qui annule les soumissions faites par les particuliers qui débitaient des boissons en gros et en détail dans les départemens du Nord, pour raison des quantités existant dans leurs magasins ou caves. (L. 6, 1; B. 12, 351.)

28 MARS 1791. — Décret portant vente de domaines nationaux à différentes municipalités des départemens de l'Allier, de l'Ardèche, des Basses-Alpes, de la Charente, de la Creuse, de la Gironde, de la Haute-Vienne et du Var. (B. 12, 345.)

29 MARS = 3 AVRIL 1791. — Décret relatif aux revenus et aux charges des municipalités, et aux moyens de pourvoir provisoirement à leurs besoins. (L. 4, 44; B. 12, 357; Mon. du 31 mars 1791.)

Art. 1er. Les municipalités des villes remettront, dans le plus court délai possible, au directoire de leur district, un état détaillé des revenus patrimoniaux de leurs communes; de celui qu'elles tiraient des octrois ou taxes qui doivent cesser, tant au 1er avril qu'au 1er mai, et qui étaient perçus, soit à l'entrée des villes, soit sur leurs consommations, de la portion de ces octrois ou taxes qui était au profit des hôpitaux.

Elles donneront pareillement l'état détaillé de leurs dettes : elles feront connaître la date, la nature, la cause de ces dettes et l'emploi des fonds qui en sont provenus. Elles enverront copies en forme des titres qui les ont autorisées, ainsi que de toutes les pièces nécessaires pour mettre l'Assemblée nationale à portée de statuer ce qu'il appartiendra.

Elles joindront le tableau de leurs dépenses annuelles, avec des observations sur les suppressions ou réductions dont ces dépenses sont susceptibles.

2. Les directoires de district feront passer lesdits états détaillés des affaires des villes et observations de leurs municipalités, au directoire de département, en y joignant leur opinion.

3. Les directoires de département enverront à l'Assemblée nationale lesdits états, avec les observations des villes et l'opinion des directoires de district, en y ajoutant leurs avis sur le tout.

4. Les villes sont autorisées, sous la direction et avec l'approbation des directoires de district et de département, à vendre ceux de leurs biens patrimoniaux dont l'aliénation serait jugée nécessaire pour contribuer au remboursement de leurs dettes, sans rien préjuger sur ce qui regarde les biens des hôpitaux.

5. La ville de Paris, et les autres villes qui seraient pressées pour elles-mêmes ou pour leurs hôpitaux de besoins urgens, les exposeront au directoire de leur département, qui, sur l'opinion de celui de district, pourra, si le cas l'exige et pour cette fois seulement, autoriser lesdites villes à faire percevoir par émargement, sur les rôles des impositions ordinaires de 1790, et au marc la livre desdites impositions, les sommes nécessaires pour acquitter pendant trois mois, à compter du 1er avril, les dépenses les plus indispensables de celles qui sont spéciales à la ville, et pour remplacer ce que leurs hôpitaux tiraient des octrois, à l'effet de continuer le service local, municipal et des hôpitaux, jusqu'à ce que le Corps-Législatif ait pu prononcer définitivement à ce sujet ; à la charge, par le directoire de département, d'envoyer au Corps-Législatif et au pouvoir exécutif l'arrêté qu'il aura pris à ce sujet.

6. Quant aux villes tarifées et autres où les impositions ordinaires n'étaient perçues que sous la forme de droits à l'entrée ou à la consommation, les sommes nécessaires pour effectuer, pendant les mois d'avril, mai et juin, la portion du service local, municipal et des hôpitaux, que le directoire aura jugée indis-

pensable, seront imposées par émargement au marc la livre, sur les rôles de la contribution foncière et de la contribution mobilière desdites villes pour l'année 1791 ; sans préjudice des à-comptes qui pourront être fournis par les contribuables sur l'une et l'autre contribution, en attendant la confection des rôles, qui seront imputés d'autant à la charge de ceux qui les auront payés.

7. Les villes qui éprouveraient pour leurs hôpitaux et autres services indispensables, des besoins urgens, reconnus tels par les directoires de leur district et de leur département, sont autorisées, sur le certificat que donneront lesdits directoires, de la pressante nécessité, à emprunter par obligations remboursables dans le cours de la présente année, et portant l'intérêt légal ordinaire, partie ou la totalité des sommes qu'exigeront les dépenses inévitables dans le prochain trimestre, et dont l'imposition est ordonnée par les deux articles précédens ; à la charge, en ce cas, que l'imposition comprendra le capital et les intérêts de l'emprunt, et que le directoire de département rendra compte au Corps-Législatif et au Roi, des sommes empruntées par lesdites obligations remboursables.

29 MARS = 3 AVRIL 1791. — Décret relatif au paiement de quatre millions cinquante-huit mille deux cent quatre livres, pour les enfans trouvés, les dépôts de mendicité et les hôpitaux. (L. 4, 51 ; B. 12, 355.)

Voy. loi du 28 JUIN = 11 SEPTEMBRE 1791.

Art. 1er. La somme de quatre millions cinquante-huit mille deux cent quatre livres, destinée à l'entretien des enfans trouvés, des dépôts de mendicité, et aux secours à donner à certains hôpitaux dont l'état a été fourni par le ministre, conformément aux dépenses des années précédentes, sera mise au rang des dépenses de l'État pour l'année 1791.

2. De cette somme totale, celle de trois millions deux cent soixante-un mille neuf cent soixante-dix-sept livres, destinée aux enfans trouvés et aux dépôts de mendicité, sera, conformément à l'article 1er du décret du 18 février dernier, payée par le Trésor public, tant par les revenus ordinaires de l'État, que par les impositions générales et communes : celle de huit cent six mille deux cent vingt-six livres, destinée aux secours à certains hôpitaux, et portions d'indemnité en remplacement d'anciennes franchises supprimées en 1788, sera supportée par les départemens, en vertu de l'article 3 du même décret.

3. Le Trésor public continuera de rembourser, tous les trois mois, les dépenses faites par les hôpitaux pour les enfans trouvés ; mais seulement sur le certificat du directoire du district, visé par le directoire du

département. Il en sera de même pour la dépense occasionnée par les dépôts de mendicité.

4. La somme de huit cent six mille deux cent vingt-six livres, à supporter par les départemens, en vertu de l'article 3 du décret du 18 février et de l'article 2 du présent décret, sera fournie à fur et mesure et à titre d'avance, par le Trésor public, à la charge du remplacement qui lui en sera fait sur le produit des impositions à supporter par les départemens pour l'année 1791, ainsi qu'il en sera ultérieurement ordonné. Charge son comité de finances de lui présenter un projet de décret pour le remplacement à faire sur les départemens des 806,226 liv. dont le Trésor public doit faire l'avance en vertu de l'article 4 du décret ci-dessus.

29 MARS = 3 AVRIL 1791. — Décret relatif à la suppression des offices ministériels. (L. 4, 49; B. 12, 360.)

Art. 1er. Il sera accordé aux officiers ministériels supprimés qui auront déposé, dans deux mois, les pièces relatives à leurs offices, un intérêt de cinq pour cent sur le montant de la liquidation desdits offices; lequel intérêt courra, à dater du 1er juillet 1790, jusqu'au moment de leur liquidation.

2. Aucun des offices supprimés et liquidés avant le décret du 4 août 1789 n'est admissible à une liquidation nouvelle; et les quittances de finances accordées en exécution desdites liquidations, ne sont ni remboursables quant à-présent, ni admissibles au paiement des domaines nationaux, lorsque ces quittances, ne contenant pas l'engagement d'un remboursement à époque fixe, formeront une partie de la dette constituée.

3. Les comités central, de liquidation, des contributions publiques et de judicature, présenteront incessamment des moyens d'accélérer la liquidation et toutes les opérations nécessaires pour y parvenir, tant par la célérité de l'expédition des certificats d'opposition et des enregistremens de quittances, que par l'établissement de bureaux distincts pour chaque partie d'objets à liquider, et dans lesquels la liquidation de chacune de ces parties puisse se faire concurremment. Le comité de judicature présentera en outre ses observations sur les salaires qui lui sont demandés par les conservateurs des hypothèques et des finances, et sur la manière de les régler.

29 MARS = 21 SEPTEMBRE 1791. — Décret relatif à la régence du Roi mineur et à la résidence des fonctionnaires publics. Voy. l'acte constitutionnel du 3 septembre 1791.

29 MARS = 3 et 27 AVRIL 1791. — Décrets qui autorisent les directoires des départemens de la Haute-Loire et de l'Yonne à acquérir les bâtimens nécessaires à leur établissement. (L. 4, 43 et 389; B. 12, 352.)

29 MARS 1791. — Décret portant vente de domaines nationaux à différentes municipalités des départemens de l'Aisne, de l'Aube, de la Charente-Inférieure, de la Gironde, de la Marne, de la Meurthe et du Pas-de-Calais. (B. 12, 353.)

29 MARS 1791. — Décret qui charge plusieurs comités de présenter les moyens de remplacer les revenus des hôpitaux qui se trouvent altérés par les décrets ci-devant rendus. (B. 12, 356.)

29 MARS = 3 AVRIL 1791. — Décret qui déclare nul et comme non-avenu l'arrêté du département des Ardennes, du 29 janvier 1791, relatif à la nomination du juge-de-paix d'Autry, et qui approuve l'élection du sieur Brion à cette place. (B. 12, 361.)

29 MARS 1791. — Proclamation du Roi relative à l'installation de six tribunaux établis à Paris pour instruire et juger tous les procès criminels existant le 26 janvier 1791. (L. 3, 1146.)

29 MARS 1791. — Proclamation du Roi relative à l'installation du tribunal provisoire à Orléans. (L. 3, 1144.)

29 MARS 1791. — Denrées coloniales. Voy. 18 MARS 1791. — Lèse-nation; Orléans. Voy. 8 MARS 1791.

30 MARS = 6 AVRIL 1791. — Décret relatif à la contribution mobilière. (L. 4, 66; B. 12, 366.)

Voy. loi du 13 JANVIER = 18 FÉVRIER 1791.

L'Assemblée nationale décrète ce qui suit:

Les personnes qui, pour l'exercice de leur profession, occuperont des ateliers, chantiers, boutiques et magasins, seront tenues d'en déclarer la valeur locative, en même temps qu'elles feront la déclaration de la situation et valeur annuelle de leur habitation, ainsi qu'il est prescrit par l'article 33 du décret du 13 janvier, concernant la contribution mobilière. Les officiers municipaux, avec les commissaires adjoints suppléeront ou rectifieront les déclarations prescrites par le présent article, quand il y aura lieu, ainsi qu'il est prescrit par l'article 34.

Nul ne pourra être admis à faire déduire de la contribution mobilière la taxe proportionnelle à la valeur locative de ses ateliers, chantiers, boutiques et magasins, si la déclaration qu'il a dû faire de leur valeur locative pour obtenir sa patente, n'a été trouvée exacte.

Le présent décret sera porté à l'acceptation du Roi.

———

30 MARS = 6 AVRIL 1791. — Décret relatif aux travaux du canal du Nivernois. (L. 4, 139; B. 12, 365.)

Art. 1er. Il sera payé par le Trésor public la somme de cent cinquante mille livres pour les travaux du canal du Nivernois, faits depuis le 1er janvier de la présente année, sauf le remplacement de cette somme sur le département de la Nièvre, s'il y a lieu.

2. Lesdits travaux seront provisoirement continués sous la même réserve, sous l'inspection du département de la Nièvre, et la direction des ponts-et-chaussées.

3. Le directoire du département de la Nièvre et l'administration des ponts-et-chaussées rendront, au plus tard dans deux mois, un compte raisonné de l'importance et de la situation de cette entreprise.

———

30 MARS = 17 AVRIL 1791. — Décret relatif aux qualités nécessaires pour être président et accusateur public du tribunal criminel. (L. 4, 260; B. 12, 367.)

L'Assemblée nationale décrète ce qui suit :
Les qualités pour être président et accusateur public du tribunal criminel seront les mêmes que celles qui ont été prescrites pour les juges des tribunaux de district.

———

30 MARS = 6 AVRIL 1791. — Décret portant que le trésor public avancera une somme de deux millions pour être employée au paiement des ouvrages d'art, d'entretien des routes, etc. (L. 4, 138; B. 12, 365.)

———

30 MARS 1791. — Décret portant vente de domaines nationaux à différentes municipalités du département des Hautes-Alpes. (B. 12, 362.)

———

30 MARS 1791. — Décret relatif aux matrices, poinçons, et autres ustensiles qui ont servi à la fabrication des quatre cents premiers millions d'assignats. (B. 12, 364.)

———

30 MARS 1791. — Décret pour empêcher le rétablissement de la corvée, et qui charge plusieurs comités de présenter leurs vues sur la législation des chemins. (B. 12, 364.)

———

30 MARS 1791. — Agens de change. Voy. 27 MARS 1791. — Annuités. Voy. 24 FÉVRIER 1791. — Appel des jugemens de commerce; Belfort, etc. Voy. 24 MARS 1791. — Caisse de l'extraordinaire. Voy. 26 MARS 1791. — Dimes inféodées. Voy. 5 MARS 1791. — Enceinte de Paris. Voy. 26 MARS 1791. — Loir-et-Cher. Voy. 10 MARS 1791. — Poids et mesures; Saint-Quentin. Voy. 26 MARS 1791. — Trésor. Voy. 10 MARS 1791. — Trésor public. Voy. 18 MARS 1791, 27 MARS 1791. — Vicaires. Voy. 25 MARS 1791.

———

31 MARS = 1er AVRIL 1791. — Décret concernant les recouvremens et la comptabilité de la ferme générale, de la régie générale, et des percepteurs des impôts indirects supprimés dans les pays d'états. (L. 4, 30; B. 12, 375.)

Art. 1er. En exécution du décret du 20 de ce mois, qui supprime les ferme et régie générales, et ordonne qu'elles rendront leurs comptes, les fermiers et régisseurs généraux continueront provisoirement à poursuivre le recouvrement des sommes qui pourraient être dues par divers redevables, ainsi que les débets des comptables.

Le ministre des finances proposera, dans la huitaine, les moyens d'opérer lesdits recouvremens et comptabilité, l'époque à laquelle ils devront être effectués, le nombre des fermiers généraux, régisseurs généraux, et employés, qui pourront y être nécessaires. D'après les observations du ministre, le comité des finances proposera le traitement à faire aux personnes qui seront préposées auxdites opérations.

2. Le ministre des finances présentera, dans le même délai, l'état des compagnies et régies particulières préposées, dans les ci-devant pays d'états ou autres parties du royaume, à la perception d'impôts indirects supprimés; et il proposera de même les moyens d'opérer les recouvremens et comptabilité de ces compagnies, l'époque à laquelle ils devront être effectués, le nombre des fermiers, régisseurs et autres employés qui pourront y être nécessaires, et le traitement qui leur sera accordé.

3. Jusqu'à la vente des tabacs qui doit être faite au plus offrant et dernier enchérisseur, en vertu de l'article 2 du décret du 20 du présent mois, les préposés au recouvrement de la ferme générale pourront continuer à faire vendre, dans les bureaux généraux, dans les entrepôts et lieux de débit principaux, ou en gros, du tabac provenant de ses exploitations, et ce, au prix de trente-six sous la livre; à la charge que les entreposeurs et buralistes feront préalablement vérifier par la municipalité de leur domicile, d'après les factures qui leur ont été délivrées et leurs registres de vente, la quantité de tabac de la ferme qui leur reste, sans préjudice de la vérification qui aura lieu ultérieurement, conformément à l'article 12 du décret du 27 de ce mois, lorsque lesdits entreposeurs et buralistes remettront le restant desdits tabacs de la ferme aux directoires de district.

Pour l'une et l'autre vérification, les municipalités sont autorisées à se faire assister de personnes qui, ayant été employées supérieurs dans les fermes, auront les connaissances nécessaires.

4. Les commissaires qui seront nommés par le directoire de district pour procéder aux inventaires prescrits par l'article 2 du décret du 20 du présent mois, commenceront par faire séparément l'inventaire des tabacs fabriqués qui se trouveront dans les fabriques, entrepôts, magasins et bureaux dépendant de la ferme générale; et les directoires annonceront ensuite sans délai la vente de ces tabacs, après deux affiches et publications, ainsi qu'il est prescrit par l'article 2 dudit décret.

5. Chaque semaine exactement, ils rendront compte au directoire de département des résultats de leurs ventes. Les directoires de département feront passer, sans délai, ces résultats au ministre des finances, qui pareillement les transmettra sans délai à l'Assemblée nationale.

6. Le présent décret sera présenté dans le jour à l'acceptation du Roi.

31 MARS = 3 AVRIL 1791. — Décret qui maintient l'exécution des lois et réglement sur la police et l'administration de l'orfévrerie. (L. 4, 53; B. 12, 371.)

Voy. loi du 19 BRUMAIRE an 6.

L'Assemblée nationale, considérant qu'il est indispensable d'établir, pour le commerce d'orfévrerie et joaillerie, des règles qui, en assurant l'exactitude et la fidélité des vendeurs, inspirent aux acheteurs la confiance sur laquelle repose la prospérité de cette branche intéressante de l'industrie nationale;

Décrète que ses comités des monnaies, de l'imposition et du commerce, lui proposeront, dans le mois, un projet de réglement général sur la police et l'administration de l'orfévrerie dans le royaume; et, néanmoins, jusqu'à ce qu'il ait été statué par elle à cet égard, les lois et réglemens existant sur la marque et contrôle des matières d'or et d'argent continueront d'être exécutés suivant leur forme et teneur.

31 MARS = 6 AVRIL 1791. — Décret qui autorise les directoires des districts de Bourbon-Lancy et d'Is-sur-Til, à s'installer dans les lieux y désignés, et qui accorde un délai à tous les corps administratifs qui ont fait des acquisitions pour leur établissement. (L. 4, 143; B. 12, 367 et 368.)

31 MARS = 6 AVRIL 1791. — Décret qui valide l'élection faite à Nîmes de deux juges et de deux suppléans, pour compléter le tribunal d'Uzès. (L. 4, 73; B. 12, 377.)

31 MARS = 6 AVRIL 1791. — Décret relatif à l'administration du collège des Irlandais, dit des Lombards à Paris. (B. 12, 372.)

31 MARS 1791. — Décret portant vente de domaines nationaux à différentes municipalités

des départemens de l'Aisne, de l'Aube, du Gers, de la Marne, de Maine-et-Loire, de la Meurthe, de la Seine-Inférieure et des Vosges. (B. 12, 360 et 378.)

31 MARS 1791. — Décret relatif à la rédaction des procès-verbaux de l'Assemblée nationale et à la police du bureau. (B. 12, 373.)

31 MARS 1791. — Inventions. *Voy.* 14 MAI 1791.

1er = 6 AVRIL 1791. — Décret portant circonscription des paroisses de Rennes, Bourges, Moulins, Senlis, Gien et Guerché. (L. 4, 131; B. 13, 1.)

1er AVRIL 1791. — Décret portant vente de domaines nationaux à différentes municipalités du département de l'Isère. (B. 13, 6.)

1er AVRIL 1791. — Arriéré; Biens ex-domaniaux. *Voy.* 27 MARS 1791. — Boissons. *Voy.* 28 MARS 1791. — Ex-fermes générales. *Voy.* 31 MARS 1791.—Maîtrises et jurandes; Nord. *Voy.* 28 MARS 1791. — Offices ministériels. *Voy.* 27 MARS 1791. — Officiers ministériels. *Voy.* 26 MARS 1791. — Ponts-et-chaussées. *Voy.* 27 MARS 1791.

2 = 6 AVRIL 1791. — Décret relatif au paiement des rentes dues par l'État aux fabriques, écoles, collèges, pauvres des paroisses, et autres établissemens. (L. 4, 63; B. 13, 9.)

L'Assemblée nationale décrète que les rentes dues par l'État aux fabriques, écoles, collèges, pauvres des paroisses, et autres établissemens, dont le paiement, aux termes du décret des 23 et 28 octobre, doit se faire dans les districts, seront payées, pour l'année 1790 seulement, par les payeurs de rentes de l'hôtel-de-ville.

2 = 10 AVRIL 1791. — Décret relatif aux troubles qui ont eu lieu dans la ville de Toulouse les 16, 17 et 18 mars. (L. 4, 64; B. 12, 11.)

2 = 10 AVRIL 1791. — Décret qui autorise le directoire du département du Bas-Rhin à imposer une somme de 153,930 livres. (L. 4, 77; B. 13, 10.)

2 = 10 AVRIL 1791. — Décret portant qu'il y a lieu à accusation contre les sieurs Fontarèche, d'Entraigues, et autres présidens et commissaires des assemblées des soi-disant catholiques de Nîmes, d'Uzès, et les renvoie par-devant le tribunal établi provisoirement à Orléans. (L. 4, 167; B. 13, 13.)

2 = 5 AVRIL 1791. — Décret qui donne ampliation de pouvoirs aux commissaires civils envoyés à Aix par le Roi. (L. 4, 61; B. 13, 8.)

2 AVRIL 1791. — Décret qui charge le comité central de liquidation de présenter un projet pour le remboursement des augmentations de gages et taxations créées au denier 18 et au-dessous. (B. 13, 9.)

2 AVRIL 1791. — Décret portant vente de domaines nationaux à différentes municipalités du département de la Somme. (B. 13, 10.)

3 = 6 AVRIL 1791. — Décret relatif aux quittances à donner par les créanciers de l'État, pour appointemens, gages, salaires et autres parties de la dette arriérée. (L. 4, 75; B. 13, 20.)

L'Assemblée nationale, ouï le rapport du comité central de liquidation, décrète que les quittances qui seront données par les créanciers de l'État, pour appointemens, gages, salaires, traitemens et autres parties de la dette arriérée, ne seront point sujettes aux droits d'enregistrement.

Les quittances qui seront fournies par lesdits créanciers pourront être sous signature privée, ainsi qu'il en était précédemment usé au Trésor public.

Les créanciers pour appointemens, gages, salaires et traitemens, ne seront pas tenus de rapporter des certificats de non-opposition pour les sommes qui leur seront allouées.

Le présent décret aura lieu même pour les paiemens qui seront faits en vertu de décrets de liquidation précédemment rendus.

3 = 10 AVRIL 1791. — Décret relatif à la commission chargée de surveiller la fabrication des monnaies. (L. 4, 156; B. 13, 21; Mon. du 26 avril 1791.)

Art. 1er. La commission qui sera chargée, conformément à l'art. 9 du tit. IV du décret sur l'ordre judiciaire, de surveiller la fabrication des espèces et de pourvoir à la décharge définitive des directeurs des monnaies, sera composée du ministre de l'intérieur, de huit commissaires, d'un secrétaire général, et d'un garde des dépôts, qui sera comptable et qui fournira caution. Le ministre de l'intérieur et les commissaires rendront compte, chaque année, au Corps-Législatif, ainsi qu'il sera statué.

2. La commission sera présidée par le ministre de l'intérieur; en son absence, elle le sera par un vice-président, qui sera choisi au scrutin par les commissaires, à la majorité absolue des suffrages. Le vice-président sera élu chaque année; il ne pourra être continué plus de trois ans, qu'après un an au moins d'intervalle. Il jouira d'un logement convenable dans l'enceinte de l'hôtel des monnaies.

3. Les commissaires, le secrétaire général et le garde des dépôts, seront nommés par le Roi, conformément aux dispositions du décret ci-devant énoncé.

4. Le garde des dépôts de la commisssion sera chargé des registres et papiers qui la concerneront, ainsi que des procès-verbaux, jugemens et décisions relatifs à la comptabilité, desquels il délivrera *gratis* toutes expéditions requises et nécessaires. Il sera pareillement chargé du dépôt des espèces et feuilles servant aux jugemens de fabrication et décisions de comptabilité de la recette des poinçons et matrices fournis par le graveur général, et de leur livraison ou envoi aux commissaires du Roi dans les hôtels des monnaies, et de tous les détails relatifs, tant à l'approvisionnement du dépôt des réactifs et substances, qui sera établi en exécution de l'art. 13, que de leur distribution.

5. La commission tiendra ses séances à l'hôtel des monnaies, aux jours et heures qui seront indiqués. Le vice-président aura le droit de convoquer extraordinairement la commission, lorsqu'il le jugera nécessaire.

6. Elle sera chargée de la rédaction des tarifs qui détermineront le titre et le poids d'après lesquels les espèces et matières d'or et d'argent seront reçues au change: elle fera procéder, en conséquence, toutes les fois qu'elle le jugera convenable, à la vérification du titre des espèces étrangères nouvellement fabriquées, afin d'observer les variations qu'il pourrait éprouver; elle rendra publics les résultats de ces vérifications, pour que le commerce en ait connaissance; mais elle ne pourra, dans aucun cas, changer les dispositions des tarifs actuels, ni en publier de nouveaux, sans y avoir été autorisée par un décret du Corps-Législatif, sanctionné par le Roi.

7. Elle fera parvenir aux changeurs les tarifs et décisions d'administration intérieure qui leur seront nécessaires; elle statuera sur les difficultés qui pourraient s'élever entre eux et les directeurs des monnaies, relativement à la recette des produits du change; elle pourra les révoquer, s'ils se rendent coupables de quelques malversations dans l'exercice de leurs fonctions.

8. Elle prendra connaissance des contraventions que pourraient commettre les fonctionnaires préposés, soit à la fabrication des espèces, soit à la surveillance du travail de cette fabrication dans les hôtels des monnaies, relativement à l'exercice de leurs fonctions seulement; elle pourra les révoquer dans les cas qui seront déterminés par la loi; et lorsqu'il y aura lieu à des restitutions et amendes, ou à quelque peine, autre que la révocation, elle fera remettre au commissaire du Roi établi près le tribunal du district dans l'arrondissement duquel l'hôtel de la monnaie se trouvera situé, une expédition du procès-verbal qui constatera ces contraventions, à l'effet d'en poursuivre le jugement, dont elle surveillera l'exécution.

9. Elle surveillera la fabrication des poinçons et matrices nécessaires au monnayage des espèces ; il ne pourra en être fabriqué que par ses ordres et conformément aux décrets du Corps-Législatif, sanctionnés par le Roi. Elle commettra un de ses membres pour être présent à la remise qui en sera faite à son dépôt par le graveur général ; ce commissaire visera les récépissés qui en seront délivrés, et s'assurera de la livraison ou de l'envoi desdits poinçons et matrices aux monnaies auxquelles ils seront destinés.

10. Les commissaires du Roi qui seront établis dans chaque monnaie, seront tenus de rendre compte à la commission de l'exécution des réglemens concernant la recette des matières apportées au change, la fabrication et la délivrance des espèces.

11. Elle fera vérifier, deux fois par an, en la manière qui sera ci-après déterminée, le titre des espèces fabriquées dans chacun des hôtels des monnaies. Cette vérification se fera, quant aux espèces fabriquées pendant les six premiers mois de l'année, dans les trois mois qui suivront l'expiration de ce premier semestre ; les espèces fabriquées pendant le cours du dernier semestre seront vérifiées dans les trois premiers mois de l'année suivante.

12. Les espèces qui seront soumises aux vérifications prescrites par l'article précédent seront prises dans la circulation ; elles seront préalablement examinées par le graveur général et l'inspecteur général des essais, à l'effet de s'assurer qu'elles ne sont ni fausses, ni contrefaites.

13. Pour obvier aux inconvéniens qui pourraient résulter de la différence des réactifs et substances employés aux essais, il sera établi près de la commission un dépôt de ces réactifs et substances, où tous les essayeurs des monnaies seront tenus de se pourvoir. La qualité desdits réactifs et substances sera vérifiée par trois membres de l'Académie des sciences, en présence, tant de l'inspecteur général des essais, que des trois membres de la commission nommés à cet effet, et il en sera dressé procès-verbal. Les réactifs et substances qui seront employés pour les vérifications prescrites par l'article 11, seront pareillement pris au dépôt.

14. La commission fera procéder, conformément aux dispositions des anciens réglemens, au jugement du travail des directeurs pour l'année 1790 et les précédentes, sur lequel la cour des monnaies n'aurait pas encore statué, à l'exception des espèces d'or fabriquées dans les années 1786 et 1787, dont il sera parlé dans l'article suivant. Les espèces qui seront soumises aux essais seront prises dans la circulation ; les deniers emboîtés ne serviront que pour la vérification du poids, et ils seront remis au commis aux fonctions

du trésorier général, aussitôt que cette vérification sera faite, et qu'il en aura été dressé procès-verbal.

15. Le titre des espèces d'or fabriquées depuis le 1er janvier 1786 jusqu'au 31 décembre 1787 inclusivement, ayant été vérifié en présence des commissaires nommés par l'arrêt du conseil du 1er mars 1788, le travail des directeurs pendant le cours des années 1786 et 1787 sera jugé d'après les résultats de cette vérification, ou d'après ceux des nouveaux essais auxquels la commission pourra faire procéder, sans avoir égard aux jugemens que la cour des monnaies pourrait avoir déjà rendus sur quelques parties de ce travail. Le commis aux fonctions du trésorier général des monnaies sera tenu de faire compter les directeurs, soit d'après le procès-verbal des essais faits en 1788, dont il lui sera remis à cet effet une expédition en forme, soit d'après les résultats des nouveaux essais auxquels la commission aurait jugé convenable de faire procéder.

16. Le poids des espèces d'or fabriquées en la monnaie de Paris pendant le cours des années 1786 et 1787, sera jugé, soit d'après le résultat de la pesée qui en a été faite en présence des commissaires nommés par l'arrêt du conseil du 1er mars 1788, soit d'après le résultat de la nouvelle vérification, à laquelle il sera libre à la commission de faire procéder ; et, ce, sans avoir égard aux jugemens que la cour des monnaies pourrait avoir rendus sur quelques parties de ce travail. Le poids des espèces fabriquées dans les autres monnaies sera jugé conformément aux dispositions des anciens réglemens, avec cette différence seulement que les espèces qui ont été pesées en présence desdits commissaires tiendront lieu de deniers courans, et qu'en conséquence, les résultats de leurs pesées concourront seuls, avec ceux des pesées des deniers emboîtés, au jugement du poids des espèces d'or fabriquées par chacun des directeurs desdites monnaies pendant les années ci-devant énoncées.

17. Pour parvenir aux jugemens prescrits par les articles précédens, le greffier en chef de la cour des monnaies et tous autres dépositaires seront tenus de remettre les deniers réservés pour servir au jugement du travail, et toutes les pièces et procès-verbaux y relatifs, au garde des dépôts de la commission. Cette remise se fera en présence de trois de ses membres nommés à cet effet ; il en sera dressé procès-verbal, dont expédition sera délivrée au greffier en chef ou autre dépositaire, pour lui servir de décharge.

18. La commission nommera trois de ses membres pour se transporter au greffe de la cour des monnaies, à l'effet d'y procéder, en présence du greffier en chef de ladite cour, ou de tout autre dépositaire, au récolement

ou inventaires des ustensiles et effets servant au jugement du travail de fabrication, dont il sera dressé procès-verbal. Ces effets seront remis ensuite au garde des dépôts de la commission, qui les fera transporter à l'hôtel des monnaies : il délivrera une expédition du procès-verbal au greffier en chef ou tout autre dépositaire, pour lui servir de décharge.

19. Les commissaires nommés en exécution de l'article précédent, feront procéder, également en présence du greffier en chef de ladite cour ou de tout autre dépositaire, au récolement ou inventaire des lingots, espèces, ouvrages et matières d'or et d'argent, de billon et cuivre, existant au greffe, dont il sera dressé procès-verbal. Ces objets seront remis au garde des dépôts de la commission; il délivrera une expédition du procès-verbal de remise au greffier en chef ou autre dépositaire, pour lui servir de décharge.

20. Les lingots, espèces et matières, ensemble les ouvrages saisis, dont confiscation aurait été prononcée, seront essayés, si fait n'a été, en présence desdits commissaires et de l'inspecteur général des essais; ils seront ensuite portés au change de la monnaie, pour y être livrés aux prix fixés par les tarifs, et le produit en être versé au Trésor public par le directeur de la monnaie; il sera dressé procès-verbal de toutes ces opérations, auquel signeront les essayeurs et directeurs qui y auront concouru, pour servir de décharge au garde des dépôts.

21. Les ouvrages déposés par suite des saisies, et sur lesquels il n'aurait pas encore été statué, ensemble ceux dont la confiscation n'aurait été ordonnée que par un jugement de contumace dont les délais ne seraient pas expirés, resteront au dépôt de la commission jusqu'au moment où la remise en sera ordonnée par le tribunal compétent, soit sur la requête des parties, soit sur celle du commissaire du Roi.

22. Le pouvoir exécutif donnera les ordres nécessaires pour qu'il soit procédé par les administrateurs des directoires de département, à l'inventaire des greffes des juridictions des monnaies supprimées. Les registres et papiers qui concernent uniquement l'administration, seront envoyés au dépôt de la commission, qui déterminera l'usage qu'il conviendra d'en faire; ceux qui seront relatifs à la police des corps et communautés, seront déposés au greffe du tribunal du district, ainsi que les effets et ouvrages sur la saisie desquels il n'aurait pas encore été statué. Les lingots, ouvrages et matières dont la confiscation aurait été ordonnée, seront envoyés au dépôt de la commission, qui les fera essayer et porter au change, en observant les formalités prescrites par l'article 20.

23. La commission se fera représenter les états de fabrication et les inventaires de caisse, qui, en exécution de l'édit de septembre 1778, doivent avoir été adressés à l'administration par les directeurs des monnaies dans le cours du mois de janvier dernier, à l'effet de constater la situation de chacun de ces officiers à l'époque du 1er du même mois, et d'en rendre compte au Corps-Législatif.

24. Elle se fera pareillement représenter les expéditions des arrêts de la cour des monnaies, portant condamnation des restitutions et amendes contre quelques directeurs et autres officiers des monnaies, relativement au jugement du travail de la fabrication; elle fera dresser un état de celles dont le paiement n'a pas encore été effectué, et elle remettra au Corps-Législatif une expédition de cet état, auquel elle joindra ses observations sur les mesures à prendre pour en accélérer le recouvrement.

25. La commission rendra compte au Corps-Législatif, dans les trois premiers mois de chaque année, des résultats de ses opérations pendant le cours de l'année précédente, et principalement de ceux de la vérification du travail des directeurs des monnaies; elle lui remettra en même temps un état de la quantité des espèces de différentes natures qui auront été fabriquées.

26. L'Assemblée nationale charge ses comités des finances et des monnaies de lui proposer leurs vues sur le traitement qu'il convient d'accorder aux membres qui composeront la commission des monnaies.

3 = 6 AVRIL 1791.—Décret relatif à l'exécution des articles 4 et 8 de la section Ire du décret du 22 décembre 1789, concernant les corps administratifs. (L. 4, 68; B. 13, 15.)

L'Assemblée nationale décrète que son président se retirera dans le jour par devers le Roi pour le prier de faire incessamment mettre à exécution les articles 4 et 8 de la section Ire du décret du 22 décembre 1789, concernant les corps administratifs.

3 AVRIL 1791.—Proclamation du Roi concernant l'arrêté des comptes des receveurs particuliers des ci-devant provinces de Flandre, Bourgogne, Hainault et Artois, pour la capitulation et les vingtièmes des exercices antérieurs à 1790. (L. 4, 55 et 58.)

3 AVRIL 1791.—Décret portant vente de domaines nationaux à différentes municipalités des départemens de la Dordogne, du Gers, des Landes et de la Nièvre. (B. 13, 14.)

3 AVRIL 1791.—Décret qui ordonne le remboursement de plusieurs parties de l'arriéré du département des ponts-et-chaussées. (B. 13, 15.)

3 AVRIL 1791. — Décret relatif à l'augmentation des membres du comité d'agriculture et de commerce. (B. 13, 21.)

3 AVRIL 1791. — Sieur Brion; Enfans trouvés; Haute-Loire, etc.; Municipalités; Offices ministériels. *Voy.* 29 MARS 1791. — Orfèvrerie. *Voy.* 31 MARS 1791.

4 = 10 AVRIL 1791. — Décret relatif aux honneurs à décerner aux grands hommes. (L. 4, 189; B. 13, 32; Mon. du 5 avril 1791.)

Voy. loi du 20 PLUVIOSE an 3 (1).

Art. 1er. L'Assemblée nationale décrète que le nouvel édifice de Sainte-Geneviève sera destiné à recevoir les cendres des grands hommes, à dater de l'époque de la liberté française.

2. Le Corps-Législatif décidera seul à quels hommes cet honneur sera décerné.

3. Honoré Riquetti Mirabeau est jugé digne de recevoir cet honneur.

4. La législature ne pourra pas décerner cet honneur à un de ses membres venant à décéder; il ne pourra être décerné que par la législature suivante.

5. Les exceptions qui pourront avoir lieu pour quelques grands hommes morts avant la révolution, ne pourront être faites que par le Corps-Législatif.

6. Le directoire du département de Paris sera chargé de mettre promptement l'édifice de Sainte-Geneviève en état de remplir sa nouvelle destination, et fera graver au-dessus du portique ces mots: *Aux grands hommes, la patrie reconnaissante.*

7. En attendant que le nouvel édifice de Sainte-Geneviève soit achevé, le corps de Riquetti Mirabeau sera déposé à côté des cendres de Descartes, dans le caveau de l'ancienne église.

4 = 6 AVRIL 1791. — Décret relatif à l'élection des curés et vicaires, et aux ecclésiastiques fonctionnaires publics qui manqueraient au serment prêté. (L. 4, 141; B. 13, 33.)

Art. 1er. Dans les départemens où les ministres de la religion sont dans la nécessité d'employer plus d'un idiome pour donner au peuple les secours spirituels, et même dans ceux des autres départemens du royaume où, par des circonstances particulières, il pourrait ne pas se trouver suffisamment de prêtres réunissant toutes les conditions requises par le décret du 7 janvier dernier, il suffira, pendant la présente année seulement, pour

être éligible aux cures et être appelé aux vicariats, d'être prêtre séculier ou régulier; l'Assemblée nationale dispensant à cet effet de la seule condition du temps de prêtrise exigé par l'article 2 du décret du 7 janvier dernier, et validant les élections et les choix déjà faits de semblables ecclésiastiques.

2. L'Assemblée nationale charge les municipalités et les corps administratifs de dénoncer, et les tribunaux de district de poursuivre diligemment, toutes personnes ecclésiastiques ou laïques qui se trouveront dans les cas prévus par les articles 6, 7 et 8 du décret rendu le 27 novembre dernier, relativement à la prestation du serment des fonctionnaires publics ecclésiastiques, et les peines portées auxdits articles, et notamment la privation du traitement, leur seront appliquées;

Ordonne qu'après l'information et le décret, les tribunaux enverront à l'Assemblée nationale une copie de la procédure, pour être statué par elle sur les cas dont le jugement devra être attribué à la haute cour nationale établie à Orléans;

Charge son président de présenter dans le jour le présent décret à la sanction du Roi.

4 = 10 AVRIL 1791. — Décret qui autorise les directoires des districts de Clermont en Beauvoisis, de Dieppe et de Dol, à louer les bâtimens nécessaires à leur établissement et à celui des tribunaux. (L. 4, 165; B. 13, 29 et 30.)

4 AVRIL 1791. — Décret qui charge le comité d'emplacement de présenter à l'Assemblée les décrets de placement des districts et tribunaux, sans rapport préalable. (B. 13, 31.)

4 AVRIL 1791. — Décret portant que les congés qui seront demandés par les députés à l'Assemblée nationale seront envoyés au comité de vérification. (B. 13, 31.)

4 AVRIL 1791. — Décret portant qu'il y a lieu à accusation contre le cardinal de Rohan et autres, et qui les renvoie à la haute-cour nationale provisoire. (L. 4, 129; B. 13, 34.)

5 = 10 AVRIL 1791. — Décret relatif aux rentes et redevances dues sur les biens nationaux, hôpitaux, maisons de charité et fondations pour les pauvres. (L. 4, 153; B. 13, 36.)

Art. 1er. Les rentes sur les biens nationaux dont jouissent les hôpitaux, maisons de

(1) Un décret, du 5 frimaire an 2, ordonna que Marat remplacerait Mirabeau au Panthéon. Voltaire y fut placé par décrets des 6 = 15 mai 1791, et 30 mai = 1er juin 1791; J.-J. Rousseau par décret du 29 fructidor an 2; René Descartes par décret des 2 et 4 octobre 1793. Il serait bien long et bien inutile de continuer l'énumération de tous ceux à qui les honneurs du Panthéon ont été décernés.

charité et fondations pour les pauvres, en vertu de titres authentiques et constatés, continueront à être payées à ces divers établissemens, aux époques ordinaires où ils les touchaient, dans les formes et d'après les conditions indiquées ci-après, et ce provisoirement jusqu'au 1er janvier 1792.

2. Il en sera de même à l'égard des dîmes dont jouissaient ces établissemens, et dont la valeur leur sera payée, conformément aux baux antécédemment faits, et sous la déduction des charges dont elles étaient grevées.

3. Ceux de ces divers établissemens qui étaient dans l'usage d'adjuger les dîmes annuellement à la criée ou autrement, recevront, pour l'année 1791, la valeur d'une année commune, prise sur les quatorze dernières années, en retranchant les deux plus fortes et les deux plus faibles.

Ceux de ces établissemens dont les baux portaient la valeur des dîmes indistinctement réunie avec celle d'autres biens, recevront la valeur d'une année de leurs dîmes, d'après la ventilation qui sera faite en conséquence.

4. Cette ventilation sera faite par les préposés des directoires de district où sont situés ces biens, revue par les directoires eux-mêmes, approuvée et certifiée par les directoires de département.

5. Les hôpitaux, maisons de charité et fondations pour les pauvres, recevront également aux mêmes titres, et toujours provisoirement pour l'année 1791 seulement, l'équivalent des pertes annuelles qu'ils éprouvent par la suppression des droits de havage, minage, brassage sur les boissons, des droits de contrôle, des droits de péage.

6. La valeur de ceux de ces droits payés en nature, sera estimée par les ordres du directoire sur une année commune, évaluée comme il est dit à l'article 3, et payée en compensation en espèces courantes.

7. Les états qui constateront les indemnités dues aux hôpitaux, maisons de charité, fondations pour les pauvres, en conséquence des articles précédens, seront présentés aux districts par les municipalités, certifiés par les directoires de district, visés par ceux des départemens, et envoyés par eux au ministre de l'intérieur, qui en fera présenter la demande à l'Assemblée nationale, par un ou plusieurs états. L'Assemblée nationale décrétera les sommes nécessaires, qui seront en conséquence fournies par le Trésor public au trésorier des districts chargé des paiemens.

8. Le comité de trésorerie sera autorisé, sous sa responsabilité, à ordonner provisoirement et avant le décret de l'Assemblée, l'avance pour les hôpitaux de la moitié des sommes reconnues d'après les délibérations des municipalités, districts et départemens, dues en indemnité à ces établissemens.

5 = 10 AVRIL 1791. — Décret relatif à la circonscription de la paroisse cathédrale d'Evreux. (L. 4, 193; B. 12, 38.)

5 AVRIL 1791.—Décret touchant une erreur relative à l'article 6 du décret du 7 janvier dernier concernant les messageries, portant que le décret subsistera tel qu'il est rédigé dans l'édition de Baudouin, et que le mot *effectivement*, qui se trouve dans la promulgation de la loi, par une erreur de copiste, y sera supprimé. (B. 13, 36.)

5 AVRIL 1791.—Décret qui charge le comité ecclésiastique de présenter ses vues sur les congrégations religieuses consacrées à l'assistance des pauvres. (B. 13, 38.)

5 AVRIL 1791. — Décret qui ordonne l'adjonction de plusieurs comités à celui colonial, pour examiner les instructions sur l'organisation des colonies, etc. (B. 13, 36.)

5 AVRIL 1791.—Commissaires pour Aix. *Voy.* 2 AVRIL 1791.

6 = 10 AVRIL 1791.— Décret relatif aux acquits-à-caution délivrés pour empêcher la fraude des droits de traites. (L. 4, 152; B. 13, 41.)

L'Assemblée nationale, après avoir entendu le rapport de son comité d'agriculture et de commerce sur la nécessité d'accélérer la reddition du compte général des anciens droits de traites, décrète que les acquits-à-caution délivrés pour empêcher la fraude des droits de traites à la circulation sont annulés, et les soumissionnaires déchargés des soumissions par eux fournies. Demeurent également déchargés les fournisseurs de la marine, de rapporter les passeports qui n'avaient pour objet que l'affranchissement des mêmes droits de circulation.

6 = 10 AVRIL 1791. — Décret relatif aux billets des ci-devant administrateurs des domaines qui font partie de l'arriéré de la dette de l'État. (L. 4, 150; B. 13, 42.)

L'Assemblée nationale, ouï le rapport de son comité central de liquidation, décrète que les porteurs des billets des ci-devant administrateurs des domaines, qui font partie de l'arriéré de la dette de l'État, seront tenus, pour obtenir le paiement, de les rapporter au bureau des ci-devant administrateurs, pour y être vus et timbrés avant d'être présentés dans les bureaux du commissaire du Roi à l'administration de la caisse de l'extraordinaire.

6 = 10 AVRIL 1791. — Décret relatif aux sieurs Quinot et Floriat, nommés pour suppléans au tribunal du district de Neufchâteau, à la place du sieur Garnier. (L. 4, 148; B. 13, 41)

6 AVRIL 1791. — Apanages. *Voy.* 21 DÉCEMBRE 1790.—Arts. *Voy.* 30 MARS 1791.— Bas-Rhin. *Voy.* 2 AVRIL 1791. — Baux emphytéotiques. *Voy.* 19 MARS 1791. — Bourbon-Lancy, etc. *Voy.* 31 MARS 1791. — Canal du Nivernois. *Voy.* 30 MARS 1791. — Cardinal de Rohan, etc. *Voy.* 4 AVRIL 1791. — Collége des Irlandais. *Voy.* 30 MARS 1791. — Colléges, etc. *Voy.* 2 AVRIL 1791. — Contribution mobilière. *Voy.* 30 MARS 1791. — Corps administratifs. *Voy.* 3 AVRIL 1791. — Curés. *Voy.* 4 AVRIL 1791. — Dette publique. *Voy.* 3 AVRIL 1791. — Pensionnaires septuagénaires. *Voy.* 24 MARS 1791. — Rennes, etc. *Voy.* 1ᵉʳ AVRIL 1791. — Rentes. *Voy.* 2 AVRIL 1791. — Serment. *Voy.* 4 AVRIL 1791. —Tribunal d'Uzès. *Voy.* 31 MARS 1791.—Troubles de Toulouse. *Voy.* 2 AVRIL 1791.

7 AVRIL 1791. — Décret portant vente de domaines nationaux à différentes municipalités des départemens de l'Aisne, de l'Allier, de l'Aube, de la Meuse et de la Haute-Vienne. (B. 13, 42.)

7 AVRIL 1791. — Décret qui ordonne qu'un exemplaire du Code de l'aliénation des domaines nationaux, sera envoyé à chaque directoire de département et de district. (B. 13, 44.)

7 AVRIL 1791. — Décret portant qu'il n'y a pas lieu à délibérer sur une pétition relative à une instance en cassation d'arrêt, pendante au Conseil-d'État du Roi, entre les sieurs Dupré Saint-Maur et Picot-Dampierre. (B. 13, 45.)

7 = 8 AVRIL 1791. — Décret qui exclut du ministère les membres de l'Assemblée nationale, ceux du tribunal de cassation, ceux qui serviront dans le haut jury, et ceux qui seront seulement inscrits sur la liste du haut jury, etc. (B. 13, 44.)

7 AVRIL 1791. — Inventions. *Voy.* 14 MAI 1791.

8 = 15 AVRIL 1791.—Décret relatif à l'administration de l'hôpital des Quinze-Vingts. (L. 4, 226; B. 13, 46.)

Art. 1ᵉʳ. L'hôpital des Quinze-Vingts sera administré conformément au décret des 23 et 28 octobre = 5 novembre 1790.

2. Les administrateurs de ladite maison rendront compte de leur administration, en conformité de l'article 14 du même titre du même décret.

3. L'Assemblée nationale déclare nuls tous les arrêts du conseil rendus sur l'administration des Quinze-Vingts, postérieurement aux lettres-patentes qui autorisent la vente de l'enclos des Quinze-Vingts; en conséquence, leurs anciens administrateurs, les administrés, les acquéreurs de l'enclos des Quinze-Vingts, et tous autres réclamans, pourront se pourvoir par-devant les tribunaux, ainsi qu'ils aviseront.

8 = 15 AVRIL 1791. — Décret relatif au partage des successions *ab intestat*. (L. 4, 209; B. 13, 48.)

Voy. lois du 15 = 28 MARS 1790; du 4 JANVIER 1793; du 7 MARS 1793; des 5 et 12 BRUMAIRE an 2; du 17 NIVOSE an 2; du 22 VENTOSE an 2; du 9 FRUCTIDOR an 3; du 3 VENDÉMIAIRE an 4; du 18 PLUVIOSE an 5; du 4 GERMINAL an 8; Code civil.

Art. 1ᵉʳ. Toute inégalité ci-devant résultant, entre héritiers *ab intestat*, des qualités d'aîné ou de puiné, de la distinction des sexes ou des exclusions coutumières, soit en ligne directe, soit en ligne collatérale, est abolie. Tous héritiers en égal degré succéderont par portions égales aux biens qui leur sont déférés par la loi : le partage se fera de même par portions égales, dans chaque souche, dans le cas où la représentation est admise.

En conséquence, les dispositions des coutumes ou statuts qui excluaient les filles ou leurs descendans du droit de succéder avec les mâles ou les descendans des mâles, sont abrogées.

Sont pareillement abrogées les dispositions des coutumes qui, dans le partage des biens, tant meubles qu'immeubles, d'un même père ou d'une même mère, d'un même aïeul ou d'une même aïeule, établissent des différences entre les enfans nés des divers mariages (1).

2. La représentation aura lieu à l'infini, en ligne directe descendante, dans toutes les coutumes, savoir : dans celles qui la rejètent indéfiniment, à compter du jour de la publication du présent décret, et dans celles qui la rejètent seulement pour les personnes et les biens ci-devant nobles, à compter du jour de la publication du décret du 15 mars 1790 (2).

3. Les étrangers, quoique établis hors du royaume, sont capables de recueillir en France les successions de leurs parens, même

(1) Cette loi n'a pas détruit la règle, *paterna paternis* (16 brumaire an 8, Cass. S. 1, 1, 256).

L'époux survivant qui, par dévolution statutaire, avait été dépouillé de la faculté de vendre ses biens, qui devait les transmettre à ses enfans du premier lit, a recouvré la faculté de disposer des biens ainsi dévolus (11 nivose an 13; Cass. S. 5, 1, 77).

Les biens qui, à l'époque de la publication de la loi du 8 avril 1791, étaient frappés de dévolution dans les mains de l'époux survivant avec enfans, sont dès ce moment devenus libres (28 juillet 1830; Bruxelles, S. 31, 2, 59).

(2) *Voy.* les notes sur la loi du 15 = 28 août 1790.

Français; ils pourront de même recevoir et disposer par tous les moyens qui seront autorisés par la loi (1).

4. Les dispositions des articles 1 et 3 ci-dessus auront leur effet dans toutes les successions qui s'ouvriront après la publication du présent décret, sans préjudice des institutions contractuelles ou autres clauses qui ont été légitimement stipulées, soit par contrat de mariage, soit par articles de mariage dans les pays où ils avaient force de contrats, lesquelles seront exécutées, conformément aux anciennes lois (2).

5. Seront pareillement exécutées, dans les successions directes et collatérales, mobilières et immobilières, les exceptions contenues dans la seconde partie de l'article 11 du titre 1er du décret du 15 mars 1790, en faveur des personnes mariées, ou veuves avec enfans; et ces exceptions auront lieu pour toutes les espèces de biens.

6. Lesdites exceptions ne pourront être réclamées que par les personnes qui, à l'ouverture des successions, se trouveront encore engagées dans des mariages contractés avant la publication du décret du 15 mars 1790, s'il s'agit de biens ci-devant féodaux ou autres sujets au partage noble, et avant la publication du présent décret, s'il s'agit d'autres biens, ou auxquelles il restera des enfans ou petits-enfans issus de mariages antérieurs à ces époques respectives (3).

7. Lorsque les personnes auront pris les parts à elles réservées par lesdites exceptions, leurs cohéritiers partageront entre eux le restant des biens, en conformité du présent décret.

8. Le mariage d'un puîné, ni sa viduité avec enfans, ne pourront servir de titre à son cohéritier aîné non marié ni veuf avec enfans, pour jouir du bénéfice desdites exceptions.

9. Nul puîné devenu aîné depuis son mariage contracté même avant la publication, soit du présent décret, soit de celui du 15 mars 1790, ne pourra réclamer, en vertu desdites exceptions, les avantages dont l'expectative était, au moment où il s'est marié,

déférée par la loi à son cohéritier présomptif aîné (4).

---

8 AVRIL 1791. — Décret qui charge le comité de marine d'examiner l'emploi des fonds mis en réserve pendant les deux années et demie qu'a existé le conseil de marine. (B. 13, 47.)

---

8 AVRIL 1791. — Décret portant que le ministre de la marine sera tenu de justifier, dans trois jours, de la radiation des appointemens des directeurs, intendans et autres officiers intermédiaires de la marine. (B. 13, 47.)

---

8 = 15 AVRIL 1791. — Décret relatif au paiement d'une somme de 18,000 livres à faire par le Trésor public, en conformité de l'édit d'août 1786 (L. 4, 231; B. 13, 47.)

---

8 AVRIL 1791. — Décret portant vente de domaines nationaux à différentes municipalités des départemens de l'Ardèche, des Hautes-Pyrénées, du Loiret, de l'Oise et du Var. (B. 13, 50.)

---

9 = 15 AVRIL 1791. — Décret relatif à la pêche à la traîne dans les provinces du Languedoc et du Roussillon. (L. 4, 224; B. 13, 62.)

Art. 1er. L'Assemblée nationale, sur la pétition des patrons-pêcheurs des ci-devant provinces du Languedoc et du Roussillon, interprétant l'article 2 du décret du 8 décembre, confirme la défense portée par ledit décret d'exécuter la pêche aux bœufs avec des filets dont les mailles seraient au-dessous de neuf lignes dans la partie inférieure, de dix lignes dans la partie moyenne, et dix-huit lignes dans la partie supérieure. L'usage même de ces filets pour la pêche aux bœufs et toute espèce de pêche à la traîne, ne pourra être permis depuis le 1er avril jusqu'au 1er juillet. Dans toute autre saison de l'année, et en se conformant aux dimensions prescrites pour les mailles de filets, la pêche aux bœufs et celle dite à la traîne pourront s'exécuter sur les côtes des ci-devant provinces du Languedoc et du Roussillon.

---

(1) *Voy.* les notes sur la loi du 6 = 18 août 1790.

(2) Une renonciation à la succession de son père par une fille mariée et dotée, sous l'empire de la coutume d'Auvergne, doit avoir son effet, et empêcher son rappel à la succession (19 juillet 1809; Cass. S. 9, 1, 403).

Voy. l'art. 11 de la loi du 18 pluviôse an 5.

(3) L'enfant d'un aîné dont le père est mort avant les lois du 15 mars 1790, et du 8 avril 1791, mais qui était lui-même marié ou veuf à l'époque de la publication de ces lois, exerce, **par** représentation de son père, le droit d'aînesse

et les avantages que les lois conservaient aux aînés mariés ou veufs avec enfans (28 floréal an 11; Cass. S. 3, 2, 326).

(4) La présente loi n'est pas *interprétative* de la loi du 15 = 28 mars 1790; elle est *innovative:* ainsi, celui qui, aux termes de cet article 9, ne pourrait réclamer les droits d'aînesse, en ce qu'il n'était pas *aîné* au moment du mariage, si la succession s'ouvrait sous l'empire de la présente loi, peut, nonobstant sa qualité de *puîné* au moment du mariage, réclamer le droit d'aînesse acquis postérieurement, dans une succession ouverte sous l'empire de la loi du 15 = 28 mars 1790 (15 février 1817; Paris, S. 18, 2, 33).

2. L'Assemblée nationale décrète qu'il sera établi une juridiction de prud'hommes et de patrons-pêcheurs dans le port de Saint-Tropez, à la charge d'y faire observer les mêmes lois, statuts et réglemens de la juridiction des prud'hommes de Marseille.

3. La juridiction des prud'hommes établie dans la ville de Cette sera commune à tous les pêcheurs du quartier des classes de la même ville ; et, en conséquence, les patrons-pêcheurs des étangs, ayant en propriété leurs filets et barques de pêche montées de trois hommes au moins, mousses compris, concourront avec ceux de la mer aux places de prud'hommes et jouiront des mêmes prérogatives énoncées dans le décret du 8 décembre dernier.

---

9 = 15 AVRIL 1791. — Décret relatif aux empreintes des monnaies. (L. 4, 204; B. 13, 61; Mon. du 11 avril 1791.)

Art. 1er. L'effigie du Roi sera empreinte sur toutes les monnaies du royaume, avec la légende : *Louis XVI, Roi des Français.*

2. Le revers de la monnaie d'or, des écus et demi-écus aura pour empreinte le génie de la France debout devant un autel, et gravant sur les tables le mot *Constitution*, avec le sceptre de la Raison, désigné par un œil ouvert à son extrémité. Il y aura à côté de l'autel un coq, symbole de la vigilance ; et un faisceau, emblème de l'union et de la force armée.

3. Le revers portera pour légende ces mots : *Règne de la Loi.*

4. Il sera gravé sur la tranche : *La Nation, la Loi et le Roi.*

5. Les pièces de trente et de quinze sous porteront les mêmes empreintes, à l'exception du coq et du faisceau.

6. La monnaie de cuivre portera la même effigie du Roi et la même légende ; le revers seul sera différent.

7. L'empreinte du revers sera un faisceau traversé par une pique surmontée d'un bonnet de la Liberté ; autour une couronne de chêne, avec la légende : *La Nation, la Loi et le Roi.*

8. Sur toutes les monnaies, le millésime sera en chiffres arabes, suivi de l'année de la liberté.

9. Il sera, sans délai, procédé à la formation des nouveaux coins et matrices.

10. Tous les artistes pourront concourir à leur gravure, et la préférence sera jugée sur l'avis de l'Académie de peinture et de sculpture.

11. Sur le compte qui sera rendu à l'Assemblée nationale par son comité des monnaies, elle prononcera sur l'indemnité qui pourra être due aux artistes dont le travail ne serait pas jugé utile.

12. Le ministre de l'intérieur et la commission des monnaies prendront les mesures nécessaires pour accélérer la fabrication ordonnée par le décret du 11 janvier : en conséquence, il sera remis au ministre copie collationnée des offres faites au comité des monnaies, relativement à la fourniture des flaons pour la monnaie de cuivre ; et la commission rendra compte à l'Assemblée de ses vues sur la simplification, l'économie et la perfection du monnayage.

13. L'Assemblée charge son président de porter dans le jour le présent décret à la sanction du Roi.

---

9 = 15 AVRIL 1791. — Décret qui charge les commissaires du Roi qui doivent se rendre à Cayenne, de prendre les informations les plus précises sur les évènemens qui se sont passés dans cette colonie les 9 et 10 août dernier. (L. 4, 202; B. 13, 64.)

---

9 = 15 AVRIL 1791. — Décret qui autorise les départemens de Maine-et-Loire, du Cher, le district d'Abbeville, département de la Somme ; le département de la Mayenne et le district de Laval conjointement, à acquérir les bâtimens nécessaires à leur établissement ; et qui porte, en outre, que le bailliage du Palais et ses dépendances seront occupés par le directoire du département de Paris. (L. 4, 228, B. 13, 52 et suiv.)

---

9 = 17 AVRIL 1791. — Décret relatif à la circonscription des paroisses de Noyon, Tours, Quimper, Nevers et Angers. (L. 4, 285; B. 13, 56 et suiv.)

---

9 AVRIL 1791. — Décret portant vente de domaines nationaux à différentes municipalités des départemens de l'Aisne, Basses-Pyrénées, Gers et Lot. (B. 13, 55.)

---

9 AVRIL 1791. — Décret qui met le sieur Bonjour sous la garde de la loi, relativement à une dénonciation faite contre le ministre de la marine. (B. 13, 60.)

---

9 AVRIL 1791. — Décret qui renvoie au comité des domaines la pétition de la municipalité de Brest, relative à l'acquisition faite par le Roi, en 1786, des terres du Châtel et de Carman. (B. 13, 60.)

---

10 = 15 AVRIL 1791. — Décret relatif au paiement des diverses parties d'emprunts sorties par la voie des derniers tirages, et destinées à être remboursées en 1791. (L. 4, 207; B. 13, 78.)

L'Assemblée nationale décrète que les parties des différens emprunts qui sont sorties en remboursement par la voie des derniers tirages, pour être payées dans le cours de la

2.

présente année, seront payées à la caisse de l'extraordinaire, en suivant les formes établies par les lois de l'Etat pour le paiement des autres parties semblables, déjà sorties en remboursement pour les années précédentes.

10. AVRIL 1791. — Proclamation du Roi pour le service des messageries nationales, coches et voitures d'eau. (L. 4, 169.)

Art. 1er. Le service des messageries nationales et voitures d'eau sera sous l'inspection et surveillance du directoire des postes et messageries.

2. Conformément au décret des 6 et 7 = 19 janvier 1791, tous les droits de messagerie par terre, les droits de coches, bacs, bateaux sur les rivières et canaux navigables, compris dans la dénomination générale de voitures d'eau, possédés par les particuliers, communautés d'habitans, ou états des ci-devant provinces, à quelque titre que ce soit, sont abolis à compter du 1er avril 1791, sauf l'indemnité que pourront prétendre les concessionnaires engagistes et échangistes de semblables droits dépendant du domaine de l'Etat; et à compter de la même époque, ces exploitations feront partie de la ferme générale des messageries. Toutes les autres de la même nature, dépendant du domaine public, et qui n'ont pas été comprises jusqu'ici dans le bail de la ferme générale des messageries, y seront réunies.

3. Le service des messageries nationales et voitures d'eau sera établi d'après les principes du décret du 26 = 29 août 1790, qui porte l'abolition du droit de permis et de celui du transport exclusif des voyageurs et marchandises, et qui accorde à tout particulier la faculté de conduire ou faire conduire librement les voyageurs et marchandises, en se conformant aux formalités prescrites par l'article 3 de ladite loi, sans qu'il soit permis néanmoins à aucun particulier ou compagnie, autre que les fermiers des messageries nationales et voitures d'eau, d'annoncer les départs à jour et heure fixes, ni d'établir des relais, non plus que de se charger de reprendre et conduire des voyageurs qui arriveraient en voitures suspendues, si ce n'est après un intervalle du jour au lendemain entre l'époque de l'arrivée desdits voyageurs, et celle de leur départ.

4. Les fermiers des messageries nationales et voitures d'eau auront seuls le droit de départ à jour et heure fixes, et de l'annonce desdits départs, ainsi que de celui de l'établissement de relais à des points fixes et déterminés. Leurs voitures, chevaux, harnais, servant à l'usage du service public, ne pourront être saisis dans aucun cas et sous quelque prétexte que ce soit.

5. Les fermiers jouiront, comme en ont joui ou dû jouir les précédens fermiers des ports et terrains sur le bord des rivières, nécessaires à l'exploitation des voitures d'eau.

6. Tous les établissemens des messageries existans seront entretenus par les nouveaux fermiers; ils seront en outre obligés d'établir des voitures sur les nouvelles routes, lorsqu'elles seront achevées, et de desservir les chefs-lieux de département, de district et de juridiction, conformément à la nouvelle division du royaume, lorsqu'ils en seront requis, d'après les demandes qui en seront faites au pouvoir exécutif par les directoires de département.

7. Le service actuel des diligences faisant vingt-cinq à trente lieues par jour, et deux lieues à l'heure, sera entretenu sur toutes les routes où la nouvelle division du royaume et les intérêts du commerce l'exigeront; mais, à partir du 1er octobre 1792, s'il n'est pas possible avant cette époque, les fermiers ne pourront plus employer que des diligences légères et commodes, dont aucune ne pourra être chargée de plus de huit quintaux, non compris le paquet de chaque voyageur, fixé à quinze livres.

8. Les diligences seront commodes et légères, et à cet effet elles seront à quatre ou à six places dans l'intérieur de la voiture. Elles seront montées sur quatre roues, et attelées d'un nombre suffisant de chevaux, relayés de manière à être conduits régulièrement au train de poste à raison de deux lieues par heure. Les stations seront établies dans les villes, afin que les voyageurs trouvent plus facilement toutes les commodités désirables.

A dater du 1er juillet prochain, toutes les voitures employées au service des messageries, et conduites, soit par les chevaux des maîtres de poste, soit par ceux appartenant aux fermiers, sous-fermiers et entrepreneurs de relais, seront marquées sur les portières d'une fleur de lys avec ces mots au-dessus : *Messageries nationales.* Défenses sont faites aux maîtres de poste, même à ceux qui auront traité de gré à gré avec le fermier des messageries, de conduire pour leur compte, et pour celui du fermier des messageries, des voitures qui ne seraient pas marquées et désignées ainsi qu'il est dit ci-dessus.

9. Les fermiers entretiendront en même temps, sur les principales routes et sur celles de communication, des carrosses, fourgons et autres voitures destinées au transport des marchandises, ballots et paquets qui leur seront confiés. Ces voitures seront attelées d'un nombre suffisant de chevaux, avec les relais nécessaires pour faire quinze à vingt lieues par jour sur les routes où cette célérité sera nécessaire et praticable.

10. Il ne pourra être exigé, pour le transport des voyageurs et marchandises dans les voitures de terre et d'eau, d'autres prix que

ceux fixés par le tarif annexé à la présente proclamation. Le prix des places dans les voitures de terre sera réglé par lieue, lequel prix sera également suivi pour les établissemens qui auront lieu par augmentation de service, ou sur de nouvelles routes ou communications; en observant que les distances seront comptées par lieues de deux mille deux cent quatre-vingt-trois toises, et non par lieues de poste. Les fermiers pourront en outre faire partir des voitures extraordinaires, à la volonté des voyageurs, dont le prix pourra être réglé de gré à gré avec eux.

11. Les voitures d'eau seront soumises à la visite des experts nommés par la municipalité de la ville de Paris, quant à ce qui concerne les voitures dont le départ est fixé à Paris; et par les municipalités des lieux pour les autres voitures d'eau, pour assurer la solidité et veiller à ce qu'elles soient conduites par des hommes expérimentés et en nombre suffisant, avec les chevaux nécessaires pour remonter les rivières, de manière à ce que tous les accidens soient prévenus. Se réserve Sa Majesté de pourvoir, par une proclamation particulière, à l'exactitude du service et à la police des voitures d'eau.

12. Les fermiers et sous-fermiers ne pourront, sous aucun prétexte, diminuer le nombre des départs et retours de leurs voitures; mais ils pourront les augmenter. Ils ne pourront non plus avancer ni reculer les jours et heures fixés desdits départs, ni en changer les points fixes et déterminés, sans l'autorisation du directoire des postes et messageries, et qu'après en avoir instruit le public au moins quinze jours d'avance par des affiches multipliées.

13. Conformément à ce qui est statué par le décret du 26=29 août 1790, les assemblées et directoires de département et de district, les municipalités, ni les tribunaux, ne pourront ordonner aucun changement dans l'organisation, le service et la marche des messageries et voitures d'eau.

14. Les voyageurs retiendront leurs places quelques jours avant le départ des voitures, en payant les arrhes, suivant l'usage, et en faisant enregistrer leurs noms : il leur en sera délivré une reconnaissance, qu'ils produiront en montant dans la voiture.

15. Les ballots ou paquets seront enregistrés avec déclaration de leur contenu, après avoir été pesés, numérotés et timbrés en présence de ceux qui les apporteront.

16. Il sera absolument nécessaire d'affranchir les volailles, gibiers et comestibles de toute espèce, et généralement tous les objets susceptibles de dépérissement et de corruption par laps de temps : il en sera de même de tous les objets dont la valeur réelle ne pourra équivaloir aux frais de transport.

17. Les ballots, paquets ou effets qui n'au-

ront pu être délivrés, par mauvaise adresse ou faute d'être réclamés, seront déposés et gardés dans un endroit à ce destiné, et il en sera tenu registre; et si, après deux années de garde, lesdits ballots, paquets ou effets ne sont pas retirés par ceux qui en auront droit, ils seront vendus publiquement et à l'enchère; le produit en sera versé au Trésor public en déduction des frais de transport, et procès-verbal en sera fait et conservé pour servir en tant que de besoin, en cas de réclamation.

18. Seront néanmoins exceptés les comestibles, et généralement tous les objets susceptibles de corruption et de dépérissement. Les fermiers sont autorisés à jeter lesdits objets dès qu'ils cesseront de pouvoir être gardés, et sans être tenus à aucun dédommagement; il en sera néanmoins également tenu registre.

19. Le conducteur de chacune des voitures sera porteur d'une feuille de départ, qui sera visée par les inspecteurs établis de distance en distance, dans laquelle seront spécifiés les objets qui doivent être déposés dans chaque bureau de direction; le tout conforme à l'enregistrement du lieu du départ.

20. Chaque directeur sera tenu d'enregistrer tous les objets qu'il aura reçus, et il ne pourra les délivrer qu'après avoir tiré valable décharge des personnes auxquelles ils seront adressés.

21. Tous les registres employés à l'exploitation des messageries et voitures d'eau, seront numérotés par première et dernière page, et paraphés; et les fermiers des messageries et voitures d'eau seront tenus d'en donner communication au directoire des postes et messageries, à chaque réquisition. Les fermiers se conformeront, au surplus, en ce qui concerne leur exploitation, aux dispositions de la loi du timbre, sans que, sous prétexte des frais que l'exécution de cette loi leur occasionnera, ils puissent exiger du public d'autres droits que ceux fixés par le tarif annexé à la présente proclamation, et ce à peine de concussion.

22. Les fermiers seront responsables de tous les paquets, ballots, marchandises et espèces qui leur seront confiés, jusqu'à valable décharge; ils seront également responsables de tous les effets perdus ou endommagés par leur faute; et les dédommagemens auxquels ils seront condamnés, à raison de cette responsabilité, seront directement acquittés par eux, sauf leur recours contre leurs sous-fermiers et autres employés quelconques, du fait desquels ils répondent.

23. Les dédommagemens prononcés contre les fermiers seront proportionnés à la valeur des effets, d'après la déclaration désignative desdits effets, qui aura été faite lors de l'enregistrement; et à faute de ladite déclaration

19.

ils ne seront tenus qu'à un dédommagement de cent cinquante livres.

24. Ne seront tenus lesdits fermiers de répondre des évènemens occasionnés par force majeure et causes impossibles à prévoir, ainsi que par défaut d'emballage et de précautions quelconques qui dépendent des particuliers intéressés, et dont mention devra être faite en leur présence dans l'enregistrement.

25. Les fermiers ne pourront se charger du transport d'aucun papier, si ce n'est de procédures en sacs ou registres, à moins qu'ils n'en aient obtenu la permission du directoire des postes et messageries. Ils seront tenus, néanmoins, sur sa réquisition, et dans le cas de surcharge des courriers des malles, de faire le transport des ballots de papiers ou d'imprimés, d'après un prix convenu de gré à gré, afin que la remise desdits objets aux lieux de leur destination ne puisse éprouver de retard notable.

26. Les fermiers défendront expressément à leurs préposés, sous peine d'interdiction, et de révocation en cas de récidive, et sous la garantie des fermiers, de porter ou de remettre aucune lettre missive et aucun papier autre que ceux relatifs à leur service.

27. Il est aussi expressément défendu aux entrepreneurs et courriers des malles, de prendre dans leurs voitures aucun voyageur, ni de porter aucune marchandise ou ballot au préjudice des messageries, sans y être autorisés par un ordre signé du président du directoire des postes et messageries, lequel ordre ils seront tenus de représenter à chaque inspecteur des messageries qui le requerra; et ce sous peine d'interdiction, et de révocation en cas de récidive, pour les courriers, et de résiliation des traités, pour les entrepreneurs des malles.

28. Et pour assurer l'exacte observation des articles ci-dessus, les voitures des messageries seront soumises aux visites des contrôleurs des postes, à l'endroit de leurs stations. Lorsque les fermiers des messageries auront connaissance que les courriers d'une route portent des paquets à leur préjudice, ils en donneront avis au directoire des postes, qui autorisera par écrit un contrôleur des messageries à visiter le courrier à un endroit indiqué, et les procès-verbaux de ces visites seront adressés au président du directoire des postes.

29. Les fermiers des messageries nationales et voitures d'eau pourront sous-fermer telle partie de leur exploitation qu'ils voudront, sous la clause expresse de la responsabilité du service de leurs sous-fermiers. Lesdits fermiers pourront traiter de la conduite de leurs voitures avec les maîtres de poste, de gré à gré, ou avec tels entrepreneurs qu'ils jugeront à propos, pourvu néanmoins que lesdits sous-

baux et traités n'excèdent pas la durée de leur bail.

30. Les maîtres de poste qui auront traité avec les fermiers et sous-fermiers des messageries, auront des chevaux particulièrement destinés pour ce service, lesquels ne pourront être compris dans le nombre de ceux entretenus pour la poste, et pour chacun desquels il leur est accordé trente livres de gratification, en remplacement des priviléges.

31. Il est défendu aux maîtres de poste, sous peine de privation de leurs brevets, de faire aucune entreprise ni marché avec des particuliers ou compagnies, pour la conduite des voitures faisant le transport des voyageurs et des marchandises, si ce n'est avec les fermiers des messageries nationales et voitures d'eau, et avec leurs sous-fermiers; et ils seront tenus de conduire et de venir prendre les voitures de messageries aux bureaux et auberges choisis par l'administration des messageries.

32. Les fermiers ou leurs préposés pourront requérir les commandans de la gendarmerie nationale de faire escorter par deux cavaliers, ou plus s'il est nécessaire, les voitures des messageries, toutes les fois que cette précaution leur paraîtra indispensable. Ce service extraordinaire sera aux frais des fermiers, et acquitté par eux sur le pied fixé par le réglement du 1er juin 1775 et par l'ordonnance de 1778, et ils en seront remboursés dans le cas où les frais d'escorte seraient occasionnés par des transports pour le compte du gouvernement.

33. Les fermiers seront tenus, sur la réquisition des corps administratifs ou des commissaires du Roi près des tribunaux, de transporter les prisonniers aux lieux qui leur seront indiqués dans les ordres par écrit qui leur seront donnés. Les prisonniers seront conduits dans des voitures commodes et sûres, et dans lesquelles les fermiers ne pourront introduire que les personnes employées à la garde desdits prisonniers : ils les traiteront avec tous les égards de la décence que leur situation et l'humanité doivent inspirer; et ils seront responsables, jusqu'à leur arrivée à leur destination, de tous les évènemens qui, par suite de négligence ou de séduction de leurs préposés, pourraient faciliter l'évasion desdits prisonniers, ou qui tendraient d'une manière quelconque à s'opposer au cours de la justice. Le prix du transport desdits prisonniers sera acquitté par le Trésor public, ou il en sera tenu compte aux fermiers sur le prix de leur bail, en représentant les mémoires visés par le directoire du lieu de la destination, ou par le commissaire du Roi du tribunal, et en représentant également l'ordre du départ, lequel ordre indiquera l'espèce de voiture qui sera employée au transport de chaque pri-

sonnier, de manière que le prix du transport soit facilement déterminé.

34. Les fermiers des messageries seront tenus de faire remettre à leur destination, par leurs facteurs, suivant l'usage ordinaire, dans les vingt-quatre heures de leur arrivée, les paquets apportés par les diligences, messageries et fourgons, en laissant cependant au public la liberté de les retirer ou faire retirer en se présentant au bureau dans lesdites vingt-quatre heures, et munis de lettres d'avis.

35. Toutes les plaintes et contestations qui pourront s'élever entre les particuliers et les fermiers, ou entre les fermiers et sous-fermiers, seront adressées au pouvoir exécutif, qui fera faire ensuite les vérifications nécessaires par les directoires de département, sauf le renvoi, en cas de contestation judiciaire, devant les tribunaux ordinaires, conformément au décret du 26 = 29 août 1790.

36. Les précédens réglemens sur le fait des messageries seront exécutés en tout ce à quoi il n'est pas dérogé par la présente proclamation.

Tarif pour les voitures de terre.

Le prix de chaque place par lieue de deux mille deux cent quatre-vingt-trois toises, dans les diligences, sera de 12 sous.

Dans les cabriolets des diligences, tant qu'ils existeront, 8 sous.

Dans les carrosses, 8 sous.

Dans les paniers des carosses et dans les fourgons, 4 sous.

Chaque voyageur pourra faire transporter avec lui un sac de nuit, ou porte-manteau; du poids de quinze livres, pour lequel il ne paiera aucun port.

Or et argent.

Le transport de l'or et de l'argent monnayé ou non monnayé, sera de 30 sous par 1000 livres et par vingt lieues, au lieu de 40 sous, prix actuel. Cette réduction du quart aura lieu sur les autres sommes.

Le prix des bijoux, galons, objets précieux, dont la valeur sera déclarée, sera le même que celui de l'or et de l'argent.

Le port des papiers de procédures et d'affaires sera double de celui des marchandises.

Le port des bagages et marchandises par les diligences ne pourra excéder le prix actuel de 6 deniers par livre par dix lieues, ou 25 livres par quintal pour cent lieues.

Le port des mêmes objets par les carrosses et fourgons ne pourra excéder 15 livres du quintal par cent lieues, et à proportion pour les autres distances.

Les paquets au-dessous de dix livres paieront comme s'ils pesaient dix livres.

Le port des paquets de 15 livres et au-dessous, chargés sur les carrosses et fourgons,

sera le même que celui fixé pour les diligences.

Les sommes au-dessous de 500 livres paieront comme pour 500 liv.

Les transports faits à moins de dix lieues, seront comptés comme pour dix lieues, et, au-dessus de dix lieues, l'augmentation proportionnelle du port aura lieu de cinq lieues en cinq lieues.

Tarif pour les voitures d'eau.

Le prix des places de Paris à Auxerre sera réduit à 7 livres 10 sous, au lieu de 9 livres 7 sous 6 deniers;

Le port du quintal à 5 livres, au lieu de 9 livres 7 sous 6 deniers;

Le prix des places de Paris à Montargis sera réduit à 4 livres, au lieu de 5 livres 1 sou 3 deniers;

Le port du quintal à 2 livres 15 sous, au lieu de 5 livres 1 sou 3 deniers.

Le prix des places de Paris à Nogent-sur-Seine sera réduit à 5 livres 10 sous, au lieu de 6 livres 18 sous.

Le port du quintal à 3 livres 15 sous, au lieu de six livres 18 sous.

Le prix des places et du transport des marchandises, dans les autres voitures d'eau, ne sera point augmenté.

Le prix des places et du transport des marchandises sera proportionnel pour les distances intermédiaires comptées par eau, entre Paris et les villes d'Auxerre, Montargis et Nogent-sur-Seine.

Ce prix proportionnel, attendu les fractions qui en résultent, sera calculé par lieue pour les distances intermédiaires entre Paris et les villes d'Auxerre, Montargis et Nogent-sur-Seine, à 2 sous 6 deniers pour les voyageurs, et à 1 sou 6 deniers pour le quintal des marchandises.

———

10 = 15 AVRIL 1791. — Décret interprétatif de celui du 20 mars dernier, qui accorde aux officiers ministériels les intérêts de leur remboursement, à compter du 1er juillet 1790. (L. 4, 208; B. 13, 78.)

L'Assemblée nationale, après avoir ouï son comité de judicature, et voulant prévenir les extensions qui pourraient être données au décret par lequel elle a fait courir les intérêts du remboursement accordé aux officiers ministériels, à compter du 1er juillet 1790,

Déclare que ledit décret n'est applicable qu'à ceux des officiers ministériels qui sont dénommés dans celui des 21 et 24 décembre dernier.

———

10 AVRIL 1791. — Proclamation du Roi concernant l'application, au profit des anciens contribuables ordinaires des ci-devant provinces de pays d'élection et de celles de Lorraine, Fran-

che-Comté et Roussillon, sur leurs impositions ordinaires de 1790, du produit des rôles supplétifs des six derniers mois de 1789. (L. 4, 184.)

10 AVRIL 1791. — Proclamation du Roi concernant les capitations retenues pour 1790, aux officiers militaires de la marine et autres. (L. 4, 195.)

10 = 15 AVRIL 1791. — Décret qui ordonne le remboursement de plusieurs parties de l'arriéré du département des ponts-et-chaussées, de celui des finances et de la maison du Roi. (L. 4, 212; B. 13, 66.)

10 AVRIL 1791. — Décret portant vente de domaines nationaux à différentes municipalités des départemens du Loiret, de la Sarthe, de la Seine-Inférieure et de l'Yonne. (B. 13, 65.)

10 AVRIL 1791. — Acquits-à-caution. *Voy.* 6 AVRIL 1791. — Administration des domaines. *Voy.* 6 AVRIL 1791. — Cathédrale d'Evreux. *Voy.* 6 AVRIL 1791. — Clermont en Beauvoisis, etc. *Voy.* 4 AVRIL 1791. — Contribution foncière. *Voy.* 17 MARS 1791. — Contribution patriotique. *Voy.* 10 MARS 1791. — Douanes. *Voy.* 25 MARS 1791. — Fontarèche. *Voy.* 2 AVRIL 1791 — Grands Hommes. *Voy.* 4 AVRIL 1791. — Honneurs. *Voy.* 4 avril 1791. — Monnaies. *Voy.* 3 AVRIL 1791. — Morue et hareng. *Voy.* 7 MARS 1791. — Professeurs. *Voy.* 26 MARS 1791. — S⁺¹ Quintot et Floriat. *Voy.* 6 AVRIL 1791. — Rentes d'hôpitaux, etc. *Voy.* 6 AVRIL 1791. — Rodez. *Voy.* 26 MARS 1791.

11 AVRIL 1791. — Décret portant qu'il sera nommé deux commissaires pour assister à l'installation du tribunal de cassation. (B. 13, 79.)

12 = 17 AVRIL 1791. — Décret qui enjoint aux directoires de district d'envoyer au comité d'aliénation l'état de la valeur présumée des domaines nationaux compris dans leur circonscription. (L. 4, 232; B. 13, 84.)

L'Assemblée nationale, désirant faire connaître, par approximation, la valeur des domaines nationaux qui sont le gage des assignats, décrète que les directoires de tous les districts du royaume seront tenus d'envoyer au comité d'aliénation, dans le délai d'un mois au plus tard, à compter de ce jour, l'état de la valeur présumée de tous les domaines nationaux compris dans leur circonscription. Ils sépareront, dans leur évaluation, la valeur des biens dont les décrets ordonnent la vente, et celle des bois et forêts, et droits incorporels, dont les décrets ont ordonné la conservation.

12 = 17 AVRIL 1791. — Décret relatif à la liquidation des dettes des ci-devant pays d'é-

tats à la charge de la nation. (L. 4, 271; B. 13, 82.)

Art. 1ᵉʳ. Il sera incessamment procédé à la liquidation des dettes des ci-devant pays d'états qui doivent être à la charge de la nation.

2. Seront réputées dettes des pays d'états à la charge de la nation, toutes celles qui ont été autorisées dans les formes ci-devant prescrites et usitées dans les différentes provinces ou reconnues lors des réunions des différentes provinces au royaume.

3. Les ci-devant trésoriers et receveurs des pays d'états seront tenus de remettre sans délai aux commissaires nommés par les départemens desdits pays, en exécution du décret du 22 décembre dernier, un état exact desdites dettes et des intérêts qui leur sont alloués; et lesdits commissaires seront également tenus de certifier lesdits états, et de présenter les délibérations, titres et pièces qui ont autorisé les emprunts.

4. Les porteurs de contrats sur les ci-devant pays d'états, et d'offices, dont la finance a été originairement remboursée par les ci-devant pays d'états ou par ceux aliénée, seront obligés de les représenter à la direction de la liquidation dans le délai de trois mois, et ne seront admis à en toucher les intérêts qu'après la liquidation.

5. Les intérêts desdites dettes, ainsi vérifiées et liquidées, seront payés aux mêmes caisses que les diverses rentes constituées sur l'État; et les créanciers de ces dettes jouiront, comme ceux de l'Etat, de la faculté de faire constituer leurs créances, si bon leur semble.

6. En conséquence des articles ci-dessus, toutes les propriétés, tant mobilières qu'immobilières, appartenant aux ci-devant pays d'états à titre collectif, seront déclarées domaines nationaux.

12 = 17 AVRIL 1791. — Décret relatif aux places vacantes par mort, démission ou autrement, dans les directoires de département. (L. 4, 277; B. 13, 86.)

L'Assemblée nationale décrète que, jusqu'aux prochaines assemblées des conseils de département et de district, les places qui sont actuellement ou qui deviendront vacantes par mort, démission ou autrement, dans leurs directoires respectifs, seront remplies par ceux des membres desdits conseils qui seront nommés à cet effet par les membres restans desdits directoires.

12 AVRIL = 15 MAI 1791. — Décret relatif au traitement des curés supprimés. (L. 4, 711; B. 13, 84.)

Voy. loi du 17 JUILLET = 24 AVRIL 1790.

Art. 1ᵉʳ. Le traitement accordé par les articles 6 et 7 du décret du 18 octobre 1790, dans les cas portés par lesdits articles, ne doit et ne peut être fixé que sur les revenus dont jouissaient les curés supprimés avant la fixation du traitement accordé au clergé futur par le décret du 12 juillet=24 août 1790.

2. Dans la fixation du revenu des curés supprimés, ne sera pas compris le casuel qu'ils percevaient avant la suppression.

3. Néanmoins, l'article 10 du titre Ier du décret du 24 juillet = 24 août 1790, sera exécuté vis-à-vis lesdits curés supprimés; en conséquence, même dans le cas où ils ne voudraient accepter des places de vicaires, leur traitement n'éprouvera aucune réduction, lorsque leurs revenus n'excèderont pas mille livres, sans qu'ils puissent prétendre cette somme lorsque leurs anciens revenus ne l'atteignaient pas, mais seulement la somme de huit cents livres, quelque modique qu'ait été leur précédent revenu, ou quand ils n'en auraient eu d'autre que le casuel.

4. Dans le cas où ils accepteraient des places de vicaires, leur traitement, quelque modique qu'ait été leur revenu, ne pourra être au-dessous de la somme de douze cents livres.

5. Ils jouiront pareillement, en conséquence dudit article, de l'excédant de la totalité du revenu qu'ils avaient; à condition toutefois que la totalité de leur traitement ne pourra excéder le *maximum* de six mille livres, quel qu'ait été leur revenu, dans le cas où ils auraient accepté des places de vicaires; et dans le cas où ils préféreraient de n'exercer aucune fonction, le *maximum* de leur pension, quel qu'ait été leur revenu, sera de deux mille quatre cents livres, aux termes de l'article 6 du décret du 18 octobre 1790.

6. Les curés réguliers supprimés auront la faculté de prendre le traitement qui leur est accordé par le présent décret, ou la pension qui a été réglée pour les ci-devant religieux de leur maison ou congrégation.

7. Ne sont compris dans les dispositions de l'article 5, ceux qui, ayant obtenu des pensions de retraite sur des bénéfices dont ils étaient titulaires, autres que des cures, accepteraient des places de vicaires des évêques ou curés, ou qui seraient pourvus de cures; ils conserveront les portions de leurs pensions qui leur sont conservées par les précédens décrets, dans le cas où ils accepteraient des fonctions ecclésiastiques, et les réuniront aux traitemens attachés à ces fonctions.

8. Les dispositions du présent décret ne sont applicables qu'aux curés qui ont prêté le serment prescrit par les décrets de l'Assemblée nationale.

12 = 17 AVRIL 1791. — Décret qui ordonne que le sieur Piquet, officier municipal de Douai, ne sera pas compris dans le décret du 19 mars dernier, qui ordonne l'arrestation des officiers municipaux de cette ville. (L. 4, 280; B. 13, 80.)

12=17 AVRIL 1791.—Décret qui concerne provisoirement l'organisation de la garde nationale de Saint-Chinian. (L. 4, 235; B. 13, 86.)

12 = 17 AVRIL 1791.— Décret qui autorise le département de la Creuse à acquérir les bâtimens nécessaires à son établissement. (L. 4, 273; B. 13, 80.)

12 = 17 AVRIL 1791. — Décret qui autorise le directoire du département de la Corrèze à acquérir les bâtimens nécessaires à son établissement. (B. 13, 81.)

12 AVRIL 1791. — Décret qui autorise le directoire du district de Sens à acquérir les bâtimens de la bibliothèque du ci-devant chapitre de Sens. (B. 13, 82.)

12 AVRIL 1791.—Etablissement supprimé. *Voy.* 14 AVRIL 1791.

13 = 17 AVRIL 1791. — Décret relatif à l'abolition du droit d'aubaine et de détraction dans toutes les possessions françaises, même dans les deux Indes. (L. 4, 234; B. 13, 113; Mon. du 14 avril 1791.)

Voy. loi du 6 = 18 AOUT 1790.

L'Assemblée nationale, après avoir entendu le rapport des comités réunis des domaines, des colonies, de constitution, d'agriculture et de commerce, ne voulant laisser aucun doute sur l'intention qu'elle a manifestée par son décret du 6 août 1790, concernant l'abolition du *droit d'aubaine et de détraction*, déclare qu'il doit être exécuté dans toutes les possessions françaises, même dans les deux Indes.

13 = 20 AVRIL 1791. — Décret concernant l'abolition de plusieurs droits seigneuriaux, notamment de ceux qui étaient ci-devant annexés à la justice seigneuriale, et le mode de rachat de ceux qui ont été déclarés rachetables. (L. 4, 302; B. 13, 93; Mon. du 14 avril 1791.

Voy. lois du 4 AOUT = 3 NOVEMBRE 1789; du 15=28 MARS 1790; du 3 = 9 MAI 1790; du 25 = 28 AOUT 1792.

L'Assemblée nationale, s'étant réservé, par l'article 39 du titre II de son décret du 15 mars 1790, de prononcer sur les droits ci-devant annexés à la justice seigneuriale, et voulant faire cesser plusieurs difficultés relatives, tant à l'abolition du régime féodal, qu'au mode de rachat des droits ci-devant féodaux non supprimés, décrète ce qui suit:

TITRE Ier. Des droits de justice, de plusieurs autres droits seigneuriaux, et de divers effets de l'abolition, tant du régime féodal que des justices seigneuriales.

Art. 1er. Le droit seigneurial connu dans

la ci-devant province de Lorraine, sous le nom de *droit de troupeau à part*, est aboli à compter du jour de la publication des lettres-patentes du 3 novembre 1789, intervenues sur les décrets des 4, 6, 7, 8 et 11 août précédent ; sauf aux ci-devant seigneurs à user du pâturage dans les territoires où ils ont des habitations ou des propriétés foncières, en se conformant aux mêmes règles que les autres habitans et propriétaires, et sans rien innover, quant à présent, aux réglemens et usages des différens lieux, relativement à la faculté laissée, ou à la défense à ceux-ci de faire garder leurs troupeaux par un berger ou pâtre particulier.

2. En conséquence, les particuliers qui, dans la ci-devant province de Lorraine, ont été, par le décret du 3=9 mai 1790, maintenus provisoirement dans la jouissance des baux du *droit de troupeau à part*, à eux accordé par des ci-devant seigneurs, ne pourront payer qu'entre les mains des trésoriers des municipalités, dont les droits ont été réservés par ce décret, les portions de leurs fermages qui sont échues depuis sa publication.

3. Quant aux portions desdits fermages qui étaient échues dans l'intervalle de la publication des lettres-patentes du 3 novembre 1789, intervenues sur les décrets des 4, 6, 7, 8 et 11 août 1789, à celle du décret du 3=9 mai 1790, les fermiers qui les doivent encore les paieront pareillement auxdites municipalités ; mais ils ne pourront être inquiétés pour celles qu'ils auront payées entre les mains des ci-devant seigneurs ; sauf aux municipalités à en poursuivre la restitution contre ceux-ci, sans néanmoins que, sous prétexte, soit du présent article, soit du précédent, il puisse être formé aucune répétition contre ceux des ci-devant seigneurs qui ont joui en nature du *droit de troupeau à part*, depuis la publication des lettres-patentes du 3 novembre 1789.

4. Dans le cas où les ci-devant seigneurs auraient affermé le *droit de troupeau à part*, conjointement avec d'autres biens ou d'autres droits non abolis par les décrets de l'Assemblée nationale, sans distinction de prix, il sera procédé à une ventilation à l'amiable, ou par experts, pour déterminer les sommes que les fermiers auront à payer aux communautés pour le *droit de troupeau à part*, et celles qu'ils auront à payer aux ci-devant seigneurs pour les autres biens ou droits, toutes poursuites contre lesdits fermiers demeurant en état jusqu'à ce que ladite ventilation soit faite et arrêtée définitivement.

5. Les dispositions des quatre articles ci-dessus sont communes à la ci-devant province du Barrois, au pays Messin et à tous autres pays et lieux, où, jusqu'à l'époque de la suppression du régime féodal, le *droit de troupeau à part*, et tous autres droits de même nature, sous quelque dénomination qu'ils soient connus, ont été considérés comme seigneuriaux.

6. Sont néanmoins exceptés desdites dispositions, tant dans la ci-devant province de Lorraine que partout ailleurs, les territoires où il sera prouvé, dans la forme déterminée par l'article 39 du titre II du décret du 15 mars 1790, que le *droit de troupeau à part* a eu pour cause une concession de fonds en propriété ou à titre d'usage, faite par le ci-devant seigneur à la communauté des habitans : ce qui aura pareillement lieu lorsqu'il sera prouvé, dans ladite forme, qu'il a eu pour cause une remise de droits de la nature de ceux que les décrets de l'Assemblée nationale ont maintenus jusqu'au rachat ; et, dans ce dernier cas, il sera rachetable au taux et selon le mode réglé par le décret du 3=9 mai 1790.

7. Les droits de *déshérance*, d'*aubaine*, de *bâtardise*, d'*épaves*, de *varech*, de *trésor-trouvé*, et celui de s'approprier les terres vaines et vagues, ou *gastes*, *landes*, *biens hermes* ou *vacans*, *garrigues*, *flégards* ou *vareschaix*, n'auront plus lieu en faveur des ci-devant seigneurs, à compter pareillement de la publication des décrets du 4 août 1789, les ci-devant seigneurs demeurant, depuis cette époque, déchargés de l'entretien des enfans trouvés.

8. Néanmoins, les terres vaines et vagues, ou gastes, landes, biens hermes ou vacans, garrigues, flégards ou vareschaix, dont les ci-devant seigneurs ont pris publiquement possession avant la publication du décret du 4 août 1789, en vertu des lois, coutumes, statuts ou usages locaux lors existans, leur demeurent irrévocablement acquis, sous les réserves ci-après.

9. Les ci-devant seigneurs justiciers seront censés avoir pris publiquement possession desdits terrains à l'époque désignée par l'article précédent, lorsque, avant cette époque, ils les auront, soit inféodés, acensés ou arrentés, soit clos de murs, de haies ou fossés, soit cultivés ou fait cultiver, plantés ou fait planter, soit mis à profit de toute autre manière, pourvu qu'elle ait été exclusive à titre de propriété ; ou à l'égard des biens abandonnés par les anciens propriétaires, lorsqu'ils auront fait les publications et rempli les formalités requises par les coutumes, pour la prise de possession de ces sortes de biens (1).

10. Il n'est préjudicié par les deux articles précédens à aucun des droits de propriété et

(1) *Voy.* lois du 28 août 1792 et 10 juin 1793.

d'usage, que les communautés d'habitans peuvent avoir sur les terrains, y mentionnés, et toutes actions leur demeurent réservées à cet égard. L'Assemblée nationale charge ses comités de constitution, des domaines et d'agriculture, de lui présenter incessamment leurs vues sur la nature des preuves d'après lesquelles doivent être fixés ces droits.

11. Sont également réservés, sur lesdits terrains, tous les droits de propriété et autres qui peuvent appartenir, soit à des ci-devant seigneurs de fiefs, en vertu de titres indépendans de la justice seigneuriale, soit à tous autres particuliers.

12. Tout ci-devant seigneur qui justifiera tout à la fois qu'à une époque remontant au-delà de quarante ans avant la publication des décrets du 4 août 1789, il a planté ou fait planter, et que depuis il a possédé des arbres dans les marais, prés ou autres biens appartenant à une communauté d'habitans, conserve la propriété et libre disposition de ces arbres; sauf à cette communauté à les racheter sur le pied de leur valeur actuelle, à la forme du décret du 26 juillet 1790; ce qui aura pareillement lieu à l'égard des arbres plantés et possédés par le ci-devant seigneur, depuis un espace de temps au-dessous de quarante ans, par remplacement d'arbres qu'il justifiera avoir été, antérieurement à quarante ans, plantés et tout à la fois possédés par lui ou ses auteurs.

13. Quant aux arbres plantés par un ci-devant seigneur sur des biens communaux, depuis un espace de temps au-dessous de quarante ans, sans qu'ils l'aient été par remplacement, ainsi qu'il vient d'être dit, ils appartiennent à la communauté, en remboursant par elle les frais de plantation, et à la charge de se conformer à l'article 10 du décret du 26 juillet 1790.

14. Sont abolies sans indemnité, sauf le cas où il serait prouvé, de la manière énoncée dans l'article 6 ci-dessus, qu'elles ont eu pour cause des concessions de fonds ou des remises de droit déclarées rachetables, les redevances connues sous le nom de *blairie*, et généralement toutes celles que les ci-devant seigneurs justiciers se faisaient payer pour raison de la vaine pâture, ensemble le droit qu'ils s'étaient attribué, en certains lieux, d'admettre les forains à la jouissance de ladite vaine pâture dans l'étendue de leurs justices.

15. Les redevances connues sous le nom de *messerie*, ou sous tous autres, que les ci-devant seigneurs justiciers exigeaient en certains lieux pour la faculté par eux accordée aux habitans de faire garder les fruits de leurs terres, sont également abolies sans indemnité.

16. Sont aussi abolis sans indemnité les droits de *rut du bâton*, de *course sur les bes-*

tiaux dans les terres vagues, de *carnal*, de *vétée*, de *vif herbage*, de *mort herbage*, ainsi que les redevances et servitudes qui en seraient représentatives, et généralement tous les droits, même maritimes, ci-devant dépendant de la justice seigneuriale.

17. Les suppressions prononcées par les trois articles précédens, auront leur effet à compter de la publication des décrets du 4 août 1789.

18. Tous les droits honorifiques et toutes les distinctions ci-devant attachés tant à la qualité de seigneur justicier qu'à celle de patron, devant cesser respectivement par la suppression des justices seigneuriales, prononcée le 4 août 1789, et par la constitution civile du clergé, décrétée le 12 juillet 1790, les ci-devant seigneurs justiciers et patrons seront tenus, dans les deux mois de la publication du présent décret, et chacun en ce qui le concerne : 1° de faire retirer des chœurs des églises et chapelles publiques, les bancs ci-devant patronaux et seigneuriaux qui peuvent s'y trouver ; 2° de faire supprimer les litres et ceintures funèbres, tant à l'intérieur qu'à l'extérieur des églises et des chapelles publiques ; 3° de faire démolir les fourches patibulaires et piloris ci-devant érigés à titre de justice seigneuriale.

19. Dans la huitaine qui suivra l'expiration du délai de deux mois indiqué par l'article précédent, le maire de chaque municipalité sera tenu de donner avis au commissaire du Roi du tribunal de district, de l'exécution ou non-exécution du contenu audit article ; et, en cas de non-exécution, le commissaire du Roi sera tenu de requérir, dans la huitaine suivante, une ordonnance du tribunal pour autoriser la municipalité à effectuer les suppressions et démolitions ci-dessus prescrites, et ce aux frais de la commune, qui demeurera propriétaire des matériaux en provenant.

20. Les dispositions des deux articles précédens, relatives aux bancs placés dans les chœurs par les ci-devant seigneurs justiciers et patrons, sont communes aux bancs qui ont pu être placés dans les nefs et chapelles collatérales, par droit de fief, de justice seigneuriale, de patronage, ou par tous autres privilèges : sauf aux ci-devant seigneurs, patrons ou privilégiés, à suivre les anciens réglemens et usages concernant les bancs occupés par des particuliers, et auxquels il n'est rien innové quant à présent.

21. Le droit seigneurial et exclusif d'avoir des girouettes sur les maisons est aboli, et il est libre à chacun d'en placer à son gré, et dans telle forme qu'il jugera à propos.

22. Pourront à l'avenir s'intenter par simples requêtes et s'instruire comme procès ordinaires, toutes les actions ci-devant sujettes aux formalités d'*ajour*, *clain*, *plainte à loi*,

plainte propriétaire, et autres tenant au système féodal, sans que, dans les lieux où ces formalités étaient indispensables pour pouvoir agir en justice dans les matières pour lesquelles elles avaient été introduites, les défendeurs puissent exciper d'aucune prescription acquise depuis la cessation absolue des fonctions des officiers de justices seigneuriales, opérée par l'installation des tribunaux de district, jusqu'à la publication du présent décret, et sans préjudice des saisies qui continueront d'être autorisées dans les cas de droit ou indiqués par les coutumes.

23. Provisoirement, et jusqu'à ce qu'il en ait été autrement ordonné, les consignations qui, dans quelques coutumes, devaient, en certains cas, s'effectuer entre les mains des ci-devant maïeurs, baillis, ou autres officiers seigneuriaux, se feront à l'avenir, sans frais, au greffe des tribunaux de district.

24. Sont abolies, à compter du jour où ont été installés les tribunaux de district, toutes les lois et coutumes qui, pour la validité même intrinsèque des donations et des testamens, les soumettent à la nécessité d'être, ou passés, ou recordés, ou reconnus, ou réalisés, soit avant, soit dans un certain délai après la la mort des donateurs ou testateurs, en présence d'échevins, homme de fiefs, *jurés de castel*, ou autres officiers seigneuriaux ; et dans les pays soumis auxdites lois ou coutumes, il suffit pour la validité de ces actes, à compter de l'époque ci-dessus, qu'ils aient été ou soient passés par-devant deux notaires, ou un notaire et deux témoins, ou même, à l'égard des testamens, en forme olographe ; sans préjudice, quant à présent, de l'exécution du statut delphinal ou autres lois semblables, concernant les formalités des donations entre vifs, pour lesquelles le juge-de-paix sera subrogé à l'officier seigneurial, et sans que le défaut de la transcription au greffe, substituée par l'article 3 du décret des 17, 19 et 20 septembre 1790, aux dessaisines, saisines, déshéritances, adhéritances, reconnaissances échevinales et autres formalités de cette nature, puisse, dans aucun des ci-devant pays de nantissement, être opposé aux donataires ou légataires par les héritiers des donateurs ou testateurs, ni empêcher, soit qu'un testament ait son effet à l'égard des immeubles dont le testateur n'aurait pas ordonné ou le légataire poursuivi la vente, dans le délai fixé par les coutumes, soit qu'un créancier muni d'un titre exécutoire fasse décréter et vendre les biens-fonds de son débiteur.

25. Sont pareillement abolies, à compter de l'époque fixée par l'article précédent, toutes les lois et coutumes qui exigeaient, pour la validité de certains actes ou exploits, la présence ou l'intervention d'aucuns des officiers ci-dessus désignés ; et il suffit pour la validité de ces actes ou exploits, qu'ils soient faits par des notaires ou des huissiers, suivant les distinctions et les règles établies par le droit commun du royaume.

26. Tous actes de dessaisines, saisines, déshéritances, adhéritances et autres, attribués par les anciennes lois au ministère exclusif des officiers seigneuriaux, qui, dans l'intervalle de la publication des décrets du 4 août 1789 à celle du décret des 17, 19 et 20 septembre 1790, auront été faits en présence des officiers des nouvelles municipalités, auront le même effet que s'ils l'avaient été en présence des anciens échevins ou autres officiers des justices seigneuriales.

27. Auront également le même effet que s'ils étaient émanés des justices seigneuriales ou ordinaires, tous les jugemens rendus et actes de juridiction faits jusqu'à l'installation des tribunaux de district, par ceux des officiers municipaux des ci-devant provinces belgiques, qu'on pourrait prétendre n'y avoir pas été autorisés par le décret des 29 et 30 décembre 1789.

28. Sont pareillement validées, à compter de leurs dates respectives, toutes les transcriptions des contrats ou autres actes qui, dans les ci-devant pays de nantissement, ont pu être faites aux greffes des tribunaux de district, en conformité de l'article 3 du décret des 17, 19 et 20 septembre 1790, antérieurement à la publication officielle de cette loi.

29. Il ne pourra être exigé, dans le cas des transcriptions ci-dessus, ni pour toutes autres formalités qui pourraient y être substituées par la suite, aucun des droits de lods, mi-lods, quint, demi-quint, éterlin et autres, que les ci-devant seigneurs ou leurs officiers percevaient pour leurs hypothèques constituées par dessaisines, saisines, *déshéritances, adhéritances, rapport, mise de fait* ou *main assise*.

30. Lesdites transcriptions ne sont nullement nécessaires pour transmettre la propriété des biens nationaux, soit aux particuliers qui s'en rendent directement adjudicataires, soit à ceux qu'ils déclarent leurs commands, d'après la réserve faite lors des adjudications.

31. A l'avenir, la réunion ou consolidation des biens censuels au fief dont ils étaient tenus, ou de ce fief à celui dont il était mouvant, ne produira aucun droit ou profit en faveur du ci-devant seigneur du fief dominant, et n'augmentera, dans aucun cas, le prix du rachat du fief servant, sur lequel le propriétaire du fief dominant ne pourra exercer que les mêmes droits qui lui appartenaient avant ladite réunion ou consolidation.

32. Le régime féodal étant détruit, nul ne peut aliéner tout ou partie d'un fonds à titre d'inféodation ou d'acensement, et, sous ce prétexte, s'exempter des droits auxquels aurait donné lieu l'aliénation faite avant le ra-

chat des droits ci-devant seigneuriaux dont ce fonds était chargé.

33. Les droits connus dans le département d'Ille-et-Vilaine, sous le nom de fief *chéant et levant*, et généralement tous les droits ci-devant féodaux, fixes ou casuels, non supprimés sans indemnité, qui, sous le régime féodal, augmentaient ou diminuaient suivant le nombre des possesseurs de fonds y sujets, demeureront jusqu'au rachat fixés invariablement aux taux auxquels ils étaient exigibles, suivant leur nature particulière, lors de la publication des lettres-patentes du 3 novembre 1789, intervenues sur les décrets du 4 août précédent ; et ceux des redevables desdits droits qui étaient, à cette époque, dans le cas d'en obtenir *l'abattue* ou réduction, en remplissant certaines formalités requises par l'usement du ci-devant fief, jouiront du bénéfice de cette réduction ou *abattue*, comme s'ils avaient, avant ladite époque, satisfait à ces formalités.

34. Tous procès intentés relativement à des droits abolis sans indemnité par le présent décret, et non décidés par jugement en dernier ressort avant les époques ci-dessus fixées pour l'abolition de ces droits, ne pourront être jugés que pour les frais de procédure faits et les arrérages échus antérieurement à ces époques.

35. Sont communes au présent décret les dispositions des articles 36, 37 et 38 de celui du 15 mars 1790.

TITRE II. Du mode du rachat des droits féodaux non supprimés.

Art. 1er. Tout propriétaire d'un ci-devant fief, lequel ne consistera qu'en domaines corporels, tels que maisons, terres, prés, bois et autres de même nature, pourra racheter divisément les droits casuels dont il est grevé, pour telle portion qu'il jugera à propos, pourvu qu'il rachète en même temps la totalité des redevances fixes et annuelles dont son fief pourrait être grevé, sans préjudice de l'exception portée au décret du 14 novembre 1790, relativement aux fiefs mouvant des biens nationaux.

2. Il en sera usé de même à l'égard des ci-devant fiefs qui ont sous eux des fonds tenus en fief ou en censive, ou roturièrement, lorsque lesdites mouvances auront été inféodées par le propriétaire du fief supérieur, ou lorsque lesdits fiefs seront situés dans des pays où le supérieur ne conserve aucun droit utile immédiat sur les objets qui ont été sous-inféodés ou accensés par le propriétaire du fief inférieur, encore que le jeu de fief n'ait point été approuvé ou reconnu par le seigneur supérieur.

3. Lorsqu'il dépendra du fief des mouvances qui n'auront point été inféodées par le ci-devant seigneur supérieur, et lorsque ce fief sera situé dans l'un des pays où le jeu de fief ne peut porter préjudice à ce ci-devant seigneur supérieur, le propriétaire du fief inférieur ne pourra racheter partiellement les droits casuels sur les domaines qui sont restés dans sa main, que jusqu'à concurrence de la portion dont la loi qui régit le fief lui avait permis de se jouer, en comprenant dans ce calcul les portions déjà par lui accensées ou inféodées ; en telle sorte qu'il reste toujours dans sa main la portion entière que la loi l'aurait obligé de réserver, si mieux il n'aime racheter préalablement les droits casuels, à raison de la totalité des mouvances non inféodées dépendant de son fief ; auquel cas, et après avoir effectué ledit rachat, il pourra racheter librement et partiellement le surplus de son fief, et pour telle portion qu'il jugera à propos.

4. Dans le même cas où les mouvances ne seront point inféodées, et où le fief sera situé dans l'un des pays où les jeux de fief ne peuvent point porter préjudice au seigneur supérieur, si d'ailleurs le fief est régi par l'une des coutumes qui ne permettent point le jeu de fief à prix d'argent, mais seulement par bail à cens ou à rente, le propriétaire de ce fief pourra néanmoins vendre à prix d'argent telle portion des fonds qui sont restés en sa main, et en racheter partiellement les droits casuels, pourvu que les portions qu'il rachetera ou vendra, n'excèdent point les deux tiers du fief, en comprenant dans ces deux tiers les fonds déjà sous-inféodés ou accensés ; si mieux il n'aime racheter préalablement les droits casuels, à raison de la totalité des mouvances non inféodées, auquel cas, et après avoir effectué ledit rachat il pourra racheter librement et partiellement le surplus de son fief, pour telle portion qu'il jugera à propos.

5. Si les fiefs d'où dépendent des mouvances non inféodées, sont situés dans des pays où il n'existait aucune loi positive sur la liberté du jeu de fief, la faculté du rachat partiel se réglera par les mêmes principes que l'usage y avait adopté relativement aux jeux de fief : en conséquence, dans ceux desdits pays où le jeu de fief n'était autorisé que jusqu'à concurrence d'une certaine quotité, le rachat partiel s'opérera conformément à ce qui est prescrit par l'article 3 ci-dessus ; dans ceux où le jeu de fief n'était admis que par bail à cens et rente de rachat partiel, il s'opérera conformément à ce qui est prescrit par l'article 4 ci-dessus ; enfin, dans ceux où le jeu de fief était autorisé indéfiniment, tant par rachat de la quotité, que quant au mode, le rachat partiel pourra s'y faire librement pour telle portion que le propriétaire jugera à propos.

6. Le rachat partiel, dans les cas autorisés par les articles 3, 4 et 5 ci-dessus, ne pourra avoir lieu que sous la condition de racheter

en même temps la totalité des redevances fixes et annuelles dont le fief pourrait se trouver chargé, sans préjudice de l'exception portée au décret du 14 novembre 1790, relativement aux fonds mouvant des biens nationaux.

7. A l'égard des fonds ci-devant mouvant d'un fief en censive ou roturièrement, tout propriétaire d'iceux en pourra racheter partiellement les droits casuels, à raison de telle portion desdits fonds qu'il jugera à propos, sous la seule condition de racheter en même temps la totalité des redevances fixes, annuelles ou solidaires, dont se trouvera chargé le fonds sur lequel le propriétaire voudra racheter partielllement les droits casuels, sans préjudice de l'exception portée au décret du 14 novembre 1790, relativement aux fonds mouvant des biens nationaux.

8. Lorsqu'il s'agira de liquider un rachat des droits casuels dus à raison des mouvances dépendant d'un ci-devant fief, et dont le rachat n'aura pas été fait par le propriétaire ou les propriétaires des fonds tenus sous ces mouvances, et dans le cas où lesdites mouvances auront été inféodées ou seront dépendantes d'un fief situé dans un pays où le jeu de fief portait préjudice au seigneur supérieur, il y sera procédé ainsi qu'il suit :

Il sera fait une évaluation de la somme qui serait due par le propriétaire ou par les propriétaires desdits fonds, selon qu'ils seront tenus en fief ou censive, et conformément aux règles prescrites par le décret du 3 mai 1790; et la somme qui résultera de cette première opération, formera la valeur de la propriété de ces mouvances.

Il sera ensuite procédé, conformément aux règles prescrites par le décret du 3 mai 1790, et selon la nature et la quotité des droits dont se trouvera chargé le fief dont dépendront ces mouvances, à une seconde évaluation du rachat dû par le propriétaire de ces mouvances, eu égard à la valeur que leur aura donnée la première opération, et de la même manière que s'il s'agissait de liquider un rachat sur un fief corporel de la même valeur.

9. Si les mouvances à raison desquelles on voudra se racheter, n'ont point été inféodées ou dépendent d'un fief situé dans un pays où le jeu de ce fief ne peut point porter préjudice au seigneur, audit cas le rachat en sera liquidé ainsi qu'il suit :

Il sera fait d'abord une évaluation des fonds tenus en fief ou en censive, eu égard à leur valeur réelle, abstraction faite des charges dont ils sont tenus envers le fief dont ils relèvent, et de la même manière que si la pleine propriété de ces fonds appartenait encore au propriétaire du fief dont' ils relèvent.

Le rachat des droits casuels dus au propriétaire du fief supérieur sera ensuite liquidé

conformément aux règles prescrites par le décret du 3 mai 1790, et selon la nature et la quotité des droits dont est grevé le fief inférieur, sur la somme totale qui sera résultée de la première opération; en telle sorte que le rachat payé soit égal à celui qui aurait été dû, si les fonds dont le propriétaire du fief inférieur s'était joué, lui appartenaient encore en pleine propriété.

10. La disposition de l'article précédent aura également lieu, dans le cas où la mouvance aurait été précédemment rachetée par le propriétaire ou par les propriétaires des fonds chargés de cette mouvance, les dispositions des articles 44 et 45 du décret du 3 mai 1790 n'ayant jamais dû recevoir leur application qu'au cas où il s'agissait de mouvances non inféodées.

11. Sont et demeurent communes à tout le royaume les dispositions des anciens réglemens, énoncées dans l'article 18 du décret du 3 mai 1790, qui laissent aux communautés d'habitans de quelques-unes des ci-devant provinces, la faculté de ne payer, pour le rachat des banalités établies sur elles, soit à prix d'argent, soit en paiement d'arrérages par elles dus pour dettes constituées ou foncières, que les sommes principales qu'elles ont reçues, ou dont la remise leur a été faite pour l'établissement desdites banalités.

12. Dans les pays et les lieux où les dots sont aliénables du consentement des femmes, si le rachat des droits ci-devant seigneuriaux ou fonciers dus à une femme mariée n'est point fait en sa présence ou de son consentement, le mari ne pourra le recevoir qu'en la forme et au taux prescrits par le décret du 3 mai 1790, et à la charge d'en employer le prix. Le redevable qui ne voudra point demeurer garant du remploi, pourra consigner le prix du rachat, lequel ne pourra être délivré au mari qu'en vertu d'une ordonnance du tribunal de district, rendue sur les conclusions du commissaire du Roi, auquel il sera justifié du remploi.

13. Dans les pays et les lieux où les mutations par donations, soit entre vifs, soit testamentaires, donnent ouverture aux mêmes profits seigneuriaux que les mutations par vente, le rachat du droit dû pour les unes et les autres, ne pourra se faire qu'en payant les cinq trente-sixièmes de ce droit, outre la quotité réglée par l'article 25 du décret du 3 mai 1790.

14. Les ci-devant seigneurs de qui relevaient des biens nationaux grevés envers eux de droits de mutations par vente, suivant les distinctions établies par l'article 40 du décret du 3 mai 1790, recevront, immédiatement après les ventes faites en exécution des décrets des 14 mai, 25 juin et 3 novembre suivans, et sur les fonds qui y seront destinés, le montant du rachat desdits droits, sans pou-

voir rien prétendre à titre de droits échus en vertu desdites ventes.

15. Ce rachat sera liquidé d'après les dispositions du décret du 3 mai 1790, et, s'il y a lieu, d'après celles de l'article 13 ci-dessus; et les droits qu'il s'agira de racheter seront évalués sur le prix desdites ventes.

16. Tout particulier à qui il sera dû par la nation un rachat de cette nature, sera tenu, pour en obtenir la liquidation, de remettre ses mémoires, titres et pièces justificatives au secrétariat du directoire de district où auront été vendus les biens ci-devant tenus de lui en fief ou censive, lequel les fera passer avec son avis, au directoire du département, qui, après les avoir vérifiés et pris un arrêté en conséquence, enverra le tout à la direction générale de liquidation.

17. Il en sera usé de même pour parvenir à la liquidation des autres droits seigneuriaux et fonciers, du rachat desquels la nation s'est chargée par l'article 7 du titre Ier du décret du 14 mai 1790; et lorsque, d'après les règles tracées par le décret du 3 du même mois, il y aura lieu à des expertises pour fixer le montant de ces droits, les experts seront nommés, savoir, un par le directoire de district qui aura vendu les biens précédemment grevés desdits droits, un par le particulier à qui sera dû le rachat, et le tiers expert, s'il en est besoin, par le directoire du département.

Instruction sur la manière d'opérer en conséquence des articles 8 et 9 du titre II du décret ci-dessus.

Art. 10. Lorsque le propriétaire d'un fonds ci-devant fief veut racheter des droits casuels à raison des mouvances inféodées dépendant de son fief, et dont il n'a pas reçu lui-même le rachat, il faut faire une double opération.

Il faut d'abord évaluer la somme qui lui serait due à lui-même par le propriétaire ou par les propriétaires de fonds soumis à sa mouvance.

Supposons le fief B mouvant du fief A, et qui a sous sa mouvance le fief C.

Si ce fief C est évalué à douze mille livres, et s'il est sujet au douzième pour les mutations par ventes, le rachat que ce fief devrait au fief B, à raison des mutations par ventes, sera, suivant le n° 7 de l'art. 25 du décret du 3 mai 1790, de la moitié du droit, c'est-à-dire, de cinq cents livres.

Si le fief C, quant aux droits pour les mutations autres que par ventes, est dans le cas de l'article 28 du décret cité, le rachat dû pour cette seconde cause sera des cinq douzièmes du droit, qui est une année de revenu.

Supposons le revenu de ce fief à quatre cents livres, le douzième sera de trente-trois livres six sous huit deniers, et les cinq douzièmes seront de cent soixante-six livres treize sous quatre deniers.

Réunissant ensuite les deux sommes de cinq cents livres, et de cent soixante-six livres treize sous quatre deniers que le propriétaire du fief B devrait recevoir du propriétaire du fief C, on aura la somme totale de six cent soixante-six livres treize sous quatre deniers, qui formera la valeur de la mouvance du fief B sur le fief C.

Pour trouver ensuite la somme que le propriétaire devra lui-même au fief A pour le rachat de cette mouvance, il faudra faire une seconde opération.

Supposant (comme cela est ordinaire), que le fief B est tenu envers le fief A sous les mêmes charges que le fief C, il en résultera que B doit à A la moitié d'un droit de mutation par vente au douzième. Ce douzième de six cent soixante-six livres treize sous quatre deniers étant de cinquante-cinq livres dix sous, le rachat dû pour ce premier droit sera de vingt-sept livres quinze sous.

Quant au droit de relief, arbitrant le revenu de six cent soixante-six livres treize sous quatre deniers à trente livres par an, dont le fief B doit cinq douzièmes, il en résultera une somme de douze livres dix sous.

Joignant les deux sommes de vingt-sept livres quinze sous et douze livres dix sous, on aura la somme totale de quarante livres cinq sous, pour le rachat dû par le fief B au fief A, à raison de la mouvance féodale sur C.

Si cette mouvance n'est pas féodale, mais seulement censuelle, il ne faudra, dans la première opération, tirer le rachat qu'à raison des mutations par ventes. Supposant le droit de vente toujours au douzième, on aura toujours cinq cents livres pour résultat de la valeur de cette mouvance, et trente-trois livres six sous huit deniers pour le rachat qui en sera dû pour le fief A; mais on n'aura plus la seconde partie, attendu que le fief B n'aura pas moins de droit de relief sur une simple censive.

Cet exemple suffit pour indiquer la manière d'opérer générale, laquelle ne pourra varier que dans ses résultats, suivant les différentes quotités des droits que le fief servant aura droit de percevoir sur les fonds mouvant de lui, et qu'il devra lui-même à son fief dominant.

11. Cet article est pour le cas où la mouvance qu'il s'agit de racheter, procède d'un jeu de fief qui n'a point été autorisé par les propriétaires du fief supérieur, ou dépend d'un fief situé dans un pays où le jeu de fief ne peut point porter préjudice au seigneur supérieur.

Ici l'opération est toute différente : ce n'est point la simple valeur de cette mouvance qu'il faut estimer, et qui doit servir de base à la liquidation de rachat. Le propriétaire du fief inférieur n'ayant pas pu préjudicier à son seigneur par un jeu de fief non autorisé, est réputé avoir conservé le fief dans son intégrité ; en cas de mutation de sa part, il doit les droits de la même manière que s'il avait conservé la pleine propriété des fonds qu'il a mis hors sa main, et sur lesquels il n'a réservé que la directe. Le rachat qu'il doit est relatif à la quotité des droits dont il est chargé : il faut donc liquider le rachat de la même manière que si le fief existait dans son intégrité.

Soit supposé le fief B composé de cent arpens et cédé en cet état par le fief A dont il est mouvant ; B a inféodé à C cinquante arpens, et acensé à Jacques et à Philippe vingt arpens, en sorte qu'il ne reste entre ses mains que trente arpens ; mais s'il vend les trente arpens, il doit les droits comme s'il possédait les cent arpens, et c'est sur ce pied que doit être liquidé le rachat.

Supposant les cent arpens de valeur de cent mille livres, et de trois mille livres de revenu.

Si le fief B est dans le quatrième cas de l'article 25 du décret du 3 mai 1790, c'est-à-dire, s'il est sujet au quint en cas de vente, il devra, pour le rachat de ce premier droit, cinq treizièmes du quint, ou de vingt mille livres, c'est-à-dire, sept mille six cent cinquante-deux livres cinq sous dix deniers

Quant au droit de relief, s'il est dans le cas de l'article 29 du décret du 3 mai 1790, il devra cinq dix-huitièmes de trois mille livres, ou huit cent trente-trois livres six sous huit deniers.

Ainsi, le fief devra en total, pour le rachat des droits casuels, huit mille cinq cent cinq livres douze sous six deniers, somme bien différente de celle qu'il aurait due si les mouvances eussent été inféodées.

Dans cette seconde hypothèse, la mouvance sur les cinquante arpens tenus de lui en fief n'aurait été évaluée qu'à quatre mille deux cent cinquante-deux livres seize sous trois deniers.

Celle sur les vingt arpens tenus en censive, qui n'auraient dû leurs lods qu'au douzième, et point de relief, n'aurait été évaluée qu'à huit cent trente-trois livres six sous deux deniers.

Le fief B n'aurait dû, pour le rachat, tant des droits de vente que des droits de relief de sa mouvance, sur les cinquante arpens, qu'environ trois cent quatre-vingt-trois livres dix-sept sous un denier ; et pour le rachat des mêmes droits de sa mouvance sur les vingt arpens tenus en censive, qu'environ cent quarante-sept livres.

Ainsi, dans l'hypothèse où les mouvances eussent été inféodées, le fief B n'aurait dû que, 1° pour les trente arpens tenus en pleine propriété, 2,555 liv. 10 s. ; 2° pour les cinquante arpens mouvant de lui en fief, 383 liv. 17 s. ; 3° pour les vingt arpens mouvant en censive, 147 liv. : total, 3,086 liv. 7 s.

Il devra, au contraire, ces mouvances n'étant point inféodées, en totalité, 8,505 liv. 12 s. 6 d.

Différence, 5,419 liv. 5 s. 6 d.

L'opération et la différence des résultats seront les mêmes, soit qu'il s'agisse de liquider le rachat d'une mouvance non encore rachetée par le vassal ou censitaire, soit que cette mouvance ait été précédemment rachetée.

13 = 17 AVRIL 1791. — Décret portant circonscription des cinq paroisses de la ville de Metz. (L. 4, 265 ; B. 13, 89.)

13 AVRIL 1791. — Décret qui autorise le directoire du district d'Apt et celui de Barjols à louer un emplacement pour le corps municipal administratif et le tribunal. (B. 13, 88.)

13 AVRIL 1791. — Décret qui charge le comité diplomatique de rendre compte à l'Assemblée de la négociation qui a dû être ouverte envers la France et l'état de Bâle, pour ses possessions en Alsace. (B. 13, 92.)

13 AVRIL 1791. — Décret portant qu'il sera nommé quatre commissaires pour examiner le plan présenté par le sieur le Riche, pour les finances et pour le commerce. (B. 13, 92.)

13 = 17 AVRIL 1791. — Décret qui autorise le directoire du district de Saint-Yrieix à acquérir les bâtimens nécessaires à son établissement. (L. 4, 236 ; B. 13, 87.)

13 AVRIL 1791. — Décret portant vente de domaines nationaux à différentes municipalités des départemens de l'Allier, des Ardennes, du Cantal, de la Creuse, des Deux-Sèvres, du Gers, de la Haute-Garonne, de la Haute-Marne, des Hautes-Pyrénées, de l'Isère, de la Meurthe, de la Meuse, du Nord, de l'Oise, de Rhône-et-Loire, du Pas-de-Calais et du Tarn. (B. 13, 114.)

14 (8, 12 et) = 27 AVRIL 1791. — Décret relatif aux créanciers des maisons, corps, communautés et établissemens supprimés. (L. 4, 367 ; B. 13, 118.)

TITRE Ier. Des créances exigibles.

Art. 1er. Tous les créanciers, sans distinction, pour quelque cause que ce soit, des maisons, corps, communautés et établissemens supprimés, seront tenus, outre les formalités auxquelles ils sont assujétis par le titre IV du décret des 23 et 28 octobre = 5 novembre dernier, de soumettre la liquidation de leurs créances au commissaire du Roi, directeur général de la liquidation des créances sur l'Etat, dans les formes et sous les exceptions et modifications ci-après.

2. Les créanciers pour cause de procédures

continueront de se pourvoir devant le directoire du district dans l'arrondissement duquel était le tribunal où elles ont été faites.

3. Les créanciers pour toutes autres causes se pourvoiront pareillement dans les mêmes formes; mais ils seront tenus de le faire devant le directoire du district où se trouvera l'établissement débiteur. Ces derniers créanciers pourront néanmoins se dispenser de remettre leurs titres et pièces au directoire susdit, en les déposant dans celui de leur domicile, lequel, après les avoir examinés, en fera passer au directoire du district de l'établissement des copies ou des extraits certifiés, le tout sans frais et sans qu'il puisse être perçu aucun droit d'enregistrement, ni qu'on soit assujéti à se servir de papier timbré pour lesdites copies, extraits ou reconnaissances de dépôt seulement.

4. L'Assemblée nationale attribue à la municipalité et au département de Paris, exclusivement, toutes les opérations à faire par les corps administratifs, et tout ce qui est prescrit par l'article 24 du titre IV du décret des 23 et 28 octobre = 5 novembre dernier, pour ce qui reste à acquitter des dettes des ci-devant jésuites.

L'Etat ne sera tenu de payer lesdites dettes que jusqu'à la concurrence de la valeur des biens qui appartenaient à ces religieux.

On ne pourra induire le contraire, ni de la disposition précédente, ni du décret des 23 et 28 octobre = 5 novembre dernier.

Les dettes quelconques des ci-devant jésuites, en capitaux, intérêts et frais, ne seront payées que suivant l'ordre de préférence et d'hypothèque des divers créanciers, et sur le seul produit des biens qui appartenaient à ces religieux; à cet effet, l'administrateur de la caisse de l'extraordinaire fournira à la municipalité et au directoire du département de Paris, de trois mois en trois mois, les renseignemens nécessaires pour fixer ce produit, et en connaître le montant qui sera entré dans ladite caisse.

5. A compter du jour de la publication du présent décret, les liquidations, vérifications ou arrêtés confiés aux directoires de district et de département, par le titre IV du décret des 23 et 28 octobre = 5 novembre dernier, ne seront réputés que préparatoires; la liquidation définitive sera faite ainsi qu'il suit:

6. Chaque créancier enverra au commissaire du Roi, liquidateur général, avec l'arrêté du directoire du département, le mémoire de sa demande et les pièces justificatives, ou, en cas qu'elles ne puissent être déplacées, un extrait, comme il est dit en l'article 3, certifié par le directoire du district où elles auront été déposées.

7. Les directoires de département enverront audit commissaire du Roi, chaque quin-

zaine, des états des créances qu'ils auront arrêtées.

8. Le commissaire du Roi fera son rapport et donnera son avis motivé au comité central de liquidation, aux termes du décret des 16 et 17 décembre dernier, sur chacune des créances qui auront été arrêtées par les directoires de département; ensuite le comité en fera rapport au Corps-Législatif, pour être décrété ce qu'il appartiendra.

9. Pour obtenir leur reconnaissance de liquidation définitive, les créanciers seront tenus de donner, par eux ou leurs fondés de procuration, quittance du montant de leurs créances, à la décharge de l'Etat, entre les mains du commissaire du Roi, et par-devant des notaires de Paris. Ils remettront, avec cette quittance, les originaux de leurs titres et pièces, et des certificats nécessaires pour constater qu'il n'y aura pas d'opposition.

10. Les intérêts des créances qui en produisent, cesseront à l'expiration de la quinzaine de la sanction du décret de liquidation, conformément à celui du 7 mars dernier; ils cesseront pareillement à compter du 1er novembre 1791, si l'on ne s'est pas pourvu au bureau de liquidation générale avant cette époque.

11. Les créanciers en sous-ordre qui auraient formé des oppositions au paiement, seront tenus de les renouveler entre les mains des conservateurs des oppositions sur les finances, dans deux mois, à compter de la publication du présent décret; et pendant ce temps, le commissaire du Roi ne délivrera aucune reconnaissance de liquidation définitive, sans un certificat de non-opposition du receveur du district dans lequel était l'établissement débiteur.

Les notaires et les conservateurs des oppositions sur les finances ne pourront exiger, pour les actes nécessaires à la liquidation des créances mentionnées au présent décret, que les taxations fixées par le décret du 28 novembre = 10 décembre 1790, pour la liquidation des offices de judicature.

12. A compter du 1er janvier 1792, aucun paiement ne pourra être fait que par la caisse de l'extraordinaire.

13. Les créanciers qui, d'ici à cette époque, parviendront à se faire liquider définitivement sur le rapport du commissaire du Roi, seront payés de leurs capitaux et des intérêts qui leur seront dus par la même caisse.

14. A l'égard de ceux qui ne parviendront pas à se faire liquider comme dessus, avant le 1er janvier 1792, ils seront payés des intérêts qui seront reconnus leur être dus, échus, soit pendant l'année 1790 ou auparavant, soit pendant la présente année, par le receveur du district, en vertu d'une ordonnance du directoire du département, sur l'avis de celui

du district, auquel ils auront dû adresser le mémoire de leur demande.

15. Les intérêts des créances qui n'en portent pas de leur nature, courront du jour que les créanciers auront déposé leurs pièces et leur mémoire au directoire du district devant lequel ils doivent se pourvoir.

16. Les directoires de département pourront, au surplus, sur l'avis de ceux de district, en vertu de l'article 33 du titre IV du décret des 23 et 28 octobre = 5 novembre dernier, aussitôt après la vérification par eux faite, ordonner le paiement jusqu'à la concurrence de moitié, des créances qui auront pour cause des salaires d'ouvriers, fournitures de marchandises, ouvrages ou autres causes également urgentes; sauf à se conformer pour le paiement définitif, à tout ce qui est ci-dessus prescrit : les quittances pour cette moitié pourront être admises sous signature privée.

TITRE II. Des rentes perpétuelles et viagères.

Art. 1er. Les rentes perpétuelles et viagères, créées par les maisons, corps, communautés et établissemens supprimés, continueront d'être acquittées aux termes stipulés par les titres justificatifs desdites rentes.

2. Pour obtenir la reconnaissance desdites rentes au nom de l'État, les propriétaires d'icelles, les directoires de département et le commissaire du Roi, seront tenus d'observer tout ce qui est prescrit par les articles 1, 3, 4, 5, 6, 7 et 8 du titre 1er du présent décret; et pour constater la légitimité, tant desdites rentes, que des dettes exigibles mentionnées au même titre, seront observées les règles établies par le titre IV du décret des 23 et 28 octobre = 5 novembre dernier.

3. Après la publication de chaque décret qui ordonnera la reconnaissance desdites rentes au nom de l'État, les créanciers de ces rentes seront tenus de faire, par eux ou par leurs fondés de procuration, la remise des titres qu'ils auront en leur possession : les créanciers des rentes viagères y joindront l'acte de leur naissance et un certificat de vie en bonne forme.

4. En échange de cette remise, il sera délivré aux propriétaires de rentes perpétuelles ou viagères valant contrat ou titre nouveau, par le commissaire du Roi, liquidateur général, stipulant pour l'État, laquelle reconnaissance portera le même capital, le même taux d'intérêts et les mêmes termes de paiement que la rente qui était due par l'établissement supprimé. Ce contrat contiendra l'acceptation du créancier ou de son fondé de procuration, et la clause qu'il ne voudra que d'un seul et même titre avec ceux qui établissaient ladite rente; et il sera sujet au droit d'enregistrement.

5. Les payeurs des rentes dues par l'État acquitteront les arrérages de celles dont il

s'agit, tant perpétuelles que viagères, à compter du 1er janvier 1792, et après qu'elles auront été reconnues au nom de l'État.

6. Les propriétaires de ces mêmes rentes qui en recevaient les arrérages dans les ci-devant provinces, pourront, même après le 1er janvier 1792, et lorsqu'elles auront été reconnues au nom de l'État, en être payés dans les districts qu'ils voudront choisir, en se conformant à ce qui est prescrit par les articles 8, 9 et 10 du décret du 15 août dernier, concernant les rentes dues par le ci-devant corps du clergé et les pays d'états.

7. Jusqu'au jour de la reconnaissance, et même après, en cas qu'elle soit faite avant le 1er janvier 1792, et jusqu'à cette époque, les créanciers desdites rentes seront payés, soit des arrérages échus en 1790 ou antécédemment, soit de ceux échus ou qui écherront en 1791, par les receveurs des districts de la situation des établissemens débiteurs, en vertu d'une ordonnance du directoire du département, sur l'avis de celui de district, conformément à ce qui est prescrit par l'article 14 du titre 1er du présent décret.

8. Pour l'acquittement des arrérages mentionnés en l'article 6 ci-dessus, ainsi que pour les paiemens ordonnés par les articles 14 et 16 du titre 1er du présent décret, il sera fait, aussitôt que les directoires de département en feront la demande, des fonds suffisans par la caisse de l'extraordinaire, au Trésor public, et par celui-ci à chaque receveur de district, pour tous les capitaux, et pour les intérêts et arrérages échus en 1790 et antécédemment. Quant aux intérêts et arrérages de l'année 1791, les fonds en seront faits au Trésor public aux receveurs de district, sur ceux ordonnés pour les dépenses de 1791.

9. Chaque directoire de département enverra au ministre des contributions publiques, de quinzaine en quinzaine, un état des créances exigibles et des rentes perpétuelles et viagères, pour le paiement desquelles il aura délivré des ordonnances. Le ministre fera de suite les demandes nécessaires au comité de la trésorerie, lequel fera passer les fonds du Trésor public aux receveurs de district, et adressera le bordereau des mêmes fonds à l'administrateur de la caisse de l'extraordinaire, pour faire rembourser le Trésor public de tout ce qui concernera l'année 1790 ou les années antérieures.

10. Les receveurs de district enverront incessamment pour les paiemens déjà faits en vertu des précédens décrets, et de quinzaine en quinzaine pour ceux qu'ils feront ci-après, en conséquence du présent décret, au commissaire du Roi, liquidateur général, un état desdits paiemens, en expliquant la nature des dettes, et les ordonnances sur lesquelles ils les auront payées.

11. La liquidation définitive des arrérages

de rentes qui auront été payés par lesdits receveurs, sera faite par le commissaire du Roi, liquidateur, dans les formes prescrites; et après les décrets de liquidation, les paiemens desdits arrérages, ainsi que les paiemens provisoires, tant de la moitié des créances exigibles, que des intérêts desdites créances, faits par les receveurs de district, en vertu des articles 14 et 16 du titre précédent, seront portés en dépense sur les livres auxiliaires tenus à cet effet par le trésorier de la caisse de l'extraordinaire.

12. Aucune des créances ou rentes perpétuelles et viagères mentionnées au présent décret, ne pourra être reçue, quant à présent, en paiement de domaines nationaux.

13. En conséquence, au cas que des receveurs de district en eussent reçu quelquesunes, les paiemens seront regardés comme nuls et non avenus; les titres seront rendus aux acquéreurs, et ceux-ci seront tenus de faire leurs paiemens en argent, en assignats, ou de toute autre manière autorisée par les décrets de l'Assemblée, quinzaine après la remise de leurs titres, et aux termes des décrets, sinon les biens par eux acquis seront vendus à leur folle-enchère. Les receveurs de district, ainsi que les administrateurs qui auraient reçu ou ordonné de semblables paiemens, seront garans et responsables des évènemens.

14. Tout ce qui est prescrit, tant par le présent décret que par le titre IV du décret des 23 et 28 octobre = 5 novembre dernier, pour les créances sur les maisons, corps, communautés et établissemens supprimés, sera observé pour les créances, tant exigibles que constituées, sur les diocèses ou chambres diocésaines : ces créances sont également déclarées dettes nationales.

15. Les créances exigibles et les rentes qui étaient dues par des établissemens supprimés, ou par des diocèses ou chambres diocésaines, à des établissemens conservés, seront payées à ces derniers, suivant les formalités prescrites par le présent décret, et les distinctions ci-devant établies.

16. Les créances et les rentes dues par des établissemens supprimés, ou par les diocèses et chambres diocésaines, à d'autres établissemens également supprimés, ou à des diocèses ou chambres diocésaines, sont éteintes. Lorsque les administrateurs de district, ou les officiers municipaux recouvreront des titres relatifs à ces mêmes créances ou rentes, ils les enverront, conformément au décret du 20 = 23 janvier dernier, au trésorier de l'extraordinaire, pour être annulés suivant la forme prescrite par cette même loi.

17. Tous ceux qui prétendront avoir des pensions sur aucun des établissemens supprimés, ou d'anciens diocèses ou chambres diocésaines, se pourvoiront au comité des pensions de l'Assemblée nationale, pour en être la liquidation faite de la même manière que pour les pensions à la charge de l'Etat.

18. Les créances mobilières mentionnées en l'article 17, autres que les arrérages de rentes ou intérêts de capitaux, ne pourront être remboursées aux établissemens conservés, qu'en présence du procureur-général-syndic du département, qui veillera à ce qu'il soit fait emploi des capitaux desdites créances.

14 = 17 AVRIL 1791. — Décret relatif à l'exercice de la pharmacie, et à la vente et distribution des drogues et médicamens. (L. 4, 275; B. 13, 127; Mon. du 15 avril 1791.)

Voy. loi du 21 GERMINAL an 11.

L'Assemblée nationale, après avoir entendu son comité de salubrité sur un abus qui s'introduit dans l'exercice de la pharmacie, considérant l'objet et l'utilité de cette profession, décrète :

Que les lois, statuts et réglemens existant au 2 mars dernier, relatifs à l'exercice et à l'enseignement de la pharmacie, pour la préparation, vente et distribution des drogues et médicamens, continueront d'être exécutés suivant leur forme et teneur, sous les peines portées par lesdites lois et réglemens, jusqu'à ce que, sur le rapport qui lui en sera fait, elle ait statué définitivement à cet égard : en conséquence, il ne pourra être délivré de patentes pour la préparation, vente et distribution des drogues et médicamens dans l'étendue du royaume, qu'à ceux qui sont ou qui pourront être reçus pour l'exercice de la pharmacie, suivant les statuts et réglemens concernant cette profession.

14 = 17 AVRIL. — Décret relatif au tribunal de cassation. (L. 4, 269; B. 13, 138; Mon. du 15 avril 1791.)

Art. 1er. Le tribunal de cassation sera installé le 20 de ce mois.

2. Les députés à l'Assemblée nationale, élus membres du tribunal de cassation, pourront être installés : mais ils ne pourront remplir leurs fonctions de juges qu'après la présente session.

3. Les officiers municipaux de la ville de Paris feront mettre, le 19 de ce mois, en leur présence, les scellés sur les greffes et autres dépôts des papiers et minutes des conseils des parties, et des différentes commissions et bureaux du conseil.

4. Les procès en cassation pendant au conseil des parties et aux commissions du conseil, sont renvoyés au tribunal de cassation, pour y être instruits et jugés, sans qu'il soit besoin de nouvelle assignation ni de reprise d'instance.

5. Les offices des avocats au conseil sont supprimés; ceux qui en étaient pourvus se-

ront admis à faire les fonctions d'avoués au tribunal de cassation, et jouiront aussi du droit d'exercer auprès des tribunaux de district. Provisoirement, seront aussi admis à exercer auprès du tribunal de cassation, les procureurs au grand conseil, et tous ceux auxquels est accordée la faculté de remplir les fonctions d'avoués auprès des tribunaux de district; mais ils seront tenus d'opter, et ne pourront exercer en même temps auprès des tribunaux de district et auprès du tribunal de cassation.

14 = 17 AVRIL 1791. — Décret relatif à la Trésorerie nationale. (L. 4, 282; B. 13, 140.)

L'Assemblée nationale décrète que l'établissement formé par le décret des 10 et 27 mars dernier, pour la réunion de toutes les recettes et de toutes les dépenses, portera à l'avenir le nom de *Trésorerie nationale*.

14 AVRIL 1791. — Décret qui rectifie une erreur commise dans celui du 27 novembre 1790 sur l'organisation du tribunal de cassation. (B. 13, 139.)

Sur l'observation faite à l'Assemblée que dans l'art. 21 du décret du 27 novembre 1790 sur l'organisation du tribunal de cassation, ainsi conçu : « Dans les cas où le jugement « seul aurait été cassé, l'affaire sera aussitôt « portée à l'audience, » il s'était glissé la phrase suivante : *Dans le tribunal ordinaire qui avait d'abord connu en dernier ressort;* mais que, d'autant que cette disposition insérée par inadvertance dans les copies imprimées de ce décret et de la loi intervenue sur ce décret était contradictoire avec l'art. 19, il était expédient de la retrancher.

L'Assemblée a décrété le retranchement de ces mots : *Dans le tribunal ordinaire qui avait d'abord connu en dernier ressort* (1).

14 AVRIL 1791. — Décret qui ordonne aux ministres de présenter au comité des finances leurs vues sur l'organisation de leurs bureaux. (B. 13, 139.)

14 AVRIL 1791. — Décret qui ordonne une liquidation des offices de judicature. (B. 13, 127.)

14 AVRIL 1791. — Décret portant vente de domaines nationaux à différentes municipalités des départemens de l'Oise, de la Haute-Marne, d'Indre-et-Loire et de Maine-et-Loire. (B. 13, 140.)

14 = 20 AVRIL 1791. — Décret portant qu'il sera payé par la caisse de l'extraordinaire une somme de 28 millions, pour liquidation de divers offices. (L. 4, 295; B. 13, 127.)

(1) *Voy.* l'arrêté du 2 prairial an 5.

14 AVRIL 1791. — Agens de change. *Voy.* 21 AVRIL 1791.

15 = 17 AVRIL 1791. — Décret relatif à la nomination et au serment des personnes chargées de l'instruction publique, et à celui des chapelains desservant les hôpitaux et les prisons. (L. 4, 283; B. 13, 143.).

Art. 1er. Toutes personnes chargées d'une fonction publique dans le département de l'instruction, qui n'ont pas prêté le serment prescrit par les décrets des 27 décembre et 22 mars dernier, sont déchues de leurs fonctions; et il doit être provisoirement pourvu, s'il est nécessaire, à leur remplacement par le directoire de département.

2. Pour remplir les chaires de professeurs et toutes autres places vacantes ou qui viendront à vaquer dans le département de l'instruction publique, jusqu'au moment où l'Assemblée nationale en aura décrété la nouvelle organisation, les directoires de département ne sont pas astreints à ne choisir que parmi les agrégés des universités.

3. Les places purement ecclésiastiques, autres que celles dont l'existence et le traitement sont assurés par la constitution civile du clergé, et qui, néanmoins, n'ont pas été supprimées, telles que les places de chapelains ou desservans d'hôpitaux, des prisons et autres, seront, en cas de vacance par la non-prestation de serment ou autrement, supprimées si elles sont superflues, ou remplies provisoirement, si le service public l'exige, par les directoires de département, en attendant que l'Assemblée nationale ait réglé par ses décrets ce genre de service public.

4. La faculté de nommer les ecclésiastiques desservant les hôpitaux et les collèges, en nombre jugé convenable par les directoires des départemens, en vertu de l'article précédent, sera provisoirement maintenue aux municipalités ou administrateurs d'hôpitaux qui les nommaient en vertu des titres constatés; aux conditions que ces ecclésiastiques auront prêté le serment, et qu'ils ne pourront pas être mis en fonctions sans l'approbation du directoire de département, donnée sur l'avis des directoires de district.

15 AVRIL = 1er MAI 1791. — Décret qui ordonne que la caisse de l'extraordinaire versera au Trésor public la somme de dix millions. (L. 4, 448; B. 13, 141.)

15 AVRIL 1791. — Décrets qui autorisent les directoires de district de Château-Chinon et de Pont-Audemer, et le directoire du département du Puy-de-Dôme, à louer un emplacement nécessaire aux corps administratifs et tribunaux. (B. 13, 142 et 143.)

15 AVRIL 1791. — Décret .qui prononce sur la démission de M. Deschamps, député, et qui ordonne que son suppléant viendra le remplacer. (B. 13, 145.)

15 AVRIL 1791.—Arriérés divers. *Voy.* 10 AVRIL 1791. — Cayenne. *Voy.* 9 AVRIL 1791. — Curés supprimés. *Voy.* 12 AVRIL 1791. — Droits d'entrée et de sortie. *Voy.* 2 MARS 1791. — Empreinte des monnaies. *Voy.* 9 AVRIL 1791. — Emprunts. *Voy.* 10 AVRIL 1791. — Garde nationale de Saint-Chinian. *Voy.* 12 AVRIL 1791. — Languedoc. *Voy.* 9 AVRIL 1791. — Maine-et-Loire, etc. *Voy.* 9 AVRIL 1791. — Officiers ministériels. *Voy.* 10 AVRIL 1791. — Pêche. *Voy.* 9 AVRIL 1791. — Ponts-et-chaussées. *Voy.* 10 AVRIL 1791. — Quinze-Vingts. *Voy.* 8 AVRIL 1791.—Saint-Chinian. *Voy.* 12 AVRIL 1791. — Successions ab intestat. *Voy.* 8 AVRIL 1791.—Tirages. *Voy.* 10 AVRIL 1791. — Trésor public. *Voy.* 8 AVRIL 1791.

16 = 27 AVRIL 1791.—Décret relatif à la levée de cent mille soldats auxiliaires. (L. 4, 290; B. 13, 147.)

Art. 1er. Les cent mille soldats auxiliaires que, par son décret du 28 janvier dernier, l'Assemblée nationale a destinés pour être répartis, lorsque les circonstances l'exigeront, dans les régimens qu'il sera nécessaire de porter au grand pied de guerre, seront levés et entretenus de la manière la plus avantageuse pour la défense et la tranquillité du royaume ; de sorte que, dans chaque département, il en soit enrôlé un nombre proportionné à sa population et à sa position plus ou moins rapprochée des côtes ou des frontières.

2. En conséquence des dispositions de l'article ci-dessus, le ministre de la guerre adressera, dans le plus court délai, à l'Assemblée nationale, un projet de répartition par départemens, des cent mille soldats auxiliaires.

3. Ledit état de répartition, ayant été arrêté définitivement et décrété par l'Assemblée nationale, sera ensuite adressé par le ministre de la guerre aux directoires de département, qui, conformément aux articles 3, 4 et 6 du décret du 28 janvier, recevront, chacun dans leurs départemens respectifs, un nombre de soumissions pour contracter engagement, égal à celui des auxiliaires qui leur aura été affecté.

4. Le Roi sera prié de faire, conformément à l'article 4 du décret du 28 janvier, les réglemens nécessaires sur le forme des engagemens que devront contracter pour trois ans les hommes qui voudront servir comme soldats auxiliaires, sur la réception desdits auxiliaires, sur les conditions nécessaires pour obtenir l'admission, et sur les contrôles qui devront être dressés pour s'assurer de leur existence. Ces contrôles contiendront l'état des paiemens à faire aux auxiliaires admis ;

et les ordonnances de paiemens seront délivrées en conséquence de ces états dûment visés et certifiés.

5. Les soldats auxiliaires recevront, tous les trois mois, leur solde fixée par l'article 5 du décret du 28 janvier, à trois sous par jour. Ils en seront payés sans retenue, dans le chef-lieu du district de leur domicile, et conformément aux réglemens qui seront faits par le Roi.

6. Lorsque les soldats auxiliaires seront incorporés dans les régimens, ils recevront la même paie et le même traitement affectés par les décrets aux troupes de ligne; et cette solde commencera pour eux à dater du jour de leur départ pour les régimens qui leur auront été désignés.

7. Le ministre de la guerre désignera, dans chaque département, un commissaire des guerres, qui sera spécialement chargé de l'exécution des dispositions prescrites par le présent décret.

16 = 27 AVRIL 1791. — Décret concernant l'avancement dans le corps de l'artillerie. (L. 4, 393 ; B. 13, 149; Mon. du 17 avril 1791.)

Voy. loi du 23 SEPTEMBRE (23 OCTOBRE) = 29 OCTOBRE 1790.

TITRE 1er. Nomination aux places de sous-officiers.

(*Articles décrétés pour les autres troupes de ligne.*)

Art. 1er. On comprendra à l'avenir, dans le corps de l'artillerie, sous la dénomination de sous-officiers, les sergens-majors, les sergens, les caporaux-fourriers et les caporaux; l'avancement à ces différens grades aura lieu dans les compagnies de canonniers, de mineurs et d'ouvriers, ainsi qu'il suit :

Nomination de caporaux dans les compagnies de canonniers.

(*Article décrété pour les autres troupes de ligne.*)

2. Les caporaux, dans les compagnies de canonniers, présenteront chacun à leur capitaine celui des soldats de leur compagnie qu'ils jugeront le plus capable d'être élevé au grade de caporal.

3. Le capitaine choisira un sujet parmi ceux qui lui auront été présentés.

4. Il sera formé une liste de tous les sujets choisis par les capitaines.

5. Lorsqu'il vaquera une place de caporal dans une compagnie, le capitaine de cette compagnie choisira trois sujets dans la liste.

6. Parmi ces trois sujets, le colonel choisira celui qui devra remplir la place vacante.

7. Lorsque la liste sera réduite au-dessous de moitié, elle sera supprimée et il en sera fait une nouvelle, en suivant les mêmes procédés.

20.

Nomination des caporaux dans les compagnies de mineurs et d'ouvriers.

(*Articles particuliers à l'artillerie.*)

8. Dans les compagnies de mineurs et d'ouvriers, il ne sera point formé de liste pour la nomination aux places de caporal; et, lorsqu'il en vaquera une dans une de ces compagnies, les caporaux de ladite compagnie présenteront chacun à leur capitaine celui des soldats de la compagnie qu'ils jugeront le plus capable d'être élevé au grade de caporal.

9. Le capitaine choisira parmi les sujets qui lui seront présentés par les caporaux, celui qui devra remplir la place vacante.

Nomination des caporaux-fourriers dans les compagnies de canonniers.

(*Articles décrétés pour les autres troupes de ligne.*)

10. Lorsqu'il vaquera une place de caporal-fourrier dans une compagnie de canonniers, le capitaine de cette compagnie choisira parmi tous les caporaux et tous les soldats du régiment ayant au moins deux ans de service, le sujet qui devra la remplir.

Nomination de caporaux-fourriers dans les compagnies de mineurs et d'ouvriers.

(*Article particulier à l'artillerie.*)

11. Dans les compagnies de mineurs et d'ouvriers, lorsqu'il vaquera une place de caporal-fourrier, le capitaine de la compagnie où la place sera vacante, choisira parmi tous les caporaux et les soldats de sa compagnie ayant au moins deux ans de service, celui qui devra la remplir.

Nomination des sergens dans les compagnies de canonniers.

(*Articles décrétés pour les autres troupes de ligne.*)

12. Les sergens-majors et les sergens, dans les compagnies de canonniers, présenteront chacun à leur capitaine celui des caporaux de leur compagnie qu'ils jugeront le plus capable d'être élevé au grade de sergent.

13. Le capitaine choisira un sujet parmi ceux qui lui auront été présentés.

14. Il sera formé une liste de tous les sujets choisis par le capitaine.

15. Lorsqu'il vaquera une place de sergent dans une compagnie, le capitaine de cette compagnie choisira trois sujets dans la liste.

16. Parmi ces trois sujets, le colonel choisira celui qui devra remplir la place vacante.

Nomination des sergens dans les compagnies de mineurs et d'ouvriers.

(*Articles particuliers à l'artillerie.*)

17. Dans les compagnies de mineurs et d'ouvriers, il ne sera point formé de liste

pour la nomination des sergens; et, lorsqu'il vaquera une place de sergent dans une de ces compagnies, les sergens de ladite compagnie présenteront chacun à leur capitaine celui des caporaux de la compagnie qu'ils jugeront le plus capable d'être élevé au grade de sergent.

18. Le capitaine choisira parmi les sujets qui lui seront présentés par les sergens, celui qui devra remplir la place vacante.

Nomination des sergens-majors dans les compagnies de canonniers.

(*Articles particuliers à l'artillerie.*)

19. Lorsqu'il vaquera une place de sergent-major dans une compagnie de canonniers, les sergens-majors du régiment présenteront chacun pour la remplir un sergent de leur compagnie, et il en sera formé une liste.

20. Le capitaine de la compagnie où la place de sergent-major sera vacante, choisira trois sujets sur la liste de ceux qui auront été présentés par les sergens-majors.

21. Parmi ces trois sujets, le colonel choisira celui qui devra remplir la place vacante.

Nomination des sergens-majors dans les compagnies de mineurs et d'ouvriers.

(*Article particulier à l'artillerie.*)

22. Dans les compagnies de mineurs et d'ouvriers, lorsqu'il vaquera une place de sergent-major, le capitaine de la compagnie où la place sera vacante, choisira parmi les sergens de sa compagnie celui qui devra la remplir.

Nomination des adjudans.

(*Articles décrétés pour les autres troupes de ligne.*)

23. Lorsqu'il vaquera une place d'adjudant, les sept officiers supérieurs réunis nommeront, à la pluralité des voix, parmi tous les sergens du régiment, celui qui devra la remplir, et dans le cas où les voix se porteraient sur sept sujets différens, la voix du colonel sera prépondérante.

24. Les sergens nommés aux places d'adjudans concourront, du moment de leur nomination, avec les seconds lieutenans (sans cependant être brevetés) pour arriver à la lieutenance en premier, et ils pourront rester adjudans jusqu'à ce que leur ancienneté les y porte.

25. Lorsqu'un sergent, moins ancien que les adjudans, sera fait second lieutenant, les adjudans jouiront en gratification et par supplément d'appointemens, de ceux de seconds lieutenans.

TITRE II. Nomination aux places d'officiers.

Nomination au grade d'officier.

(*Articles décrétés pour les autres troupes de ligne.*)

Art. 1er. Il sera pourvu de deux manières

aux emplois de seconds lieutenans, lesquels seront partagés entre les sujets qui auront passé par les grades de canonnier, de mineur, d'ouvrier et de sous-officier, et ceux qui arriveront immédiatement au grade d'officier par les examens.

2. Sur quatre places de seconds lieutenans vacantes dans un régiment, une compagnie de mineurs ou d'ouvriers, il en sera donné une aux sous-officiers.

3. Les places de seconds lieutenans destinées aux sous-officiers, seront données alternativement à l'ancienneté et au choix.

4. L'ancienneté se prendra, dans les régimens, sur tous les sergens indistinctement du même régiment, à dater de leur nomination.

(Disposition particulière à l'artillerie.)

Dans les compagnies de mineurs et d'ouvriers, sur tous les sergens indistinctement de chacune desdites compagnies, également à dater de leur nomination.

(Article décrété pour les autres troupes de ligne.)

5. Le choix aura lieu dans les régimens sur tous les sergens du même régiment, et il sera fait par tous les officiers ayant vingt-cinq ans d'âge, et par les officiers supérieurs à la majorité absolue des suffrages.

(Disposition particulière à l'artillerie.)

Dans les compagnies de mineurs, en temps de paix, parmi tous les sergens desdites compagnies, et en temps de guerre, parmi tous les sergens de chacune des compagnies : il sera fait par tous les officiers de ces compagnies ayant vingt-cinq ans d'âge, et par le commandant d'artillerie, à la majorité absolue des suffrages.

Dans les compagnies d'ouvriers, parmi les sergens de la compagnie où l'emploi sera vacant; et il sera fait par les officiers de ladite compagnie ayant vingt-cinq ans d'âge, et par le directeur de l'arsenal ou le directeur du parc, à la majorité absolue des suffrages.

(Article idem.)

6. Quant aux autres places de seconds lieutenans, elles seront données à ceux qui auront été reçus élèves.

Nomination aux places d'élèves.

7. Nul ne pourra être reçu élève du corps de l'artillerie, qu'il n'ait subi les examens qui seront prescrits pour l'admission au service, et ceux qui sont particuliers à l'école d'artillerie.

Rang des élèves.

8. Les élèves du corps de l'artillerie auront rang de sous-lieutenans.

9. Les élèves du corps de l'artillerie, après

avoir satisfait aux examens particuliers à ce corps (lesquels seront conservés ou modifiés s'il y a lieu), parviendront aux emplois de seconds lieutenans, suivant le rang qu'ils auront obtenu par ces examens.

Nomination aux emplois de premiers lieutenans.

(Articles décrétés pour les autres troupes de ligne.)

10. Les seconds lieutenans parviendront, à leur tour d'ancienneté dans le régiment, dans la compagnie des mineurs ou d'ouvriers dont ils font partie, aux emplois de premiers lieutenans.

Nomination aux emplois de capitaines.

(Articles particuliers à l'artillerie.)

11. Les premiers lieutenans, sans aucune exception, parviendront, en temps de paix, à leur tour d'ancienneté sur tous les corps, aux emplois de capitaines.

A la guerre, les officiers rouleront jusqu'au grade de capitaine commandant inclusivement, dans le régiment ou bataillon, dans la compagnie de mineurs ou d'ouvriers à laquelle ils sont attachés.

Nomination aux places de quartiers-maîtres.

(Articles décrétés pour les autres troupes de ligne.)

21. Les quartiers-maîtres seront choisis par les conseils d'administration, à la pluralité des suffrages.

13. Les quartiers-maîtres pris parmi les sous-officiers auront le rang de seconds lieutenans; ils conserveront leur rang s'ils sont pris parmi les officiers.

14. Les quartiers-maîtres suivront leur avancement dans les différens grades pour le grade seulement, ne pouvant jamais être titulaires ni avoir de commandement; mais jouissant en gratification, et par supplément d'appointemens, de ceux attribués aux différens grades où les porte leur ancienneté.

Nomination aux emplois de lieutenans-colonels.

15. On parviendra du grade de capitaine à celui de lieutenant-colonel, par ancienneté et par le choix du Roi, ainsi qu'il va être expliqué.

16. L'avancement au grade de lieutenant-colonel, soit par ancienneté, soit par le choix du Roi, sera, pendant la paix, sur tout le corps; à la guerre, le tour d'ancienneté sera sur le régiment ou bataillon, et sur les compagnies de mineurs ou d'ouvriers employés.

17. Sur trois places de lieutenant-colonel vacantes, deux seront données aux plus anciens capitaines, et la troisième par le choix du Roi, à un capitaine en activité dans ce grade depuis deux ans au moins.

Nomination aux emplois de colonels.

18. On parviendra du grade de lieutenant-colonel à celui de colonel par ancienneté et par le choix du Roi, ainsi qu'il va être expliqué.

19. L'avancement au grade de colonel, soit par ancienneté, soit par le choix du Roi, sera, pendant la paix, sur tout le corps; à la guerre, le tour d'ancienneté sera sur le régiment et sur les officiers employés au parc.

20. Sur trois places de colonel vacantes, deux seront données aux plus anciens lieutenans-colonels, et la troisième, par le choix du Roi, sera donnée à un lieutenant-colonel en activité dans ce grade depuis deux ans au moins.

Nomination aux places de commandans d'artillerie.

(*Article particulier à l'artillerie.*)

21. Les colonels parviendront aux places de commandans d'artillerie par ancienneté.

Nombre d'officiers généraux attachés au corps de l'artillerie.

22. Le corps de l'artillerie roulera sur lui-même pour les grades d'officiers généraux; en conséquence, il y sera attaché, sous le titre d'inspecteurs-généraux, quatre lieutenans-généraux et cinq maréchaux-de-camp, faisant nombre parmi les officiers de ces deux grades conservés en activité dans l'armée.

Nomination au grade de maréchal-de-camp.

(*Articles décrétés pour les autres troupes de ligne.*)

23. On parviendra du grade de colonel à celui de maréchal-de-camp, par ancienneté et par le choix du Roi.

Sur deux places de maréchal-de-camp vacantes, une sera donnée au plus ancien colonel, et l'autre, par le choix du Roi, sera donnée à un colonel en activité dans ce grade depuis deux ans au moins.

24. Si un colonel que son tour d'ancienneté porterait à la place d'inspecteur-général, préférait se retirer avec le grade de maréchal-de-camp, à être employé comme inspecteur-général, il en aurait la liberté, et recevrait la retraite fixée pour les colonels, sans avoir égard au grade de maréchal-de-camp.

25. Le colonel qui préférerait se retirer avec le grade de maréchal-de-camp, sans y être employé, ne pourrait néanmoins faire perdre le tour d'ancienneté à celui qui le suivrait, et qui, dans ce cas, serait nommé à la place vacante.

Nomination au grade de lieutenant-général.

26. On parviendra du grade de maréchal-de-camp à celui de lieutenant-général, par ancienneté et par le choix du Roi.

Sur deux places de lieutenant-général vacantes, une sera donnée au plus ancien maréchal-de-camp, l'autre à un maréchal-de-camp en activité dans ce grade depuis deux ans au moins.

27. Si un maréchal-de-camp que son tour d'ancienneté porterait au grade de lieutenant-général, préférait se retirer avec ce grade, à y être employé en activité, il en aurait la liberté, et recevrait la retraite fixée pour les maréchaux-de-camp, sans égard à son grade de lieutenant-général.

28. Le maréchal-de-camp qui préférerait se retirer avec le grade de lieutenant-général, sans y être employé, ne pourrait néanmoins faire perdre le tour d'ancienneté à celui qui le suivrait, et qui, dans ce cas, serait nommé à la place vacante.

(Article particulier à l'artillerie.)

29. Dorénavant, il n'y aura, pour les élèves des corps de l'artillerie et du génie, qu'un même cours d'instruction, un même examen et les mêmes examinateurs. Les élèves qui seront admis choisiront, suivant leur rang de promotion, celui des deux corps dans lequel ils voudront servir.

En conséquence, les trois années d'études préliminaires à l'admission dans le corps de l'artillerie, compteront aux élèves de ce corps pour obtenir la décoration militaire et la pension de retraite.

TITRE III. Du remplacement des officiers réformés.

Art. 1er. Les lieutenans en troisième, réformés par le décret d'organisation de l'artillerie, rempliront les places de seconds lieutenans vacantes par la nouvelle organisation.

Ceux de ces officiers qui excéderont le nombre des places à remplir, seront employés comme lieutenans surnuméraires jusqu'à leur remplacement, et ils jouiront dès ce moment des appointemens de lieutenant en second.

2. Ceux des lieutenans en troisième qui n'auront pas été remplacés, le seront aux emplois de lieutenans qui viendront à vaquer, alternativement avec les élèves, les lieutenans en troisième ayant le premier tour.

3. Lorsqu'un lieutenant en troisième sera promu au grade de second lieutenant, il prendra rang parmi les officiers de ce grade, en datant de son premier brevet d'officier; et d'après cette disposition, il suivra son avancement au grade de premier lieutenant, dans lequel il prendra rang de la date de ce nouveau brevet.

4. Les lieutenans en troisième qui peuvent ou pourront, par la suite, justifier, par l'examen d'usage, qu'ils possèdent les connaissances théoriques exigées pour l'admission dans l'artillerie, prendront rang, même parmi les

premiers lieutenans, suivant la date de leur premier brevet d'officier.

5. Ceux qui sont ou seront dans le cas du précédent article, obtiendront des lettres d'examen pour jouir de cet avantage, dès le moment de la présente organisation, ou aux époques des examens réglés pour les élèves de l'artillerie.

6. Les officiers de tous grades du corps de l'artillerie, ayant plus de vingt ans de service, qui, à l'instant de la nouvelle organisation, voudront ne pas continuer leurs services, seront libres de se retirer, et obtiendront, pour ce moment seulement, les deux tiers de leurs appointemens pour retraite; à moins que leurs services, d'après les règles fixées par le décret du 3 août dernier, ne leur donnent droit à un traitement plus considérable. Ceux de ces officiers ayant au moins quinze ans de service et au-dessous de vingt-quatre, qui voudront également ne pas continuer leurs services, conserveront néanmoins leur activité pour la décoration militaire.

7. Le premier choix de neuf inspecteurs-généraux de l'artillerie sera fait par le Roi, parmi tous les officiers-généraux de ce corps. Ceux desdits officiers-généraux qui ne seront pas choisis pour remplir les places d'inspecteurs-généraux, recevront des pensions suivant le décret du 3 août dernier; néanmoins, ils seront susceptibles de rentrer en activité, comme inspecteurs-généraux, dans le nombre de ces places laissées au choix du Roi.

_____

16 = 20 AVRIL 1791. — Décret portant établissement de tribunaux de commerce à Annonay, Aubenas, Cherbourg et Colmar, et augmentation de quatre suppléans à celui de Nantes; établissement d'une juridiction de prud'hommes pêcheurs dans la ville de Martigues et réunion de différentes communes et municipalités. (L. 4, 293; B. 12, 146.)

_____

16 AVRIL 1791. — Décret portant que les comités chargés de présenter un projet de loi relatif à la liste civile, seront tenus de rendre compte à l'Assemblée de leur travail. (B. 13, 146.)

_____

17 = 27 AVRIL 1791. — Décret relatif à la dépense du culte pour l'année 1790, au traitement des ecclésiastiques pensionnés pendant le premier semestre de la même année, et à diverses dépenses particulières à l'année 1791. (L. 4, 391; B. 13, 176.)

Art. 1er. La dépense du culte de l'année entière 1790, et les six premiers mois de ladite année du traitement des ecclésiastiques pensionnés, seront payés par la caisse de l'extraordinaire, sur les revenus des biens ecclésiastiques et sur les dîmes de l'année 1790.

2. La caisse de l'extraordinaire fera l'avance des sommes qui seront nécessaires pour acquitter lesdits paiemens sans délai, sauf à les reprendre sur les revenus qui lui rentreront, et dont elle pressera le recouvrement; en cas d'insuffisance desdits revenus, la caisse de l'extraordinaire y suppléera.

3. Les dépenses énoncées dans l'article 4 du décret du 18 février dernier, sous le nom de dépenses particulières à l'année 1791, seront remboursées au Trésor public par la caisse de l'extraordinaire.

4. L'Assemblée nationale fixera par un décret, au commencement ou dans le cours de chaque quartier, la somme qui devra être versée au Trésor public pour acquitter lesdites dépenses.

_____

17 = 27 AVRIL 1791. — Décret relatif à divers paiemens à faire par la caisse de l'extraordinaire et par la Trésorerie. (L. 4, 383; B. 13, 173.)

Art. 1er. Toutes les dépenses de l'État faites avant le 1er janvier 1791, non encore soldées à ladite époque, et les arrérages des rentes et pensions dues par l'État, à l'échéance du 1er juillet 1790, non soldées au 1er janvier dernier, seront acquittées en masse par la caisse de l'extraordinaire.

2. Les états contenant ce qui restait dû au 1er janvier 1791, desdites dépenses, et au 1er juillet 1790, desdites rentes et pensions, certifiés par les différens payeurs, et visés par les ordonnateurs de la Trésorerie nationale, seront remis au commissaire du Roi de la caisse de l'extraordinaire, qui sera tenu d'en faire verser les fonds à la Trésorerie nationale, à mesure des besoins.

3. La Trésorerie nationale rendra à la caisse de l'extraordinaire les sommes qu'elle lui a versées depuis le 1er janvier 1791. Cette restitution sera faite soit en nature, soit en récépissés des différens payeurs chargés d'exécuter les paiemens compris dans lesdits états.

4. Le comité central de liquidation et les commissaires de la caisse de l'extraordinaire surveilleront l'exécution du présent décret.

5. Le comité central de liquidation et celui de l'extraordinaire réunis, feront imprimer, au moins chaque mois, et distribuer à domicile, le rapport de ce qu'ils auront fait, dans le cours du mois, pour l'exécution des précédens articles.

_____

17 = 27 AVRIL 1791. — Décret relatif à la Trésorerie nationale. (L. 4, 364; B. 13, 174.)

L'Assemblée nationale, voulant établir un ordre permanent dans l'administration des finances, et séparer entièrement les dépenses des années antérieures, ouï le rapport des comités des finances et de l'extraordinaire, décrète ce qui suit:

Art. 1er. Le directeur général du Trésor

public présentera l'état général de toutes les sommes qui y ont été versées avant le 1er janvier 1791, provenant tant des recettes ordinaires, que des emprunts, des dons patriotiques de la contribution patriotique, de la caisse de l'extraordinaire et autres recouvremens, ainsi que de tous les versemens faits sous ses ordres dans les différentes caisses, et des paiemens faits directement par le Trésor public, tant pour les dépenses de l'État jusqu'au 1er janvier 1791, que pour les intérêts de créances de tout genre jusqu'au 1er juillet 1790.

2. Le service de la Trésorerie nationale, dans l'année 1791, sera composé de toutes les dépenses décrétées par l'Assemblée nationale, pour être faites depuis le 1er janvier 1791 jusqu'au 1er janvier 1792, et de tous les arrérages de rentes et pensions, depuis le 1er juillet 1790 jusqu'au 1er juillet 1791.

3. La somme desdites dépenses et desdits arrérages de rentes et pensions étant fixée par le décret du 18 février dernier, à cinq cent quatre-vingt-deux millions sept cent mille livres pour l'année 1791, le quart de ladite somme, montant à cent quarante-cinq millions six cent soixante-quinze mille livres, sera versé à la Trésorerie nationale, dans les trois mois de chaque quartier, soit par les revenus ordinaires de l'État, soit par la caisse de l'extraordinaire, en vertu des décrets de l'Assemblée nationale.

D'après l'état des recettes ordinaires qui seront effectuées mois par mois, l'Assemblée nationale jugera, à la fin de chaque quartier, des besoins de la Trésorerie nationale, et décrétera des secours, s'il y a lieu.

5. L'aperçu des recettes présenté par le directeur du Trésor public pour les trois premiers mois de la présente année, ne s'élevant qu'à la somme de soixante-dix millions soixante-cinq mille livres, et l'Assemblée nationale ayant décrété, par l'article 3 du décret de cejourd'hui, sur l'acquit des dépenses arriérées, que la Trésorerie nationale rendrait à la caisse de l'extraordinaire tout ce qu'elle en avait reçu depuis le 1er janvier dernier, la caisse de l'extraordinaire versera à ladite Trésorerie, par supplément, celle de soixante-quinze millions six cent dix mille livres.

6. Le directeur du Trésor public sera tenu de fournir, dans le courant de ce mois, l'état exact des sommes qui ont été réellement perçues, afin que l'excédant de ce qui a été perçu sur ce qui avait été présumé devoir l'être, soit déduit sur les fonds à fournir à la Trésorerie nationale dans le présent trimestre.

Il sera fait un tableau distinct, dans cet état de recettes, de celles qui appartiennent à la présente année, et de celles qui appartiennent aux années antérieures : le même ordre sera observé à l'avenir dans chaque trimestre.

17 AVRIL 1791. — Décret relatif aux capitaines destinés au service des places de guerre. (B. 13, 177.)

L'Assemblée nationale, après avoir entendu son comité militaire, décrète que sur les quarante-deux capitaines destinés à être employés au service des places de guerre, quatorze seulement seront de la troisième classe, et vingt-huit de la quatrième.

17 AVRIL 1791. — Instruction concernant le service des ponts-et-chaussées, adressée par ordre du Roi aux directoires des départemens. (L. 4, 238.)

La loi du 31 décembre 1790 = 19 janvier 1791, en confirmant l'institution des ponts-et-chaussées, lui a donné en même temps, sous plusieurs rapports, de nouvelles formes, et lui a fait éprouver différentes modifications ; il convient donc de présenter d'abord une analyse succincte de cette loi.

Elle est divisée en trois parties.

Le premier de ces titres, qui comprend douze articles, établit une administration centrale des ponts-et-chaussées : ce titre porte ensuite la confirmation des places, tant du premier ingénieur que des inspecteurs-généraux, dont le nombre, qui avait varié jusqu'à ce moment, est fixé à huit ; il détermine d'une manière générale les fonctions de ces derniers, qui sont de différente nature. Dans le cours de leurs tournées annuelles, ils doivent visiter tous les ouvrages des différens départemens, et soumettre ensuite le résultat de leurs observations aux directoires de ces mêmes départemens. Lors de leur réunion dans la capitale, ces inspecteurs-généraux doivent former l'assemblée des ponts-et-chaussées, qui est chargée d'examiner tous les projets relatifs aux routes, aux canaux de navigation, et aux ports maritimes de commerce. Leurs appointemens et leurs frais de voyage, ainsi que la manière dont ils doivent être remplacés, sont également déterminés. Ce même titre statue enfin sur la nomination et sur le traitement du premier ingénieur, ainsi que sur la conservation du bureau des ponts-et-chaussées, et sur la somme qui doit être affectée au paiement des commis de ce bureau.

Le titre second, qui contient six articles, est uniquement relatif aux ingénieurs qui doivent servir dans les départemens et sous les ordres des corps administratifs ; c'est celui qu'il importe le plus à ces corps de bien connaître.

Aux termes de cette partie du décret, ces ingénieurs doivent à l'avenir être distingués par trois *grades* différens.

Le *premier* sera celui des ingénieurs proprement dits, qu'il pourra convenir de distinguer et de désigner plus particulièrement par la dénomination d'*ingénieurs ordinaires*, celle d'*ingénieurs* étant générique : ils auron les mêmes fonctions que remplissaient ci-devant les sous-ingénieurs. Il doit y en avoir un au moins par département : il y en aura plus, lorsque les départemens le demanderont, et auront délibéré de supporter les frais de cette augmentation.

Les ouvrages qui, par leur importance, intéresseront tout le royaume, devant être à la charge du Trésor public, le traitement des ingénieurs qui seront préposés pour les conduire, sera vraisemblablement payé sur les mêmes fonds; et alors ce sera le Corps-Législatif qui, en décrétant chaque année les dépenses à faire pour ces ouvrages, déterminera le nombre des ingénieurs qui y seront appliqués.

Les inspecteurs formeront le *second* grade : il ne faut pas les confondre avec ceux ainsi dénommés sous l'ancien régime, et avec lesquels ils n'auront rien de commun que ce titre. Les anciens inspecteurs se trouvent implicitement et nécessairement supprimés par le décret, et ceux de nouvelle création exerceront les fonctions d'ingénieurs en chef, sur des arrondissemens qui pourront être composés de deux ou trois départemens seulement. Le nombre de ces inspecteurs n'est pas fixé.

Le *troisième* grade sera celui des ingénieurs en chef : ils n'auront pas d'autres fonctions que celles des inspecteurs, mais leurs arrondissemens pourront être composés de quatre départemens, et le seront au moins de trois, sauf les exceptions que l'Assemblée nationale, sur les représentations des départemens, pourrait apporter à cette disposition de la loi. Le nombre de ces ingénieurs en chef n'est pas non plus fixé.

Des vues d'économie ont porté l'Assemblée nationale à ne pas placer un ingénieur en chef par chaque département; il est donc du devoir des directoires destinés à composer les mêmes arrondissemens, d'établir et de maintenir entre eux un tel concert, qu'il ne résulte de cette nouvelle combinaison aucune difficulté ni aucun inconvénient pour le bien du service.

Les traitemens des ingénieurs de ces différens grades sont déterminés par ce même titre, ainsi que le mode de leur nomination, qui est laissé à l'administration des ponts-et-chaussées. Celui du déplacement des ingénieurs ordinaires est également déterminé : il pourra avoir lieu sur la demande des assemblées de département, à la charge seulement de faire connaître leurs motifs à l'administration centrale.

Enfin, par une disposition de ce titre, les ingénieurs qui, à l'époque actuelle, se trouvaient servir dans les ci-devant pays d'état, sont admis à concourir pour les places avec les ingénieurs des ponts-et-chaussées, chacun dans leur grade correspondant.

Le titre troisième et dernier de la loi, qui est composé de onze articles, concerne entièrement l'établissement de l'École des ponts-et-chaussées; il est relatif à la direction des études, à la manière dont se fera l'enseignement, au traitement qu'auront à l'avenir les élèves dès le moment de leur entrée à l'école, à leur nombre, à leur admission et à leur placement ou à leur renvoi, enfin aux frais ainsi qu'au local de l'établissement. Tous ces objets, relatifs au régime et à la manutention intérieure de l'École des ponts-et-chaussées, n'intéressent les départemens que par la perfection que la loi du 31 décembre 1790 = 19 janvier 1791 dernier a donnée à cet établissement utile à tout le royaume; mais ils ont un intérêt plus immédiat à l'exécution des articles relatifs à l'admission des élèves. L'Assemblée nationale a établi pour cet admission un concours d'un nouveau genre. qui donnera aux aspirans la possibilité d'être choisis, sans s'exposer à faire en pure perte le voyage de la capitale. Cette disposition bienfaisante rentre dans l'esprit et dans les principes de la constitution; elle fait participer les points les plus éloignés du royaume aux avantages de cet établissement; elle vient au secours des sujets que le défaut d'aisance auraient empêchés de se produire; elle va choisir et féconde, partout où il existe, le germe du talent.

Tel est le résumé sommaire de la loi relative aux ponts-et-chaussées, en date du 31 décembre 1790 = 19 janvier 1791.

Dès le 21 du même mois, le Roi, vu l'approche de la saison des travaux et le secours dont ils doivent être à la classe indigente des citoyens, a chargé le ministre de l'intérieur d'annoncer à tous les directoires de département, que son intention était de leur laisser pour cette fois la faculté d'indiquer les ingénieurs qu'ils désireraient conserver; ce que les administrateurs pouvaient d'autant mieux faire dans ce premier moment, qu'ils avaient déjà été à portée de les connaître et de les apprécier depuis la formation des départemens. Ce ministre a demandé en même temps aux directoires, de proposer leurs vues sur la formation des arrondissemens à établir pour les ingénieurs en chef et pour les inspecteurs, afin d'être à portée de les combiner de la manière la plus avantageuse au bien du service, en conciliant, autant qu'il sera possible, les demandes respectives qui pourraient se contrarier.

L'organisation des ingénieurs sera donc établie aussitôt que les directoires auront répondu; alors le Roi leur fera connaître quel sera, pour la totalité du royaume, le nombre d'arrondissemens, d'inspecteurs ou d'ingénieurs qu'il lui aura paru convenable de déterminer. Les sujets qui auront été choisis pour les places, et les lieux de leur résidence, seront en même temps désignés aux directoires des départemens, ainsi que les ingénieurs ordinaires définitivement destinés à servir sous leurs ordres. Les anciennes commissions données par Sa Majesté seront confirmées, et il n'en sera expédié qu'aux ingénieurs qui n'en tenaient pas d'elle.

Le Roi, après s'être occupé du soin de procurer promptement aux départemens des ingénieurs capables de seconder leurs vues, a cru devoir leur demander de lui faire connaître leurs besoins pour les ouvrages de toute espèce qu'ils pourraient être obligés de faire exécuter en 1791; il leur a fait adresser, en conséquence, un modèle d'état à remplir, en les invitant à user encore pour cette année de la plus grande réserve dans les demandes qu'ils pourraient faire, d'autant que les quinze millions de secours accordés par la loi du 16 = 19 décembre 1790, doivent assurer, indépendamment des travaux des routes, de l'ouvrage à tous les journaliers indigens. Lorsque toutes les réponses à cette seconde demande seront parvenues au ministre, il en sera formé un tableau général, qui sera présenté à l'Assemblée nationale: alors il pourra être statué sur la répartition des fonds qui viennent d'être décrétés en masse pour toutes les dépenses des travaux des ponts-et-chaussées à exécuter en 1791. C'est alors également qu'il sera possible de classer ceux qui devront être à la charge des départemens et ceux qui sont exécutés sur les fonds du Trésor public. Il y a lieu de présumer que l'Assemblée nationale s'est portée à ajourner cette division, parce qu'elle a cru qu'elle pourrait s'occuper plus utilement de cet objet quand tous les besoins seraient bien connus.

Lorsque les départemens se trouveront assurés et des agens et des fonds nécessaires pour l'exécution de leurs travaux, il ne leur restera plus à désirer que de connaître les règles qu'ils auront à suivre dans l'emploi des uns et des autres, pour le rendre le meilleur possible. C'est dans cette vue que le Roi a cru devoir faire rédiger la présente instruction, qui présentera aux corps administratifs les principes qui doivent les diriger à cet égard.

L'ordre le plus naturel et le plus convenable à adopter dans le développement de ces principes, est celui qu'indique la marche même des ouvrages, en établissant d'abord quels sont ceux auxquels cette instruction peut être relative, et en exposant ensuite les opérations qui doivent en précéder l'exécution, et celles qui doivent et l'accompagner et la suivre. Cet ordre se trouvera embrasser tout ce qui concerne le service des ingénieurs, que comprendront les divisions suivantes:

1° Objets généraux qui doivent concerner l'administration centrale des ponts-et-chaussées;

2° Fonds à appliquer aux ouvrages;

3° Projets des ouvrages;

4° Exécution et réception des ouvrages, et compte à rendre de leur situation..

§ Iᵉʳ. Objets généraux qui doivent concerner l'administration centrale des ponts-et-chaussées.

Aux termes de la loi, cette administration doit connaître de tout ce qui concerne les routes, les ouvrages d'art en dépendant, les canaux de navigation et les ports de commerce. Ces trois grandes classes de travaux, vu les objets d'utilité générale qu'ils présentent, exigent nécessairement un concours de lumières qu'on ne pouvait attendre que d'hommes qui joignissent cette expérience que donne une longue pratique, à la théorie qui est le fruit d'une instruction soignée et de l'étude des meilleurs modèles dans tous les genres. Ainsi, tout ce qui appartiendra à une de ces trois classes doit être projeté et exécuté par les ingénieurs, après avoir été examiné par l'assemblée des ponts-et-chaussées, et approuvé par l'administration centrale.

Ce principe ne peut recevoir d'exceptions quant aux canaux et aux ports maritimes, dont les ouvrages, par leur nature, ont toujours un grand degré d'importance; mais il doit en être susceptible quant aux routes; car ces communications se subdivisent en différentes classes; et l'intention évidente du Corps-Législatif a été de n'exiger l'examen de l'assemblée des ponts-et-chaussées que pour les routes d'un certain ordre. C'est ce qui résulte de la disposition de l'article 4 du titre III, qui, dans l'énonciation des objets dont cette assemblée doit prendre connaissance, ne parle que des projets *généraux* des routes; et par ces expressions, on doit entendre évidemment toutes celles qui seront construites sur les fonds des départemens. Quant aux chemins de communautés ou de clocher à clocher, leur moindre importance et le peu de difficultés qu'en général ils présentent, vu la manière dont ils doivent ordinairement être traités, ont fait juger qu'ils n'exigeaient point un examen qui sans doute aurait toujours des avantages, mais qui présenterait en même temps l'inconvénient d'entraîner des longueurs. Les retards, en pareil cas, seraient d'autant plus préjudiciables, que presque toujours ces routes particulières se construisent par des ateliers de secours, et sont destinées à procurer de l'ouvrage aux journaliers indigens, ce qui n'admet point de délais. Les projets dont ces travaux pourront être susceptibles n'en seront pas moins rédigés par les ingénieurs des ponts-et-chaussées, qui seront chargés aussi d'en surveiller l'exécution; c'est à la sagesse des directoires de département à reconnaître les cas qui exigeront qu'il en soit référé à l'administration des ponts-et-chaussées. Ces cas devront naturellement se présenter, lorsque l'ouverture de ces communications offrira des difficultés d'un certain genre, ou lorsqu'elle aura quelques relations avec d'autres routes d'un ordre majeur.

La loi ne charge point les ingénieurs des ponts-et-chaussées des desséchemens; mais ce genre de travaux, par sa nature et les objets d'utilité générale qu'il présente, doit être censé faire partie de ceux dont l'Assemblée nationale a entendu que les ingénieurs des ponts-et-chaussées eussent la direction.

Cette même loi ne les charge point non plus des édifices communaux, tels que les églises, presbytères, maisons communes, hôpitaux, prisons, fontaines, etc.; mais cependant le vœu de l'Assemblée, en maintenant et confirmant un corps d'ingénieurs dont elle a reconnu les talens, a été certainement que l'État et les départemens aux frais desquels ils doivent être entretenus, en retirassent tous les avantages et généraux et particuliers qu'ils pouvaient en attendre: en conséquence, l'intention du Roi est que les ingénieurs puissent être employés par les communautés pour les ouvrages dont il s'agit, et même qu'elles puissent, lorsqu'elles le jugeront convenable, requérir l'avis de l'assemblée des ponts-et-chaussées; mais, dans ce cas, la nécessité de ce recours devra, sur l'avis des directoires de district, être reconnue par ceux des départemens par lesquels les demandes seront dans le cas de parvenir à l'administration centrale. Il sera, au surplus, nécessaire que les directoires de département veillent à ce que les ingénieurs ne soient chargés, pour les communautés, que des objets qui exigent vraiment le secours de leur art, tels que les constructions, reconstructions ou réparations d'une certaine importance; toutes autres doivent être faites par des experts pris sur les lieux, suivant l'ancien usage. S'il en était autrement, le temps des ingénieurs ne pourrait y suffire, et ils seraient sans cesse détournés d'occupations plus importantes. Il sera même en général bien nécessaire que les administrations de département proportionnent le nombre des ingénieurs ordinaires aux fonctions dont ils auront à les charger. On fera connaître d'ailleurs, dans un des paragraphes suivans, la forme dans laquelle les ingénieurs doivent recevoir les ordres relatifs aux différens objets dont ils auront à prendre connaissance.

§ II. Fonds à appliquer aux travaux.

On sentira facilement qu'il ne doit point être question ici des fonds qui seront employés aux ouvrages communaux, de quelque nature qu'ils puissent être; et quand même ces ouvrages auraient été jugés devoir être examinés, approuvés et surveillés par l'Assemblée et par l'administration des ponts-et-chaussées, de tels travaux, par leur destination, n'intéressant jamais que les communes

qui les auront entrepris, ils devront être exécutés sur les fonds qu'elles auront délibéré d'y destiner, après que leurs délibérations auront été homologuées par le directoire du département, sur l'avis de celui du district.

On doit ranger aussi dans la même classe les communications particulières dont il a été parlé ci-dessus. Elles peuvent, à la vérité, présenter jusqu'à un certain point des objets d'utilité générale, par la liaison que toutes les communications ont entre elles; mais cependant, comme elles seront principalement déterminées dans les vues d'intérêt privé des communautés qui les entreprendront, elles seront acquittées sur le produit de l'imposition locale ou sur les autres fonds particuliers qui y auront été spécialement affectés.

Les fonds dont il sera question ici doivent se diviser en deux classes.

Les uns, et ce seront les plus considérables, seront destinés aux dépenses qui devront être à la charge des départemens, telles que l'université des travaux des routes qui s'exécutaient ci-devant au moyen de la corvée ou d'une prestation représentative, et même la plupart des ouvrages d'art en dépendant.

Les autres ouvrages qui devront être exécutés aux frais de l'État et sur les fonds du Trésor public, seront ceux qui, par leur importance ou leur nature, semblent en quelque sorte appartenir à tout le royaume, tels que les ponts, qui se trouvent faire partie de ces communications majeures qui traversent la France dans toute son étendue, et dont l'utilité est commune à presque toutes ses parties : tels que les principaux canaux de navigation qui doivent achever de vivifier tout ce vaste empire. Cependant, lorsqu'on aura achevé les grandes entreprises qui sont actuellement en exécution, et lorsqu'on en sera venu pour les canaux, comme pour les routes, au point de pouvoir entreprendre ceux qui n'auront d'autre objet que l'avantage de certains cantons particuliers, alors une partie des travaux de navigation pourra être dans le cas de s'exécuter sur les fonds des départemens.

Les dépenses des turcies et levées semblent devoir être encore dans ce même cas, vu l'importance dont la navigation de la Loire est pour tout le royaume, que ce grand fleuve traverse dans son milieu, et presque en entier dans sa plus grande largeur. Il est reconnu depuis bien long-temps que cette navigation, qui n'est pas encore à beaucoup près aussi parfaite qu'il serait à désirer, ne peut cependant être maintenue dans un état praticable, qu'au moyen des soins continuels pour empêcher le cours de ce fleuve d'être obstrué, et d'ouvrages considérables pour s'opposer à ce qu'il ne sorte de son lit. Il pourra seulement paraître convenable de mettre à la charge des départemens les ouvrages relatifs aux rivières affluentes à la Loire, qui font actuellement partie de ceux des turcies et levées ; ils ne doivent pas, en effet, être considérés comme tenant aussi essentiellement à l'intérêt général.

Enfin, les dépenses des ports maritimes de commerce doivent, plus que toutes autres, et sans le moindre doute, être à la charge de l'Etat, vu les avantages communs et généraux à tout le royaume que ces ports lui procurent.

Au surplus, chaque législature désignera ceux des travaux qui, pendant sa durée, devront être mis à la charge de l'Etat ; elle déterminera en même temps la quotité des fonds à y affecter chaque année : toutes les dispositions ultérieures, soit pour la direction et l'exécution de ces travaux, soit pour la distribution et l'emploi total des fonds quelconques qui y auroit été affectés, seront ensuite déterminées et suivies au nom du Roi.

Les directoires de département devront adresser annuellement, dans le mois de janvier, un état d'indication, tant des dépenses qu'ils auront délibéré d'imposer sur eux-mêmes, que de celles que certains départemens pourront se croire dans le cas de faire porter sur la masse générale mise en réserve. Ces états d'indication devront contenir une désignation sommaire des ouvrages de tout genre, et des frais de conduite auxquels ces fonds sembleront devoir être employés. Ils seront fournis chaque année dans le mois de janvier, et avec ceux destinés à faire connaître la situation des ouvrages de l'année précédente, dont il sera parlé dans la suite de cette instruction. Ces états seront remis aux directoires des départemens par les ingénieurs en chef ou inspecteurs d'arrondissement, qui les auront reçus eux-mêmes des ingénieurs ordinaires : les premiers, après avoir réuni ceux de chaque département, et les avoir soigneusement examinés, les viseront pour en attester l'exactitude. On n'entrera en ce moment dans aucun détail, quant à la forme de ces états d'indication, attendu qu'il en sera envoyé aux directoires des modèles qui les éclaireront suffisamment à cet égard ; on observera seulement qu'ils ne devront contenir des propositions d'emploi de fonds, que pour des ouvrages dont les projets auront déjà été approuvés, ou seront au moins adressés à l'administration centrale des ponts-et-chaussées, en même temps que ces états d'indication.

Ces mêmes états seront examinés par cette administration, et ensuite renvoyés aux différens directoires, après avoir été approuvés par le Roi : ce sera en vertu de cette approbation que seront faites toutes les dispositions pour l'ouverture des travaux de la campagne, et que les autorisations nécessaires seront transmises aux directoires des districts, par ceux des départemens.

§ III. Projet des ouvrages.

Les projets des ouvrages ne consistent, pour les entretiens, que dans les devis qui contiennent les conditions auxquelles les entrepreneurs doivent se soumettre, relativement à l'exécution des travaux, et dans les détails estimatifs qui établissent les prix auxquels, sauf les rabais qu'on est en droit d'attendre de la concurrence, les travaux peuvent être adjugés. Les projets des ouvrages neufs pour les routes, et encore plus pour les ouvrages d'art, doivent comprendre beaucoup d'autres détails, tels que des plans, nivellemens, profils, etc.

Ces projets devront être faits en général par les ingénieurs ordinaires ; ils pourront cependant, dans certains cas, l'être par l'ingénieur ou par l'inspecteur d'arrondissement : mais aucun ingénieur, de quelque grade qu'il soit, ne pourra s'occuper d'un projet, que de l'ordre du directoire de département ; ceux des districts lui adresseront leurs demandes à cet égard ; et c'est à ce directoire seul, qui doit connaître l'ensemble des besoins et des moyens de tout le département, à juger quels sont les projets dont, à raison de leur nécessité, ainsi que des fonds qu'on peut y appliquer, il convient de s'occuper de préférence. S'il en était autrement, il pourrait arriver très-naturellement que la plupart des districts, en s'occupant de leurs intérêts particuliers, perdissent un peu trop de vue l'intérêt général du département, et qu'en conséquence il employassent continuellement les ingénieurs à des projets qui entraîneraient dans des opérations toujours dispendieuses, et dont la possibilité pourrait souvent être incertaine, et l'exécution au moins éloignée. Cet inconvénient de distraire ainsi les ingénieurs ordinaires de leurs occupations les plus essentielles, se ferait remarquer d'autant plus aisément, qu'ils se trouveront tous avoir à correspondre avec plusieurs districts à la fois, et que la surcharge d'occupations donnée par l'un ne pourrait manquer d'être vivement ressentie par les autres. Ce qui vient d'être observé quant aux districts, devra l'être, à plus forte raison, relativement aux projets demandés par les municipalités, et qui leur seront propres.

Par une conséquence nécessaire, il conviendra que l'ingénieur ou l'inspecteur d'arrondissement ne puisse être chargé d'aucun projet par les directoires des départemens, sans que cela ait été concerté entre les différens départemens du même arrondissement, surtout si le projet est de nature à le distraire de ses occupations ordinaires, et à lui faire quitter pendant quelque temps sa résidence habituelle. Enfin, lorsque les projets seront communs à plusieurs départemens, ce sera un motif de plus pour les directoires de se concerter entre eux avant d'en faire entreprendre la formation ; et ils ne le pourront même qu'après s'être adressés au ministre de l'intérieur, pour s'y faire autoriser par le Roi, qui déterminera en même temps quels seront les ingénieurs qui en seront chargés.

Lorsque les ingénieurs ordinaires auront reçu l'ordre des directoires de département de s'occuper d'un projet, lequel ordre devra leur être transmis par la voie de l'ingénieur ou inspecteur d'arrondissement, ils se livreront à ce travail aussi promptement qu'il leur sera possible. On n'a rien à leur prescrire sur les principes d'économie et de ménagement pour les propriétés, qui doivent les diriger dans la formation des projets, ni sur les soins qu'ils sont obligés d'apporter dans les différentes opérations desquelles doivent dépendre et la facilité de leur exécution, et tous les avantages qu'ils peuvent procurer.

Il est juste, et même indispensable, que les ingénieurs soient secondés, à cet égard, par des conducteurs qui seront sous leurs ordres, et que les directoires ne doivent prendre que sur la présentation desdits ingénieurs.

Le devoir de ces derniers, au surplus, sera de se charger de toutes les opérations importantes, et de revoir tellement les autres, qu'ils puissent répondre de l'ensemble de tout l'ouvrage. S'ils sont arrêtés par quelques difficultés tenant à l'art, ils devront en référer à l'ingénieur en chef ou inspecteur d'arrondissement.

Les projets étant finis, ils seront remis par les ingénieurs ordinaires aux directoires des districts, et adressés par ceux-ci, avec leurs observations, au directoire du département, qui y joindra les siennes, s'il y a lieu, et renverra ensuite le tout à l'ingénieur ou inspecteur de l'arrondissement ; celui-ci, après avoir examiné le travail, le visera s'il n'y trouve point de corrections à y faire ; sinon, il y fera les changemens dont il le jugera susceptible.

Dans l'un ou dans l'autre cas, il le remettra ensuite au directoire du département, qui le renverra lui-même, s'il le juge nécessaire, au directoire du district, pour être revu tant par lui que par l'ingénieur ordinaire, ou bien il le fera passer à l'administration centrale pour être examiné et approuvé. Dans la première supposition, le projet pourra souffrir encore une nouvelle discussion plus ou moins longue, suivant la nature de l'objet et les difficultés auxquelles il aura donné lieu ; mais la correspondance particulière que les ingénieurs ordinaires devront avoir avec les ingénieurs et inspecteurs d'arrondissement, et qui ne pourra être trop suivie, éclaircira sans doute toutes les questions tenant à l'art, et sur lesquelles ces ingénieurs auront soin de se concerter et de s'entendre entre eux.

Les projets qui seront adressés à l'administration centrale par les directoires de dépar

tement, seront renvoyés à l'inspecteur général qui aura l'objet dans sa division, et il en sera par lui rendu compte, le plus promptement possible, à l'assemblée des ponts-et-chaussées. Elle donnera sur-le-champ un avis définitif, lorsque l'objet ne lui paraîtra susceptible d'aucune observation, et cet avis sera adressé par l'administration centrale au directoire de département, avec l'autorisation nécessaire pour faire exécuter le projet. Si ce même projet, au contraire, exige quelques corrections ou de nouveaux renseignemens, l'avis de l'assemblée sera également envoyé au directoire, pour qu'il ait à y satisfaire. Enfin, lorsque l'objet paraîtra de nature à ne pouvoir être déterminé que d'après la visite du local, faite par l'inspecteur général, l'examen ultérieur en sera remis après sa prochaine tournée ; le directoire en sera prévenu, et l'inspecteur-général aura soin, dans le cours de cette tournée et après sa visite, de lui soumettre ses idées sur le point de la difficulté : le projet ensuite, et au retour de l'inspecteur-général, sera examiné de nouveau et approuvé à l'ordinaire, si rien ne semble plus s'y opposer.

Tout ce qui vient d'être prescrit sur les projets doit s'appliquer non-seulement à ceux qui ont pour objet des constructions, soit de routes, soit d'ouvrages d'art de tous genres, mais encore aux projets d'alignement dans les traverses des villes, bourgs et villages. La seule différence qui existe entre les uns et les autres, c'est que ces derniers, le plus ordinairement, ne sont pas, comme les précédens, destinés à être exécutés aussitôt après avoir été arrêtés ; ils ne doivent, au contraire, l'être que successivement, à mesure de la reconstruction des maisons, et, par conséquent, dans un temps indéterminé. Ces projets, par cela même, exigent encore plus de soin, car leur exécution, qui peut quelquefois s'étendre à plusieurs générations et, d'après cela, être confiée à une multitude de mains différentes, ne doit présenter aucune de ces difficultés majeures qui pourraient être capables d'y faire renoncer après l'avoir entamée ; et conconséquemment après avoir fait du tort en pure perte aux propriétaires dont les maisons auraient déjà souffert des retranchemens. Dans la formation des projets de ce genre, les ingénieurs, plus qu'en tout autre cas, se trouvent pressés entre l'intérêt public et les égards dus aux propriétés ; on ne peut donc trop leur recommander de les étudier avec la plus grande attention. Il serait bien à désirer que les administrateurs des départemens pussent faire arrêter tous ces projets d'ici à peu d'années ; car, à leur défaut, les constructions se renouvellent continuellement, et avec elles les obstacles se multiplient. Il est tel édifice, élevé un an seulement avant qu'un projet de traverse ait été arrêté, qui peut nuire à sa perfection pendant plusieurs siècles, et qui peut gêner pendant leur durée la voie publique sur une communication importante et fréquentée. Mais, pour lever les plans de toutes les traverses, il faudrait sans doute que les ingénieurs fussent plus multipliés qu'ils ne l'ont été jusqu'à présent.

Ces derniers projets, lorsqu'ils feront partie des routes entretenues sur les fonds des départemens, seront dans le cas d'être examinés par l'assemblée des ponts-et-chaussées, et approuvés par l'administration centrale. Leur nature particulière, et l'importance dont il est de fixer sur eux l'attention de tous ceux appelés à y concourir, a semblé exiger qu'on en parlât avec un peu plus d'étendue que des autres objets du même genre.

§ IV. Exécution et réception des ouvrages, et compte à rendre de leur situation.

Les projets, après leur examen et leur approbation, seront renvoyés aux directoires de département, et ceux-ci les adresseront de suite au directoire de district pour faire procéder aux adjudications. A l'égard de ceux qui seront susceptibles d'une exécution immédiate, ces adjudications se passeront dans la forme et de la manière prescrites par les instructions qui ont été envoyées aux différens départemens en 1790, aussitôt après leur formation. Les ingénieurs ordinaires seront appelés par les directoires de district pour assister à ces adjudications, si ces directoires jugent que leur présence y soit nécessaire; ce qui pourrait en effet arriver dans le cas où il y aurait quelques explications à donner aux entrepreneurs, soit sur le devis, soit sur les détails estimatifs qui doivent à l'avenir leur être communiqués, ainsi que les devis. Deux expéditions, tant de l'adjudication que des devis, détail estimatif et plans et dessins y relatifs, seront remises, l'une à l'adjudicataire, et l'autre à l'ingénieur chargé de la conduite des ouvrages. Ces expéditions auront été visées et paraphées par le directoire du district.

Les adjudications étant passées, et les indemnités pour terrains à prendre à des particuliers étant acquittées à mesure qu'on occupera ces terrains, ce qui sera à l'avenir un préalable indispensable, l'ingénieur ordinaire se mettra en devoir de tracer l'ouvrage aux entrepreneurs; il prendra, à cet effet, le jour du commissaire que le directoire aura dû nommer pour suivre et surveiller l'exécution des travaux, et sous les ordres duquel il sera pour tout ce qui y sera relatif. Ce commissaire, avant de permettre qu'il y soit mis des ouvriers, aura soin de faire prévenir tous les propriétaires, quoiqu'ils aient déjà reçu le montant de leurs indemnités.

L'ingénieur ordinaire, s'il s'agit de l'ouverture d'une route, fera planter devant lui les piquets de hauteur et d'alignement, et visitera ensuite les ouvrages, même ceux de terrasse, toutes les fois qu'il s'agira de délivrer des certificats aux entrepreneurs pour leur procurer des à-comptes; il aura soin de surveiller l'ouvrage plus assidûment, lorsqu'il sera question de la construction de la chaussée.

S'il s'agit d'un ouvrage d'art et dont les fondations présentent quelques difficultés, l'ingénieur ordinaire, sur l'avis de l'ingénieur en chef, recevra du directoire du département, par la voie de celui du district, l'ordre de s'établir sur les lieux pour tout le temps nécessaire; et ce directoire prendra en même temps les mesures convenables pour que les autres travaux de l'arrondissement particulier de cet ingénieur n'en souffrent point: à cet effet, il s'adressera à l'administration centrale, pour lui demander de détacher de l'Ecole un élève capable de remplacer l'ingénieur pendant le temps nécessaire.

S'il survient des difficultés quelconques pendant le cours de l'ouvrage, l'ingénieur ordinaire les constatera par un rapport qu'il remettra au commissaire qui sera chargé de sa surveillance; et celui-ci en rendra compte au directoire du district, qui en référera, s'il y a lieu, à celui du département: ce dernier consultera l'ingénieur en chef ou inspecteur d'arrondissement, si l'objet, par sa nature, semble l'exiger. Dans le cas où il serait question de quelques changemens aux clauses du devis ou du détail estimatif, soit en augmentation ou en diminution, cette consultation sera absolument nécessaire. Au surplus, le devoir de l'ingénieur ordinaire se bornera, dans ce cas, à rendre compte par écrit, et à ne permettre dans l'exécution aucun changement au devis ni au détail, sans y être également autorisé par écrit, et par le directoire du district, sous les ordres immédiats duquel il est pour tout ce qui concerne l'exécution des ouvrages, et qui devra en conséquence lui transmettre les autorisations qu'il aura reçues lui-même du directoire du département.

Quant au nombre de tournées que les ingénieurs ordinaires devront faire chaque année sur leurs ouvrages, on ne pourra que s'en rapporter à leur zèle, et d'ailleurs à ce que croiront devoir exiger d'eux les directoires de district. Ces tournées devront seulement être assez multipliées, pour que, indépendamment de la surveillance des ouvrages en construction, ils puissent aussi s'assurer de la bonne et entière exécution des adjudications d'entretien. Ce sera dans le cours de ces mêmes tournées que ces ingénieurs feront des rapports de police sur toutes les contraventions qui pourraient nuire à la voie publique, telles qu'anticipations ou encombremens, et sur tous autres objets qui intéresseront le service.

Ces rapports, à leur retour, seront remis ou adressés par eux aux directoires des districts, pour y avoir tel égard que de raison.

Quant aux ingénieurs ou inspecteurs d'arrondissement, ils seront obligés de faire par an deux tournées sur les principales routes des départemens qui composeront leurs arrondissemens : une de ces deux tournées aura lieu en automne, et en même temps que celle de l'inspecteur général. Ils seront tenus de prévenir les directoires, tant de département que de district, du moment où ils commenceront ces tournées, pour qu'ils puissent, s'ils le jugent à propos, nommer des commissaires pour les faire, en tout ou en partie, avec lesdits ingénieurs ou inspecteurs. A la fin de chacune de ces tournées, dans lesquelles les ingénieurs en chef, inspecteurs d'arrondissement ou inspecteurs-généraux seront accompagnés par les ingénieurs ordinaires, ils soumettront au directoire du département le résultat de leurs tournées. Ce sera dans celle de l'automne que se feront, autant que la situation des eaux le permettra, les sondes autour des piles et culées des ponts et autres ouvrages fondés sous les eaux ; et à quelque époque que se fassent ces sondes, il en sera dressé des procès-verbaux doubles, dont l'un sera déposé au directoire du district, et l'autre à celui du département. C'est un objet de la plus haute importance, et auquel, par conséquent, les directoires ne peuvent tenir la main trop soigneusement.

Indépendamment des deux tournées qui viennent d'être prescrites, les ingénieurs en chef ou inspecteurs d'arrondissement pourront être dans le cas d'en faire encore d'autres, quand ils en seront requis par les directoires de département, à raison de quelques cas particuliers. Ils pourront aussi, lorsqu'ils le croiront nécessaire, se charger de diriger eux-mêmes l'exécution de certaines parties d'ouvrages, comme, par exemple, des fondations, si elles présentaient des obstacles qui demandassent le secours de leur expérience ; mais cependant cela ne pourra avoir lieu qu'en vertu d'une décision de l'administration centrale, qui aura pris auparavant l'avis des différens départemens de l'arrondissement, pour bien s'assurer que cette occupation particulière ne pourra nuire au service général.

La résidence des ingénieurs ordinaires sera déterminée par les directoires des départemens, et celle des ingénieurs en chef ou inspecteurs d'arrondissement par l'administration centrale : les uns et les autres ne pourront s'absenter qu'avec l'agrément du directoire du département, et ils auront besoin de la permission de l'administration centrale, pour venir dans la capitale du royaume. Les ingénieurs ordinaires ne pourront jamais s'absenter sans en avoir prévenu auparavant

l'ingénieur ou l'inspecteur de l'arrondissement.

Les inspecteurs-généraux eux-mêmes pourront être dans le cas de faire des tournées extraordinaires, sur la demande des départemens, ou même toutes les fois que l'administration le jugera nécessaire, et ce sera elle qui leur en donnera l'ordre. Hors ces cas particuliers, leurs tournées auront lieu dans les six derniers mois de l'année, attendu que c'est le moment où ils peuvent juger de l'exécution des travaux et du dégré de leur avancement.

Les certificats d'à-compte seront délivrés aux entrepreneurs par les ingénieurs ordinaires, à mesure de l'avancement des ouvrages, qui aura été reconnu par eux-mêmes, ainsi qu'il a déjà été dit ci-dessus ; et ces entrepreneurs, après les avoir fait viser par l'ingénieur en chef, s'adresseront aux directoires des districts pour obtenir des ordres de paiement. Les doubles des certificats seront envoyés par l'ingénieur ordinaire à l'ingénieur d'arrondissement, et les doubles des ordres de paiement le seront également au directoire de département par celui de chaque district. Il en sera usé de même quant aux certificats de réception et de parfait paiement, si ce n'est à l'égard des ouvrages d'une certaine importance, pour lesquels l'ingénieur ou l'inspecteur d'arrondissement croira devoir les donner lui-même : il se transportera, à cet effet, sur les lieux avec l'ingénieur ordinaire ; le commissaire du district qui aura suivi les travaux, sera tenu de s'y trouver aussi, et signera également le procès-verbal de réception, ce qui aura lieu pour les ouvrages de toute espèce. Un double de ce procès-verbal sera remis au directoire du district, et un autre à celui du département.

L'ingénieur ordinaire sera tenu, de plus, d'adresser tous les mois, tant au directoire de chaque district, qu'à l'ingénieur d'arrondissement, un état sommaire de la situation des ouvrages dont il aura la conduite ; et l'ingénieur d'arrondissement en enverra ensuite une copie, visée de lui, au directoire de chaque département.

Outre ces états particuliers, les ingénieurs ordinaires, vers le 1er décembre de chaque année, et à l'époque où les travaux sont entièrement interrompus, dresseront des états généraux de la situation des ouvrages exécutés pendant l'année. On n'entrera ici dans aucun détail sur la forme dans laquelle devront être rédigés ces états, dont il sera adressé des modèles aux directoires des différens départemens : ces modèles seront accompagnés d'observations qui indiqueront complètement la manière dont ils devront être remplis. Ces mêmes états, préalablement acceptés par les entrepreneurs, seront d'abord envoyés par l'ingénieur ordinaire à chaque directoire de district, qui les visera et les lui fera repasser, pour qu'il les adresse ensuite à l'ingénieur d'arrondissement. Cet ingénieur, après avoir rassemblé près de lui les ingénieurs ordinaires, et en avoir pris les éclaircissemens nécessaires, réunira ensuite tous ces états en un seul, par chaque département, auquel il joindra ses observations. Il adressera cet état, signé de lui, au directoire de ce département ; ce directoire y joindra pareillement les observations dont il pourra le juger susceptible, et enverra le tout à l'administration centrale dans le courant du mois de janvier. Cette administration fera part au directoire du résultat de l'examen qu'elle aura fait de cet état. Il est bien nécessaire que l'envoi dont il s'agit ait lieu avant le mois de février, attendu que l'état d'indication des ouvrages de la campagne suivante, dont il a déjà été question dans le commencement de la présente instruction, doit être adressé en même temps, et qu'il est nécessaire qu'il soit examiné et approuvé assez tôt pour ne pas retarder d'un seul instant l'ouverture des travaux.

Telle est l'instruction que Sa Majesté a jugé indispensable et instant de faire parvenir aux directoires de département, pour pourvoir sans retard à l'exécution de la loi ; sauf à ces directoires à transmettre, d'ici à la fin de l'année, leurs observations à l'administration, sur ce que l'expérience leur aura déjà fait juger être susceptible de changement. Cette réunion de lumières pourra mettre en état de rédiger définitivement une instruction complète sur le service des différens agens employés à la conduite des travaux publics.

Le Roi doit annoncer au surplus à tous les différens corps administratifs, que ce sera d'eux que dépendra surtout le succès qu'il y a lieu d'attendre des dispositions de la présente instruction ; c'est même à eux, et à eux seuls, à en assurer l'exécution, en se concertant ensemble sur le service des ingénieurs, et leur facilitant par-là les moyens de pouvoir suffire à toutes leurs fonctions. La nécessité de se concerter entre les corps administratifs est d'une évidence si absolue, que Sa Majesté ne peut que se reposer avec confiance sur ce que leur patriotisme leur inspirera à cet égard.

17 AVRIL 1791. — Décret portant vente de domaines nationaux à différentes municipalités des départemens de l'Aube, des Côtes-du-Nord, du Finistère, du Gers, d'Ille-et-Vilaine,

de la Loire-Inférieure, de Maine-et-Loire, de l'Oise et des Vosges. (B. 13, 171.)

17 = 27 AVRIL 1791. — Décret qui ordonne le remboursement de plusieurs parties de la dette arriérée des départemens de la guerre et des finances de la maison et de la bibliothèque du Roi. (L. 4, 351 ; B. 13, 162.)

17 AVRIL 1791. — Artillerie ; Cent mille soldats auxiliaires. *Voy.* 16 AVRIL 1791.—Comité d'aliénations ; Corrèze ; Creuse ; Directoires de départemens. *Voy.* 12 AVRIL 1791. — Droits d'aubaine. *Voy.* 13 AVRIL 1791. — Invalides. *Voy.* 28 FÉVRIER 1791, 30 AVRIL 1791. — Juges. *Voy.* 28 FÉVRIER 1791. — Metz. *Voy.* 13 AVRIL 1791. — Noyon, etc. *Voy.* 9 AVRIL 1791. — Pays d'états ; Sieur Piquet. *Voy.* 12 AVRIL 1791 —Présidens et accusateurs publics. *Voy.* 30 MARS 1791. — Saint-Yrieix. *Voy.* 13 AVRIL 1791. — Serment. *Voy.* 15 AVRIL 1791. —Trésorerie nationale. *Voy.* 14 AVRIL 1791.

18 = 27 AVRIL 1791. — Décret relatif aux baux emphytéotiques, baux à cens, rente et autres, faits par les corps, communautés et bénéficiers, et aux traités faits entre des ci-devant bénéficiers et des particuliers (L. 4, 338 ; B. 13, 177 ; Mon. du 19 avril 1791.)

Voy. loi du 19 MARS = 6 AVRIL 1791 (1), et loi du 3 = 20 JUILLET 1791.

Art. 1er. Les baux emphytéotiques légitimement faits, sont ceux qui ont été revêtus de lettres-patentes dûment enregistrées, ou qui ont été homologués par arrêts ou jugemens en dernier ressort, sur les conclusions du ministère public.

2. Seront aussi exécutés, quoique non revêtus des formalités ci-dessus :

1° Les baux emphytéotiques faits à portion de fruits, ceux passés par les ci-devant chapitres, corps et communautés subsistant depuis vingt ans, et ceux passés par de simples bénéficiers depuis quarante ans, sans réclamation ;

2° Les baux moins anciens, faits à la suite d'un bail de quatre-vingt-dix-neuf ans, ou de deux baux de plus de vingt-sept ans chacun, du consentement, soit des supérieurs, soit des corps et communautés avec lesquels la possession était originairement indivise, et passés à une redevance au moins égale à celle portée aux baux antérieurs, lorsqu'elle était en nature, et supérieure de moitié, lorsqu'elle était en argent ;

3° Ceux dont la redevance n'excède pas la somme de deux cents livres ;

(1) *Voy.* Avis du Conseil-d'État, du 24 janvier = 10 mars 1807, qui déclare que la loi du 18 = 27 avril 1791, sur les baux emphytéotiques faits par les corps, communautés et bénéficiers, est non applicable à ceux des biens appartenant

aux hospices.

Voy. décret du 1er mars 1813, qui maintient les baux emphytéotiques dans les États-Romains. *Voy.* arrêt de Cassation du 26 juin 1822 (S. 22, 1, 362).

4° Enfin ceux dont les preneurs prouveront que, par des constructions, plantations ou autres améliorations faites à leurs dépens, les biens ont acquis une valeur double de celle qu'ils avaient à l'époque du bail.

3. Ceux dont les baux sont conservés par les articles précédens, et qui justifieront avoir versé, en exécution de la déclaration du 22 juillet 1702, la finance à laquelle ils auront été taxés, jouiront pareillement des dix années qui leur ont été accordées par l'article 10 de cette déclaration, au-delà de celles fixées par leurs baux.

4. Il ne sera exercé aucune action en restitution de fruits, contre les détenteurs qui, n'étant dans aucune des exceptions ci-dessus, ne se trouvent pas maintenus dans leur jouissance.

5. Les dispositions de l'article 1er, et les première et troisième exceptions portées en l'article 2, auront lieu, tant pour les contrats appelés appensionnemens ou locataires perpétuelles, que pour les baux à rente foncière ou perpétuelle.

Et quant aux baux à cens ou rente foncière de biens qui étaient rentrés dans les mains des possesseurs ecclésiastiques, et dont ils étaient tenus de les vider, aux termes des lois, lesdits baux à cens ou rente foncière seront exécutés, pourvu néanmoins que les nouvelles redevances ne soient pas inférieures aux anciennes.

6. Les dispositions des précédens articles ne s'appliquent qu'aux biens ci-devant ecclésiastiques, et non aux biens domaniaux.

7. Ne sont pas compris dans les dispositions de l'article 9 du décret du 14 mai les baux passés par de simples bénéficiers, pour un terme au-delà de neuf années, et jusqu'à dix-huit; mais lesdits baux seront exécutés pour ce qui reste à écouler des neuf premières années, et même pour les années qui excèdent ce terme, si la première desdites années excédantes se trouvait commencée au 2 novembre 1789.

Quant aux baux de dix-huit à vingt-neuf ans, ils seront exécutés pour les années qui resteront à courir, si la dix-neuvième se trouve commencée lors de la publication du présent décret. Seront enfin exécutés les baux faits pour plus de neuf ans, jusqu'à vingt-neuf, et passés par les ci-devant chapitres, corps et communautés.

8. Sont également nuls les baux faits par anticipation, c'est-à-dire, pour les maisons, *plus* d'un an avant l'expiration du bail, et pour les biens ruraux, *plus* de trois ans *avant le 1er octobre de l'année pendant laquelle le précédent fermier doit faire sa dernière récolte*, excepté néanmoins lorsque les baux au-

ront été faits par les ci-devant chapitres, corps ou communautés.

9. L'article précédent ne pourra néanmoins préjudicier aux adjudications déjà faites sous la condition que l'acquéreur ne sera pas tenu à l'entretien du bail, dans les pays où les coutumes, statuts ou réglemens fixent un moindre délai pour la légitime passation des baux.

10. Les baux faits par anticipation, par de simples bénéficiers, seront encore maintenus, lorsque l'exécution en aura été commencée avant le 2 novembre 1789, ou que le preneur jouissant en vertu d'un premier bail, en aura obtenu un second, sous la condition de faire des constructions, plantations ou améliorations, et prouvera qu'il a rempli les conditions.

11. La récolte de la présente année 1791 sera faite par tout fermier ou cultivateur qui, sans avoir de bail subsistant, a fait les labours et ensemencemens qui doivent la produire.

12. Lorsqu'il y aura soumission pour les portions dont un fermier général jouit par lui-même, il sera, par des experts nommés par le fermier général et le directoire du district, fait une estimation qui fixera le fermage que pourrait produire la portion demandée. Le fermier général aura la faculté, ou de laisser l'adjudicataire jouir de la portion vendue, en recevant de lui un dixième dudit fermage, ou d'en conserver la jouissance, en payant lui-même neuf dixièmes du fermage estimé à l'adjudicataire.

13. En cas d'aliénation des portions comprises en un bail général, soit sous-affermées, soit conservées par le fermier général, la redevance due par ce dernier diminuera du montant des neuf dixièmes qui, aux termes de l'article précédent et des dispositions du décret du 31 décembre dernier, seront touchés par l'adjudicataire.

14. Les rentes emphytéotiques ou à vie, appartenant à la nation, en vertu des actes maintenus par les dispositions précédentes, ensemble la nue-propriété des biens qui en sont l'objet, pourront être aliénées aux conditions et suivant les règles qui vont être expliquées.

15. Les experts estimeront quel doit être le revenu des biens compris au bail emphytéotique ou à vie. Lorsque le revenu fixé par les experts excédera celui de la rente emphytéotique, le soumissionnaire sera tenu d'offrir : 1° vingt-deux fois le revenu de la rente emphytéotique; 2° le capital de l'excédant au même denier, mais en égard à la non-jouissance que l'acquéreur éprouvera jusqu'à l'expiration du bail : le tout suivant les tables de proportion annexées au présent décret.

Table de proportion pour servir à l'estimation des biens donnés à emphytéose, le prix du revenu (excédant la redevance emphytéotique) étant fixé sur le pied de cent livres pour le prix de quatre livres six onzièmes de rente, ou au denier vingt-deux.

Valeur actuelle d'un revenu de 1,000 livres dont la jouissance est suspendue jusqu'à l'expiration d'un bail emphytéotique.

Combien de fois il faudra payer le revenu excédant la redevance portée au bail emphytéotique.

		fois
Pendant 5 ans	17,616 liv., ou	17 8/13
10	14,105	14 2/19
15	11,194	11 5/17
20	9,043	9 1/23
25	7,241	7 6/25
30	5,798	5 4/35
35	4,642	4 9/14
40	3,717	3 33/46
45	2,976	2 41/42
50	2,383	2 13/34
55	1,908	1 10/11
60	1,528	1 9/17
65	1,223	1 2/9
70	980	les 49/59
75	784	» 51/65
80	628	» 49/78
85	503	» 50/99
90	403	» 27/67
95	322	» 19/59
100	258	» 8/31

le revenu suspendu par le bail.

Table de proportion pour servir à l'estimation des biens donnés par bail à vie, le prix du revenu (excédant la rente portée au bail) étant fixé sur le pied de cent livres pour quatre livres six onzièmes de rente, ou au denier vingt-deux.

Valeur actuelle d'un revenu de 1,000 livres dont la jouissance est suspendue par un bail à vie sur une seule tête.

Combien de fois il faudra payer le revenu excédant la redevance portée au bail à vie.

Age de la tête.		fois
5 ans	6,205 livres, ou	6 9/44
10	5,907	5 39/43
15	6,531	6 17/32
20	7,183	7 2/11
25	7,685	7 24/35
30	8,244	8 10/41
35	8,883	8 83/94
40	9,619	9 13/21
45	10,424	10 14/33
50	11,333	11 1/3
55	12,290	12 11/38
60	13,349	13 15/43
65	14,530	14 26/49
70	15,842	15 16/19
75	17,169	17 12/71
80	18,434	18 23/53
85	19,500	19 1/2
90	20,263	20 5/19
95	21,761	21 51/67

le revenu suspendu par le bail.

Table de proportion pour servir à l'estimation des biens donnés par bail à vie, sur deux têtes, le prix du revenu (excédant la rente portée au bail) étant fixé sur le pied de cent livres pour quatre livres six onzièmes de rente, ou au denier vingt-deux.

Valeur actuelle d'un revenu de 1,000 livres dont la jouissance est suspendue par un bail à vie sur deux têtes.

Combien de fois il faudra payer le revenu excédant la redevance portée au bail.

Age des deux têtes.			fois
	10 ans	3,125 livres ou	3 1/8
	20	3,576	3 53/82
	30	2,969	3 94/97
	40	4,397	4 25/63
10	50	4,830	4 83/100
	60	5,232	5 16/69
	70	5,572	5 4/7
	80	5,785	5 11/11
	20	4,118	4 2/17
	30	4,600	4 3/5
	40	5,184	5 2/15
20	50	5,684	5 13/19
	60	6,208	6 16/77
	70	6,674	6 31/41
	80	6,989	6 90/91
			fois
	30	5,167	5 1/6
	40	5,805	5 62/77
	50	6,463	6 25/54
30	60	7,090	7 1/100
	70	7,643	9 9/14
	80	8,015	8 1/67
	40	6,576	6 53/92
	50	7,392	7 29/74
40	60	8,173	8 14/81
	70	8,868	8 79/91
	80	9,334	9 1/3
	50	8,412	8 7/17
	60	9,419	9 31/74
50	70	10,330	10 32/97
	80	10,950	10 19/20
	60	10,722	10 13/18
60	70	11,959	11 47/49
	80	12,815	12 22/27
70	70	13,676	13 48/71
	80	14,983	14 58/59
80	80	16,906	16 29/32

le revenu suspendu par le bail.

Article additionnel.

Sur le rapport fait par les comités ecclésiastique et d'aliénation réunis, des difficultés qui se sont élevées, dans plusieurs départemens, par rapport à l'exécution de traités faits entre des ci-devant bénéficiers et des particuliers, ou des compagnies de gens d'affaires, par lesquels les personnes qui ont contracté avec les bénéficiers, se sont engagées envers eux, moyennant des remises convenues, à leur faire des avances de fonds, et à percevoir le prix des baux qui seraient faits par le bénéficier lui-même, en leur présence et ce, pendant un nombre d'années convenu, quel que fût le bénéfice dont le titulaire qui traitait se trouvât pourvu, et dans le cas même où il acquerrait un nouveau bénéfice au lieu de celui qu'il possédait.

L'Assemblée nationale, considérant que les conventions dont il s'agit caractérisent un traité particulier, propre à la personne beaucoup plus qu'au bénéfice, et qu'il ne saurait être assimilé aux baux généraux des biens d'un bénéfice dont elle a ordonné l'exécution dans des circonstances et sous des conditions désignées,

Déclare que les traités dont il vient de lui être rendu compte ne sont point dans le cas d'être exécutés par la nation; et néanmoins, attendu que ceux qui avaient consenti lesdits traités les ont exécutés de fait pendant le cours de l'année 1790, décrète que leur exécution ne cessera qu'à compter du premier janvier dernier.

18 AVRIL 1791.— Pharmaciens, etc. *Voy.* 14 AVRIL 1791.

19 AVRIL 1791. — Décret qui ordonne la lecture des décrets sur la régence, la garde du Roi mineur, et la résidence des fonctionnaires publics. (B. 13, 186.)

19 AVRIL 1791. — Décret portant vente de domaines nationaux à différentes municipalités. (B. 13, 187.)

19 AVRIL 1791. — Décret portant qu'il sera fait une députation au Roi, pour le prier de remettre le discours que S. M. a prononcé dans cette séance. (B. 13, 189.)

19 AVRIL 1791. — Agens de change. *Voy.* 21 AVRIL 1791.

20 = 27 AVRIL 1791. — Décret relatif au remboursement des jurandes et maîtrises. (L. 4, 408; B. 13, 193; Mon. du 21 avril 1791.)

Art. 1er. Dans un mois à compter de la publication du présent décret, les syndics des corps et communautés créés par l'édit d'août 1776 et autres subséquens, formeront un état qui contiendra le nom et l'époque de la réception des particuliers qui composent le premier tableau desdits corps et communautés, ou qui exercent en vertu de brevets dont la finance a été versée au Trésor public, en observant de n'y point comprendre les maîtres qui ont renoncé à l'exercice de leur profession ou commerce avant le 1er avril 1789. Cet état sera remis aux officiers municipaux qui,

après l'avoir certifié, l'adresseront au commissaire du Roi chargé de la liquidation de la dette publique.

2. Les particuliers qui ont obtenu des maîtrises, et dont la finance a été versée dans la caisse de l'école gratuite de dessin à Paris, à la décharge du Trésor public, seront remboursés dans les formes et suivant les proportions déterminées par les articles 3 et 4 du décret du 2 mars, qui abolit les jurandes.

3. La déduction du trentième par année de jouissance, sur le prix des jurandes et maîtrises dont le remboursement est ordonné par l'article 4 du décret du 2 mars, n'aura lieu que jusqu'au 4 août 1789.

4. Les particuliers habitant le faubourg Saint-Antoine de la ville de Paris, qui étaient autorisés à payer le prix de la maîtrise dans le cours de dix ans, seront remboursés des àcomptes qu'ils justifieront avoir payés, en se conformant aux dispositions de l'article 4 dudit décret du 4 mars.

20 = 27 AVRIL 1791. — Décret relatif au paiement de la contribution patriotique. (L. 4, 381; B. 13, 194.)

L'Assemblée nationale, considérant :

1° Que parmi les dons qui ont précédé la contribution patriotique, plusieurs ont été faits en contrats de rentes sur l'Etat; qu'en établissant la contribution patriotique, il a été permis à ceux qui avaient fait des dons de cette nature, de les offrir en paiement de la totalité ou de partie de cette contribution ;

2° Que le plan de libération des dettes nationales a été en partie établi sur le produit de la contribution patriotique; que cette contribution devient absolument nécessaire pour l'exécution de ce plan;

3° Que les circonstances qui avaient fait exiger le paiement en argent ou en effets exigibles, de la contribution patriotique, ne sont plus aussi impérieuses; que déjà, par cette raison, les brevets de retenue et les décomptes anciens de pensions ont été admis, par décret du 23 janvier, en paiement de cette contribution;

4° Qu'il est de l'intérêt de la nation d'en accélérer et faciliter le paiement, et d'employer tous les moyens qui peuvent tendre à la libération des créances dont le Trésor national acquitte les intérêts annuels,

Décrète ce qui suit :

Les créanciers de rentes, employés sur les états de paiement pour en recevoir annuellement les intérêts, pourront les donner en paiement de leur contribution patriotique, non-seulement pour les arrérages échus, mais encore pour le montant des capitaux évalués sur le pied du produit net du denier vingt de l'intérêt qu'ils produisent, en rapportant le certificat des payeurs desdites rentes, contenant le montant des intérêts annuels et la preuve de leur valeur parmi les rentes payées annuellement par la nation.

20 AVRIL 1791. — Décret qui autorise le département des Hautes-Alpes et les directoires de district d'Evaux, de Lure, du Quesnoy, de Saint-Maximin, à louer les bâtimens nécessaires à leur établissement. (L. 4, 378 ; B. 13, 190 et suiv.)

20 AVRIL 1791. — Décret relatif à l'impression, à la distinction et à l'envoi des lois générales ou particulières. (B. 13, 192.)

20 AVRIL 1791.—Décret portant qu'il sera nommé huit commissaires pour suivre l'examen et l'apurement de l'arriéré des bâtimens du Roi. (B. 13, 195.)

20 AVRIL 1791. — Décret portant vente de domaines nationaux à différentes municipalités des départemens des Basses-Alpes, du Calvados, de la Charente-Inférieure, des Hautes-Pyrénées, de Maine-et-Loire, de la Manche, de l'Oise et de la Vendée. (B. 13, 196.)

20 AVRIL 1791. — Annonay, etc. *Voy.* 16 AVRIL 1791.— Caisse de l'extraordinaire. *Voy.* 14 AVRIL 1791.— Droits seigneuriaux. *Voy.* 13 AVRIL 1791.

21 AVRIL (14, 19 et) = 8 MAI 1791. — Décret relatif aux offices et commissions d'agens et de courtiers de change, de banque et d'assurances, tant de terre que de mer ; conducteurs-interprètes et autres. (L. 4, 511 ; B. 13, 201 ; Mon. du 16 avril 1791.)

Voy. lois du 2 = 17 MARS 1791 ; du 28 VENTOSE an 9.

Art. 1er. Les offices et commissions d'agens et courtiers de change, de banque, de commerce et d'assurances, tant de terre que de mer, conducteurs-interprètes dans les ports de mer, tant français qu'étrangers et autres, de quelque nature et sous quelque dénomination qu'ils aient été créés, sont supprimés, à compter du jour de la promulgation du présent décret.

2. Conformément à l'article 7 du décret sur les patentes, du 2 mars dernier, il sera libre à toutes personnes d'exercer la profession d'agent et courtier de change, de banque, de commerce, tant de terre que de mer ; mais à la charge de se conformer aux dispositions des réglemens qui seront incessamment décrétés, sans que personne puisse être forcé d'employer leur ministère ; et cependant les anciens agens de change continueront d'exercer leurs fonctions, conformément aux anciens réglemens, jusqu'à la promulgation des nouveaux réglemens qui seront incessamment décrétés.

3. Tout particulier qui voudra exercer les fonctions d'agent et de courtier de change, de banque et de commerce, tant de terre que de mer, sera tenu de prendre une patente, qui ne pourra lui être délivrée qu'autant qu'il rapportera la quittance de ses impositions.

4. Celui qui aura pris une patente sera tenu de se présenter devant le juge du tribunal de commerce ; il y fera sa déclaration qu'il veut exercer la profession d'agent et de courtier de change et de commerce, et il prêtera le serment de remplir ses fonctions avec intégrité, et de se conformer aux décrets de l'Assemblée nationale et aux réglemens.

5. Le greffier du tribunal lui délivrera une expédition de sa prestation de serment, qu'il sera tenu de produire à la municipalité, pour y justifier qu'il a rempli cette formalité, sans laquelle il ne pourra user de la patente.

6. Nul ne pourra exercer tout à la fois la profession d'agent et courtier de change, et celle de négociant, banquier, marchand, fabricant, commissionnaire, et même être commis dans aucune maison de commerce. Ceux qui auraient fait un contrat d'atermoiement ou faillite à leurs créanciers ne pourront faire usage de la patente qui leur aurait été délivrée, à moins qu'ils ne soient réhabilités ; de quoi ils seront tenus de justifier.

7. Ne pourront, ceux qui seront reçus courtiers et agens de change, faire pour leur compte aucune espèce de commerce ni négociation, à peine de destitution et de quinze cents livres d'amende. Ils ne pourront sous les mêmes peines, endosser aucune lettre ou billet commerçable, donner aucun aval, tenir caisse, ni contracter aucune société, ni faire ni signer aucune assurance, et s'intéresser directement ni indirectement dans aucune affaire: tous actes, promesses, contrats et obligations qu'ils auraient pu faire à cet égard seront nuls et de nul effet.

8. Ne pourront de même les négocians, banquiers ou marchands, prêter leurs noms directement ni indirectement aux courtiers et agens de change, pour faire le commerce et les intéresser dans celui qu'ils pourraient faire ; et ce, sous peine d'être solidairement responsables et garans de toutes les condamnations pécuniaires qui pourraient être prononcées contre lesdits courtiers et agens de change.

9. Dans tous les lieux où il sera établi des courtiers et agens de change, il sera dressé un tableau sur lequel seront inscrits leurs noms et demeures; ledit tableau sera affiché dans les tribunaux de commerce, et dans les lieux où les marchands et négocians sont dans

l'usage de s'assembler, ainsi qu'à la maison commune.

10. Les courtiers et agens de change seront obligés de tenir des livres ou registres journaux en papier timbré, lesquels seront signés, cotés et paraphés par un des juges du tribunal de commerce. Lesdits registres seront écrits par ordre de dates, sans aucun blanc et par articles séparés ; ils contiendront toutes les négociations et opérations de commerce pour lesquelles lesdits courtiers, agens de change et de commerce auront été employés, le nom des parties contractantes, ainsi que les différentes conditions convenues entre elles. Seront tenus, lesdits courtiers, de donner aux parties intéressées un extrait, signé d'eux, desdites négociations et opérations, dans le même jour où elles auront été arrêtées.

11. Ils ne pourront, sous peine de destitution et de responsabilité, négocier aucun effet, lorsqu'il se trouvera cédé par un négociant dont la faillite serait déclarée ouverte, ou qui leur serait remis par des particuliers non connus et non domiciliés.

12. Les particuliers qui, sans être pourvus de patentes, se seraient immiscés dans les fonctions de courtiers et agens de change et de commerce, seront non-recevables à intenter aucune action pour raison de leurs salaires : les registres où ils auront écrit leurs négociations n'auront aucune foi en justice ; ils seront, de plus, sujets à l'amende déterminée par l'article 19 du décret du 16 février dernier.

13. Les courtiers et agens de change, de banque et de commerce, ne pourront, à peine d'interdiction, se servir de commis, facteurs et entremetteurs pour traiter et conclure les marchés ou négociations dont ils seront chargés.

14. Il sera incessamment procédé par les tribunaux de commerce à la confection du tarif des droits de courtage dans les différentes places de commerce du royaume. Ce tarif aura force de loi dans chaque ville où il aura été fait ; et jusqu'à la publication du nouveau tarif, ceux actuellement subsistans continueront à être exécutés.

15. Il sera également fait par les tribunaux de commerce un réglement sur la manière de constater le cours du change et des effets publics.

16. Les courtiers et agens de change se conformeront aux dispositions du présent décret, à peine de destitution ; et ceux contre lesquels elle aura été prononcée ne pourront, dans aucun temps, quoique pourvus de patentes, en exercer les fonctions.

21 AVRIL (30 MARS et) = 7 SEPTEMBRE 1791.— Décret relatif aux vivres et fourrages de l'armée. (L. 5, 1138 ; B. 13, 206.)

Art. 1er. En temps de paix, les fournitures de toute espèce pour le service ordinaire de l'armée dans ses garnisons et quartiers, seront faites par entreprise laissée au rabais, sauf les exceptions qui seront énoncées ci-après, et celles qui pourront être déterminées dans la suite par les législatures, sur la demande du ministre de la guerre.

2. Les adjudications seront toujours faites publiquement, au jour et au lieu indiqués par des affiches, qui annonceront les conditions du marché. Les affiches devront être placardées, au moins six semaines à l'avance, dans tous les chefs-lieux de département et de district du royaume, s'il s'agit d'une entreprise générale ; et, s'il s'agit d'une entreprise partielle et locale, dans tous les chefs-lieux de cette localité.

3. Sont exceptés des précédentes dispositions des articles 1 et 2, les fournitures des vivres et des fourrages, qui pourront être confiées par le ministre de la guerre à une ou plusieurs compagnies, composées chacune des personnes qu'il croira les plus capables de bien remplir l'un ou l'autre service.

4. Dans le cas où le ministre de la guerre jugerait à propos de confier la fourniture, soit des vivres, soit des fourrages, à des compagnies de son choix, le prix de l'entreprise sera nécessairement fixé par le prix commun de chaque espèce de denrées pendant les mois de novembre, décembre, janvier, février et mars.

5. Le prix sera constaté d'après les états que les directoires de département enverront tous les quinze jours au ministre, du prix des différentes espèces de denrées dans tous les marchés de leur département.

6. Le ministre pourra convenir avec les entrepreneurs des vivres et des fourrages, de toute autre stipulation qu'il croira juste et convenable pour l'intérêt respectif des parties contractantes.

7. Les traités pour les fournitures des vivres et des fourrages, et pour toute autre fourniture militaire, seront imprimés. Les seules clauses dont le public aura eu connaissance par la voie de l'impression, seront obligatoires pour l'État.

8. Les traités seront d'ailleurs religieusement observés de part et d'autre, et ne pourront être rescindés ou annulés pendant le temps fixé pour leur durée, que pour les causes et par les formes de droit.

21 = 27 AVRIL 1791. — Décret portant circonscription des paroisses des villes d'Avalon, de Douai, de Mer, de Suèvre et du bourg d'Ouques. (L. 4, 348 ; B. 13, 199.)

21 AVRIL = 12 SEPTEMBRE 1791. — Décret portant que les matelots, soldats et particuliers arrêtés les armes à la main et conduits de la

Martinique dans les prisons du château de Saint-Malo, seront mis en état d'arrestation. (L. 4, 1170; B. 13, 205.)

21 AVRIL 1791. — Décret portant que les officiers commandant les escadres dans les parages éloignés, ne pourront user que sous leur responsabilité, du pouvoir qui leur est accordé de destituer les officiers qui sont sous leurs ordres. (B. 13, 198.)

21 AVRIL 1791. — Décret portant qu'il sera sursis à l'exécution du décret du 20 avril, concernant l'examen et l'apurement de l'arriéré des bâtimens du Roi. (B. 13, 199.)

22 AVRIL = 4 MAI 1791. — Décret relatif à M. La Pérouse, et à l'impression des cartes par lui envoyées. (L. 4, 460 ; B. 13, 213.)

L'Assemblée nationale décrète que les relations et cartes envoyées par M. La Pérouse, de la partie de son voyage jusqu'à Botany-Bay, seront imprimées et gravées aux dépens de la nation, et que cette dépense sera prise sur le fonds de deux millions ordonné par l'article 14 du décret du 3 août 1790.

Décrète qu'aussitôt que l'édition sera finie, et qu'on en aura retiré les exemplaires dont le Roi voudra disposer, le surplus sera adressé à madame La Pérouse, avec une expédition du présent décret, en témoignage de satisfaction du dévouement de M. La Pérouse à la chose publique, et à l'accroissement des connaissances humaines et des découvertes utiles.

Décrète que M. La Pérouse restera porté sur l'état de la marine, jusqu'au retour des bâtimens envoyés à sa recherche, et que ses appointemens continueront à être payés à sa femme, suivant la disposition qu'il en avait faite avant son départ.

22 AVRIL = 4 MAI 1791. — Décret qui rétablit dans la caisse de la marine les sommes payées par décision du ministre de la marine aux sieurs Grauchin de Vaivres, Poujet et le Brasseur, et qui approuve la conduite du sieur Bonjour. (L. 4, 449 ; B. 13, 214.)

22 AVRIL = 4 MAI 1791. — Décret à l'effet de requérir l'exécution de la loi contre un délit considérable commis dans les bois nationaux du côté de Noyon. (L. 4, 453 ; B. 13, 206.)

23 AVRIL = 15 MAI 1791. — Décret qui supprime le corps de la marine, et qui détermine un nouveau mode de nomination pour sa recréation. (L. 4, 654; B. 13, 207.) Voy. au 29 AVRIL 1791.

22 = 27 AVRIL 1791. — Décret qui détermine es différens ressorts des tribunaux de commerce

de Pézénas, de Beziers et d'Agde. (L. 4, 362; B. 13, 207.)

22 AVRIL 1791. — Décret portant que les comités présenteront l'état des accusés du crime de lèse-nation qui sont dans le cas de subir le jugement de la haute cour nationale. (B. 13, 212.)

23 AVRIL = 1er MAI 1791. — Décret sur l'organisation de la régie des douanes, et qui fixe sa dépense. (L. 4, 433; B. 13, 215; Mon. du 24 avril 1791.)

Art. 1er. La perception des droits qui seront payés à toutes les entrées et sorties du royaume, conformément au tarif général décrété les 31 janvier, 1er février, 1, 2 et 18 mars, ainsi que celle des droits établis sur les denrées coloniales, par le décret du 18 mars, sera confiée à une régie, sous les ordres du pouvoir exécutif.

2. Cette régie sera, pour le moment, composée de huit personnes, sous le nom de *régisseurs des douanes nationales* ; mais, à compter du 1er janvier 1794, le nombre de ces huit régisseurs sera successivement réduit à six, à mesure de vacance par mort ou démission.

3. Tous les préposés nécessaires à la perception et au maintien des droits de douanes, seront divisés en bureaux, brigades et directions, ainsi qu'il va être expliqué ci-après. Ils seront entièrement subordonnés aux régisseurs.

4. Les bureaux établis sur les côtes et frontières du royaume, seront au nombre de *sept cent quatorze*, savoir : quatre-vingt-quatorze bureaux principaux, et six cent vingt bureaux particuliers.

5. Les brigades, au nombre de dix-sept cent soixante-quinze, seront distribuées sur les côtes et frontières, pour assurer la perception, et s'opposer aux importations et exportations en fraude des droits.

6. Ces bureaux et brigades seront surveillés par des inspecteurs sédentaires, particuliers et principaux.

7. Ces employés, ainsi que ceux des bureaux et brigades, correspondront à vingt directions, entre lesquelles seront divisées toutes les côtes et frontières du royaume. Il y aura à la tête de chacune de ces directions un directeur, qui entretiendra la correspondance et les rapports avec la régie centrale.

8. Les sept cent quatorze bureaux énoncés dans l'article 4 seront, suivant leur importance, composés de receveurs particuliers ou principaux, de contrôleurs de la recette et de la visite, de liquidateurs, de visiteurs, de receveurs aux déclarations, de garde-magasins, de contrôleurs aux entrepôts, de commis aux expéditions, d'emballeurs, de peseurs, de porte-faix, de plombeurs, de concierges.

9. Les brigades énoncées dans l'article 5

seront composées en totalité de treize mille deux cent quatre-vingt-quatre employés, sous les dénominations de capitaines généraux, capitaines particuliers, lieutenans principaux, lieutenans d'ordre, commandans de brigade à pied et à cheval, commandans de pataches et autres bâtimens de mer, brigadiers, sous-brigadiers, préposés à pied et à cheval, pilotes, matelots et mousses.

10. Les fonctions des receveurs, soit principaux, soit particuliers, consisteront à percevoir les droits d'après les déclarations données par les redevables et les certificats des visiteurs, et la liquidation qui en aura été faite par les contrôleurs ou liquidateurs. Les receveurs principaux seront encore chargés de recevoir les fonds et de vérifier les comptes des receveurs particuliers.

Ils enverront les bordereaux de leurs différentes recettes, tant aux directeurs de leur arrondissement qu'à la régie centrale.

11. Il y aura, dans douze des principales douanes, un inspecteur sédentaire, dont les fonctions consisteront à indiquer les commis qui devront être chargés de la vérification des déclarations, à assister à la reconnaissance et à l'estimation des marchandises dont les droits sont perceptibles à la valeur; enfin à assurer, dans toutes les parties, l'exactitude du service des différens préposés de leur résidence.

12. Les inspecteurs principaux et particuliers, dont il a été fait mention dans l'article 6, seront au nombre de soixante-trois, savoir: trente-huit inspecteurs principaux, et vingt-cinq inspecteurs particuliers. Leurs fonctions seront de vérifier la perception, la comptabilité et la manutention des receveurs et autres préposés des douanes de leur arrondissement, de diriger et de surveiller le service des brigades et les opérations des capitaines généraux.

13. Les directeurs transmettront aux différens préposés de leur arrondissement, les ordres qu'ils recevront de la régie centrale; ils tiendront la main à l'exécution de ces ordres, veilleront à ce que le produit des recettes soit exactement versé dans les caisses, et adresseront à la régie centrale les états généraux des produits et des versemens de fonds de leur direction.

14. Les régisseurs des douanes nationales seront chargés, sous les ordres du pouvoir exécutif, de l'exécution de tous les décrets de l'Assemblée nationale, relatifs aux douanes; ils recueilleront les états de produits des différens receveurs et les bordereaux des fonds qu'ils auront versés dans les caisses, pour être en état de connaître, dans tous les temps, la situation de tous les comptables dont ils auront la surveillance, et dont ils vérifieront les comptes.

15. Lesdits régisseurs délibéreront en commun sur toutes les affaires qui auront rapport à l'administration des douanes. Deux d'entre eux seront tenus de faire annuellement l'inspection d'une partie des côtes et frontières du royaume, pour s'assurer de l'exactitude du service des différens préposés. Ils feront et rapporteront à l'administration centrale les procès-verbaux de ces tournées, qui auront lieu de manière que la totalité des côtes et frontières se trouve visitée dans le cours de deux années. Chaque régisseur sera tenu, à son tour, de cette inpection, pour les frais de laquelle il sera annuellement alloué à la régie une somme de dix mille livres.

16. Les bureaux de la régie centrale à Paris seront au nombre de six, composés au total de trente-huit employés, sous les noms de directeur, premiers commis, et commis aux écritures.

17. Chacun des régisseurs des douanes nationales fournira un cautionnement en immeuble de cent mille livres.

18. Les cautionnemens des préposés ci-après désignés seront également en immeubles; ceux des receveurs seront fixés en raison du montant présumé de leur recette et du délai qui sera déterminé pour le versement qu'ils devront en faire, d'après les bases qui seront fixées pour les receveurs. Les cautionnemens des inspecteurs seront de dix mille livres; ceux des directeurs, de quinze mille livres.

Les préposés qui ont précédemment fourni des cautionnemens en espèces n'en seront remboursés qu'après qu'ils auront fourni les cautionnemens en immeubles fixés pour leurs emplois.

Ils continueront cependant de recevoir les intérêts de leurs cautionnemens en argent, jusqu'au 1er juillet; mais passé cette époque, cet intérêt n'aura plus lieu, à moins que le retard de leur remboursement ne soit occasionné par celui de leur liquidation.

19. La dépense de toute la régie des douanes nationales, pour les appointemens ou les remises, loyers et frais de bureau, sera répartie conformément aux états annexés au présent décret, et demeure fixée à la somme de huit millions cinq cent quarante-trois mille cinq cent soixante-douze livres.

Cependant, si des circonstances extraordinaires ou des évènemens imprévus nécessitaient une augmentation dans la dépense ci-dessus fixée, le pouvoir exécutif pourra provisoirement l'autoriser, sur la demande de la régie centrale jusqu'à concurrence de la somme de cent mille livres; et, sur cette autorisation, les commissaires de la trésorerie pourvoieront à son acquittement.

20. Indépendamment des appointemens et des frais de bureau fixés pour les vingt directeurs aux frontières, il sera accordé à chacun d'eux une remise d'un demi-denier pour livre sur la totalité du produit net des droits

de douane de leur arrondissement ; et cependant, eu égard à l'incertitude des produits particuliers de chaque direction, pendant les deux premières années, chaque directeur aura droit, pour ses remises, à un *minimum* de mille livres pendant lesdites deux premières années seulement, et ce, dans le cas où les produits de sa direction ne s'élèveraient pas à une somme suffisante pour lui procurer cette remise, d'après la fixation ci-dessus déterminée.

21. Il sera également accordé aux huit régisseurs une remise de trois quart de denier pour livre sur la totalité du produit net desdits droits.

22. Les traitemens fixés par le présent décret seront payés, savoir, aux préposés des côtes et frontières, à compter du 1er janvier de la présente année; aux employés des bureaux de Paris, à compter du 1er avril, et aux sept régisseurs actuels, à compter du jour de leur nomination.

Le Roi sera prié de faire incessamment le choix du huitième régisseur.

23. Il sera accordé pour indemnité, aux préposés des douanes qui auront passé d'un bureau à un autre, à plus de vingt lieues de leur résidence, un supplément d'*un mois* de leurs anciens appointemens : lesdites indemnités seront payées sur les produits des traites de l'année dernière.

24. Il sera procédé, dans le plus court délai, à la diligence des directoires de district, sous l'inspection des directoires de départemens, à la vente des bâtimens, meubles et ustensiles servant à l'exploitation des bureaux intérieurs des traites, qui sont supprimés, et le prix en sera versé au Trésor public.

25. Le présent décret sera porté dans le jour à l'acceptation et à la sanction du Roi.

État général des préposés des bureaux de perception des droits de traites, et de leurs appointemens.

Receveurs, 128. — Trois receveurs à 5,000 liv., 15,000 liv.; cinq receveurs à 4,000 liv., 20,000 liv.; cinq receveurs à 3,000 liv., 15,000 liv.; onze receveurs à 2,400 liv., 26,400 liv.; quatorze receveurs à 2,000 liv., 28,000 liv.; treize receveurs à 1,600 liv., 20,800 liv.; vingt-neuf receveurs à 1,200 liv., 34,800 liv.; quarante-quatre receveurs à 1,000 liv., 44,000 liv.; quarante-cinq receveurs à 800 liv., 36,000 liv.; soixante-dix receveurs à 700 liv., 49,000 liv.; cinquante-neuf receveurs à 600., 35,400 liv. — Total, 324,400 liv.

Buralistes, 416. — Trois cent trois buralistes à 500 liv. 151,500 liv.; cinquante-sept buralistes à 400 liv. 22,800 liv.; vingt-cinq buralistes à 300 liv. 7,500 liv.; vingt-huit buralistes à 200 liv. 5,600 liv.; trois buralistes à 250 liv. 750 l. — Total, 188,150 livres.

Contrôleurs, 283. — Six contrôleurs à 2,500 liv. 15,000 liv.; sept contrôleurs à 2,100 liv. 14,700 liv.; treize contrôleurs à 1,800 liv. 23,400 liv.; vingt contrôleurs à 1,400 liv. 28,000 liv.; vingt-trois contrôleurs à 1,100 liv. 25,300 liv.; trente-sept contrôleurs à 900 liv. 33,300 liv.; trente-huit contrôleurs à 720 liv. 27,360 liv., soixante-treize contrôleurs à 650 liv. 47,450 liv.; soixante-six contrôleurs à 500 liv. 33,000 liv. — Total, 247,510 liv.

Visiteurs, 402. — Quatre visiteurs à 1,900 liv. 7,600 liv.; cinquante-sept visiteurs à 1,500 liv. 85,500 liv.; quarante-sept visiteurs à 1,150 liv. 54,050 liv.; trente-six visiteurs à 950 liv. 34,200 liv.; cinquante-six visiteurs à 750 liv. 42,000 liv.; soixante visiteurs à 550 liv. 33,000 liv.; cent quarante-deux visiteurs à 400 liv. 56,800 liv. — Total, 313,150 liv.

Receveurs aux déclarations, 36. — Neuf receveurs aux déclarations à 1,600 liv. 14,400 liv.; quinze receveurs aux déclarations à 1,200 liv. 18,000 liv.; dix receveurs aux déclarations à 1,000 liv. 10,000 liv.; deux receveurs aux déclarations à 800 liv. 1,600 liv. — Total, 44,000 liv.

Garde-magasins, 17. — Trois garde-magasins à 1,800 liv. 5,400 liv.; deux garde-magasins à 1,400 liv. 2,800 liv.; dix garde-magasins à 1,100 liv. 11,000 liv.; un garde-magasin à 650 liv.; un garde-magasin à 500 liv. — Total, 20,350 liv.

Commis aux expéditions, 69. — Six commis aux expéditions à 1,150 liv. 6,900 liv.; huit commis aux expéditions à 950 liv. 7,600 liv.; trente-un commis aux expéditions à 750 liv. 23,250 liv.; quinze commis aux expéditions à 550 liv. 8,250 liv.; neuf commis aux expéditions à 500 livres 4,500 liv. — Total, 50,500 liv.

Emballeurs, 112. — Cent dix emballeurs à 400 liv. 44,000 liv.; deux emballeurs à 300 liv. 600 liv. — Total, 44,600 livres.

Peseurs, 23. — Vingt-un peseurs à 700 liv. 14,700 liv.; deux peseurs à 600 liv. 1,200 liv. — Total, 15,900 liv.

Porte-faix, 3. — Deux porte-faix à 175 liv. 350 liv.; un porte-faix à 100 liv. — Total, 450 liv.

Plombeurs, 5. — Deux plombeurs à 600 liv. 1,200 liv.; deux plombeurs à 500 livres 1,000 liv.; un plombeur à 400 liv. — Total, 2,600 liv.

Concierges, 4. — Un concierge à 700 liv.; deux concierges à 500 liv. 1,000 liv.; un concierge à 300 liv. — Total, 2,000 liv.

Total gén., 1668 préposés. — 1,253,610 livres.

Appointemens des brigades de préposés à la police du commerce extérieur.

Service à pied, 11,799. — Huit mille deux cent trente préposés à 400 liv. 3,292,000 liv.; dix-sept cent trente-neuf sous-lieutenans à

440 liv. 765,160 liv.; seize cent soixante-dix-neuf lieutenans à 500 liv. 839,500 liv.; cent dix-huit lieutenans d'ordre à 620 liv. 73,160 liv.; trente lieutenans principaux à 800 liv. 24,000 livres; trois capitaines de ville à 1,000 liv. 3,000 liv. — Total, 4,996,820 liv.

Service à cheval, 329. — Cent vingt-deux cavaliers à 800 livres 97,600 liv.; vingt-cinq sous-lieutenans à 900 liv. 22,500 liv.; vingt-deux lieutenans à 1,000 liv. 22,000 liv.; cent cinquante-cinq capitaines généraux à 1,400 liv. 217,000 liv.; cinq capitaines généraux à 1,800 liv. 9,000 liv. — Total, 369,100 liv.

Service de mer et de rivière, 1,156. — Seize mousses à 270 liv. 4,320 liv.; quatre-vingt-douze matelots à 370 liv. 34,040 liv.; trois-cent quarante-quatre matelots à 380 liv. 130,720 liv.; quatre cent quarante-un matelots à 420 liv. 185,220 liv.; soixante-six patrons à 470 liv. 31,020 liv.; quarante-trois pilotes à 420 liv. 18,060 liv.; sept pilotes à 500 liv. 3,500 liv.; six pilotes à 620 liv. 3,720 liv.; huit pilotes à 700 livres 5,600 livres; soixante-deux préposés à bord à 420 livres 26,040 liv.; vingt-cinq sous-lieutenans de patache à 620 liv. 15,500 liv.; dix-sept lieutenans de patache à 800 liv. 13,600 liv.; deux capitaines de patache à 900 liv. 1,800 liv.; un sous-lieutenant de felouque à 470 livres; deux lieutenans de felouque à 520 liv. 1,040 liv.; quatre capitaines de felouque à 620 liv. 2,480 liv.; onze sous-lieutenans de chippe à 500 liv. 5,500 liv.; neuf lieutenans de chippe à 620 liv. 5,580 liv. — Total, 488,210 liv.

Total, pour treize mille deux cent quatre-vingt-quatre préposés, 5,853,130 liv.

Supplément d'appointemens accordé aux employés des grandes villes à raison du haut prix des vivres et loyers, 110,652 liv. — Total, 5,963,782 liv.

Traitemens, frais de tournée et de bureau des inspecteurs, directeurs et régisseurs des douanes nationales.

Inspecteurs sédentaires, 12. — Bordeaux, Nantes, Rouen, le Hàvre, Strasbourg et Marseille à 3,000 livres. Total, 18,000 l. — Bayonne, La Rochelle, Lorient, Paris, Dunkerque et Toulon, à 2,400 liv. — Total, 14,400 livres.

Inspecteurs principaux, 38. — Blaye, Bordeaux, Rochefort, Brest, le Hàvre, Calais, Orchies, Sarrelouis, Strasbourg, Saint-Claude, Seissel et la Ciotat, à 3,400 livres. Total, 40,800 liv. — Bagnières, Saint-Jean-Pied-de-Port, Paimbœuf, Guérande, Vannes, Quimper, Morlaix, Saint-Brieux, Granville, Bayeux, Cherbourg, Honfleur, Dieppe, Saint-Valéry-sur-Somme, Dunkerque, Maubeuge, Sedan, Montmédi, Sarguemines, Arcey, Bourg-d'Oisans, Antibes, Saint-Tropez, Arles, Cette et Port-Vendre, à 2,600 liv.— Total, 67,600 liv.

Inspecteurs particuliers, 25. — Saint-Girons, Hasparen, Paulhac, Libourne, Ile-de-Rhé, les Sables d'Olonne, Roscoff, Saint-Servant, Boulogne, Cassel, Armentières, Saint-Amand, Bavay, Rocroy, Givet, Thionville, Bitche, Saint-Hypolite, Rhultzheim, Brisac, Pontarlier, Briançon, Colmar, la Nouvelle et Tarascon, à 2,000 livres. — Total, 50,000 liv.

Nourriture et entretien du cheval de chacun des soixante-trois inspecteurs principaux et particuliers, à 400 liv.— Total, 25,200 liv.

Directeurs aux frontières, 20. — Bordeaux, Nantes, Rouen, Lille, Strasbourg, Marseille, Bayonne, La Rochelle, Lorient, Metz, Besançon, Pont-de-Beauvoisin, Saint-Malo, Caen, Boulogne, Valenciennes, Charleville, Toulon, Montpellier et Perpignan, à 7,000 liv. — Total, 140,000 liv.

Remise à chacun des vingt directeurs, dont le *minimum* à 1,000 livres.—Total, 20,000 livres.

Bordeaux, Nantes, Rouen, Lille, Strasbourg et Marseille, à 4,000 liv. — Total, 24,000 livres.

Aux autres directeurs, 3,000 livres. — Total, 42,000 liv.

Régisseurs. — 8 régisseurs à 12,000 livres. Total, 96,000 liv.; frais de tournée, 10,000 livres.

Bureaux de la régie centrale.

Bureau du contentieux, 5. —Un directeur, 8,000 liv.; un premier commis, 4,000 livres; un commis pour les extraits, 1,800 liv.; deux commis pour les écritures à 1,400 liv. 2,800 liv. — Total, 16,600 livres.

Bureau central pour les affaires non contentieuses, communes à tous les départemens, 5. — Un directeur 6,000 liv.; un premier commis, 3,500 liv.; un premier commis, 3,000 liv.; deux commis aux écritures à 1,500 liv. 3,000 liv. — Total, 15,500 liv.

Bureau de correspondance des directions de Bayonne, Bordeaux et La Rochelle, 7. — Un directeur, 6,000 liv.; deux premiers commis à 3,500 liv. 7,000 liv.; un premier commis, 3,000 liv.; trois commis aux écritures à 1,500 liv. 4,500 liv.— Total, 20,500 liv.

Bureau de correspondance des directions de Nantes, Lorient, Saint-Malo, Caen, Rouen et Boulogne, 7.— Même composition, 20,500 liv.

Bureau de correspondance des directions de Lille, Charleville, Metz, Strasbourg et Besançon, 7. — Même composition, 20,500 livres.

Bureau de correspondance des directions de Pont-de-Beauvoisin, Toulon, Marseille, Montpellier et Perpignan, 7. — Même composition, 20,500 liv. — Total général, 662,100 livres.

Récapitulation de la dépense pour la régie des douanes nationales.

Seize cent soixante-huit préposés des douanes nationales, répartis dans les sept cent quatorze bureaux placés aux frontières, pour leurs appointemens, 1,253,610 liv.

Treize mille deux cent quatre-vingt-quatre préposés à la police du commerce extérieur, divisés en dix-sept cent soixante-quinze postes, 5,963,782 liv.

Douze inspecteurs sédentaires, 32,400 liv.

Soixante-trois inspecteurs principaux et particuliers, y compris ce qui leur est alloué pour la nourriture de leur cheval, 183,600 livres.

Vingt directeurs aux frontières : leurs appointemens fixes 140,000 liv.; *minimum* des remises à eux allouées, 20,000 liv.; frais de bureau, 66,000 livres. — Total, 226,000 liv.

Huit régisseurs : appointemens fixes, 96,000 liv.; frais de tournée desdits régisseurs, 10,000 livres. — Total 106,000 livres.

Trente-huit agens dans les bureaux de la régie centrale, 114,100 liv.; frais de bureau de la régie, 20,000 liv.; loyer et frais de bureau de perception, et des corps-de-garde d'employés, frais de construction et de réparation des embarcations et autres, 344,080 liv.; impressions, fourniture de registres, ports de lettres et paquets, et autres dépenses non fixes, dont il sera justifié par quittances, ainsi que de leur utilité, 300,000 livres.

Total général, pour quinze mille quatre-vingt-treize préposés et autres, 8,543,572 liv.

—————

23 AVRIL 1791.— Décret qui ordonne l'envoi aux départemens, à l'armée et aux colonies, de la lettre par laquelle le Roi manifeste ses sentimens sur la constitution. (B. 13 , 230.)

L'Assemblée nationale, après avoir entendu la lecture de la lettre par laquelle le Roi ordonne aux ambassadeurs dans les cours étrangères, de notifier aux puissances près desquelles elles résident, la constitution décrétée par les représentans de la nation française et acceptée par lui, et dans laquelle lettre le Roi rappelle les sentimens qu'il n'a jamais cessé de manifester pour la constitution qu'il a solennellement juré de maintenir, a arrêté : 1° qu'il serait nommé une députation pour porter au Roi l'expression des sentimens de l'Assemblée; 2° que cette lettre serait insérée dans le procès-verbal, qu'elle serait imprimée et envoyée dans tous les départemens du royaume; 3° que la lecture en serait faite par les curés dans toutes les églises paroissiales, à l'issue de la messe du prône; 4° elle charge le ministre de la guerre de l'envoyer

à tous les corps d'armée de terre et de mer, ainsi qu'aux colonies, pour être lue et publiée à la tête de chaque corps.

(Suit la teneur de la lettre écrite au nom du Roi, signée Montmorin, à la date du 23 avril 1791) (1).

Discours du président au Roi.

SIRE,

L'Assemblée nationale m'a chargé d'apporter à Votre Majesté l'expression des sentimens qu'elle vient d'éprouver. L'instruction que vous avez ordonné d'adresser à vos ministres dans les cours étrangères est le fidèle abrégé de la constitution française. Pour la première fois, peut-être, les maximes sacrées qui énoncent les droits des hommes entreront dans les mystères de la correspondance diplomatique. L'étranger, Sire, apprendra de vous, qu'après avoir aidé le peuple français à régénérer la constitution, vous avez voulu en être le gardien et le défenseur : et l'étranger la respectera. Assis sur le plus beau trône du monde, vous avez donné le premier exemple d'un grand roi, proclamant au loin la liberté des peuples. Les Français ne seront pas surpris de cette nouvelle preuve que vous leur donnez de votre amour. Votre cœur, Sire, leur est connu; ils sont accoutumés à prononcer votre nom avec ces épanchemens de tendresse et de reconnaissance que commandent de grands bienfaits. Il est venu le moment où le calme va succéder aux craintes et aux espérances entre lesquelles la Nation flottait incertaine : vous imposez silence aux détracteurs de nos lois nouvelles. L'hydre des factions avait cent têtes : vous avez fait tomber la dernière. Sire, j'ai la présomption d'annoncer à Votre Majesté qu'elle sera heureuse, car elle vient de fixer le bonheur du peuple.

Réponse du Roi.

Je suis infiniment touché de la justice que me rend l'Assemblée. Si elle pouvait lire au fond de mon cœur, elle n'y verrait que des sentimens propres à justifier la confiance de la Nation; toute défiance serait bannie d'entre nous, et nous en serions tous heureux.

—————

23 AVRIL = 4 MAI 1791. — Décret qui accorde une indemnité de 600 livres au sieur Blosse, lieutenant en premier au régiment de la Guadeloupe. (L. 4 , 477; B. 13 , 215.)

23 AVRIL 1791. — Décret portant vente de domaines nationaux à différentes municipalités des départemens de la Charente , du Cher, d'Eure-et-Loir, du Loiret, de Maine-et-Loire, de la Marne, de la Seine-Inférieure et du Tarn. (B. 13 , 229.)

—————

(1) *Voy*. Baudouin, tome 23, page 231.

23 AVRIL 1791. — Décret qui ajourne un projet sur la propriété des cours d'eau, sur la liberté des irrigations et sur la conservation de la pêche. (B. 13, 236.)

24 AVRIL 1791. — Proclamation du Roi pour le service des coches et voitures d'eau. (L. 4, 327.)

Le Roi, par l'article 10 de sa proclamation du 10 de ce mois, concernant le service des messageries, s'est réservé de pourvoir particulièrement au service des coches et voitures d'eau, ainsi qu'au bon ordre et à la police qui doivent y être observés pour la tranquillité et la sûreté des voyageurs. En conséquence, le Roi a ordonné et ordonne ce qui suit :

Art. 1er. Les dispositions de la proclamation du Roi du 10 de ce mois, concernant le service des messageries nationales, seront également exécutées en tout ce qui est relatif au service des coches et voitures d'eau, et ce conformément aux décrets de l'Assemblée nationale, des 26 août 1790, 6 et 7 janvier 1791, sanctionnés par le Roi.

2. Le tarif des places et du transport des marchandises dans les coches et voitures d'eau, fixé par lesdits décrets, et annexé à ladite proclamation du 10 de ce mois, sera également annexé à la présente proclamation.

3. Le prix des places et du transport des marchandises sera proportionnel pour les distances intermédiaires comptées par eau entre Paris et les villes d'Auxerre, Montargis et Nogent-sur-Seine ; et attendu les fractions de denier qui résultent de ce prix proportionnel, calculé par lieue, il sera fixé à deux sous six deniers pour les voyageurs, par lieue, et à un sou six deniers pour le quintal des marchandises, aussi par lieue. Il sera joint, à la suite du tarif mentionné en l'article précédent, un tableau du développement dudit tarif indicatif de ce qui sera à payer par les voyageurs et pour les marchandises pour toutes les distances intermédiaires entre Paris et les villes d'Auxerre, Montargis et Nogent-Sur-Seine.

4. Accepte, Sa Majesté, l'offre faite par les sous-fermiers de la haute et basse Seine de réduire les prix fixés par les tarifs et tableaux annexés à la présente proclamation, en faveur des nourrices, soldats, mariniers, moissonneurs et ouvriers sarcleurs. En conséquence, et du consentement volontaire desdits sous-fermiers, il sera ajouté au tableau ci-dessus désigné, un tarif particulier du prix des places pour les nourrices, soldats, mariniers, moissonneurs et ouvriers sarcleurs. Sont compris seulement sous le nom de soldats, les militaires soldés et faisant partie des troupes de ligne.

5. Les voitures d'eau seront soumises à la visite des experts nommés par la municipalité de Paris, pour les voitures dont le départ est fixé à Paris, et par les municipalités des lieux de départ, pour les autres voitures d'eau, afin d'assurer leur solidité. Elles seront distribuées de manière que les voyageurs y trouvent toutes les commodités nécessaires. Elles seront conduites par des hommes expérimentés, certifiés capables, et en nombre suffisant, avec les chevaux nécessaires pour remonter les rivières.

6. Aucuns bateaux, coches et voitures d'eau, ne pourront être employés par les sous-fermiers, qu'ils ne soient de bon échantillon, de longueur et largeur suffisantes, et qu'ils n'aient été reconnus bons et en bon état, par procès-verbal fait par les personnes commises à cet effet.

7. Les sous-fermiers auront dans chaque coche un commis reçu à serment, à l'effet de dresser procès-verbal dans les cas nécessaires, lequel procès-verbal devra être signé de deux autres personnes, soit voyageurs ou mariniers ; et il en sera remis copie au fermier général des messageries nationales, pour en référer au directoire des postes en tant que de besoin.

8. Les sous-fermiers seront tenus d'avoir leurs bateaux et coches prêts aux jours fixés pour leur départ, au port hors Tournelle, affecté à l'exploitation desdits coches, pour y recevoir les personnes qui se présenteront pour y entrer ; savoir, depuis le soleil levant jusqu'à l'heure à laquelle ils doivent démarer. Ils seront tenus aussi d'avoir des planches larges au moins d'un pied et demi sur trois pouces d'épaisseur et d'un seul plat-bord, portées sur des tréteaux depuis le bord de la rivière jusqu'à leurs bateaux et coches, pour l'entrée et la sortie de ceux qui se serviront desdits coches et bateaux ; et ils ne pourront démarer qu'après avoir retiré ou jeté bas lesdites planches. Il est défendu très-expressément à toutes personnes, hors les commis et mariniers des coches et bateaux, d'ôter lesdites planches ; et à tout gagne-denier ou fort, d'aller au-devant des coches, et d'y entrer sans être appelé par les commis desdits coches.

9. Les sous-fermiers auront des registres en bonne forme, sur lesquels ils inscriront les marchandises ou hardes qui leur seront données à voiturer, et ils en demeureront responsables en cas de perte ou d'avarie, conformément aux articles du bail général des messageries nationales, et à la proclamation du Roi, du 10 de ce mois.

10. Lesdits sous-fermiers auront un nombre suffisant de gagne-deniers ou forts, pour le service du chargement et déchargement, soit de terre à bateau, soit de bateau à terre, et ils observeront de charger lesdits bateaux et coches, de manière que les voyageurs et passagers ne courent aucun danger.

11. Les sous-fermiers jouiront, comme en ont joui ou dû jouir ceux qui les ont précédés, des ports et terrains vagues sur le bord

des rivières, qui seront nécessaires à leur exploitation, sans toutefois y causer ni embarras ni dégradation.

12. Il est défendu de faire aucun tumulte ni bruit dans les coches, d'y jurer ou tenir des conversations malhonnêtes, d'y chanter des chansons obscènes, enfin d'y rien dire ou faire de contraire à la décence, d'y jouer à aucun jeu, de fumer dans les chambres des coches ni sur le tillac, à cause du danger du feu.

13. Les soldats ou autres personnes ayant des armes, seront tenus, avant d'entrer dans les coches, de les déposer entre les mains des commis desdits coches, qui les enfermeront, et donneront un numéro pareil à celui qui sera attaché à chaque arme ; et elles ne seront rendues à ceux qui les auront déposées, que lorsqu'ils quitteront le coche, et sur le vu du numéro qu'ils auront reçu.

14. Aucune personne ne pourra s'introduire dans les coches ou bateaux, sous prétexte d'y vendre et débiter des marchandises, merceries ou comestibles, à moins qu'elle ne soit avouée et agréée par les fermiers ou commis des coches.

15. Les sous-fermiers des voitures par eau se conformeront de plus, dans tout ce qui pourra les concerner, aux articles de la proclamation générale du Roi, du 10 de ce mois.

Tarif pour les voitures d'eau.

Le prix des places de Paris à Auxerre sera réduit à sept livres dix sous, au lieu de neuf livres sept sous six deniers ;

Le port du quintal à cinq livres, au lieu de neuf livres sept sous six deniers.

Le prix des places de Paris à Montargis sera réduit à quatre livres, au lieu de cinq livres un sou trois deniers ;

Le port du quintal à deux livres quinze sous, au lieu de cinq livres un sou trois deniers.

Le prix des places de Paris à Nogent-sur-Seine sera réduit à cinq livres dix sous, au lieu de six livres dix-huit sous ;

Le port du quintal à trois livres quinze sous, au lieu de six livres dix-huit sous.

Le prix des places et du transport des marchandises dans les autres voitures d'eau, ne sera point augmenté.

Le prix des places et du transport des marchandises sera proportionné pour les distances intermédiaires comptées par eau entre Paris et les villes d'Auxerre, Montargis et Nogent-sur-Seine.

Ce prix proportionnel, attendu les fractions qui en résultent, sera calculé par lieue pour les distances intermédiaires entre Paris et les villes d'Auxerre, Montargis et Nogent-sur-Seine, à deux sous six deniers pour les voyageurs, et à un sou six deniers pour le quintal des marchandises.

(Suit le développement du tarif pour toutes les distances intermédiaires comptées par eau et calculées par lieues entre Paris et les villes d'Auxerre, Montargis et Nogent-sur-Seine.)

24 AVRIL 1791. — Tabac. *Voy.* 4 MARS 1791.

25 AVRIL = 1ᵉʳ MAI 1791. — Décret qui ordonne le remboursement de plusieurs parties de la dette de l'arriéré des départemens de la maison du Roi, de la guerre et des finances. (L. 4, 410 ; B. 13, 243.)

25 AVRIL = 1ᵉʳ MAI 1791. — Décret relatif à la réduction et circonscription des paroisses de Besançon, de Vernon, de Pacy et de Conches. (L. 4, 485 ; B. 13, 237.)

25 AVRIL 1791. — Décret portant que les comités de commerce, d'agriculture et de marine, présenteront un projet des lois nécessaires pour l'exécution du décret touchant le nombre et le service des marins employés à la garde des côtes, pour la conservation des douanes nationales. (B. 13, 237.)

25 AVRIL = 1ᵉʳ MAI 1791. — Décret relatif à la liquidation des états des finances des années 1788 et 1789, et des gages des ci-devant cours souveraines. (B. 13, 255.)

25 AVRIL 1791. — Mâconnais. *Voy.* 22 MARS 1791.

26 AVRIL = 4 MAI 1791. — Décret relatif aux arrêts rendus contradictoirement au conseil, portant liquidation de créances, indemnités et demandes. (L. 4, 458 ; B. 13, 262.)

L'Assemblée nationale décrète que quand il sera présenté au comité central de liquidation des arrêts rendus contradictoirement au conseil, portant liquidation de créances, indemnités et demandes, le comité examinera d'abord si lesdits arrêts sont susceptibles ou non d'être attaqués par les voies de droit. Dans le cas où le comité estimerait qu'ils sont attaquables par lesdites voies de droit, il proposera à l'Assemblée de décréter que lesdits arrêts seront remis à l'agent du Trésor public, pour se pourvoir ainsi et contre qui il appartiendra : dans le cas, au contraire, où le comité n'apercevrait aucune voie de droit pour se pourvoir contre les arrêts qui lui seront présentés, il proposera à l'Assemblée d'ordonner par un décret le paiement des sommes portées auxdits arrêts.

26 AVRIL = 4 MAI 1791. — Décret relatif à la réunion de plusieurs communes et paroisses, et qui fixe le ressort des juges-de-paix des ville et canton de Brest, et des tribunaux de commerce de Fécamp et du Havre. (L. 4, 462 ; B. 13, 259.)

26 AVRIL = 4 MAI 1791. — Décret portant liquidation de l'office de lieutenant-général, civil et criminel de l'amirauté d'Arles. (L. 4, 455; B. 13, 261.)

26 AVRIL = 4 MAI 1791. — Décret portant que les officiers du ci-devant parlement d'Aix, qui ne pourront pas représenter un contrat authentique d'acquisition à eux passé personnellement, seront liquidés sur le pied du prix moyen des offices de la même nature et de leur compagnie. (L. 4, 478; B. 13, 261.)

26 AVRIL 1791. — Décret qui établit un tribunal de commerce à Verdun. (B. 13, 260.)

27 AVRIL = 6 JUILLET 1791. — Décret relatif aux affaires ci-devant pendantes aux conseils des finances, des dépêches, grande direction, commissions particulières, soit par appel, soit par évocation ou attribution. (L. 5, 12; B. 13, 277; Mon. du 28 avril 1791.)

Art. 1er. Toutes les affaires pendantes au conseil des finances, des dépêches, à la grande direction, à des commissions particulières, et généralement toutes celles qui ne sont pas de la compétence du tribunal de cassation, et qui existaient aux diverses sections du conseil et à des commissions, soit par appel, soit par évocation, soit par attribution, seront portées dans les tribunaux à qui la connaissance doit en appartenir, ainsi qu'il va être dit ci-après (1).

2. Les affaires qui ont été évoquées au conseil avant d'avoir reçu un jugement dans les tribunaux qui devaient en connaître, seront reportées au tribunal de district, qui, suivant les règles prescrites dans l'organisation de l'ordre judiciaire, doit les juger (2).

3. Les affaires qui ont été évoquées au conseil après un premier jugement rendu dans les tribunaux, seront reportées dans le tribunal de district, qui remplace celui où le procès avait été jugé, pour que si l'une des parties veut être appelante, elle choisisse l'un des sept tribunaux d'arrondissement, conformément à ce qui est prescrit pour les appels.

4. Il en sera de même pour les affaires retenues au conseil après un jugement de cassation, elles seront reportées au tribunal de district établi dans le lieu où siégeait la cour judiciaire dont le jugement a été cassé, afin que les parties choisissent un tribunal entre les sept tribunaux d'arrondissement, comme il se pratique pour les appels, lequel tribunal jugera en dernier ressort le fond du procès.

5. Les affaires dans lesquelles il est intervenu un jugement de cassation, et qui ont ensuite été évoquées pour être attribuées à une commission, seront reportées au tribunal de district qui doit en connaître, selon la nature de l'affaire; à moins que la commission n'eût été établie du consentement et sur la demande respective de toutes les parties: auquel cas la commission continuera ses fonctions, aux termes de la convention qui l'a établie.

6. La même règle sera suivie pour les commissions qui pourraient avoir été créées pour connaître d'une affaire ou d'une suite d'affaire, sans que la forme de l'évocation ait été prise. Si ces commissions ont été demandées et consenties par toutes les parties, elles continueront leurs fonctions; si elles ont été créées sans le consentement de toutes les parties, ou sur la demande d'une seule, elles cesseront d'exister, et les contestations sur lesquelles elles devaient prononcer, sont renvoyées aux tribunaux auxquels la connaissance en appartient.

7. À l'égard des commissions établies pour des affaires dont la nature mixte laisse incertaine la compétence des tribunaux qui doivent en connaître, ou qui affectent une grande masse de biens situés dans plusieurs districts et quelquefois dans plusieurs départemens, on se pourvoira au tribunal de cassation, qui, parmi les tribunaux sous lesquels les parties sont domiciliées ou sous lesquels les biens sont situés, déterminera le tribunal où les parties feront vider leurs contestations.

8. Les oppositions aux ordonnances des intendans, ou les appels d'icelles, ainsi que les appels et oppositions aux délibérations des administrations, aux jugemens des élus de Bourgogne et à ceux des commissaires du conseil qui ont pu exister à différentes épo-

---

(1) Il ne suffit pas qu'un procès contre le Trésor soit demeuré indécis à l'ancien Conseil-d'État, grande direction des finances, pour qu'il puisse y avoir aujourd'hui reprise d'instance au Conseil-d'État actuel; la disposition de cet article prononçant renvoi aux tribunaux doit avoir son effet (19 mars 1817; ordonn. J. C. t. 3, p. 534).

(2) Les lois des 27 avril = 6 juillet 1791 et 10 septembre 1793 portant renvoi devant les tribunaux ordinaires des affaires pendantes en première instance au Conseil-d'État ou devant des commissions quelconques, par suite d'évocation antérieure, ne doivent s'entendre que des affaires

qui, par leur nature, rentrent dans les attributions des tribunaux tels qu'ils sont constitués aujourd'hui.

Ainsi, des contestations liées d'abord devant une sénéchaussée (lors compétente), et ensuite par évocation devant le Conseil-d'État, n'ont pu être soumises aux tribunaux en vertu des lois précitées, lorsque les questions qu'elles faisaient naître étaient de nature à n'être jugées que par l'autorité administrative, v. g., si elles portaient sur le point de savoir s'il y avait lieu à expropriation d'un particulier pour utilité publique (20 avril 1830; Cass. S. 30, 1, 188; D. 30, 1, 213).

ques et pour diverses circonstances dans les ci-devant provinces, seront, par la partie la plus diligente, portées au tribunal de district du domicile du défendeur originaire, lequel jugera en dernier ressort.

9. Toutes les affaires qui étaient soumises aux jugemens des intendans des ci-devant provinces ou des ci-devant pays d'états, autres que celles dont la connaissance est attribuée aux corps administratifs, seront portées devant les tribunaux de district pour être jugées comme les autres procès, à la charge de l'appel, si l'intendant n'a pas rendu d'ordonnance.

10. Sont exceptées de la présente loi les affaires dans lesquelles la nation plaide directement contre des particuliers en qualité de créancière ou débitrice ; toutes les affaires de cette nature, actuellement pendantes aux diverses sections du conseil, ou les ci-devant cours des aides de Paris, seront portées à l'un des six tribunaux de Paris, soit pour les juger à la charge de l'appel s'il n'est point encore intervenu de jugement, soit pour choisir un des sept tribunaux d'arrondissement, s'il y avait eu un premier jugement ; lequel tribunal prononcera en dernier ressort.

11. Dans les dispositions du précédent article ne peuvent être compris les objets soumis par les décrets à l'examen du commissaire liquidateur et à la décision de l'Assemblée nationale.

———

27 AVRIL=25 MAI 1791.—Décret relatif à l'organisation du ministère. (L. 4, 838 ; B. 13, 265 ; Mon. des 8, 9, 10, 11, 12, 14 et 28 avril 1791.)

Voy. lois du 29 SEPTEMBRE = 2 OCTOBRE 1791 ; du 12 GERMINAL an 2 ; 10 VENDÉMIAIRE an 4 ; 1ᵉʳ NIVOSE an 9 ; ordonnance du 9 JUILLET 1815 (1).

L'Assemblée nationale décrète ce qui suit :

Art. 1ᵉʳ. Au Roi seul appartiennent le choix et la révocation des ministres.

2. Il appartient au pouvoir législatif de statuer sur le nombre, la division et la démarcation des départemens du ministère.

3. Nul ne pourra exercer les fonctions de ministre, s'il ne réunit les conditions nécessaires à la qualité de citoyen actif.

4. Les ministres exerceront, sous les ordres du Roi, les fonctions déterminées ci-après, et seront au nombre de six, savoir : le ministre de la justice, le ministre de l'intérieur, le ministre des contributions et des revenus publics, le ministre de la guerre, ce-

lui de la marine, et celui des affaires étrangères.

Fonctions des ministres.

5. Les fonctions du ministre de la justice seront : 1° de garder le sceau de l'Etat, et de sceller les lois, les traités, les lettres-patentes de provisions d'offices, les commissions, patentes et diplômes du gouvernement ; 2° d'exécuter les lois relatives à la sanction des décrets du Corps-Législatif, à la promulgation et à l'expédition des lois ; 3° d'entretenir une correspondance habituelle avec les tribunaux et les commissaires du Roi ; 4° de donner aux juges des tribunaux de district et des tribunaux criminels, ainsi qu'aux juges-de-paix et de commerce, tous les avertissemens nécessaires, de les rappeler à la règle, et de veiller à ce que la justice soit bien administrée ; 5° de soumettre au Corps-Législatif les questions qui lui seront proposées relativement à l'ordre judiciaire, et qui exigeront une interprétation de la loi ; 6° de transmettre au commissaire du Roi près le tribunal de cassation les pièces et mémoires concernant les affaires qui lui auront été déférées, et qui seront de nature à être portées à ce tribunal ; d'accompagner ces pièces et mémoires des éclaircissemens et observations dont il les croira susceptibles ; 7° de rendre compte à la législature, au commencement de chaque session, de l'état de l'administration de la justice, et des abus qui auraient pu s'y introduire.

6. Il y aura près du ministre de la justice trois gardes et un officier, qui veilleront sur le sceau de l'Etat. Les secrétaires du Roi du grand collège sont supprimés ; sont pareillement supprimés les officiers en chancellerie, à l'exception des deux huissiers, lesquels serviront près la personne du ministre à l'audience du sceau, et pourront exercer auprès du tribunal de cassation.

7. Le ministre de l'intérieur sera chargé : 1° de faire parvenir toutes les lois aux corps administratifs ; 2° de maintenir le régime constitutionnel, et les lois touchant les assemblées des communes par communautés entières ou par sections, les assemblées primaires et les assemblées électorales, les corps administratifs, les municipalités, la constitution civile du clergé, et provisoirement l'instruction et l'éducation publiques ; sans que de la présente disposition on puisse jamais induire que les questions sur la régularité des assemblées et la validité des élections,

———

(1) Outre les ministères dont il est question dans cette loi, il y a eu plusieurs ministères nouveaux successivement créés et détruits ; 12 nivose an 4, ministère de la police. — 5 vendémiaire an 10, ministère du Trésor public. — 17 ven-

tose an 10, ministère de l'administration de la guerre. — 21 messidor an 12, ministère des cultes. — 22 juin 1811, ministère des manufactures et du commerce.

ou sur l'activité et l'éligibilité des citoyens, puissent être soumises au jugement du pouvoir exécutif.

3° Il aura la surveillance et l'exécution des lois relatives à la sûreté et à la tranquillité de l'intérieur de l'Etat ;

4° Le maintien et l'exécution des lois touchant les mines, minières et carrières, les ponts et chaussées et autres travaux publics, la conservation de la navigation et du flottage sur les rivières, et du halage sur les bords ;

5° La direction des objets relatifs aux bâtimens et édifices publics, aux hôpitaux, établissemens et ateliers de charité, et à la répression de la mendicité et du vagabondage ;

6° La surveillance et l'exécution des lois relativement à l'agriculture, au commerce de terre et de mer, aux produits des pêches sur les côtes et des grandes pêches maritimes, à l'industrie, aux arts et inventions, fabriques et manufactures, ainsi qu'aux primes et encouragemens qui pourraient avoir lieu sur ces divers objets ;

7° Il sera tenu de correspondre avec les corps administratifs, de les rappeler à leurs devoirs, de les éclairer sur les moyens de faire exécuter les lois, à la charge de s'adresser au Corps-Législatif, dans tous les cas où elles auront besoin d'interprétation ;

8° De rendre compte tous les ans au Corps-Législatif, de l'état de l'administration générale, et des abus qui auraient pu s'y introduire.

8. Il soumettra à l'examen et l'approbation du Roi les procès-verbaux des conseils des départemens, conformément à l'article 5 de la section troisième du décret sur les assemblées administratives.

9. Le ministre des contributions et revenus publics sera chargé :

1° Du maintien et de l'exécution des lois touchant l'assiette des contributions directes, et leur répartition ;

Touchant le recouvrement dans le rapport des contribuables avec les percepteurs, et dans le rapport de ces derniers avec les receveurs de district ;

Touchant la nomination et le cautionnement des percepteurs et du receveur de chaque district ;

2° De la surveillance, tant de la répartition que du recouvrement, et de l'application des sommes dont la levée aura été autorisée par la législature, pour les dépenses qui sont ou seront à la charge des départemens ;

3° Du maintien et de l'exécution des lois touchant la perception des contributions indirectes, et l'inspection des percepteurs de ces contributions ;

4° De l'exécution des lois et de l'inspection, relativement aux monnaies, et à tous les établissemens, baux, régies ou entreprises qui rendront une somme quelconque au Trésor public ;

5° Du maintien et de l'exécution des lois touchant la conservation et administration économique des forêts nationales, domaines nationaux, et autres propriétés publiques, produisant ou pouvant produire une somme quelconque au Trésor public ;

6° Sur la réquisition des commissaires de la Trésorerie, il donnera aux corps administratifs les ordres nécessaires pour assurer l'exactitude du service des receveurs ;

7° Il rendra compte au Corps-Législatif, au commencement de chaque année, et toutes les fois qu'il sera nécessaire, des obstacles qu'aura pu éprouver la perception des contributions et des revenus publics.

10. Le ministre de la guerre aura :

1° La surveillance et la direction des troupes de ligne et des troupes auxiliaires qui doivent remplacer les milices ;

2° De l'artillerie, du génie, des fortifications, des places de guerre et des officiers qui y commanderont, ainsi que de tous les officiers qui commanderont les troupes de ligne et les troupes auxiliaires ;

3° Il aura également la surveillance et la direction du mouvement et de l'emploi des troupes de ligne contre les ennemis de l'Etat, pour la sûreté du royaume, ainsi que pour la tranquillité intérieure, mais en se conformant strictement, dans ce dernier cas, aux règles posées par la constitution ;

4° Il aura, en outre, la surveillance et la direction de la gendarmerie nationale, mais seulement pour les commissions d'avancement, la tenue et la police militaire ;

5° Il sera chargé du travail sur les grades et avancemens militaires, et sur les récompenses dues, suivant les lois, à l'armée, ainsi qu'aux employés de son département ;

6° Il donnera les ordonnances pour la distribution des fonds de son département, et il en sera responsable ;

7° Il présentera, chaque année, à la législature, l'état détaillé des forces de terre, et des fonds employés dans les diverses parties de son département ; il indiquera les économies et les améliorations dont telle ou telle partie sera susceptible.

11. Le ministre de la marine et des colonies aura :

1° L'administration des ports, arsenaux, approvisionnemens et magasins de la marine, et dépôts des condamnés aux travaux publics, employés dans les ports du royaume ;

2° La direction des armemens, constructions, réparations et entretien des vaisseaux, navires et bâtimens de mer ;

3° La direction des forces navales et des opérations militaires de la marine ;

4° La correspondance avec les consuls et agens du commerce de la nation française au dehors ;

5° La surveillance de la police qui doit

avoir lieu dans le cours des grandes pêches maritimes, à l'égard des navires et équipages qui y seront employés, ainsi que l'exécution des lois sur cet objet ;

6° Il sera chargé de l'exécution des lois sur les classes, les grades, l'avancement, la police et autres objets concernant la marine et les colonies.

Les directoires de département correspondront avec lui en ce qui concerne les classes et la police des gens de mer.

7° Il aura la surveillance et direction des établissemens et comptoirs français en Asie et en Afrique ;

8° Il y aura, en outre, conformément à ce qui sera statué sur le régime des colonies, et sauf la surveillance et l'inspection des tribunaux des colonies, qui pourront être attribuées au ministre de la justice, l'exécution des lois touchant le régime et l'administration de toutes les colonies dans les îles et sur le continent d'Amérique, à la côte d'Afrique et au-delà du cap de Bonne Espérance, et nommément à l'égard des approvisionnemens des contributions, des concessions de terrains, et de la force publique intérieure des colonies et établissemens français ;

9° Il surveillera et secondera les progrès de l'agriculture et du commerce des colonies ;

10° Il rendra compte, chaque année, au Corps-Législatif, de la situation des colonies, de l'état de leur administration, ainsi que de la conduite des administrateurs en particulier, et de l'accroissement et du décroissement de leur culture et de leur commerce ;

11° Il donnera les ordonnances pour la distribution des fonds assignés à son département, et il en sera responsable ;

12° Il sera chargé du travail sur les récompenses dues, suivant les lois, à l'armée navale et aux employés de son département ;

13° Chaque année, il présentera à la législature un état détaillé de la force navale et des fonds employés dans chaque partie de son département, et il indiquera les économies et améliorations dont telle partie se trouvera susceptible.

12. Le ministre des affaires étrangères aura :

1° La correspondance avec les ministres, résidens ou agens que le Roi enverra ou entretiendra auprès des puissances étrangères ;

2° Il suivra et réclamera l'exécution des traités ;

3° Il surveillera et défendra au dehors les intérêts politiques et commerciaux de la nation française ;

4° Il sera tenu de donner au Corps-Législatif les instructions relatives aux affaires extérieures, dans les cas et aux époques déterminés par la Constitution, et notamment par le décret sur la paix et la guerre ;

5° Conformément au décret du 5 juin 1790, il rendra, chaque année, à la législature, un compte détaillé et appuyé des pièces justificatives, de l'emploi des fonds destinés aux dépenses publiques de son département.

13. Tous les ministres seront membres du conseil du Roi, et il n'y aura point de premier ministre.

14. Les ministres feront arrêter au conseil les proclamations relatives à leur département respectif,

Savoir : celles qui, sous la forme d'intructions, prescriront les détails nécessaires, soit à l'exécution de la loi, soit à la bonté et à l'activité du service ;

Celles qui ordonneront ou rappelleront l'observation des lois, en cas d'oubli ou de négligence ;

Celles qui, aux termes du décret du 6 mars dernier, annuleront les actes irréguliers, ou suspendront les membres des corps administratifs.

Conseil-d'État (1).

15. Il y aura un Conseil-d'État, composé du Roi et des ministres.

16. Il sera traité, dans ce conseil, de l'exercice de la puissance royale, donnant son consentement, ou exprimant le refus suspensif sur les décrets du Corps-Législatif, sans qu'à cet égard le contre-seing de l'acte entraîne aucune responsabilité.

Seront pareillement discutés dans ce conseil :

1° Les invitations au Corps-Législatif de prendre en considération les objets qui pourront contribuer à l'activité du Gouvernement et à la bonté de l'administration ;

2° Les plans généraux des négociations politiques ;

3° Les dispositions générales des campagnes de guerre.

17. Seront aussi au nombre des fonctions du Conseil-d'État :

1° L'examen des difficultés et la discussion des affaires dont la connaissance appartient au pouvoir exécutif, tant à l'égard des objets dont les corps administratifs et municipaux sont chargés sous l'autorité du Roi, que sur toutes les autres parties de l'administration générale ;

2° La discussion des motifs qui peuvent nécessiter l'annulation des actes irréguliers des corps administratifs, et la suspension de leurs membres, conformément à la loi ;

5° La discussion des proclamations royales ;

7° La discussion des questions de compétence entre les départemens du ministère, et de toutes les autres qui auront pour objet les

---

(1) *Voy.* règlement du 9 août 1789. *Voy.* aussi le règlement du 5 nivose an 8.

forces ou secours réclamés d'une section du ministère à l'autre.

18. Si, après la délibération du conseil et l'ordre du Roi, un ministre voit du danger à concourir, par les moyens de son département, à l'exécution des mesures arrêtées par le Roi à l'égard d'un autre département, après avoir fait constater son opinion dans les registres, il pourra procéder à l'exécution sans en demeurer responsable, et alors la responsabilité passera sur la tête du ministre requérant.

19. Un secrétaire nommé par le Roi dressera le procès-verbal des séances, et tiendra registre des délibérations.

20. Le recours contre les jugemens rendus en dernier ressort, aux termes de l'article 2 du décret du 7 septembre 1790, par les tribunaux de district en matière de contributions indirectes, devant être porté au tribunal de cassation, ne pourra, en aucun cas, être porté au Conseil-d'État.

21. Les actes de la correspondance du Roi avec le Corps-Législatif seront contre-signés par un ministre.

22. Chaque ministre contre-signera la partie de ces actes relative à son département.

23. Quant aux objets qui concernent personnellement le Roi et sa famille, le contreseing sera apposé par le ministre de la justice.

Responsabilité.

24. Aucun ordre du Roi, aucune délibération du conseil, ne pourront être exécutés, s'ils ne sont contre-signés par le ministre chargé de la division à laquelle appartiendra la nature de l'affaire.

Dans le cas de mort ou de démission de l'un des ministres, celui qui sera chargé des affaires par intérim, répondra de ses signatures et de ses ordres.

25. En aucun cas, l'ordre du Roi, verbal ou par écrit, non plus que les délibérations du conseil, ne pourront soustraire un ministre à la responsabilité.

26. Au commencement de l'année, chaque ministre sera tenu de dresser un état de distribution par mois des fonds destinés à son département, et de communiquer cet état au comité de trésorerie, qui le présentera au Corps-Législatif, avec ses observations. Cet état sera arrêté par le Corps-Législatif, et il ne pourra plus y être fait de changement qu'en vertu d'un décret.

27. Les ministres seront tenus de rendre compte, en ce qui concerne l'administration, tant de leur conduite que de l'état des dépenses et affaires, toutes les fois qu'ils en seront requis par le Corps-Législatif.

28. Le Corps-Législatif pourra présenter au Roi telles observations qu'il jugera convenables sur la conduite des ministres, et même lui déclarer qu'ils ont perdu la confiance de la nation.

29. Les ministres seront responsables :

1° De tous délits par eux commis contre la sûreté nationale et la constitution du royaume;

2° De tout attentat à la liberté et à la propriété individuelle;

3° De tout emploi de fonds publics sans un décret du Corps-Législatif, et de toutes dissipation de deniers publics qu'ils auraient faites ou favorisées.

30. Les délits des ministres, les réparations et les peines qui pourront être prononcées contre les ministres coupables, seront déterminés dans le code pénal.

31. Aucun ministre en place ou hors de place, ne pourra, pour faits de son administration, être traduit en justice en matière criminelle, qu'après un décret du Corps-Législatif, prononçant qu'il y a lieu à accusation.

Tout ministre contre lequel il sera intervenu un décret du Corps-Législatif, déclarant qu'il y a lieu à accusation, pourra être poursuivi en dommages et intérêts par les citoyens qui éprouveront une lésion résultant des faits qui auront donné lieu au décret du Corps-Législatif.

32. L'action en matière criminelle, ainsi que l'action accessoire en dommages et intérêts, pour faits d'administration d'un ministre hors de place, sera prescrite au bout de trois ans, à l'égard du ministre de la marine et des colonies, et au bout de deux ans, à l'égard des autres, le tout à compter du jour où l'on supposera que le délit aura été commis; néanmoins, l'action pour ordre arbitraire contre la liberté individuelle, ne sera pas sujette à la prescription.

33. Le décret du Corps-Législatif prononçant qu'il y a lieu à accusation contre un ministre, suspendra celui-ci de ses fonctions.

Traitement.

34. Le traitement des ministres sera (1), savoir : pour celui des affaires étrangères, 150,000 livres par année; et pour chacun des autres, 100,000 liv., payées par le Trésor public. Les intérêts du montant du brevet de retenue seront déduits de cette somme, s'ils se sont trouvés compris dans le traitement qui leur a été payé pour l'année 1790.

Articles additionnels.

35. Les maîtres des requêtes et les conseillers d'État sont supprimés.

36. Nul ne pourra entrer ou rester en exercice d'aucun emploi dans les bureaux du mi-

---

(1) Voy. loi du 14 = 25 mai 1791.

2,

22

nistère, ou dans ceux des régies ou administrations des revenus publics, ni en général d'aucun emploi à la nomination du pouvoir exécutif, sans prêter le serment civique, ou sans justifier qu'il l'a prêté.

27 AVRIL = 4 MAI 1791. — Décret relatif aux acquéreurs des biens nationaux. (L. 4, 479; B. 13, 262.)

L'Assemblée nationale, ouï son comité d'aliénation, décrète que le terme du 15 mai 1791, fixé par l'article 2 du décret du 3 = 17 novembre 1790, et l'article 8 du décret du 31 décembre 1790 = 5 janvier 1791, aux acquéreurs de domaines nationaux, pour jouir des facultés accordées pour leur paiement, par l'article 5 du titre III du décret du 14 mai 1790, sera prorogé jusqu'au 1er janvier 1792; et ce pour les biens ruraux, bâtimens et emplacemens vacans dans les villes, maisons d'habitation et bâtimens en dépendant, quelque part qu'ils soient situés; seulement les bois et usines demeurant formellement exceptés de cette faveur.

Passé le 1er janvier 1792, les paiemens seront faits dans les termes et de la manière prescrits par l'article 9 du décret du 31 décembre 1790 = 5 janvier 1791.

27 AVRIL = 4 MAI 1791. — Décret qui fixe les sommes qui seront versées au département de la guerre par la caisse de l'extraordinaire, pour différentes dépenses de l'armée. (L. 4, 472; B. 13, 263.)

27 AVRIL = 4 MAI 1791. — Décret relatif à la réduction et circonscription des paroisses de Liancourt, de Chaumont et de Chartres, et à la réunion de plusieurs hameaux. (L. 4, 469; B. 13, 280.)

27 AVRIL 1791. — Arriéré; Baux emphytéotiques; Caisse de l'extraordinaire. Voy. 17 AVRIL 1791. — Contribution patriotique. Voy. 21 AVRIL 1791. — Créanciers d'établissemens supprimés. Voy. 14 AVRIL 1791. — Entretiens du culte. Voy. 17 AVRIL 1791. — Haute-Loire, etc. Voy. 27 MARS 1791. — Jurandes et maîtrises. Voy. 21 AVRIL 1791. — Pézénas. Voy. 22 AVRIL 1791. — Trésorerie nationale. Voy. 17 AVRIL 1791. — Tribunal de cassation. Voy. 14 AVRIL 1791.

28 AVRIL = 4 MAI 1791. — Décret relatif à l'échange fait, le 24 mars 1768, entre le sieur Bosmelet et les commissaires du Roi. (L. 4, 451; B. 13, 282.)

L'Assemblée nationale, après avoir ouï le rapport de son comité des domaines, sur la pétition du sieur Jean-François-Thomas du Fossé de Bosmelet, tendant à la révocation de l'échange *non consommé*, passé entre son père et les commissaires du Roi, le 24 mars 1768;

Considérant qu'il résulte des lettres-patentes données sur ledit échange, au mois

d'août de la même année, que la partie la plus considérable des objets cédés audit sieur de Bosmelet, consistait en droits supprimés, sans indemnité, par les décrets du 4 août 1789 et du 15 mars 1790, acceptés et sanctionnés par le Roi,

Décrète que ledit échange demeure résilié, et, en conséquence, que ledit sieur de Bosmelet sera réintégré dans la possession des fermes du Catelet et de Bellevue, cédées à l'État par son père, pour en jouir au même titre qu'avant l'échange, et qu'il continuera de jouir, à titre d'engagement, des domaines corporels et droits non supprimés dépendant de la ci-devant baronnie d'Auffoi, comme il en aurait joui avant ledit échange.

Quant aux intérêts, restitutions et indemnités prétendus par ledit sieur de Bosmelet, il se pourvoira en liquidation, s'il y a lieu, conformément aux décrets de l'Assemblée nationale.

28 AVRIL = 4 MAI 1791. — Décrets relatifs à la formule des brevets de pension, et aux pensions accordées sur l'ordre de Saint-Louis. (L. 4, 481; B. 13, 287.)

L'Assemblée nationale, ouï le rapport de son comité des pensions et du comité militaire réunis, a prononcé les décrets suivans.

PREMIER DÉCRET. La formule des brevets à accorder aux personnes auxquelles il a été ou sera accordé des pensions sur le Trésor public, sera conçue dans les termes et de la manière suivans :

Récompense nationale en faveur de (les noms de baptême et de famille.)

LOUIS, par la grace de Dieu et par la loi constitutionnelle de l'État, ROI DES FRANÇAIS, à tous présens et à venir, SALUT.

Vu par nous le décret de l'Assemblée nationale, en date du   sanctionné par nous le   par lequel il est accordé à (*ici l'on mettra le nom de baptême, celui de famille, le jour de la naissance, celui du baptême, le lieu, la paroisse, le canton, le district et le département*), une pension annuelle et viagère de   payable sur le Trésor public, pour récompense (*ici on mettra les motifs portés dans le décret de l'Assemblée nationale, tels que les années de service, les blessures, les sacrifices faits à la patrie, etc.*), afin de faire jouir ledit   du bénéfice de la loi du   (*on mettra la date du décret sanctionné qui aura accordé la pension*), sa vie durant, nous lui avons fait délivrer le présent brevet; et mandons en conséquence aux commissaires de la Trésorerie nationale de payer annuellement audit   la somme de   en deux termes égaux, de six mois en six mois, dont le premier terme, à compter du   écherra au 1er prochain, pour la portion de temps qui en aura couru jusqu'alors, le second au prochain, et ainsi de six mois en six mois, sur quittance par-devant notaires, et à la présentation du présent brevet, dont un double sera déposé au Trésor public.

Fait à Paris, le   de notre règne le

Le brevet sera signé de la main du Roi, et du ministre du département dans lequel les derniers services du pensionnaire auront été remis.

DEUXIÈME DÉCRET. Les pensions accordées aux divers officiers de la ci-devant cour des comptes, aides et finances de Provence, par l'article 7 de l'édit du mois de juin 1775 et par l'article 12 de l'édit du mois d'avril 1780, demeurent définitivement rayées de tous états où elles étaient employées, à compter du 1er janvier dernier ; l'Assemblée déclare n'y avoir lieu de procéder à leur rétablissement.

TROISIÈME DÉCRET. Les pensions accordées à Marie-Barbe Guillot, veuve Mallard, Françoise-Geneviève Mallard, femme Alboui, et au sieur Alboui, dit de *Monestrol*, demeurent définitivement rayées de l'état des pensions sur le Trésor public ; l'Assemblée déclare n'y avoir lieu, au surplus, à délibérer sur les pétitions à elle adressées par lesdits Mallard et Alboui.

QUATRIÈME DÉCRET. L'Assemblée, prenant en considération les importans services rendus à l'État par feu Woldmar de Lowendal, maréchal de France, la perte que ses enfans ont faite à sa mort, du régiment d'infanterie allemande de son nom, dont il était propriétaire, la situation actuelle de ses descendans, Woldmar de Lowendal, Marie-Louise de Lowendal, femme Brancas, les enfans nés desdits de Lowendal et d'Elisabeth-Marie-Constance de Lowendal, femme de Lancelot-Turpin-Crissé, décrète qu'il sera remis par la caisse de l'extraordinaire à Woldmar de Lowendal, aux enfans d'Elisabeth-Marie-Constance de Lowendal, et à Marie-Louise de Lowendal, la somme de trois cent mille livres, faisant, pour chacun desdits Woldmar de Lowendal, Marie-Louise de Lowendal, et pour tous les enfans d'Elisabeth-Marie-Constance de Lowendal, la somme de cent mille livres, pour servir à leur subsistance et à celle des enfans nés desdits Woldmar et Marie-Louise de Lowendal ; à l'effet de quoi la somme de cent mille livres ne sera délivrée par le trésorier de l'extraordinaire à chacun des susnommés, qu'après que, par avis du tribunal de la famille, l'emploi desdites sommes en constitution de rente, dont l'usufruit

seulement, soit en tout, soit en partie, suivant l'avis dudit tribunal, appartiendra auxdits Woldmar et Marie-Louise de Lowendal, aura été déterminé, et sera remise alors à la personne désignée par le tribunal de famille, pour la recevoir et en faire le placement ; au moyen desquelles indemnités et récompenses, les pensions accordées à Marie-Louise de Lowendal et aux enfans d'Elisabeth-Marie-Constance de Lowendal, demeurent définitivement rayées, comme annulées par le décret du 3 août 1770.

CINQUIÈME DÉCRET. Les pensions accordées sur l'ordre de Saint-Louis ne pourront être payées, ainsi que les pensions sur le Trésor public, qu'autant que ceux qui jouissent desdites pensions n'auront aucun traitement d'activité.

———

28 AVRIL = 8 MAI 1791. — Décret relatif aux tribunaux établis dans les villes où l'ordonnance de 1667 n'a été publiée ni exécutée, et concernant les arrêts du ci-devant parlement de Douai. (L. 4, 501 ; B. 13, 294.)

Art. 1er. Dans les tribunaux établis dans des villes où l'ordonnance de 1667 n'a été ni publiée ni exécutée, les juges et les avoués se conformeront, pour la procédure, aux réglemens qui y sont usités, en ce qui n'est pas contraire aux modifications faites à cette ordonnance par l'article 34 du décret du 6 mars dernier ; et néanmoins aucune cause n'y pourra être instruite ni jugée comme procès par écrit, soit en première instance, soit en cas d'appel, si elle n'a été préalablement portée à l'audience, et si les juges n'ont cru devoir l'appointer, après avoir entendu les plaidoiries respectives des parties (1).

2. La règle établie par l'article 3 du décret des 11 et 12 février dernier, pour déterminer à quels tribunaux doivent être portées les requêtes-civiles, sera observée pour les révisions intentées ou à intenter contre les arrêts du ci-devant parlement de Douai.

———

28 AVRIL = 4 MAI 1791. — Décret relatif à la circonscription des paroisses de Châlons-sur-Marne, de Reims, de Nancy et de Château-Thierry. (L. 4, 464 ; B. 13, 283.)

———

28 AVRIL 1791. — Décret pour mettre en liberté le sieur Chalons, ci-devant aide-major à Belfort. (B. 13, 281.)

———

28 AVRIL 1791. — Décret portant vente de domaines nationaux à différentes municipalités des départemens de l'Aisne, des Basses-Pyrénées, du Calvados, de la Côte-d'Or, de

———

(1) Les réglemens ou édits particuliers à de certaines provinces, et postérieurs à l'ordonnance

de 1667 sont abrogés (6 fructidor an 13 ; Cass. S. 5, 2, 252).

l'Eure, de la Manche, de la Nièvre, de Saône-et-Loire et des Vosges. (B. 13, 291.)

28 AVRIL 1791.—Invalides. *Voy.* 30 AVRIL 1791. — Organisation de la marine. *Voy.* 29 AVRIL 1791.

29 AVRIL — 4 MAI 1791.—Décret relatif à l'emprunt national de 1789. (L. 4, 456; B. 13, 312.)

Art. 1er. La recette et la dépense du montant des effets admis dans l'emprunt national de 1789, sont fixées à la somme de vingt-cinq millions quatre cent quatre-vingt-dix-neuf mille sept cent treize livres.

2. Les originaux des actes qui ont ordonné l'admission de la reconnaissance du sieur le Couteulx de la Norraie, pour la somme de quatorze cent mille livres, dans l'emprunt de 1789, et ladite reconnaissance, seront remis à l'agent chargé de la poursuite des recouvremens du Trésor public, à l'effet par lui de se pourvoir contre telles personnes qu'il appartiendra, ordonnateurs et autres, pour faire rétablir audit Trésor, soit les bordereaux délivrés audit sieur le Couteulx, jusqu'à la concurrence de sept cent mille livres, soit des effets de la nature de ceux qui devaient être admis dans l'emprunt de 1789, jusqu'à concurrence de la même somme de sept cent mille livres, et les intérêts indûment payés audit sieur le Couteulx ou à ses ayans-cause, à compter du 1er octobre 1789 qu'ils ont eu cours, jusqu'au jour de la remise effective des capitaux qui sera faite au Trésor public; sans entendre, au surplus, par cette disposition, rien préjuger sur les prétentions formées par les sieurs le Couteulx et Gallet, dont il est mention dans la reconnaissance dudit sieur le Couteulx.

3. Les commissaires de la Trésorerie, en faisant procéder à l'inventaire des effets du Trésor public, feront dresser inventaire, dans un chapitre à part, des effets qui y sont rentrés par diverses voies, pour être annulés; et il sera procédé à la vérification et au brûlement desdits effets par les commissaires de la caisse de l'extraordinaire, aux termes du décret du 24 décembre dernier.

29 (28) AVRIL = 15 MAI 1791. — Décret relatif à l'organisation de la marine. (L. 4, 654; B. 13, 295; Mon. des 14, 15, 16, 17, 18, 20, 22 avril 1791.)

Voy. 1er = 15 MAI 1791.

Art. 1er. La marine française est composée de tous les citoyens soumis à la conscription maritime.

MOUSSES. 2. Nul ne peut être embarqué comme mousse sur les bâtimens de l'Etat, que de dix à seize ans.

NOVICES. 3. Tous ceux qui commenceront à naviguer après seize ans, et n'auront pas satisfait à l'examen exigé par l'art. 15, seront novices.

MATELOTS. 4. Ceux qui auront commencé à naviguer en qualité de novices, pourront, après douze mois de navigation, être admis à l'état de matelot.

5. Les matelots obtiendront, suivant le temps et la nature de leurs services, des augmentations de paie, et, à cet effet, la paie des matelots sera graduée en plusieurs classes.

6. Aucun matelot ne pourra être porté à la haute-paie sans avoir passé par les paies intermédiaires.

OFFICIERS-MARINIERS. 7. Il y aura des officiers-mariniers ayant autorité sur les matelots; ils seront divisés en plusieurs classes : ce grade ne sera accordé qu'aux matelots ou ouvriers-matelots parvenus à la haute-paie, et seulement lorsqu'ils auront les qualités nécessaires pour en bien remplir les fonctions.

8. On ne pourra être fait officier-marinier de manœuvre, sans avoir été employé pendant une année de navigation en qualité de gabier.

9. Toutes les augmentations de solde et tous avancemens en grade pour les gens de l'équipage, seront faits, pour chaque vaisseau, par son commandant, qui se conformera aux règles établies à cet égard.

PILOTES-CÔTIERS. 10. Nul ne pourra commander au petit cabotage, qu'il n'ait le temps de navigation et qu'il n'ait satisfait à l'examen qui sera prescrit. Ces maîtres seront employés au moins comme timonniers.

11. Nul ne sera embarqué comme pilote-côtier, s'il n'a commandé au moins trois ans en qualité de maître au petit cabotage, et s'il n'a satisfait à l'examen qui sera prescrit.

MAITRES ENTRETENUS. 12. Les officiers-mariniers parvenus par leurs services au premier grade de leur classe, pourront être constamment entretenus, et le nombre des entretenus sera déterminé d'après les besoins des ports. Les deux tiers des places des maîtres entretenus vacantes dans chaque département, seront données à l'ancienneté, et l'autre tiers aux choix du Roi. L'ancienneté des maîtres ne sera évaluée que par le seul temps de navigation fait sur les vaisseaux et autres bâtimens de l'Etat, avec le grade et en remplissant les fonctions de premier maître.

13. Les maîtres entretenus de manœuvre et de canonnage deviendront officiers, conformément aux règles ci-après énoncées, encore qu'ils eussent passé l'âge auquel l'admission aux différens grades d'officiers pourrait avoir lieu.

ÉCOLES PUBLIQUES. 14. Il y aura des écoles gratuites d'hydrographie et de mathématiques dans les principaux ports du royaume (1).

ASPIRANS. 15. Il sera, chaque année, ouvert un concours dans les principales villes maritimes;

Auquel concours pourront se présenter tous les jeunes gens de quinze à vingt ans, se destinant à la marine; ils y seront examinés sur les connaissances théoriques.

16. Ceux qui auront le mieux satisfait à l'examen seront admis à servir pendant trois ans sur les vaisseaux de l'Etat, sous le titre d'aspirans. On fixera le nombre d'aspirans à recevoir chaque année dans chaque lieu où le concours sera établi, à raison de sa population maritime.

17. Les aspirans seront payés pendant leurs trois années de service; il n'y aura pas, dans les départemens de la marine, d'écoles de théorie qui leur soient particulières.

18. Les aspirans qui auront fait trois années de service se retireront, et seront remplacés par un nombre égal de jeunes gens reçus au concours.

19. Les concours établis pour parvenir au grade d'officiers, seront ouverts à tous les navigateurs qui auront au moins quatre années de navigation, soit sur les vaisseaux de l'Etat, soit sur les bâtimens du commerce, sans aucune distinction de ceux qui auront été ou qui n'auront pas été aspirans.

20. Chaque armateur sera obligé de recevoir à bord des bâtimens de cent cinquante tonneaux et au-dessus qu'il armera pour les voyages de long cours ou de grand cabotage, un aspirant du nombre de ceux qui, après trois ans d'entretien, n'auront pas complété leurs quatre ans de navigation pour être admissibles au concours.

21. Lorsque les aspirans de la marine qui n'auront pas obtenu le grade d'officier, seront, après leur temps d'entretien, appelés au service de l'Etat, ils prendront rang avec les aspirans suivant leur ancienneté, à compter du moment qu'ils auront été reçus aspirans.

OFFICIERS DE LA MARINE. 22. Les grades d'officiers de la marine seront ceux d'enseignes de vaisseau, lieutenans de vaisseau et capitaines de vaisseau, et les grades d'officiers généraux.

On ne pourra être fait officier avant l'âge de dix-huit ans accomplis.

23. Le grade d'enseigne sera le dernier grade d'officier de la marine.

24. Le grade d'enseigne entretenu sera donné au concours; celui d'enseigne non entretenu sera donné à tous les navigateurs qui, après six ans de navigation, dont une au moins sur les vaisseaux de l'Etat, ou en qualité d'officier sur un bâtiment uniquement armé en course, auront satisfait à un examen public sur la théorie et la pratique de l'art maritime.

25. Tous les enseignes seront habiles à commander des bâtimens de commerce, pourvu qu'ils aient vingt-quatre ans; ils pourront seuls commander au long cours et au grand cabotage.

26. Tout navigateur non reçu enseigne ni aspirant, mais qui aura dix-huit mois de navigation en qualité de second sur des bâtimens de commerce de vingt hommes au moins d'équipage, appelé à servir sur l'armée navale, sera employé en qualité d'aspirant de la première classe.

27. Les enseignes non entretenus n'auront d'appointemens, et n'exerceront l'autorité de ce grade, que lorsqu'ils seront en activité de service militaire; ils ne pourront en porter l'uniforme que lorsqu'ils auront été appelés à servir en cette qualité sur les vaisseaux de l'Etat.

Les bâtimens de commerce, commandés par des officiers militaires, ne pourront arborer les marques distinctives réservées exclusivement aux vaisseaux de l'Etat, sauf la flamme de police et de commandement entre bâtimens marchands, usité dans les ports des colonies et dans quelques ports étrangers.

28. Le dixième des places d'enseignes entretenus sera donné aux maîtres entretenus, moitié à l'ancienneté d'entretien, moitié au choix du Roi, sans égard à l'âge.

29. Les autres places vacantes d'enseignes entretenus seront données au concours par un examen sur toutes les branches de mathématiques applicables à la marine, et sur toutes les parties de l'art maritime.

30. Seront admis à cet examen tous ceux ayant rempli les conditions prescrites pour le concours, et n'ayant pas passé l'âge de trente ans.

Cet examen aura lieu dans chaque département de la marine, pour remplir les places d'enseignes entretenus qui se trouveraient vacantes dans ce département.

31. Les enseignes entretenus cesseront de l'être, et seront remplacés, soit qu'ils quittent le service public, soit qu'ils préfèrent de servir sur les bâtimens de commerce.

32. Tous les enseignes entretenus ou non entretenus, de service sur le même vaisseau ou dans le même port, jouiront des mêmes prérogatives et exerceront la même autorité: ils prendront rang entre eux suivant le temps de navigation faite en cette qualité sur les vaisseaux de l'Etat.

LIEUTENANS. 33. Le grade de lieutenant

_____

(1) *Voy.* loi du 30 juillet = 10 août 1791.

sera immédiatement au-dessus de celui d'enseigne.

Tous les enseignes entretenus ou non entretenus pourront également y prétendre, pourvu qu'ils n'aient pas plus de quarante ans. Les cinq sixièmes des places vacantes seront accordés à ceux d'entre eux qui auront le plus de temps de navigation faite en qualité d'enseignes sur les vaisseaux de l'Etat; l'autre sixième des places vacantes sera laissé au choix du Roi, qui pourra le faire, sans distinction d'âge, entre tous les enseignes qui auront fait vingt-quatre mois de navigation sur les vaisseaux de l'Etat.

34. Les lieutenans seront entretenus, et entièrement et perpétuellement voués au service de l'Etat, et prendront rang entre eux suivant leur ancienneté d'admission.

CAPITAINES DE VAISSEAU. 35. Les capitaines de vaisseau seront pris parmi tous les lieutenans, de la manière suivante : une moitié de ce remplacement se fera en suivant le rang d'ancienneté, et l'autre moitié au choix du Roi, sans égard à l'âge.

36. Ce choix ne pourra porter que sur ceux qui auront au moins trois ans de navigation dans ce grade.

37. Le grade de capitaine de vaisseau pourra aussi être donné aux enseignes non entretenus, qui, ayant passé l'âge de quarante ans, auront huit ans de navigation, dont deux sur les vaisseaux de l'Etat, et le reste en commandant les bâtimens de commerce, et qui se seront distingués par leurs talens ou par leur conduite.

38. Les capitaines de vaisseau prendront rang entre eux de la date de leur brevet. Les officiers faits capitaines de vaisseau dans la même promotion, conserveront entre eux le rang qu'ils avaient lorsqu'ils étaient lieutenans.

OFFICIERS GÉNÉRAUX. 39. Les officiers généraux seront divisés en trois grades :

Les amiraux, les vice-amiraux et les contre-amiraux.

40. Les contre-amiraux seront pris parmi les capitaines, un tiers par ancienneté, deux tiers au choix du Roi. Ce choix ne pourra porter que sur ceux des capitaines de vaisseau qui auront au moins vingt-quatre mois de navigation dans ce grade.

41. Les contre-amiraux parviendront au grade de vice-amiral par rang d'ancienneté.

42. Les amiraux pourront être pris parmi les vice-amiraux et les contre-amiraux, et toujours au choix du Roi.

43. Les officiers commandant en temps de guerre les escadres dans les mers de l'Amérique ou des Indes, seront autorisés par le Roi à récompenser par des avancemens conformes aux règles précédentes, et en nombre déterminé, les officiers qui l'auront mérité. Les officiers ainsi avancés jouiront provisoi-

rement du grade qu'ils auront obtenu et des ses appointemens ; mais ils ne pourront le conserver qu'autant qu'ils auront été confirmés par le Roi. Ces avancemens seront comptés parmi ceux laissés au choix du Roi.

44. Les remplacemens par ordre d'ancienneté dans les différens grades marcheront avant ceux par choix, et n'auront lieu qu'à mesure que les places viendront à vaquer, et au plus tard deux mois après la connaissance de la vacance.

NOMINATION AUX COMMANDEMENS. 45. Le commandement des armées navales et escadres composées au moins de neuf vaisseaux de ligne, ne pourra être confié qu'à des amiraux, vice-amiraux ou contre-amiraux, mais indistinctement entre eux.

46. Le commandement des divisions sera confié aux contre-amiraux et capitaines indistinctement, et celui des vaisseaux de ligne armés en guerre, à des capitaines.

47. Les commandans des frégates seront pris indistinctement, soit parmi les capitaines, soit parmi les lieutenans.

48. Les commandans pour les autres bâtimens, comme corvettes, avisos, flûtes, gabares, lougres et autres bâtimens appartenant à l'Etat, seront pris indistinctement, soit parmi les enseignes entretenus ou non entretenus, pourvu que ces enseignes aient fait une campagne en cette qualité sur les vaisseaux de l'Etat, soit parmi les lieutenans.

49. Le Roi nommera aux commandemens, et il pourra les ôter par un ordre simple, quoiqu'il n'y ait pas d'accusation.

50. Les commandans des armées navales et escadres, pendant le cours de leurs campagnes, exerceront le droit donné au Roi par l'article précédent.

RETRAITES ET DÉCORATIONS. 51. Tous les hommes de profession maritime auront droit aux retraites et récompenses militaires, en raison de leur service, ainsi qu'il sera déterminé par un règlement particulier.

52. L'Assemblée nationale se réserve de statuer par un décret particulier sur la manière d'appliquer le présent décret à l'état actuel de la marine.

---

29 AVRIL = 4 MAI 1791. — Décret portant circonscription de la paroisse cathédrale de la ville de Meaux. (L. 4, 475 ; B. 13, 313.)

---

29 AVRIL = 15 MAI 1791. — Décret qui autorise les directoires des départemens de la Manche, de la Haute-Vienne, du Puy-de-Dôme, et les districts de Limoges, de Poitiers, du Pont-Saint-Esprit, de Janville, de Tarascon et de Rieux, à louer ou à acquérir les bâtimens nécessaires à leur établissement. (L. 4, 695 ; B. 13, 304 et suiv.)

29 AVRIL 1791. — Décret qui enjoint au sieur Dubois, curé de la Madelaine de la ville de Troyes, de venir reprendre sa place de député. (B. 13, 309.)

29 AVRIL = 4 MAI 1791. — Décret relatif à la circonscription des paroisses de la ville et des faubourgs d'Angoulême. (B. 13, 310.)

30 AVRIL = 8 MAI 1791. — Décret concernant les droits sur les boissons, bois à brûler et autres marchandises. (L. 4, 518 ; B. 13, 314.)

Art. 1er. Les marchands de boissons, bois à brûler, bois carrés et à ouvrager, charbon, matériaux à bâtir et autres marchandises qui jouissaient du crédit des droits d'entrée, en demeurant sous la surveillance des fermiers ou régisseurs, jusqu'au moment de la vente et et de l'enlèvement des halles et ports d'entrepôt, seront affranchis des droits d'entrée des villes, sur les quantités invendues à l'époque du 1er mai, et leurs soumissions annulées, pourvu que les délais prescrits pour le crédit desdits droits ne soient point expirés ; sans néanmoins que la présente disposition puisse donner lieu à la restitution des droits acquittés, soit aux entrées, soit aux bureaux établis sur les routes, ni empêcher le recouvrement des droits dus et exigibles à l'époque du 1er mai.

2. Les propriétaires desdites marchandises auront la faculté d'en disposer à leur gré, à la charge néanmoins d'acquitter préalablement les droits dus sur les parties dont les termes de crédit seront expirés avant l'époque du 1er mai.

3. Les soumissions faites par les brasseurs, depuis l'époque du 1er avril dernier, seront pareillement annulées, à la charge par eux d'acquitter les droits acquis par leurs soumissions antérieures du 1er avril.

30 AVRIL (28 et) = 13 MAI 1791. — Décret et réglement relatifs à la caisse des invalides de la marine. (L. 4, 573 ; B. 13, 315 ; Mon. du 30 avril et 2 mai 1791.)

Voy. arrêté du 29 NIVOSE an 9 ; ordonnance du 12 DÉCEMBRE 1814 ; décret du 13 MAI 1815 ; ordonnance du 23 SEPTEMBRE 1815 ; ordonnance du 10 JANVIER 1816.

TITRE 1er. De la conservation de la caisse des invalides et des revenus qui lui sont affectés.

Art. 1er. La caisse des invalides de la marine sera conservée ; elle demeurera distincte et séparée de celle des pensions accordées par l'Etat, sur laquelle les droits des marins et de tous les employés du département de la marine sont réservés.

2. Les revenus fixes, provenant des économies ci-devant faites des fonds de cette caisse, continueront à y être versés.

3. La rente viagère de cent vingt mille livres sur la tête du Roi est déclarée perpétuelle, et sera versée tous les ans par le Trésor public à la caisse des invalides.

4. Cette caisse conservera pour revenus casuels :

1° Quatre deniers pour livre sur toutes les dépenses du département de la marine et des colonies ;

2° Six deniers pour livre sur les gages des marins employés par le commerce, et sur les bénéfices de ceux qui naviguent à la part ;

3° Un sou pour livre du produit net de toutes les prises faites sur les ennemis de l'Etat par les corsaires français ;

4° Six deniers pour livre de la totalité, et le tiers du produit net de toutes les prises quelconques faites sur les ennemis par les bâtimens de l'Etat ;

5° La totalité du produit non réclamé des bris et naufrages ;

6° Le montant de la solde des marins déserteurs à bord des vaisseaux de l'Etat ;

7° La moitié de la solde des déserteurs à bord des navires de commerce ; l'autre moitié déclarée appartenir aux armateurs, en indemnité de leurs frais de remplacement ;

8° Le produit des successions des marins et autres personnes mortes en mer ; les sommes de parts de prise, gratifications, salaires et journées d'ouvriers, et autres objets de pareille nature concernant le service de la marine, lorsqu'ils ne seront pas réclamés.

TITRE II. Des formes à observer pour constater ceux qui ont des droits à des pensions ou demi-soldes sur la caisse des invalides.

Art. 1er. Les syndics élus par les citoyens de profession maritime dresseront, au commencement de chaque année, une liste des invalides et pensionnaires de leur syndicat, morts dans l'année. Ils recevront les demandes de demi-soldes qui leur seront faites par les marins, veuves et enfans, pères et mères des marins de leur territoire ; ils en donneront l'état, contenant les motifs de chaque demande, et feront certifier les faits par la municipalité du chef-lieu du syndicat, et adresseront un double de l'état, et les pièces au soutien, au commissaire de leur quartier.

2. Les commissaires établis dans les quartiers vérifieront les faits contenus aux états et pièces à eux envoyés par les syndics ; ils joindront leurs observations à chaque demande, feront certifier le tout par les administrateurs du district de leur résidence, en feront ensuite l'envoi à l'ordonnateur en chef de leur département.

Quant aux marins, leurs veuves, enfans, pères ou mères, résidant dans les lieux non compris dans un syndicat des classes, ils présenteront leurs demandes motivées à la municipalité du lieu de leur résidence, laquelle certifiera les faits qui seront à sa connaissance, fera passer le tout avec son avis au commissaire aux classes du quartier le plus prochain, qui adressera lesdites demandes, et les pièces au soutien, au ministre du département de la marine, avec ses observations.

3. Les commissaires des classes feront aussi, au commencement de chaque année, une liste des officiers militaires et administrateurs pensionnaires de leur département, morts dans l'année.

Quant aux nouvelles demandes de pensions qui pourraient être formées par les officiers militaires, ceux d'administration et autres, elles seront par eux adressées à leurs supérieurs respectifs, qui en remettront les états et pièces à l'appui à l'ordonnateur en chef du département. Leurs pères, mères, veuves et enfans qui formeront les demandes, y joindront les certificats de la municipalité de leur résidence, sur les faits par eux énoncés et qui seront à sa connaissance.

4. Les inspecteurs des troupes de la marine recevront les demandes de pensions qui pourront être formées par les officiers, sous-officiers et soldats desdites troupes et régimens ; ils en dresseront l'état, avec les motifs de chaque demande et les pièces au soutien, et adresseront le tout avec leurs observations au ministre de la marine.

5. Les ordonnateurs en chef, dans les divers départemens de la marine, feront examiner tous les états de demandes de pensions et pièces au soutien qui leur auront été adressés ; ils en feront dresser le procès-verbal par le commissaire aux revues, ou par le contrôleur de la marine, le viseront, y joindront leurs observations, et adresseront le tout, dans le plus bref délai possible, au ministre de la marine.

6. Le ministre fera faire un nouvel examen, et dresser la liste générale de toutes les demandes et de leurs principaux motifs, dans l'ordre où il aura jugé devoir les placer.

7. Les pensions et demi-soldes de la marine seront déterminées par un réglement particulier, en raison des fonctions qu'exerçaient les individus, de leur paie au service, de leurs blessures ou infirmités, de leurs besoins et du nombre de leurs enfans en bas âge. Le *minimum* desdites pensions et demi-soldes est fixé à quatre-vingt-seize livres, et leur *maximum* à six cents livres par an.

8. Tous ceux qui, à raison de leurs services et de leurs besoins, mériteront d'être placés sur la liste, obtiendront la pension, solde ou demi-solde, autant que la caisse aura des fonds à y suffire ; et, en cas d'insuffisance, on suivra l'ordre de la liste qui doit accorder la préférence aux plus anciens d'âge et de service, et aux plus nécessiteux.

9. Les gratifications et secours urgens et

momentanés seront demandés, comme les demi-soldes, au syndic, qui fera certifier les faits par la municipalité du chef-lieu, et enverra également l'état au commissaire du quartier, qui y joindra ses observations, fera certifier le tout par les administrateurs du district de sa résidence, et en fera l'envoi à l'ordonnateur du département.

10. Les officiers militaires, ceux d'administration, ainsi que les officiers, sous-officiers et soldats des troupes de la marine, adresseront à leurs supérieurs respectifs leurs demandes de gratifications, de secours urgens, et rempliront pour cet objet les mêmes formalités prescrites par les articles précédens pour les demandes de pensions.

TITRE III. De la destination des fonds de la caisse des invalides.

Art. 1er. Les fonds de la caisse des invalides sont destinés au soulagement des officiers militaires et d'administration, officiers-mariniers, matelots, novices, mousses, sous-officiers, soldats et autres employés du département de la marine, et à celui de leurs veuves et enfans, même de leurs pères et mères ; ils ne pourront, sous aucun prétexte, être détournés de cette destination.

2. Il ne sera accordé aucune pension sur la caisse des invalides, qu'à titre de besoin réel et bien constaté ; et cette pension ne pourra jamais excéder six cents livres, même lorsqu'elle sera accordée à une veuve et ses enfans réunis.

3. Nul ne pourra obtenir la pension sur la caisse des invalides, s'il a quelque traitement ou salaire public ou pension sur l'Etat.

4. Il ne pourra être accordé de pensions sur la caisse des invalides, avec clause de reversibilité.

5. La pension de cinquante livres accordée à perpétuité au plus proche parent du sieur Penandreff Keranstrelt est exceptée de l'article précédent, en mémoire de la mort glorieuse de cet officier, tué le 10 août 1780 sur la frégate angloise *la Flore*, à bord de laquelle il avait sauté seul, et continuera d'être payée pendant cent ans.

6. Il sera mis, chaque année, sur les fonds de la caisse des invalides, une somme à la disposition du ministre de la marine, pour être par lui distribuée en modiques gratifications dans les cas de besoins urgens. Cette somme sera fixée à soixante mille livres par an, et divisée en deux portions ; l'une de cinquante-quatre mille livres, sera appliquée aux demandes faites dans les formes prescrites par le titre précédent, et aucune de ces gratifications ne pourra excéder la somme de deux cents livres ; l'autre portion de six mille livres sera disponible par le ministre, pour les cas extraordinaires qui ne permettent aucun retard, et dont les demandes ne pourront être

formées à l'avance ; et aucune des gratifications sur ce fonds de six mille livres ne pourra excéder la somme de cinquante livres.

7. Toutes les demandes des marins et autres personnes attachées au département de la marine, sollicitant des pensions ou demi-soldes, à raison de leurs services, blessures, âge, infirmités, et qui n'ont encore obtenu aucune pension ni demi-solde, seront examinées le plus tôt possible par le ministre du département ; et toutes celles qui sont fondées, seront incessamment accordées suivant les principes du présent décret, conformément au réglement ci-annexé, à courir du 1ᵉʳ janvier 1791.

TITRE IV. Des pensions, soldes et demi-soldes qui existent sur la caisse des invalides de la marine.

Art. 1ᵉʳ. A compter du 1ᵉʳ janvier 1791, les pensions accordées sur la caisse des invalides de la marine à des personnes étrangères au département de la marine et des colonies, et qui n'en jouissent pas en qualité de veuves et enfans, ou frères et sœurs, pères et mères de marins ou employés au service de ce département, sont supprimées sans pouvoir être remplacées, et il ne leur sera payé que les arrérages échus à cette époque.

2. Toutes autres pensions sur la caisse des invalides continueront à être payées jusques et compris les six premiers mois de l'année 1791, et ne pourront l'être ultérieurement que d'après vérification de leurs motifs.

3. Les pensions accordées pour raison de blessures ou d'infirmités graves et bien constatées, ou à titre de retraite après trente ans effectifs de service, ou aux veuves, enfans, pères, mères, frères et sœurs de marins, d'officiers et employés dans le département, en considération de la mort ou des services rendus par leurs maris, leurs pères, fils ou frères, sont conservées, pourvu qu'ils n'aient pas d'autre traitement ; mais celles qui excèdent six cents livres seront réduites à ce taux.

4. Ne sont comprises aux dispositions de l'article 2 les soldes et demi-soldes, et les pensions de cinquante livres aux veuves, qui continueront d'être payées sans interruption.

5. Le ministre de la marine remettra au bureau du commissaire du Roi liquidateur, les titres ou décisions, avec les motifs et informations prises dans les ports respectifs sur les pensions suspendues par l'article 2 du présent titre. Le commissaire liquidateur en fera l'examen et vérification ; et remettra le tout au comité de marine, pour en faire le rapport à l'Assemblée nationale.

6. Tous inventeurs de découvertes utiles à la marine, et autres étrangères à ce département, auxquels il avait été accordé des pensions sur la caisse des invalides, ou qui auront des droits à des récompenses, fourniront leurs mémoires au comité des pensions, pour être portés sur la liste des pensionnaires de l'Etat, s'il y a lieu.

7. Les pensionnaires de toutes les classes sur la caisse des invalides de la marine seront admis, dès qu'ils le requerront, dans les hospices nationaux, en abandonnant auxdits hospices leur pension ou solde, sous la réserve de vingt-quatre livres par an pour les besoins particuliers desdits pensionnaires ; mais ils seront tenus d'y travailler, s'ils sont encore en état de le faire, et le produit de leur travail appartiendra à l'hospice.

Ceux qui auront été estropiés ou qui auront atteint l'âge de caducité, et qui n'auraient d'ailleurs aucun moyen de subsister, pourront être reçus à l'hôtel des invalides, conformément au décret du 24 mars 1791 ; alors ils cesseront de recevoir aucune demi-solde, sauf la réserve de vingt-quatre livres.

8. Les soldes et demi-soldes dont jouissent actuellement les invalides de la marine, seront provisoirement, à compter du 1ᵉʳ janvier 1791, augmentées de douze deniers par jour, en attendant un travail général qui devra être fait par le département de la marine dans le courant de cette année, pour mettre tous les invalides de la marine, au 1ᵉʳ janvier 1792, sur le pied du réglement annexé au présent décret.

9. Les hôpitaux, hospices et autres établissemens de bienfaisance destinés privativement aux invalides de la marine, seront provisoirement maintenus. L'Assemblée nationale charge son comité de marine et de mendicité de lui en présenter incessamment le tableau, et de lui proposer les dispositions à faire pour l'avantage public.

TITRE V. De la comptabilité de la caisse des invalides, et frais de son administration.

Art. 1ᵉʳ. La caisse des invalides de la marine est un dépôt confié, sous les ordres du Roi, au ministre du département de la marine, qui ne pourra, sous peine d'en être responsable, en intervertir la destination.

2. Tous les agens nécessaires au service de la caisse des invalides, seront sous les ordres du ministre de ce département.

3. Il y aura un trésorier des invalides de la marine à Paris, et dans chacun des ports où un tribunal de commerce maritime remplacera une amirauté ; et les trésoriers des ports seront en même temps caissiers des gens de mer.

Il y aura, en outre, des caissiers des gens de mer dans les autres quartiers, et ces caissiers seront subordonnés au trésorier de leur arrondissement.

4. Au ministre appartiendra d'ordonner les remises et versemens de fonds de la caisse de Paris dans celles des ports, et vice versâ, suivant les besoins du service.

5. Les recettes et dépenses concernant les invalides et les gens de mer seront confiées auxdits trésoriers et caissiers, dont la comptabilité sera suivie par les commissaires des classes, sous les ordres des ordonnateurs, et inspectée dans les ports par les contrôleurs de la marine.

6. Chaque trésorier et caissier tiendra un registre particulier en recette et en dépense, tant pour le service de la caisse des invalides de la marine, que pour celle des gens de mer.

7. Le 1er de chaque mois, les trésoriers arrêteront leurs registres, et les feront viser par les commissaires aux classes et les contrôleurs de la marine du port où ils seront établis.

Les caissiers des gens de mer arrêteront leur registre le premier jour de chaque mois, et cet arrêté sera visé par le commissaire des classes du quartier.

Les commissaires aux classes et les contrôleurs seront tenus de vérifier et certifier l'état de la caisse et l'existence des effets et espèces, et ils seront responsables de la vérité de leur certificat.

8. Ils remettront, à la même époque, à l'ordonnateur en chef de leur département, qui le fera passer au ministre, l'extrait du service du mois, certifié et visé comme il est prescrit pour le registre. Le trésorier des invalides à Paris remettra un semblable extrait au ministre.

9. Tous les ans, au premier jour de janvier, chaque trésorier des invalides formera son compte de l'année précédente, lequel sera visé et certifié par le commissaire aux classes ou le contrôleur de la marine, arrêté par l'ordonnateur du département, et adressé au ministre de la marine.

A Paris, le trésorier établira dans la même forme son compte de l'année précédente, qu'il fournira au ministre.

D'après tous ces comptes, le ministre de la marine fera dresser le compte général de la caisse des invalides de la marine, qui sera livré à l'impression et envoyé dans les quartiers à chaque syndic des gens de mer.

A ce compte général seront jointes les listes des pensions et gratifications demandées, et de celles accordées pour chaque département. Le double de ce compte sera envoyé au Corps-Législatif.

10. Aucune dépense ou gratification ne pourra être allouée que sur ordonnance signée du Roi en commandement, et contre-signée par le ministre du département de la marine.

11. Les commissaires des classes et les contrôleurs de la marine dans les ports, et à Paris, le chef de bureau des invalides, seront spécialement chargés de faire les poursuites à faire pour la rentrée des sommes dues à la caisse des invalides, tant pour le passé que pour l'avenir, chacun dans leur département.

12. La caisse des invalides ne supportera aucuns frais ordinaires, que ceux qui seront réglés pour le traitement des agens auxquels seront confiées l'administration et la comptabilité des objets qui la concernent.

13. Ladite caisse ne supportera d'autres frais extraordinaires que ceux nécessaires pour assurer le recouvrement des sommes qui lui seront dues, et l'impression de ses comptes.

Règlement pour la fixation et distribution des pensions, soldes et demi-soldes sur la caisse des invalides de la marine.

L'Assemblée nationale, considérant que la situation des marins exige plus ou moins de secours en raison de leurs infirmités, de leurs blessures, et de la quantité et de l'âge de leurs enfans, et qu'il est juste aussi d'avoir égard à leurs appointemens, qui indiquent la durée, l'importance et le mérite de leurs services, décrète ce qui suit :

Art. 1er. Il sera fait cinq classes des personnes ayant droit à des demi-soldes en qualité d'invalides de la marine.

2. Tous les marins qui, aux termes du décret de ce jour, auront droit à une demi-solde sur la caisse des invalides, et dont la paie au service est de soixante-six à quatre-vingt-une livres par mois, recevront pour demi-solde dix-huit livres par mois.

Tous ceux dont la paie est de cinquante-une à soixante-trois livres, recevront pour demi-solde dix-huit livres par mois.

Tous ceux dont la paie est de trente-neuf à quarante-huit livres, recevront pour demi-solde douze livres dix sous par mois.

Tous ceux dont la paie est de vingt-sept à trente-six livres, auront pour demi-solde dix livres par mois.

Enfin, pour tous ceux dont la paie est au-dessous de vingt-sept livres, la demi-solde sera de huit livres par mois.

3. Il sera, en outre, accordé à chaque invalide qui, par mutilation, par des blessures graves ou des infirmités, serait habituellement hors d'état de travailler, un supplément de six livres par mois.

4. Il sera aussi accordé à chaque invalide, en supplément, la somme de deux livres par mois pour chaque enfant au-dessous de l'âge de dix ans, jusqu'à ce qu'ils aient atteint cet âge.

5. A l'égard des sous-officiers et soldats des troupes de la marine, on suivra les règles établies ou à établir pour l'armée de ligne, en ayant égard au séjour dans les colonies, et aux campagnes de mer desdits sous-officiers et soldats.

6. Tous ceux dont les appointemens ou la solde excèdent quatre-vingt-une livre par mois auront droit, dans les cas exprimés dans le décret, à une pension du quart de leurdit traitement ou solde.

Si, par des blessures ou infirmités, ils se trouvent hors d'état de travailler, ils recevront un supplément de neuf livres par mois, et en outre trois livres par chacun de leurs enfans au-dessous de l'âge de dix ans, et seulement jusqu'à ce qu'ils soient parvenus à cet âge.

7. Les veuves des pensionnaires invalides et celles des hommes morts après trente ans de service, auront droit à la moitié de ce que leurs maris avaient obtenu ou auraient pu obtenir.

Celles des hommes tués à la guerre auront droit à la moitié de la pension ou demi-solde qui aurait été due à leurs maris, à raison de leur paie ou de leurs appointemens, quel que fût leur âge ou le temps de service, et en outre à la moitié du supplément accordé pour les blessures graves; il leur sera aussi accordé un supplément de trois livres par mois, pour chaque enfant au-dessous de dix ans.

8. Les pères et mères pourront obtenir chacun le tiers de la pension ou demi-solde qui aurait pu être accordée à leur fils dans le cas ci-dessus.

9. Les orphelins de père et de mère, dans les cas énoncés ci-dessus, pourront obtenir chacun le tiers de la pension ou demi-solde que leur père avait obtenue, ou à laquelle il aurait eu droit, et cette pension ou demi-solde leur sera payée jusqu'à l'âge de quatorze ans accomplis.

10. Lesdites pensions ou demi-soldes et accessoires réunis ne pourront jamais excéder la somme de six cents livres, fixée pour le *maximum* des pensions sur la caisse des invalides.

1er = 8 MAI 1791. — Décret relatif aux droits politiques des militaires de tous grades et de toutes armes, en garnison ou en quartier, et à la discipline, police et service militaire. (L. 4, 507; B. 14, 1; Mon. du 2 mai 1791.)

L'Assemblée nationale décrète que les officiers, sous-officiers et soldats de toutes les armes, sont libres, hors le temps de leur service militaire, des appels, des exercices et avant la retraite, d'assister sans armes et comme les autres citoyens aux séances des sociétés qui s'assemblent paisiblement dans les villes où ils sont en garnison ou en quartier;

Décrète en outre que, conformément à l'article 8 du décret du 6 août 1790, aux articles 15 et 16 du décret du 15 septembre et autres décrets rendus depuis cette époque, qui fixent la forme des réclamations qui doivent être adressées au Corps-Législatif et au pouvoir exécutif par les individus des troupes de ligne, il est interdit auxdites sociétés et aux membres qui les composent, de s'initier dans les affaires qui intéressent la police intérieure des corps, la dicipline militaire et l'ordre du service.

1er (22 AVRIL et) = 15 MAI 1791. — Décret relatif à la suppression du corps de la marine, et au mode de nomination pour sa recréation. (L. 4, 686; B. 14, 2.)

Voy. 29 AVRIL = 15 MAI 1791.

Art. 1er. Pour l'exécution des précédens décrets, le corps de la marine est supprimé, et le mode de nomination pour la recréation de la marine sera fait, pour cette fois seulement, de la manière suivante.

2. Le corps de marine française, entretenu par l'état-major, sera composé de trois amiraux, neuf vice-amiraux, dix-huit contre-amiraux, cent quatre-vingts capitaines de vaisseau, huit cents lieutenans, deux cents enseignes, cinquante maitres d'équipage entretenus, soixante maitres canonniers entretenus, trente-six maitres charpentiers, trente-six maitres calfats, dix-huit maitres voiliers.

3. Le nombre des enseignes non entretenus ne sera point fixé.

4. Le nombre des aspirans entretenus de la marine sera fixé à trois cents.

5. Tous les officiers de la marine rouleront entre eux sans aucune distinction de département.

6. La charge d'amiral de France est supprimée; et néanmoins les passeports, congés et autres expéditions qui sont actuellement signés par M. de Penthièvre, et qui seront signés en sa qualité d'amiral, jusqu'au jour de la sanction, vaudront jusqu'au 1er janvier 1792.

7. Tous les grades non énoncés dans la précédente composition, et toutes les distinctions d'escadres actuellement existantes, sont supprimés, ainsi que les états-majors qui y sont attachés. Les fonctions attribuées à ces états-majors seront exercées provisoirement par l'état-major de la marine dans chaque port.

8. Les amiraux, vice-amiraux et contre-amiraux seront choisis par le Roi, parmi les officiers généraux actuellement existans.

Les officiers-généraux non compris dans cette promotion conserveront leurs titres actuels et leurs appointemens.

Le tiers des places de contre-amiraux sera laissé vacant, pour être rempli au choix du Roi par les officiers actuellement capitaines de vaisseau.

9. Les cent quatre-vingts capitaines de vaisseau seront choisis parmi les capitaines de vaisseau actuels, les capitaines de vaisseau et directeurs des ports, les majors de vaisseau, les officiers de port ayant rang de majors, les lieutenans de vaisseau plus anciens dans ce grade que quelques-uns des majors de vaisseau des dernières promotions, et tous les officiers des classes qui seront dans le cas de concourir à cette formation; d'après les décrets sur les classes, ils seront choisis par le Roi.

Le Roi pourra accorder quatre de ces places à des marins des autres grades qui auraient rendu à l'État, pendant la guerre, des services distingués, restés sans récompense.

Les choix seront faits sans égard à l'ancienneté, et devront porter sur les sujets le plus en état de servir.

10. Les officiers promus aux grades d'officiers-généraux ou de capitaines de vaisseau, conserveront le rang qu'ils avaient entre eux ; et quant aux officiers des classes qui sont compris dans la nomination, on ne comptera que pour moitié le temps qu'ils auront servi dans les classes.

Les directeurs des ports et officiers de ports, ayant rang de major, prendront rang de l'époque de leur brevet de directeur ou de major.

§ 11. Les lieutenans seront choisis parmi les lieutenans de port et sous-lieutenans actuels.

12. Les lieutenans prendront rang les premiers, et conserveront entre eux celui qu'ils avaient.

Les lieutenans de port prendront rang parmi les lieutenans, de la date de leur brevet.

« À l'exception de ceux qui ont été élevés « au grade de lieutenant depuis le 4 août « 1789, lesquels ne prendront rang que par « ancienneté de leurs services, ainsi que les « sous-lieutenans. »

13. Les sous-lieutenans qui compléteront ce grade seront nommés suivant le rang de leur ancienneté, qui sera déterminé par le temps de leur navigation sur les vaisseaux de l'État, et celui de leur activité de service dans les arsenaux, en qualité de sous-lieutenans, enseignes, lieutenans de frégate, capitaines de flûte, gardes ou élèves aspirans, volontaires de la marine et premiers maîtres ; on leur comptera, de plus, le temps de commandement des bâtimens armés en course, et pour moitié celui de commandement des bâtimens particuliers au long cours.

14. Pourront aussi concourir à cette formation, les officiers des classes qui sont dans le cas énoncé par l'article 14 du décret sur les classes, conformément à la disposition de cet article.

15. Le grade de sous-lieutenant est supprimé. La moitié des places d'enseignes entretenus sera donnée aux sous-lieutenans qui ne sont point portés au grade de lieutenans, en exceptant ceux attachés au corps de canonniers-matelots, qui conserveront leurs postes, et ceux qui n'ont point servi depuis qu'ils ont été faits sous-lieutenans. Sur l'autre moitié restante, dix places seront réservées pour les maîtres entretenus, et le reste sera rempli au premier concours, qui aura lieu incessamment.

16. Les sous-lieutenans actuels **non** compris dans la formation conserveront les deux tiers de leurs appointemens, jusqu'au moment où ils rentreront en activité ; il leur sera réservé un quart des places vacantes à l'avenir, d'enseignes entretenus, qui leur seront données sans concours et à l'ancienneté.

17. Le brevet d'enseigne de vaisseau non entretenu sera donné en ce moment à tous les capitaines de navires reçus pour le long cours.

18. À l'époque de l'établissement des écoles publiques, les collèges de marine de Vannes et d'Alais seront supprimés.

19. Le titre d'aspirant entretenu sera donné aux élèves et volontaires actuels qui n'ont pas complété les trois années de navigation. Ne seront réputés volontaires que ceux qui ont servi ou servent en cette qualité sur les vaisseaux de l'État. Le surplus des places sera donné au concours, qui aura lieu incessamment.

20. Les élèves qui se retireront d'après la disposition de l'article précédent, ayant quatre années de navigation, conserveront la moitié de leurs appointemens jusqu'à ce qu'ils soient parvenus au grade d'enseigne entretenu. Cette demi-solde ne pourra néanmoins être payée pendant plus de trois ans.

21. Les capitaines et majors de vaisseau qui ne voudront pas continuer leur service, ou qui ne seront pas compris dans la nouvelle formation, auront pour retraite, dans ce moment-ci seulement, les deux tiers des appointemens dont ils jouissaient, qui leur seront payés provisoirement sur les fonds de la marine, à moins que leurs services, d'après les règles fixées par le décret du 3 août dernier, ne leur donnent droit à un traitement plus considérable ; et ceux qui auront dix ans de service dans leur grade obtiendront en retraite le grade supérieur. Pour compléter les dix ans, on comptera pour moitié le temps fait dans le grade inférieur. Ils seront tenus de déclarer qu'ils veulent leur retraite, dans les quatre mois qui suivront la sanction du présent décret ; et les officiers maintenant aux colonies auront également quatre mois pour se décider, qui ne compteront que de l'époque de leur retour.

22. Le grade et le titre de pilote sont supprimés.

23. Les maîtres pilotes actuellement entretenus auront le grade d'enseigne, et conserveront les appointemens dont ils jouissent, jusqu'à ce qu'ils soient faits enseignes entretenus.

24. Les maîtres pilotes non entretenus auront le titre et le brevet d'enseigne non entretenu, et seront admis au concours sans égard à l'âge.

25. Tous les pilotes qui n'auront pas été faits enseignes, appelés dans la suite au service de l'État, y seront appelés en qualité de timonniers, ou chefs de timonnerie, d'une

paie égale à celle dont ils jouissaient à l'époque de leur suppression.

26. Les officiers de la marine continueront de remplir leurs fonctions et de recevoir leurs appointemens actuels, jusqu'à l'époque de la formation nouvelle du corps de la marine.

—————

1er MAI 1791. — Proclamation du Roi portant nomination des membres de la commission établie par la loi du 10 avril 1791, pour la surveillance de la fabrication des monnaies. (L. 4, 446.)

—————

1er MAI 1791. — Décret qui adjoint au comité des monnaies deux membres du comité des finances, et quatre membres de l'académie des sciences, à l'effet d'assister aux expériences des sieurs Saner et Briatte, pour rendre le métal des cloches malléable et le mettre en monnaie. (B. 14, 2.)

—————

1er MAI 1791. — Amirauté d'Arles. Voy. 26 AVRIL 1791. — Arriérés divers. Voy. 25 AVRIL 1791. — Caisse de l'extraordinaire. Voy. 15 AVRIL 1791. — Douanes. Voy. 23 AVRIL 1791. — Finances de 1788 et 1789, et cours souveraines. Voy. 25 AVRIL 1791.

—————

2 = 8 MAI 1791. — Décret qui excepte de la loi portée par le tarif général des droits de traite, décrété le 31 janvier dernier, quelques portions de bois dont l'exportation a lieu par le cours de la Meuse. (L. 4, 509; B. 14, 5.)

—————

2 MAI 1791. — Décret qui ordonne au comité de constitution de présenter un projet pour la suppression des alternats. (B. 14, 3.)

—————

2 MAI 1791. — Décret portant vente de domaines nationaux à différentes municipalités des départemens de l'Aube, de l'Aisne, de l'Eure, du Calvados, de la Manche et de la Somme. (B. 14, 3.)

—————

3 = 6 MAI 1791. — Décret relatif à la liquidation des offices des agens de change. (L. 4, 495; B. 14, 6.)

Voy. 21 AVRIL = 8 MAI 1791.

L'Assemblée nationale, après avoir entendu le rapport du comité de judicature, décrète que les offices des agens de change de Paris seront liquidés sur le pied des finances par eux versées dans le Trésor public, en conformité du rôle arrêté au conseil au mois de mars 1786.

—————

3 MAI = 8 JUIN 1791. — Décret relatif au paiement d'une somme de cinquante livres par mois, par les receveurs de district, aux ci-devant employés des fermes. (L. 4, 1061; B. 14, 7.)

L'Assemblée nationale, sur le rapport fait par le comité des pensions et autres réunis,

des difficultés qui se trouvent à faire effectuer par les receveurs de district le paiement de la somme de cinquante livres, attribuée provisoirement et à titre de secours, par chaque mois, jusqu'au mois de juillet prochain, l'Assemblée autorise le ministre de l'intérieur à prendre les moyens les plus sûrs, les plus prompts et les plus convenables pour faire exécuter ledit paiement.

—————

3 = 6 MAI 1791. — Décret qui renvoie au tribunal du 1er arrondissement du département de la Seine, les fabricateurs de faux assignats. (L. 4, 496; B. 14, 9.)

—————

3 = 6 MAI 1791. — Décret portant qu'il sera payé à la ville de Strasbourg, 40,000 livres à imputer sur le remboursement des dîmes inféodées dont elle jouissait. (L. 4, 498; B. 14, 8.)

—————

3 = 8 MAI 1791. — Décret portant qu'il n'y a pas lieu à payer les arrérages demandés par les administrateurs du collège de Saint-Omer. (L. 4, 505; B. 14, 6.)

—————

3 = 8 MAI 1791. — Décret qui abolit l'abonnement de la ville de Toulouse pour ses impositions ordinaires. (L. 4, 516; B. 14, 7.)

—————

3 = 13 MAI 1790. — Décret relatif au paiement de différentes sommes faisant partie de l'arriéré du département de la maison et de la bibliothèque du Roi. (L. 4, 527; B. 14, 10.)

—————

4 = 8 MAI 1791. — Décret additionnel à celui du 25 avril 1791, concernant la liquidation des états de gages arriérés de 1788 et 1789. (L. 4, 503; B. 14, 53.)

Après l'article 6 du décret, seront ajoutés les deux articles suivans.

Art. 7. Il ne sera payé aucun desdits gages arriérés, pour tout le temps pendant lequel les places possédées sans finances auront été vacantes.

8. Quant aux gages des offices possédés en finance, il n'en sera payé aucun pour le temps pendant lequel lesdits offices auront été vacans avant le 1er juillet 1789; et depuis cette époque jusqu'au 31 décembre 1790, les gages desdits offices seront payés aux héritiers ou ayant-cause des décédés, sans aucune déduction pour le temps de la vacance.

—————

4 = 13 MAI 1791. — Décrets relatifs aux receveurs généraux des finances et impositions, et qui règlent les bases de liquidation de plusieurs offices de même nature. (L. 4, 613; B. 14, 51.)

PREMIER DÉCRET. L'Assemblée nationale, voulant prévenir toute difficulté sur le sens et l'exécution de son décret du 17 février dernier, relatif aux receveurs des finances et impositions, et fixer en même temps les bases de liquidation de plusieurs offices de même nature, qui ne se trouvent pas nominativement compris dans les dispositions de ses décrets précédens, décrète :

Art. 1er. Les receveurs particuliers des finances et impositions en titre d'office, qui ont rendu compte aux receveurs-généraux dans la forme prescrite par leur édit de création de l'année 1782, cesseront d'être réputés comptables ; en conséquence, ils seront liquidés définitivement dans l'ordre de leur enregistrement, et ils pourront, en attendant, obtenir des reconnaissances provisoires pour moitié de leurs finances ou cautionnemens, en rapportant le compte final de leur dernier exercice, arrêté quitte par le receveur-général du même exercice, et visé par l'ordonnateur du Trésor public.

2. Ceux desdits receveurs qui réunissent les deux offices dans la même élection pourront faire liquider séparément la finance de l'office créé pour l'un des deux exercices, en rapportant le compte final arrêté comme ci-dessus, pour la dernière année de l'exercice dont ils voudront être déchargés, sans qu'ils soient tenus d'attendre la fin de l'autre exercice.

3. A l'égard de ceux desdits officiers qui, créés pour les exercices pairs, sont chargés, par les précédens décrets de continuer celui de 1790, l'article 12 du décret du 7 novembre dernier sera exécuté ; en conséquence, ils ne pourront obtenir de reconnaissance provisoire, ni l'employer en acquisition de domaines nationaux, que pour moitié ; à la charge que l'autre moitié du prix sera payée comptant, et que la totalité des immeubles acquis restera spécialement affectée à la sûreté de leur manutention, jusqu'après l'apurement de leurs comptes.

4. Quant aux divers receveurs des impositions, receveurs des décimes et droits accessoires, dans les pays où ils existaient en titre d'office, et tous autres percepteurs publics qui ne comptaient pas aux receveurs généraux des finances, ils ne pourront être liquidés définitivement qu'en rapportant la quittance ou décharge légale de leur exercice, dans les formes établies pour leur comptabilité respective.

5. Et néanmoins ceux desdits officiers qui, avant d'avoir présenté leurs états au vrai, voudront acquérir les domaines nationaux, pourront, aux termes de l'article 12 du décret du 7 novembre dernier, obtenir une reconnaissance provisoire, en remplissant toutes les conditions prescrites par ledit article 12 du décret susdaté, et suivant les dispositions de l'article 3 du présent décret.

6. Lesdits receveurs des décimes en titre d'office, les receveurs des fouages, et tous autres officiers de finance comptables, non dispen-

sés de l'évaluation prescrite par l'édit de 1771, seront, aux termes de l'article 1er du décret du 14 novembre 1790, liquidés comme les receveurs-généraux et particuliers des finances, suivant les règles établies pour les offices de judicature.

SECOND DÉCRET relatif aux personnes qui ont acquis des commissions étrangères au service du Roi et de sa maison. (L. 4, 615 ; B. 14, 53.)

L'Assemblée nationale, désirant fixer toute incertitude sur les réclamations des particuliers qui, ayant acquis de quelques officiers de la maison du Roi des commissions dont le prix n'a pas été versé au Trésor public, se présentent néanmoins pour en obtenir le remboursement au bureau général des liquidations, décrète que les sommes payées à des officiers de la maison du Roi, tels que les premiers médecins, chirurgiens de Sa Majesté, et autres, pour brevets de commissions étrangères au service du Roi et de sa maison, et qui s'exerçaient dans les diverses parties du royaume, ne donneront ouverture à aucune demande à la charge de l'État.

---

4 = 13 MAI 1791. — Décret qui fixe la dépense des bureaux de la direction-générale de la liquidation. (L. 4, 521 ; B. 14, 49.)

4 = 15 MAI 1791. — Décret portant circonscription des paroisses de Saint-Omer, Arras, Cambrai, Lille et Coutances, et de sept paroisses de la ville de Dijon. (L. 4, 673 et 714 ; B. 14, 50 et 54.)

4 MAI 1791. — Décret qui ordonne un rapport sur les frais d'administration et de bureaux des départemens, et sur ceux des tribunaux de district. (B. 14, 48.)

4 MAI 1791. — Besançon, etc. Voy. 25 AVRIL 1791. — Sieur Blosse. Voy. 23 AVRIL 1791. — Bois nationaux ; Sieur Bonjour. Voy. 22 AVRIL 1791. — Sieur Bosmelet. Voy. 28 AVRIL 1791. — Cathédrale de Meaux. Voy. 29 AVRIL 1791. — Châlons-sur-Marne, etc. Voy. 28 AVRIL 1791. — De La Pérousse ; Délit. Voy. 22 AVRIL 1791. — Dépenses de la guerre ; Domaines nationaux. Voy. 27 AVRIL 1791. — Emprunt de 1789. Voy. 29 AVRIL 1791. — Ex-parlement d'Aix ; Juges-de-paix de Riom, etc. Voy. 26 AVRIL 1791. — Liancourt, etc. Voy. 27 AVRIL 1791. — Liquidations diverses. Voy. 26 AVRIL 1791. — Ordre de Saint-Louis. Voy. 28 AVRIL 1791.

5 = 13 MAI 1791. — Décret relatif à différentes parties de bois situées dans l'étendue de la maîtrise particulière des eaux et forêts de Sedan. (L. 4, 571 ; B. 14, 72.)

L'Assemblée nationale, après avoir entendu le rapport qui lui a été fait par son comité des domaines, décrète ce qui suit ;

L'affectation faite au profit du sieur Jean-Antoine Raulin de Flize, par arrêts du conseil des 26 juillet 1785 et 28 mars 1786, de différentes parties de bois situées dans l'étendue de la maîtrise particulière des eaux et forêts de Sedan, est et demeure révoquée pour les années pendant lesquelles elle devait avoir lieu; en conséquence, les bois compris dans ladite affectation seront à l'avenir administrés et vendus ainsi que les autres bois nationaux, et pour le compte de la nation.

5 = 13 MAI 1791. — Décret relatif à diverses liquidations de taxations et augmentations de gages. (L. 4, 588; B. 14, 69.)

Art. 1er. Les propriétaires, 1° des augmentations de gages attribuées aux officiers de la chambre des comptes de Paris et aux secrétaires du Roi, créées au denier dix et au denier douze par les édits de juillet 1586 et 1622, et qui subsistent encore, soit aux deniers primitifs, soit à raison de trois quartiers, dans l'état des charges des fermes et gabelles, ont été exceptées de la réduction au denier cinquante, ordonnée par l'arrêt du conseil du 25 août 1720;

2° Des taxations attribuées aux officiers des élections et greniers à sel, par édit de février 1745, rendues fixes et héréditaires au denier dix-huit, par la déclaration du 7 avril 1747, et employées ci-devant dans les états des tailles, des domaines et bois, des fermes et gabelles;

3° Et de toutes autres augmentations de gages, rentes et charges annuelles dont le produit est au-dessus du denier vingt, et qui étaient ci-devant employées dans quelques états que ce soit;

Seront, en conformité des décrets de l'Assemblée nationale des 15 octobre 1790 et 2 avril dernier, remboursés dans la présente année sur le pied de leurs capitaux originaires, et des fonds de la caisse de l'extraordinaire.

2. Lesdits propriétaires seront tenus de justifier, pour obtenir ledit remboursement, qu'ils possédaient lesdites taxations ou augmentations de gages séparément des offices auxquels elles avaient été originairement affectées, ou qu'elles ne sont pas entrées dans l'évaluation de leurs offices.

3. Celles desdites rentes, augmentations de gages et taxations qui appartenaient collectivement aux compagnies, corps de judicature, greniers à sel et autres, comme faisant partie de l'actif desdites compagnies qui a été déclaré appartenir à la nation, en compensation de ce qu'elle s'est chargée de leurs dettes par l'art. 3 du titre II des décrets des 2 et 6 septembre dernier, sont exceptées du remboursement ordonné par le premier article; mais elles seront éteintes à compter de l'époque à laquelle le dernier paiement des arrérages en a été fait.

4. Les arrérages desdites augmentations de gages, taxations, rentes et charges annuelles dont le produit est au-dessus du denier vingt, et dont les remboursement et extinction sont décrétés par les articles précédens, seront définitivement rejetés, à compter du 1er janvier dernier, de tous états, par les trésoriers et payeurs qui les acquittaient ci-devant, à la diligence de l'administration du Trésor public, qui, dans un mois de ce jour, sera tenue d'adresser l'état desdites radiations au comité central de liquidation, pour en être rendu compte à l'Assemblée nationale.

5. Les propriétaires des objets ci-dessus déclarés susceptibles d'être remboursés, donneront, devant notaires de Paris, quittance de remboursement du capital originaire, ensemble de la portion d'arrérages échue pendant la présente année, à compter du 1er janvier dernier, jusqu'au jour date de la quittance de remboursement, et à la déduction des impositions auxquelles lesdites rentes peuvent être assujéties, entre les mains du commissaire du Roi, directeur général de la liquidation, qui leur délivrera en échange une reconnaissance définitive de liquidation, remboursable à la caisse de l'extraordinaire, sur le mandat de l'administrateur provisoire de ladite caisse. Ils joindront à ladite quittance le certificat du rejet des arrérages, à compter du 1er janvier dernier, les quittances de finance et titre nouveau relatifs à leur propriété, certificat du conservateur des finances; et pour constater leurs qualités et propriétés individuelles, un simple extrait de l'immatricule dans les registres des trésoriers ou payeurs qui acquittaient lesdits objets.

6. A l'égard desdites augmentations de gages, taxations et rentes au-dessus du denier vingt, dont il avait été signé quittance de remboursement, en vertu de l'arrêt du conseil dudit jour 31 octobre 1787, dont les arrérages avaient été rejetés par les payeurs avant la suppression de 1788, et dont le remboursement n'a pas été effectué, elles seront remboursées aux propriétaires, de la manière ci-dessus expliquée, sur lesdites anciennes quittances de remboursement, et il leur sera tenu compte des intérêts à raison du denier vingt du capital, et déduction faite des impositions auxquelles lesdites rentes peuvent être assujéties, depuis l'époque dudit rejet jusqu'à leur remboursement effectif, sans qu'ils soient assujétis à d'autres formalités nouvelles que de rapporter un certificat du payeur que le rétablissement n'a pas eu lieu.

5 = 15 MAI 1791. — Décret relatif à diverses fondations faites par M. Cochet de Saint-Valier. (L. 4, 709; B. 14, 74.)

Sur le compte qui a été rendu à l'Assemblée nationale par son comité des pensions, de plusieurs fondations faites par feu M. Cochet de Saint-Valier, pour différens objets, notamment pour gratifications et pensions alimentaires à des personnes pauvres, desquelles fondations l'administration avait été confiée par ledit sieur Cochet de Saint-Valier, au premier président et au procureur-général du ci-devant parlement de Paris, l'Assemblée décrète :

1° Que la perception des revenus et rentes attachées auxdites fondations sera faite par le receveur de la municipalité de Paris, sous l'inspection du département de Paris, au secrétaire duquel département tous les titres et actes relatifs auxdites fondations seront remis sans délai par tous administrateurs, dépositaires et autres qui s'en trouveraient chargés.

2° Les gratifications et pensions alimentaires seront payées, aux termes accoutumés, aux personnes employées dans les états de distribution actuellement existans. Tout autre emploi des fonds dépendant desdites fondations sera suspendu ; et les sommes qui y étaient destinées demeureront, par forme de séquestre, entre les mains du receveur de la municipalité.

3° Les dispositions contenues aux deux précédens articles seront exécutées seulement à titre provisoire, nonobstant toutes oppositions faites ou à faire, et jusqu'à ce, sur le compte qui lui en sera rendu, l'Assemblée ait statué définitivement sur les fondations dont il s'agit.

5 = 15 MAI 1791. — Décret portant circonscription des paroisses, des districts de Nîmes, de Beauvais, de Sommières, du Pont-Saint-Esprit, du Vigan, de Saint-Hippolyte et d'Alais. (L. 4, 595 ; B. 14, 58.)

5 = 15 MAI 1791. — Décret portant qu'il sera distribué une somme de 62.550 livres aux personnes précédemment comprises dans les états de secours affectés sur la loterie royale, sur le fort Louis, et sur les fermes-générales. (L. 4, 617 ; B. 14, 73.)

5 = 15 MAI 1791. — Décret qui accorde des gratifications à plusieurs citoyens qui ont dénoncé une fabrique de faux assignats. (L. 4, 699 ; B. 14, 72.)

6 = 13 MAI 1791. — Décret relatif à une fabrication d'assignats de cinq livres. (L. 4, 523 ; B. 14, 70.)

Art. 1er. Il sera procédé à la fabrication d'assignats de cinq livres, jusqu'à la concurrence de cent millions, en remplacement de pareille somme d'assignats de deux mille livres et de mille livres qui seront supprimés.

Lesdits assignats ne pourront être mis en émission qu'en vertu d'un nouveau décret, lequel ordonnera en même temps l'ouverture d'un bureau dans chaque district, auquel on pourra échanger à volonté lesdits assignats contre de la monnaie de cuivre, et réciproquement.

2. L'Assemblée nationale ordonne à ses comités des monnaies et des finances réunis, de lui faire incessamment un rapport sur les moyens d'exécution relatifs, tant à la fabrication des assignats de cinq livres qu'à celle de la monnaie qui doit être faite pour être mise en émission au même moment où ils seront distribués.

6 = 15 MAI 1791. — Décret relatif aux biens meubles et immeubles dépendant des églises paroissiales ou succursales supprimées ou à supprimer. (L. 4, 677 ; B. 14, 75 ; Mon. du 8 mai 1791.)

L'Assemblée nationale, ouï le rapport de ses comités ecclésiastique et d'aliénation, sur la destination et l'emploi des édifices, emplacemens et autres immeubles réels, ainsi que des biens meubles dépendant des églises paroissiales ou succursales qui sont ou seront supprimées, en exécution du décret du 12 juillet 1790, décrète :

Art. 1er. Les églises et sacristies, parvis, tours et clochers des paroisses ou succursales supprimées, à l'exception des terrains et édifices qui auront été conservés pour oratoires ou chapelles de secours, par décret de l'Assemblée nationale, seront vendus, après le décret de suppression de la paroisse ou succursale, dans la même forme et aux mêmes conditions que les biens nationaux.

2. Les sommes qui se trouveront dues par les fabriques ou communautés de propriétaires ou d'habitans, pour constructions ou réparations desdites églises supprimées, de leurs sacristies, parvis, tours et clochers, ainsi que le montant des dépenses qui seront jugées nécessaires par les corps administratifs, sous l'inspection et la surveillance du Roi, pour rendre les églises des paroisses et succursales nouvellement circonscrites, propres à leur nouvelle destination, et pour y faire les réparations manquant à l'époque du décret de circonscription, seront acquittées par la caisse de l'extraordinaire, après avoir été liquidées dans la forme prescrite par le titre Ier du décret des 8, 12 et 14 avril dernier.

3. Les cimetières desdites paroisses et succursales supprimées seront également vendus, dans la même forme et aux mêmes conditions que les biens nationaux.

4. Les sommes qui se trouveront dues par les fabriques ou communautés de propriétaires ou d'habitans, pour achat ou clôture, soit des cimetières desdites églises supprimées, soit des cimetières jugés nécessaires par les corps administratifs, sous l'inspection et la surveil-

nouvellement circonscrites, seront acquittées par la caisse de l'extraordinaire, après avoir été liquidées comme il est dit en l'article 2.

5. Les presbytères et bâtimens qui servaient à loger les personnes employées au service desdites églises supprimées ou changées en simples oratoires, sont déclarés biens nationaux, à la charge de l'usufruit réservé par l'article 7 du décret du 18 octobre dernier, à des curés de paroisses supprimées.

6. Les sommes qui se trouveront dues par les communautés de propriétaires ou d'habitans, pour achat, construction ou réparation des bâtimens et presbytères mentionnés en l'article précédent, et celles qui seraient dues pour achat, construction ou grosses réparations de semblables édifices, jugées nécessaires en la forme exprimée aux articles 2 et 4 ci-dessus, à raison des églises nouvellement circonscrites, seront acquittées par la caisse de l'extraordinaire, après avoir été liquidées comme il est dit au même article 3.

7. Tous les autres biens meubles ou immeubles de fabriques desdites églises supprimées, passeront avec leurs charges à l'église paroissiale ou succursale établie ou conservée, dans l'arrondissement de laquelle se trouvera l'église dont lesdits biens dépendaient avant la suppression.

8. Il ne sera rien payé au Trésor public, à raison des terrains et édifices de même nature que ceux mentionnés en l'article 1er ci-dessus, et provenant des chapitres et communautés ecclésiastiques, séculières ou régulières, supprimées en vertu du décret du 12 juillet dernier, qui sont ou seront consacrés au culte par décret de l'Assemblée nationale, pour servir de nouvelle église paroissiale ou succursale, ou d'oratoire public; mais il sera disposé, comme de biens nationaux, des terrains et édifices de l'ancienne église, aux charges prescrites par l'article 2 du présent décret.

9. Les ventes prescrites par l'article 1er ci-dessus, ne pourront être effectuées qu'après avoir pris les précautions qu'exige le respect dû aux églises et aux sépultures.

Les cimetières ne pourront être mis dans le commerce qu'après dix années, à compter depuis les dernières inhumations.

---

6 MAI 1791.—Agens de change; Faux assignats; Strasbourg. *Voy.* 3 MAI 1791.

---

7 = 13 MAI 1791.— Décret relatif au serment des prêtres, et aux édifices consacrés à un culte religieux par des sociétés particulières. (L. 4, 525; B. 14, 79.)

Voy. lois du 12 JUILLET = 24 AOUT 1790; du 26 AOUT 1792.

Art. 1er. L'Assemblée nationale, après avoir entendu le rapport de son comité de constitu-

tion sur l'arrêté du 11 avril, du directoire du département de Paris, déclare que les principes de liberté religieuse qui l'ont dicté, sont les mêmes que ceux qu'elle a reconnus et proclamés dans sa déclaration des droits; et, en conséquence, décrète que le défaut de prestation du serment prescrit par le décret du 28 novembre, ne pourra être opposé à aucun prêtre se présentant dans une église paroissiale, succursale et oratoire national, seulement pour y dire la messe.

2. Les édifices consacrés à un culte religieux par des sociétés particulières, et portant l'inscription qui leur sera donnée, seront fermés aussitôt qu'il y aura été fait quelques discours contenant des provocations directes contre la constitution, et en particulier contre la constitution civile du clergé. L'auteur du discours sera, à la requête de l'accusateur public, poursuivi criminellement dans le tribunal, comme perturbateur du repos public.

---

7 = 15 MAI 1791.— Décret qui fixe le mode de remboursement des charges d'avocats aux conseils. (L. 4, 708; B. 14, 83.)

Voy. loi du 27 VENTOSE an 8, article 93; décret du 21 JUIN 1806.

L'Assemblée nationale décrète que les avocats aux conseils seront remboursés sur le pied du dernier contrat d'acquisition de chaque titulaire, et néanmoins que ceux dont les prix des contrats sont inférieurs à vingt mille livres, recevront cette dernière somme en remboursement; décrète en outre que tous ceux dont les prix des contrats excèdent vingt mille livres seront assujétis à la déduction d'un huitième sur le montant de leur remboursement, pour raison des recouvremens présumés compris dans les ventes qui leur ont été faites.

---

7 = 15 MAI 1791. — Décret relatif à l'exécution du décret du 24 octobre 1790, qui a suspendu la construction du palais de justice commencé à Aix. (L. 4, 727; B. 14, 78.)

---

7 MAI 1791. — Décret portant vente de domaines nationaux à différentes municipalités des départemens de l'Allier, de la Haute-Marne, des Hautes-Pyrénées, d'Ille-et-Vilaine, de la Loire-Inférieure, de la Manche, de la Marne, de la Moselle, de l'Orne, de la Sarthe, de la Seine, de Seine-et-Marne et de l'Yonne. (B. 14, 80.)

---

8 = 15 MAI 1791.—Décret relatif à la translation du corps de Voltaire dans l'église paroissiale de Romilly. (L. 4, 726; B. 14, 83.)

L'Assemblée nationale décrète que le corps de Marie-François Arouet de Voltaire sera transféré de l'église de l'abbaye de Scellières, dans l'église paroissiale de Romilly, sous le surveillance de la municipalité dudit lieu de Romilly, qui sera chargée de veiller à la conservation de ce dépôt, jusqu'à ce qu'il ait été statué par l'Assemblée sur la pétition de ce jour, qui est renvoyée au comité de constitution.

8 MAI 1791. — Proclamation du Roi pour la nomination de six commissaires composant le comité de la Trésorerie nationale. (L. 4, 500.)

8 = 15 MAI 1791. — Décret relatif à différentes liquidations d'offices montant ensemble à 38,720,701 livres 9 sous 6 deniers. (L. 4, 606 ; B. 14, 84.)

8 = 15 mai 1791. — Décret qui autorise les directoires des districts de Nogent-sur-Seine, de Lavaur, de Commercy et de Nantua, à acquérir les bâtimens nécessaires à leur établissement (1). (L. 4, 693 ; B. 14, 126.)

8 MAI 1791. — Agens de change, etc. *Voy.* 21 AVRIL 1791. — Bois-Meuse. *Voy.* 2 MAI 1791. — Corps de finances. *Voy.* 9 MAI 1791 et 27 MAI 1791. — Droits divers. *Voy.* 30 AVRIL 1791. — Ex-parlement de Douai. *Voy.* 28 AVRIL 1791. — Gages arriérés. *Voy.* 4 MAI 1791. — Militaires. *Voy.* 1er MAI 1791. — Saint-Omer ; Toulouse. *Voy.* 3 MAI 1791.

9 (8 et) = 15 MAI 1791. — Décret relatif à la régie de l'enregistrement et du timbre, et à celle des douanes. (L. 4, 701 ; B. 14, 94 ; Mon. du 10 mai 1791.)

Voy. lois du 5 = 19 DÉCEMBRE 1790 ; des 18 (16 et) = 27 MAI 1791 ; du 29 SEPTEMBRE = 9 OCTOBRE 1791.

Art. 1er. Les taxes d'enregistrement et de timbre, d'une part, celles des traites, de l'autre, seront perçues par deux régies intéressées, l'une sous le titre de *Régie de l'enregistrement et du timbre,* l'autre sous le titre de *Régie des douanes.*

2. L'administration centrale de chaque régie sera établie à Paris.

3. Il sera déterminé, par un décret particulier, des modes d'admission aux emplois et d'avancement pour chaque régie.

Les régisseurs généraux, dans chaque régie, seront choisis et nommés par le Roi, entre les employés du grade immédiatement inférieur, ayant au moins cinq années d'exercice dans le grade.

Les employés du grade immédiatement inférieur à celui de régisseur seront choisis et nommés par le Roi entre trois sujets qui seront présentés au ministre des contributions publiques par les régisseurs généraux, suivant l'ordre d'avancement qui sera prescrit.

Les préposés inférieurs seront nommés par la régie.

4. Les régisseurs généraux ne pourront être destitués que par le Roi, sur l'avis des chefs de la régie dont ils seront membres ; il en sera de même des préposés immédiats des fermiers ; les autres employés pourront être destitués par une délibération des régisseurs.

5. Immédiatement après la nomination des régisseurs généraux, le Roi en donnera connaissance au Corps-Législatif ; le ministre des contributions publiques donnera connaissance de celle des préposés en chef dans les départemens, aux directoires des corps administratifs dans le territoire desquels les préposés devront exercer leurs fonctions.

Les régisseurs généraux donneront, tant aux directoires desdits corps administratifs que des municipalités, l'état des employés inférieurs qui exerceront dans leur territoire.

6. Tous les membres des régies feront serment de remplir avec fidélité les fonctions qui leur auront été départies ; savoir, les régisseurs généraux, devant le tribunal de l'arrondissement duquel se trouvera situé l'hôtel de la régie, et les autres préposés devant les juges de district de leur résidence.

7. Les produits des recettes des différentes régies seront versés dans les caisses de district, aux termes et suivant le mode qui seront réglés par le décret d'organisation de chacune de ces régies.

8. Tout receveur de l'une ou l'autre régie adressera au receveur de district, avec les fonds qu'il lui fera passer, un état de sa recette brute, des frais de perception qui auront été et dû être prélevés sur les produits, et de la somme effective versée à la caisse du district ; il enverra en même temps un double certifié de ces états au directoire du district, et à la municipalité de la résidence.

9. Les directoires de district seront tenus de vérifier et faire vérifier par les municipalités, les caisses et registres des différentes régies. Les directoires des départemens pourront aussi faire ou faire faire ces vérifications quand ils le jugeront à propos.

10. Les receveurs de district fourniront un supplément de cautionnement proportionnel au produit présumé de leur recette, d'après les déclarations des régisseurs généraux.

11. Les produits des régies qui seront versés à la caisse du receveur de district seront ajoutés à la masse générale de ses autres recettes, et sa remise fixée sur le tout, conformément à l'article 25 du décret du 14 novembre dernier (2).

_____

(1) Ces décrets sont à la date du 9 dans la Collection de Baudouin.

(2) *Voy.* la nouvelle rédaction de ce décret au 27 mai 1791.

9 = 15 MAI 1791. — Décret relatif aux gardes nationaux qui ont été employés dans les troupes de ligne comme soldats et officiers. (L. 4, 593; B. 14, 100.)

L'Assemblée nationale, ouï le rapport de son comité militaire, décrète que les gardes nationaux qui ont été sous-officiers ou soldats dans les troupes de ligne, seront susceptibles, au moment de cette nouvelle organisation, d'obtenir des places dans la gendarmerie nationale, quoiqu'ils aient obtenu leur congé depuis plus de trois ans, et que ceux qui auront eu dans les troupes de ligne le grade de capitaine, ou qui auront servi plus de dix années comme officiers dans un grade inférieur, seront, au moment de cette nouvelle formation, susceptibles d'être employés dans le nombre des aides-de-camp fixé par les précédens décrets.

9 = 15 MAI 1791. — Décret relatif au logement des évêques. (L. 4, 707; B. 14, 97.)

L'Assemblée nationale, ouï le rapport de son comité d'emplacement, déclare que le logement des évêques est à la charge de la nation.

9 = 15 MAI 1791. — Décret relatif aux sommes à avancer par le Trésor public aux quatre-vingt-trois départemens pour la dépense des tribunaux et de l'administration. (L. 4, 683; B. 14, 96.)

L'Assemblée nationale, désirant mettre les directoires de département à portée de subvenir à la dépense des tribunaux et aux dépenses d'administration, en attendant que, sur le produit des sous pour livre additionnels répartis au marc la livre des impositions de 1791, ils aient à leur disposition les fonds nécessaires pour faire acquitter ces dépenses mises à leur charge, a décrété et décrète ce qui suit:

Art. 1er. Le Trésor public fera remettre aux ordres des directoires des quatre-vingt-trois départemens, l'avance de la somme de deux millions huit cent dix-huit mille deux cent soixante-quinze livres, pour subvenir à la dépense des tribunaux pour le trimestre de janvier 1791.

2. Le Trésor public fera également remettre aux ordres desdits directoires, la somme de deux millions six cent quatre-vingt-six mille six cent vingt-cinq livres, pour subvenir aux dépenses d'administration pour le même trimestre de 1791.

3. L'une et l'autre somme seront partagées entre les départemens, conformément aux états de distribution remis au comité des finances.

4. Dans le courant de juin prochain, le Trésor public fera les mêmes avances pour subvenir aux mêmes dépenses des tribunaux

et d'administration, pour le trimestre d'avril 1791.

5. Le receveur du district renfermant le chef-lieu du département, fournira au Trésor public un récépissé de la totalité de la somme qui aura été envoyée au directoire du département pour l'une et l'autre dépenses; et la distribution de cette somme sera faite ensuite en proportion des besoins de chaque district et de chacun des corps administratifs des départemens.

6. Ce récépissé sera visé par les administrateurs du directoire de département, lesquels, par l'arrêté mis au bas de ce récépissé, prendront l'engagement de faire remplacer au Trésor national, sur le produit des sous pour livre additionnels à imposer au marc la livre des contributions de 1791, et opéreront en effet ce remplacement en 1791, comme si les rôles avaient été faits aux époques ordinaires.

10 = 15 MAI 1791. — Décret relatif à la suppression de la compagnie de la prévôté de l'hôtel, et à sa recréation sous le titre de gendarmerie nationale. (L. 4, 716; B. 14, 111; Mon. du 12 mai 1791.)

Voy. loi du 16 JANVIER = 16 FÉVRIER 1791.

SECTION 1re.

TITRE 1er. Suppression et nouvelle création.

Art. 1er. La compagnie de la prévôté de l'hôtel est et demeurera supprimée; mais elle est recréée sous le titre de gendarmerie nationale.

2. Ce nouveau corps participera aux grades, distinctions et récompenses établis pour la gendarmerie nationale, ainsi qu'à tous les avantages accordés par les décrets des 22, 23, 24 décembre 1790, et 16 janvier 1791.

TITRE II. Composition et formation.

Art. 1er. Ce nouveau corps sera composé d'un lieutenant-colonel, de deux capitaines, six lieutenans, six maréchaux-des-logis, douze brigadiers et soixante-douze gendarmes, faisant ensemble quatre-vingt-dix-neuf hommes, formés en deux compagnies.

2. Chaque compagnie sera composée de trois maréchaux-des-logis, six brigadiers, trente-six gendarmes, et commandée par un capitaine et trois lieutenans.

3. Chaque compagnie sera partagée en trois brigades, composées d'un maréchal-des-logis, de deux brigadiers, de douze gendarmes, et sera commandée par un lieutenant, sous l'autorité du capitaine.

4. Le lieutenant-colonel commandera les deux compagnies, mais il sera sous l'autorité du colonel de la gendarmerie nationale servant au département de Paris.

23.

5. Il sera attaché à cette troupe un secrétaire-greffier.

Titre III. Admission, rang et avancement.

Art. 1er. Au moment de la formation actuelle, ce corps sera formé du fond des officiers, sous-officiers et gardes de la prévôté de l'hôtel, supprimés par le présent décret.

2. Les officiers du même grade prendront rang entre eux de la date de leurs brevets ou commissions signés du Roi et contre-signés par le ministre de la guerre; dans le cas d'une même date, la préférence serait accordée à celui qui aurait le plus d'années de service.

3. Ceux des officiers et gardes qui vont se trouver réformés par cette nouvelle organisation, seront conservés comme surnuméraires, avec droit au remplacement, et avec le même traitement que les autres gendarmes ou officiers du même grade.

4. Pour recruter ces deux nouvelles compagnies, par la suite, il n'y sera admis, après l'extinction des surnuméraires, aucun gendarme qui n'ait trente ans accomplis, qui ne sache lire et écrire, qui ne soit en activité dans l'une des compagnies de la gendarmerie nationale, et qui n'y ait servi au moins trois années avec distinction.

5. Lorsqu'il vaquera une place de gendarme dans ce nouveau corps, chaque département, dans chacune des vingt-huit divisions de la gendarmerie nationale, fournira successivement, pour la remplir, un sujet qui réunisse les conditions prescrites par l'article précédent.

6. Le colonel de la division de la gendarmerie nationale qui devra fournir un sujet, en présentera trois de sa division au directoire du département dont ce sera le tour, lequel en choisira un qui sera pourvu par le Roi.

7. Ce nouveau corps roulera sur lui-même pour son avancement.

8. Pour remplir une place vacante de brigadier, chacun des six maréchaux-des-logis se réunira avec les deux brigadiers de sa brigade, pour choisir de concert un gendarme. La liste des six qui auront été ainsi choisis, sera remise au capitaine dans la compagnie duquel l'emploi sera vacant; ce capitaine réduira la liste à deux, parmi lesquels le lieutenant-colonel nommera le nouveau brigadier.

9. Pour remplir une place de maréchal-des-logis, les six maréchaux-des-logis se concerteront pour proposer ensemble quatre brigadiers; cette liste, réduite à deux par le capitaine dans la compagnie duquel l'emploi aura vaqué, sera présentée par lui au lieutenant-colonel, qui nommera parmi les deux le nouveau maréchal-des-logis.

10. Sur deux places vacantes de lieutenant, l'une sera donnée au plus ancien maréchal-des-logis; l'autre le sera, par le choix, à l'un des six maréchaux-des-logis ayant au moins deux années d'exercice dans ce grade. L'ancienneté aura le premier tour.

11. Lorsqu'il s'agira de donner par le choix une place de lieutenant, tous les officiers des deux compagnies et le lieutenant-colonel nommeront, à la majorité absolue des suffrages, trois maréchaux-des-logis. Cette liste sera présentée par le colonel de la division de gendarmerie nationale servant dans le département de Paris, au directoire de ce département, lequel en nommera un qui sera pourvu par le Roi.

12. Les lieutenans parviendront, suivant leur ancienneté, à l'emploi de capitaine.

13. Les capitaines parviendront, suivant leur ancienneté, à l'emploi de lieutenant-colonel.

14. Au moment de la présente organisation, le Roi fera délivrer aux officiers, sous-officiers et gendarmes qui composeront le corps, et par la suite à ceux qui auront été promus de la manière qui vient d'être expliquée, une nouvelle commission, suivant leurs grades respectifs.

15. Le lieutenant-colonel concourra avec les officiers du même grade dans la gendarmerie nationale, et aux mêmes conditions, pour parvenir à l'emploi de colonel, soit par ancienneté, soit par le choix du Roi.

16. Le secrétaire-greffier sera nommé par le directoire du département de Paris.

Titre IV. Ordre intérieur.

Art. 1er. Toutes les commissions des officiers et gendarmes seront scellées sans frais.

2. Celles du lieutenant-colonel, des capitaines et lieutenans, seront adressées au directoire du département de Paris, devant lequel ils prêteront le serment prescrit par la loi; après quoi, le colonel de la division de la gendarmerie nationale servant au département de Paris, fera reconnaître le lieutenant-colonel, et celui-ci fera reconnaître les autres officiers dans leurs grades respectifs.

3. Le lieutenant-colonel recevra le même serment des maréchaux-des-logis, des brigadiers et des gendarmes.

4. Les sermens seront prêtés sans aucun frais, et enregistrés de même dans le directoire du département de Paris et dans le secrétariat du corps.

5. Aucune destitution ne pourra être prononcée que selon la forme et de la manière établies pour l'armée: les règles de la discipline seront les mêmes que celles des troupes de ligne.

6. Le conseil d'administration sera composé du lieutenant-colonel, de deux capitaines, du plus ancien lieutenant, du plus ancien maréchal-des-logis, du plus ancien brigadier et des deux plus anciens gendarmes.

7. L'uniforme des officiers, sous-officiers et gendarmes nationaux, composant ce nouveau corps, sera en tout semblable à celui de la gendarmerie nationale, en y ajoutant la distinction que portent les grenadiers de cavalerie.

TITRE V. Traitement.

Art. 1er. Les appointemens de ce corps seront payés au complet et par mois, sur les fonds publics, dans le département de Paris, d'après les mandats donnés par le directoire de ce département, et en conséquence des états qu'il recevra du ministre ayant la correspondance des départemens.

2. A compter du 15 du présent mois, les appointemens et solde des officiers, sous-officiers, gendarmes nationaux de ce nouveau corps, demeureront fixés de la manière suivante, savoir :

Au lieutenant-colonel, 5,000 liv., à chaque capitaine, 3,500 liv.; à chaque lieutenant, 2,300 liv..; à chaque maréchal-des-logis, 1,250 liv.; à chaque brigadier, 1,100 liv.; à chaque grenadier gendarme, 910 liv.; au secrétaire-greffier, 900 liv.

Il sera alloué deux cents livres au secrétaire-greffier, pour menus frais et dépenses du secrétariat.

3. Moyennant ces appointemens, les officiers, sous-officiers et gendarmes seront chargés de leur habillement et petit équipement; il ne leur sera fait d'autres retenues que celles qui seront arrêtées par le conseil d'administration.

4. L'armement pour le service des sous-officiers et gendarmes sera fourni et entretenu par les magasins nationaux.

5. Le casernement des sous-officiers et gendarmes sera fourni en nature par le département de Paris, et déterminé par le directoire, sur l'avis du lieutenant-colonel ou du commandant.

6. Le conseil d'administration réglera tous les ans le compte qui sera rendu par le lieutenant-colonel : 1° des avances que les circonstances auront pu rendre nécessaires, et qui devront être remboursées par retenue sur la solde; 2° du bénéfice obtenu sur le paiement au complet.

7. Le compte arrêté par le conseil d'administration sera présenté, chaque année, à la révision du directoire du département de Paris; et si l'une ou les deux compagnies demandent l'examen de la comptabilité, il ne sera fait qu'en présence du directoire du département.

SECTION II. Fonctions des deux nouvelles compagnies de gendarmes nationaux.

TITRE Ier. Fonctions près du Corps-Législatif.

Art. 1er. Ce nouveau corps continuera, auprès de l'Assemblée nationale et des législatures suivantes, les fonctions remplies, depuis le mois de mai 1789, par la ci-devant compagnie de la prévôté de l'hôtel.

2. Ces officiers, sous-officiers et gendarmes maintiendront l'ordre et la police dans les issues et aux portes de la salle du Corps-Législatif, concurremment avec les gardes nationales, et ils sont autorisés à repousser par la force toute violence ou voie de fait qui seraient employées contre eux dans les fonctions qu'ils exercent au nom de la loi.

3. Lorsque les décrets seront portés à la sanction, un officier, un sous-officier et quatre gendarmes nationaux accompagneront le président du Corps-Législatif et les commissaires qui seront nommés à cet effet.

4. Dans toutes les cérémonies publiques où le Corps-Législatif assistera, soit en entier, soit par députation, les officiers, sous-officiers et gendarmes nationaux de ce nouveau corps, soit en totalité, soit en détachement, suivant les circonstances, précéderont et termineront la marche.

TITRE II. Fonctions auprès de la haute Cour nationale, du tribunal de cassation et du ministre de la justice.

Art. 1er. Ce corps continuera de fournir un officier et deux gendarmes auprès du ministre de la justice, pour l'honneur et la sûreté du sceau de l'État.

2. Il fera, auprès de la haute Cour nationale et auprès du tribunal de cassation, le service que les compagnies ci-devant connues sous le nom de robe-courte, ou aujourd'hui incorporées dans la gendarmerie nationale, font auprès des tribunaux de justice séant à Paris.

3. Il prêtera toute main-forte dont il sera requis légalement.

4. Les différens services confiés par les articles précédens aux gendarmes nationaux, seront faits indistinctement par ces deux compagnies, suivant l'ordre habituel du service militaire.

10 = 15 MAI 1791. — Décret relatif à la formation de la haute Cour nationale. (L 14, 665; B. 14, 106; Mon. du 1er avril 1791.)

Voy. lois du 5 = 13 MARS 1791; du 21 = 23 NOVEMBRE 1791; du 22 NOVEMBRE = 18 OCTOBRE 1791; du 23 = 25 JUILLET 1791; du 25 AOUT 1792; du 25 SEPTEMBRE 1792 (1).

(1) La loi du 25 septembre 1792 a supprimé la haute Cour nationale. Elle a été remplacée par des institutions analogues, sous les différens gouvernemens. Voy. la loi du 20 thermidor an 4, portant organisation de la haute Cour de justice.

Voy. le sénatus-consulte du 28 floréal an 12, art. 101, sur la haute Cour impériale. Voy. enfin art. 33 de la Charte constitutionnelle, relatif à la Cour des Pairs.

Art. 1er. La haute cour nationale sera composée d'un haut jury et de quatre grands-juges qui dirigeront l'instruction et qui appliqueront la loi, après la décision du haut jury sur le fait.

2. Lors des élections pour le renouvellement d'une législature, les électeurs de chaque département, après avoir nommé les représentans au Corps-Législatif, éliront au scrutin individuel et à la pluralité absolue des suffrages, deux citoyens ayant les qualités nécessaires pour être députés au Corps-Législatif, lesquels demeureront inscrits sur le tableau du haut jury, pendant tout le cours de cette législature.

3. Chaque nouvelle législature, après avoir vérifié les pouvoirs de ses membres, dressera la liste des jurés élus par les départemens du royaume, et elle la fera publier.

4. La haute Cour nationale connaîtra de tous les crimes et délits dont le Corps-Législatif se portera accusateur.

5. La haute Cour nationale ne se formera que quand le Corps-Législatif aura porté un décret d'accusation.

6. Elle se réunira à une distance de quinze lieues au moins du lieu où la législature tiendra ses séances. Le Corps-Législatif indiquera la ville où la haute Cour nationale s'assemblera.

7. Le décret du Corps-Législatif portant accusation n'aura pas besoin d'être sanctionné par le Roi.

8. Le décret du Corps-Législatif portant accusation aura l'effet d'un décret de prise de corps.

9. Avant de porter le décret d'accusation, le Corps-Législatif pourra appeler et entendre à la barre les témoins qui lui seront indiqués. Il ne sera point tenu d'écritures des dires des témoins; mais après que le décret portant accusation aura été rendu, les témoins seront entendus par les quatre grands-juges, et leurs dépositions reçues par écrit.

10. Lorsque le Corps-Législatif aura décrété qu'il se rend accusateur, il fera une proclamation solennelle pour annoncer la formation d'une haute Cour nationale, et fera rédiger l'acte d'accusation de la manière la plus précise et la plus claire; et il nommera deux de ses membres, pour, sous le titre de grands procurateurs de la nation, faire, auprès de la haute Cour nationale, la poursuite de l'accusation.

11. Les quatre grands-juges qui présideront à l'instruction seront pris parmi les membres du tribunal de cassation; leurs noms seront tirés au sort dans la salle où la législature tiendra publiquement ses séances: le plus ancien d'âge présidera. Le Roi sera prié d'y envoyer deux commissaires.

12. Le haut jury sera composé de vingt-quatre membres, et il ne pourra juger qu'à ce nombre.

13. Il y aura de plus six hauts jurés, tirés au sort sur la liste de cent soixante-six, pour servir d'adjoints dans le même cas et selon les mêmes formes déterminées par la loi sur les jurés.

14. Les hauts jurés qui seront nommés par chacun des départemens pour être inscrits sur la liste générale, ne seront admis à proposer aucune excuse pour se dispenser d'être inscrits sur cette liste.

15. Lorsque le Corps-Législatif aura fait sa proclamation pour annoncer la formation d'une haute cour nationale, ceux des hauts jurés inscrits sur la liste, qui croiraient avoir des excuses légitimes pour se dispenser de composer le haut juré, dans le cas où le sort les y fît entrer, pourront envoyer lesdites excuses avec les pièces qui en prouveront la légitimité: ces excuses seront jugées par les grands juges.

16. Si l'empêchement allégué est jugé légitime, les noms des hauts jurés qui se trouveront excusés seront, pour cette fois, retirés de la liste.

17. Après que le haut jury aura été déterminé, il n'y aura plus, pour ceux qui devront le composer, aucun lieu à proposer d'excuses, si ce n'est pour impossibilité physique, telle qu'une maladie grave, constatée par un rapport de médecins, et certifiée par le procureur-général-syndic du département, ou le procureur-syndic du district, ou le procureur de la commune, suivant que le citoyen appelé habitera dans un chef-lieu de département, de district, ou dans une municipalité.

18. Les hauts jurés qui seront convoqués, soit que leurs excuses n'aient pas été jugées légitimes, soit qu'ils n'en aient pas proposé, ne pourront se dispenser de se rendre au lieu désigné, sous peine, pour celui qui ne se rendrait pas, d'une amende égale aux contributions directes, tant foncière que mobilière, auxquelles il se trouvera imposé pour l'année, et d'être déchu pour six ans des droits de citoyen actif.

19. Celui qui aura rempli une fois les fonctions de haut juré ne pourra plus les remplir pendant le reste de sa vie; son nom sera retiré de dessus la liste, et on ne pourra plus l'élire pour cette fonction.

20. Lorsqu'un ou plusieurs des hauts jurés ne pourront pas, à raison de maladie, remplir leurs fonctions, ils seront remplacés; savoir, ceux des vingt-quatre membres qui composent le haut jury, par des adjoints, suivant l'ordre dans lequel ceux-ci auront été nommés paas la voie du sort; et les adjoints qui seront de cette manière entrés dans le haut jury, par des jurés pris au sort sur la liste du département dans lequel siégera la haute Cour nationale.

21. Les accusés auront quinze jours pour déclarer leurs récusations (1).

22. L'accusé ou les accusés auront la faculté d'exercer, sans donner de motifs, le double des récusations accordées par le décret sur la procédure par jurés.

23. Les grands procurateurs de la nation ne pourront proposer de récusation qu'en donnant des motifs; ces motifs seront jugés par les grands juges.

24. Aussitôt que les récusations auront été proposées et le haut jury déterminé, les grands juges feront convoquer les trente membres dont il sera composé, lesquels seront tenus de se rendre, dans quinze jours après la notification du mandement des grands' juges, dans la ville qui sera désignée.

25. Les grands juges adresseront, pour le faire notifier, leur mandement aux procureurs-généraux-syndics des départemens où auront été nommés les hauts jurés convoqués.

26. La forme de composer le jury et de procéder, établie pour les jurés ordinaires, sera suivie pour le haut jury.

27. Le commissaire du Roi auprès du tribunal de district dans le territoire duquel la haute Cour nationale s'assemblera, fera auprès d'elle les fonctions de commissaire du Roi; elles seront les mêmes respectivement à l'instruction et au jugement, que celles qu'il exercera auprès du tribunal criminel ordinaire.

28. Les hauts jurés' qui seront convoqués, recevront, attendu la nature de ce jury composé de membres appelés de toutes les parties du royaume, la même indemnité que les membres du Corps-Législatif.

29. Le président de l'Assemblée nationale se retirera par devers le Roi pour présenter à l'acceptation le présent décret.

10 MAI = 19 JUIN 1791. — Décret qui supprime les banquiers expéditionnaires en cour de Rome. (L. 4, 1235; B. 14, 101.)

Art. 1er. Les banquiers expéditionnaires en cour de Rome sont supprimés.

2. Ils seront remboursés sur le pied de l'évaluation par eux faite en exécution de l'édit de 1771, et il leur sera payé en outre, à titre d'indemnité, la sixième partie du prix porté dans leurs contrats d'acquisition ou autres actes authentiques, conformément aux articles 15 et 16 des décrets des 21 et 24 décembre 1790.

3. Les intérêts du montant de leur liquidation seront comptés depuis le 1er juillet 1790, à la charge par eux de remettre, dans un mois, tous les titres nécessaires pour leur liquidation.

4. Les dettes contractées en nom collectif par la compagnie des banquiers expéditionnaires en cour de Rome, ne seront supportées par la nation qu'après vérification, et suivant les règles établies, pour les officiers ministériels, par les susdits décrets des 21 et 24 décembre.

10 = 15 MAI 1791. — Décret portant que la caisse de l'extraordinaire paiera à titre de prêt aux administrateurs de l'hôpital-général et de l'Hôtel-Dieu de Rouen, la somme de 500,000 liv., à raison de 41,666 livres 13 sous 4 deniers par mois. (L. 4, 681; B. 14, 106.)

10 = 15 MAI 1791. — Décret relatif à l'exportation des bois nécessaires au chauffage des troupes en garnison à Monaco, et à l'exportation des charbons de bois de la vallée de Cherery et de Lellex. (L. 4, 705; B. 14, 102.)

10 MAI 1791. — Décret portant vente de domaines nationaux à différentes municipalités des départemens de l'Ain, des Alpes, de l'Aveyron, du Calvados, de la Côte-d'Or, du Finistère, de la Haute-Marne, de l'Hérault, de l'Indre, d'Indre-et-Loire, de Maine-et-Loire, de la Nièvre, de Saône-et-Loire, de la Seine-Inférieure et du Var. (B. 14, 102.)

10 MAI 1791. — Droit de pétition. Voy. 18 MAI 1791.

11 MAI 1791. — Proclamation du Roi qui nomme M. Lambert commissaire en la commission des monnaies à la place de M. Boutin. (L. 4, 520.)

11 = 15 MAI 1791. — Décret portant que l'administration du pilotage de Dunkerque fera verser dans la caisse de la municipalité une somme de 50,000 liv. (L. 4, 671; B. 14, 120.)

11 = 15 MAI 1791. — Décret qui autorise la division du canton de la ville de Saumur en trois arrondissemens, et l'établissement de trois juges-de-paix. (L. 4, 729; B. 14, 119.)

12 = 20 MAI 1791. — Décret relatif à la correspondance des grades du service de mer et de celui de terre. (L. 4, 741; B. 14, 121.)

L'Assemblée nationale, ouï le rapport de son comité de la marine, relativement à la correspondance qui doit exister entre les grades du service de mer et de celui de terre, a décrété et décrète ce qui suit:

Art. 1er. Les officiers de la marine jouiront des mêmes honneurs et prérogatives que les officiers de l'armée de terre dont les grades seront correspondans, ainsi qu'il sera expliqué dans les articles suivans.

_____

(1) Voy. décret d'ordre du jour du 29 mai 1792.

2. Le grade d'amiral correspondra à celui de maréchal de France.

4. Le grade de vice-amiral correspondra à celui de lieutenant-général.

4. Le grade de contre-amiral correspondra à celui de maréchal-de-camp.

5. Le grade de capitaine de vaisseau correspondra à celui de colonel.

6. Les deux cents premiers lieutenans de vaisseau auront le grade de lieutenant-colonel, et correspondront avec ceux de terre.

7. Les autres lieutenans auront le grade de capitaine ; et, néanmoins, ceux qui auront maintenant le grade ou le rang de major, prendront rang immédiatement après les lieutenans-colonels et avant tous les capitaines.

8. Les enseignes entretenus et non-entretenus auront le grade et le rang de lieutenant.

———

12 = 20 MAI 1791. — Décret qui accorde une somme de 150,000 livres, à compte des fonds demandés pour le service du port de Cherbourg. (L. 4, 745 ; B. 14, 122.)

13 = 20 MAI 1791. — Décret relatif à la suppression de la Caisse de Sceaux et de Poissy. (L. 4, 748 ; B. 14, 135.)

L'Assemblée nationale décrète que l'établissement connu sous le nom de *Caisse de Poissy et de Sceaux* sera supprimé, à compter du 15 juin prochain. Le bail qui avait été passé aux administrateurs de cette caisse, au profit du trésor national, sera résilié à compter du même jour.

———

13 MAI 1791. — Décret qui déclare nulle l'élection du sieur Monnier à la place de quatrième juge du tribunal de district établi en la ville de Thouars. (L. 4, 733 ; B. 14, 125.)

———

13 = 20 MAI 1791. — Décret portant circonscription des paroisses de Clermont, département du Puy-de-Dôme, de Josselin, département du Morbihan, de Quimperlé, département du Finistère, et de Tulle, département de la Corrèze. (L. 4, 735 ; B. 14, 122.)

———

13 = 25 MAI 1791. — Décret relatif à la liquidation des différentes sommes faisant partie de l'arriéré des départemens de la maison du Roi, de la guerre et des finances. (L. 4, 762 ; B. 14, 128.)

———

13 = 20 MAI 1791. — Décret relatif à l'administration de la justice de paix dans la section du canton de Rouen, séant à Ernéal, et portant établissement de deux juges-de-paix dans chacune des villes de Perpignan et de Bastia, et des tribunaux de commerce dans les villes de Pau, Bayonne, Limoux, Castelnaudary, Coutance et Belvez. (L. 4, 743 ; B. 14, 126.)

13 MAI 1791. — Arriérés divers. *Voy.* 3 MAI 1791. — Assignats de cinq livres. *Voy.* 6 MAI 1791. — Caisse des invalides de la marine. *Voy.* 30 AVRIL 1791. — Gages. *Voy.* 5 MAI 1791. — Liquidation. *Voy.* 4 MAI 1791. — Navires étrangers. *Voy.* 4 MAI 1791. — Personnes libres aux colonies. *Voy.* 15 et 29 MAI 1791. — Sedan. *Voy.* 5 MAI 1791. — Serment des prêtres. *Voy.* 7 MAI 1791.

14 = 20 MAI 1791. — Décret relatif à la ci-devant maréchaussée du Clermontois. (L. 4, 749 ; B. 14, 163.)

ART. 1er. Conformément aux dispositions du décret du 24 décembre 1790, la division de la gendarmerie nationale, qui portait ci-devant le nom de *maréchaussée du Clermontois*, sera payée, à compter du 1er janvier 1791, par le Trésor public, sur le même pied que les brigades de gendarmerie nationale du département de la Meuse.

2. Le sieur Beaujois, commandant la division de gendarmerie nationale, ci-devant connue sous le nom de *maréchaussée du Clermontois*, a droit d'être incorporé avec le grade de lieutenant, lors de la nouvelle organisation de ce corps ; et les appointemens du grade de lieutenant lui seront payés à compter du 1er janvier 1791.

———

14 = 25 MAI 1791. — Décret additionnel à l'organisation du ministère. (B. 4, 851 ; L. 14, 160.)

Sur le rapport d'un membre du comité des finances, qui a fourni, au nom de ce comité, les éclaircissemens désirés sur les intérêts de brevets de retenue des ministres, l'Assemblée décrète que leur traitement demeurera définitivement fixé aux sommes provisoirement déterminées.

———

14 MAI (19, 31 MARS, 7 AVRIL et) = 25 MAI 1791. — Décret portant réglement sur la propriété des auteurs d'inventions et découvertes en tout genre. (L. 4, 824 ; B. 14, 164 ; Mon. des 3 mars, 2 avril, 17 mai 1791.)

Voy. loi du 31 DÉCEMBRE 1790 = 7 JANVIER 1791, et les notes.

TITRE Ier.

ART. 1er. En conformité des trois premiers articles du décret du 31 décembre 1790 = 7 janvier 1791, relatif aux nouvelles découvertes et inventions en tout genre d'industrie, il sera délivré, sur une simple requête au Roi, et sans examen préalable, des *patentes nationales*, sous la domination de *brevets d'invention* (dont le modèle est annexé au présent réglement, sous le n° 2), à toutes personnes qui voudront exécuter ou faire exécuter dans le royaume des objets d'industrie jusqu'alors inconnus.

2. Il sera établi à Paris, conformément à

l'article 11 du décret, sous la surveillance et l'autorité du ministre de l'intérieur, chargé de délivrer lesdits brevets, un dépôt général sous le nom de *directoire des brevets d'invention,* où ces brevets seront expédiés en suite des formalités préalables, et selon le mode ci-après déterminé.

3. Le directoire des brevets d'invention expédiera lesdits brevets sur les demandes qui lui parviendront des secrétariats des départemens. Ces demandes contiendront le nom du demandeur, sa proposition et sa requête au Roi ; il y sera joint un paquet renfermant la description exacte de tous les moyens qu'on se propose d'employer, et à ce paquet seront ajoutés les dessins, modèles et autres pièces jugées nécessaires pour l'explication de l'énoncé de la demande, le tout avec la signature et sous le cachet du demandeur. Au dos de l'enveloppe de ce paquet, sera inscrit un procès-verbal (dans la forme jointe au présent réglement, sous le n° 1er), signé par le secrétariat du département et par le demandeur, auquel il sera délivré un double dudit procès-verbal, afin de constater l'objet de la demande, la remise des pièces, la date du dépôt, l'acquit de la taxe, ou la soumission de la payer suivant le prix et dans le délai qui seront fixés au présent réglement.

4. Les directoires des départemens, non plus que le directoire des brevets d'invention, ne recevront aucune demande qui contienne plus d'un objet principal, avec les objets de détail qui pourront y être relatifs.

5. Les directoires des départemens seront tenus d'adresser au directoire des brevets d'invention, les paquets des demandeurs, revêtus des formes ci-dessus prescrites, dans la semaine même où la demande aura été présentée.

6. A l'arrivée de la dépêche du secrétariat du département au directoire des brevets d'invention, le procès-verbal inscrit au dos du paquet sera enregistré, le paquet sera ouvert, et le brevet sera sur-le-champ dressé d'après le modèle annexé au présent réglement (sous le n° 2). Ce brevet renfermera une copie exacte de la description, ainsi que des dessins et modèles annexés au procès-verbal ; en suite de quoi ledit brevet sera scellé et envoyé au département, sous le cachet du directoire des brevets d'invention. Il sera en même temps adressé à tous les tribunaux et départemens du royaume une *proclamation du Roi,* relative au brevet d'invention, et dans la forme ci-jointe (n° 3); et ces proclamations seront enregistrées par ordre de dates, et affichées dans lesdits tribunaux et départemens.

7. Les descriptions des objets dont le Corps-Législatif, dans les cas prévus par l'article 11 du décret du 31 décembre 1790 = 7 janvier 1791, aura ordonné le secret, seront ouvertes et inscrites par numéros au directoire des inventions, dans un registre particulier, en présence des commissaires nommés à cet effet, conformément audit article du décret; ensuite ces descriptions seront cachetées de nouveau, et procès-verbal en sera dressé par lesdits commissaires. Le décret qui aura ordonné de les tenir secrètes sera transcrit au dos du paquet; il en sera fait mention dans la proclamation du Roi, et le paquet demeurera cacheté jusqu'à la fin de l'exercice du brevet, à moins qu'un décret du Corps-Législatif n'en ordonne l'ouverture.

8. Les prolongations de brevets qui, dans des cas très-rares et pour des raisons majeures, pourront être accordées par le Corps-Législatif, seulement pendant la durée de la législature, seront enregistrées dans un registre particulier au directoire des inventions, qui sera tenu de donner connaissance de cet enregistrement aux différens départemens et tribunaux du royaume.

9. Les arrêts du conseil, lettres-patentes, mémoires descriptifs, tous documens et pièces relatives à des priviléges d'invention, ci-devant accordés pour des objets d'industrie, dans quelque dépôt qu'ils se trouvent, seront réunis incessamment au directoire des brevets d'invention.

10. Les frais de l'établissement ne seront point à la charge du Trésor public; ils seront pris uniquement sur le produit de la taxe des brevets d'invention, et le surplus employé à l'avantage de l'industrie nationale.

TITRE II.

Art. 1er. Celui qui voudra obtenir un brevet d'invention, sera tenu, conformément à l'article 4 du décret du 31 décembre 1790 = 7 janvier 1791, de s'adresser au secrétariat du directoire de son département, pour y remettre sa requête au Roi, avec la description de ses moyens, ainsi que les dessins et modèles relatifs à l'objet de sa demande, conformément à l'article 3 du titre 1er; il y joindra un état fait double et signé par lui, de toutes les pièces contenues dans le paquet: un de ces doubles devra être renvoyé au secrétariat du département par le directeur des brevets d'invention, qui se chargera de toutes les pièces par son *récépissé* au pied dudit état.

2. Le demandeur aura le droit, avant de signer le procès-verbal, de se faire donner communication du catalogue de tous les objets pour lesquels il aura été expédié des brevets, afin de juger s'il doit ou non persister dans sa demande.

3. Le demandeur sera tenu, conformément à l'article 3 du titre 1er, d'acquitter au secrétariat du département la taxe du brevet suivant le tarif annexé au présent réglement (sous le n° 4); mais il lui sera libre de ne

payer que la moitié de cette taxe en présentant sa requête, et de déposer sa soumission d'acquitter le reste de la somme dans le délai de six mois.

4. Si la soumission du breveté n'est point remplie au terme prescrit, le brevet qui lui aura été délivré sera de nul effet; l'exercice de son droit deviendra libre, et il en sera donné avis à tous les départemens par le directoire des brevets d'invention.

5. Toute personne pourvue d'un brevet d'invention sera tenue d'acquitter, en sus de la taxe dudit brevet, la taxe des patentes annuelles imposée à toutes les professions d'arts et métiers, par le décret du 2 = 17 mars 1791.

6. Tout propriétaire de brevet qui voudra faire des changemens à l'objet énoncé dans sa première demande, sera obligé d'en faire sa déclaration, et de remettre la description de ses nouveaux moyens au secrétariat du département, dans la forme et de la manière prescrites par l'article 1er du présent titre; et il sera observé à cet égard les mêmes formalités entre les directoires des départemens et celui des brevets d'invention.

7. Si ce breveté ne veut jouir privativement de l'exercice de ses nouveaux moyens que pendant la durée de son brevet, il lui sera expédié par le directoire des brevets d'invention, un certificat dans lequel sa nouvelle déclaration sera mentionnée, ainsi que la remise du paquet contenant la description de ses nouveaux moyens.

Il lui sera libre aussi de prendre successivement de nouveaux brevets pour lesdits changemens, à mesure qu'il en voudra faire, ou de les faire réunir dans un seul brevet quand il les présentera collectivement.

Ces nouveaux brevets seront expédiés de la même manière et dans la même forme que les brevets d'invention, et ils auront les mêmes effets.

8. Si quelque personne annonce un moyen de perfection pour une invention déjà brevetée, elle obtiendra sur sa demande un brevet pour l'exercice privatif dudit moyen de perfection, sans qu'il lui soit permis, sous aucun prétexte, d'exécuter ou de faire exécuter l'invention principale; et réciproquement, sans que l'inventeur puisse faire exécuter par lui-même le nouveau moyen de perfection.

Ne seront point mis au rang des *perfections industrielles,* les changemens de formes ou de proportions, non plus que les ornemens, de quelque genre que ce puisse être (1).

9. Tout cessionnaire de brevet obtenu pour un objet que les tribunaux auront jugé contraire aux lois du royaume, à la sûreté publique ou aux réglemens de police, sera déchu de son droit sans pouvoir prétendre d'indemnité, sauf au ministère public à prendre, suivant l'importance du cas, telles conclusions qu'il appartiendra.

10. Lorsque le propriétaire d'un brevet sera troublé dans l'exercice de son droit privatif, il se pourvoira dans les formes prescrites pour les autres procédures civiles, devant le juge-de-paix, pour faire condamner le contrefacteur aux peines prononcées par la loi.

11. Le juge-de-paix entendra les parties et leurs témoins, ordonnera les vérifications qui pourront être nécessaires; et le jugement qu'il prononcera sera exécuté provisoirement, nonobstant l'appel.

12. Dans le cas où une saisie juridique n'aurait pu faire découvrir aucun objet fabriqué ou débité en fraude, le dénonciateur supportera les peines énoncées dans l'article 13 de la loi, à moins qu'il ne légitime sa dénonciation par des preuves légales; auquel cas il sera exempt desdites peines, sans pouvoir néanmoins prétendre aucuns dommages-intérêts.

13. Il sera procédé de même, en cas de contestation entre deux brevetés pour le même objet; si la ressemblance est déclarée absolue, le brevet de la date antérieure demeurera seul valide; s'il y a dissemblance en quelques parties, le brevet de date postérieure pourra être converti, sans payer de taxe, en brevet de perfection, pour les moyens qui ne seraient point énoncés dans le brevet de date antérieure.

14. Le propriétaire d'un brevet pourra contracter telle société qu'il lui plaira pour l'exercice de son droit, en se conformant aux usages du commerce; mais il lui sera interdit d'établir son entreprise par *actions*, à peine de déchéance de l'exercice de son brevet (2).

15. Lorsque le propriétaire d'un brevet aura cédé tout ou en partie (ce qu'il ne pourra faire que par un acte notarié), les deux parties contractantes seront tenues, à peine de nullité, de faire enregistrer ce transport (suivant le modèle sous le n° 5), au secrétariat de leurs départemens respectifs, lesquels en informeront aussitôt le directoire des brevets d'invention, afin que celui-ci en instruise les autres départemens.

En exécution de l'article 17 du décret du 31 décembre 1790 = 7 janvier 1791, tous les possesseurs de priviléges exclusifs, maintenus par ledit article, seront tenus, dans le délai de six mois après la publication du pré-

---

(1) La question de savoir si une découverte offre une *perfection industrielle*, ou seulement un *changement de forme et de proportion, ou un ornement,* est une question de *fait.* Le jugement qui statue sur ce point ne peut donner ouverture à cassation (31 décembre 1822; Cass. S. 23, 1, 225).

(2) *Voy.* décret du 25 novembre 1806.

sent réglement, de faire enregistrer au directoire d'invention les titres de leurs priviléges, et d'y déposer les descriptions des objets privilégiés conformément à l'article 1er du présent titre, le tout à peine de déchéance.

TITRE III.

L'Assemblée nationale renvoie au ministère de l'intérieur les mesures à prendre pour l'exécution du réglement sur la loi des brevets d'invention, et le charge de présenter incessamment à l'Assemblée les dispositions qu'il jugera nécessaires pour assurer cette partie du service public.

No 1er. Modèle d'un procès-verbal de dépôt pour un brevet d'invention.

No   Département de
Aujourd'hui   jour du mois de
            179 à   heures du
matin (ou du soir), le sieur N a (ou les sieurs NN ont) déposé entre nos mains le présent paquet scellé de son (ou de leur) cachet, qu'il nous a (ou ont) dit renfermer toutes les pièces descriptives (ici l'énoncé fidèle de l'objet), pour lequel objet il se propose (ou ils se proposent) d'obtenir un brevet d'invention de cinq (dix ou quinze) années, ainsi qu'il est porté dans la requête, aussi contenue dans ledit paquet. Nous a (ou ont) déclaré ledit sieur N (ou lesdits sieurs NN) qu'il est (ou qu'ils sont) inventeur (ou inventeurs), perfectionneur (ou perfectionneurs), importateur (ou importateurs) dudit objet; il nous a (ou ont) remis le montant de la moitié, et sa (ou leur) soumission pour payer dans   mois l'autre moitié du droit de brevet d'invention, fixé dans le réglement du   sur le décret du 31 décembre 1790 = 7 janvier 1791, en nous priant de faire parvenir, dans le plus court délai, ce paquet au directoire des brevets d'invention; ce que nous avons promis. Desquels dépôt et réquisition le sieur N nous a (ou lesdits NN nous ont) demandé acte que nous lui (ou leur) avons accordé; et après l'apposition du sceau de notre département, l'avons (ou les avons) invité de signer avec nous; et a (ou ont) signé.

Fait au secrétariat du directoire du département de   le   179

Signé N. N. N.

No 2. Modèle de brevet d'invention.

Louis, par la grâce de Dieu et par la loi constitutionnelle de l'Etat, Roi des Français, à tous présens et à venir, salut.

N citoyen de   (ou NN citoyens de   ), nous ayant fait exposer qu'il désire (ou qu'ils désirent) jouir des droits de propriété assurés par le décret du 31 décembre 1790 = 7 janvier 1791, aux auteurs des

découvertes et inventions en tout genre d'industrie, et, en conséquence, obtenir un brevet d'invention qui durera l'espace de (ici l'on énoncera en toutes lettres si c'est pour cinq, pour dix ou pour quinze années), pour fabriquer, vendre et débiter dans tout le royaume (ici l'on transcrira l'énoncé de l'objet tel qu'il a été fourni par le demandeur), dont il a (ou ils ont) déclaré être l'inventeur (ou les inventeurs), le perfectionneur (ou les perfectionneurs), l'importateur (ou les importateurs), ainsi qu'il résulte du procès-verbal dressé lors du dépôt fait au secrétariat du directoire du département de   en date du   179   Vu la requête de N (ou NN), ensemble le mémoire explicatif (ou descriptif), les plans-coupes et dessins (s'il y en a), adressés par l'exposant (ou les exposans) au directoire des brevets d'invention, duquel mémoire (ou desquels mémoires) et dessins s'ensuivent la teneur et la copie:

(Ici seront fidèlement transcrits lesdits mémoires et copies, les plans et dessins, comme cela se pratique dans les patentes anglaises).

Nous avons, conformément au susdit décret du 31 décembre 1790 = 7 janvier 1791, conféré, et par ces présentes signées de notre main, conférons au sieur N (ou aux sieurs NN) un brevet d'invention pour fabriquer, vendre et débiter dans tout le royaume, pendant le temps et espace de cinq (dix ou quinze) années entières et consécutives, à compter de la date des présentes (ici l'on doit répéter l'énoncé de l'objet breveté), exécuté par les moyens consignés dans la description ci-dessus, et sur lequel sera appliqué un timbre ou cartel avec ces mots, Brevet d'invention, et le nom de l'auteur (ou des auteurs), pour par lui (ou eux) et ses (ou leurs) ayant-cause, jouir dudit brevet dans toute l'étendue du royaume, pour le temps porté ci-dessus, le tout en conformité des dispositions du décret du 31 décembre 1790 = 7 janvier 1791.

Faisons très-expresses inhibitions et défense à toutes personnes d'imiter ou contrefaire les objets dont il s'agit, sous quelque prétexte que ce puisse être. Voulons, pour assurer à N (ou à NN) la jouissance de son (ou de leur) brevet, qu'il soit fait sur icelui une proclamation en notre nom, à ce que nul n'en ignore.

Mandons et ordonnons à tous les tribunaux, corps administratifs et municipalités, de faire jouir et user pleinement et paisiblement des droits conférés par ces présentes, le sieur N (ou les sieurs NN) et ses (ou et leurs) ayant-cause, cessant et faisant cesser tous troubles et empêchemens contraires: leur mandons aussi qu'à la première réquisition du breveté (ou des brevetés), les présentes ils fassent transcrire sur leurs registres, lire, publier et afficher dans leurs ressorts et départemens respectifs, et exécuter pendant leur durée comme loi du royaume. En foi de quoi nous avons signé et fait contre-signer cesdites présentes, auxquelles nous avons fait apposer le sceau de l'Etat. A   le   jour du mois de   , l'an de grace mil sept cent quatre-vingt   et de notre règne le

N° 3. Modèle d'enregistrement d'un transport de brevet d'invention.

N°   Département de   Aujourd'hui   jour du mois de   179   , le sieur N (ou les sieurs NN) s'est présenté (ou se sont présentés) en notre secrétariat, pour requérir l'enregistrement de la cession qu'ils ont (ou qui leur a été) faite au sieur N (ou aux sieurs NN, par le sieur N (ou les sieurs NN) par acte du   devant Me N, notaire à   de la totalité (ou partie) du brevet d'invention accordé le   pour l'espace de cinq (dix ou quinze) années, à raison (énoncer l'objet du brevet); lequel enregistrement nous lui (ou leur) avons accordé; et il nous a été payé la somme de   pour les droits fixés dans le tarif annexé au règlement du sur le décret du 31 décembre 1790 = 7 janvier 1791, et a ledit sieur (ou ont lesdits sieurs) signé avec nous.
Fait à   le   179   Signé N. N. N.

N. 4. Tarif des droits à payer au directoire d'invention.

Taxe d'un brevet pour cinq ans, 300 liv. Taxe d'un brevet pour dix ans, 800 liv. Taxe d'un brevet pour quinze ans, 1,500 liv. Droit d'expédition de brevet, 50 liv. Certificat de perfectionnement, changement et addition, 24 liv. Droit de prolongation d'un brevet, 600 liv. Enregistrement du brevet de prolongation, 12 liv. Enregistrement d'une cession d'un brevet en totalité ou en partie, 18 liv. Pour la recherche et la communication d'une description, 12 liv.

Tarif des droits à payer au secrétariat du département.

Pour le procès-verbal de remise d'une description ou de quelque perfectionnement, changement et addition, et des pièces relatives, tous frais compris, 12 liv. Pour l'enregistrement d'une cession de brevet en totalité ou en partie, tous frais compris 12 liv. Pour la communication du catalogue des inventions et droits de recherches, 3 liv.

———

14 = 25 MAI 1791. — Décret additionnel à celui du 31 décembre dernier, sur les découvertes utiles. (L. 4, 836; B. 14, 163.)

L'Assemblée nationale décrète les changemens qui suivent au texte du décret du 31 décembre 1790 = 7 janvier 1791.

A l'article 10 a été substitué cette nouvelle rédaction :
« L'inventeur sera tenu, pour obtenir les-« dites patentes, de s'adresser au directoire « de son département, qui en requerra l'ex-« pédition. La patente envoyée à ce directoire, « y sera enregistrée, et il en sera en même « temps donné avis par le ministre de l'inté-« rieur aux directoires des autres départe-« mens. »
L'Assemblée a décrété la suppression des mots suivans :
Article 12. En donnant bonne et suffisante caution. — Requérir la saisie des objets contrefaits.
Art. 13. D'après laquelle saisie aura eu lieu.

———

14 = 15 MAI 1791. — Décret qui autorise le directoire du département de la Haute-Marne et les districts de Nancy et de Sarreguemines, à faire les réparations et arrangemens intérieurs aux édifices destinés à leur emplacement. (L. 4, 110; B. 14, 160 et 161.)

14 MAI 1791. — Décret qui renvoie au pouvoir exécutif la pétition des filles de Saint-Lazare de Paris. (B. 14, 162.)

15 MAI = 1er JUIN 1791. — Décret relatif à l'état politique des gens de couleur dans les colonies. (L. 4, 951; B. 14, 178; Mon. du 16 mai 1791.)

L'Assemblée nationale décrète que le Corps-Législatif ne délibérera jamais sur l'état politique des gens de couleur qui ne seraient pas nés de père et mère libres, sans le vœu préalable, libre et spontané des colonies; que les assemblées coloniales actuellement existantes subsisteront, mais que les gens de couleur nés de père et mère libres seront admis dans toutes les assemblées paroissiales et coloniales futures, s'ils ont d'ailleurs les qualités requises.

———

15 MAI 1791. — Décret portant vente de domaines nationaux à différentes municipalités des départemens de l'Aisne, de l'Aveyron, de la Haute-Marne, de la Haute-Garonne, des Hautes-Pyrénées, de l'Hérault, d'Ille-et-Vilaine, du Lot, du Loiret, de l'Oise, du Puy-de-Dôme, de la Seine-Inférieure, de la Somme et du Tarn. (B. 14, 1..)

15 MAI 1791. Avocats aux conseils. Voy. 7 MAI 1791. — Biens des églises. Voy. 6 MAI 1791. — Sieur Boischut. Voy. 9 MAI 1791. — Caisse de l'extraordinaire. Voy. 10 MAI 1790. — Coches de Saint-Valier. Voy. 5 MAI 1791. — Corps de marine. Voy. 22 et 29 AVRIL 1791. — Corps de Voltaire. Voy. 9 MAI 1791. — Dépense du département. Voy. 8 MAI 1791. — Faux assignats. Voy. 5 MAI 1791. — Garde nationale. Voy. 8 MAI 1791. — Gendarmerie nationale. Voy. 10 MAI

1791. — Haute cour nationale. *Voy.* 10 MAI 1791. —Haute-Marne, etc. *Voy.* 14 MAI 1791. — Liquidation d'offices. *Voy.* 9 MAI 1791. — Logemens des évêques. *Voy.* 8 MAI 1791. — Loterie. *Voy.* 5 MAI 1791. — Manche, etc. *Voy.* 29 AVRIL 1791. — Mines. *Voy.* 5 MAI 1791. — Monaco. *Voy.* 10 MAI 1791. — Nogent-sur-Seine. *Voy.* 9 MAI 1791. — Organisation de la marine. *Voy.* 29 AVRIL 1791. — Palais de justice d'Aix. *Voy.* 7 MAI 1791. — Pilotage de Dunkerque. *Voy.* 11 MAI 1791. — Receveurs généraux des finances. *Voy.* 4 MAI 1791. — Régies diverses. *Voy.* 8 MAI 1791. — Rouen. *Voy.* 10 MAI 1791 — Saint-Omer. *Voy.* 4 MAI 1791. — Saumur. *Voy.* 11 MAI 1791. — Suppression du corps de la marine. *Voy.* 1er MAI 1791.

16 MAI = 17 JUIN 1791. — Décret portant que les membres de l'Assemblée nationale ne pourront être élus à la prochaine législature. (L. 4, 120 ; Mon. des 17 et 18 mai.)

Voy. loi du 28 (27) = 29 MAI 1791.

L'Assemblée nationale décrète ce qui suit :
Les membres de l'Assemblée nationale actuelle ne pourront être élus à la prochaine législature.

16 MAI 1791. — Décret qui autorise le directoire du département de Seine-et-Oise à se placer à l'hôtel du Grand-Veneur, sis à Versailles. (B. 14, 39.)

16 = 20 MAI 1791. — Décret qui autorise le directoire du département de la Meuse à faire une acquisition pour l'emplacement du corps administratif du département et du tribunal de Bar-le-Duc. (B. 14, 180.)

16 MAI 1791. — Droit d'enregistrement. *Voy.* 18 MAI 1791.

17 = 20 MAI 1791. — Décret relatif à la vente ou échange des assignats. (L. 4, 747 ; B. 14, 181.)

L'Assemblée nationale décrète que le pouvoir exécutif donnera les ordres les plus précis et les plus prompts pour que tous ses agens, les corps administratifs et municipaux, protègent, d'une manière efficace, et par tous les moyens que la loi a mis en leur pouvoir, toutes les espèces de commerce, échange et circulation, et notamment la vente ou échange des assignats contre le numéraire d'or et d'argent, dont la libre circulation est essentielle à la prospérité de l'empire.

17 = 20 MAI 1791. — Décret relatif à la fabrication d'une monnaie de cuivre pour faciliter l'échange des petits assignats. (L. 4, 739 ; B. 14, 202.)

Art. 1er. Le Roi sera prié de donner les ordres les plus prompts pour faire fabriquer, dans les différens hôtels de monnaies, la quantité de monnaie de cuivre suffisante pour satisfaire aux besoins du royaume, et faciliter l'échange des petits assignats.

2. Cette fabrication se fera à la taille décrétée le 11 janvier de cette année, avec les empreintes qui sont en usage, jusqu'à ce que celles qui ont été décrétées le 9 avril dernier soient en état de servir.

3. Le ministre chargé de l'exécution des ordres du Roi rendra compte, tous les quinze jours, à l'Assemblée nationale, des progrès et de l'état de la fabrication.

4. Le Roi sera également prié de prendre provisoirement les mesures convenables pour hâter l'exécution du présent décret, et prévenir les abus qui pourraient résulter du défaut actuel d'organisation des monnaies.

17 = 25 MAI 1791. — Décret relatif au papier destiné pour l'impression des assignats. (L. 4, 837 ; B. 14, 181.)

L'Assemblée nationale décrète ce qui suit :
Il sera procédé à la fabrication actuelle du papier destiné à l'impression des assignats, dans la quantité qui sera déterminée par le comité des finances, sans néanmoins que ledit papier puisse être remis à l'imprimeur et réduit en assignats, sans un décret formel de l'Assemblée.

17 = 25 MAI 1791. — Décret qui ordonne le remboursement de la dette arriérée des départemens de la maison du Roi, de la guerre et de la marine. (L. 4, 852 ; B. 14, 182.)

17 MAI 1791. — Décret portant vente de domaines nationaux à différentes municipalités des départemens de l'Aisne, du Calvados, de la Loire-Inférieure, de Maine-et-Loire, de la Marne et de la Meuse. (B. 14, 200.)

18 (10 et) = 22 MAI 1791. — Décret relatif au droit de pétition, et qui fixe les cas où les citoyens pourront requérir la convocation de la commune. (L. 4, 755 ; B. 14, 219.)

Art. 1er. Le droit de pétition appartient à tout individu, et ne peut être délégué ; en conséquence, il ne pourra être exercé en nom collectif par les corps électoraux, judiciaires, administratifs ni municipaux, par les sections des communes ni les sociétés de citoyens. Tout pétitionnaire signera sa pétition ; et s'il ne le peut ou ne le sait, il en sera fait mention nominativement.

2. Les assemblées des communes ne peuvent être ordonnées, provoquées et autorisées que pour les objets d'administration purement municipale, qui regardent les intérêts propres de la commune : toutes convocations et délibérations des communes et des sections

sur d'autres objets, sont nulles et inconstitutionnelles.

3. Dans la ville de Paris, comme dans toutes les autres villes et municipalités du royaume, les citoyens actifs qui, en se conformant aux règles prescrites par les lois, demanderont le rassemblement de la commune ou de leur section, seront tenus de former leur demande par un écrit signé d'eux, et dans lequel sera déterminé, d'une manière précise, l'objet d'intérêt municipal qu'ils veulent soumettre à la délibération de la commune ou de leur section, et, à défaut de cet écrit, le corps municipal ou le président d'une section ne pourront convoquer la section ou la commune.

4. La commune ni aucune des sections ne pourront délibérer sur aucun objet étranger à celui contenu dans l'écrit d'après lequel leur rassemblement aura été ordonné.

5. Les délibérations des communes ou des sections des communes rassemblées, conformément à la loi, seront regardées comme nulles et non avenues, si le procès-verbal ne fait pas mention du nombre des votans.

6. Dans les villes où la commune se réunit par section, les assemblées des sections pourront nommer des commissaires pour se rendre à la maison commune, et y comparer et constater les résultats des délibérations prises dans chaque section, sans que les commissaires puissent prendre aucune délibération, ni changer, sous aucun rapport, le résultat de celles prises par chacune des sections.

7. Si les sections ne se sont pas accordées sur les objets soumis à leur délibération, les commissaires réduiront la proposition sur laquelle il y aura diversité d'opinions, de manière qu'elles puissent délibérer par *oui* ou par *non*. La question sera, dans cet état, rapportée aux sections par leurs commissaires, et le dernier résultat sera déterminé par l'avis de la majorité des votans dans les sections.

8. Dès que l'objet mis en délibération aura été terminé, les communes ou les sections de commune ne pourront plus rester assemblées, ni s'assembler de nouveau, jusqu'à ce qu'un nouvel objet relatif aux intérêts particuliers de la commune, et présenté dans les formes prescrites, amène une convocation nouvelle.

9. Toutes délibérations prises par les communes ou par leurs sections, sur d'autres objets que ceux dont l'espèce est déterminée, ou sans avoir observé les formes qui sont prescrites par le présent décret, seront déclarées nulles par les corps municipaux, ou à défaut, par les directoires de département.

10. Les municipalités prononceront sur la régularité et la légitimité des demandes en convocation de communes ou sections. Les réclamations, s'il y en a, seront portées au directoire de département, qui statuera, sauf le recours au Corps-Législatif.

11. Dans les villes et dans chaque municipalité, il sera, par les officiers municipaux, désigné des lieux exclusivement destinés à recevoir les affiches des lois et des actes de l'autorité publique. Aucun citoyen ne pourra faire des affiches particulières dans lesdits lieux, sous peine d'une amende de cent livres, dont la condamnation sera prononcée par voie de police.

12. Les lois que les municipalités recevront par la voie des administrations de département et de districts, seront, dans les villes, lues à haute voix par le greffier municipal, à la porte de la maison commune, et dans les bourgs ou villages, à la porte de l'église.

13. Aucun citoyen et aucune réunion de citoyens ne pourront rien afficher sous le titre d'arrêtés, de délibérations, ni sous toute autre forme obligatoire et impérative.

14. Aucune affiche ne pourra être faite sous un nom collectif; tous les citoyens qui auront coopéré à une affiche, seront tenus de la signer.

15. La contravention aux deux articles précédens sera punie d'une amende de cent livres, laquelle ne pourra être modérée, et dont la condamnation sera prononcée par voie de police.

---

18 (16 et) = 27 MAI 1791. — Décret relatif à l'organisation des droits d'enregistrement et autres y réunis. (L. 4, 873 ; B. 14, 204.)

Voy. arrêté du 5ᵉ jour complémentaire an 9.

TITRE Iᵉʳ. De l'organisation de la régie des droits d'enregistrement et autres y réunis.

Art. 1ᵉʳ. La régie des droits d'enregistrement, timbre, hypothèques et des domaines nationaux, corporels et incorporels, sera confiée à une seule administration, aux conditions suivantes.

2. Le nombre des administrateurs sera de douze : ils seront tenus de résider à Paris, et de tenir les assemblées pour l'expédition des affaires de la régie; ils tiendront registre de leurs délibérations, qui seront signées des membres présens.

3. Les administrateurs seront sous la surveillance et les ordres du pouvoir exécutif; tous les employés nécessaires à la perception et régie des droits seront sous les ordres des administrateurs.

4. Il sera établi une direction dans chaque département, suivant l'état annexé au présent. Toutes les anciennes directions des droits de contrôle et de domaines corporels seront supprimées.

5. Il y aura par chaque direction, et sous la surveillance et les ordres du directeur, un inspecteur et un vérificateur, et, en outre, pareil nombre d'inspecteurs et vérificateurs qui seront envoyés par les administrateurs dans les directions où ils le jugeront utile.

6. Il sera établi, dans chaque direction, un garde-magasin contrôleur du timbre, un receveur du timbre extraordinaire, un timbreur et un tourne-feuille; et de plus, dans les villes où le besoin du service l'exigera, d'autres receveurs du timbre extraordinaire, timbreurs et tourne-feuilles, sous la surveillance du receveur de l'enregistrement.

7. Les bureaux de correspondance seront en nombre égal à celui des administrateurs, et il sera, de plus, formé un bureau pour la suite des recettes, dépenses et de la comptabilité générale (1).

8. Chaque bureau de correspondance près la régie centrale sera composé d'un directeur un sous-directeur, un premier commis, un vérificateur des comptes, un commis principal et quatre commis expéditionnaires.

9. Il y aura, dans tous les départemens et districts et dans les cantons où le besoin du service l'exigera, des receveurs particuliers.

10. Chaque receveur particulier sera tenu de fournir un cautionnement en immeubles de la valeur du quart du montant présumé de sa recette, sans que les cautionnemens de ces receveurs puissent excéder quarante mille livres.

Les vérificateurs fourniront un cautionnement de dix mille livres;

Les inspecteurs, de quarante mille livres;

Les directeurs, de vingt mille livres;

Les administrateurs, de soixante mille livres;

Les garde-magasins et receveurs du timbre extraordinaire, de six mille livres, sauf dans les directions de première et deuxième classe où il sera du double.

Ceux qui ont précédemment fourni des cautionnemens en espèces, en seront remboursés après qu'ils auront fourni les cautionnemens en immeubles fixés par leurs emplois, sans pouvoir exiger d'intérêts de leurs fonds de cautionnement, à compter du 1er juillet prochain.

TITRE II. Des fonctions des divers employés de l'administration.

11. Les receveurs particuliers seront assidus à leurs bureaux, quatre heures le matin et quatre heures l'après-midi, et les heures des séances seront affichées à la porte du bureau. Ils feront sur les registres, qu'ils arrêteront jour par jour, l'enregistrement de tous les actes sujets à la formalité, à mesure qu'ils leur seront présentés, la perception et recette de tous les droits établis par les décrets de l'Assemblée nationale, soit pour enregistrement, hypothèque, timbre, ou autres droits qui pourront y être réunis, ainsi que la régie

et perception des revenus des domaines corporels et incorporels, dans l'étendue de leur arrondissement. Ils feront les vérifications autorisées par l'article 4 du décret du 5 décembre 1790, et rapporteront des procès-verbaux des contraventions; ils seront tenus d'enregistrer sur-le-champ toutes les recettes par eux faites, et d'en compter aux époques ordinaires, à la déduction de leurs remises.

12. Les vérificateurs feront toutes les vérifications et recherches qui tiendront à la conservation des droits confiés à l'administration, ou qui pourront y être réunis : à cet effet, ils se transporteront dans les bureaux ou dépôts publics, sur les ordres qui leur seront donnés par les directeurs ou par les administrateurs, relèveront les perceptions vicieuses, soit pour réclamer dans le délai le moins perçu ou rendre ce qui aura été indûment exigé; se feront représenter les comptereaux arrêtés par les inspecteurs, et les conféreront avec les registres, pour s'assurer de l'exactitude des uns et des autres; prendront des extraits des actes civils ou judiciaires, pour s'assurer, en les confrontant avec les enregistremens, de la fidélité des receveurs; relèveront les successions directes et collatérales : auquel effet tous dépositaires ne pourront refuser de leur communiquer les registres, minutes et les extraits de sépultures; et ils pourront prendre communication au secrétariat du district, des rôles-matrices des contributions directes, en conformité de l'article 21 du décret du 5 décembre dernier; et ils suivront le recouvrement de tous les droits exigibles, soit qu'ils dépendent de l'enregistrement ou des domaines corporels et incorporels.

13. Les inspecteurs feront des tournées, dont le nombre et la durée seront déterminés par les administrateurs, pour arrêter le montant des recettes sur chaque registre, formeront les comptereaux, dont un double restera au receveur, et l'autre sera remis au directeur avec les pièces de dépense; ils tiendront des journaux de recette et de dépense pour l'ordre de la comptabilité, cotés et paraphés par un juge du tribunal de district de chef-lieu du département; vérifieront la conduite des receveurs, à l'égard de la comptabilité et de leur exactitude dans toutes leurs fonctions, et verseront à la caisse du district, à la fin de chaque semaine, les produits des bureaux dont la recette annuelle excédera cent mille livres, et au moins, à la fin de chaque quartier, les produits des bureaux de recette inférieure; feront les visites autorisées chez les notaires, greffiers et huissiers; feront faire les poursuites nécessaires pour le

(1) *Voy.* loi additionnelle du 27 septembre = 9 novembre 1791. *Voy.* aussi cette loi additionnelle sur la loi du 5 = 19 décembre 1790, relative aux droits d'enregistrement.

recouvrement des droits exigibles; défendront, dans les tribunaux de district, sur les instances engagées d'après les ordres du directeur; veilleront à l'instruction des receveurs, rendront compte au directeur de ceux qui seront en débet, les contraindront sur-le-champ par les voies de droit, et provisoirement leur fermeront la main.

14. Les directeurs, dans l'étendue de chaque département, donneront à tous les employés les ordres et instructions que l'intérêt de la régie exigera; veilleront et feront veiller à ce que la perception soit faite en conformité des lois; à ce que les employés soient assidus à leurs fonctions et s'en acquittent; à ce que les notaires, greffiers, huissiers contrevenant aux lois, soient poursuivis et condamnés aux peines par eux encourues. Ils feront faire par les inspecteurs, ou, en cas de maladie ou de vacances d'emplois, par les vérificateurs, les tournées de recouvrement et autres; cloront et arrêteront les comptes des inspecteurs; n'alloueront que les dépenses autorisées et appuyées de pièces en bonne forme; décerneront des contraintes, et feront toutes poursuites contre les préposés en débet; instruiront et défendront sur les instances qui seront engagées devant les tribunaux de district; rendront compte aux commissaires-administrateurs des transgressions aux ordres généraux et particuliers de régie; se feront fournir par les receveurs les états du produit de chaque mois, et empêcheront que les fonds restent dans leurs caisses au-delà du temps prescrit; feront fournir et renouveler au besoin les cautionnemens, et en constateront la solidité. Ils enverront à l'administration, avant le 1er mai de chaque année, leur compte général des produits et celui des dépenses d'impressions et registres de l'année précédente, auquel ils joindront toutes les pièces de recette et dépense, à peine de perte, pour chaque mois de retard, d'un sixième sur leurs remises.

15. Le garde-magasin recevra des fournisseurs les papiers blancs destinés pour le timbre.

Il examinera ces fournitures, les comparera aux échantillons des marchés, mettra au rebut celles qui n'auront pas les qualités prescrites; ce sera sur son certificat que le fournisseur sera payé du prix de ses livraisons.

Il expédiera aux différens distributeurs les envois de ces papiers timbrés, qui lui seront demandés. Il tiendra registre de ces différentes recettes et dépenses en papiers blancs et timbrés.

Les timbres seront déposés dans le magasin du timbre, dans un coffre à trois clefs, dont une aux mains du directeur, une aux mains du receveur du timbre, l'autre aux mains du garde-magasin. Le garde-magasin prendra les timbres pour le service du tim-

bre, qui ne pourra être fait qu'en sa présence, et les remettra, après chaque vacation, au lieu de leur dépôt.

Il surveillera le travail et l'exactitude des timbreurs. Tous les papiers à timbrer à l'extraordinaire seront présentés au receveur du timbre extraordinaire, qui liquidera, d'après le tarif, le droit de timbre, et expédiera un permis de timbrer portant mention du nom de la partie, de l'espèce des papiers à timbrer, et de la quotité des droits reçus.

Ce bulletin sera porté au garde-magasin, qui l'enregistrera de même et fera apposer le timbre.

16. Les timbreurs apposeront les timbres des différentes espèces sur les papiers destinés à la débite ordinaire, et sur ceux qui seront présentés par le public au timbre extraordinaire.

Le timbreur sera subordonné au garde-magasin et sous son inspection immédiate.

Chaque tourne-feuille aidera assidûment le timbreur dans ses fonctions, et sera également sous l'inspection du garde-magasin.

17. Les commissaires-administrateurs exerceront une surveillance active sur tous les préposés de la régie, dirigeront leurs mouvemens, nommeront à tous les emplois en se conformant aux règles prescrites, notamment au décret du 8 mars dernier, pour les commis des fermes, régies et administrations supprimées; et dans le cas où quelques-uns des employés déjà nommés sans réunir les qualités ci-dessus, ne l'auraient pas été avant ledit jour 8 mars, ils seront remplacés de suite par des sujets ayant les conditions requises par le décret du 8 mars (pourront cependant, tous surnuméraires commissionnés, ayant plus de deux ans de service, concourir aux places auxquelles leur donnait droit leur surnumérariat); ordonneront les changemens d'employés d'un département à un autre, ou d'un bureau à un autre; feront descendre à un grade inférieur ceux qui ne se trouveront pas avoir les talens nécessaires pour exercer les emplois à eux confiés; destitueront les employés qui se seront écartés de leurs devoirs, ou n'auront pas rempli avec fidélité et exactitude leurs obligations; feront poursuivre les comptables reliquataires, par les voies de droit; ordonneront les paiemens des achats faits pour le compte de la régie; fourniront par chaque quartier un bordereau des recettes et dépenses; vérifieront, cloront et arrêteront les comptes de chaque directeur, et rendront chaque année, dans le mois de novembre, au plus tard, leur compte général des produits et dépenses de l'année précédente; auquel compte ils joindront toutes les pièces de recette et dépense, à peine de perte, par chaque mois de retard, d'un sixième sur leur remise. Ces comptes et lesdits bordereaux de quartier seront remis au pouvoir

exécutif, et des doubles déposés aux archives nationales.

TITRE III. De l'admission aux emplois, et des règles d'avancement.

18. Nul ne pourra parvenir aux emplois de la régie des droits d'enregistrement et autres réunis, sans avoir été surnuméraire; et pour obtenir une commission de surnuméraire, il faudra avoir au moins dix-huit ans accomplis. Les surnuméraires seront placés dans les bureaux que leur indiqueront les administrateurs.

19. Les bureaux de six cents livres et au-dessous, qui viendront à vaquer, seront donnés aux surnuméraires, pourvu qu'ils aient vingt-un ans accomplis.

20. Tous les bureaux au-dessus de six cents livres, jusqu'à quinze cents livres, ne pourront être donnés qu'aux receveurs des bureaux inférieurs.

21. Nul ne pourra être nommé vérificateur, qu'il n'ait exercé les fonctions de receveur dans les bureaux de l'enregistrement au moins quatre années, dont une dans un bureau de chef-lieu de district.

22. Les bureaux de quinze cents livres et au-dessus ne pourront être donnés qu'à des receveurs de la classe immédiatement précédente, à des vérificateurs, à des inspecteurs ou aux premiers commis de la correspondance.

23. Nul ne pourra être nommé inspecteur qu'il n'ait été vérificateur au moins trois ans.

24. Les directions à une part seulement ne pourront être données qu'aux inspecteurs ou aux sous-directeurs de la correspondance, ayant au moins cinq années d'exercice en ces qualités.

25. Les autres directions ne pourront être données qu'aux directeurs de la classe précédente ou aux directeurs de la correspondance, ayant aussi au moins quatre ans d'exercice dans ces qualités.

26. Les places d'expéditionnaires, qui viendront à vaquer dans les bureaux de correspondance, seront données aux surnuméraires.

27. Celles de commis principaux seront données aux expéditionnaires, ou à des receveurs des bureaux de la classe de six cents livres et au-dessus.

28. Celles de vérificateurs des comptes seront données, ou à des vérificateurs, ou à des receveurs des bureaux au-dessus de quinze cents livres.

29. Celles de premiers commis seront données ou à des vérificateurs, ou à des inspecteurs.

30. Celles de sous-directeurs, à des premiers commis ou à des inspecteurs, ayant au moins trois ans d'exercice en ces qualités; et celles de directeurs aux sous-directeurs, ou à des directeurs des directions de département.

31. Les régisseurs seront choisis et nommés par le Roi, entre tous les directeurs actuels de département ou de correspondance, ayant au moins cinq années d'exercice en ces qualités.

32. Les directeurs seront choisis et nommés par le Roi, sur la proposition du ministre des contributions publiques, entre trois sujets qui lui seront présentés par les régisseurs et qui réuniront les conditions prescrites.

Tous les autres préposés seront nommés par la régie.

33. Les places de receveurs et garde-magasins du timbre ne pourront être données qu'à d'anciens receveurs de bureaux de six cents livres et au-dessus, ou à des vérificateurs.

Pourront également y être nommés les premiers commis de direction, après dix ans d'exercice dans cette qualité.

34. Celles de timbreurs, tourne-feuilles et compteurs, seront données de préférence à d'anciens gardes des fermes ou régies, ou à des invalides de l'armée.

35. Les directeurs rendront compte, à chaque trimestre, de l'assiduité et des talens et services de chacun des préposés de la régie qui leur sera subordonné; et les régisseurs rendront également compte au ministre de l'assiduité et des talens et services de chaque directeur: il en sera tenu registre, tant à l'administration que dans le bureau du ministre.

36. L'ancienneté des services sera un titre de préférence pour les places vacantes; mais seulement pour ceux dont il aura toujours été rendu les comptes les plus avantageux.

37. Les administrateurs seront tenus de se conformer aux dispositions précédentes; il ne pourra, dans aucun cas, être disposé des places à titre de survivance, adjonction ou autrement.

TITRE IV. Traitement des employés.

38. Les traitemens de tous les employés de la régie seront fixés comme il suit:

A chacun des receveurs particuliers, une remise sur le montant de sa recette; savoir: dans les bureaux dont la recette annuelle s'élève à quatre cent mille livres et au-dessus, d'un et demi pour cent;

Un et trois quarts pour cent, dans les bureaux dont la recette est de trois cent à quatre cent mille livres;

Deux pour cent, dans les bureaux dont la recette est de deux cent à trois cent mille livres;

Deux et un quart pour cent, dans les bureaux dont la recette est de cent cinquante à deux cent mille livres;

Deux et demi pour cent, où elle est de cent à cent cinquante mille livres;

Deux et trois quarts pour cent, où elle est

de soixante-quinze à cent mille livres (r);

Trois pour cent, dans ceux où elle est de cinquante à soixante-quinze mille livres ;

Trois et un quart pour cent, dans ceux où elle est de trente à cinquante mille livres ;

Trois et demi pour cent, dans ceux où elle est de vingt à trente mille livres ;

Quatre pour cent, dans ceux où elle est de dix à vingt mille livres ;

Cinq pour cent dans ceux au-dessous de dix mille livres.

39. Pour tous les autres employés, les traitemens seront réglés à une quotité de remise sur la totalité du produit de tous les droits régis ; mais il leur sera payé une somme fixe, sans que cette somme puisse essuyer de diminution, et à la charge seulement de la faire entrer dans le compte de remise sur les produits.

40. La remise pour les douze administrateurs sera de deux cinquièmes d'un pour cent, et leur traitement fixe annuel, de douze mille livres payables par quartier, lesquelles douze mille livres feront partie de leur remise.

41. La remise des quatre-vingt-trois directeurs est fixée à un pour cent, divisé en quatre-vingt-seize parts, entre les quatre-vingt-trois directeurs.

42. La remise des inspecteurs est fixée à neuf dixièmes d'un pour cent; celle des vérificateurs, à un demi pour cent; celle des garde-magasins, à un cinquième d'un pour cent ; celle des receveurs du timbre extraordinaire, à un sixième d'un pour cent.

43. Le traitement fixe des directeurs, inspecteurs, garde-magasins et receveurs du timbre extraordinaire, leur sera payé suivant le tableau annexé au présent, et leur remise dans la même proportion.

44. Le traitement des timbreurs, tourne-feuilles et compteurs, sera payé suivant le même tableau annexé au présent : il sera alloué pour cette dépense un sixième d'un pour cent, et l'excédant du traitement fixe sera distribué en gratifications proportionnées à l'importance des directions et aux bons services des employés.

45. La remise des employés, dans les bureaux de correspondance à Paris, est fixée à treize vingt-quatrièmes d'un pour cent; leur traitement fixe leur sera payé suivant le tableau annexé au présent, et leur remise dans la même proportion.

46. Pour tous frais de registres, d'impres-

sions, de ports de lettres et de ballots de formules, de garçons de bureau, fournitures de lumières, bois de chauffage, et autres menues dépenses des administrateurs et de leurs bureaux à Paris, et l'entretien de l'hôtel, il sera alloué onze vingt-quatrièmes d'un pour cent : l'excédant de dépense, s'il y en a, sera pris sur la remise totale des administrateurs et de leurs bureaux, et le bénéfice de la diminution de dépense sera ajouté à leur remise.

47. Les remises et traitemens mentionnés aux articles précédens, commenceront à courir du 1er février dernier pour les employés existans.

À l'égard des employés qui auront été ou seront mis en place postérieurement à ladite époque, leurs appointemens ne commenceront à courir que du jour de leur installation dans leurs emplois, et cesseront le jour qu'ils ne seront plus en place.

Le traitement des administrateurs commencera à courir du jour de leur nomination.

48. Si des fournitures extraordinaires ou d'autres événemens imprévus nécessitaient une augmentation dans la dépense ci-dessus fixée, le pouvoir exécutif pourra provisoirement l'autoriser, sur la demande des administrateurs, jusqu'à la concurrence de la somme de cent mille livres ; et sur cette autorisation, les commissaires de la Trésorerie pourvoiront à son acquittement.

TITRE V. Dispositions de discipline générale.

49. Les produits de la régie ne seront comptés, pour la fixation des remises générales, qu'après déduction du prix marchand des papiers de la formule, ainsi que des remises retenues par les receveurs particuliers, ports de lettres, dépenses d'impressions et autres frais de régie.

50. Il ne pourra être accordé par les préposés à l'administration et autres agens du pouvoir exécutif, aucune remise ni modération de droits et amendes, à peine d'en compter personnellement.

51. Ne pourront pareillement aucuns corps administratifs ni tribunaux, accorder de remises ni modérations des droits ou perceptions indirectes et amendes, à peine de nullité des jugemens; et seront tenus les commissaires du Roi, dans les cas de contravention, d'en instruire le ministre de la justice et celui des contributions publiques (2).

---

(1) *Voy.* loi du 29 septembre = 9 octobre 1791.

(2) En matière fiscale, les tribunaux ne peuvent pas, par des raisons particulières, et quand même ils reconnaîtraient qu'on n'a pas eu intention de tromper le fisc, faire remise des amendes (23 novembre 1807 ; Cass. S. 8, 1. 135).

Le juge ne peut remettre ni modérer l'a-

mende encourue par l'huissier qui a signifié un acte sur une feuille de papier timbré déjà employée à un autre usage (19 pluviose an 2; Cass. S. 20, 1, 458).

Les juges ne peuvent, en matière d'enregistrement, dispenser du double droit (7 nivose an 7 ; Cass. S. 1, 1, 185).

Voy. l'art. 59 de la loi du 22 frimaire an 7.

52. Les administrateurs, directeurs et autres employés qui participeront à une remise sur la totalité des produits, ne pourront retenir aucune somme entre leurs mains pour raison de remises qui pourront leur revenir ; sauf à recevoir leurs remises d'après les comptes et recettes de chaque année, et lorsque les états de répartition seront expédiés : ce qui se fera par la fixation générale après l'arrêté des comptes de tous les directeurs. Il pourra néanmoins être payé un à-compte de la moitié des remises, en sus du traitement fixe, d'après les bordereaux certifiés des recettes et dépenses de tous les directeurs.

53. En cas de vacance d'emplois ou d'absence d'employés, leurs remises accroîtront à la masse générale des remises des employés supérieurs qui auront rempli les fonctions de la place vacante, ou tourneront au profit du surnuméraire qui les aura faites.

54. Aucun employé ne pourra s'absenter sans un congé par écrit des administrateurs ; et il n'en sera expédié que sous la condition expresse que les employés prendront leurs traitemens et remises, après quinze jours d'absence, au prorata du temps qu'ils n'auront pas fait leur service.

55. Les remises générales seront payées aux employés qui y ont droit, d'après l'état général de répartition arrêté par le ministre des contributions publiques.

56. Les ambulans et vérificateurs, qui auront constaté par des procès-verbaux : 1° des droits non tirés hors ligne par les receveurs particuliers ; 2° des erreurs de calcul au préjudice de la régie ; 3° des droits laissés en souffrance ; 4° enfin, des omissions de recette dans les compteraux arrêtés entre les ambulans et les receveurs particuliers, jouiront de la remise à laquelle eussent eu droit lesdits receveurs, lesquels en seront privés.

57. Au moyen des remises accordées ci-dessus aux préposés de l'administration, il ne sera alloué aucune dépense pour loyer de maison, bureaux, magasins, frais de commis, papier, lumières et autres quelconques, ni aucuns frais de poursuite, signification de contraintes, ni autres frais, pour la répétition desquels les préposés n'auront de recours que contre les redevables.

58. Dans le cas de changement d'emploi, destitution ou mort des préposés qui auront commencé les poursuites, il leur sera tenu compte, ou à leurs héritiers, du montant des frais de poursuites qui auront été avancés sur des articles de droits bons à recouvrer, et le remboursement en sera fait par le successeur à l'emploi, sur le pied de la liquidation, qui aura lieu à l'amiable, d'après l'inventaire double desdites poursuites ; et, s'il survient quelques contestations à ce sujet, suivant la taxe qui sera faite par le premier juge du district (1).

59. L'administration sera obligée de timbrer ses paquets d'un timbre particulier, et les frais de transport des papiers, des ports de lettres et paquets, ne seront alloués aux employés que sur l'état qu'ils en tiendront jour par jour, et autant qu'ils justifieront qu'ils leur ont été adressés par l'administration ou par les corps administratifs ; faute de quoi, toute demande sur cet objet sera rayée.

60. Les marchés pour les approvisionnemens de papiers destinés à être timbrés, seront passés au rabais, après affiches et publications, et en présence du directoire du département. Il sera déposé au secrétariat du département des échantillons des papiers que l'adjudicataire se sera obligé à fournir de bonne qualité, et un double du traité pour y avoir recours au besoin. Le prix des papiers sera alloué suivant les quittances des fournisseurs, en conformité des marchés, et sur les reconnaissances de réception du garde-magasin, vérification faite des quantités et qualités énoncées dans les lettres de voiture.

61. Les traités pour fournitures de papiers, registres, sommiers, tables alphabétiques, états, compteraux et autres impressions nécessaires pour la régie, seront faits de la même manière, et le prix alloué à fur et à mesure des livraisons faites par les fournisseurs en conformité des marchés.

Et, pour connaître en tout temps la consommation et les restans en nature desdits registres, sommiers, etc. les directeurs tiendront un registre en recette de tous ceux qui leur seront fournis, et en dépense, jour par jour, de la distribution qui en sera faite, pour en rendre compte à la fin de chaque année, au soutien duquel ils rapporteront les reconnaissances des fournitures et envois qu'ils auront faits.

---

18 = 27 MAI 1791. — Décret qui autorise le département de la Moselle à louer, et celui de l'Allier à acquérir les bâtimens nécessaires à leur établissement. (L. 4, 871 ; B. 14, 203.)

---

19 = 27 MAI 1791. — Décret relatif aux capitaines qui étaient attachés aux directions de l'artillerie. (L. 4, 926 ; B. 14, 323.)

Art. 1er. Les soixante-deux capitaines qui étaient attachés aux directions de l'artillerie

---

(1) Les frais de poursuite faits par un receveur démissionnaire doivent, selon que les objets pour lesquels les frais ont été faits, sont ou ne sont pas bons à recouvrer, lui être remboursés par le receveur qui succède, comme il est dit au présent article, ou par l'administration, aux termes de l'art. 66 du décret du 22 frimaire an 7 (7 mars 1809 ; Cass. S. 10, 1, 129).

seront conservés ; mais il n'en sera fait de remplacement qu'après que leur nombre sera réduit au-dessous de quarante-deux.

2. Les susdits soixante-deux capitaines actuels ne seront susceptibles d'avancement, que dans le cas où ils seraient employés à la guerre ; mais les seuls capitaines qui entreront dans cette classe après sa réduction au-dessous de quarante-deux, conserveront leur rang pour parvenir au commandement des compagnies, suivant leur tour d'ancienneté.

19 = 27 MAI 1791. — Décret portant circonscription des paroisses de Vendôme et de Montoire. (L. 4, 891.)

19 MAI 1791. — Monnaies. *Voy.* 21 MAI 1791.

20 = 22 MAI 1791. — Décret relatif à la fabrication de la monnaie de cuivre. (L. 4, 760 ; B. 14, 232.)

L'Assemblée nationale, sur le compte qui lui a été rendu qu'il existe dans divers hôtels des monnaies et manufactures du royaume, des flaons tout fabriqués à la taille anciennement en usage, qui pourraient être employés, jusqu'à ce que ceux qui ont été décrétés le 6 de ce mois soient préparés, et voulant hâter la fabrication des monnaies de cuivre, décrète :

Que le Roi sera prié de donner des ordres pour faire monnayer immédiatement, avec les anciens coins, les flaons existant actuellement dans les divers hôtels des monnaies et manufactures du royaume. L'administration des monnaies rendra compte à l'Assemblée nationale du nombre des pièces qui seront fabriquées en conséquence du présent décret.

20 = 25 MAI 1791. — Décret relatif aux rentes appartenant aux pauvres des paroisses de Paris. (L. 4, 797 ; B. 14, 226.)

Art. 1er. Les rentes appartenant aux pauvres des paroisses de Paris, qui étaient payées sur les quitances des curés des paroisses, seront acquittées pour tout ce qui en est échu jusqu'au 1er janvier 1791, et pour tout ce qui appartenait aux pauvres des paroisses conservées, sur les quittances des curés desdites paroisses. Les parties appartenantes aux pauvres des paroisses supprimées, ainsi que les arrérages de toutes les rentes appartenant aux pauvres, qui sont échus, ou qui écherront à compter du 1er janvier 1791, seront perçus ainsi qu'il va être dit.

2. La municipalité de Paris nommera sans délai une ou plusieurs personnes pour recevoir la totalité des revenus appartenant aux pauvres dans la ville de Paris, de quelque nature que soient lesdits revenus, et à mesure que lesdits revenus rentreront, la municipalité en fera, semaine par semaine, la répartition entre les trente-trois paroisses actuellement existant dans la ville, pour y

être distribués par les personnes que la municipalité commettra provisoirement à cet effet ; le tout sous la surveillance de la municipalité.

3. La municipalité présentera, dans le délai d'un mois, un plan définitif pour régler l'administration générale, la perception, la répartition entre les paroisses, et la distribution dans chaque paroisse, des revenus et aumônes fondés en faveur des pauvres des trente-trois paroisses de Paris.

4. Les administrations, bureaux de charité et autres établissemens qui ont eu précédemment la gestion desdits revenus, en rendront compte à la municipalité. L'Assemblée déclare ne pas comprendre dans le présent article les curés, pour ce qui regarde les revenus et aumônes qu'ils ont perçus et distribués personnellement.

20 = 25 MAI 1791. — Décret qui exempte du droit du timbre divers billets échangeables contre des assignats. (L. 4, 796 ; B. 14, 226.)

L'Assemblée nationale décrète ce qui suit :

Les billets de vingt-cinq livres et au-dessous, souscrits par des particuliers, échangeables à vue et au pair contre des assignats ou de la monnaie de cuivre, à la volonté du porteur, seront exempts du droit de timbre.

20 MAI = 1er JUIN 1791. — Décret relatif au paiement des impositions de 1790 et années antérieures. (L. 4, 993 ; B. 14, 228.)

Art. 1er. Les directoires de département et de district veilleront soigneusement à l'exécution du décret du 30 janvier = 3 février 1790, qui a ordonné que les impositions de 1790 et années antérieures seraient acquittées dans les six premiers mois de 1791.

2. Les directoires de district viseront les contraintes qui leur seront présentées par les receveurs particuliers, et ce, dans le délai de trois jours, à compter de celui où elles leur auront été remises ; sinon, ils seront tenus de donner par écrit, au pied desdites contraintes, les motifs de leur refus, dont ils informeront, dans le même délai, le directoire du département, pour les motifs de ce refus être par lui approuvés ou rejetés, s'il y a lieu. De leur côté, les receveurs particuliers informeront avec exactitude les commissaires du Roi à la Trésorerie nationale, de toutes les causes et circonstances qui pourraient arrêter ou suspendre leurs recouvremens.

3. Les municipalités donneront et procureront aide, assistance et protection aux porteurs de contraintes, après qu'ils auront justifié que celles qu'ils sont chargés d'exécuter ont été bien et dûment visées par le directoire du district. Dans le cas où une

municipalité aurait refusé appui et assistance aux porteurs de contraintes, le directoire du district prononcera contre ces officiers municipaux la responsabilité solidaire de toutes les impositions arriérées de la communauté, et signification de l'arrêté du directoire sera faite, sans délai, aux officiers municipaux, à la requête du receveur particulier des impositions.

4. Aucun fonctionnaire public, payé par les receveurs de district, ne pourra toucher, au-delà du 1er juillet 1791, la portion de son traitement échue ou payable d'avance à ladite époque, qu'après avoir justifié par *duplicata* de quittances visées par la municipalité, et qui resteront annexées à la quittance du traitement entre les mains du receveur du district, avoir acquitté les deux termes échus de la contribution patriotique, et la totalité de ses impositions de 1789 et 1790, aux rôles de la communauté de son domicile, ainsi qu'il a été prescrit pour la contribution mobilière, par l'art. 22 du décret du 13 janvier = 18 février 1791.

5. Les frais de sommations qui ont été faites à la requête des procureurs du Roi des élections, et depuis à celles des procureurs-syndics de district, aux officiers municipaux qui étaient en retard de former leurs rôles de 1790, seront acquittés sur la somme revenant à chaque communauté dans le produit des rôles des privilégiés des six mois 1789.

À l'avenir, les frais de ces sommations seront supportés personnellement par les officiers municipaux en retard, auxquels elles auront été signifiées.

6. Les sommes auxquelles les ecclésiastiques ont été taxés dans les rôles de 1790, pour la cote de propriété des biens déclarés nationaux, seront acquittées, conformément au décret du 28 juin = 10 juillet 1790, par les fermiers ou régisseurs desdits biens, lesquels donneront les quittances des collecteurs pour comptant au receveur du district, lors du paiement du prix de leur fermage ou produit de règle pour 1790.

Les fermiers ou régisseurs de ces biens nationaux seront contraints, comme pour leur propre cotisation, au paiement de ces impositions, à moins qu'ils ne justifient avoir déjà acquitté, pour l'année 1790, la totalité de leurs fermages, ou soldé leur compte de régie; auquel cas, les collecteurs s'adresseront, pour être payés desdites cotes sur le produit des biens nationaux, au receveur de leur district, qui emploiera les quittances à lui données par ces collecteurs, dans sa comptabilité avec la caisse de l'extraordinaire.

7. Les décharges et réductions sur les impositions ordinaires de 1790, qui auront été prononcées par les directoires de district, ou sur l'appel par les directoires de département, pour surtaxes ou erreurs faites par les municipalités, lors de la confection de leur rôle, seront à la charge des communautés dans le rôle desquelles ces surtaxes ou erreurs auront eu lieu. En conséquence, les municipalités seront tenues de remplir les receveurs particuliers des finances, du montant desdites décharges ou réductions, sur la portion qui leur reviendra dans le produit des rôles des privilégiés des six derniers mois 1789. Dans le cas où il serait impossible de faire usage de ce moyen, elles délibéreront le rejet du montant de ces décharges ou réductions, au marc la livre des contributions foncière et mobilière de 1791.

8. À l'égard des remises ou modérations accordées sur les impositions ordinaires de 1790, à des contribuables incendiés, ou ayant éprouvé d'autres pertes extraordinaires, ces remises ou modérations ne pourront être prononcées que par les directoires de département, sur l'avis de ceux de district; et le remplacement en sera fait aux receveurs particuliers, dans ceux des départements qui se sont partagé les anciens pays d'élection ou pays conquis, à l'aide des fonds dont il sera parlé en l'article 9 ci-après, et dans les autres départemens, sur les fonds à ce destinés.

9. Pour accélérer l'apurement de la comptabilité des derniers exercices, et pour mettre les directoires de département à portée de faire droit sur les demandes en soulagement d'imposition dont ils ont déjà reconnu la justice et la nécessité, il sera réservé une somme de quinze cent mille livres sur le produit des impositions ordinaires, pour être employée:

1° en remise d'impositions sur les exercices 1788 et 1789, en faveur de ceux des contribuables des communautés grêlées en 1788, ou des particuliers incendiés, qui ont été dans l'impossibilité d'acquitter le restant de leurs impositions sur ces deux années;

2° À faire à chacun des départemens qui, faute d'autres moyens, seront dans le cas d'y prétendre, un fonds suffisant pour réparer les erreurs, inégalités et doubles emplois qui ont eu lieu lors du répartement des impositions de 1790, et pour procurer du soulagement sur les impositions de la même année, aux contribuables qui ont éprouvé quelques fléaux ou dommages dans leur récolte de 1789, ou qui se trouvaient, par toute autre cause, dans l'impossibilité d'acquitter la totalité de leur imposition de 1790.

10. Les états de distribution des secours mentionnés en l'article précédent seront présentés, avant le 1er juillet prochain, par le ministre des contributions publiques, pour être, par l'Assemblée nationale, statué définitivement sur cette distribution.

20 = 27 MAI 1791. — Décret qui renvoie au directoire du district de Metz les contestations

nées et à naître du rôle de contribution fait sur les Juifs de Metz. (L. 4, 928; B. 14, 228.)

20 MAI 1791. — Décret portant vente de domaines nationaux à différentes municipalités des départemens de l'Ain, de l'Aube, des Basses-Alpes, du Cantal, des Côtes-du-Nord, d'Eure-et-Loir et de la Manche. (B. 14, 225.)

20 MAI 1791. — Assignats. *Voy.* 17 MAI 1791. — Cherbourg. *Voy.* 12 MAI 1791. — Clermont, etc. *Voy.* 13 MAI 1791. — Correspondance. *Voy.* 12 MAI 1791. — Maréchaussée du Clermontois. *Voy.* 14 MAI 1791. — Monnaie de cuivre. *Voy.* 17 MAI 1791. — Rouen, etc.; Sceaux et Poissy. *Voy.* 13 MAI 1791. — Tribunal de Bar-le-Duc. *Voy.* 16 MAI 1791.

21 = 27 MAI 1791. — Décret pour l'établissement d'un tribunal de commerce à Lyon. (L. 4, 923; B. 14, 234.)

Art. 1er. Il y aura, dans la ville de Lyon, un tribunal de commerce, dont le territoire comprendra ce qui forme le district de cette ville : ce tribunal sera composé de cinq juges, y compris le président, et de quatre suppléans.

2. L'élection des juges et des suppléans se fera au scrutin individuel et à la majorité absolue des suffrages, par des électeurs nommés à cet effet dans les assemblées des citoyens actifs, négocians, banquiers, marchands et manufacturiers de chacune des douze sections formées dans le district pour l'élection des juges-de-paix.

3. Chacune de ces assemblées se tiendra au lieu ordinaire de l'assemblée de section ou à tel autre qui sera indiqué par le procureur-syndic du district : elle sera ouverte par un commissaire que nommera la municipalité, sur l'avis des juges de commerce en exercice; et après l'élection d'un président, d'un secrétaire et de trois scrutateurs, dans la forme décrétée à l'égard des assemblées primaires, il sera procédé à la nomination d'un électeur par vingt-cinq citoyens présens ayant droit de voter. Toute fraction au-dessus de vingt-cinq, donnera lieu à la nomination d'un électeur de plus.

4. Nul ne pourra y être admis, s'il ne justifie : 1° qu'il est citoyen actif; 2° qu'il habite la section; 3° qu'il exerce au moins depuis un an dans la ville de Lyon la profession de négociant, banquier, marchand ou manufacturier; 4° s'il ne justifie de sa patente et de la quittance de sa contribution personnelle.

5. Chaque assemblée sera juge de la validité des titres de ceux qui demanderont à prendre part à la nomination des électeurs; sauf, en cas de contestation, à se pourvoir au directoire du district, et par appel au directoire du département, conformément à l'article 1er de la seconde section du décret du 15=27 mars 1791.

6. On choisira les électeurs en un seul scrutin de liste simple et à la pluralité absolue des suffrages; mais, au troisième tour, la pluralité relative sera suffisante.

7. Dans les douze sections formant le district de Lyon, les assemblées des négocians, banquiers, marchands et manufacturiers, seront convoquées huit jours d'avance pour le même jour et à la même heure, par le procureur-syndic du district, lequel se concertera sur cet objet avec la municipalité, pour l'exécution de l'art. 3.

8. Le district déterminera le lieu où se rassembleront les électeurs pour procéder à la nomination des juges de commerce et de leurs suppléans; la municipalité y enverra des commissaires pour la vérification des pouvoirs des électeurs; et en cas de contestation, on se pourvoira conformément au décret du 15 = 27 mars 1791.

9. Les élections qui suivront la première auront lieu dans le courant du mois de juin, de manière que les juges qui seront élus à cette époque puissent entrer en exercice à la première audience du mois de juillet.

10. Les juges actuels resteront en exercice jusqu'à l'installation des nouveaux. Seront, au surplus, exécutés tous les autres articles du titre XII du décret du 16 = 24 août 1790, de l'organisation judiciaire, auxquels il n'est pas dérogé par le présent décret.

21 = 25 MAI 1791. — Décret relatif aux baux emphytéotiques. (L. 4, 801; B. 14, 238.)

Un membre a observé que, le 19 mars, l'Assemblée nationale avait décrété sept articles concernant les baux emphytéotiques, et un huitième article intitulé *article additionnel;* que, sur ce dernier article, il avait été proposé une addition qui avait été adoptée par l'Assemblée et se trouve en effet insérée dans le procès-verbal du 19 mars;

Que, le 18 avril, sept autres articles concernant aussi les baux emphytéotiques ont été décrétés, et qu'il a été statué par l'Assemblée que ces quinze articles seraient présentés ensemble à la sanction; que, quoique l'article additionnel décrété le 19 mars n'ait éprouvé aucun changement, l'addition par alors été décrétée, a été omise, et dans le procès-verbal du 18 avril, et dans la loi donnée le 27 avril.

D'après cet exposé, le même membre a demandé que l'Assemblée veuille bien ordonner que l'on rétablira dans le procès-verbal du 18 avril, et dans le décret du 18 = 27 du même mois, l'addition insérée dans le procès-verbal du 19 mars, consistant dans les termes qui suivent :

« Et seront tenus les receveurs de district « qui auraient reçu des sous-fermiers les fer-« mages desdits bénéficiers, ou partie d'iceux

« échus en 1791, d'en remettre le montant
« aux personnes qui ont souscrit lesdits
« traités, à la charge, par ces derniers, de
« remplir les obligations qu'ils y avaient
« contractées. »

L'Assemblée nationale l'a ainsi décrété.

———

21 (19 et) = 27 MAI 1791. — Décret relatif à
l'organisation des monnaies, et à la surveillance et vérification du travail de la fabrication des espèces d'or et d'argent. (L. 4, 893 ;
B. 14, 241.)

Voy. loi additionnelle du 30 AOUT = 8
SEPTEMBRE 1791. *Voy.* lois du 7 = 14 SEP-
TEMBRE 1792 ; du 26 PLUVIOSE an 2 ; du 22
VENDÉMIAIRE an 4 ; arrêté du 10 PRAIRIAL an 11.

TITRE 1er. Suppression des offices.

Art. 1er. Les offices de trésorier-général,
essayeur-général, de juges, gardes et contrôleurs, contre-gardes, de directeur, trésoriers
particuliers, d'essayeurs et graveurs des monnaies, l'office d'inspecteur du monnayage,
et celui de contrôleur au change de la monnaie de Paris, les offices de changeurs, la
commission de graveur général des monnaies, et toutes commissions en vertu desquelles quelques personnes exercent, ou
égard à la vacance d'aucuns offices des monnaies, les fonctions y attachées, sont et demeureront supprimés.

2. Les titulaires des offices et les pourvus
de commissions, supprimés par l'article précédent, continueront d'en exercer les fonctions jusqu'au moment où il aura été pourvu à leur remplacement, ainsi et de la manière qui sera ci-après exprimée.

3. Les titulaires des offices supprimés par
l'article 1er feront remettre au comité de liquidation les titres ou expéditions collationnées des titres nécessaires à leur liquidation
et remboursement, auquel remboursement il
ne pourra néanmoins être pourvu, à l'égard
des officiers comptables, qu'après le jugement
et l'apurement de leurs comptes; et à l'égard
des officiers susceptibles de condamnation
d'amendes, qu'après le jugement des espèces
à la délivrance desquelles ils ont concouru.

4. Les officiers supprimés par les articles
précédens, qui occupent des logemens dans
les hôtels des monnaies, seront tenus de se
retirer et de laisser lesdits logemens libres
pour le 15 juillet prochain.

5. Toutes les personnes qui occupent, soit
dans les hôtels des monnaies, soit dans les
bâtimens en dépendant et faisant partie des
domaines nationaux, des logemens sans être
attachées au service des monnaies par les
fonctions portées aux décrets de l'Assemblée
nationale, seront pareillement tenues de se
retirer et de laisser libres lesdits logemens et
bâtimens, à compter du même jour 15 juillet.

TITRE II. Du nombre et du choix des fonctionnaires publics qui seront chargés, tant de
la fabrication des monnaies que de la surveillance et de la vérification du travail.

Art. 1er. Il y aura trois fonctionnaires généraux attachés au service des monnaies ; savoir, un inspecteur des essais, un essayeur et
un graveur.

2. Il sera établi, dans chaque monnaie, un
commissaire du Roi, un adjoint dudit commissaire, un directeur, un essayeur et un
graveur.

3. Les compagnies des monnayeurs établies
dans chaque monnaie continueront provisoirement d'exercer les fonctions qui leur sont
confiées. Les compagnies des ajusteurs et tail-
leresses sont et demeureront supprimées.

4. L'inspecteur général des essais, les commissaires du Roi, leurs adjoints et les directeurs seront nommés par le Roi: l'essayeur
général sera pareillement nommé par le Roi,
mais il sera pris dans le nombre des essayeurs
qui auront exercé pendant douze ans au moins
leurs fonctions, soit à Paris, soit dans les autres hôtels des monnaies. Les places de graveur général, d'essayeurs et de graveurs particuliers, seront toutes données au concours.

5. Lorsqu'une place de commissaire du Roi
deviendra vacante, son successeur sera choisi
dans le nombre des adjoints.

6. Les parens et alliés d'un directeur de
monnaie, jusqu'au quatrième degré inclusivement, ne pourront être pourvus d'aucune
place dans la monnaie à laquelle il sera attaché, et nul ne pourra être nommé directeur dans une monnaie où il aurait des
parens ou alliés au degré ci-dessus, déjà employés.

7. Les directeurs seront tenus de fournir
une caution en immeubles, dont la quotité
sera déterminée par un décret particulier de
l'Assemblée nationale.

8. L'inspecteur, le graveur et l'essayeur-
général seront, ainsi que tous les autres fonctionnaires attachés au service des monnaies,
sujets à révocation dans les cas déterminés
par la loi.

9. Les commissaires du Roi et les directeurs seront responsables, ainsi que les essayeurs, chacun en ce qui concerne l'exercice
de leurs fonctions. L'adjoint du commissaire
du Roi sera pareillement responsable dans
toutes les circonstances où il le suppléera.

10. Tous les fonctionnaires nommés en
l'article précédent seront, ainsi que le graveur, logés dans les hôtels des monnaies, et
chargés, tant des réparations locatives que
de l'entretien des appartemens qu'ils occuperont.

11. Il ne pourra être établi à l'avenir aucun bureau de change que dans les villes où
ces établissemens seront jugés utiles, et sur

la demande des directoires des départemens. Les directoires de département, sur l'avis des directoires de district et la nomination des municipalités des lieux dans lesquels devront être établis des bureaux de change, proposeront à la commission les sujets qui seront jugés propres à remplir les fonctions de changeur. Ces fonctions ne pourront être exercées qu'en vertu d'un brevet expédié par la commission générale des monnaies, et enregistré, tant au greffe de la municipalité qu'à celui du tribunal de commerce, et à celui du tribunal de district dans le ressort duquel sera établi le bureau de change.

TITRE III. Fonctions et travaux dont seront chargés les fonctionnaires attachés au service des monnaies.

CHAPITRE Ier. De l'inspecteur-général des essais.

Art. 1er. L'inspecteur-général des essais sera chargé de surveiller les travaux des essayeurs, de s'assurer s'ils se conforment exactement aux réglemens, s'ils emploient pour leurs opérations des agens et substances provenant du dépôt établi par la commission, et si les poids de sencelle dont ils font usage sont tels que la loi l'exige.

2. Il surveillera les travaux des artistes admis à concourir pour les places d'essayeurs qui viendront à vaquer; il mettra sous les yeux de la commission le rapport des juges du concours, et il y joindra les observations dont il lui paraîtra susceptible.

3. Il sera admis et aura voix délibérative dans les séances de la commission, toutes les fois qu'il y sera question d'objets concernant les essais.

4. Il proposera ses vues à la commission sur le perfectionnement des opérations relatives aux essais.

CHAPITRE II. De l'essayeur-général.

Art. 1er. L'essayeur-général pourra être employé par la commission, concurremment avec les autres essayeurs qu'elle commettra pour procéder aux vérifications du titre des espèces nationales prescrites par le décret du 3 avril dernier.

2. Dans le cas où un essayeur particulier viendrait à décéder, ou se trouverait, par maladie ou autre empêchement quelconque, dans l'impossibilité de continuer l'exercice de ses fonctions, ou de se faire remplacer, l'essayeur-général, d'après les ordres qui lui seront donnés par la commission, sera tenu de se rendre sur les lieux pour le suppléer jusqu'à ce qu'il ait été autrement pourvu. Les frais de son voyage lui seront remboursés, et il sera responsable du titre des espèces à la délivrance desquelles il aura concouru.

3. Il jouira d'un traitement fixe qui lui sera déterminé par l'Assemblée nationale; il

ne pourra percevoir aucun droit sur la fabrication.

CHAPITRE III. Graveur-général.

Art. 1er. Le graveur-général sera chargé de la fourniture de tous les poinçons et matrices nécessaires au monnayage des espèces; les prix en seront déterminés par l'Assemblée nationale, et il en sera payé en représentant les récépissés qui lui auront été délivrés, lorsqu'ils seront revêtus des formalités prescrites par l'article suivant.

2. Il ne pourra faire aucune livraison de poinçons et matrices, sans y avoir été autorisé par la commission; il remettra au dépôt de ladite commission ceux qui lui auront été demandés : le garde des dépôts lui en délivrera un récépissé, qui sera visé par le commissaire chargé de surveiller la livraison desdits poinçons et matrices.

CHAPITRE IV. Du commissaire du Roi et de son adjoint.

Art. 1er. Le commissaire du Roi exercera la police dans l'hôtel de la monnaie; il y maintiendra l'ordre et la tranquillité, pourra connaître des objets qui exigeront une décision provisoire, et sur lesquels les réglemens n'auraient rien statué; mais il sera tenu d'en rendre compte aussitôt à la commission générale des monnaies.

2. Il veillera principalement à ce que les réglemens qui concernent la fabrication des espèces soient exactement observés par toutes les personnes chargées de quelques fonctions relatives à cette manipulation.

3. Il ne prendra aucune part aux opérations qui auront pour objet la fonte des espèces et matières, leur alliage, et tous les travaux nécessaires pour les convertir en flaons.

4. Il cotera et paraphera tous les registres qui seront tenus par les différens fonctionnaires attachés au service de la monnaie. Les registres qui concerneront l'exercice des fonctions qui lui seront confiées, lui seront envoyés par la commission générale des monnaies, après avoir été cotés et paraphés par celui de ses membres qu'elle aura commis à cet effet.

5. Il sera dépositaire des clefs de la salle de délivrance et de monnayage; et lorsque les réparations à faire, soit aux balanciers, soit à la salle dans laquelle ils sont placés, exigeront que l'on y introduise des ouvriers étrangers, il prendra les mesures nécessaires pour qu'il ne s'y commette aucun abus.

6. Il sera pareillement dépositaire de l'étalon qui sera envoyé par la commission dans chaque hôtel des monnaies, pour servir à la vérification des poids dont on y fera usage. Cet étalon sera renfermé dans une armoire placée dans le bureau des délivrances, et fermant à deux clefs; l'une de ces clefs restera

entre les mains du commissaire du Roi, et l'autre sera déposée au greffe du tribunal du commerce.

7. Il procédera tous les trois mois, et plus souvent s'il le juge convenable, à la vérification des poids et balances dont il serait fait usage, tant par le directeur de la monnaie, que par tous les fonctionnaires préposés à la recette des matières, aux monnayage, aux essais et à la délivrance des espèces.

La vérification des poids se fera sur l'étalon déposé au bureau de délivrance d'un des administrateurs du directoire du département ou du district, d'un juge du tribunal de commerce, et d'un député du commerce de l'orfévrerie.

8. Il sera chargé de recevoir tous les poinçons et matrices qui seront envoyés par la commission pour le service de la monnaie; il en fera la remise au graveur, qui lui en délivrera ses carrés, lorsqu'ils seront achevés, pour les transmettre aux monnayeurs à mesure qu'ils en auront besoin: il tiendra registre d'emploi desdits poinçons, matrices et carrés.

9. Il arrêtera, à la fin de chaque mois, les registres tenus par le directeur pour la recette des matières apportées au change, tant par le public que par les changeurs; il s'en fera délivrer un extrait qu'il enverra à la commission, après l'avoir vérifié et certifié.

10. Il veillera à ce que les réparations à la charge des officiers soient exactement faites chaque année: quant à celles qui seront à la charge du Trésor public, il y pourvoira lorsqu'elles seront tellement urgentes, qu'on ne pourrait les différer sans danger; dans toute autre circonstance, il en informera la commission, qui prendra, de concert avec les administrateurs du directoire du département, les mesures nécessaires pour y pourvoir.

11. S'il se commet quelque délit dans l'hôtel de la monnaie, il en dressera procès-verbal, dont il remettra, dans les vingt-quatre heures, une expédition à celui des officiers du tribunal de district qui remplira les fonctions d'accusateur public, lequel sera tenu de lui en délivrer un reçu pour sa décharge; et si les circonstances y donnent lieu, il fera procéder contre les coupables, comme en cas de flagrant délit.

12. Il remplira avec le plus grand soin les fonctions qui lui seront confiées relativement à la fabrication des espèces et à la vérification de leur titre et poids, et il entretiendra une correspondance exacte avec la commission générale des monnaies, à laquelle il rendra compte, tant de la conduite des fonctionnaires attachés au service de la monnaie dans l'exercice de leurs fonctions, que de tous les détails qui pourront intéresser le bien du service.

13. L'adjoint du commissaire du Roi sera tenu de le seconder dans l'exercice de toutes ses fonctions; il le suppléera, lorsque, par quelque cause ou empêchement légitime, il se trouvera dans l'impossibilité de les remplir.

14. Le commissaire du Roi et son adjoint, jouiront chacun d'un traitement fixe; ils ne percevront, sous quelque prétexte que ce soit, aucun droit sur les espèces.

Chapitre V. Du directeur.

Art. 1er. Le directeur de la monnaie sera tenu de recevoir sur le pied du tarif public, et conformément au décret de l'Assemblée nationale, les espèces nationales et étrangères qui lui seront apportées, et les lingots paraphés dans les monnaies de France.

2. Il ne sera tenu de recevoir les espèces qui ne seront pas énoncées dans le tarif, que lorsqu'elles auront été essayées par l'essayeur de la monnaie, et d'après le titre auquel elles auront été rapportées. Les frais de cet essai seront à la charge du propriétaire des espèces, et fixés par le tarif; et si l'on présente à la fois plusieurs espèces de cette nature, le directeur en fera parvenir une à la commission, et y joindra le bulletin du rapport, afin qu'elle puisse le faire vérifier et en faire mention dans le premier tarif qu'elle publiera. Dans tous les cas, il sera tenu d'inscrire provisoirement cette nouvelle espèce et le titre auquel elle aura été rapportée, sur un tableau placé dans un endroit apparent du bureau du change, et certifié véritable, tant par l'essayeur, que par le commissaire du Roi et son adjoint, pour servir de renseignement, et éviter d'avoir recours à de nouveaux essais lorsqu'il se présentera d'autres espèces de même nature.

3. Si, par le résultat de ses fontes, il s'apercevait de quelques variations importantes dans le titre des espèces étrangères énoncées au tarif, il en informera la commission, et lui enverra plusieurs de ces espèces pour en faire vérifier le titre, et pourvoir, s'il y a lieu, à la réformation du tarif à leur égard.

4. Il sera autorisé à retenir ou à se faire payer, sur le produit des espèces et matières d'or et d'argent qu'il recevra, dont le titre serait inférieur à celui des espèces nationales, les frais d'affinage nécessaires pour les élever à ce titre, conformément à ce qui sera réglé: les changeurs ne seront pas exempts de cette retenue.

5. Les tarifs dont il est fait mention dans les articles précédens, seront affichés dans plusieurs endroits du change, de manière qu'ils soient à portée du public, afin que les propriétaires des matières puissent s'assurer de l'exactitude des opérations qui les intéresseront; ils pourront exiger qu'on leur en fournisse des bordereaux.

6. Les espèces et matières apportées au change y seront pesées avec la plus grande

exactitude ; on pesera ensemble tous les objets de même nature. On ne pourra faire usage des grandes balances que pour ceux dont le poids excédera cinq marcs, à moins qu'ils ne se trouvassent d'un trop gros volume pour pouvoir être pesés avec les petites balances : on fera enfin usage de grains pour peser l'argent comme pour l'or, de manière que le *trébuchant* se réduise à la plus petite portion de poids nécessaire pour empêcher que la balance ne penche du côté des poids.

7. Les matières et espèces reçues au change seront portées, jour par jour et article par article, sur un registre à ce destiné, coté et paraphé par le commissaire du Roi. Ce registre sera arrêté par cet officier à la fin de chaque mois, et il lui en sera délivré un extrait, conformément aux dispositions de l'article 8 du chapitre IV.

8. Le directeur sera maître de ses fontes et alliage, et fabriquera les flaons aux poids et titres déterminés par la loi, et il les fera porter au bureau de délivrance aussitôt après qu'ils auront été blanchis et marqués sur tranches. Il pourra employer, pour toutes les opérations relatives à la conversion de ces matières en flaons, y compris l'ajustage, tels ouvriers qu'il lui plaira de choisir ; il sera, par conséquent, seul responsable de la perfection de cette manipulation, sous tous ses rapports.

9. Les frais de toutes les opérations énoncées dans l'article précédent, ainsi que les déchets auxquels elles donneront lieu, lui seront payés à tant le marc, ainsi qu'il sera déterminé par les décrets de l'Assemblée nationale. Il jouira, de plus, d'un traitement fixe proportionné à l'intérêt des avances qu'il pourra être dans le cas de faire pour le paiement des matières apportées au change ; au moyen de quoi, les propriétaires de ces matières et les changeurs avec lesquels il pourrait prendre des termes pour leur en remettre le produit, n'auront, en aucun cas, de recours à exercer contre le Trésor public.

10. Le directeur pourvoira, à ses frais, à la dépense de toutes les réparations locatives et d'entretien, tant du logement qu'il occupera, que des laboratoires, fourneaux et machines servant à la fabrication ; les grosses réparations et l'entretien des couvertures seront seules à la charge du Trésor public. Le directeur sera responsable des accidens du feu.

11. Il sera tenu de prendre pour son compte tous les ustensiles qui appartenaient ci-devant au Roi, servant à la fabrication, à l'ajustage des flaons et à la marque sur tranche, et d'en payer la valeur dans le cours des trois mois qui suivront son installation, et ce, d'après l'estimation qui en sera faite par deux experts, en présence d'un des administrateurs du directoire du département, qui sera commis à cet effet. L'un de ces experts sera nommé par ce commissaire, l'autre sera choisi par le directeur : ces experts en appelleront de concert un troisième, s'ils ne se trouvent pas d'accord.

12. Il sera pareillement tenu de prendre pour son compte les ustensiles et machines servant à la fabrication, qui auraient appartenu à son prédécesseur, et ce, d'après l'estimation qui en sera faite par deux experts : il en nommera un ; l'autre sera choisi par le propriétaire de ces objets ou ses représentans, et ils en appelleront de concert un troisième, s'ils ne se trouvent pas d'accord.

13. Il ne pourra, sous peine de révocation, faire exposer en vente ni vendre aucune machine servant exclusivement à la fabrication des flaons et à la marque sur tranche, sans y avoir été autorisé par le commissaire du Roi, qui sera tenu de faire préalablement rompre et difformer ces machines, et d'en dresser procès-verbal, de manière qu'elles ne puissent être employées à l'usage auquel elles étaient consacrées.

CHAPITRE VI. De l'essayeur.

Art. 1er. L'essayeur sera chargé de la vérification du titre des espèces fabriquées ; il y procédera toutes les fois qu'il en sera requis par le commissaire du Roi, avec les formalités prescrites par la loi. Il inscrira sur un registre particulier à ce destiné, la quantité et le titre des espèces dont il aurait fait les essais, avec la date de leur fabrication et celle du jour de l'essai.

2. Il ne pourra, sous peine de révocation, faire aucun essai pour le compte du directeur de la monnaie, ni essayer des monnaies par lui fabriquées, autres que celles qui lui seront remises par le commissaire du Roi, pour servir au jugement de délivrance.

3. Il pourra essayer les espèces étrangères et matières qui lui seront remises par le public ; il inscrira sur son registre le poids des lingots qu'il essaiera, et le nom des propriétaires ; il ne pourra les rendre qu'après avoir apposé sur chaque lingot le numéro sous lequel il sera porté sur son registre, l'empreinte de son poinçon, et celle du différent de la monnaie à laquelle il sera attaché.

4. Il ne pourra, sous aucun prétexte, employer pour ses opérations d'autres agens et substances que celles dont il sera tenu de se pourvoir au dépôt établi par la commission ; il sera pareillement tenu de procéder aux essais, conformément aux instructions générales qui auront été arrêtées par la commission.

5. Les registres dont il fera usage seront tous cotés et paraphés par le commissaire du Roi.

6. Il jouira d'un traitement fixe qui sera déterminé par l'Assemblée nationale : il ne pourra en conséquence retenir, sous aucun prétexte, les boutons ou cornets des essais

qu'il fera pour parvenir au jugement de délivrance, ni percevoir aucun droit sur la fabrication.

7. Les essais qu'il fera pour le compte du commerce, lui seront payés en argent, au prix qui sera déterminé par l'Assemblée nationale : il sera tenu de rendre, en conséquence, au propriétaire des espèces et matières, les cornets et boutons d'essais.

8. En cas de maladie ou d'absence légitime de l'essayeur, le commissaire du Roi commettra provisoirement à l'exercice de ses fonctions la personne qui lui sera proposée par ce fonctionnaire ; et, dans ce cas, l'essayeur demeurera responsable de ses opérations et chargé de son traitement. Si les circonstances ne lui permettaient pas de proposer son suppléant, il y sera pourvu provisoirement par le commissaire du Roi, en attendant que la commission en soit instruite, et ait pris à cet égard les mesures qu'elle jugera convenables.

Chapitre VII. Du graveur.

Art. 1er. Le graveur sera tenu de fabriquer et de remettre au commissaire du Roi le nombre de carrés qu'il jugera nécessaire pour le monnayage des espèces. Le graveur ne pourra, sous peine de révocation, tirer ces carrés sur d'autres matrices et poinçons que ceux qui lui auront été remis par le commissaire du Roi, ni les altérer de quelque manière et sous quelque prétexte que ce soit.

2. A mesure que ces carrés seront tirés et achevés, il les remettra au commissaire du Roi, qui s'en chargera sur son registre, et lui en donnera son récépissé, après les avoir fait essayer en sa présence.

3. A la fin de chaque semestre le commissaire du Roi, accompagné de deux monnayeurs, remettra au graveur les carrés qui ne pourront plus être employés au monnayage ; il les rengrènera sur les poinçons, les fera recuire, et les biffera en leur présence : il sera dressé procès-verbal de ces différentes opérations, auquel signeront toutes les personnes qui y auront assisté.

4. Le graveur jouira d'un traitement annuel, et il sera, de plus, payé des carrés qu'il fournira, au prix qui sera fixé par l'Assemblée nationale ; mais il ne pourra, sous aucun prétexte, percevoir des droits sur la fabrication.

Chapitre VIII. Des monnayeurs.

Art. 1er. Les monnayeurs recevront des mains du commissaire du Roi tous les carrés nécessaires à leur travail, et lui en délivreront un récépissé ; ils pourront exiger qu'ils soient éprouvés avant de s'en charger. Cette épreuve se fera en la présence du commissaire du Roi, et en celle du graveur : le graveur sera tenu de reprendre ceux desdits carrés qui seraient reconnus défectueux.

2. Les flaons à monnayer leur seront remis au bureau des délivrances, après avoir été pesés en masse ; ils s'en chargeront en recette sur le registre à ce destiné.

3. Lorsque les flaons seront monnayés, les monnayeurs les rapporteront au bureau de délivrance : ils y seront de nouveau pesés en masse ; et si leur poids se trouve conforme à celui exprimé par le procès-verbal de la délivrance qui leur en aura été faite, il en sera fait mention sur le registre pour leur servir de décharge.

4. La fourniture et l'entretien des balanciers, de leurs vis et de leurs écroux, seront à la charge du Trésor public : les monnayeurs se fourniront de tous les autres ustensiles servant à l'exercice de leurs fonctions ; ils seront payés à tant le marc, conformément aux décrets qui seront rendus par l'Assemblée nationale.

Chapitre IX. Des changeurs.

Art. 1er. Les changeurs seront tenus de se conformer, tant pour l'exercice de leurs fonctions que pour la perception de leurs droits, aux anciens tarifs et réglemens, jusqu'à ce qu'il en ait été autrement ordonné par l'Assemblée nationale. Les registres dont ils feront usage seront cotés et paraphés par le maire du lieu où ils seront établis.

2. Ils seront tenus de recevoir sur le pied du tarif public, et conformément aux décrets de l'Assemblée nationale les espèces nationales et étrangères qui leur seront présentées ; mais ils ne pourront être contraints de recevoir celles qui ne seraient pas portées sur le tarif, et dont le titre leur serait inconnu, ni les lingots de matières d'or ou d'argent qui n'auraient pas été paraphés par des essayeurs des monnaies de France.

3. Ils seront autorisés à retenir ou à se faire payer sur le produit des espèces et matières qu'ils recevront, dont le titre serait inférieur à celui des espèces nationales, les frais d'affinage nécessaires pour les élever à ce titre, tels qu'ils seront fixés par le tarif.

4. Les tarifs dont ils feront usage seront affichés dans plusieurs endroits de leur bureau, à portée du public, afin que les propriétaires des espèces et matières puissent s'assurer de l'exactitude de leurs décomptes, dont les changeurs seront tenus de leur délivrer les bordereaux.

5. Ils porteront sur un double registre tous les articles de leur recette, et les noms des propriétaires des espèces et matières ; ils y porteront pareillement les bordereaux des envois qu'ils feront aux directeurs des monnaies. Ils enverront, à la fin de chaque année, à la commission des monnaies, l'un de ces registres, après qu'ils auront été l'un et l'autre arrêtés et signés par le maire du lieu de leur domicile.

6. Les poids et balances dont les changeurs

feront usage; seront vérifiés tous les trois mois par les officiers de police préposés aux vérifications de cette nature, auxquelles seront sujets les artistes et marchands qui font usage de poids et de balances. Les changeurs seront tenus de peser, avec la plus grande exactitude, les espèces et matières qui leur seront apportées, et de se conformer à cet égard aux dispositions de l'article 6 du chapitre V.

Titre IV. De la délivrance des espèces.

Art. 1er. Lorsque, conformément à l'article 3, chapitre VIII du titre III, les monnayeurs auront rapporté au bureau de délivrance les espèces monnayées, que la pesée en masse en sera faite, et qu'il aura été dressé procès-verbal de toutes ces opérations, le commissaire du Roi ou son adjoint, en présence du directeur et de l'essayeur, prendra au hasard, sur la masse de ces espèces, un certain nombre de pièces, qui ne pourra pas être au-dessous de deux ni au-dessus de quatre, quelles que soient la quantité et la nature des espèces. Les pièces ainsi prises au hasard seront ensuite remises par lui à l'essayeur, pour procéder à la vérification de leur titre.

2. L'essayeur coupera de chacune des pièces qui lui auront été remises la portion de matière nécessaire pour en vérifier le titre. Il aura soin, en procédant à cette prise d'essai, de n'altérer ni le différent de la monnaie, ni ceux du directeur et du graveur, ni le millésime; le surplus de la pièce sera mis dans une enveloppe de papier, sur laquelle on fera mention de la date de la délivrance et du numéro sous lequel cet essai aura été porté sur le registre de l'essayeur. Cet officier et le commissaire du Roi scelleront ensuite cette enveloppe avec leurs cachets.

3. Lorsque les formalités indiquées par l'article précédent auront été remplies, l'essayeur procédera aux essais en la manière prescrite par les instructions générales qui auront été arrêtées par la commission des monnaies.

4. Pendant que l'essayeur procédera à la vérification du titre des espèces, le commissaire du Roi s'occupera de vérifier leurs poids et leurs empreintes; il les examinera et les pesera les unes après les autres, et il mettra au rebut, non-seulement celles qui n'auront pas le poids requis par la loi, mais encore toutes celles dont la forme ou l'empreinte se trouverait défectueuse.

5. Les espèces mises au rebut seront cisaillées et remises au directeur : elles seront refondues à ses frais, si le motif du rebut provient de la faiblesse du poids et de l'imperfection du flaon; elles le seront aux dépens des monnayeurs, si la défectuosité des empreintes provient de leur négligence.

6. Lorsque la vérification du titre des espèces sera terminée, l'essayeur apportera au bureau des délivrances les résultats de ses essais. Si les espèces se trouvent par ces résultats au titre légal, elles seront délivrées au directeur : il sera dressé procès-verbal de cette délivrance, dans lequel on fera mention : 1° du nombre et du poids, tant des espèces qui auront été monnayées, que de celles qui auront été cisaillées et de celles qui auront été prises pour les essais; 2° des différens titres auxquels chacune des espèces essayées aura été rapportée, et du titre commun qui sera provenu de la réunion de ces différens titres; 3° du nombre et du poids des espèces qui auront été délivrées au directeur. Ce procès-verbal sera signé par tous les officiers présens, et notamment par ceux qui auront pris part aux opérations dont il rendra compte.

7. Le commissaire du Roi sera tenu d'informer la municipalité, des jours et heures auxquels il sera procédé à quelque délivrance, afin qu'elle députe un de ses membres pour y être présent; il en sera usé de même à l'égard du tribunal de commerce, s'il en existe un dans le lieu où la monnaie sera établie : ces députés seront tenus de signer le procès-verbal des opérations auxquelles ils auront été présens.

8. Lorsque la délivrance sera terminée, toutes les feuilles ou portions d'espèces qui, en exécution de l'article 2, auront été mises sous enveloppe et scellées, seront renfermées dans un seul paquet, sur lequel le commissaire du Roi, le directeur et l'essayeur, apposeront chacun leur cachet. Le commissaire du Roi sera tenu d'envoyer, sous huit jours, au plus tard, ce paquet au dépôt de la commission générale des monnaies, avec une expédition du procès-verbal de délivrance.

9. Toutes les fois qu'une des pièces essayées sera rapportée au-dessous du titre fixé par la loi, on l'essaiera de nouveau. Si, par le résultat du second essai, elle se trouve au titre, toutes les espèces seront délivrées au directeur, mais le procès-verbal fera mention des deux rapports de l'essayeur.

10. S'il arrive, au contraire, que le bas titre reconnu par le premier essai soit confirmé par le second, la totalité des espèces sera refondue en présence du commissaire du Roi et de l'essayeur, aux dépens du directeur, qui paiera les frais du monnayage. Il sera dressé procès-verbal de toutes ces opérations.

11. Lorsque plusieurs des pièces essayées se seront trouvées au-dessous du titre fixé par la loi, tous les essais seront recommencés; et si, par le résultat de ces nouvelles opérations, il se trouve une seule pièce qui soit encore au-dessous du titre légal, la totalité des espèces sera pareillement refondue aux dépens du directeur, ainsi que le prescrit l'article précédent.

12. Lors de la rédaction du procès-verbal, dans lequel il sera fait mention que les pièces essayées n'ont pas été trouvées au titre, et que la refonte en a été ordonnée, le directeur pourra requérir que les portions restantes des espèces qui auraient été soumises aux essais soient renfermées dans un paquet cacheté avec son cachet et ceux de l'essayeur et du commissaire du Roi, et que ce paquet soit envoyé par ce dernier à la commission des monnaies.

13. Le directeur pourra requérir la commission des monnaies de faire procéder à un nouvel essai des portions d'espèces énoncées en l'article précédent ; et si, par le résultat de ce nouvel essai, elles se trouvent au titre légal, l'essayeur sera tenu d'indemniser le directeur des frais de fonte et de monnayage auxquels son erreur aura donné lieu.

TITRE V. De la vérification du travail de la fabrication.

Art. 1er. Les espèces qui serviront à la vérification ordonnée par l'article 11 du décret du 3 = 10 avril 1791, seront toutes prises dans la circulation ; la commission prendra, pour se les procurer, les mesures qu'elle jugera convenables.

2. Elle fera procéder à l'essai desdites pièces par deux essayeurs qu'elle choisira, et qui opéreront séparément.

3. Pour le jugement du travail de chaque monnaie, il sera essayé quatre pièces de chaque nature d'espèces d'or et d'argent fabriquées pendant le cours du semestre. La commission prendra les précautions qu'elle croira nécessaires pour empêcher que les essayeurs ne connaissent à quelle monnaie appartiendront les espèces dont ils vérifieront le titre ; les prises d'essai ne leur seront conséquemment remises qu'après avoir été déformées.

4. Lorsque le petit volume des espèces ne pourra suffire à deux prises d'essai, ou prendra huit pièces au lieu de quatre, afin que les essayeurs puissent faire chacun leurs quatre essais ; et chaque prise d'essai sera, autant que faire se pourra, formée de parties égales de deux desdites pièces.

5. Avant de procéder aux prises d'essai, toutes les pièces rassemblées pour servir de base au jugement du travail de la fabrication, seront, conformément à l'article 12 du décret du 3 = 10 avril 1791, soumises à l'examen du graveur général, à l'effet de vérifier s'il ne s'en trouve pas de fausses ou contrefaites : elles seront ensuite pesées en sa présence ; et s'il s'en rencontre qui soient d'une légèreté remarquable, il sera interpellé des examiner de nouveau, et de déclarer si la faiblesse de leur poids provient ou non du frottement qu'elles ont éprouvé dans la circulation.

6. Le titre de chacune des pièces soumises à l'essai sera déterminé définitivement par le rapport des deux essayeurs, lorsque les résultats des deux essais seront uniformes, soit qu'il se trouve dans les limites que la loi aura fixées, soit qu'il soit inférieur au titre légal.

7. Lorsque, sur l'une des pièces soumises à l'essai, le rapport des deux essayeurs ne sera pas uniforme, il sera procédé par tel essayeur qui sera choisi par la commission, à un troisième essai ; cet essayeur opérera en l'absence des deux autres, et on prendra les mesures convenables pour empêcher qu'il n'ait connaissance des résultats des premiers essais.

8. Le titre de la pièce soumise à un troisième essai, en exécution de l'article précédent, demeurera fixé conformément au résultat de ce troisième essai, lorsqu'il sera conforme à celui de l'un des deux essais qui l'auront précédé.

9. Si le troisième rapport diffère des deux premiers, les trois titres résultant des trois essais seront réunis, et il en sera fait un titre commun. Le titre de la pièce qui aura été soumise à ce troisième essai, demeurera fixé conformément à ce titre commun.

10. Tout ce qui est arrêté par les articles 7, 8 et 9, sera observé, soit que, par le résultat des différens essais ou de l'un d'eux seulement, la pièce essayée ait été rapportée à un titre inférieur au titre légal, soit qu'elle ait été trouvée dans les limites déterminées par la loi.

11. Si les rapports des deux premiers essayeurs varient sur toutes ou plusieurs des pièces soumises à l'essai, il sera procédé à un troisième essai de chacune des pièces sur lesquelles ils n'auront pas donné un rapport uniforme, et le titre de chacune des pièces soumises à ce troisième essai sera déterminé conformément aux articles précédens.

12. Lorsque le titre de chacune des pièces essayées aura été déterminé définitivement, suivant les règles prescrites par les articles précédens, les titres des quatre pièces essayées seront réunis, et il en sera fait un titre commun.

13. La totalité de la fabrication de chaque nature d'espèce sera jugée conformément audit titre commun ; ce qui aura lieu dans tous les cas et sans aucune exception, soit que toutes les pièces essayées soient trouvées dans les limites déterminées par la loi, soit qu'elles se trouvent toutes à un titre inférieur au titre légal, soit enfin que partie seulement desdites pièces se trouve au-dessous du titre légal.

14. Les directeurs seront tenus de compter de l'emploi des matières par eux reçues, sur le pied du titre auquel aura été jugée la totalité des espèces par eux fabriquées.

15. Les directeurs dont le travail aura été jugé à un titre inférieur au titre déterminé par la loi, seront condamnés en des amendes dont le montant sera déterminé par le nombre des marcs qu'ils auront fabriqués, et par la

quantité de trente-deuxièmes de karat ou de vingt-quatrièmes de denier dont leur fabrication aura été jugée inférieure au titre légal ; et ce suivant les proportions ci-après :

Pour un trente-deuxième et au-dessus, jusqu'à deux trente-deuxièmes exclusivement, ils seront condamnés à une amende ue dix sous par marc.

Pour deux trente-deuxièmes et au-dessus jusqu'à trois trente-deuxièmes exclusivement, ils seront condamnés à une amende de vingt-cinq sous par marc.

Pour trois trente-deuxièmes, ils seront condamnés à une amende de quarante sous par marc.

Au-dessous d'un trente-deuxième, l'amende sera de dix sous pour trois marcs.

Le directeur sera révoqué, lorsque son travail aura été jugé de plus de trois trente-deuxièmes au-dessous du titre légal.

Pour un demi vingt-quatrième de denier, jusqu'à un vingt-quatrième exclusivement, l'amende sera fixée à un sou par marc.

Pour un vingt-quatrième de denier, jusqu'à un vingt-quatrième et demi exclusivement, elle sera de deux sous six deniers par marc.

Pour un vingt-quatrième et demi, le directeur sera condamné à une amende de quatre sous par marc.

Au-dessous d'un demi vingt-quatrième, l'amende sera d'un sou par trois marcs.

Le directeur, dont le travail aura été jugé inférieur au titre fixé par la loi, de plus d'un vingt-quatrième et demi, sera révoqué.

16. La révocation aura lieu pareillement contre les directeurs : 1° lorsque leur travail aura été jugé deux fois, dans l'espace de cinq années, inférieur au titre légal de trois trente-deuxièmes ou d'un vingt-quatrième et demi ; 2° lorsque, dans le même espace de temps, leur travail aura été jugé trois fois inférieur audit titre légal de deux trente-deuxièmes ou d'un vingt-quatrième.

En aucun cas, l'amende ne pourra être prononcée concurremment avec la révocation.

Les directeurs seront tenus de payer lesdites amendes trois mois après la signification qui leur aura été faite desdites condamnations ; et faute de paiement desdites amendes, ils seront de plein droit révoqués.

17. A l'égard de l'essayeur, lorsque le travail aura été jugé inférieur au titre légal d'un trente-deuxième de karat ou d'un vingt-quatrième de denier, il sera condamné à une amende équivalente au sixième de son traitement ; elle sera portée au quart en cas de récidive dans l'espace de cinq années. Lorsque le travail aura été jugé inférieur au titre légal de deux ou trois trente-deuxièmes de karat et d'un vingt-quatrième et demi de denier, l'essayeur sera condamné à une amende équivalente au quart de son traitement ; en cas de récidive dans l'espace de

cinq années, elle sera portée à la moitié de son traitement ; et si, dans le même espace de temps, la contravention se renouvelle trois fois, il sera révoqué.

La révocation aura lieu contre l'essayeur dès la première fois, si le travail est jugé inférieur de plus de trois trente-deuxièmes ou de plus d'un vingt-quatrième et demi au titre légal.

18. L'essayeur pourra requérir la commission des monnaies de faire procéder, pour sa justification, à l'essai des peuilles et portions d'espèces qui, en exécution de l'article 8 du chapitre Ier, lui auront été envoyées, par le commissaire du Roi, avant les procès-verbaux de chaque délivrance.

La commission se fera représenter toutes ces peuilles ; elle en prendra quatre au hasard, à l'essai desquelles elle fera procéder, en sa présence, par deux essayeurs qui opéreront séparément. Si les résultats de leurs rapports donnent un titre uniforme, ou produisent un titre commun qui ne soit pas inférieur à celui que la loi aura fixé, l'essayeur sera déchargé des condamnations prononcées contre lui ; elles seront au contraire confirmées, si une seule de ses peuilles est rapportée par l'un des essayeurs à un titre au-dessous de celui qui aura été déterminé par la loi.

19. Si, par le résultat de l'examen auquel les espèces rassemblées pour servir au jugement de révision seront soumises en exécution de l'article 5, le graveur général déclare que le faiblage de poids de plusieurs de ces espèces ne provient pas du frottement qu'elles ont éprouvé dans la circulation, ou que ce frottement n'a influé que partiellement sur ce faiblage, en sorte qu'il paraisse notoire qu'elles n'avaient pas le poids requis par la loi lorsqu'elles ont été délivrées au directeur, le commissaire du Roi qui aura procédé à leur délivrance, sera averti d'apporter à l'avenir plus d'attention dans l'exercice de ses fonctions. Si cette contravention se renouvelle une seconde fois dans l'espace de cinq années, il sera suspendu de ses fonctions pendant trois mois, et, pendant ce même temps, privé de son traitement. Si, dans le même espace de cinq années, il tombe trois fois dans la même contravention, il sera révoqué à la troisième fois.

20. Il sera dressé procès-verbal de toutes les opérations auxquelles la vérification du travail de la fabrication donnera lieu. Le garde des dépôts sera tenu d'en délivrer une expédition à la personne qui sera chargée des détails de la comptabilité des directeurs des monnaies, et de suivre la rentrée de leurs débets ; il fera, de plus, parvenir dans le plus court délai possible, à chacun des directeurs, un extrait dudit procès-verbal, contenant l'article du jugement de leur travail, afin qu'ils aient à s'y conformer.

21 = 29 MAI 1791. — Décret relatif aux fonctionnaires publics qui refusent de prêter le serment civique. (L. 4, 934 ; B. 14, 236.)

L'Assemblée nationale, après avoir entendu le rapport de son comité de constitution, déclare que le refus par les électeurs de prêter le serment civique, avant de procéder aux élections prescrites par la loi, emporte pour les électeurs qui auraient refusé ledit serment la déchéance des fonctions publiques d'administrateurs, de juges, officiers municipaux, électeurs, et en général de toutes les fonctions établies par les lois constitutionnelles.

En conséquence, décrète que les électeurs du département de la Lozère qui ont refusé le serment civique lors de l'élection de l'évêque dudit département, et qui ont fait signifier à l'assemblée électorale l'acte du 21 mars 1791, seront déchus de leur qualité d'électeurs, et que ceux d'entre eux qui remplissent une fonction publique de juges de district, de juge-de-paix, d'administrateurs ou de membres des directoires du département et des districts, ainsi que d'officiers municipaux, sont pareillement déchus desdites fonctions, et ne pourront les exercer, à peine d'être poursuivis par les accusateurs publics auprès des tribunaux ; qu'en conséquence, il sera procédé, par les ordres du directoire du département, aux nouvelles élections à faire, tant de maires et officiers municipaux, que de juges-de-paix déclarés déchus ; et que le remplacement des membres des directoires et des juges de district qui sont dans le même cas, sera fait par les suppléans et membres des conseils, aux termes des décrets.

21 MAI 1791. — Décret portant que les procédures instruites à Aix, Marseille et Toulon, pour crime de lèse-nation, contre les sieurs Lambarine, Lieutaud et autres dénommés, seront regardées comme non-avenues. (L. 4, 751 ; B. 14, 239.)

21 = 25 MAI 1791. — Décret portant qu'il sera informé contre les auteurs des troubles et excès qui ont eu lieu le 25 janvier dernier dans la ville de Milhau, département de l'Aveyron. (L. 4, 799 ; B. 14, 240.)

21 = 25 MAI 1791. — Décret qui approuve le projet d'arrosement des vallées d'Arc, Marignan et Marseille, proposé par les sieurs Fabre frères. (L. 4, 932 ; B. 14, 233.)

21 MAI 1791. — Décret portant vente de domaines nationaux à la municipalité de Lille. (B. 14, 240.)

22 (21 et) = 22 MAI 1791. — Décret relatif à la nomination des commissaires chargés de surveiller la fabrication des assignats de cinq livres. (L. 4, 753 ; B. 14, 268.)

Art. 1er. Le Roi sera prié de nommer deux commissaires pour surveiller la fabrication des formes du papier des assignats de cinq livres, décrétés le 6 de ce mois.

2. L'Assemblée nationale nommera incessamment dans son sein six nouveaux commissaires qui seront adjoints aux anciens, pour s'occuper de la même surveillance, conjointement avec les commissaires du Roi.

3. Les commissaires seront tenus de surveiller la fabrication des assignats, à commencer par les opérations préliminaires, successivement jusqu'à leur parfaite confection et leur remise dans la caisse de l'extraordinaire.

4. Les commissaires de l'Assemblée nationale et ceux du Roi sont autorisés à arrêter toutes conventions nécessaires pour ladite fabrication, lesquelles seront signées seulement desdits commissaires du Roi, et visées par le ministre des contributions publiques, pour une copie rester dans ses bureaux, et l'autre être déposée aux archives nationales.

5. Le papier desdits assignats sera blanc ; ce papier et leur composition seront conformes au modèle, qui, après avoir été arrêté et signé par les commissaires de l'Assemblée nationale et du Roi, sera déposé aux archives.

6. Les assignats seront signés par les mêmes personnes qui ont été précédemment commises pour signer les assignats de différente coupure.

22 = 25 MAI 1791. — Décret qui ordonne le remboursement de plusieurs parties de la dette arriérée des départemens de la maison du Roi, de la guerre et des finances. (L. 4, 812 ; B. 14, 270.)

22 MAI 1791. — Décret relatif à une dénonciation faite contre un commis de la direction générale de liquidation. (B. 14, 269.)

22 MAI 1791. — Droit de pétition. *Voy.* 18 MAI 1791.—Monnaie de cuivre. *Voy.* 20 MAI 1791.

23 = 25 MAI 1791. — Décret relatif au compte à rendre chaque mois à l'Assemblée nationale, des recettes effectives du Trésor public. (L. 4, 803 ; B. 14, 283.)

Art. 1er. Avant le 15 de chaque mois, l'ordonnateur du Trésor public rendra compte à l'Assemblée des recettes effectives du mois précédent, et ce qui pourrait manquer auxdites recettes pour compléter la somme de quarante-huit millions cinq cent cinquante-huit mille trois cent trente-trois livres, montant de la dépense de chaque mois, conformément au décret du 18 février dernier, sera versé au Trésor public par la caisse de l'extraordinaire.

2. La recette du mois d'avril n'ayant monté qu'à la somme de vingt-quatre millions deux cent quatre-vingt quinze mille neuf cent vingt-huit livres, la caisse de l'extraordinaire ver-

sera au Trésor public celle de vingt-quatre millions deux cent soixante-deux mille quatre cent cinq livres.

24 = 27 MAI 1791. — Décret relatif à la décharge des quittances de finance présentées à la liquidation. (L. 4, 930 ; B. 14, 283.)

Art. 1er. Toutes les quittances de finance présentées à la liquidation seront déchargées sur les registres du contrôle général, avant la délivrance de la reconnaissance de liquidation, et mention sera faite de la décharge sur lesdites quittances.

2. Si l'enregistrement indiqué par des quittances de finance ne se retrouve plus, les dépositaires actuels des registres seront tenus de les enregistrer, décharger sur-le-champ, et de certifier en outre sur la quittance la non-existence de l'ancien enregistrement dont elle contenait la mention.

24 MAI 1791. — Décret portant vente de domaines nationaux à différentes municipalités des départemens de l'Ain, Aube, Bouches-du-Rhône, Cher, Côtes-du-Nord, Deux-Sèvres, Haute-Loire, Indre-et-Loire, Lozère, Maine-et-Loire, Meuse et Vienne. (B. 14, 284.)

24 = 29 MAI 1791. — Décret qui annulle les promesses ou obligations de pensions ou traitemens qui auraient été consentis pour cause de démission d'emploi des anciennes fermes et régies. (B. 14, 287.)

24 MAI 1791. — Places fortes. Voy. 8 = 10 JUILLET 1791.

25 MAI 1791. — Proclamation du Roi concernant l'accélération du recouvrement des impositions de 1790 dans les municipalités qui faisaient ci-devant partie de l'ancienne province de Bourgogne et du Mâconnais. (L. 4, 805.)

25 = 25 MAI 1791. — Décret qui désigne les maisons de retraite à assigner aux ci-devant religieux du département du Nord qui voudront continuer de vivre en commun. (L. 4, 808 ; B. 14, 288.)

25 = 27 MAI 1791. — Décret relatif aux troubles d'Avignon et aux moyens d'y faire cesser les hostilités. (L. 4, 869 ; B. 14, 291.)

25 MAI 1791. — Baux emphytéoliques. Voy. 21 MAI 1791. — Billets exempts du timbre. Voy. 20 MAI 1791. — Dette arriérée. Voy. 17 MAI 1791, 22 MAI 1791. — Inventions. Voy. 14 MAI 1791. — Liquidation de l'arriéré. Voy. 13 MAI 1791. — Milhau. Voy. 21 MAI 1791. — Organisation du ministère. Voy. 27 AVRIL 1791, 14 MAI 1791. — Papier d'assignats. Voy. 17 MAI 1791. — Pauvres de Paris. Voy. 20 MAI 1791.

26 MAI = 1er JUIN 1791. — Décret concernant la rectification des erreurs existant dans le décret du 23 décembre 1790 sur le rachat des rentes ci-devant seigneuriales. (L. 4, 988 ; B. 14, 299.)

Voy. loi du 23 DÉCEMBRE = 5 JANVIER 1791.

L'Assemblée nationale décrète ce qui suit :

Premièrement, que la minute du décret du 23 décembre 1790, sanctionné par le Roi le 5 janvier 1791, et déposée aux archives, sera réformée en ce que, dans l'article 5 dudit décret et dans la première phrase dudit article, on a inséré le mot recette au lieu de celui de rentes ;

Secondement, que l'expédition en parchemin dudit décret sanctionné, et déposé aux archives, sera également reformée : 1° en ce que, dans la première phrase de l'article 5, on a mis le mot recettes au lieu de celui de rentes ; 2° en ce que, dans la seconde phrase dudit article, on a inséré par erreur la conjonction et entre ces mots, les assemblées administratives, et celui-ci, du district.

Troisièmement, qu'en conséquence des réformations ci-dessus, l'article 5 du décret du 23 décembre 1790, sanctionné le 5 janvier 1791, sera et demeurera rédigé en ces termes : « Les administrateurs des établissemens fran-« çais et les évêques et curés français qui « possèdent des fiefs situées en pays étran-« gers, ne pourront recevoir aucun rembour-« sement des rentes et droits dépendant des-« dits fiefs, quand même il leur serait offert « volontairement, à peine de restitution du « quadruple, en cas de contravention. La « liquidation du rachat desdites rentes et des-« dits droits, si ledit rachat était offert vo-« lontairement, ne pourra être faite que « par les assemblées administratives des dis-« tricts dans l'arrondissement desquels se « trouveront les maisons desdits bénéfices « ou les chefs-lieux desdits établissemens, « sous l'inspection et l'autorisation des assem-« blées administratives du département ; et le « prix du rachat sera versé dans celle de la « caisse de l'extraordinaire, ainsi qu'il a été « dit en l'article 1er ci-dessus. »

Il sera fait mention par l'archiviste des réformations ci-dessus, en marge, tant de la minute de la loi sanctionnée par le Roi, que de l'expédition en parchemin.

26 MAI = 1er JUIN 1791. — Décret relatif à la liste civile. (L. 4, 998 ; B. 14, 295 ; Mon. du 27 mai 1791.)

Voy. lois du 22 JUIN = 6 JUILLET 1791 ; 6 SEPTEMBRE 1792 ; 10 JUIN 1793 ; arrêté du 27 PRAIRIAL an 10 ; décret du 12 JUILLET 1807 ; sénatus-consulte du 30 JANVIER 1810 ; charte constitutionnelle, art. 23 ; loi du 8 NOVEMBRE 1814.

PREMIER DÉCRET. L'Assemblée nationale, après avoir entendu ses comités réunis des domaines, des finances, et central de liquidation, décrète ce qui suit :

Art. 1er. Il sera payé par le Trésor public une somme de vingt-cinq millions pour la dépense du Roi et de sa maison.

2. Cette somme sera versée chaque année entre les mains de la personne que le Roi aura commise à cet effet, en douze paiements égaux qui se feront de mois en mois, sans que lesdits paiements puissent, sous aucun prétexte, être anticipés ni retardés.

3. Au moyen du paiement annuel de vingt-cinq millions, il est déclaré qu'en aucun temps et pour quelque cause que ce soit, la nation ne sera tenue au paiement d'aucune dette contractée par le Roi en son nom ; pareillement, les Rois ne seront tenus, en aucun cas, des dettes ni des engagemens de leurs prédécesseurs.

4. Le Roi aura la jouissance des maisons, parcs et domaines énoncés dans le décret qui suit.

5. La dépense du garde-meuble sera entièrement à la charge de la liste civile ; en conséquence, tous les meubles faisant partie du département du garde-meuble, resteront à la disposition du Roi.

6. Il sera dressé un inventaire des diamans appelés *de la couronne*, perles, pierreries, tableaux, pierres gravées et autres monumens des arts et des sciences, dont un double sera déposé aux archives de la nation ; l'Assemblée se réservant de statuer, de concert avec le Roi, sur le lieu où lesdits monumens seront déposés à l'avenir ; et, néanmoins, les pierres gravées et pièces antiques seront dès à présent remises au cabinet des médailles.

7. L'Assemblée nationale charge expressément les commissaires qui seront chargés de procéder à l'inventaire des objets du garde-meuble mentionnés dans l'article précédent sur la liste civile, de recourir aux cinq derniers inventaires qui ont dû être faits, de l'état où se trouvaient à chaque époque les objets du garde-meuble mentionnés dans le susdit article, de les comparer exactement avec l'état, qualité et nombre où se trouveront lesdits objets au moment où l'inventaire nouveau, ordonné par l'article susdit, sera fait ; de relater en détail tous les articles relatifs auxdits objets, de quelque nature qu'ils soient, qui se trouveront manquer dans le garde-meuble.

Il est enjoint à tous les dépositaires publics de fournir tous les documens et instructions qui seront en leur pouvoir et qui leur seront demandés par ceux qui procéderont au nouvel inventaire, lequel sera fait en présence de trois commissaires qui seront nommés à cet effet par l'Assemblée nationale, à laquelle il sera fait rapport du tout par lesdits commissaires.

8. La dette de la maison du Roi, jusqu'au 1er juillet 1790, continuera d'être comprise dans la liquidation de la dette de l'État, et d'être payée par la caisse de l'extraordinaire.

9. Pour fixer les bases du remboursement demandé par le Roi, des charges de sa maison et de celles de ses frères, il sera remis au comité central de liquidation un état nominatif et détaillé de toutes les charges de la maison du Roi, telles qu'elles existaient à l'époque de 1750. L'État indiquera les gages, émolumens, attributions, finances desdites charges, ainsi que les brevets de retenue accordés aux titulaires. Le montant desdits brevets et les personnes par lesquelles ils ont été accordés y seront exprimés. Il sera joint à ce premier état d'autres états successifs, pour indiquer les changemens arrivés jusqu'à l'année 1790 dans les différentes parties qui y sont comprises.

Il sera remis des états semblables des charges de la maison des frères du Roi, depuis le moment de leur formation jusqu'à ce jour.

10. Le douaire de la Reine est fixé à quatre millions, qui lui seront, le cas arrivant, payés en France, en douze paiemens égaux, de mois en mois.

SECOND DÉCRET. L'Assemblée nationale délibérant sur la demande du Roi, après avoir entendu le rapport de ses comités des domaines, de féodalité, des pensions et des finances réunis, décrète ce qui suit :

Art. 1er. Le Louvre et les Tuileries réunis, seront destinés à l'habitation du Roi, à la réunion de tous les monumens des sciences et des arts, et aux principaux établissemens de l'instruction publique ; se réservant, l'Assemblée nationale, de pourvoir aux moyens de rendre cet établissement digne de sa destination, et de se concerter avec le Roi sur cet objet.

2. Les bâtimens dépendant du domaine national, renfermés dans l'enceinte projetée du Louvre et des Tuileries, seront conservés et loués au profit du Trésor public, jusqu'à ce qu'il en ait été autrement disposé, à l'exception de ceux desdits bâtimens actuellement employés au service du Roi, et dont il conservera la jouissance.

Le Roi jouira encore des bâtimens adjacens à ladite enceinte, employés actuellement à son service ; les autres pourront être aliénés.

3. Sont réservés au Roi les maisons, bâtimens, emplacemens, terres, prés, corps de fermes, bois et forêts composant les grands et petits parcs de Versailles, Marly, Meudon, Saint-Germain-en-Laye et Saint-Cloud, ainsi que les objets de même nature dépendant des domaines de Rambouillet, Compiègne et Fontainebleau, les bâtimens et fonds de terre dépendant de la manufacture de porcelaine de Sèvres.

Il jouira aussi des bâtimens et dépendan-

2.

25

ces de la manufacture de la Savonnerie et et de celle des Gobelins.

4. Le Roi aura la jouissance des domaines réservés par les articles précédens ; il en percevra les revenus, il en acquittera les contributions publiques et les charges de toute nature; il fera aussi toute espèce de réparations des bâtimens, et fournira aux frais de replantation et repeuplement des forêts, ainsi que de leur garde et administration.

5. Les bois et forêts dont la jouissance est réservée au Roi, seront exploités suivant l'ordre des coupes et des aménagemens existans, ou de ceux qui y seront substitués, dans les formes déterminées par les lois.

6. Le Roi nommera les gardes et autres officiers préposés à la conservation des forêts qui lui sont réservées, lesquels se conformeront, pour la poursuite des délits et dans tous les actes, aux lois concernant l'administration forestière.

7. Le rachat des rentes et droits fixes ou casuels ci-devant féodaux et autres dépendant des domaines réservés au Roi, sera fait dans les formes prescrites pour le rachat de pareils droits appartenant à la nation.

8. Sera aussi réservé au Roi le château de Pau avec son parc, comme hommage rendu par la nation à la mémoire de Henri IV.

26 MAI = 1ᵉʳ JUIN 1791. — Décret qui autorise les directoires du département du Doubs et des districts de Besançon, de Ceret, de Lure et de Mauriac, à acquérir ou à louer les bâtimens nécessaires à leur établissement. (L. 4, 970; B. 14, 292.)

26 MAI = 1ᵉʳ JUIN 1791. — Décret qui valide la nomination du sieur Pierre-Elie Bouriquen à la place de juge-de-paix du canton de Douarnenez. (L. 4, 991; B. 14, 300.)

26 MAI 1791.—Décret relatif au nombre d'hommes que chaque département et chaque district fourniront pour compléter celui des auxiliaires. (B. 14, 301.)

26 MAI 1791. — Officiers de marine. *Voy.* 27 MAI 1791.

27 MAI = 1ᵉʳ JUIN 1791. — Décret qui ordonne l'envoi des décrets relatifs à la perception des deniers publics, à l'agent du Trésor public et aux différens préposés au recouvrement des contributions. (L. 4, 949; B. 14, 313.)

L'Assemblée nationale décrète que le ministre de l'intérieur et les autres ministres, dans leurs départemens respectifs, enverront à l'agent du Trésor public et aux autres personnes qui sont ou pourront être chargées des poursuites ou recouvremens publics, les décrets qui ordonneront lesdites poursuites et recouvremens, aussitôt que lesdits décrets auront été sanctionnés par le Roi.

Décrète pareillement qu'ils feront sans délai ledit envoi, à l'égard des décrets de même nature qui ont été précédemment sanctionnés par le Roi.

27 MAI = 1ᵉʳ JUIN 1791. — Décret relatif à la caisse de l'extraordinaire. (L. 4, 986; B. 14, 316.)

La caisse de l'extraordinaire étant chargée, aux termes de la loi particulière du 1ᵉʳ de ce mois (décret de liquidation du 25 avril) et autres lois générales antérieures, d'acquitter les gages arriérés des ci-devant cours souveraines, chancelleries et bureaux des finances des pays d'élection.

L'Assemblée nationale décrète que le commissaire du Roi, administrateur de cette caisse, sera autorisé à employer à ce paiement, dans les ci-devant provinces, les anciens commis aux recettes générales, et à leur passer en compte, à titre d'indemnité, une taxation d'un denier pour livre du montant de leurs paiemens effectifs, dont le *minimum* sera néanmoins fixé à deux cents livres.

Les anciens syndics ou receveurs des compagnies supprimées qui ont des gages communs à toucher, seront autorisés à toucher ces gages sur leurs quittances, et avec obligation de justifier de l'emploi par-devant les directoires des départemens, dans trois mois du jour où ils auront reçu.

Dans le cas où ces syndics ou receveurs seraient absens ou morts, autorise les départemens à leur nommer un suppléant.

Charge les directoires de département et de district de veiller à l'emploi de ces gages communs, pour l'acquittement des rentiers privilégiés sur ces gages.

27 MAI (26 et) = 1ᵉʳ JUIN 1791. — Décret relatif à la solde des officiers de mer. (L. 4, 973 ; B. 14, 310.)

Art. 1ᵉʳ. Le traitement des officiers généraux sera, savoir :

Pour les trois amiraux, à trente mille livres chacun, ci 90,000.

Pour les neuf vice-amiraux, à quinze mille livres, ci 135,000.

Pour les dix-huit contre-amiraux, à neuf mille livres, ci 162,000.

2. Ces traitemens seront payés annuellement et en entier.

3. Les traitemens des capitaines et lieutenans leur seront payés en entier pour leur temps de service à la mer ou dans les arsenaux, mais pour moitié seulement lorsqu'ils ne seront pas de service, et alors ils ne seront pas tenus à résider dans les départemens.

A l'égard des enseignes entretenus, ils seront toujours en activité de service ; en conséquence, ils jouiront en tout temps des appointemens qui vont leur être attribués.

Le traitement entier sera, savoir :

Pour les soixante premiers capitaines, 6,000 liv.; pour les soixante suivans, 4,800 liv.; pour les soixante autres, 3,600 livres; pour les deux cents premiers lieutenans, 3,000 livres; pour les trois cents suivans, 2,400 liv.; pour les trois cents autres, 2,100 livres.

4. Le traitement des deux cents enseignes entretenus leur sera payé en entier; il sera, pour chacun, de douze cents livres.

5. Les enseignes non entretenus qui seront employés au service de l'Etat, jouiront, pendant le temps de leurs services, des appointemens attachés au grade d'enseigne.

6. Les aspirans entretenus auront pour traitement, savoir :

Ceux qui seront à leur troisième année d'entretien, par mois, 45 liv.;

Ceux qui seront à la seconde année d'entretien, 30 liv.;

Ceux qui seront à la première année d'entretien, 15 liv.;

7. Le traitement des maîtres entretenus sera payé en entier, et ils auront de plus un supplément par mois de service à la mer.

Le traitement annuel sera, savoir :

Pour les quinze premiers maîtres de manœuvre, de 900 liv.; pour les vingt suivans, de 780 liv.; pour les quinze autres, de 660 liv.; pour les vingt premiers maîtres canonniers, 900 liv.; pour les vingt suivans, 780 liv.; pour les vingt autres, 660 liv.; pour les dix-huit premiers maîtres charpentiers, 720 liv.; pour les dix-huit autres, 660 liv.; pour les dix-huit premiers maîtres calfats, 720 liv.; pour les dix-huit autres, 660 liv.; pour les neuf premiers maîtres voiliers, 720 liv.; pour les neuf autres, 660 liv.

8. Tous les maîtres entretenus auront trente livres par mois de service à la mer, pour supplément de solde.

Ce supplément sera augmenté, pour chacun d'eux, en raison du temps de leur navigation en cette qualité, sur les vaisseaux de l'Etat; savoir, après un an, de six livres; après deux ans, de douze livres; et ainsi de six livres chaque année, jusqu'à ce que leur supplément s'élève en entier à soixante livres.

9. Les traitemens de table et subsistance ne pourront être saisis que par ceux qui y auront fourni.

10. Le capitaine et l'état-major d'un bâtiment de l'Etat mis en armement seront susceptibles d'obtenir une indemnité pour les avances faites par eux pour leur table, lorsque le bâtiment aura été désarmé sans être sorti du port, ou avant que d'avoir passé un mois en rade ou à la mer.

Cette indemnité sera réglée sur l'examen des dépenses faites, mais ne pourra jamais excéder un mois de traitement, y compris ce qui aura été payé pour le temps passé en rade ou à la mer.

Article additionnel du 27 mai.

Les troupes attachées au département de la marine recevront leur paie pour le 31 de chaque mois, et ils ne seront payés en février qu'à raison du nombre de jours dont ce mois est composé.

Ce décret aura son application à compter du 1er mai 1790.

27 mai (8 et) == 1er juin 1791. — *Décret concernant l'organisation et l'établissement des corps de finance.* (L. 4, 982; B. 14, 94 et 322.) (1).

Art. 1er. Les taxes d'enregistrement et de timbre d'une part, celles des traites de l'autre, seront perçues par deux régies intéressées, l'une sous le titre de *Régie de l'enregistrement et du timbre*, l'autre sous le titre de *Régie des douanes*.

2. L'administration centrale de chaque régie sera établie à Paris.

3. Il sera déterminé, par un décret particulier, des modes d'admission aux emplois et d'avancement pour chaque régie.

Les régisseurs généraux, dans chaque régie, seront choisis et nommés par le Roi, entre les employés du grade immédiatement inférieur, ayant au moins cinq années d'exercice dans le grade.

Les employés du grade immédiatement inférieur à celui de régisseur seront choisis et nommés par le Roi, entre trois sujets qui seront présentés au ministre des contributions publiques par les régisseurs généraux, suivant l'ordre d'avancement qui sera prescrit.

Les préposés inférieurs seront nommés par la régie.

4. Les régisseurs généraux ne pourront être destitués que par le Roi, sur l'avis des chefs de la régie dont ils seront membres; il en sera de même des préposés immédiats des fermiers : les autres employés ne pourront être destitués sans une délibération des régisseurs.

5. Immédiatement après la nomination des régisseurs généraux, le Roi en donnera connaissance au Corps - Législatif. Le ministre des contributions publiques donnera connaissance de celle des préposés en chef dans les départemens, aux directoires des corps administratifs dans le territoire desquels les préposés devront exercer leurs fonctions. Les régisseurs généraux donneront, tant aux directoires desdits corps administratifs que

(1) *Voy.* 9 (8 et) == 15 mai 1791.

25.

des municipalités, l'état des employés inférieurs qui exerceront dans leur territoire.

6. Tous les membres des régies feront serment de remplir avec fidélité les fonctions
qui leur auront été départies, savoir : les
régisseurs généraux devant le tribunal dans
l'arrondissement duquel se trouvera situé
l'hôtel de la régie, et les autres préposés
devant les juges de district de leur résidence.

7. Les produits des recettes des différentes
régies seront versés dans les caisses de district, aux termes et suivant le mode qui seront réglés par le décret d'organisation de
chacune de ces régies.

8. Tout receveur de l'une ou de l'autre
régie adressera au receveur du district, avec
les fonds qu'il lui fera passer, un état de sa
recette brute, des frais de perception qui
auront été et dû être prélevés sur les produits, et de la somme effective versée à la
caisse du district. Il enverra en même temps
un double certifié de ces états au directoire
du district et à la municipalité de sa résidence.

9. Les receveurs de district ne pourront
être en même temps percepteurs et agens des
contributions indirectes (1).

10. Les directoires de district seront tenus
de vérifier et de faire vérifier par les municipalités, les caisses et registres des receveurs
des différentes régies. Les directoires des
départemens pourront aussi faire ou faire
faire des vérifications quand ils le jugeront
à propos.

11. Les receveurs de district fourniront
un supplément de cautionnement proportionné au produit présumé de leur recette,
d'après les déclarations des régisseurs généraux.

12. Les produits des régies qui seront versés à la caisse du receveur de district seront
ajoutés à la masse générale de ses autres recettes; et sa remise sera fixée sur le tout,
conformément à l'article 4 du décret du 22
novembre dernier.

13. Le présent décret sera présenté à l'acceptation du Roi.

27 MAI = 3 JUIN 1791. — Décret sur la répartition de trois cents millions de contributions
foncière et mobilière pour l'année 1791. (L. 4, 1009; B. 14, 318.)

L'Assemblée nationale décrète que les principaux des contributions foncière et mobilière pour 1791, seront répartis entre les quatre-vingt-trois départemens du royaume
ainsi qu'il suit :

1. AIN	Contribution foncière	1,452,500	1,737,900
	Contribution mobilière	285,400	
2. AISNE	Contribution foncière	4,757,900	5,749,600
	Contribution mobilière	991,700	
3. ALLIER	Contribution foncière	1,978,800	2,416,500
	Contribution mobilière	437,700	
4. ALPES (Hautes)	Contribution foncière	728,500	897,300
	Contribution mobilière	160,800	
5. ALPES (Basses)	Contribution foncière	921,100	1,135,000
	Contribution mobilière	213,900	
6. ARDÈCHE	Contribution foncière	1,228,100	1,505,000
	Contribution mobilière	276,900	
7. ARDENNES	Contribution foncière	2,576,300	3,149,100
	Contribution mobilière	572,800	
8. ARIÉGE	Contribution foncière	745,600	902,700
	Contribution mobilière	157,109	
9. AUBE	Contribution foncière	2,711,608	3,320,200
	Contribution mobilière	608,600	
10. AUDE	Contribution foncière	2,577,200	3,129,700
	Contribution mobilière	552,500	
11. AVEIRON	Contribution foncière	3,164,000	3,832,100
	Contribution mobilière	668,100	
12. BOUCHES-DU-RHONE	Contribution foncière	2,226,800	3,171,400
	Contribution mobilière	944,600	
13. CALVADOS	Contribution foncière	5,684,700	6,897,200
	Contribution mobilière	1,212,500	

(1) Cet article forme dans Baudouin un décret additionnel à celui du 8 mai 1791.

14. Cantal.	Contribution foncière.... 2,649,300 Contribution mobilière.... 617,900	3,267,200
15. Charente.	Contribution foncière.... 2,704,400 Contribution mobilière.... 571,900	3,276,300
16. Charente-Inférieure...	Contribution foncière.... 3,656,100 Contribution mobilière.... 692,400	4,348,500
17. Cher.	Contribution foncière.... 1,558,900 Contribution mobilière.... 350,200	1,909,100
18. Corrèze.	Contribution foncière.... 1,856,700 Contribution mobilière.... 427,700	2,284,400
19. Corse.	Contribution foncière.... 223,900 Contribution mobilière.... 60,900	284,800
20. Côte-d'Or.	Contribution foncière.... 3,387,400 Contribution mobilière.... 721,800	4,109,200
21. Côtes-du-Nord.	Contribution foncière.... 2,163,500 Contribution mobilière.... 403,200	2,566,700
22. Creuse.	Contribution foncière.... 1,510,600 Contribution mobilière.... 374,800	1,885,400
23. Dordogne.	Contribution foncière.... 2,805,100 Contribution mobilière.... 585,000	3,390,100
24. Doubs.	Contribution foncière.... 1,348,800 Contribution mobilière.... 285,100	1,633,900
25. Drôme.	Contribution foncière.... 1,684,800 Contribution mobilière.... 376,500	2,061,300
26. Eure.	Contribution foncière.... 4,983,000 Contribution mobilière.... 986,900	5,969,900
27. Eure-et-Loir.	Contribution foncière.... 3,874,700 Contribution mobilière.... 929,800	4,804,500
28. Finistère.	Contribution foncière.... 1,742,900 Contribution mobilière.... 650,200	2,393,100
29. Gard.	Contribution foncière.... 2,297,300 Contribution mobilière.... 486,500	2,783,800
30. Garonne (Haute).	Contribution foncière.... 3,775,900 Contribution mobilière.... 833,000	4,608,900
31. Gers.	Contribution foncière.... 2,714,700 Contribution mobilière.... 580,800	3,285,500
32. Gironde.	Contribution foncière.... 3,958,900 Contribution mobilière.... 1,308,400	5,267,300
33. Hérault.	Contribution foncière.... 3,483,900 Contribution mobilière.... 766,500	4,250,400
34. Ille-et-Vilaine.	Contribution foncière.... 2,604,300 Contribution mobilière.... 542,400	3,146,700
35. Indre.	Contribution foncière.... 1,399,600 Contribution mobilière.... 329,100	1,728,700
36. Indre-et-Loire.	Contribution foncière.... 2,432,000 Contribution mobilière.... 554,700	2,986,700
37. Isère.	Contribution foncière.... 3,181,800 Contribution mobilière.... 735,900	3,917,700
38. Jura.	Contribution foncière.... 1,725,700 Contribution mobilière.... 415,600	2,141,300
39. Landes.	Contribution foncière.... 1,251,300 Contribution mobilière.... 267,000	1,518,300
40. Loir-et-Cher.	Contribution foncière.... 2,262,100 Contribution mobilière.... 580,200	2,842,300
41. Loire (Haute).	Contribution foncière.... 1,629,500 Contribution mobilière.... 351,100	1,980,600

42. Loire-Inférieure.....	Contribution foncière.... 2,034,200 Contribution mobilière.... 946,500	2,980,700
43. Loiret...........	Contribution foncière.... 3,241,500 Contribution mobilière.... 644,800	3,886,300
44. Lot............	Contribution foncière.... 3,060,300 Contribution mobilière.... 611,700	3,672,000
45. Lot-et-Garonne.....	Contribution foncière.... 3,194,800 Contribution mobilière.... 697,600	3,892,400
46. Lozère..........	Contribution foncière.... 843,900 Contribution mobilière.... 179,600	1,023,500
47. Maine-et-Loire....	Contribution foncière.... 3,871,500 Contribution mobilière.... 884,800	4,756,300
48. Manche.........	Contribution foncière.... 6,051,800 Contribution mobilière.... 1,093,300	6,145,100
49. Marne..........	Contribution foncière.... 4,151,800 Contribution mobilière.... 925,800	5,077,600
50. Marne (Haute).....	Contribution foncière.... 2,365,000 Contribution mobilière.... 514,200	2,879,200
51. Mayenne.........	Contribution foncière.... 3,040,500 Contribution mobilière.... 707,900	3,748,400
52. Meurthe.........	Contribution foncière.... 2,247,700 Contribution mobilière.... 336,700	2,584,400
53. Meuse..........	Contribution foncière.... 2,159,100 Contribution mobilière.... 428,400	2,587,500
54. Morbihan........	Contribution foncière.... 1,926,600 Contribution mobilière.... 403,000	2,329,600
55. Moselle.........	Contribution foncière.... 2,248,500 Contribution mobilière.... 432,600	2,681,100
56. Nièvre.........	Contribution foncière.... 1,913,000 Contribution mobilière.... 411,200	2,324,200
57. Nord...........	Contribution foncière.... 5,175,800 Contribution mobilière.... 1,083,400	6,259,200
58. Oise...........	Contribution foncière.... 4,898,700 Contribution mobilière.... 1,046,500	5,945,200
59. Orne..........	Contribution foncière.... 3,558,600 Contribution mobilière.... 775,000	4,333,600
60. Paris..........	Contribution foncière.... 12,571,400 Contribution mobilière.... 8,158,200	20,729,600
61. Pas-de-Calais.......	Contribution foncière.:.... 3,326,500 Contribution mobilière.... 509,500	3,836,000
62. Puy-de-Dôme.......	Contribution foncière..... 3,789,200 Contribution mobilière.... 849,000	4,638,200
63. Pyrénées (Hautes)....	Contribution foncière..... 752,100 Contribution mobilière.... 135,400	887,500
64. Pyrénées (Basses)....	Contribution foncière.... 1,013,100 Contribution mobilière.... 199,800	1,212,900
65. Pyrénées-Orientales...	Contribution foncière.... 883,000 Contribution mobilière.... 159,800	1,042,800
66. Rhin (Haut).......	Contribution foncière.... 1,855,000 Contribution mobilière.... 405,600	2,260,600
67. Rhin (Bas)........	Contribution foncière.... 2,369,300 Contribution mobilière.... 503,000	2,872,300
68. Rhône-et-Loire.....	Contribution foncière.... 6,333,000 Contribution mobilière.... 1,921,100	8,254,100
69. Saône (Haute).......	Contribution foncière..... 1,765,300 Contribution mobilière.... 372,000	2,137,300

70. SAÔNE-ET-LOIRE	Contribution foncière	3,661,900	4,413,100
	Contribution mobilière	751,200	
71. SARTHE	Contribution foncière	3,796,100	4,955,300
	Contribution mobilière	159,200	
72. SEINE-ET-OISE	Contribution foncière	7,342,400	8,954,300
	Contribution mobilière	1,611,900	
73. SEINE-INFÉRIEURE	Contribution foncière	7,057,400	9,421,700
	Contribution mobilière	2,364,300	
74. SEINE-ET-MARNE	Contribution foncière	5,450,800	6,651,000
	Contribution mobilière	1,200,200	
75. SÈVRES (Deux)	Contribution foncière	2,546,500	3,101,600
	Contribution mobilière	555,100	
76. SOMME	Contribution foncière	5,581,600	6,768,000
	Contribution mobilière	1,186,400	
77. TARN	Contribution foncière	2,621,800	3,211,100
	Contribution mobilière	589,300	
78. VAR	Contribution foncière	1,788,800	2,197,500
	Contribution mobilière	408,700	
79. VENDÉE	Contribution foncière	2,572,900	3,138,500
	Contribution mobilière	565,600	
80. VIENNE	Contribution foncière	1,718,900	2,056,500
	Contribution mobilière	337,600	
81. VIENNE (Haute)	Contribution foncière	1,810,100	2,227,300
	Contribution mobilière	417,200	
82. VOSGES	Contribution foncière	1,638,100	1,954,000
	Contribution mobilière	315,900	
83. YONNE	Contribution foncière	2,930,100	3,555,300
	Contribution mobilière	625,200	

Total du principal de la contribution foncière . . . . 240,000,000 } 300,000,000
Total du principal de la contribution mobilière. 60,000,000

---

27 MAI = 3 JUIN 1791. — Décret relatif aux contribuables qui justifient avoir été taxés, pour la contribution mobilière, à une somme plus forte que le quarantième de leur revenu présumé. (L. 4, 1048 ; B. 14, 317.)

L'Assemblée nationale décrète que tout contribuable qui justifiera avoir été taxé dans le rôle et à raison du principal de la contribution mobilière sur sa cote d'habitation, à une somme plus forte que le quarantième de son revenu présumé d'après les loyers d'habitation, aura droit à une réduction en se conformant aux règles qui ont été et qui seront prescrites.

27 MAI = 1er JUIN 1791. — Décret pour la prolongation des digues existant près l'embouchure du Rhône. (L. 4, 977 ; B. 14, 313.)

27 MAI 1791. — Décret portant vente de domaines nationaux à différentes municipalités des départemens de l'Ain, de l'Aveyron, d'Eure-et-Loir, du Jura, de la Lozère et de la Meurthe. (B. 14, 314.)

27 MAI 1791. — Artillerie. Voy. 19 MAI 1791. — Fabre frères. Voy. 21 MAI 1791. — Enregistremens. Voy. 18 MAI 1791. — Juifs de Metz. Voy. 20 MAI 1791. — Législature. Voy.

28 MAI 1791. — Lyon ; Monnaies. Voy. 21 MAI 1791. — Moselle. Voy. 18 MAI 1791. — Quittances. Voy. 24 MAI 1791. — Troubles d'Avignon. Voy. 25 MAI 1791. — Vendôme. Voy. 19 MAI 1791.

28 MAI (27 et) = 29 MAI 1991. — Décret relatif à la convocation de la première législature. (L. 4, 936 ; B. 14, 325 ; Mon. du 29 mai 1791.)

Voy. loi du 16 MAI = 17 JUIN 1791.

TITRE Ier, Convocation de la première législature.

Art. 1er. Les procureurs-généraux-syndics des départemens enjoindront aux procureurs-syndics des districts, de réunir en assemblées primaires, du 12 au 25 juin de la présente année, les citoyens actifs de tout le royaume, pour nommer de nouveaux électeurs, sans néanmoins qu'on puisse se dispenser de l'exécution de la loi qui ordonne un intervalle de huit jours entre la convocation et la tenue des assemblées primaires, et sans que les assemblées primaires du même département puissent commencer à des jours différens.

2. Les électeurs se réuniront au chef-lieu du département, dans les douze jours qui

suivront le jour indiqué par le directoire de département pour le commencement des assemblées primaires ; ils y procéderont à la nomination des députés au Corps-Législatif, et ils feront, conformément aux lois, les élections qui pourront survenir jusqu'à la formation du corps électoral au mois de mars 1793.

3. La population active de tout le royaume se trouvant pour cette année de quatre millions deux cent quatre-vingt-dix-huit mille trois cent soixante citoyens, la quotité de dix-sept mille deux cent soixante-deux donnera un député, et les fractions seront divisées en trente-sixièmes. Tout département dont la fraction de population active excédera de dix-sept trente-sixièmes les quantités complètes du diviseur commun, aura un député de plus à raison de sa population.

4. Le décret rendu dans la séance de ce jour, sur la répartition de la contribution foncière et mobilière pour l'année 1791, servira de base pour diminuer le nombre des députés que chaque département doit envoyer à la première législature, en raison de ses contributions directes.

5. D'après les deux articles précédens, et les états de population active et de contribution directe annexés à la suite du rapport, les quatre-vingt-trois départemens du royaume enverront au Corps-Législatif le nombre suivant de députés, savoir :

Ain, 6 députés ; Aisne, 12 ; Allier, 7 ; Alpes (Hautes), 5 ; Alpes (Basses), 6 ; Ardèche, 7 ; Ardennes, 8 ; Ariége, 6 ; Aube, 9 ; Aude, 8 ; Aveyron, 9 ; Bouches-du-Rhône, 10 ; Calvados, 13 ; Cantal, 8 ; Charente, 9 ; Charente-Inférieure, 11 ; Cher, 6 ; Corrèze, 7 ; Corse, 6 ; Côte-d'Or, 10 ; Côtes-du-Nord, 8 ; Creuse, 7 ; Dordogne, 10 ; Doubs, 6 ; Drôme, 7 ; Eure, 11 ; Eure-et-Loir, 9 ; Finistère, 8 ; Gard, 8 ; Garonne (Haute), 12 ; Gers, 9 ; Gironde, 12 ; Hérault, 9 ; Ille-et-Vilaine, 10 ; Indre, 6 ; Indre-et-Loire, 8 ; Isère, 9 ; Jura, 8 ; Landes, 6 ; Loir-et-Cher, 7 ; Loire (Haute), 7 ; Loire-Inférieure, 8 ; Loiret, 9 ; Lot, 10 ; Lot-et-Garonne, 9 ; Lozère, 5 ; Maine-et-Loire, 11 ; Manche, 13 ; Marne, 10 ; Marne (Haute), 7 ; Mayenne, 8 ; Meurthe, 8 ; Meuse, 8 ; Morbihan, 8 ; Moselle, 8 ; Nièvre, 7 ; Nord, 12 ; Oise, 12 ; Orne, 10 ; Paris, 24 ; Pas-de-Calais, 11 ; Puy-de-Dôme, 12 ; Pyrénées (Hautes), 6 ; Pyrénées (Basses), 6 ; Pyrénées-Orientales, 5 ; Rhin (Haut), 7 ; Rhin (Bas), 9 ; Rhône-et-Loire, 15 ; Saône (Haute), 7 ; Saône-et-Loire, 11 ; Sarthe, 10 ; Seine-et-Oise, 14 ; Seine-Inférieure, 16 ; Seine-et-Marne, 11 ; Sèvres (Deux), 7 ; Somme, 13 ; Tarn, 9 ; Var, 8 ; Vendée, 9 ; Vienne, 8 ; Vienne (Haute), 7 ; Vosges, 8 ; Yonne, 9. TOTAL, 745.

6. Les assemblées électorales de département, formées en vertu du présent décret,

ayant nommé les membres de la législature, nommeront les deux hauts jurés qui doivent servir auprès de la haute Cour nationale.

7. Les départemens qui n'ont pas nommé le président, l'accusateur et le greffier du tribunal criminel établi par les décrets sur le jury, procéderont à cette élection immédiatement après la nomination des députés au Corps-Législatif.

8. Aussitôt après l'élection de tous les membres du Corps-Législatif, l'Assemblée nationale déterminera le jour où elle cessera ses fonctions et celui où la législature commencera les siennes.

9. Les fonctions de la première législature cesseront au 1er mai 1793.

TITRE II. Dispositions sur le mode d'élire, et époque définitive des élections et des remplacemens.

Art. 1er. Dans les cantons où il n'y a pas de lieu déterminé pour la tenue des assemblées primaires, les directoires de district sont autorisés à désigner, dans le même canton, le lieu qui leur paraîtra le plus convenable.

2. A l'avenir, la valeur de la journée de travail sera fixée par le directoire de département, pour chaque district, sur la proposition du directoire de district, conformément à l'article 11 du décret du 13 janvier = 18 février de l'année présente, nonobstant la disposition provisoire portée au décret du 11 février 1790, laquelle demeure abrogée. Cette fixation aura lieu dans le courant du mois de janvier ; elle subsistera pendant six ans, et il ne pourra plus y être fait de changemens que six ans après, à la même époque. Le Corps-Législatif fixera tous les six ans le *minimum* et le *maximum* de la valeur locale de la journée de travail.

3. Il ne pourra être fait d'augmentation à la cote des impositions d'un contribuable, que sur l'autorisation du directoire de département, et conformément aux lois sur les contributions foncière et mobilière.

4. A compter du jour de la publication du présent décret, la disposition provisoire contenue en l'article 20 de la section première du décret du 22 décembre 1789, est abrogée. Les électeurs seront choisis au scrutin de liste simple, et en trois tours si cela est nécessaire ; car il n'y aura plus de scrutin de liste double en aucun cas.

5. Les assemblées électorales se mettront en activité, sans que l'absence d'un nombre quelconque d'électeurs puisse en retarder les opérations. Les électeurs qui arriveront ensuite avec des titres en règle, seront admis à l'époque où ils se présenteront.

6. Tout département, quelle que soit sa population active ou sa contribution directe, nommera au moins un député à raison de sa

population, et un autre à raison de sa contri-bution directe.

7. Si, dans la répartition qui sera faite par la législature, des députés attribués aux quatre-vingt-trois départemens à raison de la population active, le diviseur commun appliqué en détail à chaque département ne donne pas, pour tous les départemens réunis, le résultat complet de deux cent quarante-neuf députés, chacun des départemens qui aura en fractions excédantes la quotité de population active la plus considérable, nom-mera un député de plus, jusqu'à la concur-rence des deux cent quarante-neuf.

8. On suivra cette base de calcul dans la répartition entre les quatre-vingt-trois dé-partemens, des deux cent quarante-neuf dé-putés attribués à la contribution directe de tout le royaume.

9. Toute convention de répartir entre les districts, ou de choisir successivement entre les districts, les députés au Corps-Législatif, rendra nulles les élections.

10. Les possesseurs de biens-fonds qui, pour cause de desséchement, défrichement et autres améliorations, doivent, pendant un temps déterminé, jouir d'une modération sur leur contribution foncière, seront cen-sés, quant à l'activié et à l'éligibilité, être imposés au sixième du revenu net de ces pro-priétés.

11. La nomination des suppléans au Corps-Législatif se fera au scrutin individuel et à la majorité absolue des suffrages, nonobs-tant la disposition provisoire de l'article 33 du décret cité en l'article 4, laquelle demeure abrogée.

12. Les électeurs, après avoir nommé les députés à la législature, procéderont au rem-placement de la moitié des membres des ad-ministrations de département et de district : l'intervalle, quel qu'il soit, écoulé depuis la nomination de ces derniers, sera compté pour deux ans; et l'intervalle qui s'écoulera en-suite jusqu'à l'époque des élections de 1793, sera également compté pour deux autres an-nées.

13. Attendu que les membres des admi-nistrations de département et de district, dont les fonctions vont cesser aux termes de l'article précédent, n'auront pas exercé deux années entières, ils pourront être réélus pour cette fois seulement, et nonobstant l'art. 6 du décret du 15 = 27 mars dernier.

14. Les procureurs-généraux-syndics et les procureurs-syndics actuels de tout le royau-me, cesseront leurs fonctions en l'année 1793, s'ils ne sont pas réélus.

15. A l'avenir, les juges-de-paix et les assesseurs de chaque canton seront nom-més à l'époque des assemblées primaires, au mois de mars, et on ne procédera qu'en l'année 1793 à la réélection ou au rempla-cement de ceux qui sont actuellement en exercice.

16. A l'exception de la ville de Paris, ex-ception qui pourra être étendue par les di-rectoires de département à toutes les villes dont la population excédera soixante mille ames, les juges de commerce seront nommés au mois de novembre de chaque année, après le renouvellement de la moitié des officiers municipaux. Aucun des juges de commerce qui a été ou qui sera nommé en vertu de la loi du 16 = 24 août 1790, ne pourra être remplacé, soit avant le mois de novembre de l'année prochaine, soit avant l'époque fixée pour le temps de cette élection dans la ville de Paris.

17. Le président du tribunal criminel et l'accusateur public seront nommés immédia-tement après l'élection des députés au Corps-Législatif.

18. A partir de l'année 1795, les électeurs de ceux des départemens en tour de nommer procéderont à la nomination du membre du tribunal de cassation et de son suppléant; dans le mois d'avril ou de mai, après avoir nommé les députés à la législature, la moitié des administrateurs de département, et les deux hauts jurés qui doivent servir près la haute cour nationale.

19. Les électeurs de district procéderont à la nomination des juges de district et de leurs suppléans, après l'élection de la moitié des membres de l'administration de district; les juges actuellement en exercice continueront leurs fonctions jusqu'en l'année 1797.

20. Le Roi sera prié de donner prompte-ment les ordres nécessaires pour l'entière exécution du présent décret.

28 MAI = 3 JUIN 1791. — Décret relatif aux procédures criminelles qui, n'étant pas de nature à être jugées par la haute cour natio-nale, seront dans le cas d'être renvoyées aux tribunaux ordinaires. (L. 4, 1052; B. 14, 334.)

L'Assemblée nationale, sur les représen-tations qui lui ont été faites par les deux co-mités des rapports et des recherches, relati-vement à l'exécution de l'article 2 de son décret du 4 avril dernier, concernant les personnes ecclésiastiques ou laïques qui se-raient dans le cas d'être poursuivies par-de-vant les tribunaux, en vertu des articles 6, 7 et 8 de la loi du 26 novembre = 26 décem-bre dernier.

Décrète que, d'après l'examen que lesdits comités des rapports et des recherches auront fait, soit conjointement ou séparément, des différentes procédures dont copies leur se-ront adressées, conformément à la seconde disposition dudit article 2 du décret du 4 avril dernier, ils sont autorisés à renvoyer immédiatement au ministre de la justice toutes celles dont le jugement ne pourra être attribué à la haute cour nationale établie à Orléans, et qui ne seraient conséquemment pas de nature à être rapportées à l'Assemblée, afin que, sur leur renvoi, le ministre de la justice prenne toutes les mesures nécessaires pour qu'à la diligence des commissaires du Roi près les tribunaux où ces procédures auraient été introduites, les erremens en soient incessamment repris, et qu'elles y soient définitivement jugées.

28 mai = 3 juin 1791. — Décret qui renvoie au tribunal du sixième arrondissement de Paris, la procédure commencée contre le sieur Thévenot et les sieurs Lacombe, sur les faits portés en une dénonciation faite contre eux. (L. 4, 1006; B. 14; 333.)

28 mai = 3 juin 1791. — Décret qui autorise le directoire du département de la Gironde à faire une acquisition pour le logement de l'évêque et pour l'établissement des prisons criminelles de la ville de Bordeaux. (B. 14, 322.)

28 mai = 1er juin 1791. — Décret portant réduction et circonscription des paroisses des villes de Péronne, de Néelle, de Montdidier, de Doulens, de Ham, d'Abbeville, et autres paroisses du département de la Somme. (L. 4, 947; B. 14, 323.)

29 mai (28 et) = 3 juin 1791. — Décret relatif au remboursement des charges et offices militaires. (L. 4, 1033; B. 14, 340; Mon. du 29 mai 1791.)

L'Assemblée nationale décrète ce qui suit :

Du régiment des Gardes-Françaises.

1° Les officiers du ci-devant régiment des Gardes-Françaises qui ont subi la réforme du 31 août 1789, seront remboursés de la finance de leurs charges, sur le pied fixé par l'article 1er du titre II de l'ordonnance du 17 juillet 1777, avec les intérêts de ladite finance, à compter du 1er janvier 1791 : néanmoins, ceux desdits officiers qui auraient obtenu des emplois vacans par mort, ne seront remboursés du montant de la finance desdits emplois, qu'autant qu'ils les auront possédés pendant trois ans, conformément aux dispositions de l'article 5 du titre II de la susdite ordonnance.

2° Les pourvus de charges attachés au régiment des Gardes-Françaises, qui sont porteurs de brevets de retenue, auront droit à l'indemnité accordée pour les brevets de retenue, conformément au décret du 24 novembre 1790.

Des propriétaires des régimens.

1° Les ci-devant propriétaires des régimens étrangers, qui justifieront que leur régiment est arrivé au service de France tout armé et équipé, seront remboursés de la perte de leur propriété sur le pied de deux cents livres par homme, au complet de 1788, et à raison de deux cent cinquante livres par cheval, s'ils prouvent que leur régiment est arrivé tout monté.

2° Les ci-devant propriétaires des régimens autres que ceux mentionnés dans le précédent article, recevront, en forme d'indemnité, une somme de cent mille livres.

Des régimens et des compagnies.

1° Les colonels, les capitaines en pied, les capitaines à réforme des troupes à cheval, ainsi que les colonels des régimens d'infanterie, porteurs de brevets de retenue, ne seront remboursés que du montant desdits brevets, et seulement en cas de mort, de démission, de changement de grade, de suppression et de licenciement.

2° A l'égard des colonels et des capitaines en pied qui n'auront point assuré la finance de leur régiment ou de leur compagnie par des brevets de retenue, il sera délivré, par le liquidateur commissaire du Roi, à ceux qui le demanderont, une reconnaissance des trois quarts de la finance de leur régiment ou de leur compagnie, laquelle finance sera déterminée de la même manière et suivant les mêmes règles qui étaient suivies pour la délivrance des brevets de retenue ; et les reconnaissances seront acquittées dans les cas spécifiés dans l'article ci-dessus pour le remboursement des brevets de retenue, à l'égard de ceux qui ne prendront pas de brevets de retenue, ils resteront dans les termes de l'ordonnance de 1776.

De la gendarmerie.

1° Les officiers du corps de la gendarmerie qui ont subi la réforme du 2 mars 1788, seront remboursés de la finance de leur charge sur le pied fixé, et aux conditions portées par l'article 9 de l'ordonnance dudit jour de mars 1788.

2° En conséquence, le ministre justifiera de l'emploi des sommes qui ont dû être versées au département de la guerre ; et ledit remboursement sera exécuté à raison de cinq cent mille livres par an, conformément audit article 9.

3° Les gratifications accordées lors de la suppression des corps, et qui n'ont pas été payées, le seront incessamment, savoir : au sieur des Villettes, 2,000 liv. ; au sieur le Vasseur, 1,200 liv. ; à chacun des sieurs Debrai et Faucon fils, palefreniers, 200 livres.

Des chevau-légers et gendarmes de la garde.

Les officiers de chevau-légers et gendarmes de la garde seront, en outre de leur brevet de retenue, remboursés du surplus de leur finance, en exécution de l'ordonnance portant réforme de ces deux compagnies, en date du 30 septembre 1787.

Des charges des régimens d'état-major.

Les ci-devant pourvus de charges des régimens d'état-major de cavalerie et de dragons, ayant dû perdre un quart de leur finance à chaque mutation, seront remboursés de la partie de la finance de leur charge qu'ils justifieront devoir encore exister, aux termes de l'ordonnance de 1776, sauf leur recours contre qui de droit.

Des commissaires des guerres.

Les titulaires des charges de commissaires des guerres qui étaient encore en activité au 1er janvier dernier, seront remboursés du montant de leur brevet de retenue, et ils continueront à être payés de l'intérêt desdits brevets, comme ils l'étaient par le passé. Jusqu'à quinzaine après la sanction du présent décret, les intérêts reprendront cours du jour de la remise de leur brevet et titre au comité des pensions, pour cesser quinzaine après la sanction du décret qui liquidera chacun desdits commissaires.

Seront, en outre, lesdits commissaires des guerres, remboursés des sommes qu'ils ont payées en exécution de l'article 1er de la déclaration du 20 août 1767, et dont ils auront quittance des parties casuelles.

Des officiers du point d'honneur.

Les rentes et pensions assurées aux officiers du point-d'honneur, leur seront continuées jusqu'à leur mort, conformément à l'édit du 13 janvier 1771; et l'état desdites rentes et pensions sera rendu public par la voie de l'impression (1).

De la connétablie.

Les officiers et les gardes de la connétablie qui auront été soumis au centième denier en 1771, seront remboursés conformément aux décrets sur le remboursement des offices de judicature. Les gardes auront, en outre, droit à l'indemnité accordée par l'article 15 du décret du 24 décembre 1790.

De la maréchaussée.

1° Les pourvus d'offices de la ci-devant compagnie de la maréchaussée de Bourgogne, seront remboursés sur le même pied que l'ont été les titulaires de la même compagnie, réformés par l'ordonnance du 18 avril 1778;

2° Seront aussi les mêmes officiers remboursés, aux termes de l'article 10 des décrets des 2 et 6 septembre 1790, des droits de mutation et de marc d'or qu'ils justifieront avoir payés.

Compagnie de la prévôté.

Les pourvus d'offices de la compagnie de la prévôté de l'hôtel, dont la finance est dé-

terminée par l'édit du mois de mars 1778, et qui justifieront par les brevets dont ils sont actuellement porteurs, l'avoir payée, en seront remboursés sur le pied porté en l'article 2 dudit édit. A l'égard des porteurs de brevets de retenue qui excéderaient la finance énoncée en l'article 2 de l'édit, ou qui seraient relatifs à des offices dont la finance n'a pas été réglée par l'édit, l'Assemblée ajourne la question sur le remboursement ou indemnité desdits brevets, pour lui en être fait rapport en même temps que de ce qui regarde les charges de la maison du Roi, suivant le décret du 26 du présent mois, concernant la liste civile.

Des équitations royales.

Les directeurs brevetés d'académies d'équitation sont déclarés susceptibles des récompenses et pensions accordées aux fonctionnaires publics, pour raison de leur service.

29 MAI = 3 JUIN 1791. — Décret relatif à l'échange de la forêt de Brix. (L. 4, 1049; B. 14, 338.)

Art. 1er. L'Assemblée nationale révoque et annulle le contrat d'échange de la forêt de Brix et des autres biens domaniaux, passé devant *Duclos Dufresnoy*, notaire au Châtelet de Paris, le 17 octobre 1770, entre les commissaires du Roi et le sieur *de la Vrillière*, qui en a fait sa déclaration le même jour au profit de la dame Langeac; ensemble les arrêts et lettres-patentes qui ont précédé et suivi ledit contrat.

2. Révoque et annulle pareillement les sous-aliénations de parties desdits domaines, faites aux sieurs Defontette et Lecanut, tant par ladite dame de Langeac que par MONSIEUR, comme étant en ses droits; ordonne, en conséquence, qu'à l'avenir lesdites parties de biens seront régies et administrées, pour le compte de la nation, par les préposés à l'administration des domaines.

3. A l'égard des autres aliénations faites par MONSIEUR ou par M. Defontette, à cens et rentes, elles sont irrévocablement confirmées par le présent décret, à la charge, par les concessionnaires, de tenir directement leurs propriétés du domaine de la nation, de payer au Trésor public, entre les mains des préposés de l'administration, les cens, rentes et redevances dont ils ont été chargés, ainsi que les droits casuels qui écherront jusqu'au rachat qui pourra en être fait en la forme et aux taux réglés par les précédens décrets.

4. Les rentes dues ci-devant au domaine sur les terrains anciennement démembrés de la forêt de Brix, et acensés avant l'échange, appartiendront à la nation, et seront perçues par la régie du domaine, ainsi que les droits

---

(1) *Voy.* l'article additionnel décrété le 27 septembre 1791.

casuels qui pourraient échoir, nonobstant toutes clauses contraires portées aux contrats desdits acquéreurs.

5. Autorise Monsieur à se mettre en possession et à disposer, ainsi qu'il jugera à propos, des biens donnés en contre-échange par le sieur de la Vrillière, par le susdit contrat du 17 octobre 1790, à la charge par Monsieur de rendre au Trésor public la somme de quatre cent mille livres qu'il a reçue des inféodataires.

---

29 MAI = 3 JUIN 1791. — Décret relatif au traitement des membres des congrégations séculières ecclésiastiques. (L. 4, 1049; B. 14, 339.)

L'Assemblée nationale, en se réservant de prononcer sur l'existence ou la suppression des congrégations séculières ecclésiastiques, décrète que, dans le cas de leur suppression, le décret du 12 = 24 juillet, qui conserve aux religieux et ecclésiastiques pensionnés qui accepteraient ou auraient accepté des places de vicaires ou de curés, le tiers de leurs pensions, indépendamment de leur traitement, et celui du 7 = 9 janvier dernier, qui leur conserve la moitié de leur traitement dans le cas de leur acceptation desdites places dans le courant de l'année 1791, sera applicable aux membres des congrégations séculières qui auraient accepté ou accepteraient des places de fonctionnaires ecclésiastiques.

---

29 MAI = 3 JUIN 1791. — Décret relatif à l'abolition des procès pendans entre les particuliers et les ci-devant fermes et régies générales, pour fraudes et contraventions, et à l'annulation de promesses ou obligations de pensions ou traitemens pour cause de démission. (L. 4, 1054; B. 14, 335.)

Art. 1er. Les procès pendans avec contestation en cause, et ceux suivis de jugemens sujets à l'appel, et non passés en force de chose jugée, pour fraude ou contravention relative aux droits ci-devant perçus par la régie générale et les fermes et régies particulières des ci-devant pays d'états et villes qui levaient des impôts à leur profit, sont annulés, sans que les parties puissent rien répéter les unes contre les autres.

Seront seulement restituées les amendes consignées depuis le 1er mai 1790, et les effets saisis depuis la même époque, ou le prix qu'ils auront été vendus, pourvu que les réclamations en soient faites avant le 1er janvier 1792.

2. Les soumissions faites auxdites fermes et régies par les négocians, marchands et autres, de rapporter des décharges d'acquits-à-caution et passeports relatifs aux droits supprimés, sont annulées.

3. Quant aux procès pendans avec contestation en cause entres les fermes et régies et les redevables, pour tout autre objet de

fraude, contravention ou rapport de décharges et certificats d'acquits-à-caution, les demandeurs fourniront tous les moyens et pièces, les déposeront au greffe avant le 1er juillet, et de même les défendeurs avant le 1er août prochain. Les juges seront tenus, à peine de tous dommages et intérêts, de juger dans les trois mois suivans, et ne pourront avoir égard à ce qui n'aura pas été produit dans les délais prescrits.

A défaut, par les deux parties, de remplir les dispositions précédentes, les procès seront annulés de droit, et sans qu'il soit besoin de jugement: à défaut par les demandeurs d'exécuter ce qui les concerne, ils seront de droit déchus de leurs demandes; et, à défaut d'exécution de la part des défendeurs, les juges prononceront sur les seules pièces des demandeurs.

5. Les promesses ou obligations de pensions ou traitemens, qui auraient été contractées pour cause de démission d'emplois des fermes et régies, sont annulées; sauf à ceux au profit desquels elles auraient été faites du consentement de leurs supérieurs et à titre de retraite, à présenter leurs mémoires au comité des pensions, pour en être fait le rapport à l'Assemblée, d'après les avis des directoires de district et de département.

Les baux à loyer faits par les anciennes fermes et régies, les directeurs et employés supprimés, pour les magasins, maisons et bureaux établis dans le royaume, demeureront résiliés, à compter du 1er janvier 1792.

---

29 MAI = 1er JUIN 1791. — Décret contenant l'exposé des motifs qui ont déterminé les dispositions de ceux des 13 et 15 mai sur l'état des personnes dans les colonies. (L. 4, 952; B. 14, 345.)

L'Assemblée nationale, occupée de tous les moyens d'assurer la prospérité dans les colonies, de faire participer les citoyens qui les habitent, aux avantages de la constitution, de consolider la fortune des planteurs, de leur donner les marques d'affection qui dépendent d'elle, d'unir d'intérêt avec eux tous les hommes dont les forces et l'attachement peuvent concourir au maintien de l'ordre, et continuant le travail qu'elle avait commencé sur des objets si dignes de sa sollicitude, a reconnu que les circonstances locales, et l'espèce de culture qui fait prospérer les colonies, semblent nécessiter d'admettre dans la constitution coloniale quelques exceptions aux principes généraux.

Il lui a paru que le Corps-Législatif ne peut être mieux éclairé sur ces exceptions que par le vœu des colonies elles-mêmes: elle a en conséquence jugé convenable d'opposer une entière loyauté aux inquiétudes qu'on cherche à répandre dans les colonies, et d'expliquer clairement ses intentions sur la faveur de *l'initiative* qu'elle a cru devoir accorder aux diverses assemblées coloniales, par son décret du 28 mars, relativement aux lois à faire sur l'état des personnes.

Le point fondamental et le seul véritablement important, celui sur lequel les gens mal intentionnés voulaient alarmer les colonies, était la conservation des moyens que les propriétaires ont de les mettre en valeur. L'Assemblée nationale a déclaré que le Corps-Législatif ne délibérerait sur l'état des personnes *non libres*, que d'après les propositions spontanées que pourraient lui faire les assemblées coloniales.

L'Assemblée nationale a pu prendre cet engagement, parce qu'il ne s'agissait que d'individus d'une nation étrangère, qui, par leur profonde ignorance, les malheurs de leur expatriation, la considération de leur propre intérêt, l'impérieuse loi de la nécessité, ne peuvent espérer que du temps, du progrès de l'esprit public et des lumières, un changement de condition qui, dans l'état actuel des choses, serait contraire au bien général, et pourrait leur devenir également funeste.

La confirmation des lois relatives aux personnes non libres, était ce qu'avaient souhaité les citoyens des colonies : c'est à cet égard seulement que l'initiative leur avait été donnée sur l'état des personnes, et qu'elle était intéressante pour eux; car, où la propriété est assurée, où le commerce et la culture peuvent prospérer, là se trouvent toutes les sources des richesses et tous les moyens de bonheur. L'Assemblée nationale a cru devoir les garantir aux colonies, par les expressions les plus claires et sans aucune équivoque.

Une autre question s'est élevée sur la manière dont l'initiative coloniale serait exercée, et sur les personnes qui auraient le droit d'y concourir par elles-mêmes, ou par les représentans qu'elles envoient aux assemblées coloniales. La raison, le bon sens, le texte positif des lois disaient que les colonies sont composées de tous les citoyens libres qui les habitent, et que tous les citoyens doivent donc prendre part à l'élection des assemblées destinées à exercer pour eux leur droit d'initiative; sous l'ancien régime même, et sous le plus despotique des régimes, l'édit de 1685 avait donné aux affranchis tous les droits dont jouissaient alors les autres citoyens. Il aurait fallu une loi nouvelle pour les exclure des nouveaux droits dans lesquels les citoyens sont rentrés par la révolution; et s'il y avait eu quelque incertitude, elle aurait été levée par le décret du 28 mars, qui, reçu dans les colonies avec reconnaissance, et y réglant les droits des citoyens actifs, d'après les mêmes principes constitutionnels par lesquels ils le sont en France, dit formellement et sans

exception, art. 4, que « toute personne libre, propriétaire ou domiciliée depuis deux ans, *et contribuable*, jouira du droit de suffrage qui constitue la qualité de citoyen actif.

Il ne dépendait pas de l'Assemblée nationale de se refuser à rendre ce décret du 28 mars; il ne dépendait pas d'elle d'en restreindre le sens, en portant atteinte aux droits essentiels des citoyens; elle ne pouvait accorder à une partie de l'empire, la faculté d'exclure des droits de citoyens actifs des hommes à qui les lois constitutionnelles assurent ces droits dans l'empire entier; les citoyens sont antérieurs à la société, ils lui servent de base; l'Assemblée nationale n'a pu que les reconnaître et les déclarer; elle est dans l'heureuse impuissance de les enfreindre; elle n'a pu en détourner les yeux, lorsqu'elle a été obligée de prononcer sur les propositions que les députés des colonies ont faites à la tribune.

Ils y ont exposé que leurs commettans jugeaient utile, et même nécessaire, qu'ils désiraient vivement que l'on conservât une classe intermédiaire entre les personnes non libres et les citoyens actifs; classe qui, jouissant des droits civils, ne voit encore les droits politiques que comme une expectative honorable et avantageuse assurée à ses descendans; ils ont cru que l'initiative des colonies devait avoir lieu pour la détermination de cette classe intermédiaire; ils ont réclamé cette initiative comme une conséquence du décret du 28 mars, qui, au contraire, l'excluait sur ce point; ils ont proposé d'attendre que les colonies se fussent expliquées relativement à ce qu'elles croiraient convenable de faire pour leurs citoyens libres, qui ne seraient pas entièrement de race européenne.

Sans doute, et ils ne l'ont pas dissimulé, ils ne sollicitaient pour les colons blancs, le privilège de l'initiative sur ce qui concerne les hommes libres d'une autre couleur, que pour ménager aux assemblées coloniales l'avantage de reconnaître et d'assurer elles-mêmes les droits de cette classe de citoyens; mais ce vœu, qu'il est toujours honorable d'avoir désiré d'émettre, l'Assemblée nationale n'a pas dû l'entendre, lorsqu'il s'agissait d'un droit naturel, social et positif, déjà déclaré par elle; pour faciliter aux colons des moyens de s'honorer par des actes de bienfaisance, elle n'a pas dû cesser un instant d'être juste, conséquente à ses propres décrets, fidèle à ce respect pour les droits des citoyens, sur lequel elle a si solidement fondé la constitution de l'empire français.

Ce qu'elle a pu, ce qu'elle a fait, est d'apporter dans sa résolution toute la condescendance pour les opinions reçues dans les colonies, qui ne leur étaient pas formellement interdites par les lois constitutionnelles;

elle pouvait repousser la proposition d'une classe intermédiaire; elle pouvait se renfermer dans le sens littéral du décret déjà rendu sur les personnes libres. Elle a préféré traiter les colons, représentans des fondateurs des colonies, comme une mère tendre qui, non-seulement, veut le bien de ses enfans, mais se plaît à le faire de la manière qui se rapproche le plus d'idées dont ils ont contracté l'habitude; elle a consenti à former la classe intermédiaire que sollicitaient les colons blancs; elle y a compris les affranchis, et même les personnes libres nées d'un père ou d'une mère qui ne le seraient pas; elle a étendu sur eux l'initiative concédée par la métropole aux colonies; elle a ainsi augmenté dans les assemblées coloniales le droit éminent que leur avait déjà conféré, relativement aux personnes non libres, ce droit précieux d'être l'origine d'un plus grand bien qui est un des plus beaux et des plus nobles attributs du corps constituant.

Les colonies doivent savoir, néanmoins, que l'Assemblée nationale ne se serait pas permis cette condescendance pour des préjugés, si elle n'y avait pas envisagé un principe de justice; car ce n'est que par la justice qu'on peut influer sur ses résolutions. Mais les colons blancs sont tous nés de pères et de mères libres. Demander la même condition aux hommes d'une autre couleur pour jouir des droits de citoyen actif, ce n'est que maintenir une égalité constitutionnelle et légitime.

Les citoyens de la classe intermédiaire ne sont donc point lésés; et quant aux colons, un moment de réflexion paisible suffira pour leur faire comprendre à quel point il était important que l'Assemblée nationale leur attachât, par un intérêt commun, tous les citoyens libres nés de pères et mères libres.

En reconnaissant chez ceux-ci, comme elle l'avait déjà fait les droits que leur donnent la nature et la société, elle a créé dans les colonies la puissance la plus propre à résister et aux troubles intérieurs et aux attaques de l'ennemi.

L'Assemblée nationale a pris encore une autre précaution, bien propre à prévenir toute agitation dans les colonies, c'est d'établir un délai entre la promulgation de la loi qu'elle devait à la patrie et à l'humanité, et à la première occasion d'appliquer cette loi.

Le Corps-Législatif a confirmé les assemblées coloniales actuellement existantes, et leur a continué l'exercice du droit d'initiative accordé aux colonies, quoique ces assemblées n'aient pas été élues par la totalité des citoyens libres, nés de pères et mères libres, de sorte qu'ils n'auront tous à concourir qu'aux assemblées primaires qui se tiendront pour les élections qui se feront à l'avenir, dont les règles locales pour les colonies ne

sont pas encore décrétées, et auxquelles même s'étend leur droit d'initiative.

Pendant cet intervalle, les préjugés auront le temps de s'affaiblir; les sentimens de justice et d'humanité, l'évidence de l'intérêt commun de tous les homme libres dans un pays où la sûreté générale demande entre eux la plus grande union, tous les motifs les plus puissans sur la raison, sur la sensibilité et sur le civisme, produiront leur effet, et où la patrie ne voit que des enfans, ils se plairont à contribuer à son bonheur, en les regardant comme frères.

L'Assemblée nationale s'applaudissait d'un ouvrage dans lequel la politique, la modération, la raison et l'équité lui paraissaient si heureusement conciliées, lorsqu'elle a vu avec douleur quelques députés des colonies regarder comme une diminution des concessions précédemment faites aux assemblées coloniales, ce qui n'est en soi qu'une extension donnée à ces mêmes concessions.

Ces députés ne peuvent manquer d'abjurer bientôt une erreur si contraire aux intentions et à la teneur des décrets du Corps-Législatif et constituant; ils regretteront de l'avoir manifestée, en déclarant qu'ils s'abstiendraient des séances où leur devoir les appelle.

L'Assemblée nationale les plaint d'une conduite qu'elle aurait pu frapper de son improbation; et, dans l'affection véritablement maternelle dont elle est animée pour les colonies, elle se borne à empêcher, par la présente instruction, que l'erreur de leurs députés ne devienne contagieuse.

Quel plus beau témoignage d'estime et de confiance pouvait-elle donner aux assemblées coloniales, que de leur accorder l'initiative sur leurs lois constitutionnelles et sur l'état des personnes non libres, ou qui ne sont pas nées de pères et mères libres? De quelle plus belle fonction pouvait-elle les revêtir, que de celle de venir avec sagesse au secours de l'humanité souffrante; d'éclairer le Corps-Législatif sur tous les adoucissemens qu'il sera possible de procurer un jour à cette classe infortunée; de proposer tous les changemens qu'un meilleur ordre de choses exige, tous les tempéramens, toutes les modifications aux lois générales que les localités pourront rendre nécessaires; de préparer le bien que les législatures auront à effectuer, et que les colons auront toujours la gloire d'avoir provoqué?

Peut-on imaginer un plus grand nombre de concessions plus honorables et plus flatteuses? Y a-t-il quelque exemple d'une métropole qui ait abandonné à ses colonies l'exercice d'un pareil droit sur les actes les plus importans de la législation?

L'Assemblée nationale a tout accordé aux colonies, tout, excepté les droits imprescriptibles d'une classe de citoyens que la nature et les lois constituaient parties intégrantes de la société politique; tout, excepté le renversement des principes créateurs de la constitution française, qui ont obtenu, qui doivent obtenir l'assentiment unanime de tous les hommes qui veulent vivre et mourir libres.

Si la réaction des préjugés, des passions et des intérêts particuliers est dans tous les lieux la même, si elle oppose partout quelque résistance au perfectionnement de l'esprit humain et au cours rapide de la régénération sociale et de la prospérité publique, la justice, la raison ont aussi partout leur très-salutaire et très-puissante influence. L'Assemblée nationale ne doutera donc jamais que les colons appelés comme Français, et par le vœu qu'ils ont clairement exprimé, au droit et à l'honneur de jouir des bienfaits de la constitution, n'aient le noble amour-propre de s'élever à sa hauteur, et de s'en montrer complètement dignes.

Dédaignant l'imputation et le soupçon d'avoir manqué envers eux à ses engagemens, au moment où elle y ajoute encore par égard pour leurs habitudes, il suffit à l'Assemblée nationale de les inviter à comparer et à peser ses décrets; ils y trouveront sa constante attention pour leurs intérêts. Elle ne veut point d'autre préservatif contre tous les efforts que l'on pourrait faire pour égarer leur opinion; elle se fie à leur raison et au patriotisme dont ils ont en tous les temps donné un si grand nombre de preuves. Elle est convaincue que rien ne peut les détourner de l'obéissance qu'ils doivent aux décrets du Corps-Législatif, sanctionnés par le Roi. Sûre de ses principes, investie de toutes les forces de la volonté générale, la nation française doit au maintien de l'ordre, à l'intérêt même des colons blancs, à leur sûreté, à la conservation de leurs rapports commerciaux avec la métropole, de prendre les mesures les plus promptes et les plus efficaces pour assurer dans les colonies l'exécution de ses lois, pour prévenir les dangers de fausse interprétation, et pour arrêter les coupables efforts de tous ceux qui n'aspirent à diviser les esprits, à fomenter des troubles, que pour mettre la liberté publique en danger.

Mais la soumission, mais la reconnaissance des colons libres de toutes les couleurs, et surtout de ceux qui tiennent de plus près à la *mère-patrie*, de ceux qui se sont toujours distingués parmi ses enfans, lui paraissent encore plus solidement fondés sur leur propre intérêt, sur l'attachement et sur le zèle que mérite, qu'inspire la constitution, et qu'on n'altérera jamais dans le cœur des bons citoyens. Chez eux toute passion cède à l'amour de la patrie, et si quelque insinuation tendait à l'affaiblissement de ce lien sacré, ils la repousseront avec horreur.

Dans cette juste confiance, et sans rien préjuger sur le vœu que les colonies sont autorisées à émettre relativement aux lois qui peuvent leur convenir, l'Assemblée nationale a chargé ses comités réunis de constitution des colonies, de commerce, de la marine, de rédiger sans délai des projets d'organisation qui seront envoyés aux colonies, non pour porter aucune atteinte à leur initiative, mais comme un recueil d'idées qui peuvent être salutaires. Les assemblées coloniales sont exhortées à les considérer d'après leur valeur intrinsèque, sans y attacher le poids d'aucun désir du Corps-Législatif : elles pourront les adopter, les modifier, rejeter même avec une entière liberté, en y substituant les autres propositions qu'elles croiraient avoir à faire pour leur plus grand bien : l'Assemblée nationale ne doute pas qu'elles ne proposent à la prochaine législature les lois et les mesures les plus propres à concilier tous les intérêts des colonies et de la métropole, et à concourir efficacement à la plus grande prospérité de toutes les parties de l'empire français.

----

29 MAI = 5 JUIN 1791. — Décret relatif aux réparations et à l'entretien des jetées du port de Dieppe. (L. 4, 1057; B. 14, 337.)

29 MAI 1791. — Convocation de la législature. *Voy.* 28 MAI 1791. — Ex-fermes et régies. *Voy.* 24 MAI 1891. — Fonctionnaires publics. *Voy.* 21 MAI 1791.

30 MAI = 1er JUIN 1791. — Décret relatif à la translation du corps de Voltaire dans l'église de Sainte-Geneviève. (L. 4, 990; B. 14, 354.)

Voy. loi du 4 = 10 AVRIL 1791.

L'Assemblée nationale, après avoir entendu le rapport du comité de constitution, décrète que *Marie-François Arouet Voltaire* est digne de recevoir les honneurs décernés aux grands hommes; qu'en conséquence, ses cendres seront transférées de l'église de Romilly dans celle de Sainte-Geneviève, à Paris.

Elle charge le directoire du département de Paris de l'exécution du présent décret.

30 MAI = 3 JUIN 1791. — Décret concernant l'organisation de la gendarmerie nationale. (L. 4, 1038; B. 15, 135.)

L'Assemblée nationale, après avoir entendu le rapport de ses comités de constitution et militaire, en interprétation de l'article 6 du titre II, et des articles 7, 8 et 9 du titre VII du décret du 16 janvier dernier, concernant l'organisation de la gendarmerie nationale,

Déclare que le titre VII ayant pour objet la *composition* actuelle de ladite gendarmerie nationale, et le titre II, l'avancement futur des officiers de ce corps, les dispositions relatives à l'âge des officiers de ligne qui pourront y être admis, énoncées dans l'article 6 du titre II ne sont point applicables à la présente composition ; en conséquence, l'Assemblée nationale décrète que les officiers des troupes de ligne, âgés de plus de quarante-cinq ans, qui ont été élus par les directoires de département, pour la présente composition, sont bien et valablement élus, pourvu que les autres dispositions du décret aient été observées, et qu'il n'y a lieu à empêcher que lesdits officiers élus soient pourvus par le Roi.

30 MAI = 3 JUIN 1791. — Décret concernant les opérations prescrites pour la distraction des matières étrangères à l'or ou à l'argent, et à la conversion de l'argenterie en lingots. (L. 4, 1043 ; B. 14, 358.)

Art. 1er. Les opérations prescrites par l'article 5 du décret rendu le 3 mars dernier, pour la distraction des matières étrangères à l'or ou à l'argent, et par l'article 6, pour constater le poids, et convertir l'argenterie en lingots, seront faites en présence des directeurs des monnaies, des deux plus anciens gardes des orfèvres, et, en outre, de deux commissaires du directoire du département dans les hôtels des monnaies qui sont situés dans un chef-lieu de département, ou de deux commissaires du directoire du district dans les villes qui ne sont qu'un chef-lieu de district, et de deux commissaires du département de Paris dans l'hôtel des monnaies de Paris.

2. Avant de faire la distraction prescrite par l'article 5 du décret du 3 mars, il sera procédé à la pesée de chaque lot d'argenterie brute, en présence desdits officiers et commissaires, qui en dresseront procès-verbal, ainsi que de la nouvelle pesée qui sera faite immédiatement après la distraction des matières étrangères, et de celle des lingots, après que la fonte aura été faite aussi en leur présence.

3. Les morceaux d'essai qui, aux termes de l'article 6 du décret du 3 mars, devront être envoyés sous cachet à l'hôtel des monnaies de Paris, le seront nommément au premier commis des finances au département de la monnaie.

4. Les frais de port de l'argenterie envoyée aux monnaies, seront payés par les directeurs des monnaies, auxquels il en sera tenu compte par le Trésor public, sur la représentation des quittances des messageries ou autres voitures ; et il sera tenu compte également aux directeurs des monnaies, par le Trésor public, des frais de fonte, à raison de trois sous par marc.

30 MAI 1791. — Décret portant vente de domaines nationaux à différentes municipalités des départemens du Calvados, de la Charente-Inférieure, de la Creuse, de la Drôme, de l'Eure, des Hautes-Alpes, de Lot-et-Garonne, de la Marne et de l'Orne. (B. 14, 354.)

30 MAI 1791. — Election des officiers du tribunal criminel de Paris. Voy. 2 JUIN 1791.

30 MAI 1791. — Domaines congéables. Voy. 7 JUIN = 6 AOUT 1791.

31 MAI = 1er JUIN 1791. — Décret relatif aux troubles de Colmar. (L. 4, 979 ; B. 14, 383.)

31 MAI = 10 JUIN 1791. — Décret qui autorise le directoire du département d'Indre-et-Loire, et les districts de Péronne, de Tours et de Châtellerault, à acquérir les bâtimens nécessaires à leur établissement. (B. 14, 360, 361 et 363.)

31 MAI 1791. — Décret qui ordonne le remboursement de plusieurs parties de la dette arriérée des départemens de la maison du Roi et de celui des finances. (B. 14, 364.)

31 MAI = 12 JUIN 1791. — Décret portant que le sieur Jean-Henri Bellonde rapportera des certificats des bureaux de la guerre pour être liquidé de son office. (B. 14, 381.)

31 MAI 1791. — Décret interprétatif de l'article 31 du titre III du décret du 18 de ce mois, sur l'organisation de la régie des domaines et des droits d'enregistrement, portant que l'article 31 du titre III n'est pas applicable à la première nomination des régisseurs. (B. 14, 382.)

31 MAI 1791. — Décret qui renvoie au ministre de la justice les pièces et la procédure instruite contre le sieur Poulet par le tribunal du district de Bellême. (B. 14, 382.)

FIN DU TOME SECOND.

www.ingramcontent.com/pod-product-compliance
Lightning Source LLC
Chambersburg PA
CBHW061007220326
41599CB00023B/3865